京まちなか 新京極商店街

買う　見る　食べる　学ぶ

新京極ってこんなトコ！

1、歴史ある寺社がいっぱい

平安時代から続

社が

来る

物

店

郷土のPRなどを兼ねて
学習発表出来る場所（華舞台）が用意されている。
商店街では、外国人観光客との交流もあるかも？

4、見守られている

防犯カメラが、商店街のいたるところに
設置されており、良好な環境で散策出来る

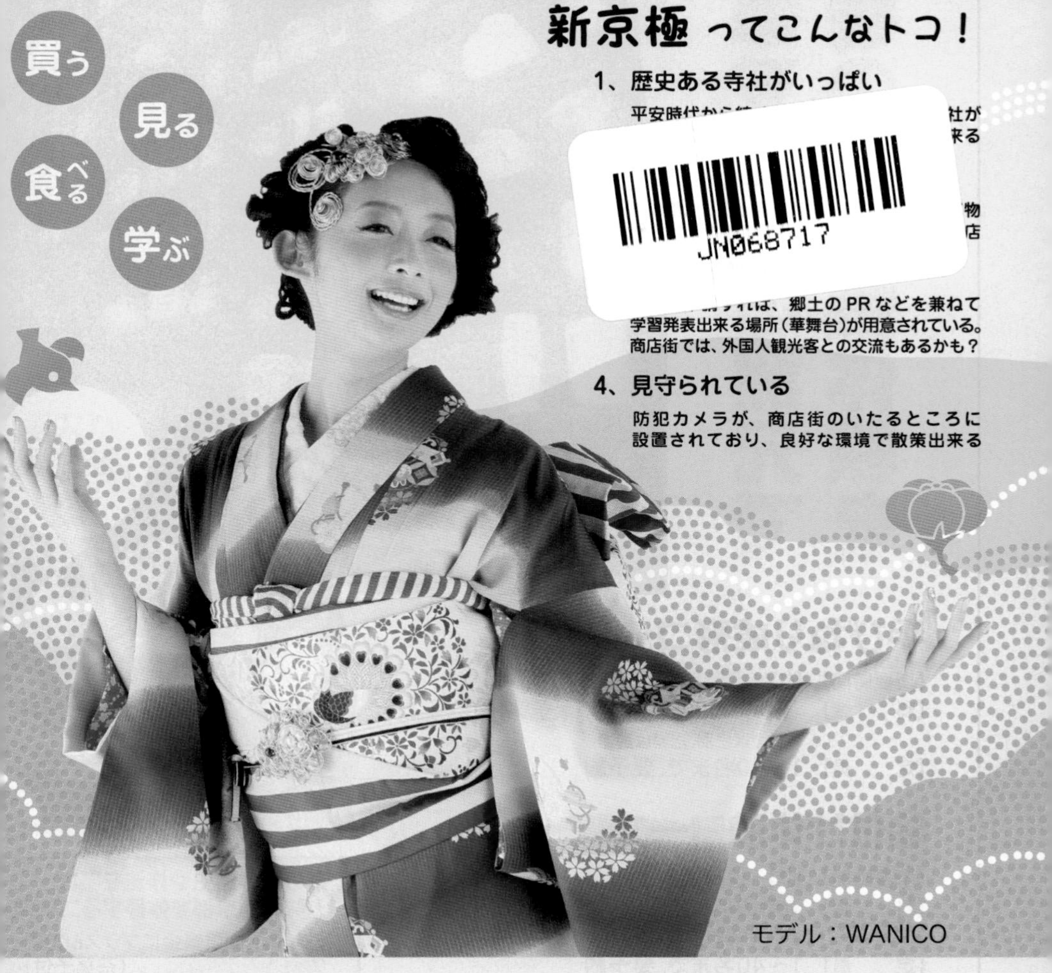

モデル：WANICO

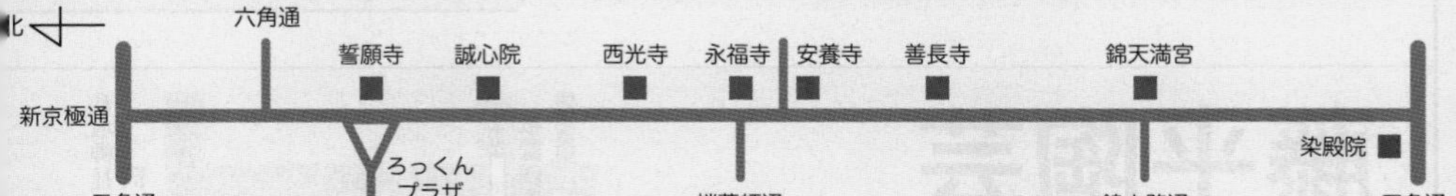

北
六角通
誓願寺
誠心院
西光寺
永福寺
安養寺
善長寺
錦天満宮
新京極通
ろっくん
プラザ
染殿院
三条通
蛸薬師通
錦小路通
四条通

北
御池通
地下鉄「烏丸御池」
地下鉄「京都市役所前」
京阪「三条」
三条通
新京極通
烏丸通
地下鉄「四条」
阪急「烏丸」
河原町通
京阪「祇園四条」
四条通
阪急「京都河原町」

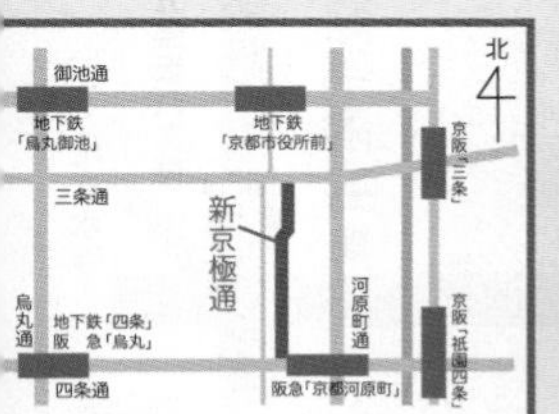

新京極で体験学習（ろっくんプラザ・華舞台）

新京極六角の華舞台には、修学旅行生の発表の場が用意されています

UME
UME

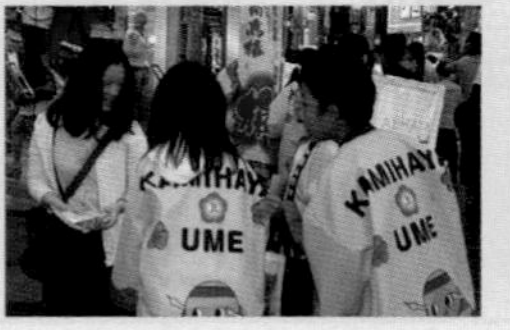

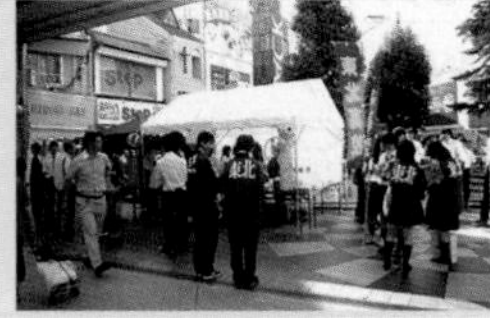

お問合せ先
新京極商店街
振興組合事務局
TEL
075-223-2426
（月～金
10～12時 13～17時）
詳しくは
新京極商店街　検索

京都五条坂の窯元で本物の清水焼体験を

手びねり成形コース

【所要時間】 約2～3時間程度
【料　　金】 湯呑み3,900円、抹茶椀・菓子鉢4,400円
※料金は税別、送料は別途
【定　　員】 1～40名まで、要予約

絵付け体験コース

【所要時間】 約1～2時間程度
【料　　金】 湯呑み1,900円、抹茶椀2,500円
※料金は税別、送料は別途
【定　　員】 1～40名まで、要予約

茶の湯の歴史や作法を学び
一味深い京都を体得するコース
【料　金】体験料金にプラス600円（茶菓子付）

藤平陶芸

〒605-0846 京都市東山区五条橋東六丁目503
TEL.075-561-3979　FAX.075-551-4460
HP : http://www.fujihiratougei.co.jp/
アクセス : 名神京都東I.C.より約10分
市バス・京都バス・京阪バス
「五条坂」下車、徒歩1分

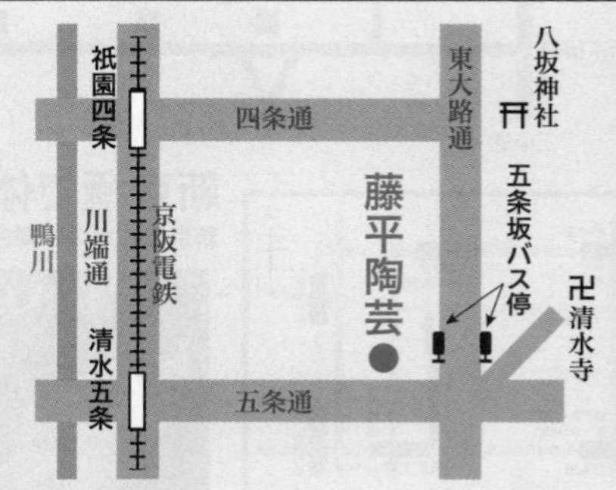

祇園・東山
日本初 漢字をテーマにした博物館
漢字ミュージアム
見て、触れて、楽しみながら漢字の魅力を再発見！
漢字5万字タワー
圧巻の漢字の数！
こんな漢字も！
漢字の歴史絵巻
漢字の歴史をじっくり学べる30メートルの絵巻
部首タッチパネルかるた
あなたはいくつ正解できる？
体験シート
自分の名前を万葉仮名スタンプで押してみよう
館内は撮影OK! 体験型展示が充実
「今年の漢字」の大書がお出迎え！
祇園祭の山鉾（レプリカ）も展示中！
オリジナル漢字グッズ
ショップではオリジナルのグッズを販売中！
漢字 ミュージアム
漢検 漢字博物館・図書館
Japan Kanji Museum & Library
京都市東山区祇園町南側551番地(八坂神社すぐそば)
TEL.075-757-8686
漢字ミュージアム
SNSでも情報発信中！
館内をドローンで体験（3分映像）
バス停「祇園」
漢字ミュージアム
四条通
八坂神社
スターバックス
交番
東大路通
バス停「祇園」

目次 INDEX

目次……………………………………… 1 ～ 2
マンガでバッチリ！使い方ガイド …… 3 ～ 4
マンガ　バスに乗って京都を楽しもう！…… 5 ～ 6
この本の使い方・実際に使ってみよう！ 7 ～ 10
市内主要交通機関の種類
バス・鉄道 …………………… 11 ～ 12
のりものアラカルト………………… 12
京都市広域図………………… 13
京都市中心部図……………… 14

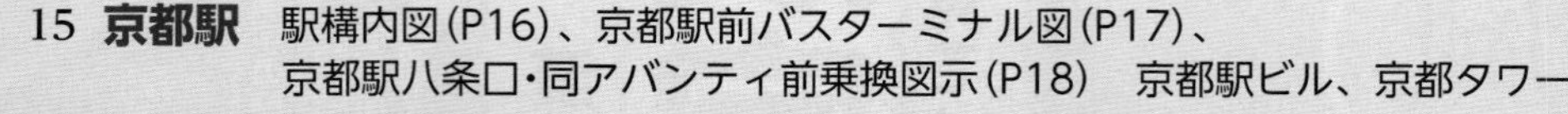

地図とのりもの案内

洛中

15 **京都駅**　駅構内図（P16）、京都駅前バスターミナル図（P17）、京都駅八条口・同アバンティ前乗換図示（P18）　京都駅ビル、京都タワー
21 **水族館・鉄道博物館・島原**　京都水族館、京都鉄道博物館、角屋もてなしの文化美術館
23 **東本願寺・西本願寺**　涉成園（枳殻邸）
25 **東寺**　金堂、講堂、宝物館
27 **四条河原町・新京極**　錦天満宮、先斗町、幕末の史跡が一杯
30 **四条高倉・四条烏丸**　京都文化博物館、京都国際マンガミュージアム、六角堂（頂法寺）、錦市場
33 **四条大宮・四条堀川**　壬生寺、新選組壬生屯所旧跡八木家
35 **河原町三条**　島津製作所創業記念資料館、本能寺、瑞泉寺、三条通
37 **三条京阪**　乗換図示
38 **京都御所**　京都御苑、廬山寺、京都市歴史資料館、革堂（行願寺）
41 **下鴨神社・河原町今出川**　糺の森、相国寺
43 **西陣**　茶道資料館、西陣織会館、白峯神宮、晴明神社、樂美術館
45 **二条城**　二の丸御殿、二条城の庭園、二条陣屋（小川家住宅）

洛東

47 **東福寺・泉涌寺**
49 **三十三間堂**　智積院、京都国立博物館
51 **清水寺・高台寺・六波羅蜜寺・建仁寺界隈**　地主神社、八坂の塔、安井金比羅宮、二年坂～産寧坂、京都霊山護国神社
55 **祇園**　ギオンコーナー、八坂神社、円山公園
57 **知恩院・青蓮院**
59 **平安神宮**　岡崎公園
61 **南禅寺・永観堂**　水路閣
63 **銀閣寺・哲学の道**　金戒光明寺、真如堂

洛北

65 **詩仙堂・曼殊院**　金福寺、圓光寺、修学院離宮
67 **鞍馬・貴船**　鞍馬寺、貴船神社
68 **大原**　三千院、寂光院
69 **北大路・北山**　京都府立植物園、半木の道
71 **上賀茂神社**
73 **大徳寺**　大仙院、龍源院、瑞峯院、高桐院、今宮神社、建勲神社

75 **円町・西院**　乗換案内図
77 **北野天満宮**　大報恩寺(千本釈迦堂)、平野神社
79 **金閣寺・等持院**
82 **龍安寺・仁和寺・妙心寺**　法金剛院
85 **広隆寺・東映太秦映画村**
87 **嵐山・嵯峨野(南)**　渡月橋、天龍寺、野宮神社、竹の道、大河内山荘、常寂光寺、落柿舎、二尊院、嵯峨野観光鉄道(トロッコ電車)
90 **高雄**　神護寺、西明寺、高山寺
91 **嵯峨野(北)・大覚寺**　祇王寺、化野念仏寺、清凉寺(嵯峨釈迦堂)

洛西

93 **伏見稲荷**　石峰寺、京エコロジーセンター、京都市青少年科学センター、藤森神社
94 **伏見桃山**　寺田屋、御香宮、月桂冠大倉記念館、長建寺、カッパカントリー
95 **小野・醍醐**　勧修寺、随心院、三宝院、醍醐寺、法界寺(日野薬師)
97 **宇治**　平等院、宇治上神社、三室戸寺、宇治市源氏物語ミュージアム、萬福寺

洛南

99 **洛北** その1(岩倉~宝ケ池)　蓮華寺、実相院、岩倉具視幽棲旧宅、円通寺
100 **洛北** その2(鷹峯)　源光庵、光悦寺、常照寺、正伝寺、神光院、しょうざんリゾート京都
101 **洛西** (松尾)　松尾大社、梅宮大社、鈴虫寺(華厳寺)、苔寺(西芳寺)、地蔵院(竹の寺)
102 **洛南** その1(山科)　毘沙門堂、本圀寺、山科疏水、大石神社
103 **洛南** その2(城南宮)　恋塚浄禅寺(鳥羽地蔵)、安楽寿院、城南宮、恋塚寺、(京都らくなん Ex)
104 **市外名所**　比叡山延暦寺、大津市

郊外の名所

乗換に便利なバス停留所

113	114	115
・国際会館駅前 ・松ヶ崎駅前、松ヶ崎海尻町 ・北山駅前 ・高野橋東詰、高野車庫 ・洛北高校前 ・千本北大路	・上堀川 ・わら天神前 ・千本今出川 ・千本丸太町 ・百万遍 ・丸太町京阪前(川端丸太町)	・出町柳駅前 ・河原町丸太町 ・京都市役所前 ・烏丸御池 ・四条京阪前(四条京阪)

鉄道路線図 ……………………105

京都のりもの路線図(分割版) …………………… 106～112

拝観・見学施設案内… 116～122

鉄道・バス観光時刻表 …………………… 123～216

主なバス・電車運賃表 ……… 217～218

総索引…………………… 219～220

問い合わせ、奥付……………………221

マンガでバッチリ！
使い方ガイド

※P7 からの「この本の使い方」「のりもの案内の使い方」に詳細説明があります。

1
これが金閣寺！
しおり

2
金ピカですごかったねー！
次はどこに行こう？
オレ、次は東映太秦映画村に行きたい！
忍者ショーやおばけ屋敷もあって楽しそう！

3
どうやって行くの？
え……それは…

4
そんなときにこの本の出番だよ！
乗る歩く 京都編

5
まず今、僕らのいる場所の地図を見よう
今は金閣寺だから P79 ページね
でも、バス停がいくつもあるぞ
金閣寺道
総門
黒門
山信商店(1F) Zip Cafe(2F)
大のじ
錦鶴
拡大図

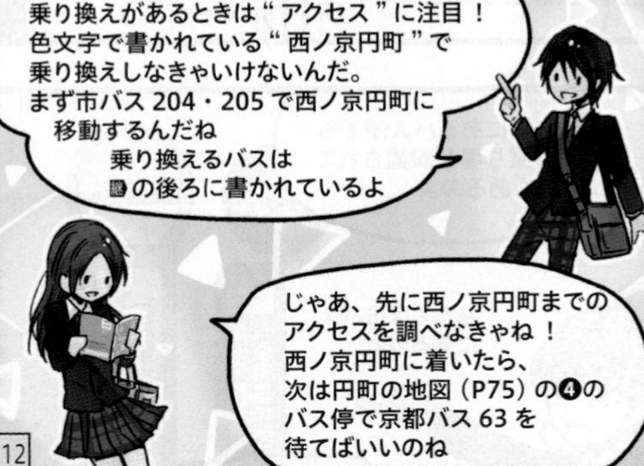

他にも、のりもの案内には
およその待ち時間や乗車時間も
書いてあるから優先順位を
決めるのに活用できそうね

※時間帯や交通状態等により、待ち時間・着時刻が少し遅れる場合があります。記号があれば、その該当頁で必ず確認してね。
2、3 回「のりもの案内」をすれば、スグにコツが分かりますよ。

13

この項おわり

バスに乗って京都を楽しもう！

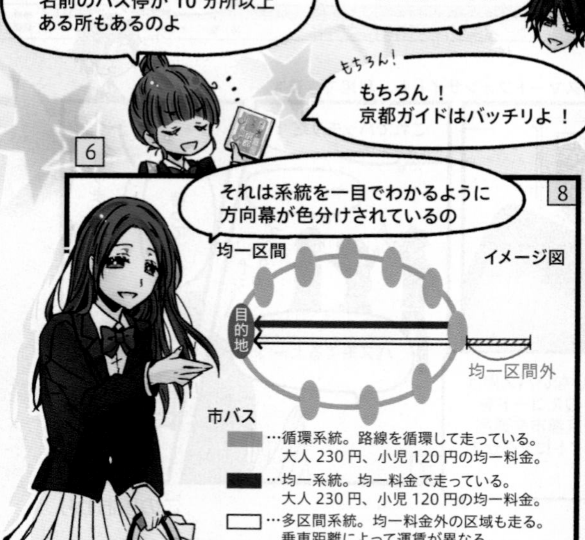

バス一番乗り！
わっ！
あぶないっ！
すみません
11
12

バスに乗る時は後ろの扉から
降りる時は前の扉からよ
※一部のバスでは前乗り、
乗車時に先払いもあります
13

みんな、地下鉄・バス一日券
（京都修学旅行1dayチケット）は
持ってる？
うん
14

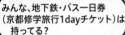

市バス、地下鉄、京都バス、
京阪バス・JR バスで利用

地下鉄・バス
一日券
1100円以上
乗ればお得
大人1100円・小児550円

京都修学旅行
1day チケット
800円以上
乗ればお得
修学旅行生800円

☆京都バス・京阪バス・JRバスの利用エリアは
各社HPをご確認ください

他にもカードは使う交通機関に合わせて
お得なカードを選ぶのがオススメ！
15

なんで乗る時にカードを
通すバスと通さないバス
があるんだ？
17

比較して見てみると分かるよ！

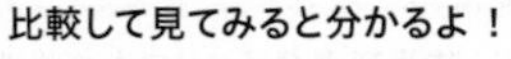

均一区間
1 回目降りる時は
機械に入れて降りる
裏に印字されるよ

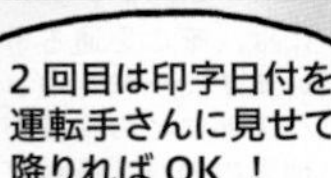

2 回目は印字日付を
運転手さんに見せて
降りれば OK ！
18

多区間
①乗車時に機械にカードを通す
②降りる時にも
カードを通す

表示された追加料金を
払って降りてね
※JR バスは異なります

地下鉄・バス一日券と
京都修学旅行 1day チケットは
均一区間（P11 参照）なら、
2 回目は裏の印字を見せる
だけでいいよ
19

※地下鉄は必ず改札機に
通してね！
地下鉄・バス 1日券
京都修学旅行 1dayチケット

よし、これで
バッチ
この本があれば、観光も
バスも移動もバッチリね！
楽しい旅行に
なりそう
20

くわしくはWEBで！
京都市交通局 検索

この本の使い方

この本は、あなたの現在いる場所から、次の目的地へのアクセスガイドです。各エリアは基本的に見開きで構成されており、地図側が現在地周辺MAP、表側（のりもの案内）がこれから行きたい目的地への行き方になっています。

地図（今いる場所）

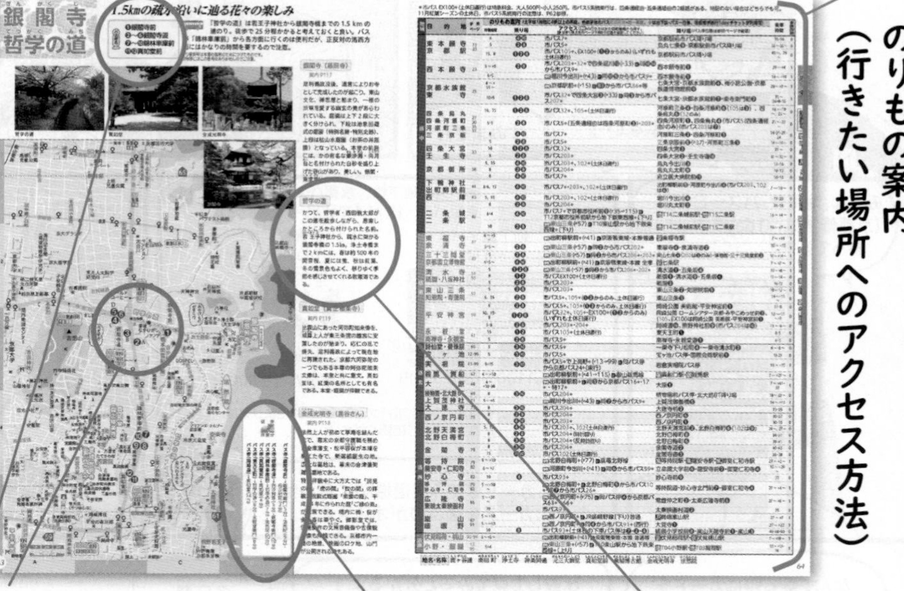

のりもの案内（行きたい場所へのアクセス方法）

のりば番号
〔のりもの案内でガイドされているバスの乗降位置〕
同じ名前のバス停でも乗り場がいくつもある場合があります。進路および系統によって乗り降りするバス停位置は異なります。のりもの案内と地図でしっかり確認しましょう。

徒歩所要分〔エリア内の物件間徒歩所要分〕
地図内の主なバス停や訪問物件間の徒歩所要分です。

観光ガイド
〔エリア内の主な訪問物件〕
地図内の主な物件ガイドです。訪問地選びの参考にしてください。

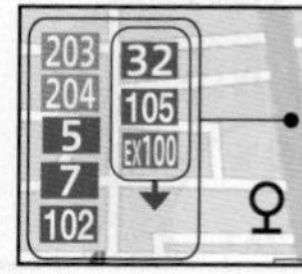

同じ地図内ならバス移動も簡単！（地図中の道路上の系統番号表記について）

地図中のバス道（うす赤色）には、そこを通る市バスの系統番号が記載されています。それを辿っていくことで、地図中のどのバス停にどの系統が停車するのかが分かるので、地図内のバス移動ができます。

本文「のりもの案内」とP106～112の「のりもの路線図」、P113～115の「乗換に便利なバス停留所」等を利用すれば、ほとんどのバス停で、交通手段（アクセス）を選ぶことができます。

記号一覧表

優　京都市観光協会の「京都修学旅行パスポート」で拝観料が値引きされるなど、様々な特典がある施設。　※2024年2月情報

京都まちなか観光案内所
京都市内のセブンイレブン、スターバックスコーヒー全店で、観光・交通案内、観光地図の提供がうけられる場合があります。
Ⓢ（セブンイレブン）　Ⓢ（スターバックス コーヒー）

- A❶ バス停 ※アルファベットは現地にあるバス停記号
- 乗 のりかえ
- 近 近鉄電車
- 嵐 嵐電（京福電車）
- JR ＪＲ線
- 地 地下鉄
- 叡 叡山電車
- 京 京阪電車
- 阪 阪急電車
- 1 地下駅出口番号
- ランドマーク
- 国道
- 府道
- トイレ
- 身障者用トイレ
- ホテル・旅館
- 交番
- 郵便局
- 病院
- 銀行
- 公衆電話
- 駐車場
- 学校
- 歩道橋
- 役所
- 博物館・美術館
- 図書館
- 御陵
- 墓
- 石碑・史跡
- 神社
- 仏閣
- 名勝
- 入口
- 門
- 建物
- 駅
- 広域避難場所
- 37 隣接地図ページ
- 山地
- 境内
- 公園
- 河川
- ＪＲ線路
- 私鉄線路
- 地下路線
- 散策道
- 一般道
- アーケード
- バス運行道路
- 201 市バス循環系統
- 1 市バス均一系統
- 33 市バス多区間系統
- EX100 市バス観光特急
- 105 市バス楽洛ライン
- 京都 京都バス
- 京阪 京阪バス
- JR 西日本JRバス

のりもの案内について

のりもの案内とはそれぞれの地図に附属した交通アクセスガイドです。
一覧表形式で、行きたい場所への交通手段を詳細にガイドしています。
所要時間・乗換回数等を比較して最適なアクセスを選んで下さい。

地域	目的地	参照ページ	のりもの案内（太字は1時間に4便以上の系統。色数字は市バス循環系統・均一系統、◆は地下鉄・バス一日券、京都修学旅行1day チケットが利用可）待機時間	乗り場	アクセス（参照の行き方は左の目的地欄から探す。乗は乗り換え先のページで乗降の位置を確認してください）	降り場（バス停位置は参照ページで確認）	乗車時間	乗換回数
	①	②	③	④	⑤	⑥	⑦	⑧

① **目的地**〔これから行きたい所〕
（この欄で見つからなければ、京都社寺文化施設一覧（P116～）や地図総索引（P217～）で、どのエリアの地図にあるか探しましょう。）

② **参照ページ**〔目的地の地図ページ〕

③ **待機時間**〔バス停、駅での平均待ち時間(分)〕下記参照

④ **乗り場**〔バス乗り場は、地図中に番号等で記載〕
《のりもの案内》の番号と対応していますので、どこから乗ればよいか分かります。

⑤ **アクセス**〔乗車バス系統、列車を記載〕
太字の系統は、昼間13時頃の便数が1時間に4便以上。市バスの系統番号は色別になっています。オレンジ色の系統番号は「循環系統」、青字は「均一系統」、**黒字は「多区間系統」・「観光特急系統」**。系統番号の違いについてはP11の**4種類の系統と方向幕**を参照。↗つづく

◆は**地下鉄・バス一日券**、**京都修学旅行1dayチケット**が利用可能であることを表します。
参照は一旦その場所へ移動することを示しています。その場所への行き方は**目的地**欄から探すことができます。

⑥ **降り場**〔バス停(駅)名称と地図内の位置番号〕
降り場位置は、目的地先の地図を参照してください。

⑦ **乗車時間**〔のりものの乗車所要分〕
乗り換えの時間や、のりものを待つ時間は含みません。

⑧ **乗換回数**〔目的地までに要する、のりものの乗換回数〕
乗換が必要でない場合は0と記載されています。

※一部のバス停には市バスの接近情報案内も設置されています。

■ **待機時間について**

1時間に来るバス・列車の本数を元に計算しています。待ち時間が「10」(分)とある場合は、バス停(駅)到着後、約10分待てば目的の便が来ることを表します。ただし、これは平均的な時間なので、到着後すぐバス(列車)がやってくることもあれば、便が出発した直後の場合は表記のおよそ2倍の時間、待たなければならないことになります。20分毎1便ですね。なお、表記がない便は、待ち時間が100分以上であることを表します。

※1　1時間に来るバス・列車の便数は、1日の各時間帯によって異なります。本書では主に平日13時～14時頃の昼間をベースにしていますが、交通渋滞も含め(バスの場合)、時間帯によっては待ち時間通りに便が来ない場合もあります。あくまで参考としてご利用ください。
※2　アクセスに乗「乗り換え」が含まれている場合は、乗り換えの前・後、双方の便の待機時間を合算して表記している場合があります。

時刻表を活用しよう！　P123～の**鉄道・バス観光時刻表(系統図付き)**を活用すれば、より詳しく発着時間・頻度が分かります。

ご使用の際の注意

バス停名が2つ?
本書では、主力である市バスの名称を最初に、次に民間バス停名を（　）で記しています。例：太秦映画村道（常盤仲之町）→市バスは「太秦映画村道」、京都バスは「常盤仲之町」

市バス停名称にについて
市バス停名称は、接続駅の名称を付記することとなりました。
例：四条烏丸→四条烏丸（地下鉄四条駅）
本書「地図中」及び「のりもの案内」では、スペース等で見づらくなり、多くは割愛させていただきました。

複数のバス乗り場（下車バス停）
繁華街の大きな交差点のバス停では、10ヶ所以上の乗り場が設置されているところもあります。乗車時には「のりもの案内」で、目的とする方面に行くバス系統がどの乗り場に来るのか、よく確かめて下さい。また下車の際にも、あらかじめ下車バス停の位置を確認しておけば、より目的地にスムーズに行くことができます。

地下駅の出入口
市営地下鉄や一部私鉄の地下駅では、現地使用の出入口番号を記載しています。目的地へ最も早い出口を確認」しよう。

京都のりもの路線図（P106～P112）
乗り換えに便利なバス停留所（P113～P115）
本文「のりもの案内」でも使用されていますので、ご活用ください。

ご注意！
※記されているバス停番号は、説明のために本書用に付けているものであり、実際のバス停には表記されておりません。また原則として、現地バス停に英記号等（市交通局で一部がHPで公開）がある場合でも、本書では一部しか採用していませんのでご注意ください。
※バス停の乗り場（標柱）の位置は、行祭事や周辺の道路工事等により、臨時で移動されることがあります。また、同事情で記載以外の位置にバスが停車したり、運行経路の一部変更、運休になる場合があります。

実際に使ってみよう！ 使用例…四条高倉（P30）から銀閣寺（P63）へ

出発地の地図

P30
四条高倉・
四条烏丸

今、京都のどこにいますか？
（出発のバス停（駅）を決めよう。）

宿泊している旅館・ホテル（スタート地点）のある地図ページを開きましょう。地図を見て、最寄りの交通が便利なアクセスポイント（バス停・駅）へ移動しましょう。今回は例としてエリア**四条高倉**のバス停「四条高倉」が一番宿に近いバス停ということにします。このバス停は広く整備されており、「四条烏丸」❾と比べて市バス5・31が利用でき、おススメです。

現在位置は、エリア**四条高倉**にあるバス停「四条高倉」です。目次から四条高倉のある地図P30を開きます。次頁の《**のりもの案内**》一覧の目的地から**銀閣寺**を見つけましょう。

のりもの案内

P31～32
四条高倉・
四条烏丸

より詳しい解説はP8参照

行き先のエリア名です。参照ページ先を見て確認しましょう

平均的な待ち所要分です。

現在エリアの地図内にある乗り場です。

目的地へのアクセス方法です。場所によっては、まず別のエリアへ移動後、さらにそこからアクセスする場合もあります。

降りるバス停・駅等です。目的地エリアの地図を見て、位置を確認しましょう。

地域	目的地	参照ページ	待機時間	乗り場	アクセス（参照の行き方は左の目的地欄から探す。■は乗り換え先のページで乗降の位置を確認してください）	降り場（バス停位置は参照ページで確認）	乗車時間
			のりもの案内（太字は1時間に4便以上の系統。色数字は市バス循環系統・均一系統、◆は地下鉄・バス一日券、京都修学旅行1day チケットが利用可）				
洛東	銀閣寺	63	10	⓫㉑	市バス5◆	銀閣寺道❸	27～32
			10	❾㉑	市バス32◆	銀閣寺前❶	28～31
			5	❾㉑	市バス203◆	銀閣寺道❹	28～

目的地の地図

P63
銀閣寺・
哲学の道

1分 2分 3分
0m 200m

縮尺を示す地図スケールで距離を確認。

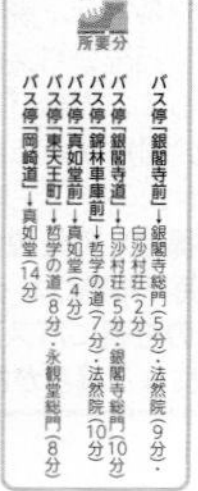

各地図毎に最寄バス停（駅）や物件からの徒歩所要分を掲載。目安にしよう。

のりもの案内を見ましょう
（一覧から目的地、アクセス〈バスや電車〉、降り場を確認しよう）

のりもの案内を見ると、**銀閣寺**エリアへ向かう交通手段（アクセス）は、市バス5・32・203の3系統があり、乗り場はバス停「四条烏丸」❾⓫、「四条高倉」㉑の3ヶ所、降り場も「銀閣寺前」❶、「銀閣寺道」❸❹の3ヶ所あります。

さて、どれを選べば良いでしょうか？

目的地はどんな所？
（目的地頁で最寄停〈駅〉付近などを確認）

では、**銀閣寺**の**参照ページ**P63を開きましょう。その地図を見ると銀閣寺へはバス停「銀閣寺前」❶が一番近いことが分かりました。やや離れたバス停「銀閣寺道」❸❹でも十分徒歩圏内で、どれを選んでも大丈夫そうです。

交通手段（アクセス）を選びましょう。
（どのバス乗り場から何番の系統に乗車するか）

それではアクセス方法を選んで見ましょう。**四条高倉**の**《のりもの案内》**P31に戻ります。

乗り場のバス停「四条烏丸」⑨⑪、「四条高倉」㉑から、 降り場のバス停「銀閣寺前」❶、「銀閣寺道」❸❹へ向かうバスは市バス5・32・**203**の3系統です。

市バス5・32・**203**の3系統は、少し遠いバス停「四条烏丸」、「四条高倉」のいずれにも停車するようなので、宿に一番近い「四条高倉」㉑から乗車することにします。

今回乗車するどのバス系統も**「地下鉄・バス一日券**(◆)」・「**京都修学旅行1day チケット**(◆)」が利用できます。（系統番号後ろの記号◆で判別します）

太字の系統は、 昼間13時頃の便数が1時間に4便以上であることを示しており、 この中では**203**が一番便数が多く便利そうです。

市バス5・32も、乗車時間はそれぞれ**203**含めあまり変わりはないようです。32の降りるバス停位置「銀閣寺前」❶が銀閣寺に一番近いので、この中では一番よい選択肢といえます。ですが、バスの待機時間を含めて考えると、他のバスを見送って待つほどの差はなさそうです。

結果、「四条高倉」㉑でバスを待ち、市バス5・32・**203**のいずれか先に来たバスに乗り、市バス32に乗車した場合「銀閣寺前」❶で、市バス5・**203**の場合「銀閣寺道」❸または❹でそれぞれ降りることにしました。

巻末の時刻表で詳しい時間も確認しましょう。 **系統別バス停一覧**を参照すれば、掲載されていないバス停の時刻表も推察できたり、乗車中は、バスが今どのあたりを走行しているか分かるので、安心です。

目的地に到着！
（目的地頁を開いて降り場番号位置を確認、そして目的地に向かいましょう。）

さあ、バス停「銀閣寺前」❶または「銀閣寺道」❸❹に到着しました。P63を開きましょう。地図を見ると下車バス停から**銀閣寺**へは、徒歩5分または10分です。

☆地図脇の徒歩所要分欄を見るとバス停から目的地への徒歩時間が分かります。
　また、地図上の縮尺（靴マーク）を見て、歩く距離をかならず確認しましょう。
☆見知らぬ土地では方位を見失いがちです。間違って反対方向へ歩いたり、循環バスを間違えたり…　そんなことのないように、どのバス停に到着したかは、必ず地図で確認しましょう。地図は全て、上が北です、右が東方向ですね。

市内主要交通機関の種類

バス

市バス（京都市営バス）

碁盤の目状の京都市街全域にくまなく経路を伸ばし、およそ 85 余ものの系統の路線があり、4 種類の系統（循環系統・均一系統・多区間系統・観光特急）がある。

4種類の系統と方向幕

※一部、LED の方向幕表示になるバスがあります。

市バスの運行方式はおおむね以下の種類に分類されます。バス前面上部の方向幕で確認して下さい。

方向幕

系統番号カラー

西大路通 金閣寺・北大路バスターミナル（地下鉄 北大路駅） 205 Kitaoji Bus Terminal Via Kinkakuji Temple

ラインカラー

「地下鉄・バス一日券」、「京都修学旅行1day チケット」、ともに均一運賃区間・均一区間外を運行する全ての系統で使用可能

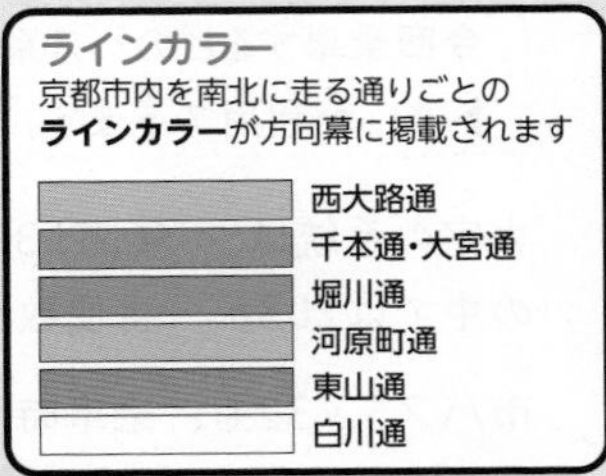

ラインカラー
京都市内を南北に走る通りごとの
ラインカラーが方向幕に掲載されます
西大路通
千本通・大宮通
堀川通
河原町通
東山通
白川通

西大路通 金閣寺・北大路バスターミナル（地下鉄 北大路駅） 205 Kitaoji Bus Terminal Via Kinkakuji Temple

◆循環系統（オレンジ地に白番号）
市内中心部の一定区間を均一運賃（230円）で循環するバス。系統番号は200番台。同じ番号の逆回りコースあって、行き先によってはだいぶ遠回りになる場合もあり、本文【のりもの案内】で確認を。

快速系統（系統番号に「快速 Rapid」の文字）
現在快202・快205系統が運行している。朝晩を重点走行。（のりもの案内では割愛）

堀川通 二条城・西賀茂車庫 9 Nishigamo Via Nijo-jo Castle

◆均一系統（青地に白番号）
均一料金区間を走るバス（均一運賃230円）。

桂駅東口 三ノ宮 洛西バスターミナル 33 Rakusai Bus Terminal

◆多区間系統（白地に黒番号）
調整路線系統で、乗車距離により運賃が変動する。乗車時に整理券を取り、下車時にバス全部の料金表示板の運賃を券とともに支払う。

◆観光特急バス・楽洛ラインバス
下記は全て、「地下鉄・バス一日券」、「京都修学旅行1day チケット」全線使用可能

方向幕に「急行」「EX」等の文字が入っている100番台系統。
均一料金区間を走るが、その内「観光特急バス」の **EX100と EX101は、土休日運行でお得なチケットを持たないと特急料金運賃（500円）。**
他に均一運賃（230円）急行等の102（土休日運行）・105（土休日運行）・106（通年運行）・109（GW・秋の繁忙期運行）が走る。

京都バス

京都駅前・三条京阪前・出町柳駅前・北大路駅前・国際会館駅前などから、洛西の太秦（うずまさ）・嵐山・鈴虫寺方面、洛北の一乗寺（いちじょうじ）・岩倉・八瀬（やせ）・大原方面へ運行。

チケット利用範囲

「地下鉄・バス一日券」「修学旅行1dayチケット」
━ 線内の市バス・京都バス・JRバス・京阪バス+地下鉄が使えます

嵐山 清滝 大覚寺 栂ノ尾 市原 実相院 岩倉 村松 岩倉 大原 花園橋 地蔵谷 神宮道 山科駅 醍醐 醍醐寺 六地蔵 京阪六地蔵 五条坂 苔寺・すず虫寺 鈴虫寺・苔寺道 太秦天神川 国際会館 烏丸線 地下鉄 地下鉄東西線 竹田 洛西バスターミナル 桂小橋 中久世 樋爪口 京阪淀駅 横大路車庫前

京阪バス

山科（やましな）・醍醐・比叡山方面を中心に運行。四条大宮・三条京阪などから祇園・五条坂と山科・小野・醍醐を結ぶ系統もある。

西日本 JR バス

京都駅前から高雄（たかお）・周山（しゅうざん）方面へ。「地下鉄・バス一日券」、「京都修学旅行 1day チケット」が栂ノ尾（とがのお）まで利用できるようになりました。

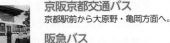

京阪京都交通バス

京都駅前から大原野・亀岡方面へ。

阪急バス

向日町（むこうまち）・東向日町から大原野・長岡方面へ。

京都京阪バス

本書では宇治方面の一部。

鉄道（下記路線図参照）

市営地下鉄

烏丸線は竹田から京都・四条・北大路・国際会館まで、烏丸通を南北に走る線。竹田で「近鉄電車」と直結しているので、洛南方面の移動にもよい。**東西線**は六地蔵から太秦天神川まで、京都を東西に走る線。烏丸御池で烏丸線と交わる。また、二条では「JR 嵯峨野線」と連絡している。

「地下鉄・バス一日券」・「京都修学旅行1day チケット」、ともに使用可能

R

都駅から**山陰本線**（嵯峨野線）でトロッコ列車・嵐山嵯峨野へ、海道本線で山科・大津、向日町・長岡へ、**奈良線**で伏見・宇治方面へ。

叡山電車

出町柳から一乗寺・修学院・宝ケ池を通り、八瀬比叡山口までの**叡山本線**と、途中の宝ヶ池から分かれ、岩倉・貴船・鞍馬へ行く**鞍馬線**がある。
八瀬からは、叡山ケーブル・叡山ロープウェイで比叡山頂まで行ける。

阪電車

線は三条から東福寺・伏見稲荷を通り大阪淀屋橋で。**鴨東線**は三条から出町柳まで、**京津線**は山科通り滋賀の浜大津まで、**宇治線**は本線中書島から台方面へ。出町柳で叡山電車、三条で地下鉄東西　東福寺でJR奈良線、丹波橋で近鉄京都線と連絡している。

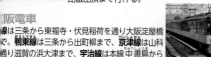

阪急電車

京都河原町から大阪梅田方面へ（**京都本線**）。嵐山方面へは、桂で**嵐山線**に乗り換え。烏丸では地下鉄烏丸線、大宮では嵐電嵐山本線と連絡している。

近鉄電車

京都駅から西大寺・奈良方面、また伊勢志摩方面へ走る線。丹波橋で京阪電車、竹田で地下鉄烏丸線と連絡している。**地下鉄国際会館から近鉄奈良間は、8・9時台 2、3便、直通の急行が運行され乗り換えなしで行ける。**

嵐電（京福電車）

四条大宮から太秦・嵐山方面への**嵐山本線**と、北野白梅町から龍安寺・妙心寺・御室仁和寺付近を通る**北野線**があり、帷子ノ辻で合流する。昔懐かしいチンチン電車も走っている。

関西空港アクセス

京都駅からJRの直通特急「はるか」で約75分。リムジンバスは京都駅八条口から運行され、約105分。便数は少ないが、二条駅・四条大宮出発の便もある。
関空特急「はるか」でUSJへも（P20参照）。

のりもの アラカルト

※一部掲載の時刻表はP214参照。

叡山ケーブル

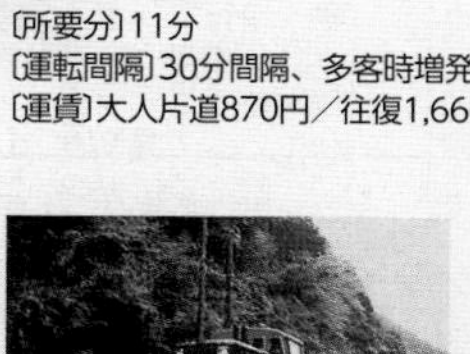

TEL:075-781-4338（鋼索線事務所）
〔区間〕ケーブル八瀬←→ケーブル比叡（1.3km）
〔所要分〕9分
〔運転間隔〕約15～35分間隔、多客時増発
〔運賃〕大人片道550円／往復1,100円

叡山ロープウェイ

TEL:075-781-4338（鋼索線事務所）
〔区間〕ロープ比叡←→比叡山頂（0.5km）
〔所要分〕3分
〔運転間隔〕約8～24分間隔、多客時増発
〔運賃〕大人片道350円／往復700円

比叡山ドライブバス

TEL:075-581-7189　京阪バス
TEL:075-861-2105　京都バス
〔区間〕京都駅・三条京阪←→比叡山頂
〔所要時間〕京都駅から約80分・三条京阪から約0分
〔運賃〕大人片道840円／往復1,680円
※オンシーズンは3月下旬～12月上旬

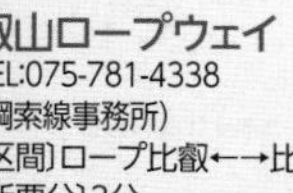

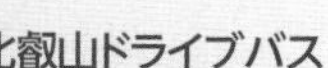

坂本ケーブル

TEL:077-578-0531
比叡山鉄道（株）
〔区間〕ケーブル坂本←→ケーブル延暦寺（2.0km）
〔所要分〕11分
〔運転間隔〕30分間隔、多客時増発
〔運賃〕大人片道870円／往復1,660円

嵯峨野トロッコ列車

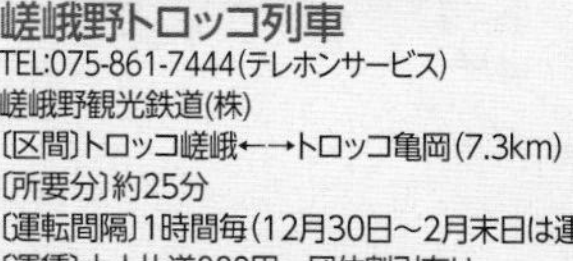

TEL:075-861-7444（テレホンサービス）
嵯峨野観光鉄道（株）
〔区間〕トロッコ嵯峨←→トロッコ亀岡（7.3km）
〔所要分〕約25分
〔運転間隔〕1時間毎（12月30日～2月末日は運休）
〔運賃〕大人片道880円、団体割引有り
※運転時水曜日休みの期間有り
※きっぷは指定座席

保津川下り

TEL:0771-22-5846
保津川遊船企業組合
〔区間〕亀岡→嵐山（16km）
〔所要時間〕約2時間
〔出船間隔〕9時～15時で1時間毎（3月10日～12月中旬）、土日祝日は定員になりしだい随時出船、12月上旬～3月9日は時刻変更
〔運賃〕大人6,000円
修学旅行生特別団体割引
35名以上5,000円／1人

石清水八幡宮参道ケーブル

TEL:06-6945-4560（お客様センター）
〔区間〕ケーブル八幡宮口←→ケーブル八幡宮山上（0.4km）
〔所要分〕3分
〔運転間隔〕15分～20分間隔、多客時は増発
〔運賃〕大人片道300円／往復600円、団体割引有り

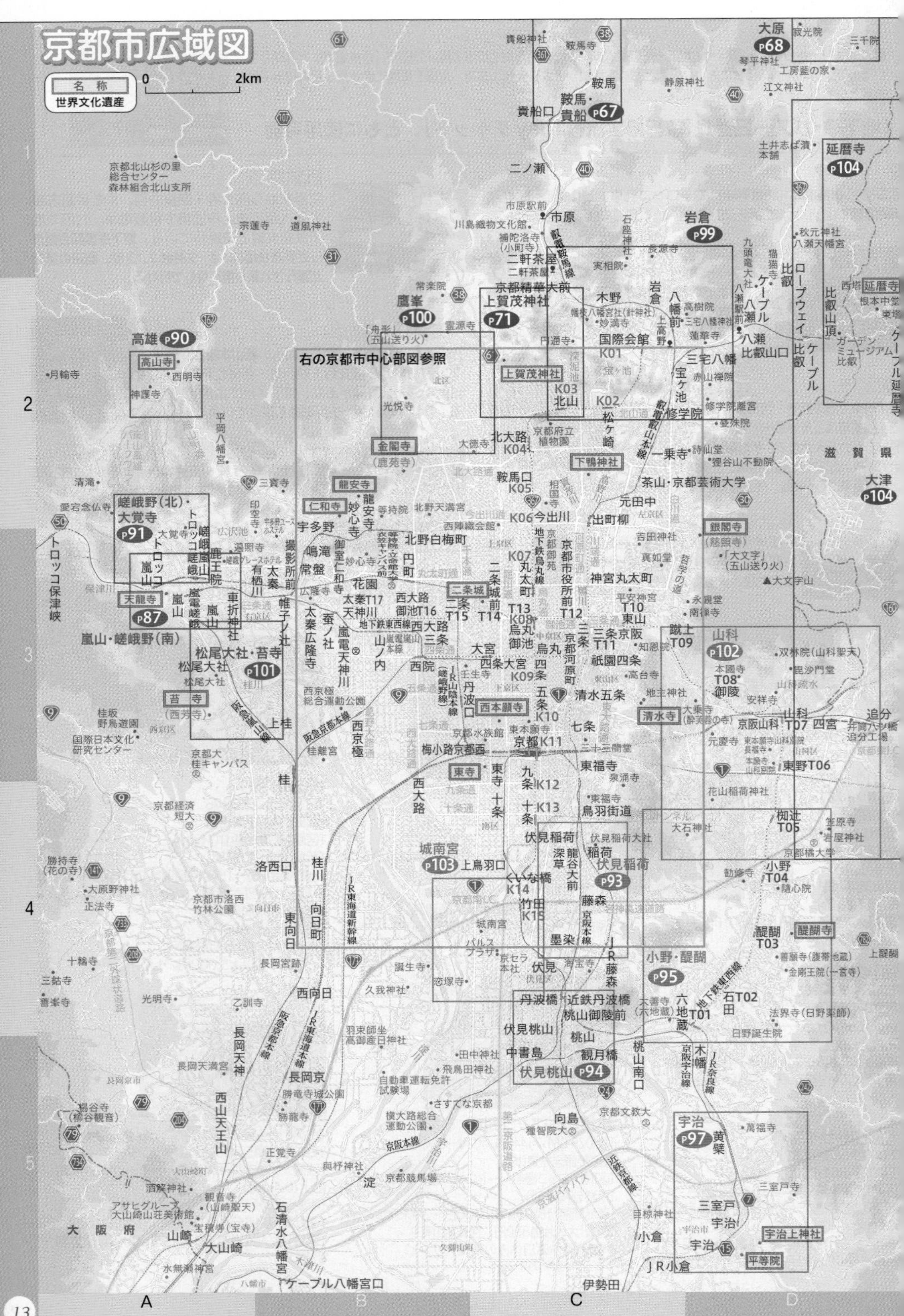

京都市広域図
名称
世界文化遺産
0
2km
鞍馬
貴船口
貴船神社
鞍馬寺
鞍馬 貴船 P67
大原 P68
寂光院
三千院
琴平神社
工房藍の家
静原神社
江文神社
土井志ば漬本舗
延暦寺 P104
京都北山杉の里総合センター 森林組合北山支所
二ノ瀬
市原駅前
市原
川島織物文化館
補陀洛寺（小町寺）
二軒茶屋
宗蓮寺
道風神社
岩倉 P99
実相院
長源寺
秋元神社
八瀬天満宮
京都精華大前
常楽院
鷹峯 P100
上賀茂神社 P71
木野
岩倉
八幡前
高樹院
ケーブル八瀬
比叡
ロープウェイ
比叡山頂
延暦寺
根本中堂
東塔
西塔
ガーデンミュージアム比叡
ケーブル延暦寺
高雄 P90
高山寺
西明寺
神護寺
月輪寺
「舟形」（五山送り火）
霊源寺
右の京都市中心部図参照
上賀茂神社
円通寺
国際会館 K01
三宅八幡
宝ケ池
赤山禅院
修学院離宮
修学院
八瀬比叡山口
北山 K03
K02 松ケ崎
光悦寺
平岡八幡宮
金閣寺（鹿苑寺）
大徳寺
北大路 K04
京都府立植物園
下鴨神社
一乗寺
詩仙堂
曼殊院
狸谷山不動院
滋賀県
清滝
三寶寺
龍安寺
仁和寺
妙心寺
等持院
北野天満宮
鞍馬口 K05
茶山・京都芸術大学
元田中
大津 P104
愛宕念仏寺
嵯峨野（北）・大覚寺 P91
大覚寺
広沢池
宇多野
鳴滝
常盤
北野白梅町
円町
今出川 K06
出町柳
吉田神社
銀閣寺（慈照寺）
トロッコ保津峡
嵐山
天龍寺 P87
トロッコ嵐山
嵯峨嵐山
鹿王院
太秦
撮影所前
花園
二条城
丸太町 K07
京都市役所前 T12
神宮丸太町
真如堂
哲学の道
「大文字」（五山送り火）
大文字山
保津川
嵐山・嵯峨野（南）
嵐電嵯峨
車折神社
帷子ノ辻
太秦広隆寺
蚕ノ社
太秦天神川 T17
西大路御池 T16
二条 T15
二条城前 T14
烏丸御池 K08 T13
東山 T10
永観堂
南禅寺
平安神宮
三条 T11
三条京阪
蹴上 T09
山科 P102
双林院（山科聖天）
毘沙門堂
松尾大社・苔寺 P101
松尾大社
苔寺（西芳寺）
西院
大宮
四条大宮
四条 K09
烏丸
京都河原町
祇園四条
知恩院
高台寺
本圓寺
御陵 T08
安祥寺
山科疏水
桂坂野鳥遊園
西京極総合運動公園
丹波口
西本願寺
五条 K10
清水五条
清水寺
地主神社
大乗寺（静芳君の寺）
京阪山科
山科 T07
四宮
追分
国際日本文化研究センター
上桂
阪急京都本線
西京極
京都水族館
京都 K11
七条
三十三間堂
元慶寺
京都大桂キャンパス
桂離宮
梅小路京都西
東寺
九条 K12
東福寺
泉涌寺
東野 T06
桂
西大路
十条 K13
鳥羽街道
花山稲荷神社
京都経済短大
伏見稲荷
伏見稲荷大社
深草
龍谷大前
稲荷
大石神社
椥辻 T05
岩屋神社
勝持寺（花の寺）
洛西口
桂川
城南宮 P103
上鳥羽口
くいな橋 K14
伏見稲荷 P93
京都橘大学
小野 T04
随心院
大原野神社
正法寺
京都市洛西竹林公園
竹田 K15
藤森
京阪本線
醍醐 T03
醍醐寺
東向日
向日町
城南宮
墨染
小野・醍醐 P95
善願寺（腹帯地蔵）
十輪寺
長岡宮跡
パルスプラザ
京セラ本社
伏見
JR藤森
金剛王院（一言寺）
三鈷寺
善峯寺
光明寺
乙訓寺
西向日
誕生寺
恋塚寺
久我神社
丹波橋
近鉄丹波橋
桃山御陵前
大善寺（六地蔵）
六地蔵 T01
石田 T02
法界寺（日野薬師）
日野誕生院
長岡天神
羽束師坐高御産日神社
伏見桃山
桃山
中書島
観月橋
桃山南口
木幡
長岡天満宮
田中神社
飛鳥田神社
伏見桃山 P94
長岡京
自動車運転免許試験場
勝竜寺城公園
楊谷寺（柳谷観音）
西山天王山
勝龍寺
さすてな京都
京都文教大
横大路総合運動公園
向島
種智院大
宇治 P97
黄檗
萬福寺
正覚寺
與杼神社
淀
京都競馬場
三室戸寺
酒解神社
アサヒグループ大山崎山荘美術館
観音寺（山崎聖天）
宝積寺（宝寺）
大阪府
山崎
大山崎
水無瀬神宮
石清水八幡宮
ケーブル八幡宮口
巨椋神社
小倉
三室戸
宇治
宇治上神社
平等院
JR小倉
伊勢田
A
B
C
D

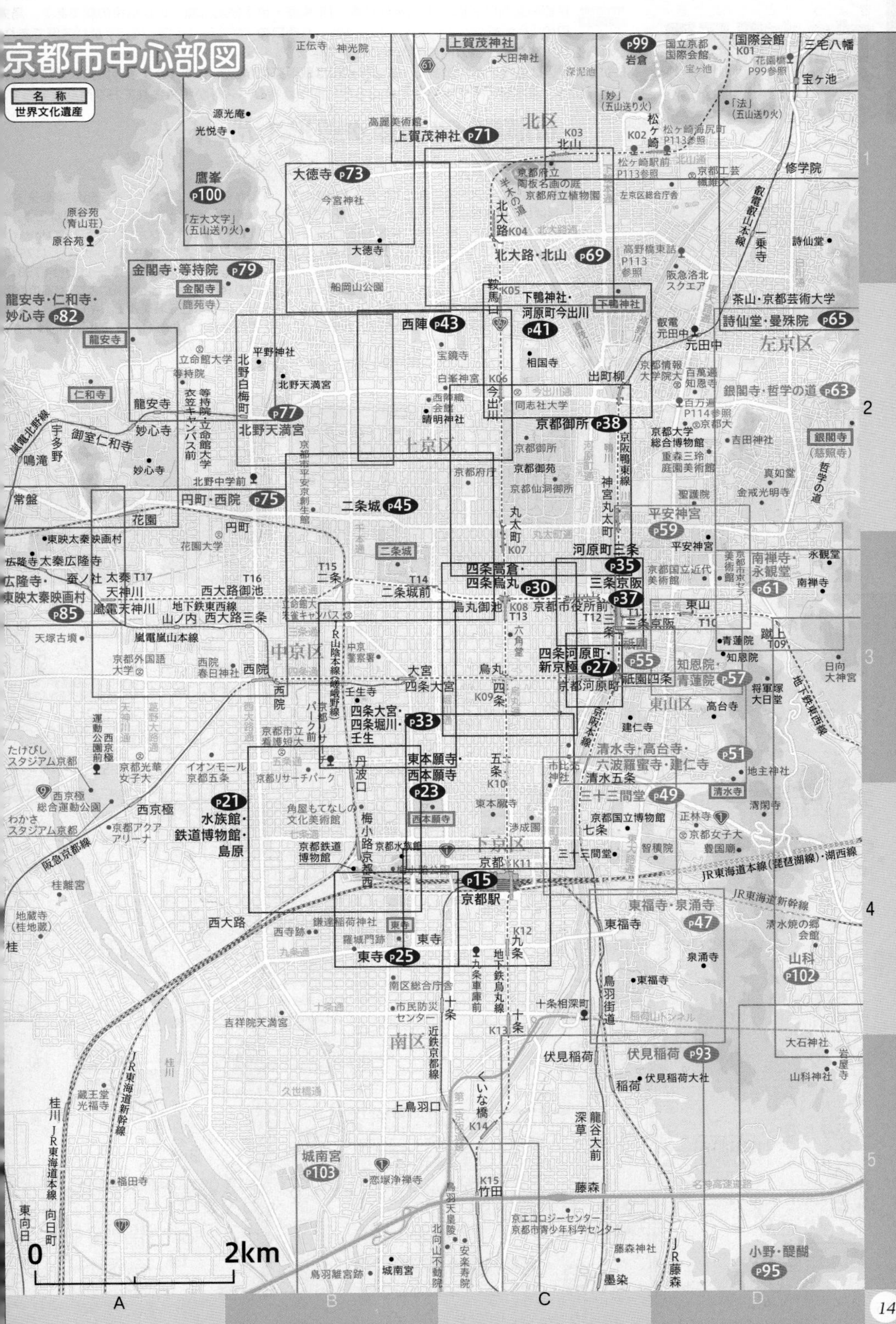
京都市中心部図
名称
世界文化遺産
正伝寺
神光院
上賀茂神社
大田神社
P99
岩倉
国立京都国際会館
国際会館
K01
花園橋
P99参照
三宅八幡
宝ヶ池
深泥池
「妙」
(五山送り火)
「法」
(五山送り火)
源光庵
光悦寺
高麗美術館
上賀茂神社 P71
北区
K03
北山
K02
松ヶ崎
松ヶ崎海尻町
P113参照
松ヶ崎駅前
P113参照
京都工芸繊維大
修学院
鷹峯
P100
大徳寺 P73
今宮神社
京都府立陶板名画の庭
京都府立植物園
半木の道
北大路
K04
左京区総合庁舎
原谷苑
(青山荘)
原谷苑
「左大文字」
(五山送り火)
大徳寺
高野橋東詰
P113
参照
北大路・北山 P69
叡山電鉄叡山本線
一乗寺
詩仙堂
金閣寺・等持院 P79
金閣寺
(鹿苑寺)
船岡山公園
鞍馬口
K05
下鴨神社・河原町今出川 P41
下鴨神社
阪急洛北スクエア
茶山・京都芸術大学
詩仙堂・曼殊院 P65
龍安寺・仁和寺・妙心寺 P82
龍安寺
西陣 P43
叡電元田中
元田中
左京区
平野神社
立命館大学
等持院
北野白梅町
宝鏡寺
相国寺
出町柳
京都情報大学院大
百萬遍知恩寺
北野天満宮
白峯神宮
K06
今出川
同志社大学
百万遍
P114参照
銀閣寺・哲学の道 P63
仁和寺
龍安寺
等持院・立命館大学衣笠キャンパス前
P77
北野天満宮
西陣織会館
晴明神社
京都御所 P38
京都大
嵐電北野線
宇多野
御室仁和寺
妙心寺
鳴滝
妙心寺
京都市平安京創生館
上京区
京都御所
京都御苑
京都仙洞御所
京阪鴨東線
京都大学総合博物館
重森三玲庭園美術館
吉田神社
銀閣寺
(慈照寺)
哲学の道
真如堂
金戒光明寺
北野中学前
常盤
円町・西院 P75
円町
二条城 P45
京都府庁
神宮丸太町
聖護院
平安神宮
P59
平安神宮
花園
花園大学
丸太町
K07
東映太秦映画村
広隆寺
太秦広隆寺
広隆寺・東映太秦映画村 P85
蚕ノ社
太秦天神川
T17
T16
西大路御池
T15
二条
二条城
T14
二条城前
四条高倉・四条烏丸 P30
河原町三条
P35
三条京阪
P37
京都国立近代美術館
京都市美術館
南禅寺・永観堂 P61
永観堂
南禅寺
地下鉄東西線
嵐電天神川
山ノ内
西大路三条
立命館大朱雀キャンパス
烏丸御池
K08
T13
京都市役所前
T12
三条
T11
三条京阪
T10
東山
天塚古墳
嵐電嵐山本線
中京区
JR山陰本線(嵯峨野線)
中京警察署
六角堂
四条河原町・新京極 P27
P55
祇園
知恩院・青蓮院 P57
青蓮院
知恩院
蹴上
T09
日向大神宮
京都外国語大学
西院春日神社
西院
大宮
西大路
四条大宮
烏丸
四条
K09
京都河原町
祇園四条
東山区
将軍塚大日堂
地下鉄東西線
西院
壬生寺
四条大宮・四条堀川・壬生 P33
高台寺
建仁寺
運動公園前
西京極
天神川
葛野大路
丹波口
京都市立看護短大
清水寺・高台寺・六波羅蜜寺・建仁寺
P51
たけびしスタジアム京都
京都光華女子大
イオンモール京都五条
五条
K10
東本願寺・西本願寺 P23
京阪本線
市比売神社
清水五条
地主神社
清水寺
西京極総合運動公園
京都リサーチパーク
三十三間堂 P49
清閑寺
わかさスタジアム京都
P21
水族館・鉄道博物館・島原
西京極
角屋もてなしの文化美術館
梅小路京都西
西本願寺
東本願寺
渉成園
京都国立博物館
七条
正林寺
京都女子大
豊国廟
京都アクアアリーナ
京都鉄道博物館
京都水族館
下京区
三十三間堂
智積院
阪急京都線
京都
K11
JR東海道本線(琵琶湖線)・湖西線
桂離宮
P15
京都駅
JR東海道新幹線
東福寺・泉涌寺 P47
地蔵寺
(桂地蔵)
桂
西大路
鎮達稲荷神社
西寺跡
羅城門跡
東寺 P25
東寺
K12
九条
東福寺
清水焼の郷会館
泉涌寺
山科 P102
九条車庫前
地下鉄烏丸線
東福寺
南区総合庁舎
十条
市民防災センター
十条相深町
十条
K13
鳥羽街道
稲荷山トンネル
吉祥院天満宮
南区
近鉄京都線
伏見稲荷
伏見稲荷 P93
大石神社
岩屋寺
山科神社
桂川
伏見稲荷大社
稲荷
久世橋通
蔵王堂光福寺
JR東海道新幹線
上鳥羽口
くいな橋
K14
深草
龍谷大前
桂川
JR東海道本線
城南宮 P103
恋塚浄禅寺
K15
竹田
藤森
名神高速道路
福田寺
鳥羽天皇陵
京エコロジーセンター
京都市青少年科学センター
東向日
向日町
北向山不動院
安楽寿院
藤森神社
JR藤森
小野・醍醐 P95
0
2km
鳥羽離宮跡
城南宮
墨染
A
B
C
D
1
2
3
4
5

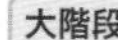

京都の玄関口京都駅は、JR 西日本・JR 東海・地下鉄烏丸線・近鉄電車の駅である。烏丸口の「京都駅前バスターミナル（P17）」・八条口の「京都駅八条口」（P18）がバス停であり、これらを利用すれば、全方向に向かうことができます。

しかし、周辺は道路渋滞時が多く、広域移動には軌道交通がおすすめ（のりもの案内表組に掲載）。土休日には、清水寺・平安神宮など東山名所に向かう特急バス等が頻発されており時刻表要らず。

京都駅ビル自体が観光スポット！

京都駅ビル

中央コンコースを谷に見立てた段丘を東西に延ばし、中央部はガラスと金属でカバーされたアトリウムは、幅 29m、長さ 147m。空を映し出した壮大な内部空間と空に溶け込む外観を作り出す。駅ビルそのものが観光名所で、専門店街、デパート、ホテル、劇場などを内包しており、駅全体が一つの街となっている。お土産なら京都ポルタ、ジェイアール京都伊勢丹、みやこみち、アバンティ、イオンモール KYOTO などなど。京都拉麺（らーめん）小路（こうじ）など「食」も大充実。

大階段

4 階から 10 階まで続く、幅 26m、高低差 30m の大階段。見下ろす中央コンコースは圧巻。近年 LED イルミネーション「グラフィカル・イルミネーション」が設置された。大階段（125 段）の蹴込（けこ）み部に帯状のフルカラー LED（14,750 球）を取り付け、色の変化と明滅により、京都の季節や風景、催事などを表現する。キレイです。毎年 2 月の第三土曜に行われる「大階段駆け上がり大会」は、冬の風物詩である。

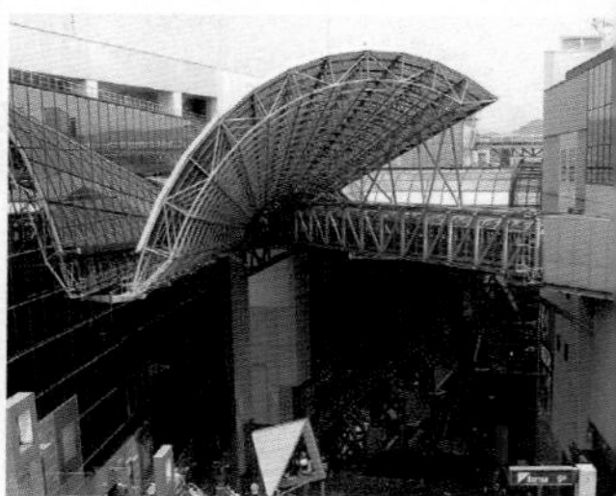

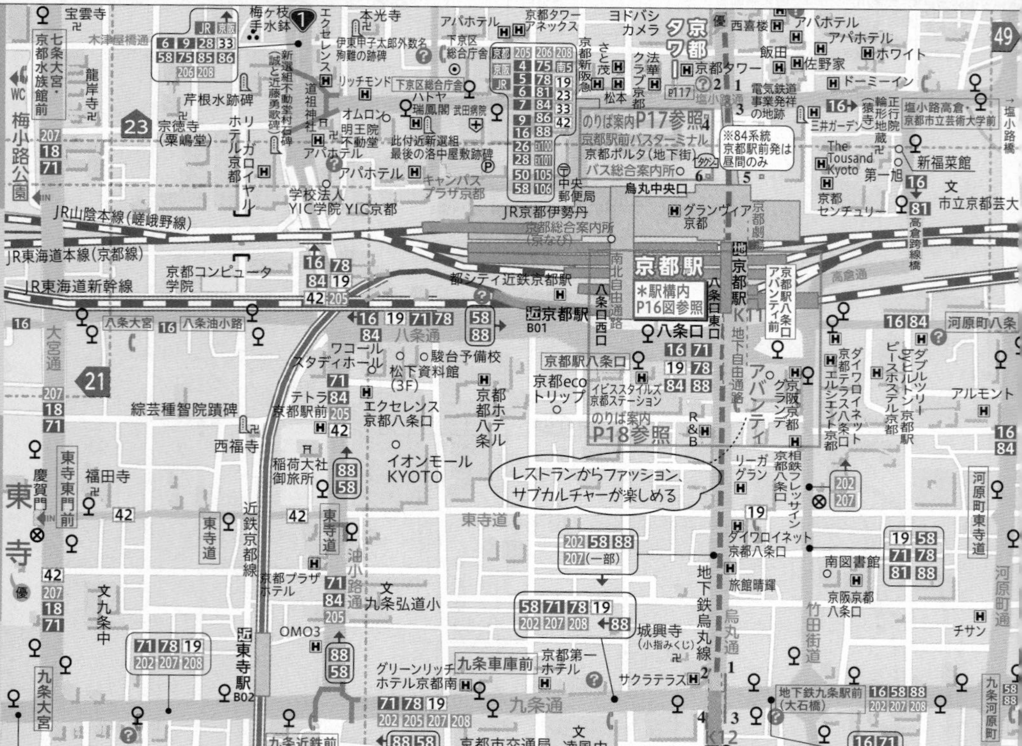

七条大宮・京都水族館前
梅小路公園
龍岸寺
宗徳寺（粟嶋堂）
芹根水跡碑
ホテルリーガロイヤル京都
新選組不動堂村屯所跡（誠と近藤勇歌碑）
梅ヶ枝手水鉢
エクセレンス
道祖神社
伊東甲子太郎外数名殉難の跡碑
本光寺
リッチモンド
オムロン
明王院不動堂
此付近新選組最後の洛中屯屋敷跡碑
アパホテル
下京区総合庁舎
ハトヤ瑞鳳閣
武田病院
学校法人YIC学院 YIC京都
キャンパスプラザ京都
京都中央郵便局
京都タワーアネックス
ヨドバシカメラ
京都新阪急
さと茂
松本
法華クラブ京都
京都タワー
西喜楼
飯田
佐野家
アパホテル
ホワイト
ドーミーイン
電気鉄道事業発祥の地碑
三井ガーデン
輪形地蔵
正行院（猿寺）
塩小路高倉・京都市立芸術大学前
The Tousand Kyoto
第一旭
新福菜館
京都センチュリー
市立京都芸大
高倉跨線橋
のりば案内 P17参照
京都駅前バスターミナル
京都ポルタ（地下街）
バス総合案内所
※84系統 京都駅前発は昼間のみ
烏丸中央口
グランヴィア京都
京都劇場
JR山陰本線（嵯峨野線）
JR京都伊勢丹
京都総合案内所（京なび）
JR東海道本線（京都線）
JR東海道新幹線
京都コンピュータ学院
都シティ近鉄京都駅
近京都駅 B01
南北自由通路
八条口西口
八条口東口
京都駅
＊駅構内 P16図参照
八条口
京都駅八条口
イビススタイルズ京都ステーション
京都ecoトリップ
のりば案内 P18参照
地下自由通路
アバンティ
京阪京都グランデ
京都駅八条口アバンティ前
ダイワロイネット京都テラス八条口
京都エルシエント
ダブルツリーbyヒルトン京都駅
ピースホステル京都
河原町八条
アルモント
八条大宮
八条油小路
八条通
ワコールスタディホール
駿台予備校
松下資料館（3F）
テトラ京都駅前
京都ホテル八条
エクセレンス京都八条口
イオンモールKYOTO
綜芸種智院蹟碑
西福寺
稲荷大社御旅所
福田寺
慶賀門
東寺
東寺東門前
東寺道
近鉄京都線
京都プラザホテル
油小路通
九条弘道小
九条中
九条大宮
OMO3
近東寺駅 B02
九条近鉄前
グリーンリッチホテル京都駅前
九条車庫前
京都第一ホテル
城興寺（小指みくじ）
サクラテラス
九条通
凌風中
京都市交通局九条営業所
地下鉄烏丸線
烏丸通
旅館晴輝
リーガグラン京都八条口
相鉄フレッサイン京都八条口
ダイワロイネット京都八条口
南図書館
京阪京都八条口
竹田街道
チサン
河原町東寺道
河原町通
九条河原町
地下鉄九条駅前（大石橋）
地下鉄九条駅
レストランからファッション、サブカルチャーが楽しめる
竹田↓
上鳥羽↓
↓竹田駅
1分 2分 3分 4分
0m 300m

空中径路

中央コンコース上空、45m の高さにあるガラス張りの遊歩道。ビルの北側を東西に伸び、7F の東広場と 10F の京都拉麺小路を結んでいる。京都タワーが目前に迫り、京都駅以北の景色を見渡すことができる。さらに屋上には、展望そして夜景が楽しめる「大空広場と葉っぴいてらす」。

キャンパスプラザ京都

「公益財団法人大学コンソーシアム京都」の事務局がおかれ、各種事業のほか、京都市および近郊の各大学の授業（通称プラザ科目）も行われている。また「放送大学京都学習センター」もあり、放送大学の面接授業、単位認定試験、放送教材の視聴などが行われている。そして、1 階のコーナーでは、大学コンソーシアム京都に加盟する大学の各種情報が得られる。

KYOTO TOWER HOTEL

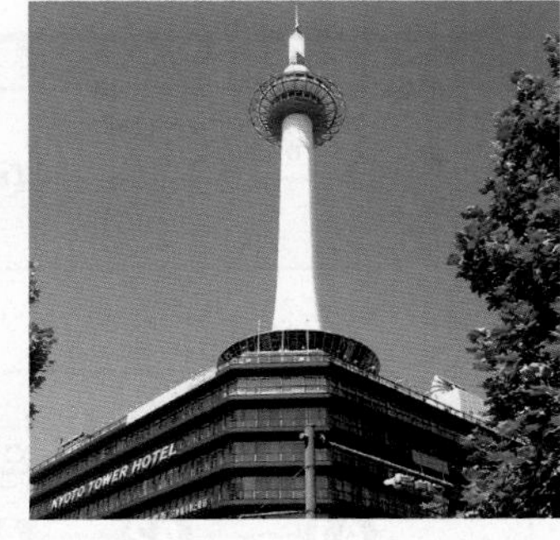

京都タワー

案内 P117

昭和 39 年（1964）に建てられた「京のランドマーク」。独特の塔の形は、海のない京都の街を照らす灯台をイメージしたもの。エッフェル塔や東京タワーなどと違い、一切鉄骨を使っていない。厚さ 12mm ～ 22mm の特殊鋼板シリンダーを溶接でつなぎ合わせ、円筒型の塔身としている。地上 100m の展望室からは四季折々の京の街の 360 度のパノラマが楽しめる。タワーを支えるビルには、名店街（京都タワーサンド）、レストラン街、ホテルが備わる。

JR京都駅・地下鉄京都駅・近鉄京都駅

凡例
改札
階段・エスカレーター（つながりは点線表記）
トイレ、身障者対応トイレ
みどりの窓口
エレベーター
23
京都タワー
烏丸口（北側）
塩小路通
周辺はP15・23を参照
京都駅前バスターミナル（P17参照）
音楽噴水
バス総合案内所（市バス・地下鉄案内所）
タクシー
京都ポルタへ
京都ポルタへ
平安京羅城門模型
京都駅北交番（1F）
京都劇場（2F）
大階段へ
グランヴィアへ
グランヴィア京都（2F～15F）
7F美術館「えき」KYOTO
10F 京都拉麺小路
JR京都伊勢丹
グランヴィアへ
京都ポルタへ
京都ポルタ大垣書店（B1F）
中央口
1F
嵯峨野線（山陰線）
JR-E01
34
33
32
31
30
関空特急はるか
嵯峨嵐山・亀岡方面
長岡京・大山崎・大阪方面
京都総合観光案内所（京なび）
南北自由通路
時の灯
おみやげ街道
西口
JR在来線ホーム
0 東海道本線（上り）（金沢・富山方面）
2 東海道本線（琵琶湖線）（草津方面）
3 湖西線（近江今津方面）
4 東海道本線（京都線）（大阪方面・普通）
5 東海道本線（京都線）（大阪方面・新快速・快速・普通）
6 東海道本線（下り）
7 （白浜・新宮方面）
8 奈良線（奈良方面）
9
10 奈良線（奈良方面）
JR-A31
JR-B31
JR-A31
JR-A31
JR-A31
JR-D01
JR-D01
山科・大津・米原・比叡山坂本・近江舞子方面
伏見・宇治・奈良方面
B1F
京都タワーへ
京都ポルタへ
地下鉄烏丸線
中央1改札口
京都ポルタへ
コトチカ京都 市バス・地下鉄案内所
中央2改札口
地下東口
B1F K11
地下自由通路
地下鉄烏丸線
南改札口
アバンティへ
2F
N1 近鉄京都駅
近鉄電車改札口
新幹線中央口
11 12 東海道・山陽新幹線（東京方面）ホーム（3F）
13 14 東海道・山陽新幹線（博多方面）ホーム（3F）
新幹線東乗換口
みやこ夢テラス
KINTETSU MALL みやこみち
ふたば書房
案内所
新幹線八条口
1F
在来線口
八条東口
新幹線八条東口
祭時計
八条口（南側）
タクシー
八条通
京都駅八条口（P18参照）

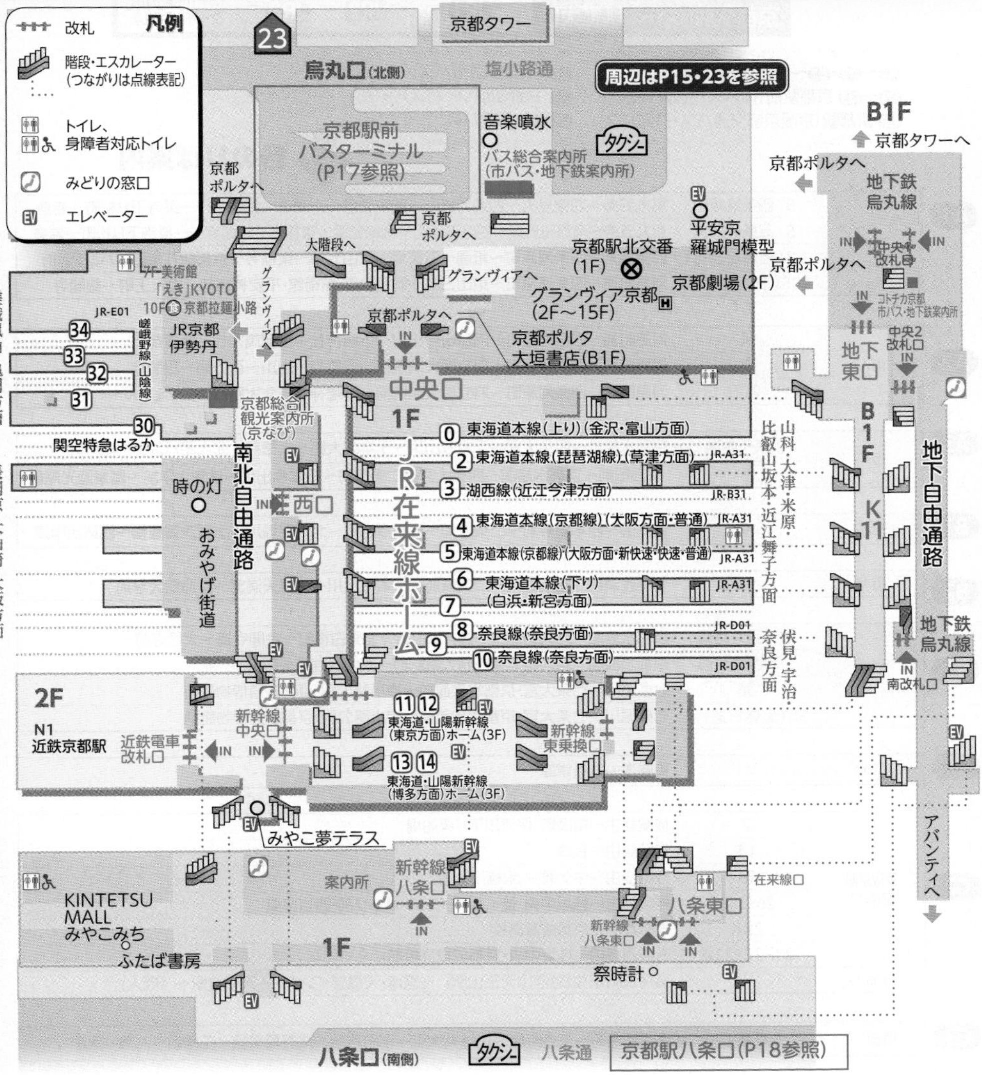

鉄道記号
地 地下鉄
JR JR線
近 近鉄電車
阪 阪急電車
京 京阪電車
嵐 嵐電
叡 叡山電車

京都駅前（京都駅）

15・16頁参照

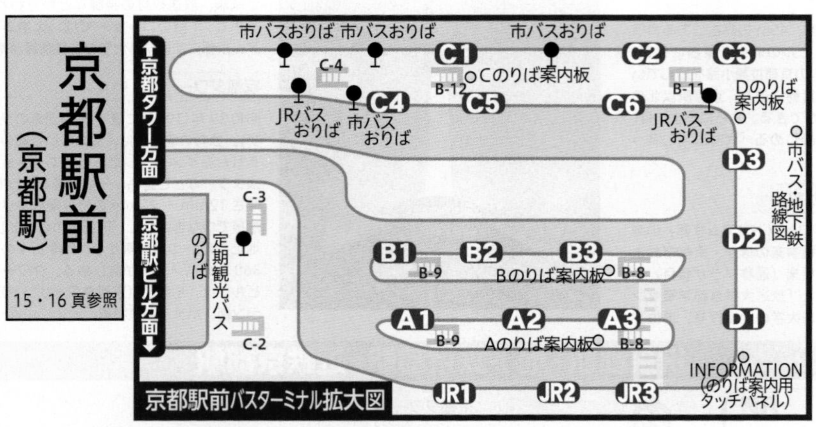

A1〜A3・B1〜B3・C1・C4・C5・C6・D1〜D3 京都駅前（市バス・京都バス）
C2 京都駅（京阪京都交通バス・丹海バス）
C6 京都駅（京阪バス）
JR3 京都駅前（JRバス）
JR1・JR2 高速バス

各のりば案内

のりば	事業者	系統	経由・行先
A1	市バス	5 四条通経由	烏丸五条〜四条烏丸〜四条河原町〜岡崎公園〜南禅寺〜銀閣寺〜一乗寺下り松町〜岩倉
		5 五条通経由	烏丸五条〜河原町五条〜四条河原町〜岡崎公園〜南禅寺〜銀閣寺〜一乗寺下り松町〜岩倉
		58（土休日運行）	四条烏丸〜四条河原町〜祇園〜五条坂〜東山七条〜東福寺〜京都駅八条口アバンティ前
		105（土休日運行）	河原町通〜四条河原町〜東山三条〜岡崎公園 美術館・平安神宮前〜東天王町〜銀閣寺
A2	市バス	4	河原町通〜四条河原町〜河原町今出川〜下鴨神社〜上賀茂神社〜西賀茂
		7	河原町通〜四条河原町〜府立医大病院前〜河原町今出川〜百万遍〜銀閣寺
		205	河原町通〜四条河原町〜府立医大病院前〜下鴨神社〜北大路バスターミナル〜
A3	市バス	206千本通	京都水族館〜四条大宮〜千本今出川〜千本北大路〜大徳寺〜北大路バスターミナル〜
		6	京都駅前〜京都水族館〜四条大宮〜二条駅前〜千本今出川〜佛教大学前〜鷹峯源光庵前
B1	市バス	9	堀川通〜西本願寺前〜二条城前〜堀川今出川〜北大路堀川〜上賀茂御薗橋〜西賀茂車庫
B2	市バス	50	七条西洞院〜四条堀川〜二条城前〜千本今出川〜北野天満宮〜立命館大学前
B3	市バス	205西大路通	京都水族館〜西大路四条〜西ノ京円町〜北野白梅町〜金閣寺道〜大徳寺前〜
		208西大路通	京都水族館〜西大路七条〜西大路駅前〜西大路九条〜東寺南門前〜
		86	七条堀川〜七条大宮・京都水族館前〜梅小路公園・京都鉄道博物館前
		58（土休日運行）	七条堀川〜七条大宮・京都水族館前〜梅小路公園・京都鉄道博物館前
C1	市バス	205	東寺道〜九条車庫
C2	京阪京都交通バス	2	桂駅経由〜亀岡駅・保津川下り乗船場
		14	桂駅経由〜長峰
		15	桂駅経由〜牛ケ瀬〜 JR桂川駅前
		26・26B	桂駅経由〜桂坂中央・桂イノベーションパーク前・西京車庫
		28A	桂駅経由〜京都成章高校
		21・27・21A	五条通経由〜桂坂中央・京都成章高校前
	丹海バス		高速長岡京（阪急西山天王山駅）〜宮津・天橋立インター〜天橋立駅〜（間人）
C3	京都バス	17・特17	四条河原町〜三条京阪〜川端丸太町〜出町柳駅〜高野橋東詰〜花園橋〜八瀬〜大原

のりば	会社	系統	主な経由地
C4	市バス	16	京都駅八条口～河原町八条～大石橋～市民防災センター前～九条御前通～京都駅前
		19	京都駅八条口～東寺南門～城南宮～中書島～横大路車庫
		42	東寺東門～吉祥院天満宮～ JR桂川駅～阪急洛西口駅前
		78	京都駅八条口～東寺南門～吉祥院運動公園～久世工業団地
		81・特81	京都駅八条口アバンティ～竹田駅東口～中書島～横大路車庫
		84	京都駅八条口～河原町十条～上鳥羽～西京極駅前～四条葛野大路～太秦天神川駅前
		南5・特南5	七条京阪前～師団街道～東福寺道～稲荷大社～青少年科学センター～竹田駅東口～（中書島）
C5	市バス	33・特33	京都水族館～西京極小学校～桂駅東口～洛西バスターミナル
		23	烏丸五条～京都リサーチパーク～西京極運動公園前～千代原口～洛西バスターミナル
		75・85	西本願寺～京都リサーチパーク～太秦天神川駅～映画村～（75は山越中町、85は嵐山）
C6	市バス	28	堀川通～西本願寺前～四条大宮～松尾大社前～嵐山天龍寺前～大覚寺
	京阪バス	57＊	四条河原町～三条京阪～出町柳駅～銀閣寺道～延暦寺バスセンター～比叡山頂
	京都バス	51＊	烏丸今出川～出町柳駅～銀閣寺道～延暦寺バスセンター～比叡山頂
		73	四条烏丸～四条大宮～西大路四条～太秦広隆寺前～嵐山～松尾大社～鈴虫寺
		75	四条烏丸～四条大宮～西大路四条～山の内～太秦天神川駅前～太秦広隆寺前～有栖川～
		76	四条烏丸～四条大宮～西大路四条～太秦天神川駅前～太秦広隆寺前～嵐山～阪急嵐山駅～
		83・86	烏丸五条～西京極スポーツセンター前～光華学園前～太秦天神川駅前～有栖川～嵐山～

＊は、春分の日～12月第一日曜の運行

のりば	会社	系統	主な経由地
D1	市バス	EX100	五条坂（清水寺）～祇園～岡崎公園 美術館・平安神宮前～銀閣寺前
		EX101	五条坂（清水寺）～京都駅前
D2	市バス	86	三十三間堂～清水寺～祇園～東山三条～平安神宮～東山三条～祇園～清水寺～三十三間堂
		88（土・休日運行）	三十三間堂～泉涌寺～東福寺～京都駅八条口～九条車庫
		106	三十三間堂～清水寺～祇園～東山三条～三条京阪～四条京阪～祇園～清水寺～
		206東山通経由	三十三間堂～清水寺～祇園～岡崎公園～百万遍～高野～北大路バスターミナル～
		208東山通経由	三十三間堂～泉涌寺～東福寺～九条車庫
	京都バス	臨東山　東山通経由	三十三間堂→清水寺→東山三条→百万遍→高野橋東詰
D3	市バス	26西大路通	烏丸七条～四条烏丸～西大路四条～北野白梅町～妙心寺～御室仁和寺～山越～
JR3	西日本 JRバス		（妙心寺北門前）～（龍安寺前）～仁和寺～高雄～栂ノ尾～周山～

京都駅八条口（F1 F2 G1）

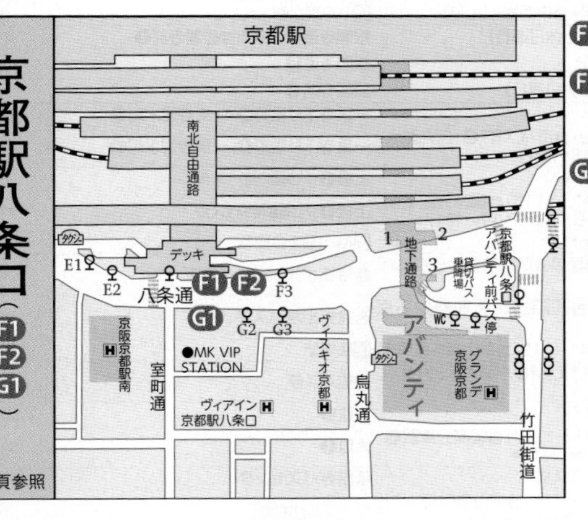

15頁参照

京都駅八条口のりば案内

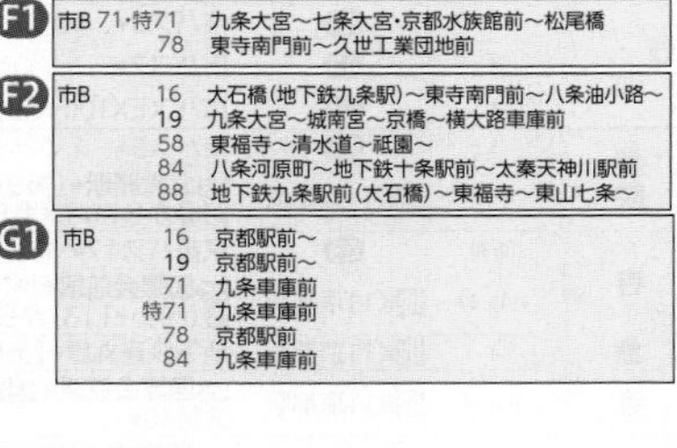

のりば	会社	系統	主な経由地
F1	市B	71・特71	九条大宮～七条大宮・京都水族館前～松尾橋
		78	東寺南門前～久世工業団地前
F2	市B	16	大石橋（地下鉄九条駅）～東寺南門前～八条油小路～
		19	九条大宮～城南宮～京橋～横大路車庫前
		58	東福寺～清水道～祇園～
		84	八条河原町～地下鉄十条駅前～太秦天神川駅前
		88	地下鉄九条駅前（大石橋）～東福寺～東山七条～
G1	市B	16	京都駅前～
		19	京都駅前～
		71	九条車庫前
		特71	九条車庫前
		78	京都駅前
		84	九条車庫前

鉄道記号
地 地下鉄
JR JR線
近 近鉄電車
阪 阪急電車
京 京阪電車
嵐 嵐電
叡 叡山電車

京都御苑内の京都迎賓館・京都仙洞御所に行く場合は、河原町通になるが、市バス7で「府立医大病院前」下車が近い。市バス5系統は四条通経由・五条通経由の2経路があ
特記のない場合はどちらでも可。＊市バス EX100・EX101は特急料金、大人500円・小人250円。「地下鉄・バス一日券」、「京都修学旅行1day チケット」が利用可。

地域	目的地	参照ページ	のりもの案内（太字は1時間に4便以上の系統。色数字は市バス循環系統・均一系統、◆は地下鉄・バス一日券、京都修学旅行1day チケットが利用可）			降り場（バス停位置は参照ページで確認）	乗車時間
			待機時間	乗り場	アクセス（乗換の行き方は左の目的地欄から探す。乗は乗り換え先のページで乗降の位置を確認してください）		
	京都水族館 鉄道博物館・島原	21	15・15	B3	市バス86◆、58◆（土休日運行）	七条大宮・京都水族館前❹、梅小路公園・京都鉄道博物館前❾	7～、10～
			10	JR京都駅	JR嵯峨野線〔下り〕普通	JR梅小路京都西駅	3
	西本願寺	23	5・15	B1・C6	市バス9◆（B1）・28◆（C6）	西本願寺前❷	6・6
	東本願寺				烏丸通を北へ徒歩9分		
	東寺	25	30	C4	市バス42◆	東寺東門前❷	8
			8	近京都駅	近鉄電車京都線〔下り〕普通・準急・急行	近東寺駅	1
	四条河原町	27	15	A1	市バス5、105◆（土休日運行）	四条河原町⓬	18、18
			3	A2	市バス4◆・7◆・205◆、	四条河原町❿（市バス7は⓫）	10～15
			10	C3	京都バス17◆	四条河原町❿	15
	四条高倉 四条烏丸 四条駅 烏丸御池	30	10	A1	市バス5（四条通経由のみ）◆	四条烏丸⓫・四条高倉㉑	11・16
			10	D3	市バス26◆	四条烏丸❼	13
			10・30	C3	京都バス17◆・特17◆	四条烏丸⓫・四条高倉㉑	9・11
			3	C6	京都バス73◆・76◆	四条烏丸❼	8～11
			4	地K11京都駅	地下鉄烏丸線◆〔上り〕	地K09四条駅・地K08・T13烏丸御池駅	4・6
	四条大宮 壬生寺	33	7・15	A3	市バス206◆・6◆	四条大宮❻	16・15
			10	C6	京都バス73◆・76◆	四条大宮❷・壬生寺道⓲	15～16
			10	D3	市バス26◆	四条大宮❷・壬生寺道⓲	19・20
			15	C6	市バス28◆	四条大宮❹・壬生寺道⓲	13・14
			30	JR3	JRバス全系統◆	四条大宮❻	12
	河原町三条	35	4・6	A2	市バス4◆・7◆・205◆、105◆（A1から土休日運行）	河原町三条❼（市バス7は❽）	16～17
			10・30	C3	京都バス17◆・特17◆	河原町三条❺	18
	三条京阪	37	5・15	A1	市バス5、105◆（土休日運行）	三条京阪前Ⓓ	27、25
			-	D2	市バス106◆（東山通経由）※1日2便	三条京阪前C2	28
			10・30	C3	京都バス17◆・特17◆	三条京阪前Ⓔ	24
	京都御所	38	4	地K11京都駅	地下鉄烏丸線◆〔上り〕	地K07丸太町駅・地K06今出川駅	8・10
	盧山寺・梨木神社 京都迎賓館		10・4・6	A2	市バス4◆・特4◆・7◆・205◆	府立医大病院前⓬	23～24
	下鴨神社 河原町今出川	41	10・4	A2	市バス4◆・特4◆・205◆	下鴨神社前❷	30～31
	出町柳駅		10・30	C3	京都バス17◆・特17◆	出町柳駅前❸	32
	西陣	43	5	B1	市バス9◆	堀川今出川❼・堀川寺ノ内❷	25・27
	二条城	45	5・8	B1・B2	市バス9◆（B1）・50◆（B2）	二条城前❻	16・17
			4+4	地K11京都駅	乗T13烏丸御池駅◆（P30）乗東西線◆〔下り〕	地T14二条城前駅	6+2
洛東	東福寺 泉涌寺	47	10	D2	市バス208◆、88◆（土休日運行）	泉涌寺道❷・東福寺❹	13・15
			8・15	JR京都駅	JR奈良線〔下り〕普通・快速	JR東福寺駅	2
	三十三間堂	49	7・10・15	D2	市バス206◆・208◆・86◆・106◆、88◆（土休日運行）、京都バス臨東山◆	博物館三十三間堂前❶・東山七条❺（208・88は❸）	9・10
	清水寺	52	5・30	D2	市バス206◆・86◆・106◆、京都バス臨東山◆	五条坂❼・清水道❽・祇園❺	15・17・21
	祇園	55	8・8	D1	市バスEX100◆・EX101◆（土休日運行）	五条坂❼（EX101は五条坂❻のみ）・祇園❺	10・13
	高台寺・霊山歴史館	52	7・15	D2	市バス206◆・86◆・106◆、京都バス臨東山◆	東山安井バス停	19
	知恩院 青蓮院	57	7・15	D2	市バス206◆・86◆・106◆、京都バス臨東山	知恩院前❻・東山三条❹（106は❼）	23・25
			4+4	地K11京都駅	乗T13烏丸御池駅◆（P30）乗東西線◆〔上り〕	地T10東山駅（平安神宮も）	6+5
	平安神宮	59	5、15	A1	市バス5、105◆（土休日運行）	岡崎公園 美術館・平安神宮前❷	32・32
			15	D2	市バス86◆	岡崎公園動物園前バス停、岡崎公園 美術館・平安神宮前❶	31、33
			8	D1	市バスEX100◆（土休日運行）	岡崎公園 美術館・平安神宮前❷	18
	南禅寺 永観堂	61 63	5	A1	市バス5◆	南禅寺・永観堂道❷	36
			4+4	地K11京都駅	乗T13烏丸御池駅◆乗東西線◆〔上り〕	地T09蹴上駅	6+7
	銀閣寺・ 哲学の道	63	5	A1	市バス5◆、105◆（土休日運行）	銀閣寺道❸、105は銀閣寺前❶	43、44
			6	A2	市バス7◆	銀閣寺道❺	36
			8	D1	市バスEX100◆（土休日運行）	銀閣寺前❶	24
洛北	詩仙堂 曼殊院	65	5	A1	市バス5◆	一乗寺下り松町❹・一乗寺清水町❷	49・51
			4+15	地K11京都駅	乗北大路駅◆（P69）乗市バスBTⒷ・烏丸北大路❶から市バス北8◆（東行）	一乗寺下り松町❹・一乗寺清水町❷	14+16～18
	蓮華寺	13 99	10・30	C3	京都バス17◆・特17◆	上橋❹・八瀬駅前バス停	48・50
			4+15・30	地K11京都駅	乗国際会館駅◆（P13・P113）乗国際会館駅前❻（P99・P113）から京都バス19◆・特17◆	上橋❹・八瀬駅前バス停	20+5・7
	国際会館	14 99	4	地K11京都駅	地下鉄烏丸線◆〔上り〕	地K01国際会館駅	20
	円通寺		4+30～	地K11京都駅	乗国際会館駅◆乗国際会館駅前❹から京都バス特40◆	西幡枝（円通寺前）バス停	20+6
	実相院	13・99	4+15	地K11京都駅	乗国際会館駅◆乗国際会館駅前❸から京都バス24◆	岩倉実相院バス停	20+12
	鞍馬	13・67	6～+10	A2C3	乗出町柳駅前◆（P41・P115）乗叡山電車鞍馬線	叡鞍馬駅	28～+30
	貴船		30	A2C3	上記アクセスで叡電貴船口駅乗京都バス33（北行）	貴船バス停	59～
	大原	13・68	10・30	C3	京都バス17◆・特17◆	大原❶	65・75
			4+15・30	地K11京都駅	乗国際会館駅◆（P13・P113）乗国際会館駅前❻から京都バス19◆・特17◆	大原❶	20+22
	比叡山	13 104	100	C6	京都バス51・京阪バス57	延暦寺バスセンター	65・65
			4+10+10		乗出町柳駅前（P41・P115）乗叡山電車〔下り〕八瀬比叡山口駅（P13）乗叡山ケーブル	ケーブル比叡駅	54～

地名・名称 烏丸通（からすま） 塩小路通（しおこうじ） 東洞院通（ひがしのとういん） 西洞院通（にしのとういん） 油小路通（あぶらのこうじ） 高倉跨線橋（たかくらこせんきょう） 六孫王神社（ろくそんのうじんじゃ） 竹田街道（たけだかいどう） 八条口（はちじょうぐち）

バス特4は北園町から左京総合庁舎、松ヶ崎駅、上賀茂小学校を経由して、上賀茂神社に向かう。大徳寺・金閣寺には、地下鉄北大路駅から市バス利用がおすすめ。
シーズンの嵐山・嵯峨野や映画村へは、「地下鉄・バス一日券」があっても JR 嵯峨野線利用がおすすめです。

目的地	参照ページ	のりもの案内（太字は1時間に4便以上の系統。色数字は市バス循環系統・均一系統、◆は地下鉄・バス一日券、京都修学旅行1day チケットが利用可）待機時間	乗り場	アクセス（参照の行き方は左の目的地欄から探す。乗換は乗り換え先のページで乗降の位置を確認してください）	降り場（バス停位置は参照ページで確認）	乗車時間	乗換回数
北大路駅 北大路BT	69	4	A2	市バス205◆	北大路BT降り場	40	0
		4	地K11京都駅	地下鉄烏丸線◆〔上り〕	地K04北大路駅	14	0
府立植物園		4	地K11京都駅	地下鉄烏丸線◆〔上り〕	地K03北山駅	16	0
上賀茂神社	71	5	B1	市バス9◆	上賀茂御薗橋❺	38	0
		10	A2	市バス4◆・特4◆（特4は左京区総合庁舎経由）	上賀茂神社前❶	51・55	0
大徳寺	73	4	A2	市バス205◆	大徳寺前❷	45	0
		7	A3	市バス206◆	大徳寺前❶	40	0
		5	B1	市バス9◆	北大路堀川❼	30	0
神光院・正伝寺		5	B1	市バス9◆	神光院前❸	42	0
しょうざん庭園	13 100	4+10	地K11京都駅	参照K04北大路駅◆（P69）乗換Fから市バス北1◆	土天井町バス停	14+17	1
鷹峯		4+10	地K11京都駅	参照K04北大路駅◆乗換市BT Fから市バス北1◆	鷹峯源光庵前❶	14+18	1
		15	A3	市バス6◆	鷹峯源光庵前❶	42	0
北野天満宮 北野白梅町	77	8	B2	市バス50◆	北野天満宮前❷・北野白梅町❽	33・36	0
		10	D3	市バス26◆	北野白梅町❼	38	0
		4	B3	市バス205◆	北野白梅町❽	37	0
金閣寺	73	4	B3	市バス205◆	金閣寺道❸	43	0
大徳寺	79	4+4～	地K11京都駅	参照K04北大路駅◆乗換Eから205◆、Gから204◆	大徳寺前❷、金閣寺道❷	14+5、11	1
等持院	79	10	D3	市バス26 ◆	等持院道バス停	40	0
		8	B2	市バス50◆	立命館大学前❽	42	0
		30	JR3	JRバス立命経由◆	立命館大学前❾	30	0
妙心寺・仁和寺		10	D3	市バス26◆	妙心寺北門前❼・御室仁和寺❹	42・46	0
妙心寺		10	JR京都駅	JR嵯峨野線〔下り〕	JR花園駅	12	0
龍安寺	82	8	B2	市バス50◆	立命館大学前❽下車、徒歩11分	40	0
		4+7	地K11京都駅	参照K06今出川駅◆（P38）乗換烏丸今出川❸から市バス59◆	龍安寺前❷	10+25	1
		30	JR3	JRバス立命経由◆	龍安寺前❷	31	0
仁和寺		30～	JR3	JRバス全系統◆	御室仁和寺❹	33	0
広隆寺 東映太秦映画村	85	10～	C6	京都バス73◆・75◆・76◆	太秦広隆寺前❻	35	0
		4+10	地K11京都駅	参照K09四条駅◆（P30）乗換四条烏丸❼から市バス11◆	太秦広隆寺前❻	4+27	1
		10	JR京都駅	JR嵯峨野線〔下り〕普通	JR太秦駅	14	0
嵐山	87	10	C6	京都バス73◆	嵐山❹	45	0
		15、30	C6	市バス28◆、市バス85◆（C5から）	嵐山天龍寺前❷、85は❶（土休日85は❷）	44	0
		10・30	JR京都駅	JR嵯峨野線〔下り〕普通・快速	JR嵯峨嵐山駅	17・11	0
嵯峨野	91	15	C6	市バス28◆	嵯峨小学校前❼・嵯峨釈迦堂前❻・大覚寺❶	48～52	0
高雄	13・90	30	JR3	JRバス全系統◆	高雄❸・栂ノ尾❻	49・51	0
松尾大社 鈴虫寺	13・101	10	C6	京都バス73◆	松尾大社前❷、苔寺・すず虫寺❼	52・56	0
		15	C6	市バス28◆	松尾大社前❹	37	0
		4+5+8	地K11京都駅	参照K09四条駅◆（P30）乗換HK85烏丸駅から阪急京都本線特急〔下り〕でHK81桂駅（P13）乗換阪急嵐山線	阪HK97松尾大社駅	4+5+4	2
西京極	13・14	10	C5	市バス23◆	西京極運動公園前バス停	30	0
		4+5	地K11京都駅	参照K09四条駅◆乗換HK85烏丸駅から阪急京都本線〔下り〕	阪HK82西京極駅	4+6	1
桂離宮		15	C5	市バス33◆	桂離宮前バス停	25	0
		4+5	地K11京都駅	参照K09四条駅◆乗換HK85烏丸駅から阪急京都本線〔下り〕	阪HK81桂駅下車、徒歩20分	4+5～	1
勝持寺 大原野神社	13	60	C2	京阪京都交通バス長峰行	南春日町❶	48	0
		8+30	JR京都駅	JR東海道本線〔下り〕向日町駅（P13）乗換JR東向日町から阪急バス63	南春日町❶	8+25	1
善峯寺		8+100	JR京都駅	JR東海道本線〔下り〕向日町駅乗換阪急バス66	善峯寺❽	7+34	1
長岡天満宮 光明寺		8+15	JR京都駅	JR東海道本線〔下り〕長岡京駅（P13）乗換阪急バス20・22	光明寺バス停	11+14～16	1
伏見稲荷	14・93	15	C4	市バス南5◆・特南5◆	稲荷大社前❶	16	0
		8	JR京都駅	JR奈良線〔下り〕普通	JR稲荷駅	5	0
城南宮	13・103	30	京都駅八条口F2	市バス19◆	城南宮バス停	29	0
伏見桃山	14 94	8	JR京都駅	JR奈良線〔下り〕普通	JR桃山駅	10	0
		8	近京都駅	近鉄京都線	近桃山御陵前駅	9～11	0
寺田屋		10・30	C4	市バス81◆・特81◆・南5◆・特南5◆	京橋❸	33	0
		30	京都駅八条口F2	市バス19◆	京橋❸	36	0
山科	13・102	6	JR京都駅	JR湖西線・東海道本線	JR山科駅	5	0
勧修寺 随心院 醍醐寺	13・95	6+4	JR京都駅	参照T07山科駅（P13、P102）乗換東西線◆〔上り〕	地T04小野駅・地T03醍醐駅	5+6～8	1
		4+4	地K11京都駅	参照T13烏丸御池駅◆（P30）乗換東西線◆〔上り〕	地T04小野駅・地T03醍醐駅	6+18～20	1
萬福寺	13・97	8	JR京都駅	JR奈良線〔下り〕普通	JR黄檗駅	23～25	0
平等院		8・15	JR京都駅	JR奈良線〔下り〕普通・快速	JR宇治駅	29・17	0
三室戸寺		8+8	JR京都駅	JR奈良線〔下り〕普通で黄檗駅（P13、P97）乗換京阪宇治線	京三室戸駅下車、徒歩15分	25+3	1
保津川下り	104	10・30	JR京都駅	JR山陰本線〔下り〕普通・快速・特急	JR亀岡駅下車、徒歩10分で乗船場	32・20・17	0
大津		8・10	JR京都駅	JR東海道本線〔上り〕快速・新快速	JR大津駅	9	0
奈良		8・16	近京都駅	近鉄京都線〔下り〕急行・特急（奈良行）	近奈良駅	48・38	0
大阪駅		8・8	JR京都駅	JR東海道本線〔下り〕新快速・快速	JR大阪駅	28・40	0
USJ		27	JR京都駅	参照大阪駅からJR環状線〔内回り〕で西九条駅乗換JRゆめ咲線	JRユニバーサルシティ駅	36～48	1
神戸		8	JR京都駅	JR東海道本線〔下り〕新快速	JR三ノ宮駅	50	0

鉄道記号
地 地下鉄
JR JR線
近 近鉄電車
阪 阪急電車
京 京阪電車
嵐 嵐電
叡 叡山電車

水族館・鉄道博物館・島原

開発が進む梅小路公園エリア

バス停名

❶〜❻七条大宮・京都水族館前
❼❽七条壬生川
❾梅小路公園・京都鉄道博物館前
❿⓫梅小路公園・JR 梅小路京都西駅前
⓮⓯島原口

乗り場番号は本書の説明のためにつけたものです。
現地停にはこの番号はありませんのでご注意。

access

2019 年春、JR 新駅「梅小路京都西」駅が開
された。梅小路公園は面積約 12.8ha の都市
園。広々とした園内は再開発が進んでおり、京都水族
（2012 年）と京都鉄道博物館（2016 年）の開館、市
と観光客に人気のエリアとなっている。北に向かうと
選組でも知られる島原遊廓の遺構が残る

京都水族館 案内 P117

「水と共につながる、いのち。」をコンセプトにオープンした内陸型大規模水族館。オオサンショウウオの川のゾーン、洞窟や魚眼レンズなの大水槽、イルカスタジアムなどいろいろなスポットがある。いのちや環境に楽しく触れることができるワークショップも用意されている。

京都鉄道博物館 案内 P117

SL から新幹線まで、日本の近代化を牽引してきた 53 両の車両を収蔵する、日本最大級の鉄道博物館。「見る、さわる、体験する」をテーマに、驚きや感動の体験を通して、鉄道の歴史や安全、技術を学ぶことができる。運転シミュレータや鉄道ジオラマのほかにも、本物の SL が牽引する「SL スチーム号」への乗車体験など、体験展示が充実。3 階のスカイテラスからは京都の町並みとともに在来線や新幹線も一望できる。

角屋もてなしの文化美術館 案内 P119

島原には、揚屋と置屋があり、揚屋は太夫・芸
妓などを一切かかえず、置屋から太夫等を呼ん
で宴会を催す場で、角屋の建物は揚屋建築の唯
一の遺構として、国の重要文化財の指定を受けている。幕末には勤王、佐幕派双方の会合場所となった維新の旧跡。西郷隆盛・久坂玄瑞などの勤王志士たちが集い、会津藩や新選組が利用した歴史が残る。

徒歩所要分

バス停「梅小路公園・JR 梅小路京都西駅前」→
京都鉄道博物館（4 分）
バス停「七条大宮・京都水族館前」→
京都水族館（5 分）
京都鉄道博物館（12 分）

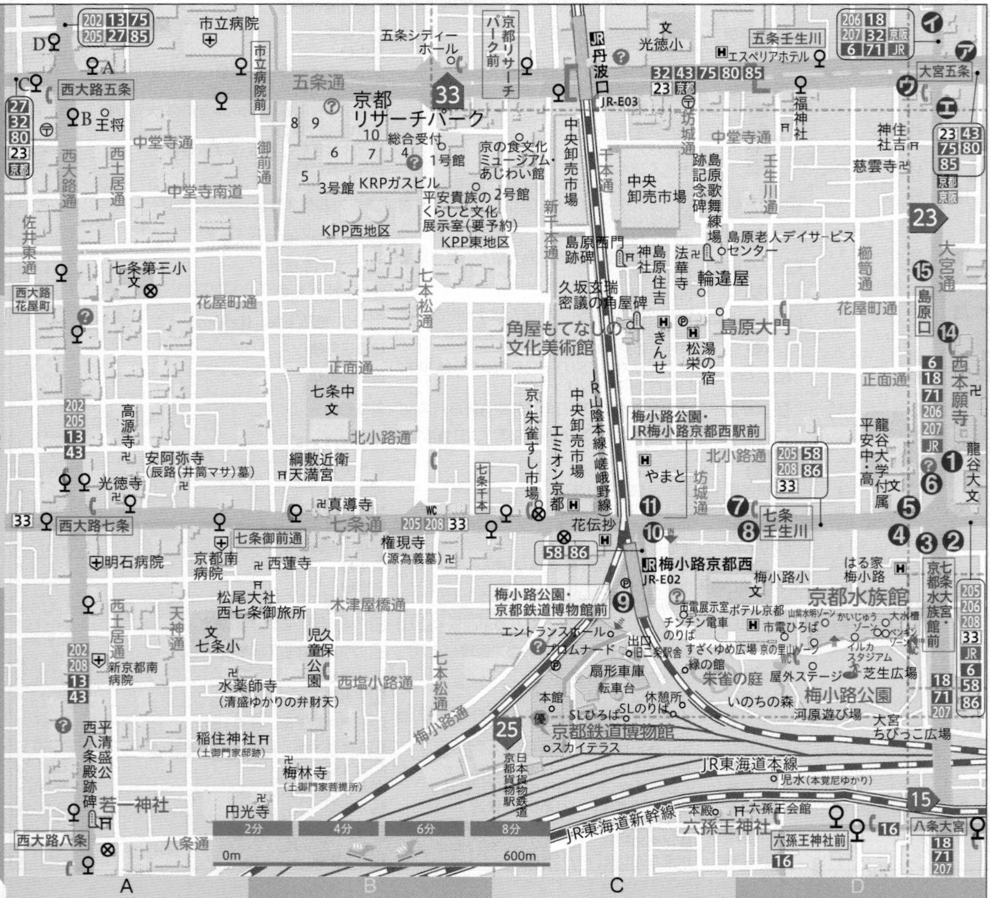

五条通
七条通
京都リサーチパーク
JR丹波口
中央卸売市場
島原大門
角屋もてなしの文化美術館
輪違屋
島原西門跡碑
久坂玄瑞密議の角屋碑
梅小路京都西
梅小路公園
京都水族館
京都鉄道博物館
扇形車庫
朱雀の庭
いのちの森
芝生広場
JR東海道本線
JR東海道新幹線
JR山陰本線（嵯峨野線）
西大路五条
西大路七条
西大路八条
七条御前通
五条壬生川
大宮五条
八条大宮
六孫王神社
西本願寺
龍谷大
平安中・高
七条中
七条小
梅小路小
光徳小
七条第三小
市立病院
京都南病院
明石病院
権現寺（源為義墓）
西蓮寺
真導寺
松尾大社西七条御旅所
水薬師寺（清盛ゆかりの弁財天）
稲住神社
梅林寺
若一神社
西八条殿跡
平清盛公
綱敷行衛天満宮
安阿弥寺
高源寺
光徳寺
福神社
慈雲寺
神住社
京都貨物駅
日本貨物鉄道
0m 600m
2分 4分 6分 8分

小路公園には、京都駅前から多くのバスが出ている。P17 ～ P19 を参照。

目的地	参照ページ	のりもの案内（太字は1時間に4便以上の系統。色数字は市バス循環系統・均一系統、◆は地下鉄・バス一日券、京都修学旅行1day チケットが利用可） 待機時間	乗り場	アクセス（[参照]の行き方は左の目的地欄から探す。[乗換]は乗り換え先のページで乗降の位置を確認してください）	降り場（バス停位置は参照ページで確認）	乗車時間	乗換回数
京都駅	15	4・10	❺⓫	市バス205◆・208◆	京都駅前市バス降り場	9～・12～	0
		15～	❾	市バス86◆、58◆（土休日運行）	同上	13	0
		10	JR 梅小路京都西駅	JR嵯峨野線〔上り〕普通	JR京都駅	3	0
西本願寺	23			北東へ徒歩8分			
東本願寺		4	❺⓫	市バス205◆	烏丸七条❿	5・8	0
東寺	25	5	❷	市バス207◆・71◆	東寺東門前❷	2	0
四条河原町 新京極	27	15・30	❾❺❸	市バス58◆（❾❺土休日運行）、207◆（❸のみ）	四条河原町❾	17～20	0
四条高倉	30	15・5	❾❺❸	市バス58◆（❾❺土休日運行）、207◆（❸のみ）	四条烏丸❾（58は⓫）・四条高倉㉑	24～・27～	0
四条大宮 壬生寺	33	15	❸	市バス71◆・特71	四条大宮❻・壬生寺道⓲	8・9	0
		7	❻	市バス206◆	四条大宮❿	8	0
四条大宮		5	❸	市バス207◆	四条大宮❶	8	0
		15	❸	市バス18◆・特18	四条大宮❾	8	0
河原町三条・京都市役所前	35	30	❾	[参照]四条河原町（P27）[乗換]同❿から市バス4◆・特4◆・205◆	河原町三条❼・京都市役所前❹（P115）	20～+3～	1
京都御所・今出川	38	4～+4		[参照]京都駅（P15）[乗換]地下鉄烏丸線◆〔上り〕	地今出川駅	7～+8～	1
盧山寺・梨木神社		5+2～	❾❺❸	[参照]四条河原町（P27）[乗換]同❿から市バス4◆・特4◆・205◆、⓫から市バス3◆・7◆	府立医大病院前⓬	20～+9	1
下鴨神社	41	5+2～	❾❺❸	[参照]四条河原町[乗換]同❿から市バス4◆・特4◆・205◆	下鴨神社前❷	20～+17	0
河原町今出川		5+2～	❾❺❸	[参照]四条河原町[乗換]同⓫から市バス3◆・7◆	河原町今出川❸・出町柳駅前❹（P115）	20～+11～	0
西陣	43	5+2～	❸	市バス207◆で四条堀川（P33）[乗換]同⓰から市バス9◆・12◆など	堀川今出川❼・堀川寺ノ内❷	10～+12～	0
二条城	45	5+2～	❸	市バス207◆で四条堀川[乗換]同⓰から市バス9◆・12◆・50◆	二条城前❻	10～+5	0
東福寺・泉涌寺	47	5	❷	市バス207◆	東福寺❸・泉涌寺道❶	18・19	0
三十三間堂	49	15～	❾	市バス86◆	東山七条❺	24	0
		10	❺⓫	市バス208◆	博物館三十三間堂前❶・東山七条❸	19～・21～	0
清水寺 祇園・高台寺	52・55	15	❾	市バス86◆	五条坂❼・清水道❽・東山安井バス停	28・29・31	0
		7	❶	市バス206◆	五条坂❼・清水道❽・東山安井バス停	25・27・29	0
祇園	55	5	❸	市バス207◆	祇園❶	25	0
		15	❾❺	市バス58◆（土休日運行）	祇園❶	35・32	0
		15	❾	市バス86◆	祇園❺	34	0
知恩院・青蓮院 東山三条	57	15	❾	市バス86◆	知恩院前❻・東山三条❹	36・39	0
平安神宮	59	15	❾	市バス86◆	岡崎公園 美術館・平安神宮前❶	47	0
南禅寺		15+4	❾	市バス86◆で東山三条（P57）[乗換]地東山駅から東西線◆〔上り〕	地蹴上駅（南禅寺最寄）	39+2	1
南禅寺・永観堂	59・61・63	15+5	❾	[参照]東山三条[乗換]同❶から市バス5◆、105（土休日運行）	南禅寺・永観堂道❷、105は東天王町❹	39+6～	1
哲学の道 金戒光明寺		15+6	❾	[参照]東山三条[乗換]同❹から市バス203◆	東天王町❻	39+8	1
銀閣寺 哲学の道	65	15+5	❾	[参照]東山三条[乗換]同❶から市バス5◆、105（土休日運行）	銀閣寺道❸・105は銀閣寺前❶	39+15～	1
		15+6	❾	[参照]東山三条[乗換]同❹から市バス203◆	銀閣寺道❹	39+18	1
詩仙堂・曼殊院	65	15+5	❾	[参照]東山三条[乗換]同❶から市バス5◆	一乗寺下り松町❹・一乗寺清水町❷	39+21～	1
鞍馬・貴船	67	5+5+10	❷	[参照]東福寺◆（P47）[乗換]京阪電車で京出町柳駅（P41）[乗換]叡山電車鞍馬線	叡鞍馬駅・叡貴船口駅	18+10～+27～	2
北大路BT	69	7	❻	市バス206◆	北大路BT降り場	39	0
府立植物園		7	❻	市バス206◆	植物園前バス停	44	0
上賀茂神社	71	7+6	❻	市バス206◆で四条大宮（P33）[乗換]同❽から市バス46◆	上賀茂神社前❶	8+35	0
大徳寺	73	7	❻	市バス206◆	大徳寺前❶	33	0
北野天満宮 北野白梅町	77	4	❹❿	市バス205◆	北野白梅町❽	28・26	0
金閣寺	79	4	❹❿	市バス205◆	金閣寺道❸	33・31	0
龍安寺・仁和寺	82	4+7	❹❿	市バス205◆で金閣寺道（P79）[乗換]金閣寺道❶から市バス59◆	龍安寺前❷・御室仁和寺❹	39～・41～	1
妙心寺		4+10	❹❿	市バス205◆で西ノ京円町（P75）[乗換]同❹から市バス91◆・市バス93◆	妙心寺前❾	22～+4	1
		10	JR 梅小路京都西駅	JR嵯峨野線〔下り〕普通	JR花園駅	9	0
龍安寺・妙心寺・仁和寺		4+7	❹❿	市バス205◆で北野白梅町（P77）[乗換]嵐電北野線	嵐龍安寺駅・妙心寺駅・御室仁和寺駅	26～+3～	1
龍安寺・仁和寺		30～	❻	西日本JRバス立命経由◆	龍安寺前❷・御室仁和寺❹	24・26	0
東映太秦映画村	85	4+10	❹❿	市バス205◆で西ノ京円町（P75）[乗換]同❹から市バス91◆・市バス93◆	太秦映画村道❷	22～+8	1
広隆寺 東映太秦映画村		4+10	❹❿	市バス205◆で西ノ京円町[乗換]同❹から京都バス63◆・66◆	太秦映画村前❸・太秦広隆寺前❻	22～+9～	1
		10	JR 梅小路京都西駅	JR嵯峨野線〔下り〕普通	JR太秦駅	11	0
		5～+7		[参照]四条大宮◆（P33）[乗換]嵐電嵐山本線〔上り〕	嵐太秦広隆寺駅	8+12	1
		5～+8		[参照]四条大宮◆[乗換]❷から市バス11◆	太秦広隆寺前❻	8+21	1
嵐山	87	5～+8		[参照]四条大宮◆[乗換]同❷から市バス11◆	嵐山天龍寺前❷	8+32	1
		10	JR 梅小路京都西駅	JR嵯峨野線〔下り〕普通	JR嵯峨嵐山駅	14	0
嵯峨釈迦堂 大覚寺	91	4+10	❹❿	市バス205◆で西ノ京円町（P75）[乗換]同❹から市バス91◆	嵯峨釈迦堂前❻・大覚寺❶	22～+19～	1
嵯峨野		4+10	❹❿	市バス205◆で西ノ京円町[乗換]同❹から市バス93◆	嵯峨小学校前❽（土休日は❼）	22～+18	1

鉄道記号
地 地下鉄
JR JR線
近 近鉄電車
阪 阪急電車
京 京阪電車
嵐 嵐電
叡 叡山電車

東本願寺（ひがしほんがんじ） 西本願寺（にしほんがんじ）

今に息づく雄大な伽藍と門前町

バス停名		
	❶❷西本願寺前	⑯西洞院正面
	❸〜❻⑰⑱七条堀川	❾〜⓭烏丸七条
	❼❽七条西洞院	⑭⑮島原口

乗り場番号は本書の説明のためにつけたものです。現地停にはこの番号はありませんのでご注意。

access 東西の本願寺を拝観する時には、まず先に『西』に行き、その後『東』を拝観するほうが、次の名所移動に便利。西本願寺付近の旅館が起点の場合は、烏丸七条または京都駅に向かえば全方向に。

西本願寺 案内 P120

13 世紀、親鸞（しんらん）によって開かれた浄土真宗本願寺派の本山。親鸞の等身大の木像を安置する、寛永 13 年（1636）建立の御影堂（ごえいどう）や、本尊の阿弥陀如来像を祀っている、宝暦 10 年（1760）再建の阿弥陀堂は自由に参拝できる。南側には唐門（国宝）があり、桃山文化の豪華な意匠（いしょう）が伺（うかが）われ、美しい。

西本願寺 唐門

東本願寺 御影堂

東本願寺 案内 P121

慶長 7 年（1602）、本願寺第 12 代・教如上人（きょうにょしょうにん）により始まる。ここには、京都三大門の一つといわれる御影堂門や、世界最大級（南北 76m、東西 58m、高さ 38m）の木造建築である、明治 28 年（1895）完工の御影堂がある。

渉成園（しょうせいえん）（枳殻邸（きこくてい）） 案内 P119

東本願寺の別邸、国名勝。その周囲に枳殻（からたち）を植えたことから枳殻邸とも呼ばれる。3 万 5000 平米の広大な園内は、印月池をめぐる池泉回遊式庭園。東山を借景とし、梅・桜・楓・藤など四季折々の豊かな自然が楽しめる。

バス停「烏丸七条」→東本願寺阿弥陀堂門（2 分）・渉成園（6 分）・西本願寺御影堂門（13 分）
バス停「西本願寺前」→西本願寺御影堂門（2 分）
バス停「七条堀川」→西本願寺御影堂門（4 分）

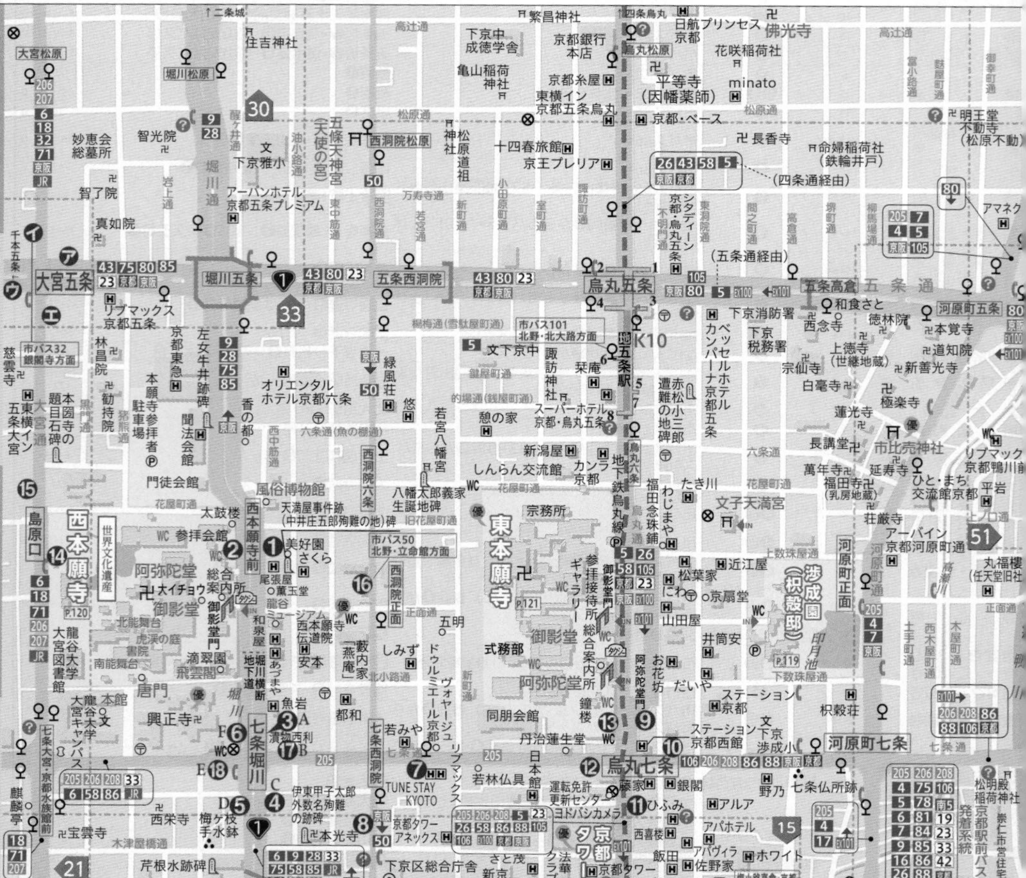

1分 2分 3分 4分
0m 300m

鉄烏丸線利用の場合は、「五条」駅も近い。＊市バス5系統は四条通経由・五条通経由の2経路があり、四条河原町以降は同一ルート。特記のない場合はどちらでも可。

目的地	参照ページ	のりもの案内（太字は1時間に4便以上の系統。色数字は市バス循環系統・均一系統、◆は地下鉄・バス一日券、京都修学旅行1day チケットが利用可） 待機時間	乗り場	アクセス（参照の行き方は左の目的地欄から探す。乗は乗り換え先のページで乗降の位置を確認してください）	降り場（バス停位置は参照ページで確認）	乗車時間	乗換回数
京都駅	15	1～	❶❸❹❾⓫	バス全系統(市営・京都・京阪・JR◆)	京都駅前各降り場	3~7	0
				東本願寺より徒歩７分・西本願寺より徒歩15分			
京都水族館	21	4	❼⓬	市バス205◆	七条大宮・京都水族館前❹・梅小路公園前❿	3～	0
東寺	25	4+5～	❼⓬	参照七条大宮・京都水族館前❹(P21) 乗同❷から市バス207◆・71◆(南行)	東寺東門前❷	3~5+2	1
		3	⓮	市バス207◆・71◆・18◆・特18◆	東寺東門前❷	4	0
四条河原町 四条高倉 四条烏丸	27 30	5	⓯	市バス207◆	四条烏丸❾・四条高倉㉑・四条河原町❾	12·15·18	0
		5·8	⓭	市バス5◆・26◆	四条烏丸⓫(四条通経由のみ)(市バス26は❼)、四条高倉㉑・四条河原町⓬(㉑⓬は市バス5のみ)	9~·15	0
		10～	⓭	京都バス17◆・73◆・75◆・76◆	四条烏丸❼(17は⓫)・四条河原町❿(17のみ)	6~9	0
四条大宮 壬生寺	33	15	❷❻	市バス28◆	四条大宮❹・壬生寺道⓲	7~11	0
		10～	⓭	京都バス73◆・75◆・76◆	四条大宮❷・壬生寺道⓲	11~12	0
		10	⓭	市バス26◆	四条堀川⓯・四条大宮❷・壬生寺道⓲	13·15·16	0
河原町三条 三条京阪	35· 37	5+10	❷❻	市バス9◆で四条堀川⓰(P33) 乗同⓬から市バス3◆・11◆・32◆	河原町三条❻、三条京阪前Ⓔ（市バス11のみ）	5~+12~	1
		10·30	⓭	京都バス17◆・特17◆	河原町三条❺・三条京阪前Ⓔ(P37)	13·19	0
		4	⓭	市バス5◆	河原町三条❻・三条京阪前Ⓓ	16·21	0
京都御所	38	5+6～	❷❻	市バス9◆で堀川丸太町❹(P45) 乗同❸から市バス202◆・204◆10◆・93◆	烏丸丸太町❼	12~+4~	1
		4	地K10五条駅	地下鉄烏丸線◆〔上り〕	地K07丸太町駅・地K06今出川駅	5·8	0
下鴨神社 出町柳駅前	41	10	⓭	京都バス17◆	出町柳駅前❸(P115)	27	0
				西本願寺からは京都駅まで戻り、市バスで			
西陣	43	4	地K10五条駅	地下鉄烏丸線◆〔上り〕	地K06今出川駅(徒歩11分で西陣織会館)	8	0
		5	❷❻	市バス9◆	堀川今出川❼・堀川寺ノ内❷	19~22	0
二条城	45	5	❷❻	市バス9◆	二条城前❻	10·11	0
		8	⓰	市バス50◆	二条城前❻	12	0
		4+4	地K10五条駅	地下鉄烏丸線〔上り〕K08・T13烏丸御池駅◆(P30) 乗地下鉄東西線◆	地T14二条城前駅	3+2	1
東福寺 泉涌寺	47	5	⓮	市バス207◆	東福寺❸・泉涌寺道❶	20·21	0
		10	❹❿	市バス208◆	泉涌寺道❷・東福寺❹	10~24	0
三十三間堂	49	7	❹❿	市バス206◆、106◆・京都バス臨東山◆(❿のみ)	博物館三十三間堂前❶・東山七条❺	5~19	0
		10	❹❿	市バス208◆	博物館三十三間堂前❶・東山七条❸	5~19	0
清水寺・祇園	52·55	7	❹❿	市バス206◆、106◆・京都バス臨東山◆(❿のみ)	五条坂❼・清水道❽・祇園❺	11~29	0
知恩院 青蓮院	57	7	❹❿	市バス206◆、106◆・京都バス臨東山◆(❿のみ)	知恩院前❻、東山三条❹(106は❼のみ)	19~33	0
		5	⓭	市バス5◆、105◆(土休日運行)	東山三条❶	25	0
平安神宮	59	7	❹❿	市バス206◆、京都バス臨東山◆(❿のみ)	東山二条・岡崎公園口⓮	23~35	0
		5	⓭	市バス5◆、105◆(土休日運行)	岡崎公園 美術館・平安神宮前❷	28	0
南禅寺 永観堂	61	5	⓭	市バス5◆	南禅寺・永観堂道❷	32	0
		5+4	❷	市バス9◆で二条城前❻(P45) 乗T14二条城前駅から地下鉄東西線◆〔上り〕	地T09蹴上駅(南禅寺最寄)	10+9	1
永観堂 哲学の道 銀閣寺	61·63	5	⓭	市バス5◆、105◆(土休日運行)	東天王町❻・錦林車庫前❾・銀閣寺道❸、105は東天王町❹・銀閣寺前❶	34·36·39	0
		5+10	❷	市バス9◆で四条堀川⓰(P33) 乗同⓬から市バス32◆	銀閣寺前❶	5+31	1
詩仙堂・曼殊院	65	5	⓭	市バス5◆	一乗寺下り松町❹・一乗寺清水町❷	45·47	0
鞍馬・貴船	67	10+10	⓭	参照**出町柳駅前**◆(P41) 乗叡山電車鞍馬線	叡 鞍馬駅・叡 貴船口駅	27+27~	1
大原	68	10·30	⓭	京都バス17◆・特17◆	大原❶	60·70	0
北大路BT	69	4	地K10五条駅	地下鉄烏丸線◆〔上り〕	地K04北大路駅・K03北山駅(植物園)	11·13	0
上賀茂神社	71	5	❷❻	市バス9◆	上賀茂御薗橋❺	32·33	0
				東本願寺からは京都駅に戻り市バス			
大徳寺	73	7	❺⓫	市バス206◆	大徳寺前❶	36·48	0
		4	❼⓬	市バス205◆	大徳寺前❶	42·44	0
北野天満宮	77	8	⓰	市バス50◆	北野天満宮前❷・北野白梅町❽	27·29	0
		4	❼⓬	市バス205◆	北野白梅町❽	31·33~	0
		10	⓭	市バス26◆	北野白梅町❼	34	0
金閣寺 龍安寺	79	4	❼⓬	市バス205◆	金閣寺道❸	36·38	0
		8	⓰	市バス50◆	立命館大学前❽(龍安寺まで徒歩11分)	35	0
龍安寺 仁和寺・妙心寺	82	10	⓭	市バス26◆	妙心寺北門前❼・御室仁和寺❹	38·42	0
		10		参照**京都駅**(P15) 乗JRバス◆・JR線		22~	
広隆寺 映画村	85	10～	⓭	京都バス73◆・75◆・76◆	太秦広隆寺前❻	31	0
		4+7～		参照**四条大宮**(P33) 乗同❷から市バス11◆・嵐電	太秦広隆寺前❻・嵐 太秦広隆寺駅	7+12~	1
嵐山 嵯峨野 大覚寺	87 91	15、30	❷❻	市バス28◆、市バス85	嵐山天龍寺前❷・嵯峨小学校前❼・嵯峨釈迦堂前❻・大覚寺❶、市バス85は嵯峨小学校前❽・嵐山天龍寺前❶(土休日85は天龍寺前❷)	38~47	0
		10	⓭	京都バス73◆	嵐山❹	41	0
				参照**四条大宮**(P33)・**京都駅**(P15) 乗嵐電・JR線		33~	
高雄	90			参照**京都駅**(P15) 乗京都駅前BT JR3からJRバス◆	高雄❸・栂ノ尾❻	52~	1
松尾大社 鈴虫寺	13·101	15	❷❻	市バス28◆	松尾大社前❹	31~·32~	0
		10	⓭	京都バス73◆	松尾大社前❷・苔寺・すず虫寺❼	48·52	0
小野・醍醐	13·95	4+4	地K10五条駅	地下鉄烏丸線〔上り〕K08・T13烏丸御池駅◆(P30) 乗地下鉄東西線◆	地T04小野駅・地T03醍醐駅	3+18·21	1
洛南方面	13·14· 93·103			参照**京都駅**(P15) 乗JR線など		9~	1

名・名称　島原口（しまばらぐち）　花屋町通（はなやちょう）　楊梅通（ようばい）　不明門通（あけず）　間之町通（あいのまち）　正面通（しょうめん）　枳殻邸（きこくてい）　御影堂（ごえいどう）　興正寺（こうしょうじ）　文子天満宮（あやこ）　市比売神社（いちひめ）

洛中

鉄道記号
地 地下鉄
JR JR線
近 近鉄電車
阪 阪急電車
京 京阪電車
嵐 嵐電
叡 叡山電車

車窓から望む五重塔は京のシンボル

バス停名
❶八条大宮
❷❸❽東寺東門前
❹〜❼九条大宮

乗り場番号は本書の説明のためにつけたものです。現地停にはこの番号はありませんのでご注意。

access 東寺の拝観受付は食堂横にあり、バス停「東寺東門前」利用が便利。『東寺』から移動に便利な観光ポイントは、バス便が圧倒的に多い東山方面（東福寺、三十三間堂、清水寺など）。京都駅八条口までは、八条大宮から八条通を東進、徒歩 11 分程。

東寺（教王護国寺）

案内 P120

平安京と共に造営。これを嵯峨天皇より弘法大師・空海が賜り、真言密教のお寺となった。伽藍は南大門、金堂、講堂、食堂が一直線に置かれ、左右に五重塔（総高 57m という木造として日本一の高さ）と灌頂院が立つ配置。東寺は、密教美術の宝庫である。

五重塔

金堂

講堂

金堂

桃山時代の代表的建築物といわれている金堂（国宝）。創建時の建物は文明 18 年（1486）に焼失したようで、現存する金堂は豊臣秀頼の発願で、慶長 8 年（1603）に完成したといわれている。ただ、礎石や基壇、仏壇の位置、大きさ等は創建当時のままという。金堂内には、本尊の「薬師如来座像」を中心に、向かって右側に「日光菩薩」、左側に「月光菩薩」が安置され、本尊の台座には「十二神将像」が配置されている。これら全て重要文化財に指定されている。

講堂

純和風建築様式の建物で、重要文化財。空海によって建てられ、承和 2 年（835）に完成したとされているが、文明期に焼失し、現存する講堂は延徳 3 年（1491）に創建時の基壇の上に再建という。堂内の壇上中央の如来部には「大日如来」を中心に五智如来、右側の菩薩部には「金剛波羅密多菩薩」を中心に五菩薩、左側の明王部には「不動明王」を中心に五大明王、四隅には「持国天」、「多聞天」、「増長天」、「広目天」の四天王、両端には「梵天」と「帝釈天」、合計 21 体の仏像が安置されている。これら仏像の配置は弘法大師の密教の理想を表す立体曼荼羅であるとされている。21 体の仏像の内、15 体は国宝、5 体は重要文化財。21 体の全仏像を拝観することが可能。

宝物館

国宝や重文など約 25,000 点にのぼる寺宝があり、春と秋に公開されている。
平安京の玄関口羅城門にあったといわれる、異国の香りがただよう国宝「兜跋毘沙門天」、西寺にあったとされる地蔵菩薩、さらに愛染明王、如来三尊。中でも一際存在感を示しているのが、約 6m もある重文「千手観音立像」。そして、国宝「風信帖」（空海が最澄に宛てた書状）、経典文書などの書跡・典籍・古文書を収蔵している。

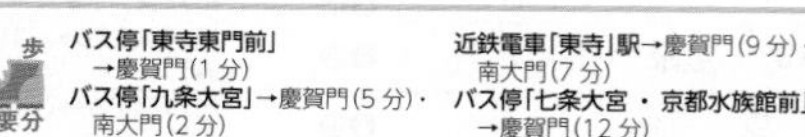
徒歩所要分
バス停「東寺東門前」→慶賀門（1 分）
バス停「九条大宮」→慶賀門（5 分）・南大門（2 分）
近鉄電車「東寺」駅→慶賀門（9 分）・南大門（7 分）
バス停「七条大宮・京都水族館前」→慶賀門（12 分）

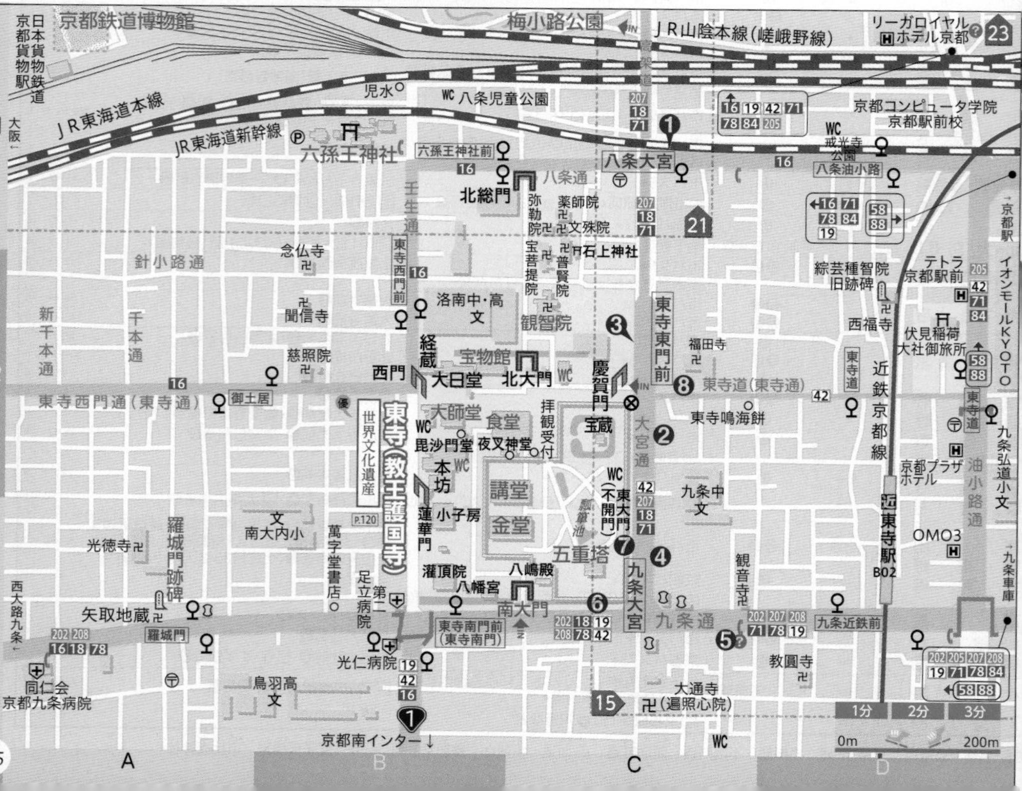

京都鉄道博物館　梅小路公園　JR山陰本線（嵯峨野線）　リーガロイヤルホテル京都　23
日本貨物鉄道京都貨物駅　児水　八条児童公園　京都コンピュータ学院京都駅前校
JR東海道本線　JR東海道新幹線　六孫王神社　六孫王神社前　八条大宮　八条通　戒光寺公園　八条油小路
北総門　弥勒院　薬師院　文殊院　宝菩提院　石上神社　普賢院　観智院　21
針小路通　念仏寺　聞信寺　慈照院　新千本通　千本通　壬生通　東寺西門前
洛南中・高　宝物館　経蔵　西門　大日堂　北大門　慶賀門　東寺東門前　福田寺
東寺西門通（東寺通）　御土居　東寺道（東寺通）　東寺鳴海餅
大師堂　食堂　拝観受付　宝蔵　毘沙門堂　夜叉神堂　本坊　講堂　金堂　小子房　蓮華門　瓢箪池
東寺（教王護国寺）　世界文化遺産　東大門（不開門）　大宮通　九条中　南大内小　萬字堂書店
綜芸種智院旧跡碑　西福寺　テトラ京都駅前　イオンモールKYOTO　伏見稲荷大社御旅所　近鉄京都線　京都プラザホテル　油小路通　九条弘道小　OMO3
光徳寺　羅城門跡碑　五重塔　灌頂院　八嶋殿　八幡宮　南大門　足立病院　第二病院　九条大宮　観音寺　東寺駅 B02　九条車庫
矢取地蔵　羅城門　西大路九条　東寺南門前（東寺南門）　九条通　九条近鉄前
同仁会京都九条病院　光仁病院　鳥羽高　教圓寺　大通寺（遍照心院）　15
京都南インター↓　1分　2分　3分　0m　200m

停「九条大宮」❻は、毎月 21 日の『弘法さん』には閉鎖されるので注意。当日の拝観は問題無い。バス停「東寺東門前」は大宮通東寺道東入ルにも設置されている (❽)。
南部、四条通付近には市営循環バスが乗換なしで行けて便利だが、その先は地下鉄・観光特急バスのある京都駅で乗り換えた方が早い場合が多いです。

目的地	参照ページ	のりもの案内 (太字は1時間に4便以上の系統。色数字は市バス循環系統・均一系統、◆は地下鉄・バス一日券、京都修学旅行1day チケットが利用可) 待機時間	乗り場	アクセス([参照]の行き方は左の目的地欄から探す。[乗換]は乗り換え先のページで乗降の位置を確認してください)	降り場(バス停位置は参照ページで確認)	乗車時間	乗換回数
京都駅	15	15	❶	市バス16◆	京都駅前市バス降り場	10	0
		30・30	❻	市バス19◆・78◆	同上	17	0
		30	❻❽	市バス42◆	同上	11・9	0
		8	[近]東寺駅	近鉄京都線〔上り〕普通・準急・急行	[近]京都駅	2	0
		10	❷❹	市バス71◆	京都駅八条口❹(P18)	12・10	0
京都水族館	21	5	❸❼	市バス207◆・71◆・18◆・特18◆	七条大宮・京都水族館前❸	2・3	0
東本願寺	23	10	❻	市バス208◆	烏丸七条⓫	25	0
西本願寺		3	❸❼	市バス207◆・71◆・18◆・特18◆	島原口⓯	4・5	0
四条河原町	27	5	❸❼	市バス207◆	四条河原町❾(河原町三条へ徒歩7分)	22・23	0
四条烏丸	30	5	❸❼	市バス207◆	四条烏丸❾・四条高倉㉑	16~	0
四条大宮	33	15・15	❸❼	市バス18◆・特18◆	四条大宮❼	10・11	0
四条堀川		10	❸❼	市バス71◆	四条大宮❹・壬生寺道⓲	10~12	0
壬生寺		5	❸❼	市バス207◆	四条大宮❶・四条堀川⓬	10~13	0
河原町三条	35	5+5	❷❹	市バス207◆で東福寺❹(P47) [乗換]京阪電車	[京]三条駅	16~14+7	1
三条京阪	37	5~+10	❸❼	[参照]四条大宮◆(P33) [乗換]同❶から市バス11◆	河原町三条❽・三条京阪前Ⓔ	10~+22~	1
		5~+5	❸❼	[参照]四条大宮◆ [乗換]同❶から市バス3◆	河原町三条❻❽	10~+14	1
京都御所	38	6	❻	市バス202◆	烏丸丸太町❽、❺から市バス202は同❼	41、42	0
		15+4		[参照]京都駅(P15) [乗換]地下鉄烏丸線◆〔上り〕	[地]K07丸太町駅・[地]K06今出川駅	10~+7・9	1
下鴨神社	41	15+4~		[参照]京都駅(P15) [乗換]京都駅前A2から市バス4◆・205◆	河原町今出川❺・下鴨神社前❷	2~+25・30	1
出町柳		10+5	❷❹	市バス207◆で東福寺❹(P47) [乗換]京阪電車	[京]出町柳駅	16~12+15	1
西陣	43	5+5	❸❼	市バス207◆で四条堀川⓬(P33) [乗換]⓰から市バス9◆・12◆	堀川今出川❼・堀川寺ノ内❷	12~13+14~16	1
二条城	45	15+10~		[参照]京都駅(P15) [乗換]市バス◆・地下鉄◆		2~18+8~18	1
		5+5~	❸❼	市バス207◆で四条堀川(P33) [乗換]同⓰から市バス9◆・12◆・50◆	二条城前❻	12~13+5	1
東福寺	47	5	❷❹	市バス207◆	東福寺❸・泉涌寺道❶	14~17	0
泉涌寺		6・10	❻	市バス202◆・208◆	東福寺❸・泉涌寺道❶	12~・13~	0
三十三間堂	49	5	❷❹	市バス207◆	東山七条❺	20・18	0
智積院		6	❻	市バス202◆	東山七条❺	16	0
東山七条		10	❻	市バス208◆	東山七条❹・博物館三十三間堂前❷	18・19	0
清水寺	51	5	❷❹	市バス207◆	五条坂❼・清水道❸	22~26	0
五条坂		6	❻	市バス202◆	五条坂❼・清水道❽	20・22	0
高台寺	51	5	❷❹	市バス207◆	東山安井バス停・祇園❷	24~27	0
祇園	55	6	❻	市バス202◆	東山安井バス停・祇園❺	24・26	0
知恩院・青蓮院	57	6	❻	市バス202◆	知恩院前❻・東山三条❹	28・30	0
平安神宮	59	6	❻	市バス202◆	東山二条・岡崎公園口⓮	32	0
		5+6	❸❼	[参照]祇園◆(P55) [乗換]同❺から市バス46◆	岡崎公園 ロームシアター京都・みやこめっせ前❹・岡崎公園 美術館・平安神宮前❶	26~+8~	1
南禅寺 / 永観堂 / 銀閣寺	61・63	6+4	❻	市バス202◆で東山三条❹(P57) [乗換]同❶から市バス5◆、105(土休日運行)	南禅寺・永観堂道❷、105は東天王町❹、銀閣寺前❶	30+7、10、16	1
		6+4	❻	市バス202◆で東山三条❹(P57) [乗換] T10東山駅から地下鉄東西線◆〔上り〕	[地]T09蹴上駅	30+2	1
永観堂	61	5+5		[参照]祇園◆(P55) [乗換]同❺から市バス203◆	東天王町❻	26~+12	1
銀閣寺	63	5+10	❸❼	市バス207◆で大宮五条㋑(P23) [乗換]同㋑から市バス32◆(北行)	銀閣寺前❶	6~+37	1
詩仙堂・曼殊院	65	5+10	❸❼	市バス207◆で四条高倉㉑(P30) [乗換]同バス停から市バス5◆(四条通経由)	一乗寺下り松町❹・一乗寺清水町❷	16~+39・41	1
北大路BT / 宝ケ池	69 / 99	15+4		[参照]京都駅(P15) [乗換]地下鉄烏丸線◆〔上り〕	[地]K04北大路駅・[地]K01国際会館駅	10~+13・20	1
鞍馬 / 貴船	67	5+5+10		[参照]東福寺◆(P47) [乗換]京阪電車で[京]出町柳駅(P41) [乗換]叡山電車鞍馬線	[叡]鞍馬駅・[叡]貴船口駅	12~15+27・30	2
大原	68	5+16・30		[参照]京都駅(P15) [乗換]地下鉄烏丸線◆〔上り〕で[地]K01国際会館駅 [乗換]国際会館駅前❻から京都バス19◆・特17	大原❶	10~20+26	2
上賀茂神社	71	5+5	❸❼	市バス207◆で四条堀川⓬(P33) [乗換]同⓰から市バス9◆	上賀茂御薗橋❺	12~+27	1
		5+6		[参照]四条大宮◆(P33) [乗換]同❽から市バス46◆	上賀茂神社前❶	10~+35	1
大徳寺	73	5+7	❸❼	市バス207◆・71◆・18◆・特18◆で七条大宮・京都水族館前❸(P21) [乗換]同❻から市バス206◆(北行)	大徳寺前❶	2~+33	1
北野天満宮	77	5+5	❸❼	[参照]四条大宮◆(P33) [乗換]同❷から市バス203◆	北野天満宮前❶	10~+20	1
金閣寺	79 / 82	5+8	❸❼	市バス207◆で四条堀川⓬(P33) [乗換]同⓰から市バス12◆	金閣寺道❶・立命館大学前❽	12~+26~31	1
等持院		5+8	❸❼	市バス207◆で四条堀川⓬ [乗換]同⓰から市バス50◆	立命館大学前❽(龍安寺へ徒歩11分)	12~+28	1
龍安寺		5+10	❸❼	[参照]四条大宮◆(P33) [乗換]同❷から市バス26◆	等持院道・妙心寺北門前❼・御室仁和寺❹	10~+21~	1
妙心寺 / 仁和寺		5+30~	❸❼	市バス71◆・207◆で七条大宮・京都水族館前❸(P21) [乗換]同❻から JR バス(立命館経由)(北行)◆	龍安寺前❷・御室仁和寺❹	2~+24~	1
太秦広隆寺・映画村	85	5+10~	❸❼	[参照]四条大宮◆(P33) [乗換]嵐電・❷から市バス11◆等	[嵐]太秦広隆寺駅・太秦広隆寺前❻	10~+12~	1
嵐山・嵯峨野	87	5+10~	❸❼	[参照]四条大宮◆ [乗換]嵐電・❷から市バス11◆等	[嵐]嵐山駅・嵐山❹	10+22~	1
松尾大社	13 / 101	10	❸❼	市バス71◆	松尾橋❻(徒歩8分で松尾大社)	32・33	0
苔寺・鈴虫寺		5+20	❸❼	[参照]四条大宮◆(P33) [乗換]同❹から市バス29◆	松室北河原町❽(徒歩7分で鈴虫寺)	10~+25	1
		5+10	❸❼	[参照]四条大宮◆ [乗換]同❷から京都バス73◆	苔寺・すず虫寺❼	10~+41	1
伏見稲荷	14 / 93	5+5~		[参照]東福寺◆(P47) [乗換]京阪電車[下り]	[京]伏見稲荷駅	12~+3~	1
		30~+20	❻❽	[参照]京都駅前◆(P15) [乗換]同C4から市バス南5◆等	稲荷大社前❶	9~+13	1
伏見桃山	94	7	[近]東寺駅	近鉄京都線[下り]普通・準急・急行	[近]桃山御陵前駅	9~11	0
		30	❺	市バス19◆	京橋❸	22	0
小野・醍醐	13・95	5+15~		[参照]五条坂◆(P51) [乗換]東山五条❺から京阪バス84◆・93◆	醍醐バスターミナル❸	20~+26~	1
宇治	13・97	5+15~		[参照]東福寺◆(P47) [乗換] JR 奈良線〔下り〕	[JR]宇治駅	12~+15~26	1

鉄道記号
[地] 地下鉄
[JR] JR線
[近] 近鉄電車
[阪] 阪急電車
[京] 京阪電車
[嵐] 嵐電
[叡] 叡山電車

・名称　西大路通(にしおおじ)　七条大宮(ななじょうおおみや)　油小路通(あぶらのこうじ)　六孫王神社(ろくそんのう)　観智院(かんちいん)　食堂(じきどう)　金堂(こんどう)　羅城門(らじょうもん)　御土居(おどい)　梅小路公園前(うめこうじ)　歯神之社(はがみのやしろ)（寛山石(かんざんせき)）

四条河原町（しじょうかわらまち）新京極（しんきょうごく）

京都一の繁華街は若者文化の発信源

乗り場番号は本書の説明のためにつけたものです。現地停にはこの番号はありませんのでご注意。

access
バス停「四条河原町」は10ヶ所に分節されているので、どのバス停に降りたのか、ここへ来る際には、よく確かめてから移動すること。地下鉄東西線「京都市役所前」駅、四条通の東端『八坂神社』や四条通を西の「四条烏丸」などは、観光シーズンの休日などの渋滞時は、待ち時間もあり、バスを使うより歩く方が早い場合がある。

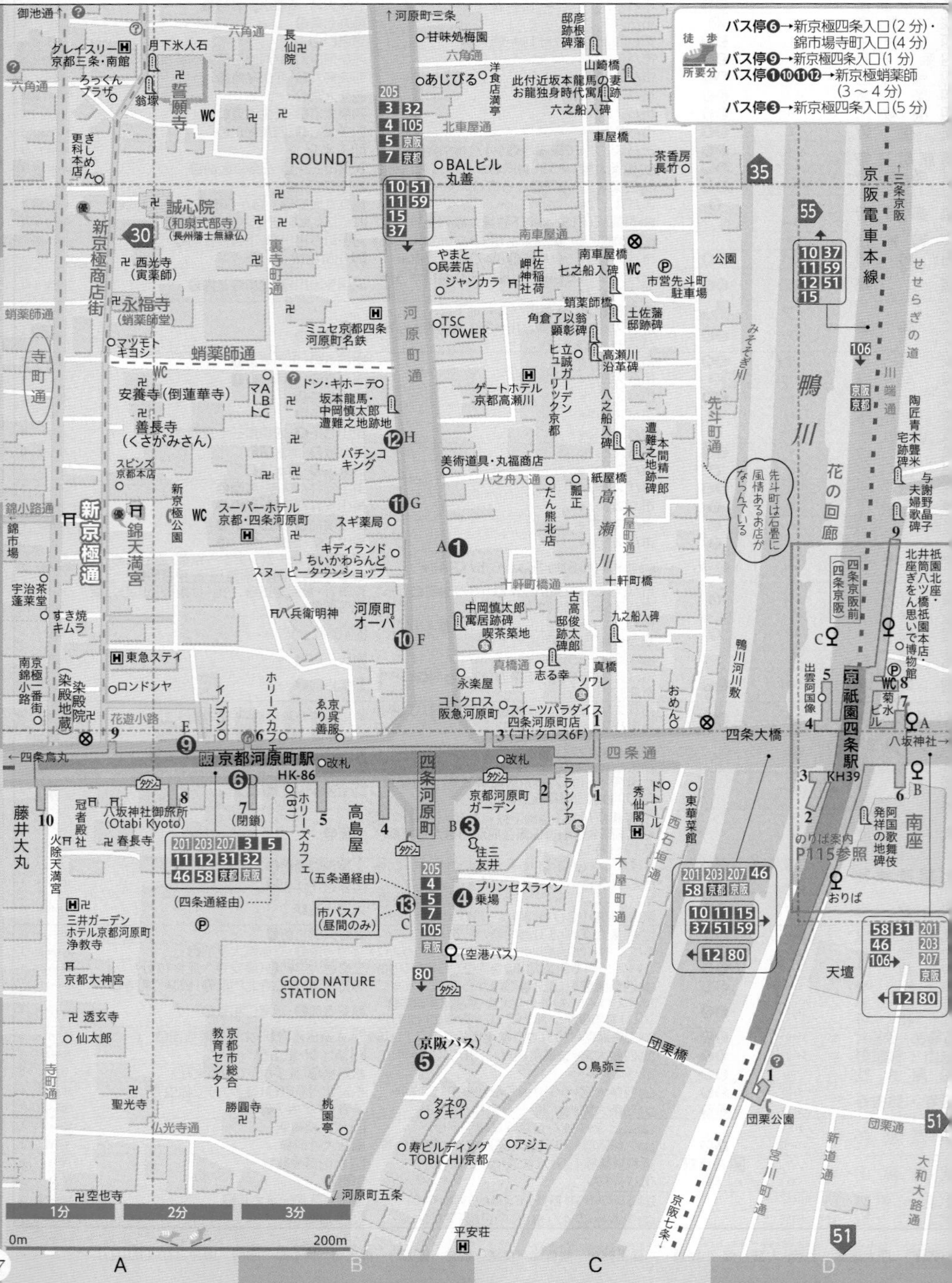

徒歩所要分
- バス停❻→新京極四条入口(2分)・錦市場寺町入口(4分)
- バス停❾→新京極四条入口(1分)
- バス停❶❿⓫⓬→新京極蛸薬師(3～4分)
- バス停❸→新京極四条入口(5分)

御池通↑ 河原町三条↑ 六角通 蛸薬師通 錦小路通 四条通 四条大橋 仏光寺通 団栗通 ↓河原町五条 京阪七条 ←四条烏丸 八坂神社→

新京極商店街 新京極通 寺町通 裏寺町通 河原町通 木屋町通 高瀬川 先斗町通 鴨川 花の回廊 京阪電車本線 川端通 宮川町通 大和大路通 新道通

グレイスリー京都三条・南館 ろっくんプラザ 月下氷人石 翁塚 誓願寺 更科本店 きしめん 誠心院(和泉式部寺)(長州藩士無縁仏) 西光寺(寅薬師) 永福寺(蛸薬師堂) マツモトキヨシ 安養寺(倒蓮華寺) 善長寺(くさがみさん) スピンズ京都本店 新京極公園 錦天満宮 宇治茶蓬莱堂 すき焼キムラ 南京極一番街 染殿院(染殿地蔵) 東急ステイ ロンドンヤ 花遊小路 京都河原町駅 HK-86 八坂神社御旅所(Otabi Kyoto) 冠者殿社 春長寺 藤井大丸 火除天満宮 三井ガーデンホテル京都河原町 浄教寺 京都大神宮 透玄寺 仙太郎 聖光寺 空也寺 勝圓寺 京都市総合教育センター GOOD NATURE STATION 高島屋 ホリーズカフェ イノブン 京呉服ゑり善

長仙院 ROUND1 甘味処梅園 あじびる 洋食店満寿亭 BALビル 丸善 やまと民芸店 ジャンカラ 土佐稲荷岬神社 TSC TOWER ミュセ京都四条河原町名鉄 ドン・キホーテ 坂本龍馬・中岡慎太郎遭難之地跡地 パチンコキング 美術道具・丸福商店 スーパーホテル京都・四条河原町 スギ薬局 キディランド ちいかわらんど スヌーピータウンショップ 八兵衛明神 河原町オーパ 中岡慎太郎寓居跡碑 喫茶築地 永楽屋 コトクロス阪急河原町 スイーツパラダイス四条河原町店(コトクロス6F) 京都河原町ガーデン 往三友井 プリンセスライン乗場 (空港バス) (京阪バス) タネのタキイ 桃園亭 寿ビルディング TOBICHI京都 アジェ 平安荘 鳥弥三 団栗橋 団栗公園

彦根藩邸跡碑 山崎橋 此付近坂本龍馬の妻お龍独身時代寓居跡 六之船入碑 北車屋通 車屋橋 茶香房長竹 南車屋通 南車屋橋 七之船入碑 市営先斗町駐車場 公園 蛸薬師橋 土佐藩邸跡碑 角倉了以翁顕彰碑 立誠ガーデンヒューリック京都 高瀬川沿革碑 ゲートホテル京都高瀬川 八之船入碑 遭難之地碑 本間精一郎 八之舟入通 紙屋橋 たん熊北店 瓢正 十軒町橋通 十軒町橋 古高俊太郎邸跡碑 九之船入碑 真橋通 志る幸 真橋 ソワレ おめん フランソア 秀仙閣 ドトール 東華菜館 西石垣通 鴨川河川敷 みそそぎ川

先斗町は石畳に風情あるお店がならんでいる

四条京阪前(四条京阪) 京阪祇園四条駅 KH39 出雲阿国像 菊水ビル 祇園北座・井筒八ツ橋本店・北座ぎをん思いで博物館 南座 阿国歌舞伎発祥の地碑 のりば案内P115参照 おりば 天壇 せせらぎの道 陶匠青木木米宅跡碑 与謝野晶子夫婦歌碑 市バス7(昼間のみ) (五条通経由) (四条通経由) (閉鎖)

1分 2分 3分 0m 200m

A B C D 1 2 3 4 5

バス10・15・37・51・59は「河原町三条」から左回りで「四条河原町」、「四条京阪前」、「三条京阪前」、そして河原町三条へと運行している。
市バス5系統は京都駅に向けて、四条通経由・五条通経由の2経路があり、烏丸五条南行以降は同一ルート。

のりもの案内（太字は1時間に4便以上の系統。色数字は市バス循環系統・均一系統、◆は地下鉄・バス一日券、京都修学旅行1day チケットが利用可）

目的地	参照ページ	待機時間	乗り場	アクセス（参照の行き方は左の目的地欄から探す。地は乗り換え先のページで乗降の位置を確認してください）	降り場（バス停位置は参照ページで確認）	乗車時間	乗換回数
京都駅	15	10・30	①	京都バス17◆・特17◆	京都駅前C3	16	0
		30・6・10	③	市バス4◆・特4◆・5◆（五条通経由）・7◆・205◆	京都駅前市バス降り場	11〜13	0
		10	①	市バス5◆（四条通経由）	同上	18	0
東本願寺	23	10・30	①	京都バス17◆・特17◆	烏丸七条⑨	12	0
		5・5	①	市バス5◆・（五条通経由5◆は③から）	烏丸七条⑨	11〜14	0
西本願寺		5	⑥	市バス207◆	島原口⑭	18〜	0
京都水族館	21	5	⑥	市バス207◆	七条大宮・京都水族館前②・東寺東門前②	20・23	0
東寺	25	15	⑥	市バス58◆（土休日運行）	七条大宮・京都水族館前④・梅小路公園・京都鉄道博物館前⑨	27・30	0
四条烏丸 四条高倉	30	10・30	①	京都バス17◆・特17◆	四条高倉㉒・四条烏丸④	4・7	0
		2	⑥	市バス12◆・32◆・46◆・201◆・207◆・京阪バス全系統◆、市バス58◆（土休日運行）	四条高倉㉒・四条烏丸⑥（58は四条烏丸④）	3〜・6〜	0
		4	⑥	市バス3◆・11◆・203◆	四条高倉㉒・四条烏丸⑦	3・6	0
		10	①	市バス5◆（四条通経由）	四条高倉㉒・四条烏丸④	4・7	0
		5	阪HK86京都河原町駅	阪急京都本線〔下り〕 四条通を西へ徒歩13分	阪HK85烏丸駅	1	0
四条大宮	33	15	⑥	京阪バス83◆	四条大宮⑩	7	0
		10・5・15	⑥	市バス32◆・207◆	四条大宮③	12〜	0
		6・6	⑥	市バス46◆・201◆	四条大宮⑧（市バス201は⑥）	12	0
		3	⑥	市バス3◆・11◆・203◆	四条大宮②（市バス3は④）	12	0
		5	阪HK86京都河原町駅	阪急京都本線〔下り〕	阪HK84大宮駅	4	0
壬生寺		3	⑥	市バス3◆・11◆・203◆	壬生寺道⑱	13	0
河原町三条	35	2	⑩⑪⑫	市バス◆・京都バス◆・京阪バス全系統◆ 四条河原町から徒歩7分	河原町三条⑤〜⑩	1〜2	0
京都市役所前				四条河原町から徒歩9分			
		10・4	⑩	市バス4◆・特4◆・205◆	京都市役所前④（P115）	4	0
		10・6	⑪	市バス3◆・7◆	京都市役所前④	4	0
		15	⑫	市バス32◆	京都市役所前④	4	0
三条京阪	37	3、30	①	市バス10◆・15◆・37◆・51◆・59◆	三条京阪前（10はA1、15はC2、37はA3、51はC3、59はA2）	8	0
		3	①	京都バス16◆・41◆・43◆・63◆・66◆	三条京阪前F（京都バス16はE）（P37）	5〜7	0
		10・8	⑨	市バス11◆・12◆	三条京阪前E（市バス12はD）	5	0
		10・30	⑩	京都バス17◆・特17◆	三条京阪前E（P37）	5	0
		7	⑩	京阪バス86B◆・88B◆	三条京阪B5	9	0
		5、15	⑫	市バス5◆、105◆（土休日運行）	三条京阪前D	7、8	0
京都御所	38	7	①	市バス59◆	府立医大病院前⑫・烏丸今出川③	15・24	0
		10	①	市バス10◆	烏丸丸太町⑧	19	0
		10	①	市バス37◆・京都バス43◆	府立医大病院前⑫	15	0
		6	⑨	市バス201◆	烏丸今出川③	26	0
		10・4	⑩	市バス4◆・特4◆・205◆	府立医大病院前⑫	9	0
		10・6	⑪	市バス3◆・7◆	府立医大病院前⑫	9	0
下鴨神社 河原町今出川 出町柳	41	4〜	①	京都バス16◆・41◆・43◆	河原町今出川③（23・43のみ）・出町柳駅前③	18〜20	0
		6	⑨	市バス201◆	出町柳駅前④（P115）・河原町今出川⑥	20・22	0
		10・4	⑩	市バス4◆・特4◆・205◆	下鴨神社前②	17・16	0
		10・30	⑩	京都バス17◆・特17◆	出町柳駅前③（P115）	17	0
		10・6	⑪	市バス3◆・7◆	河原町今出川③・出町柳駅前④	11〜13	0
		10・7	①	市バス37◆・59◆	河原町今出川⑤（市バス59は⑥）	17	0
西陣	43	7	①	市バス59◆	堀川今出川④	28	0
		8	⑥	市バス12◆	堀川今出川⑦・堀川寺ノ内②	24・26	0
		6	⑥	市バス201◆	堀川今出川③	30	0
		30	①	市バス51◆	堀川今出川④	28	0
二条城	45	8	⑥	市バス12◆	二条城前⑥	15	0
		15	①	市バス15◆、京都バス63◆・66◆	堀川御池⑧	20、19	0
				参照京都市役所前（P35）地T12京都市役所前駅から地下鉄東西線◆〔下り〕	地T14二条城前駅	4+4	0
東福寺 泉涌寺	47	5・15	⑨	市バス207◆、58◆（土休日運行）	泉涌寺道②・東福寺④	17〜19	0
		5〜8	京 祇園四条駅	京阪本線〔下り〕普通のみ	京 東福寺駅	5	0
三十三間堂	49	5・15	⑨	市バス207◆、58◆（土休日運行）	東山七条③	15〜	0
		2	京 祇園四条駅	京阪本線〔下り〕全車	京 七条駅	4	0
清水寺 高台寺	51	6	⑤	京阪バス全系統◆	五条坂⑤	7	0
		10	⑨	京阪バス全系統◆	清水道②・五条坂⑤	7〜9	0
		5・15	⑨	市バス207◆、58◆（土休日運行）	東山安井バス停・清水道①・五条坂④	7〜・9〜・11〜	0

鉄道記号
地 地下鉄
JR JR線
近 近鉄電車
阪 阪急電車
京 京阪電車
嵐 嵐電
叡 叡山電車

京極通

条通から四条通までの500m程の歩行専用アーケード街。治5年（1872）、京府参事槇村正直により、新京極は開かれ。明治天皇の東京遷などにより沈滞した都のムードを一掃するため、当時荒廃した寺の立並ぶ寺町を切り開き一大娯楽街を作り、も寺町の古名・京極に対して新京極と名づけ。近年では、観光客向けの土産物店の他、飲店、ファッション店、シネコンなどが混在し、ング向けの店舗が目立つようになっている。

錦天満宮

学問の神様・菅原道真を祀り、今も「錦の天神さん」として、庶民の信仰をあつめている社は、もとこの地にあった歓喜光寺の鎮守社。明治5年（1872）の神仏分離令で寺は東山五条（後に山科へ）に移され、神社のみが残った。約200坪の境内には、京の街のど真ん中にありながら、井戸からは、京の名水のひとつに数えられる錦の水が湧き出している。

先斗町

石畳の狭い通りで鴨川と木屋町通の間にある花街。「町」と付くが地名としての先斗町はない。通り東側の店は鴨川に面し、納涼床を設ける飲食店が多い。鴨川納涼床・昼の床は、5月と9月のみ行われている。先斗町歌舞練場は北の端にあり、鴨川に大きな姿を映す。

土佐藩邸跡碑

幕末の史跡が一杯

高瀬川沿いの木屋町、東の河原町通を、四条通から北へ向けて東西に行き来辿れば、幕末の事件石碑や藩邸跡碑等が点在。そして、坂本龍馬ファンには見逃せないエリアだ。

坂本龍馬・中岡慎太郎遭難之地碑

・名称　先斗町通（ぽんとちょう）　木屋町通（きやまち）　蛸薬師通（たこやくし）　錦小路通（にしきこうじ）　花遊小路（かゆうこうじ）　仏光寺通（ぶっこうじ）　川端通（かわばた）　六角通（ろっかく）　染殿院（そめどのいん）　団栗橋（どんぐりばし）

京都市内での広域移動の際、少々歩くが地下鉄の利用が便利。南北移動は四条烏丸まで西に歩いて烏丸線に、又東西移動は北に歩いて京都市役所前から東西線に乗車

四条河原町 のりもの案内 続き

のりもの案内（太字は1時間に4便以上の系統。色数字は市バス循環系統・均一系統、◆は地下鉄・バス一日券、京都修学旅行1day チケットが利用可）

地域	目的地	参照ページ	待機時間	乗り場	アクセス（参照の行き方は左の目的地欄から探す。乗は乗り換え先のページで乗降の位置を確認してください）	降り場（バス停位置は参照ページで確認）	乗車時間
洛東	祇園 八坂神社 高台寺	51 55	10	❾	京阪バス全系統◆	祇園❸・東山安井バス停	5・6
			2	❾	市バス31◆・46◆・201◆・203◆・207◆、58◆(土休日運行)	祇園❺(市バス207・58は❶)	5~
	知恩院 青蓮院	57	3	❾	市バス31◆・46◆・201◆・203◆	知恩院前❻・東山三条❹	7・9
			5	⓬	市バス5◆、105◆(土休日運行)	東山三条❶	10、1
			30	❶	京阪バス19◆	東山三条❶	9
	平安神宮	59	6	❾	市バス46◆	岡崎公園 ロームシアター京都・みやこめっせ前❹・岡崎公園 美術館・平安神宮前❶	13~16
			5・10、15	⓬	市バス5◆・32◆、105◆(土休日運行)	岡崎公園 美術館・平安神宮前❷(市バス32は岡崎公園 ロームシアター京都・みやこめっせ前❹)	13・10、14
			3	❾	市バス31◆・201◆・203◆	東山二条・岡崎公園口⓮	11
	南禅寺・永観堂		5	⓬	市バス5◆	南禅寺・永観堂道❷	17
	永観堂 哲学の道 真如堂	61・63	5	❾	市バス203◆	東天王町❻・真如堂前⓬	17・18
			5	⓬	市バス5◆	東天王町❻・真如堂前⓬	19・20
			10	⓬	市バス32◆、105◆(土休日運行)	東天王町❹	16、20
	銀閣寺	63	10	⓬	市バス32◆、105◆(土休日運行)	銀閣寺前❶	22、26
			5	❾	市バス203◆	銀閣寺道❹	27
			10	⓫	市バス7◆	銀閣寺道❺	21
			5	⓬	市バス5◆	銀閣寺道❸	25
洛北	詩仙堂・曼殊院	65	5	⓬	市バス5◆	一乗寺下り松町❹・一乗寺清水町❷	31・33
	蓮華寺	13・99	10・30	❿	京都バス17◆・特17◆	上橋❹・八瀬駅前バス停	31~33
	宝ヶ池	13 14	2+4		参照四条烏丸(P30) 乗K09四条駅から地下鉄烏丸線◆〔上り〕	地K01国際会館駅	2~6+1
	円通寺	99	2+4+30		上記地K01国際会館駅(P99) 乗国際会館駅前❹(P113)から京都バス特40◆	西幡枝(円通寺前)バス停	18~+6
	実相院	13・99	2+4+15		上記地K01国際会館駅(P99) 乗国際会館駅前❸(P113)から京都バス24◆	岩倉実相院バス停	18~+1
	鞍馬・貴船	67	5~+10	京祇園四条駅	京阪本線〔上り〕で京出町柳駅(P41) 乗叡山鞍馬線	叡鞍馬駅・叡貴船口駅	5~+30・2
	大原	68	10・30	❿	京都バス17◆・特17◆	大原❶	48・58
	植物園 北大路BT	69	8	❶	市バス37◆	烏丸北大路❺・北大路BT降り場	29~
			4	❿	市バス205◆	植物園前・北大路BT降り場	21・23
			5+4~		参照四条烏丸(P30) 乗K09四条駅から地下鉄烏丸線◆〔上り〕	地K04北大路駅・地K03北山駅	2~+9・1
	上賀茂神社	71	10	❿	市バス4◆・特4◆(特4は左京区総合庁舎経由)	上賀茂神社前❶	38・42
			8	❶	市バス37◆	上賀茂御薗橋❺	45
			6	❻	市バス46◆	上賀茂神社前❶	47
	大徳寺	73	8	❻	市バス12◆	大徳寺前❷	30
			4	❿	市バス205◆	大徳寺前❷	31
	神光院 源光庵	14 100	8	❶	市バス37◆	神光院前❸	49
			5~+15		参照四条大宮(P33) 乗同❽から市バス6◆	鷹峯源光庵前❶	4+27
洛西	北野天満宮	77	10・15	❶	市バス10◆・15◆	北野天満宮前❷(市バス10のみ)・北野白梅町❺(市バス15は❽)	36~38
			30	❶	市バス51◆	北野天満宮前❷・北野白梅町❽	35・37
			5	❻	市バス203◆	北野白梅町❸・北野天満宮前❶	31・32
			4	❿	市バス205◆	北野白梅町❻	42
	金閣寺 等持院 龍安寺	79 82	7	❶	市バス59◆	金閣寺道❶・立命館大学前❽	43・48
			8	❻	市バス12◆	金閣寺道❶・立命館大学前❽	36・41
			4	❿	市バス205◆	金閣寺道❷	37
			30	❶	市バス51◆	立命館大学前❽	43
	龍安寺 妙心寺 仁和寺		10	❶	市バス10◆	妙心寺北門前❼・御室仁和寺❹	42・46
			7	❶	市バス59◆	龍安寺前❷・御室仁和寺❹	49・53
			30・30	❶	京都バス63◆・66◆	妙心寺前❾	34
	広隆寺 映画村 嵐山	85 87	10	❻	市バス11◆	太秦広隆寺前❻・嵐山❹・嵐山天龍寺前❷	33・43・4
			30・30	❶	京都バス63◆・66◆	太秦映画村前❸・太秦広隆寺前❻・嵐山❹	38・40 50
			5~+7~		参照四条大宮(P33) 乗嵐電嵐山本線〔下り〕	嵐太秦広隆寺駅・嵐嵐山	4+12~
	嵐山	87	5+8	阪HK86京都河原町駅	阪急京都本線〔下り〕HK81桂駅(P13) 乗阪急嵐山線	阪HK98嵐山駅	8+7
	嵯峨野 大覚寺	91	8	❻	市バス11◆	嵯峨小学校前❼ (大覚寺へ徒歩13分)	47
	高雄	90	2+30		参照四条烏丸(P30) 乗同❼から市バス8◆	高雄❸・栂ノ尾❻	2~+51 53
	松尾大社 苔寺・鈴虫寺	13 101	10	❻	市バス3◆	松尾橋❻(松尾大社へ徒歩8分)	39
			8+5	阪HK86京都河原町駅	阪急京都本線〔下り〕HK81桂駅(P13) 乗阪急嵐山線	阪HK97松尾大社駅	5+8
			30	❶	京都バス63◆	松尾大社前❷・苔寺・すず虫寺❼	57・61
			2+15		参照四条烏丸(P30) 乗同❼から市バス29◆	松室北河原町❽(鈴虫寺へ徒歩7分)	2~+3
	大原野 長岡天満宮	13	5	阪HK86京都河原町駅	阪急京都本線〔下り〕普通・急行	阪HK79東向日駅から阪急バス	16+25
			5~	阪HK86京都河原町駅	阪急京都本線〔下り〕	阪HK77長岡天神駅	13~
洛南	伏見稲荷	14 93	5~	京祇園四条駅	京阪本線〔下り〕普通・準急・急行	京伏見稲荷駅	7~
			4~+30		参照京都駅前(P15) 乗同C4から市バス南5◆等	稲荷大社前❶	11~+1
	伏見桃山	94	8	京祇園四条駅	京阪本線〔下り〕普通	京伏見桃山駅	24
			4~+15~		参照京都駅前(P15) 乗C4から市バス81◆・特81◆	京橋❸	11~+33
	大石神社	13・102	10~	❺	京阪バス84・84B・84C・93・95他(全て◆)	大石神社	20~21
	小野 醍醐	13 95	10~	❺	京阪バス86◆・86B◆	小野駅(随心院へは徒歩5分)・醍醐寺前❽	~30
			10~	❺	京阪バス84・84B・93・95他(全て◆)	醍醐BT❸	33
			30~	❺	京阪バス88B◆	醍醐駅❺	33
			15~	❾	京阪バス87◆・83A◆	醍醐駅❺(京阪バス83Aは醍醐BT❸)	33
			4~+4		参照京都市役所前(P35) 乗T12京都市役所前駅から地下鉄東西線◆〔上り〕	地T04小野駅・地T03醍醐駅	4~+1 19
	宇治	13・97	5~+8	京祇園四条駅	京阪本線〔下り〕全車で中書島駅(P94) 乗宇治線	京黄檗駅・京宇治駅	11~+9

鉄道記号
地 地下鉄
JR JR線
近 近鉄電車
阪 阪急電車
京 京阪電車
嵐 嵐電
叡 叡山電車

四条高倉（しじょうたかくら）・四条烏丸（しじょうからすま）

ビジネスの中心地、近年は個性的な店々も

access この付近は宿泊施設も多く、同じように見える道が縦横に走り、迷っている人をよく見かける。宿が、どの通りに面しているのか、よく確認しておこう。外出して暗くなって、宿に帰る時など、角地の目印などを覚えておく事も大事。

バス停名
❶〜⓫ 四条烏丸（地下鉄四条駅）
㉑・㉒ 四条高倉

乗り場番号は本書の説明のためにつけたものです。現地停にはこの番号はありませんのでご注意。

徒歩所要分
四条高倉交差点→錦市場高倉通入口（3分）・新京極四条入口（6分）・六角堂（7分）・京都文化博物館（9分）
烏丸御池交差点→京都伝統工芸館（3分）・京都文化博物館（7分）・六角堂（6分）・新京極四条入口（21分）

四条烏丸ののりもの案内はP31へ

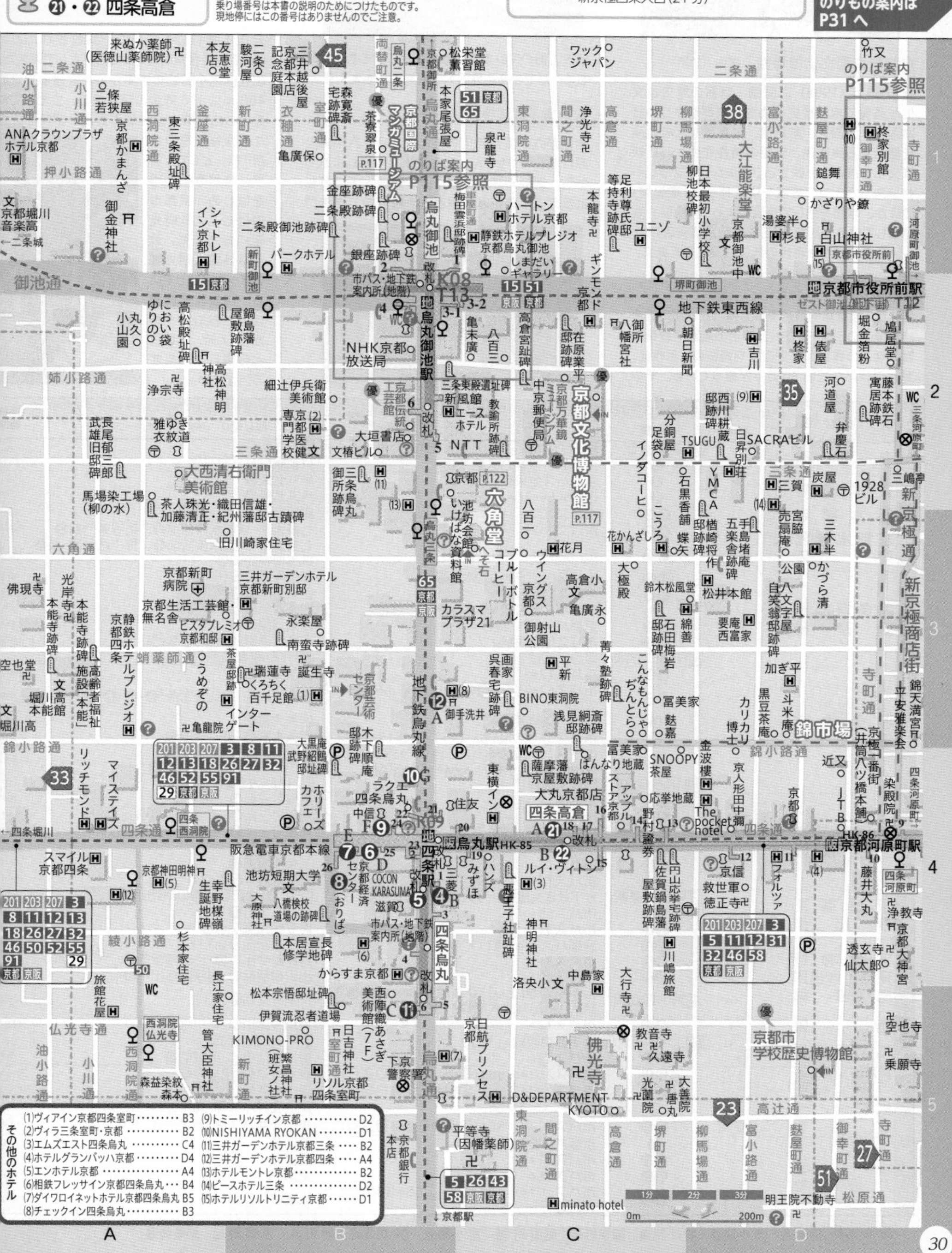

付近の宿から近い市バス停「四条高倉」通行のバス系統は 201・203・207・3・5・11・12・31・32・46・51（51 は西行のみ）。
市バス 26・27・52・55・91・8・29 以外を利用する場合は、四条高倉㉒B が四条烏丸バス停より手前であり、おススメ。

京都府京都文化博物館

案内 P117

昭和 63 年（1988）に開館。京都の歴史と文化が通覧できる歴史博物館、京都ゆかりの日本画家、洋画家、彫刻家、工芸家などの作品を展示する美術館、京都の特性を生かした映像文化を展示・上映するフィルムライブラリーセンターの 3 つの機能を併せ持った「常設展」のほか、年間を通して企画による「特別展」を開催している。別館（旧日本銀行京都支店）は、レンガ造りの明治時代の洋風建築として重文。

京都国際マンガミュージアム

案内 P117

博物館・図書館的機能を併せ持つ日本初の総合的な漫画のミュージアム。明治の雑誌や戦後の貸本などの貴重な歴史資料や現在の人気作品、海外の作品など約 30 万点が揃っている。その内 5 万冊のマンガ本は館内のどこでも自由に読むことができる。外国人の観光客にも大人気。

六角堂（頂法寺）

案内 P122

本堂が六角宝形造であることから、六角堂と呼ばれ、「六角さん」の名で人々に親しまれている。明治再建の本堂には、聖徳太子の持仏と伝える本尊如意輪観音像、親鸞像、毘沙門天立像（重文）などを安置。本堂前の六角の礎石は臍石といい、古来、京都の中心にたるとされてきた。本堂北の本坊は「池」と呼ばれ、室町期以降、いけ花の名手を多輩出した所で、華道発祥の地として名高く、在も池坊華道の拠点となっている。

錦市場

天正年間（1573 ～ 1593）開設されたといれ、江戸時代魚問屋「錦之店」として栄えた現在は錦小路通の寺町から高倉通まで東西400 m に 130 軒余の店が並び、主として鮮をはじめ生鮮食品や加工食品、京料理の食などが揃う京の台所「錦」として、料亭、旅館等業務用をはじめ、京都市内はもとより観光客にも大人気。近年は外国人観光客のメッカとなっている。店舗営業時間は、おおむね 9 時から 17 時、水曜日と日曜日に休業する店が多い。

のりもの案内（太字は1時間に4便以上の系統。色数字は市バス循環系統・均一系統、◆は地下鉄・バス一日券、京都修学旅行1day チケットが利用可）

地域	目的地	参照ページ	待機時間	乗り場	アクセス（参照の行き方は左の目的地欄から探す。乗は乗り換え先のページで乗降の位置を確認してください）	降り場（バス停位置は参照ページで確認）	乗車時間
洛中	京都駅	15	4	地K09四条駅	地下鉄烏丸線◆〔下り〕（K08烏丸御池駅からも）	地K11京都駅	4
			2	④	市バス◆・京都バス全系統◆	京都駅各バス降り場	8~13
	東本願寺	23	4~	④	京都バス全系統◆	烏丸七条⑨	5
			10・10	④	市バス5◆・26◆	烏丸七条⑨	7・7
	西本願寺		5	⑥㉒	市バス207◆	島原口⑭	12~
	京都水族館	21	5	⑥㉒	市バス207◆	七条大宮・京都水族館前②、東寺東門前②	14~1
	東寺	25	15	④㉒	市バス58◆（土休日運行）	七条大宮・京都水族館前④、梅小路公園・京都鉄道博物館前⑨	14、1
	四条河原町 新京極	27	10	⑪㉑	市バス5◆、58◆（土休日運行）	四条河原町⑫（58は⑨）	6・3
			5~15	⑨㉑	市バス11◆・207◆	四条河原町⑨	6・3
			4~	㉑	京阪バス全系統◆	四条河原町⑨	3~
			10・30	⑪㉑	京都バス17◆・特17◆	四条河原町⑩	8・3
			2	⑨㉑	市バス他全系統◆	四条河原町（⑨・⑪・⑫など）	6・3
			5	阪HK85烏丸駅	阪急京都線〔上り〕	阪HK86京都河原町駅	2
	四条大宮 壬生寺	33	8	⑥㉒	市バス12◆	四条堀川⑯	4・7
			5~	⑥㉒	市バス52◆・55◆（⑥のみ）・201◆・32◆・46◆・207◆	四条堀川⑬・四条大宮各（③・④・⑥・⑧）	4・9
			30	⑥	京阪バス全系統◆	四条大宮⑩	4
			5~	⑦	市バス3◆（㉒からも）・8◆・13◆・特13◆・29◆	四条大宮④・壬生寺道⑱	6・7
			5~	⑦	市バス11◆（㉒からも）・26◆・27◆・91◆・203◆（㉒からも）、京都バス73◆・75◆・76◆	四条大宮②・壬生寺道⑱	5~7
			5	阪HK85烏丸駅	阪急京都線〔下り〕	阪HK84大宮駅	2
	河原町三条 三条京阪	35 37	10	⑪㉑	市バス5◆	河原町三条⑥	10・5
			10・15	⑨㉑	市バス3◆・32◆	河原町三条⑧（市バス32は⑥）	5~1
			10・30	⑪㉑	京都バス17◆・特17◆	河原町三条⑤・三条京阪前Ⓔ（P37）	7~1
			10	⑪㉑	市バス5◆	三条京阪前Ⓓ	10~1
			10	⑨㉑	市バス11◆	三条京阪前Ⓔ	8~1
			8	⑨㉑	市バス12◆	三条京阪前(C2)（P37）	8~1
	京都御所 今出川	38	4	地K09四条駅	地下鉄烏丸線◆〔上り〕（K08烏丸御池駅からも）	地K07丸太町駅・地K06今出川駅	4~6
			30	⑩	市バス65◆	烏丸丸太町⑦	7
			10	⑨㉑	市バス3◆	府立医大病院前⑫	12・1
	下鴨神社 河原町今出川 出町柳	41	10・30	⑪㉑	京都バス17◆・特17◆	出町柳駅前③（P115）	16~
			10	⑨㉑	市バス3◆	河原町今出川③・出町柳駅前④	14~1
			6	⑨㉑	市バス201◆	出町柳駅前④・河原町今出川⑥	34~3
			4+4	地K09四条駅	地下烏丸線〔上り〕K04北大路駅◆（P69）乗北大路BTⒸ・烏丸北大路❶から市バス205◆	下鴨神社前❶	10+6
	西陣	43	8	⑥㉒	市バス12◆	堀川今出川⑦・堀川寺ノ内②	18~2
	二条城	45	4	地T13烏丸御池駅	地下鉄東西線◆〔下り〕	地T14二条城前駅	2
			8・10	⑥㉒	市バス12◆	堀川御池⑫・二条城前⑥	7~9
洛東	東福寺・泉涌寺	47	5・15	⑨㉑	市バス207◆、58◆（⑪㉑から土休日運行）	泉涌寺道②・東福寺④	20~・2
	三十三間堂	49	5・15	⑨㉑	市バス207◆、58◆（⑪㉑から土休日運行）	東山七条③	18~・2
	清水寺 高台寺	51	10	㉑	京阪バス全系統◆	東山安井バス停・清水道②・五条坂⑤	11・12
			5・15	⑨㉑	市バス207◆、58◆（⑪㉑から土休日運行）	東山安井バス停・清水道❶・五条坂④	10~
	祇園 八坂神社	55	10	㉑	京阪バス全系統◆	祇園③	10
			30	⑫㉑	市バス31◆	祇園⑤	11
			6	⑨㉑	市バス46◆	祇園⑤	8~1
			6・5・5・15	⑨㉑	市バス201◆・203◆・207◆、58◆（⑪㉑から土休日運行）	祇園⑤（市バス207・58は❶）	8~1

地名・名称 御池通（おいけ） 姉小路通（あねやこうじ） 綾小路通（あやのこうじ） 御幸町通（ごこうまち） 麩屋町通（ふやちょう） 富小路通（とみのこうじ） 柳馬場通（やなぎのばんば） 堺町通（さかいまち） 東洞院通（ひがしのとういん） 蛸薬師通（たこやくし）

天満宮に行く場合は、「四条烏丸」❻❼乗場で待つのが良いが、その他は「四条高倉」バス停が待機スペースも広く、現在は市交通局の公式案内人の方がお安心でしょう。「地下鉄・バス一日券」等で龍安寺へは、市バス12・15・51・52・55で「立命館大学前」下車、徒歩11分も。

目的地	参照ページ	のりもの案内（太字は1時間に4便以上の系統。色数字は市バス循環系統・均一系統、◆は地下鉄・バス一日券、京都修学旅行1day チケットが利用可） 待機時間	乗り場	アクセス（参照の行き方は左の目的地欄から探す。■は乗り換え先のページで乗降の位置を確認してください）	降り場（バス停位置は参照ページで確認）	乗車時間	乗換回数
知恩院 青蓮院	57	4	地T13烏丸御池駅	地下鉄東西線◆〔上り〕	地T10東山駅	5	0
		2	⑨㉑	市バス31◆（⑫・㉑乗り場）・46◆・201◆・203◆	知恩院前❻・東山三条❹	10～15	0
平安神宮 聖護院	59	10	⑪㉑	市バス5◆	岡崎公園 美術館・平安神宮前❷	16～21	0
		10・6	⑨㉑	市バス32◆・46◆	岡崎公園 ロームシアター京都・みやこめっせ前❹（市バス46は岡崎公園 美術館・平安神宮前❶にも）	16～19	0
		30	⑩	市バス65◆	熊野神社前⓬	15	0
		6・5・30	⑨㉑	市バス201◆・203◆・31◆（31は⑫㉑乗り場）	熊野神社前⓬（市バス203は同❽）	16～19	0
南禅寺 永観堂	61	10	⑪㉑	市バス5◆	南禅寺・永観堂道❷	25・22	0
		4	地T13烏丸御池駅	地下鉄東西線◆〔上り〕	地T09蹴上駅	7	0
永観堂 哲学の道 真如堂	63	10	⑪㉑	市バス5◆	東天王町❻・真如堂前⓬	22～28	0
		10	⑨㉑	市バス32◆	東天王町❹	19・22	0
		5	⑨㉑	市バス203◆	東天王町❻・真如堂前⓬	20～24	0
銀閣寺	63	10	⑪㉑	市バス5◆	銀閣寺道❸	27～32	0
		10	⑨㉑	市バス32◆	銀閣寺前❶	28～31	0
		5	⑨㉑	市バス203◆	銀閣寺道❹	28～	0
詩仙堂 曼殊院	65	10	⑪㉑	市バス5◆	一乗寺下り松町❹・一乗寺清水町❷	33～40	0
		30	⑫㉑	市バス31◆	一乗寺清水町❷	37～	0
		30	⑩	市バス65◆	修学院駅前❽	40	0
宝ヶ池	13・14・99	4	地K09四条駅	地下鉄烏丸線◆〔上り〕（K08烏丸御池駅からも）	地K01国際会館駅	16	0
実相院	13・99	4+15	地K09四条駅	地下鉄烏丸線〔上り〕K01国際会館駅◆（P99・P113）■国際会館駅前❸から京都バス24◆	岩倉実相院バス停	16+12	1
蓮華寺	13・99	10・30	⑪㉑	京都バス17◆・特17◆	上橋❹・八瀬駅前バス停	31～・41～	0
鞍馬・貴船	67	10+10	⑨㉑	市バス3◆で出町柳駅前（P41・P115）■叡山鞍馬線	叡 鞍馬駅・叡 貴船口駅	14～ 19+27～	1
大原	68	10・30	⑪㉑	京都バス17◆・特17◆	大原❶	48・58	0
		4+15・30	地K09四条駅	地下鉄烏丸線〔上り〕（K08烏丸御池駅◆からも）K01国際会館駅◆（P99・P113）■国際会館駅前❻から京都バス19◆・特17◆	大原❶	16+22	1
北大路BT 植物園	69	4	地K09四条駅	地下鉄烏丸線◆〔上り〕（K08烏丸御池駅からも）	地K04北大路駅・地K03北山駅	9・11	0
		5～+4	⑨㉑	参照四条河原町（P27）■同⑩から市バス205	植物園前バス停	3～+21	1
上賀茂神社	71	6	⑥㉒	市バス46◆	上賀茂神社前❶	41～	0
		4+6～	地K09四条駅	参照北大路駅◆（P69）■北大路BTⒶ・烏丸北大路❶から市バス北3◆、Ⓕ・❺から市バス37◆	上賀茂御薗橋❼（37は同❺）、御薗口町❸（北3のみ）	9+8	1
大徳寺	73	8	⑥㉒	市バス12◆	大徳寺前❷・北大路堀川❺	23～27	0
神光院	14・100	4+8	地K09四条駅	参照北大路駅◆（P69）■北大路BTⒻ・烏丸北大路❺から市バス37◆	神光院前❸	9+16	1
源光庵		5～+15		参照四条大宮（P33）■同❽から市バス6◆	鷹峯源光庵前❶	2～+27	1
北野天満宮	77	30・15	❻	市バス52◆・55◆	北野天満宮前❷・北野白梅町❽	21～24	0
		10	❼	市バス26◆	北野白梅町❼	25	0
		5	❼㉒	市バス203◆	北野白梅町❸・北野天満宮前❶	25～29	0
金閣寺 等持院	79	8	❻㉒	市バス12◆	金閣寺道❶	34～36	0
		10	❼	市バス26◆	等持院道❸・等持院南町バス停	28～	0
等持院・龍安寺	79 82	8・30・15	❻	市バス12◆（12は㉒乗り場も）・52◆・55◆	立命館大学前❽（龍安寺へ徒歩11分）	31～38	0
龍安寺		4+8	地K09四条駅	参照今出川駅◆（P38）■烏丸今出川❸から市バス59◆	龍安寺前❷	6+25	1
妙心寺 仁和寺	82	10	❼	市バス91◆	妙心寺前❾	25	0
		10	❼	市バス26◆	妙心寺北門前❼・御室仁和寺❹	29・33	0
広隆寺 東映太秦映画村	85	10～	❼	京都バス73◆・75◆・76◆	太秦広隆寺前❻	22	0
		10	❼㉒	市バス11◆	太秦広隆寺前❻	27～	0
		5～+7～		参照四条大宮（P33）■嵐電嵐山本線	嵐 太秦広隆寺駅	2～+9	1
嵐山	87	10～	❼	京都バス73◆・76◆	嵐山❹	35	0
		10	❼㉒	市バス11◆	嵐山❹・嵐山天龍寺前❷	37～41	0
		5+8	阪HK85烏丸駅	阪急京都線〔下り〕HK81桂駅（P13）■嵐山線	阪HK98嵐山駅	6+7	1
		5～+7～		参照四条大宮（P33）■嵐電嵐山本線	嵐 嵐山駅	2～+19	1
嵯峨野 大覚寺	91	10	❼㉒	市バス11◆	嵯峨小学校前❼	41～44	0
		10	❼	市バス91◆	嵯峨釈迦堂前❻・大覚寺❶	40・43	0
高雄	90	30	❼	市バス8◆	高雄❸・栂ノ尾❻	51・53	0
松尾大社 鈴虫寺	13 101	10	❼	京都バス73◆	松尾大社前❷、苔寺・すず虫寺❼	42・46	0
		10	❼㉒	市バス3◆	松尾橋❻	34・37	0
		20	❼	市バス29◆	松尾大社前❷・松室北河原町❽	30・31	0
		5+8～	阪HK85烏丸駅	阪急京都線〔下り〕HK81桂駅（P13）■嵐山線	阪HK97松尾大社駅	6+5～	1
大原野 長岡天満宮	13	5	阪HK85烏丸駅	阪急京都線〔下り〕普通・急行	阪HK79東向日駅（P13）下車、阪急バスで	14～+25	0
		5～	阪HK85烏丸駅	阪急京都線〔下り〕普通・急行・快急・特急	阪HK77長岡天神駅	11～	0
伏見稲荷 伏見桃山	93 94	5～+5～	⑨㉑	市バス12◆・46◆・201◆・203◆・207◆等で四条京阪前（P27）■京阪本線〔下り〕	京 伏見稲荷駅（特急は通過）・京 伏見桃山駅（普通のみ停車）	8+7～	1
		5～+15	❹	参照京都駅前◆（P15）■同バス停Ⓒ4から市バス南5◆・特南5◆	稲荷大社前❶	8～+13	1
		5～+15～	❹	参照京都駅前◆■同Ⓒ4から市バス81◆・特81◆	京橋❸	8～+33	1
		4+8	地K09四条駅	参照京都駅◆（P15）■ JR 奈良線普通	JR 稲荷駅・JR 桃山駅	4+5～	1
		4+8	地K09四条駅	地下鉄烏丸線近鉄乗り入れ（急行）	近 桃山御陵前駅	13	0
小野 醍醐	13 95	10	㉑	京阪バス83A◆・93◆（⑪からも）	醍醐 BT ❸	38	0
		30	㉑	京阪バス87◆・88◆	醍醐駅❺	48	0
		4	地T13烏丸御池駅	地下鉄東西線◆〔上り〕	地 小野駅 T04・醍醐駅 T03	19・21	0
宇治	13・97	4+8～	地K09四条駅	参照京都駅◆（P15）■ JR 奈良線快速・普通	JR 宇治駅	4+17～	1

鉄道記号
地 地下鉄
JR JR線
近 近鉄電車
阪 阪急電車
京 京阪電車
嵐 嵐電
叡 叡山電車

四条大宮（しじょうおおみや） 四条堀川（しじょうほりかわ）

新選組ゆかりの地・新しいまちづくり中

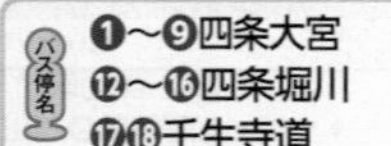

乗り場番号は本書の説明のためにつけたものです。現地停にはこの番号はありませんのでご注意。

access 『壬生寺』へは、バス停「四条大宮」よりバス停「壬生寺道」が近い。停車バスをよく確かめて。観光シーズンの車混雑時は、嵐山へは、嵐電・阪急電車利用がベスト。

壬生寺　案内 P121

地蔵菩薩を本尊とした名刹。「壬生狂言」や「節分会」などの時は露店や多くの人々で混み合うが、普段は庶民的な雰囲気の寺。境内の壬生塚には、近藤勇胸像・遺髪塔、新選組顕彰碑、隊士たちの墓などがある。

新選組壬生屯所旧跡八木家　案内 P119

幕末には浪士隊として江戸から来た芹澤鴨の宿所となり旧壬生屯所として知られている。奥座敷は彼の暗殺の場で、文久３年９月、芹澤鴨、平山五郎ら４人が斬殺された。現存する刀傷の一部がその凄惨さを物語っている。

徒歩所要分
四条大宮交差点→壬生寺(9分)
バス停「壬生寺道」→壬生寺(3分)
四条堀川交差点→壬生寺(12分)

0m　1分　2分　3分　4分　5分　6分　7分　500m

BiVi二条　↑二条駅　佛教大二条キャンパス　千本通　立命館大朱雀キャンパス　45　京都三条会商店街　三条通　千本三条・朱雀立命館前　朱雀第一小　↑二条城　堀川三条　京都堀川イン　油小路通　←西大路三条

来迎寺　(新門辰五郎ゆかり)　三寶寺　神泉苑通　大宮通　八坂神社御供社　黒門通　猪熊通　岩上通　越後神社　堀川通

武信稲荷神社（龍馬・お龍所縁の榎）　妙泉寺（幕臣永持亨次郎墓）　如来寺　満福寺　光明院　善想寺（泥足地蔵）　六角通　中山神社　圓龍寺　醒ケ井通　佛現寺

おもちゃ映画ミュージアム　六角獄舎跡・近代医学発祥地碑・平野国臣他終焉之趾碑・殉難勤王志士忠霊塔碑　正運寺（東町奉行所与力森孫六墓）　専應寺

201	52
206	55
6	69
18	JR
46	

みぶ操車場前　坊城通　千本通　中京署　洛中小　誓弘寺　成圓寺　眞蓮寺　蛸薬師通　堀川蛸薬師　空也堂　本能寺跡　欣浄寺　錦小路通　藤堂藩邸跡碑　堀川高

9
12
50
67

UR都市機構壬生坊城第二団地

203	3	8	11	13	26
27	28	67	71	91	
29	69	京都			

日本写真印刷　四条中新道　NISSHA印刷歴史館　壬生寺道　ホップイン京都四条大宮　京都四条東横イン　ヴィラージュ京都　エムズプラス四条大宮　休務寺　かめや本家　りそな　モリタ屋　The One Five京都四条　ABホテル京都四条堀川　亀屋良長

阪急電車京都本線　四条通　阪大宮駅 HK-84　四条大宮　四条大宮駅ビル　焼肉大将軍　四条堀川　←西院　←西院駅

201	203	207	3	8
11	13	26	27	28
32	46	52	55	67
91	29	京都	京阪	

201	203	207	3	8
11	12	13	18	26
27	32	46	50	52
55	91	29		
京都	京阪			

椰神社・隼神社　新選組遺蹟京都鶴屋碑　西改札口(6時15分～21時)　中央信用　日本生命ビル　妙雅院　(京阪バス)　嵐電嵐山本線　嵐四条大宮駅 A1　FRESCO　京都中信　妙満寺跡　二十六聖人発祥地碑　東新道通　七本松通

新選組壬生屯所旧跡八木家　新選組屯所跡旧前川邸　壬生寺 P.121　本堂　水かけ地蔵　新徳寺（屋根葺地蔵）　京都清宗根付館 壬生武家屋敷黒竹家（旧神先家住宅）　千体仏塔　綾小路通　光縁寺（新選組隊士の墓）　法善寺　西方寺　聖徳寺　成道院　光林寺　洛友中　月輪寺　帰命院　天道神社　瑞専寺　アーバンホテル京都四条プレミア　火尊天満宮

206
207
6
18
32
71
京阪
JR

9
28

仏光寺通　八木家本家　阿弥陀堂（地下・歴史資料室）　壬生塚 新選組顕彰碑・近藤勇胸像　JR山陰本線（嵯峨野線）　秦家住宅　観音寺　西住寺　23

肥後藩屋敷跡碑　高辻通　はなの湯　大宮松原　松原中　遠藤剛熙美術館　堀川松原　住吉神社　醒ケ井通　油小路通　松原通　西照寺　法輪寺　専故寺　30　下京雅小

朱雀第三小　光徳公園　京都産業大附属中・高　京都産業大学むすびわざ館　中堂寺　善徳寺　末慶寺（烏山勇子墓）　長圓寺　長国寺　専求寺　勝光寺　智光院　智了院　万寿寺通　了光院　21　瑞雲院　アーバンホテル京都五条プレミアム

スーパーマツモト　新千本通　千本通　坊城通　壬生川通　櫛笥通　エスペリアホテル京都　ヤサカ自動車　光徳小　JR丹波口 JR-E03　真如院（信長・足利義昭ゆかり）　チサン　西大路五条←　京都リサーチパーク前（五条千本）　五条壬生川　五条通　大宮五条　堀川五条　智妙院　西本願寺

32	43	75	80	85
23	京都			

43	75	80	85
23	京都	京阪	

43	80	85
23	京都	京阪

206	207	18	71	JR

9	28	75

1　2　3　4　5　A　B　C　D

ス停「四条堀川」⓰を利用したほうがよい系統は、市バス9・快9・12・50。永観堂へは市バス203で「東天王町」下車、徒歩8分。南禅寺へは更に南へ徒歩10分。

目的地	参照ページ	のりもの案内（太字は1時間に4便以上の系統。色数字は市バス循環系統・均一系統、◆は地下鉄・バス一日券、京都修学旅行1day チケットが利用可）待機時間	乗り場	アクセス（参照の行き方は左の目的地欄から探す。乗は乗り換え先のページで乗降の位置を確認してください）	降り場（バス停位置は参照ページで確認）	乗車時間	乗換回数
京都駅	15	10・10～	❶⓱	市バス26◆・京都バス73◆・76◆	京都駅前バス降り場	17～19・13～16	0
		7・15～	❸	市バス206◆・6◆、京都バス臨東山◆・JRバス◆	同上	18・18・15	0
		15	❺⓱	市バス28◆	同上	13・15	0
		5～	⓬	市バス50◆、26◆（⓱からも）	同上	12～17	0
		7・15～	⓮	市バス9◆、28◆（⓱からも）	同上	11	0
東本願寺 西本願寺	23	10・10～	❶⓱	市バス26◆（⓬も）・京都バス73◆・76◆	烏丸七条❾	11～13・14	0
		7	❸	市バス206◆	七条堀川❹・烏丸七条❿	10・22	0
		5・15～	❺⓮⓱	市バス28◆・9◆（9は⓮からのみ）	西本願寺前❶	4～8	0
京都水族館 鉄道博物館	21	6～	❸	市バス206◆、207◆（⓭も）、71◆（⓱も）、18◆・特18◆・6◆	七条大宮・京都水族館前❷（市バス206・6は❶）	8～10	0
東寺	25	6～	❸	市バス207◆（⓭も）・71◆（⓱も）・18◆・特18◆	東寺東門前❷	10～12	0
四条河原町	27	10・5・15	❶⓬⓱	市バス11◆・3◆	四条河原町❾（市バス3は⓫）	12・10・14	0
		5～	❶⓬	市バス201◆、203◆（⓱からも）・207◆・32◆	四条河原町❾（市バス32は⓬）	12・10	0
		6・8	❾❶⓬	市バス46◆、12◆（⓬からのみ）	四条河原町❾	10～12	0
		5	阪HK84大宮駅	阪急京都本線〔上り〕	阪HK86京都河原町駅	4	0
四条高倉 四条烏丸	30	10	❶⓱	京都バス73◆・76◆	四条烏丸❹	6・8～9	0
		5～	❶⓬⓱	市バス3◆・11◆・26◆・27◆・203◆他多数	四条烏丸各バス停、四条高倉㉑（3・11・203）	6～・9～	0
		5	阪HK84大宮駅	阪急京都本線〔上り〕	阪HK85烏丸駅	2	0
河原町三条	35	5	❶⓬	市バス3◆（⓱からも）・市バス32◆	河原町三条❻・❽	14～16・12	0
京都御所	38	5	❶⓬⓱	市バス3◆	府立医大病院前⓬	21・19・23	0
		6	❻⓭	市バス201◆	烏丸今出川❷	27・29	0
		4～+5		参照四条烏丸（P30）乗K09四条駅から地下鉄烏丸線◆〔上り〕	地K06今出川駅	2～+6	1
下鴨神社 出町柳	41	5	❶⓬⓱	市バス3◆	河原町今出川❸・出町柳駅前❹（P115）	21～27	0
		6	❻⓭	市バス201◆	河原町今出川❼・出町柳駅前❹	30～32	0
西陣	43	5・8	⓰	市バス12◆・9◆	堀川今出川❼・堀川寺ノ内❷	14・16	0
		6	❻⓭	市バス201◆	堀川今出川❸	23・25	0
二条城	45	5～	⓰	市バス9◆・12◆・50◆	二条城前❻	5	0
東福寺・泉涌寺	47	5	❸⓭	市バス207◆	東福寺❸・泉涌寺道❶	25～28	0
三十三間堂	49	5・15	❶⓬	市バス207◆	東山七条❸	27・25	0
		6	❸⓭	市バス207◆	東山七条❺	27・25	0
		7	❸	市バス206◆	博物館三十三間堂前❶・東山七条❺	27・29	0
祇園・清水寺	51 55	5・15	❶⓬	市バス207◆	祇園❶・東山安井バス停・清水道❶	15～21	0
祇園・八坂神社 知恩院・青蓮院	55 57	6	❾❶⓬	市バス46◆	祇園❺・知恩院前❻・東山三条❹	15～21	0
		6・5	❶⓬	市バス201◆、203◆（⓱からも）	祇園❺・知恩院前❻・東山三条❹	15～23	0
平安神宮	59	6・5	❶⓬	市バス201◆、203◆（⓱からも）	東山二条・岡崎公園口⓮	21～25	0
		10	❶⓬	市バス32◆	岡崎公園 ロームシアター京都・みやこめっせ前❹	22・20	0
		6	❾❶⓬	市バス46◆	同上❹・岡崎公園 美術館・平安神宮前❶	23～28	0
南禅寺 永観堂	61	4～+5		参照四条河原町（P27）乗同⓬から市バス5◆	南禅寺・永観堂道❷	4～+17	1
		6～+4	❻⓭	市バス55◆・201◆で二条駅前❿（P45）乗T14二条城前駅から地下鉄東西線◆〔上り〕	地T09蹴上駅	5～7+11	1
永観堂 哲学の道・真如堂	61 63	10	❶⓬	市バス32◆	東天王町❹	28・26	0
		5	❶⓬⓱	市バス203◆	東天王町❻・真如堂前⓬	27～32	0
銀閣寺	63	10	❶⓬	市バス32◆	銀閣寺前❶	33・31	0
		5	❶⓬⓱	市バス203◆	銀閣寺道❹	37～41	0
詩仙堂	65	4～+5		参照四条河原町（P27）乗同⓬から市バス5◆	一乗寺下り松町❹	4～+31	1
鞍馬・貴船	67	5	❶⓬⓱	参照出町柳駅前（P41）乗叡山電車鞍馬線	叡鞍馬駅・叡貴船口駅	23～+27～	1
大原	68	4～+10・30		参照四条烏丸（P30）乗四条高倉㉑から京都バス17◆・特17◆	大原❶	2～+48～	1
上賀茂神社	71	6	❽⓭	市バス46◆	上賀茂神社前❶	35・37	0
		5	⓰	市バス9◆	上賀茂御薗橋❺	27	0
大徳寺	73	7	❽	市バス206◆	大徳寺前❶	25	0
		8・10	⓰	市バス12◆	大徳寺前❷	20・29	0
鷹峯	14・100	15	❽	市バス6◆	鷹峯源光庵前❶	27	0
		5	⓰	市バス9◆	神光院前❸	31	0
北野天満宮	77	10	❷⓭⓲	市バス26◆	北野白梅町❼	19・21・18	0
		5	❷⓭⓲	市バス203◆	北野天満宮前❶	19・21・18	0
		30・15	❻⓭	市バス52◆・55◆	北野天満宮前❷	16～・18～	0
		8	⓰	市バス50◆	北野天満宮前❷	20	0
等持院 龍安寺	79	30	❻	JRバス（立命館経由）◆	立命館大学前❾・龍安寺前❶	18・19	0
		30・15	❻⓭	市バス52◆・55◆	立命館大学前❽	25～・27～	0
金閣寺・龍安寺	79・82	8・8	⓰	市バス12◆・50◆	金閣寺道❶（12のみ）・立命館大学前❽	27～31	0
妙心寺	82	15	❷⓭⓲	市バス91◆	妙心寺前❾	19・21・18	0
等持院 仁和寺 妙心寺	79 82	10	❷⓭⓲	市バス26◆	等持院道バス停・妙心寺北門前❼・御室仁和寺❹	20～29	0
		30	❻	JRバス全系統◆	御室仁和寺❹	32～33	0
広隆寺 東映太秦映画村	85	10～	❷⓲	京都バス73◆・75◆・76◆	太秦広隆寺前❻	19～20	0
		8	❷⓭⓲	市バス11◆	太秦広隆寺前❻	20・23・19	0
		7	嵐四条大宮駅	嵐電嵐山本線〔下り〕	嵐太秦広隆寺駅	12	0
嵐山	87	10～	❷⓲	京都バス73◆・76◆	嵐山❹	30・29	0
		8	❷⓭⓲	市バス11◆	嵐山❹・嵐山天龍寺前❷	30～34	0
		7	嵐四条大宮駅	嵐電嵐山本線〔下り〕	嵐嵐山駅	22	0
		15	❹⓯⓲	市バス28◆	嵐山天龍寺前❷	31・33・30	0
嵯峨野 大覚寺	91	10	❷⓭⓲	市バス11◆	嵯峨小学校前❼	35・37・34	0
		10	❷⓭⓲	市バス91◆	嵯峨釈迦堂前❻・大覚寺❶	33～39	0
		15	❹⓯⓲	市バス28◆	嵯峨小学校前❼・嵯峨釈迦堂前❻・大覚寺❶	34～42	0
松尾大社 苔寺 鈴虫寺	13 101	10	❷⓲	京都バス73◆	松尾大社前❷、苔寺・すず虫寺❼	36～41	0
		15	❹⓯⓲	市バス28◆	松尾大社前❹	24・26・23	0
		20	❹⓭⓲	市バス29◆	松尾大社前❷・松室北河原町❽	23～27	0
		5+8～	阪HK84大宮駅	阪急京都本線〔下り〕HK81桂駅（P13）乗阪急嵐山線〔下り〕	阪HK97松尾大社駅	7+4	1
伏見稲荷	14・93			参照京都駅前（P15）乗同バス停C4から市バス南5◆等	稲荷大社前❶	12～+13	1
伏見桃山	94			参照京都駅前乗同C4から市バス81◆・特81◆	京橋❸	11～+33～	1
宇治	13・97	5+8～	❸⓭	市バス207◆で参照東福寺（P47）乗JR奈良線快速・普通	JR宇治駅	25～+15～	1

洛中

鉄道記号
地 地下鉄
JR JR線
近 近鉄電車
阪 阪急電車
京 京阪電車
嵐 嵐電
叡 叡山電車

・名称　四条堀川（しじょうほりかわ）　後院通（こういん）　嵐電（らんでん）　坊城通（ぼうじょう）　千本通（せんぼん）　醒ケ井通（さめがい）　岩上通（いわがみ）　猪熊通（いのくま）　黒門通（くろもん）　壬生川通（みぶがわ）　梛神社（なぎ）・隼神社（はやぶさ）

河原町三条
かわらまちさんじょう

維新志士の歴史の痕跡をとどめる繁華街

バス停名
❶〜❿河原町三条
❶河原町御池(京都バス)

乗り場番号は本書の説明のためにつけたものです。現地停にはこの番号はありませんのでご注意。

access

バス停「河原町三条」は、10ヶ所のバス停に分節されており、注意。車混雑時は、地下鉄東西線の「京都市役所前」駅から同「烏丸御池」駅で地下鉄烏丸線に乗換えると、洛北方面そして逆の京都駅方面への移動が早い場合もある。

島津製作所創業記念資料館

案内 P118

ここ木屋町二条は、島津製作所の創業の地であり、明治初期、京都府が欧米の最新技術を導入した実験所や工場など多くの産業諸施設を設立した地でもある。木造の2階建ての記念資料館は、初代、二代目が居住し、店舗としていた当時の面影を今に伝える、企業ミュージアムであり、理化学の世界に楽しさや親しみを感じてもらえると同時に、明治期の京都の歴史、田中耕一氏のノーベル化学賞技術紹介コーナなど、幅広く学ぶことができる。

本能寺

案内 P121

かつては西洞院蛸薬師付近にあったが、「本能寺の変」の際に焼亡し、後の豊臣秀吉の区画整理の際の天正17年(1589)に、現在の地に移された。信長及びその側近達の供養塔

徒歩所要分 **河原町三条交差点**→新京極(3分)・本能寺河原町入口(2分)・地下鉄「京都市役所前」駅(4分)・島津創業記念資料館(10分)
河原町三条交差点→京阪電車「三条」駅(4分)・四条河原町交差点(8分)

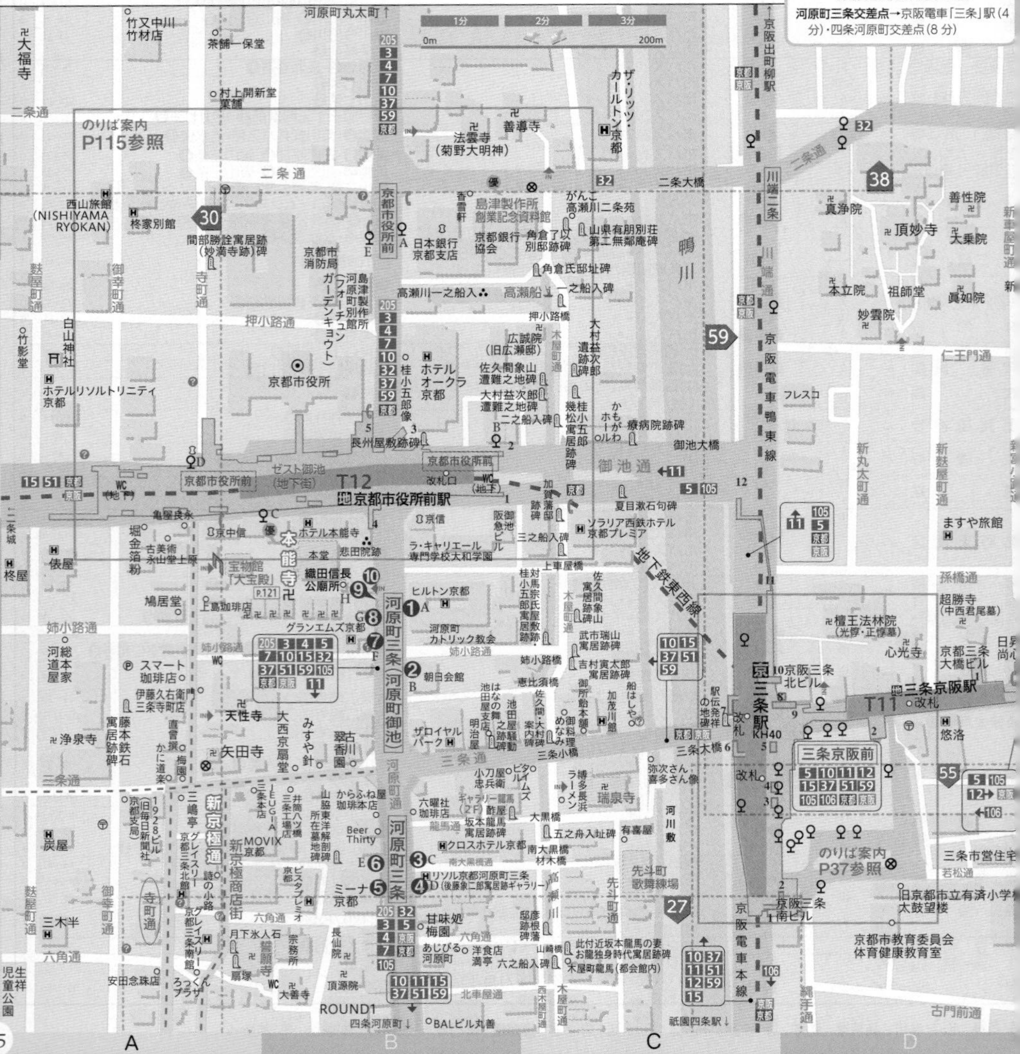

河原町丸太町↑ 1分 2分 3分 0m 200m
二条通 押小路通 御池通 姉小路通 三条通 六角通
のりば案内 P115参照
京都市役所 京都市役所前駅 T12 ゼスト御池(地下街)
本能寺 織田信長公廟所 ヒルトン京都 河原町カトリック教会
島津製作所創業記念資料館 日本銀行京都支店 高瀬川一之船入 長州屋敷跡碑
ホテルオークラ京都 桂小五郎像 佐久間象山遭難之地碑 大村益次郎遭難之地碑
鴨川 二条大橋 御池大橋 三条大橋 三条小橋
京阪三条駅 三条京阪駅 T11 三条京阪前 のりば案内 P37参照
新京極通 寺町通 天性寺 矢田寺 誓願寺 蛸薬師
先斗町歌舞練場 京阪電車鴨東線 京阪電車本線
頂妙寺 大乗院 真如院 檀王法林院 心光寺
四条河原町↓ 祇園四条駅↓

があることでも知られ、宝物館（有料）では、建盞天目茶碗」など織田信長所蔵の茶道具類や書状、信長に危険を知らせたという唐銅香炉「三足の蛙」などが見られる。

瑞泉寺

慶長16年（1611）角倉了以が豊臣秀次とその一族の菩提を弔うため建立。一族の遺骸を埋葬した処刑場の地には大きな塚が築かれ、塚の頂上には秀次の首を納め「秀次悪逆塚」と刻した石塔を据えて往来人への見せしめにしたと云う。後、了以が高瀬川の開削の際に荒廃した塚と石塔を発見して一宇を建立した。境内の西南隅にその墓域が見られる。本堂に了以と長男の角倉素庵の像を安置する。

三条通

三条通は江戸から明治期当初にかけて東海道の西の起点であり、交通の要所であった。郵便局、電信局、新聞社や銀行などの近代建築物が今も残されている。三条通の寺町通と室町通の"歴史的界隈景観地区"には明治・大正期の面影が伝えられる、旧京都大毎会館（1928 ビル）、旧日本銀行京都支店（京都文化博物館別館）、旧不動貯金銀行京都支店（SACRA）、旧京都中央電話局（複合施設）などが見られる。

1928 ビル

SACRA ビル

りを走る軌道交通機関の市営地下鉄・京阪電車・阪急電車利用が広域移動をスムーズに。＊市バス５系統は四条通経由・五条通経由の２経路がある。
記のない場合はどちらでも可。

のりもの案内（太字は1時間に4便以上の系統。色数字は市バス循環系統・均一系統、◆は地下鉄・バス一日券、京都修学旅行1day チケットが利用可）

目的地	参照ページ	待機時間	乗り場	アクセス（[参照]の行き方は左の目的地欄から探す。[乗換]は乗り換え先のページで乗降の位置を確認してください）	降り場（バス停位置は参照ページで確認）	乗車時間	乗換回数
京都駅	15	4～	❷	市バス4◆・特4◆・7◆・205◆	京都駅前市バス降り場	16	0
		5･10･30	❸	市バス5◆・京都バス17◆・特17◆	同上（京都バス17・特17は(C3)）	14～	0
京都水族館・東寺	21･25	5、15	❸	徒歩8分の[参照]四条河原町（P27）同❻から市バス207◆、58◆（土休日運行）	七条大宮・京都水族館前❹（207は❷）、梅小路公園・京都鉄道博物館前❾（58のみ）、東寺東門前❷（207のみ）	20･30･23	1
東本願寺	23	5･10･30	❸	市バス5◆、京都バス17◆・特17◆	烏丸七条❾	14～16	0
西本願寺		5+5	❹	市バス3◆・11◆・32◆で四条堀川⓭（P33）[乗換]同⓮から市バス9◆・28◆	西本願寺前❶	13+4	1
四条河原町	27			河原町通を南へ徒歩8分			
四条烏丸	30	10･10	❸	市バス5（四条通経由のみ）◆・京都バス17◆・特17◆	四条烏丸❹	9	0
四条大宮	33	3	❹	市バス3◆・11◆・32◆	四条烏丸❼（32は❻）・四条大宮❷（又は❹・❸）	9･15	0
壬生寺	33	5･10	❹	市バス3◆・11◆	壬生寺道⓲	16	0
三条京阪	37			三条通を東へ徒歩5分			
京都御所	38	10･4	❼	市バス4◆・特4◆・205◆	府立医大病院前⓬	7	0
		8･7	❾	市バス37◆・59◆	府立医大病院前⓬・烏丸今出川❸（市バス59のみ）	7･13	0
		5･6	❽	市バス3◆・7◆	府立医大病院前⓬	7	0
		4+4	地T12市役所前駅	地下鉄東西線〔下り〕T13烏丸御池駅◆（P30）[乗換]K08烏丸御池駅から烏丸線◆	地K07丸太町駅・地K06今出川駅	2+2～	1
下鴨神社 河原町今出川 出町柳	41	15	❿	京都バス43◆	出町柳駅前❸（P115）	11	0
		10･30	❺	京都バス17◆・特17◆	出町柳駅前❸	14～	0
		10･4	❼	市バス4◆・特4◆・205◆	河原町今出川❺・出町柳駅前❸（市バス4のみ）・下鴨神社前❷	9～15	0
		5･6	❽	市バス3◆・7◆	河原町今出川❸・出町柳駅前❹（P115）	9･11	0
西陣	43	7	❾	市バス59◆	堀川今出川❹	17	0
二条城 二条駅	45	4	地T12市役所前駅	地下鉄東西線◆〔下り〕二条行	地T14二条城前駅・地T15二条駅	4･6	0
		30･30	❿	京都バス63◆・65◆・66◆	堀川御池❽	8	0
		15	❾	市バス15◆	堀川御池❽	9	0
東福寺・泉涌寺 三十三間堂 清水寺	47 49 51	5･8		徒歩5分の[参照]三条駅（P35）から京阪本線〔下り〕	京 東福寺駅・京 鳥羽街道駅	6･8	0
		5		徒歩8分の[参照]四条河原町（P27）❾から市バス207◆	泉涌寺道❷・東福寺❹	18･20	0
		5		徒歩8分の[参照]同上❾から市バス207◆	東山七条❸	15	0
		4		徒歩5分の[参照]三条駅から京阪本線〔下り〕	京 七条駅	4	0
		15～	❸	京阪バス84B・86B・88B（全て◆）	五条坂❺	9	0
		5		徒歩8分の[参照]四条河原町（P27）❾から市バス207◆	清水道❶・五条坂❹	9･11	0
祇園	55	8		徒歩5分の[参照]三条京阪前（P37）Ⓓから市バス12◆	祇園❷	7	0
		5		徒歩5分の[参照]三条駅（P35）から京阪本線〔下り〕	京 祇園四条駅	1	0
知恩院 青蓮院	57	5、15	❻	市バス5◆、105◆（土休日運行）	東山三条❶	8、8	0
		8		徒歩5分の[参照]三条京阪前Ⓓから市バス12◆	東山三条❷・知恩院前❺	3･5	0
青蓮院・平安神宮	57･59	4	地T12市役所前駅	地下鉄東西線◆〔上り〕	地T10東山駅	3	0
平安神宮	59	5･10、15	❻	市バス5◆・32◆、105◆（土休日運行）	岡崎公園 美術館・平安神宮前❷（市バス32は岡崎公園ロームシアター京都・みやこめっせ前❹）	11･8、12	0
永観堂 南禅寺	61	5	❻	市バス5◆	南禅寺・永観堂道❷	15	0
		4	地T12市役所前駅	地下鉄東西線◆〔上り〕	地T09蹴上駅	5	0
哲学の道 銀閣寺	63	5	❻	市バス5◆	東天王町❻・錦林車庫前❾・銀閣寺道❸	17･20･23	0
		6	❽	市バス7◆	銀閣寺道❺・錦林車庫前❾	19･22	0
		10、15	❻	市バス32◆、105◆（土休日運行）	東天王町❹・銀閣寺前❶	21、27	0
詩仙堂・曼殊院	65	5	❻	市バス5◆	一乗寺下り松町❹・一乗寺清水町❷	29･31	0
宝ヶ池 岩倉	13･14･99	5	❻	市バス5◆	国際会館駅前❶	41	0
		4+4	地T12市役所前駅	地下鉄東西線〔下り〕T13烏丸御池駅◆（P30）[乗換]K08烏丸御池駅から烏丸線◆	地K01国際会館駅	2+14	1
実相院	13･99･113	4+4+15		上記地K01国際会館駅[乗換]国際会館駅前❸（P99・P113）から京都バス24	岩倉実相院バス停	2+14+12	2
鞍馬・貴船	67	5～+10	京 三条駅	京阪鴨東線〔上り〕出町柳駅（P41、P115）[乗換]叡山電車鞍馬線	叡 鞍馬駅・叡 貴船口駅	3+30～	1
蓮華寺・大原	13･99･68	10･30	❺	京都バス17◆・特17◆	上橋❹・八瀬駅前バス停・大原❶	30･32･47	0
植物園・北大路BT	69	4	❼	市バス205◆	植物園前バス停・北大路 BT 降り場	19･24	0
上賀茂神社	71	10	❾	市バス37◆	上賀茂御薗橋❺	34	0
		10	❼	市バス4◆・特4◆（特4は左京区総合庁舎経由）	上賀茂神社前❶	36･40	0
大徳寺	73	4	❼	市バス205◆	大徳寺前❷	29	0
神光院 源光庵	14･100	10	❾	市バス37◆	神光院前❸	38	0
		4+15	地T12市役所前駅	[参照]二条駅◆（P45）[乗換]二条駅前❿から市バス6◆	鷹峯源光庵前❶	6+22	1

・名称　京阪電車鴨東線　押小路通　御幸町通　御池通　姉小路通　詩の小路　大安　三条小橋　角倉了以　柊屋

鉄道記号
地 地下鉄
JR JR線
近 近鉄電車
阪 阪急電車
京 京阪電車
嵐 嵐電
叡 叡山電車

地域	目的地	参照ページ	待機時間	乗り場	アクセス（参照の行き方は左の目的地欄から探す。乗換は乗り換え先のページで乗降の位置を確認してください）	降り場（バス停位置は参照ページで確認）	乗車時間
					のりもの案内（太字は1時間に4便以上の系統。色数字は市バス循環系統・均一系統、◆は地下鉄・バス一日券、京都修学旅行1day チケットが利用可）		
洛西	北野天満宮	77	10·15·30	❾	市バス10◆·15◆·51◆	北野天満宮前❷（市バス15は北野白梅町❽）	25·25·2
			4	❼	市バス205◆	北野白梅町❻	40
	金閣寺	79	7	❾	市バス59◆	金閣寺道❶	32
			4	❼	市バス205◆	金閣寺道❷	35
	等持院 龍安寺 仁和寺 妙心寺	79 82	15·30	❾	市バス15◆·51◆	立命館大学前❽	31·32
			10	❾	市バス10◆	等持院道バス停・妙心寺北門前❼·御室仁和寺❹	29·31·3
			7	❾	市バス59◆	立命館大学前❽·龍安寺前❷·御室仁和寺❹	37·38·4
			30·30	❿	京都バス63◆·66◆	妙心寺前❾	23
	広隆寺 東映太秦映画村	85	10	❹	市バス11◆	太秦広隆寺前❻	36
			10	❿	京都バス63◆·66◆	太秦映画村前❸·太秦広隆寺前❻	27·29
	嵐山 嵯峨野	87 91	10	❹	市バス11◆	嵐山❹·嵐山天龍寺前❷·嵯峨小学校前❼	46·47·5
			30·30	❿	京都バス63◆·66◆	嵐山❹	39
			4+10	地T12市役所前駅	参照二条駅◆（P45）乗換JR嵯峨野線	JR 嵯峨嵐山駅	6+10
	嵯峨野 大覚寺	91	4+10+15		参照嵐山（P87）乗換嵐山天龍寺前❷から市バス28◆	大覚寺❶	6+10+9
	高雄	90	4+30	地T12市役所前駅	参照二条駅◆（P45）乗換二条駅前❿からJRバス◆	高雄❸·栂ノ尾❻	6+33·3
	松尾大社	13	5	❹	市バス3◆	松尾橋❻（松尾大社へ徒歩8分）	42
	苔寺・鈴虫寺	101	30	❿	京都バス63◆	松尾大社前❷、苔寺・すず虫寺❼	49·50
	大原野	13	5		徒歩8分の参照四条河原町（P27）乗換HK86京都河原町駅阪急京都線〔下り〕	阪HK79東向日駅·阪HK77長岡天神駅（特急も）	11～12·
洛南	伏見稲荷・桃山	93·94	4		徒歩5分の参照三条駅（P35）から京阪本線〔下り〕	京 伏見稲荷駅·京 伏見桃山駅	10·22
	伏見稲荷	14·93	4～+30	❷❸	参照京都駅前（P15）乗換C4から市バス南5◆等	稲荷大社前❶	16～+1
	伏見桃山	94	4～+15～	❷❸	参照京都駅前乗換同バス停C4から市バス81◆·特81◆	京橋❸	16～+3
	小野・醍醐	13·95	4	地T12市役所前駅	地下鉄東西線◆〔上り〕六地蔵行	地T04小野駅·地T03醍醐駅	17·19
	宇治	13·97	5～+8		徒歩5分の三条駅から京阪本線〔下り〕中書島駅（P94）乗換京阪宇治線	京 宇治駅	13～+1

さんじょうけいはん

三条京阪

京のあらゆる方面へアクセス

地下鉄東西線と京阪電車で、京都」の東西南北への移動がスムーズ。バスターミナルも充実で、各観光地への移動も便利。京阪電車の特急を使えば、大阪の京橋～淀屋橋へも素早く移動。

バス停名
- A1～A3·C2～C3·D·E 三条京阪前
- B5～B6·E·F 三条京阪前（京都バス）
- B1～B4·C1 三条京阪（京阪バス）

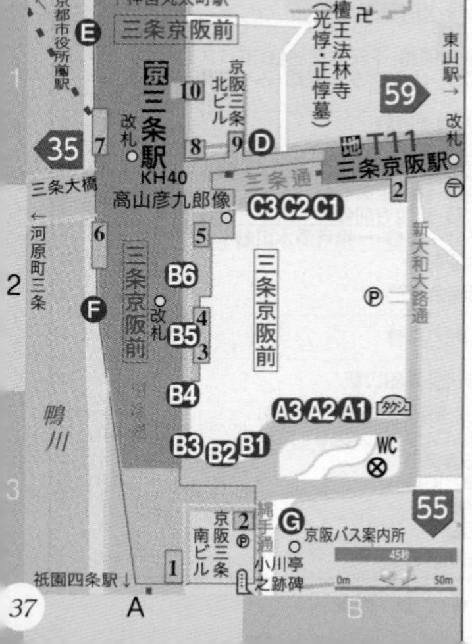

乗り場	会社	系統	主な行き先
A1	市B	10	河原町三条～河原町丸太町～烏丸丸太町～北野天満宮～妙心寺～仁和寺
A2	市B	59	河原町丸太町～河原町今出川～烏丸今出川～金閣寺道～龍安寺～仁和寺
A3	市B	37	河原町丸太町～河原町今出川～出雲路橋～北大路BT～上賀茂神社～神光院
B1	京阪B	高速	関西国際空港バス（京阪）
B2	京阪B	17	東山三条～神宮道～蹴上～大石神社～椥辻駅～大宅
		19	東山三条～神宮道～蹴上～御陵～山科駅
B3	京阪B	56·56A	東山二条～銀閣寺～北白川仕伏町～比叡平～比叡山頂
		57	東山二条～銀閣寺～北白川仕伏町～延暦寺BT～比叡山頂
		57	四条河原町～京都駅
B4	京阪B	84B	河原町五条～川田（清水焼団地）～醍醐BT
		86B	河原町五条～随心院～醍醐寺前～石田～醍醐BT
		88B	清水焼団地～大石神社～醍醐駅～京阪六地蔵
B5	京都B	17·特17	四条河原町～四条烏丸～京都駅
		51＊	四条河原町～四条烏丸～京都駅
B6	京都B	16	四条河原町
C1	京阪B	19	河原町三条～四条河原町～四条京阪
		70	四条河原町、将軍塚方面
C2	市B	15	河原町三条～烏丸御池～二条駅前～西ノ京円町～北野白梅町～立命館大学
		106	四条京阪前～祇園～清水道～東山七条～京都駅前
C3	市B	51	河原町三条～烏丸御池～丸太町出川～北野天満宮前～立命館大学
C3	京都B	17·51	四条烏丸～京都駅
D	市B	5	白川通～岡崎公園～平安宮～南禅寺～銀閣寺～一寺下り松町～岩倉
		12	東山三条～祇園～四条河町～四条堀川～二条城～川今出川～金閣寺道
		105	東山三条～岡崎公園～平神宮～東天王町～銀閣寺
E	市B	5	四条河原町～四条烏丸～京都
		11	四条河原町～四条大宮～大路四条～広隆寺～嵐山嵯峨～山越
		105	河原町三条～四条河原町河原町五条～烏丸五条～都駅前
E	京都B	16·17·特17	川端丸太町～出町柳駅～園橋～八瀬～大原
F	京都B	41	川端丸太町～出町柳駅前花園橋～岩倉村松
		43	河原町三条～河原町今出～出町柳駅前～花園橋～倉村松
		62	河原町三条～烏丸御池～泉苑前～妙心寺～映画村嵐山～清滝
		63	河原町三条～烏丸御池～神苑前～妙心寺～映画村～嵐～松尾大社前～苔寺・すず寺
		65	河原町三条～烏丸御池～神泉前～妙心寺～映画村～有栖川
		66	河原町三条～烏丸御池～泉苑前～妙心寺～映画村嵐山～阪急嵐山駅前
G			京都定期観光バス

＊は、春分の日～12月第一日曜の運行

きょうとごしょ
京都御所

古来の内裏の形態が見られる京都御所

バス停名
❷〜❺烏丸今出川（地下鉄今出川駅）
❼〜❿烏丸丸太町（地下鉄丸太町駅）
⓫⓬府立医大病院前

乗り場番号は本書の説明のためにつけたものです。現地停にはこの番号はありませんのでご注意。

access 烏丸通を運行するバスは便少なく、南北の移動は地下鉄烏丸線を利用。御所を拝観する時には、地下鉄「今出川」駅下車がよい（拝観入口・清所門に近い）。御苑散策は、どの門から入り、出るのか、次はどの乗場を利用と、あらかじめ決めておくのがよい。

京都御苑

南北1300・東西700m程の敷地をもち、京都御所、京都仙洞御所など以外は国民公園として整備されている。禁門の変で有名な「蛤御門」など四方から自由に出入りでき、野鳥の宝庫でもあり木々も多く、梅・桜はもちろん、桃の名所としても知られる。他、「閑院宮邸跡」（月曜・年末年始休、無料）、拾翠亭（年末年始を除く木金土・5/15・10/22、300円・中学生以下無料）などの歴史的遺構も残る。近年、京の伝統技能の粋を集めた京都迎賓館（通年公開・HP参照）が完成した。

拾翠亭

徒歩所要分
烏丸今出川交差点→京都御所清所門（7分）・相国寺総門（6分）・廬山寺（19分）
烏丸丸太町交差点→京都御所清所門（16分）
バス停「府立医大病院前」→廬山寺（5分）・京都御所清所門（16分）・京都市歴史資料館（9分）

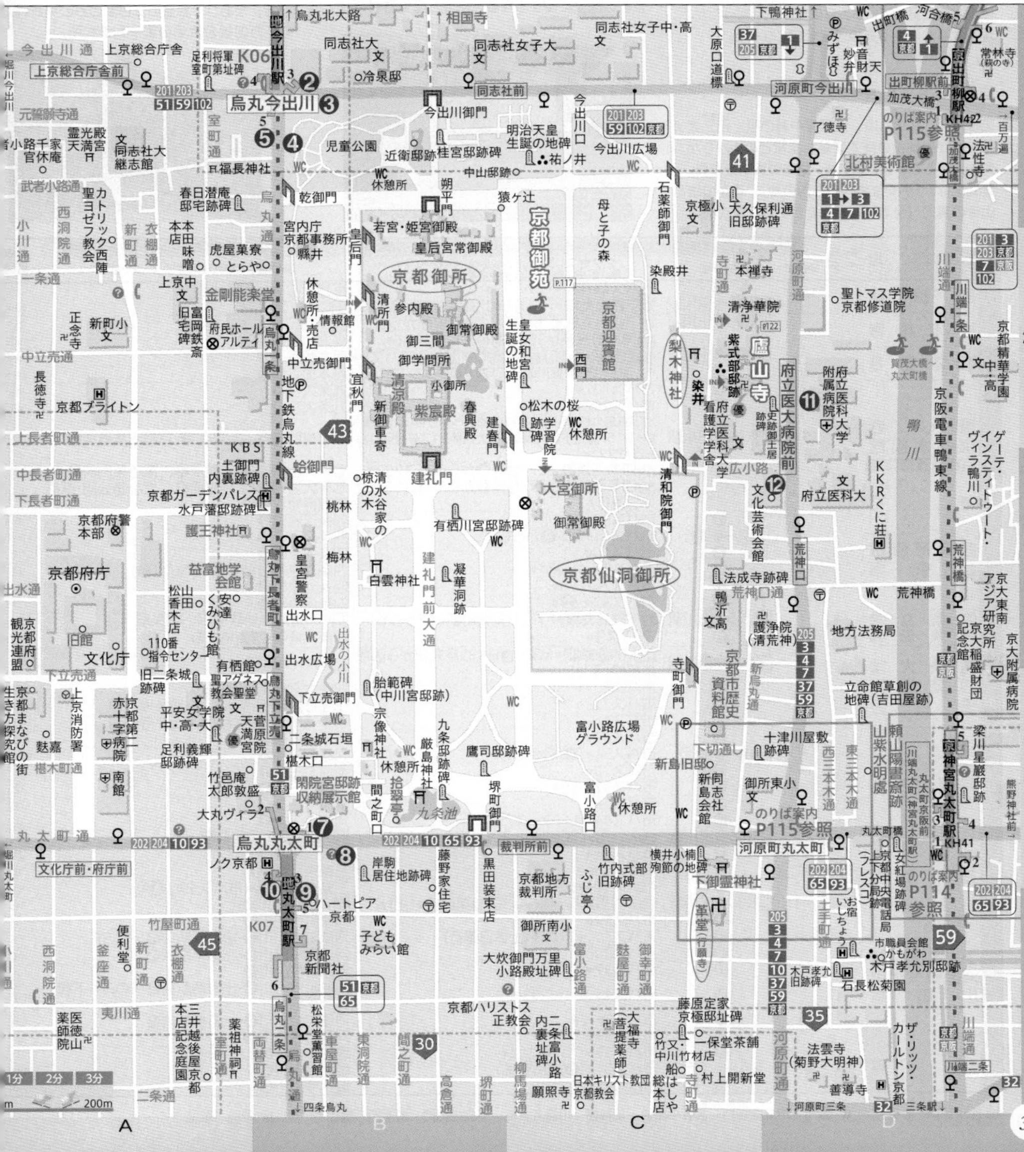

京都御所
京都御苑 P.117
京都仙洞御所
京都迎賓館
大宮御所
今出川御門
乾御門
中立売御門
蛤御門
下立売御門
堺町御門
寺町御門
清和院御門
石薬師御門
建礼門
清所門
宜秋門
皇后門
朔平門
建春門
紫宸殿
清涼殿
小御所
御学問所
御常御殿
御三間
参内殿
皇后宮常御殿
若宮・姫宮御殿
春興殿
新御車寄
児童公園
近衛邸跡
桂宮邸跡碑
中山邸跡
猿ヶ辻
明治天皇生誕の地碑
祐ノ井
今出川広場
母と子の森
京都御苑 P.117
皇女和宮生誕の地碑
松の木の桜
学習院跡碑
休憩所
出水広場
出水の小川
出水口
桃林
梅林
有栖川宮邸跡碑
白雲神社
凝華洞跡
建礼門前大通
閑院宮邸跡収納展示館
拾翠亭
九条池
九条邸跡
厳島神社
宗像神社
鷹司邸跡碑
富小路広場グラウンド
富小路口
胎範碑（中川宮邸跡）
間之町口
堺町御門
椹木口
二条城石垣
皇宮警察
縣井
宮内庁京都事務所
休憩所・売店
情報館
烏丸今出川
烏丸丸太町
府立医大病院前
地下鉄烏丸線
今出川駅 K06
丸太町駅 K07
同志社大
同志社女子大
冷泉邸
相国寺
同志社女子中・高
京極小
染殿井
梨木神社
染井
廬山寺
紫式部邸跡
府立医大病院
府立医大
府立医科大
附属病院
看護学科
清浄華院
本禅寺
法成寺跡碑
護浄院（清荒神）
京都市歴史資料館
新島旧邸
同志社新島会館
十津川屋敷跡碑
下御霊神社
革堂（行願寺）
鴨沂高
河原町今出川
河原町丸太町
出町柳駅
京阪電車鴨東線
鴨川
荒神橋
丸太町橋
賀茂大橋
京都府庁
京都府警本部
京都ブライトン
京都ガーデンパレス
護王神社
金剛能楽堂
府民ホールアルティ
平安女学院中・高・大
聖アグネス教会聖堂
京都地方裁判所
京都ハリストス正教会
京都新聞社
大丸ヴィラ
ハートピア京都
子どもみらい館
京都御苑 P.117
のりば案内 P115参照
のりば案内 P114参照

A B C D
1 2 3 4 5

京都御所

案内 P117

現在の京都御所は、安政2年（1855）に再建されたもの。東西249・南北448mほどの築地塀に囲まれた御所には、東西南北に6門と歴代天皇が即位した紫宸殿を始めとし、清涼殿、小御所、御学問所、御常御殿などが立ち並び、優雅な姿を見せている。以前は申込制だったが、現在は事前申込不要の通年公開となった。

廬山寺

案内 P122

天慶1年（938）頃、延暦寺中興の祖、元三大師良源が船岡山の南で開基。皇室とのゆかりが深く、火災で失った堂宇は、皇室の援助で復興。紫式部は、「平安京東郊の中河の地」、現在の廬山寺の境内（全域）に住んだという。紫式部顕彰碑を建て、源氏の庭を作る。また、境内には秀吉の「お土居」が残る。宮中で元三大師の修法を妨害する悪鬼を退散させた故事に因む節分行事「鬼法楽」は有名。

京都市歴史資料館

案内 P117

京都の歴史に関する調査・研究と歴史資料の収

集・保存・活用を目的とする施設。歴史講座、古文書講座など実施。市の歴史資料約13万点、図書約5万6千冊など収蔵し、テーマ展、特別展を開催している。また、古文書（複写版）、京都の歴史に関する図書の閲覧もできる。南へ下ると、同志社の創立者、新島襄と妻・八重の私邸、木造2階建ての和風建築に洋風の手法を取り込んだ造りの建物「新島旧邸」がある。

革堂（行願寺）

寛弘1年（1004）建立、一千年の歴史をもつ。千手観音像を刻み、安置。皮の衣を着たので（革）聖と呼ばれ、寺は革堂と称した。当初今の上京区一条通にあったが、戦乱や火災でいくたびも焼け、場所を替えつつも、人々の信仰によってつねに都の中心部に再建されてきた。宝物館には、若い女性の幽霊が描かれた「幽霊絵馬」があり、お盆の二日間のみ公開されている。西国観音霊場の第十九番札所。

のりもの案内（太字は1時間に4便以上の系統。色数字は市バス循環系統・均一系統、◆は地下鉄・バス一日券、京都修学旅行1day チケットが利用可）

アクセス（参照の行き方は左の目的地欄から探す。乗換は乗り換え先のページで乗降の位置を確認してください）

地域	目的地	参照ページ	待機時間	乗り場	アクセス	降り場（バス停位置は参照ページで確認）	乗車時間
洛中	京都駅	15	4~	⓫	市バス4◆・特4◆・7◆・205◆	京都駅前市バス降り場	24
			4	地K06今出川駅	地下鉄烏丸線◆〔下り〕（K07丸太町駅からも）	地K11京都駅	10・8
	東本願寺 西本願寺	23	4	地K06今出川駅	地下鉄烏丸線◆〔下り〕（K07丸太町駅からも）	地K10五条駅	7・5
			4~+4		参照河原町三条（P35）乗換同❸から市バス5◆	烏丸七条❾	7~+13
			4+5	地K06今出川駅	参照京都駅◆（P15）乗換京都駅前(B3)から市バス9◆	西本願寺前❶	10+6
			5+5	⓫	市バス3◆で四条堀川⓭（P33）乗換同⓮から市バス9◆	西本願寺前❶	21+5
	東寺 京都水族館 京都鉄道博物館	25 21	6	❼	市バス202◆	九条大宮❺	41
			6	❽	市バス202◆	九条大宮❻	43
			4+10	地K06今出川駅	地下鉄烏丸線〔下り〕（K07丸太町駅◆からも）K12九条駅◆（P15）乗換地下鉄九条駅前（大石橋）バス停（西行）から市バス71◆	東寺東門前❸、七条大宮・京都水族館前❸	11+6
			5~+5		参照四条河原町（P27）乗換同❻から市バス207◆	七条大宮・京都水族館前❷、東寺東門前❷	10~+20、
			5~+15		参照四条河原町（P27）乗換同❻から市バス58◆（土休日運行）	七条大宮・京都水族館前❹、梅小路公園・京都鉄道博物館前❾	10~+27、
	四条河原町 新京極	27	7	❷	市バス59◆	四条河原町❶	16
			30	烏丸一条（南行）	市バス51◆（❹・❾からも）	四条河原町❶	11~16
			10	❼	市バス10◆	四条河原町❶	10
			5・10	⓫	市バス3◆・4◆・特4◆	四条河原町❻（市バス4・特4は❸）	11
			6・4	⓫	市バス7◆・205◆	四条河原町❸	11
			8・7	⓫	市バス37◆・59◆	四条河原町❶	11
	四条高倉 四条烏丸	30	4	地K06今出川駅	地下鉄烏丸線◆〔下り〕（丸太町駅K07からも）	地K08烏丸御池駅・地K09四条駅	3・5
			5	⓫	市バス3◆	四条高倉㉒・四条烏丸❼	14・16
	四条大宮 四条堀川 壬生寺	33	4+5	地K06今出川駅	参照K09四条駅◆（P30）乗換HK85烏丸駅から阪急京都線〔下り〕	阪HK84大宮駅	5+2
			6	❸	市バス201◆	四条大宮❶・四条堀川⓬	28・30
			5	❸	市バス203◆	壬生寺道⓱・四条大宮❶・四条堀川⓬	30・32・3
			5	⓫	市バス3◆	四条堀川⓭・四条大宮❹・壬生寺道⓲	21・23・2
	河原町三条	35	7	❷	市バス59◆	河原町三条❶	13
			30	烏丸一条（南行）	市バス51◆（❹・❾からも）	河原町三条❸	8~13
			10	❼	市バス10◆	河原町三条❶	7
			10・7	⓫	市バス37◆・59◆	河原町三条❶	8
			5	⓫	市バス3◆	河原町三条❹	8
			10・6・4	⓫	市バス4◆・特4◆・7◆・205◆	河原町三条❷	8
			4+4	地K06今出川駅	参照K08烏丸御池駅◆（P30）乗換東西線◆〔上り〕	地T12京都市役所前駅	3+1
	三条京阪	37	7	❷	市バス59◆	三条京阪前(A2)（P37）	24
			10	❼	市バス10◆	三条京阪前(A1)	18
			8・7	⓫	市バス37◆・59◆	三条京阪前(A3)（市バス59は(A2)）	19
			4+4	地K06今出川駅	参照K08烏丸御池駅◆（P30）乗換東西線◆〔上り〕	地T11三条京阪駅	3+3
	下鴨神社 河原町今出川 出町柳	41	7	❷	市バス59◆	河原町今出川❹	4
			6、15	❷	市バス201◆、102◆（土休日運行）	河原町今出川❼・出町柳駅前❹（P115）	4・6
			5	❷	市バス203◆	河原町今出川❸・出町柳駅前❹	4・6
			8	⓬	市バス37◆	河原町今出川❺	2
			10・4	⓬	市バス4◆・特4◆・205◆	河原町今出川❺・出町柳駅前❸（4のみ）・下鴨神社前❷	2・4・7~
			5・6	⓬	市バス3◆・7◆	河原町今出川❸・出町柳駅前❹	2・4
			7	⓬	市バス59◆	河原町今出川❻	2
	西陣	43	7・6・5	❸	市バス59◆・201◆・203◆	堀川今出川❹	4
			30	烏丸一条（北行）	市バス51◆（❺・❿からも）	堀川今出川❹	4~9
			7	⓬	市バス59◆	堀川今出川❹	10

地名・名称 荒神口（こうじんぐち） 乾御門（いぬいごもん） 中立売御門（なかだちうりごもん） 武者小路通（むしゃのこうじ） 荒神橋（こうじんばし） 川端丸太町（かわばたまるたまち） 下立売御門（しもだちうりごもん） 清所門（せいしょもん） 廬山寺（ろざんじ） 清浄華院（しょうじょうけいん） 革堂（こうどう）

西側の烏丸通を運行するバス便は少ない。市バス51は平日毎時1便。「地下鉄・バス一日券」での東西の移動は、北のバス停「烏丸今出川」、南のバス停「烏丸丸太町」利用がよい。「同券」で永観堂へは、市バス93・203・204で「東天王町」下車、徒歩8分。南禅寺へは、更に徒歩10分。

目的地	参照ページ	のりもの案内（太字は1時間に4便以上の系統。色数字は市バス循環系統・均一系統、◆は地下鉄・バス一日券、京都修学旅行1day チケットが利用可）待機時間	乗り場	アクセス（参照の行き方は左の目的地欄から探す。継 は乗り換え先のページで乗降の位置を確認してください）	降り場（バス停位置は参照ページで確認）	乗車時間	乗換回数
二条城 二条駅	45	6	❸	市バス201◆	二条駅前❾	18	0
		6~	❽	市バス10◆・93◆・202◆・204◆	堀川丸太町❷	5	0
		4+4	地K06今出川駅	参照K08烏丸御池駅◆(P30) 継東西線◆〔下り〕	地T14二条城前駅・地T15二条駅	3+2~	1
		4~+4	⓫	市バス4◆・特4◆・7◆・59◆・205◆で京都市役所前❶(P35・P115) 継T12京都市役所前駅から東西線◆〔下り〕	地T14二条城前駅・地T15二条駅	6+4~	1
東福寺 泉涌寺	47	6	❼	市バス202◆	泉涌寺道❷・東福寺❹	29・31	0
		4+8	地K06今出川駅	参照K11京都駅◆(P15) 継JR奈良線〔下り〕	JR東福寺駅	10+2	1
		5~+8		参照出町柳前(P41) 継京阪鴨東線〔下り〕普通	京東福寺駅	4~+11	1
三十三間堂	49	6	❼	市バス202◆	東山七条❸	26	0
		5~+5		参照出町柳駅前 継京阪鴨東線〔下り〕全車	京七条駅	4~+7~	1
高台寺・清水寺	51	6	❼・河原町丸太町	市バス202◆	東山安井バス停・清水道❶・五条坂❹	12~22	0
祇園 八坂神社	55	6	❷	市バス201◆	祇園❷	22	0
		6	❼・河原町丸太町	市バス202◆	祇園❶	16・12	0
知恩院 青蓮院 平安神宮	57 59	6	❷	市バス201◆	熊野神社前❼、東山二条・岡崎公園口⓭、東山三条❷、知恩院前❺	14~20	0
		6	❼・河原町丸太町	市バス202◆	熊野神社前❼、東山二条・岡崎公園口⓭、東山三条❷、知恩院前❺	5~14	0
		30	❼	市バス65◆	熊野神社前⓬	8	0
		10・8	❼・河原町丸太町	市バス93◆・204◆	熊野神社前❽・岡崎道⓯	5~10	0
		4+4	地K06今出川駅	参照K08烏丸御池駅◆(P30) 継東西線◆〔上り〕	地T10東山駅	3+5	1
南禅寺・永観堂	61	4+4	地K06今出川駅	参照K08烏丸御池駅◆ 継東西線◆〔上り〕	地T09蹴上駅	3+7	1
永観堂 真如堂 哲学の道 銀閣寺	63	6、15	❷	市バス203◆、102◆(土休日運行)	銀閣寺道❷(102は❷のみ)・真如堂前⓫・東天王町❺	14・21・22	0
		8	❼・河原町丸太町	市バス204◆	東天王町❻・真如堂前⓬・銀閣寺道❸	9~18	0
		10	❼・河原町丸太町	市バス93◆	東天王町❻・真如堂前⓬・錦林車庫前❾	9~15	0
		6	⓬	市バス7◆	銀閣寺道❺・錦林車庫前❼	12・15	0
詩仙堂 曼殊院	65	30	❼	市バス65◆	修学院駅前❽	33	0
		5+4	❷	市バス203◆で銀閣寺道❷(P63) 継同❸から市バス5◆	一乗寺下り松町❹・一乗寺清水町❷	14+6~8	0
		5~+10		参照出町柳駅前(P41) 継叡山本線・鞍馬線〔下り〕	叡一乗寺駅	3~+5	1
国際会館 宝ヶ池 岩倉	13・14・ 99	4	地K06今出川駅	地下鉄烏丸線◆〔上り〕(K07丸太町駅からも)	地K01国際会館駅	10	0
		30	❼	市バス65◆	宝ヶ池バス停・国際会館駅前❶	37・43	0
		15	⓬	京都バス43◆	宝ヶ池バス停、岩倉実相院へは国際会館駅で京都バス乗換	17	0
蓮華寺	13 99	5~+10・30		参照出町柳駅前(P41・P115) 継同❸から京都バス17◆・特17◆	上橋❹	3~+16	1
		5~+10		参照出町柳駅前 継叡山本線〔下り〕八瀬行	叡三宅八幡駅	3~+11	1
鞍馬・貴船	67	5~+10		参照出町柳駅前 継叡山鞍馬線〔下り〕鞍馬行	叡鞍馬駅・叡貴船口駅	3~+30~	1
大原	68	5~+10・30		参照出町柳駅前 継同❸から京都バス17◆・特17◆	大原❶	3~+33~	1
		4+20・30	地K06今出川駅	参照K01国際会館駅◆(P99) 継国際会館駅前❻(P113)から京都バス19◆・特17◆	大原❶	10+22~	1
北大路BT 植物園	69	4	地K06今出川駅	地下鉄烏丸線◆〔上り〕(K07丸太町駅からも)	地K04北大路駅・地K03北山駅	4・6	0
		4・8	⓬	市バス205◆・37◆	植物園前(市バス205のみ)・北大路BT降り場	12~17	0
上賀茂神社	71	8・10	⓬	市バス37◆・4◆・特4◆(特4は左京区総合庁舎経由)	上賀茂御薗橋❺(市バス4・特4は上賀茂神社前❶	27~33	0
		4+8~	地K06今出川駅	参照K04北大路駅◆(P69) 継北大路BTⒶ・烏丸北大路❶から市バス北3◆、Ⓕ・❺から市バス37◆	上賀茂御薗橋❼(市バス北3は御薗口町❸)	4+11~	1
大徳寺	73	15	❸	市バス102◆(土休日運行)	大徳寺前❶	25	0
		8	❽	市バス204◆	大徳寺前❶	29	0
		4	⓬	市バス205◆	大徳寺前❷	22	0
		8	⓬	市バス37◆	北大路堀川❼	19	0
鷹峯	14 100	8	⓬	市バス37◆	神光院前❸	31	0
		5~+15	❸	市バス201◆・203◆で千本今出川❷・❹(P77・P114) 継同❺から市バス6◆(北行)	鷹峯源光庵前❶	9+13	1
北野天満宮 北野白梅町	77	5、15	❸	市バス203◆、102◆(土休日運行)	北野天満宮前❷、北野白梅町❻(102は❾)	12、13~	0
		30	烏丸一条(北行)	市バス51◆(❺・❿からも)	北野天満宮前❷・北野白梅町❽	11~18	0
		10	❽	市バス10◆	北野天満宮前❷・北野白梅町❺	17・19	0
		8	❽	市バス204◆	北野白梅町❽	18	0
		4	⓬	市バス205◆	北野白梅町❻	33	0
金閣寺 等持院 龍安寺	79 82	7	❸⓬	市バス59◆	金閣寺道❶・立命館大学前❽(龍安寺へ徒歩11分)	18~30	0
		15	❸	市バス102◆(土休日運行)	金閣寺道❸	20	0
		8	❽	市バス204◆	金閣寺道❸	23	0
		4	⓬	市バス205◆	金閣寺道❷	28	0
		30	烏丸一条(北行)	市バス51◆(❺・❿からも)	立命館大学前❽(龍安寺へ徒歩11分)	18~23	0
龍安寺 仁和寺 妙心寺	82	7	❸⓬	市バス59◆	龍安寺前❷・御室仁和寺❹	25~35	0
		10	❽・河原町丸太町	市バス93◆・京都バス臨丸太町◆	妙心寺前❾	18~	0
		10	❽	市バス10◆	妙心寺北門前❼・御室仁和寺❹	23・27	0
広隆寺 東映太秦映画村	85	10	❽・河原町丸太町	市バス93◆・京都バス臨丸太町◆	太秦映画村道(常盤仲之町)❷	22~・26~	0
		6+7~	❸	市バス203◆で西大路三条❷(P75) 継嵐電嵐山本線嵐山行・同バス停❸から市バス11◆(北行)	嵐太秦広隆寺駅・太秦広隆寺前❻	23+6~	1
嵐山	87	10	❽・河原町丸太町	市バス93◆	嵐山天龍寺前❶(土休日は❷)	35・39	0
		6+7~	❸	市バス203◆で西大路三条❷ 継嵐電嵐山本線嵐山行き・西大路三条❸から市バス11◆(北行)	嵐嵐山駅・嵐山天龍寺前❷	23+16~	1
嵯峨野 大覚寺	91	10	❽・河原町丸太町	市バス93◆	嵯峨小学校前❽(土休日は❼)	32・36	0
		6+10~	❸	市バス203◆で西ノ京円町❶(P75) 継JR嵯峨野線〔下り〕	JR嵯峨嵐山駅	17+5~	1
高雄	90	5~+30	❸	市バス203◆で北野白梅町❻・❽(P77) 継北野白梅町❼からJRバス◆	高雄❸・栂ノ尾❻	10~ 13+24・26	1
松尾大社		5	⓫	市バス3◆	松尾橋❻(松尾大社へ徒歩8分)	45	0
		4+20	地K06今出川駅	参照K09四条駅◆(P30) 継四条烏丸❼から市バス29◆	松尾大社前❷	5+29	1
苔寺 鈴虫寺	13 101	6+30	❸	市バス203◆で西ノ京円町❶(P75) 継同❹から京都バス63◆(西行)	苔寺・すず虫寺❼	17+32	1
		4+30	地K06今出川駅	参照K08烏丸御池駅◆(P30) 継烏丸御池⓭から京都バス63◆	苔寺・すず虫寺❼	3+44	1
大原野・長岡京	13	4+5	地K06今出川駅	参照K09四条駅◆(P30) 継HK85烏丸駅から阪急京都線	阪HK79東向日駅・阪HK77長岡天神駅	5+14~	1
伏見稲荷・宇治	93・97	4+8~	地K06今出川駅	参照K11京都駅◆(P15) 継JR奈良線〔下り〕	JR稲荷駅(普通)・JR宇治駅(普通・快速)	10+5~	1
伏見桃山	94	15	地K06今出川駅	地下鉄烏丸線近鉄乗り入れ(急行)	近桃山御陵前駅	20	0
小野・醍醐	13・95	4+4	地K06今出川駅	参照K08烏丸御池駅◆(P30) 継東西線◆〔上り〕	地T04小野駅・地T03醍醐駅	3+18~	1

鉄道記号
地 地下鉄
JR JR線
近 近鉄電車
阪 阪急電車
京 京阪電車
嵐 嵐電
叡 叡山電車

下鴨神社（しもがもじんじゃ）
河原町今出川（かわらまちいまでがわ）

川、森、公園、桜と憩いの空間

バス停名
❶❷下鴨神社前
❸〜❼河原町今出川

乗り場番号は本書の説明のためにつけたものです。現地停にはこの番号はありませんのでご注意。

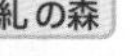

「出町柳」駅から『下鴨神社』受付までは、『糺ノ森』を通るおススメの道ながら、徒歩15分強は要する。参拝した後の次の移動には、バス停「下鴨神社前」から北行きの植物園、大徳寺、金閣寺、北野天満宮そして南行きの四条河原町方面へ。

下鴨神社（賀茂御祖神社）
案内 P118

「糺の森」を通り抜けると、下鴨神社の赤い楼門が見えてくる。平安京建設以前からの豪族・賀茂氏の氏神であり、歴史は古い。五穀豊穣（ごこくほうじょう）の神が坐すところとして崇（あが）められており、文久3年（1863）建立の国宝本殿2棟や53棟の重要文化財社殿が並ぶ。本殿西側の大炊殿（おおいどの）・御車舎（おくるまや）が有料で公開されている。平安時代の「鴨社古図」にも書かれているという。古い建造物で重要文化財に指定されている。現存する建物は寛永5年(1628)に造り替えられたものという。「大炊殿」はお供え物の内、主として飯、餅など穀物類を調理する場所で、「井戸屋形」はお供え物の調理に用いる水を汲む井戸であったとされている。別棟の「御車舎」では、古くから伝わる葵祭関係資料等を展示している。

糺（ただす）の森

神秘的な雰囲気に包まれたこの森は、広さ12万4000㎡に及ぶ。下鴨神社参道はこの森の中を縦断している。「糺の森」は古代の山城国の名残をとどめている自然環境とされ、国史跡に指定されている。ケヤキ、エノキやムクノキ等の落葉広葉樹を中心に約40種の樹木が生育している。参道に平行して西側に馬場が設けられており、ここで毎年5月3日には「流鏑馬（やぶさめ）神事・平騎射」が行われる。

縁結びの御神木

楼門に向かって左側にこの神木がある。この木の根元は二本あるが、右側の木の幹が左側の木の幹の中に入り込んでおり、奇妙な形になっている。下鴨神社の末社「相生社（あいおいのやしろ）」の神威によって二本の木が一本に結ばれたといわれ、陰陽和合、縁結び、安産子育て、家内安全の御神徳の現れであるとされている。

相国寺（しょうこくじ）
案内 P118

14世紀末、足利義満（あしかがよしみつ）が創建した禅寺。慶長10年（1605）豊臣秀頼寄進の法堂（はっとう）（重文）は、現存最古のもの。法堂天井の「蟠龍図（ばんりゅうず）」は、鳴き龍として知られる。特別拝観時に参拝できるのは、法堂、平成25年に大修復の方丈、開山堂（開山堂庭園）（秋期のみ）、浴室（宣明）（春期のみ）である。広い境内にある承天閣（じょうてんかく）美術館（案内 P110）では、常設展として第一展示室には、鹿苑寺（ろくおんじ）（金閣寺）境内に建つ金森宗和（かなもりそうわ）造と伝えられる「夕佳亭（せっかてい）」を復元、第二展示室には近世京都画壇の伊藤若冲（じゃくちゅう）による水墨画「鹿苑寺大書院障壁画」の一部を鑑賞できる。

下鴨神社と糺の森

徒歩所要分
バス停「下鴨神社前」→下鴨神社（2分）
京阪電車「出町柳駅」→
下鴨神社（14分）・河原町今出川交差点（6分）・百万遍交差点（9分）
河原町今出川交差点→
下鴨神社（17分）

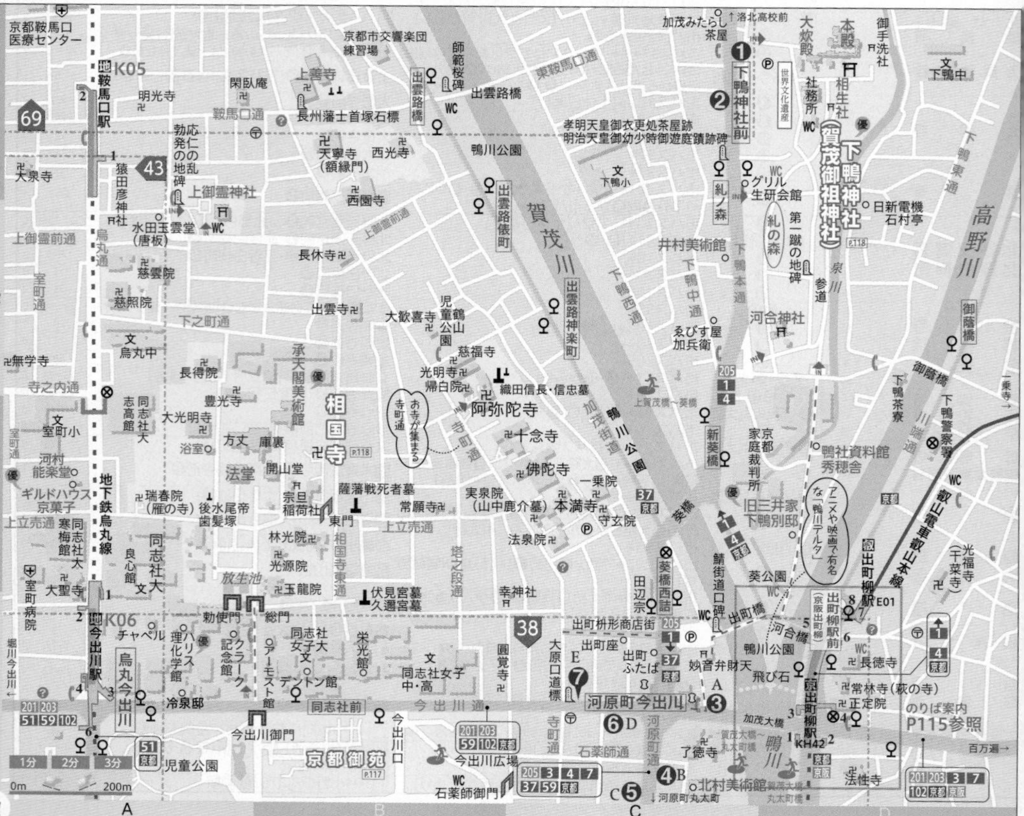

神社最寄りのバス停「下鴨神社前」を経由する系統の市バス1・4・205は、便数も多いので次の移動計画にこれらの系統を利用出来れば歩きが少なくすむ。「地下鉄・バス一等で永観堂へは、河原町今出川まで出て、市バス203で「東天王町」下車、P40表組欄外を参照。出町柳駅前バス停は、P115参照。

目的地	参照ページ	のりもの案内（太字は1時間に4便以上の系統。色数字は市バス循環系統・均一系統、◆は地下鉄・バス一日券、京都修学旅行1day チケットが利用可）待機時間	乗り場	アクセス（[参照]の行き方は左の目的地欄から探す。[乗換]は乗り換え先のページで乗降の位置を確認してください）	降り場（バス停位置は参照ページで確認）	乗車時間	乗換回数
京都駅	15	10·4	❶❹	市バス4◆・特4◆、7◆（❹のみ）、205◆	京都駅前市バス降り場	25～32	0
東本願寺	23	10		[参照]京都駅（P15）から徒歩7分		25～+7	0
西本願寺		4～+5		[参照]四条河原町（P27）[乗換]同❻から市バス207◆	島原口⓮	12～+18	1
京都水族館	25	4～+5		[参照]四条河原町[乗換]同❻から市バス207◆	七条大宮・京都水族館前❷、東寺東門前❷	12～+20、22	1
鉄道博物館 東寺		4～+15		[参照]四条河原町[乗換]同❻から市バス58◆（土休日運行）	七条大宮・京都水族館前❹、梅小路公園・京都鉄道博物館前❾	10～+27、30	1
四条河原町・新京極	27	10·4	❶❹	市バス4◆・特4◆・205◆	四条河原町❸	12～19	0
		5～	❹	市バス3◆・7◆・37◆・59◆	四条河原町❻（市バス7は❸、37・59は❶）	12	0
四条烏丸	30	5	❹	市バス3◆	四条高倉㉒・四条烏丸❼	16·18	0
四条大宮	33	5	❹	市バス3◆	四条堀川⓭・四条大宮❹・壬生寺道⓲	22～	0
壬生寺		6	❻	市バス201◆	四条大宮❶・四条堀川⓬	32·34	0
河原町三条	35	10·4	❶❹	市バス4◆・特4◆・205◆	河原町三条❷	9～16	0
		15	❹	京都バス41◆	河原町御池❶・河原町三条❸	8～	0
		5～	❹	市バス3◆・7◆・37◆・59◆	河原町三条❹（市バス37・59は❶）	9	0
三条京阪・三条駅	37	8·7	❹	市バス37◆・59◆	三条京阪前(A3)（市バス59は(A2)）（P37）	20	0
京都御苑	38	10·4	❶❹	市バス4◆・特4◆・205◆	府立医大病院前⓫	12～·7～	0
京都御所		5～	❹	市バス3◆・7◆・37◆・59◆	府立医大病院前⓫	1	0
		5～	❻	市バス59◆・201◆・203◆、102◆（土休日運行）	烏丸今出川❸	3～4	0
西陣	43	5～	❻	市バス59◆・201◆・203◆、102◆（土休日運行）	堀川今出川❹	6～8	0
二条城	45	6	❻	市バス201◆	二条駅前❾	22	0
二条駅		4+4	❶❹	市バス205◆で京都市役所前❶（P35）[乗換]T12京都市役所前駅から地下鉄東西線◆〔下り〕	[地]T14二条城前駅・[地]T15二条駅	7～+4～	1
東福寺・泉涌寺	47	4～+5		[参照]四条河原町（P27）[乗換]同❾から市バス207◆	泉涌寺道❷・東福寺❹	18～+18～	1
三十三間堂	49	5～+7		[参照]百万遍（P14·P114）[乗換]同❷から市バス206◆（南行）	東山七条❹・博物館三十三間堂前❷	1～+23～	1
高台寺・清水寺	51	4～+5		[参照]四条河原町[乗換]同❾から市バス207◆	東山安井バス停・清水道❶・五条坂❹	12～+7～	1
		6～+7		[参照]百万遍[乗換]同バス停❷から市バス206◆（南行）	東山安井バス停・清水道❶・五条坂❹	1～+15～	1
祇園・八坂神社	55	6	❼	市バス201◆	祇園❷	17	0
知恩院・青蓮院	57	6	❼	市バス201◆	東山三条❷・知恩院前❺	13·15	0
平安神宮	59	6	❼	市バス201◆	熊野神社前❼、東山二条・岡崎公園口⓭	9·11	0
		5	❸	市バス203◆	岡崎道⓰	19	0
南禅寺・永観堂	61·63	5	❸	市バス203◆	東天王町❺	17	0
哲学の道	63	8	❸	市バス7◆	銀閣寺道❺・錦林車庫前❼	10·13	0
銀閣寺		5、15	❸	市バス203◆、102◆（土休日運行）	銀閣寺道❷	10、11	0
百万遍	12	8·5、15	❸	市バス7◆・203◆、102◆（土休日運行）	百万遍❺（P114）	5、4	0
		6	❼	市バス201◆	百万遍❷	5	0
詩仙堂・曼殊院	65	5～+4		[参照]銀閣寺道（P63）[乗換]❸から市バス5◆	一乗寺下り松町❹・一乗寺清水町❷	7～+6～	1
蓮華寺・八瀬駅前	13·99	10～·30	出町柳駅前❸	京都バス16◆・17◆・特17◆	上橋❹・八瀬駅前	17·19	0
宝ヶ池	13·14·99	10～	出町柳駅前❸	京都バス16◆・17◆・特17◆41◆・43◆	宝ヶ池バス停	12～24	0
岩倉・実相院		10+4	❷	市バス特4◆で松ヶ崎駅前❸（P14·P113）[乗換]K02松ヶ崎駅から地下鉄烏丸線◆〔上り〕	[地]K01国際会館駅、岩倉実相院へは国際会館駅で京都バスに乗換	9+2	1
円通寺		10+4+15	❷❺	上記K01国際会館駅[乗換]国際会館駅前❹（P113）から京都バス特40	西幡枝（円通寺前）バス停	9+2+6	2
鞍馬・貴船	67	10	[叡]出町柳駅	叡山電車鞍馬線〔下り〕鞍馬行	[叡]鞍馬駅・[叡]貴船口駅	30～	0
大原	68	10～·30	出町柳駅前❸	京都バス16◆・17◆・特17◆	大原❶	33～	0
北大路BT	69	10	❷❸	市バス1◆	烏丸北大路❷・北大路BT降り場	7～14	0
		4	❷❺	市バス205◆	烏丸北大路❷・同上	7～14	0
		8	❺	市バス37◆	烏丸北大路❺・同上	9·11	0
植物園		10	❷❸	市バス1◆	植物園前バス停	5·11	0
		4	❷❺	市バス205◆	同上	5·10	0
		10	❷❺	市バス4◆・特4◆	北山駅前❹（P113）	8～·14～	0
上賀茂神社	71	8	❺	市バス37◆	上賀茂御薗橋❺	25	0
		10	❷❺	市バス4◆・特4◆（特4は左京区総合庁舎経由）	上賀茂神社前❶	21～·27～	0
大徳寺	73	10	❷❸	市バス1◆	大徳寺前❷	15·21	0
		4	❷❺	市バス205◆	北大路堀川❺・大徳寺前❷	14～19	0
		8	❺	市バス37◆	北大路堀川❼	17	0
鷹峯	14 100	10	❷❸	市バス1◆	神光院前❸	29·35	0
		8	❺	市バス37◆	神光院前❸	29	0
		4+15	❷❺	市バス205◆で千本北大路❹（P73·P113）[乗換]同❺から市バス6◆（北行）	鷹峯源光庵前❶	17～+6	1
		5～+15	❻	市バス201◆・203◆で千本今出川❷・❹（P77·P114）[乗換]同❺から市バス6◆（北行）	鷹峯源光庵前❶	11～+13	1
北野天満宮 北野白梅町	77	5、15	出町柳駅前❺・❻	市バス203◆、102◆（土休日運行）	北野天満宮前❷、北野白梅町❻（102は❾）	15～·17～	0
西ノ京円町	75	5	出町柳駅前❺・❻	市バス203◆	西ノ京円町❶	21～	0
		4	❷	市バス205◆	西ノ京円町❶	30	0
金閣寺	79	4	❷	市バス205◆	金閣寺道❷	21	0
等持院		8	❻	市バス59◆	金閣寺道❶・立命館大学前❽	23·28	0
		15	出町柳駅前❺・❻	市バス102◆（土休日運行）	金閣寺道❸	26～	0
龍安寺・仁和寺	82	8	❻	市バス59◆	龍安寺前❷・御室仁和寺❹	29·33	0
広隆寺	85 87	5+7	❻	市バス203◆で西大路三条❷（P75）[乗換]嵐電嵐山本線嵐山行	[嵐]嵐山駅	25～+16	1
太秦映画村		4～+30		[参照]西ノ京円町◆（P75）[乗換]同❹から京都バス63◆	太秦映画村前❸・太秦広隆寺前❻	21+8·10	1
嵐山		4+7	❷	市バス205◆で西大路三条❶（P75）[乗換]嵐電嵐山本線嵐山行	[嵐]太秦広隆寺駅・[嵐]嵐山駅	34+6～	1
嵯峨野	91	4+10	❷	市バス205◆で西ノ京円町❶（P75）[乗換]同❹から市バス91◆（西行）	嵯峨釈迦堂前❻・大覚寺❶	28+19～	1
大覚寺		4～+10		[参照]西ノ京円町◆（P75）[乗換]同❹から市バス93◆（西行）	嵯峨小学校前❽（土休日は❼）	21～+18	1
		4～+10～		[参照]西ノ京円町◆[乗換]JR嵯峨野線〔下り〕	[JR]嵯峨嵐山駅	21～+5～	1
高雄	90	4+30		[参照]北野白梅町◆（P77）[乗換]北野白梅町❼からJRバス◆	高雄❸・栂ノ尾❻	30+24·26	1
松尾大社	13	5	❹	市バス3◆	松尾橋❻（松尾大社へ徒歩8分）	46	0
苔寺・鈴虫寺	101	4～+30		[参照]西ノ京円町◆（P75）[乗換]同❹から京都バス63◆（西行）	苔寺・すず虫寺❼	21～+31	1

洛中

鉄道記号
[地] 地下鉄
[JR] JR線
[近] 近鉄電車
[阪] 阪急電車
[京] 京阪電車
[嵐] 嵐電
[叡] 叡山電車

名·名称　糺ノ森（ただすのもり）　出雲路橋（いずもじ）　葵橋西詰（あおいばしにしづめ）　川端今出川（かわばたいまでがわ）　御蔭橋（みかげ）　百万遍（ひゃくまんべん）　下鴨本通（しもがもほんどおり）　相国寺（しょうこくじ）　承天閣（じょうてんかく）　幸神社（さいのかみのやしろ）

西陣（にしじん）

機織と茶道を今に伝える「まち」

バス停名
❶❷堀川寺ノ内
❸〜❼堀川今出川

乗り場番号は本書の説明のためにつけたものです。現地停にはこの番号はありませんのでご注意。

access　バス停「堀川今出川」からの移動に便利な名所は、西は北野天満宮、金閣寺、龍安寺、北は上賀茂神社、東は銀閣寺そして平安神宮、祇園方面、南はすぐの二条城。
広域移動には、少し歩くが地下鉄烏丸線「今出川」駅の利用が便利。

茶道資料館

案内 P120

年4〜5回、茶の湯に関する企画展を催し、茶碗、掛物などの茶道具の名品や美術工芸品を中心に展示。二階展示室には裏千家三代宗旦が建てた茶室「又隠」（重文）の写しが設けられている。今日庵文庫では、裏千家歴代家元が収集した茶道関係の図書約6万冊を収蔵し閲覧できる。入館者は季節の和菓子と薄茶を一服楽しむことができ、予約すれば、茶道体験もできる。

西陣織会館

案内 P120

京都を代表する産業・西陣織のミュージアム。史料室や連日上演しているきものショーの見学、西陣織商品の販売の他、西陣ならではのきもの体験や手織体験、万華鏡手作り体験等もできる。（体験は前日までに要予約）。

白峯神宮

案内 P119

明治天皇が創建し、崇徳・淳仁天皇が祭神。末社の精大明神は、蹴鞠・和歌の宗家・飛鳥井家の鎮守社で、蹴鞠の神とされる。サッカーをはじめ、球技全般の守護神で、上達と安全を祈願する多くの学生たちが訪れる。

晴明神社

案内 P119

平安中期に活躍した陰陽師・安倍晴明を祀っている。宇宙万物の除災清浄を表すという「晴明桔梗紋」がいたるところにあり、方除守護、火災守護、病気平癒などの神社として有名。陰陽師ブームから若者にも人気があり、お土産にお守りを買う人も多い。

樂美術館

案内 P122

桃山時代初期、陶工長次郎が生み出した樂焼は、千利休の侘び茶の理念を象徴する焼き物。館は、樂焼窯元・樂家に隣接して建てられている。収蔵作品は樂歴代作品を中心に、茶道工芸美術品、関係古文書など。樂美術館には樂焼450年の伝統のエッセンスが保存されている。年4回、樂焼と茶道美術の企画展を開催。

徒歩所要分
堀川今出川交差点→西陣織会館（2分）・晴明神社（2分）・樂美術館（10分）
堀川今出川交差点→白峯神宮（2分）・宝鏡寺（8分）
堀川寺之内→茶道資料館（3分）・妙蓮寺（3分）

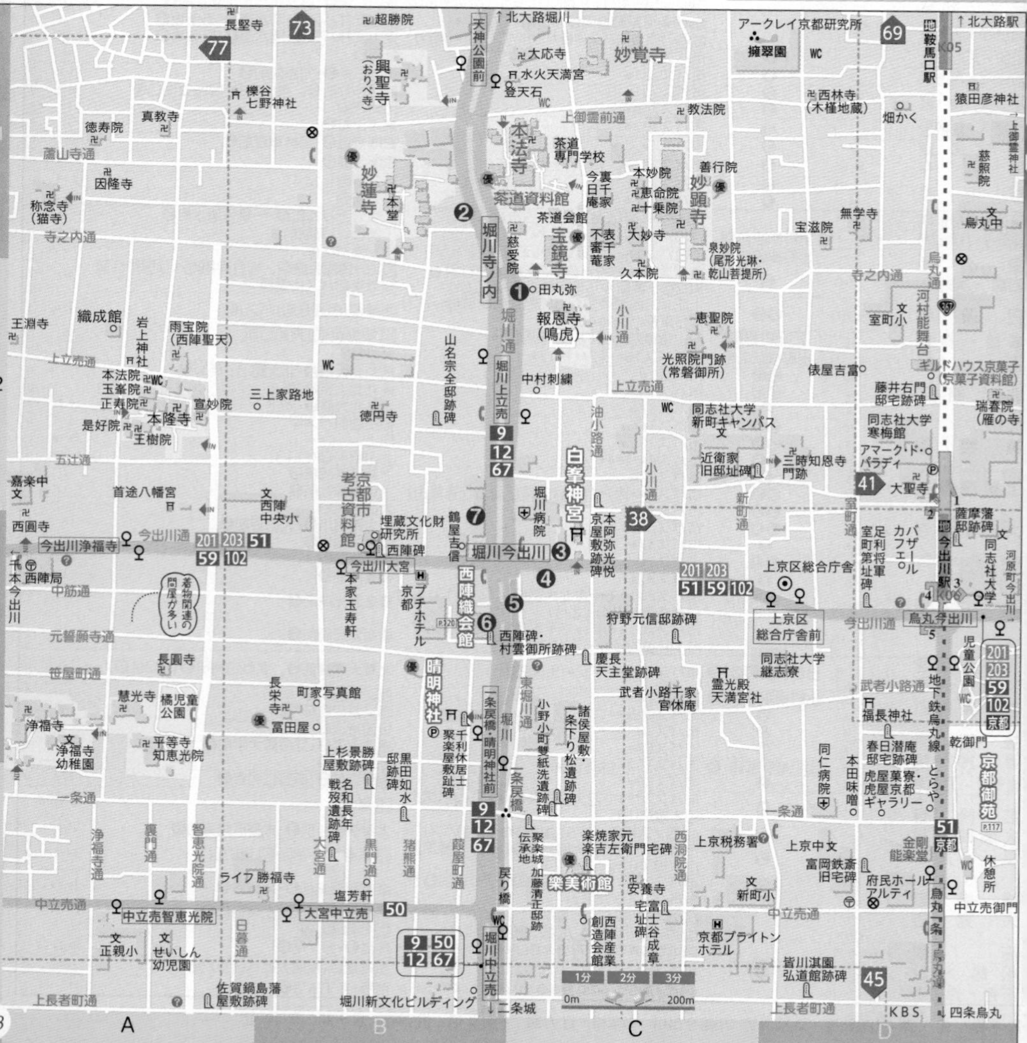

超勝院　↑北大路堀川　長堅寺　73　77　天神公園前　興聖寺（おりべ寺）　大応寺　水火天満宮　登天石　妙覚寺　アークレイ京都研究所　擁翠園　69　鞍馬口駅　↑北大路駅　櫟谷七野神社　真教寺　徳寿院　西林寺（木槿地蔵）　教法院　畑かく　猿田彦神社　上御霊前通　上御霊神社　廬山寺通　因隆寺　称念寺（猫寺）　妙蓮寺　本堂　本法寺　茶道専門学校　今日庵　裏千家　本妙院　恵命院　十乗院　妙顕寺　善行院　慈照院　茶道資料館　茶道会館　宝鏡寺　不審菴　表千家　大妙寺　宝滋院　無学寺　烏丸中　寺之内通　慈受院　久本院　泉妙院（尾形光琳・乾山菩提所）　堀川寺ノ内　田丸弥　報恩寺（鳴虎）　小川通　恵聖院　室町小　河村能舞台　王淵寺　織成館　岩上神社　雨宝院（西陣聖天）　山名宗全邸跡　堀川通　光照院門跡（常磐御所）　上立売通　本法院　玉峯院　正寿院　宣妙院　三上家路地　堀川上立売　中村刺繍　俵屋吉富　ギルドハウス京菓子（京菓子資料館）　藤井右門邸宅跡碑　是好院　本隆寺　王樹院　徳円寺　同志社大学新町キャンパス　同志社大学寒梅館　瑞春院（雁の寺）　五辻通　油小路通　近衛家旧邸址碑　三時知恩寺門跡　アマーク・ド・パラディ　大聖寺　嘉楽中　首途八幡宮　西陣中央小　京都市考古資料館　堀川病院　白峯神宮　京本阿弥光悦屋敷跡碑　38　新町通　室町通　薩摩藩邸跡碑　西図寺　今出川浄福寺　今出川通　埋蔵文化財研究所　西陣碑　鶴屋吉信　堀川今出川　足利将軍室町第址碑　バザールカフェ　同志社大学　千本今出川　西陣局　今出川大宮　本家玉寿軒　プチホテル京都　西陣織会館　上京区総合庁舎　中筋通　着物関連の問屋が多い　上京区総合庁舎前　烏丸今出川　今出川駅　元誓願寺通　西陣碑・村雲御所跡碑　狩野元信邸跡碑　児童公園　長圓寺　晴明神社　慶長天主堂跡碑　同志社大学継志寮　笹屋町通　長栄寺　町家写真館　武者小路千家官休庵　霊光殿天満宮社　武者小路通　慧光寺　橘児童公園　冨田屋　一条戻橋・晴明神社前　東堀川通　小野小町雙紙洗遺跡　諸侯屋敷・一条下り松遺跡碑　福長神社　地下鉄烏丸線　浄福寺　浄福寺幼稚園　平等寺　知恵光院　千利休聚楽屋敷趾碑　上杉景勝屋敷跡碑　黒田如水邸跡碑　同仁病院　本田味噌　春日潜庵邸宅跡碑　虎屋菓寮・虎屋京都ギャラリー　とらや　乾御門　京都御苑　一条通　戦国名将長野遺跡碑　一条戻橋　伝聚楽城承地　加藤清正邸跡　楽焼家元楽吉左衛門宅碑　西洞院通　上京税務署　上京中文　金剛能楽堂　休憩所　浄福寺通　裏門通　智恵光院通　大宮通　黒門通　猪熊通　葭屋町通　戻り橋　樂美術館　安養寺　富岡鉄斎旧宅碑　府民ホールアルティ　中立売御門　ライフ勝福寺　塩芳軒　宅址碑　富士谷成章　新町小　中立売通　中立売智恵光院　大宮中立売　50　堀川中立売　日暮通　西陣創造産業会館　京都ブライトンホテル　烏丸一条　正親小　せいしん幼児園　皆川淇園弘道館跡碑　45　上長者町通　佐賀鍋島藩屋敷跡碑　堀川新文化ビルディング　↓二条城　KBS　四条烏丸

りばからの市バス203は便数も多く便利だが、永観堂に行くための最寄りバス停「東天王町」を目指す時、一つ手前のバス停「錦林車庫前」止まりの便もあるので

のりもの案内（太字は1時間に4便以上の系統。色数字は市バス循環系統・均一系統、◆は地下鉄・バス一日券、京都修学旅行1day チケットが利用可）

目的地	参照ページ	待機時間	乗り場	アクセス（【参照】の行き方は左の目的地欄から探す。【乗換】は乗り換え先のページで乗降の位置を確認してください）	降り場（バス停位置は参照ページで確認）	乗車時間	乗換回数
京都駅	15	5	❶❺	市バス9◆	京都駅前市バス降り場	28、27	0
東本願寺 西本願寺	23	5	❶❺	市バス9◆	西本願寺前❶・七条堀川❸	19~23	0
京都水族館 東寺	21 25	5～+5		【参照】四条堀川（P33）【乗換】同⓭から市バス207◆	七条大宮・京都水族館前❷、東寺東門前❷	11~+10、12	1
四条河原町 新京極	27	8	❶❺	市バス12◆	四条河原町❾	27･25	0
		30･7	❸	市バス51◆・59◆	四条河原町❶	20	0
四条高倉 四条烏丸 烏丸御池	30	8	❶❺	市バス12◆	四条烏丸❾・四条高倉㉑	21~･24~	0
		30	❸	市バス51◆	烏丸御池❶（P115）	12	0
四条大宮 四条堀川 壬生寺	33	5･8	❶❺	市バス9◆・12◆	四条堀川⓮（市バス12は⓬）	17･15	0
		6	❹	市バス201◆	四条大宮❶・四条堀川⓬	24･26	0
		5	❹	市バス203◆	壬生寺道⓱・四条大宮❶	26･28	0
河原町三条	35	30･7	❸	市バス51◆・59◆	河原町三条❶（51は❸）（三条京阪まで徒歩5分）	17	0
三条京阪	37	8	❶❺	市バス12◆	三条京阪前Ⓓ（P37）	32･30	0
京都御所 烏丸今出川	38	30	❸	市バス51◆	烏丸今出川❹・烏丸丸太町❾	4･9	0
		4～	❸	市バス59◆・201◆・203◆、102◆（土休日運行）	烏丸今出川❷、府立医大病院前⓫（59のみ）	4~、9	0
下鴨神社 出町柳	41	5～	❸	市バス201◆・203◆、102◆（土休日運行）	河原町今出川❼（203は❸）・出町柳駅前❹	8~10	0
		7	❸	市バス59◆	河原町今出川❹	8	0
二条城 二条駅	45	5･8	❶❺	市バス9◆・12◆	二条城前❺	10･8	0
		6	❹	市バス201◆	二条駅前❾	14	0
東福寺・泉涌寺	47	5+8～	❸	【参照】出町柳駅前◆（P41）【乗換】京阪鴨東線〔下り〕普通	京 東福寺駅	10+14	1
三十三間堂	49	5+5～	❸	【参照】出町柳駅前◆【乗換】京阪鴨東線〔下り〕全車	京 七条駅	10+7~	1
高台寺・清水寺	51	5～+4	❸	市バス203◆で百万遍❺（P14・P114）【乗換】同❷から市バス206◆	東山安井バス停・清水道❶・五条坂❹	10~12+15~19	1
祇園・知恩院	55･57	6	❸	市バス201◆	東山三条❷・知恩院前❺・祇園❷	22･24･26	0
平安神宮	59	6	❸	市バス201◆	熊野神社前❼、東山二条・岡崎公園口⓭	18･20	0
南禅寺・永観堂	61	5+4～	❶❺	【参照】二条城前◆（P45）【乗換】T14二条城前駅から地下鉄東西線◆〔上り〕	地T09蹴上駅	8~+9	1
永観堂・哲学の道 銀閣寺	63	5	❸	市バス203◆	東天王町❺	26	0
		5、15	❸	市バス203◆、102◆（土休日運行）	銀閣寺道❷	18、19	0
詩仙堂・曼殊院	65	5～+5	❸	【参照】銀閣寺道◆（P63）【乗換】同❸から市バス5◆	一乗寺下り松町❹・一乗寺清水町❷	14~+6~	1
宝ヶ池・岩倉	13 99	4～+4	❸	【参照】烏丸今出川◆（P38）【乗換】K06今出川駅から地下鉄烏丸線◆〔上り〕	地K01国際会館駅	4+10	1
鞍馬・貴船	67	5+10～	❸	【参照】出町柳駅前◆【乗換】叡山電車鞍馬線	叡 鞍馬駅・叡 貴船口駅	10+27~	1
大原	68	5～+10･30	❸	【参照】出町柳駅前◆（P41・P115）【乗換】同❸から京都バス17◆・特17◆	大原❶	10+33･43	1
北大路BT・植物園	69	4～+4	❸	【参照】烏丸今出川◆（P38）【乗換】K06今出川駅から地下鉄烏丸線◆〔上り〕	地K04北大路駅・地K03北山駅前	4+4~6	1
上賀茂神社	71	5･100	❷❼	市バス9◆、67◆（67は早朝・夕方の便のみ）	上賀茂御薗橋❺（市バス9のみ）、上賀茂神社前❶（市バス67のみ）	11~13	0
大徳寺	73	8	❷❼	市バス12◆	大徳寺前❷	6･4	0
鷹峯	14 100	5	❷❼	市バス9◆	神光院前❸	15･17	0
		5～+15	❹	市バス201◆・203◆・59◆等で千本今出川❷・❹・❺（P77・P114）【乗換】同❺から市バス6◆（北行）	鷹峯源光庵前❶	3~5+13	1
西ノ京円町	75	5	❹	市バス203◆	西ノ京円町❶	13	0
北野天満宮 北野白梅町	77	5～、15	❹	市バス51◆・203◆、102◆（土休日運行）	北野天満宮前❷、北野白梅町❽（203は❻、102は❾）	5~9	0
金閣寺 等持院	79 82	8	❷❼	市バス12◆	金閣寺道❶・立命館大学前❽	10~17	0
		7･30	❹	市バス59◆・51◆	金閣寺道❶（市バス59のみ）・立命館大学前❽	14~20	0
		15	❹	市バス102◆（土休日運行）	金閣寺道❸	16	0
龍安寺 仁和寺 妙心寺	82	7	❹	市バス59◆	龍安寺前❷・御室仁和寺❹	21･25	0
		3+10～	❹	市バス201◆・203◆・59◆等で千本今出川❷・❹・❺（P77・P114）【乗換】同❹から市バス10◆（西行）	妙心寺北門前❼	3~5+9	1
		5+10～	❹	【参照】西ノ京円町◆（P75）【乗換】同❹から市バス91◆・93◆、同❹から京都バス63◆・66◆（西行）	妙心寺前❾	13+4~	1
広隆寺 東映太秦映画村	85	5+30～	❹	【参照】西ノ京円町◆【乗換】同❹から京都バス63◆・66◆（西行）	太秦映画村前❸・太秦広隆寺前❻	13+8~	1
		5+10～	❹	【参照】西ノ京円町◆【乗換】同❹から市バス91◆・93◆（西行）	太秦映画村道❷	13+9	1
嵐山	87	6+30～	❹	市バス201◆で千本丸太町❷（P45・P114）【乗換】同❸から京都バス63◆・66◆（西行）	嵐山❹	11+24~	1
		6+10	❹	市バス201◆で千本丸太町❷【乗換】同❸から市バス93◆（西行）	嵐山天龍寺前❶・嵐山❸（土休日は❷・❹）	11+26~	1
嵯峨野 大覚寺	91	5+10	❹	【参照】西ノ京円町◆【乗換】同❹から市バス91◆（西行）	嵯峨釈迦堂前❻・大覚寺❶	13+22~	1
		5+10～	❹	【参照】西ノ京円町◆（P75）【乗換】JR 嵯峨野線〔下り〕	JR 嵯峨嵐山駅	13+7	1
高雄	90	6+30		【参照】北野白梅町◆（P77）【乗換】同❼から JR バス◆	高雄❸・栂ノ尾❻	5+24･26	1
松尾大社 苔寺・鈴虫寺	13 101	5+15	❹	市バス203◆で西大路四条❶（P75）【乗換】同❸から市バス29◆（西行）	松尾大社前❷・松室北河原町❽	21+17~	1
		5+30	❹	【参照】西ノ京円町◆（P75）【乗換】同❹から京都バス63◆（西行）	松尾大社前❷、苔寺・すず虫寺❼	13+27~	1
大原野	13	5+5～	❹	【参照】四条大宮◆（P33）【乗換】HK84大宮駅から阪急京都線〔下り〕	阪HK79東向日駅・阪HK77長岡天神駅	19+15~	1
小野・醍醐	13 95	5+4～	❶❺	【参照】二条城前◆（P45）【乗換】T14二条城前駅から地下鉄東西線◆〔下り〕	地T04小野駅・地T03醍醐駅	6~+20~	1

名・名称　元誓願寺通（もとせいがんじ）　葭屋町通（よしやまち）　西洞院通（にしのとういん）　油小路通（あぶらのこうじ）　上御霊前通（かみごりょうまえ）　晴明神社（せいめい）　白峯神宮（しらみねじんぐう）　瑞春院（ずいしゅんいん）

洛中

鉄道記号
地 地下鉄
JR JR線
近 近鉄電車
阪 阪急電車
京 京阪電車
嵐 嵐電
叡 叡山電車

秀吉の遺構、家康の建築、家光の絵画・彫刻

バス停名
❶〜❹堀川丸太町　❼❽⓫⓬堀川御池
❺❻二条城前　❾❿二条駅前

乗り場番号は本書の説明のためにつけたものです。現地停にはこの番号はありませんのでご注意。

access バス停「二条城前」からのバス移動には、西陣そして洛北の大徳寺、上賀茂神社、光悦寺方面に便利。また、四条そして京都駅に行くにも問題なし。隣接のバス停「堀川丸太町」・地下鉄「二条城前」駅利用も東西移動におススメ。

二条城　案内 P120

慶長 8 年（1603）徳川家康が造営、三代将軍家光が伏見城の遺構を移すなどして増築を行い寛永 3 年（1626）に現在の規模になる。東西約 500 m、南北約 400 mに塁を築き堀をめぐらす。令和 6 年（2024）9 月より狩野派の障壁画など宮家の繊細なしつらえが体験できる本丸御殿が公開される。

二の丸御殿（国宝）

江戸期の武家風書院造りの代表的なもので、車寄（くるまよせ）に続いて遠侍（とおざむらい）、式台（しきだい）、大広間（おおひろま）、蘇鉄（そてつ）の間、黒書院、白書院の 6 棟が東南から北西にかけて雁行に立ち並ぶ。建物面積 3,300㎡、部屋数 33、畳は 800 畳あまり敷かれている。部屋の障壁画は狩野探幽一派の名作。彫刻、飾金具を含め桃山美術の粋を伝える。

二条城の庭園

江戸時代につくられた「二の丸庭園」、明治時代の「本丸庭園」、昭和時代の「清流園」の 3 つの庭園がある。「二の丸庭園」（特別名勝）は、当時二条城の構造奉行であった小堀遠州（こぼりえんしゅう）の作庭という。庭園は、二の丸御殿の大名への謁見を行う黒書院と大広間に面する形で作られ、庭園は中島のある池を中心に滝石組や多くの景石が据えられている。「清流園」は、東半分が芝生を敷き詰めた洋風庭園、西半分は二棟の建物を含めた池泉回遊式山水園（和風庭園）からなる和洋折衷庭園で、米国の日本庭園専門誌「ジャーナル・オブ・ジャパニーズ・ガーデニング」で評価が高い。「本丸庭園」は、明治 2 年（1896）完成の芝庭風築山式庭園。

二条陣屋（小川家住宅）　案内 P120

住宅として寛文 10 年（1670）頃に創建されたもの。二条城や京都所司代に伺候（しこう）する諸大名の陣屋として、また奉行所の公事宿（くじやど）としても利用されたので、ただの住宅ではなく、特殊な構造設備が施され、防火上の工夫も多い。建築様式は数奇屋造りで、極めて繊細優美である。

徒歩所要分
バス停「二条城前」→二条城東大手門（2 分）
堀川丸太町交差点→二条城東大手門（8 分）
バス停「二条駅前」→神泉苑（8 分）・二条陣屋（10 分）・二条城東大手門（15 分）
地下鉄「二条城前」→二条城東大手門（3 分）・神泉苑（4 分）・二条陣屋（4 分）

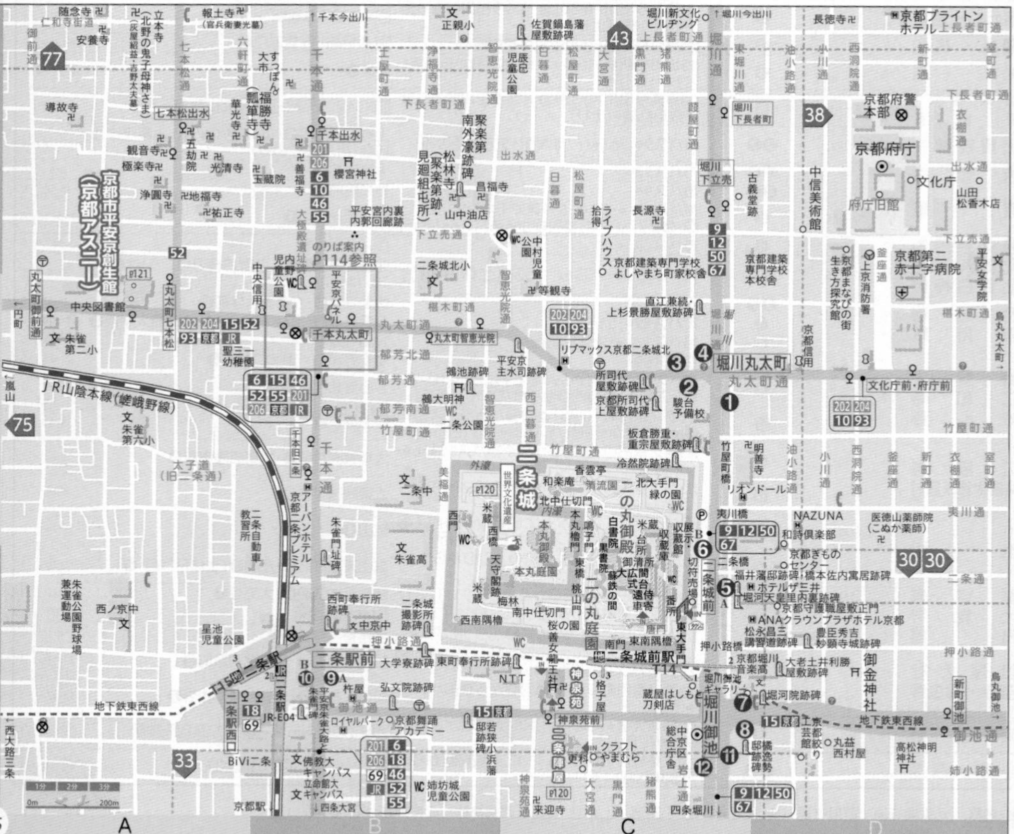

城内は広大。例年、桜開花時にライトアップがある。二の丸御殿は、夏期・冬期の火曜日が休殿日となっているので、P116 からの拝観・見学施設案内や二条城 HP
認してください。次の行き先を決めるには、拝観出口に近い、バス停「二条城前」・地下鉄東西線「二条城前」駅を利用できる名所がおススメ。

目的地	参照ページ	のりもの案内（太字は1時間に4便以上の系統。色数字は市バス循環系統・均一系統、◆は地下鉄・バス一日券、京都修学旅行1day チケットが利用可） 待機時間	乗り場	アクセス（参照の行き方は左の目的地欄から探す。乗は乗り換え先のページで乗降の位置を確認してください）	降り場（バス停位置は参照ページで確認）	乗車時間	乗換回数
京都駅	15	5・8	❺⓫	市バス9◆・50◆	京都駅前市バス降り場	15~21	0
		7・30	❾	市バス206◆・JRバス◆	同上・(JR3)	23・19	0
		4+4	地T14二条城前駅	参照T13烏丸御池駅◆(P30) 乗烏丸線◆〔下り〕	地K11京都駅	2+6	0
		10～	JR二条駅	JR嵯峨野線〔上り〕	JR京都駅	8	0
西本願寺	23	5	❺⓫	市バス9◆	西本願寺前❶	9~11	0
東本願寺		5・4～	❺⓫	市バス9◆で七条堀川(P23) 乗同⓱から市バス205・206・208等で	烏丸七条❿	11+4	1
京都水族館・東寺	21・25	5～+5	❺⓫	参照四条堀川◆(P33) 乗同⓭から市バス207◆	七条大宮・京都水族館前❷、東寺東門前❷	4~7+9、12	1
四条河原町 新京極	27	8	❺⓫	市バス12◆	四条河原町❾	17・15	0
		10～	❼	京都バス62◆・63◆・66◆・67◆、市バス15◆	四条河原町❶	12	0
四条高倉 四条烏丸 烏丸御池	30	8	❺⓫	市バス12◆	四条烏丸❾・四条高倉㉑	8・11	0
		15・30～	❼	市バス15◆、京都バス62◆・63◆・66◆・67◆	烏丸御池❶(P115)	4、3	0
		4	地T14二条城前駅	地下鉄東西線◆〔上り〕	地T13烏丸御池駅(K09四条駅へは乗烏丸線〔下り〕)	2	0
四条堀川		5～	❺⓫	市バス9◆・12◆・50◆	四条堀川⓬(市バス9は⓮)	3~7	0
四条大宮 壬生寺	33	5～+5～	❺⓫	参照四条堀川◆(P33) 乗同⓭から市バス11◆・3◆・26◆・203◆(西行)	四条大宮各バス停・壬生寺道⓲(又は四条堀川からそれぞれ徒歩4分・徒歩12分)	5+2	1
		6～	❾	市バス201◆・46◆・206◆・6◆・55◆等	四条大宮各バス停	5~8	0
河原町三条 三条京阪 京都市役所前	35 37	30～+15	❼	京都バス62◆・63◆・66◆・67◆、市バス15◆	河原町三条(河原町御池)❶、河原町三条❸(京都バスのみ)	9~10	0
		4	地T14二条城前駅	地下鉄東西線◆〔上り〕	地T12京都市役所前駅・地T11三条京阪駅	4・5	0
三条京阪前	37	8	❺⓫	市バス12◆	三条京阪前Ⓓ(P37)	22・20	0
		30～+15	❼	京都バス62◆・63◆・66◆・67◆、市バス15◆	三条京阪前Ⓕ(市バス15は同C2)	19~20	0
京都御所	38	6～	❸	市バス10◆・93◆・202◆・204◆	烏丸丸太町❼	4	0
		4+4	地T14二条城前駅	参照T13烏丸御池駅◆(P30) 乗烏丸線◆〔上り〕	地K07丸太町駅・地K06今出川駅	4・6	1
下鴨神社 出町柳	41	4+4～	地T14二条城前駅	参照T12京都市役所前駅◆(P35・P115) 乗京都市役所前❹から市バス205◆・4◆(北行)	河原町今出川❺・下鴨神社前❷	4~+7・12~	1
		4+5	地T14二条城前駅	参照T11三条京阪駅◆(P35) 乗京阪鴨東線〔上り〕	京出町柳駅	5+3	1
西陣	43	5～	❹❻⓬	市バス9◆・12◆	堀川今出川❼・堀川寺ノ内❷	5~13	0
洛東各方面	47～59	6	❸	市バス202◆	熊野神社前⓫・東山三条❷・知恩院前❺・祇園❶・清水道❶・五条坂❹・東山七条❸・泉涌寺道❷・東福寺❹	12~35	0
東福寺・泉涌寺	47	4+5	地T14二条城前駅	参照T11三条京阪駅◆(P35) 乗京阪本線(普通)〔下り〕	京東福寺駅	5+7	1
三十三間堂	49	4+5	地T14二条城前駅	参照T11三条京阪駅◆ 乗京阪本線〔下り〕	京七条駅	5+4~	1
清水寺	51	4+5～	地T14二条城前駅	参照T10東山駅◆(P57) 乗東山三条❷から市バス206◆・202◆	東山安井バス停・清水道❷・五条坂❹	7+7~10	1
祇園 八坂神社	55	4+5～	地T14二条城前駅	参照T10東山駅◆ 乗東山三条❷から市バス206・203◆・202◆・201◆・46◆	祇園❶又は❸、(東山駅から徒歩も可)	7+4	1
		12	❾	市バス201◆・46◆	祇園❺	23・27	0
知恩院・青蓮院	57	4	地T14二条城前駅	地下鉄東西線◆〔上り〕	地T10東山駅(平安神宮へも)	7	0
平安神宮	59	4+8	地T14二条城前駅	参照T10東山駅◆(P57) 乗東山三条❹から市バス46◆、東山三条❶から市バスも	岡崎公園 ロームシアター京都・みやこめっせ前❹・岡崎公園 美術館・平安神宮前❶	7+4	1
		8・10	❸	市バス204◆・93◆	熊野神社前❽・岡崎道⓯	12・14	0
南禅寺・永観堂 哲学の道・永観堂	61	4	地T14二条城前駅	地下鉄東西線◆〔上り〕	地T09蹴上駅	9	0
		8・10	❸	市バス204◆・93◆	東天王町❻	16	0
銀閣寺	63	8	❸	市バス204◆	銀閣寺道❸	22	0
詩仙堂・曼殊院	65	4+4	地T14二条城前駅	参照T11三条京阪駅◆(P35) 乗三条京阪前Ⓓ(P37)から市バス5◆	一乗寺下り松町❹・一乗寺清水町❷	5+24・26	1
宝ケ池・岩倉	13・99	4+4	地T14二条城前駅	参照T13烏丸御池駅◆(P30) 乗烏丸線◆〔上り〕	地K01国際会館駅	2+14	1
鞍馬 貴船	67	19～	地T14二条城前駅	参照T11三条京阪駅◆(P35) 乗京阪鴨東線〔上り〕出町柳駅(P41、P115) 乗叡山鞍馬線	叡鞍馬駅・叡貴船口駅	38~・35~	2
大原	68	4+10・30	地T14二条城前駅	参照T11三条京阪駅◆ 乗三条京阪前Ⓔから京都バス17◆・特17◆	大原❶	5+42・52	1
		4+4+15	地T14二条城前駅	参照国際会館駅◆ 乗京都バス19◆・特17◆	大原❶	2+14+22	2
北大路BT 植物園	69	4+4	地T14二条城前駅	参照T13烏丸御池駅◆ 乗烏丸線◆〔上り〕	地K04北大路駅・地K03北山駅	2+8・10	1
上賀茂神社	71	5	❹❻⓬	市バス9◆	上賀茂御薗橋❺	20・22・24	0
		12	❿	市バス46◆	上賀茂神社前❶	30	0
大徳寺	73	8	❻⓬	市バス12◆	大徳寺前❷	15・17	0
		5	❻⓬	市バス9◆	北大路堀川❼	14・16	0
神光院・源光庵	14・100	5	❹❻⓬	市バス9◆	神光院前❸	24・26・28	0
		15	❿	市バス6◆	鷹峯源光庵前❶	22	0
北野天満宮・白梅町 金閣寺・等持院 龍安寺	77 79 82	8	❻⓬	市バス50◆	北野天満宮前❷・北野白梅町❽	12~19	0
		8	❻⓬	市バス12◆	金閣寺道❶・立命館大学前❽	21~28	0
		8	❻⓬	市バス50◆	立命館大学前❽(龍安寺まで徒歩11分)	19~25	0
		15	❽	市バス15◆	立命館大学前❽	22	0
		30	❿	市バス52◆	北野天満宮前❷・北野白梅町❽・立命館大学前❽	11・14・20	0
龍安寺 仁和寺 妙心寺	82	10	❷	市バス93◆・京都バス臨丸太町◆	妙心寺前❾	13	0
		10	❷	市バス10◆	妙心寺北門前❼・御室仁和寺❹	18・22	0
		30～	❽	京都バス63◆・66◆	妙心寺前❾	15	0
		8+7	❻⓬	市バス50◆で立命館大学前❽(P79) 乗同❾から市バス59◆	龍安寺前❷・御室仁和寺❹	22~24+1~5	1
		10	JR二条駅	JR嵯峨野線〔下り〕	JR花園駅(妙心寺)	5	0
広隆寺 東映太秦映画村	85	10	❷	市バス93◆・京都バス臨丸太町◆	太秦映画村道(常盤仲之町)❷	18	0
		5+10	❺⓫	参照四条堀川◆(P33) 乗同⓭から市バス11◆	太秦広隆寺前❻	5+20	1
		30～	❽	京都バス63◆・66◆	太秦映画村前❸・太秦広隆寺前❻	19~21	0
嵐山 嵯峨野	87 91	10	❷	市バス93◆(土休日の下車バス停は❼・❷・❹)	嵯峨小学校前❽・嵐山天龍寺前❶・嵐山❸	30・33・35	0
		15～	❽	京都バス63◆・66◆	嵐山❹	31	0
		10～	JR二条駅	JR嵯峨野線〔下り〕普通・急行	JR嵯峨嵐山駅	6・10	0
高雄	90	30	❿	JRバス◆	高雄❸・栂ノ尾❻	33・35	0
松尾大社・苔寺	13・101	30	❽	京都バス63◆	松尾大社前❷、苔寺・すず虫寺❼	38・42	0
大原野	13	13～	地T14二条城前駅	参照T13烏丸御池駅◆(P30) 乗烏丸線でK09四条駅◆(P30) 乗HK85烏丸駅から阪急京都線〔下り〕	阪HK79東向日駅・阪HK77長岡天神駅	18・17~	2
伏見稲荷・桃山	93・94	4+5	地T14二条城前駅	参照三条京阪駅◆(P35) 乗京阪本線〔下り〕普通	京伏見稲荷駅・京伏見桃山駅	13~・26	1
小野・醍醐	13・95	4	地T14二条城前駅	地下鉄東西線◆〔上り〕	地T04小野駅・地T03醍醐駅	21~・23~	0
宇治	13・97	5～+8～	❺⓫	参照京都駅◆(P15) 乗JR奈良線	JR宇治駅	16~+17~	1
		4+8～	地T14二条城前駅	地下鉄東西線〔上り〕T01六地蔵駅◆(P95) 乗JR奈良線	JR宇治駅	28+8~	1

鉄道記号
- 地 地下鉄
- JR JR線
- 近 近鉄電車
- 阪 阪急電車
- 京 京阪電車
- 嵐 嵐電
- 叡 叡山電車

・名称　智恵光院通(ちえこういん)　美福通(びふく)　押小路通(おしこうじ)　御池通(おいけ)　夷川橋(えびすがわ)　椹木町通(さわらぎちょう)　朱雀高(すざく)　車寄(くるまよせ)　遠侍(とおざむらい)　隅櫓(すみやぐら)　白書院(しろしょいん)

東福寺（とうふくじ）泉涌寺（せんにゅうじ）

谷や森の中を伽藍（がらん）が甍（いらか）を並べて佇む

バス停名
❶❷泉涌寺道
❸❹東福寺

乗り場番号は本書の説明のためにつけたものです。現地停にはこの番号はありませんのでご注意。

access バス停「東福寺」・「泉涌寺道」からバスで行きやすい名所は、北に三十三間堂、清水寺、祇園方面、西は東寺が便利。両寺を拝観するには、まず『泉涌寺』。そして狭く階段もあるが 20 分程の道のりを歩けば、『東福寺』へ。次の広域移動に便利。

東福寺 案内 P120

室町時代には京都五山の一つに数えられた古刹で、寺名は、奈良最大の寺院・東大寺と興福寺からなぞらえたといわれている。境内には、国宝の三門をはじめ、仏殿・禅堂・東司（とうす）・浴室等、重文も数多くあり、方丈の庭園は国指定名勝となっている。渓谷にかかる「通天橋」は、紅葉の名所として有名。25ヶ寺という塔頭（たっちゅう）、見所にも訪ねたい。

泉涌寺 案内 P119

皇室と関係の深いお寺で「御寺」と呼ばれる。広い寺域内に 14 代にわたる天皇陵、后妃、親王陵合わせて 25 もの陵墓がある。大門入ってすぐの仏殿には、天井の竜図と三尊背後の白衣（びゃくえ）観音像が描かれており、見物である。有料拝観は、伽藍拝観（大門、仏殿、楊貴妃観音堂、泉涌水屋形、月輪（つきのわ）御陵拝所）と特別拝観（御座所、庭園、海会堂）。東福寺・泉涌寺の寺域は広く、諸塔頭も見所が多い。

停❷・❹から東寺への市バス202・207・208は便利だが、東寺の最寄りバス停から２つ、または３つ手前のバス停「九条車庫前」止まりの便があるので、注意。
休日なら、❷・❹からの市バス58・88も、京都駅八条口アバンティ前バス停・京都駅八条口G1(P18)へ接続している。

目的地	参照ページ	のりもの案内（太字は1時間に4便以上の系統。色数字は市バス循環系統・均一系統、◆は地下鉄・バス一日券、京都修学旅行1day チケットが利用可）待機時間	乗り場	アクセス（参照の行き方は左の目的地欄から探す。乗は乗り換え先のページで乗降の位置を確認してください）	降り場（バス停位置は参照ページで確認）	乗車時間	乗換回数
京都駅	15	10	❶❸	市バス208◆、88◆(土休日運行)	京都駅前市バス降り場	14・15	0
		15	❷❹	市バス58◆・88◆(土休日運行)	京都駅八条口アバンティ前バス停(P18)	6・8	0
		8～	JR 東福寺駅	JR奈良線〔上り〕	JR京都駅	2	0
東本願寺 西本願寺	23	10	❶❸	市バス208◆	烏丸七条⓫	10・11	0
		5	❷❹	市バス207◆	島原口⓯	18・20	0
東寺	21	6・10	❷❹	市バス202◆・208◆・207◆	九条大宮❺(207は❼)	12～18	0
京都水族館	25	5	❷❹	市バス207◆	東寺東門前❸、七条大宮・京都水族館前❸	14～18	0
四条河原町 新京極	27	5	❶❸	市バス207◆、58◆(土休日運行)	四条河原町❻	18・19	0
		5～	京 東福寺駅	京阪本線〔上り〕	京祇園四条駅	5	0
四条高倉 四条烏丸 烏丸御池	30	5・15	❶❸	市バス207◆、58◆(土休日運行)	四条高倉㉒・四条烏丸❻(58は四条烏丸❹)	21～26	0
		5～+4	京 東福寺駅	参照三条駅(P35) 乗T11京阪三条駅から地下鉄東西線◆〔下り〕	地T13烏丸御池駅	7+3	1
		8～+4	JR 東福寺駅	参照京都駅(P15) 乗K11京都駅から地下鉄烏丸線◆〔上り〕	地K09四条駅・地K08烏丸御池駅	2+4～6	1
四条大宮・四条堀川	33	5	❷❹	市バス207◆	四条大宮❶(壬生寺まで徒歩9分)・四条堀川⓬	27～29	0
河原町三条	35			参照三条京阪(P35)から徒歩5分			
三条京阪・三条駅	37	5～	京 東福寺駅	京阪本線〔上り〕	京三条駅	7	0
京都御所	38	6	❶❸	市バス202◆	烏丸丸太町❽	28・29	0
		8～+4	JR 東福寺駅	参照京都駅(P15) 乗K11京都駅から地下鉄烏丸線◆〔上り〕	地K06今出川駅	2+10	1
		5+7	京 東福寺駅	参照三条駅(P35) 乗三条京阪前A2から市バス59◆	府立医大病院前⓬	7+10	1
下鴨神社・出町柳	41	5	京 東福寺駅	京阪本線・鴨東線〔上り〕	京出町柳駅	15	0
西陣	43	8～+5	JR 東福寺駅	参照京都駅(P15) 乗京都駅前B1から市バス9◆	堀川今出川❼・堀川寺ノ内❷	2+25～27	1
		5+5	❷❹	参照四条堀川◆(P33) 乗同⓰から市バス9◆	堀川今出川❼・堀川寺ノ内❷	27～+14～	1
二条城・二条駅	45	5+4	京 東福寺駅	参照三条駅(P35) 乗T11京阪三条駅から地下鉄東西線◆〔下り〕	地T14二条城前駅・地T15二条駅	7+5～7	1
三十三間堂	49	6・5・15	❶❸	市バス202◆・207◆、58◆(土休日運行)	東山七条❺	3・4	0
		10	❶❸	市バス208◆、88◆(土休日運行)	東山七条❹・博物館三十三間堂前❷	3～5	0
		5	京 東福寺駅	京阪本線〔上り〕	京七条駅	2	0
清水寺・高台寺	51	6・5・15	❶❸	市バス202◆・207◆、58◆(土休日運行)	五条坂❼・清水道❸(202は❽)・東山安井バス停	7～12	0
祇園 八坂神社	55	6・5・15	❶❸	市バス202◆・207◆、58◆(土休日運行)	祇園❺(市バス207は❷)	13・14	0
		5	京 東福寺駅	京阪本線〔上り〕	京祇園四条駅	5	0
知恩院・青蓮院	57	6	❶❸	市バス202◆	知恩院前❻・東山三条❹	15～18	0
平安神宮	59	6	❶❸	市バス202◆	東山二条・岡崎公園口⓮・熊野神社前❿	19～22	0
		5+5	京 東福寺駅	参照三条駅(P35) 乗三条京阪前Ⓓから市バス5◆	岡崎公園 美術館・平安神宮前❷	7+6	1
南禅寺・永観堂	61	5+4	京 東福寺駅	参照三条駅 乗T11京阪三条駅から地下鉄東西線◆〔上り〕	地T09蹴上駅	7+4	1
哲学の道	63	5+5	京 東福寺駅	参照三条駅 乗三条京阪前Ⓓから市バス5◆	南禅寺・永観堂道❷・東天王町❻・真如堂前⓬	7+10～13	1
銀閣寺	63	5+5～	京 東福寺駅	参照出町柳駅(P41・P115) 乗出町柳駅前❹から市バス203◆・7◆、102◆(土休日運行)	銀閣寺道❷(市バス7は❺)	15+6～8	1
詩仙堂 曼殊院	65	5+5	京 東福寺駅	参照三条駅(P35) 乗三条京阪前Ⓓから市バス5◆	一乗寺下り松町❹・一乗寺清水町❷	7+24～26	1
		5+10	京 東福寺駅	参照出町柳駅(P41・P115) 乗叡山本線・鞍馬線〔下り〕	叡一乗寺駅・叡修学院駅	15+5～7	1
蓮華寺	13・99	5+10	京 東福寺駅	参照出町柳駅 乗叡山本線〔下り〕	叡三宅八幡駅	15+11	1
宝ヶ池 岩倉	13・14・99	8～+4	JR 東福寺駅	参照京都駅(P15) 乗K11京都駅から地下鉄烏丸線◆〔上り〕	地K01国際会館駅	2+20	1
		5+10	京 東福寺駅	参照出町柳駅(P41・P115) 乗叡山鞍馬線〔下り〕	叡岩倉駅	15+13	1
鞍馬・貴船	67	5+10	京 東福寺駅	参照出町柳駅 乗叡山鞍馬線〔下り〕	叡鞍馬駅・叡貴船口駅	15+27～30	1
大原	68	5+10・30	京 東福寺駅	参照出町柳駅(P41・P115) 乗出町柳駅前❸から京都バス17◆・特17◆	大原❶	15+33・43	1
北大路BT・植物園	69	8～+4	JR 東福寺駅	参照京都駅 乗K11京都駅から地下鉄烏丸線◆〔上り〕	地K04北大路駅・地K03北山駅	2+14～16	1
上賀茂神社	71	8～+5	JR 東福寺駅	参照京都駅(P15) 乗京都駅前B1から市バス9◆	上賀茂御薗橋❺	2+38	1
大徳寺	73	8～+5	JR 東福寺駅	参照京都駅 乗京都駅前B1から市バス9◆	北大路堀川❼	2+30	1
		8～+4	JR 東福寺駅	参照京都駅 乗京都駅前A3から市バス206◆	大徳寺前❶	2+41	1
北野天満宮	77	5+5	❷❹	参照四条大宮◆(P33) 乗同❷から市バス203◆	北野天満宮前❶	29+20	1
金閣寺	79	5+8	京 東福寺駅	京阪本線・鴨東線〔上り〕神宮丸太町駅(P38) 乗丸太町京阪前❷(P114)から市バス204◆	金閣寺道❸	12+29	1
金閣寺・等持院 龍安寺・仁和寺 妙心寺	79 82	5+7	京 東福寺駅	参照三条駅(P35) 乗三条京阪前A2から市バス59◆	金閣寺道❶・龍安寺前❷・御室仁和寺❹	42・48・52	1
		5+10	❷❹	参照四条大宮◆(P33) 乗同バス停❷から市バス26◆	等持院道バス停・妙心寺北門前❼・御室仁和寺❹	27+21～	1
		8+10～	JR 東福寺駅	参照京都駅(P15) 乗JR嵯峨野線〔下り〕	JR花園駅	2+12	1
広隆寺・太秦映画村	85	5+7	❷❹	参照四条大宮◆ 乗嵐電嵐山本線〔下り〕	嵐太秦広隆寺駅	29+12	1
嵐山 嵯峨野・大覚寺	87 91	8+10～	JR 東福寺駅	参照京都駅 乗JR嵯峨野線〔下り〕	JR嵯峨嵐山駅	2+17	1
		5+7	❷❹	参照四条大宮◆ 乗嵐電嵐山本線〔下り〕	嵐嵐山駅	29+23	1
		8+15	JR 東福寺駅	参照京都駅(P15) 乗京都駅前C6から市バス28◆	大覚寺❶	2+53	1
高雄	90	8+30	JR 東福寺駅	参照京都駅 乗京都駅JR3からJRバス◆	高雄❸・栂ノ尾❻	49・51	1
松尾大社	13 101	8+15	JR 東福寺駅	参照京都駅 乗京都駅前C6から市バス28◆	松尾大社前❹	2+37	1
		5+10	❷❹	市バス202◆・207◆で九条車庫前(P15) 乗同バス停から市バス71◆(西行)	松尾橋❻	9+38	1
苔寺 鈴虫寺		5+20	❷❹	参照四条大宮◆(P33) 乗同❹から市バス29◆	松室北河原町❽	29+25	1
		8+30	JR 東福寺駅	参照京都駅(P15) 乗京都駅前C6から京都バス73◆	苔寺・すず虫寺❼	2+56	1
		5+30	京 東福寺駅	参照三条駅(P35) 乗三条京阪前Ⓕから京都バス63◆	苔寺・すず虫寺❼	10+52	1
大原野	13	8+8～	JR 東福寺駅	参照京都駅 乗JR東海道本線〔下り〕	JR向日町駅・JR長岡京駅	2+7～11	1
伏見稲荷 伏見桃山	14・93・94	5	京 東福寺駅	京阪本線〔下り〕	京伏見稲荷駅・京伏見桃山駅	4・16	0
		5・8	JR 東福寺駅	JR奈良線〔下り〕	JR稲荷駅・JR桃山駅	2・10	0
小野 醍醐	13 95	5+4	京 東福寺駅	参照三条駅(P35) 乗T11京阪三条駅から地下鉄東西線◆〔上り〕	地T04小野駅・地T03醍醐駅	7+16～18	1
		8+10+4	JR 東福寺駅	参照京都駅 乗JR湖西線・東海道本線〔下り〕で山科駅(P13・P102) 乗T07山科駅から地下鉄東西線◆〔上り〕	地T04小野駅・地T03醍醐駅	2+5+6～8	2
宇治	13 97	8	JR 東福寺駅	JR奈良線〔下り〕普通	JR黄檗駅・JR宇治駅	22・26	0
		15	JR 東福寺駅	JR奈良線〔下り〕快速	JR宇治駅	15	0
三室戸寺		5+8	京 東福寺駅	京阪本線〔下り〕中書島駅(P94) 乗京阪宇治線	京三室戸駅、下車徒歩15分	19+14	1

洛東

鉄道記号　地 地下鉄　JR JR線　近 近鉄電車　阪 阪急電車　京 京阪電車　嵐 嵐電　叡 叡山電車

名・名称　新熊野神社（いまくまの）　東大路通（ひがしおおじ）　日下門（にっかもん）　東司（とうす）　京都青窯会（きょうとせいようかい）　通天橋（つうてんきょう）　臥雲橋（がうんきょう）　御座所（ござしょ）　偃月橋（せんげつきょう）　芬陀院（ふんだいん）　月輪陵（つきのわりょう）

ど迫力の観音像など文化財の宝庫エリア

バス停名
❶❷博物館三十三間堂前
❸～❺東山七条

乗り場番号は本書の説明のためにつけたものです。
現地停にはこの番号はありませんのでご注意。

access 次の移動には、同じ洛東方面には便利。『三十三間堂』から徒歩5分の京阪「七条」駅を利用すれば、南北に広域移動が出来る。ここからいきなり洛西方面への移動は避けるべき。するならば、四条河原町の阪急電車、または四条大宮の嵐電で。

三十三間堂（蓮華王院）

案内 P118

本堂の柱間が33あることから、三十三間堂と呼ばれる。長さは南北に118ｍに及び、堂内には、中央に本像の千手観音坐像と左右に500体ずつ、計1001体もの千手観音立像が整然と並び、さらに風神・雷神、観音二十八部衆という30体の仏像が祀られている。なお堂内の仏像は全て国宝である。長寛2年（1164）、後白河上皇が院御所の御堂として、平清盛に造らせたといわれる。文永3年（1266）に再建。毎年1月成人式の日の「通し矢」は京の冬の風物詩。

智積院

案内 P120

大坂城落城後、秀吉の愛児鶴松の菩提を弔うために建立した祥雲禅寺の寺領を徳川家康が寄

進し、五百佛山根来寺智積院と改め、仏教研学の道場として栄えた。江戸初期を代表する池泉廻遊式庭園は、中国の廬山を象ったといわれ、宝物館では、長谷川等伯一派による「桜図」「楓図」「松に秋草図」「松に黄蜀葵図」など極彩色の障壁画が展示されている。出陳時を除き、国宝の絵画が常時見られるのもうれしい。

徒歩所要分
バス停「博物館三十三間堂前」→三十三間堂（1分）・養源院（2分）・智積院（5分）・豊国神社（6分）・方広寺（7分）
東山七条交差点→三十三間堂（3分）・養源院（4分）・智積院（2分）・豊国神社（9分）・方広寺（10分）
京阪電車「七条」駅→三十三間堂（6分）

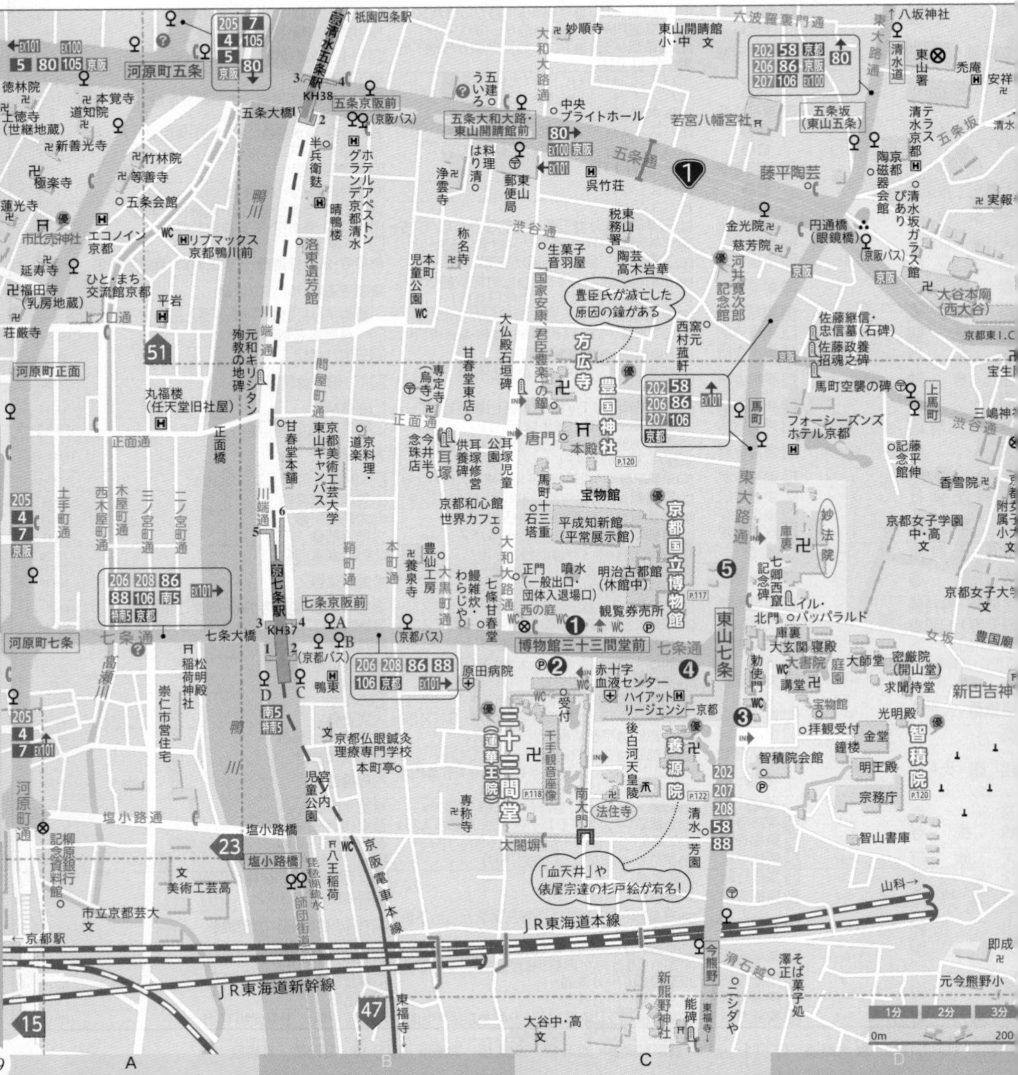

…へ向かうバスは P48 参照。バス停「博物館三十三間堂前」よりバス停「東山七条」を利用すれば、より多くの系統を利用出来る。

目的地	参照ページ	待機時間	乗り場	アクセス（[参照]の行き方は左の目的地欄から探す。[乗]は乗り換え先のページで乗降の位置を確認してください）	降り場（バス停位置は参照ページで確認）	乗車時間	乗換回数
		のりもの案内（太字は1時間に4便以上の系統。色数字は市バス循環系統・均一系統、◆は地下鉄・バス一日券、京都修学旅行1day チケットが利用可）					
京都駅	15	5～	❷❹	市バス206◆・208◆・86◆、88◆(土休日運行)	京都駅前市バス降り場	11～14	0
東本願寺 西本願寺	23	7～	❷❹	市バス206◆・208◆	烏丸七条⓫・七条堀川❺	6~19	0
		5	❸	市バス207◆	島原口⓯	20	0
京都水族館 京都鉄道博物館 東寺	21 25	10・6	❶❸	市バス208◆、202◆(❸乗り場のみ)	九条大宮❺	19・17	0
		4・10・15	❷❹	市バス206◆・208◆・86◆	七条大宮・京都水族館前❹(206は❻)、梅小路公園・JR 梅小路京都西駅前❿(208のみ)、梅小路公園・京都鉄道博物館前❾(86のみ)	19～24	0
		5	❸	市バス207◆	東寺東門前❸、七条大宮・京都水族館前❸	22・24	0
四条河原町 祇園四条駅	27	5・15	❺	市バス207◆、58◆(土休日運行)	四条河原町❻	15・15	0
		5	[京]七条駅	京阪本線〔上り〕全車	[京]祇園四条駅	2~3	0
四条高倉 四条烏丸	30	5・15	❺	市バス207◆、58◆(土休日運行)	四条高倉㉒・四条烏丸❻(58は四条烏丸❹)	18・21	0
		5+5～	[京]七条駅	[参照]祇園四条駅(P55) [乗]四条京阪前❷(P115)から市バス203◆・207◆・201◆	四条高倉㉒・四条烏丸❻(市バス203は❼)	2~3+6~9	1
四条大宮 壬生寺	33	7	❷❹	市バス206◆	四条大宮❽	29~30	0
		5	❸	市バス207◆	四条大宮❶・四条堀川⓬	26・28	0
		5	❺	市バス207◆	四条堀川⓭・四条大宮❸	26・28	0
河原町三条 三条京阪	35 37	5	[京]七条駅	京阪本線〔上り〕全車	[京]三条駅(河原町三条まで徒歩5分)	4~5	0
				河原町三条は、四条河原町を北へ徒歩7分			
京都御所	38	6	❺	市バス202◆	河原町丸太町❷(P115)・烏丸丸太町❽	21・25	0
		4～+4	❷❹	[参照]京都駅◆(P15) [乗]K11京都駅から地下鉄烏丸線◆〔上り〕	[地]K06今出川駅	11~14+9~10	1
下鴨神社・出町柳	41	5～	[京]七条駅	京阪本線・鴨東線〔上り〕全車	[京]出町柳駅	8～13	0
西陣	43	5+8	[京]七条駅	[参照]祇園四条駅(P55) [乗]四条京阪前❷(P115)から市バス12◆	堀川今出川❼・堀川寺ノ内❷	2~3+27~29	1
二条城・二条駅	45	5+4	[京]七条駅	[参照]三条駅(P35) [乗]T11京阪三条駅から地下鉄東西線◆〔下り〕	[地]T14二条城前駅・[地]T15二条駅	4~5+5~7	1
東福寺 泉涌寺	47	10	❶❸	市バス208◆	泉涌寺道❷・東福寺❹	3~7	0
		5～15	❸	市バス202◆・207◆、58◆(土休日運行)	泉涌寺道❷・東福寺❹	3~5	0
		5	[京]七条駅	京阪本線〔下り〕普通	[京]東福寺駅	1	0
清水寺 高台寺	51	7～	❶❺	市バス206◆・106◆・京都バス臨東山	五条坂❼・清水道❽・東山安井バス停	4~10	0
		5～15	❺	市バス202◆・207◆・86◆、58◆(土休日運行)	五条坂❼・清水道❸・東山安井バス停	4・6・8	0
祇園 八坂神社	55	7・15	❶❺	市バス206◆・86◆・106◆・京都バス臨東山◆	祇園❺等	9~12	0
		5～15	❺	市バス202◆・207◆、58◆(土休日運行)	祇園❺(市バス207・58は祇園❷)	10	0
知恩院 青蓮院	57	7～	❶❺	市バス206◆・106◆・京都バス臨東山◆	知恩院前❻、東山三条❹ (106は❼)	12~16	0
		6・15	❺	市バス202◆、86◆(❶からも)	知恩院前❻・東山三条❹	12・14	0
平安神宮 熊野神社	59	15	❶❺	市バス86◆	岡崎公園 美術館・平安神宮前❶	19~・17~	0
		7～	❶❺	市バス206◆・京都バス臨東山◆	東山二条・岡崎公園口⓮、熊野神社前⓬	17~20	0
		6	❺	市バス202◆	東山二条・岡崎公園口⓮、熊野神社前❿	17・18	0
南禅寺・永観堂 哲学の道・銀閣寺	61 63	5+4	[京]七条駅	[参照]三条駅(P35) [乗]T11京阪三条駅から地下鉄東西線◆〔上り〕	[地]T09蹴上駅	4~5+3	1
		5	❶❺	東山三条 [乗]同❶から市バス5、105(土休日)	南禅寺・永観堂道❷・銀閣寺道❸、東天王町❹・銀閣寺前❶(105のみ)	25・31、25・30	1
詩仙堂・曼殊院	65	5+10～	[京]七条駅	[参照]出町柳駅(P41) [乗]叡山本線・鞍馬線〔下り〕	[叡]一乗寺駅・[叡]修学院駅	8+5~7	1
宝ヶ池 岩倉	13 99	4～+4	❷❹	[参照]京都駅◆(P15) [乗]K11京都駅から地下鉄烏丸線◆〔上り〕	[地]K01国際会館駅	11~14+20	1
		5+10～	[京]七条駅	[参照]出町柳駅(P41) [乗]叡山本線・鞍馬線〔下り〕	[叡]宝ヶ池駅・[叡]岩倉駅(鞍馬行のみ)	8+9~13	1
鞍馬・貴船	67	5+10～	[京]七条駅	[参照]出町柳駅 [乗]叡山鞍馬線〔下り〕	[叡]鞍馬駅・[叡]貴船口駅	8+27~30	1
大原	68	5+10・30	[京]七条駅	[参照]三条駅(P37) [乗]三条京阪⓱から京都バス17◆・特17◆	大原❶	4~5+41・51	1
北大路BT 植物園	69	7	❶❺	市バス206◆	植物園前バス停・北大路 BT 降り場	39~47	0
		4～+4	❷❹	[参照]京都駅◆(P15) [乗]K11京都駅から地下鉄烏丸線◆〔上り〕	[地]K04北大路駅・[地]K03北山駅	11~14+13~15	1
上賀茂神社	71	4～+5	❷❹	[参照]京都駅◆ [乗]京都駅前B1から市バス9◆	上賀茂御薗橋❺	11~14+38	1
		4～+8		[参照]四条大宮(P33) [乗]同❽から市バス46◆	上賀茂神社前❶	26~30+35	1
大徳寺	73	7	❷❹	市バス206◆	大徳寺前❶	54・55	0
北野天満宮	77	7+5～	❷❹	市バス206◆で千本今出川❺(P77・P114) [乗]同❹から市バス203◆・50◆・10◆等(西行)	北野天満宮前❷	43~44+2	1
		5+5・15	[京]七条駅	[参照]出町柳駅(P41) [乗]出町柳駅前❺(P115)から市バス203◆、102◆(土休日運行)	北野天満宮前❷	8~13+13~17	1
		5+10	[京]七条駅	[参照]祇園四条駅(P55) [乗]四条京阪前❸(P115)から市バス10◆	北野天満宮前❷	2~3+34	1
金閣寺 等持院 龍安寺 仁和寺 妙心寺	79 82	4+7～	❷❹	市バス206◆で千本北大路❶(P73・P113) [乗]同❹から市バス204◆・12◆・59◆(西行)	金閣寺道❷(市バス12・59は金閣寺道❶)	51~52+2	1
		5+7～	[京]七条駅	[参照]祇園四条駅(P55) [乗]四条河原町❶(P27)から市バス59◆・❻から市バス12◆	金閣寺道❶・立命館大学前❽	2~3+36~41	1
		4+10	❷❹	市バス206◆で烏丸七条⓫(P23) [乗]⓭から市バス26◆	等持院道バス停・妙心寺北門前❼・御室仁和寺❹	6~7+36~42	1
		4+7	❷❹	市バス206◆で千本今出川❺(P73・P114) [乗]同❺から市バス59◆(北行)	金閣寺道❶・立命館大学前❽・龍安寺前❷・御室仁和寺❹	43~44+10~20	1
		4+10～	❷❹	[参照]京都駅◆(P15) [乗]JR嵯峨野線普通	[JR]花園駅(妙心寺)	11~14+11	1
太秦 嵐山 嵯峨野・ 大覚寺	85 87 91	4～+6		[参照]四条大宮◆(P33) [乗]嵐電嵐山本線	[嵐]太秦広隆寺駅・[嵐]嵐山駅	26~+12~22	1
		4+10～	❷❹	[参照]京都駅◆(P15) [乗]JR嵯峨野線快速・普通	[JR]嵯峨嵐山駅	11~14+11~17	1
		4～+15	❷❹	[参照]京都駅◆ [乗]京都駅前C6から市バス28◆	嵐山天龍寺前❷・嵯峨小学校前❼・嵯峨釈迦堂前❻・大覚寺❶	11~14+44~53	1
		7+10	❷❹	市バス206◆で烏丸七条⓫(P23) [乗]同⓭から京都バス73◆	嵐山❹	6~7+41	1
松尾大社 苔寺・鈴虫寺	13 101	4～+15	❷❹	[参照]京都駅◆ [乗]京都駅前C6から市バス28◆	松尾大社前❹	11~14+37	1
		4～+20		[参照]四条大宮◆(P33) [乗]同❹から市バス29◆	松尾大社前❷・松室北河原町❽	26~+24~	1
		5+30	[京]七条駅	[参照]三条駅(P37) [乗]三条京阪前Ⓕから京都バス63◆	松尾大社前❷、苔寺・すず虫寺❼	4~+48~	1
伏見稲荷	14・93	5～	[京]七条駅	京阪本線〔下り〕普通・準急・急行	[京]伏見稲荷駅	4~5	0
伏見桃山	94	8～	[京]七条駅	京阪本線〔下り〕特急で丹波橋駅 [乗]普通	[京]伏見桃山駅	6+2	1
小野・醍醐	13・95	5+4	[京]七条駅	[参照]三条駅(P37) [乗]T11京阪三条駅から地下鉄東西線◆〔上り〕	[地]T04小野駅・[地]T03醍醐駅	4~5+14・16	1
宇治	13・97	5～+8	[京]七条駅	京阪本線〔下り〕で中書島駅(P94) [乗]宇治線	[京]黄檗駅・[京]三室戸駅・[京]宇治駅	9~+10~14	1

洛東

鉄道記号
- [地] 地下鉄
- [JR] JR線
- [近] 近鉄電車
- [阪] 阪急電車
- [京] 京阪電車
- [嵐] 嵐電
- [叡] 叡山電車

…名・名称　千手観音坐像(せんじゅかんのんざぞう)　庫裏(くり)　女坂(おんなざか)　馬町(うままち)　渋谷通(しぶたに)　大和大路通(やまとおおじ)　東大路(ひがしおおじ)　豊国神社(とよくに／ほうこく)　智積院(ちしゃくいん)　新日吉神宮(いまひえ)

京都一の人気 観光スポット、散策路

access バス停「五条坂」・「清水道」からは、同じ洛東の名所への移動が便利。観光シーズン連休時等の京都駅方面へは、バス車内そして道路も、大混雑。京都駅と反対の北に向い、「東山三条」から地下鉄東西線・烏丸線を乗り継いだ方が早い場合がある。

乗り場番号は本書の説明のためにつけたものです。現地停にはこの番号はありませんのでご注意。

清水寺 案内 P117

京都の代表するお寺の1つで、平安遷都直前まで遡れるほどの古いお寺。寛永10年(1633)徳川家光の再建の本堂(国宝)は、「清水の舞台」としてあまりにも有名。桜や新緑、紅葉など、四季折々の自然の景観も魅力的。舞台から見下ろす東山南部の渓谷美、奥の院から見る舞台、子安塔からの清水寺全景などは必見。

地主神社 案内 P118 社殿工事拝観停止中

清水寺北側にあり、産土神、寺の鎮守社として信仰されてきた。近年では縁結びの社としてつとに有名。本殿前には「恋占いの石」があり、石と石の間を目を閉じて歩き、無事辿り着くことができると恋の願いが叶うといわれている。謡曲にも謡われた桜の名所で、地主桜や珍しい品種の桜が多く見える。総門や本殿、拝殿は重文。

地名・名称 音羽の滝 清水新道 錦雲渓 大谷本廟 高台寺 時雨亭 霊屋 六道珍皇寺 霊山 建仁寺 金比羅

徒歩 所要分
- 五条坂交差点→清水寺仁王門(11分)・六波羅蜜寺(8分)・河井寛次郎記念館(4分)
- バス停「清水道」→清水寺仁王門(10分)・八坂の塔(5分)・六波羅蜜寺(7分)
- バス停「東山安井」→霊山観音(6分)・高台寺(7分)・霊山歴史館(9分)・建仁寺(5分)

高台寺 案内 P118

北政所ねねが夫・秀吉の冥福を祈るために創建。創建当初の建物は開山堂、霊屋、表門(薬医門)、茶室傘亭・時雨亭、観月台などが残る。秀吉と北政所の坐像を安置する霊屋内部の須弥壇などに施された蒔絵文様は、「高台寺蒔絵」として有名。臥龍池と偃月池を中心として展開された庭園は、小堀遠州作と伝えられる。宝物は、高台寺「掌」美術館で見られる。

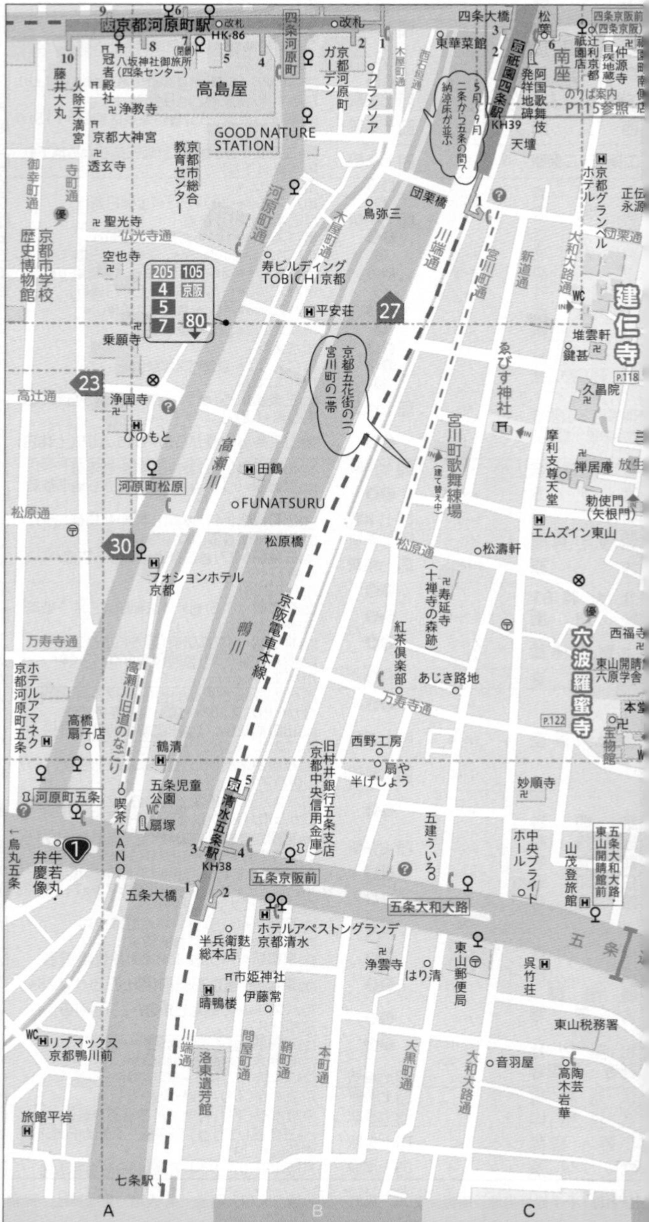

京都河原町駅 HK-86 四条河原町 四条大橋 祇園四条駅 KH39 南座 四条京阪前 高島屋 GOOD NATURE STATION 京都河原町ガーデン フランソア 八坂神社御旅所(四条センター) 冠者殿社 浄教寺 京都大神宮 透玄寺 火除天満宮 藤井大丸 京都市総合教育センター 京都市学校歴史博物館 御幸町通 寺町通 河原町通 木屋町通 西石垣通 木屋町通 川端通 宮川町通 新道通 大和大路通 聖光寺 仏光寺通 空也寺 鳥弥三 団栗橋 寿ビルディング TOBICHI京都 平安荘 乗願寺 浄国寺 ひのもと 高辻通 高瀬川 田鶴 河原町松原 FUNATSURU 松原通 松原橋 フォションホテル京都 京阪電車本線 鴨川 万寿寺通 ホテルアマネク京都河原町五条 高橋扇子店 高瀬川旧道のなごり 鶴清 五条児童公園 扇塚 喫茶KANO 河原町五条 弁慶牛若丸像 烏丸五条 五条大橋 清水五条駅 KH38 五条京阪前 五条大和大路 ホテルアベストングランデ京都清水 半兵衛麸総本店 市姫神社 晴鴨楼 伊藤常 リブマックス京都鴨川前 洛東遺芳館 問屋町通 鞘町通 本町通 大黒町通 大和大路通 旅館平岩 七条駅 阿国歌舞伎発祥地碑 東華菜館 天壇 京都グランベルホテル 団栗通 建仁寺 P.118 堆雲軒 鐘楼 久昌院 ゑびす神社 宮川町歌舞練場 (建て替え中) 摩利支尊天 禅居庵 勅使門(矢根門) エムズイン東山 松濤軒 寿延寺(十禅寺の森跡) 紅茶倶楽部 あじき路地 万寿寺通 西野工房 扇や 半げしょう 旧村井銀行五条支店(京都中央信用金庫) 五建ういろ 六波羅蜜寺 P.122 西福寺 東山開睛館 六原学舎 宝物館 妙順寺 中央ブライトホール 山茂登旅館 五条大和大路・東山開睛館前 浄雲寺 はり清 東山郵便局 呉竹荘 東山税務署 音羽屋 陶芸高木岩華 中源寺 目疾地蔵 祇園辻利 京都五花街の一つ宮川町の一帯 5月〜9月 二条から五条の間で納涼床が並ぶ のりば案内 P115参照

八坂の塔（法観寺） 案内 P122

古い東山の町並みにぽっかり浮かぶ八坂の塔、その風情ある様は、京都らしい風景として絵葉書などでおなじみ。本瓦葺5層、方6m、高さ46mの和様建築で、白鳳時代の建築様式を今に伝える。創建以来たびたび災火により焼失したが、その都度再建され、現在の塔は永享12年（1440）に足利義教によって再興されたもの。その後は明治40年（1907）改築。問い合わせが必要だが、初層・2層内部が拝観可能である。

建仁寺 案内 P118

建仁2年（1202）栄西が建立した京都最初の禅寺。天正期（1573～92）、安国寺恵瓊により再興され、五山第3位の格式を持った。勅使門は四脚門で、扉に矢痕があるところから矢の根門とも呼ばれる。方丈（公開）は、文禄期（1592

清水寺・高台寺・六波羅蜜寺・建仁寺界隈 散策マップ

（北行き）：祇園以北方面行き停車
86・202・206・106
京都バス臨東山

（北行き）：四条方面行き停車
58・80・207

EX100 京都駅方面停車

EX100・EX101 京都駅方面停車

お茶屋が多い花街・祇園らしい地域一帯を祇園甲部という

縁切り縁結びの社

修学旅行など体験教室におすすめ！

清水焼の窯元が多い

天気がよければ展望台から京都が一望できる

産寧坂伝統的建造物群保存地区
二年坂や産寧坂の一帯は石段や石畳が京都らしい静かな路地空間
風情あるお店もたくさん！

社殿工事拝観停止中

険しい階段

清水焼・お土産物屋が立ちならぶ

かつての鳥辺野一帯
今でも大きな墓地となっている

舞台を撮影するならココ！

八坂神社　高台寺　清水寺（世界文化遺産）　京都霊山護国神社　八坂の塔（法観寺）　六道珍皇寺　円山公園　長楽寺　霊山観音　建仁寺　方丈

1分　2分　3分　4分　5分　6分　7分
0m　500m

〜96）に安芸の安国寺から移築した。白砂を敷きつめた枯山水庭園がある。俵屋宗達作の風神雷神図（国宝）は有名。公開の法堂天井には畳108枚分の大双龍図が描かれた。

安井金毘羅宮　案内 P122

あらゆる悪い縁を切り、良縁を結ぶと信仰が篤い社。主祭神の崇徳天皇は、讃岐の金刀比羅宮で一切の欲を断ち切って参籠されたことから、古来より断ち物の祈願所として信仰されてきた。金刀比羅宮より勧請した大物主神と、源頼政を祀ったことから「安井の金比羅さん」の名で知られるようになった。

六波羅蜜寺　案内 P122

民家が立ち並ぶなかに、ひっそりと建つ六波羅蜜寺。天暦5年（951）醍醐天皇第二皇子光勝空也上人により開創。現本堂は貞治2年(1363)の修営であり、昭和44年（1969）開創1,000年を記念して解体修理が行われた。平安・鎌倉時代の優れた仏像、肖像彫刻が宝物収蔵庫に多数安置されている。口から6体の弥陀仏を吐き出している空也上人像と、仏者としての気品を覚える平清盛坐像が特に有名。

二年坂〜産寧坂

産寧坂は三年坂ともいう。音羽山清水寺の参道である清水坂から北へ石段で降りる急な石畳の坂道約100mをいうが、公式には北に二年坂までの緩い起伏の石畳の道も含む。重要伝統的建造物群保存地区指定。古めかしい造りの土産物店が並ぶ京情緒あふれる地域。清水寺子安観音へ「お産が寧（やすら）かでありますように」と祈願するために登る坂であることから「産寧坂」とも、大同3年（808）清水寺創建の際に開かれたことから、その名があるという。産寧坂の先に続くこぶりな坂道。画家・詩人竹久夢二が、大正6年（1917）から2年弱を過ごした所、寓居跡碑と駒札が立つ。

竹久夢二寓居跡碑

二年坂

京都霊山護国神社　案内 P117

明治天皇の詔により、明治維新を目前に倒れた志士たちを祀るために「霊山官祭招魂社」として創立された。詔を感動した公家や諸藩らがそれぞれの祠宇を建立し、昭和14年改称して現代に至る。境内には坂本龍馬、中岡慎太郎、木戸孝允（桂小五郎）を始めとする墓石、慰霊碑の他、従軍記念公園「昭和の杜」がある。近接の「霊山歴史館」では明治維新関連の資料文献を展示公開している。

坂本龍馬と中岡慎太郎の墓

のりもの案内（太字は1時間に4便以上の系統。色数字は市バス循環系統・均一系統、◆は地下鉄・バス一日券、京都修学旅行1day チケットが利用可）

地域	目的地	参照ページ	待機時間	乗り場	アクセス（参照の行き方は左の目的地欄から探す。乗換 は乗り換え先のページで乗降の位置を確認してください）	降り場（バス停位置は参照ページで確認）	乗車時間
洛中	京都駅	15	4･15､8	❶❹	市バス206◆･86◆･106◆、EX100◆（❾からのみ、土休日運行）	京都駅前市バス降り場	13~17、13~15
			8	❾❻	市バス EX101◆（土休日運行）	同上	15･13
	京都水族館 京都鉄道博物館	21	15	❶❹	市バス86◆	七条大宮･京都水族館前❹、梅小路公園･京都鉄道博物館前❾	22~･25~
			4	❶❹	市バス206◆	七条大宮･京都水族館前❻	28･25
	東本願寺 西本願寺	23	4	❶❹	市バス206◆	烏丸七条⓫･七条堀川❺	11~･23~
			5	❶❹	市バス207◆	島原口⓯	27･29
	東寺	25	5･6	❶❹	市バス207◆･202◆	九条大宮❼（202は❺のみ）･東寺東門前❸	21~28
	四条河原町 新京極	27	5~､15	❸❼	市バス207◆･80◆、58◆（土休日運行）等	四条河原町❻（市バス80は❸）	9~11
			30~	❸	京阪バス86B◆･88B◆	四条河原町❿	8~
			6~	❸❼	京阪バス83･83A･87A･84･86･84C･86A･86B･88B（全て◆）	四条河原町❻（京阪バス84･86･84Cは❺）	8~
	四条高倉 四条烏丸	30	5､15	❸❼	市バス207◆、58◆（土休日運行）	四条高倉㉒･四条烏丸❻（市バス58は❹）	12~
			6~	❸❼	京阪バス83◆･83A◆･87A◆	四条高倉㉒･四条烏丸❻	13~
			30	❻	京阪バス82◆	四条烏丸❺	10
	京都文化博物館 京都国際マンガミュージアム	30	5~+15	❸❼	市バス80◆･207◆で四条京阪前❷（P55･P115）乗換同❸から市バス15◆	烏丸御池❸（P30･P115）	6~8+14
			5~+4	❸❼	参照東山三条◆（P57）乗換 T10東山駅から地下鉄東西線◆〔下り〕	地T13烏丸御池駅	7~+5
	四条大宮 壬生寺	33	5･15	❸❼	市バス207◆	四条堀川⓭･四条大宮❸	19~23
			30	❻	京阪バス82◆	四条大宮❿	15
	河原町三条 三条京阪	35 37	30~	❸❼	京阪バス86B◆･88B◆	河原町三条❺･三条京阪⓫（P37）	11~18
			5~+5	❽❼	参照東山三条◆（P57）乗換同❸から市バス5◆、105（土休日運行）	三条京阪前Ⓔ（P37）･河原町三条❸	7~+3~
	河原町丸太町 京都御所	38	6	❽❼	市バス202◆	河原町丸太町❷（P115）･烏丸丸太町❽	15~21
			5~+4	❸❼	参照**四条烏丸**◆（P30）乗換 K09四条駅から地下鉄烏丸線◆〔上り〕	地K06今出川駅	12~+6
	下鴨神社 出町柳	41	6+4	❽❼	参照**河原町丸太町**◆（P38･P115）乗換同❸から市バス205◆（北行）･4	下鴨神社前❷	15~+11~
			6+5	❽❼	市バス202◆で丸太町京阪前❷（P38･P114）乗換京阪鴨東線〔上り〕	京出町柳駅	13~15+2
			5~	京 清水五条駅	京阪鴨東線〔上り〕	京出町柳駅	12

への市バス202・207利用の注意は、P48参照。大徳寺に向かう市バス206は、「北大路バスターミナル」止りがあり、標柱時刻表等で確かめて。
のバス停はお彼岸や観光ピーク時には、北に移動される場合があります。＊市バス EX100◆・EX101◆（土休日運行）は特急料金、大人500円・小人250円。

目的地	参照ページ	のりもの案内（太字は1時間に4便以上の系統。色数字は市バス循環系統・均一系統、◆は地下鉄・バス一日券、京都修学旅行1day チケットが利用可）待機時間	乗り場	アクセス（参照の行き方は左の目的地欄から探す。乗は乗り換え先のページで乗降の位置を確認してください）	降り場（バス停位置は参照ページで確認）	乗車時間	乗換回数
西陣	43	6+8	❸❼	参照祇園◆（P55）▶同❷から市バス12◆	堀川今出川❼・堀川寺ノ内❷	4~+30	1
		6+6	❸❼	参照祇園◆▶同❺から市バス201◆	堀川今出川❹	4~+25~	1
二条城 二条駅	45	5~+4	❽❼	参照東山三条◆（P57）▶T10東山駅から地下鉄東西線◆〔下り〕	地T14二条城前駅・地T15二条駅	7~+7~	1
		土	❶❹	市バス206◆	二条駅前❿	41・39	0
東福寺・泉涌寺	47	6・5・15	❶❹	市バス202◆・207◆、58◆（土休日運行）	泉涌寺道❷・東福寺❹	7~11	0
三十三間堂	49	4・15	❶❹	市バス206◆・86◆	東山七条❹・博物館三十三間堂前❷	4~・5~	0
		6・5・15	❶❹	市バス202◆・207◆、58◆（土休日運行）	東山七条❸	4~6	0
祇園 八坂神社	55	15・5~	❸❼	市バス80◆・207◆、58◆（土休日運行）等・京阪バス全系統◆	祇園❷	4~・5~	0
		3~	❽❼	市バス202◆・206◆・86◆・106◆、EX100◆（❼からのみ、土休日）、京都バス臨東山◆等	祇園❺	3~6	0
知恩院・青蓮院 東山三条	57	6・7~	❽❼	市バス202◆・206◆・86◆・106◆、京都バス臨東山◆	知恩院前❻、東山三条❹（市バス106は❼）	7~10	0
平安神宮	59	6・7~	❽❼	市バス202◆・206◆・京都バス臨東山◆	東山二条・岡崎公園口⓮・熊野神社前❿（市バス206・京都バス臨東山は⓬）	10~14	0
		8	❼	市バス EX100◆（土休日運行）	岡崎公園 美術館・平安神宮前❷	8	0
		15	❽❼	市バス86◆	岡崎公園 美術館・平安神宮前❶	16~	0
南禅寺・永観堂 哲学の道 銀閣寺	61 63	5~+4	❽❼	参照東山三条◆（P57）▶T10東山駅から地下鉄東西線◆〔上り〕	地T09蹴上駅	7~+2	1
		8	❼	市バス EX100◆（土休日運行）	銀閣寺前❶	14	0
		6+15	❽❼	参照東山三条◆▶同❶から市バス105◆（土休日運行）	東天王町❹・銀閣寺前❶	17~、23~	1
		6+5	❽❼	参照東山三条◆（P57）▶同❶から市バス5	南禅寺・永観堂道❷、銀閣寺道❸	17~、23~	1
詩仙堂 曼殊院	65	5~+5	❽❼	参照東山三条◆（P57）▶同❶から市バス5◆	一乗寺下り松町❹・一乗寺清水町❷	7~+21~	1
		5~+10	京清水五条駅	京阪本線〔上り〕で出町柳駅（P41）▶叡山本線・鞍馬線〔下り〕	叡一乗寺駅・叡修学院駅	12+5・7	1
蓮華寺	13 99	6+10・30	❽❼	市バス202◆で丸太町京阪前❷（P38・P114）▶川端丸太町❹から京都バス17◆・特17◆	上橋❹・八瀬駅前バス停	13~15+21~・31~	1
		5~+15	京清水五条駅	京阪本線〔上り〕で出町柳駅▶叡山本線〔下り〕	叡三宅八幡駅	12+11	1
宝ヶ池 岩倉	13・14・ 99	5~+4	❸❼	参照四条烏丸◆（P30）▶K08四条駅から地下鉄烏丸線◆〔上り〕	地K01国際会館駅	10~+16	1
		7+10	❽❼	市バス206◆・京都バス臨東山◆で叡電元田中（P14）▶叡山本線・鞍馬線〔下り〕	叡宝ヶ池駅・叡岩倉駅（鞍馬線のみ）	20~22+7~11	1
		5~+10	京清水五条駅	京阪本線〔上り〕で出町柳駅（P41）▶叡山本線・鞍馬線〔下り〕	叡宝ヶ池駅・叡岩倉駅（鞍馬線のみ）	12+9・13	1
鞍馬 貴船	67	7+10	❽❼	市バス206◆・京都バス臨東山◆で叡電元田中（P14）▶叡山鞍馬線〔下り〕	叡鞍馬駅・叡貴船口駅	20~22+25~28	1
		5~+10	京清水五条駅	京阪本線〔上り〕で出町柳駅（P41）▶叡山鞍馬線〔下り〕	叡鞍馬駅・叡貴船口駅	12+30・27	1
大原	68	6+10・30	❽❼	市バス202◆で丸太町京阪前❷（P38・P114）▶川端丸太町❹から京都バス17◆・特17◆	大原❶	13~15+38・48	1
北大路BT・植物園	69	7	❽❼	市バス206◆	植物園前バス停・北大路BT降り場	33~40	0
上賀茂神社	71	5+5	❸❼	市バス207◆で四条堀川⓭（P33）▶同⓰から市バス9◆	上賀茂御薗橋❺	19~23+27~	1
大徳寺	73	7	❽❼	市バス206◆	大徳寺前❷	46・48	0
鷹峯	14 100	5+5	❸❼	市バス207◆で四条堀川⓭▶同⓰から市バス9◆	神光院前❸	19~23+31~	1
		5~+15	❸❼	参照四条大宮◆（P33）▶同❽から市バス6◆	鷹峯源光庵前❶	22~+27	1
北野天満宮	77	3+5	❸❼	参照祇園◆（P55）▶同❷から市バス203◆	北野天満宮前❶	4~+37	1
金閣寺 等持院 龍安寺	79 82	3+8	❸❼	参照祇園◆▶同❷から市バス12◆	金閣寺道❶・立命館大学前❽	4~+41~	1
		6+7	❽❼	市バス202◆で河原町丸太町❷（P38・P115）▶同❸から市バス59◆（北行）	金閣寺道❶・立命館大学前❽・龍安寺前❷・御室仁和寺❹	15~21+28~38	1
等持院・妙心寺 仁和寺	79 82	5+10~	❸❼	参照四条烏丸◆（P30）▶同❼から市バス26◆	等持院道バス停・妙心寺北門前❼・御室仁和寺❹	38~52	1
		4+10~	❶❹	参照京都駅◆（P15）▶JR 嵯峨野線普通	JR花園駅（妙心寺最寄駅）	17+13~	1
広隆寺・映画村	85	5~+10	❸❼	参照四条河原町◆（P27）▶同❼から市バス11◆	太秦広隆寺前❻	9~+33	1
広隆寺・嵐山	85 87	5+7~	❸❼	参照四条大宮◆（P33）▶嵐電嵐山本線〔下り〕	嵐太秦広隆寺駅・嵐嵐山駅	35~・45~	1
嵐山 嵯峨野 大覚寺	87 91	4+10	❶❹	参照京都駅◆（P15）▶JR 嵯峨野線快速・普通	JR嵯峨嵐山駅	17+21~	1
		4+30	❶❹	市バス206◆で烏丸七条⓫（P23）▶同⓭から京都バス73◆・76◆	嵐山❹	11~13+41	1
		5+15	❸❼	市バス207◆で四条堀川⓭（P33）▶同⓯から市バス28◆	嵐山天龍寺前❷・大覚寺❶	19~23+34・42	1
高雄	90	5+30	❸❼	参照四条烏丸◆（P30）▶同❼から市バス8◆	高雄❸・栂ノ尾❻	12+51・53	1
松尾大社・鈴虫寺	13 101	5+20	❸❼	参照四条烏丸◆▶同❼から市バス29◆	松尾大社前❷・松室北河原町❽	12+30~	1
大原野	13	5+5~	❸❼	参照四条河原町◆（P27）▶HK86京都河原町駅から阪急京都本線	阪HK79東向日駅・阪HK77長岡天神駅	9~+16~	1
伏見稲荷 伏見桃山	14 93 94	4+5	❶❹	市バス206◆で七条京阪前（P49）▶京阪本線普通	京伏見稲荷駅・京伏見桃山駅	7~9・25~	1
		5+5~	❶❹	参照東福寺◆（P47）▶京阪本線〔下り〕普通	京伏見稲荷駅・京伏見桃山駅	13~・25~	1
		5~	京清水五条駅	京阪本線〔下り〕普通	京伏見稲荷駅・京伏見桃山駅	16~・19~	0
小野 醍醐	13 95	10~	❷❺	京阪バス83A・85・87・88C、93（❺のみ）（全て◆）	醍醐BT❸	26・25	0
		15~	❷❺	京阪バス87◆・88◆	醍醐駅❺	25~27	0
		30~	❺	京阪バス86◆・86B◆	小野駅（随心院へは徒歩5分）・醍醐寺前❽	23・27	0
		15~	❺	京阪バス87◆・84◆	醍醐駅❺・（京阪バス84は、醍醐BT❸）	26	0
		5+4~	❽❼	参照東山三条◆（P57）▶T10東山駅から地下鉄東西線◆〔上り〕	地T04小野駅・地T03醍醐駅	7~+13~	1
		5~+4~	京清水五条駅	京阪本線〔上り〕で三条駅（P35）▶T11三条京阪駅から地下鉄東西線◆〔上り〕	地T04小野駅・地T03醍醐駅	4+15~	1
宇治	13 97	5+8	京清水五条駅	京阪本線〔下り〕で中書島駅（P94）▶京阪宇治線	京三室戸駅・京宇治駅	22~+13	1
		5+8~	❶❹	参照東福寺◆（P47）▶JR 奈良線普通	JR黄檗駅・JR宇治駅	10~+20~	1
		4+8+5	❶❹	市バス206◆で七条京阪前（P49）▶京阪本線中書島駅（P94）▶京阪宇治線	京三室戸駅	6~9+29~	2

洛東

鉄道記号
地 地下鉄
JR JR線
近 近鉄電車
阪 阪急電車
京 京阪電車
嵐 嵐電
叡 叡山電車

祇園（ぎおん）

南の花見小路や北の新橋通の情緒がおススメ

バス停名 ❶〜❸・❺ 祇園

access 嵐山方面へのバス移動では長時間を要すので、「四条河原町」から阪急電車、「四条大宮」から嵐電（京福電車）で。金閣寺方面には、阪急「西院」駅でバス乗換が早い。桜の花見、シーズン休日の道路渋滞時は「清水寺」の項参照。

乗り場番号は本書の説明のためにつけたものです。現地停にはこの番号はありませんのでご注意。

ギオンコーナー

案内 P116

祇園甲部歌舞練場隣の「弥栄会館」ギオンコーナーは、舞妓による京舞をはじめ、華道、茶道、箏曲、雅楽、狂言、文楽、7つの伝統芸能を鑑賞できるスポット。日本の伝統芸能を、ひとつの舞台でダイジェストに鑑賞でき、日本人はもとより、外国人観光客にも人気の国際色豊かな名所。昼間の修学旅行生企画もある。

八坂神社

案内 P122

「祇園さん」の名で親しまれている八坂神社は、全国の三千余の祇園社の根本神社。7月の「祇園祭」は、日本三大祭の一つとして名高い。祇園造りと呼ばれる独特の神社建築様式の本殿や、本瓦葺きの西楼門、高さ9.5 mの石鳥居は重文。

円山公園（まるやま）

明治19年（1886）に開設された市内で最も古い公園。東山を背に約86,600㎡あり、回遊式日本庭園を中心に、料亭や茶店が散在、四季を問わず風情がある。桜の季節（付近に約700本）には多くの花見客で賑わい、特に大きな「祇園枝垂桜」は有名。池のそばには、坂本龍馬・中岡慎太郎の銅像が立つ。

徒歩所要分

祇園交差点→八坂神社西楼門(1分)・円山公園(5分)・知恩院三門(9分)・ギオンコーナー(6分)・建仁寺(7分)

京阪電車「祇園四条」駅→八坂神社西楼門(7分)

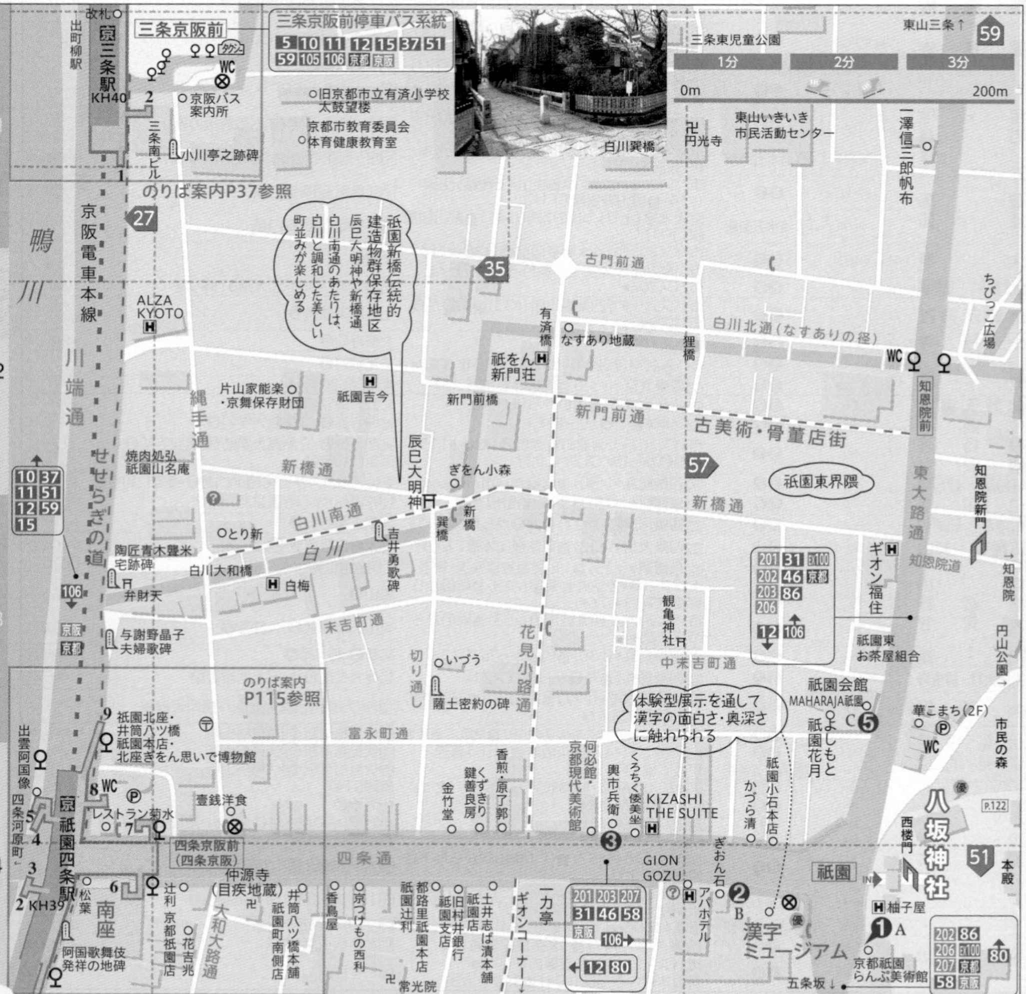

三条京阪前停車バス系統：5 10 11 12 15 37 51 59 105 106 京都 京阪

東寺と、北の大徳寺行きの市バス206系統の注意は、P54を参照。＊市バス EX100◆(土休日運行)は特急料金、大人500円・小人250円。
寺への市バス203も、最寄り停「銀閣寺道」2つ手前のバス停「錦林車庫前」止りがある。標柱時刻表で確認ください。

のりもの案内（太字は1時間に4便以上の系統。色数字は市バス循環系統・均一系統、◆は地下鉄・バス一日券、京都修学旅行1day チケットが利用可）

目的地	参照ページ	待機時間	乗り場	アクセス（[参照]の行き方は左の目的地欄から探す。[乗換]は乗り換え先のページで乗降の位置を確認してください）	降り場（バス停位置は参照ページで確認）	乗車時間	乗換回数
京都駅		4、7	❶	市バス206◆・106◆、EX100◆(土休日運行)	京都駅前バス降り場	24、18	0
東本願寺 西本願寺	15 21	4	❶	市バス206◆	烏丸七条⑪・七条堀川❺、七条大宮・京都水族館前❻	17・29、32	0
京都水族館	23	5・15	❷	市バス207◆	島原口⑭、七条大宮・京都水族館前❷、東寺東門前❷	23、25、28	0
鉄道博物館 東寺	25	5・15	❶	市バス207◆・86◆	東寺東門前❸、七条大宮・京都水族館前❸(86は❹)、梅小路公園・京都鉄道博物館前❾(86のみ)	25、27、29	0
四条河原町 新京極	27	15・5	❷	市バス80◆・203◆	四条河原町❸(市バス203は❻)	5	0
		5～	❷	市バス12◆・31◆・46◆・201◆・207◆、58◆(土休日運行)・京阪バス83・83A・85・87A・88・88C(全て◆)	四条河原町❻	5	0
		6～	❷	京阪バス86B・88B・84・84C・86(全て◆)	四条河原町❿(84・84C・86は❺)	5	0
四条烏丸	30	6～	❷	市バス12◆・31◆・46◆・201◆・207◆・203◆、58◆(土休日運行)・京阪バス83・83A・85・87A・88・88C(全て◆)	四条高倉㉒、四条烏丸❻等(市バス31は❿・203は❼・58は❹)	8、11	0
四条堀川 四条大宮・壬生寺	33	6	❷	市バス46◆	四条堀川⑬・四条大宮❽	15・17	0
		2	❷	市バス201◆・203◆・207◆	四条堀川⑬、四条大宮❻(市バス203は❷、207は❸)、壬生寺道⑱(203のみ)	15～18	0
河原町三条	35	100	❺	市バス106◆※一日2本	三条京阪前C2	7	0
三条京阪	37	5	[京]祇園四条駅	京阪本線〔上り〕	[京]三条駅(河原町三条まで徒歩5分)	2	0
京都御所	38	6	❺	市バス201◆	烏丸今出川❸	21	0
		6	❺	市バス202◆	河原町丸太町❷(P115)・烏丸丸太町❽	12・15	0
下鴨神社 出町柳	41	5～+4	❷	[参照]四条河原町◆(P27)[乗換]同❿から市バス4◆・特4◆・205◆	下鴨神社前❷	5+16～17	1
		5	[京]祇園四条駅	京阪本線・鴨東線〔上り〕	[京]出町柳駅	6	0
西陣	43	8	❷	市バス12◆	堀川今出川❼・堀川寺ノ内❷	29・31	0
		6	❺	市バス201◆	堀川今出川❹	25	0
二条城 二条駅	45	8	❷	市バス12◆	二条城前❻	20	0
		4～+4		[参照]東山三条◆(P57)[乗換]T10東山駅から地下鉄東西線◆〔下り〕	[地]T14二条城前駅・[地]T15二条駅	4+7～	1
東福寺 泉涌寺	47	6・5・15	❶	市バス202◆・207◆、58◆(土休日運行)	泉涌寺道❷・東福寺❹	13・15	0
		5	[京]祇園四条駅	京阪本線〔下り〕普通	[京]東福寺駅	5	0
三十三間堂	49	6・5・15	❶	市バス202◆・207◆、58◆(土休日運行)	東山七条❸	10	0
		4・15	❶	市バス206◆・86◆・106◆	東山七条❹・博物館三十三間堂前❷	9～11	0
清水寺	51	3～	❶	市バス202◆・207◆・206◆・86◆・106◆、58◆・EX100◆(土休日運行)	清水道❶・五条坂❹、EX100は清水道❾のみ	4～・5～	0
		10～	❸	京阪バス全系統(全て◆)	清水道❷・五条坂❺	3～・4～	0
知恩院・青蓮院 東山三条	57	6・6	❺	市バス201◆・203◆・86◆・106◆	知恩院前❻、東山三条❹(106は❼)	2、4	0
		3～	❺	市バス31◆・46◆・202◆・206◆・京都バス臨東山◆	知恩院前❻・東山三条❹	2・4	0
平安神宮	59	6	❺	市バス46◆	岡崎公園 ロームシアター京都・みやこめっせ前❹・岡崎公園 美術館・平安神宮前❶	8・11	0
		15、8	❺	市バス86◆、EX100◆(土休日運行)	岡崎公園 美術館・平安神宮前❶	13、5	0
		6・5	❺	市バス201◆・203◆	東山二条・岡崎公園口⑭、熊野神社前⑫(203は❽)	6・8	0
		3～	❺	市バス31◆・206◆・202◆・京都バス臨東山◆	東山二条・岡崎公園口⑭、熊野神社前⑫(202は❿)	6～8	0
南禅寺・永観堂	61	4～+4		[参照]東山三条◆(P57)[乗換]T10東山駅から地下鉄東西線◆〔上り〕	[地]T09蹴上駅	4+2～	1
永観堂・哲学の道 銀閣寺	63	7	❺	市バス EX100◆(土休日運行)	銀閣寺前❶	11	0
		5	❺	市バス203◆	東天王町❻・銀閣寺道❹	12・22	0
詩仙堂 曼殊院	65	30	❺	市バス31◆	一乗寺清水町❷	26	0
		5+10	[京]祇園四条駅	[参照]出町柳駅(P41)[乗換]叡山本線	[叡]一乗寺駅・[叡]修学院駅	6+5～	1
		5+5		[参照]東山三条◆(P57)[乗換]同❶から市バス5◆	一乗寺下り松町❹・一乗寺清水町❷	4+21～	1
蓮華寺 大原	13・68・99	6+10・30	❺	市バス202◆で丸太町京阪前❷(P38・P114)[乗換]川端丸太町❹から京都バス17◆・特17◆	上橋❹・大原❶	9+31・41	1
		5+10	[京]祇園四条駅	[参照]出町柳駅(P41)[乗換]叡山本線	[叡]三宅八幡駅	6+11～	1
宝ヶ池 岩倉	13・14・99	30	❺	市バス31◆	国際会館駅前❶	36	0
		6～+4	❷	[参照]四条烏丸◆(P30)[乗換]K08四条駅から地下鉄烏丸線◆〔上り〕	[地]K01国際会館駅	11+16	1
		5+10～	[京]祇園四条駅	[参照]出町柳駅[乗換]叡山本線・鞍馬線	[叡]宝ヶ池駅・[叡]岩倉駅(鞍馬線のみ)	6+9～	1
鞍馬・貴船	67	5+10～	[京]祇園四条駅	[参照]出町柳駅[乗換]叡山鞍馬線	[叡]鞍馬駅・[叡]貴船口駅	6+27～	1
植物園 北大路BT	69	7	❺	市バス206◆	植物園前バス停・北大路 BT 降り場	29・34	0
		6～+4	❷	[参照]四条烏丸◆(P30)[乗換]K08四条駅から地下鉄烏丸線◆〔上り〕	[地]K04北大路駅・[地]K03北山駅	11+9～	1
上賀茂神社	71	6	❷	市バス46◆	上賀茂神社前❶	52	0
大徳寺	73	8	❷	市バス12◆	大徳寺前❷	35	0
		7	❺	市バス206◆	大徳寺前❷	42	0
鷹峯	14 100	6～+5	❷	[参照]四条堀川◆(P33)[乗換]同⑯から市バス9◆	神光院前❸	15～+31	1
		5+15	❷	[参照]四条大宮◆(P33)[乗換]同❽から市バス6◆	鷹峯源光庵前❶	17～+27	1
北野天満宮 北野白梅町	77	5	❷	市バス203◆	北野白梅町❸・北野天満宮前❶	36・37	0
金閣寺・等持院 龍安寺 妙心寺 仁和寺	79 82	8	❷	市バス12◆	金閣寺道❶・立命館大学前❽	41・46	0
		5+10	❷	[参照]北野白梅町◆(P77)[乗換]嵐電北野線	[嵐]等持院駅・[嵐]龍安寺駅・[嵐]妙心寺駅・[嵐]御室仁和寺駅	36+1～15	1
		6+7	❺	市バス202◆で河原町丸太町❷(P38・P115)[乗換]同❸から市バス59◆(北行)	金閣寺道❶・立命館大学前❽・龍安寺前❷・御室仁和寺❹	12+28～38	1
広隆寺・嵐山	85・87	5+7～	❷	[参照]四条大宮◆(P33)[乗換]嵐電嵐山本線	[嵐]太秦広隆寺駅・[嵐]嵐山駅	17+12～22	1
妙心寺 嵐山	82 87	6～+10	❷	市バス201◆・46◆で二条駅前❿(P45)[乗換]JR 嵯峨野線〔下り〕普通	[JR]花園駅・[JR]嵯峨嵐山駅	22+5～10	1
嵯峨野・大覚寺	91	6～+15	❷	[参照]四条堀川◆(P33)[乗換]同⑮から市バス28◆	嵐山天龍寺前❷・大覚寺❶	15+34・42	1
松尾大社 嵐山	13・101 87	18～	❷	[参照]四条河原町◆(P27)[乗換]HK86京都河原町駅から阪急京都線〔下り〕HK81桂駅(P13)[乗換]阪急嵐山線	[阪]HK97松尾大社駅・[阪]HK98嵐山駅	5+11～	2
松尾大社・苔寺	101	6～+20	❷	[参照]四条烏丸◆(P30)[乗換]同❼から市バス29◆	松尾大社前❷・松室北河原町❽	11+30・31	1
伏見稲荷・伏見桃山	12・93・94	5～	[京]祇園四条駅	京阪本線〔下り〕普通	[京]伏見稲荷駅・[京]伏見桃山駅	9・21	0
小野・醍醐	13 95	5+4		[参照]東山三条◆(P57)[乗換]T10東山駅から地下鉄東西線◆〔上り〕	[地]T04小野駅・[地]T03醍醐駅	4+14～	1
宇治	13・97	5+8～	[京]祇園四条駅	京阪本線〔下り〕全車中書島駅(P94)[乗換]京阪宇治線	[京]黄檗駅・[京]宇治駅	12～+10～	1

・名称　一力亭　切り通し　西楼門　花見小路通　縄手通　古門前通　白川北通　新門前通　目疾地蔵　東大路

鉄道記号
[地] 地下鉄
[JR] JR線
[近] 近鉄電車
[阪] 阪急電車
[京] 京阪電車
[嵐] 嵐電
[叡] 叡山電車

知恩院（ちおんいん） 青蓮院（しょうれんいん）

雄大な三門、大伽藍、大楠の散策路

バス停名 ❶〜❹・❼東山三条（地下鉄東山駅） ❺❻知恩院前

乗り場番号は本書の説明のためにつけたものです。現地停にはこの番号はありませんのでご注意。

access 清水寺方面には、円山公園・二年坂等を経て徒歩も。平安神宮には、徒歩で神宮道を北上。地下鉄「東山」駅を利用すれば東西はもちろん、京阪電車、地下鉄東西線、JR山陰本線（嵯峨野線）・奈良線乗換で南北等、ワイドに移動出来る。

徒歩所要分
- バス停「知恩院前」→知恩院三門（7分）・青蓮院（8分）
- 地下鉄「東山」駅→平安神宮応天門（14分）
- 東山三条交差点・地下鉄「東山」駅→青蓮院（9分）・知恩院三門（14分）

知恩院 案内P120

法然上人が浄土宗を布教した地であり、上人入滅の地でもある。大小106棟の建物から成る大寺院で、襖絵や名画も多く伝わっている。日本最大の三門や、僧侶が17人掛かりでつく除夜の鐘で有名な大鐘、知恩院の七不思議など、話題の見どころも多い。集会堂（法然上人御堂）でお参り、庭園は「友禅苑」、「方丈庭園」が拝観できる。

青蓮院（しょうれんいん） 案内P119

天明の大火の際、後桜町上皇が仮御所として定めたことから、粟田御所（あわた）とも呼ばれる門跡寺院。御殿のような趣を持った雰囲気が味わえる。池泉回遊式庭園で知られる「霧島の庭」は小堀遠州作と伝えられている。相阿弥、大森有斐作の庭もあり、それぞれの時代の特徴を見比べることができる。

バス200番台等は、車庫前やバスターミナル止りの便が一部あるので注意。
バス5系統南行は、四条通経由・五条通経由の2経路がある。特記のない場合はどちらでも可。

目的地	参照ページ	待機時間	乗り場	アクセス（参照の行き方は左の目的地欄から探す。■は乗り換え先のページで乗降の位置を確認してください）	降り場（バス停位置は参照ページで確認）	乗車時間	乗換回数
のりもの案内（太字は1時間に4便以上の系統。色数字は市バス循環系統・均一系統、◆は地下鉄・バス一日券、京都修学旅行1dayチケットが利用可）							
京都駅 東本願寺 西本願寺 京都水族館 京都鉄道博物館	15 21 23	4	❷❺	市バス206◆	京都駅前市バス降り場	25･23	0
		5、15	❸	市バス5◆･86◆、105◆(土休日運行)	京都駅前市バス降り場	25～、29	0
		4+4	地T10 東山駅	参照T13烏丸御池駅◆(P30) ■地下鉄烏丸線◆〔下り〕	地K11京都駅	5+6	1
		4	❷❺	市バス206◆	烏丸七条⓫･七条堀川❺、七条大宮･京都水族館前❻	19～36	0
		5、15	❸	市バス5◆、105◆(土休日運行)	烏丸七条❾	21、25	0
東寺	25	6	❷❺	市バス202◆	九条大宮❺	31･29	0
四条河原町 新京極	27	2～	❷❺	市バス12◆･31◆･46◆･201◆･203◆	四条河原町❻	7～9	0
		5	❸	市バス5◆、105◆(土休日運行)	四条河原町❶(市バス105は❸)	10、10	0
四条烏丸 四条高倉 烏丸御池	30	2～	❷❺	市バス12◆･46◆･201◆･31◆･203◆	四条烏丸❻(市バス31は❿･203は❼)	13～15	0
		10	❸	市バス5◆(四条通経由のみ)	四条高倉㉒･四条烏丸❹	14･17	0
		4	地T10 東山駅	地下鉄東西線◆〔下り〕	地T13烏丸御池駅(K09四条駅へは烏丸線〔下り〕)	5	0
四条大宮 壬生寺	33	5～	❷❺	市バス46◆･201◆･203◆	四条大宮各バス停、壬生寺道⓲(市バス203のみ)	19～22	0
河原町三条 三条京阪	35 37	4	地T10 東山駅	地下鉄東西線◆〔下り〕	地T11三条京阪駅･地T12京都市役所前駅	1･3	0
		5、15	❸	市バス5◆、105◆(土休日運行)	三条京阪前Ⓔ(P37)･河原町三条❸	3～･8～	0
京都御所	38	6	❹❻	市バス201◆	烏丸今出川❸	17･19	0
		6	❹❻	市バス202◆	烏丸丸太町❽	11･13	0
		4+4	地T10 東山駅	参照T13烏丸御池駅◆(P30) ■地下鉄烏丸線◆〔上り〕	地K07丸太町駅･地K06今出川駅	5+1～	1
下鴨神社 出町柳	41	6	❹❻	市バス201◆	出町柳駅前❺(P115)	11･13	0
		4+4～	地T10 東山駅	参照T12京都市役所前駅◆(P35･P115) ■同❹から市バス205◆･4◆･特4◆	下鴨神社前❷	3+12～	1
西陣	43	8	❷❺	市バス12◆	堀川今出川❼･堀川寺ノ内❷	31～35	0
		6	❹❻	市バス201◆	堀川今出川❹	21･23	0
二条城 二条駅	45	8	❷❺	市バス12◆	二条城前❻	24･22	0
		4	地T10 東山駅	地下鉄東西線◆〔下り〕	地T14二条城前駅･地T15二条駅	7･9	0
東福寺・泉涌寺	47	6	❷❺	市バス202◆	泉涌寺道❷･東福寺❹	15～19	0
三十三間堂 清水寺	49 51	4･6	❷❺	市バス206◆･202◆	清水道❶･五条坂❹･東山七条❹(202は❸)･博物館三十三間堂前❷(206･86のみ)	6～15	0
		15	❸	市バス86◆			
祇園・八坂神社	55	4	❷	市バス206◆･203◆･202◆･201◆･46◆等	祇園❶又は❸、(徒歩も可)	4	0
平安神宮	59	5、15	❶	市バス5◆、105◆(土休日運行)	岡崎公園 美術館･平安神宮前❷	3、4	0
		15	❹❻	市バス86◆	岡崎公園 美術館･平安神宮前❶	8･10	0
		6	❹❻	市バス46◆	岡崎公園 ロームシアター京都･みやこめっせ前❹･岡崎公園 美術館･平安神宮前❶	4･7	0
南禅寺 永観堂	61	5	❶	市バス5◆	南禅寺･永観堂道❷	7	0
		4	地T10 東山駅	地下鉄東西線◆〔上り〕	地T09蹴上駅	2	0
哲学の道 銀閣寺	61 63	5、15	❶	市バス5◆、105◆(土休日運行)	東天王町❻(105は❹)、銀閣寺道❸(105は銀閣寺前❶)	9、15、16	0
		5	❹❻	市バス203◆	東天王町❻･銀閣寺道❹	8･18	0
詩仙堂 曼殊院	65	5	❶	市バス5◆	一乗寺下り松町❹･一乗寺清水町❷	21･23	0
		30	❹❻	市バス31◆	一乗寺清水町❷	22･24	0
蓮華寺	13 99	4+10･30	地T10 東山駅	参照T11三条京阪駅◆(P35) ■三条京阪Ⓔ(P37)から京都バス17◆・特17◆	上橋❹･八瀬駅前バス停	1+24～34～	1
宝ヶ池 岩倉	13･14･99	5	❶	市バス5◆	国際会館駅前❶	33	0
		30	❹❻	市バス31◆	国際会館駅前❶	32･34	0
		4+4	地T10 東山駅	参照T13烏丸御池駅◆(P30) ■烏丸線◆〔上り〕	地K01国際会館駅	5+14	1
鞍馬・貴船	67	4+10	❹❻	市バス206◆･京都バス臨東山◆で叡電元田中(P14) ■叡山鞍馬線	叡貴船口駅･叡鞍馬駅	12+25～	1
大原	68	4+10･30	地T10 東山駅	参照T11三条京阪駅◆(P35) ■三条京阪Ⓔ(P37)から京都バス17◆・特17◆	大原❶	1+41･51	1
植物園 北大路BT	69	7	❹❻	市バス206◆	植物園前バス停･北大路BT降り場	25～32	0
		4+4	地T10 東山駅	参照T13烏丸御池駅◆(P30) ■烏丸線◆〔上り〕	地K04北大路駅･地K03北山駅	5+8～	1
上賀茂神社	71	6	❷❺	市バス46◆	上賀茂神社前❶	56･54	0
		4+5	地T10 東山駅	参照T14二条城前駅◆(P45) ■同❻から市バス9◆	上賀茂御薗橋❺	7+22	1
大徳寺	73	8	❷❺	市バス12◆	大徳寺前❷	39･37	0
		7	❹❻	市バス206◆	大徳寺前❷	38･40	0
鷹峯	14 100	4+5	地T10 東山駅	参照T14二条城前駅◆ ■同❻から市バス9◆	神光院前❸	7+26	1
		4+15	地T10 東山駅	参照T15二条駅◆(P45) ■二条駅前❿から市バス6◆	鷹峯源光庵前❶	9+22	1
北野天満宮	77	5	❷❺	市バス203◆	北野白梅町❸･北野天満宮前❶	38～･40～	0
		5	❹❻	市バス203◆	北野天満宮前❷･北野白梅町❻	38～･39～	0
金閣寺・等持院 龍安寺・仁和寺	79 82	8	❷❺	市バス12◆	金閣寺道❶･立命館大学前❽	43～50	0
		4+7	地T10 東山駅	参照T11三条京阪駅◆(P35) ■三条京阪前Ⓐ2(P37)から市バス59◆	金閣寺道❶･立命館大学前❽･龍安寺前❷･御室仁和寺❹	2+35･40･41･45	1
妙心寺	82	4+10	地T10 東山駅	参照T15二条駅◆ ■JR嵯峨野線〔下り〕普通	JR花園駅	9+5	1
広隆寺・映画村	85	4+10	地T10 東山駅	参照T11三条京阪駅◆ ■三条京阪前Ⓔから市バス11◆	太秦広隆寺前❻	2+41	1
嵐山・嵯峨野	87･91	4+10～	地T10 東山駅	参照T15二条駅◆(P45) ■JR嵯峨野線〔下り〕快速･普通	JR嵯峨嵐山駅	9+8～	1
高雄	90	4+30	地T10 東山駅	参照T15二条駅◆ ■二条駅前❿からJRバス◆	高雄❸･栂ノ尾❻	9+33～	1
松尾大社 鈴虫寺	13 101	4+5	地T10 東山駅	参照T12京都市役所前駅◆(P35･P115) ■京都市役所前❶から市バス3◆(南行)	松尾橋❻	3+44	1
		2～+20		参照四条烏丸(P30) ■同❼から市バス29◆	松尾大社前❷･松室北河原町❽	12～+30～	1
伏見稲荷 桃山	14･93･94	4+5～	地T10 東山駅	参照T11三条京阪駅◆(P35) ■京阪本線〔下り〕普通	京伏見稲荷駅･京伏見桃山駅	12～･24～	1
小野・醍醐	13･95	4	地T10 東山駅	地下鉄東西線◆〔上り〕	地T04小野駅･地T03醍醐駅	14･16	0
宇治	13･97	4+5～+8	地T10 東山駅	参照T11三条京阪駅◆ ■京阪本線中書島駅(P94) ■京阪宇治線	京黄檗駅･京三室戸駅･京宇治駅	23～･26～･28～	2

洛東

鉄道記号
地 地下鉄
JR JR線
近 近鉄電車
阪 阪急電車
京 京阪電車
嵐 嵐電
叡 叡山電車

・名称 長楽寺(ちょうらくじ) 円山公園(まるやま) 男坂(おとこざか) 勢至堂(せいしどう) 権現堂(ごんげんどう) 濡髪堂(ぬれがみどう) 神宮道(じんぐうみち) 華頂通(かちょう) 枝垂桜(しだれざくら) 相阿弥(そうあみ) 薬井門(やくいもん)

へいあんじんぐう
平安神宮

大鳥居が迎える京の文化・芸術ゾーン

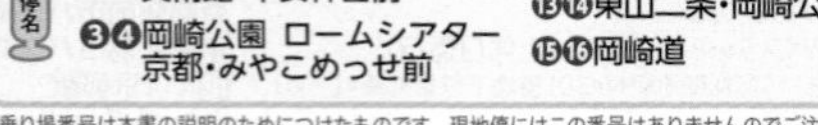

乗り場番号は本書の説明のためにつけたものです。現地停にはこの番号はありませんのでご注意。

access 平安神宮応天門から近い、市
ス停からバスで移動しやすい
所は、哲学の道、銀閣寺、詩仙堂方面と
条河原町等の繁華街。その他の名所は居
のバス停まで移動しなければならない。
らかじめ、次の目的地を決めておくこと
大切なエリア。

平安神宮　案内 P121

桓武（かんむ）、孝明（こうめい）両天皇を祀る。朱塗りが美しい社殿は、平安京の大内裏の正庁である朝堂院を縮小（長さ比で約 8 分の 5）して復元したもの。大きな正面の門は、朝堂院の応天門を模している。その内側の左右の殿舎は朝集堂の再現。外拝殿は朝堂院の正殿である大極殿（だいごくでん）（左右には蒼龍楼と白虎楼が付属する）を模している。社殿の裏に広がる神苑は、日本式庭園の典型として名高く、約 3 万㎡の池泉回遊式庭園で、東、中、西、南の 4 苑に分かれ、春の紅枝垂桜、初夏の杜若・花菖蒲・サツキ・睡蓮、秋の萩・紅葉、冬の雪景色や裸木と美しさが満喫できる。7 代目小川治兵衛（植治）が 20 年以上かけて造った庭園で、国の名勝に指定されている。参道の大鳥居は 24.4m の高さがあり、国の登録有形文化財。2017 年 12 月に京都・時代祭館　十二十二（トニトニ）がオープン。

岡崎公園

岡崎公園は明治 28 年（1895）に開催された第 4 回内国勧業博覧会の跡地の一部が公園地として指定され、明治 37 年（1904）7 月 8 日に開設された。周辺には、ロームシアター京都（2016 年開業）・京都市勧業館（みやこめっせ）・京都国立近代美術館・京都市京セラ美術館・京都府立図書館・京都市動物園などがある文化ゾーン。また運動公園でテニス、野球を楽しむ市民も多い。春の桜の頃は、岡崎桜回廊と呼ばれ、慶流橋（赤橋）から望む疏水沿いの桜と疏水を運行する十石舟は、まさに桜一色。

徒歩所要分
バス停「岡崎公園 ロームシアター京都・みやこめっせ前」❸❹→平安神宮応天門（4 分）
バス停「岡崎公園 美術館・平安神宮前」❶❷→平安神宮応天門（5 分）
地下鉄「東山」駅→平安神宮応天門（14 分）
バス停「東山二条」→平安神宮応天門（8 分）
バス停「熊野神社前」交差点→平安神宮応天門（10 分）

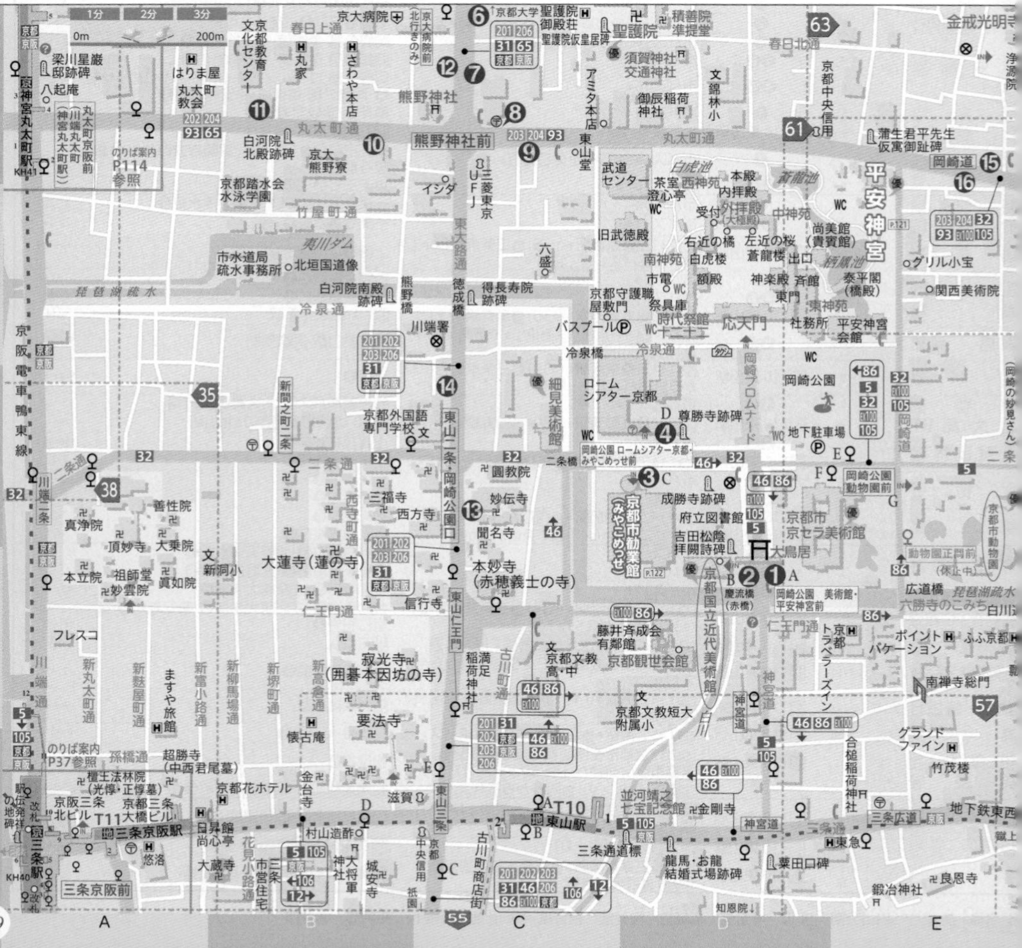

1分　2分　3分
0m　200m

京大病院　聖護院　御殿荘　聖護院　積善院準提堂　須賀神社　交通神社　御辰稲荷神社　熊野神社　熊野神社前　丸太町通　春日上通　春日北通　京都中央信用　蒲生君平先生仮寓御趾碑　京都教育文化センター　丸家　さわや本店　はりま屋　丸太町教会　梁川星巌邸跡碑　八起庵　京阪神宮丸太町駅　白河院北殿跡碑　京大熊野寮　京都踏水会水泳学園　竹屋町通　東大路通　三菱東京UFJ　イシダ　アミタ本店　東山堂　錦林小　武道センター　白虎池　蒼龍池　茶室　西神苑　澄心亭　本殿　内拝殿　外拝殿（大極殿）　中神苑　尚美館（貴賓館）　右近の橘　左近の桜　白虎楼　蒼龍楼　南神苑　旧武徳殿　市電　額殿　神楽殿　斉館　東門　栖鳳池　泰平閣（橋殿）　東神苑　社務所　平安神宮会館　京都守護職屋敷門　祭具庫　時代祭館十二十二　応天門　岡崎プロムナード　バスプール　冷泉通　冷泉橋　東川ダム　市水道局疏水事務所　北垣国道像　琵琶湖疏水　白河院南殿跡碑　熊野橋　徳成橋　得長寿院跡碑　川端署　六盛　グリル小宝　関西美術院　細見美術館　ロームシアター京都　岡崎公園　地下駐車場　尊勝寺跡碑　二条通　二条橋　岡崎公園 ロームシアター京都・みやこめっせ前　成勝寺跡碑　府立図書館　吉田松陰拝闕詩碑　京都市勧業館（みやこめっせ）　京都市京セラ美術館　大鳥居　慶流橋（赤橋）　岡崎公園 美術館・平安神宮前　岡崎公園動物園前　京都市動物園　動物園正門前（休止中）　広道橋　六勝寺のこみち　京都国立近代美術館　京都観世会館　藤井斉成会有鄰館　京都文教高・中　京都文教短大附属小　仁王門通　神宮道　京都トラベラーズイン　合槌稲荷神社　グランドファイン　竹茂楼　南禅寺総門　ポイントバケーション　ふふ京都　岡崎道　京都外国語専門学校　東山二条・岡崎公園口　新間之町二条　圓教院　妙伝寺　聞名寺　本妙寺（赤穂義士の寺）　三福寺　西方寺　大蓮寺（蓮の寺）　信行寺　寂光寺（囲碁本因坊の寺）　要法寺　東山仁王門　稲荷神社　善性院　真浄院　頂妙寺　大乗院　本立院　祖師堂　妙雲院　眞如院　新洞小　フレスコ　ますや旅館　懐古庵　超勝寺（中西君尾墓）　檀王法林院（光停・正停墓）　京阪三条北ビル　京都三条大橋ビル　京都花ホテル　三条京阪駅　三条駅　日昇館尚心亭　大蔵寺　花見小路通　市営住宅　村山造酢　大将軍神社　城安寺　中央信用　古川町商店街　東山駅　東山三条　滋賀　並河靖之七宝記念館　金剛寺　三条通道標　龍馬・お龍結婚式場跡碑　粟田口碑　東急　三条広道　地下鉄東西線　鍛冶神社　良恩寺　知恩院　三条京阪前　のりば案内 P114参照　のりば案内 P37参照　京阪電車鴨東線　川端通

バスの200番台は P58表組欄外を参照。＊市バス EX100◆·EX101◆(土休日運行)は特急料金、大人500円·小人250円。
バス5系統南行は、四条通経由·五条通経由の2経路がある。特記のない場合はどちらでも可。

目的地	参照ページ	のりもの案内(太字は1時間に4便以上の系統。色数字は市バス循環系統·均一系統、◆は地下鉄·バス一日券、京都修学旅行1day チケットが利用可) 待機時間	乗り場	アクセス(参照の行き方は左の目的地欄から探す。乗換は乗り換え先のページで乗降の位置を確認してください)	降り場(バス停位置は参照ページで確認)	乗車時間	乗換回数
京都駅 京都水族館	15 21	5·15	❶	市バス5◆·86◆、105◆·EX100◆(土休日運行)	京都駅前、(86は、七条大宮·京都水族館前❻、梅小路公園·京都鉄道博物館前❾も)	23～、(31～)	0
		4	❼⓭	市バス206◆	京都駅前、七条大宮·京都水族館前❻	27～·40～	0
東本願寺 西本願寺	23	5、15	❶	市バス5◆、105◆(土休日運行)	烏丸七条❾	24～、24	0
		4	❼⓭	市バス206◆	烏丸七条⓫·七条堀川❺	23～37	0
東寺	25	6	⓫⓭	市バス202◆	九条大宮❺	35·33	0
四条河原町 新京極	27	5·6	❶	市バス5◆(五条通経由は四条河原町❸)·46◆、105◆(土休日運行)	四条河原町❶(市バス46は❻、105は❸)	13·13、14	0
		15	❸	市バス32◆	四条河原町❻	12	0
		30·6	❼⓭	市バス31◆·201◆	四条河原町❻	13·11	0
		5	❾⓭	市バス203◆	四条河原町❻	13·11	0
四条高倉 四条烏丸 四条大宮	30 33	6	❶	市バス46◆	四条高倉㉒·四条烏丸❻·四条大宮❽	16·19·25	0
		10	❶	市バス5◆(四条通経由のみ)	四条高倉㉒·四条烏丸❹	17·20	0
		15	❸⓰	市バス32◆	四条高倉㉒·四条烏丸❻·四条大宮❸	15～27	0
		30	❿	市バス65◆	四条烏丸⓬	13	0
		6·30	❼⓭	市バス201◆·31◆	四条烏丸❻(市バス31は❿のみ)·四条大宮❻	17～25	0
		5	❾⓭⓰	市バス203◆	四条高倉㉒·四条烏丸❼·四条大宮❷·壬生寺道⓲	14～28	0
河原町三条 三条京阪	35 37	5、15	❶	市バス5◆、105◆(土休日運行)	三条京阪前Ⓔ(P37)·河原町三条❸	6～·11～	0
		15	❸⓰	市バス32◆	河原町三条❹	9·12	0
		4+5	❼❾	参照東山三条◆(P57) 乗換同❸から市バス5◆	三条京阪前Ⓔ(P37)·河原町三条❸	4+3	1
京都御所 河原町丸太町	38	8～	❿⓰	市バス65◆(❿からのみ)·93◆·204◆	河原町丸太町❷(P115)·烏丸丸太町❽	3～9	0
		6	❿⓮	市バス202◆	河原町丸太町❷·烏丸丸太町❽	3～9	0
		6	⓬⓮	市バス201◆	烏丸今出川❸	13·15	0
下鴨神社 出町柳	41	6	⓬⓮	市バス201◆	出町柳駅前❹(P115)	7～9	0
		6+4		参照河原町丸太町◆(P38·P115) 乗換同❸から市バス4·特4·205◆(北行)	河原町今出川❺·下鴨神社前❷	4～+5·10	1
西陣·堀川今出川	43	6	⓬⓮	市バス201◆	堀川今出川❹	17·19	0
二条城	45	3～	❿⓰	市バス93◆·204◆、202◆(❿⓮から)	堀川丸太町❷	12·14	0
東福寺 泉涌寺	47	6	⓫⓭	市バス202◆	泉涌寺道❷·東福寺❹	19～23	0
		5+5～		参照三条京阪◆(P35) 乗換京阪本線〔下り〕普通	京東福寺駅	7～+7～	1
三十三間堂 清水寺	49 51	4	❼⓭	市バス206◆	清水道❶·五条坂❹·東山七条❹·博物館三十三間堂前❷	10～19	0
		7	❶	市バス EX100◆(土休日運行)	清水道❾	8	0
		6	⓫⓭	市バス202◆	清水道❶·五条坂❹·東山七条❸	10～18	0
祇園·八坂神社 東山三条 知恩院·青蓮院	55 57	3～	❶	市バス46◆·5◆·86◆、105◆(土休日運行)	東山三条❷(5·105は東山三条❸のみ)、知恩院前❺、祇園❷(市バス46·86のみ)	4～8	0
		4～	❼⓭	市バス31◆·201◆·206◆	東山三条❷·知恩院前❺·祇園❷	2～8	0
		6·6	❾⓭⓰	市バス203◆、202◆(⓫·⓭から)	東山三条❷·知恩院前❺、祇園❷(市バス202は❶)	2～10	0
南禅寺 永観堂 哲学の道 銀閣寺	61 63	5	❷	市バス5◆、105◆(⓯からも)·EX100◆(土休日運行)	南禅寺·永観堂道❷·東天王町❻·銀閣寺道❸(105は東天王町❹·銀閣寺前❶)·(EX100は銀閣寺前❶のみ)	4·6·12、10·6	0
		10	❹⓯	市バス32◆	東天王町❹·銀閣寺前❶	5～13	0
		10·8	❽⓯	市バス93◆·204◆	東天王町❻、銀閣寺道❸(市バス204のみ)	2～10	0
		5	❽⓮⓯	市バス203◆	東天王町❻·銀閣寺道❹	2～10	0
詩仙堂 曼殊院	65	5	❷	市バス5◆	一乗寺下り松町❹·一乗寺清水町❷	19·20	0
		30	⓬	市バス65◆	修学院駅前❽	25	0
		30	⓬⓮	市バス31◆	一乗寺清水町❷	18·20	0
蓮華寺	13 99	8～+10·30	❿⓰	市バス65◆(❿からのみ)·93◆·204◆で丸太町京阪前❷(P38·P114) 乗換川端丸太町❹から京都バス16◆·17◆·特17◆	上橋❹·八瀬駅前バス停	2+21～·31～	1
宝ケ池 岩倉	13·14·99	5	❷	市バス5◆	国際会館駅前❶	30	0
		30·30	⓬	市バス65◆、31◆(⓮からも)	国際会館駅前❶	29·34	0
鞍馬·貴船	67	6+10	⓬⓮	参照出町柳駅前◆(P41) 乗換叡山鞍馬線	叡鞍馬駅·叡貴船口駅	7+30～	1
大原	68	8～+10	❿⓰	上記で丸太町京阪前❷(P38·P114) 乗換川端丸太町❹から京都バス16◆·17◆、特17◆(土休日)	大原❶	2～+41～	1
植物園·北大路BT	69	7	⓬⓮	市バス206◆	北大路BT降り場	26·28	0
上賀茂神社	71	6	❶	市バス46◆	上賀茂神社前❶	60	0
		6～+5		参照堀川今出川◆(P43)·堀川丸太町◆(P45) 乗換堀川今出川❼·堀川丸太町❹から市バス9◆	上賀茂御薗橋❺	30～	1
大徳寺	73	7	⓬⓮	市バス206◆	大徳寺前❷	34·36	0
鷹峯	14 100	6～+5	⓬⓮	参照堀川今出川◆ 乗換同❼から市バス9◆	神光院前❸	17+16～	1
		6+15	⓬⓮	市バス201◆で千本今出川❷(P77·P114) 乗換同❺から市バス6◆(北行)	鷹峯源光庵前❶	22+13	1
北野天満宮	77	5	❽⓮⓯	市バス203◆	北野天満宮前❷·北野白梅町❻	36～42	0
金閣寺·等持院 龍安寺·仁和寺 妙心寺	79 82	8	❿⓰	市バス204◆	金閣寺道❸	30·32	0
		6～+7		参照河原町丸太町◆(P38·P115) 乗換同❸から市バス59◆(北行)	立命館大学前❽·龍安寺前❷·御室仁和寺❹	4～+31～	1
		10	❿⓰	市バス93◆	妙心寺前❾	25·27	0
広隆寺 東映太秦映画村	85	10	❿⓰	市バス93◆	太秦映画村道❷	29·31	0
		5+7～		参照四条大宮◆(P33) 乗換嵐電嵐山本線	嵐太秦広隆寺駅	25+11～	1
嵐山·嵯峨野	87·91	10	❿⓰	市バス93◆(土休日の下車バス停は❼·❷·❹)	嵯峨小学校前❽·嵐山天龍寺前❶·嵐山❸	39～46	0
高雄	90	8+30	❿⓰	市バス204◆で西ノ京円町❻(P75) 乗換同❻から JR バス◆(北行)	高雄❸·栂ノ尾❻	21～+26～	1
松尾大社 苔寺·鈴虫寺	13 101	5～+15		参照四条烏丸◆(P30) 乗換同❼から市バス29◆	松尾大社前❷·松室北河原町❽	18+30～	1
		5～+30		参照三条京阪◆(P35) 乗換三条京阪前Ⓕ(P37)から京都バス63◆	松尾大社前❷、苔寺·すず虫寺❼	6～+46～	1
伏見稲荷·桃山	93·94	5～+5～		参照三条京阪◆ 乗換京阪本線〔下り〕普通	京伏見稲荷駅·京伏見桃山駅	6～+10～	1
小野·醍醐	13 95	4～+4		参照東山三条◆(P57) 乗換 T10東山駅から地下鉄東西線◆〔上り〕	地T04小野駅·地T03醍醐駅	4～+14～	1
宇治	13 97	21～		参照三条京阪◆(P35) 乗換京阪本線で中書島駅(P94) 乗換京阪宇治線	京黄檗駅·京三室戸駅·京宇治駅	30～34	2

洛東

鉄道記号
地 地下鉄
JR JR線
近 近鉄電車
阪 阪急電車
京 京阪電車
嵐 嵐電
叡 叡山電車

名·名称 仁王門通(におうもん) 丸太町通(まるたまち) 冷泉通(れいせん) 琵琶湖疏水(びわこそすい) 三条広道(さんじょうひろみち) 神苑(しんえん) 大極殿(だいごくでん) 白虎楼(びゃっころう) 右近の橘(うこんたちばな) 積善院(せきぜんいん) 準提堂(じゅんていどう)

南禅寺（なんぜんじ） 永観堂（えいかんどう）

桜、紅葉に包まれる名刹と巨刹

乗り場番号は本書の説明のためにつけたものです。
現地停にはこの番号はありませんのでご注意。

ひとつ北のバス停「東天王町」を利用すると、少しワイドに移動可能。紅葉シーズンの白川通渋滞時に京都駅に戻るには北に向かい上記市バス停から 5 系統の利用を。地下鉄「蹴上」駅利用で、地下鉄を乗り継ぐのもよい。

南禅寺 案内 P120

境内には勅使門、三門、法堂（はっとう）、方丈の伽藍が一直線に、その周りに 12 の塔頭が建つ。方丈（国宝）は、大方丈と小方丈に分かれ、大方丈は御所の殿舎を、小方丈は伏見城殿舎を移築という。小方丈の襖絵、狩野探幽筆「水呑の虎」はよく知られ、大方丈の前庭は伝小堀遠州作で「虎の子渡し」と呼ばれる江戸初期の代表的な枯山水庭園。三門も登って拝観できる。塔頭金地院（たっちゅうこんちいん）（案内 P110）の鶴亀の庭は特別名勝である。

南禅寺三門

水路閣

永観堂

水路閣

琵琶湖疏水の流れる「水路閣」は南禅寺の境内にあり、明治時代のレンガ造りでレトロな雰囲気。三条通方面への通り道がトンネルになっており、「ねじりまんぽ」とよばれる奇妙な構造になっている。疏水建設の資料などを展示した「琵琶湖疏水記念館」が近くにある。

永観堂（禅林寺） 案内 P116

「モミジの永観堂」と東山随一の紅葉の名所として知られ、その美しさは古今集にも詠われている。広大な寺域に、本堂、釈迦堂、祖師堂、開山堂などが、廻廊で続いている。名画、襖絵など寺宝も多く、本尊の阿弥陀如来立像（見返り阿弥陀）（御前立）は小さな立像ながら、振り返った珍しい姿で有名。

狛犬ならぬ狛うさぎなど境内はたくさんのうさぎの姿が見つかります

レンガのトンネル ねじりまんぽを通ってみよう

徒歩所要分
バス停「南禅寺・永観堂道」→永観堂総門(4 分)・無鄰菴(9 分)・南禅寺三門(8 分)
地下鉄「蹴上」駅→南禅寺三門(7 分)・永観堂南門(12 分)・無鄰菴(8 分)

停「南禅寺・永観堂道」は市バス5系統しか通らないので、バス利用の場合は北のバス停「東天王町」まで行くと便利。11月紅葉シーズンの土休日(秋の永観堂寺宝展)、市5系統南行は白川通を通らず、丸太町通経由・岡崎道通経由となることがあり、バス停❶は使えず、バス停❸のみとなるのでご注意ください。

目的地	参照ページ	のりもの案内(太字は1時間に4便以上の系統。色数字は市バス循環系統・均一系統、◆は地下鉄・バス一日券、京都修学旅行1day チケットが利用可) 待機時間	乗り場	アクセス([参照]の行き方は左の目的地欄から探す。[乗換]は乗り換え先のページで乗降の位置を確認してください)	降り場(バス停位置は参照ページで確認)	乗車時間	乗換回数
東本願寺 京都駅	15 23	5、15	❶❸	市バス5◆、乗り場❺から105◆(土休日運行)も	烏丸七条❾・京都駅前市バス降り場	29~37	0
		4+4	地T09蹴上駅	[参照]T13烏丸御池駅◆(P30) [乗換]地下鉄烏丸線◆〔下り〕	地K10五条駅・地K11京都駅	11·13	1
西本願寺	23	4+5	地T09蹴上駅	[参照]T14二条城前駅◆(P45) [乗換]二条城前❺から市バス9◆	西本願寺前❶	9+11	1
		6~+5	❺	市バス93◆·204◆で堀川丸太町❷(P45) [乗換]同❺から市バス9◆	西本願寺前❶	16+13	1
京都水族館 東寺	25	4+4+30	地T09蹴上駅	[参照]地K11京都駅◆(P15) [乗換]C4から市バス**42**◆	東寺東門前❷	13+8	2
		4~+15~	❶❸❺	[参照]京都駅前◆(P15) [乗換]B3から市バス86◆	七条大宮・京都水族館前❹、梅小路公園・京都鉄道博物館前❾	30~+7~	1
四条河原町・新京極 四条烏丸	27	5	❶❸	市バス5◆(五条通経由は四条河原町❸)	四条河原町❶・(四条通経由のみ四条高倉㉒・四条烏丸❹も)	18~19·22~23·25~26	0
四条烏丸・烏丸御池	30	4	地T09蹴上駅	地下鉄東西線◆〔下り〕	地T13烏丸御池駅、(K09四条駅へは[乗換]烏丸線〔下り〕)	7	0
四条河原町 四条烏丸	27 30	5·10	❺	市バス203◆·32◆、105◆(土休日運行)	四条河原町❻(市バス105は❸のみ)、四条烏丸❼(市バス32は❻)	20、23	0
四条大宮 壬生寺	33	4+4~	地T09蹴上駅	[参照]T15二条駅◆(P45) [乗換]二条駅前❾から市バス201◆·206◆·6◆·8◆等	四条大宮各バス停	11+5	1
		10·5	❺	市バス32◆·203◆	四条大宮❸(203は❷)・壬生寺道⓲(203のみ)	29·30	0
河原町三条 三条京阪 京都市役所前	35 37	5	❶❸	市バス5◆	三条京阪前Ⓔ(P37)・河原町三条❸	11~·16~	0
		15	❺	市バス105◆(土休日運行)	三条京阪前Ⓔ・河原町三条❸	11·16	0
		10	❺	市バス32◆	河原町三条❹	14	0
		4	地T09蹴上駅	地下鉄東西線◆〔下り〕	地T12京都市役所前駅・地T11三条京阪駅	5·3	0
京都御所	38	4+4	地T09蹴上駅	[参照]T13烏丸御池駅◆(P30) [乗換]烏丸線◆〔上り〕	地K07丸太町駅・地K06今出川駅	7+2~3	1
		10·6	❺	市バス93◆·204◆	烏丸丸太町❽	11	0
出町柳・京都御所	38·41	5	❻	市バス203◆	出町柳駅前❺(P115)・烏丸今出川❸	13·23	0
下鴨神社 出町柳	41	4+5~	地T09蹴上駅	[参照]T11三条京阪駅◆(P35) [乗換]京阪鴨東線〔上り〕	京出町柳駅	3+4~5	1
下鴨神社	41	4+4~	地T09蹴上駅	[参照]T12京都市役所前駅◆(P35·P115) [乗換]京都市役所前❹から市バス205◆·4◆·特4◆	下鴨神社前❷	5+12~13	1
西陣	43	4+5	地T09蹴上駅	[参照]T14二条城前駅◆(P45) [乗換]二条城前❻から市バス9◆	堀川今出川❼・堀川寺ノ内❷	9+9~11	0
		5	❻	市バス203◆	堀川今出川❹	27	0
二条城・二条駅 二条城	45	4	地T09蹴上駅	地下鉄東西線◆〔下り〕	地T14二条城前駅・地T15二条駅	9·11	0
		10·6	❺	市バス93◆·204◆	堀川丸太町❷	16	0
東福寺 泉涌寺	47	5+6	❶	[参照]東山三条◆(P57) [乗換]同❷から市バス202◆	泉涌寺道❷・東福寺❹	9+17~19	1
		4+5~	地T09蹴上駅	[参照]T11三条京阪駅◆(P35) [乗換]京阪本線〔下り〕普通	京東福寺駅	3+6	1
		3~+6	❺	[参照]熊野神社前◆(P59) [乗換]同⓫から市バス202◆	泉涌寺道❷・東福寺❹	4+21~23	1
		6~+5~	❺	市バス93◆·204◆で丸太町京阪前❷(P38·P114) [乗換]京阪鴨東線・本線〔下り〕普通	京東福寺駅	5+12	1
三十三間堂 京都国立博物館	49	4+5~	地T09蹴上駅	[参照]三条京阪駅◆(P37) [乗換]京阪本線〔下り〕全車	京七条駅	3+4~5	1
		5+6	❺	[参照]東山三条◆(P57) [乗換]同❷から市バス206◆·202◆	東山七条❹(202は❸のみ)・博物館三十三間堂前❷	9+14~15	1
清水寺	51	5+6	❺	[参照]東山三条◆(P57) [乗換]同❷から市バス206◆·202◆	清水道❶・五条坂❹	9+8~10	1
祇園・八坂神社	55	5	❺	市バス203◆	祇園❷	12	0
知恩院 青蓮院 東山三条	57	5	❶❸	市バス5◆	東山三条❸	9·8	0
		4	地T09蹴上駅	地下鉄東西線◆〔下り〕	地T10東山駅	2	0
		5	❺	市バス203◆、105◆(土休日運行)	東山三条❷(市バス105は❸のみ)、知恩院前❺	8·10、10	0
平安神宮 熊野神社前	59	5	❶❸	市バス5◆	岡崎公園 美術館・平安神宮前❶	5·6	0
		10	❺	市バス32◆	岡崎公園 ロームシアター京都・みやこめっせ前❸	5·6	0
		3~	❺	市バス93◆·204◆·203◆	岡崎道⓰・熊野神社前❿(市バス203は❾)	2·4	0
銀閣寺	63	10、15	❹	市バス32◆、105◆(土休日運行)	銀閣寺前❶	6、6	0
詩仙堂・曼殊院	65	5	❷❻	市バス5◆	一乗寺下り松町❹・一乗寺清水町❷	12~16	0
宝ヶ池 岩倉	13 99	5	❷❻	市バス5◆	宝ヶ池バス停・国際会館駅前❶	18~·24~	0
		4+4	地T09蹴上駅	[参照]T13烏丸御池駅◆(P30) [乗換]烏丸線◆〔上り〕	地K01国際会館駅	7+14	1
鞍馬・貴船	67	3~+10~		[参照]出町柳◆(P37) [乗換]叡山電車鞍馬線	叡 鞍馬駅・叡 貴船駅	7~+30~	2
大原	68	4+10·30	地T09蹴上駅	[参照]T11三条京阪駅◆(P35) [乗換]三条京阪前Ⓔ(P37)から京都バス16◆·17◆·特17◆	大原❶	3+41·51	1
北大路BT・植物園	69	4+4	地T09蹴上駅	[参照]T13烏丸御池駅◆(P30) [乗換]烏丸線◆〔上り〕	地K04北大路駅・地K03北山駅	7+7·9	1
		6	❻	市バス204◆	植物園前・北大路BT降り場	24·29	0
大徳寺	73	6·15	❻	市バス204◆	大徳寺前❷	39	0
北野天満宮	77	4+8	地T09蹴上駅	[参照]T14二条城前駅◆(P45) [乗換]二条城前❻から市バス50◆	北野天満宮前❷	9+15	1
		5·15	❻	市バス203◆(反時計回り)	北野天満宮前❷	29	0
金閣寺	79	4+4	地T09蹴上駅	地下鉄東西線◆〔下り〕T16西大路御池駅◆(P75) [乗換]西大路御池バス停から市バス205◆(北行)	金閣寺道❸	13+13	1
		6	❺	市バス204◆(時計回り)	金閣寺道❸	34	0
金閣寺・等持院 龍安寺	79 82	4+8~	地T09蹴上駅	[参照]T14二条城前駅◆(P45) [乗換]二条城前❻から市バス50◆·12◆	立命館大学前❽(龍安寺へ徒歩11分)	9+26	1
妙心寺	82	4+10	地T09蹴上駅	[参照]T15二条駅◆(P45) [乗換]JR嵯峨野線〔下り〕普通	JR花園駅(妙心寺最寄り駅)	11+4~5	1
		10	❺	市バス93◆	妙心寺前❾	29	0
等持院 妙心寺・仁和寺	79 82	5+10~	❺	市バス204◆で北野白梅町❽(P77) [乗換]同❺から市バス10◆·❼から市バス26◆	等持院道バス停・妙心寺北門前❼・御室仁和寺❹	29+2~8	1
広隆寺 東映太秦映画村	85	4+30~	地T09蹴上駅	[参照]T15二条駅◆ [乗換]二条駅前❽から京都バス63◆·66◆	太秦広隆寺前❻	11+17	1
		10	❺	市バス93◆	太秦映画村道❷	33	0
嵐山 嵯峨野	87 91	4+10~	地T09蹴上駅	[参照]T15二条駅◆(P45) [乗換]JR嵯峨野線快速・普通	JR嵯峨嵐山駅	11+6~10	1
		10	❺	市バス93◆(土休日の下車バス停は❼·❷·❹)	嵯峨小学校前❽・嵐山天龍寺前❶・嵐山❸	43·46·48	0
伏見稲荷 伏見桃山	14·93·94	5+5~	❶	[参照]三条京阪前◆(P35) [乗換]京阪本線〔下り〕普通等	京伏見稲荷駅・京伏見桃山駅	3+10~22	1
		6+5~	❺	市バス93◆·204◆で丸太町京阪前❷(P38·P114) [乗換]京阪鴨東線・本線 普通等	京伏見稲荷駅・京伏見桃山駅	5+16~28	1
小野・醍醐	13·95	4	地T09蹴上駅	地下鉄東西線◆〔上り〕	地T04小野駅・地T03醍醐駅	11·13	0

洛東

鉄道記号
地 地下鉄
JR JR線
近 近鉄電車
阪 阪急電車
京 京阪電車
嵐 嵐電
叡 叡山電車

・名称 鹿ヶ谷通(ししがたに) 天王町(てんのうちょう) 若王子神社(にゃくおうじ) 法勝寺町(ほっしょうじちょう) 蹴上(けあげ) 法堂(はっとう) 放生池(ほうじょうち) 金地院(こんちいん) 粟田御所(あわたごしょ) 水路閣(すいろかく) 無鄰菴(むりんあん)

銀閣寺（ぎんかくじ） 哲学の道（てつがくのみち）

1.5kmの疏水沿いに辿る花々の楽しみ

バス停名
❶銀閣寺前
❷〜❻銀閣寺道
❼〜❿錦林車庫前
⓫⓬真如堂前

乗り場番号は本書の説明のためにつけたものです。
現地停にはこの番号はありませんのでご注意。

access 『哲学の道』は若王子神社から銀閣寺橋までの1.5 kmの道のり。徒歩で25分程かかると考えておくと良い。バス停「錦林車庫前」から各方面に行くのは便利だが、正反対の洛西方面にはかなりの時間を要するので注意。

哲学の道

真如堂

金戒光明寺

銀閣寺

徒歩 所要分
バス停「銀閣寺前」→銀閣寺総門（5分）・法然院（9分）・白沙村荘（2分）
バス停「銀閣寺道」→白沙村荘（5分）・銀閣寺総門（10分）
バス停「錦林車庫前」→哲学の道（7分）・法然院（10分）
バス停「真如堂前」→真如堂（4分）
バス停「東天王町」→哲学の道（8分）・永観堂総門（8分）
バス停「岡崎道」→真如堂（14分）

銀閣寺（慈照寺）

案内 P117

足利義政没後、遺言によりお寺として完成したのが起こり。東山文化、禅思想と相まり、一種の渋味を愛する幽玄の美があらわれている。庭園は上下2段に大きく分けられ、下段は池泉回遊式の庭園（特別名勝・特別史跡）、上段は枯山水庭園（お茶の井庭園）となっている。本堂の前庭には、かの有名な銀沙灘・向月台と名付けられた白砂を盛り上げた砂山があり、美しい。銀閣・東求堂は共に国宝。

哲学の道

かつて、哲学者・西田幾太郎がこの道を散歩しながら、思索したところから付けられた名前。若王子神社から、疏水に架かる銀閣寺橋の1.5㎞。浄土寺橋まで2kmには、春は約500本の関雪桜、夏には蛍、秋は紅葉、冬の雪景色もよく、移りゆく季節を感じさせてくれる散策道である。

真如堂（真正極楽寺）

案内 P119

比叡山にあった阿弥陀如来像を、戒算上人が東三条院の離宮に安置したのが始まり。応仁の乱で焼失、足利義政によって現在地に再建された。京都六阿弥陀の一つでもある本尊の阿弥陀如来立像は、本堂と共に重文。真如堂は、紅葉の名所としても有名である。本堂・庭園が拝観できる。

金戒光明寺（黒谷さん）

案内 P118

法然上人が初めて草庵を結んだ地で、幕末の京都守護職を務めた会津藩主・松平容保が本陣を構えた寺で、新選組誕生の地。広大な墓地は、幕末の会津藩殉難者墓地である。
特別拝観中に大方丈では「謁見の間」「虎の間」「松の間」の拝観と回廊式庭園「紫雲の庭」、平成24年に作られた庭「ご縁の道」が散策できる。境内に梅・桜が多く春は華やぐ。御影堂では、伝運慶作の文殊菩薩像や吉備観音像も拝観できる。京都市内一望の絶景、映画のロケ地、山門が公開される時もある。

バス EX100◆(土休日運行)は特急料金、大人500円・小人250円。市バス5系統南行は、四条通経由・五条通経由の2経路がある。特記のない場合はどちらでも可。
紅葉シーズンの土休日、市バス5系統南行の注意は、P62参照。

目的地	参照ページ	待機時間	乗り場	アクセス([参照]の行き方は左の目的地欄から探す。[乗換]は乗り換え先のページで乗降の位置を確認してください)	降り場(バス停位置は参照ページで確認)	乗車時間	乗換回数
				のりもの案内(太字は1時間に4便以上の系統。色数字は市バス循環系統・均一系統、◆は地下鉄・バス一日券、京都修学旅行1day チケットが利用可)			
東本願寺 京都駅	15 23	6	❹❿	市バス7◆	京都駅前市バス降り場	31・34	0
		5	❷❽	市バス5◆	烏丸七条❾・京都駅前市バス降り場	32～・35～	0
		15、8	❶❷❽	市バス105◆、EX100◆(❶❷からのみ)(いずれも土休日運行)	京都駅前市バス降り場	40～、29～	0
西本願寺	23	5～+5	❷❽	市バス203◆・32◆で四条堀川⓭(P33) [乗換]同❿⓮から市バス9◆	西本願寺前❶	29～+4	1
		6+5		[参照]堀川今出川◆(P43) [乗換]同❿❺から市バス9◆	西本願寺前❶	14～+19	1
京都水族館 東寺	25	4～+15～		[参照]京都駅前◆(P15) [乗換]B3から市バス86◆等	七条大宮・京都水族館前❹、梅小路公園・京都鉄道博物館前❾	29～+7～	1
		10+5	❶❷❽	市バス32◆で四条大宮❸(P33) [乗換]同❸から市バス207◆	七条大宮・京都水族館前❷・東寺東門前❷	31～36+8・10	1
四条烏丸 四条河原町 河原町三条 三条京阪	27 30 35 37	10、15	❶❷❽	市バス32◆、105◆(土休日運行)	河原町三条❹・四条河原町❻(105は❸)、四条烏丸❻(32のみ)	16～・19～、25～	0
		5・5	❷❽	市バス5◆(五条通経由は四条河原町❸)・203◆	四条河原町❶、四条烏丸❹(市バス5(四条通経由)のみ)(市バス203は❼)	21～・27～	0
		8	❹❿	市バス7◆	河原町三条❷・四条河原町❸	18・21・21・24	0
		5	❷❽	市バス5◆	三条京阪前Ⓔ(P37)・河原町三条❸	14～・19～	0
四条大宮 壬生寺	33	10	❶❷❽	市バス32◆	四条大宮❸	31～	0
		5	❷❽	市バス203◆	四条大宮❷・壬生寺道⓲	31～・32～	0
京都御所	38	5、15	❹❿	市バス203◆、102◆(土休日運行)	烏丸今出川❸	13・16	0
		8	❷❽	市バス204◆	烏丸丸太町❽	16・13	0
		8	❹❿	市バス7◆	府立医大病院前⓫	10・13	0
下鴨神社 出町柳駅前	41	8・5、15	❹❿	市バス7◆・203◆、102◆(土休日運行)	出町柳駅前❺・河原町今出川❹(市バス203、102は❻)	7～・10～	0
西陣	43	5、15	❹❿	市バス203◆、102◆(土休日運行)	堀川今出川❹	17・20	0
二条城 二条駅	45	8	❷❽	市バス204◆	堀川丸太町❷	21・18	0
		8+4	❹❿	市バス7◆で京都市役所前❶(P35・P115) [乗換]T12京都市役所前駅から地下鉄東西線◆〔下り〕	[地]T14二条城前駅・[地]T15二条駅	16～+4～	1
		10	❷❽	[参照]東山三条(P57) [乗換]T10東山駅から地下鉄東西線◆〔下り〕	[地]T14二条城前駅・[地]T15二条駅	10～+7～	1
東福寺 泉涌寺	47	6～+5～		[参照]出町柳駅前◆(P41) [乗換]京阪鴨東線・本線普通	[京]東福寺駅	7～+14	1
		5+5～	❷❽	[参照]東山三条(P57) [乗換]同❷から市バス202◆	東福寺❹・泉涌寺道❷	10～+15～	1
三十三間堂 京都国立博物館	49	5	❷❽	[参照]東山三条(P57) [乗換]同❷から市バス206◆・202◆	東山七条❹(202は❸のみ)・博物館・三十三間堂前❷	10～+14～	1
		6+5～	❹❿	[参照]出町柳駅前◆(P41) [乗換]京阪鴨東線・本線 全車	[京]七条駅	7～+7～	1
清水寺 祇園・八坂神社	51 55	5	❶❷❽	[参照]東山三条(P57) [乗換]同❷から市バス206◆・202◆	清水道❶・五条坂❹	10～+8～	1
		8	❶❷	市バスEX100◆(土休日運行)	祇園❶・清水道❾・五条坂❻	11～・14～	0
		5	❷❽	市バス203◆	祇園❷	14・12	0
東山三条 知恩院・青蓮院	57	5	❷❽	市バス203◆	東山三条❷・知恩院前❺	10～・12～	0
		5、15	❷❽	市バス5◆、105◆(❶❷からのみ、土休日運行)	東山三条❸	14～・11～	0
平安神宮	59	5	❷❽	市バス5◆、105◆(❶❷からのみ、土休日運行)	岡崎公園 美術館・平安神宮前❶	11・8	0
		10、15・8	❶❷❽	市バス32◆、105◆・EX100◆(❶❷からのみ)(いずれも土休日運行)	岡崎公園 ロームシアター京都・みやこめっせ前❸、(105、EX100は岡崎公園 美術館・平安神宮前❶	12～・11～・9	0
		5・8	❷❽	市バス203◆・204◆	岡崎道⓰、熊野神社前❾(市バス204は❿)	11～・4～	0
永観堂 南禅寺・永観堂	61	15	❶❷	市バス105◆(土休日運行)	東天王町❺	8・5	0
		5	❷❽	市バス5◆	南禅寺・永観堂道❶	6・3	0
詩仙堂・曼殊院	65	5	❸❿	市バス5◆	一乗寺下り松町❹・一乗寺清水町❷	6～・8～	0
宝ヶ池	12・99	5	❸❿	市バス5◆	宝ヶ池バス停・国際会館駅前❶	18・21	0
実相院	11・99	5+15	❸❿	市バス5◆で上高野◆(P13・P99) [乗換]同バス停から京都バス24◆(東行)	岩倉実相院バス停	15～+15	1
鞍馬・貴船	67	6～+10		[参照]出町柳駅前◆(P41・P115) [乗換]叡山鞍馬線	[叡]貴船口駅・[叡]鞍馬駅	7～+27～	1
大原	68	6～+10・30		[参照]出町柳駅前◆ [乗換]同❸から京都バス16◆・17◆・特17◆	大原❶	7～+41・51	1
植物園・北大路BT	69	8	❸❿	市バス204◆	植物園前バス停・北大路BT降り場	18～・23～	0
上賀茂神社	71	5～+5		[参照]堀川今出川◆(P43) [乗換]同❼から市バス9◆	上賀茂御薗橋❺	14～+13	1
大徳寺	73	8	❸❿	市バス204◆	大徳寺前❷	33・35	0
西ノ京円町	75	8	❷❽	市バス204◆	西ノ京円町❻	30・27	0
		5	❹❿	市バス203◆	西ノ京円町❶	30・33	0
北野天満宮 北野白梅町	77	5、15	❹❿	市バス203◆、102(土休日運行)	北野天満宮前❷、北野白梅町❻(102は❾)	24～、27～	0
		8	❷❽	市バス204◆(時計回り)	北野白梅町❽	34・31	0
		8	❸❿	市バス204◆(反時計回り)	北野白梅町❻	39・41	0
金閣寺	79	8	❸❿	市バス204◆	金閣寺道❷	40・43	0
		15	❹❿	市バス102(土休日運行)	金閣寺道❸	35・38	0
等持院 龍安寺・仁和寺	79 82	5～+10		[参照]北野白梅町◆(P77) [乗換]嵐電北野線	[嵐]等持院駅・[嵐]龍安寺駅・[嵐]御室仁和寺駅	27～+2～	1
		6～+7		[参照]河原町今出川◆(P41) [乗換]同❻から市バス59◆	立命館大学前❽・龍安寺前❷・御室仁和寺❹	10～+29～	1
妙心寺	82	10	❽	市バス93◆	妙心寺前❾	31	0
等持院 妙心寺・仁和寺	79 82	5～+10～		[参照]北野白梅町◆ [乗換]北野白梅町❺から市バス10◆・同❼から市バス26◆	等持院道・妙心寺北門前❼・御室仁和寺❹	27～+4～	1
広隆寺 東映太秦映画村	85	5～+30～		[参照]西ノ京円町◆(P75) [乗換]同バス停❹から京都バス63◆・66◆	常盤仲之町❸・太秦広隆寺前❻	27～+6～	1
		10	❽	市バス93◆	太秦映画村道❷	35	0
嵐山 嵯峨野	87 91	5～+10		[参照]西ノ京円町◆ [乗換]JR嵯峨野線〔下り〕普通	[JR]嵯峨嵐山駅	27～+7	1
		5～+10		[参照]西ノ京円町◆ [乗換]同❹から市バス91◆(西行)	大覚寺❶	27～+22	1
		10	❽	市バス93◆(土休日の下車バス停は❼・❷・❹)	嵯峨小学校前❽・嵐山天龍寺前❶・嵐山❸	45・48・50	0
伏見稲荷・桃山	93・94	6～+5～		[参照]出町柳駅前◆(P41) [乗換]京阪鴨東線・本線 普通等	[京]伏見稲荷駅・[京]伏見桃山駅	7～+18～	1
小野・醍醐	13 95	5+4		[参照]東山三条◆(P57) [乗換]T10東山駅から地下鉄東西線◆〔上り〕	[地]T04小野駅・[地]T03醍醐駅	10～+13・16	1

地名・名称　鹿ヶ谷通(ししがたに)　南田町(みなみだちょう)　浄土寺(じょうどじ)　神楽岡通(かぐらおか)　元三大師堂(がんさんだいしどう)　真如堂前(しんにょどうまえ)　泉屋博古館(せんおくはくこかん)　金戒光明寺(こんかいこうみょうじ)　法然院(ほうねんいん)

鉄道記号
[地] 地下鉄
[JR] JR線
[近] 近鉄電車
[阪] 阪急電車
[京] 京阪電車
[嵐] 嵐電
[叡] 叡山電車

詩仙堂（しせんどう） 曼殊院（まんしゅいん）

風雅な社寺は、洛北の紅葉名所

バス停名
❶❷一乗寺清水町
❸❹一乗寺下り松町
❺❻❼❽修学院駅前

乗り場番号は本書の説明のためにつけたものです。現地停にはこの番号はありませんのでご注意。

access 修学院近辺の名所はいずれも、叡山電車の駅、白川通のバス停から徒歩で 10 分～ 20 分近くかかる。またエリア内の名所を巡る道は風情あるものの、歩き続けるコースなので、拝観する名所を事前に決めるか、あらかじめ時間を充分にとっておく事が肝要。時間があれば、ユニークで面白い境内の狸谷山不動院へも。

圓光寺

詩仙堂

「詩仙堂」南庭は、サザンカ・ツツジ(5月上旬)・サツキ(6月上旬)・萩(9月中旬)が美しい枯山水庭園。詩仙堂から南に行った所に、「金福寺」がある。ここの東山借景の庭が、サツキと紅葉の時期に見事な景観を見せる。次に北の方角に歩いた所に、日本最古の木版活字を所蔵した「圓光寺」がある。庭の苔と楓樹がとても美しい。詩仙堂からちょっと離れた所に、「曼殊院」がある。ここは、枯山水庭園でツツジが咲くと、なんともいえぬ程の雅さがある。紅葉の名所としても名高く、門前の石垣を覆う姿は必見！

通南行バス停からの市バス31は、「四条烏丸」止り。市バス北8は北山通～北大路通を循環運行しており、便利。バスの系統数が少ないエリアなので、叡山電車を
と遠方まで行きやすい。＊市バス5系統は四条通経由・五条通経由の2経路がある。特記のない場合はどちらでも可。

目的地	参照ページ	のりもの案内（太字は1時間に4便以上の系統。色数字は市バス循環系統・均一系統、◆は地下鉄・バス一日券、京都修学旅行1day チケットが利用可） 待機時間	乗り場	アクセス（参照の行き方は左の目的地欄から探す。乗は乗り換え先のページで乗降の位置を確認してください）	降り場（バス停位置は参照ページで確認）	乗車時間	乗換回数
京都駅 東・西本願寺	15 23	15+4	❷・❹	市バス北8◆で松ヶ崎駅前❸（P99・P113）乗K02松ヶ崎駅から地下鉄烏丸線◆	地K10五条駅・地K11京都駅	8~+15・17	1
		5	❶・❸	市バス5◆	烏丸七条❾・京都駅前市バス降り場	44~49	0
		15+5	❷❹❼	市バス北8◆で上堀川❷（P73・P114）乗同❸から市バス9◆（南行）	西本願寺前❶	16~+29	1
京都水族館 東寺	21 25	5~+15	❶・❸	参照四条河原町◆（P27）乗同❻から市バス58（土休日運行）	七条大宮・京都水族館前❹、梅小路公園・京都鉄道博物館前❾	31~+27、30	1
		5~+5	❶・❸	参照四条河原町◆乗同❻から市バス207◆	七条大宮・京都水族館前❷、東寺東門前❷	31~+21~	1
四条河原町 四条烏丸	27 30	30	❶	市バス31◆	四条河原町❻・四条烏丸❿	31・37	0
		5	❶・❸	市バス5◆（五条通経由は四条河原町❸）	四条河原町❶、四条烏丸❹（四条通経由のみ）	32~39	0
		30	❼	市バス65◆	四条烏丸⓬	40	0
四条大宮・壬生寺	33	5+5~	❶・❸	参照四条河原町◆（P27）乗HK86京都河原町駅から阪急電車・同❻から市バス3◆・11◆・32◆・46◆・201◆・203◆・207◆	阪HK84大宮駅・四条大宮バス停	31+4・12	1
河原町三条 三条京阪・三条京阪前	35 37	5	❶・❸	市バス5◆	三条京阪前Ⓔ（P37）・河原町三条❸	26~32	0
		10+5~	叡一乗寺駅	参照出町柳駅（P41）乗京阪鴨東線 全車	京三条駅	5+3~	1
京都御所	38	15+4	❷・❹	北8◆で松ヶ崎駅前❸（P99・P113）乗K02松ヶ崎駅から地下鉄烏丸線◆〔下り〕	地K06今出川駅・地K07丸太町駅	8~+7・9	1
		30	❼	市バス65◆	烏丸丸太町❽	30	0
下鴨神社 出町柳駅	41	10~・30	❺	京都バス16◆・17◆・特17	出町柳駅前❷（P115）	10~	0
		10	叡一乗寺駅	叡山本線・鞍馬線〔上り〕（修学院駅からも）	叡出町柳駅	6	0
西陣	43	10+5~	叡一乗寺駅	参照出町柳駅（P41・P115）乗出町柳駅前❺から市バス203◆・201◆、102◆（土休日運行）	堀川今出川❹	5+9~	1
		15+5	❷・❹	市バス北8◆で上堀川❷（P73・P114）乗同❸から市バス9◆（南行）	堀川寺ノ内❶・堀川今出川❺	22~30	1
二条城 二条駅	45	5+4	❶・❸	参照東山三条◆（P57）乗T10東山駅から地下鉄東西線◆〔下り〕	地T14二条城前駅・地T15二条駅	23~+7・9	1
		10+8+4	叡一乗寺駅	参照出町柳駅（P41）乗京阪鴨東線で三条駅（P35）乗T11三条京阪駅から地下鉄東西線◆〔下り〕	地T14二条城前駅・地T15二条駅	6+4+6・8	2
東福寺・三十三間堂	47・49	10+8	叡一乗寺駅	参照出町柳駅乗京阪鴨東線・本線	京七条駅・京東福寺駅（普通のみ）	6+9・11	1
清水寺	51	5+4~	❶・❸	参照東山三条◆（P57）乗同❷から市バス206◆等	清水道❶	22~+8~	1
祇園 八坂神社	55	30	❶	市バス31◆	祇園❷	26	0
		5+4~	❶・❸	参照東山三条◆乗同❷から市バス206◆等	祇園❶	22~+4	1
知恩院・青蓮院 東山三条	57	30	❶	市バス31◆	東山三条❷・知恩院前❺	22・24	0
		5	❶・❸	市バス5◆	東山三条❸	23~	0
平安神宮	59	30	❶	市バス31◆	熊野神社前❼、東山二条・岡崎公園口⓭	18・20	0
		30	❼	市バス65◆	熊野神社前❿	22	0
		5	❶・❸	市バス5◆	岡崎公園 美術館・平安神宮前❶	20~	0
南禅寺・銀閣寺	61・63	5	❶・❸	市バス5◆（P62表組上の注記参照）	銀閣寺道❷・東天王町❸・南禅寺・永観堂道❶	9~・14~・15~	0
蓮華寺 大原	13・99 68	10・30	❻	京都バス16◆・17◆・特17	上橋❹・八瀬駅前バス停、大原❶	7~、24・34	0
		10	叡一乗寺駅	叡山本線〔下り〕八瀬行（修学院駅からも）	叡三宅八幡駅・叡八瀬比叡山口駅	6・8	0
宝ヶ池 岩倉	13・14・99	5・30	❷・❹	市バス5◆・31◆（❷乗り場のみ）	国際会館駅前❶	10・11	0
		8~	叡一乗寺駅	叡山本線・鞍馬線〔下り〕（修学院駅からも）	叡宝ヶ池駅	7・2	0
円通寺		5+15	❷・❹	市バス5◆で国際会館駅前◆（P99・P113）乗同バス停❹から京都バス特40◆	西幡枝（円通寺前）バス停	11+6	1
実相院	13・99	5+15	❷・❹	市バス5◆で国際会館駅前◆（P99・P113）乗同バス停❸から京都バス24◆	岩倉実相院バス停	11+12	1
鞍馬・貴船	67	10	叡一乗寺駅	叡山鞍馬線〔下り〕（修学院駅からも）	叡鞍馬駅・叡貴船口駅	25・22	0
植物園 北大路BT	69	15	❶・❸	市バス北8◆	植物園前バス停・北大路BT降り場	17~22	0
上賀茂神社	71	15+5	❷・❹	市バス北8◆で上堀川❷（P73・P114）乗同❹から市バス9◆（北行）	上賀茂御薗橋❺	17~+4	1
大徳寺・千本北大路	73	15	❶・❸	市バス北8◆	千本北大路❹（P73・P113）・大徳寺前❷	27~・31~	0
鷹峯	14 100	15+5	❷・❹	上記上堀川❷乗同❹から市バス9◆（北行）	神光院前❸	24~・25~	1
		15+10	❷・❹	上記上堀川❷（P73・P114）乗同❹から市バス北1◆	鷹峯源光庵前❶	26~・27~	1
北野天満宮 北野白梅町	77	5~+5~	❶・❸	参照銀閣寺道◆（P63）乗同❹から市バス203◆等	北野天満宮❷・北野白梅町❻	9~+29~	1
		10+5~	叡一乗寺駅	参照出町柳駅（P41・P115）乗出町柳駅前❺から市バス203◆、102◆（土休日運行）	北野天満宮❷、北野白梅町❻（102は❾）	18~、19~	1
金閣寺	79	15+4~	❷・❹	参照千本北大路◆（P73・P113）乗同❹から市バス205◆・204◆・12◆・59◆（西行）	金閣寺道❷（市バス12・59は金閣寺道❶）	27~+2~	1
等持院		15+7~	❷・❹	参照千本北大路◆乗同❹から市バス12◆・59◆（西行）	立命館大学前❽	27~+7	1
龍安寺・仁和寺	82	15+7	❷・❹	参照千本北大路◆乗同❹から市バス59◆（西行）	龍安寺前❷・御室仁和寺❹	27~+8・12	1
妙心寺		5+10	❶・❸	市バス5◆で錦林車庫前❽（P63）乗同❽から市バス93◆	妙心寺前❾	12~+32	1
広隆寺 東映太秦映画村	85	5+10	❶・❸	市バス5◆で錦林車庫前❽乗同❽から市バス93◆	太秦映画村道❷	12~+35	1
		4+10	❶・❸	参照三条京阪前◆（P37）乗同Ⓔから市バス11◆	太秦広隆寺前❻	26~+41	1
		10+5+7	叡一乗寺駅	参照出町柳駅（P41・P115）乗同❺から市バス203◆で西大路三条❷（P75）乗嵐電嵐山本線	嵐太秦広隆寺駅	40~	2
嵐山 嵯峨野	87 91	10+5+10~	叡一乗寺駅	参照出町柳駅乗出町柳駅前❺から市バス203◆で西ノ京円町❶（P75）乗JR嵯峨野線普通	JR嵯峨嵐山駅	40~	2
		5+10	❶・❸	市バス5◆で錦林車庫前❽（P63）乗同❽から市バス93◆	嵯峨小学校前❽・嵐山天龍寺前❶（土休日は❼・❷）	12~+48~	1
高雄	90	10+5+30	叡一乗寺駅	参照出町柳駅乗❺から市バス203◆で北野白梅町❻・❽（P77）乗同❼からJRバス◆	高雄❸・栂ノ尾❻	42~	2
松尾大社 苔寺・鈴虫寺	13 101	5+5~+8	❶・❸	参照四条河原町◆（P27）乗HK86京都河原町駅から阪急京都線でHK81桂駅（P13）乗阪急嵐山線	阪HK97松尾大社駅	44~	2
		10+5+30	叡一乗寺駅	参照出町柳駅乗❺から市バス203◆で西ノ京円町❶（P75）乗同❹から京都バス63◆（西行）	松尾大社前❷、苔寺・すず虫寺❼	54~	2
伏見稲荷・桃山	93・94	10+8~	叡一乗寺駅	参照出町柳駅（P41）乗京阪鴨東線・本線 普通等	京伏見稲荷駅・京伏見桃山駅	17~・35~	1
小野・醍醐	13 95	5+4	❶・❸	参照東山三条◆（P57）乗T10東山駅から地下鉄東西線◆〔上り〕	地T04小野駅・地T03醍醐駅	38~・40~	1

・名称 赤山禅院（せきざんぜんいん） 修学院離宮（しゅうがくいんりきゅう） 鷺森神社（さぎのもり） 雲母漬（きららづけ） 白川通（しらかわ） 一乗寺清水町（いちじょうじ しみずちょう）・下り松町（さが まつちょう） 叡電鞍馬線（えいでんくらま せん） 金福寺（こんぷくじ）

洛北

鉄道記号
地 地下鉄
JR JR線
近 近鉄電車
阪 阪急電車
京 京阪電車
嵐 嵐電
叡 叡山電車

鞍馬（くらま）・貴船（きぶね）

古からのミステリアスな伝説をもつ地

バス停名
❶貴船　❷貴船口駅前　❸貴船口　❹❺鞍馬

access　観光客の人も賑わう「鞍馬の火祭り」（由岐（ゆき）神社）は、10月22日に行われる。京都の三大奇祭の一つで、いつも静寂な鞍馬の里が、炎によって勇壮な雰囲気を漂わせる！

乗り場番号は本書の説明のためにつけたものです。現地停にはこの番号はありませんのでご注意。

地域	目的地	参照ページ	待機時間	乗り場	アクセス（参照の行き方は左の目的地欄から探す。乗は乗り換え先のページで乗降の位置を確認してください）	降り場（バス停位置は参照ページで確認）	乗車時間
			のりもの案内（太字は1時間に4便以上の系統。色数字は市バス循環系統・均一系統、◆は地下鉄・バス一日券、京都修学旅行1day チケットが利用可）				
洛中	京都駅	15	10+6～	叡貴船口駅・鞍馬駅	参出町柳駅（P41・P115）乗出町柳駅前❺から市バス7◆、同❷から市バス4◆・特4◆	京都駅前市バス降り場	28+28～
洛中	三条京阪・四条河原町	37・27	10+5	叡貴船口駅・鞍馬駅	参出町柳駅 乗京阪鴨東線 全車	京三条駅・京祇園四条駅	28+4～
洛中	四条烏丸・四条大宮	30・33	10+5	叡貴船口駅・鞍馬駅	参出町柳駅 乗出町柳駅前❺から市バス3◆	四条烏丸❼・四条大宮❹	49～・55～
洛中	京都御所・西陣	38・43	10+5～	叡貴船口駅・鞍馬駅	参出町柳駅 乗出町柳駅前❺から市バス203◆・201◆	烏丸今出川❸・堀川今出川❹	34～・37～
洛中	下鴨神社・出町柳駅	41・115	10	叡貴船口駅・鞍馬駅	叡山鞍馬線〔上り〕	叡出町柳駅	28～
洛中	二条城・二条駅	45	10+5+4	叡貴船口駅・鞍馬駅	参三条駅（P35）乗T11三条京阪駅から地下鉄東西線◆〔下り〕	地T14二条城前駅・地T15二条駅	36～・38～
洛東	東福寺・三十三間堂	47・49	10+5	叡貴船口駅・鞍馬駅	参出町柳駅（P41・P115）乗京阪鴨東線・本線	京七条駅・京東福寺駅	35～・39～
洛東	清水寺・八坂神社 知恩院・平安神宮	51・55 57・59	10+4	叡貴船口駅・鞍馬駅	叡山鞍馬線〔上り〕元田中駅（P14D2）乗叡電元田中から市バス206◆（南行）	熊野神社前❼・東山三条❷・知恩院前❺・祇園❶・清水道❶・五条坂❹	37～51
洛東			10+5	叡貴船口駅・鞍馬駅	参出町柳駅 乗京阪鴨東線・本線	京祇園四条駅	32～
洛東	青蓮院・南禅寺	57・61	10+5+4	叡貴船口駅・鞍馬駅	参三条駅（P35）乗T11三条京阪駅から地下鉄東西線◆〔上り〕	地T10東山駅・地T09蹴上駅	33～・35～
洛東	銀閣寺・平安神宮	61・63・59	10+5	叡貴船口駅・鞍馬駅	参宝ヶ池駅（P14D1・P99）乗宝ヶ池から市バス5◆（南行）	銀閣寺道❷、東天王町❸、南禅寺・永観堂道❶、岡崎公園 美術館・平安神宮前❶	33～43
洛東	銀閣寺	63	10+5～	叡貴船口駅・鞍馬駅	参出町柳駅（P41・P115）乗出町柳駅前❹から市バス203◆・7◆、102（土休日運行）	銀閣寺道❷（市バス203・102）、❺（市バス7）	28～+6～
洛北	詩仙堂 曼殊院	65	10	叡貴船口駅・鞍馬駅	叡山鞍馬線〔上り〕	叡修学院駅・叡一乗寺駅	21・23
洛北			10+5～	叡貴船口駅・鞍馬駅	参宝ヶ池駅（P14D1・P99）乗市バス5◆・31◆（南行）	一乗寺清水町❶（31は❶のみ）・一乗寺下り松町❸	19+5～
洛北	蓮華寺・大原	13・99・68	10+10・30	叡貴船口駅・鞍馬駅	参宝ヶ池駅 乗バス停宝ヶ池から京都バス16◆・17◆・特17◆（いずれも北行）	上橋❹・大原❶	20～+4～ 21～
洛北	実相院	13・99	10+15～	叡貴船口駅・鞍馬駅	叡山鞍馬線〔上り〕岩倉駅（P13C2・P99）乗岩倉駅前から京都バス24◆（西行）	岩倉実相院バス停	16～+5
洛北	叡宝ヶ池駅	14・99	10	叡貴船口駅・鞍馬駅	叡山鞍馬線〔上り〕	叡宝ヶ池駅	20～
洛北	国際会館	14・99	15	❸・❹	京都バス52	国際会館駅前❺	23・26
洛北	円通寺	13・99	10	叡貴船口駅・鞍馬駅	叡山鞍馬線〔上り〕	叡京都精華大前駅下車、徒歩15分	17～・14～
洛西	北野天満宮 北野白梅町	77 79	10+5～	叡貴船口駅・鞍馬駅	参出町柳駅（P41・P115）乗出町柳駅前❺から市バス203◆、102（土休日運行）	北野天満宮前❷・北野白梅町❻（102は❾）	41～・43～

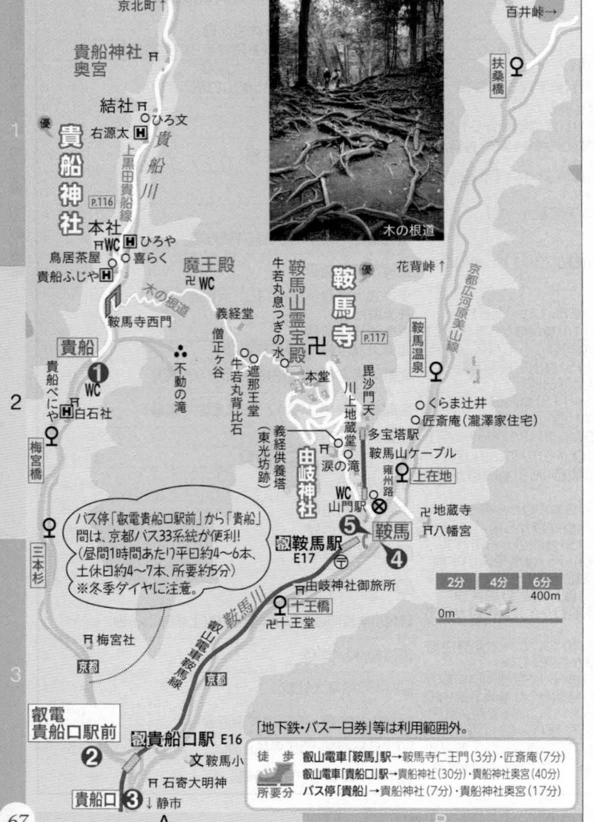

木の根道

鞍馬寺　案内 P117

奈良時代に鑑禎（がんてい）上人が毘沙門天を本尊として祀ったのが始まり。境内の「鞍馬山霊宝殿」の1階は、山内の動植物、鉱物などを展示する自然科学博物苑展示室、2階は寺宝展観室と与謝野晶子の遺品を展示する与謝野記念室、3階は国宝の毘沙門天像などの仏像奉安室、宝物収蔵庫がある。本殿前から比叡山や京都市街が望め、桜や紅葉が美しい。本殿裏から奥の院への山道に木の根道、さらに背比石、息次ぎの水など、牛若丸ゆかりの遺跡などが多くある。

貴船神社　案内 P116

古来より祈雨祈晴や運気隆昌、諸願成就として信仰を集めている。また、平安時代の女流歌人・和泉（いずみ）式部も参詣し、不和となった夫との復縁祈願が成就した伝説があり、えんむすびの神としても崇敬を集めている。現在では「水占（みずうら）みくじ」といわれる、水に浮かべると文字が浮かび上がる恋占いが人気。狭い境内だが、社殿が生い茂る古木の影に立ち、なにやら神秘的。

地名・名称　由岐（ゆき）神社　毘沙門天（びしゃもんてん）　花背（はなせ）峠　広河原（ひろがわら）　美山（みやま）　奥宮（おくみや）　京北町（けいほくちょう）　貴船口（きぶねぐち）　貴船（きふね）神社　匠斎庵（しょうさいあん）　義経堂（よしつねどう）　静市（しずいち）

おおはら 大原

声明と静寂、歴史の寺院と山里の癒しの地

バス停名 ❶大原 access

観光シーズンにここに来るなら午前中、それも午前 11 時までの到着が望ましい。それ以降の大原への国道 367 号線はかなり混雑するので、バスも時間がかかる。行程計画には充分配慮を。

乗り場番号は本書の説明のためにつけたものです。現地停にはこの番号はありませんのでご注意。

千院 案内 P118

澄が開基したこの寺は、優美な極楽の寺としてられている。本堂の往生極楽院には、国宝でる阿弥陀如来とその両脇に藤原仏といわれる珍しく正座している菩薩が配置されてある。境内には、有清園（ゆうせいえん）・聚碧園（しゅうへきえん）と呼ばれる二つの美しい庭園があり、桜、紫陽花（あじさい）、紅葉、雪景色と三千院は、季節ごとに趣きが感じられるお寺である。

ス停「大原」❶から京都駅行き（川端通経由）は、平日昼間毎時 3 便、地下鉄「国際会館」駅へは分毎に 1 便。詩仙堂及び洛東方面は、平日はほとんど無いのでバス停「花園橋」で乗換えるとよい。

寂光院 案内 P118

聖徳太子が建立したといわれる天台宗の尼寺。平清盛の娘・建礼門院徳子（けんれいもんいんとくし）が、平家滅亡後隠棲した所であり、「平家物語」ゆかりの寺として知られる。現在の本堂は平成 17 年（2005）再建され、同時に新しく作られた本尊や徳子と阿波内侍（あわのないし）の像も安置されている。

目的地	参照ページ	のりもの案内（太字は1時間に4便以上の系統。色数字は市バス循環系統・均一系統、◆は地下鉄・バス一日券、京都修学旅行1day チケットが利用可）待機時間	乗り場	アクセス（参照の行き方は左の目的地欄から探す。乗は乗り換え先のページで乗降の位置を確認してください）	降り場（バス停位置は参照ページで確認）	乗車時間	乗換回数
京都駅	15	10･30	❶	京都バス17◆･特17◆	京都駅前C3	65･75	0
		20+4	❶	参照国際会館駅前◆(P99) 乗K01国際会館駅から地下鉄烏丸線◆	地K11京都駅	23+20	1
東寺・四条大宮	25･33	10～+5	❶	参照四条河原町◆(P27) 乗同❻から市バス207◆	四条大宮❸･東寺東門前❷	59･69	1
四条河原町	27	10･30	❶	京都バス16◆･17◆･特17◆	四条河原町❶	47･57	0
四条烏丸	30	10	❶	京都バス17◆･特17◆	四条高倉㉒･四条烏丸❹	51～	0
河原町三条・三条京阪	35･37	10･30	❶	京都バス16◆･17◆･特17◆	河原町三条❸･三条京阪前Ⓔ	45～･41～	0
京都御所・西陣	38･43	10+5～	❶	参照出町柳駅前◆(P41･P115) 乗同❺から市バス203◆･201◆、102(土休日運行)	烏丸今出川❸･堀川今出川❹	37～･40～	1
京都御所・廬山寺	38	10+5～	❶	参照出町柳駅前◆ 乗同❷から市バス4◆･特4◆、同❺から市バス3◆･7◆	府立医大病院前⑪	33+3	1
下鴨神社・出町柳	41	10･30	❶	京都バス16◆･17◆･特17◆	出町柳駅前❷(P115)	33･43	0
二条城・二条駅	45	10～+4	❶	参照三条京阪前Ⓔ◆(P37) 乗T11三条京阪駅から地下鉄東西線◆〔下り〕	地T14二条城前駅･地T15二条駅	47･49	1
東福寺・三十三間堂	47･49	10+5～	❶	参照出町柳駅前◆(P41) 乗京阪鴨東線･本線 普通等	京東福寺駅･京七条駅	44～･40～	1
清水寺・祇園 知恩院・平安神宮	51･55 57･59	10～+4 ～	❶	参照高野橋東詰◆(P14D1･P113) 乗同❶から市バス206◆(東行)	熊野神社前❼･東山三条❷･知恩院前❺･祇園❶･清水道❶･五条坂❹	39～55	1
平安神宮・永観堂・南禅寺・哲学の道・銀閣寺	59･61 63	10～+5	❶	参照花園橋◆(P99) 乗同❷から市バス5◆(南行)	銀閣寺道❷、東天王町❸、南禅寺･永観堂道❶、岡崎公園 美術館･平安神宮前❶	34～45	1
高野橋東詰	12	10･30	❶	京都バス16◆･17◆･特17◆	高野車庫❻･高野橋東詰❸(P113)	26～･28～	0
詩仙堂・曼殊院	65	10+5～	❶	参照花園橋◆ 乗同❷から市バス5◆･31◆(南行)	一乗寺清水町❶(31は❶のみ)･一乗寺下り松町❸	19+5～	1
蓮華寺・花園橋	13･14･99	10～･30	❶	京都バス16◆･17◆･特17◆･19◆	八瀬駅前･上橋❺･花園橋❷(19は花園橋❹)(P99)	15～29	0
宝ケ池	13･14･99	20	❶	京都バス19◆･特17◆	国際会館駅前❹	23、23	0
円通寺		20+30～	❶	京都バス19◆等で国際会館駅前(P99･P113) 乗同バス停❹から京都バス特40◆	西幡枝(円通寺前)バス停	23+6	1
実相院	13･99	10+30～	❶	京都バス19◆等で国際会館駅前(P99･P113) 乗同バス停❸から京都バス24◆	岩倉実相院バス停	23+12	1
鞍馬・貴船	67	10～+10	❶	京都バス16◆･17◆･特17◆で宝ケ池(P99) 乗叡山鞍馬線	叡鞍馬駅･叡貴船口駅	20～+19･22	1
北大路BT	69	10+8～	❶	参照高野橋東詰◆(P14D1･P113) 乗同❷から市バス204◆･206◆･北8◆(西行)	北大路BT降り場	28+12～	1
北野天満宮・白梅町	77	10+5～	❶	参照出町柳駅前◆(P41) 乗同❺から市バス203◆等	北野天満宮前❷･北野白梅町❻	33+13～	1
大徳寺・金閣寺	73･79	10+8	❶	参照高野橋東詰◆(P14D1･P113) 乗同❷から市バス204◆･206◆(西行)	大徳寺前❷、金閣寺道❷(市バス204のみ)	45、51	1
龍安寺・仁和寺	82	10+7	❶	参照三条京阪前Ⓔ◆(P37) 乗同A2から市バス59◆	龍安寺前❷･御室仁和寺❹	83･85	1
映画村・嵐山	85･87	10～+10	❶	京都バス17◆･特17･16◆で川端丸太町❸(P38･P114) 乗丸太町京阪前❷から市バス93◆	太秦映画村道❷、嵐山天龍寺前❶(土休日は❷)	39～+30･45	1

地名・名称 古知谷（こちだに） 建礼門院陵（けんれいもんいんりょう） 寂光院（じゃっこういん） 勝林院（しょうりんいん） 三千院（さんぜんいん） 往生極楽院（おうじょうごくらくいん） 来迎院（らいごういん） 草生町（くさおちょう） 呂川（ろ） 実光院（じっこういん） 紫陽花（あじさい）

洛北

鉄道記号 地 地下鉄　JR JR線　近 近鉄電車　阪 阪急電車　京 京阪電車　嵐 嵐電　叡 叡山電車

北大路（きたおおじ） 北山（きたやま）

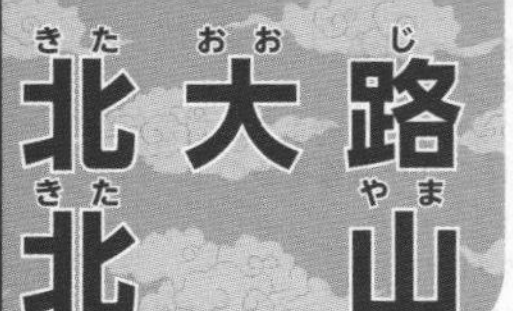

広大な植物園と流行ファッションの北山通

バス停名
Ⓐ～Ⓖ北大路バスターミナル（地下鉄北大路駅）
❶～❺烏丸北大路

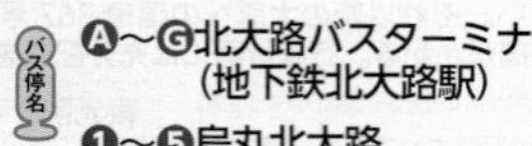

烏丸北大路❶～❺の番号は本書の説明のためにつけたものです。現地停にはこの番号はありませんのでご注意。

access バスは地下1階、地下鉄は地下2階のこの北大路ターミナルは、乗換中継地。乗り場は複雑なのでよく確かめること。植物園、府立陶板名画の庭、若者に人気の『北山通』には、次の地下鉄「北山」駅が最寄り駅。

京都府立植物園

案内 P117

大正13年（1924）に開園された日本の代表的植物園で、総面積は24万㎡にも及ぶ。1万2千種12万本もの草木が植えられ、一年中花に包まれた憩いの空間。広大な大芝生地、桜林、ばら園、日本の森植物生態園などがあり、平成4年（1992）オープンの大観覧温室が自慢。平成21年以降「日本一おもしろい、心やすらぐ植物園」づくりを基本コンセプトに、「植物展示場」、「四季彩の丘」、「ボタニカルウインドウ」、「昼夜逆転室・高山植物室（いずれも大観覧温室内）」等の植栽関係施設や、「森のカフェ」、「エコ路地」、「賀茂川門」、「北山カフェ」等、アイデア施設をつくっている。

半木の道

賀茂川の左岸、北大路―北山通間800mの堤防道で、せせらぎの静かな散策路。京都府立植物園に沿ったヤエベニ枝垂れ桜が「桜のトンネル」のように咲き誇る。神木が流れついたという流木（ながれぎ）神社の森が植物園となり、それが、な らぎ（半木）になまった。
鴨川沿いの桜並木は、葵橋付近から上賀茂橋 近までが特に美しく、大文字や鴨川のせせら を背景に、ソメイヨシノが帯のように咲きそろう
京都府立植物園内には、「半木の森」と呼ば る山城平野の植生をとどめる自然林があり、 の中ほどに半木神社がある。

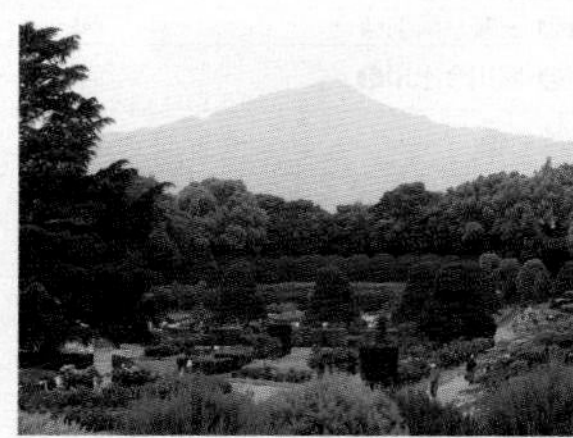

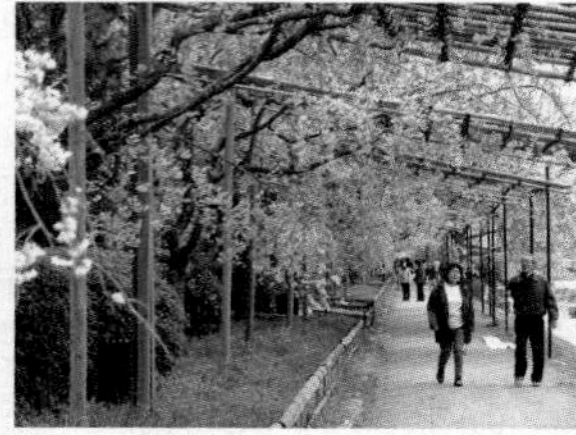

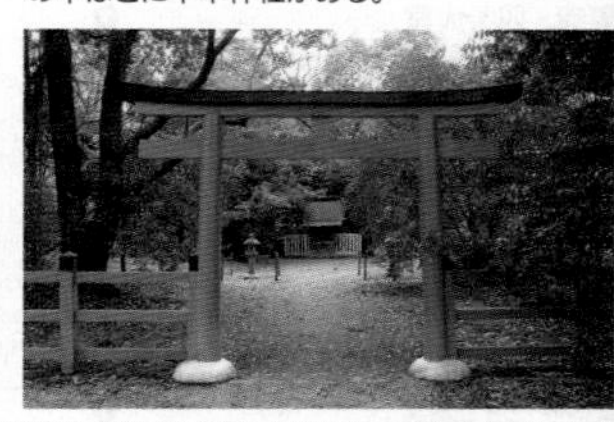

徒歩 所要分
北大路バスターミナル→半木の道(7分)・植物園正門(11分
地下鉄「北山」駅→植物園北門(1分)・陶板名画の庭(1分)

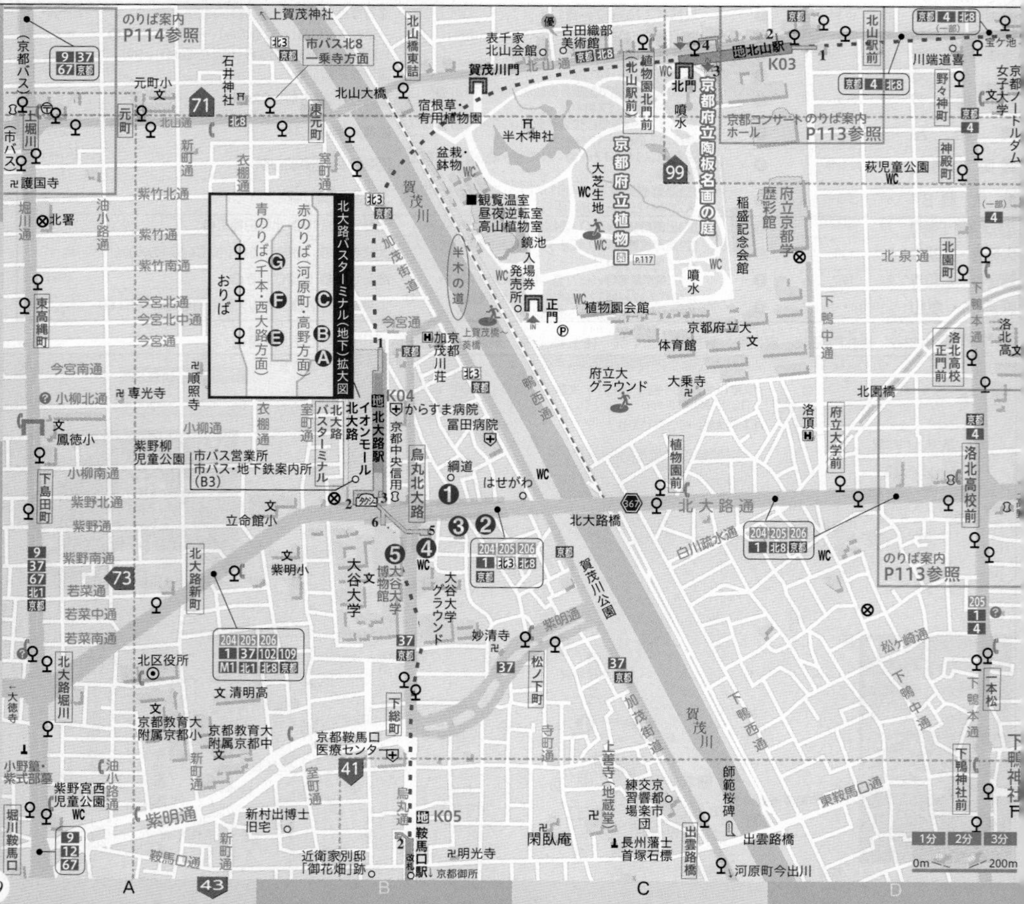

駅から地下鉄烏丸線（所要14分）でここへ来れば、詩仙堂界隈、上賀茂神社、鷹峯、大徳寺へは便も多く、近い。循環系統の市バス200番台のうち、一部の便は「北バスターミナル」止りのバスがあるので注意。

目的地	参照ページ	のりもの案内（太字は1時間に4便以上の系統。色数字は市バス循環系統・均一系統、◆は地下鉄・バス一日券、京都修学旅行1day チケットが利用可） 待機時間	乗り場	アクセス（参の行き方は左の目的地欄から探す。乗は乗り換え先のページで乗降の位置を確認してください）	降り場（バス停位置は参照ページで確認）	乗車時間	乗換回数
京都駅・東本願寺	15・23	4	地K04北大路駅	地下鉄烏丸線◆〔下り〕	地K10五条駅・地K11京都駅	11・13	0
京都水族館 京都鉄道博物館	21 25	4+15	地K04北大路駅	参K11京都駅◆（P19）乗京都駅前Ⓑ3から市バス86◆	七条大宮・京都水族館前❹、梅小路公園・京都鉄道博物館前❾	14+7~	1
東寺	25	4+10	地K04北大路駅	地下鉄烏丸線◆〔下り〕K12九条駅（P15）乗地下鉄九条駅前（大石橋）から市バス71◆（西行）	東寺東門前❸	15+7	1
四条河原町 新京極	27	4+5~	地K04北大路駅	参K09四条駅◆（P30）乗HK85烏丸駅から阪急電車・市バス◆等	阪HK86京都河原町駅・四条河原町各バス停	9+2~	0
		4	Ⓒ・❶	市バス205◆	四条河原町❸	26・24	0
		8	Ⓒ・❹	市バス37◆	四条河原町❶	23・21	0
四条烏丸・烏丸御池	30	4	地K04北大路駅	地下鉄烏丸線◆〔下り〕	地K08烏丸御池駅・地K09四条駅	7・9	0
四条大宮 壬生寺	33	8	Ⓖ	市バス206◆	四条大宮❸	29	0
		4+5~	地K04北大路駅	参K09四条駅◆（P30）乗HK85烏丸駅から阪急電車・市バス◆等	阪HK84大宮駅・四条大宮各バス停	9+2~	1
河原町三条 三条京阪	35 37	4	Ⓒ・❶	市バス205◆	河原町三条❷	23・21	0
		8	Ⓒ・❹	市バス37◆	河原町三条❶	20・18	0
		4+4	地K04北大路駅	参K08烏丸御池駅◆（P30）乗東西線◆〔上り〕	地T12京都市役所前駅・地T11三条京阪駅	7+2・4	1
京都御所	38	4	Ⓒ・❶	市バス205◆	府立医大病院前⓫	15・13	0
		8	Ⓒ・❹	市バス37◆	府立医大病院前⓫	12・10	0
		4	地K04北大路駅	地下鉄烏丸線◆〔下り〕	地K06今出川駅・地K07丸太町駅	3・6	0
下鴨神社 出町柳	41	4	Ⓒ・❶	市バス205◆	下鴨神社前❶	8・6	0
		8	Ⓒ・❶	市バス1◆	下鴨神社前❶・河原町今出川❸・出町柳駅前❸	6~16	0
		15~	❶	京都バス32◆・34◆・35◆・36◆※34・35は土休日運休	出町柳駅前❶（P115）	13	0
西陣	43	10・15	Ⓕ	市バス1◆・北1◆で北大路堀川（P73）乗同❹から市バス9◆・12◆	堀川今出川❺	4+5	1
		4+6~	地K04北大路駅	参K06今出川駅◆（P38）乗烏丸今出川❸から市バス59◆・201◆他、又は徒歩	堀川今出川❹	3+3~	1
二条城 二条駅	45	10	Ⓕ	市バス1◆・北1◆で北大路堀川（P73）乗同❹から市バス9◆・12◆	二条城前❺	4+11	1
		4+4	地K04北大路駅	参K08烏丸御池駅◆（P30）乗東西線◆〔下り〕	地T14二条城前駅・地T15二条駅	7+2・4	1
東福寺・泉涌寺	47	4+8	地K04北大路駅	参K11京都駅◆（P15）乗JR奈良線 普通	JR東福寺駅	13+2	1
三十三間堂	49	4+5~	地K04北大路駅	参K11京都駅◆乗京都駅前Ⓓ2から市バス206◆・86◆・106	博物館三十三間堂前❶・東山七条❺	13+10~	1
清水寺	51	4	Ⓑ・❶	市バス206◆	清水道❶・五条坂❹	34~36	0
祇園・八坂神社	55	4	Ⓑ・❶	市バス206◆	祇園❶	32・30	0
知恩院・青蓮院	57	4+4	地K04北大路駅	参K08烏丸御池駅◆（P30）乗東西線◆〔上り〕	地T10東山駅	7+5	1
平安神宮	59	4	Ⓑ・❶	市バス206◆	熊野神社前❼、東山二条・岡崎公園口⓭	22~26	0
南禅寺・永観堂	61	4+4	地K04北大路駅	参K08烏丸御池駅◆乗東西線◆〔上り〕	地T09蹴上駅	7+7	1
哲学の道	63	8	Ⓑ・❶	市バス204◆	東天王町❺	27・25	0
銀閣寺	63	8	Ⓑ・❶	市バス204◆	銀閣寺道❷	22・20	0
詩仙堂・曼殊院	65	15	Ⓑ・❶	市バス北8◆	一乗寺下り松町❹・一乗寺清水町❷	16~20	0
蓮華寺	13 99	4+20	地K04北大路駅	参K01国際会館駅◆（P99・P113）乗国際会館駅前❻から京都バス19◆	上橋❹・八瀬駅前バス停	6+6~	1
国際会館	13・14・	4	地K04北大路駅	地下鉄烏丸線◆〔上り〕	地K01国際会館駅	6	0
円通寺	99	4+15	地K04北大路駅	上記国際会館駅前❹から京都バス特40◆	西幡枝（円通寺前）バス停	6+6	1
実相院	13・99	4+15	地K04北大路駅	上記国際会館駅前❸から京都バス24◆	岩倉実相院バス停	6+12	1
鞍馬・貴船	67	4+10	Ⓑ・❶	市バス206◆で叡電元田中（P14D2）乗叡山鞍馬線	叡鞍馬駅・叡貴船口駅	13~+25~	1
大原	68	4~+20	地K04北大路駅	参K01国際会館駅◆（P99・P113）乗国際会館駅前❻から京都バス19◆	大原❶	6+22	1
京都府立植物園	69	4	地K04北大路駅	地下鉄烏丸線◆〔上り〕	地K03北山駅	2	0
上賀茂神社	71	6	Ⓐ・❶	市バス北3◆	御薗口町❸	8・6	0
		8	Ⓕ・❺	市バス37◆	上賀茂御薗橋❺	12・16	0
		30	Ⓐ	京都バス34◆・35◆（便少）	上賀茂神社前❸	11	0
大徳寺 千本北大路	73	8	Ⓕ・❷	市バス1◆	大徳寺前❷・千本北大路❺（P113）	5~9	0
		8~	Ⓕ	市バス北8◆	大徳寺前❷・千本北大路❺	4~9	0
		4	Ⓔ・❷	市バス205◆、102◆（Ⓔのみ、土休日運行）	大徳寺前❷、千本北大路❹（205のみ）（P113）	5~9	0
		8・8	Ⓖ	市バス204◆・206◆	大徳寺前❷・千本北大路❹（市バス206のみ❷）	5~9	0
神光院 源光庵	14 100	8	Ⓕ・❺	市バス37◆	神光院前❸	16・20	0
		8	Ⓕ	市バス1◆・北1◆	神光院前❸（市バス1のみ）・鷹峯源光庵前❶（市バス北1のみ）	19・15	0
西ノ京円町	75	4	Ⓔ・❷	市バス205◆	西ノ京円町❶（P76）	20・23	0
		8	Ⓖ	市バス204◆	西ノ京円町❷	20	0
北野天満宮・北野白梅町・金閣寺	77 79	4	Ⓔ・❷	市バス205◆	金閣寺道❷・北野白梅町❻	11~16~	0
		8	Ⓖ	市バス204◆	金閣寺道❷・北野白梅町❻	11・16	0
		15	Ⓔ	市バス102◆（土休日運行）	金閣寺道❷・北野天満宮前❶	8・13	0
		30	Ⓔ	市バス109◆（GW・秋の繁忙期運行）	金閣寺道❶	8	0
等持院・龍安寺 仁和寺・妙心寺	79 82	4~+7	Ⓔ・Ⓕ・Ⓖ	参千本北大路◆（P73・P113）乗同❹から市バス59◆（西行）	立命館大学前❽・龍安寺前❷・御室仁和寺❹	16・18・20	1
		4~+10	Ⓔ・Ⓖ	参北野白梅町◆（P77）乗同❼から市バス26◆	等持院道・妙心寺北門前❼・御室仁和寺❹	19~25	1
		4~+10	Ⓔ・Ⓖ	参北野白梅町◆乗嵐電北野線	嵐等持院駅・嵐龍安寺駅・嵐妙心寺駅・嵐御室仁和寺駅	18~21	1
		30	Ⓔ	市バス109◆（GW・秋の繁忙期運行）	立命館大学前❽・龍安寺前❷・御室仁和寺❹	11・12・16	0
広隆寺 映画村 嵐山 嵯峨野	85 87 91	4~+15	Ⓔ・Ⓖ	参西ノ京円町◆乗西ノ京円町❹から京都バス63◆・66◆	太秦映画村前❸・太秦広隆寺前❻・嵐山❹	30・32・42	1
		4~+10	Ⓔ・Ⓖ	参西ノ京円町◆（P75）乗西ノ京円町❹から市バス93◆（西行）	太秦映画村道❷・嵯峨小学校前❽（土休日は❼）・嵐山天龍寺前❶（土休日は❷）	28・38・41	1
		4~+10	Ⓔ・Ⓖ	参西ノ京円町◆乗ＪＲ嵯峨野線〔下り〕普通	JR嵯峨嵐山駅	32	1
		4~+10	Ⓔ・Ⓖ	参西ノ京円町◆乗同❹から市バス91◆（西行）	太秦映画村道❷・嵯峨釈迦堂前❻・大覚寺❶	28・39・42	1
		30	Ⓔ	市バス109◆（GW・秋の繁忙期運行）	大覚寺❶・嵯峨釈迦堂前❺・嵯峨小学校前⓫・嵐山❹	31・34・36・39	0
高雄	90	4~+30	Ⓔ・Ⓖ	参北野白梅町◆（P77）乗同❼からJRバス◆	高雄❸・栂ノ尾❻	16+24~	1
松尾大社 苔寺	13 101	4+15	地K04北大路駅	参K09四条駅◆（P30）乗四条烏丸❼から市バス29◆	松尾大社前❷・松室北河原町❽	9+29~	1
		4~+30	Ⓔ・Ⓖ	参西ノ京円町◆（P75）乗同❹から京都バス63◆（西行）	松尾大社前❷、苔寺・すず虫寺❼	45・49	1
伏見稲荷	14・93	4+8	地K04北大路駅	参K11京都駅◆（P15）乗JR奈良線 普通	JR稲荷駅・JR桃山駅・JR宇治駅	19・27・39	1
伏見桃山・宇治	94・97	15	地K04北大路駅	地下鉄烏丸線近鉄乗り入れ新田辺・奈良行	近桃山御陵前駅	23~	0
小野・醍醐	13・95	4+4	地K04北大路駅	参K08烏丸御池駅◆（P30）乗東西線◆〔上り〕	地T04小野駅・地T03醍醐駅	27・29	1

洛北

鉄道記号
地 地下鉄
JR ＪＲ線
近 近鉄電車
阪 阪急電車
京 京阪電車
嵐 嵐電
叡 叡山電車

名・名称 北山通（きたやま） 神殿町（こうどのちょう） 半木神社（なからぎ） 北大路通（きたおおじ） 洛北高校前（らくほくこうこうまえ） 紫明通（しめい） 下鴨本通（しもがもほんどおり） 陶板名画（とうばんめいが） 衣棚通（ころものたな） 今宮通（いまみや）

かみがもじんじゃ

上賀茂神社

"風そよぐならの小川" そして優美な行事の古社

バス停名

❶上賀茂神社前
❷❸御薗口町
❷❸上賀茂神社前（京都バス）
❹〜❼上賀茂御薗橋
❻❼加茂川中学前（京都バス）

乗り場番号は本書の説明のためにつけたものです。
現地停にはこの番号はありませんのでご注意。

access

バス停は「上賀茂神社前」❶と賀茂川を越えた「上賀茂御薗橋」❹〜❼を利用。広域移動には、地下鉄「北大路」駅へ向かうこと。「葵祭」には、賀茂川沿いの加茂街道が行列が間近に見られておススメ。

徒歩所要分

バス停「上賀茂神社前」❶
（神社前広場整備のため休止中）
バス停「上賀茂神社前（御薗口町）」❷❸→
上賀茂神社一ノ鳥居(4分)・大田神社(15分)
バス停「上賀茂御薗橋」❹❺→
上賀茂神社一ノ鳥居(5分)・高麗美術館(7分)
バス停「上賀茂御薗橋」❻❼→
上賀茂神社一ノ鳥居(6分)・高麗美術館(5分)
バス停「加茂川中学校前」→高麗美術館(1分)

1分 2分 3分
0m 200m

上賀茂神社境内図

上賀茂神社

上賀茂伝統的建造物群保存地区
明神川に沿って、神官の屋敷である社家が建ち並ぶ室町時代からの門前集落

上賀茂神社（賀茂別雷神社）
世界文化遺産

大田神社

天然記念物 大田ノ沢 かきつばた群落

天然記念物 深泥池生物群落

円通寺
P99地図参照

のりば案内
P113参照

京都精華大前駅 E12
北山駅 K03
京都府立植物園
高麗美術館
社家の家並
京都産業大学

亭「上賀茂神社前」❶経由の市バスは、4◆・特4◆(左京区総合庁舎経由)・46。賀茂川に架かる御薗橋を渡り、バス停「上賀茂御薗橋」❹を利用すればよい系統もあり、表組で確認。
方面には、堀川通の各交差点で乗換え。洛東方面には、「北大路バスターミナル」乗換えが便利。

のりもの案内(太字は1時間に4便以上の系統。色数字は市バス循環系統・均一系統、◆は地下鉄・バス一日券、京都修学旅行1day チケットが利用可)

目的地	参照ページ	待機時間	乗り場	アクセス(参照の行き方は左の目的地欄から探す。乗は乗り換え先のページで乗降の位置を確認してください)	降り場(バス停位置は参照ページで確認)	乗車時間	乗換回数
京都駅 東本願寺	15 23	10	❶	市バス4◆・特4◆(特4は左京区総合庁舎経由)	京都駅前市バス降り場	53・57	0
		5	❹	市バス9◆	同上	39	0
		6～+4	❷	参照北大路BT◆(P69) 乗K04北大路駅から地下鉄烏丸線◆〔下り〕	地K10五条駅・地K11京都駅	12+11・13	1
西本願寺	23	5	❹	市バス9◆	西本願寺前❶	32	0
京都水族館 東寺	25	6+5～	❶	参照四条大宮◆(P33) 乗同❸から市バス207◆・71◆・18◆・特18◆	七条大宮・京都水族館前❷、東寺東門前❷	34+8・10	1
四条河原町 新京極	27	8	❹	市バス37◆	四条河原町❶	35	0
		6・10・10	❶	市バス46◆・4◆・特4◆	四条河原町❾(市バス4・特4は❸)	47・40・44	0
四条烏丸 烏丸御池	30	6	❶	市バス46◆	四条烏丸❾・四条高倉㉑	40・43	0
		6～+4	❶	参照北大路BT◆(P69) 乗K04北大路駅から地下鉄烏丸線◆〔下り〕	地K08烏丸御池駅・地K09四条駅	12+7～	1
四条大宮・壬生寺	33	6	❶	市バス46◆	四条大宮❾	34	0
河原町三条	35	8	❹	市バス37◆	河原町三条❶・三条京阪前A3(P37)	32・43	0
三条京阪	37	10	❶	市バス4◆・特4◆	河原町三条❷	37・41	0
京都御所	38	10	❶	市バス4◆・特4◆	府立医大病院前⓫	29・33	0
		6～+4	❶	参照北大路BT◆(P69) 乗K04北大路駅から地下鉄烏丸線◆〔下り〕	地K06今出川駅・地K07丸太町駅	12+3～	1
下鴨神社 出町柳	41	10	❶	市バス4◆・特4◆	下鴨神社前❶・出町柳駅前❷・河原町今出川❹	21～・24～・26～	0
		8	❹	市バス37◆	河原町今出川❹	23	0
		15～	❷	京都バス32◆・34◆・35◆・36◆ *34・35は土休日運休	出町柳駅前❶(P115)	24～	0
西陣	43	5	❹	市バス9◆	堀川寺ノ内❶・堀川今出川❺	11・13	0
二条城・二条駅 千本丸太町	45	5	❹	市バス9◆	二条城前❺・堀川御池⓫	21・23	0
		6	❶	市バス46◆	千本丸太町❷(P114)・二条駅前❾	26・29	0
東福寺・三十三間堂	47・49	10+5		参照出町柳駅前(P41・P115) 乗京阪鴨東線・本線	京七条駅・京東福寺駅(普通のみ)	30～・34～	1
清水寺 祇園・八坂神社 知恩院・青蓮院	51 55 57	6～+4	❶	参照北大路BT◆(P69) 乗北大路BTⒷ・烏丸北大路❶から市バス206◆	祇園❶・清水道❶・五条坂❹	11～+32～	1
		6	❶	市バス46◆	祇園❺・知恩院前❻・東山三条❹	52・54・56	0
		5+4	❹	参照二条城前◆(P45) 乗T14二条城前駅から地下鉄東西線◆〔上り〕	地T10東山駅	21+7	1
平安神宮	59	6	❶	市バス46◆	岡崎公園 ロームシアター京都・みやこめっせ前❹・岡崎公園 美術館・平安神宮前❶	60・63	0
		6～+4	❶	参照北大路BT◆(P69) 乗Ⓑ・❶から市バス206◆	東山二条・岡崎公園口⑬	12+26	1
南禅寺・永観堂	61	5+4	❹	参照二条城前◆(P45) 乗T14二条城前駅から地下鉄東西線◆〔上り〕	地T09蹴上駅	21+9	1
哲学の道・銀閣寺 銀閣寺	61 63	5+5	❹	参照堀川今出川◆(P43) 乗同❸から市バス 203◆	銀閣寺道❷・東天王町❺	13+18・23	1
		6～+8	❶	参照北大路BT◆(P69) 乗Ⓑ・烏丸北大路❶から市バス204◆	銀閣寺道❷・東天王町❺	11～+22～	1
詩仙堂 曼殊院	65	11～+15	❶	市バス4◆で北山駅前❹(P69・P113) 乗同❶から市バス北8◆(東行)	一乗寺清水町❶・一乗寺下り松町❸	13+11～	1
		5+15	❹	市バス9◆で上堀川❸(P73・P114) 乗同❷から市バス北8◆(東行)	一乗寺清水町❶・一乗寺下り松町❸	4+17～	1
蓮華寺 大原	13・99 68	10+10・30	❶	市バス4◆・特4◆で出町柳駅前❷(P41・P115) 乗同❸から京都バス17◆・特17◆・16◆(北行)	上橋❹・大原❶	51・68～	1
宝ヶ池・岩倉	16・14・99	6～+4	❶	参照北大路BT◆(P69) 乗K04北大路駅から地下鉄烏丸線◆〔上り〕	地K01国際会館駅	12+6	1
円通寺		6～+4+15	❶	上記地K01国際会館駅(P99・P113) 乗同バス停❹から京都バス特40◆	西幡枝(円通寺前)バス停	12+6+6	2
実相院	13・99	6～+4+15	❶	上記地K01国際会館駅 乗同バス停❸から京都バス特40◆	岩倉実相院バス停	12+6+12	2
鞍馬・貴船	67	10+10～	❶	市バス4◆・特4◆で出町柳駅前❷(P41・P115) 乗叡山鞍馬線	叡貴船口駅・叡鞍馬駅	24+28・31	1
		30	❶	上記地K01国際会館駅(P99・P113) 乗同バス停❺から京都バス52◆・特54◆	貴船口❸・鞍馬❺	18+23・18+25	2
北大路BT	69	8	❹	市バス37◆	北大路BT降り場・北大路駅前❹	12・14	0
		15～	❷	京都バス32◆・34◆・35◆・36◆ *34・35は土休日運休	北大路BT降り場	11～	0
		6	❷・❻	市バス北3◆	北大路BT降り場	11・9	0
大徳寺	73	5・8	❹	市バス9◆・37◆	北大路堀川❹(市バス37は❸)	8	0
		15～	❷	京都バス32◆・34◆・35◆ *34・35は土休日運休	北大路堀川❸	7	0
千本北大路	73	6	❶	市バス46◆	千本北大路❷(P113)	14	0
鷹峯	14 100	5・8	❺	市バス9◆・37◆	神光院前❸	4	0
		6+10	❶	市バス46◆で佛教大学前㋑(P73) 乗同㋒から市バス6◆・北1◆	鷹峯源光庵前❶	12+4	1
		10+20	❹	市バス9◆で上堀川❸(P73・P114) 乗同❹から市バス北1◆(北行)	鷹峯源光庵前❶	4+10	1
北野天満宮	77	6+6～	❶	参照千本今出川◆(P77・P114) 乗同❹から全市バス◆(西行)	北野天満宮前❷・北野白梅町❺(❾❽❻等)	20+2～	1
千本今出川		6	❶	市バス46◆	千本今出川❷(P114)	20	0
金閣寺	79	6+4～	❶	参照千本北大路◆(P73・P113) 乗同❹から市バス205◆・204◆・12◆・59◆(西行)	金閣寺道❷(市バス12・59は金閣寺道❶)	14+2	1
等持院・龍安寺 仁和寺・妙心寺	79 82	6+8～	❶	参照千本北大路◆ 乗同❹から市バス12◆・59◆(西行)	立命館大学前❽(12は❽のみ)・龍安寺前❷・御室仁和寺❹	21・23・26	1
		6+10～	❶	参照千本今出川◆(P77・P114) 乗同❹から市バス10◆	妙心寺北門前❼	20+8	1
広隆寺 映画村	85	6+10～	❶	参照千本丸太町◆(P45・P114) 乗同❸から市バス93◆・京都バス63◆・66◆(西行)	太秦映画村道❷(市バス93のみ)・太秦映画村前❸(京都バスのみ)・太秦広隆寺前❻(京都バスのみ)	26+14～	1
嵐山 嵯峨野	87 91	6+10	❶	参照千本丸太町◆ 乗同❸から市バス93◆(西行)	嵯峨小学校前❽・嵐山天龍寺前❶・嵐山❸(土休日は❼・❷・❹)	26+26～	1
		6+10	❶	参照二条駅前◆(P45) 乗JR嵯峨野線〔下り〕快速・普通	JR嵯峨嵐山駅	29+14	1
高雄	90	6+30～	❶	参照千本丸太町(P45・P114)◆ 乗同❸からJRバス◆(西行)	高雄❸・栂ノ尾❻	26+30～	1

鉄道記号
地 地下鉄
JR JR線
近 近鉄電車
阪 阪急電車
京 京阪電車
嵐 嵐電
叡 叡山電車

名・名称 柊野別れ(ひらぎのわかれ) 御手洗川(みたらし) 御物忌川(おものい) 楢(なら)の小川 社家(しゃけ) 愛染倉(あぜくら) 御薗橋(みそのばし) 高麗(こうらい)美術館 御土居(おどい) 菖蒲(しょうぶ)

だいとくじ
大徳寺

文化財と壮絶・転変な歴史で人々を魅了する大寺

バス停名
❶❷大徳寺前
❸〜❼北大路堀川

乗り場番号は本書の説明のためにつけたものです。
現地停にはこの番号はありませんのでご注意。

バス停「大徳寺前」からの移動には、西方面の金閣寺・北野白梅町や東方面の京都府立植物園が便利。京都駅方面には北大路堀川バス停❹を利用。地下鉄「北大路」駅に向えば、広域の移動が可能。

大徳寺 案内P119

大燈国師（だいとうこくし）が創建し、応仁の乱で焼失後、一休宗純が再興。秀吉はじめ諸大名が伽藍建立に力を注いだ。本坊は通常非公開だが、公開されている塔頭には見るべき庭園が多い。**大仙院**（だいせんいん）（案内P111）本堂（国宝）は、入母屋造・銅板葺で、我国最古の方丈建築遺構といわれる。書院も重文。書院庭園は、室町時代の枯山水を代表する石庭といわれ、狭い庭に無数の岩石を配して、山と滝と渓流とを表わしており、特別名勝。**龍源院**（りょうげんいん）（案内P114）の方丈北庭は青苔の中に点在する石組が印象的。方丈南庭は白砂と石組の枯山水。方丈の東には、5個の石のみで構成された簡素な壷庭「東滴壷（とうてきこ）」がある。**瑞峯院**（ずいほういん）（案内P111）は、キリシタン大名・大友宗麟（そうりん）が、天文4年（1535）菩提寺として創建。本堂、表門は創建当時のものという。庭園は独坐庭と称し、苔と石組みで構成した枯山水。本堂裏には、石組を十字架形にした閑眠庭（かんみんてい）がある。茶席安勝軒は通常拝観。平成待菴（たいあん）は拝観予約必要。**高桐院**（案内P110）は、慶長6年（1601）利休七哲の一人細川忠興（ただおき）（三斎）の創建。利休邸移築の書院意北軒（いほくけん）に続く茶室松向軒（しょうこうけん）は秀吉の北野大茶会に用いられたものを移したと伝える。庭園は、通称「楓の庭」と呼ばれる簡素ながら趣のある庭で、一面の苔地の中に数株の楓のみ植わっている。江戸初期につくられた庭（本堂西側）に三斎とガラシャ夫人の墓がある。

今宮神社

疫病の神を祀る神社で、紫野の船岡山に創建された疫病社に由来する。疫病退散の古い祭を伝承している「やすらい祭」は、毎年4月第2日曜日に行われる。京都三大奇祭の一つ。拝殿横の阿呆賢（あほかし）さん（神占石）は、いわゆる「重軽石（おもかるいし）」だが、疫病社ゆえ、健康回復を早めてくれるご利益（りやく）もある。願をかけてこの石を撫で、その手で体の悪いところをさすれば病気が平癒するとの言い伝えがある。参道の「あぶり餅」は、ここ名物。

建勲神社

天下を統一した織田信長の偉勲を称え、明治2年（1869）明治天皇が創建。明治43年（1910）船岡山の山腹にあった社を山頂に遷祀（せんし）した。岡山は平安京造営の際、玄武の山として北の点となり、また、平安時代は大宮人の清遊のとして名高く眺望もよい。永禄11年（1568）信長上洛の日10月19日の大祭は「船岡祭」。殿祭のあと信長ゆかりの敦盛（あつもり）の舞奉納があ年により信長ゆかりの宝物などの公開や火縄の実射等の奉納がある。

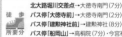

徒歩所要分
- 北大路堀川交差点→大徳寺南門（7分）
- バス停「大徳寺前」→大徳寺南門（2分）・大仙院（9分
- バス停「建勲神社前」→建勲神社（8分）
- バス停「船岡山」→高桐院（7分）・今宮神社（7分）
- バス停「今宮神社前」→今宮神社（1分）

1分 2分 3分
0m 200m

↑正伝寺 ↑大宮交通公園 貴船神社 金網つじ 上賀茂神社 常徳寺 下緑町 北山通 府立植物園 牛若 紫野泉堂町 常徳寺前 北消防署 待鳳小 京つけもん とり山本店 上堀川 のりば案内 P114参照 鷹峯 金遣寺 牛若丸誕生井碑 船岡東通 光念寺 北警察署 紫竹通 旭ケ丘 旭丘中 今宮神社 大徳寺通 総神社 北木ノ畑町 紫野上野町 おもかる石 上野通 東高縄町 御土居史跡公園 西向寺 佛教大学前 今宮児童公園 あぶり餅 一和 牛若通 新大宮商店街 今宮通 疫神社 あぶり餅・かざりや 今宮通 大仙院 猪ノ熊通 今宮神社前 大徳寺 芳春院 真珠庵 堀川通 鳳徳小 佛教大学 今宮門前通 府立盲学校幼小中 来光寺 金龍院趾碑 聚光院 唯明寺 大宮通 小柳南通 高桐院 総見院 方丈 唐門 下鳥田町 孤篷庵 正受院 三玄院 法堂 仏殿 三門 金毛閣 紫野高 興臨院 総門 正覚寺 若菜通 玉林院 大慈院 龍源院 大徳寺納豆磯田 若菜通 龍光院 泉仙 徳禅寺 後冷泉天皇火葬塚 今宮門前通 大光院 瑞峯院 泉仙 黄梅院 おはりばこ 大徳寺一久 宝泉院 船岡山 南門 千本北大路 建勲神社前 大徳寺前 北大路通 北大路堀川 北大路バスターミナル 金閣寺道 船岡東通 建勲北通 府立盲学校高 火葬塚 近衛天皇 京都ライトハウス ツラッティ千本 紫野小 常磐井 雲林院 島津製作所紫野工場 小野篁・紫式部墓 ライトハウス前 船岡山公園 智恵光院通 若宮神社 玄武神社 のりば案内 P113参照 真言院 千本通 建勲通 今宮神社御旅所 紫明通 上品蓮台寺 建勲神社 堀川鞍馬口 ↓千本今出川 鞍馬口通 ↓堀川今出川

●のバス停から銀閣寺方面への市バス204は、「北大路バスターミナル」止りがあるので注意。
亭「今宮神社前」からは市バス46を利用して、北は上賀茂神社、南は千本釈迦堂方面へ。

目的地	参照ページ	待機時間	乗り場	アクセス（参照の行き方は左の目的地欄から探す。乗は乗り換え先のページで乗降の位置を確認してください）	降り場（バス停位置は参照ページで確認）	乗車時間	乗換回数
のりもの案内（太字は1時間に4便以上の系統。色数字は市バス循環系統・均一系統、◆は地下鉄・バス一日券、京都修学旅行1day チケットが利用可）							
京都駅	15	5	❹	市バス9◆	西本願寺前❶・京都駅前市バス降り場	24・31	0
東・西本願寺	23	4～+8	❶	参北大路BT◆(P69) 乗K04北大路駅から地下鉄烏丸線◆〔下り〕	地K10五条駅・地K11京都駅	5+11・13	1
京都水族館 東寺	21 25	8+5	❷	参四条大宮◆(P33) 乗同❸から市バス207◆	七条大宮・京都水族館前❷、東寺東門前❷	24+8・9	1
四条河原町・新京極	27	8・4	❶	市バス12◆・205◆	四条河原町❾(市バス205は❸)	32・32	0
四条烏丸	30	8	❶	市バス12◆	四条烏丸❾・四条高倉㉑	26・29	0
烏丸御池		4～+4	❶	参北大路BT◆ 乗地下鉄烏丸線◆〔下り〕	地K08烏丸御池駅・地K09四条駅	5+7・9	1
四条大宮	33	8	❷	市バス206◆	四条大宮❸	24	0
河原町三条	35	4	❶	市バス205◆	河原町三条❷	29	0
三条京阪	37	8	❶	市バス12◆	三条京阪前Ⓓ(P37)	37	0
京都御所	38	4	❶	市バス205◆	府立医大病院前⓫	21	0
		8	❷	市バス204◆	烏丸丸太町❼	27	0
		4～+4	❶	参北大路BT◆(P69) 乗K04北大路駅から地下鉄烏丸線◆〔下り〕	地K06今出川駅・地K07丸太町駅	5+3・5	1
下鴨神社 出町柳	41	8	❶	市バス1◆	下鴨神社前❶・河原町今出川❸・出町柳駅前❸	14・20・22	0
		4	❶	市バス205◆	下鴨神社前❶・河原町今出川❹	14・20	0
		15～	❸	京都バス32◆・34◆・35◆ ※34・35は土休日運休	出町柳駅前❶(P115)	17～	0
西陣	43	8	❶	市バス12◆	堀川寺ノ内❶・堀川今出川❺	4・5・7	0
二条城	45	8	❶	市バス12◆	二条城前❺	15	0
二条駅		8	❷	市バス206◆	二条駅前❾	19	0
東福寺	47	8+5～	❶	参出町柳駅前◆(P41・P115) 乗京阪鴨東線・本線	京東福寺駅(普通のみ)	22+11～	1
三十三間堂	49	8+5～	❶	参出町柳駅前◆ 乗京阪鴨東線・本線 全車	京七条駅	22+7～	1
		4	❶	市バス206◆	東山七条❹・博物館三十三間堂前❷	53・55	0
清水寺	51	4	❶	市バス206◆	清水道❶・五条坂❹	44・45	0
祇園・八坂神社 知恩院・青蓮院	55 57	4	❶	市バス206◆	東山三条❷・知恩院前❺・祇園❶	36・38・40	0
		8	❶	市バス12◆	四条京阪前❸(P115)	34	0
			❶	参二条城前◆(P45) 乗T14二条城前駅から地下鉄東西線◆〔上り〕	地T10東山駅	15～+7	1
平安神宮	59	4	❶	市バス206◆	熊野神社前❼、東山二条・岡崎公園口⓭	32・34	0
南禅寺・永観堂	61	8+4	❶	参二条城前◆(P45) 乗T14二条城前駅から地下鉄東西線◆〔上り〕	地T09蹴上駅	15～+9	1
銀閣寺	61・63	8	❶	市バス204◆	銀閣寺道❷・東天王町❺	30・35	0
詩仙堂・曼殊院	65	15	❶	市バス北8◆	一乗寺下り松町❹・一乗寺清水町❷	28・29	0
蓮華寺 大原	13・99 68	4～+10・30	❶	市バス206◆・204◆で高野橋東詰❶(P14D1・P113) 乗高野車庫❺から京都バス17◆・特17◆・16◆	上橋❹・大原❶	19+10・27～	1
宝ヶ池・岩倉	13・14・99	4～+4	❶	参北大路BT◆(P69) 乗K04北大路駅から地下鉄烏丸線◆〔上り〕	地K01国際会館駅	5+6	1
円通寺		4～+4+15	❶	上記地K01国際会館駅 乗同バス停❹(P99・P113)から京都バス特40◆	西幡枝(円通寺前)バス停	5+6+6	2
実相院	13 99	4～+4+15	❶	上記地K01国際会館駅 乗同バス停❸から京都バス24◆	岩倉実相院バス停	5+6+12	2
鞍馬・貴船	67	30	❶	上記地K01国際会館駅(P99・P113) 乗同バス停❺から京都バス52・特54◆	貴船口❸・鞍馬❺	11+23・11+25	2
北大路BT	69	4～	❶	市バス北8◆・205◆・206◆・204◆・1◆等	北大路BT降り場	6	0
上賀茂神社	71	5・8	❼	市バス9◆・37◆	上賀茂御薗橋❺	8	0
千本北大路	73	4～	❷	市バス全系統◆	千本北大路各バス停(P113)	4～	0
鷹峯	14 100	8	❷	市バス1◆	神光院前❸	15	0
		5・8	❼	市バス9◆・37◆	神光院前❸	12	0
		10	❼	市バス北1◆	鷹峯源光庵前❶	14	0
西ノ京円町	75	4・8	❷	市バス205◆・204◆	西ノ京円町❷・(市バス205は西ノ京円町❶)	15	0
北野天満宮 北野白梅町	77	4・8	❷	市バス205◆・204◆、102◆(土休日運行)	北野白梅町❻(102は❸)、北野天満宮前❶(102のみ)	11、13	0
金閣寺 等持院	79	15	❷❺	市バス12◆	金閣寺道❶、立命館大学前❽(市バス12のみ)	5～・11～	0
		8、15・30	❷❺	市バス205◆・204◆、102◆(❷のみ、土休日運行)・109◆(❷のみ、GW・秋の繁忙期運行)	金閣寺道❷(109は❶)	6・7、5～	0
等持院・龍安寺 仁和寺・妙心寺	79 82	4～+7	❷	参千本北大路◆(P73・P113) 乗同❹から市バス59◆(西行)	立命館大学前❽・龍安寺前❷・御室仁和寺❹	13・15・17	1
		30	❷	市バス109◆(GW・秋の繁忙期運行)	立命館大学前❽・龍安寺前❷・御室仁和寺❹	8・9・13	0
		4～+10～	❷	参北野白梅町◆(P77) 乗同❼市バス26◆	妙心寺北門前❼	10～+4	1
		4～+10	❷	参北野白梅町◆ 乗嵐電北野線	嵐等持院駅・嵐龍安寺駅・嵐妙心寺駅・嵐御室仁和寺駅	12～17	1
太秦映画村・広隆寺 嵐山 嵯峨野	85 87 91	4～+30～	❷	参西ノ京円町◆(P75) 乗同❹から市バス93◆、京都バス63◆66◆(西行)	太秦映画村道❷(市バス93)・太秦映画村前❸(京都バスのみ)・太秦広隆寺前❻(京都バスのみ)	15+10～	1
		4+7	❷	市バス205◆で西大路三条❶(P75) 乗嵐電嵐山本線〔下り〕	嵐太秦広隆寺駅・嵐嵐山駅	21+6・16	1
		4～+10～	❷	参西ノ京円町◆ 乗JR嵯峨野線〔下り〕普通	JR花園駅・JR嵯峨嵐山駅	17・20～	1
		4～+10	❷	参西ノ京円町◆ 乗同❹から市バス93◆(西行)	嵯峨小学校前❽・嵐山天龍寺前❶(土休日は❼・❷)	15+18～	1
		30	❷	市バス109◆(GW・秋の繁忙期運行)	大覚寺❶・嵯峨釈迦堂前❺・嵐山❹	28・31・36	0
高雄	90	4～+30	❷	参西ノ京円町◆ 乗同❻からJRバス◆	高雄❸・栂ノ尾❻	15+26～	1
松尾大社 鈴虫寺・苔寺	13 101	4+5～	❷	市バス205◆で西大路四条❻(P75) 乗同❸から市バス3◆・71◆・28◆・29◆	松尾橋❻(市バス3・71は❻のみ)・松尾大社前❷(市バス28は❹)・松室北河原町❽(市バス29のみ)	23+15・17・18	1
		4～+30	❷	参西ノ京円町◆(P75) 乗西ノ京円町❹から京都バス63◆(西行)	松尾大社前❷、苔寺・すず虫寺❼	15+25、29	1
伏見稲荷 伏見桃山	14・93・94	8+5～	❶	参出町柳駅前◆(P41) 乗京阪鴨東線・本線	京伏見稲荷駅・京伏見桃山駅(普通のみ)	22+17・29	1
		5+8	❹	参京都駅前◆(P15) 乗近鉄京都線急行・普通	近桃山御陵前駅	31+9～	1
小野・醍醐	14 95	8+4	❶	参二条城前◆(P45) 乗T14二条城前駅から地下鉄東西線◆〔上り〕	地T04小野駅・地T03醍醐駅	14+21～	1
宇治	13・97	5+8～	❹	参京都駅前◆(P15) 乗JR奈良線 普通等	JR黄檗駅・JR宇治駅(快速)	31+22・17	1

洛北

鉄道記号
地 地下鉄
JR JR線
近 近鉄電車
阪 阪急電車
京 京阪電車
嵐 嵐電
叡 叡山電車

名・名称 紫野泉堂町（むらさきの せんどうちょう） 今宮神社（いまみや） 孤篷庵（こほうあん） 船岡山（ふなおかやま） 建勲神社（たけいさお） 小野篁・紫式部墓（おののたかむら むらさきしきぶ） 高桐院（こうとういん） 瑞峯院（ずいほういん） 上堀川（かみほりかわ）

洛中と洛西を繋ぐ、乗り換えポイント

円町・西院周辺は洛中と洛西の中間的な場所に位置し、大学や工場なども多くあるところ。バス停「円町」「西大路四条」は市内中心部からと、嵐山・嵯峨野方面からとのバス路線が重なっており、両者間の便利な乗り換え地点でもあります。近年、地下鉄東西線「西大路御池」駅・「太秦天神川」駅が開通、嵐電の「嵐電天神川」駅が開業して、鉄道でのアクセスも良い。西院駅は、阪急が「さいいん」、嵐電（京福）が「さい」と読みます。

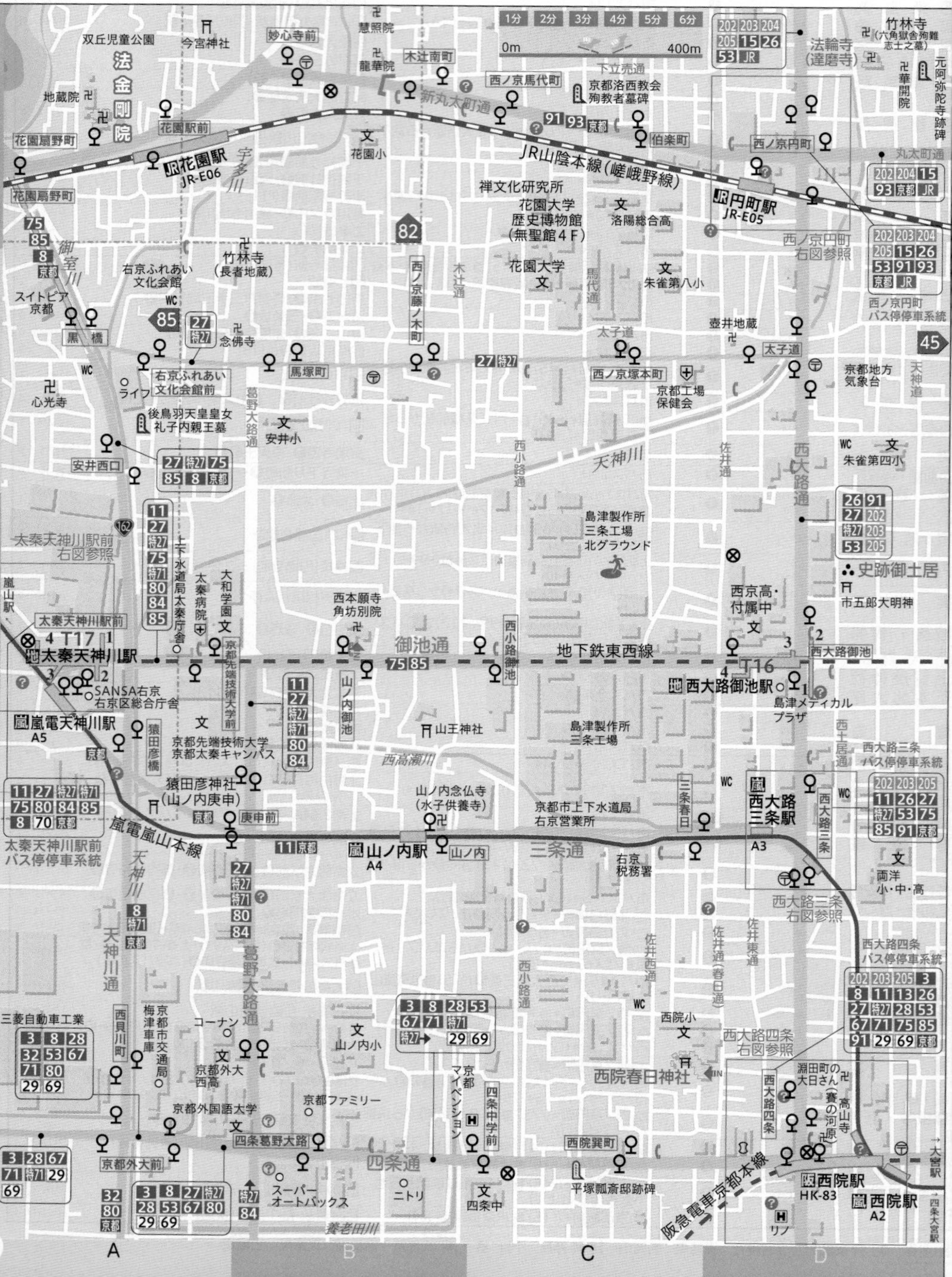

JR花園駅 JR-E06
JR円町駅 JR-E05
JR山陰本線（嵯峨野線）
地下鉄東西線
太秦天神川駅 T17
西大路御池駅 T16
嵐電天神川駅 A5
嵐電嵐山本線
山ノ内駅 A4
西大路三条駅 A3
西院駅 A2
阪急電車京都本線
阪西院駅 HK-83

太秦天神川駅前バス停車系統
西ノ京円町バス停車系統
西大路三条バス停車系統
西大路四条バス停車系統

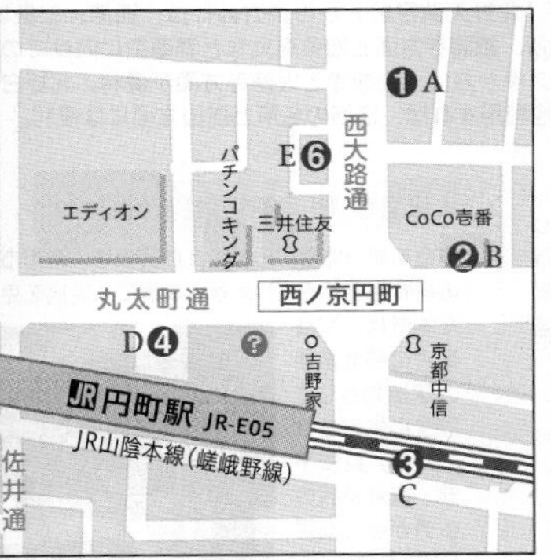

■西ノ京円町（JR円町駅）❶〜❻

乗り場	バス会社	系統番号	行き先
❶	市バス	26	西大路四条〜京都駅前
		53	西大路四条〜京都外大前
		203	西大路四条〜祇園〜
		205・快205	西大路七条〜京都駅前〜
		臨	西大路四条〜京都外大前
	JRバス	高雄・京北線	文化庁前・府庁前／四条大宮〜京都駅
❷	市バス	15	二条駅前〜三条京阪前
		93	東天王町〜錦林車庫前
		202	熊野神社前〜東福寺〜
		204	東天王町〜銀閣寺道〜
	京都バス	62・63・65・66	千本丸太町〜三条京阪前
		臨丸太町	堀川丸太町〜川端丸太町
❸	市バス	91	西大路四条〜四条烏丸
		202	西大路九条〜九条車庫前〜
		快202	西大路駅前〜九条車庫前
❹	市バス	91	太秦映画村道〜大覚寺
		93	太秦映画村道〜嵐山
	京都バス	62	嵐山〜清滝
		63	嵐山〜苔寺
		65	太秦広隆寺前〜有栖川
		66	太秦広隆寺前〜阪急嵐山駅前
		臨丸太町	妙心寺前〜嵯峨瀬戸川町
❻	市バス	15	わら天神前〜立命館大学前
		臨15	北野白梅町〜立命館大学前
		26	御室仁和寺〜山越中町
		53	等持院東道〜立命館大学前
		快202・臨	衣笠校前〜立命館大学前
		203	北野白梅町〜銀閣寺道〜
		204・205	金閣寺道〜北大路BT〜
		快205	北野白梅町〜立命館大学前
		特205	等持院道〜立命館大学前
	JRバス	高雄・京北線	高雄〜周山

■太秦天神川駅前❶❷❸／蚕ノ社（市バス）・太秦天神川駅前（蚕の社）（京都バス）❹❺

乗り場	バス会社	系統番号	行き先
❶	市バス	8	福王子〜高雄
		特8	福王子〜山越中町
		11	嵐山〜山越中町
		27	馬塚町〜四条烏丸
		特27	馬塚町〜光華女学園前
		70	梅津段町〜JR桂川駅前
		特71	京都外大前〜松尾橋
		75	太秦映画村道〜山越中町
		85	太秦映画村道〜嵐山
	京都バス	73・83	嵐山〜苔寺【三条通を経由】
		75	太秦広隆寺前〜有栖川【三条通を経由】
		76	太秦広隆寺前〜嵐山
❷	市バス	8	西大路四条〜四条烏丸
		27・特27	京都学園大学前〜京都外大前
		特71	京都外大前〜大石橋
		75	西大路四条〜京都駅前
		80	西京極〜四条河原町
		84	西京極駅前〜京都駅八条口
		85	西大路四条〜京都駅
	京都バス	81	京都外大前〜京都駅前
❸	市バス	11	四条河原町〜三条京阪前
❹	市バス	11	四条河原町〜三条京阪前
	京都バス	72・73・75・76	四条烏丸〜京都駅前
❺	市バス	11	嵐山〜山越中町
		70	梅津段町〜JR桂川駅前

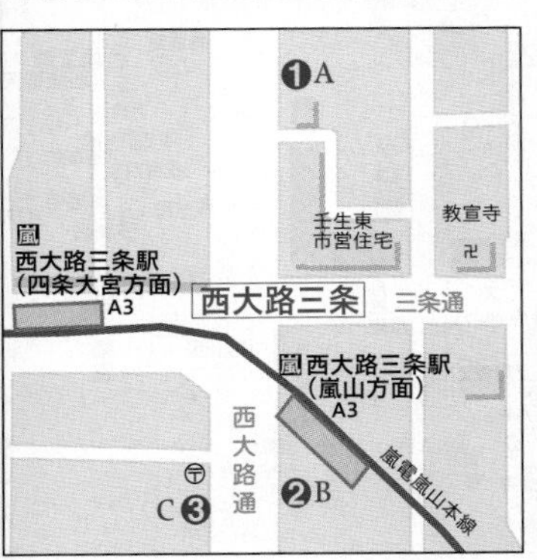

■西大路三条❶〜❸

乗り場	バス会社	系統番号	行き先
❶	市バス	75・85	西大路五条〜京都駅前
		202	西大路九条〜九条車庫前〜
		快202	西大路駅前〜九条車庫前
		205	京都駅前〜九条車庫前
		快205	西大路七条〜京都駅前
❷	市バス	11	四条大宮〜三条京阪前
		26	四条烏丸〜京都駅前
		27	西大路四条〜四条烏丸
		特27	西大路五条〜光華女子学園前〜
		53	西大路四条〜京都外大前
		91	四条大宮〜四条烏丸
		203	祇園〜錦林車庫前〜
	京都バス	72・73・75・76	四条烏丸〜京都駅前
❸	市バス	11	嵐山〜山越中町
		26	北野白梅町〜山越中町
		27・特27	馬塚町〜京都外大前
		53	等持院東道〜立命館大学前
		75	太秦映画村道〜山越中町
		85	太秦映画村道〜嵐山
		91	太秦映画村道〜大覚寺
		202	西ノ京円町〜熊野神社〜
		快202	北野白梅町〜立命館大学前
		203	北野白梅町〜烏丸今出川〜
		205	金閣寺道〜北大路BT〜
		快205	北野白梅町〜立命館大学前
		特205	等持院道〜立命館大学前
	京都バス	73	嵐山〜苔寺
		75	太秦広隆寺前〜有栖川
		76	太秦広隆寺前〜阪急嵐山駅前

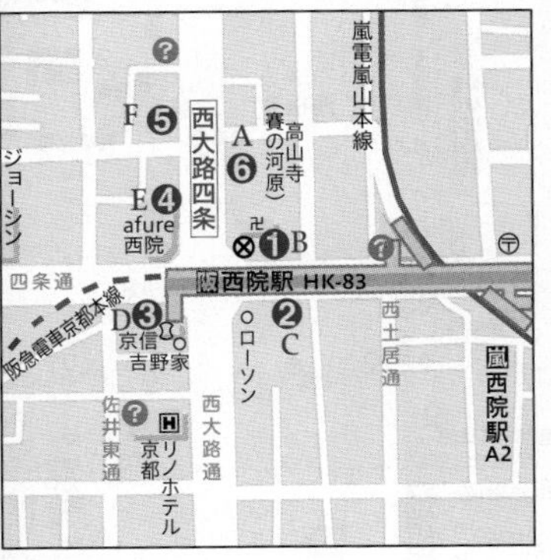

■西大路四条（阪急・嵐電西院駅）❶〜❻

乗り場	バス会社	系統番号	行き先
❶	市バス	3	四条河原町〜北白川仕伏町
		11	四条河原町〜三条京阪前
		8・13・特13・臨13・29・91	四条大宮〜四条烏丸
		26	四条烏丸〜京都駅前
		27	四条大宮〜四条烏丸
		28	四条堀川〜京都駅前
		67	四条堀川〜上賀茂神社前
		69	四条大宮〜二条駅西口
		71	四条大宮〜京都駅八条口アバンティ前
		203	祇園〜熊野神社前〜
	京都バス	72・73・75・76	四条烏丸〜京都駅前
❷	市バス	13	久世橋東詰〜久世工業団地前
		特13	中久世〜久我石原町
		臨13	久世橋東詰〜吉祥院嶋高町
❸	市バス	3・67・71	京都外大前〜松尾橋
		8	京都外大前〜栂ノ尾
		28	松尾大社前〜大覚寺
		29	松尾大社前〜洛西BT
		53	京都外大前
		69	上桂駅前〜桂駅東口
❹	市バス	202	西ノ京円町〜熊野神社前〜
		快202・臨	衣笠校前〜立命館大学前
		203	北野白梅町〜銀閣寺道〜
		205	金閣寺道〜北大路BT〜
		快205	北野白梅町〜立命館大学前
		特205	等持院道〜立命館大学前
		53	等持院東道〜立命館大学前
	京都バス	73	嵐山〜苔寺
		75	太秦広隆寺前〜有栖川
		76	太秦広隆寺前〜阪急嵐山駅前
❺	市バス	11	嵐山〜山越中町
		26	北野白梅町〜山越中町
		27・特27	馬塚町〜京都外大前
		75	太秦映画村道〜山越中町
		85	太秦映画村道〜嵐山
		91	西ノ京円町〜大覚寺
❻	市バス	特27	西大路五条〜光華女子学園前〜
		75・85	西大路五条〜京都駅前
		202	西大路九条〜九条車庫前〜
		快202	西大路駅前〜九条車庫前
		205	西大路七条〜京都駅前〜
		快205	西大路七条〜京都駅前

北野天満宮（きたのてんまんぐう）

梅香広がる学問の神、建物は桃山文化を今に伝える

バス停名　❶❷北野天満宮前　❸～❾北野白梅町

乗り場番号は本書の説明のためにつけたものです。現地停にはこの番号はありませんのでご注意。

access　バス停「北野天満宮前」から東方面には、西陣、二条城、京都御所、銀閣寺方面と四条烏丸など繁華街に向けての便がよい。南側バス停からは、金閣寺と大徳寺方面が便利。北野白梅町の嵐電北野線を利用すれば、洛西の名所と嵐山方面には便利。

北野天満宮　案内 P116

左遷されて太宰府（だざいふ）で亡くなった菅原道真（すがわらのみちざね）の怨霊（おんりょう）を鎮（しず）めるために、小祠（しょうし）が祀られたのが起こり。全国の天満宮の根本社で、受験シーズンには合格祈願に多くの人が訪れる。本殿・拝殿・中門等、国宝の建物が立ち並び、梅の名所としても知られる。宝物殿は観光シーズンにはほぼ公開している。修学旅行のクラス・班別の「昇殿参拝祈祷」（合格祈願・身体健康祈祷、国宝本殿等の説明）も行われている。

中門

社殿

大報恩寺（だいほうおんじ）（千本釈迦堂）　案内 P119

鎌倉初期の開創。応仁の乱の兵火は、京都市中の建物を多く焼亡したが、幸運にも災禍を免れた本堂は、京洛最古の鎌倉初期の建造物として国宝に指定されている。他に平安・鎌倉時代の仏像が多く安置してあり圧巻。

徒歩所要分

- バス停「北野天満宮前」→北野天満宮一ノ鳥居（1分）
- 北野白梅町交差点→北野天満宮一ノ鳥居（7分）・平野神社（9分）
- バス停「上七軒」→千本釈迦堂（3分）

のりば案内 P114参照

●バス停からの市バス203銀閣寺、岡崎道行きは、「錦林車庫前」止りがあり、標柱時刻表確認。永観堂へは「東天王町」下車(P63)で徒歩がよい。

目的地	参照ページ	待機時間	乗り場	アクセス(参照の行き方は左の目的地欄から探す。乗換は乗り換え先のページで乗降の位置を確認してください)	降り場(バス停位置は参照ページで確認)	乗車時間	乗換回数
		のりもの案内(太字は1時間に4便以上の系統。色数字は市バス循環系統・均一系統、◆は地下鉄・バス一日券、京都修学旅行1day チケットが利用可)					
京都駅	15	8	❶・❹	市バス50◆	京都駅前市バス降り場	36	0
		4・30	❻	市バス205◆・JRバス◆	京都駅前市バス(JRバス)降り場	36・23	0
京都水族館 東寺	21 25	5~+6~		参照四条大宮(P33) 乗換同❸から市バス207◆・71◆・18◆・特18◆	七条大宮・京都水族館前❷・東寺東門前❷	18~+8・11	1
四条河原町 新京極	27	30・10	❶・❸	市バス51◆、市バス10◆(❶❹乗り場から)	四条河原町❶	27~29	0
		15	❻	市バス15◆	四条河原町❶	28	0
		5	❷・❻	市バス203◆	四条河原町❾	33・31	0
四条烏丸 烏丸御池	30	30	❶・❸	市バス51◆	烏丸御池❶(P115)	20	0
		30・15	❶・❹	市バス52◆・55◆	四条烏丸❽	24~・29~	0
		5・15	❷・❻	市バス203◆、市バス15◆(❻からのみ)	四条烏丸❾(市バス15は烏丸御池❶(P115))	21~27	0
四条大宮 壬生寺	33	30・15	❶・❹	市バス52◆・55◆	四条大宮❾	18・19	0
		5・30	❷・❻	市バス203◆、JRバス◆(❻からのみ)	壬生寺道⓱(203のみ)・四条大宮❶(JRバスは❸)	17~	0
河原町三条 三条京阪	35 37	30	❶・❸	市バス51◆	河原町三条❸	25・26	0
		10	❶・❹	市バス10◆	河原町三条❶・三条京阪前A1(P37)	24~33	0
		15	❻	市バス15◆	河原町三条❶・三条京阪前C2	25・33	0
京都御所 烏丸今出川	38	30	❶・❸	市バス51◆	烏丸今出川❹・烏丸一条・烏丸丸太町❾	12~18	0
		5、15	❶・❸	市バス203◆、102◆(土休日運行)	烏丸今出川❷	12~、12~	0
		10	❶・❹	市バス10◆	烏丸丸太町❼	17・18	0
		8	❻	市バス204◆	烏丸丸太町❼	16	0
下鴨神社 出町柳	41	5、15	❶・❸	市バス203◆、102◆(土休日運行)	河原町今出川❸・出町柳駅前❹	17~19	0
		4	❽	市バス205◆	下鴨神社前❶	25	0
西陣・堀川今出川	43	3~、15	❶・❸	市バス51◆・203◆、102◆(土休日運行)	堀川今出川❸	7~、8~	0
二条城 二条駅	45	30・15	❶・❹	市バス52◆・55◆	二条駅前❾	8~・13~	0
		8	❶・❹	市バス50◆	二条城前❺	16・13・10	0
		15・30	❻	市バス15◆・JRバス◆	二条駅前❾・堀川御池❼(市バス15のみ)	9~16	0
東福寺・三十三間堂	47・49	5~+5~	❶・❸	参照出町柳駅前◆(P41・P115) 乗換京阪鴨東線・本線	京七条駅・京東福寺駅(普通のみ)	13~+12~	1
清水寺	51	5~+4	❶・❸	参照百万遍◆(P14・P114) 乗換同❷から市バス206◆(南行)	清水道❶・五条坂❹	16~+17~	1
		10+5~	❶・❹	参照四条河原町◆(P27) 乗換同❾から京阪バス全系統(全て◆)・市バス207◆	清水道❶(京阪バスは❷)・五条坂❹(京阪バスは五条坂❺)	29+9~	1
祇園・八坂神社 知恩院 南禅寺・永観堂	55 57 61	10	❶・❹	市バス10◆	四条京阪前❸(P115)	29・30	0
		5	❷・❻	市バス203◆	祇園❺・知恩院前❻・東山三条❹	36~40	0
		5	❶・❸	市バス203◆	東山三条❷・知恩院前❺・祇園❷	40~43	0
		8~+4	❶・❹	参照二条城前◆(P45) 乗換T14二条城駅から地下鉄東西線◆〔上り〕	地T10東山駅・地T09蹴上駅	13~+10~	1
平安神宮	59	5	❶・❸	市バス203◆	岡崎道⓰・熊野神社前❾	33~36	0
		8	❻	市バス204◆	熊野神社前❽・岡崎道⓯	24・26	0
永観堂 哲学の道・銀閣寺	61・63	5、15	❶・❸	市バス203◆、102◆(土休日運行)	銀閣寺道❷(102は❷のみ)・東天王町❺	26~32	0
		8	❻	市バス204◆	東天王町❻・銀閣寺道❸	34・41	0
百万遍	14	5、15	❶・❸	市バス203◆、102◆(土休日運行)	百万遍❺(P114)	20~、20~	0
詩仙堂 曼殊院 岩倉・宝ヶ池	13 14 65 99	5~+4	❶・❸	参照銀閣寺道◆(P63) 乗換同❸から市バス5◆	一乗寺下り松町❹・一乗寺清水町❷	20+6~	1
		5+10	❶・❸	参照出町柳駅前◆(P41) 乗換叡山本線〔下り〕	叡一乗寺駅・叡修学院駅・叡宝ヶ池駅	23・25・27	1
		5~+4	❶・❸	参照烏丸今出川◆(P38) 乗換K06今出川駅から地下鉄烏丸線◆〔上り〕	地K01国際会館駅	12~+10~	1
鞍馬・貴船	67	5+10	❶・❸	参照出町柳駅前◆(P41) 乗換叡山鞍馬線	叡鞍馬駅・叡貴船口駅	13~+32~	1
蓮華寺・大原	99・68	5+10・30	❶・❸	参照出町柳駅前◆(P41・P115) 乗換同❸から京都バス17◆・特17◆・16◆	上橋❹・大原❶	35~・52~	1
北大路BT	69	8・4	❽	市バス204◆・205◆	北大路BT降り場・烏丸北大路❶	17・19	0
上賀茂神社	71	3~+6	❶・❸・❹	全市バスで千本今出川◆(P77・P114) 乗換同❺から市バス46◆(北行)	上賀茂神社前❶	2~3+21	1
大徳寺	73	8・4	❽	市バス204◆・205◆	大徳寺前❶	11	0
		15	❷	市バス102◆(土休日運行)	大徳寺前❶	13	0
鷹峯	14 100	3~+15	❶・❸・❹	千本今出川◆ 乗換同❺から市バス6◆(北行)	鷹峯源光庵前❶	2~3+13	1
		3~+5	❶・❸	参照堀川今出川◆(P43) 乗換同❼から市バス9◆	神光院前❸	7+17	1
西ノ京円町 西大路四条	75	4~	❻	市バス205◆、203◆(❷も)、JRバス◆	西ノ京円町❶(P76)	2~4	0
		15・8	❻	市バス15◆・204◆	西ノ京円町❷	4	0
		4・5	❻	市バス205◆、203◆(❷も)	西大路四条❶(203は西大路四条❷)(P76)	12	0
金閣寺・等持院 龍安寺 仁和寺 妙心寺	79 82	8・4	❽	市バス204◆・205◆	金閣寺道❸	5	0
		15	❷	市バス102◆(土休日運行)	金閣寺道❸	8	0
		8~・15	❷・❽	市バス50◆・51◆・52◆・55◆、15◆(❽のみ)	立命館大学前❽　龍安寺まで徒歩11分	6~	0
		30	❼	JRバス◆(立命大経由)	立命館大学前❾　平和ミュージアムまで徒歩5分	5	0
		10	嵐北野白梅町駅	嵐電北野線〔下り〕	嵐等持院駅・嵐龍安寺駅・嵐妙心寺駅・嵐御室仁和寺駅	2~5	0
		10	❷・❺	市バス10◆	等持院道バス停・妙心寺北門前❼・御室仁和寺❹	2~10	0
		10	❼	市バス26◆	等持院道バス停・妙心寺北門前❼・御室仁和寺❹	2~8	0
		30	❼	JRバス◆(立命大経由)	龍安寺前❷・御室仁和寺❹	6・8	0
太秦広隆寺・映画村 嵐山 嵯峨野	85 87 91	10+7	嵐北野白梅町駅	嵐電北野線で帷子ノ辻駅(P13) 乗換嵐山線〔下り〕	嵐太秦広隆寺駅・嵐嵐山駅	11+3~	1
		4~+10~		参照西ノ京円町◆(P75) 乗換JR嵯峨野線〔下り〕快速等	JR嵯峨嵐山駅	17~	1
		4~+10		参照西ノ京円町◆ 乗換同❹から市バス93◆	太秦映画村道❷、嵯峨小学校前❽(土休日は❼)、嵐山天龍寺前❶(土休日は❷)	12、22、25	1
高雄	90	30	❼	JRバス全系統◆	高雄❸・栂ノ尾❻	24・26	0
松尾大社 鈴虫寺・苔寺	13 101	4~+5~	❷・❻	参照西大路四条◆(P75) 乗換同❸から市バス71◆・3◆・29◆・28◆(西行)	松尾橋❻・松尾大社前❷(市バス29のみ/市バス28は❹)・松室北河原町❽(市バス29のみ)	12+21~	1
		4~+30	❷・❻	参照西ノ京円町◆(P75) 乗換同❹から京都バス63◆(西行)	松尾大社前❷、苔寺・すず虫寺❼	2~+25~	1
伏見稲荷・桃山	93・94	5~+5~		参照出町柳駅前◆(P41) 乗換京阪鴨東線・本線 普通等	京伏見稲荷駅・京伏見桃山駅	30~・48~	1
小野・醍醐	13 95	15~+4~		参照二条駅前(P45) 乗換T14二条城駅から地下鉄東西線◆〔上り〕	地T04小野駅・地T03醍醐駅	13+24~	1
宇治	13・97	4~+8~		参照京都駅前(P15) 乗換JR奈良線 普通等	JR黄檗駅・JR宇治駅(快速)	33~+20~	1

洛西

鉄道記号
- 地 地下鉄
- JR JR線
- 近 近鉄電車
- 阪 阪急電車
- 京 京阪電車
- 嵐 嵐電
- 叡 叡山電車

・名称　衣笠校前(きぬがさこうまえ)　三光門(さんこうもん)　東向観音寺(ひがしむきかんのんじ)　大報恩寺(だいほうおんじ)　石像寺(しゃくぞうじ)　乾隆校前(けんりゅうこうまえ)　引接寺(いんじょうじ)　上七軒(かみしちけん)　平野神社(ひらの)　千本上立売(せんぼんかみだちうり)

金閣寺（きんかくじ） 等持院（とうじいん）

名刹は、足利氏の歴史と文化を伝える

バス停名
❶〜❸金閣寺道
❻〜❾立命館大学前

乗り場番号は本書の説明のためにつけたものです。現地停にはこの番号はありませんのでご注意。

access 嵐山方面には北野白梅町に戻るか、龍安寺等を見てからか、いずれにしても嵐電北野線を利用するのもよい。金閣寺から西方面の龍安寺と仁和寺には廬山寺通の市バス59やJRバスを、東及び南方面には、西大路通の「金閣寺道」バス停❷に出る。

金閣寺（鹿苑寺） 案内P117

足利三代将軍義満が造営した北山殿（きたやまどの）を禅寺に改めたもの。庭園や建物は極楽浄土を現わしており、中心の金閣（舎利殿（しゃりでん））は一層の寝殿造り、二層武家造り、三層宗仏殿造りと三つの様式を見事に調和させている。特別名勝・特別史跡の庭園は鏡湖池（きょうこち）を中心とした池泉回遊式。

等持院 案内P120

暦応（りゃくおう）4年（1341）、足利尊氏（たかうじ）が天龍寺の夢窓（むそう）国師を開山にして、衣笠山（きぬがさ）の南麓に中興した、禅宗十刹の筆頭寺院。足利将軍家歴代の木像が、霊光殿に安置されている。東庭は夢窓国師作と伝えられる池泉回遊式で、西庭はサツキや芙蓉（ふよう）など季節の花々が美しい。

徒歩所要分
- バス停「金閣寺前」→試行休止中
- バス停「金閣寺道」→金閣寺拝観受付(7分)
- バス停「立命館大学前」→等持院西入口(10分)
- バス停「立命館大学前」→龍安寺山門(12分)
- バス停「竜安寺前」→等持院西入口(8分)
- 嵐電「龍安寺」駅→龍安寺山門(9分)

立命館大学前停車バス系統：快202 52 / 快205 55 / 12 59 / 15 M1 / 50 109 / 51 JR

立命館大学国際平和ミュージアム

等持院

金閣寺（鹿苑寺） P.117 世界文化遺産 安民沢 金閣 鏡湖池 方丈 総門 黒門 拝観入口 記念写真スポット 鹿苑寺売店 山信商店(1F) Zip Cafe(2F) 大のじ 錦鶴 金閣寺道 204 102 205 109 12 M1 59

衣笠氷室町 普門寺 天門院 不思議不動院（かぼちゃ大師供養） 不動寺（浪切不動） 立命館西園寺記念館前 立命館大 衣笠山 衣笠中 金閣小 白河天皇火葬塚 後朱雀天皇火葬塚 ギャラリー雅堂 (試行休止中) 京都府立堂本印象美術館 ❻❼ 立命館大学前 ❾❽(市バスおりば) 衣笠操車場 末川記念会館 桜木町 廬山寺通 わら天神（敷地神社） わら天神前 金擾八幡宮 のりば案内P114参照

龍安寺 P.122 世界文化遺産 我唯足知の蹲 石庭 霊光院 大珠院 鏡容池 山門 受付 龍安寺前 仁和寺 衣笠宇多野線(きぬかけの道) 等持院墓地 河田小龍墓 立命館大学 等持院 P.120 清漣亭 芙蓉池 心字池 足利尊氏墓 霊光殿 マキノ省三像 総門 六請神社 青蓮寺 多福院 仙寿院 功運院 真如寺 本野自邸精吾 西園寺公邸跡 熊野神社衣笠分社 等持院児童公園 櫻谷文庫 金台寺 念仏寺 小松原児童公園前 小松原児童公園 二条天皇陵 上立売通 馬代通 佐井西通 佐井通 鏡石通 クレサンテーム京都 西大路通 衣笠校前 NTT 衣笠小 平野神社 桜の名所 社務所 総門 平野通 天神川（紙屋川） 聖ヨゼフ修道院 ひばり学園 洛星ヴィアトール学園 堀河天皇火葬塚 等持院東町 北野白梅町 北野天満宮 イズミヤ白梅町店 円町 等持院道 等持院南町 御室仁和寺駅 谷口の森児童公園

嵐電北野線 龍安寺駅 B7 等持院・立命館大学衣笠キャンパス前駅 B8 北野白梅町駅 B9

●からの市バス204銀閣寺、熊野神社行きは、「錦林車庫前」止り、❷からの市バス205下鴨神社、四条河原町方面は、「北大路バスターミナル」止りがあるため標柱表確認すること。

のりもの案内（太字は1時間に4便以上の系統。色数字は市バス循環系統・均一系統、◆は地下鉄・バス一日券、京都修学旅行1day チケットが利用可）

目的地	参照ページ	待機時間	乗り場	アクセス（参照の行き方は左の目的地欄から探す。乗換は乗り換え先のページで乗降の位置を確認してください）	降り場（バス停位置は参照ページで確認）	乗車時間	乗換回数
京都駅 東本願寺	15 23	4	❷	市バス205◆	烏丸七条⓫・京都駅前市バス降り場	37・41	0
		8・30	❼	市バス50◆・JRバス◆	京都駅前各バス降り場	42・33	0
			❸・❻	市バス109（GW・秋の繁忙期）、204◆・205◆（❸のみ）で北大路BT 乗換 地下鉄烏丸線◆〔下り〕	地K11京都駅	12～+13	1
		4～+10～	❷・❼	参照 西ノ京円町（P75）乗換 JR嵯峨野線〔下り〕快速等	JR京都駅	9+10～	1
西本願寺	23	8	❼	市バス50◆	西洞院正面バス停	30	0
		4+15	❷	市バス205◆で西大路四条❻（P75）乗換 同❶から市バス28◆	西本願寺前❶	17+13	1
		8～+5		参照 **堀川今出川**◆（P43）乗換 同❺から市バス9◆	西本願寺前❶	16+19～	1
京都水族館 京都鉄道博物館 東寺	21 25	4	❷	市バス205◆	梅小路公園前⓫、七条大宮・京都水族館前❺	27、30	0
		4+10	❷	参照 **西大路四条**◆（P75）乗換 同❶から市バス71◆（東行）	七条大宮・京都水族館前❷、東寺東門前❷	17+16・17	1
四条河原町 新京極	27	7・8	❸・❻	市バス59◆・12◆	四条河原町❶（市バス12は❾）	33～37	0
		15・30	❼	市バス15◆・51◆	四条河原町❶	34	0
		4	❸	市バス205◆	四条河原町❸	38	0
四条高倉・ 四条烏丸	30	8	❸・❻	市バス12◆	四条烏丸❾・四条高倉㉑	32～40	0
		30・15	❼	市バス52◆・55◆	四条烏丸❽	31・36	0
四条堀川 四条大宮 壬生寺	33	8	❸・❻	市バス12◆	四条堀川⓬	28・29・32	0
		30・15	❼	市バス52◆・55◆	四条大宮❾・四条堀川⓬	25・27	0
		30	❼	JRバス◆	四条大宮❸	18	0
		8	❼	市バス50◆	四条堀川⓬	30	0
		4+5		参照 **北野白梅町**（P77）乗換 同❻から市バス203◆	壬生寺道⓱・四条大宮❶	5+17・19	1
河原町三条	35	7	❸・❻	市バス59◆	河原町三条❶	31・34	0
		4	❸	市バス205◆	河原町三条❷	35	0
		15・30	❼	市バス15◆・51◆	河原町三条❶（市バス51は❸）	31・31	0
三条京阪	37	8・7	❸・❻	市バス12◆・59◆	三条京阪前Ⓓ（市バス59はA2）（P37）	41～45	0
		15	❼	市バス15◆	三条京阪前C2	42	0
京都御所 烏丸今出川	38	8	❷	市バス204◆	烏丸丸太町❼・河原町丸太町❹（P115）	20・24	0
		7	❸・❻	市バス59◆	烏丸今出川❷・同志社前バス停・府立医大病院前⓫	17～26	0
		15	❷	市バス102◆（土休日運行）	烏丸今出川❷	18	0
		4	❸	市バス205◆	府立医大病院前⓫	27	0
		30	❼	市バス51◆	烏丸今出川❺・烏丸一条バス停・烏丸丸太町❾	18・19・23	0
下鴨神社 出町柳 河原町今出川	41	4	❸	市バス205◆	下鴨神社前❶・河原町今出川❹	20・26	0
		7	❸・❻	市バス59◆	河原町今出川❹	21・23・25	0
		15	❷	市バス102◆（土休日運行）	河原町今出川❸・出町柳駅前❹（P115）	22・24	0
西陣 堀川今出川	43	8	❸・❻	市バス12◆	堀川寺ノ内❶・堀川今出川❺	11～17	0
		7	❸・❻	市バス59◆	堀川今出川❸	12・13・16	0
		30	❼	市バス51◆	堀川今出川❸	14	0
		15	❷	市バス102◆（土休日運行）	堀川今出川❸	14	0
二条城 二条駅	45	8	❸・❻	市バス12◆	二条城前❺	21・22・25	0
		8	❼	市バス50◆	二条城前❺	23	0
		15～30	❼	市バス15◆・52◆・55◆・JRバス◆	二条駅前❾、堀川御池❼（市バス15のみ）	14～・22～	0
東福寺 三十三間堂	47 49	8+8～	❷	市バス204◆で丸太町京阪前❶（P38・P114）乗換 京阪鴨東線・本線〔下り〕	京七条駅（全車）、京東福寺駅（普通のみ）	38・39	1
		8+5	❸・❻	参照 **四条京阪前**◆（P55）乗換 京阪本線〔下り〕	京七条駅（全車）、京東福寺駅（普通のみ）	35～+3～	1
		15+5	❷	参照 **出町柳駅前**◆（P41）乗換 京阪鴨東線・本線〔下り〕	京七条駅（全車）、京東福寺駅（普通のみ）	20+17～	1
高台寺 清水寺	51	4～+6	❷・❼	参照 西ノ京円町（P75）乗換 同❷から市バス202◆	東山安井バス停・清水道❶・五条坂❺	39～45	1
		8+4～	❷	参照 市バス204◆で熊野神社前◆（P59）乗換 同❼から市バス206◆・⓫から市バス202◆	東山安井バス停・清水道❶・五条坂❺	38・41・43	1
		8～+5～	❸・❻	参照 **四条河原町**◆（P27）乗換 同バス停❾から京阪バス全系統◆・❾から市バス207◆等	東山安井バス停・清水道❶（京阪バスは❷）・五条坂❹（京阪バスは❺）	33～+5～	1
		8～+4	❸・❻	参照 **千本北大路**◆（P73・P113）乗換 同❶から市バス206◆（東行）	東山安井バス停・清水道❶・五条坂❺	48・50・52	1
祇園・八坂神社	55	7・8	❸・❻	市バス59◆・12◆	四条京阪前❸（P115）（東へ徒歩7分で八坂神社）	35～44	0
知恩院・青蓮院 平安神宮 熊野神社前 南禅寺・永観堂 哲学の道 銀閣寺	57 59 61 63	4+4	❷	市バス205◆で西大路御池（P75）乗換 T16西大路御池駅から地下鉄東西線◆〔上り〕	地T10東山駅・地T11蹴上駅	13+11・13	1
		8	❷	市バス204◆	熊野神社前❽・岡崎道⓯	29・31	0
		8～+6～	❻・❼	参照 **堀川今出川**◆（P43）乗換 同❸から市バス201◆	東山二条・岡崎公園口⓭	16+20～	1
		8	❷	市バス204◆	東天王町❻・銀閣寺道❺	34・39	0
		8	❸	市バス204◆	銀閣寺道❷	35	0
		8+8	❼	市バス50◆でわら天神前❷（P79・P114）乗換 同❷から市バス204◆（南行）	東天王町❻	3+31～	1
		15	❷	市バス102◆（土休日運行）	銀閣寺道❷	33	0
		8+5～	❻	市バス50◆・59◆で千本今出川❸・❶（P77・P114）乗換 同❶から市バス203◆	銀閣寺道❷	11+22～	1
高野橋東詰	14	8	❸	市バス204◆	高野橋東詰❶（P113）	25	0
詩仙堂・曼殊院	65	8～+15	❸・❻	参照 市バス12◆・59◆で**千本北大路**◆（P73・P113）乗換 同❶から市バス北8◆（東行）	一乗寺下り松町❺・一乗寺清水町❷	3～+25・26	1
蓮華寺 大原	13・99 68	8+10	❸	参照 **高野橋東詰**◆（P14・P113）乗換 高野車庫❺から京都バス17◆・特17◆・16◆（北行）	上橋❺・大原❶	36～・53～	1
		8～+4+10	❸・❻	参照 **千本北大路**◆乗換 同❶から市バス206◆（東行）で叡電元田中（P14）乗換 叡山本線〔下り〕	叡三宅八幡駅	40	2

洛西

鉄道記号
地 地下鉄
JR ＪＲ線
近 近鉄電車
阪 阪急電車
京 京阪電車
嵐 嵐電
叡 叡山電車

…・名称　鏡石通（かがみいし）　鹿苑寺（ろくおんじ）　安民沢（あんみんたく）　廬山寺通（ろざんじ）　馬代通（ばだい）　佐井通（さい）　龍安寺（りょうあんじ）　衣笠宇多野線（きぬがさうたの）　等持院（とうじいん）　堂本印象（どうもといんしょう）

洛東方面へは、バス停「西ノ京円町」乗換え市バス202等で。表組の嵐電「等持院・立命館大学衣笠キャンパス前」駅は、嵐等持院駅と表示しています。

地域	目的地	参照ページ	のりもの案内（太字は1時間に4便以上の系統。色数字は市バス循環系統・均一系統、◆は地下鉄・バス一日券、京都修学旅行1day チケットが利用可） 待機時間	乗り場	アクセス（参照の行き方は左の目的地欄から探す。乗換は乗り換え先のページで乗降の位置を確認してください）	降り場（バス停位置は参照ページで確認）	乗車時間
洛北	宝ケ池・岩倉	13・14・99	8～+4	❻・❼	参照烏丸今出川◆（P38）乗換K06今出川駅から地下鉄烏丸線◆〔上り〕	地K01国際会館駅	20+10～
			4～+4	❸	参照北大路BT◆（P69）乗換K04北大路駅から地下鉄烏丸線◆〔上り〕	地K01国際会館駅	12～+6
	円通寺 実相院	13・99	4～+4+15	❸・❻・❼	上記地K01国際会館駅乗換同バス停❹（P99・P113）から京都バス特40◆	西幡枝（円通寺前）バス停	12～+6+6
			4～+4+15	❸・❻・❼	上記地K01国際会館駅乗換同バス停❸（P99・P113）から京都バス24◆	岩倉実相院バス停	12～+6+12
	鞍馬・貴船	67	15+10		参照出町柳駅前◆（P41・P115）乗換叡山鞍馬線	叡鞍馬駅・叡貴船口駅	50～・47
	北大路駅前 北大路BT	69	8・4	❸	市バス204◆・205◆	北大路BT降り場・烏丸北大路❶	12～
			4～+4～	❸・❻	参照千本北大路◆（P73・P113）乗換同❶から市バス206◆・205◆・204◆・北8◆・1◆（東行）	同上	3～+9～
	上賀茂神社	71	4～+8	❸・❻	参照千本北大路◆乗換同❺から市バス46◆	上賀茂神社前❶	3～+12
	千本北大路 大徳寺 北大路堀川	73	8	❸・❻	市バス12◆	千本北大路❶（P113）・大徳寺前❶・北大路堀川❺	3～12
			7	❸・❻	市バス59◆	千本北大路❷	3・4・7
			8・4	❸	市バス204◆・205◆	千本北大路❶・大徳寺前❶・北大路堀川❻	3・7・8
	鷹峯	14 100	4～+15	❸・❻	参照千本北大路◆（P73・P113）乗換同❺から市バス6◆	鷹峯源光庵前❶	3～+6
			8+5～	❸・❻	参照北大路堀川◆（P73）乗換同❼から市バス9◆・37◆	神光院前❸	7+11～
洛西	西ノ京円町	75	8・4	❷	市バス204◆・205◆	西ノ京円町❷（市バス205は❶）（P76）	9
			15	❼	市バス15◆	西ノ京円町❷	10
			30	❼	JRバス◆	西ノ京円町❶（P76）	7
	西大路四条		4	❷	市バス205◆	西大路四条❻（P76）	17
	北野天満宮 北野白梅町	77	5～	❼	市バス50◆・55◆・51◆・52◆	北野白梅町❹（市バス51は❸）・北野天満宮前❶	6・7
			8・4、15	❷	市バス204◆・205◆、102◆（土休日運行）	北野白梅町❻（102は❸）・北野天満宮前❶（102のみ）	5、6
			15・30	❼	市バス15◆・JRバス◆	北野白梅町❻	6・4
			10	嵐等持院駅	嵐電北野線〔上り〕	嵐北野白梅町駅	2
	金閣寺	79	8・7	❻	市バス12◆・59◆	金閣寺道❸	6
	等持院		8・7	❶	市バス12◆・59◆	立命館大学前❽	5
	原谷	12	30	❻	市バスM1◆（便少）	原谷バス停	13
	龍安寺 仁和寺 妙心寺	82	7、30	❶・❾	市バス59◆、109◆（GW・秋の繁忙期）	龍安寺前❷・御室仁和寺❹	1～10
			30	❾	JRバス◆	龍安寺前❷・御室仁和寺❺	1・3
			10	嵐等持院駅	嵐電北野線〔下り〕	嵐龍安寺駅・嵐妙心寺駅・嵐御室仁和寺駅	1・2・3
			4～+30～	❷・❼	参照西ノ京円町◆（P75）乗換同❹から市バス91◆・93◆、京都バス63◆・66◆（西行）	妙心寺前❾	9+5～
			5～+10～		参照北野白梅町（P77）乗換同❼から市バス26◆、同バス停❺から市バス10◆	妙心寺北門前❼	6+4～
	広隆寺 太秦映画村 嵐山 嵯峨野・大覚寺	85 87 91	10+7	嵐等持院駅	嵐電北野線〔下り〕帷子ノ辻駅（P13B3）乗換嵐山本線〔下り〕	嵐太秦広隆寺駅・嵐嵐山駅	9+3～
			4～+30～	❷・❼	参照西ノ京円町（P75）乗換同❹から京都バス63◆・66◆（西行）	太秦映画村前❸・太秦広隆寺前❻・嵐山❺	19～・21 31～
			4～+10～	❷・❼	参照西ノ京円町乗換同❹から市バス91◆・93◆	太秦映画村道❷・嵯峨小学校前❽（土休日は❼）（市バス93のみ）・嵐山天龍寺前❶（土休日は❷）（93のみ）・大覚寺❶（市バス91のみ）	17～・27～ 30～・31～
			30	❶・❾	市バス109◆（GW・秋の繁忙期）	大覚寺❶・嵯峨釈迦堂前❺・嵯峨小学校前⓫・嵐山❹	18～・21～ 23～・26～
			4～+10～	❷・❼	参照西ノ京円町乗換JR嵯峨野線〔下り〕普通等	JR花園駅・JR嵯峨嵐山駅	11～・20
	平岡八幡宮	13	30	❾・わら天神前（北行）	JRバス◆	平岡八幡バス停	11・13
	高雄	90	30	❾	JRバス◆	高雄❸・栂ノ尾❻	19・21
			30	わら天神前（北行）	JRバス◆	高雄❸・栂ノ尾❻	21・23
	松尾大社 苔寺・鈴虫寺	13 101	4+15	❷	参照西大路四条◆（P75）乗換同❸から市バス28◆	松尾大社前❺	17+17
			4+15	❷	参照西大路四条◆乗換同❸から市バス29◆	松尾大社前❷・松室北河原町❽	17+18～
			4+5～	❷	参照西大路四条◆乗換同❸から市バス3◆・71◆	松尾橋❻	17+15～
			4～+30	❷・❼	参照西ノ京円町（P75）乗換同❹から京都バス63◆	松尾大社前❷、苔寺・すず虫寺❼	9～+25～
	西京極・桂離宮	14	4+5～	❷	参照西大路四条◆（P75）乗換HK83西院駅から阪急京都線〔下り〕	阪HK82西京極駅（普通）・阪HK81桂駅（全車）	17+3～
	大原野・長岡京	13	4+5～	❷	参照西大路四条◆乗換HK83西院駅から阪急京都線〔下り〕	阪HK79東向日駅（普通）・阪HK77長岡天神駅（全車）	17+10～
			15+5～	❼	参照四条大宮◆（P33）乗換HK84大宮駅から阪急京都線〔下り〕	阪HK79東向日駅・阪HK77長岡天神駅	17+20～
洛南	伏見稲荷 伏見桃山	14 93 94	15+8～	❷	参照出町柳駅前◆（P41）乗換京阪鴨東線・本線〔下り〕普通等	京伏見稲荷駅・京伏見桃山駅	32～・50
			8+8～	❷	市バス204◆で丸太町京阪前❶（P38・P114）乗換京阪鴨東線・本線〔下り〕普通	京伏見稲荷駅・京伏見桃山駅	38～・55
			8～+4+5	❻・❼	参照二条城前◆（P45）乗換T14二条城前駅から地下鉄東西線〔上り〕でT11三条京阪駅◆（P35）乗換京阪本線〔下り〕普通等	京伏見稲荷駅・京伏見桃山駅	50～
			8～+8～	❼	参照京都駅前◆（P15）乗換近鉄京都線急行・普通	近桃山御陵前駅	42+9
	城南宮	14・103	4～+4	❸	参照北大路BT◆（P69）乗換K04北大路駅から地下鉄烏丸線◆〔下り〕	地K15竹田駅	12+20～
	大石神社	13・102	8～+10～	❸・❻	参照四条河原町◆（P27）乗換同❾から京阪バス83A◆	大石神社	33～+2
	小野・醍醐	13 95	8+4	❸・❻・❼	参照二条城前◆（P45）乗換T14二条城前駅から地下鉄東西線◆〔上り〕	地T04小野駅・地T03醍醐駅	18+22～
			4+4	❷	市バス205◆で西大路御池（P75）乗換T16西大路御池駅から地下鉄東西線◆〔上り〕	地T04小野駅・地T03醍醐駅	13+25～
	宇治	13 97	8+4+ 8～	❸・❻	参照烏丸今出川◆（P38）乗換K06今出川駅から地下鉄烏丸線〔下り〕で京都駅K11◆乗換JR奈良線 普通等	JR黄檗駅・JR宇治駅（快速）	50～・55
			12～・19～	❷・❼	参照京都駅◆（P15）乗換JR奈良線 普通等	JR黄檗駅・JR宇治駅（快速）	39+22～

龍安寺・仁和寺 妙心寺

※のりもの案内は P83〜84

禅簡潔美、重厚、風格の名刹、古刹

access 龍安寺から東方向は行き先によっては、ひとつ東のバス停「立命館大学前」か、嵐電利用で北野白梅町からのバス利用がおススメ。

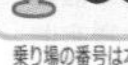

❶❷龍安寺前	❻❼妙心寺北門前
❸❹御室仁和寺	❽❾妙心寺前

乗り場の番号は本書の説明のためにつけたものです。現地停にはこの番号はありませんのでご注意。

龍安寺 案内 P122

石庭でよく知られている臨済宗妙心寺派の寺院で、細川勝元が創建。三方を築地塀に囲まれ、白砂に15個の石を配しただけの方丈の枯山水の平庭（特別名勝）は、「虎の子渡しの庭」とも呼ばれ、簡潔美の極致を見せている。方丈の東庭には龍安寺垣があり、その横に侘助椿（わびすけつばき）がある。鏡容池を中心とした池泉回遊式庭園も四季折々の花が楽しめる。

仁和寺 案内 P120

門跡寺院。境内は金堂をはじめ、国宝や重文の伽藍（がらん）が配されている。霊宝館には、阿弥陀三尊像、孔雀明王像（くじゃくみょうおう）、三十帖冊子など多くの寺宝を所蔵する。御殿内宸殿（しんでん）からは、白砂を敷き詰め、簡素な美を表現した南庭と池泉回遊式の北庭と対照的な二つの庭園が楽しめる（国名勝）。遅咲き桜として「御室桜（おむろざくら）」（4月中旬以降、約200本）が名高い。

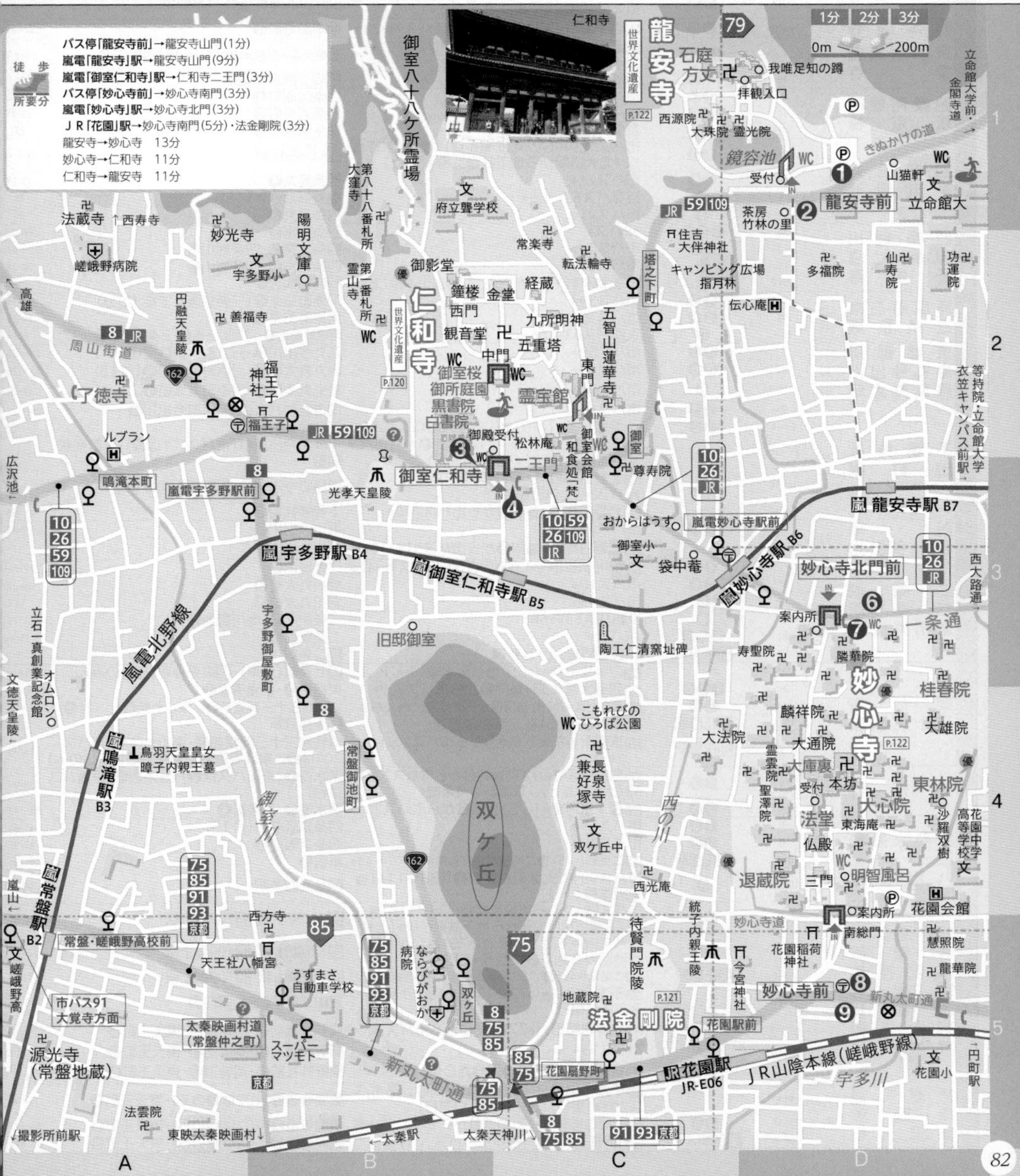

徒歩所要分

- バス停「龍安寺前」→龍安寺山門（1分）
- 嵐電「龍安寺」駅→龍安寺山門（9分）
- 嵐電「御室仁和寺」駅→仁和寺二王門（3分）
- バス停「妙心寺前」→妙心寺南門（3分）
- 嵐電「妙心寺」駅→妙心寺北門（3分）
- ＪＲ「花園」駅→妙心寺南門（5分）・法金剛院（3分）
- 龍安寺→妙心寺　13分
- 妙心寺→仁和寺　11分
- 仁和寺→龍安寺　11分

妙心寺 案内 P122

臨済宗最大の大本山で、七堂伽藍が一直線に並ぶ典型的な禅宗伽藍配置を見せる妙心寺には、法堂内の「雲龍図」や国宝の妙心寺鐘(黄鐘調)、大庫裏(台所)が公開されている。広大な境内に多くの塔頭があり、退蔵院や桂春院の枯山水庭園・大心院の名庭「阿吽庭」・東林院の沙羅双樹の庭が拝観出来る。

法金剛院 案内 P121

待賢門院が建立した寺で、仏殿安置、丈六の本尊阿弥陀如来坐像は定朝様、平安時代後期の代表的な仏像である。庭園青女滝付五位山(特別名勝)は平安末期の池泉回遊式浄土庭園。極楽浄土に咲く花といわれる、有名な蓮の見頃は、7月上旬～8月下旬の午前

地域	目的地	参照ページ	のりもの案内(太字は1時間に4便以上の系統。色数字は市バス循環系統・均一系統、◆は地下鉄・バス一日券、京都修学旅行1day チケットが利用可) 待機時間	乗り場	アクセス(参照の行き方は左の目的地欄から探す。■は乗り換え先のページで乗降の位置を確認してください)	降り場(バス停位置は参照ページで確認)	乗車時間
洛中	京都駅 烏丸七条 東本願寺	15 23	30	❶❸❻	JRバス◆	京都駅前JRバス降り場	34～
			10	❸❻	市バス26◆	烏丸七条❾・京都駅前市バス降り場	36～・40～
			10	JR花園駅	JR嵯峨野線〔上り〕普通	JR京都駅	13
			30+4	❶❸	市バス109◆(GW・秋の繁忙期)で北大路BT■K04北大路駅から地下鉄烏丸線◆〔下り〕	地K10五条駅・地K11京都駅	14～+11 13
	西本願寺	23	10+10～	❸❻	参照四条堀川◆(P33)■同⓮から市バス9◆・28◆	西本願寺前❶	25+4～
	京都水族館 東寺	25	10～+5～	❶❸❻	参照四条大宮(P33)■同❸から市バス207◆・71◆・18◆・特18◆	七条大宮・京都水族館前・❷東寺東門前❷	23+8・10
			10	JR花園駅	JR嵯峨野線〔上り〕普通	JR梅小路京都西駅	10
	四条河原町 新京極	27	7	❶❸	市バス59◆	四条河原町❶	39・42
			10	❸❻	市バス10◆	四条河原町❶	39・35
			30～	❽	京都バス63◆・66◆	四条河原町❶	27
	四条烏丸 烏丸御池	30	30+4	❶❸	市バス109◆(GW・秋の繁忙期)で北大路BT■K04北大路駅から地下鉄烏丸線◆〔下り〕	地K09四条駅	14～+9
			10	❸❻	市バス26◆	四条烏丸❹	33・29
			30～	❽	京都バス63◆・66◆	烏丸御池❶(P115)	18
			15	❽	市バス91◆	四条烏丸❽	26
	四条堀川 四条大宮 壬生寺	33	30	❶❸❻	JRバス◆	四条大宮❸	19～22
			10	❸❻	市バス26◆	四条大宮❶・四条堀川⓬	23～・25～
			15	❽	市バス91◆	四条大宮❺・四条堀川⓬	20・22
			10+7	嵐各駅より	嵐電北野線〔下り〕帷子ノ辻駅■嵐山本線〔上り〕	嵐四条大宮駅	21～
	河原町三条 三条京阪	35 37	7	❶❸	市バス59◆	河原町三条❶(三条京阪まで徒歩5分)	36・39
			10	❸❻	市バス10◆	河原町三条❶	36・32
			30～	❽	京都バス63◆・66◆	河原町御池❶・河原町三条❸・三条京阪前Ⓕ(P37)	23～
	京都御所 烏丸今出川 烏丸丸太町	38	7	❶❸	市バス59◆	烏丸今出川❷・府立医大病院前⓫	23～・28～
			10	❸❻	市バス10◆	烏丸丸太町❼・河原町丸太町❹(P115)	25～・28～
			10	❽	市バス93◆	烏丸丸太町❼・河原町丸太町❹	17・20
	下鴨神社 出町柳	41	7	❶❸	市バス59◆	同志社前バス停・河原町今出川❹	24～・27～
			8～+4	❶❸	参照金閣寺道◆(P79)■同❸から市バス205◆	下鴨神社前❶	9～+20
			8～+4～		参照千本今出川◆(P77・P114)■同❶から市バス203◆・201◆、102◆(土休日運行)	河原町今出川❸(市バス201は❼)・出町柳駅前❹	15+12～
			10～+4		参照北野白梅町◆(P77)■同❸から市バス203◆、102◆(土休日運行)	河原町今出川❸・出町柳駅前❹(P115)	4～+17～
			10～+4		参照北野白梅町◆■同❽から市バス205◆	下鴨神社前❶	4～+25
	西陣 堀川今出川	43	7	❶❸	市バス59◆	堀川今出川❸	19・22
			10～+3～		参照北野白梅町◆■同❸から市バス51◆・203◆	堀川今出川❸	4～+7～
	二条城 二条駅 堀川丸太町	45	8+5～	❶❸	参照堀川今出川◆(P43)■同❺から市バス9◆・12◆	二条城前❺	19+6～
			10	❸❻	市バス10◆	堀川丸太町❸	25・21
			10	❽	市バス93◆	堀川丸太町❸	13
			30～	❽	京都バス63◆・66◆	二条駅前❾・堀川御池❼	11・15
			30	❶❸❻	JRバス◆	二条駅前❾	15～
			10	JR花園駅	JR嵯峨野線〔上り〕普通	JR二条駅	5
洛東	東福寺 三十三間堂	47 49	8+5		参照四条京阪前◆(P55)■京阪本線〔下り〕	京七条駅(全車)・京東福寺駅(普通のみ)	41+3～
			10+5	❶❸❻	参照四条大宮(P33)■同❸から市バス207◆	東福寺❸・泉涌寺道❶	23+25～
			10+4～	❸❻	参照烏丸七条◆(P23)■同❿から市バス208◆・206◆	博物館三十三間堂前❶、東山七条❺(208は❸)	36～+5～
			10+8	JR花園駅	参照京都駅(P15)■JR奈良線普通	JR東福寺駅	13+2
			10+6～	JR花園駅	参照京都駅■京都駅前D2から市バス206◆・208◆・86◆	博物館三十三間堂前❶・東山七条❺(市バス208は❸、泉涌寺道❷と東福寺❹は208のみ)	13+7～
	清水寺	51	8+5～	❶❸	参照四条河原町◆(P27)■同❾から市バス207◆、58(土休日運行)、京阪バス全系統◆	清水道❶(京阪バスは❷)・五条坂❹(京阪バスは❺)	39+9～
			10+6～	❸❻	参照西ノ京円町◆(P75)■同❷から市バス202◆	清水道❶・五条坂❹	38～・41～
	四条京阪前 祇園 八坂神社	55	7	❶❸	市バス59◆	四条京阪前❸(P115)	41・44
			10	❸❻	市バス10◆	四条京阪前❸	41・37
			10+6～	JR花園駅	参照二条駅(P45)■二条駅前❾から市バス201◆・46◆	祇園❺	5+23～
			10+8～	❽	市バス93◆で丸太町京阪前❶(P38・P114)■京阪本線〔下り〕	京祇園四条駅	23+4
	知恩院 青蓮院 平安神宮 南禅寺 永観堂 東天王町 哲学の道	57 59 61 63	7+4	❶❸	市バス59◆で京都市役所前❶(P35・P115)■T12京都市役所前駅から地下鉄東西線◆〔上り〕	地T10東山駅・地T09蹴上駅	34+3～
			10+4	❸❻	市バス26◆で西大路御池(P75)■T16西大路御池駅から地下鉄東西線◆〔上り〕	地T10東山駅・地T09蹴上駅	12+11～
			10+4	JR花園駅	参照二条駅(P45)■T15二条駅から地下鉄東西線◆〔上り〕	地T10東山駅・地T09蹴上駅	5+9～
			8+6		参照千本今出川◆(P77・P114)■同❶から市バス201◆(東行)	東山二条・岡崎公園口⓭	15+24
			10～+8	❸❻	参照北野白梅町◆(P77)■同❻から市バス204◆	熊野神社前❽・岡崎道⓯・東天王町❻	28～・30～・32～
			10	❽	市バス93◆	熊野神社前❽・岡崎道⓯・東天王町❻	25・27・29
			8～+8	❶❸	参照金閣寺道◆(P79)■同❷から市バス204◆	熊野神社前❽・岡崎道⓯・東天王町❻	38～・40～・42～
	哲学の道 銀閣寺 東天王町	61 63	8+4		参照千本今出川◆(P77・P114)■同❶から市バス203◆(東行)・102◆(土休日運行)	銀閣寺道❷(102は❷のみ)・東天王町❺	15+18～
			10～+4	❸❻	参照北野白梅町◆(P77)■同❸から市バス203◆等	銀閣寺道❷(102は❷のみ)・東天王町❺	7～+21～
			10～+4	嵐各駅より	参照北野白梅町■同❸から市バス203◆等	銀閣寺道❷(102は❷のみ)・東天王町❺	4～+21～

ス停「龍安寺前」「御室仁和寺」「妙心寺北門前」からは、GW・秋の繁忙期運行の市バス 109 だけで、嵐山に向けての直通バスはない。バス利用の場合は、バス停「妙心寺前」へ出ることも。洛東の永観堂へは「東天王町」(P61) から徒歩も。

目的地	参照ページ	待機時間	乗り場	アクセス([参照]の行き方は左の目的地欄から探す。[乗換]は乗り換え先のページで乗降の位置を確認してください)	降り場(バス停位置は参照ページで確認)	乗車時間	乗換回数
				のりもの案内(太字は1時間に4便以上の系統。色数字は市バス循環系統・均一系統、◆は地下鉄・バス一日券、京都修学旅行1day チケットが利用可)			
詩仙堂 曼殊院	65	7+15	❶❸	[参照]千本北大路◆(P73・P113)[乗換]同❶から市バス北8◆(東行)	一乗寺下り松町❹・一乗寺清水町❷	9+31~	1
		10+5		[参照]東天王町◆(P61)[乗換]同❻から市バス5◆	一乗寺下り松町❹・一乗寺清水町❷	29~+12~	1
蓮華寺 大原	13 99 68	30+4+20	❶❸	市バス109◆(GW・秋の繁忙期)で北大路BT[乗換]地下鉄烏丸線で国際会館駅[乗換]京都バス19◆	上橋❹・大原❶	14~+7+5・22	2
		10+10・30	❽	市バス93◆で丸太町京阪前❶(P38・P114)[乗換]川端丸太町❹から京都バス17◆・特17◆16◆	上橋❹・大原❶	43~・60~	1
宝ヶ池 岩倉	13 14 99	7+4	❶❸	[参照]烏丸今出川◆(P38)[乗換]K06今出川駅から地下鉄烏丸線〔上り〕	地K01国際会館駅	23+10~	1
		10+4	❽	[参照]烏丸丸太町◆(P38)[乗換]K07丸太町駅から地下鉄烏丸線〔上り〕	地K01国際会館駅	17+12	1
鞍馬 貴船	67	7+10	❶❸	市バス59◆で河原町今出川❹(P41)下車、徒歩で出町柳駅前[乗換]叡山鞍馬線	叡鞍馬駅・叡貴船口駅	27~+3+30・27	2
		10+5+10	嵐各駅	[参照]北野白梅町駅(P77)[乗換]同❸から市バス203◆等で出町柳(P41・P115)[乗換]叡山鞍馬線	叡鞍馬駅・叡貴船口駅	52~・49~	2
北大路BT	69	7+4~	❶❸	[参照]千本北大路◆(P73・P113)[乗換]同❶から市バス204◆・205◆・北8◆・1◆・206◆(東行)	北大路BTバス降り場	9+9~	1
		30	❶❸	市バス109◆(GW・秋の繁忙期)	同上	14・17	0
		10+4~	嵐妙心寺駅他	[参照]北野白梅町駅(P77)[乗換]同❽から市バス204◆・205◆	同上	4+15~	1
上賀茂神社	71	7+6	❶❸	[参照]千本北大路◆(P73・P113)[乗換]同❺から市バス46◆(北行)	上賀茂神社前❶	9+13~	1
		7+6		[参照]千本今出川◆(P77・P114)[乗換]同❺から市バス46◆(北行)	上賀茂神社前❶	15+21	1
大徳寺	73	7+4~	❶❸	[参照]千本北大路◆[乗換]同❶から市バス全系統	大徳寺前❶	9+2~	1
		30	❶❸	市バス109◆(GW・秋の繁忙期)	大徳寺前❶	11・14	0
		10~+4~	❸❻	[参照]北野白梅町◆(P77)[乗換]同❽から市バス205◆・204◆(北行)	大徳寺前❶	4~+11	1
千本北大路		7	❶❸	市バス59◆	千本北大路❷(P113)	9・12	0
鷹峯	14 100	7+15	❶❸	[参照]千本北大路◆(P73)[乗換]同❺から市バス6◆(北行)	鷹峯源光庵前❶	6+5	1
		7+15		[参照]千本今出川◆(P77)[乗換]同❺から市バス6◆(北行)	鷹峯源光庵前❶	15+13~	1
		7+8	❶❸	[参照]千本北大路◆[乗換]同❺から市バス1◆(北行)	神光院前❸	6+10~	1
		10+5	❽	[参照]堀川丸太町◆(P45)[乗換]同❹から市バス9◆	神光院前❸	14+23	1
西ノ京円町	75	10	❸❻	市バス26◆	西ノ京円町❶(P76)	12・8	0
		30	❶❸❻	JRバス◆	西ノ京円町❶(P76)	8・11・7	0
		10・10	❽	市バス91◆・93◆	西ノ京円町❷(市バス91は❸)	5	0
		30~	❽	京都バス63◆・66◆	西ノ京円町❷(P76)	4	0
		10	JR花園駅	JR嵯峨野線〔上り〕	JR円町駅	2	0
西大路四条		10	❸❻	市バス26◆	西大路四条❶(P76)	20・16	0
		15	❽	市バス91◆	西大路四条❶	13	0
		8~+8	❶❸	[参照]金閣寺道◆(P79)[乗換]同❷から市バス205◆	西大路四条❻	7+17~	1
北野天満宮 北野白梅町	77	30	❶❸	JRバス◆(立命大経由)	北野白梅町❻	6・9	0
		8+8~	❶❸	[参照]立命館大学前◆(P79)[乗換]同❼から市バス50◆・55◆・51◆	北野白梅町❹(市バス51は❸)・北野天満宮前❶	2+6~	1
		10	❸❻	市バス10◆	北野白梅町❹・北野天満宮前❶	7~12	0
		10	嵐妙心寺駅 嵐御室仁和寺駅	嵐電北野線〔上り〕	嵐北野白梅町駅	4・5	0
千本今出川		7	❶❸	市バス59◆	千本今出川❶(P114)	15・18	0
		10	❸❻	市バス10◆	千本今出川❷	16・12	0
金閣寺 等持院 立命館大学前	79	30	❶❸	JRバス◆(立命大経由)	立命館大学前❼	1・4	0
		7	❶❸	市バス59◆	立命館大学前❻・金閣寺道❸	2~11	0
		30	❶❸	市バス109◆(GW・秋の繁忙期)	立命館大学前❻・金閣寺道❸	2~・6~	0
		10	嵐妙心寺駅 嵐御室仁和寺駅	嵐電北野線〔上り〕	嵐等持院駅	2・3	0
		10~+5	❽	[参照]西ノ京円町◆(P75)[乗換]同❻から市バス204◆・205◆	金閣寺道❸	5+9	1
広隆寺 映画村 嵐山 嵯峨野	85 87 91	10・10	❾	市バス91◆・93◆	太秦映画村道❷・嵯峨小学校前❽(土休日は❼)(市バス93のみ)・嵐山天龍寺前❶(土休日は❷)(93のみ)・大覚寺❶(91のみ)	4・13・17・18	0
		30~	❾	京都バス63◆・66◆	太秦映画村前❸・太秦広隆寺前❻・嵐山❹	4・6・16	0
		7~+10	❷❹❼	❹❼から市バス10◆・26◆、❷❹から59◆で山越中町(P107路線図A参照)[乗換]同バス停から市バス11◆	嵯峨小学校前❽(平日のみ)・嵐山天龍寺前❶(平日のみ)、土休日は嵯峨瀬戸川町❿・角倉町バス停	8~+12~	1
		30	❷❹	市バス109◆(GW・秋の繁忙期)	大覚寺❶・嵯峨釈迦堂前❺・嵯峨小学校前⓫・嵐山❹	15~27	0
		10+7	嵐龍安寺駅 嵐御室仁和寺駅	嵐電北野線〔下り〕帷子ノ辻駅(P13B3)[乗換]嵐山本線〔上り〕	嵐太秦広隆寺駅・嵐嵐山駅	6+3~	1
		10	JR花園駅	JR嵯峨野線〔下り〕	JR嵯峨嵐山駅	9	0
		10+10	嵐龍安寺駅 嵐御室仁和寺駅	嵐電北野線〔下り〕常盤駅(P85)[乗換]バス停常盤・嵯峨野高校前から市バス91◆(西行)	大覚寺❶	4+12~	1
高雄	90	30	❷❹	JRバス◆(立命館大経由)	高雄❸・栂ノ尾❻	16~・18~	0
		30	❹❼	JRバス◆(妙心寺経由)	高雄❸・栂ノ尾❻	19~・21~	0
松尾大社 苔寺	13 101	10+10~	嵐妙心寺駅 嵐御室仁和寺駅	嵐電北野線〔下り〕帷子ノ辻駅(P13B3)[乗換]バス停帷子ノ辻から京都バス63◆・73◆(西行)	松尾大社前❷、苔寺・すず虫寺❼	6+14~	1
		30	❾	京都バス63◆	松尾大社前❷、苔寺・すず虫寺❼	23・27	0
伏見稲荷 伏見桃山 宇治	13・14・ 93・94・ 97	8+5		[参照]四条京阪前◆(P55)[乗換]京阪本線〔下り〕普通等	京伏見稲荷駅・京伏見桃山駅	46~・48~	1
		18・25~	❸❻	[参照]京都駅◆(P15)[乗換]JR奈良線普通等	JR稲荷駅・JR宇治駅(快速)	45~・57~	1
		18・25~	JR花園駅	[参照]京都駅[乗換]JR奈良線普通等	JR稲荷駅・JR宇治駅(快速)	18・30	1
		10+8	❸❻	[参照]京都駅◆[乗換]近鉄京都線急行等	近桃山御陵前駅	40~+9~	1
小野 醍醐	13 95	8+4	❶❸	市バス59◆で京都市役所前❶(P35・P115)[乗換]T12京都市役所前駅から地下鉄東西線◆〔上り〕	地T04小野駅・地T03醍醐駅	34~+17~	1
		10+4	❸❻	市バス26◆で西大路御池(P75)[乗換]T16西大路御池駅から地下鉄東西線◆〔上り〕	地T04小野駅・地T03醍醐駅	12~+24~	1
		10+4	JR花園駅	[参照]二条駅(P45)[乗換]T15二条駅から地下鉄東西線◆〔上り〕	地T04小野駅・地T03醍醐駅	5+22~	1
宇治	13 97	8+4+8	❶❸	[参照]烏丸今出川◆(P38)[乗換]K06今出川駅から地下鉄烏丸線〔下り〕でK11京都駅◆(P15)[乗換]JR奈良線普通等	JR黄檗駅・JR宇治駅	58~・61~	2

洛西

鉄道記号
地 地下鉄
JR JR線
近 近鉄電車
阪 阪急電車
京 京阪電車
嵐 嵐電
叡 叡山電車

広隆寺・東映太秦映画村

国宝〔彫刻第一号〕アルカイックスマイルと時代劇

バス停名
❶❷太秦映画村道　❸❹太秦映画村前
❶❷常磐仲之町（京都バス）　❺❻太秦広隆寺前

乗り場番号は本書の説明のためにつけたものです。現地停にはこの番号はありませんのでご注意。

access ここから嵐山方面にはバスも頻発しており い。道路混雑時には嵐電を利用して嵐山そ て北の仁和寺、龍安寺方面へ。エリア移動の洛東方面 は、嵐電「四条大宮」駅まで行き、バスに乗り換えて

広隆寺　案内 P118

秦河勝が聖徳太子から仏像を贈られ、それを本尊として603年（推古天皇11年）に建立された山城最古の寺。聖徳太子建立の日本七大寺の一つという。太子ゆかりの七大寺とは、1. 法隆寺（法隆学問寺）、2. 四天王寺、3. 中宮寺（中宮尼寺）、4. 橘寺、5. 蜂岡寺（広隆寺）、6. 池後寺（池後尼寺、法起寺）、7. 葛木寺（葛木尼寺）をいう。日本で最も美しいといわれる、国宝指定第一号の弥勒菩薩半跏思惟像（宝冠弥勒）、同じく国宝の弥勒菩薩半跏思惟像（宝髻弥勒）など、その他、国宝、重文の仏像が数多くある。

徒歩所要分
- バス停「太秦広隆寺前」→広隆寺楼門(2分)・映画村入口(7分)
- 嵐電「太秦広隆寺」駅→広隆寺楼門(1分)・映画村入口(6分)
- バス停「太秦映画村前」❹→映画村入口(1分)
- バス停「太秦映画村道」・「常盤仲之町」→映画村入口(6分)・広隆寺楼門(12分)
- ＪＲ「太秦」駅→映画村撮影所口(5分)
- 嵐電「撮影所前」駅→映画村撮影所口(2分)

東映太秦映画村　案内 P120

東映撮影所の一画を昭和50年（1975）に公開。約5万3千㎡の敷地内には、宿場町、港町、吉原などの江戸や明治時代などの町並みを再現。オープンセットでは、映画やTVの撮影が行われることもあり、忍者ショーやちゃんばら辻指南 どのイベントも見学できる。また、時代劇のヒ ロー、ヒロインになれる変身体験や、お化け 敷やからくり忍者屋敷などの体験型アトラクシ ンもある。充実した映画資料を展示する映画 化館は、明治洋館風の建物。JR太秦駅側に新 い入村口が作られ、アクセスが更に便利になった

太秦天神川駅前 P76乗換案内参照

JR太秦駅周辺

ス停❹は映画村のすぐ前で、京都バス63・66が昼間毎時3～4便出ている。市街地に向けては便利で、妙心寺、円町、二条城付近を経て、三条京阪へ。「地下鉄・バス一日券」
京都バスの嵐山方面にも利用できるようになっているので注目してください。

のりもの案内（太字は1時間に4便以上の系統。色数字は市バス循環系統・均一系統、◆は地下鉄・バス一日券、京都修学旅行1day チケットが利用可）

目的地	参照ページ	待機時間	乗り場	アクセス（参照の行き方は左の目的地欄から探す。乗は乗り換え先のページで乗降の位置を確認してください）	降り場（バス停位置は参照ページで確認）	乗車時間	乗換回数
京都駅 東本願寺 西本願寺	15 23	20	❶	市バス75◆・85	京都駅前各バス降り場	36・36	0
		10～	❺	京都バス73◆・快72◆・快73◆・76◆	京都駅前Ⓒ6	32	0
		10	JR太秦駅	JR嵯峨野線〔上り〕	JR京都駅	14	0
		10+5	❺	参照四条堀川(P33) 乗同⓮から市バス9◆	西本願寺前❶	20+4	1
西本願寺 京都水族館 東寺	21 23 25	7+5～	嵐太秦広隆寺駅	参照四条大宮駅(P33) 乗同❸から市バス207◆・71◆等	島原口⓮、七条大宮・京都水族館前❷、東寺東門前❷	12+6～10	1
		10	JR太秦駅	JR嵯峨野線〔上り〕	JR梅小路京都西駅	13	0
		10+5～	❺	参照四条大宮 乗同❸から市バス207◆・71◆等	島原口⓮、七条大宮・京都水族館前❷、東寺東門前❷	23+6～10	1
四条河原町 新京極	27	10	❺	市バス11◆	四条河原町❾	36	0
		30～	❶・❹・❺	京都バス63◆・66◆	四条河原町❶	31～35	0
四条烏丸 四条堀川 四条大宮	30 33	15	❶	市バス91◆	四条大宮❺、四条烏丸❽(入庫)	24・30	0
		30～	❶・❹・❺	京都バス63◆・66◆	烏丸御池❶(P115)	22～26	0
		10・10～	❺	市バス11◆・京都バス73◆・76◆	四条大宮❶・四条堀川⓬(市バス11のみ)・四条烏丸❾(京都バスは❹)	24～30・19～23	0
		7	嵐太秦広隆寺駅	嵐電嵐山本線〔上り〕	嵐四条大宮駅	12	0
河原町三条	35	30～	❶・❹・❺	京都バス63◆・66◆	河原町御池❶・河原町三条❸・三条京阪前Ⓕ(P37)	27～41	0
三条京阪	37	10	❺	市バス11◆	三条京阪前Ⓔ	46	0
京都御所	38	10	❶	市バス93◆	烏丸丸太町❼・河原町丸太町❹(P115)	21・24	0
京都御所	38	7+5	嵐太秦広隆寺駅	参照西大路三条駅(P75) 乗同❸から市バス203◆(北行)	堀川今出川❸・烏丸今出川❷・出町柳駅前❹(P115)	26・30・36	1
出町柳・西陣	41・43	10～+5	❶	参照西ノ京円町◆(P75) 乗同❻から市バス203◆(北行)	堀川今出川❸・烏丸今出川❷・出町柳駅前❹	22・26・32	1
下鴨神社	41	10～+4	❶	参照西ノ京円町◆ 乗同❻から市バス205◆(北行)	下鴨神社前❶	9+29	1
		7+4	嵐太秦広隆寺駅	参照西大路三条駅 乗同❸から市バス205◆(北行)	下鴨神社前❶	7+35	1
堀川丸太町 二条城・二条駅 堀川御池	45	10	❶	市バス93◆	堀川丸太町❸	17	0
		30～	❶・❹・❺	京都バス63◆・66◆	二条駅前❾・堀川御池❼	15～23	0
		4	地T17太秦天神川駅	地下鉄東西線◆〔上り〕	地T14二条城前駅	5	0
千本丸太町		30～	❶・❹・❺	京都バス63◆・66◆	千本丸太町❷(P114)	13・15・17	0
		10	❶	市バス93◆	千本丸太町❶	14	0
東福寺・泉涌寺	47	7+5	嵐太秦広隆寺駅	参照四条大宮駅(P33) 乗同❸から市バス207◆	東福寺❸・泉涌寺道❶・東山七条❺	37・38・39	1
三十三間堂	49	7+8	嵐太秦広隆寺駅	参照四条大宮駅 乗同❸から市バス206◆	博物館三十三間堂前❶・東山七条❺	12+27～29	1
清水寺	51	7+5～	嵐太秦広隆寺駅	参照四条大宮駅 乗同❶から市バス207◆等	清水道❶・五条坂❹	12+21～23	1
祇園	55	7+5～	嵐太秦広隆寺駅	参照四条大宮駅 乗同❶から市バス201◆・46◆・207◆等	祇園❺(207等は❶)	12+17	1
知恩院・青蓮院 平安神宮 南禅寺・永観堂 東天王町 哲学の道	57 59 61 63	7+6～	嵐太秦広隆寺駅	参照四条大宮駅 乗同❶から市バス203◆・201◆・46◆	知恩院前❻・東山三条❹	12+19～21	1
		7+6～	嵐太秦広隆寺駅	参照四条大宮駅(P33) 乗同❾・❶から市バス46◆・❶から市バス32◆	岡崎公園 ロームシアター京都・みやこめっせ前❹(46は岡崎公園 美術館・平安神宮前❶も)	12+22～25	1
		10	❶	市バス93◆	熊野神社前❽・岡崎道⓯・東天王町❻	29・31・33	0
		4	地T17太秦天神川駅	地下鉄東西線◆〔上り〕	地T10東山駅・地T09蹴上駅	13・15	0
銀閣寺	63	7+5	嵐太秦広隆寺駅	参照西大路三条駅(P75) 乗同❸から市バス203◆	銀閣寺道❷	7+37	1
		10～+5	❶	参照西ノ京円町◆(P75) 乗同❻から市バス203◆	銀閣寺道❷	9+31	1
詩仙堂 曼殊院	65	10+5	❶	参照東天王町◆(P61) 乗同❻から市バス5◆	一乗寺下り松町❹・一乗寺清水町❷	33+12・14	1
蓮華寺 大原	13・99 68	10+10・30	❶	市バス93◆で丸太町京阪前❶(P38・P114) 乗川端丸太町❹から京都バス16◆・17◆・特17◆	上橋❹・大原❶	27+21～・38～	1
宝ヶ池・岩倉	13 99	10+4	❶	参照烏丸丸太町◆(P38) 乗K07丸太町駅から地下鉄烏丸線◆〔上り〕	地K01国際会館駅	21+13	1
鞍馬・貴船	67	7+5+10	嵐太秦広隆寺駅	参照出町柳駅前(P41) 乗叡山鞍馬線	叡鞍馬駅・叡貴船口駅	66～・63～	2
北大路BT・植物園	69	10+4	❶	参照烏丸丸太町(P38) 乗K07丸太町駅から地下鉄烏丸線◆〔上り〕	地K04北大路駅・地K03北山駅	21+6～8	1
上賀茂神社	71	10+6	❶	参照千本丸太町◆(P45・P114) 乗同❹から市バス46◆(北行)	上賀茂神社前❶	14+27	1
		7+6	嵐太秦広隆寺駅	参照四条大宮駅(P33) 乗同❽から市バス46◆	上賀茂神社前❶	12+35	1
大徳寺	73	10～+4～	❶	参照西ノ京円町◆(P75) 乗同❻から市バス204◆・205◆	大徳寺前❶	9+15	1
		7+4	嵐太秦広隆寺駅	参照西大路三条駅(P75) 乗西大路三条❸から市バス205◆	大徳寺前❶	7+21	1
鷹峯	14 100	10+5	❶	参照堀川丸太町◆(P45) 乗同❹から市バス9◆	神光院前❸	17+24	1
		10～+5	❶・❹・❺	参照堀川御池(P45) 乗同❻・⓬から市バス9◆	神光院前❸	23+28	1
		10+15	❶・❹・❺	参照千本丸太町(P45・P114) 乗同❹から市バス6◆	鷹峯源光庵前❶	14+19	1
		7+15	嵐太秦広隆寺駅	参照四条大宮駅(P33) 乗同❽から市バス6◆	鷹峯源光庵前❶	12+27	1
西ノ京円町(円町駅前)	75	30～	❶・❹・❺	京都バス63◆・66◆	西ノ京円町❷	8・10・12	0
		10・15	❶	市バス93◆・91◆、京都バス臨丸太町◆	西ノ京円町❷(市バス91は西ノ京円町❸)	9	0
西大路三条駅		7	嵐太秦広隆寺駅	嵐電嵐山本線〔上り〕	嵐西大路三条駅	7	0
		10・10～	❺	市バス11◆、京都バス73◆・76◆	西大路三条❷	10～14	0
西大路四条		10・10～	❺	市バス11◆、京都バス73◆・76◆	西大路四条❶	12～16	0
		15・20	❶	市バス91◆・75◆・85◆	西大路四条❶(市バス75・85は❻)	16～17	0
嵐電西院駅		7	嵐太秦広隆寺駅	嵐電嵐山本線〔上り〕	嵐西院駅	9	0
北野天満宮 白梅町 金閣寺 等持院	77 79	7+10	嵐太秦広隆寺駅	嵐電嵐山本線〔下り〕帷子ノ辻駅(P13B3) 乗北野線〔上り〕	嵐等持院駅・嵐北野白梅町駅	3+10～11	1
		10～+5	❶	参照西ノ京円町◆(P77) 乗同❻から市バス203◆	北野白梅町❸・北野天満宮前❶	9+4～5	1
		10～+4～	❶	参照西ノ京円町◆ 乗同❻から市バス204◆・205◆	北野白梅町❽・金閣寺道❸	9+4～9	1
		10～+15	❶	参照西ノ京円町◆ 乗同❻から市バス15◆	立命館大学前❽	9+10	1
妙心寺	82	15・10	❶	市バス91◆・93◆・京都バス臨丸太町◆	妙心寺前❽	4	0
		10～	❶・❹・❺	京都バス63◆・66◆	妙心寺前❽	4・6・8	0
仁和寺・妙心寺・龍安寺		7+10	嵐太秦広隆寺駅	嵐電嵐山本線〔下り〕帷子ノ辻駅(P13B3) 乗北野線〔上り〕	嵐御室仁和寺駅・嵐妙心寺駅・嵐龍安寺駅	3+6～9	1
嵐山 嵯峨野	87 91	10	❻	市バス11◆	嵐山❹・嵐山天龍寺前❷・嵯峨小学校前❼	10・11・14	0
		30～・10～	❸・❻	京都バス63◆・66◆・73◆・76◆、77◆(平日運行)(70番台は❻乗り場のみ、待機時間各30分)	嵐山❹	12～	0
		10・30	❷	市バス93◆・85◆(土休日の下車停は❼・❷・❹)	嵯峨小学校前❽・嵐山天龍寺前❶・嵐山❸	10・13・15	0
		15・30	❷	市バス91◆	嵯峨釈迦堂前❻・大覚寺❶	11・14	0
		7	嵐太秦広隆寺駅	嵐電嵐山本線〔下り〕	嵐嵐山駅	10	0
高雄	90	10～+30	❶	参照西ノ京円町◆(P75) 乗同❻からJRバス◆	高雄❸・栂ノ尾❻	9+27・29	1
松尾大社・苔寺	13・101	30・10	❸・❻	京都バス63◆、73◆(❻からのみ)	松尾大社前❷、苔寺・すず虫寺❼	18～20・22～24	0
小野・醍醐	13・95	4	地T17太秦天神川駅	地下鉄東西線◆〔上り〕	地T04小野駅・地T03醍醐駅	27～30	0

洛西

鉄道記号
地 地下鉄
JR JR線
近 近鉄電車
阪 阪急電車
京 京阪電車
嵐 嵐電
叡 叡山電車

名・名称 新丸太町通（しんまるたまち） 宇多野吉祥院線（うたのきっしょういん） 常盤仲之町（ときわなかのちょう） 桂宮院（けいぐういん） 嵐電北野線（らんでんきたの） 太子道（たいしみち） 蚕の社（かいこやしろ）（木嶋神社（このしま）） 大映通（だいえい）

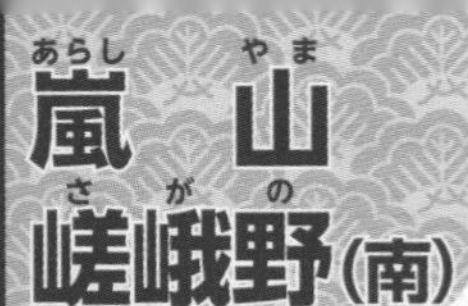

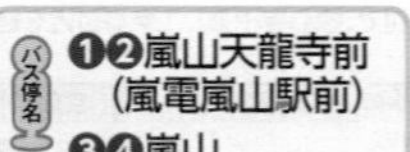

乗り場番号は本書の説明のためにつけたものです。現地停にはこの番号はありませんのでご注意。

移り行く四季に彩られた河畔の景勝地

access ここからの移動でバスを利用する名所は、山間地の高雄・清滝と、嵯峨野の嵯峨釈迦堂・大覚寺と、南の苔寺・鈴虫寺のみと行ってもよさそう。他の名所移動は、散策を楽しめる。観光シーズンには渋滞を避けるべく、嵐山到着時間は、バス・車の場合は午前11時頃までが望ましい。

天龍寺

案内 P120

足利尊氏が後醍醐天皇供養のために建立した禅寺で、京都五山の第一位という高い格式を誇る。現在の諸堂は明治になって再建された。方丈には藤原時代の釈迦如来坐像を安置。夢窓疎石作といわれる曹源池庭園（特別名勝）は、嵐山や小倉山を借景にした池泉回遊式。庭園には200本程の桜もある。境内入口付近にある放生池の蓮の見頃は8月下旬まで。

はんなり・ほっこりスクエア

嵐電嵐山駅構内にある商業施設。飲食やみやげ物はもちろん、観光スポットとしても楽しめる。「キモノフォレスト」では約600本の京友禅ポールが

嵐山・嵯峨野(南) 散策マップ

小倉百人一首でも知られる小倉山一帯はモミジの名所

あたり一帯風情ある静かな竹林

素朴な田園風景

保津川に沿って走るトロッコ列車ちょっと懐かしい車両も楽しい

嵐峡が広がり川上方向にトロッコ列車がみえる

桜と紅葉の名所嵐山付近の名前にもなっている

石像群がみもの

土休日は経路変更

右上参照

渡月橋

地名・名称			
二尊院（にそんいん）	落柿舎（らくししゃ）	常寂光寺（じょうじゃっこうじ）	
野宮神社（ののみや）	小督塚（こごうづか）	渡月橋（とげつきょう）	大堰川（おおい） 保津川
法輪寺（ほうりんじ）	鹿王院（ろくおういん）		

徒歩所要分
- バス停「嵐山天龍寺前(京福嵐山駅前)」→天龍寺拝観受付(6分)・渡月橋(3分)
- バス停「嵐山」→天龍寺拝観受付(10分)・渡月橋(2分)
- ＪＲ「嵯峨嵐山」駅→野宮神社(11分)・天龍寺拝観受付(14分)
- 阪急電車「嵐山」駅→渡月橋(8分)・天龍寺拝観受付(19分)

ち並び、日没からはライトアップもされる。
整備された竹林や小径、足湯などもおススメ。

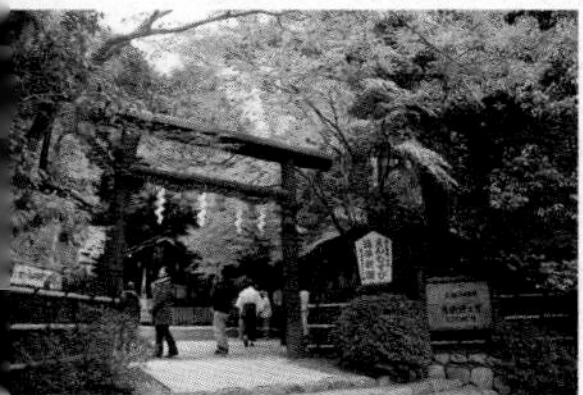

野宮神社

源氏物語「賢木」の舞台であり、謡曲「野宮」に詠われた野宮神社は、黒木鳥居と竹林、小柴垣が平安の風情を現在に伝える。ここは、嵯峨野巡りの入口。今では縁結びの神・子宝安産の神様として親しまれている。

大河内山荘 案内 P116

この回遊式庭園は、昭和初期の映画俳優・大河内伝次郎が小倉山からの雄大な風光に魅せられ、30 年に渡り丹精こめて、こつこつと造りあげた約 6,000 坪の広大な庭園。山腹の起伏を生かして、桜や楓、松が多く植栽された園内からは、嵐山に保津川の清流、比叡山や京の町並みなども眺められ、四季折々に趣がある。

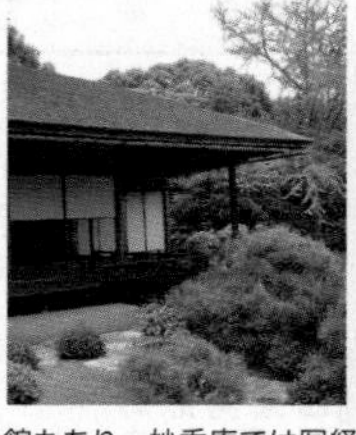

大河内伝次郎の資料館もあり、妙香庵では写経もできる。御抹茶付入山で、所要 45 分は覚悟を。

嵐電嵐山駅前 拡大図
天龍寺
IN
IN
P.112
妙智院
三秀院
妙春寺
日光厳天皇髪塔
茶三楽
プラッツ
嵐山高架道路
嵐電嵐山本線
嵐山駅
A13
嵯峨とうふ稲
そば処いわを
まゆ人形・まゆ村
嵐山ちりめん細工館
京おばんざい
ぎゃあてい
足湯(駅内)
世良親王墓
西山艸堂
嵐山昇龍苑
井筒八ッ橋本舗
臨川寺
嵐山天龍寺前
(嵐電嵐山駅)
茶房 鼓月
いしかわ竹乃店
京扇子伊藤常嵐山店
EX cafe&bar京都嵐山本店
嵐山スクエア
長辻通
雲ノ茶屋
清滝道
洛楽
大井神社
レストラン嵐山
良弥
ギャラリーちはた
福田美術館
車軒文庫
嵐山まるん (アメやさん)
車折神社 嵐山頓宮
小督塚
嵐山よしむら
琴きき茶屋
新八茶屋
三条通
嵐山
京都アラビカ
渡月橋
WC
有栖川
新丸太町通
円町
若宮神社
太秦駅
91
ホテル嵯峨嵐山
報恩寺
嵐電嵯峨駅
A12
鹿王院駅
A11
嵐電嵐山本線
車折神社駅
A10
有栖川駅
妙林寺
鹿王院
曇華院
車折神社
芸能神社
正定院
嵯峨中山公園
WC
徳林寺
太秦・広隆寺
三条通
下嵯峨
車折神社前
都バス)
11
斉明神社
愛宕神社
西高瀬川
土休日の長辻通北向き一方通行について
土休日の場合、天龍寺前の長辻通(オレンジ色)は北向き一方通行になり、南下するバス路線は全て1本東側の嵐山高架道路へ迂回します。2023年11月は平日も適用されたのでご注意下さい。
そのためバス停嵐山(❸・❹)や角倉町の停車バス停が変更されます
詳しくはP89の乗り物ガイドをご覧下さい。
渡月橋・嵐山が一望できる撮影スポット
京都西郵便局
京都嵯峨美術大
サイクリングロード
嵐山テニスクラブグラウンド
府道宇多野嵐山樫原線
京都バスが、観光に便利な「94系統嵐山・嵯峨野周遊シャトルバス」を運行しています。清滝から主な停留所としては、鳥居本~大覚寺~嵐電嵐山駅前~阪急電鉄嵐山駅です。運行は土曜・休日のみで、およそ10時~16時台、毎時1便~2便です。
「嵐山公園」から続く桜並木は、地元の人々の散歩道。昼間でも美しいが、3月下旬~4月上旬にライトアップがされた姿も…美景。
桂川
嵐山駅前 (前広場)
阪急電車嵐山線
嵐山駅
98
松尾大社・桂
1分 2分 3分 4分 5分 6分 7分
0m 500m
F
G
H

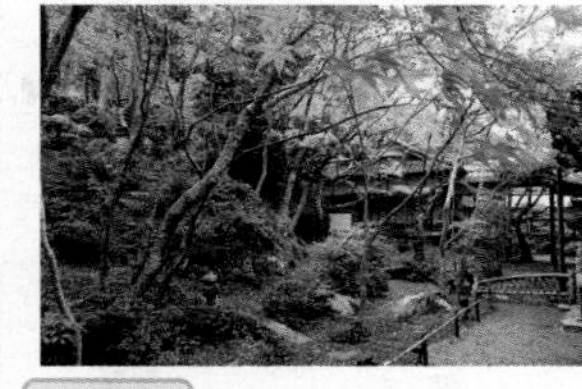

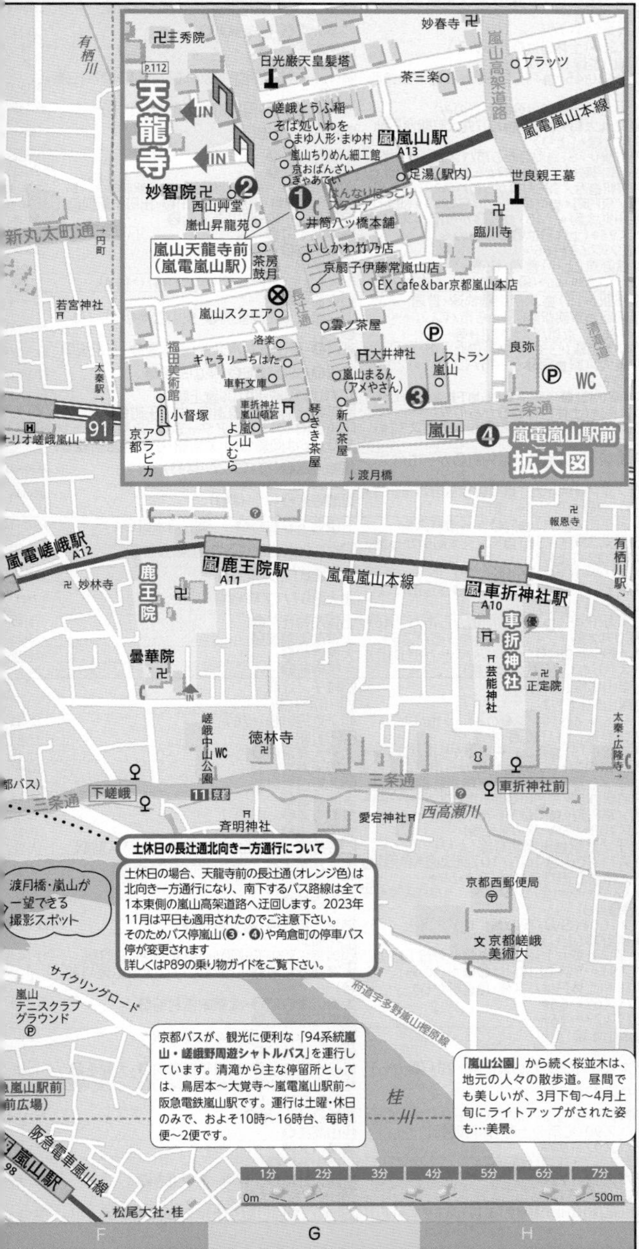

常寂光寺 案内 P118

小倉山山腹に建てられた、静かな寺。秋の紅葉は、嵯峨野随一と評判。秀麗な多宝塔付近からの嵯峨野の眺望は見事。本堂は伏見城の客殿を移転修造といい、茅葺きの仁王門はもと本圀寺客殿の南門を移転、妙見堂は能勢妙見を分祀し、歌仙祠には藤原定家・家隆の木像を安置する。また、時雨亭跡石碑は、定家山荘がこの付近であるとして建てられたもの。

落柿舎

案内 P122

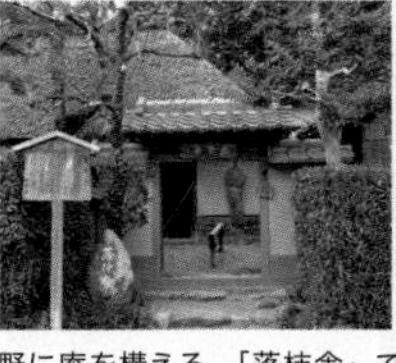

江戸期の俳人、蕉門十哲の一人である向井去来は 27 歳の時に隠士となり、35 歳で嵯峨野に庵を構える。「落柿舎」である。去来の「落柿舎の記」に、庭に柿の木が 40 本あり、その柿の実が一夜のうちにほとんど落ちつくした。それが落柿舎の名の由来と書かれている。元禄 4 年(1691)松尾芭蕉は、ここに滞在し、有名な「嵯峨日記」を記した。

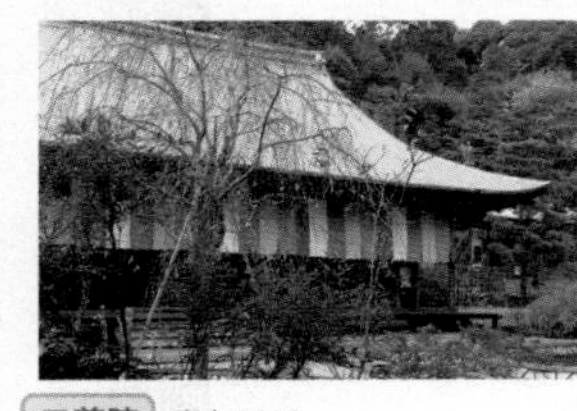

二尊院 案内 P120

嵯峨天皇の勅願によって慈覚大師が開山。釈迦如来像と阿弥陀如来像の二尊が祀られていることから、二尊院と寺名が名付けられた。小倉山中腹に法然上人廟、広大な墓地には、公家の二条家、三条家、四条家、三条西家、鷹司家の墓所のほか、伊藤仁斎・東涯父子、角倉了以・素庵父子の墓などがある。また境内奥には土御門天皇、後嵯峨天皇、亀山天皇の分骨を安置する三帝陵がある。総門は伏見城の遺構と伝える薬医門。くぐれば「紅葉の馬場」とよばれる石を敷き詰めた広く長い参道があり、秋の美しさは特に有名。

鉄道記号
地 地下鉄
JR JR線
近 近鉄電車
阪 阪急電車
京 京阪電車
嵐 嵐電
叡 叡山電車

桜、紅葉の連休時、土休日の移動は、鉄道を利用しましょう。帰路鉄道の切符を購入しておく方がよい。切符自販機も列をなすほど混む場合もあった。
＊京都バス・市バスの土曜・休日乗り場に注意。P91 も同様。詳細は P88 地図中囲みの角倉町バス停を参照。

地域	目的地	参照ページ	のりもの案内（太字は1時間に4便以上の系統。色数字は市バス循環系統・均一系統、◆は地下鉄・バス一日券、京都修学旅行1day チケットが利用可） 待機時間	乗り場	アクセス（[参照]の行き方は左の目的地欄から探す。[乗換]は乗り換え先のページで乗降の位置を確認してください）	降り場（バス停位置は参照ページで確認）	乗車時間
洛中	京都駅 東本願寺 西本願寺 京都水族館	15 21 23	15･30	❶	市バス28◆（土休日は❹からのみ）･85◆（平日は❸も、土休日は❷❹からのみ）	西本願寺前❶・京都駅前市バス降り場	39･46
			10〜	❸	京都バス73◆･76◆	烏丸七条❾・京都駅前C6	39〜43
			10･30	JR嵯峨嵐山駅	JR嵯峨野線〔上り〕普通・快速	JR梅小路京都西駅（普通のみ）、JR京都駅	14、17･12
			10〜+15〜	JR嵯峨嵐山駅	[参照]京都駅（P15）[乗換]B3から市バス86◆等	七条大宮・京都水族館前❹、梅小路公園・京都鉄道博物館前❾	12〜+7〜
	東寺	25	7+5〜	嵐嵐山駅	[参照]四条大宮駅（P33）[乗換]同❸から市バス207◆･71◆	七条大宮・京都水族館前❷、東寺東門前❷	21+9、10
	四条河原町 四条烏丸 烏丸御池 四条大宮 河原町三条 三条京阪	27 30 33 35 37	10	❶❸	市バス11◆（土休日はバス停・角倉町から）	四条大宮❶・四条烏丸❾・四条河原町❾・三条京阪前Ⓔ	32〜･38〜･44〜･49〜
			30〜	❸	京都バス63◆･66◆	烏丸御池❶（P115）・河原町御池❶・河原町三条❸・四条河原町❶・三条京阪前Ⓔ（P37）	37･42･44･46･52
			8+5	阪HK98嵐山駅	阪急嵐山線〔下り〕HK81桂駅（P13B3）[乗換]京都本線〔上り〕	阪HK84大宮駅・阪HK85烏丸駅・阪HK86京都河原町駅	17〜22
			7+5	嵐嵐山駅	[参照]四条大宮駅（P33）[乗換]HK84大宮駅から阪急京都線〔上り〕	阪HK85烏丸駅・阪HK86京都河原町駅	21+2〜4
			10〜	❸	京都バス73◆･76◆	四条大宮❶・四条烏丸❹	30･34
			15	❶	市バス28◆（土休日は❹からのみ）	四条大宮❺	33
			7	嵐嵐山駅	嵐電嵐山本線〔上り〕	嵐四条大宮駅	21
			10〜+4	JR嵯峨嵐山駅	[参照]二条駅（P45）[乗換]T15二条駅から地下鉄東西線◆〔上り〕	地T13烏丸御池駅・地T12京都市役所前駅・地T11三条京阪駅	13･15･17
	烏丸丸太町 京都御所	38	10	❶❸	市バス93◆（土休日は❷❹からのみ）	烏丸丸太町❼・河原町丸太町❹（P115）	32〜･35〜
			10+4	❶❸	[参照]烏丸丸太町◆（P38）[乗換]K07丸太町駅から地下鉄烏丸線◆〔上り〕	地K06今出川駅	34〜
	下鴨神社	41	10〜+4	JR嵯峨嵐山駅	[参照]円町駅（P75）[乗換]同❻から市バス205◆（北行）	下鴨神社前❶	11+36
			15+4〜	❶❸	[参照]西ノ京円町◆（P75）[乗換]同❻から市バス205◆（北行）	下鴨神社前❶	21+52
	出町柳・河原町今出川 西陣	41 43	10+5	JR嵯峨嵐山駅	[参照]円町駅[乗換]西ノ京円町❻から市バス203◆（北行）	堀川今出川❸・河原町今出川❸・出町柳駅前❹（P115）	20･28･30
			10+5	❶❸	[参照]西ノ京円町◆[乗換]同❻から市バス203◆（北行）	堀川今出川❸・河原町今出川❸・出町柳駅前❹	36･44･46
			10+5	❶❸	[参照]堀川丸太町◆（P45）[乗換]同❹から市バス9◆	堀川今出川❼・堀川寺ノ内❷	36･38
	堀川丸太町 二条城・二条駅	45	10	❶❸	市バス93◆（土休日は❷❹からのみ）	堀川丸太町❸	30〜28
			30〜	❸	＊京都バス63◆･66◆	二条駅前❾・堀川御池❼	30･34
			10	JR嵯峨嵐山駅	JR嵯峨野線〔上り〕普通・快速	JR二条駅	10･7
	千本丸太町		30〜、10	❶❸	＊京都バス63◆･66◆（❸からのみ）、＊市バス93◆	千本丸太町❷（93は千本丸太町❶）（P114）	27〜
洛東	東福寺・泉涌寺	47	10+8	JR嵯峨嵐山駅	[参照]京都駅（P15）[乗換]JR奈良線快速・普通	JR東福寺駅	12〜+4
	三十三間堂	49	10+5〜	JR嵯峨嵐山駅	[参照]京都駅[乗換]京都駅前D2から市バス206◆･208◆･86◆、京都バス臨東山◆等	博物館三十三間堂前❶・東山七条❺（208は❸）	16+7〜11
	清水寺 祇園・八坂神社 知恩院・青蓮院 平安神宮 南禅寺・永観堂 東天王町・哲学の道	51 55 57 59 61 63	7+5〜	嵐嵐山駅	[参照]四条大宮駅（P33）[乗換]同❶・❿から市バス207◆	祇園❶・東山安井バス停・清水道❶・五条坂❹	21+17〜23
			7+6〜	嵐嵐山駅	[参照]四条大宮駅[乗換]同❶から市バス201◆･203◆･46◆（❾も）	祇園❺・知恩院前❻・東山三条❹	21+17〜21
			10+4	JR嵯峨嵐山駅	[参照]二条駅（P45）[乗換]T15二条駅から地下鉄東西線◆〔上り〕	地T10東山駅・地T09蹴上駅	10+8〜10
			10	❶❸	市バス93◆（土休日は❷❹からのみ）	熊野神社前❽・岡崎道⓯・東天王町❻	42〜46
			7+6〜	嵐嵐山駅	[参照]四条大宮駅（P33）[乗換]同❶から市バス32◆･46◆（❾も）	岡崎公園 ロームシアター京都・みやこめっせ前❹（46は岡崎公園 美術館・平安神宮前❶も）	21+22〜25
	銀閣寺	63	10+5〜	JR嵯峨嵐山駅	[参照]円町駅（P75）[乗換]西ノ京円町❻から市バス203◆（北行）・同❷から204◆（東行）	銀閣寺道❷（市バス204は❸）	7+30〜31
			10+5〜	❶❸	[参照]西ノ京円町◆（P75）[乗換]同❻から市バス203◆（北行）・同❷から204◆（東行）	銀閣寺道❷（204は❸）	23+30〜31
洛北	詩仙堂・曼殊院	65	10+5	❶❸	[参照]東天王町◆（P61）[乗換]同❻から市バス5◆	一乗寺下り松町❹・一乗寺清水町❷	46+12〜14
	宝ヶ池・岩倉 北大路BT	13･99 69	10+4	❶❸	[参照]烏丸丸太町◆（P38）[乗換]K07丸太町駅から地下鉄烏丸線◆〔上り〕	地K04北大路駅・地K01国際会館駅	32〜+6〜
			30	❷❹	市バス109◆（GW・秋の繁忙期）	北大路BTバス降り場	39･40
			10+4	JR嵯峨嵐山駅	[参照]円町駅（P75）[乗換]西ノ京円町❻から市バス204◆･205◆（北行）	北大路BTバス降り場	7+21
	上賀茂神社	71	10+6	JR嵯峨嵐山駅	[参照]二条駅（P45）[乗換]二条駅前❿から市バス46◆	上賀茂神社前❶	10+30
			10+5	❶❸	[参照]堀川丸太町◆（P45）[乗換]同❹から市バス9◆	上賀茂御薗橋❺	30+20
	大徳寺	73	10+4〜	❶❸	[参照]西ノ京円町◆[乗換]同❻から市バス205◆･204◆（北行）	大徳寺前❶	23+15
			30	❷❹	市バス109◆（GW・秋の繁忙期）	大徳寺前❶	36･37
洛西	帷子ノ辻駅	85･13	7	嵐嵐山駅	嵐電嵐山本線〔上り〕	嵐帷子ノ辻駅	7
	阪急桂駅	13	8	阪HK98嵐山駅	阪急嵐山線〔下り〕	阪HK81桂駅	8
	西ノ京円町（円町駅前）	75	30〜、10	❶❸	京都バス63◆･66◆（全バス❸のみ）、＊市バス93◆	西ノ京円町❷（P76）	22〜23
			10	JR嵯峨嵐山駅	JR嵯峨野線〔上り〕普通・快速	JR円町駅	7･4
	北野天満宮	77	10+5	JR嵯峨嵐山駅	[参照]円町駅（P75）[乗換]西ノ京円町❻から市バス203◆	北野天満宮前❶	4〜+5
			10+5	❶❸	[参照]西ノ京円町◆（P75）[乗換]同❻から市バス203◆	北野天満宮前❶	23+5
			7+10	嵐嵐山駅	[参照]帷子ノ辻駅（P13B3）[乗換]嵐電北野線〔上り〕	嵐北野白梅町駅	7+11
	金閣寺 等持院	79	10+4〜	JR嵯峨嵐山駅	[参照]円町駅[乗換]西ノ京円町❻から市バス205◆･204◆	金閣寺道❸	4〜+9
			10+4〜	❶❸	[参照]西ノ京円町◆[乗換]同❻から市バス205◆･204◆	金閣寺道❸	23+9
			30	❷❹	市バス109◆（GW・秋の繁忙期）	金閣寺道❸	31･32
			7+10〜	嵐嵐山駅	[参照]帷子ノ辻駅[乗換]嵐電北野線〔上り〕	嵐等持院・立命館大学衣笠キャンパス前駅	7+10
	龍安寺 仁和寺 妙心寺	82	10+7〜	❷	市バス11◆で山越中町（P107路線図A参照）[乗換]同バス停から市バス10◆･26◆･59◆	御室仁和寺❸、龍安寺前❶（59のみ）	10+7、11
			30〜、10	❶❸	京都バス63◆･66◆（全バス❸のみ）、＊市バス93◆（平日は❷❹から）	妙心寺前❽	18･15〜
			30	❷❹	市バス109◆（GW・秋の繁忙期）	御室仁和寺❸・龍安寺前❶	22〜･25〜
			10	JR嵯峨嵐山駅	JR嵯峨野線〔上り〕普通	JR花園駅	5
			7+10	嵐嵐山駅	[参照]帷子ノ辻駅（P13B3）[乗換]嵐電北野線〔上り〕	嵐御室仁和寺駅・嵐妙心寺駅・嵐龍安寺駅	13･14･15
	広隆寺 東映太秦映画村	85	10･10	❶❸	市バス93◆･85◆（土休日は❷❹からのみ）、市バス11◆（土休日はバス停・角倉町から）	太秦映画村道❶・（市バス11は太秦広隆寺前❺）	15･13
			30〜	❸	京都バス63◆･66◆	太秦広隆寺前❺・太秦映画村前❹	11〜13
			10〜	❸	京都バス73◆･76◆	太秦広隆寺前❺	11
	太秦・車折神社	85･87	7	嵐嵐山駅	嵐電嵐山本線〔上り〕	嵐車折神社駅・嵐太秦広隆寺駅	3･9
	嵯峨野 大覚寺 鳥居本	91	10	❷❹	市バス11◆	嵯峨小学校前❼	3〜5
			30･15	❷❹	市バス109◆（GW・秋の繁忙期）･28◆（❷から）	嵯峨小学校前❼・嵯峨釈迦堂前❻・大覚寺❶	4･6･9
			30･15	❷	京都バス92◆･94◆	嵯峨小学校前❼・嵯峨釈迦堂前❻、大覚寺❷（京都バス94のみ）	2〜10
	高雄	90	10+30	JR嵯峨嵐山駅	[参照]円町駅（P75）[乗換]西ノ京円町❻からJRバス◆（北行）	高雄❸・栂ノ尾❻	7+27･29
			15	阪急嵐山駅前	京都バス90（紅葉の土曜・休日運転）	西山高雄❹	39
	清滝	13	30	❷	京都バス92◆･94◆	清滝バス停	13･17
	松尾大社 鈴虫寺	13 101	15･30	❶	市バス28◆（土休日は❹から）	松尾大社前❶	8
			30･15	❹	京都バス63◆･73◆	松尾大社前❷、苔寺・すず虫寺❼	8、12
			8	阪HK98嵐山駅	阪急嵐山線〔下り〕	阪HK97松尾大社駅	2
	大原野・長岡京	13	8+5	阪HK98嵐山駅	阪急嵐山線〔下り〕HK81桂駅（P13）[乗換]阪急京都本線〔下り〕	阪HK79東向日駅・阪HK97長岡天神駅	12･12〜

鉄道記号
地 地下鉄
JR JR線
近 近鉄電車
阪 阪急電車
京 京阪電車
嵐 嵐電
叡 叡山電車

紅葉に包まれる三尾の山寺

バス停名
❶❷❸高雄
❹西山高雄（京都バス）
❺❻栂ノ尾

access 西日本JRバスを含め「地下鉄・バス一日券」等の利用エリア。紅葉シーズンの道路渋滞は激しいので、ここに来る時は朝一番に入ることが肝要。そして紅葉時の土曜と休日には、嵐山高雄パークウェイ内にあるバス停「西山高雄」から、京都バス90系統で嵐電と阪急電車の「嵐山」駅に。京都バスHP等で便の確認を。

乗り場番号は本書の説明のためにつけたものです。現地停にはこの番号はありませんのでご注意。

目的地	参照ページ	のりもの案内（太字は1時間に4便以上の系統。色数字は市バス循環系統・均一系統、◆は地下鉄・バス一日券、京都修学旅行1dayチケットが利用可）待機時間	乗り場	アクセス（参照の行き方は左の目的地欄から探す。乗換は乗り換え先のページで乗降の位置を確認してください）	降り場（バス停位置は参照ページで確認）	乗車時間	乗換回数
京都駅	15	30～	❶・❺	JRバス全系統◆	京都駅前JRバス降り場	52～54	0
西本願寺 京都水族館・東寺	21・23・25	30+5～	❶・❷・❺	参照四条大宮（P33）乗換同❸から市バス207◆等	島原口⑭、七条大宮・京都水族館前❷、東寺東門前❷	52+6～10	1
四条河原町 四条烏丸 烏丸御池 四条大宮	27 30 33	30+5～	❶・❷・❺	参照四条大宮 乗換HK84大宮駅から阪急電車、同❶から市バス◆等	阪HK85烏丸駅・阪HK86京都河原町駅、各バス停	52+2～	1
		30+4	❶・❷・❺	参照二条駅前（P45）乗換T15二条駅から地下鉄東西線◆〔上り〕	地T13烏丸御池駅	33～+3	1
		30	❷・❺	市バス8◆	四条大宮❾・四条烏丸❽	45～・51～	0
		30～	❶・❺	JRバス◆	四条大宮❸	37～39	0
河原町三条 三条京阪	35 37	30+4	❶・❷・❺	参照二条駅前 乗換T15二条駅から地下鉄東西線◆〔上り〕	地T12京都市役所前駅・地T11三条京阪駅	39～・40～	1
		30+4	❷・❺	市バス8◆で太秦天神川駅前（P85）乗換T17太秦天神川駅から地下鉄東西線◆〔上り〕	地T11三条京阪駅	28・26+11	1
京都御所 下鴨神社 出町柳 西陣	38 41 43	30+5	❶・❺	参照北野白梅町（P77）乗換同❸から市バス203◆等	堀川今出川❸・烏丸今出川❷・河原町今出川❸・出町柳駅前❹（P115）	35～・39～ 43～・45～	1
		30+4	❶・❺	参照北野白梅町（P77）乗換同❽から市バス205◆	下鴨神社前❶	26+25	1
		30+4	❶・❺	参照わら天神前（P79・P114）乗換同❸から市バス205◆（北行）	下鴨神社前❶	24+22	1
二条城 二条駅	45	30～	❶・❺	JRバス◆	二条駅前❾（二条城へは地下鉄東西線）	33～35	0
		30+4	❷・❺	市バス8◆で太秦天神川駅前（P85）乗換T17太秦天神川駅から地下鉄東西線◆〔上り〕	地T14二条城前駅	28・26+6	1
東福寺・泉涌寺	47	30+8～	❶・❺	参照京都駅（P15）乗換JR奈良線〔下り〕快速・普通	JR東福寺駅	54+2	1
三十三間堂	49	30+8～	❶・❺	JRバス◆で七条大宮・京都水族館前❶（P21）乗換同❶から市バス206◆（南行）・❺から208◆（東行）	博物館三十三間堂前❶	42～ 44+19	1
清水寺・祇園	51・55	30+6～	❶・❷・❺	参照四条大宮（P33）乗換同❶から市バス◆等	祇園・五条坂・清水道各バス停	52+17～	1
青蓮院 平安神宮 南禅寺 哲学の道	57・59 61	30+4	❶・❷・❺	参照二条駅前（P45）乗換T15二条駅から地下鉄東西線◆〔上り〕	地T10東山駅・地T09蹴上駅	35～+8・11	1
		30+4	❷・❺	市バス8◆で太秦天神川駅前（P85）乗換T17太秦天神川駅から地下鉄東西線◆〔上り〕	地T10東山駅・地T09蹴上駅	28・26+12・15	1
		30+8	❶・❺	参照北野白梅町（P77）乗換同❻から市バス204◆	熊野神社前❽・岡崎道⑮・東天王町❻	26+24～28	1
銀閣寺	63	30+5	❶・❺	参照北野白梅町 乗換同❸から市バス203◆等	銀閣寺道❷	26+21～27	1
北大路BT 大徳寺	69 73	30+4～	❶・❺	参照北野白梅町 乗換同❽から市バス204◆・205◆等	大徳寺前❶・北大路BT降り場	26+10～17	1
		30+4～	❶・❺	参照わら天神前（P79・P114）乗換同❸から市バス205◆・204◆（北行）	大徳寺前❶・北大路BT降り場	24+7～14	1
上賀茂神社・鷹峯	14・71・100	30+6～	❶・❺	JRバス◆で千本丸太町❷（P45・P114）乗換同❹から市バス46◆・6◆（北行）	上賀茂神社前❶（市バス46のみ）・鷹峯源光庵前❶（市バス6のみ）	33+27・19	1
北野天満宮・白梅町	77	30	❶・❺	JRバス◆（立命館大経由）	北野白梅町❻	24・26	0
金閣寺・等持院・龍安寺・仁和寺・妙心寺・わら天神前	79 82	30	❶・❺	JRバス◆（立命館大経由）	御室仁和寺❸・龍安寺前❶・立命館大学前❼・わら天神前❷（金閣寺最寄）（P114）	15～24	0
		30	❶・❺	JRバス◆（妙心寺経由）	御室仁和寺❸・妙心寺北門前❻	15～・18～	0
太秦・嵐山	85・87	30+10+7	❶・❺	参照御室仁和寺❸（P82）乗換御室仁和寺駅から嵐電北野線〔下り〕帷子ノ辻駅（P13B3）乗換嵐山本線	嵐太秦広隆寺駅〔上り〕・嵐嵐山駅〔下り〕	15～+11・14	2

地名・名称 神護寺（じんごじ） 高山寺（こうさんじ） 清滝（きよたき） 西明寺（さいみょうじ） 周山街道（しゅうざん） 栂ノ尾（とがのお） 槇ノ尾（まきのお） 石水院（せきすいいん） 和気清麻呂墓（わけのきよまろ）

神護寺　案内 P119

紅葉でつとに有名な神護寺は、平安初期に和気清麻呂（わけのきよまろ）によって建てられたのがはじまり。文覚（もんがく）が復興した。15分程かけ、険しい石段等を登りつめると、広大な境内に伽藍があり、男性的な薬師如来立像（国宝）・女性的な五大虚空蔵菩薩像など数多くの寺宝がある。厄除けの「かわらけ投げ」も一興。

西明寺　案内 P118

三尾（さんび）の名刹の一つ、現在の建物は元禄13年（1700）、徳川綱吉の母・桂昌院（けいしょういん）が寄進したもの。境内にある樹齢600年の槇（まき）の老木に因んで槙尾の地名がつけられた。秋、紅葉に飾られる三門をくぐると、境内全体が赤い楓に包まれている。

高山寺　案内 P118

創建は奈良時代と伝え、鎌倉期に明恵（みょうえ）が華厳宗の寺院として再興。兵火を唯一逃れた国宝の「石水院」（五所堂）は、後鳥羽院の賀茂別院を移築といわれ、鎌倉初期の寝殿造りの優雅な趣を残している。有名な「鳥獣人物戯画」の模本を公開。境内の茶園は、明恵が栄西（えいさい）から贈られた茶種を植えたところで、ここから全国に茶が普及したといわれている。

市バス停❷からの8系統「四条烏丸」行きは、平日は昼間毎時1便、JRバス停❶・❺からの京都駅行きは同2～3便。

高山寺

嵯峨野(北) 大覚寺

竹林の道に古の歴史と文学を辿る

バス停名
❶❷大覚寺
❸❹鳥居本(京都バス)
❺❻嵯峨釈迦堂前
❼❽⓫嵯峨小学校前
❾❿嵯峨瀬戸川町

乗り場番号は本書の説明のためにつけたものです。
現地停にはこの番号はありませんのでご注意。

access 奥嵯峨からの帰路は、バス停「鳥居本」からは京都バス92・94系統を利用。また北嵯峨からの帰路、道路混雑時は徒歩等で嵐山に戻り、私鉄・JRの利用が早い。嵯峨トロッコ列車に乗る場合、観光シーズンは予約を。

祇王寺 案内P116

寺は明治38年(1905)の復興。「平家物語」、平清盛の寵愛が仏御前に移り、館を追い出された祇王が出家し、移り住んだという地である。美しい青竹や楓に覆われたその閑静なたたずまいは嵯峨の景色によく似合う。仏壇には、祇王や仏御前、清盛の木像が安置され、祇王・祇女の墓といわれる宝筐印塔、鎌倉時代の作とされる清盛の五輪の石塔がある。

化野念仏寺 案内P116

古来よりの風葬の地。念仏寺の建立は、弘法大師が野ざらしの遺骸を埋葬したことにはじまるという。のち法然が念仏道場としてから今の寺名に改めた。化野に葬られた人たちの墓、8,000体もの石仏、石塔を目にすると、手を合わさずにはいられない。8月23・24日の「千燈供養」は、京の夏の風物詩。

清凉寺(嵯峨釈迦堂) 案内P119

嵯峨野でも有数の古刹で、仁王門・本堂・阿弥陀堂などが建っており、清凉寺式と呼ばれるエキゾチックな容姿の釈迦如来立像(国宝)がある。体内に内臓を模った納入物があり、生身如来といわれている。春秋それぞれ2ヶ月間程の霊宝館公開時に、多数の宝物と共に見ることができる。境内には、

源氏物語の主人公光源氏のモデルともいわれる源融の墓所、豊臣秀頼の首塚などもある。

大覚寺 案内P119

平安期に嵯峨天皇の離宮として建立された門跡寺院で、心経写経の根本道場、いけばな嵯峨御流の総司所としても名高い。宸殿、式台玄関などは御所風の建物で、狩野派の襖絵など10点以上がある。大沢池(有料)、池畔には桜や楓が約650本、池内には約3,000株もの蓮が自生、平安期から変わらない風光明媚な風景を今に楽しむことができる。また日本三大名月観賞地であることから観月の名所として知られ、中秋の頃には「観月の夕べ」が開催される。

徒歩所要分
- JR「嵯峨嵐山」駅→落柿舎(18分)・常寂光寺拝観受付(20分)・大覚寺(23分)
- バス停「嵯峨小学校前」→落柿舎(10分)・常寂光寺拝観受付(11分)
- バス停「嵯峨釈迦堂前」→嵯峨釈迦堂拝観受付(4分)・二尊院総門(11分)
- バス停「鳥居本」→化野念仏寺(3分)
- バス停「大覚寺」→大覚寺拝観受付(2分)

「地下鉄・バス一日券」が利用できる。清滝⇔嵐山方面への移動の場合、京都バス94系統は大覚寺経由のため注意。京都バス92系統北行きの場合、❻ではなくバス停「小渕町」・「大覚寺道」の利用もおススメ。

土休日は市バス28(南下)・京都バス62・67、72・77、92・94(南下)乗り場は❽から⓫へ変更(右表＊は注意)

嵯峨鳥居本伝統的建造物群保存地区 かつての嵯峨らしさがよく残る一帯 農家風・町家風の建物がまざりあう

清滝周辺

大覚寺大沢池

停❶・❷からのバス便は多いが、紅葉渋滞時は、嵐山から次の目的地によるが、JR 線、嵐電（京福）、阪急線の鉄道利用が無難でおススメ。
]の市バスや京都バスの土休日乗り場に注意（P89 参照）。

目的地	参照ページ	待機時間	乗り場	アクセス（参照の行き方は左の目的地欄から探す。乗継は乗り換え先のページで乗降の位置を確認してください）	降り場（バス停位置は参照ページで確認）	乗車時間	乗換回数
		のりもの案内（太字は1時間に4便以上の系統。色数字は市バス循環系統・均一系統、◆は地下鉄・バス一日券、京都修学旅行1day チケットが利用可）					
京都駅・東本願寺・西本願寺	15 23	15	❶・❺・(❽)	市バス28◆＊、85◆＊（平日❽から、土休日❼から）	京都駅前市バス降り場	54・51・49	0
		10・30	JR嵯峨嵐山駅	JR嵯峨野線〔上り〕普通・快速	JR京都駅	17・12	0
		15	❶・❺・(❽)	市バス28◆＊、85◆＊（平日❽から、土休日❼から）	西本願寺前❶	47・44・42	0
京都水族館・東寺		10	JR嵯峨嵐山駅	JR嵯峨野線〔上り〕普通	JR梅小路京都西駅	14	0
		15+5~	❶・❺・❾	参照四条大宮◆（P33）乗継同❸から市バス207◆・71◆等	七条大宮・京都水族館前❷、東寺東門前❷	32~42+8~10	1
四条河原町・四条烏丸・四条大宮・三条京阪	27 30 33 35 37	15	❶・❺・❾	市バス91◆	四条大宮❺・四条烏丸❽	32~36・38~42	0
		10	❽・❿	市バス11◆＊（土休日は❿からのみ）	四条大宮❶・四条烏丸❾・四条河原町❾・三条京阪前Ⓔ（P37）	41~・47~53~・63~	0
		15	❶・❺・❽	市バス28◆＊（土休日は❶・❺からのみ）	四条大宮❺	41・38・36	0
烏丸丸太町・京都御所	38	10	❾	市バス93◆	烏丸丸太町❼・河原町丸太町❹（P115）	29・32	0
		10+4	❾	参照烏丸丸太町◆（P38）乗継K07丸太町駅から地下鉄烏丸線◆〔上り〕	地K06今出川駅	29+2	1
京都御所・出町柳・西陣・下鴨神社・西陣	38 41 43	10+5	JR嵯峨嵐山駅	参照円町駅（P75）乗継西ノ京円町❻から市バス203◆（北行）	堀川今出川❸・烏丸今出川❷・河原町今出川❸・出町柳駅前❹（P115）	7+13~23	1
		10+4	JR嵯峨嵐山駅	参照円町駅 乗継西ノ京円町❻から市バス205◆（北行）	下鴨神社前❶	7+29	1
		10+5~	❾	参照堀川丸太町◆（P45）乗継同❹から市バス9◆・12◆	堀川今出川❼・堀川寺ノ内❷	25+7~9	1
堀川丸太町・二条駅	45	10	❾	市バス93◆	堀川丸太町❸	25	0
		10・30	JR嵯峨嵐山駅	JR嵯峨野線〔上り〕普通・快速	JR二条駅（二条城へは地下鉄東西線利用）	10・7	0
東福寺・泉涌寺	47	10+8~	JR嵯峨嵐山駅	参照京都駅（P15）乗継JR奈良線	JR東福寺駅	12~+4	1
三十三間堂	49	10+5~	JR嵯峨嵐山駅	参照京都駅 乗継京都駅前D2から市バス206◆・86◆等	博物館三十三間堂前❶	12~+7~9	1
清水寺・祇園・知恩院・青蓮院・平安神宮・哲学の道・永観堂・東天王町	51 55 57 59 61 63	10+5~	JR嵯峨嵐山駅	参照京都駅 乗継同上バス等	五条坂❼・清水道❸	12~+13~17	1
		10~+5~		参照四条大宮（P33）乗継同❶から市バス207◆	祇園❶・東山安井・清水道❶・五条坂❹	32~+17~	1
		10~+5~		参照四条大宮 乗継同❶から市バス201◆・203◆等	祇園❺・知恩院前❻	32~+17~	1
		10~+4	JR嵯峨嵐山駅	参照二条駅（P45）乗継T15二条駅から地下鉄東西線◆〔上り〕	地T10東山駅・地T09蹴上駅	7~+8・11	1
		10	❾	市バス93◆	熊野神社前❽・岡崎道⓯・東天王町❻	37・39・41	0
銀閣寺	63	10+15	❾	参照東天王町◆（P61）乗継同❹から市バス32◆等	銀閣寺前❶	41+6~8	1
		10+5~	JR嵯峨嵐山駅	参照円町駅◆（P75）乗継西ノ京円町❻から市バス203◆・204◆	銀閣寺道各バス停	4~+30~31	1
詩仙堂・曼殊院	65	10+5	❾	参照東天王町◆ 乗継同❻から市バス5◆	一乗寺下り松町❹・一乗寺清水町❷	41+12~14	1
宝ヶ池・北大路BT	14 99	10+4	❾	参照烏丸丸太町◆（P38）乗継K07丸太町駅から地下鉄烏丸線◆〔上り〕	地K04北大路駅・地K01国際会館駅	29+5~8	1
		30	❶	市バス109◆（GW・秋の繁忙期）	北大路バスターミナル降り場	30	0
上賀茂神社	71	10~+6	JR嵯峨嵐山駅	参照二条駅（P45）乗継二条駅前❿から市バス46◆	上賀茂神社前❶	7~+30	1
大徳寺	73	10~+4~	JR嵯峨嵐山駅	参照円町駅（P75）乗継西ノ京円町❻から市バス204◆・205◆（北行）	大徳寺前❶	4~+15	1
		30	❶	市バス109◆（GW・秋の繁忙期）	大徳寺前❶	27	0
鷹峯	14 100	10+5	❾	参照堀川丸太町◆（P45）乗継同❹から市バス9◆	神光院前❸	25+24	1
		10+15	❾	市バス93◆で千本丸太町❶（P45・P114）乗継同❹から市バス6◆（北行）	鷹峯源光庵前❶	22+19	1
		10~+15	JR嵯峨嵐山駅	参照二条駅（P45）乗継二条駅前❿から市バス6◆	鷹峯源光庵前❶	7~+22	1
西ノ京円町・円町駅前・西大路四条	75	10・30	JR嵯峨嵐山駅	JR嵯峨野線〔上り〕普通・快速	JR円町駅	7・4	0
		10・100	❽・❿	市バス11◆＊（土休日は❿のみ）	西大路四条❶	34~35	0
		15	❶・❺	市バス91◆	西ノ京円町❸（P76）・西大路四条❶	18~・26~	0
		10・15	❾	市バス93◆・91◆	西ノ京円町❷（市バス91は❸）	17	0
北野天満宮・北野白梅町	77	10~+5	JR嵯峨嵐山駅	参照円町駅（P75）乗継西ノ京円町❻から市バス203◆	北野白梅町❸・北野天満宮前❶	7+4~	1
		15~+10	❶・❺・❾	市バス91◆で常盤・嵯峨野高校前（P85）乗継嵐常盤駅から嵐電北野線〔上り〕	嵐北野白梅町駅	6~11+9	1
金閣寺	79	10~+4~	JR嵯峨嵐山駅	参照円町駅 乗継同❻から市バス205◆・204◆（北行）	金閣寺道❸	4~+9	1
		30	❶	市バス109◆（GW・秋の繁忙期）	金閣寺道❸	22	0
等持院・龍安寺・仁和寺・妙心寺	79 82	15~+10	❶・❺・❾	市バス91◆で常盤・嵯峨野高校前 乗継嵐常盤駅から嵐電北野線〔上り〕	嵐御室仁和寺駅、嵐妙心寺駅、嵐龍安寺駅、嵐等持院・立命館大学衣笠キャンパス前駅	6~11+4~8	1
		10+7~	❼・❾	市バス11◆で山越中町（P107路線図A参照）乗継同バス停から市バス10◆・26◆・59◆	御室仁和寺❸、龍安寺前❶（59のみ）	7~+7、11	1
		30	❶	市バス109◆（GW・秋の繁忙期）	御室仁和寺❸・龍安寺前❶	13・16	0
		15	❶・❺	市バス91◆	妙心寺前❽	16・13	0
		10・15	❾	市バス93◆・91◆、京都バス臨丸太町◆	妙心寺前❽	12	0
		10	JR嵯峨嵐山駅	JR嵯峨野線〔上り〕普通	JR花園駅	5	0
広隆寺・東映太秦映画村	85	15	❶・❺・❾	市バス91◆	太秦映画村道❶	12・9・8	0
		10・15	❼・❾	市バス93◆、京都バス臨丸太町◆	太秦映画村道（常盤仲之町）❶	8~	0
		10	❽・❿	市バス11◆＊（土休日は❿からのみ）	太秦広隆寺前❺	17・19	0
嵐山	87	15	❶・❺・❽	市バス28◆＊（土休日は❶・❺からのみ）	嵐山天龍寺前（嵐電嵐山駅前）❶（土休日は嵐山❹のみ）	8・5・3	0
		30	❶・❺・⓫	市バス109◆（GW・秋の繁忙期）	嵐山❹	8・5・3	0
		30	❽	＊京都バス92◆	嵐山天龍寺前（嵐電嵐山駅前）❶	3	0
		15	❽	＊京都バス94◆	嵐山天龍寺前（嵐電嵐山駅前）❶・阪急嵐山駅前バス停	3・6	0
		10・10	❽・❿	市バス11◆＊・93◆＊（土休日は別ルート）	嵐山天龍寺前❶・嵐山❸（土休日は❿から93で❷❹・11は❿からバス停角倉町のみ）	3~6	0
嵯峨瀬戸川町・嵯峨小学校前	91	15	❶	市バス91◆	嵯峨瀬戸川町❾（JR嵯峨嵐山駅へ歩5分）	4	0
		30	❸	＊京都バス92◆	嵯峨小学校前❽（土休日は⓫）（同上へ歩9分）	4~7	0
高雄	90	10~+30	JR嵯峨嵐山駅	参照円町駅（P75）乗継西ノ京円町❻からJRバス◆（北行）	高雄❸・栂ノ尾❻	4~+27・29	1
清滝	13	30	❻・❼	京都バス92◆	清滝バス停	3~11	0
松尾大社・苔寺・鈴虫寺	13 101	15	❶・❺・❽	市バス28◆＊（土休日は❶・❺からのみ）	松尾大社前❶	16・13・11	0
		10~+15~		参照嵐山◆（P87）乗継嵐山❹から京都バス63◆・73◆	苔寺・すず虫寺❼	3~+12	1
小野・醍醐	13・95	10~+4	JR嵯峨嵐山駅	参照二条駅（P45）乗継T15二条駅から地下鉄東西線◆〔上り〕	地T04小野駅・地T03醍醐駅	7~+22~24	1

洛西

鉄道記号
地 地下鉄
JR JR線
近 近鉄電車
阪 阪急電車
京 京阪電車
嵐 嵐電
叡 叡山電車

名・名称　直指庵（じきしあん）　清凉寺（せいりょうじ）　清滝道（きよたきみち）　化野念仏寺（あだしのねんぶつじ）　愛宕念仏寺（おたぎねんぶつじ）　愛宕神社（あたご）　宝筐院（ほうきょういん）　厭離庵（えんりあん）　去来（きょらい）　檀林寺（だんりんじ）　寂庵（じゃくあん）

伏見稲荷(ふしみいなり)

全国稲荷大社の総本山。「千本鳥居」が有名

バス停名 ❶❷ 稲荷大社前

乗り場番号は本書の説明のためにつけたものです。
現地停にはこの番号はありませんのでご注意。

access 本殿奥の山上にいたる参路には幾千もの朱の鳥居が立ち並ぶ。奥社までの鳥居のトンネルは、「千本鳥居」として有名。稲荷山の神蹟を巡拝する「お山巡り」は約 4km、約 2 時間。急な登山道なので準備は入念に。

京阪電車「伏見稲荷」駅には急行・準急・普通、JR「稲荷」駅には普通のみ停車。

のりもの案内（太字は1時間に4便以上の系統。色数字は市バス循環系統・均一系統、◆は地下鉄・バス一日券、京都修学旅行1day チケットが利用可）

地域	目的地	参照ページ	待機時間	乗り場	アクセス（参照の行き方は左の目的地欄から探す。乗は乗り換え先のページで乗降の位置を確認してください）	降り場（バス停位置は参照ページで確認）	乗車時間
洛中	京都駅	15	8	JR稲荷駅	JR奈良線〔上り〕普通	JR京都駅	5
			15	❷	市バス南5◆	京都駅前市バス降り場	14
	四条河原町・祇園	27	5~	京伏見稲荷駅	京阪本線〔上り〕普通・準急・急行	京祇園四条	9~
	二条城	45	5+4	京伏見稲荷駅	京阪本線〔上り〕乗地下鉄東西線〔下り〕◆	二条駅前	13~
	出町柳・下鴨神社	41	5	京伏見稲荷駅	京阪本線〔上り〕普通・準急・急行	京出町柳駅	20~
洛東	東福寺	47	5	京伏見稲荷駅	京阪本線〔上り〕普通・準急・急行	京東福寺駅	3
			8	JR稲荷駅	JR奈良線〔上り〕普通・快速	JR東福寺駅	3
	三十三間堂	49	5~	京伏見稲荷駅	京阪本線〔上り〕普通・準急・急行	京七条駅	5~
	清水寺	51	5~+5	京伏見稲荷駅	参照東福寺(P47) 乗市バス202◆・207◆等	清水道❸(202は❽)	13~
洛西	嵐山	87	5+10-30	JR稲荷駅	JR奈良線〔上り〕普通 乗京都駅から嵯峨野線普通・急行	JR嵯峨嵐山駅	5+11-1
洛南	伏見桃山	94	5	京伏見稲荷駅	京阪本線〔下り〕普通・準急・急行	京伏見桃山	13
	宇治・平等院	97	8	京伏見稲荷駅	JR奈良線〔下り〕普通	JR宇治駅	20

地名・名称 師団街道(しだん) 石峰寺(せきほうじ) 宝塔寺(ほうとうじ) 瑞光寺(ずいこうじ) 鳥羽(とば) 深草(ふかくさ) 荷田春満(かだのあずままろ) 欣浄寺(ごんじょうじ) 墨染寺(ぼくせんじ)

伏見稲荷大社

藤森神社

水の「まち」に息づく歴史の足音

十石舟（往復約 50 分、中学生以上 1500 円、小学生以下 750 円）の発着場・乗船券売場は月桂冠大倉記念館の裏にある。運行時間は、午前 10 時～午後 4 時 20 分間（夏季延長あり）に約 20 分毎に出発（11：40 ～ 12：40 休、春から秋の運行。運休日要確認）。三十石船が行き交った往時の賑わいを楽しめる。

乗り場番号は本書の説明のためにつけたものです。
現地停にはこの番号はありませんのでご注意。

電車「桃山御陵前」駅は急行・準急・普通、京阪電車「伏見桃山」駅は準急・普通、同「中書島」駅は快速特急・区間急行をのぞき全列車停車。特に「中書島」駅に急・快速急行が停まるので、京阪線で四条・三条方面にはこれを使うと早くて便利。

目的地	参照ページ	のりもの案内（太字は1時間に4便以上の系統。色数字は市バス循環系統・均一系統、◆は地下鉄・バス一日券、京都修学旅行1day チケットが利用可）待機時間	乗り場	アクセス（参照の行き方は左の目的地欄から探す。乗は乗り換え先のページで乗降の位置を確認してください）	降り場（バス停位置は参照ページで確認）	乗車時間	乗換回数
京都駅・東寺 城南宮	15·25 12·103	10~	❹	市バス81◆・特81◆・特南5◆	京都駅八条口アバンティ前・京都駅前降り場	29~·33~	0
		30	❹	市バス19◆	城南宮バス停・九条大宮❻・京都駅八条口F2	13·24·32	0
		8~·15	近桃山御陵前駅	近鉄京都線〔上り〕・地下鉄乗り入れ	近京都駅・地K11京都駅	10~	0
洛中・洛北各方面	15~ 65~	15	近桃山御陵前駅	近鉄電車の地下鉄烏丸線乗入れ（近鉄丹波橋駅からも）	地京都駅・五条駅・四条駅・烏丸御池駅・丸太町駅・今出川駅・北大路駅・国際会館駅	10~30	0
青蓮院・平安神宮 南禅寺	57·59 61	5~+4	京中書島駅	京阪本線〔上り〕特急（急行）で三条駅（P35）乗T11三条京阪駅から地下鉄東西線◆〔上り〕	地T10東山駅・地T09蹴上駅	13+2~	1
洛中・洛西各方面	15~ 75~	8~+10~	近桃山御陵前駅	参照京都駅（P15）乗JR嵯峨野線〔下り〕	JR丹波口駅・二条駅（快速）・円町駅（快速）・花園駅・太秦駅・嵯峨嵐山駅（快速）	13~25	1
洛中・洛東・洛南各方面	15~· 47~ 93~	5~	京中書島駅	京阪本線〔上り〕普通・急行・特急（伏見桃山駅から普通・急行も）	京伏見稲荷駅（急）・鳥羽街道駅（普のみ）・東福寺駅（普のみ）・七条駅・祇園四条駅・三条駅・神宮丸太町駅（急）・出町柳駅	11~16	0
洛東・洛南各方面	47~· 93~	8	JR桃山駅	JR奈良線〔上り〕	JR JR藤森駅・JR稲荷駅・JR東福寺駅・JR京都駅	3·6·8·11	0
山科方面	13·102	8~+6~	近桃山御陵前駅	参照京都駅（P15）乗JR東海道本線〔上り〕	JR山科駅	10~+5	1
宇治・六地蔵（小野・醍醐に便利）	13 97	8	京中書島駅	京阪宇治線〔下り〕	京六地蔵駅・黄檗駅・三室戸駅・宇治駅	6·10·13·14	0
		8	JR桃山駅	JR奈良線〔下り〕	JR六地蔵駅・黄檗駅・宇治駅	4·9·12	0

・名称　桃山御陵（ももやまごりょう）　丹波橋駅（たんばばし）　中書島（ちゅうしょじま）　京橋（きょうばし）　御香宮（ごこうのみや）　長建寺（ちょうけんじ）　向島（むかいじま）　御香宮前（ごこうぐうまえ）　欣浄寺（ごんじょうじ）

洛南

徒歩所要分
パス停「京橋」→寺田屋（1分）・キザクラカッパカントリー（3分）・月桂冠大倉記念館（7分）
京阪電車「伏見桃山」→キザクラカッパカントリー（7分）・寺田屋（8分）
京阪電車「中書島」駅→長建寺（4分）・寺田屋（7分）

小野(おの) 醍醐(だいご)

下、上醍醐に分かれ、100余りの堂塔僧房が散在

access 地下鉄東西線を使うと、市内中心部への行き来が便利。地下鉄と京阪バス利用は、京都市内や清水寺への京阪バス路線が、１日乗り放題の「地下鉄・バス一日券」が便利。

バス停名
❶〜❸ 醍醐バスターミナル
❺醍醐駅
❻❼随心院
❽❾醍醐寺前
❿醍醐寺(京阪バス

❺〜❿の番号は本書の説明のためにつけたもの
現地停にはこの番号はありませんのでご注意。

勧修寺(かじゅうじ) 案内 P116

案内 P116

建物内部は非公開だが、「勧修寺氷池園(ひょうちえん)」と呼ばれる池水舟遊式庭園は拝観でき、氷室の池を中心に広大な自然美を楽しめる。池の睡蓮（見頃は６月上旬〜８月上旬）は有名。

随心院 案内 P119

案内 P119

小野小町に因んだ遺跡が多い。本尊には、秘仏の如意輪観音が祀られており、書院には狩野派の襖絵が飾られている。境内の名勝小野梅園の紅梅と４月中旬の石楠花(しゃくなげ)は有名。

道上の青数字は「京阪バス」の系統番号

徒歩所要分	
地下鉄東西線「小野」駅→勧修寺（6分）・随心院（7分）	
地下鉄東西線「醍醐」駅→醍醐寺三宝院（14分）	
バス停「醍醐寺前」→醍醐寺三宝院（1分）	

醍醐バスターミナル拡大図

法界寺（日野薬師）

藤原氏の北家にあたる日野家の菩提寺で、永承(えいしょう)６年（1051）日野資業(すけなり)が薬師如来像を造って収めた、薬師堂を建立して寺とした。本尊の薬師如来像は、胎内仏というところから、安産、授乳、子授等のご利益があり、特に女性の信仰を集めている。その薬師如来立像や十二神将立像などを安置する本堂（薬師堂）、四方に裳階(もこし)を付け重層建築のように見える国宝の阿弥陀堂などが建つ。阿弥陀堂の本尊・阿弥陀如来坐像は、定朝(じょうちょう)様式の代表作といわれる。周りには天人の壁画が描かれ、さながら現世の極楽浄土の世界を表している。１月14日の夜、「法界寺裸踊り」がこの堂前で行われる。

醍醐寺 案内 P119

案内 P119

【伽藍】山裾の「下醍醐」には京都府内最古の五重塔のほか、宝館、金堂、御影堂などがあ境内には、約 2,000 本の桜がえられており、花見の名所としも有名。

【三宝院】醍醐寺の塔頭。10 をえる伽藍が集まり、桃山時代の構の美しさを競っている。特別勝・特別史跡の庭園は、豊臣吉が「醍醐の花見」に際して自基本設計をした庭であり、時代華やかな雰囲気を伝えている。園全体を見渡せる表書院は国宝

鉄醍醐駅から醍醐寺へは、「醍醐コミュニティバス」利用もよい。宇治・奈良へは、JR 六地蔵駅から JR 奈良線。宇治方面には、京阪六地蔵駅から京阪宇治線。京都駅
津方面には各線山科駅（P102）乗換。

目的地	参照ページ	のりもの案内（太字は1時間に4便以上の系統。色数字は市バス循環系統・均一系統、◆は地下鉄・バス一日券、京都修学旅行1day チケットが利用可）待機時間	乗り場	アクセス（[参照]の行き方は左の目的地欄から探す。[乗換]は乗り換え先のページで乗降の位置を確認してください）	降り場（バス停位置は参照ページで確認）	乗車時間	乗換回数
京都駅	15	4+8	地T03醍醐駅	[参照]T07山科駅◆（P13D3・P102）[乗換]JR各線	JR京都駅	8+5~	1
		4+8	地T03醍醐駅	[参照]T13烏丸御池駅◆（P30）[乗換]地下鉄烏丸線◆	地K11京都駅	21+6	1
		40~	❿	京阪バス301◆	京都駅八条口アバンティ前（P18）	29	0
京都水族館	21	4+8+4	地T03醍醐駅	[参照]京都駅◆（P15）[乗換]B3から市バス208◆・86◆等	七条大宮・京都水族館前❹、梅小路公園・京都鉄道博物館前❾（86のみ）	8+5~+7~、10~	2
西本願寺	23	4+5	地T03醍醐駅	[参照]T14二条城前駅◆（P45）[乗換]二条城前❺から市バス9◆	西本願寺前❶	23+11	1
東寺	25	4+4+15	地T03醍醐駅	[参照]京都駅◆（P15）[乗換]京都駅前C4から市バス16◆	東寺西門前	27~	2
四条河原町 新京極	27	6~	❸	京阪バス83◆・83A◆・84◆	四条河原町❻（京阪バス84は❺、87Bは❿）	37~	0
		30	❽	京阪バス86B◆	四条河原町❿	44	0
		4+4~	地T03醍醐駅	[参照]T12京都市役所前駅◆（P35・P115）[乗換]京都市役所前❶から市バス205◆・3◆・4◆・特4◆・7◆・10◆・32◆・37◆・59◆	四条河原町各バス停（市役所前駅から徒歩12分程度）	19+5~	1
四条烏丸 烏丸御池	30	6~	❸	京阪バス83◆・83A◆	四条烏丸❻	39~	0
		4	地T03醍醐駅	地下鉄東西線◆〔下り〕	地T13烏丸御池駅	21	0
		4+8	地T03醍醐駅	[参照]T13烏丸御池駅◆（P30）[乗換]地下鉄烏丸線◆〔下り〕	地K09四条駅	21+2	1
四条大宮	33	4+6~	地T03醍醐駅	[参照]T15二条駅◆（P45）[乗換]二条駅前❾から市バス201◆・206◆・6◆・46◆・55◆等	四条大宮各バス停	25+5	1
河原町三条	35	4	地T03醍醐駅	地下鉄東西線◆〔下り〕	地T12京都市役所前駅（徒歩6分程度）	19	0
三条京阪	37	4	地T03醍醐駅	地下鉄東西線◆〔下り〕	地T11三条京阪駅	17	0
京都御所	38	4+4	地T03醍醐駅	[参照]T13烏丸御池駅◆（P30）[乗換]地下鉄烏丸線◆〔上り〕	地K07丸太町駅・地K06今出川駅	21+2~	1
下鴨神社 出町柳	41	4+5~	地T03醍醐駅	[参照]T11三条京阪駅◆（P35）[乗換]京阪鴨東線〔上り〕	京出町柳駅	17+3~	1
		4+4~	地T03醍醐駅	[参照]T12京都市役所前駅◆（P35・P115）[乗換]京都市役所前❹から市バス205◆・4◆・特4◆	下鴨神社前❷	19+13~	1
西陣	43	4+5~	地T03醍醐駅	[参照]T14二条城前◆（P45）[乗換]二条城前❻・⓬から市バス9◆・12◆	堀川今出川❼・堀川寺ノ内❷	23+10~	1
二条城・二条駅	45	4	地T03醍醐駅	地下鉄東西線◆〔下り〕	地T14二条城前駅・地T15二条駅	23・25	0
東福寺 三十三間堂	47 49	4+5~	地T03醍醐駅	[参照]T11三条京阪駅◆（P35）[乗換]京阪本線〔下り〕	京東福寺駅・京七条駅	17+5~	1
		30+4~	❾	[参照]五条坂（P51）[乗換]同❹から市バス206◆等	東山七条❹・博物館三十三間堂前❷	27+4~	1
		15+8~	❽	[参照]JR六地蔵（P95）[乗換]JR奈良線〔上り〕普通・快速	JR東福寺駅	12+10~	1
清水寺 五条坂	51	6~	❸	京阪バス83・83A・84等（全て◆）	五条坂❼・清水道❸	28~	0
		30	❽	京阪バス86B◆	五条坂❼・清水道❸	35・36	0
		4+4~	地T03醍醐駅	[参照]T10東山駅◆（P57）[乗換]東山三条❷から市バス206◆・202◆等	清水道❶・五条坂❹	16+8~	1
祇園 八坂神社	55	6~	❸	京阪バス83・83A・84等（全て◆）	祇園❷	32~	0
		30	❾	京阪バス86◆・86B◆	祇園❷	32	0
東山駅 知恩院・青蓮院 平安神宮 南禅寺・永観堂 哲学の道・銀閣寺	57 59 61 63	4	地T03醍醐駅	地下鉄東西線◆〔下り〕	地T10東山駅（青蓮院・平安神宮も）	16	0
		4+5~	地T03醍醐駅	[参照]T10東山駅◆（P57）[乗換]東山三条❶から市バス5◆、105（土休日運行）、❹から市バス46◆	岡崎公園 美術館・平安神宮前❷・（市バス46は、岡崎公園 ロームシアター京都・みやこめっせ前❹・❶）（東山駅から徒歩10分）	16+5~	1
		4	地T03醍醐駅	地下鉄東西線◆〔下り〕	地T09蹴上駅	14	0
		4+5~	地T03醍醐駅	[参照]T10東山駅◆[乗換]東山三条❶から市バス5◆等	南禅寺・永観堂道❷・東天王町❻・銀閣寺道❹	27・29・35	1
		4+5~	地T03醍醐駅	[参照]T10東山駅◆[乗換]同❹から市バス203◆	東天王町❻・銀閣寺道❹	24・30	1
詩仙堂・曼殊院	65	4+5	地T03醍醐駅	[参照]T10東山駅◆[乗換]東山三条❶から市バス5◆	一乗寺下り松町❹・一乗寺清水町❷	16+22~	1
宝ヶ池・北大路BT	99・69	4+4	地T03醍醐駅	[参照]T13烏丸御池駅◆（P30）[乗換]地下鉄烏丸線◆〔上り〕	地K04北大路駅・地K01国際会館駅	21+8~	1
鞍馬・貴船	67	4+5~+10	地T03醍醐駅	[参照]京阪出町柳駅（P41）[乗換]叡山鞍馬線	叡鞍馬駅・叡貴船口駅	52・49	2
大徳寺	73	4+5	地T03醍醐駅	[参照]T14二条城前◆（P45）[乗換]同❻から市バス9◆	北大路堀川❼・上賀茂御薗橋❺・神光院前❸	38・46・49	1
上賀茂神社・鷹峯	71・100	4+15	地T03醍醐駅	[参照]T15二条駅◆（P45）[乗換]二条駅前❿から市バス6◆	鷹峯源光庵前❶	25+22	1
北野天満宮 金閣寺 等持院 龍安寺 仁和寺 妙心寺	77 79 82	4+4	地T03醍醐駅	地下鉄東西線〔下り〕T16西大路御池駅◆（P75）[乗換]市バス205◆（北行）	金閣寺道❸	27+13	1
		4+5~	地T03醍醐駅	[参照]T14二条城前◆（P45）[乗換]同❻から市バス50◆	北野天満宮前❷、立命館大学前❽（市バス50のみ）	38~・42・46	1
		4+7	地T03醍醐駅	[参照]T11三条京阪駅◆（P37）[乗換]三条京阪前A2から市バス59◆	金閣寺道❶・立命館大学前❽・龍安寺前❷・御室仁和寺❹	53・58・60・63	1
		4+10	地T03醍醐駅	[参照]T11三条京阪駅◆[乗換]三条京阪前A1から市バス10◆	北野天満宮前❷・等持院道バス停・妙心寺北門前❼・御室仁和寺❹	46・50・52・56	1
妙心寺・太秦 嵐山・嵯峨野	82・85 87・91	4+10	地T03醍醐駅	[参照]T15二条駅◆（P45）[乗換]JR嵯峨野線〔下り〕	JR花園駅・JR太秦駅・JR嵯峨嵐山駅	30・33・39	1
		4+10	地T03醍醐駅	[参照]T11三条京阪駅◆（P37）[乗換]三条京阪前Ⓔから市バス11◆	太秦広隆寺前❻・嵐山❹	58・65	1
大原野・長岡京	13	4+8	地T03醍醐駅	[参照]T07山科駅◆（P13D3・P102）[乗換]JR東海道本線〔下り〕快速	JR向日町駅・JR長岡京駅	8+11~	1
伏見稲荷 伏見桃山 中書島	13 93 94	4+5~	地T03醍醐駅	[参照]T11三条京阪駅◆（P35）[乗換]京阪本線〔下り〕	京伏見稲荷駅・京伏見桃山御陵前駅	27~・39~	1
		15+8	❽	[参照]JR六地蔵（P95）[乗換]JR奈良線〔上り〕	JR桃山駅・JR稲荷駅	12+4~	1
		30	❶・❺	京阪バス6◆	京橋❹	22・20	0
		15+8	❽	[参照]京阪六地蔵（P95）[乗換]京阪電鉄宇治線〔上り〕	京中書島駅	12+7	1
宇治	13 97	15+8	❽	[参照]JR六地蔵[乗換]JR奈良線〔上り〕普通・快速	JR黄檗駅（普通）・JR宇治駅（普通・快速）	12+4~	1
		4+8	地T03醍醐駅	地下鉄東西線〔上り〕T01六地蔵駅◆（P95）徒歩6分でJR六地蔵駅[乗換]JR奈良線〔下り〕普通・快速	JR黄檗駅（普通）・JR宇治駅（普通・快速）	5+5~	1
		15+8	❽	[参照]京阪六地蔵[乗換]京阪電鉄宇治線〔上り〕	京黄檗駅・京三室戸駅・京宇治駅	12+4~	1
山科		4	地T03醍醐駅	地下鉄東西線◆〔下り〕（小野駅からも）	地T07山科駅	8	0
		15	❾	京阪バス22◆・22A◆・24◆	山科駅	18・19	0
醍醐三宝院		30	❶	京阪バス2◆	醍醐寺前❽	15	0
		30	❺	京阪バス86・86B◆	醍醐寺前❾	15・13	0
		15~	❻	京阪バス2◆・22A◆	醍醐寺前❽	4~	0
法界寺 （日野薬師）	13 95 102	4+20	地T03醍醐駅	地下鉄東西線◆〔上り〕T02石田駅◆（P95）[乗換]京阪バス12◆（東行）	なごみの里病院バス停（日野薬師・日野誕生院へ徒歩約7分）	2+4	1
		15+30	❻・❽	京阪バス22A◆で石田[乗換]京阪バス12◆（東行）	同上・同上	7~+4	1
JR六地蔵 京阪六地蔵		4	地T03醍醐駅	地下鉄東西線◆〔上り〕	地T01六地蔵駅	5	0
		30	❷・❺	京阪バス3◆	京阪六地蔵バス停	19・17	0
		15	❻・❽	京阪バス22◆・22A◆（22は❽のみ）	JR六地蔵バス停・京阪六地蔵バス停	12~	0
随心院 地下鉄小野駅		15~	❾	京阪バス2◆・22A◆	随心院❼、小野駅バス停（京阪バス2のみ）	4~8	0
大石神社		6~	❸・小野駅	京阪バス83・83A・84・88B（全て◆）	大石神社バス停	12~14・8	0

洛南

鉄道記号
地 地下鉄
JR JR線
近 近鉄電車
阪 阪急電車
京 京阪電車
嵐 嵐電
叡 叡山電車

名・名称　勧修寺（かじゅうじ）　外環状線（そとかんじょうせん）　随心院（ずいしんいん）　三宝院（さんぼういん）　上醍醐（かみだいご）　吉利倶八幡（きりくはちまん）　小栗栖（おぐりす）　金堂（こんどう）　赤間（あかま）　朱雀（すざく）　大宅（おおやけ）　山科（やましな）

浄土信仰と源氏物語「宇治十帖」の古跡

access

ＪＲ線、京阪電車の行き来がよいエリア。ＪＲ六地蔵駅から地下鉄東西線を使うと、この宇治から醍醐・山科そして南禅寺・平安神宮方面への行き来が便利になる。三室戸寺ライトアップ時は「京阪宇治」駅から臨時バスが出る。

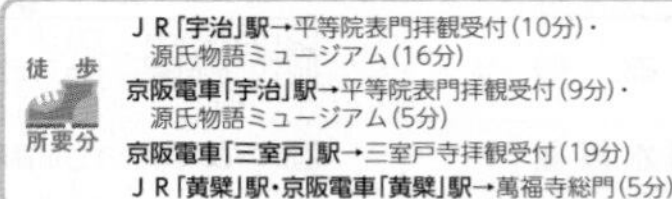

萬福寺 案内 P121

開山は、インゲン豆で知られる中国の僧、隠元禅師。創建は江戸時代初期で、伽藍建築は中国・明朝風で異国情緒たっぷり。様々な面で中国文化を感じられる。普茶料理は名高い。

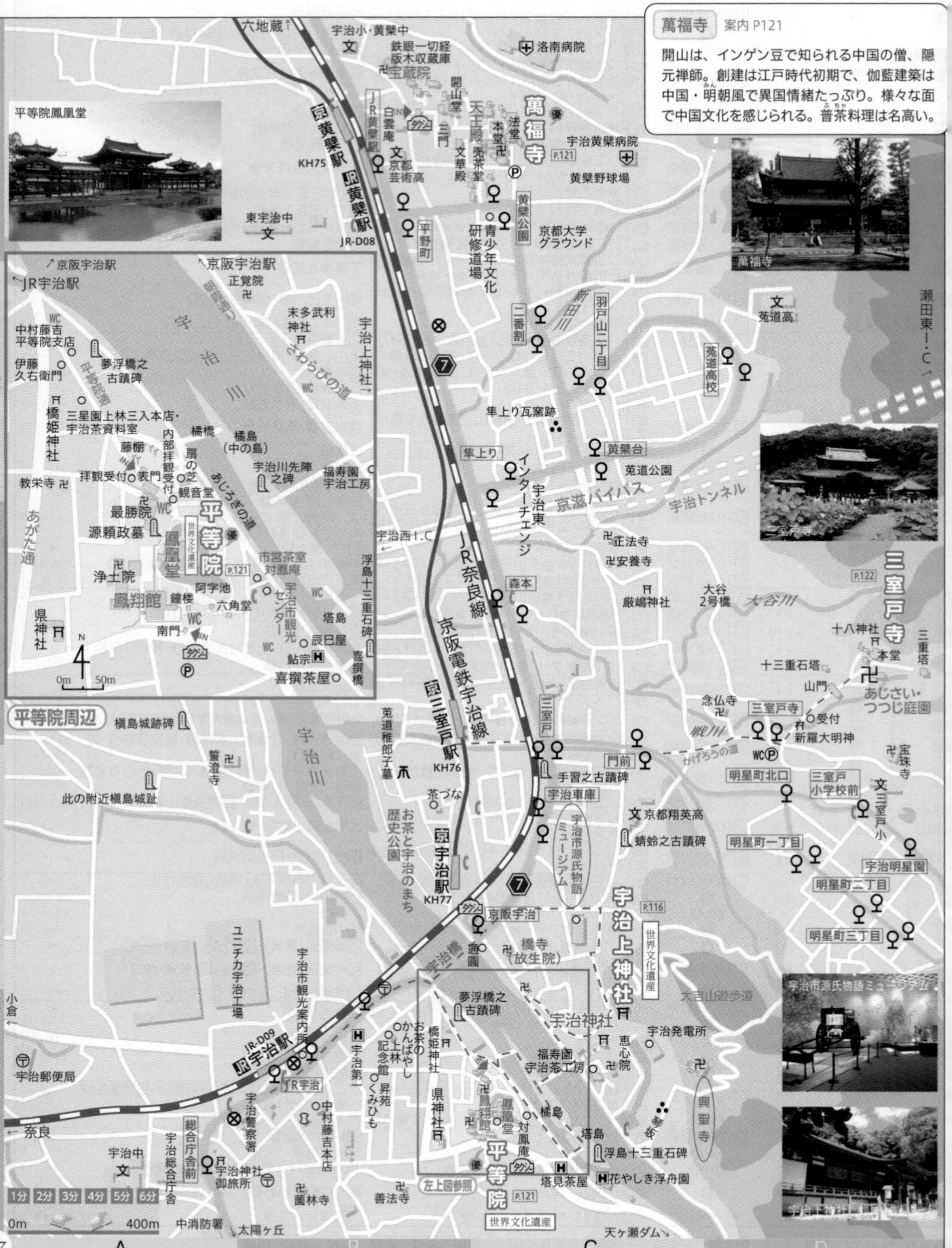

平等院鳳凰堂

萬福寺

三室戸寺

宇治市源氏物語ミュージアム

宇治上神社

六地蔵↑ 宇治小・黄檗中 鉄眼一切経版木収蔵庫 宝蔵院 洛南病院 開山堂 天王殿 法堂 本堂 萬福寺 P.121 三門 文華殿 売茶堂 宇治黄檗病院 黄檗野球場 白雲庵 京都芸術高 京黄檗駅 KH75 JR黄檗駅 JR-D08 JR黄檗 平野町 黄檗公園 青少年文化研修道場 京都大学グラウンド 東宇治中 二番割 新田川 羽戸山二丁目 莵道高 莵道高校 瀬田東I.C→ 隼上り瓦窯跡 隼上り 黄檗台 莵道公園 インターチェンジ 宇治東 京滋バイパス 宇治トンネル 宇治西I.C 正法寺 安養寺 JR奈良線 京阪電鉄宇治線 森本 厳嶋神社 大谷2号橋 大谷川 三室戸寺 P.122 十八神社 本堂 三重塔 十三重石塔 山門 あじさい・つつじ庭園 念仏寺 三室戸寺 受付 新羅大明神 宝珠寺 戦川 かげろうの道 門前 京三室戸駅 KH76 三室戸 手習之古蹟碑 宇治車庫 明星町北口 三室戸小学校前 三室戸小 京都翔英高 蜻蛉之古蹟碑 明星町一丁目 宇治明星園 明星町二丁目 明星町三丁目 宇治市源氏物語ミュージアム 莵道稚郎子墓 茶づな お茶と宇治のまち歴史公園 京宇治駅 KH77 京阪宇治 宇治上神社 P.116 世界文化遺産 通圓 橋寺（放生院） 宇治橋 大吉山遊歩道 夢浮橋之古蹟碑 宇治神社 恵心院 宇治発電所 福寿園宇治茶工房 興聖寺 琴坂 ユニチカ宇治工場 宇治市観光案内所 お茶のかんばやし 上林記念館 宇治第一 昇苑くみひも 橋姫神社 県神社 鳳凰堂 鳳翔館 平等院 P.121 世界文化遺産 対鳳庵 橘島 塔島 浮島十三重石碑 塔見茶屋 花やしき浮舟園 左上図参照 小倉 宇治郵便局 JR-D09 JR宇治駅 JR宇治 中村藤吉本店 宇治警察署 総合庁舎前 宇治総合庁舎 宇治中 宇治神社御旅所 ←奈良 善法寺 圓林寺 中消防署 太陽ヶ丘 天ヶ瀬ダム→ 横島城跡碑 誓澄寺 此の附近槇島城趾 宇治川

平等院周辺

↑京阪宇治駅 ←JR宇治駅 中村藤吉平等院支店 伊藤久右衛門 夢浮橋之古蹟碑 平等院通 橋姫神社 三星園上林三入本店・宇治茶資料室 藤棚 内部拝観受付 拝観受付 表門 教栄寺 最勝院 源頼政墓 浄土院 あがた通 県神社 鳳凰堂 鳳翔館 平等院 世界文化遺産 P.121 阿字池 六角堂 鐘楼 南門 扇の芝 観音堂 橘橋 橘島（中の島） あじろぎの道 宇治川先陣之碑 市営茶室対鳳庵 宇治市観光センター 塔島 辰巳屋 鮎宗 喜撰茶屋 喜撰橋 浮島十三重石碑 福寿園宇治工房 正覚院 朝霧通り 末多武利神社 さわらびの道 宇治上神社→ 宇治川 0m 50m

1分 2分 3分 4分 5分 6分 0m 400m

A B C D

本線「中書島」駅には特急が停車。京阪宇治線（宇治駅～中書島駅間）は全列車普通。ＪＲ奈良線は、快速と普通のみで、ＪＲ「宇治」駅には全列車停車。

のりもの案内（太字は1時間に4便以上の系統。色数字は市バス循環系統・均一系統、◆は地下鉄・バス一日券、京都修学旅行1day チケットが利用可）

アクセス（参照の行き方は左の目的地欄から探す。乗換は乗り換え先のページで乗降の位置を確認してください）

目的地	参照ページ	待機時間	乗り場	アクセス	降り場（バス停位置は参照ページで確認）	乗車時間	乗換回数
京都駅	15	8·15	JR宇治駅	JR奈良線〔上り〕普通・快速	JR京都駅	25·16	0
		8+8	京宇治駅	参照黄檗駅(P97) 乗換JR奈良線〔上り〕	JR京都駅	3+21	1
京都水族館	21	8·15	JR宇治駅	参照京都駅(P15) 乗換京都駅前B3から市バス208◆、市バス86◆	七条大宮・京都水族館前❹、梅小路公園・京都鉄道博物館前❾(86のみ)	26·17+7～、10～	1
		8～+10	JR宇治駅	参照京都駅 乗換JR嵯峨野線〔下り〕普通	JR梅小路京都西駅	16～+3	1
西本願寺	23	8～+5～	JR宇治駅	参照京都駅 乗換京都駅前B1から市バス9◆・C6から28◆	西本願寺前❷	16～+6～	1
東寺	25	8～+6～	JR宇治駅	参照東福寺駅(P47) 乗換東福寺❹から市バス202◆・208◆・207◆	九条大宮❺(207は❼)・東寺東門前❸(207のみ)	14+12～	1
四条河原町	27	8+5～	京宇治駅	参照中書島駅(P94) 乗換京阪本線〔上り〕特急・急行・普通	京祇園四条駅	25·27·34	1
		8～+5	JR宇治駅	参照東福寺駅 乗換京阪本線〔上り〕普通・準急	京祇園四条駅	14～+5～	1
四条烏丸	30	8～+4	JR宇治駅	参照京都駅(P15) 乗換K11京都駅から地下鉄烏丸線◆〔上り〕	地K09四条駅	16～+4～	1
四条大宮	33	8～+8～	JR宇治駅	参照京都駅 乗換京都駅前A3から市バス206◆・D3から市バス26◆・C6から市バス28◆	四条大宮各バス停	16～+13～	1
三条駅	37	8+5～	京宇治駅	参照中書島駅(P94) 乗換京阪本線〔上り〕特急・急行・普通	京三条駅	27·28·39	1
		8～+5	JR宇治駅	参照東福寺駅(P47) 乗換京阪本線〔上り〕・準急	京三条駅	14～+7～	1
今出川駅・京都御所	38	8～+4	JR宇治駅	参照京都駅(P15) 乗換K11京都駅から地下鉄烏丸線◆〔上り〕	地K06今出川駅	16～+10～	1
丸太町京阪前		8+5～	京宇治駅	参照中書島駅 乗換京阪本線〔上り〕急行・普通	京神宮丸太町駅	30·41	1
		8～+5	JR宇治駅	参照東福寺駅 乗換京阪本線〔上り〕	京神宮丸太町駅	14～+14～	1
下鴨神社 出町柳	41	8+5～	京宇治駅	参照中書島駅 乗換京阪本線〔上り〕特急・急行・普通	京出町柳駅	31·32·43	1
		8～+5	JR宇治駅	参照東福寺駅(P47) 乗換京阪本線〔上り〕	京出町柳駅	14～+14～	1
西陣	43	8～+5	JR宇治駅	参照京都駅(P15) 乗換京都駅前B1から市バス9◆	堀川今出川❼・堀川寺ノ内❷	16～+26～	1
二条城 二条駅	45	8～+5～	JR宇治駅	参照京都駅 乗換京都駅前B1から市バス9◆・B2から市バス50◆	二条城前❻	16～+17～	1
		8～+10	JR宇治駅	参照京都駅 乗換JR嵯峨野線〔下り〕普通・快速	JR二条駅	16～+6～	1
東福寺・泉涌寺	47	8·15	JR宇治駅	JR奈良線〔上り〕普通・快速	JR東福寺駅	22·14	0
三十三間堂	49	8+5～	京宇治駅	参照中書島駅(P94) 乗換京阪本線〔上り〕特急・急行・普通	京七条駅	23·23·31	1
		8～+5～	JR宇治駅	参照東福寺駅(P47) 乗換東福寺❸から市バス207◆・202◆・208◆	東山七条❺、博物館三十三間堂前❷(市バス208のみ)	14～+4～	1
		8～+5	JR宇治駅	参照京都駅(P15) 乗換京都駅前D2から市バス206◆等	博物館三十三間堂前❶	16～+7～	1
清水寺	51	8～+5～	JR宇治駅	参照東福寺駅 乗換東福寺❸から市バス207◆・202◆	五条坂❼・清水道❸(市バス202は❽)	14～+8～	1
祇園・八坂神社 青蓮院・知恩院 平安神宮 南禅寺・永観堂 哲学の道 銀閣寺	55 57 59 61 63	8+5～	京宇治駅	参照中書島駅 乗換京阪本線〔上り〕特急・急行・普通	京祇園四条駅	25·27·34	1
		8～+5	JR宇治駅	参照東福寺駅 乗換京阪本線〔上り〕	京祇園四条駅	14～+5～	1
		8+5～+4	京宇治駅	参照三条駅(P37) 乗換T11三条京阪駅から地下鉄東西線◆〔上り〕	地T10東山駅・地T09蹴上駅	28～·30～	2
		8+5+4	JR宇治駅	参照三条駅 乗換T11三条京阪駅から地下鉄東西線◆〔上り〕	地T10東山駅・地T09蹴上駅	27～·29～	2
		8～+6	JR宇治駅	参照東福寺駅(P47) 乗換東福寺❸から市バス202◆	祇園❺・知恩院前❻・東山三条❹・東山二条・岡崎公園口⑭	14～+14～20	1
		8+5～+5	京宇治駅	参照三条駅 乗換三条京阪前Dから市バス5◆等	岡崎公園 美術館・平安神宮前❷・南禅寺・永観堂道❷・東天王町❻・銀閣寺道❸	33·36 38·44	2
		8+5+5	JR宇治駅	参照三条駅 乗換三条京阪前Dから市バス5◆等	岡崎公園 美術館・平安神宮前❷・南禅寺・永観堂道❷・東天王町❻・銀閣寺道❸	35·39 45·51	2
詩仙堂・蓮華寺	65·99	8+5+10	京・JR宇治駅	参照出町柳(P41・P115) 乗換叡山本線・鞍馬線	叡一乗寺駅、叡三宅八幡駅(本線のみ)	36～、42～	2
宝ヶ池・北大路BT	99·69	8～+4	JR宇治駅	参照京都駅(P15) 乗換K11京都駅から地下鉄烏丸線◆〔上り〕	地K01国際会館駅・地K04北大路駅	36～·31～	1
上賀茂神社 大徳寺・鷹峯	71 73·100	8+4+8	JR宇治駅	参照北大路駅(P69) 乗換北大路BT Fから市バス37◆	上賀茂御薗橋❺	37～	2
		8～+5	JR宇治駅	参照京都駅 乗換京都駅前B1から市バス9◆	北大路堀川❼・上賀茂御薗橋❺・神光院前❸	46～·54～·57～	1
		8+10+15	JR宇治駅	参照二条駅(P45) 乗換二条駅前❿から市バス6◆	鷹峯源光庵前❶	42～	2
北野天満宮	77	8+8	JR宇治駅	参照京都駅(P15) 乗換京都駅前B2から市バス50◆	北野天満宮前❷	16～+42	1
金閣寺	79	8～+10+4～	JR宇治駅	参照京都駅 乗換JR嵯峨野線で円町駅(P75) 乗換西ノ京円町❻から市バス204◆・205◆(北行)	金閣寺道❸	42～	2
等持院 龍安寺・仁和寺	79 82	8～+10+10	JR宇治駅	参照京都駅 乗換JR嵯峨野線で円町駅(P75) 乗換西ノ京円町❻から市バス26◆(北行)	等持院道バス停・御室仁和寺❹	39～·45～	2
		8+4+7	JR宇治駅	参照今出川駅(P38) 乗換烏丸今出川❸から市バス59◆	龍安寺前❷	52～	2
妙心寺・太秦 嵐山・嵯峨野	82·85 87·91	8～+10	JR宇治駅	参照京都駅(P15) 乗換JR嵯峨野線普通等	JR花園駅・JR太秦駅・JR嵯峨嵐山駅	28～·30～ 32～	1
松尾大社	13	8～+15	JR宇治駅	参照京都駅 乗換京都駅前C6から市バス28◆	松尾大社前❹	16～+37	1
苔寺・鈴虫寺	101	8～+30	JR宇治駅	参照京都駅 乗換京都駅前C6から京都バス73◆	苔寺・すず虫寺❼	16～+56	1
大原野・長岡京	13	8～+8	JR宇治駅	参照京都駅 乗換JR東海道線〔下り〕普通等	JR向日町駅・JR長岡京駅	16～+7～	1
伏見稲荷 中書島 伏見桃山	14·93·94	8	JR宇治駅	JR奈良線〔上り〕	JR桃山駅・JR稲荷駅	13·20	0
		8	京宇治駅	京阪宇治線〔上り〕	京中書島駅	14	0
		8+8	京宇治駅	参照中書島駅(P94) 乗換京阪本線〔上り〕急行・普通	京伏見稲荷駅	14+9～	1
小野 醍醐	13 95	8～+15	JR宇治駅	JR奈良線〔上り〕全車で六地蔵駅(P95)下車、JR六地蔵 乗換京阪バス22◆・22A◆	醍醐寺前❾・小野❼	5～+10～	1
		8+15	京宇治駅	京阪宇治線〔上り〕六地蔵駅(P95)下車、京阪六地蔵 乗換京阪バス22◆・22A◆	醍醐寺前❾・小野❼	8+13～	1
山科	13·102	8～+6～	JR宇治駅	参照京都駅(P15) 乗換JR各線	JR山科駅	16～+5	1
三室戸寺	13 97	30	京阪宇治	京都京阪バス(臨時バス)(つつじ、あじさい開花時)	三室戸寺バス停、(寺へは、京三室戸駅徒歩15分)	11	0
萬福寺 黄檗駅		8	JR宇治駅	JR奈良線〔上り〕普通	JR黄檗駅	5	0
		8	京宇治駅	京阪宇治線〔上り〕	京黄檗駅	3	0

洛南

鉄道記号
地 地下鉄
JR JR線
近 近鉄電車
阪 阪急電車
京 京阪電車
嵐 嵐電
叡 叡山電車

三室戸寺　案内 P122

宇治山の谷川の清流から現れたという、千手観音菩薩が本尊である。仏像が安置されている宝物殿は、毎月17日のみ公開。庭園は四季を通じ様々な花模様を楽しめ、特に紫陽花とツツジは有名。

宇治市源氏物語ミュージアム　案内 P116

『源氏物語』の後半部の十帖は宇治が舞台。その世界を再現。光源氏の邸宅・六条院の百分の一の模型や実物大の牛車（ぎっしゃ）と王朝風俗の展示している。

宇治上神社　案内 P116

宇治離宮の遺構と伝えられている、拝殿（国宝）は、鎌倉前期に伐採された桧（ひのき）が使用されており、鎌倉時代の優れた建物遺構。現存最古の神社建築、本殿（国宝）は平安後期康平（こうへい）3年（1060）頃に伐採された木材が使われて、一間社流造り（いっけんしゃながれづくり）の三殿からなる。左右の社殿が大きく中央の社殿が小さい。社殿の左右の扉にある「童子像」と「随身像」は平安時代の世俗の人物を描いたものとされ、貴重な資料。手洗舎の湧水「桐原水」は宇治七名水の一つ。

平等院　案内 P121

宇治川の西岸にあった源重信（みなもとのしげのぶ）の別荘を藤原道長が譲り受け、その子頼通（よりみち）が永承7年（1052）、寺に改めたもの。復元修理なった、10円硬貨で有名な鳳凰堂（国宝）は、左右に鳥が羽をひろげたような翼廊（よくろう）が付いており、その姿が鳳凰を連想させることから名付けられた。浄土空間を現出させたという庭園（史跡及び名勝）は整備が行われ、さらに博物館として鳳翔館が作られた。樹齢250年の藤棚は、4月下旬～5月上旬が見頃。

名・名称　平等院鳳凰堂（びょうどういんほうおうどう）　黄檗（おうばく）　萬福寺（まんぷくじ）　三室戸寺（みむろとじ）　宇治上神社（うじがみ）　恵心院（えしんいん）　興聖寺（こうしょうじ）　県神社（あがた）　橋姫神社（はしひめ）　兎道（とどう）

郊外の名所　洛北 その1（岩倉～宝ヶ池）

座敷から建物を額縁に見立てて池を眺める

蓮華寺　参照 P122

◎交通　「出町柳」駅から叡山本線〈所要11分〉で「三宅八幡」駅下車、徒歩9分。「国際会館駅前」から京都バス19〈所要6分〉で「上橋（かんばし）」下車、すぐ。

■江戸初期、洛中からこの地に移された。本堂、鐘楼（しょうろう）、井戸屋形は、再興当時のもの。本堂前に、六角形で急な勾配をした笠が特徴の蓮華寺型石燈籠がある。庭は石川丈山の作。

磨きこまれた床に紅葉が映える

実相院　参照 P118

◎交通　「国際会館駅前」から京都バス24〈所要12分〉で「岩倉実相院」下車、すぐ。

■江戸中期に東山天皇の中宮・承秋門院（しょうしゅうもんいん）の御殿を移した四脚門、御車寄、客殿などがある。狩野派の襖絵も多く、歴代門主や坊官が綴った260年間にも及ぶ日記「実相院日記」は歴史の貴重な資料。楓が美しく、滝の間の床板に外の木々が写り込む「床もみじ」「床みどり」と呼ばれる黒光りする床が有名。

比叡山を借景とする名園

円通寺　参照 P116

◎交通　「国際会館駅前」から京都バス特40〈所要5分〉で「西幡枝」下車、すぐ

■かつての後水尾（ごみずのお）上皇の幡枝（はたえだ）御殿だったとされるが、今は本堂、客殿、庫裏（くり）が残るのみ。借景庭園で知られ、低い生け垣の向こうには美しい比叡山を仰げる。苔と石組が静かな美しさを添えて、まるで山奥の別天地のようである。

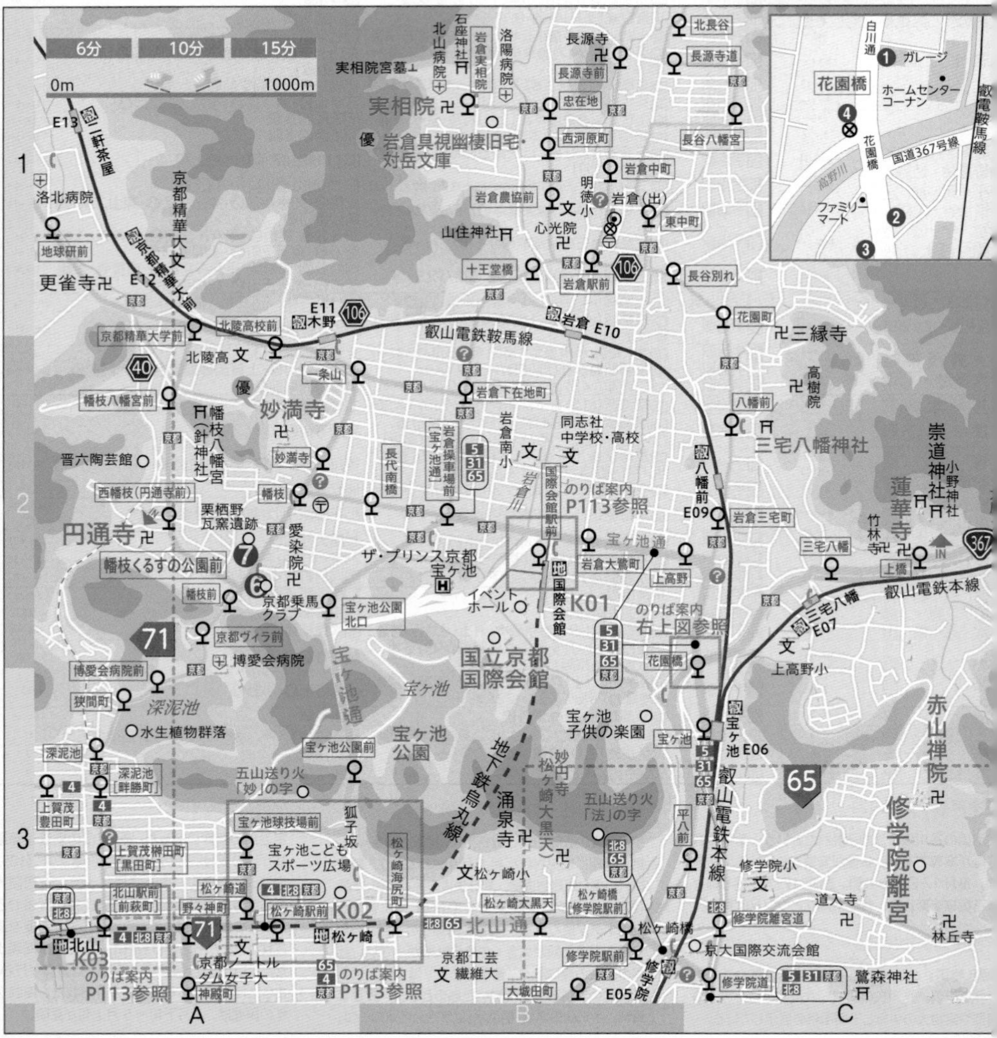

6分　10分　15分
0m　1000m

実相院　岩倉具視幽棲旧宅・対岳文庫　妙満寺　円通寺　幡枝くるすの公園前　国立京都国際会館　宝ヶ池公園　宝ヶ池　深泥池　蓮華寺　三宅八幡神社　崇道神社　赤山禅院　修学院離宮　叡山電鉄鞍馬線　叡山電鉄本線　地下鉄烏丸線　北山通　国際会館　松ヶ崎　北山　宝ヶ池　修学院　八幡前　岩倉　木野　京都精華大前　二軒茶屋　三宅八幡

のりば案内 P113参照
のりば案内 右上図参照

白川通　ガレージ　花園橋　ホームセンターコーナン　国道367号線　高野川　ファミリーマート　叡電鞍馬線

乗り場位置の●番号は本書の説明のためにつけたものです。現地停にはこの番号はありませんのでご注意。

りの窓・迷いの窓

光庵 参照P117

交通　「北大路バスターミナル」から市バス北１〈所要15分〉で「鷹峯源光庵前」下車、すぐ。

重層の山門の奥にある入母屋造の本堂、廊下の天井は、伏見城遺構の血天井であるという。本堂の丸窓と四角い窓からは庭園を望むことができる。これが有名な「悟りの窓」と「迷いの窓」。紅葉の景色も見事。

阿弥光悦が庵を結んだ地

悦寺 参照P118

交通　「北大路バスターミナル」から市バス北１〈所要15分〉で「鷹峯源光庵前」下車、徒歩3分。

元和元年（1615）、本阿弥光悦が家康から鷹峯の地を与えられ、工芸家などを集めて芸術村をつくったのがはじまり。竹を斜めに組んだ「光悦垣」といわれる垣根や、大虚庵や光悦の像を安置する三巴亭、了寂軒など七つの茶室が知られる。名高い紅葉の名所であるが、秋も負けずに美しい。大正4年(1915)に再建。

野太夫ゆかりの寺

照寺 参照P119

交通　「北大路バスターミナル」から市バス北１〈所要15分〉で「鷹峯源光庵前」下車、徒歩2分。

源光庵の隣にある日蓮宗のお寺。旧山城六壇林の一つで、元和2年（1616）に創建された。かつては、多くの堂塔を誇る大寺院だったというが、すでにその面影はなく、六条柳町の名妓・吉野太夫が寄進したという赤門（吉野門）、本堂、庫裏、茶室が残るのみ。本堂の裏は墓地で、吉野太夫や、太夫を身請けした当時の豪商灰屋紹益の墓がある。毎年4月第3日曜に行われる吉野太夫花供養の頃には、太夫を偲んで植えられたという吉野桜が満開を迎える。

乗り場位置の●番号は本書の説明のためにつけたものです。現地停にはこの番号はありませんのでご注意。

比叡山借景で無限の広がり

正伝寺 参照P119

◎交通　「北大路バスターミナル」から市バス37・1〈所要15・19分〉で「神光院前」下車、徒歩12分。

■伏見城の血天井で知られる寺の一つで、創建は鎌倉時代。白壁越しに比叡山を望む枯山水庭園は、小堀遠州作という。敷きつめた白砂にあしらわれたツツジの刈り込みが獅子の親子を思わせ、「獅子の児渡し」と呼びならわされている。船山山麓に位置し、お盆には大文字の送り火「船形」が山上に燃える。

西賀茂の弘法さん

神光院 参照P119

◎交通　「北大路バスターミナル」から市バス37・1〈所要15・19分〉で「神光院前」下車、徒歩3分。

■東寺・仁和寺と並ぶ京都三弘法の一つ。本堂は大正3年（1914）、上賀茂神社の一部を再興したもので、空海作とされる自像がある。梅、桜そして紅葉などの四季折々に見所があり、7月21日と土用の丑の日には「きゅうり封じ」も行われる。境内には、富岡鉄斎が姉のように慕ったという、陶芸で有名な幕末期の歌人・大田垣蓮月尼の庵（茶所）が残る。

梅苑が有名

しょうざんリゾート京都

◎交通　「北大路バスターミナル」から市バス北１〈所要13分〉で「土天井町」下車、徒歩1分。

■自然に囲まれた広大な敷地に多数の施設が建つ複合レジャー施設。紙屋川渓谷に広がる広大な日本庭園は、北山台杉と紀州青石で構成され、峰玉亭、翔鳳閣、聴松庵、玉庵などが点在する。梅苑が有名で、梅の季節は大勢の人で賑わう。さらに、6月の花菖蒲、11月の紅葉、冬の雪の景色と四季の変化も楽しい。

四姓（源平藤橘）の一角・橘氏の氏社

梅宮大社

参照 P116

◎交通 「四条烏丸」から市バス 3・29〈所要いずれも 26 分〉で「梅宮大社前」下車、徒歩スグ。

■橘諸兄の母、橘三千代が酒解神、酒解子神（大山祇、木花咲耶姫）を祀り酒造安全と子孫繁栄を祈願した神社。檀林皇后（嵯峨天皇の后）が井手町から現在地に遷座。皇后は梅宮社に祈願し初めて皇子をもうけたといい、以来子授けの神として信仰され、境内にまたげ石や産砂をうける風習がある。神苑は春の梅、桜、つつじ、杜若、夏の花菖蒲、紫陽花は見事。

京都最古の神社の一つで秦氏の氏神。

松尾大社

参照 P121

◎交通 「四条烏丸」から市バス 3〈所要 26 分〉で「松尾橋」❻下車、徒歩 8 分。

「四条烏丸」から市バス 29〈所要 30 分〉で「松尾大社前」❷下車、徒歩 2 分。

■王城鎮護の社として崇敬され、中世以降は「日本第一醸造祖神」として仰がれ、境内に霊亀ノ滝、亀ノ井の名水があり、今も全国の酒造家から信仰されている。室町初期の作で松尾造といわれる本殿ほか拝殿、釣殿、楼門など社殿が多く、等身大の神像は平安初期の作。庭は、3 つの庭が楽しめる松風苑と呼ばれる観賞庭園。4 月下旬より 3000 株程のヤマブキが境内を彩る。

四季を通じて鈴虫の音色が聞こえる

鈴虫寺（華厳寺）

参照 P119

◎交通 「四条烏丸」から市バス 29〈所要 31 分〉で「松室北河原町」❽下車、徒歩 9 分。「嵐山」から京都バス 63・73〈所要 11 分〉で「苔寺・すず虫寺」❼下車、徒歩 3 分。

■江戸中期、学僧鳳潭上人が最福寺跡地に華厳宗の再興の為に創建。19 世紀初頭に臨済宗に改宗。八代目住職・台巌和尚が鈴虫の音に開眼し研究を始め、今では多くの鈴虫を育て一年中鈴虫の音が絶えない。拝観者にはお茶・

菓子が付き簡単な法話が聞ける。どんな願いでも一つだけ叶えてくれる草鞋を履いた幸福地蔵が有名。

境内は、京都市文化財環境保全地区

地蔵院（竹の寺）

参照 P118

◎交通 「四条烏丸」から市バス 29〈所要 32 分〉で「苔寺道」下車、徒歩 10 分。「嵐山」から京都バス 63・73〈所要 11 分〉で「苔寺・すず虫寺」❼下車、徒歩 5 分。

■貞治 6 年（1367）室町幕府管領の細川頼之が宗鏡禅師を招いて建立した臨済禅の寺院。勧請開山は、宗鏡師匠の夢窓国師。幼少時近くに生家があった一休禅師が修行した寺である。境内が広く竹林で覆われていることから竹の寺とも称される。本堂には、本尊地蔵菩薩の他に、夢窓国師、宗鏡禅師、頼之の木像が安置されている。本堂北の方丈に平庭式枯山水庭園があり、羅漢に見立てられた自然石が配されている。竹林以外は、境内一円鮮やかな苔に覆われている。楓が多いため、春は新緑、秋は紅葉が美しい。

乗り場位置の●番号は本書の説明のためにつけたものです。現地停にはこの番号はありませんのでご注意。

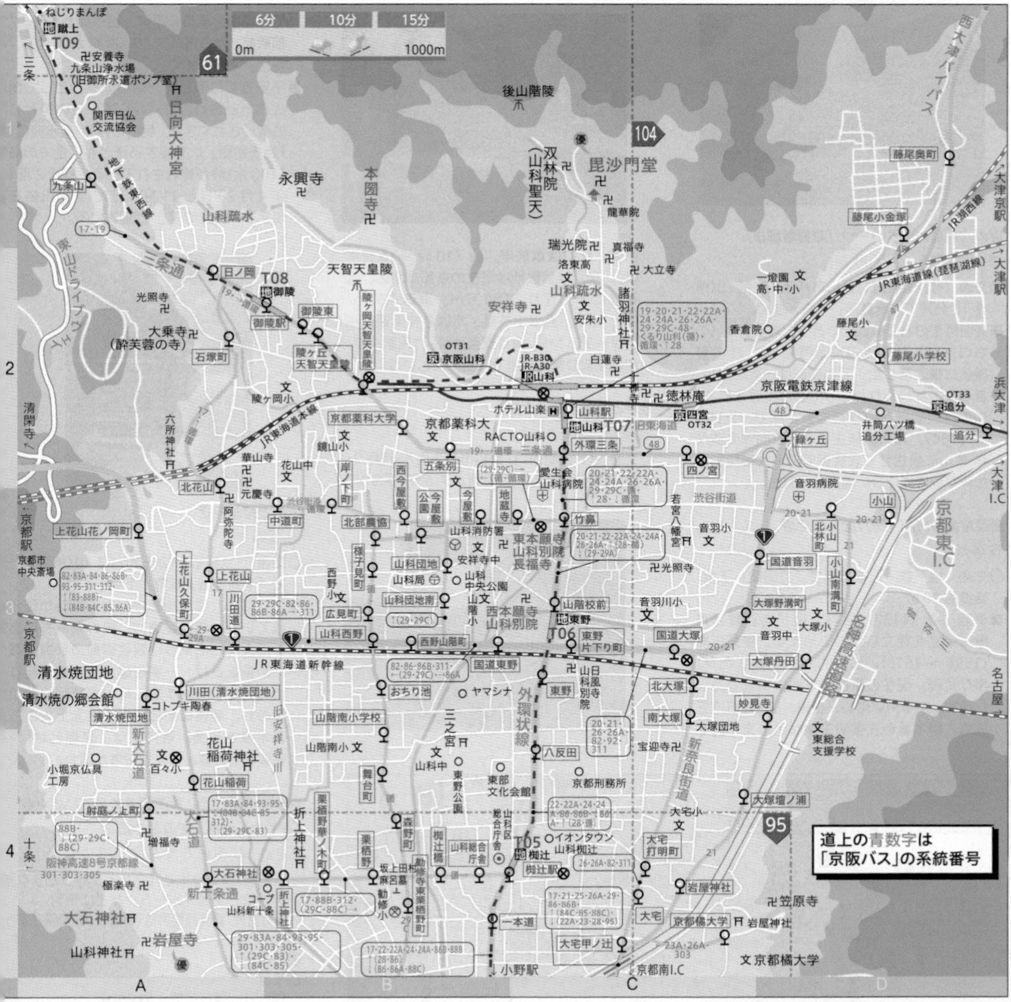

6分 10分 15分
0m 1000m

道上の青数字は
「京阪バス」の系統番号

樹・楓樹に包まれる境内

沙門堂

参照 P121

交通　「京都」駅からJR 東海道本線・湖西線〈所要5分〉で、又は「三条京阪」駅から地下鉄東西線〈所要8分〉で各線「山科」駅下車、北へ徒歩22分。

毘沙門天を本尊とする天台宗の門跡寺院で、樹齢百五十余年の枝垂桜と50本程の桜で知られる。秋の紅葉も色鮮やか。寺の起こりは古いが、江戸初期に天海僧正が安祥寺の一部をあてて再興に着手。急な石段を上って仁王門をくぐると、木立に彩られた本殿、宸殿、霊殿などが並ぶ。

季節によって楽しめる散策道

山科疏水

◎交通　「京都」駅からJR 東海道本線・湖西線〈所要5分〉で、又は「三条京阪」駅から地下鉄東西線〈所要8分〉で各線「山科」駅下車、北へ徒歩10分。

■山科駅から毘沙門堂へ向かうと、琵琶湖第一疏水の一部・山科疏水に行き着く。4月上旬、疏水沿の散策道約2kmは、山桜を中心に700本弱の桜並木となる。菜の花も美しい。道沿いには稲荷社を祀った永興寺や、金箔に覆われた大梵鐘で有名な本圀寺、樹木に覆われた天智天皇陵、安祥寺などもあってのんびり散策を楽しめる。秋には紅葉も楽しめる。

大石内蔵助が祭神

大石神社

◎交通　「四条河原町」・「五条坂」から京阪バス84・93・95など〈所要22分・14分〉で「大石神社」下車、南西へ徒歩5分。

■「忠臣蔵」で知られる大石内蔵助良雄が祀られている。昭和10年（1935）建立。宝物殿には、内蔵助直筆の書をはじめ、四十七士ゆかりの品々が展示。春には大石桜と呼ばれるしだれ桜が咲き誇る。境内自由。毎年、12月14日には討入り当時を再現する行列の「義士祭」が行われる。

京の六地蔵めぐりの一つ「鳥羽地蔵尊」

恋塚浄禅寺（鳥羽地蔵）

◎交通　「竹田駅西口」から市バス 18・臨 18〈所要 12 分〉で「地蔵前」下車、すぐ。

■鳥羽離宮の北面の武士であった遠藤盛遠（のちの文覚）は、渡辺左衛門尉 源 渡の妻袈裟に横恋慕した。袈裟御前は一計を案じ、自ら夫の身代わりとなって盛遠に殺される。恋塚は袈裟御前の首を埋めた塚で、正保 4 年（1647）当時の領主・永井日向守直清が林 羅山に撰させて袈裟御前の貞女を顕彰した碑が境内に建つ。境内拝観自由。

藤原定家の日記「明月記」に登場

安楽寿院

◎交通　地下鉄・近鉄電車で「竹田駅」下車、徒歩約 10 分

■保延 3 年（1137）鳥羽上皇が鳥羽離宮東殿に御堂を建立したのに始まる。慶長年間（1596 ～ 1615）、豊臣秀頼が復興したが、再び荒廃。現在の庫裡は塔頭前松院であった建物。本尊阿弥陀如来坐像、3m の石造五輪塔、絹本着色孔雀明王像などの文化財を所有。拝観は事前申込制（10 時～ 16 時半頃）。鳥羽離宮敷地は現在の京都市南区、伏見区にまたがり、180 万㎡、東西 1.5km、南北 1km。西は小枝橋、北は名神高速南インターチェンジ、東は安楽寿院、竹田駅辺り、南は離宮公園辺りまでを占めたという。

方除と交通安全の大社

城南宮　参照 P119

◎交通　「竹田駅西口」から市バス南 1・特南 2・南 3〈所要 3 分〉、又は京阪バス 6〈所要 3 分〉で「城南宮東口」下車、西へ徒歩 5 分。「京都駅前」から市バス 19〈所要 29 分〉で「城南宮」下車、すぐ。

■平安遷都に際して、南の守り神として創建されたとされ、古くから方除けの神としても信仰されてきた。境内の神苑・楽水苑には『源氏物語』に登場するほとんど全ての植物（100 余種）が植栽されている。春秋 2 回（毎年 4 月 29 日と 11 月 3 日）、王朝風俗を再現する「曲水の宴」が催される。

袈裟と盛遠の寺

恋塚寺

◎交通　「京都駅前」から市バス 19〈所要 32 分〉で「下鳥羽城ノ越町」下車、すぐ

■ここにも、恋塚浄禅寺と同様の話が伝えられている。遠藤盛遠は、事件後直ちに出家して文覚と名乗り、袈裟御前の菩提を弔うため墓を設け、一宇を建立したのが起りといわれている。本堂には、本尊阿弥陀如来像の外、袈裟御前と源渡、文覚上人の三人の木像を安置。境内には、恋塚と呼ばれ袈裟御前の墓と伝える石塔が建つ。

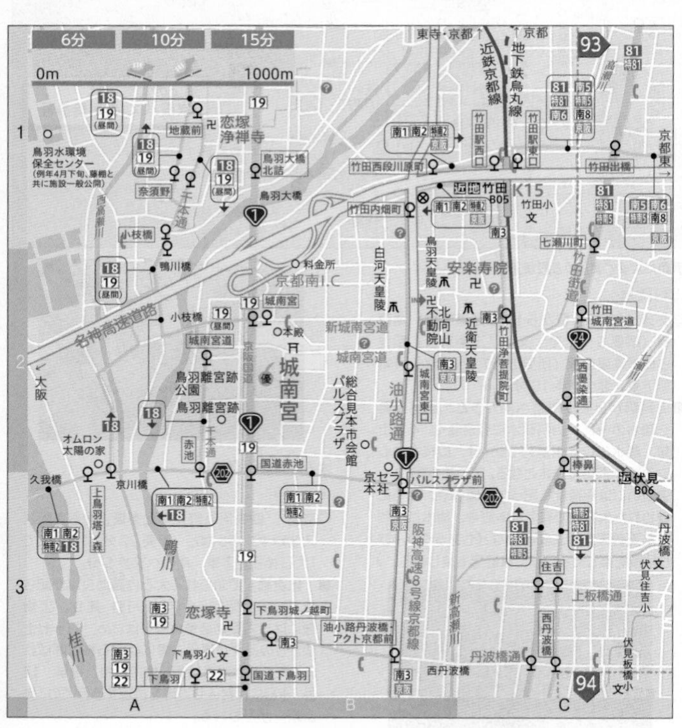

京都駅八条口と、京都南のエリアに広がる「らくなん進都」を直通で結ぶ

R'EX　京都らくなんエクスプレス

城南宮、京セラ本社（ファインセラミック館美術館・ショールーム）などに便利。

運行時間：観光時間帯は通常時20分間隔で運行。

運行ルート

□平日

【南行】　運行時間：約 25 分

京都駅八条口→油小路城南宮→京都パルスプラザ・京セラ前→油小路丹波橋・アクト京都前→油小路毛利橋・伏見警察署前→国道毛利橋東・宝酒造前→三栖・月桂冠前→油小路大手筋

【北行】　運行時間：約 27 分

国道毛利橋東・宝酒造前→三栖・月桂冠前→油小路大手筋→油小路毛利橋・伏見警察署前→油小路丹波橋・アクト京都前→京都パルスプラザ・京セラ前→油小路城南宮→京都駅八条口

□土休日　運行時間：約 35 分

京都駅八条口→城南宮前→京都パルスプラザ・京セラ前→京都駅八条口

※土休日運行休止中（2024.3.05 現在）

料金

大人 310 円、小人 100 円（全区間・均一運賃）

＊平日の減便・経路変更、土休日の運休が行われています。詳しくは公式 HP をご確認下さい。

根本中堂

西塔 釈迦堂

西塔 にない堂（左・常行堂、右・法華堂）

なお受継がれる、不滅の法灯

暦寺 参照 P116

交通「京都駅前」や「三条京阪前」から京阪バス 56・57 や京都バス 51（比叡山ドライブバス）〈所要 54 分～ 75 分〉で「延暦寺バスセンター」下車。出町柳駅から叡電叡山本線〈所要 14 分〉で「八瀬比叡山口」駅下車乗換え、叡山ケーブル〈所要 9 分〉・叡山ロープウェイ〈所要 3 分〉で「比叡山頂」駅下車、東塔へは徒歩 30 分。滋賀県の坂本から比叡山坂本ケーブル〈所要 11 分〉で「ケーブル延暦寺」駅下車、徒歩 10 分で東塔。

延暦 7 年（788）に京都の鬼門（東北）の守りとして伝教大師・最澄が開いた天台宗の総本山。寺域は比叡山の山上一帯に広がり、東塔・西塔・横川の 3 つのエリア分かれ、それぞれに本堂がある。多くの伽藍が点在しているが、かつて織田信長の焼き討ちにより全山が焼失ともいい、現在の建物の多くは秀吉から徳川三代の頃の再建である。総本堂でもある東塔の根本中堂をはじめ、国宝 10 件・重文 50 を有する一山は、世界文化遺産に登録されている。なお、根本中堂で燃え続ける「不滅の法灯」は 1200 年余り一度も絶えたことがないという。 **参拝可能だが根本中堂は、現在、大改修中。珍しい光景が見られる。**

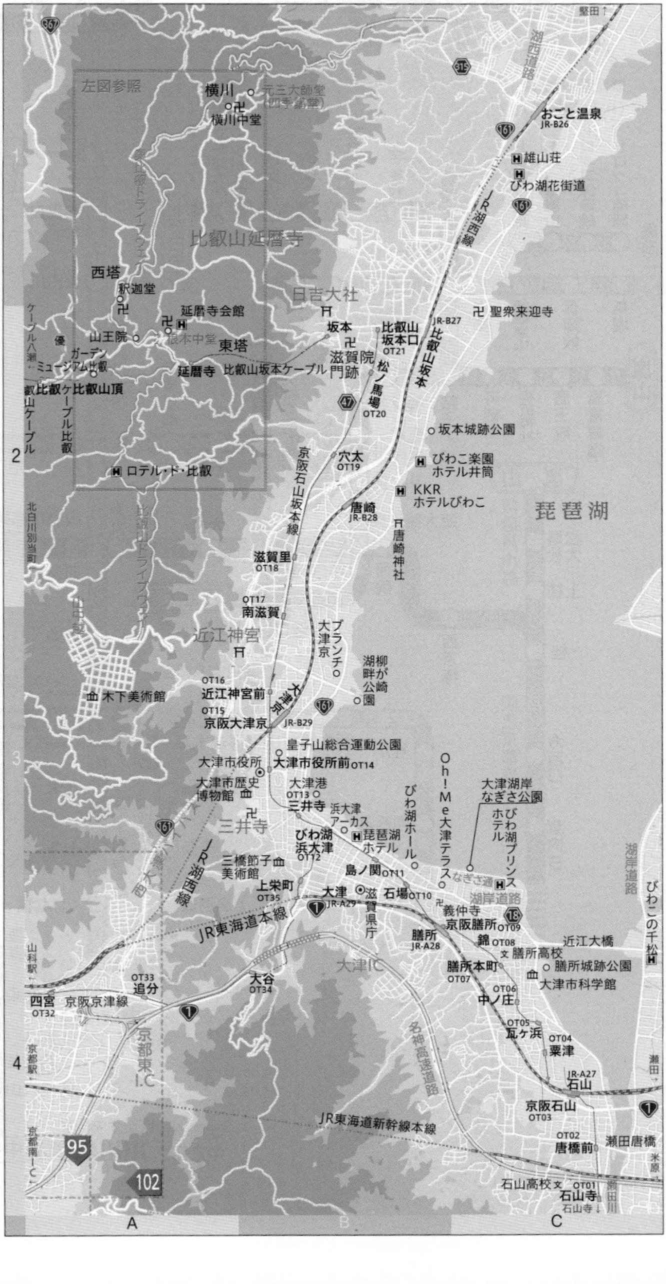

鉄道路線図

※駅間の数字は平均乗車所要分

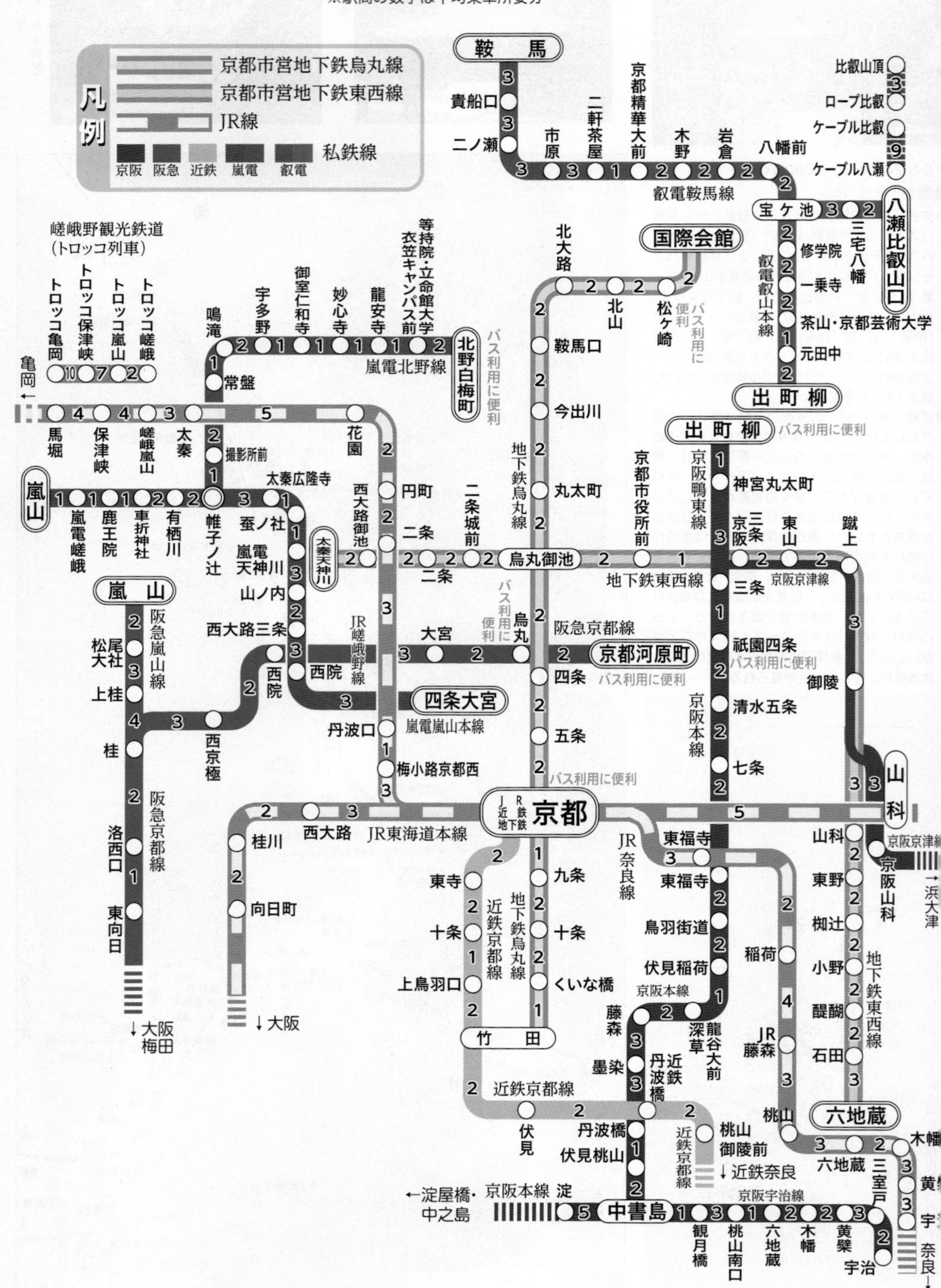

京都のりもの路線図 索引図

A

京都のりもの路線図

市バス市中心部循環系統	阪急バス
市バス均一系統	京阪京都交通バス
市バス調整路線系統	京都京阪バス
京都バス	西日本JRバス
京阪バス	

※矢印が附随する系統番号は、片側方向のみの運行であることを示します
例）↑62　←(11・28・93)

2024年4月26日現在判明分　制作・発行／(株)ユニプラン

※( )内のバス停名は、同一停留所でバス会社により呼称の異なるものです。

※本路線図は、生活路線など一部系統を割愛しております。

無断転載・複製を禁じます。©ユニプラン

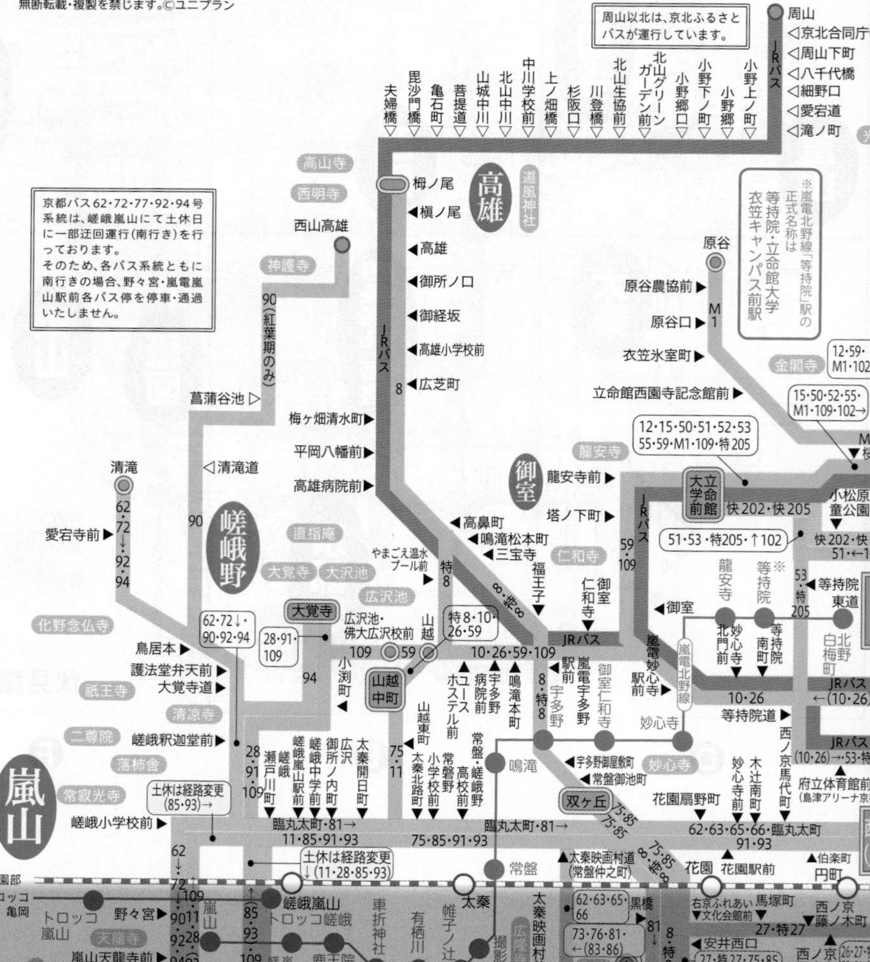

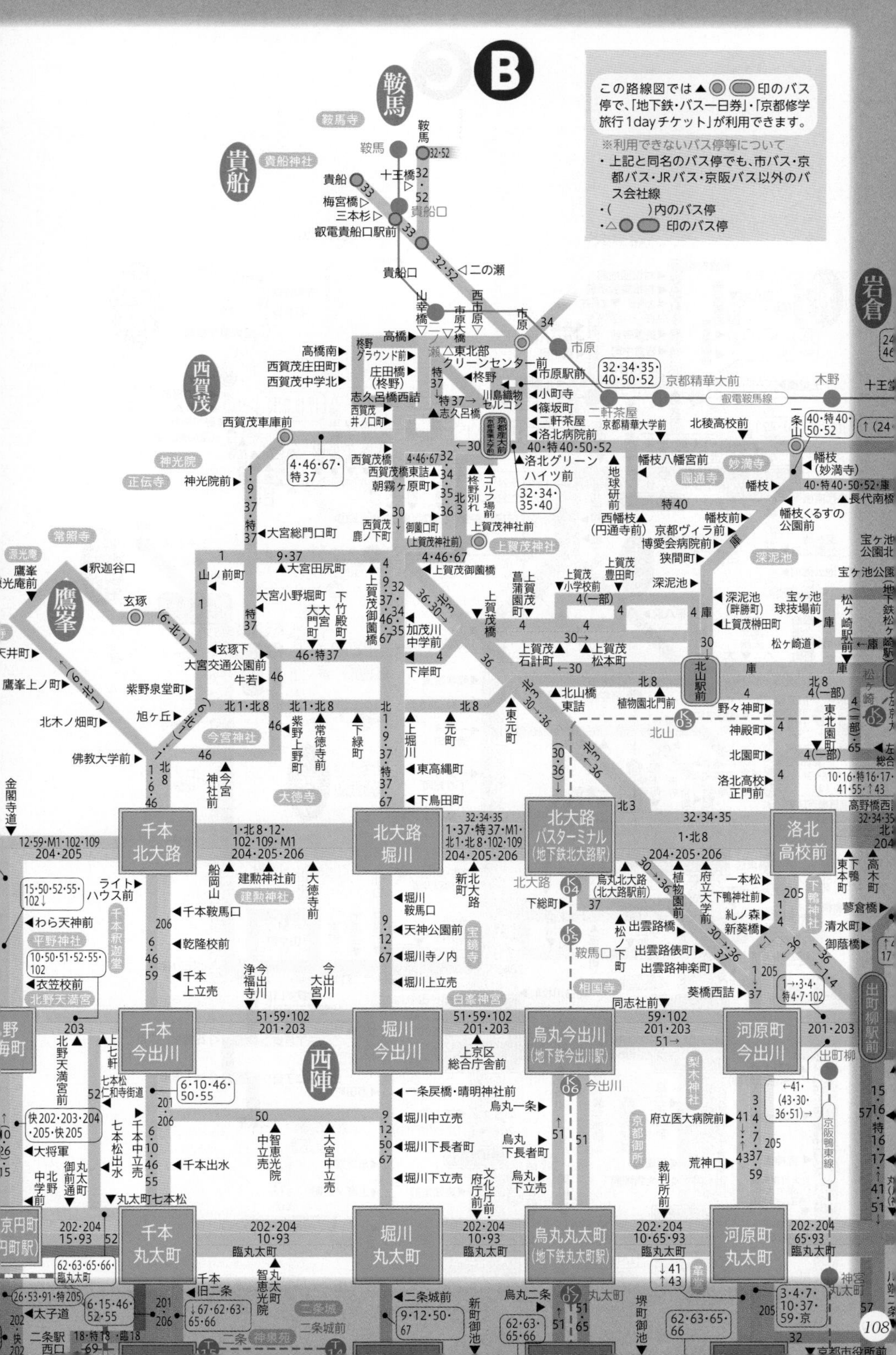
B
この路線図では▲◎⬭印のバス停で、「地下鉄・バス一日券」・「京都修学旅行1dayチケット」が利用できます。
※利用できないバス停等について
・上記と同名のバス停でも、市バス・京都バス・JRバス・京阪バス以外のバス会社線
・(　　)内のバス停
・△◎⬭印のバス停
鞍馬
鞍馬寺
貴船
貴船神社
貴船
梅宮橋▷
三本杉▷
叡電貴船口駅前
十王橋▷
貴船口
◁二ノ瀬
山幸橋
西市原
市原大橋
二ノ瀬
市原
岩倉
高橋
高橋南▶
西賀茂庄田町▶
西賀茂中学北▶
柊野グラウンド前
庄田橋（柊野）
△東北部クリーンセンター前
◀柊野
◀市原駅前
京都精華大前
木野
叡電鞍馬線
二軒茶屋
志久呂橋西詰
西賀茂井ノ口町▶
特37→
▲志久呂橋
川島織物セルコン
◀小町寺
◀篠坂町
◀二軒茶屋
◀洛北病院前
京都精華大学前
北稜高校前
一条山
西賀茂
西賀茂車庫前
京都産業大学前
▲洛北グリーンハイツ前
40・特40・50・52
32・34・35・40・50・52
40・特40・50・52
4・46・67・特37
32・34・35・40
神光院
正伝寺
神光院前▶
西賀茂橋
西賀茂橋東詰▲
朝霧ヶ原町▶
柊野別れ
ゴルフ場前
地球研前
幡枝八幡宮前
妙満寺
圓通寺
幡枝（妙満寺）
幡枝▶
40・特40・50・52・庫
▲長代南橋
幡枝くるすの公園前
特40
西幡枝（円通寺前）
京都ヴィラ前▶
博愛会病院前▶
狭間町▶
幡枝前▶
西賀茂鹿ノ下町
御薗口町（上賀茂神社前）
上賀茂神社前
上賀茂神社
常照寺
源光庵
鷹峯
鷹峯源光庵前
◀釈迦谷口
大宮総門口町
▲大宮田尻町
◀上賀茂御薗橋
上賀茂豊田町
上賀茂小学校前
菖蒲園町
上賀茂
深泥池▶
深泥池
宝ヶ池公園北
宝ヶ池公園
山ノ前町
大宮小野堀町
大宮大門町
下竹殿町
上賀茂御薗橋
上賀茂橋
深泥池（畔勝町）
▲上賀茂榊田町
宝ヶ池球技場前
松ヶ崎駅前（地下鉄松ヶ崎駅）
玄琢
松ヶ崎道▶
加茂川中学前
下岸町
上賀茂石計町
▲上賀茂松本町
北山駅前
◀玄琢下
大宮交通公園前
牛若▶
紫野泉堂町▶
旭ヶ丘▶
北木ノ畑町▶
鷹峯上ノ町▶
天井町▶
佛教大学前▶
今宮神社
今宮神社前
紫野上野町
常徳寺前
下緑町
上堀川
元町
東元町
◀北山橋東詰
植物園北門前
野々神町▶
神殿町▶
北園町▶
洛北高校正門前
東北園町
北山
◀東高縄町
◀下鳥田町
大徳寺
金閣寺道
千本北大路
北大路堀川
北大路バスターミナル（地下鉄北大路駅）
洛北高校前
高野橋西詰
12・59・M1・102・109
204・205
1・北8・12・102・109・M1
204・205・206
32・34・35
1・37・特37・M1・北1・北8・102・109
204・205・206
32・34・35
1・北8
204・205・206
ライトハウス前
船岡山
建勲神社前
建勲神社
大徳寺前
新町
北大路
北大路
烏丸北大路（北大路駅前）
植物園前
府立大学前
一本松▶
下鴨神社前▶
糺ノ森▶
新葵橋▶
東本町
下鴨
高木町
蓼倉橋
清水町
御蔭橋
下鴨神社
◀わら天神前
平野神社
千本釈迦堂
◀千本鞍馬口
◀乾隆校前
◀千本上立売
◀衣笠校前
北野天満宮
◀堀川鞍馬口
◀天神公園前
◀堀川寺ノ内
◀堀川上立売
宝鏡寺
下総町▶
鞍馬口
松ノ下町
出雲路橋▶
出雲路俵町▶
出雲路神楽町▶
相国寺
葵橋西詰▶
出町柳駅前
浄福寺
今出川
大宮今出川
白峯神宮
同志社前
千本今出川
堀川今出川
烏丸今出川（地下鉄今出川駅）
河原町今出川
51・59・102
201・203
51・59・102
201・203
59・102
201・203
201・203
西陣
上京区総合庁舎前
今出川
出町柳
北野天満宮前
上七軒
七本松仁和寺街道
◀一条戻橋・晴明神社前
烏丸一条▶
◀堀川中立売
◀堀川下長者町
◀堀川下立売
烏丸下長者町
烏丸下立売
梨木神社
京都御所
府立医大病院前▶
荒神口▶
京阪鴨東線
◀大将軍
北野中学前
御前通
丸太町
七本松出水
千本中立売
◀千本出水
中立売
智恵光院
大宮中立売
文化庁前
府庁前
裁判所前
▼丸太町七本松
千本丸太町
堀川丸太町
烏丸丸太町（地下鉄丸太町駅）
河原町丸太町
臨丸太町
神宮丸太町
千本旧二条
丸太町智恵光院
◀二条城前
新町御池
烏丸二条
丸太町
堺町御池
二条城
二条城前
神泉苑
二条駅西口
◀太子道
▼京都市役所前

岩倉 実相院 岩倉実相院 忠在地 西河原町 岩倉農協前 岩倉村松 村松団地前 村松集会所前 上長谷 北長谷 長源寺前 岩倉中町 長谷別れ 長源寺道 長谷八幡宮 東中町

24・26・29・41・46・↑43・

木野 十王堂橋 岩倉 岩倉駅前 八幡前 花園町 八幡前 岩倉三宅町 岩倉大鷺町 上高野

40・特40・50・52 ↑（24・26）・29 岩倉下在地町 ←（24・26）・29・40・特40・50・52・庫

幡枝（妙満寺） 岩倉操車場前（宝ヶ池通） 5・31・65 国際会館駅前 花園橋 宝ヶ池 41・↑43・24・26 特16・19・24・26・40・←45

40・特40・50・52・庫 長代南橋 くるすの前 国際会館 宝ヶ池 宝ヶ池公園北口 宝ヶ池公園前 宝ヶ池

寂光院 阿弥陀寺 古知谷 石折 新田 大原学校前 大原 梅の宮前 大長瀬町 野村別れ（里の駅大原） 勝林院 実光院 三千院 来迎院 戸寺 花尻橋 美濃瀬橋 登山口 ふるさと前 八瀬大橋 宮の田 八瀬甲賀小路 神子ケ渕 九頭龍弁天前 八瀬甲ヶ渕 八瀬駅前 上橋 三宅八幡 蓮華寺

10・16・特16・17・18・19・55 16・特16・17・18・19 10・16・特16・17・18・19 10

宝ヶ池 三宅八幡 八瀬比叡山口 ケーブル八瀬 叡山ケーブル ケーブル比叡 ロープ比叡 叡山ロープウェイ 比叡山頂 延暦寺 比叡山頂

横川 シャトル峰道 西塔 比叡山 延暦寺バスセンター 東塔 ケーブル延暦寺 比叡山坂本ケーブル ケーブル坂本 無動寺 無動寺 57・51 51

松ヶ崎駅前 地下鉄松ヶ崎駅 松ヶ崎海尻町 大黒天 松ヶ崎 平八前 松ヶ崎橋 大城田町 叡山電鉄 10・特16・17・41・→43 18・5・31・65 修学院離宮道 修学院離宮 林丘寺

北8・65 修学院駅前 修学院 修学院道 修学院駅前 5・31・北8 曼殊院 北8・4（一部） 東北園町 左京区総合庁舎・京都工芸繊維大学前 高野泉町 高野玉岡町 一乗寺北大丸町 一乗寺清水町 31 18 一乗寺青城町 左京区総合庁舎前 赤の宮 一乗寺高槻町 赤ノ宮町 地蔵本町 一乗寺 一乗寺下り松町 詩仙堂 金福寺 一乗寺 10・16・特16・17・41・55・↑43 高野車庫 31 一乗寺梅ノ木町 ロテル・ド・比叡 57・56・56A（一部）

高野橋西詰 32・34・35 ←臨東山 ←65 北8 204・206 北8 一乗寺木ノ本町 夢見ヶ丘 高野 東下鴨本町 高木町 高野橋東詰 204 206 茶山・京都芸術大学 伊織町 5 上終町・瓜生山学園京都芸術大学前 北白川琵琶町 地蔵谷 岩坂 山中 山中上 56・57 51 山中町

田中大久保町 蓼倉橋 叡電元田中 元田中 ↑43・10・特16・17・32・34・35・41 清水町 御蔭橋 36 1・4 204 田中樋ノ口町 3→ 北白川小倉町 高原町 北白川別当町 上池田町 北白川仕伏町 3 18 56・56A・57 56A 田の谷峠 51

出町柳駅前 飛鳥井町 18・31・65 臨東山 3 知恩寺 出町柳 204 5 北白川校前 ←（32・EX100・105） 銀閣寺前 比叡平口 比叡平三丁目 三丁目東 比叡平一丁目 比叡平二丁目 一丁目南 比叡平 56・56A

4・102 201・203 3・7・102 201・203 51 57 百万遍 7・102 203 18・51 56・56A・57 銀閣寺道 銀閣寺 白沙村荘 出町柳 加茂大橋（京阪出町柳） 京大農学部前 北白川 南田町 京大正門前 吉田神社 5・7・102 浄土寺 203 204 ↓（32・EX100・105） 法然院 安楽寺 15・16・特16・17・41・51 川端一条 57 31・65 56・56A 京阪鴨東線 荒神橋 18 臨東山 201 206 近衛通 京大病院前 錦林車庫前 32 法然院町 EX100 105 上宮ノ前町 丸太町京阪前（川端丸太町）（神宮丸太町駅） 熊野神社 黒谷 岡崎道 岡崎神社前 真如堂 5・93 真如堂前 哲学の道 熊野若王子神社

2・204・93 丸太町 202・204 65・93 熊野神社前 203・204 93 EX100・105 東天王町 宮ノ前町 32・105・EX100 平安神宮 神宮丸太町 川端二条 新間ノ町 二条 31 201 202 岡崎公園 ロームシアター京都・みやこめっせ前 32・5・105・EX100・←86 5 南禅寺・永観堂道 永観堂 57 32 32 18 京都市役所前 東山二条 岡崎法勝寺町

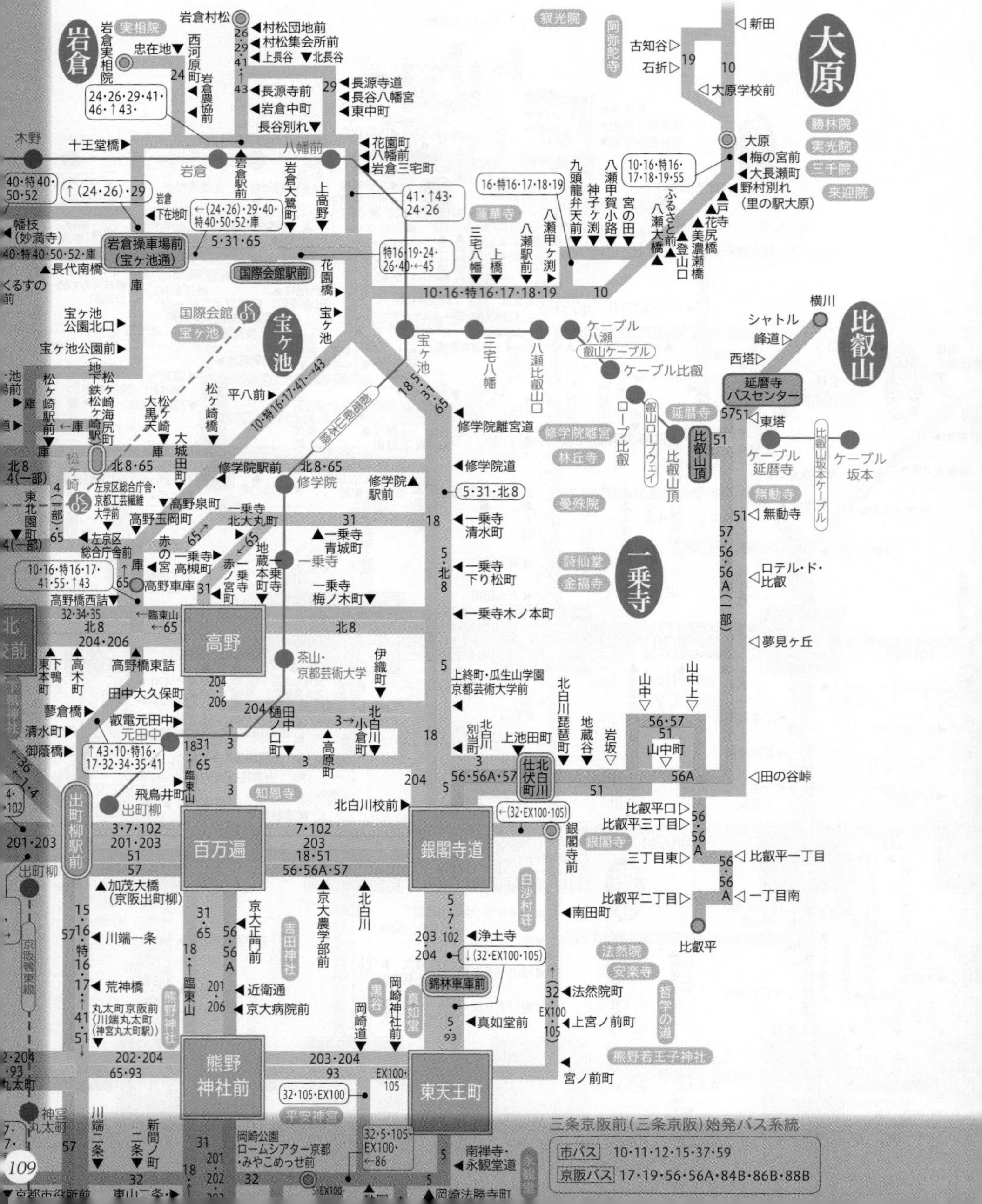

三条京阪前（三条京阪）始発バス系統

市バス	10・11・12・15・37・59
京阪バス	17・19・56・56A・84B・86B・88B

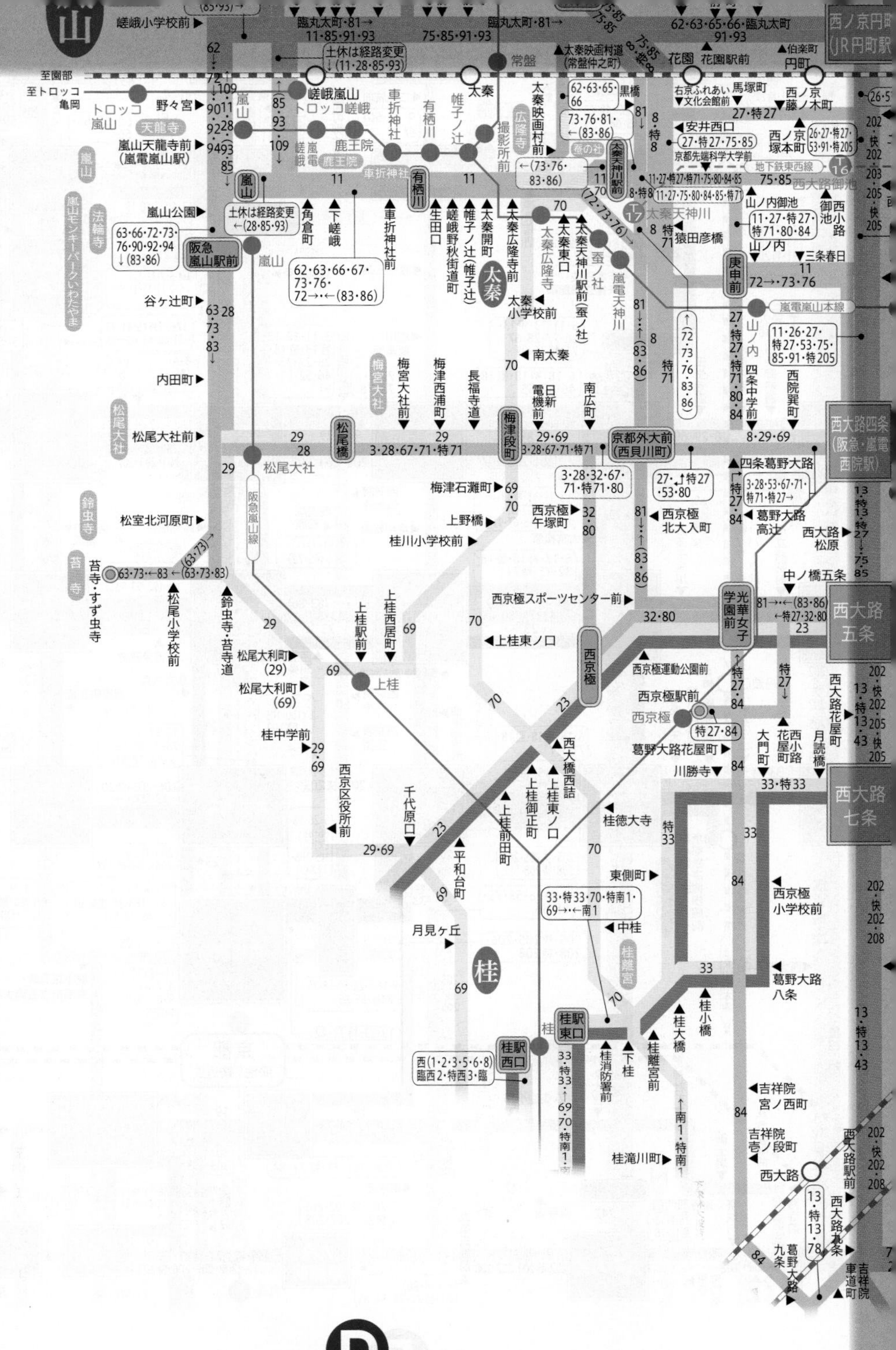

山
嵯峨小学校前
臨丸太町・81→
11・85・91・93
75・85・91・93
臨丸太町・81→
62・63・65・66・臨丸太町
91・93
西ノ京円町（JR円町駅）
土休は経路変更
↓（11・28・85・93）
常盤
太秦映画村道（常盤仲之町）
花園
花園駅前
伯楽町
円町
至園部
至トロッコ亀岡
嵯峨嵐山
トロッコ嵯峨
太秦
右京ふれあい文化会館前
馬塚町
西ノ京藤ノ木町
野々宮
トロッコ嵐山
嵐山
車折神社
有栖川
帷子ノ辻
撮影所前
広隆寺
太秦映画村前
黒橋
27・特27
天龍寺
嵐山天龍寺前（嵐電嵐山駅）
嵯峨嵐電
鹿王院
安井西口
27・特27・75・85
京都先端科学大学前
西ノ京塚本町
26・27・特27・53・91・特205
地下鉄東西線
西大路御池
蚕の社
太秦天神川駅前
嵐山公園
土休は経路変更
←（28・85・93）
角倉町
下嵯峨
車折神社前
生田口
嵯峨野秋街道町
帷子ノ辻（帷子辻）
太秦開町
太秦広隆寺前
太秦東口
太秦天神川駅前（蚕ノ社）
太秦天神川
山ノ内御池
猿田彦橋
山ノ内
三条春日
御池
西小路
法輪寺
嵐山モンキーパークいわたやま
阪急嵐山駅前
63・66・72・73・76・90・92・94
↓（83・86）
62・63・66・67・73・76・72→・←（83・86）
太秦
太秦小学校前
蚕ノ社
嵐電天神川
庚申前
72→・73・76
嵐電嵐山本線
山ノ内
11・26・27・特27・53・75・85・91・特205
谷ヶ辻町
南太秦
梅宮大社
梅宮大社前
梅津西浦町
長福寺道
日新電機前
南広町
四条中学前
西院巽町
内田町
松尾大社
松尾大社前
松尾橋
梅津段町
京都外大前（西貝川町）
西大路四条（阪急・嵐電西院駅）
松尾大社
阪急嵐山線
3・28・67・71・特71
四条葛野大路
梅津石灘町
3・28・32・67・71・特71・80
27・特27・53・80
3・28・53・67・71・特71・特27→
鈴虫寺
西京極午塚町
西京極北大入町
葛野大路高辻
西大路松原
松室北河原町
上野橋
桂川小学校前
中ノ橋五条
苔寺
苔寺・すず虫寺
63・73・←83 ←（63・73・83）
松尾小学校前
鈴虫寺・苔寺道
西京極スポーツセンター前
光華女子学園前
西大路五条
上桂駅前
上桂西居町
上桂東ノ口
西京極
松尾大利町（29）
松尾大利町（69）
上桂
西京極運動公園前
西京極駅前
西京極
特27・84
西大路花屋町
桂中学前
西大橋西詰
葛野大路花屋町
大門町
花屋町
西小路
月読橋
川勝寺
西京区役所前
千代原口
上桂御正町
上桂東ノ口
桂徳大寺
西大路七条
上桂前田町
平和台町
東側町
西京極小学校前
33・特33・70・特南1・69→・←南1
中桂
月見ヶ丘
桂
桂離宮
葛野大路八条
桂小橋
桂駅東口
桂大橋
桂駅西口
桂
西（1・2・3・5・6・8）臨西2・特西3・臨
桂消防署前
下桂
桂離宮前
吉祥院宮ノ西町
吉祥院壱ノ段町
西大路駅前
桂滝川町
西大路
西大路九条
九条葛野大路
車道町
吉祥院

D

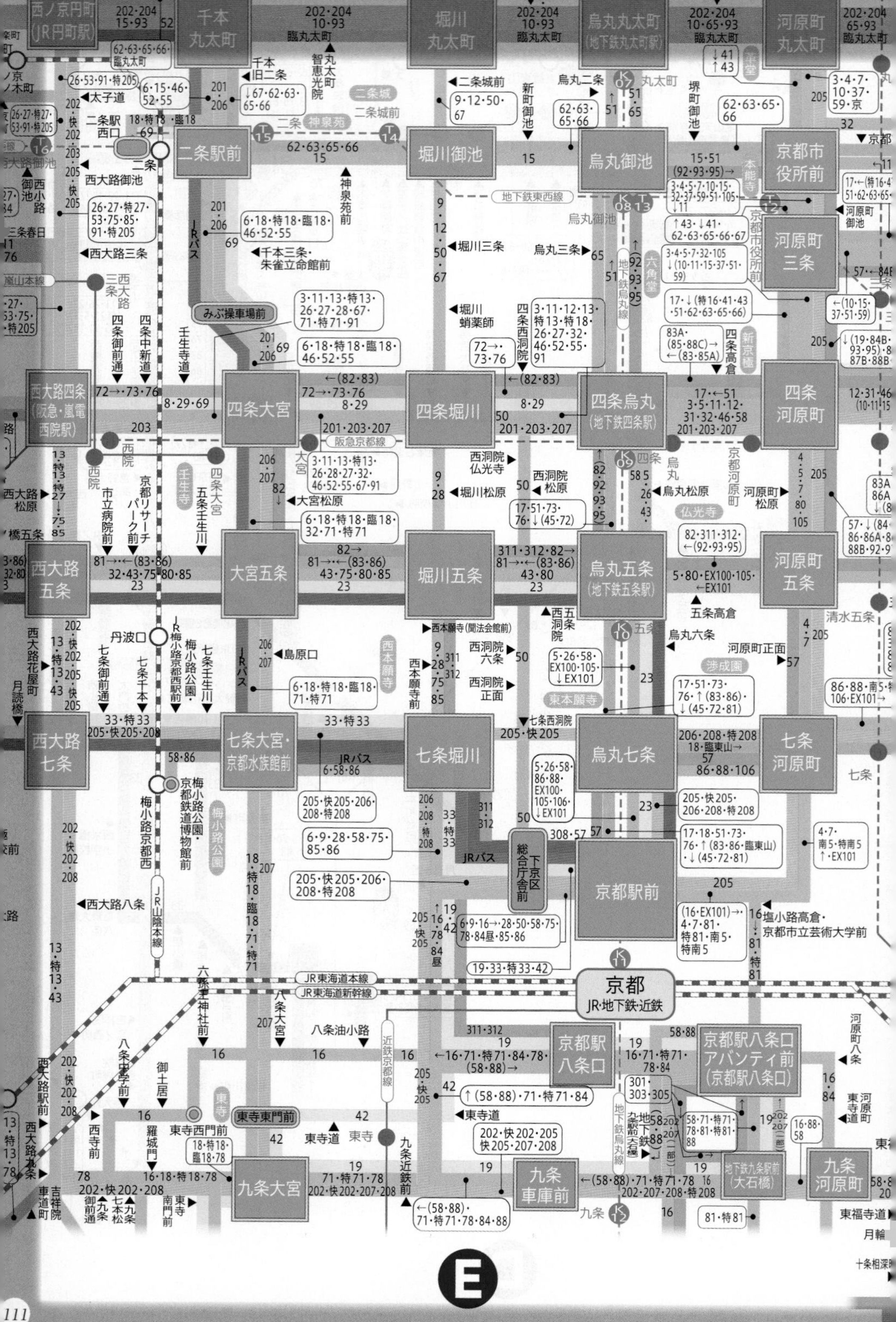

西ノ京円町
(JR円町駅)
千本丸太町
堀川丸太町
烏丸丸太町
(地下鉄丸太町駅)
河原町丸太町
二条駅前
堀川御池
烏丸御池
京都市役所前
河原町三条
西大路四条
(阪急・嵐電西院駅)
四条大宮
四条堀川
四条烏丸
(地下鉄四条駅)
四条河原町
西大路五条
大宮五条
堀川五条
烏丸五条
(地下鉄五条駅)
河原町五条
西大路七条
七条大宮・京都水族館前
七条堀川
烏丸七条
七条河原町
京都駅前
京都
JR・地下鉄・近鉄
京都駅八条口
京都駅八条口アバンティ前
(京都駅八条口)
九条大宮
九条車庫前
九条河原町
地下鉄九条駅前
(大石橋)
東寺東門前
みぶ操車場前
総合庁舎前
下京区
二条城
神泉苑
本能寺
六角堂
新京極
仏光寺
壬生寺
西本願寺
東本願寺
渉成園
梅小路公園
東寺
二条
二条城前
太子道
西大路御池
西大路三条
千本三条・朱雀立命館前
堀川三条
烏丸三条
堀川蛸薬師
四条西洞院
四条高倉
大宮松原
堀川松原
西洞院松原
烏丸松原
河原町松原
西洞院仏光寺
五条高倉
西本願寺(聞法会館前)
島原口
西洞院六条
西洞院正面
河原町正面
七条西洞院
烏丸六条
清水五条
丹波口
梅小路京都西
京都鉄道博物館前
西大路八条
塩小路高倉・京都市立芸術大学前
八条油小路
東寺道
東寺西門前
東寺南門前
九条近鉄前
東福寺道
河原町八条
東寺河原町道
阪急京都線
地下鉄東西線
地下鉄烏丸線
JR山陰本線
JR東海道本線
JR東海道新幹線
近鉄京都線
嵐山本線
JRバス
E

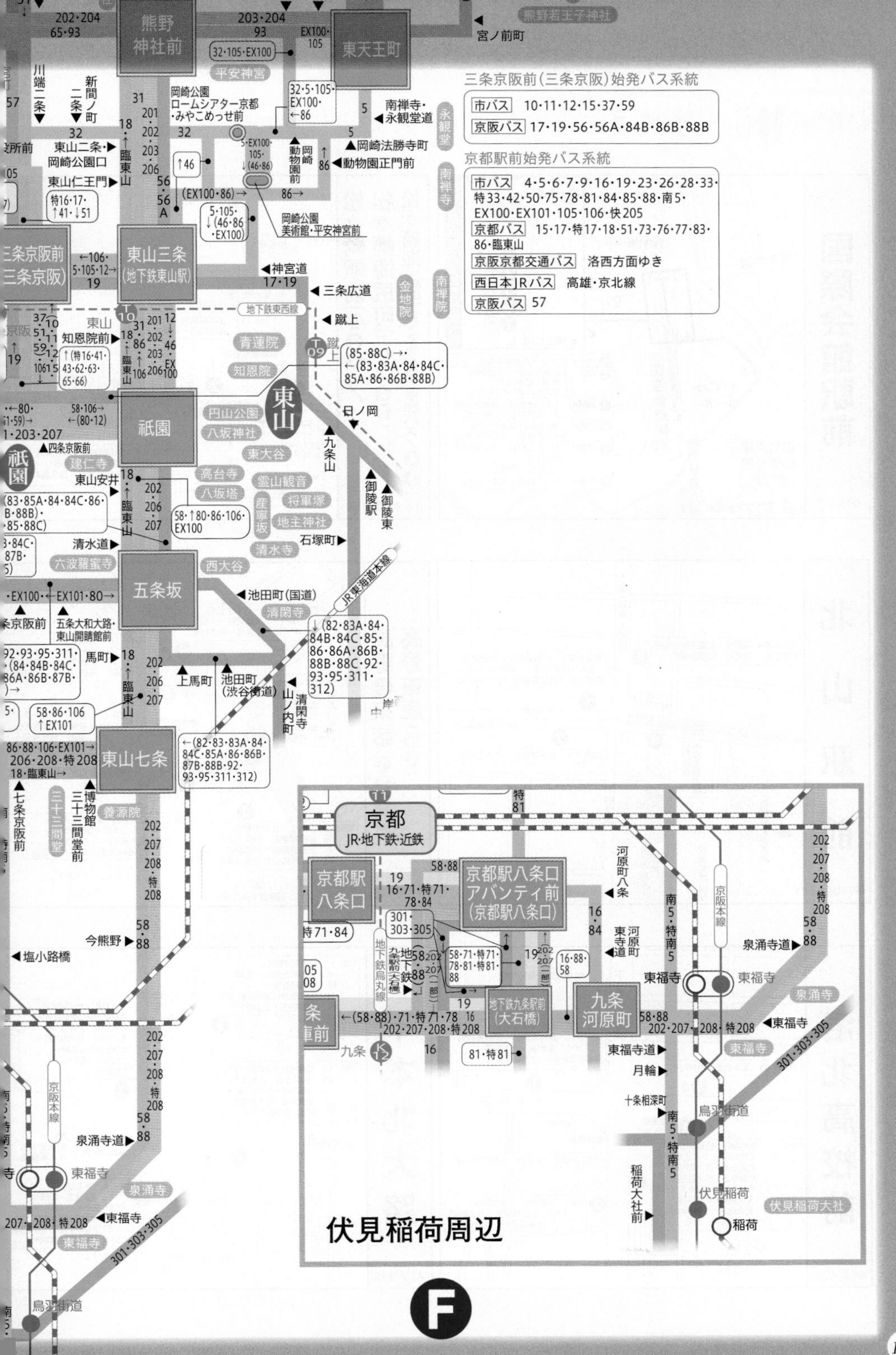
三条京阪前（三条京阪）始発バス系統
市バス　10・11・12・15・37・59
京阪バス　17・19・56・56A・84B・86B・88B
京都駅前始発バス系統
市バス　4・5・6・7・9・16・19・23・26・28・33・特33・42・50・75・78・81・84・85・88・南5・EX100・EX101・105・106・快205
京都バス　15・17・特17・18・51・73・76・77・83・86・臨東山
京阪京都交通バス　洛西方面ゆき
西日本JRバス　高雄・京北線
京阪バス　57
熊野神社前
東天王町
熊野若王子神社
宮ノ前町
平安神宮
岡崎公園 ロームシアター京都・みやこめっせ前
南禅寺・永観堂道
永観堂
岡崎法勝寺町
動物園正門前
岡崎動物園前
南禅寺
東山二条・岡崎公園口
東山仁王門
岡崎公園 美術館・平安神宮前
三条京阪前（三条京阪）
東山三条（地下鉄東山駅）
神宮道
三条広道
地下鉄東西線
蹴上
金地院
南禅院
東山知恩院前
青蓮院
知恩院
東山
日ノ岡
祇園
円山公園
八坂神社
東大谷
四条京阪前
建仁寺
九条山
東山安井
高台寺
八坂塔
霊山観音
産寧坂
将軍塚
地主神社
御陵駅
御陵東
清水道
石塚町
清水寺
六波羅蜜寺
五条坂
西大谷
池田町（国道）
JR東海道本線
清閑寺
五条京阪前
五条大和大路・東山開睛館前
馬町
上馬町
池田町（渋谷街道）
山ノ内町
清閑寺
東山七条
七条京阪前
三十三間堂
博物館三十三間堂前
養源院
今熊野
塩小路橋
泉涌寺道
京阪本線
東福寺
泉涌寺
鳥羽街道
京都 JR・地下鉄・近鉄
京都駅八条口
京都駅八条口アバンティ前（京都駅八条口）
河原町八条
東寺道
河原町
地下鉄烏丸線
九条大宮前
地下鉄九条駅前（大石橋）
九条河原町
九条車前
東福寺道
月輪
十条相深町
稲荷大社前
鳥羽街道
伏見稲荷
稲荷
伏見稲荷大社
伏見稲荷周辺
F

乗換に便利なバス停留所

乗り場位置の●番号は本書の説明のためにつけたものです。現地停にはこの番号はありませんのでご注
薄字の系統は、現在休止中です。

国際会館駅前

99頁参照

松ケ崎駅前(❶❷❸)/松ケ崎海尻町(市バス/❹❺)松ケ崎海尻町(地下鉄松ケ崎駅)(京都バス/❹❺)

12・99頁参照

北山駅前

69・71・99頁参照

高野橋東詰(❶❷❸❹)高野車庫(❺❻)

12頁参照

洛北高校前

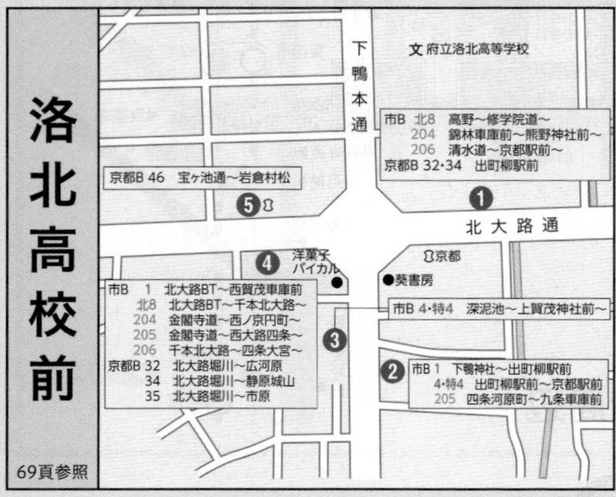

69頁参照

千本北大路

73頁参照

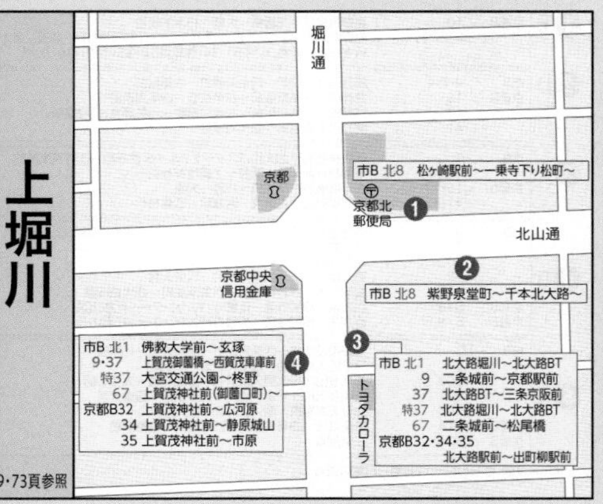
上堀川
堀川通
北山通
京都
市B 北8 松ヶ崎駅前～一乗寺下り松町～
京都北郵便局
京都中央信用金庫
市B 北8 紫野泉堂町～千本北大路～
市B 北1 佛教大学前～玄琢
9・37 上賀茂御薗橋～西賀茂車庫前
特37 大宮交通公園～柊野
67 上賀茂神社前(御薗口町)～
京都B32 上賀茂神社前～広河原
34 上賀茂神社前～静原城山
35 上賀茂神社前～市原
市B 北1 北大路堀川～北大路BT
9 二条城前～京都駅前
37 北大路BT～三条京阪前
特37 北大路堀川～北大路BT
67 二条城前～松尾橋
京都B32・34・35
北大路駅前～出町柳駅前
トヨタカローラ
69・73頁参照

わら天神前
敷地神社
わら天神宮
社務所
市B M1 立命館大学前
西大路通
市B
102 金閣寺道～北大路BT
M1 原谷口～原谷
M1 大徳寺前～北大路BT
京都中央信用金庫
蘆山寺通
金攫八幡宮
市B15・50・52・55 立命館大学前
204 北大路BT～銀閣寺道～
205 北大路BT～京都駅前
JRB高雄・京北線 高雄～周山
マクドナルド
市B15 二条駅前～三条京阪前
50 二条城前～京都駅前
52・55 二条駅前～四条烏丸
204 西ノ京円町～錦林車庫前～
205 京都駅前～九条車庫前
102 烏丸今出川～錦林車庫前
JRB高雄・京北線 四条大宮～京都駅
77・79頁参照

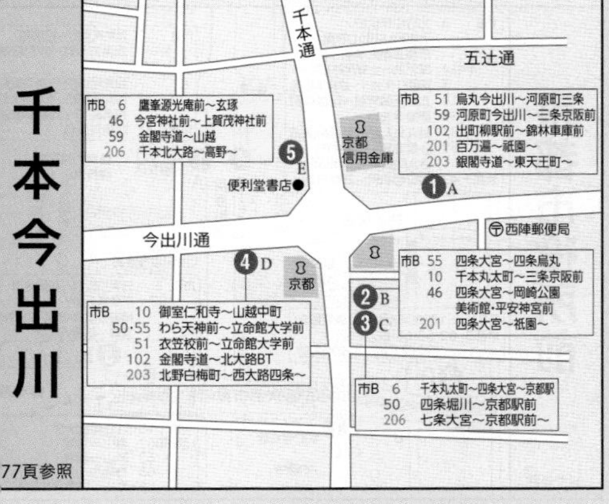
千本今出川
千本通
五辻通
市B 6 鷹峯源光庵前～玄琢
46 今宮神社前～上賀茂神社前
59 金閣寺道～山越
206 千本北大路～高野～
京都信用金庫
市B 51 烏丸今出川～河原町三条
59 河原町今出川～三条京阪前
102 出町柳駅前～錦林車庫前
201 百万遍～祇園～
203 銀閣寺道～東天王町～
便利堂書店
西陣郵便局
今出川通
京都
市B 55 四条大宮～四条烏丸
10 千本丸太町～三条京阪前
46 四条大宮～岡崎公園
美術館・平安神宮前
201 四条大宮～祇園～
市B 10 御室仁和寺～山越中町
50・55 わら天神前～立命館大学前
51 衣笠校前～立命館大学前
102 金閣寺道～北大路BT
203 北野白梅町～西大路四条～
市B 6 千本丸太町～四条大宮～京都駅
50 四条堀川～京都駅前
206 七条大宮～京都駅前～
77頁参照

千本丸太町
市B 6 鷹峯源光庵前～玄琢
10 御室仁和寺～山越中町
46 今宮神社前～上賀茂神社前
55 北野白梅町～立命館大学前
201 千本今出川～百万遍～
206 千本北大路～北大路BT～
市B 10 河原町丸太町～三条京阪前
93 東天王町～錦林車庫前
202 熊野神社前～東福寺～
204 東天王町～銀閣寺道～
京都B
臨丸太町 烏丸丸太町～川端丸太町
JRB 高雄・京北線
文化庁前・府庁前～京都駅
京都中央信用金庫
萬年堂書店
丸太町通
ローソン
市B 15 西ノ京円町～立命館大学前
52 北野天満宮前～立命館大学前
93 西ノ京円町～嵐山
202 西ノ京円町～西大路九条～
204 西ノ京円町～金閣寺道～
京都B 62 嵐山～清滝
63 嵐山～苔寺
65 太秦広隆寺前～有栖川
66 嵐山～阪急嵐山駅前
臨丸太町 妙心寺～嵯峨瀬戸川町
JRB 高雄・京北線 高雄～周山
市B 6 千本丸太町～京都駅
15 四条河原町～三条京阪前
46 四条大宮～
岡崎公園 美術館・平安神宮前
52 二条駅前～四条烏丸
55 四条大宮～四条烏丸
201 四条大宮～祇園～
206 七条大宮・京都水族館前
～京都駅前～
京都B 62・63・65・66
二条駅前～四条河原町
JRB 高雄・京北線 四条大宮～京都駅
千本通
京都聚楽郵便局
45頁参照

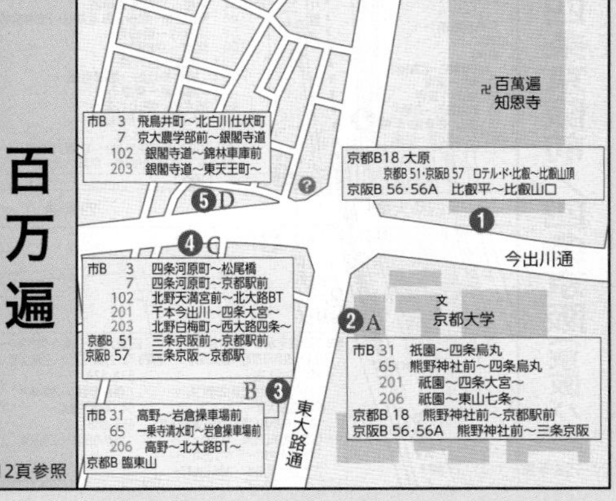
百万遍
百萬遍
知恩寺
市B 3 飛鳥井町～北白川仕伏町
7 京大農学部前～銀閣寺道
102 銀閣寺道～錦林車庫前
203 銀閣寺道～東天王町～
京都B18 大原
京都B 51・京阪B 57 ロテル・ド・比叡～比叡山頂
京阪B 56・56A 比叡平～比叡山口
今出川通
市B 3 四条河原町～松尾橋
7 四条河原町～京都駅前
102 北野天満宮前～北大路BT
201 千本今出川～四条大宮～
203 北野白梅町～西大路四条～
京都B 51 三条京阪前～京都駅前
京阪B 57 三条京阪～京都駅
京都大学
市B 31 祇園～四条烏丸
65 熊野神社前～四条烏丸
201 祇園～四条大宮～
206 祇園～東山七条～
京都B 18 熊野神社前～京都駅前
京阪B 56・56A 熊野神社前～三条京阪
市B 31 高野～岩倉操車場前
65 一乗寺清水町～岩倉操車場前
206 高野～北大路BT～
京都B 臨東山
東大路通
12頁参照

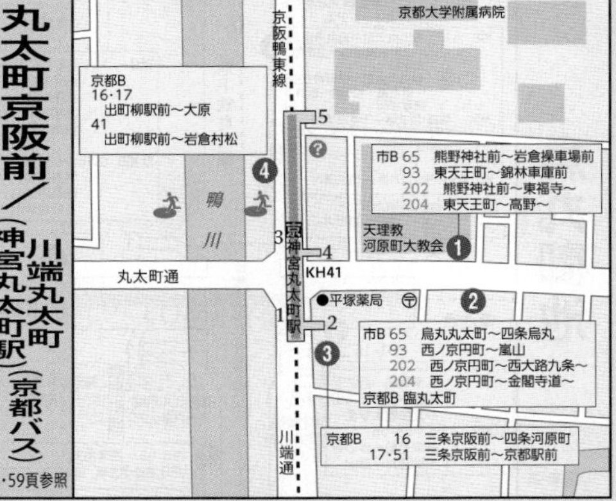
丸太町京阪前／川端丸太町(神宮丸太町駅)(京都バス)
京都大学附属病院
京阪鴨東線
京都B
16・17
出町柳駅前～大原
41
出町柳駅前～岩倉村松
鴨川
市B 65 熊野神社前～岩倉操車場前
93 東天王町～錦林車庫前
202 熊野神社前～東福寺～
204 東天王町～高野～
天理教河原町大教会
京神宮丸太町駅
KH41
丸太町通
平塚薬局
市B 65 烏丸丸太町～四条烏丸
93 西ノ京円町～嵐山
202 西ノ京円町～西大路九条～
204 西ノ京円町～金閣寺道～
京都B 臨丸太町
京都B 16 三条京阪前～四条河原町
17・51 三条京阪前～京都駅前
川端通
38・59頁参照

乗換に便利なバス停留所

乗り場位置の●番号は本書の説明のためにつけたものです。現地停にはこの番号はありませんのでご注
薄字の系統は、現在休止中です。

出町柳駅前

41頁参照

乗り場	系統		行先
1 E	京都B	10	高野橋東詰～花園橋～大原～朽木学校前
		32·34·35·36	高野橋東詰～烏丸北大路(北大路駅前)～上賀茂神社前～京都産業大学 行き先:32(鞍馬、広河原)·34(静原城山)·35(市原)·36(産大)
2 D	市B	4·特4	府立医大病院前～四条河原町～京都駅前
	京都B	16	荒神橋～三条京阪前～四条京阪～四条河原町
		17	荒神橋～三条京阪前～四条河原町～四条烏丸～京都駅前
		41	府立医大病院前～四条河原町
3 C	市B	1	下鴨神社前～北大路バスターミナル～大徳寺前～西賀茂車庫前
		4·特4	下鴨神社前～北山駅前～上賀茂神社前～
	京都B	16·17	高野橋東詰～花園橋～八瀬～大原
		41·43	高野橋東詰～花園橋～岩倉駅～岩倉村松
4 B	市B	3	百万遍～～北白川仕伏町(上終町·瓜生山学園 京都芸術大学前)
		7	百万遍～銀閣寺道～錦林車庫前
		102	銀閣寺前～錦林車庫前
		201	百万遍～祇園～四条河原町～四条大宮
		203	銀閣寺道～熊野神社前～四条河原町～西大路四条
	京都B	51*	百万遍～銀閣寺道～延暦寺バスセンター～比叡山頂
	京阪B	57*	百万遍～銀閣寺道～延暦寺バスセンター～比叡山頂
5 A	市B	3	京都市役所前～四条河原町～四条大宮～松尾橋
		7	府立医大病院前～四条河原町～京都駅前
		102	烏丸今出川～北野天満宮前～金閣寺道～大徳寺前
		201	堀川今出川～千本今出川～二条駅前～四条大宮
		203	北野天満宮前～西ノ京円町～西大路四条～
	京都B	51*	三条京阪～四条河原町～四条烏丸～京都駅前
	京阪B	57*	三条京阪～

*は、春分の日～12月第一日曜の運行

河原町丸太町

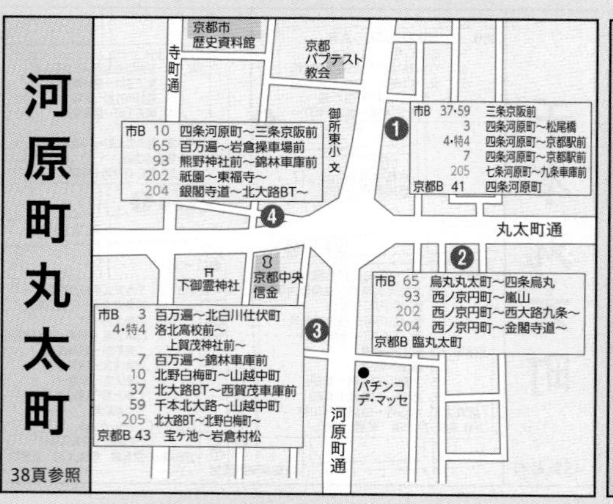

38頁参照

京都市役所前

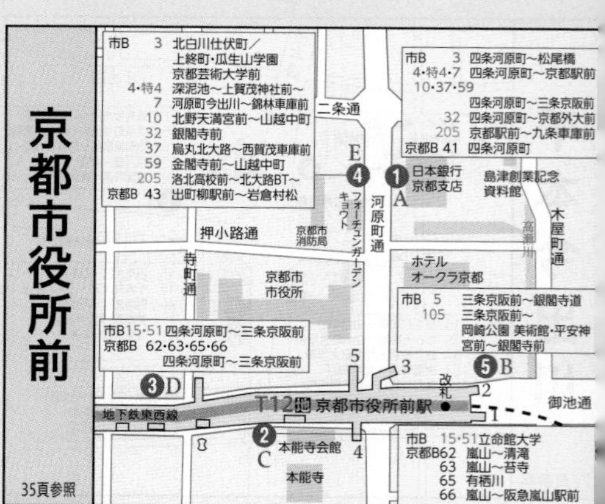

35頁参照

烏丸御池

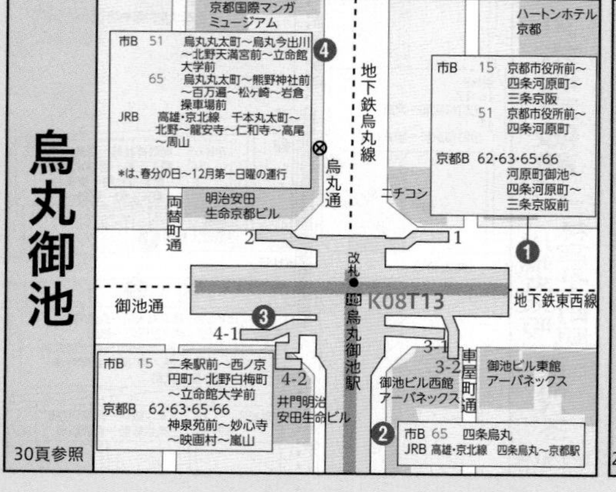

30頁参照

四条京阪前／四条京阪(京阪バス)

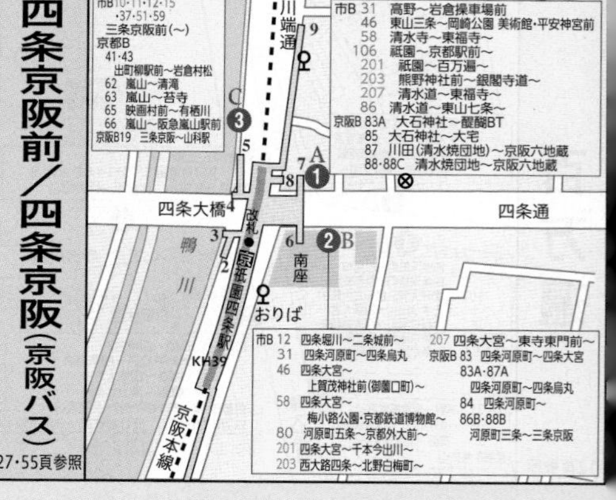

27·55頁参照

名称	電話番号(075)・所在地・交通(最寄り)	時間・所要分・休み	料金・参照頁ほか 優は修学旅行パスポート提示による優待あり	地図頁
化野念仏寺〈あだしの〉	861-2221 右京区嵯峨鳥居本化野町17 京都バス/鳥居本	9時～16時半（12～2月は～15時半） 所要20分 積雪等の場合休みあり	一般500・高中400円・小無料(保護者同伴に限る) *解説P91*	91A2
嵐山モンキーパーク いわたやま	872-0950 西京区嵐山元録山町8 阪急電車・嵐電/嵐山駅 市バス・京都バス/嵐山公園	9時～16時（入場は30分前） 所要60分 不定休（悪天候による休園あり）	高校生以上600・中以下(4歳以上)300円 *野生ニホンザルが約120頭、自然の状態でいる。市内眺望もよい。*	87C5
岩倉具視幽棲旧宅・対岳文庫〈いわくらともみゆうせい〉	781-7984 左京区岩倉上蔵町100 京都バス/岩倉実相院	現在事前予約制 9時～17時（入場～16時半） 所要20分 水曜休（祝日の場合翌日）・年末年始休	一般400・高中200・小100円 ※ただし、11月20～26日は一般500円 *岩倉具視が5年間隠棲した所。邸内の対岳文庫には当時の維新史料文書、具視の遺品などが残り、庭園には遺髪塚がある。ガイドサービスあり。* 優	99B1
引接寺(千本ゑんま堂)〈いんじょうじ〉	462-3332 上京区千本通廬山寺上ル閻魔前町34 市バス/乾隆校前	9時半～16時※拝観開始時間あり 所要20分 無休	無料(本殿昇殿は500円) *かつての墓地・蓮台野の入口にあって、閻魔様を祀る。春の念仏狂言が有名。*	77C1
宇治上神社〈うじがみ〉	0774-21-4634 宇治市宇治山田59 JR・京阪電鉄/宇治駅	5時～16時半 所要20分 無休	参拝自由 *解説P98*	97C5
宇治市源氏物語ミュージアム	0774-39-9300 宇治市宇治東内45-26 JR・京阪電鉄/宇治駅	9時～17時(入館～16時半) 所要30分 月曜休（祝日の場合翌日）・年末年始休	高校生以上600・中小300円 *解説P98*	97C4
梅宮大社〈うめのみや〉	861-2730 右京区梅津フケノ川町30 市バス/梅宮大社前	神苑は9時～17時(入苑～16時半） 所要20分	参拝自由 神苑は高校生以上600・中小400円 *解説P101* 優	101C2
雲龍院(泉涌寺塔頭)〈うんりゅういん〉	541-3916 東山区泉涌寺山内町36 市バス/泉涌寺道 JR・京阪電鉄/東福寺駅	9時～17時（受付は～16時半） 所要20分 水曜休※但し11月を除く	400円 *霊明殿には北朝歴代天皇の尊牌、本堂には薬師三尊がある。* 優	47D3
永観堂(禅林寺)〈えいかんどう〉	761-0007 左京区永観堂町48 市バス/南禅寺・永観堂道、東天王町	9時～17時(受付～16時) 秋の寺宝展期間中は異なる 所要30分	大人600・高中小400円(画仙堂、庫裏、浴室、永観堂会館は除く) ※寺宝展期間は異なる *解説P61* 優	61D2
圓光寺〈えんこうじ〉	781-8025 左京区一乗寺小谷町13 市・京都バス/一乗寺下り松町	9時～17時 所要30分 年末休	一般600・高中小300円※秋の特別拝観は異なる *解説P65* 優	65C3
円通寺〈えんつうじ〉	781-1875 左京区岩倉幡枝町389 京都バス/西幡枝（円通寺前）、幡枝くるすの公園前	10時～16時半（12～3月は～16時)受付は30分前 所要20分 水曜日・12月末3日間(不定)・特別法要日	高校生以上500(団体は事前申込)・中小300円（小は要大人同伴） 30名以上の団体は要事前申し込み *解説P99*	99A2 71D3
圓徳院(高台寺塔頭)〈えんとくいん〉	525-0101 東山区高台寺下河原町530 市・京阪バス/東山安井	10時～17時（閉門は17時半） 所要30分	大人500・高中200円 *伏見城の化粧殿を移築したもの。長谷川等伯の襖絵、北庭は枯山水式。* 優	52F2
厭離庵〈えんりあん〉	861-2508 右京区嵯峨二尊院門前善光寺山町2 市バス/嵯峨釈迦堂前	9時～16時 所要20分	11月1日～12月7日のみ拝観 志納（500円位） それ以外は電話予約による申込みのみ *藤原定家が百人一首を撰したという小倉山荘跡、紅葉が見事。*	87B1 91B3
延暦寺〈えんりゃくじ〉	077-578-0001 滋賀県大津市坂本本町4220 京都・京阪バス/延暦寺バスセンター	東塔は9時～16時 西塔・横川は9時～16時（12～2月は9時半～16時） 受付は15分前 所要60分	大人1000・高中600・小300円 (国宝殿は大人1500・高中900・小400円) *解説P104*	104
大河内山荘〈おおこうち〉	872-2233 右京区嵯峨小倉山田淵山町8 市・京都バス/野々宮	9時～17時（受付は30分前） 所要40分	高校生以上1000・中小500円 *解説P88*	87A3
愛宕念仏寺〈おたぎ〉	285-1549 右京区嵯峨鳥居本深谷町2-5 京都バス/愛宕寺前	8時～16時半 所要20分	高校生以上400円・中小無料 *千数百体の石造の羅漢さんがユーモラス。*	91A1
ガーデンミュージアム比叡	707-7733 左京区修学院尺羅ヶ谷四明ヶ嶽4 叡山ケーブル・ロープウェイ/比叡山頂駅	10時～17時半（入園は～17時、季節により異なる） 所要100分 木曜日・12月初旬から4月中旬の冬季	中学生以上1200・小600円(季節により異なる) *標高840mの山上の庭園美術館。モネ、ルノアール等の絵画を陶板で再現・展示。* 優	104
戒光寺(泉涌寺塔頭)〈かいこうじ〉	561-5209 東山区泉涌寺山内町29 JR・京阪電鉄/東福寺駅 市バス/泉涌寺道	9時～17時	無料 10名以上は要予約(内陣特別拝観は春・秋のみ、500円) *巨大な釈迦如来像(身の丈5.4m)が安置される。*	47C2
勧修寺〈かじゅうじ〉	571-0048 山科区勧修寺仁王堂町27-6 地下鉄東西線/小野駅	9時～16時 所要20分	高校生以上500・中小300円(庭園拝観のみ) *解説P95* 優	95C2
上賀茂神社〈かみがも〉	781-0011 北区上賀茂本山339 市バス/上賀茂神社前、上賀茂御薗橋	境内（楼門・授与所）は8時～16時（祭典により異なる） 所要30分	参拝自由 「国宝・本殿特別参拝とご神宝の拝観」は、大人500円・中以下無料(家族同伴者要)、10時～16時(葵祭・年末年始休) *解説P72* 優	71A3
河井寛次郎記念館〈かわいかんじろう〉	561-3585 東山区五条坂鐘鋳町569 市バス/馬町	10時～17時（入館～16時半） 所要20分 月曜（祝日の場合翌日)、盆・年末年始休	一般900・大高500・中小300円 *陶芸家河井寛次郎自ら設計した建物の内部に多彩な作品が配置。* 優	49C2 52D5
漢検 漢字博物館・図書館（漢字ミュージアム）〈かんけん〉	757-8686 東山区祇園町南側551 市・京阪バス/祇園	9時半～17時(入館～16時半) 所要30分 月曜（祝日の場合翌日)・年末年始休 ※時期により異なる場合あり(HP参照)	一般800・大高500・中小300円 (修学旅行生は2名以上は100円引き) *体験型展示を通して漢字の面白さ・奥深さに触れられる。* 優	55C4
祇王寺(大覚寺塔頭)〈ぎおうじ〉	861-3574 右京区嵯峨鳥居本小坂町32 市・京都バス/嵯峨釈迦堂前	9時～16時50分（受付は～16時半） 所要15分	一般300・高校生以下100円(大覚寺との共通券あり、大人券のみ) *解説P91*	91A3
ギオンコーナー	561-3901(おおきに財団) 東山区祇園町南側570-2 祇園甲部歌舞練場小劇場 市・京阪バス/祇園	①18時～②19時～※修学旅行昼間の特別公演は要問合せ 所要60分	一般入場料金は23歳以上5500・16～23歳未満3850・7～15歳未満3300円 修学旅行小中高生は1500円※要事前申込 *解説P55*	51D2
北野天満宮（きたのてんまんぐう）	461-0005 上京区馬喰町 市バス/北野天満宮前	7時～17時 社務所は9時～16時半（宝物殿は9時～16時） 所要30分	境内は参拝自由(観梅・青もみじ・紅葉シーズンは有料エリアあり) 宝物殿特別拝観は一般1000・高中500・小と修旅生250円、毎月25日・12/1・1/1・観梅・青もみじ・紅葉シーズン等開館) *解説P77* 優	77B2
貴船神社〈きふね〉	741-2016 左京区鞍馬貴船町180 京都バス/貴船 叡山電鉄/貴船口	6時～20時（12/1～4/30は～18時、行事等により変更あり)社務所は9時～17時 所要20分	参拝自由 *解説P67* 優	67A1

※記載内容は 2024 年 3 月時点の情報です。時間は季節・天候によって若干変わる場合があります。また、内容は各物件の都合等により、予告なく変更される場合があります。

	名称	電話番号(075)・所在地・交通(最寄り)	時間・所要分・休み	料金・参照頁ほか 優は修学旅行パスポート提示による優待あり		地図頁
き	旧三井家下鴨別邸 〈きゅうみついけしもがもべってい〉	366-4321 左京区下鴨宮河町58-2 市バス/葵橋西詰、出町柳駅前	9時～17時(受付は～16時半) 所要20分 水曜(祝日の場合翌日)・年末休	一般500・高中300・小200円 ※一般は土日祝日は600円 *豪商・旧三井家の別邸で大正14年に完成。*	優	41D3
	京都御苑・御所 〈ぎょえん・ごしょ〉	211-6364 上京区京都御苑3番地 地下鉄/今出川駅、丸太町駅	所要60分	苑内自由 御苑及び離宮等の施設(京都御所・仙洞御所・京都迎賓館・修学院離宮・桂離宮)の拝観・見学は宮内庁のHPを参照 *解説P38・39*		38 41B3
	京都国際マンガミュージアム	254-7414 中京区烏丸通御池上ル金吹町452 地下鉄/烏丸御池駅 市・京都バス/烏丸御池	10時半～17時半(受付は30分前) 所要30分 水曜(祝日の場合翌日)・年末年始・メンテナンス期間休	大人900・高中400・小200円、特別展は別料金 *解説P31*	優	30B1
	京都国立近代美術館	761-4111 左京区岡崎円勝寺町26-1 市バス/岡崎公園 美術館・平安神宮前 地下鉄/東山駅	10時～18時(受付は30分前まで、企画展開催中の金曜は夜間開館あり) 所要30分 月曜(祝日の場合翌日)・年末年始・展示替期間休	一般430・大130円・高校生以下無料(コレクション・ギャラリー)、企画展は展示により異なる。 *日本近代絵画をはじめ、外国の作品も多い。写真や工芸品も展示。*	優	59D4
	京都国立博物館	525-2473 東山区茶屋町527 市バス/博物館三十三間堂前 京阪電鉄/七条駅	9時半～17時(金曜は夜間開館あり) 入館は閉館の30分前まで 所要60分 月曜(祝日の場合翌日)・年末年始休	名品ギャラリー(平常展示)は一般700・大学生350円・高校生以下無料 ※特別展は異なる。 特別展の前後期間のみ庭園や名品ギャラリー(平常展示)は見学できる。HP確認。 *日本に4つある国立博物館の一つ。明治時代の煉瓦造りが美しい。*	優	49C3
	京都市京セラ美術館	771-4334 左京区岡崎公園内 市バス/岡崎公園 美術館・平安神宮前 地下鉄/東山駅	10時～18時(最終入館は展示により異なる) 所要30分 月曜(祝日の場合開館)・年末年始休	コレクションルーム:一般730・高校生以下300円※特別展は異なる。 *2020年にリニューアルした旧称京都市美術館。*	優	59D3 61A2
	京都市考古資料館	432-3245 上京区今出川通大宮東入ル元伊佐町265-1 市バス/今出川大宮、市バス/堀川今出川	9時～17時(入館は～16時半まで) 所要20分 月曜(祝日の場合翌日)・年末年始休	無料 *京都市埋蔵文化財研究所の成果を展示する資料館として設立。*		43B3
	京都市動物園	771-0210 左京区岡崎法勝寺町(岡崎公園内) 市バス/岡崎公園動物園前 地下鉄東西線/蹴上駅	3月～11月は9時～17時、12月～2月は9時～16時半(入園は閉園の30分前) 所要40分 月曜(月曜が祝日の場合はその翌平日)・年末年始休	一般750円・中以下無料 *日本で二番目に開園した動物園。*	優	61B2
	京都市歴史資料館	241-4312 上京区寺町通荒神口下ル松蔭町138-1 市バス/河原町丸太町	9時～17時 所要20分 月曜・祝日・年末年始・展示替期間休	無料 *解説P39*		38C4
	京都水族館	354-3130 京都市下京区観喜寺町(梅小路公園内) 市バス/七条大宮・京都水族館前 JR/梅小路京都西駅	日により異なる 所要120分 年中無休(臨時休業あり)	一般2400・高1800・中小1200・幼児800円 *解説P21*		21D3
	京都タワー	361-3215 下京区烏丸通七条下ル東塩小路町721-1 京都駅前	10時～21時(受付は30分前、土日祝及び季節により変更あり) 所要30分	一般900・高700・中小600・幼児200円 *解説P16*	優	15C1 23C4
	京都鉄道博物館	0570-080-462 下京区観喜寺町 市バス/梅小路公園前、梅小路公園・京都鉄道博物館前、JR/梅小路京都西駅	10時～17時(入館～16時半) 所要120分 水休(祝日・春夏休みは開館)・年末年始休	一般1500・大高1300・中小500・幼児200円 SLスチーム号乗車料金は高校生以上300・中以下100円 *解説P21*	優	21C3
	京都府京都文化博物館(本館)	222-0888 中京区三条高倉 市・京都バス/堺町御池 地下鉄/烏丸御池駅・四条駅	総合展10時～19時半(特別展は～18時、金曜のみ～19時半) 入場は30分前まで 所要30分 月曜(祝日の場合翌日)・年末年始休	総合展:一般500・大400円・高校生以下無料 特別展:展覧会により異なる *解説P31*	優	30C2
	京都府立植物園	701-0141 左京区下鴨半木町 市・京都バス/植物園前 地下鉄/北山駅	9時～17時(受付～16時)、温室10時～16時(受付～15時半) 所要120分 年末年始休	一般200・高150円・中小無料(温室同額別途料金) *解説P69*		69C1 71C5
	京都霊山護国神社 〈りょうぜんごこく〉	561-7124 東山区清閑寺霊山町1 市・京阪バス/東山安井	8時～17時(入山は9時～) 所要30分	高校生以上300・中小200円 *解説P53*		52G2
	清水寺 〈きよみずでら〉	551-1234 東山区清水1丁目294 市・京阪バス/五条坂、清水道	6時～18時(季節により変更あり、春夏秋の夜間拝観は～21時) 所要40分	高校生以上400・中小200円 *解説P51*	優	52H5
	成就院(清水寺塔頭) 〈じょうじゅいん〉	551-1234(清水寺) 東山区清水1丁目294 市・京阪バス/五条坂、清水道	9時～16時 所要30分	特別公開のみ(5月・11月頃に特別公開) 高校生以上600・中小300円(清水寺入山料別途) *借景・池泉鑑賞式庭園が有名で、月の庭と賞美される。*		52H4
	ギルドハウス京菓子 (京菓子資料館)	432-3101 上京区烏丸通上立売上ル柳図子町 地下鉄/今出川駅 市バス/烏丸今出川(地下鉄今出川駅)	10時～17時(入館は16時まで) 所要20分 水曜・木曜・年末年始・展示替え期間	無料(呈茶は700円) *老舗俵屋吉富内。京菓子に関する古文書、絵画、美術工芸品、道具類など。*	優	43D2 41A3
	金閣寺(鹿苑寺) (相国寺山外塔頭)	461-0013 北区金閣寺町1 市バス/金閣寺道	9時～17時 所要30分	高校生以上500・中小300円 *解説P79*	優	79C1
	銀閣寺(慈照寺) (相国寺山外塔頭)	771-5725 左京区銀閣寺町2 市バス/銀閣寺前・銀閣寺道 京都バス/銀閣寺道	8時半～17時(12月～2月末日は9時～16時半) 所要30分	高校生以上500・中小300円 *解説P63*	優	63C3
く	鞍馬寺 〈くらまでら〉	741-2003 左京区鞍馬本町1074 京都バス/鞍馬 叡山電鉄/鞍馬駅	9時～16時15分(霊宝殿は9時～16時) 所要90分 無休 ※霊宝殿は火曜(祝日の場合翌日)・12月12日～2月末日休	(愛山費)高校生以上500円・中小無料(霊宝殿は高校生以上200・中小100円) *解説P67*	優	67B2
	車折神社 〈くるまざき〉	861-0039 右京区嵯峨朝日町23 市・京都バス/車折神社前 嵐電/車折神社駅	9時半～17時 所要20分	参拝自由 *全国でも珍しい芸事上達等の神を祀る。富岡鉄斎が宮司だった。*	優	88H3
け	桂春院(妙心寺塔頭) 〈けいしゅんいん〉	463-6578 右京区花園寺ノ中町11 市・JRバス/妙心寺北門前	9時～17時(冬季は～16時半、特別公開別途) 所要20分 1/2・法要日休	中学生以上500円 茶室は非公開(特別公開は別途) *庭園と茶室で有名。茶室既白庵は三畳台目の草庵風茶室。*		82D3
	月桂冠大倉記念館 〈げっけいかんおおくら〉	623-2056 伏見区南浜町247 京阪電鉄/中書島駅 市バス/京橋	9時半～16時半(受付は30分前まで) 所要40分 お盆・年末年始休	20才以上600・13～19才100円・12才以下無料 *酒造りや日本酒の歴史を紹介。酒香房見学は前日までの予約。*		94B3
	源光庵 〈げんこうあん〉	492-1858 北区鷹峯北鷹峯町47 市バス/鷹峯源光庵前	9時～17時 所要20分 法要時及臨時行事時休	中学生以上400・小200円(11月中は中学生以上500円) *解説P100*		100A2

名称	電話番号(075)・所在地・交通(最寄り)	時間・所要分・休み	料金・参照頁ほか 優は修学旅行パスポート提示による優待あり	地図頁
建仁寺〈けんにんじ〉	561-6363 東山区大和大路通四条下ル小松町584 市・京阪バス/東山安井・祇園	10時～17時(受付は30分前まで) 所要30分 行事休・年末休	大以上800・高中小500円(小学生以下だけでの拝観不可) *解説P52*	51C2
光悦寺〈こうえつじ〉	491-1399 北区鷹峯光悦町29 市バス/鷹峯源光庵前	8時～16時半(紅葉時8時半～) 所要20分 11/10～13は行事につき休み	中学生以上400円(紅葉時500円)・小無料(大人同伴) *解説P100*	100A2
弘源寺(天龍寺塔頭)〈こうげんじ〉	881-1232 嵯峨天竜寺芒ノ馬場町65 市バス・京都バス/嵐山天龍寺前(嵐電嵐山駅) 嵐電/嵐山駅 JR/嵯峨嵐山駅	9時～17時(受付は15分前まで) 所要15分	拝観は春・秋の特別公開時のみ 高校生以上500・中小300円 *有名な枯山水庭園「虎嘯の庭」をもつ。* 優	87D3
高山寺〈こうさんじ〉	861-4204 右京区梅ヶ畑栂尾町8 市・JRバス/栂ノ尾	8時半～17時(受付～16時半) 所要40分	中学生以上1000・小500・修学旅行生600円(秋期は別途入山料500円) *解説P90*	90C1
高台寺〈こうだいじ〉	561-9966 東山区高台寺下河原町526 市・京阪バス/東山安井	9時～17時半(受付～17時) 所要30分	一般600・高中250円・小無料(大人同伴)(掌美術館料金込み) *解説P51* 優	52G2
高桐院(大徳寺塔頭)〈こうとういん〉	492-0068 北区紫野大徳寺町73-1(大徳寺山内) 市バス/大徳寺前、建勲神社前		拝観休止中。再開未定。 *解説P73*	73B3
光明院(東福寺塔頭)〈こうみょういん〉	561-7317 東山区本町15丁目809 東福寺山内 市バス/東福寺 JR/東福寺駅 京阪電鉄/鳥羽街道駅	7時頃～日没 所要20分	中学生以上500円・小無料 *重森三玲作の「波心庭」で知られ、虹の苔寺とも言われる。* 優	47B4
広隆寺〈こうりゅうじ〉	861-1461 右京区太秦蜂岡町32 市・京都バス/太秦広隆寺前 嵐電/太秦広隆寺駅・撮影所前駅	9時～17時(12～2月は～16時半) 所要30分 年中無休	参拝自由 新霊宝殿は一般800・高500・中小400円 ※桂宮院は拝観休止中 *解説P85* 優	85B2
苔寺(西芳寺)〈こけでら〉	391-3631 西京区松尾神ヶ谷町56 京都バス/苔寺・すず虫寺 市バス/鈴虫寺・苔寺道	拝観は事前申込制で往復葉書又はオンライン 時間指定 所要60分 無休	拝観は中学生以上(HP参照) 冥加料4000円以上 *夢窓疎石再建とされ、一面が苔に覆われた幻想的な空間。*	101A4
金戒光明寺(黒谷さん)〈こんかいこうみょうじ〉	771-2204 左京区黒谷町121 市バス/東天王町、岡崎道、岡崎神社前	9時～16時 所要30分 秋に特別公開	志納(秋の特別拝観中は別途) 団体の場合は要予約 *解説P63*	59E1 63B4
金地院(南禅寺塔頭)〈こんちいん〉	771-3511 左京区南禅寺福地町86-12 地下鉄/蹴上駅 京阪バス/蹴上 市バス/南禅寺・永観堂道	9時～17時(12～2月は～16時半、受付は30分前) 所要20分 年中無休	一般500・高300・中小200円※修旅生は高250・中小150円(特別拝観別途) *解説P61* 優	61C3
金福寺〈こんぷくじ〉	791-1666 左京区一乗寺才形町20 市・京都バス/一乗寺下り松町	9時～17時(受付は30分前) 所要30分 水曜・木曜・1/16～2月末・8/5～8/31・12/30～12/31休	一般500・高中300円・小無料 *解説P65*	65C4
西明寺〈さいみょうじ〉	861-1770 右京区梅ヶ畑槇尾町1 市・JRバス/槇ノ尾	9時～17時 所要20分	一般500・高中400円・小無料 *解説P90* 優	90B2 /90
嵯峨嵐山文華館〈さがあらしやまぶんかかん〉	882-1111 右京区嵯峨天龍寺芒ノ馬場町11 市・京都バス/嵐山天龍寺前(嵐電嵐山駅) 嵐電/嵐山駅	10時～17時(入館は～16時半) 所要30分 年末年始・展示替休	大学生以上1000・高600・中小400円 *嵐山にゆかりのある芸術や文化に出会える。* 優	87C4
三十三間堂(蓮華王院)	561-0467 東山区三十三間堂廻町657 市バス/博物館三十三間堂前、東山七条	8時半～17時(11/16～3/31は9時～16時)受付は共に30分前まで 所要30分	一般600・高中400・小300円 *解説P49* 優	49C4
三千院	744-2531 左京区大原来迎院町540 京都バス/大原	9時～17時(11月は8時半～、12～2月は9時～16時半)受付は30分前まで 所要60分 無休	一般700・高中400・小150円 要予約で体験コースあり *解説P68* 優	68D2
地主神社〈じしゅ〉	541-2097 東山区清水1-317 市・京阪バス/五条坂、清水道		※2025年頃まで社殿修復工事のため閉門 *解説P51* 優	52H4
詩仙堂〈しせんどう〉	781-2954 左京区一乗寺門口町27 市・京都バス/一乗寺下り松町	9時～17時(受付～16時45分) 所要20分 5/23(丈山忌)は一般拝観休	一般700・高500・中小300円 *解説P65* 優	65C4
地蔵院(竹の寺)〈じぞういん〉	381-3417 西京区山田北ノ町23 京都バス/苔寺・すず虫寺前 市バス/鈴虫寺・苔寺道	9時～16時半 7～8月は9時～13時半(土日祝と8/12～16は～16時半)※1月の土日祝と三が日は9時～16時半 ※受付は30分まで 所要20分 1月の平日拝観休止、他休	一般500・高校生以下300円 *解説P101* 優	101B4
実光院(勝林院の子院)〈じっこういん〉	744-2537 左京区大原勝林院町187 京都バス/大原	9時～16時(季節により変更)※茶席受付は～15時 所要20分	中学生以上500・小300円(別途400円で茶菓付) 団体は要予約 *勝林院の子院で、声明を修練する学僧の住坊。庭園が見物。*	68C2
実相院〈じっそういん〉	781-5464 左京区岩倉上蔵町121 京都バス/岩倉実相院	9時～17時 所要20分 不定休	高校生以上500・中小250円 *解説P99*	99B1
島津製作所創業記念資料館〈しまづ〉	255-0980 中京区木屋町通二条下ル 地下鉄/京都市役所前駅 市バス/京都市役所前	9時半～17時(入館～16時半) 所要30分 水曜・土日祝・8月中旬・年末年始休	事前予約制 一般300・高中200円・小無料 *解説P35* 優	35C1
下鴨神社〈しもがも〉	781-0010 左京区下鴨泉川町59 市バス/下鴨神社前	開門6時～17時(季節により変更) 大炊殿10時～16時 所要30分	参拝自由 大炊殿(神様の台所)・井戸屋形見学は、高校生以上500円・中以下無料 *解説P41* 優	41D1 69D4
寂光院〈じゃくこういん〉	744-3341 左京区大原草生町676 京都バス/大原	9時～17時(季節により変更)受付は30分前まで 所要20分	高校生以上600・中350・小100円 *解説P68*	68A1
相国寺〈しょうこくじ〉	231-0301 上京区今出川通烏丸東入ル相国寺門前町701 市バス/同志社前 地下鉄/今出川駅	10時～16時半(受付～16時) ※方丈・法堂・開山堂拝観は春秋の特別拝観のみ 所要30分 行事日休	境内自由 方丈・法堂などの拝観は一般800・高中700・小400円 拝観除外日あり *解説P41*	41B3
相国寺承天閣美術館〈しょうこくじじょうてんかく〉	241-0423 上京区今出川通烏丸東入ル(相国寺山内) 市バス/同志社前 地下鉄/今出川駅	10時～17時(受付～16時半) 所要25分 年末年始・展示替期間休	一般800・大600・高中300・小200円 (開催中の展示により変更あり) *解説P41* 優	41B3
常寂光寺〈じょうじゃくこうじ〉	861-0435 右京区嵯峨小倉山小倉町3 市・京都バス/嵯峨小学校前	9時～17時(受付～16時半) 所要20分	中学生以上500・小200円 *解説P88*	87A2 91B4

※記載内容は2024年3月時点の情報です。時間は季節・天候によって若干変わる場合があります。また、内容は各物件の都合等により、予告なく変更される場合があります。

	名称	電話番号(075)・所在地・交通(最寄り)	時間・所要分・休み	料金・参照頁ほか 優は修学旅行パスポート提示による優待あり	地図頁
し	常照寺 〈じょうしょうじ〉	492-6775　北区鷹峯北鷹峯町1 市バス/鷹峯源光庵前	8時半～17時　所要20分	中学生以上400・小200円(秋季は中学生以上500円) *解説P100* 優	100A2
し	渉成園(枳殻邸) (東本願寺の飛地境内) 〈しょうせいえん〉	371-9210(東本願寺参拝接待所) 下京区下数珠屋町間之町東入ル東玉水町300　市バス/烏丸七条	9時～17時（11～2月は～16時)受付は30分前まで 所要30分　無休	一般500・高中小250円(参観者協力寄付金) ※500円以上の寄付はガイドブック付き *解説P23*	23D3
し	正伝寺 〈しょうでんじ〉	491-3259　北区西賀茂北鎮守菴町72　市バス/神光院前	9時～17時　所要20分 法要等の場合休みあり	高校生以上500・中300・小200円 *解説P100*	100B1
し	城南宮 〈じょうなんぐう〉	623-0846　伏見区中島鳥羽離宮町7　市バス/城南宮東口、城南宮	9時～16時半（受付～16時) 所要30分　無休	境内参拝自由 庭園拝観：中学生以上800・小500円 中学生以上1000・小600円(2/18～3/22)※北神苑のみ公開 一律300円(7/1～8/31)※北神苑のみ公開　*解説P103* 優	103B2
し	勝林院 〈しょうりんいん〉	744-2409(宝泉院内)　左京区大原勝林院町187　京都バス/大原	9時～16時　所要20分　無休	高校生以上300・中小200円 ***本堂には、「証拠の阿弥陀」といわれる阿弥陀如来像が安置。ボタンを押すと声明が自由に聞けるようになっている。***	68C2
し	青蓮院 〈しょうれんいん〉	561-2345　東山区粟田口三条坊町69-1　市・京阪バス/神宮道・青蓮院前　地下鉄/東山駅	9時～17時（受付～16時半) 所要25分	一般600・高中400・小200円 *解説P57* 優	57D3 61A4
し	白峯神宮 〈しらみね〉	441-3810　上京区今出川通堀川東入飛鳥井町261 市バス/堀川今出川	8時～17時（授与所は～16時半)　所要15分	参拝自由 *解説P43*	43C3
し	神光院 〈じんこういん〉	491-4375　北区西賀茂神光院町120　市バス/神光院前	9時～16時半　所要20分 無休	参拝自由 *解説P100*	100C1
し	神護寺 〈じんごじ〉	861-1769　右京区梅ヶ畑高雄町5 市バス/高雄　JRバス/山城高雄	9時～16時　所要40分　無休	中学生以上800・小400円 *解説P90* 優	90A2
し	新選組壬生屯所跡 (八木家邸)	841-0751(京都鶴屋鶴壽庵)　中京区壬生梛ノ宮町24 市バス/壬生寺道、四条大宮	9時～17時(受付～16時) 所要20分	中学生以上1100・小800円(屯所餅・抹茶付) 中学生以上600・小300円(見学のみの場合) *解説P33*	33A3
し	真如堂(真正極楽寺) 〈しんにょどう〉	771-0915　左京区浄土寺真如町82　市バス/真如堂前、錦林車庫前	9時～16時(受付～15時45分) 所要30分　行事休	境内自由　内陣庭園は、高校生以上500・中400円・小以下無料(特別拝観別途)　*解説P63*	63B4
す	随心院 〈ずいしんいん〉	571-0025　山科区小野御霊町35 京阪バス/小野随心院口、随心院　地下鉄/小野駅	9時～17時（受付は～16時半) 所要20分　法要・行事時休	高校生以上500・中300円 *解説P95* 優	95C2
す	瑞峯院(大徳寺塔頭) 〈ずいほういん〉	491-1454　北区紫野大徳寺町81(大徳寺山内)　市バス/大徳寺前	9時～17時（受付は60分前) 所要20分	高校生以上400・中小300円 *解説P73*	73C3
す	鈴虫寺(華厳寺) 〈すずむしでら〉	381-3830　西京区松室地家町31 京都バス/苔寺・すず虫寺前、市バス/鈴虫寺・苔寺道	9時～17時（受付～16時半) 所要30分	高校生以上500・中小300円(茶菓付き)　団体事前要予約 *解説P101* 優	101A4
す	角屋もてなしの文化美術館 〈すみや〉	351-0024　下京区西新屋敷揚屋町32　市バス/島原口	10時～15時半（受付終了）　所要30分　月曜（祝日の場合翌日)・7/19～9/14・12/16～3/14休	一般1000・高中800・小500円 2階の特別公開の座敷は別途料金。見学要予約。 *解説P21*	21C2
せ	晴明神社 〈せいめい〉	441-6460　上京区堀川通一条上ル 市バス/一条戻橋・晴明神社前、堀川今出川	9時～17時（授与所は16時半) 所要15分	参拝自由 *解説P43* 優	43B3
せ	清凉寺(嵯峨釈迦堂) 〈せいりょうじ〉	861-0343　右京区嵯峨釈迦堂藤ノ木町46 市・京都バス/嵯峨釈迦堂前	9時～16時(霊宝館開館の4・5・10・11月は～17時) 所要30分　無休	一般400・高中300・小200円(本堂のみ) 霊宝館・本堂との共通券は一般700・高中500・小300円 *解説P91* 優	91C3 87C1
せ	石峰寺 〈せきほうじ〉	641-0792　伏見区深草石峰寺山町26　京阪電鉄/深草駅　JR/稲荷駅	9時～16時　所要15分 無休	高校生以上500・中小300円 ＊スケッチ・撮影禁止 ***若冲が下絵をつくったという五百羅漢像で知られる。***	93C1
せ	泉屋博古館 〈せんおくはくこかん〉	771-6411　左京区鹿ヶ谷下宮ノ前町24 市バス/東天王町、宮ノ前町		2025年春まで休館予定 ***古代中国の銅器を中心としたコレクション。楽器類や鏡鑑など。***	61C1 63C5
せ	泉涌寺 〈せんにゅうじ〉	561-1551　東山区泉涌寺山内町27　市バス/泉涌寺道	9時～17時（12～2月は～16時半) 受付は30分前　所要30分　心照殿は第4月曜休	(伽藍拝観)高校生以上500・中以下300円 特別拝観(御座所・庭園等)は中学生以上500円(小学生は要保護者同伴)　*解説P47* 優	47D3
そ	即成院(泉涌寺塔頭) 〈そくじょういん〉	561-3443　東山区泉涌寺山内町28　JR・京阪電鉄/東福寺駅 市バス/泉涌寺道	9時～17時（12～2月は16時半)受付は30分前まで 所要20分　行事休	境内自由　※現在は本堂内陣非公開、中陣は特別拝観可能（拝観料500円) ***来迎の阿弥陀如来と二十五の菩薩を祀り、浄土信仰が伺える。***	47C2
た	大覚寺 〈だいかくじ〉	871-0071　右京区嵯峨大沢町4 市・京都バス/大覚寺	9時～17時（受付は30分前まで）　所要40分	一般500・高校生以下300円　大沢池は別途で一般300・高校生以下100円　*解説P91* 優	91D2
た	醍醐寺 伽藍・三宝院・霊宝館 〈だいごじ〉	571-0002　伏見区醍醐東大路町22　京阪バス/醍醐三宝院、地下鉄/醍醐駅	下醍醐は9時～17時(冬期12月第一日曜日～2月末は～16時半)受付は30分前まで 上醍醐は9時～15時（冬期は～14時)）　所要30分	【通常期】三宝院庭園・伽藍：一般1000・高中700円・小以下無料 ※三宝院御殿特別拝観は別途中学生以上500円 ※霊宝館本館・平成館特別展示は別途中学生以上500円以上 【春期（3/20～5月GW最終日)】三宝院庭園・伽藍・霊宝館：一般1500・高中1000円・小以下無料 ※上醍醐は別途一般600・高中400円・小以下無料　*解説P95*	95D3
た	大仙院(大徳寺塔頭) 〈だいせんいん〉	491-8346　北区紫野大徳寺町54-1(大徳寺山内) 市バス/大徳寺前	9時～17時（12～2月は～16時半)　所要20分 法要・行事時休	高校生以上500・中小300円(抹茶代は300円) *解説P73*	73C2
た	退蔵院(妙心寺塔頭) 〈たいぞういん〉	463-2855　右京区花園妙心寺町35(妙心寺山内)　市・京都バス/妙心寺前	9時～17時　所要20分　無休	高校生以上600・中小300円(特別拝観は別途) ***水墨画偶如拙筆「瓢鮎図」(国宝) が所蔵されており、江戸時代の模写が見られる。*** 優	82D4
た	大徳寺 〈だいとくじ〉	491-0019　北区紫野大徳寺町53 市バス/大徳寺前	所要30分	境内自由　塔頭は別途料金、本坊は特別公開のみ(要問い合せ) *解説P73*	73B2 100C3
た	大報恩寺 (千本釈迦堂) 〈だいほうおんじ〉	461-5973　上京区七本松通今出川上ル 市バス/上七軒	9時～17時　所要30分	境内自由、堂内・霊宝殿は一般600・大高500・中小400円 *解説P77* 優	77C2
た	滝口寺 〈たきぐちでら〉	871-3929　右京区嵯峨亀山町10-4　市・京都バス/嵯峨釈迦堂前	9時～16時半　所要20分	一般300・高中200・小50円 ***「平家物語」の平重盛の家来斎藤時頼と建礼門院の侍女横笛との悲恋の物語ゆかりの地として再興。***	91A3

名称	電話番号(075)・所在地・交通(最寄り)	時間・所要分・休み	料金・参照頁ほか 優は修学旅行パスポート提示による優待あり		地図頁	
知恩院 〈ちおんいん〉	541-5142　東山区林下町400 市バス/知恩院前・知恩院三門前	5時～16時(開門時間・季節により異なる)友禅苑は9時～16時、方丈庭園は9時～15時50分(共通券販売は15時20分まで) 所要40分	境内は参拝自由　高校生以上500・中小250円(友禅苑・方丈庭園共通券) *解説P57*	優	57D3	ち
智積院 〈ちしゃくいん〉	541-5361　東山区東大路通七条下ル東瓦町964　市バス/東山七条	9時～16時 所要30分　年末休	一般500・高中300・小200円(名勝庭園など) 一般500・高中300・小200円(宝物館)　*解説P49*	優	49D4	
茶道資料館 〈ちゃどう〉	431-6474　上京区堀川通寺之内上ル(裏千家センター内) 市バス/堀川寺ノ内	9時半～16時半(入館～16時) 所要30分　月曜、展観準備期間中、年末年始・他休	一般700・大400・高中300円・小以下無料 ※特別展は別途料金 *解説P43*	優	43C1	
長楽寺 〈ちょうらくじ〉	561-0589　東山区八坂鳥居前東入ル円山町626 市・京阪バス/祇園	10時～16時　所要15分 木曜休(特別展期間中は無休)	令和6年11月まで改修工事予定　一般800・高中400円 *建礼門院が出家したところ。堂内に京都七福神の一つ布袋尊像がある。*		52H1 57D5	
寺田屋 〈てらだや〉	622-0243　伏見区南浜町263 市・京阪バス/京橋　京阪電鉄/中書島駅	10時～16時(入場は20分前) 所要20分 1/1～1/3・月曜不定休	一般600・大高中300・小200円 *坂本龍馬の脱出劇で知られる船宿。*	優	94A3	て
天授庵(南禅寺塔頭) 〈てんじゅあん〉	771-0744　左京区南禅寺福地町86-8　市バス/南禅寺・永観堂道　地下鉄/蹴上駅	9時～17時(冬季～16時半) 所要20分　11/11PM～12AM・臨時行事日休	一般500・高400・中小300円、修学旅行生は半額 *池泉式と枯山水式の二つの庭園がある。*	優	61C3	
天得院(東福寺塔頭) 〈てんとくいん〉	561-5239　東山区本町15丁目802　市バス/東福寺　JR・京阪電鉄/東福寺駅	9時～16時　所要20分　6月中旬～7月中旬・11月～12月上旬のみ公開	高校生以上500・中小300円 *苔に覆われた枯山水の庭に咲く桔梗の花が名高い。*	優	47A3	
天龍寺 〈てんりゅうじ〉	881-1235　右京区嵯峨天龍寺芒ノ馬場町68 市バス・京都バス/嵐山天龍寺前(嵐電嵐山駅)　嵐電/嵐山駅	8時半～17時(受付は10分前まで)　諸堂(大方丈・書院・多宝殿)拝観は8時半～16時45分　法堂「雲龍図」の拝観は9時～16時半 所要40分　諸堂は行事休あり	庭園(曹源池・百花苑)は高校生以上500・中小300円 諸堂拝観は追加300円　法堂拝観は別途500円(春夏秋の特別公開除き土日祝のみ) *解説P87*		87C3	
東映太秦映画村 〈とうえいうずまさ〉	0570-064349(時間・料金等) 075-864-7716(団体予約)　右京区太秦東蜂岡町10 京都バス/太秦映画村前　嵐電/太秦広隆寺駅、撮影所前　JR/太秦駅	9時～17時(季節により異なる) 入村は60分前まで　所要180分 設備メンテナンスを除き無休	一般2400・高中1400・小1200円、修学旅行生は高中1060・小900円 *解説P85*	優	85B2	と
東寺(教王護国寺) 〈とうじ〉	691-3325　南区九条町1 市バス/東寺東門前、九条大宮	8時～17時(宝物館、観智院は9時～)受付は30分前まで　所要40分	金堂・講堂は一般500・高400・中小300円 特別公開(五重塔初層内部、宝物館、観智院)は別途料金　*解説P25*	優	25B2 15A3	
等持院 〈とうじいん〉	461-5786　北区等持院北町63 市バス/立命館大学前　嵐電/等持院・立命館大学衣笠キャンパス前駅	9時～16時半(12/30～1/3は～15時)受付は30分前まで 所要20分	高校生以上600・中小300円 *解説P79*		79B4	
同聚院(東福寺塔頭) 〈どうじゅいん〉	561-8821　東山区本町15-799 市バス/東福寺　JR・京阪電鉄/東福寺駅	9時～16時　所要20分 不定休	境内自由　五大堂内の拝観は特別拝観時(11月)のみ *本尊は不動明王坐像。祇園の名妓モルガンお雪の墓。*	優	47B3	
東福寺 〈とうふくじ〉	561-0087　東山区本町15-778 市バス/東福寺　京阪電鉄・JR/東福寺駅	9時～16時半(11～12月第一日曜は8時半～、12月第一月曜～3月は～16時)受付は30分前まで　所要40分	境内参拝自由　本坊庭園は高校生以上500・中小300円、通天橋・開山堂は高校生以上600(秋季1000円)・中小300円 共通券は高校生以上1000・中小500円(秋季は共通券なし) *解説P47*	優	47B4	
京都府立 堂本印象美術館 〈どうもといんしょう〉	463-0007　北区平野上柳町26-3 市・JRバス/立命館大学前	9時半～17時(入館～16時半) 所要30分　月曜(祝日の場合翌日)・展示替期間・年末年始休	一般510・大高400・中小200円　*京都画壇の重鎮である堂本印象画伯の世界がすべて展開されている。*	優	79B3	
豊国神社 〈とよくに・ほうこく〉	561-3802　東山区大和大路正面茶屋町530 市バス/博物館三十三間堂前、東山七条	宝物館は9時～17時(受付は30分前) 所要20分	参拝自由　高校生以上500・中小300円(宝物館) *豊臣秀吉・北政所を祀る。宝物館には秀吉ゆかりの遺品を陳列。*	優	49C3	
南禅院(南禅寺塔頭) 〈なんぜんいん〉	771-0365　左京区南禅寺福地町 市バス/南禅寺・永観堂道 地下鉄/蹴上駅		※令和7年まで工事のため拝観停止 *離宮禅林寺殿の「上の宮」跡。南禅寺発祥の地と伝わる。*		61D3	な
南禅寺 〈なんぜんじ〉	771-0365　左京区南禅寺福地町 市バス/南禅寺・永観堂道 地下鉄/蹴上駅	8時40分～17時(12～2月は～16時半)　受付は共に20分前　所要30分 12/28～31休	一般600・高500・中小400円(方丈庭園)、三門入場別途同料金 *解説P61*	優	61D3	
西陣織会館 〈にしじんおり〉	451-9231　上京区堀川通今出川南入　市バス/堀川今出川	10時～16時　所要30分　月曜(祝日は翌日)・年末年始休	入館無料(各種体験別途) *解説P43*	優	43B3	に
西本願寺 〈にしほんがんじ〉	371-5181　下京区堀川通花屋町下ル　市バス/西本願寺前	5時半～17時(季節により異なる)　所要30分	参拝自由　*解説P23*		23A3 21D2	
二条城	841-0096　中京区二条通堀川西入ル二条城町541 地下鉄/二条城前駅 市バス/二条城前	8時45分～17時(入城は1時間前)　所要60分　年末休 二の丸御殿は、受付8時45分～16時10分　年末年始休　12・1・7・8月の火曜休(休日の場合翌日)	入城料/二の丸御殿観覧料　一般1300・高中400・小300円(展示収蔵館別途100円) 本丸御殿は一般1000・高中300・小200円(2024年9月より公開予定、要予約) *解説P45*		45C2	
二条陣屋 〈にじょうじんや〉	841-0972　中京区大宮通御池下ル137 市・京都バス/神泉苑前	11時～・13時～・15時～　所要60分 不定休・年末年始休	事前予約制　HPより申込　一般1000・高中500円　小学生以下無料(保護者同伴に限る)　*解説P45*		45C3	
二尊院 〈にそんいん〉	861-0687　右京区嵯峨二尊院門前長神町27 市・京都バス/嵯峨小学校前	9時～16時半　所要25分	中学生以上500円・小無料　*解説P88*	優	87A1 91B4	
仁和寺 〈にんなじ〉	461-1155　右京区御室大内33 市・京都・JRバス/御室仁和寺	7時～18時(御殿は9時～17時、受付は30分前まで)　所要35分	境内自由　御所庭園は一般800円・高校生以下無料(霊宝館は別途一般500円・高校生以下無料、春・夏・秋季に公開)　※桜の時季は別途入山料　*解説P82*	優	82B2	
野村美術館	751-0374　左京区南禅寺下河原町61 市バス/南禅寺・永観堂道	10時～16時半(受付～16時) 所要20分　公開期間の月曜(祝日の場合翌日)・夏期・冬期休	一般800・大高300円・中小無料　春秋の期間のみ公開。立礼茶席は別途700円(抹茶・菓子付き)　大展示室には茶道具や能装束等。 *近代数寄者野村徳七(号得庵)のコレクションを展示。*	優	61C2	の
白沙村荘 (橋本関雪記念館) 〈はくさそんそう〉	751-0446　左京区浄土寺石橋町37 市バス/銀閣寺前・銀閣寺道 京都バス/銀閣寺道	10時～17時(季節により異なる)　所要20分	一般1300・大500円・高校生以下無料(特別展は別途) *広大な池泉回遊式庭園。展示館では、関雪が集めた多くの美術品—中国・ギリシャ・ペルシャ・インド等々—が入れ替り展示される。*	優	63C3	は

※記載内容は2024年3月時点の情報です。時間は季節・天候によって若干変わる場合があります。また、内容は各物件の都合等により、予告なく変更される場合があります。

	名称	電話番号(075)・所在地・交通(最寄り)	時間・所要分・休み	料金・参照頁ほか 優は修学旅行パスポート提示による優待あり	地図頁
ひ	東本願寺	371-9181 下京区烏丸七条上ル 市バス/烏丸七条 JR・地下鉄/京都駅	5時50分～17時半 (11～2月は6時20分～16時半) 所要30分	参拝自由 *解説P23* 優	23C3
	毘沙門堂 〈びしゃもん〉	581-0328 山科区安朱稲荷山町18 JR・地下鉄/山科駅 京阪電鉄/京阪山科駅	9時～17時 (12～2月末日は～16時半)受付は30分前 所要30分	一般500・高400・中小300円 *解説P102* 優	102C1
	平等院 〈びょうどういん〉	0774-21-2861 宇治市宇治蓮華116 JR・京阪電鉄/宇治駅	8時半～17時半 (鳳翔館9時～17時)受付は15分前 鳳凰堂内部拝観は9時半から16時10分まで20分毎50名ずつ 所要40分	庭園＋鳳翔館ミュージアムは一般700・高中400・小300円 鳳凰堂内部拝観は別途300円 *解説P98* 優	97A3
	琵琶湖疏水記念館 〈びわこそすい〉	752-2530 左京区南禅寺草川町17 京阪バス/蹴上 市バス/岡崎法勝寺町、南禅寺・疏水記念館・動物園東門前、地下鉄/蹴上駅	9時～17時 (入館は30分前、ドラム工場は～16時) 所要20分 月曜 (祝日の場合翌日)・年末年始休	入館無料 **明治の大事業琵琶湖疏水にまつわる資料を展示。**	61B3
ふ	風俗博物館 〈ふうぞく〉	342-5345 下京区堀川通新花屋町通下ル井筒左牛井ビル5F 市バス/西本願寺前	10時～17時 所要20分 日曜・祝日・8/13～8/17・展示切替期間休	一般800・大高中300・小200円 **源氏物語の六条院の館「春の御殿」を4分の1のサイズの模型で再現。**	23B3
	福田美術館	863-0606 右京区嵯峨天龍寺芒ノ馬場町3-16 市バス/嵐山 嵐電(京福電鉄)/嵐山駅	10時～17時 (入館は16時半まで) 所要30分 展示替え期間・年末年始休	一般1500・高900・中小500円 ＊嵯峨嵐山文華館 二館共通券は一般2300・高1300・中小750円 **江戸時代から近代の日本画家の作品を約1,500点コレクションする。**	87D4
	伏見稲荷大社 〈ふしみいなり〉	641-7331 伏見区深草薮之内町68 市バス/稲荷大社前 JR/稲荷駅 京阪電鉄/伏見稲荷駅	授与所9時～17時 (季節により異なる) 境内のみの所要20分 お山巡り所要120分	参拝自由 **稲荷社の総本山、山上に至る千本鳥居は見物。急な登山道なので注意。**	93D1
	芬陀院(雪舟寺) (東福寺塔頭) 〈ふんだいん〉	541-1761 東山区本町15-803 市バス/東福寺 JR・京阪電鉄/東福寺駅	9時～16時半 (冬季は～16時) 受付は30分前まで 所要20分 法事等の場合休みあり	高校生以上500・中小300円 **東福寺の塔頭で中門の東に位置。雪舟の築造と伝える庭園。**	47A4
へ	京都市平安京創生館	812-7222 中京区丸太町通七本松西入京都アスニー1階 市・京都・JRバス／丸太町七本松	10時～17時 (入場は10分前まで) 所要20分 火曜 (祝祭日の場合はその翌日)・年末年始休	無料 ※ボランティアガイドによる解説あり(団体は2週間前に要予約) **大内裏(平安京)の遺跡「造酒司」跡地である京都アスニーでは、大内裏や社寺、貴族の邸宅などを精巧に復元した「平安京復元模型」なども見ることができる。**	45A2
	平安神宮	761-0221 左京区岡崎西天王町 市バス/岡崎公園 美術館・平安神宮前	神苑8時半～17時半 (3/1～3/14と10月は～17時、11～2月は～16時半)入苑は30分前まで 所要30分 10/22(時代祭)PM休	境内は参拝自由 高校生以上600・中小300円(神苑) *解説P59* 優	59D2 61A1 63A5
ほ	宝筐院 〈ほうきょういん〉	861-0610 右京区嵯峨釈迦堂門前南中院町9-1 市・京都バス/嵯峨釈迦堂前	9時～16時(11月は～16時半) 所要15分	高校生以上500・中小200円 **足利義詮の塔所。北朝・義詮の墓と南朝・楠木正行の首塚が並ぶ。三脚・一脚持参者は拝観不可。**	91C3 87C1
	宝鏡寺 〈ほうきょうじ〉	451-1550 上京区寺ノ内通堀川東入ル百々町547 市バス/堀川寺ノ内	公開は春季と秋季 10時～16時 (受付～15時半) 所要20分	高校生以上600・中小300円 **人形供養で知られる尼門跡寺院。かつて皇女和宮も滞在したという。** 優	43C1
	宝厳院(天龍寺塔頭) 〈ほうごんいん〉	861-0091 右京区嵯峨天竜寺芒ノ馬場町36 市バス・京都バス/嵐山天龍寺前 (嵐電嵐山駅) 嵐電/嵐山駅 JR/嵯峨嵐山駅	拝観は特別公開時のみ 9時～17時 (受付～15分前) 所要20分	高校生以上700・中小300円(本堂襖絵拝観は別途料金) **策彦周良作の借景回遊式庭園「獅子吼の庭」で知られる。** 優	87C4
	法金剛院 〈ほうこんごういん〉	461-9428 右京区花園扇野町49 市・京都バス/花園扇野町 JR/花園駅	拝観は毎月15日・特別拝観のみ 9時～16時半(受付は30分前まで) 所要30分	一般500・高校生以下300円 *解説P83*	75A1 82C5 85D1
	宝泉院 (勝林院の子院) 〈ほうせんいん〉	744-2409 左京区大原勝林院町187 京都バス/大原	9時～17時 (受付～16時半) 所要20分 無休(行事により異なる)	(茶菓付き)一般900・高中800・小700円 **伏見城遺構の血天井があり、樹齢700年を超える五葉の松は、近江富士をかたどったという。大原借景の額縁庭園も一見。** 優	68C2
	法然院 〈ほうねんいん〉	771-2420 左京区鹿ヶ谷御所ノ段町30 市バス/南田町、錦林車庫前	6時～16時 (春秋に伽藍特別公開あり) 所要20分	参道拝観は自由、例年4月・11月初旬に行われる伽藍拝観は有料 **侘びた茅葺の山門や、池泉、白砂壇を配し、善気水が湧く境内など、四季折々に趣の深い寺。**	63C4
	細見美術館 〈ほそみ〉	752-5555 左京区岡崎最勝寺町6-3 市バス/東山二条・岡崎公園口、岡崎公園ロームシアター京都・みやこめっせ前、岡崎公園 美術館・平安神宮前 地下鉄東西線/東山駅	10時～17時 所要30分 月曜 (祝日の場合、翌日)・展示替え期間休	展覧会によって異なる **重要文化財数十点を含む工芸品、画など日本美術の名品を展示・公開。** 優	59C3
	本能寺	231-5335 中京区寺町通御池下ル下本能寺前町522 市バス/河原町三条	6時～17時 (大宝殿は9時～17時・入館は30分前まで 所要25分 展示替日・年末年始休(大宝殿)	境内拝観自由 一般700・高中500・小300円 (大宝殿) 修旅生300円 *解説P35* 優	35B3
	本法寺 〈ほんぽうじ〉	441-7997 上京区小川通寺之内上ル本法寺前町617 市バス/天神公園前	10時～16時 所要30分 行事休あり	境内自由 大学生以上500・高中300円(宝物館、庭園) 春の特別寺宝展は別途 **本阿弥光悦ゆかりの寺。光悦による「巴の庭」で知られる。**	43C1
ま	松尾大社 〈まつお〉	871-5016 西京区嵐山宮町3 阪急電鉄/松尾大社駅 市・京都バス/松尾大社前	9時～16時(日祝～16時半)(庭園・神像館共通) 所要30分	参拝自由 一般500・大高中400・小300円(庭園・神像館) *解説P101* 優	101A2
	曼殊院 〈まんしゅいん〉	781-5010 左京区一乗寺竹の内町42 市・京都バス/一乗寺清水町	9時～17時 (受付は～16時半) 所要30分	一般600・高500・中小400円 *解説P65* 優	65D2
	萬福寺 〈まんぷくじ〉	0774-32-3900 宇治市五ヶ庄三番割34 JR・京阪電鉄/黄檗駅	9時～17時 (受付～16時半) 所要50分	高校生以上500・中小300円 *解説P97* 優	97C1
み	壬生寺 〈みぶでら〉	841-3381 中京区坊城通仏光寺上ル 市バス/壬生寺道、四条大宮	9時～17時(壬生塚・歴史資料室は9時～16時) 所要25分	境内拝観自由 (壬生塚と歴史資料室(阿弥陀堂地階)は大人300・高中小100円) *解説P33* 優	33A3

名称	電話番号(075)・所在地・交通(最寄り)	時間・所要分・休み	料金・参照頁ほか 優は修学旅行パスポート提示による優待あり	地図頁	
三室戸寺 〈みむろとじ〉	0774-21-2067 宇治市菟道滋賀谷21 京阪電鉄/三室戸駅	8時半～16時半（11～3月は～16時） 受付は50分前まで 所要40分 お盆・年末休	高校生以上500・中小300円(通常) 高校生以上1000・中小500円（2月～7月及び11月中の花と紅葉の時期)※工事のため、宝物館拝観不可 *解説P98*	97D3	み
みやこめっせ (京都市勧業館)	762-2670(京都伝統産業ミュージアム) 左京区岡崎成勝寺町9-1 市バス/岡崎公園・美術館平安神宮前 地下鉄/東山駅	9時～17時（入館は～16時半)(地下1階・京都伝統産業ミュージアム) 所要30分 不定休(HP参照)・夏季メンテナンス期間・年末年始休	入場無料(企画展別途) *地下の京都伝統産業ミュージアムでは京の歴史と技を伝える伝統的工芸品74品目で体系的に紹介している。*	59D3	
妙覚寺 〈みょうかくじ〉	441-2802 上京区上御霊前通小川東入下清蔵口町135(新町通鞍馬口下ル) 市バス/天神公園前 地下鉄烏丸線/鞍馬口駅	春秋特別公開10時～15時半（受付は50分前まで） 所要30分	境内拝観自由 特別公開は中学生以上800円・小無料 *織田信長の定宿。本能寺の変の際には長男信忠が宿泊。*	43C1	
妙顕寺(妙顯寺) 〈みょうけんじ〉	414－0808 上京区妙顕寺前町514 市バス/堀川寺之内 地下鉄烏丸線/鞍馬口駅	10時～16時半（受付は30分前） 所要30分	境内拝観自由 中学生以上500円(大本堂・庭園) 特別拝観・夜間拝観別途 優 *京都最初の日蓮宗寺院。秀吉が度々滞在し、城へと改造もしている。*	43C1	
妙心寺 〈みょうしんじ〉	466-5381 右京区花園妙心寺町1 市・京都バス/妙心寺前 嵐電/妙心寺駅	9時～16時（12時～13時を除く） 所要30分 拝観中止の日(行事日)あり	境内自由 法堂(雲龍図・梵鐘)・大庫裏は高校生以上700・中小400円 塔頭は別途料金 優 *解説P83*	82D4	
妙蓮寺 〈みょうれんじ〉	451-3527 上京区寺之内通大宮東入妙蓮寺前町 市バス/堀川寺ノ内	10時～16時 所要20分 水曜・年末年始・他休	境内自由、方丈・庭は高校生以上500・中小300円(収蔵庫拝観は別途300円、要電話確認) 団体は要予約 優 *秀吉寄進という臥牛石、本阿弥光悦筆の日蓮の立正安国論写本（重文)などがあり、御会式桜(おえしきざくら)と妙蓮寺椿も有名。*	43B1	
無鄰菴 〈むりんあん〉	771-3909 左京区南禅寺草川町31 市バス/岡崎公園・美術館平安神宮前 地下鉄/蹴上駅	9時～18時（10～3月は～17時）受付は30分前まで 所要20分 年末年始休	事前予約制 中学生以上600円(小以下無料) ※ただし、4/1～9、4/24～30、5/1～31、9/24～30、10/15～21、11/1～5、12/1～3は900円。11/6～26は1100円。 優 *山縣有朋の別邸。七代目小川治兵衛の作庭が見物。*	61B3	む
八坂神社 〈やさか〉	561-6155 東山区祇園町北側625 市バス/祇園	9時～17時(社務所) 所要20分	参拝自由 優 *解説P55*	52F1 55D4 57A5	や
八坂の塔(法観寺)	551-2417 東山区八坂通下河原東入ル八坂上町388 市・京阪バス/清水道	10時～15時 所要20分 不定休	中学生以上400円・小学生以下拝観不可 *解説P52*	52F3	
安井金比羅宮 〈やすいこんぴらぐう〉	561-5127 東山区東大路松原上ル下弁天町70 市・京阪バス/東山安井	9時～17時半（社務所）※絵馬館は10時～16時 所要20分 月曜（祝日の場合翌日)・年末休(絵馬館)	参拝自由 一般500・高中小400円(絵馬館)*解説P53*	52E2	
養源院 〈ようげんいん〉	561-3887 東山区三十三間堂廻り町656 市バス/博物館三十三間堂前、東山七条	10時～15時 所要20分 臨時休業あり※HP要確認	一般600・中高500・小300円 *徳川家の菩提寺として、歴代将軍の位牌を祀る。伏見城で自刃した将士の血痕が残る「血天井」で有名。* 優	49C4	よ
落柿舎 〈らくししゃ〉	881-1953 右京区嵯峨小倉山緋明神町20 市・京都バス/嵯峨小学校前	9時～17時（1～2月は10時～16時） 所要15分 12/31～1/1休	一般300・高中150円・小無料(大人同伴の方のみ見学可) *解説P88*	87B1 91B4	ら
樂美術館 〈らく〉	414-0304 上京区油小路通中立売上ル油橋詰町84 市バス/堀川中立売	10時～16時半（入館～16時） 所要30分 月曜（祝日の場合開館)・年末年始・展示替期間休	展覧会により異なる 中学生以下無料 優 *解説P43*	43C4	
立命館大学国際平和ミュージアム	465-8151 北区等持院北町56-1 市・JRバス/立命館大学前	9時半～16時半（入館～16時） 所要45分 日曜・祝日の翌日・年末年始・大学定休日休	一般400・高中300・小200円(特別展は別途) 団体要予約 優 *戦争と平和について考え、学ぶことが出きる博物館。「平和をみつめて」「平和をしらべる」「平和をもとめて」の3テーマで展示。*	79C3	り
龍谷ミュージアム 〈りゅうこく〉	351-2500 下京区西中筋通正面下ル丸屋町117 市バス/西本願寺前	10時～17時（入館は～16時半） 所要60分 月曜(祝日は翌日)、他休	シリーズ展は一般550・大400・高300円・中以下無料（特別展別途) 優 *日本初の仏教総合博物館で、龍谷大学収集の文化財を広く公開。*	23B3	
龍安寺 〈りょうあんじ〉	463-2216 右京区龍安寺御陵ノ下町13 市・JRバス/竜安寺前 嵐電/龍安寺駅	8時～17時（12～2月は8時半～16時半） 所要30分	大人600・高500・中小300円 *解説P82*	82C1 79A3	
龍源院(大徳寺塔頭) 〈りょうげんいん〉	491-7635 北区紫野大徳寺町82(大徳寺山内) 市バス/大徳寺前	9時～16時20分 所要20分 4/19休	一般350・高250・中小200円 優 *解説P73*	73C3	
幕末維新ミュージアム霊山歴史館 〈りょうぜん〉	531-3773 東山区清閑寺霊山町1 市・京阪バス/東山安井	10時～17時半（季節により異なる）入館は30分前 所要25分 月曜（祝日の場合翌日）・展示替期間・年末年始休	一般900・大高500・中小300円(特別展は別途料金) 優 *幕末や明治維新に活躍した志士の遺品・遺墨などを展示。*	52G3	
蓮華寺 〈れんげじ〉	781-3494 左京区上高野八幡町1 京都バス/上橋 叡山電鉄/三宅八幡駅	9時～17時 所要20分 8/13・8/14・8/24休	高校生以上500円・中以下無料(中学生以下の修学旅行不可) *解説P99*	99C2	れ
鹿王院 〈ろくおういん〉	861-1645 右京区嵯峨北堀町24 市・京都バス/下嵯峨 嵐電/鹿王院駅	9時～17時（受付は30分前） 宿坊は要予約 所要20分	高校生以上600・中小300円 *足利義満の霊夢により開山した古刹。建立の際に白鹿が現れたという。*	88F3	ろ
六道珍皇寺 〈ろくどうちんのうじ〉	561-4129 東山区松原通東大路西入北側 市バス/清水道	9時～16時 所要20分 年末休	境内自由 (寺宝拝観別途、詳細はHP確認) 優 *葬送地鳥辺野の入口にあって、閻魔大王を祀る。*	52D3	
六波羅蜜寺 〈ろくはらみつじ〉	561-6980 東山区五条通大和大路上ル東 市・京阪バス/清水道、五条坂	8時～17時、宝物館は8時半～16時45分(受付～16時半) 所要25分	境内自由 宝物館(令和館)は、一般600・大高中500・小400円 優 *解説P53*	51C4	
廬山寺 〈ろざんじ〉	231-0355 上京区寺町広小路上ル北之辺町397 市バス/府立医大病院前	9時～16時 所要20分 1/1・2/1～2/9・12/31休	高校生以上500・中小400円 優 *解説P39*	38C2	
六角堂(頂法寺) 〈ろっかくどう〉	221-2686 中京区六角通東洞院西入堂之前町248 地下鉄/烏丸御池駅	6時～17時 所要15分 いけばな資料館は平日のみ開館(9時～16時) 盆・年末年始・他休	境内自由 いけばな資料館(池坊ビル3F)は要予約・無料(4月・11月の行事中は予約不要・有料) *解説P31*	30C3	

※記載内容は2024年3月時点の情報です。時間は季節・天候によって若干変わる場合があります。また、内容は各物件の都合等により、予告なく変更される場合があります。

バス時刻表の使い方

本書では**系統別**に、主なバス停のダイヤを収録しています。

（主な系統の種別は…**市バスは循環・均一・多区間の 3 種の区分。市バス以外には、京都バス・京阪バス・JR バスなど。詳しくは P11 参照**）

—市バス時刻表の区分期間について—
【平日】お盆・年末年始を除く
【土曜】お盆・年末年始を除く
【休日・お盆・年末年始】
お盆は 8 月 14 日～ 8 月 16 日、
年末年始は 12 月 29 日～ 1 月 4 日
—京都バスの時刻表の区分期間について—
【月曜～金曜】お盆・年末年始を除く
【土曜・休日】8 月 14 日～ 16 日、
12 月 29 日～ 1 月 4 日を含む

「のりもの案内」で、乗る予定のバスの系統と出発バス停名がわかれば、まずはそのバスの**系統番号のページを開き（次項 Index 参照）**、その中から乗りたいバス停の時刻表を見つけます。

本書でダイヤを収録しているバス停留所は名称下部に◐記号が付いてきます（下図参照）。もしも知りたいバス停のダイヤが収録されていない場合、各系統の**系統図**を参照すれば、収録されている他のバス停ダイヤと照らし合わせることで、おおよその発時間を知ることが出来ます。

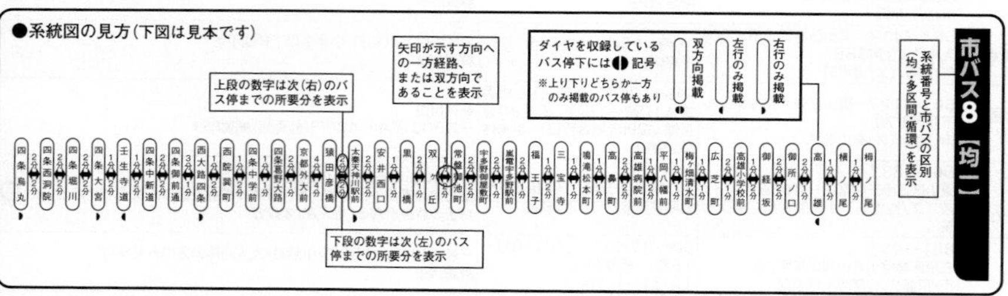

例：市バス 8 系統で〈四条西洞院から、高雄方面へ向う平日ダイヤ〉が知りたい場合

1. 市バス 8 に収録されている時刻表で、四条西洞院に近いバス停を探す
   ex. 四条烏丸
2. 「四条烏丸→四条西洞院」間の所要分を系統図から算出する。
   （高雄方面行きなので、上段を見る）
   ex. 「2 分」
3. 四条烏丸の時刻に「2 分」を足せば、四条西洞院発の時刻になる。
   ex. 四条烏丸　14 時 55 分 *（※時刻はサンプル）*
   ↓ 2 分後
   四条西洞院　14 時 57 分

また、各系統ごとに、京都市交通局の WEB サイト内の時刻表ページを参照できる**系統別 QR コード**を掲載しています。スマートフォンや携帯電話のカメラで読み取れば、すぐに目的の時刻表が見つかります（市バスのみ）。

※系統図の各停留所間所要分は、平日の昼間時間帯を基準にしてあります。所要分は時間帯や交通事情により変動しますので、あくまでも目安として下さい（詳細は各交通機関へ）。

※掲載時刻表について…便によっては、系統図の起終停留所ではなく、途中の停留所が始発となるダイヤが含まれている場合、又行先が同一経路のため、異なる系統のダイヤが一緒に表示されている場合（市バス 31･65 の一部等）、があります。ダイヤ算出の際にはご注意ください。

市バスの進行方向について

◎停留所の名の上部に付されている➡（⬅）印は、系統図で左右どちらの方向に向かうバスであるかを示したものです。

この矢印がそれぞれ対応しています。

時刻表P144の市バス202系統図（部分）

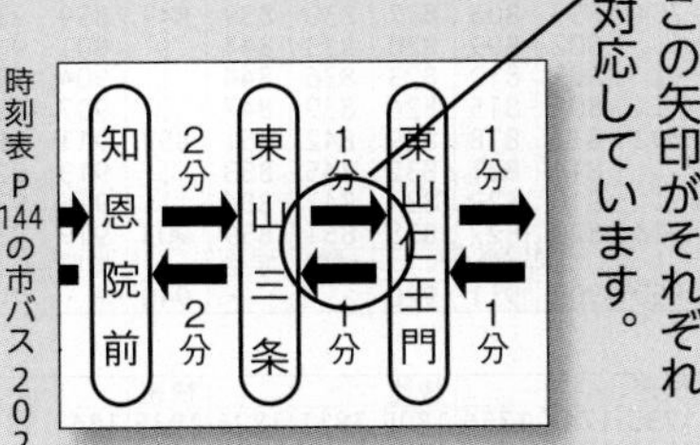

時刻表P145の市バス202系統「東山三条（地下鉄東山駅）」時刻表（サンプル）

➡東山三条（地下鉄東山駅）❹乗場

P57

東山通 Higashiyama-dori St.

熊野神社・円町行き 202

Enmati Via Kumano-jinja Shrine

時	平日 Weekdays（お盆・年末年始を除く）	土曜日 Saturdays（お盆・年末年始を除く）	休日 Sundays & Holidays お盆 8月14日〜8月16日 年末年始 12月29日〜1月3日
5	47	47	47
6	12 37 54	15 56	15 57
7	1 7 15 20 28 39 50	10 23 37 50	22 49
8	0 10 19 28 39 47 55	2 12 26 43 58	13 40 57
9	8 16 26 37 45 55	11 26 40 55	11 25 39 53
10	7 22 37 52	9 24 38 52	7 23 38 52
11	6 21 36 51	6 21 36 51	6 22 36 51
12	6 20 35 50	6 20 35 50	6 20 35 50
13	5 20 35 49	5 20 35 49	5 20 35 49
14	4 19 33 48	4 19 33 48	4 19 33 48
15	3 18 32 47	3 18 32 47	3 18 32 47
16	0 17 32 47	2 17 32 47	2 17 32 47
17	1 16 26 36 46 58	1 16 31 46 58	1 16 31 58
18	13 29 44 54	16 30 45	30 58
19	4 13 20 34 50	0 12 20 39	20 51
20	4 20 36 53	3 19 36 58	14 36
21	7 20 49	20 49	9 49
22	30 58	30 58	18 58
23			

市バス循環系統について

循環系統図は始点と終点がつながっています

◎市バス循環系統（200番台）と北8系統は、起点・終点がなく、一方向へ輪のように循環しつづける路線です。
系統図では、左右端のバス停が同一になっています。これは左右端がリンクしていることをあらわしています。
（例）系統図を右方向へ追って見て行く場合、右端（終わり）までくればそこから左端（始まり）を見て下さい。右端と同一のバス停がありますね。そこからまた右方向へ追って見ていきます。左方向の場合も同じです。

鉄道・バス観光時刻表 Index

※観光に主に使われる昼間のダイヤを掲載

鉄道

簡易路線図はP105を参照。図の駅間数字は、昼間普通の乗車所要分です。

JR奈良線 …… 125
JR嵯峨野線 …… 126
京阪電車本線・鴨東線 …… 127
京阪電車宇治線 …… 129
京都市営地下鉄烏丸線・東西線と阪急電車京都線（説明のみ）… 130
阪急電車嵐山線・嵐電北野線 131
嵐電嵐山本線 …… 132
近鉄電車京都線 …… 133
叡山電鉄叡山本線・鞍馬線 135

市バス

EX100（観光特急） …… 137
EX101系統（〃） …… 138
106系統（均一） …… 138
105系統（〃） …… 139
102系統（〃） …… 140
201系統（循環） …… 141
202系統（〃） …… 144
203系統（〃） …… 147
204系統（〃） …… 151
205系統（〃） …… 155
206系統（〃） …… 159
207系統（〃） …… 163
208系統（〃） …… 167

1系統（均一） …… 169
3系統（〃） …… 170
4・特4系統（〃） …… 172
5系統（〃） …… 174
6系統（〃） …… 176
7系統（〃） …… 177
8系統（〃） …… 179
9系統（〃） …… 180
10系統（〃） …… 182
11系統（〃） …… 184
12系統（〃） …… 186
26系統（〃） …… 188
28系統（〃） …… 190
29系統（多区間） …… 192
32系統（〃） …… 193
37系統（〃） …… 195
46系統（〃） …… 197
50系統（〃） …… 199
59系統（〃） …… 201
86系統（〃） …… 203
91系統（〃） …… 204
93系統（〃） …… 206
北1系統（〃） …… 208
北8系統（〃） …… 209
南5系統（〃） …… 210
南8系統（多区間） …… 211

京都バス

16・17・19・24系統 …… 212
32〜36・52・54系統 …… 213
62・63・66・67・72・73・76・83・92・94系統 …… 214

JRバス

高雄・京北線系統 …… 216

その他の交通

比叡山ドライブバス、嵯峨野トロッコ列車、叡山ケーブル・ロープウェイ、比叡山坂本ケーブル、保津川下り …… 216

主なバス・電車運賃表 …… 217

JR奈良線 ［下り］〈京都→宇治・奈良〉 平日

種別欄…区快＝区間快速、みやこ＝みやこ路快速、空欄＝普通
快速＝快速急行

種別	始発										区快						区快				みやこ
京都	533	551	611	622	635	648	704	715	728	740	750	755	802	813	826	835	845	855	910	928	937
東福寺	536	554	614	625	638	651	708	719	732	744	754	759	806	817	830	839	849	859	914	932	940
稲荷	539	556	617	628	641	654	711	722	735	747	↓	802	809	820	833	841	↓	901	916	934	↓
JR藤森	542	559	620	631	644	657	714	725	738	750	↓	805	812	823	836	844	↓	904	919	937	↓
桃山	544	602	622	633	646	659	717	728	741	753	↓	808	815	826	839	847	↓	907	922	940	↓
六地蔵	548	605	625	637	650	703	721	731	745	757	802	811	818	829	842	851	857	911	926	944	948
木幡	550	607	627	639	652	705	723	734	747	759	↓	814	821	832	845	853	↓	913	928	946	↓
黄檗	552	609	630	641	654	708	726	736	750	802	↓	816	823	834	847	856	↓	916	931	949	↓
宇治	556	613	633	644	657	712	729	740	754	805	808	820	827	838	851	859	903	919	934	956	954
止	|	|	|	城陽	城陽	|	宇治	|	|	宇治	|	|	|	|	城陽	宇治	|	城陽	|	|	|
奈良	634	652	717	・・	・・	755	・・	821	834	・・	850	905	911	920	・・	・・	940	・・	1016	1040	1021

種別		京都駅発10時〜16時共通（1〜2分ほどズレあり）																		
			みやこ			みやこ		みやこ			快速			快速			快速			快速
京都	945	00	07	15	30	37	45	1707	1711	1726	1735	1741	1756	1805	1811	1826	1835	1841	1856	1905
東福寺	948	03	10	18	33	40	48	1710	1714	1729	1738	1744	1759	1808	1814	1829	1838	1844	1859	1908
稲荷	950	05	↓	20	35	↓	50	↓	1717	1732	↓	1747	1802	↓	1817	1832	↓	1847	1902	↓
JR藤森	953	08	↓	23	38	↓	53	↓	1720	1735	↓	1750	1805	↓	1820	1835	↓	1850	1905	↓
桃山	956	11	↓	26	41	↓	56	↓	1723	1738	↓	1753	1808	↓	1823	1838	↓	1853	1908	↓
六地蔵	959	14	18	29	44	48	59	1718	1726	1741	1746	1756	1811	1816	1826	1841	1846	1856	1911	1916
木幡	1001	16	↓	31	46	↓	01	↓	1728	1743	↓	1758	1813	↓	1828	1843	↓	1858	1913	↓
黄檗	1004	19	↓	34	49	↓	04	↓	1731	1746	↓	1801	1816	↓	1831	1846	↓	1901	1916	↓
宇治	1007	26	24	37	56	54	07	1724	1735	1755	1752	1805	1825	1822	1835	1855	1852	1905	1925	1922
止	城陽	|	|	城陽	|	|	城陽	|	城陽	|	|	城陽	|	|	城陽	|	|	城陽	|	|
奈良	・・	10	51	・・	40	21	・・	1751	・・	1841	1822	・・	1913	1853	・・	1935	1923	・・	2017	1953

JR奈良線 ［下り］〈京都→宇治・奈良〉 土曜・休日

種別	始発									区快				みやこ			みやこ	
京都	533	607	624	640	700	716	731	746	801	816	821	837	857	907	915	930	937	945
東福寺	536	610	627	643	704	720	735	750	805	820	825	841	901	910	918	933	940	948
稲荷	539	613	630	646	706	722	737	752	807	↓	827	843	903	↓	920	935	↓	950
JR藤森	542	616	633	649	709	725	740	755	810	↓	830	846	906	↓	923	938	↓	953
桃山	544	618	635	651	712	728	743	758	813	↓	833	849	909	↓	926	941	↓	956
六地蔵	548	621	638	654	715	731	746	801	816	828	836	852	912	918	929	944	948	959
木幡	550	623	640	656	717	733	748	803	818	↓	838	854	914	↓	931	946	↓	1001
黄檗	552	626	643	659	720	736	751	806	821	↓	841	857	917	↓	934	949	↓	1004
宇治	556	629	646	703	723	739	754	809	824	834	844	900	926	924	937	956	954	1007
止	|	|	城陽	|	|	|	城陽	|	城陽	|	城陽	|	|	|	城陽	|	|	城陽
奈良	632	718	・・	749	812	833	・・	852	・・	912	・・	940	1010	951	・・	1040	1021	・・

種別	京都駅発10時〜16時共通（1〜2分ほどズレあり）																		
		みやこ			みやこ		みやこ			快速			快速			快速			快速
京都	00	07	15	30	37	45	1707	1711	1726	1735	1741	1756	1805	1811	1826	1835	1841	1856	1905
東福寺	03	10	18	33	40	48	1710	1714	1729	1738	1744	1759	1808	1814	1829	1838	1844	1859	1908
稲荷	05	↓	20	35	↓	50	↓	1717	1732	↓	1747	1802	↓	1817	1832	↓	1847	1902	↓
JR藤森	08	↓	23	38	↓	53	↓	1720	1735	↓	1750	1805	↓	1820	1835	↓	1850	1905	↓
桃山	11	↓	26	41	↓	56	↓	1723	1738	↓	1753	1808	↓	1823	1838	↓	1853	1908	↓
六地蔵	14	18	29	44	48	59	1718	1726	1741	1746	1756	1811	1816	1826	1841	1846	1856	1911	1916
木幡	16	↓	31	46	↓	01	↓	1728	1743	↓	1758	1813	↓	1828	1843	↓	1858	1913	↓
黄檗	19	↓	34	49	↓	04	↓	1731	1746	↓	1801	1816	↓	1831	1846	↓	1901	1916	↓
宇治	26	24	37	56	54	07	1724	1735	1755	1752	1805	1825	1822	1835	1855	1852	1905	1925	1922
止	|	|	城陽	|	|	城陽	|	城陽	|	|	城陽	|	|	城陽	|	|	城陽	|	|
奈良	10	51	・・	40	21	・・	1751	・・	1842	1823	・・	1913	1853	・・	1933	1923	・・	2009	1953

JR奈良線 ［上り］〈宇治→京都〉 平日

種別	始発					区快		区快		区快			快速		快速	区快			
奈良	448	522	546	605	619	629		645		654		701	713	716	726	732		745	805
|	|	|	|	|	|	|	城陽	|	城陽	|	宇治	|	|	|	|	|	宇治	|	|
宇治	523	600	625	645	700	710	713	723	726	736	738	750	748	802	800	812	815	828	845
黄檗	527	603	628	648	704	↓	717	↓	730	↓	742	754	↓	806	↓	↓	819	832	849
木幡	529	606	631	651	706	↓	719	↓	732	↓	744	756	↓	808	↓	↓	821	834	851
六地蔵	531	608	633	653	708	716	721	729	734	742	746	758	754	810	806	818	823	836	853
桃山	534	611	636	656	712	↓	725	↓	738	↓	750	802	↓	814	↓	↓	827	840	857
JR藤森	537	614	639	659	715	↓	728	↓	741	↓	753	805	↓	817	↓	↓	830	843	900
稲荷	540	616	642	702	718	↓	731	↓	744	↓	756	808	↓	820	↓	↓	833	846	903
東福寺	542	619	645	705	721	725	734	738	747	751	759	811	803	823	815	827	836	849	906
京都	544	622	648	708	723	727	736	740	749	753	801	813	805	825	817	829	838	851	908

							奈良駅発9時37分〜16時共通（1〜2分ほどズレあり）											
種別			区快				みやこ			みやこ			みやこ			快速		
奈良	825	839	857			926	37		53	07		24	1707		1720	1737		1750
|	|	|	|	宇治	城陽	|	|	城陽	|	|	城陽	|	|	城陽	|	|	城陽	|
宇治	904	918	935	937	952	1007	05	22	37	35	52	07	1735	1753	1810	1808	1823	1834
黄檗	908	922	↓	940	955	1010	↓	25	40	↓	55	10	↓	1756	1813	↓	1826	1837
木幡	910	924	↓	942	957	1012	↓	27	42	↓	57	12	↓	1759	1816	↓	1829	1840
六地蔵	912	926	941	944	959	1014	11	29	44	41	59	14	1741	1801	1818	1814	1831	1842
桃山	916	930	↓	948	1003	1018	↓	33	48	↓	03	18	↓	1804	1821	↓	1834	1845
JR藤森	919	933	↓	950	1005	1020	↓	35	50	↓	05	20	↓	1807	1824	↓	1837	1848
稲荷	922	936	↓	953	1008	1023	↓	38	53	↓	08	23	↓	1810	1827	↓	1840	1851
東福寺	925	939	949	956	1011	1026	19	41	56	49	11	26	1749	1813	1830	1822	1843	1854
京都	927	941	951	958	1013	1028	21	43	58	51	13	28	1751	1815	1832	1825	1845	1856

JR奈良線 ［上り］〈宇治→京都〉 土曜・休日

種別欄…区快＝区間快速、みやこ＝みやこ路快速、空欄＝普通
快速＝快速急行

種別	始発							快速			快速			快速			みやこ
奈良	448	522		615	632		653	704	709	724	734	743	754	804		817	837
｜	｜	｜	城陽	｜	｜	城陽	｜	｜	｜	｜	｜	｜	｜	｜	城陽	｜	｜
宇治	523	600	630	653	708	722	737	735	752	807	805	822	837	835	852	907	905
黄檗	527	603	633	656	711	725	740	↓	755	810	↓	825	840	↓	855	910	↓
木幡	529	606	636	659	714	728	743	↓	758	813	↓	828	843	↓	857	912	↓
六地蔵	531	608	638	701	716	730	745	741	800	815	811	830	845	841	859	914	911
桃山	534	611	641	704	719	733	748	↓	803	818	↓	833	848	↓	903	918	↓
JR藤森	537	614	644	707	722	736	751	↓	806	821	↓	836	851	↓	905	920	↓
稲荷	540	616	646	710	725	739	754	↓	809	824	↓	839	854	↓	908	923	↓
東福寺	542	619	649	713	728	742	757	749	812	827	819	842	857	849	911	926	919
京都	544	622	652	715	731	745	800	752	815	830	822	845	900	852	913	928	921

奈良駅発 9 時 37 分～ 16 時共通
（1 ～ 2 分ほどズレあり）

種別			みやこ			みやこ			みやこ			みやこ			快速		
奈良		856	907		924	37		53	07		24	1707		1720	1737		1750
｜	城陽	｜	｜	城陽	｜	｜	城陽	｜	｜	城陽	｜	｜	城陽	｜	｜	城陽	｜
宇治	922	937	935	952	1007	05	22	37	35	52	07	1735	1753	1810	1808	1823	1840
黄檗	925	940	↓	955	1010	↓	25	40	↓	55	10	↓	1756	1813	↓	1826	1843
木幡	927	942	↓	957	1012	↓	27	42	↓	57	12	↓	1759	1816	↓	1829	1846
六地蔵	929	944	941	959	1014	11	29	44	41	59	14	1741	1801	1818	1814	1831	1848
桃山	933	948	↓	1003	1018	↓	33	48	↓	03	18	↓	1804	1821	↓	1834	1851
JR藤森	935	950	↓	1005	1020	↓	35	50	↓	05	20	↓	1807	1824	↓	1837	1854
稲荷	938	953	↓	1008	1023	↓	38	53	↓	08	23	↓	1810	1827	↓	1840	1857
東福寺	941	956	949	1011	1026	19	41	56	49	11	26	1749	1813	1830	1822	1843	1900
京都	943	958	951	1013	1028	21	43	58	51	13	28	1751	1815	1832	1825	1845	1902

JR嵯峨野線 ［下り］ 平日 土曜・休日

種別欄…快速＝快速急行、特急は割愛。
▲印は平日のみ運転、△印は土曜・休日のみ運転

種別	▲	△	▲	△	▲		▲	△			▲	△	▲	△	▲	△	▲	△	快速	▲	△				快速
京都	755	800	804	815	816	827	840	840	853	858	909	911	927	927	942	942	957	957	1008	1011	1011	1027	1042	1057	1108
梅小路京都西	758	803	807	818	819	830	843	843	856	901	912	914	930	930	945	945	1000	1000	↓	1014	1014	1030	1045	1100	↓
丹波口	800	805	809	820	821	832	845	845	857	902	914	915	932	932	947	947	1001	1001	↓	1016	1016	1032	1047	1101	↓
二条	803	809	812	823	824	836	848	848	900	905	917	918	934	934	949	949	1004	1004	1012	1019	1019	1034	1049	1104	1112
円町	806	812	815	826	827	839	850	851	903	908	919	921	937	937	952	952	1007	1007	1015	1021	1021	1037	1052	1107	1115
花園	808	814	817	829	830	841	853	854	905	910	921	923	939	939	954	954	1009	1009	↓	1023	1023	1039	1054	1109	↓
太秦	811	817	820	831	832	843	855	856	908	913	924	926	942	942	957	957	1011	1011	↓	1026	1026	1042	1057	1111	↓
嵯峨嵐山	814	820	823	834	835	850	858	859	911	916	927	929	944	944	959	959	1014	1014	1020	1028	1029	1044	1059	1114	1120
保津峡	818	824	827	838	839	854	902	903	915	920	931	933	948	・・	・・	1003	1018	・・	↓	・・	1033	1048	1103	1118	↓
馬堀	822	827	831	842	843	858	906	907	918	923	934	936	952	・・	・・	1007	1022	・・	↓	・・	1036	1052	1107	1122	↓
亀岡	825	831	834	845	846	901	909	910	921	926	937	946	955	・・	・・	1010	1025	・・	1028	・・	1039	1055	1110	1125	1128
終着	園部	園部	園部	園部	園部	・・	園部	・・	・・	園部	・・	園部	園部	・・	・・	園部	・・	・・	園部	・・	・・	園部	・・	・・	園部

京都駅発 11 時 42 分～ 15 時 08 分共通

種別	△	▲	▲	△	快速	▲	△	快速	快速	快速	快速														
京都	1111	1111	1127	1127	8	11	11	27	42	57	1511	1527	1548	1608	1611	1627	1639	1658	1709	1715	1732	1739	1744	1758	1809
梅小路京都西	1114	1114	1130	1130	↓	14	14	30	45	0	1514	1530	1551	↓	1614	1630	1642	1701	↓	1718	1735	↓	1747	1801	↓
丹波口	1116	1116	1132	1132	↓	16	16	32	47	1	1516	1532	1554	↓	1616	1632	1644	1703	↓	1720	1737	↓	1749	1803	↓
二条	1119	1119	1134	1134	12	19	19	34	49	4	1519	1534	1557	1612	1619	1635	1647	1706	1714	1723	1740	1744	1752	1806	1814
円町	1121	1121	1137	1137	15	21	21	37	52	7	1521	1537	1600	1615	1621	1638	1650	1708	1717	1726	1742	1747	1755	1809	1817
花園	1123	1123	1139	1139	↓	23	23	39	54	9	1523	1539	1602	↓	1624	1640	1652	1711	↓	1728	1745	↓	1757	1811	↓
太秦	1126	1126	1142	1142	↓	26	26	42	57	11	1526	1542	1605	↓	1626	1643	1655	1713	↓	1731	1747	↓	1800	1813	↓
嵯峨嵐山	1128	1129	1144	1144	20	28	29	44	59	14	1528	1544	1607	1620	1629	1645	1657	1716	1722	1733	1754	1752	1802	1816	1822
保津峡	・・	1133	・・	1148	↓	33	33	48	3	18	・・	1548	1611	↓	1633	1649	1701	1720	↓	1737	1758	↓	1806	1820	↓
馬堀	・・	1136	・・	1152	↓	36	36	52	7	22	・・	1552	1615	↓	1636	1653	1705	1723	↓	1741	1802	↓	1810	1824	↓
亀岡	・・	1139	・・	1155	28	39	39	55	10	25	・・	1555	1618	1628	1639	1656	1708	1726	1730	1750	1805	1800	1813	1827	1830
終着	・・	・・	・・	園部	園部	・・	・・	園部	・・	・・	・・	園部	・・	園部	・・	園部	園部	・・	園部	園部	・・	福知山	園部	・・	園部

JR嵯峨野線 ［上り］ 平日 土曜・休日

種別欄…特急は一部割愛。▲印は平日のみ運転、△印は土曜・休日のみ運転

種別	▲	△	▲快速	△	▲	△快速	▲快速			△	▲		△	▲	快速	△		▲	△快速	▲	△	▲	快速
亀岡	742	744	747	756	756	804	805	817	830	839	846	856	906	914	920	922	936	952	1002		1014	1020	1032
馬堀	744	747	↓	800	800	↓	↓	819	833	842	849	858	909	917	↓	925	939	955	↓		1016	1023	↓
保津峡	748	750	↓	803	803	↓	↓	823	837	846	853	902	912	921	↓	929	943	958	↓		1020	1026	↓
嵯峨嵐山	756	754	755	814	815	813	813	827	841	853	857	906	916	929	928	932	946	1002	1010	1016	1024	1030	1040
太秦	759	757	↓	817	818	↓	↓	830	844	855	900	909	919	932	↓	935	949	1005	↓	1019	1026	1033	↓
花園	802	800	↓	820	820	↓	↓	832	846	858	902	911	921	934	↓	938	952	1007	↓	1022	1029	1035	↓
円町	805	803	800	823	823	817	818	835	848	900	905	914	924	937	932	940	954	1009	1014	1024	1031	1037	1044
二条	808	806	803	826	826	821	821	838	851	903	908	917	927	940	935	943	957	1012	1017	1027	1034	1040	1047
丹波口	811	809	↓	828	829	↓	↓	840	854	906	910	919	929	942	↓	945	959	1015	↓	1029	1036	1043	↓
梅小路京都西	813	811	↓	831	831	↓	↓	842	856	908	912	921	931	944	↓	947	1001	1017	↓	1031	1038	1045	↓
京都	815	813	808	833	834	825	827	845	859	910	915	924	934	947	939	950	1004	1019	1021	1034	1041	1048	1051

亀岡駅発 11 時 6 分～ 15 時 6 分共通
（1～2 分ほどずれあり）

種別	▲	△	▲	△				快速			快速					快速		▲	△			快速	
亀岡	1036			1051		06	21	32	36	1518	1533	1535		1605	1621	1633	1635	1644	1651	1707	1721	1733	1736
馬堀	1039			1054		09	24	↓	39	1521	↓	1538		1608	1624	↓	1638	1646	1654	1710	1724	↓	1739
保津峡	1043			1058		13	27	↓	42	1524	↓	1541		1612	1627	↓	1642	1650	1658	1714	1727	↓	1743
嵯峨嵐山	1046	1046	1102	1102	02	16	31	40	46	1529	1541	1546	1602	1616	1632	1641	1646	1702	1702	1718	1732	1741	1747
太秦	1049	1049	1105	1104	04	19	34	↓	49	1531	↓	1549	1605	1619	1634	↓	1649	1705	1705	1721	1734	↓	1750
花園	1052	1052	1107	1107	07	22	36	↓	51	1534	↓	1551	1607	1621	1637	↓	1651	1707	1707	1723	1737	↓	1752
円町	1054	1054	1109	1109	09	24	38	44	54	1536	1545	1554	1610	1624	1639	1645	1654	1710	1710	1726	1739	1746	1754
二条	1057	1057	1112	1112	12	27	41	47	57	1540	1548	1557	1613	1627	1642	1648	1657	1713	1713	1729	1742	1749	1757
丹波口	1059	1059	1115	1114	14	29	44	↓	59	1542	↓	1600	1616	1630	1645	↓	1700	1716	1716	1732	1745	↓	1800
梅小路京都西	1101	1101	1117	1116	16	31	46	↓	01	1544	↓	1602	1618	1632	1647	↓	1702	1718	1718	1734	1747	↓	1802
京都	1104	1104	1119	1119	19	34	49	51	04	1547	1553	1604	1620	1634	1650	1653	1704	1720	1720	1736	1750	1753	1804

京阪電車　本線・鴨東線　〔下り〕 平日

種別欄…空欄＝普通または準急
特急＝特別急行、快特＝快速特急、快急＝快速急行

列車種別		特急		特急		特急		特急		快急		特急		快急		特急		特急		快急	特急		特急		快急		特急		特急	快急		特急		特
出町柳	803	807	815	818	827	829	836	840	846	849	855	900	905	908	913	916	923	929	934	936	946	947	957	1001	1007	1013	1016	1025	1028	1037	1042	1045	1053	10
神宮丸太町	805	↓	817	↓	828	↓	838	↓	848	↓	857	↓	906	↓	915	↓	924	↓	935	↓	↓	949	↓	1003	↓	1015	↓	1027	↓	↓	1044	↓	1055	↓
三条	812	810	823	821	834	833	845	843	854	853	905	903	913	911	921	919	927	932	941	939	949	951	1000	1005	1010	1021	1019	1035	1031	1040	1050	1048	1104	10
祇園四条	813	812	825	823	836	834	846	845	856	854	907	905	915	913	923	921	928	934	942	941	951	953	1002	1007	1012	1023	1021	1037	1032	1042	1052	1050	1105	11
清水五条	815	↓	826	↓	837	↓	848	↓	857	↓	908	↓	916	↓	924	↓	930	↓	944	↓	↓	954	↓	1008	↓	1024	↓	1038	↓	↓	1053	↓	1107	↓
七条	817	814	828	825	839	837	850	847	859	857	910	907	918	915	926	923	932	936	946	943	953	956	1004	1010	1014	1026	1023	1040	1035	1044	1055	1052	1109	11
東福寺	818	↓	830	↓	841	↓	851	↓	901	↓	912	↓	920	↓	928	↓	933	↓	947	↓	↓	958	↓	1012	↓	1028	↓	1042	↓	↓	1057	↓	1110	↓
鳥羽街道	820	↓	832	↓	843	↓	853	↓	903	↓	914	↓	922	↓	930	↓	935	↓	949	↓	↓	1000	↓	1014	↓	1030	↓	1044	↓	↓	1059	↓	1112	↓
伏見稲荷	822	↓	833	↓	844	↓	855	↓	904	↓	915	↓	923	↓	931	↓	937	↓	951	↓	↓	1001	↓	1015	↓	1031	↓	1045	↓	↓	1100	↓	1114	↓
龍谷大前深草	824	↓	835	↓	846	↓	857	↓	906	↓	920	↓	927	↓	934	↓	942	↓	953	↓	↓	1003	↓	1020	↓	1033	↓	1050	↓	↓	1102	↓	1118	↓
藤森	825	↓	837	↓	847	↓	858	↓	907	↓	921	↓	929	↓	935	↓	944	↓	954	↓	↓	1005	↓	1022	↓	1034	↓	1052	↓	↓	1103	↓	1120	↓
墨染	827	↓	838	↓	849	↓	900	↓	909	↓	923	↓	931	↓	937	↓	945	↓	956	↓	↓	1006	↓	1023	↓	1036	↓	1053	↓	↓	1105	↓	1121	↓
丹波橋	833	822	844	832	855	843	906	854	915	904	925	914	933	922	944	930	953	942	1001	951	1000	1014	1011	1031	1021	1044	1029	1100	1041	1051	1113	1059	1129	11
伏見桃山	835	↓	846	↓	857	↓	908	↓	917	↓	927	↓	934	↓	946	↓	955	↓	1003	↓	↓	1016	↓	1033	↓	1046	↓	1102	↓	↓	1115	↓	1131	↓
中書島	837	825	849	835	859	846	910	856	920	907	929	917	936	924	948	932	957	945	1005	954	1002	1018	1014	1035	1023	1048	1032	1104	1044	1053	1117	1101	1133	11

11時～14時共通（1～2分ほどズレあり）

列車種別	快急		特急		特急	快急		特急		特急		特急		特急		特急		特急		特急		特急		特急		特急		特急		特
出町柳	05	10	14	24	27	35	40	44	54	57	1505	1510	1516	1522	1528	1534	1541	1546	1553	1558	1605	1610	1617	1622	1630	1634	1642	1646	1653	1658	1705	1710	1716	17
神宮丸太町	↓	12	↓	26	↓	↓	42	↓	56	↓	1507	↓	1518	↓	1530	↓	1543	↓	1555	↓	1607	↓	1619	↓	1632	↓	1644	↓	1655	↓	1707	↓	1718	↓
三条	09	20	17	34	30	39	50	47	04	00	1516	1513	1527	1525	1539	1537	1552	1549	1604	1601	1616	1613	1628	1625	1640	1637	1652	1649	1704	1701	1716	1713	1728	17
祇園四条	10	22	19	36	32	41	52	49	06	02	1517	1515	1529	1527	1541	1539	1553	1551	1605	1603	1617	1615	1629	1627	1641	1639	1653	1651	1705	1703	1718	1715	1730	17
清水五条	↓	23	↓	37	↓	↓	53	↓	07	↓	1519	↓	1530	↓	1542	↓	1555	↓	1607	↓	1619	↓	1631	↓	1643	↓	1655	↓	1707	↓	1719	↓	1731	↓
七条	13	25	21	39	34	43	55	51	09	04	1521	1517	1532	1529	1544	1541	1557	1553	1609	1605	1621	1617	1633	1629	1645	1641	1657	1653	1709	1705	1721	1717	1733	17
東福寺	↓	27	↓	41	↓	↓	57	↓	11	↓	1522	↓	1534	↓	1546	↓	1558	↓	1610	↓	1622	↓	1634	↓	1646	↓	1658	↓	1710	↓	1723	↓	1735	↓
鳥羽街道	↓	29	↓	43	↓	↓	59	↓	13	↓	1524	↓	1536	↓	1548	↓	1600	↓	1612	↓	1624	↓	1636	↓	1648	↓	1700	↓	1712	↓	1725	↓	1737	↓
伏見稲荷	↓	30	↓	44	↓	↓	00	↓	14	↓	1526	↓	1537	↓	1549	↓	1602	↓	1614	↓	1626	↓	1638	↓	1650	↓	1702	↓	1714	↓	1726	↓	1738	↓
龍谷大前深草	↓	32	↓	48	↓	↓	02	↓	18	↓	1528	↓	1539	↓	1551	↓	1604	↓	1616	↓	1628	↓	1640	↓	1652	↓	1704	↓	1716	↓	1728	↓	1740	↓
藤森	↓	33	↓	50	↓	↓	03	↓	20	↓	1529	↓	1540	↓	1552	↓	1605	↓	1617	↓	1629	↓	1641	↓	1653	↓	1705	↓	1717	↓	1729	↓	1741	↓
墨染	↓	35	↓	51	↓	↓	05	↓	21	↓	1531	↓	1542	↓	1554	↓	1607	↓	1619	↓	1631	↓	1643	↓	1655	↓	1707	↓	1719	↓	1731	↓	1743	↓
丹波橋	19	43	27	59	40	50	13	57	29	10	1537	1524	1550	1536	1602	1548	1614	1600	1626	1612	1638	1624	1649	1636	1701	1648	1713	1700	1725	1712	1738	1724	1749	17
伏見桃山	↓	45	↓	01	↓	↓	15	↓	31	↓	1539	↓	1552	↓	1604	↓	1616	↓	1628	↓	1640	↓	1651	↓	1703	↓	1715	↓	1727	↓	1740	↓	1751	↓
中書島	22	47	30	03	43	52	17	00	33	13	1541	1527	1554	1538	1606	1550	1618	1602	1630	1614	1642	1626	1654	1638	1705	1650	1718	1702	1729	1714	1742	1726	1753	17

列車種別		快急		快特	特急		特急		快急		快特	特急		特急		快急	快特		特急	急行		特急	急行		特急		特急	急行		特急		特急	急行
出町柳	1729	1733	1738	1741	1746	1752	1757	1804	1807	1812	1815	1820	1827	1831	1840	1843	1849	1852	1855	1859	1905	1908	1912	1918	1921	1928	1932	1936	1941	1946	1952	1956	2000
神宮丸太町	1731	↓	1740	↓	↓	1754	↓	1806	↓	1814	↓	↓	1829	↓	1842	↓	↓	1854	↓	1901	1907	↓	1913	1920	↓	1930	↓	1938	1943	↓	1954	↓	2002
三条	1739	1737	1751	1744	1749	1803	1800	1813	1811	1825	1818	1823	1836	1834	1847	1846	1852	1900	1859	1904	1913	1911	1916	1927	1924	1938	1936	1941	1951	1949	2002	2000	2005
祇園四条	1741	1739	1753	1746	1751	1804	1802	1815	1813	1827	1820	1825	1838	1836	1849	1847	1854	1902	1900	1905	1914	1913	1918	1929	1926	1939	1938	1943	1952	1951	2003	2002	2007
清水五条	1742	↓	1754	↓	↓	1806	↓	1816	↓	1828	↓	↓	1839	↓	1850	↓	↓	1903	↓	1907	1916	↓	1919	1930	↓	1941	↓	1944	1954	↓	2005	↓	2008
七条	1744	1741	1756	1748	1753	1808	1804	1818	1815	1830	1822	1827	1841	1838	1852	1850	1856	1905	1903	1909	1918	1915	1921	1932	1928	1943	1940	1946	1956	1953	2007	2004	2010
東福寺	1746	↓	1758	↓	↓	1809	↓	1820	↓	1832	↓	↓	1843	↓	1854	↓	↓	1907	↓	↓	1919	↓	↓	1934	↓	1944	↓	↓	1957	↓	2008	↓	↓
鳥羽街道	1748	↓	1800	↓	↓	1811	↓	1822	↓	1834	↓	↓	1845	↓	1856	↓	↓	1909	↓	↓	1921	↓	↓	1936	↓	1946	↓	↓	1959	↓	2010	↓	↓
伏見稲荷	1749	↓	1801	↓	↓	1813	↓	1823	↓	1835	↓	↓	1846	↓	1857	↓	↓	1910	↓	1912	1923	↓	1925	1937	↓	1948	↓	1950	2001	↓	2012	↓	2014
龍谷大前深草	1753	↓	1803	↓	↓	1815	↓	1827	↓	1837	↓	↓	1848	↓	1901	↓	↓	1914	↓	↓	1927	↓	↓	1939	↓	1952	↓	↓	2003	↓	2016	↓	↓
藤森	1754	↓	1804	↓	↓	1816	↓	1828	↓	1838	↓	↓	1849	↓	1903	↓	↓	1916	↓	↓	1928	↓	↓	1940	↓	1953	↓	↓	2004	↓	2017	↓	↓
墨染	1756	↓	1806	↓	↓	1818	↓	1830	↓	1840	↓	↓	1851	↓	1904	↓	↓	1917	↓	↓	1930	↓	↓	1942	↓	1955	↓	↓	2006	↓	2019	↓	↓
丹波橋	1802	1748	1812	↓	1800	1823	1811	1836	1822	1847	↓	1834	1858	1845	1911	1857	↓	1924	1909	1916	1937	1922	1929	1950	1935	2001	1947	1954	2013	2000	2026	2011	2018
伏見桃山	1804	↓	1814	↓	↓	1825	↓	1838	↓	1849	↓	↓	1900	↓	1913	↓	↓	1926	↓	↓	1939	↓	↓	1952	↓	2003	↓	↓	2015	↓	2028	↓	↓
中書島	1806	1751	1816	↓	1803	1827	1814	1840	1825	1851	↓	1837	1902	1848	1915	1900	↓	1928	1912	1919	1941	1925	1932	1954	1937	2005	1950	1956	2017	2002	2030	2013	2020

京阪電車　本線・鴨東線　〔下り〕 土曜・休日

列車種別		快急		特急		特急	快急		特急		特急		快急	特急		特急		快急	特急		特急		快急		特急		特急	快急			特急		特
出町柳	802	805	815	818	826	829	835	839	848	850	900	903	906	918	920	929	933	936	947	949	958	1003	1005	1012	1016	1026	1029	1035	1039	1043	1046	1056	10
神宮丸太町	804	↓	816	↓	828	↓	↓	840	↓	852	↓	905	↓	↓	922	↓	935	↓	↓	951	↓	1005	↓	1014	↓	1028	↓	↓	1041	1045	↓	1058	↓
三条	812	808	823	821	834	832	839	843	851	854	903	911	909	921	924	933	941	939	951	953	1001	1010	1009	1022	1019	1033	1032	1038	1043	1053	1049	1104	11
祇園四条	814	810	825	823	835	834	840	844	853	855	905	913	911	923	925	934	942	941	952	954	1003	1012	1010	1024	1021	1035	1033	1040	1045	1054	1051	1105	11
清水五条	815	↓	827	↓	837	↓	↓	846	↓	857	↓	914	↓	↓	927	↓	944	↓	↓	956	↓	1013	↓	1025	↓	1036	↓	↓	1046	1056	↓	1107	↓
七条	817	812	829	825	839	836	843	848	855	859	907	916	913	925	929	937	946	943	955	958	1005	1015	1013	1027	1023	1038	1036	1042	1048	1058	1053	1109	11
東福寺	819	↓	830	↓	840	↓	↓	849	↓	901	↓	918	↓	↓	931	↓	948	↓	↓	1000	↓	1017	↓	1029	↓	1040	↓	↓	1050	1059	↓	1110	↓
鳥羽街道	821	↓	832	↓	842	↓	↓	851	↓	902	↓	920	↓	↓	932	↓	950	↓	↓	1001	↓	1019	↓	1031	↓	1042	↓	↓	1052	1101	↓	1112	↓
伏見稲荷	822	↓	834	↓	844	↓	↓	853	↓	904	↓	921	↓	↓	934	↓	951	↓	↓	1003	↓	1020	↓	1032	↓	1043	↓	↓	1053	1103	↓	1114	↓
龍谷大前深草	824	↓	836	↓	847	↓	↓	855	↓	906	↓	923	↓	↓	936	↓	953	↓	↓	1005	↓	1022	↓	1034	↓	1049	↓	↓	1058	1105	↓	1119	↓
藤森	825	↓	837	↓	849	↓	↓	856	↓	907	↓	925	↓	↓	937	↓	954	↓	↓	1006	↓	1023	↓	1035	↓	1051	↓	↓	1100	1106	↓	1121	↓
墨染	827	↓	839	↓	850	↓	↓	858	↓	909	↓	926	↓	↓	939	↓	956	↓	↓	1008	↓	1025	↓	1037	↓	1052	↓	↓	1102	1108	↓	1122	↓
丹波橋	834	819	845	832	853	843	850	904	902	915	913	933	920	932	945	943	1002	950	1001	1014	1012	1031	1019	1043	1030	1101	1042	1049	1104	1114	1059	1131	11
伏見桃山	836	↓	847	↓	854	↓	↓	906	↓	917	↓	935	↓	↓	947	↓	1004	↓	↓	1016	↓	1033	↓	1045	↓	1103	↓	↓	1105	1116	↓	1133	↓
中書島	838	821	849	834	856	846	853	908	904	919	916	937	923	934	949	946	1007	953	1004	1018	1015	1035	1022	1047	1032	1105	1045	1051	1107	1118	1102	1135	11

12時～14時共通（1～2分ほどズレあり）

列車種別	快急			特急		特急	快急			特急		特急	快急		特急		特急	快急		特急		特急	快急		特急		特急	快急		特急		快特急	特
出町柳	1105	1109	1113	1116	1126	1129	1135	1139	1143	1146	1156	1159	04	10	13	24	27	34	40	43	54	57	1504	1510	1515	1524	1527	1534	1539	1542	1550	1553	15
神宮丸太町	↓	1111	1115	↓	1128	↓	↓	1141	1145	↓	1158	↓	↓	12	↓	26	↓	↓	42	↓	56	↓	↓	1512	↓	1526	↓	↓	1541	↓	1552	↓	
三条	1109	1113	1123	1119	1134	1132	1139	1143	1153	1149	1204	1202	08	20	16	33	30	38	50	46	03	00	1508	1520	1518	1532	1530	1537	1549	1545	1603	1556	16
祇園四条	1110	1115	1124	1121	1135	1134	1140	1145	1154	1151	1205	1204	09	22	18	34	32	39	52	48	04	02	1509	1522	1520	1534	1532	1539	1551	1547	1604	1558	16
清水五条	↓	1116	1126	↓	1137	↓	↓	1146	1156	↓	1207	↓	↓	23	↓	36	↓	↓	53	↓	06	↓	↓	1523	↓	1535	↓	↓	1552	↓	1606	↓	
七条	1113	1118	1128	1123	1139	1136	1143	1148	1158	1153	1209	1206	12	25	20	38	34	42	55	50	8	04	1512	1525	1522	1537	1534	1541	1554	1549	1608	1600	16
東福寺	↓	1120	1129	↓	1140	↓	↓	1150	1159	↓	1210	↓	↓	27	↓	40	↓	↓	57	↓	10	↓	↓	1527	↓	1539	↓	↓	1556	↓	1609	↓	
鳥羽街道	↓	1122	1131	↓	1142	↓	↓	1152	1201	↓	1212	↓	↓	29	↓	41	↓	↓	59	↓	11	↓	↓	1529	↓	1541	↓	↓	1558	↓	1611	↓	
伏見稲荷	↓	1123	1133	↓	1144	↓	↓	1153	1203	↓	1214	↓	↓	30	↓	43	↓	↓	00	↓	13	↓	↓	1530	↓	1542	↓	↓	1559	↓	1613	↓	
龍谷大前深草	↓	1128	1135	↓	1149	↓	↓	1158	1205	↓	1218	↓	↓	33	↓	48	↓	↓	03	↓	18	↓	↓	1533	↓	1548	↓	↓	1604	↓	1618	↓	
藤森	↓	1130	1136	↓	1151	↓	↓	1200	1206	↓	1220	↓	↓	34	↓	50	↓	↓	04	↓	20	↓	↓	1534	↓	1549	↓	↓	1606	↓	1619	↓	
墨染	↓	1132	1138	↓	1152	↓	↓	1202	1208	↓	1221	↓	↓	36	↓	51	↓	↓	06	↓	21	↓	↓	1536	↓	1551	↓	↓	1607	↓	1621	↓	
丹波橋	1119	1134	1144	1129	1201	1142	1149	1204	1214	1159	1229	1212	18	42	26	59	40	48	12	56	29	10	1518	1542	1528	1557	1540	1548	1613	1556	1627	↓	16
伏見桃山	↓	1135	1146	↓	1203	↓	↓	1205	1216	↓	1231	↓	↓	44	↓	01	↓	↓	14	↓	31	↓	↓	1544	↓	1559	↓	↓	1615	↓	1629	↓	
中書島	1122	1137	1148	1132	1205	1145	1152	1207	1218	1202	1234	1215	21	46	29	04	43	51	16	59	34	13	1521	1546	1531	1601	1543	1550	1617	1558	1631	↓	16

列車種別	快急		特急		快特急	特急	快急		特急		快特急	特急	快急		特急		快特急	特急	快急		特急		快特急	特急	快急		特急		特急	快急		特急	
出町柳	1604	1607	1612	1620	1623	1627	1634	1637	1642	1650	1653	1657	1704	1707	1712	1720	1723	1727	1735	1738	1742	1750	1753	1757	1805	1810	1813	1824	1827	1835	1840	1843	18
神宮丸太町	↓	1609	↓	1622	↓	↓	↓	1639	↓	1652	↓	↓	↓	1709	↓	1722	↓	↓	↓	1739	↓	1752	↓	↓	↓	1812	↓	1826	↓	↓	1842	↓	18
三条	1608	1619	1615	1633	1626	1631	1638	1649	1645	1703	1656	1701	1708	1719	1715	1733	1726	1731	1738	1749	1745	1803	1756	1801	1808	1820	1816	1833	1830	1838	1850	1846	19
祇園四条	1609	1620	1617	1634	1628	1632	1639	1650	1647	1704	1658	1702	1709	1720	1717	1734	1728	1732	1740	1750	1747	1805	1758	1802	1810	1822	1818	1835	1832	1840	1852	1848	19
清水五条	↓	1622	↓	1636	↓	↓	↓	1652	↓	1706	↓	↓	↓	1722	↓	1736	↓	↓	↓	1752	↓	1806	↓	↓	↓	1823	↓	1836	↓	↓	1853	↓	19
七条	1612	1624	1619	1638	1630	1635	1642	1654	1649	1708	1700	1705	1712	1724	1719	1738	1730	1735	1742	1754	1749	1808	1800	1805	1812	1825	1820	1838	1834	1842	1855	1850	19
東福寺	↓	1625	↓	1639	↓	↓	↓	1655	↓	1709	↓	↓	↓	1725	↓	1739	↓	↓	↓	1755	↓	1810	↓	↓	↓	1827	↓	1840	↓	↓	1857	↓	19
鳥羽街道	↓	1627	↓	1641	↓	↓	↓	1657	↓	1711	↓	↓	↓	1727	↓	1741	↓	↓	↓	1757	↓	1812	↓	↓	↓	1829	↓	1842	↓	↓	1859	↓	19
伏見稲荷	↓	1629	↓	1643	↓	↓	↓	1659	↓	1713	↓	↓	↓	1729	↓	1743	↓	↓	↓	1759	↓	1813	↓	↓	↓	1830	↓	1843	↓	↓	1900	↓	19
龍谷大前深草	↓	1634	↓	1648	↓	↓	↓	1704	↓	1718	↓	↓	↓	1734	↓	1748	↓	↓	↓	1804	↓	1818	↓	↓	↓	1833	↓	1848	↓	↓	1903	↓	19
藤森	↓	1636	↓	1649	↓	↓	↓	1706	↓	1719	↓	↓	↓	1736	↓	1749	↓	↓	↓	1806	↓	1820	↓	↓	↓	1834	↓	1850	↓	↓	1904	↓	19
墨染	↓	1637	↓	1651	↓	↓	↓	1707	↓	1721	↓	↓	↓	1737	↓	1751	↓	↓	↓	1807	↓	1821	↓	↓	↓	1836	↓	1851	↓	↓	1906	↓	19
丹波橋	1618	1643	1626	1657	↓	1642	1648	1713	1656	1727	↓	1712	1718	1743	1726	1757	↓	1742	1749	1813	1756	1829	↓	1812	1819	1843	1826	1859	1840	1849	1913	1856	19
伏見桃山	↓	1645	↓	1659	↓	↓	↓	1715	↓	1729	↓	↓	↓	1745	↓	1759	↓	↓	↓	1815	↓	1831	↓	↓	↓	1845	↓	1901	↓	↓	1915	↓	19
中書島	1621	1647	1628	1701	↓	1645	1651	1717	1658	1731	↓	1714	1721	1747	1728	1801	↓	1744	1751	1817	1758	1834	↓	1814	1822	1847	1829	1904	1843	1852	1917	1859	19

京阪電車　本線・鴨東線　〔上り〕 平日

種別欄…空欄＝普通または準急
特急＝特別急行、快特＝快速特急、快急＝快速急行

列車種別	特急		特急		特急		特急		特急		特急		特急		特急		特急		特急	快特	急行		特急		特急	快急		特急	快特		快急		特急	快急	
中書島	804	807	810	817	820	827	830	836	839	846	849	856	859	906	909	920	924	934	937	↓	949	952	955	1005	1007	1016	1021	1024	↓	1036	1039	1047	1050	1059	04
伏見桃山	↓	809	↓	819	↓	828	↓	838	↓	848	↓	857	↓	908	↓	922	↓	935	↓	↓	↓	954	↓	1006	↓	↓	1023	↓	↓	1038	↓	1049	↓	↓	05
丹波橋	808	815	814	825	824	835	833	844	843	854	852	903	902	916	912	929	927	941	939	↓	953	959	958	1013	1010	1018	1029	1027	↓	1044	1042	1056	1053	1101	12
墨染	↓	817	↓	827	↓	837	↓	846	↓	856	↓	905	↓	918	↓	931	↓	943	↓	↓	↓	1001	↓	1015	↓	↓	1031	↓	↓	1046	↓	1058	↓	↓	14
藤森	↓	819	↓	829	↓	838	↓	848	↓	857	↓	907	↓	919	↓	933	↓	945	↓	↓	↓	1003	↓	1017	↓	↓	1033	↓	↓	1048	↓	1100	↓	↓	16
龍谷大前深草	↓	821	↓	831	↓	841	↓	850	↓	859	↓	909	↓	922	↓	935	↓	949	↓	↓	↓	1005	↓	1022	↓	↓	1038	↓	↓	1050	↓	1105	↓	↓	19
伏見稲荷	↓	822	↓	832	↓	842	↓	851	↓	900	↓	910	↓	923	↓	936	↓	950	↓	↓	956	1006	↓	1023	↓	↓	1039	↓	↓	1051	↓	1106	↓	↓	20
鳥羽街道	↓	824	↓	834	↓	843	↓	853	↓	902	↓	911	↓	924	↓	938	↓	952	↓	↓	↓	1008	↓	1024	↓	↓	1041	↓	↓	1052	↓	1108	↓	↓	22
東福寺	↓	825	↓	835	↓	845	↓	854	↓	903	↓	913	↓	926	↓	939	↓	954	↓	↓	↓	1010	↓	1026	↓	↓	1042	↓	↓	1054	↓	1109	↓	↓	23
七条	814	827	820	837	830	847	840	856	849	905	859	915	908	928	918	941	933	956	945	951	1000	1012	1004	1028	1016	1024	1044	1033	1040	1056	1048	1111	1059	1107	25
清水五条	↓	829	↓	839	↓	848	↓	858	↓	907	↓	916	↓	929	↓	943	↓	957	↓	↓	1001	1014	↓	1030	↓	↓	1046	↓	↓	1058	↓	1113	↓	↓	27
祇園四条	816	831	823	840	833	850	842	859	852	909	901	918	911	931	920	945	936	959	948	953	1003	1016	1006	1032	1018	1027	1048	1036	1043	1100	1050	1115	1102	1110	29
三条	819	838	826	846	835	857	845	906	854	914	904	926	913	939	922	951	938	1001	950	956	1010	1023	1008	1039	1021	1029	1054	1038	1045	1107	1053	1124	1104	1113	37
神宮丸太町	↓	839	↓	848	↓	859	↓	907	↓	915	↓	928	↓	940	↓	952	↓	1002	↓	↓	1012	1024	↓	1041	↓	↓	1055	↓	↓	1109	↓	1126	↓	↓	39
出町柳	822	842	829	851	838	902	848	910	857	918	907	931	916	943	925	955	941	1005	953	959	1015	1027	1011	1044	1024	1032	1058	1041	1048	1112	1056	1129	1107	1116	42

11時～15時共通（1～2分ほどズレあり）

列車種別	特急		特急	快急		特急		特急	快急	特急		特急		特急		特急		特急		特急		特急	急行		特急		特急		特急	急行		特急		特急	
中書島	06	17	20	29	34	36	47	50	59	1550	1600	1603	1612	1615	1624	1627	1636	1638	1647	1650	1659	1701	1706	1711	1714	1723	1725	1735	1737	1743	1747	1750	1758	1801	1811
伏見桃山	↓	19	↓	↓	35	↓	49	↓	↓	↓	1601	↓	1613	↓	1625	↓	1637	↓	1648	↓	1700	↓	↓	1712	↓	1724	↓	1736	↓	↓	1748	↓	1800	↓	1812
丹波橋	09	26	23	31	42	39	56	53	01	1553	1608	1606	1620	1618	1632	1630	1643	1641	1654	1653	1706	1704	1709	1718	1717	1730	1728	1742	1740	1745	1754	1753	1806	1804	1818
墨染	↓	28	↓	↓	44	↓	58	↓	↓	↓	1610	↓	1622	↓	1634	↓	1645	↓	1656	↓	1708	↓	↓	1720	↓	1732	↓	1744	↓	↓	1756	↓	1808	↓	1820
藤森	↓	30	↓	↓	46	↓	00	↓	↓	↓	1611	↓	1623	↓	1635	↓	1647	↓	1658	↓	1709	↓	↓	1722	↓	1734	↓	1745	↓	↓	1758	↓	1810	↓	1822
龍谷大前深草	↓	35	↓	↓	49	↓	05	↓	↓	↓	1613	↓	1625	↓	1637	↓	1649	↓	1700	↓	1713	↓	↓	1724	↓	1736	↓	1749	↓	↓	1800	↓	1812	↓	1826
伏見稲荷	↓	36	↓	↓	50	↓	06	↓	↓	↓	1614	↓	1626	↓	1638	↓	1650	↓	1701	↓	1714	↓	1713	1725	↓	1737	↓	1751	↓	1749	1801	↓	1813	↓	1827
鳥羽街道	↓	38	↓	↓	52	↓	08	↓	↓	↓	1616	↓	1628	↓	1640	↓	1651	↓	1702	↓	1716	↓	↓	1726	↓	1738	↓	1752	↓	↓	1802	↓	1814	↓	1828
東福寺	↓	39	↓	↓	53	↓	09	↓	↓	↓	1618	↓	1630	↓	1642	↓	1653	↓	1704	↓	1717	↓	↓	1728	↓	1740	↓	1754	↓	↓	1804	↓	1816	↓	1830
七条	15	41	29	37	55	45	11	59	07	1559	1620	1612	1632	1624	1644	1636	1655	1647	1706	1659	1719	1710	1716	1730	1723	1742	1734	1756	1746	1752	1806	1759	1818	1810	1832
清水五条	↓	43	↓	↓	57	↓	13	↓	↓	↓	1621	↓	1633	↓	1645	↓	1657	↓	1708	↓	1721	↓	1718	1732	↓	1744	↓	1757	↓	1754	1808	↓	1820	↓	1834
祇園四条	17	45	31	40	59	47	15	01	10	1602	1623	1614	1635	1626	1647	1638	1659	1650	1710	1701	1723	1712	1720	1734	1725	1746	1737	1759	1749	1756	1810	1801	1822	1812	1836
三条	20	52	34	43	07	50	22	04	13	1604	1631	1616	1643	1629	1655	1641	1707	1652	1717	1704	1730	1715	1722	1743	1728	1754	1740	1805	1751	1758	1817	1803	1828	1814	1842
神宮丸太町	↓	53	↓	↓	09	↓	23	↓	↓	↓	1633	↓	1645	↓	1657	↓	1709	↓	1719	↓	1732	↓	1723	1745	↓	1756	↓	1806	↓	1759	1819	↓	1830	↓	1843
出町柳	23	56	37	46	12	53	26	07	16	1607	1636	1619	1648	1632	1700	1644	1712	1655	1722	1707	1735	1718	1726	1748	1731	1759	1743	1809	1754	1802	1822	1806	1833	1817	1846

列車種別	特急	快急		特急		特急	ライナー		快急	特急		特急		快急	特急		特急		特急	ライナー		特急		特急		特急		特急		ライナー	特急		特急
中書島	1813	1819	1824	1827	1835	1838	1841	1847	1850	1853	1900	1904	1911	1913	1916	1924	1927	1935	1938	1941	1948	1951	2000	2003	2012	2015	2024	2027	2037	2040	2042	2050	2053
伏見桃山	↓	↓	1825	↓	1836	↓	↓	1849	↓	↓	1902	↓	1912	↓	↓	1925	↓	1937	↓	↓	1949	↓	2001	↓	2013	↓	2025	↓	2038	↓	↓	2051	↓
丹波橋	1816	1822	1832	1830	1845	1841	1844	1857	1853	1856	1908	1907	1920	1916	1919	1932	1930	1945	1941	1944	1956	1954	2008	2006	2020	2018	2033	2030	2047	2043	2045	2058	2056
墨染	↓	↓	1834	↓	1847	↓	↓	1859	↓	↓	1910	↓	1922	↓	↓	1934	↓	1947	↓	↓	1958	↓	2010	↓	2022	↓	2035	↓	2049	↓	↓	2100	↓
藤森	↓	↓	1835	↓	1849	↓	↓	1901	↓	↓	1912	↓	1924	↓	↓	1936	↓	1949	↓	↓	2000	↓	2012	↓	2024	↓	2037	↓	2051	↓	↓	2102	↓
龍谷大前深草	↓	↓	1837	↓	1851	↓	↓	1903	↓	↓	1914	↓	1926	↓	↓	1938	↓	1951	↓	↓	2002	↓	2014	↓	2026	↓	2039	↓	2053	↓	↓	2104	↓
伏見稲荷	↓	↓	1838	↓	1852	↓	↓	1904	↓	↓	1915	↓	1927	↓	↓	1939	↓	1952	↓	↓	2003	↓	2015	↓	2027	↓	2040	↓	2054	↓	↓	2105	↓
鳥羽街道	↓	↓	1840	↓	1853	↓	↓	1905	↓	↓	1916	↓	1928	↓	↓	1940	↓	1953	↓	↓	2004	↓	2016	↓	2028	↓	2041	↓	2055	↓	↓	2106	↓
東福寺	↓	↓	1841	↓	1855	↓	↓	1907	↓	↓	1918	↓	1930	↓	↓	1942	↓	1955	↓	↓	2006	↓	2018	↓	2030	↓	2043	↓	2057	↓	↓	2108	↓
七条	1822	1828	1843	1836	1857	1847	1849	1909	1859	1902	1920	1913	1932	1922	1925	1944	1936	1957	1947	1950	2008	2000	2020	2012	2032	2024	2045	2036	2059	2049	2051	2110	2102
清水五条	↓	↓	1845	↓	1858	↓	↓	1910	↓	↓	1921	↓	1933	↓	↓	1945	↓	1958	↓	↓	2009	↓	2021	↓	2033	↓	2046	↓	2100	↓	↓	2111	↓
祇園四条	1825	1831	1847	1838	1900	1849	1852	1912	1902	1904	1923	1915	1935	1925	1927	1947	1938	2000	1949	1952	2011	2002	2023	2014	2035	2026	2048	2038	2102	2051	2054	2113	2105
三条	1827	1833	1856	1840	1909	1851	1854	1919	1904	1907	1933	1917	1943	1927	1930	1957	1940	2006	1951	1955	2019	2004	2031	2016	2043	2028	2058	2040	2109	2053	2056	2120	2107
神宮丸太町	↓	↓	1858	↓	1911	↓	↓	1920	↓	↓	1935	↓	1945	↓	↓	1959	↓	2008	↓	↓	2021	↓	2033	↓	2045	↓	2100	↓	2110	↓	↓	2122	↓
出町柳	1830	1836	1901	1843	1914	1854	1857	1923	1907	1910	1938	1920	1948	1930	1934	2002	1943	2011	1954	1958	2024	2007	2036	2019	2048	2031	2103	2043	2113	2056	2059	2125	2110

京阪電車　本線・鴨東線　〔上り〕 土曜・休日

列車種別	特急		特急		特急		特急	快急		特急		特急	快急		特急		特急	快特	急行		特急	快特		特急	急行		特急	快特		特急	急行		特急	快特		特急
中書島	801	809	813	821	825	833	837	846	850	854	904	907	916	920	924	934	937	↓	950	953	955	↓	1005	1008	1020	1022	1025	↓	1035	1038	1050	1052	1055	↓	1105	1108
伏見桃山	↓	810	↓	822	↓	834	↓	↓	851	↓	906	↓	↓	921	↓	936	↓	↓	↓	954	↓	↓	1007	↓	↓	1024	↓	↓	1037	↓	↓	1054	↓	↓	1107	↓
丹波橋	804	818	816	830	828	843	840	848	859	857	913	910	918	929	927	946	940	↓	953	1000	958	↓	1016	1011	1023	1030	1028	↓	1046	1041	1053	1100	1058	↓	1116	1111
墨染	↓	820	↓	832	↓	845	↓	↓	901	↓	915	↓	↓	931	↓	948	↓	↓	↓	1002	↓	↓	1018	↓	↓	1032	↓	↓	1048	↓	↓	1102	↓	↓	1118	↓
藤森	↓	822	↓	834	↓	847	↓	↓	903	↓	917	↓	↓	933	↓	949	↓	↓	↓	1003	↓	↓	1019	↓	↓	1033	↓	↓	1049	↓	↓	1103	↓	↓	1119	↓
龍谷大前深草	↓	824	↓	836	↓	852	↓	↓	906	↓	922	↓	↓	936	↓	951	↓	↓	↓	1007	↓	↓	1021	↓	↓	1037	↓	↓	1051	↓	↓	1107	↓	↓	1121	↓
伏見稲荷	↓	825	↓	837	↓	853	↓	↓	907	↓	923	↓	↓	937	↓	952	↓	↓	956	1008	↓	↓	1022	↓	1026	1039	↓	↓	1052	↓	1056	1109	↓	↓	1122	↓
鳥羽街道	↓	826	↓	839	↓	855	↓	↓	909	↓	925	↓	↓	938	↓	954	↓	↓	↓	1010	↓	↓	1024	↓	↓	1040	↓	↓	1054	↓	↓	1110	↓	↓	1124	↓
東福寺	↓	828	↓	840	↓	857	↓	↓	910	↓	927	↓	↓	940	↓	955	↓	↓	↓	1011	↓	↓	1025	↓	↓	1042	↓	↓	1055	↓	↓	1112	↓	↓	1125	↓
七条	810	830	822	842	833	859	846	854	912	903	929	916	924	942	933	957	946	950	1000	1013	1004	1020	1027	1017	1030	1044	1034	1050	1057	1047	1100	1114	1104	1120	1127	1117
清水五条	↓	831	↓	844	↓	900	↓	↓	914	↓	930	↓	↓	944	↓	959	↓	↓	1001	1015	↓	↓	1029	↓	1031	1045	↓	↓	1059	↓	1101	1115	↓	↓	1129	↓
祇園四条	812	833	824	846	836	902	848	857	916	905	932	918	927	946	935	1001	948	953	1003	1017	1006	1023	1031	1019	1033	1047	1037	1053	1101	1049	1103	1117	1107	1123	1131	1119
三条	815	840	827	851	838	908	850	859	922	907	939	920	929	956	937	1010	951	955	1005	1027	1008	1025	1040	1022	1035	1057	1039	1055	1110	1052	1105	1127	1109	1125	1140	1122
神宮丸太町	↓	841	↓	853	↓	910	↓	↓	923	↓	940	↓	↓	957	↓	1011	↓	↓	1007	1028	↓	↓	1042	↓	1036	1058	↓	↓	1112	↓	1106	1128	↓	↓	1142	↓
出町柳	818	844	830	855	841	912	853	902	926	910	943	923	932	1000	940	1014	954	958	1009	1031	1011	1028	1045	1025	1039	1101	1042	1058	1115	1055	1109	1131	1112	1128	1145	1125

12時～14時共通（1～2分ほどズレあり）

列車種別	急行		特急		快急	特急		特急		快急		特急		特急	快急		特急		特急	快急		特急		特急		快急		特急		特急	快急		特急	急行		特急
中書島	1120	1122	1125	1132	1135	1139	1146	1150	1155	1200	03	07	16	20	29	33	37	46	50	59	1503	1507	1516	1520	1526	1529	1533	1537	1546	1550	1559	1604	1607	1610	1617	1620
伏見桃山	↓	1123	↓	1133	↓	↓	1148	↓	1157	↓	05	↓	18	↓	↓	35	↓	48	↓	↓	1505	↓	1518	↓	1527	↓	1535	↓	1548	↓	↓	1605	↓	↓	1618	↓
丹波橋	1123	1129	1128	1143	1137	1142	1154	1153	1204	1203	12	10	26	23	32	42	40	56	53	02	1512	1510	1526	1523	1534	1532	1542	1539	1556	1553	1602	1614	1610	1612	1625	1623
墨染	↓	1131	↓	1145	↓	↓	1156	↓	1206	↓	14	↓	28	↓	↓	44	↓	58	↓	↓	1514	↓	1528	↓	1536	↓	1544	↓	1558	↓	↓	1616	↓	↓	1627	↓
藤森	↓	1133	↓	1147	↓	↓	1158	↓	1208	↓	16	↓	30	↓	↓	46	↓	00	↓	↓	1516	↓	1530	↓	1537	↓	1546	↓	1600	↓	↓	1617	↓	↓	1629	↓
龍谷大前深草	↓	1135	↓	1149	↓	↓	1200	↓	1213	↓	19	↓	36	↓	↓	49	↓	06	↓	↓	1519	↓	1535	↓	1543	↓	1549	↓	1606	↓	↓	1620	↓	↓	1635	↓
伏見稲荷	1126	1136	↓	1150	↓	↓	1201	↓	1214	↓	20	↓	37	↓	↓	50	↓	07	↓	↓	1520	↓	1537	↓	1544	↓	1550	↓	1607	↓	↓	1621	↓	1616	1637	↓
鳥羽街道	↓	1137	↓	1152	↓	↓	1202	↓	1215	↓	21	↓	38	↓	↓	51	↓	08	↓	↓	1521	↓	1538	↓	1545	↓	1551	↓	1608	↓	↓	1622	↓	↓	1638	↓
東福寺	↓	1139	↓	1153	↓	↓	1204	↓	1217	↓	23	↓	40	↓	↓	53	↓	10	↓	↓	1523	↓	1540	↓	1547	↓	1553	↓	1610	↓	↓	1624	↓	↓	1640	↓
七条	1130	1141	1134	1155	1144	1148	1206	1159	1219	1209	25	15	42	28	38	55	45	12	58	08	1525	1515	1542	1528	1549	1538	1555	1545	1612	1558	1608	1626	1616	1619	1642	1628
清水五条	1131	1142	↓	1157	↓	↓	1207	↓	1220	↓	27	↓	44	↓	↓	57	↓	14	↓	↓	1527	↓	1544	↓	1550	↓	1557	↓	1614	↓	↓	1627	↓	1621	1644	↓
祇園四条	1133	1144	1136	1159	1146	1150	1209	1201	1222	1211	29	18	46	31	41	59	48	16	01	11	1529	1518	1546	1531	1552	1541	1559	1548	1616	1601	1611	1629	1618	1623	1646	1631
三条	1135	1153	1138	1207	1148	1152	…	1204	1224	1214	37	20	52	33	43	07	50	22	03	13	1537	1520	1551	1533	1555	1543	1605	1550	1621	1603	1613	1635	1620	1625	1651	1633
神宮丸太町	1136	1155	↓	1209	↓	↓	…	↓	1226	↓	39	↓	53	↓	↓	09	↓	23	↓	↓	1538	↓	1553	↓	1556	↓	1607	↓	1623	↓	↓	1637	↓	1627	1653	↓
出町柳	1139	1158	1141	1212	1151	1155	…	1207	1229	1217	42	23	56	36	46	12	53	26	06	16	1541	1523	1555	1536	1559	1546	1609	1553	1625	1606	1616	1639	1623	1629	1655	1636

列車種別		快急		特急		特急		快急		特急			特急	快急		特急		特急	快急		特急		特急	快急		特急		特急	快急		特急		特急	快急
中書島	1625	1629	1634	1637	1647	1650	1655	1659	1704	1707	1712	1717	1720	1730	1734	1737	1746	1750	1800	1804	1807	1816	1820	1829	1834	1837	1846	1850	1859	1904	1907	1916	1920	1929
伏見桃山	1627	↓	1635	↓	1648	↓	1657	↓	1705	↓	1713	1718	↓	↓	1735	↓	1748	↓	↓	1805	↓	1818	↓	↓	1835	↓	1848	↓	↓	1905	↓	1918	↓	↓
丹波橋	1634	1632	1642	1640	1655	1653	1704	1702	1712	1710	1717	1726	1723	1733	1742	1740	1756	1753	1802	1812	1810	1826	1823	1832	1842	1840	1856	1853	1902	1912	1910	1926	1923	1932
墨染	1636	↓	1644	↓	1657	↓	1706	↓	1714	↓	1718	1728	↓	↓	1744	↓	1758	↓	↓	1814	↓	1828	↓	↓	1844	↓	1858	↓	↓	1914	↓	1928	↓	↓
藤森	1637	↓	1646	↓	1659	↓	1707	↓	1716	↓	1720	1730	↓	↓	1746	↓	1800	↓	↓	1816	↓	1830	↓	↓	1846	↓	1900	↓	↓	1916	↓	1930	↓	↓
龍谷大前深草	1644	↓	1649	↓	1706	↓	1714	↓	1718	↓	1727	1736	↓	↓	1749	↓	1806	↓	↓	1819	↓	1836	↓	↓	1849	↓	1906	↓	↓	1919	↓	1936	↓	↓
伏見稲荷	1645	↓	1650	↓	1707	↓	1715	↓	1719	↓	1728	1738	↓	↓	1750	↓	1807	↓	↓	1820	↓	1837	↓	↓	1850	↓	1907	↓	↓	1920	↓	1937	↓	↓
鳥羽街道	1646	↓	1651	↓	1708	↓	1716	↓	1721	↓	1729	1739	↓	↓	1752	↓	1809	↓	↓	1821	↓	1838	↓	↓	1851	↓	1908	↓	↓	1921	↓	1938	↓	↓
東福寺	1648	↓	1653	↓	1710	↓	1718	↓	1723	↓	1731	1741	↓	↓	1753	↓	1810	↓	↓	1823	↓	1840	↓	↓	1853	↓	1910	↓	↓	1923	↓	1940	↓	↓
七条	1650	1638	1655	1646	1712	1658	1720	1708	1725	1716	1733	1743	1728	1739	1755	1746	1812	1759	1808	1825	1816	1842	1829	1838	1855	1846	1912	1859	1908	1925	1916	1942	1929	1938
清水五条	1651	↓	1657	↓	1714	↓	1721	↓	1726	↓	1735	1744	↓	↓	1757	↓	1814	↓	↓	1827	↓	1844	↓	↓	1857	↓	1914	↓	↓	1927	↓	1944	↓	↓
祇園四条	1653	1641	1659	1648	1716	1701	1723	1711	1728	1718	1737	1746	1731	1741	1759	1748	1816	1801	1811	1829	1818	1846	1831	1840	1859	1848	1916	1901	1910	1929	1918	1946	1931	1940
三条	1656	1643	1705	1650	1721	1703	1726	1713	1736	1720	1740	1754	1734	1744	1807	1750	1822	1804	1813	1837	1820	1852	1834	1843	1907	1850	1922	1904	1913	1936	1920	1954	1933	1943
神宮丸太町	1657	↓	1707	↓	1723	↓	1727	↓	1737	↓	1741	1756	↓	↓	1809	↓	1823	↓	↓	1839	↓	1853	↓	↓	1909	↓	1923	↓	↓	1938	↓	1956	↓	↓
出町柳	1700	1646	1709	1653	1725	1706	1730	1716	1740	1723	1744	1759	1737	1747	1812	1753	1826	1807	1816	1842	1823	1856	1837	1846	1912	1853	1926	1907	1916	1941	1923	1959	1936	1946

京阪宇治線 〔下り〕 平日

種別…全て普通

												10時～14時共通(1～2分ほどズレあり)								
中書島	801	810	820	831	841	851	901	913	927	940	958	09	23	39	53	1510	1523	1533	1541	1554
観月橋	803	812	822	833	843	853	903	915	929	942	1000	11	25	41	55	1512	1525	1535	1543	1556
桃山南口	805	814	824	836	846	856	906	917	931	944	1002	14	28	44	58	1514	1527	1537	1546	1559
六地蔵	807	816	826	837	848	857	908	919	933	946	1004	15	29	45	59	1516	1529	1539	1547	1600
木幡	809	818	828	839	849	859	909	921	935	948	1006	17	31	47	01	1518	1531	1541	1549	1602
黄檗	811	820	830	842	852	902	912	923	937	950	1008	20	34	50	04	1520	1533	1543	1552	1605
三室戸	814	823	833	844	855	904	915	926	940	953	1011	22	36	52	06	1523	1536	1546	1554	1607
宇治	816	825	835	846	856	906	917	928	942	955	1013	24	38	54	08	1525	1538	1548	1556	1609

中書島	1606	1618	1630	1642	1654	1706	1718	1730	1742	1753	1806	1817	1829	1843	1855	1906	1919	1932	1943	1957
観月橋	1608	1620	1632	1644	1656	1708	1720	1732	1744	1755	1808	1819	1831	1845	1857	1908	1921	1934	1945	1959
桃山南口	1611	1623	1635	1647	1658	1710	1722	1734	1746	1758	1810	1821	1834	1847	1859	1910	1924	1937	1947	2001
六地蔵	1612	1624	1636	1648	1700	1712	1724	1736	1748	1800	1812	1823	1836	1849	1901	1912	1925	1938	1949	2003
木幡	1614	1626	1638	1650	1702	1714	1726	1738	1750	1801	1814	1825	1837	1851	1903	1914	1927	1940	1951	2005
黄檗	1617	1629	1641	1653	1704	1716	1728	1740	1752	1804	1816	1827	1840	1853	1905	1917	1930	1943	1953	2007
三室戸	1619	1631	1643	1655	1707	1719	1731	1743	1755	1807	1819	1830	1843	1856	1908	1919	1932	1945	1956	2010
宇治	1621	1633	1645	1657	1709	1721	1733	1745	1757	1808	1821	1832	1844	1858	1910	1921	1934	1947	1958	2012

京阪宇治線 〔下り〕 土曜・休日

																		12時～19時共通(1～2分ほどズレあり)			
中書島	806	818	829	840	857	910	926	941	958	1011	1028	1041	1058	1111	1128	1141	1153	09	23	39	53
観月橋	808	820	831	842	859	912	928	943	1000	1013	1030	1043	1100	1113	1130	1143	1155	11	25	41	55
桃山南口	810	822	833	844	901	914	931	945	1002	1015	1032	1045	1102	1115	1132	1145	1157	14	28	44	58
六地蔵	812	824	835	846	903	916	933	947	1004	1017	1034	1047	1104	1117	1134	1147	1159	15	29	45	59
木幡	814	826	837	848	905	918	934	949	1006	1019	1036	1049	1106	1119	1136	1149	1201	17	31	47	01
黄檗	816	828	839	850	907	920	937	951	1008	1021	1038	1051	1108	1121	1138	1151	1203	20	34	50	04
三室戸	819	831	842	853	910	923	940	954	1011	1024	1041	1054	1111	1124	1141	1154	1206	22	36	52	06
宇治	821	833	844	855	912	925	941	956	1013	1026	1043	1056	1113	1126	1143	1156	1208	24	38	54	08

京阪宇治線 〔上り〕 平日

																11時～14時共通(1～2分ほどズレあり)						
宇治	809	819	829	839	849	901	915	927	935	946	958	1016	1028	1041	1057	11	27	41	57	1511	1528	1542
三室戸	810	820	830	840	850	902	916	929	936	947	959	1017	1029	1042	1058	12	28	42	58	1512	1530	1543
黄檗	813	822	832	842	853	904	918	931	938	949	1001	1019	1031	1045	1100	15	31	45	01	1514	1532	1545
木幡	815	825	835	845	855	907	921	934	941	952	1004	1022	1034	1048	1103	17	33	47	03	1517	1535	1548
六地蔵	817	827	837	847	857	909	923	935	943	954	1006	1024	1036	1049	1105	19	35	49	05	1519	1536	1550
桃山南口	819	828	838	848	859	910	924	937	944	955	1007	1025	1037	1051	1106	21	37	51	07	1520	1538	1551
観月橋	821	831	841	851	901	913	927	940	947	958	1010	1028	1040	1054	1109	23	39	53	09	1523	1541	1554
中書島	824	834	844	854	904	916	930	942	950	1001	1013	1031	1043	1056	1112	26	42	56	12	1526	1544	1557

宇治	1554	1606	1618	1630	1641	1653	1705	1717	1729	1741	1753	1805	1817	1830	1842	1854	1907	1920	1930	1944	1955
三室戸	1555	1607	1619	1631	1643	1655	1707	1719	1731	1742	1755	1806	1818	1832	1844	1855	1908	1921	1932	1946	1956
黄檗	1558	1609	1621	1633	1645	1657	1709	1721	1733	1745	1757	1809	1821	1834	1846	1857	1910	1923	1934	1948	1958
木幡	1600	1612	1624	1636	1648	1700	1712	1724	1736	1748	1800	1812	1824	1837	1849	1900	1913	1926	1937	1951	2001
六地蔵	1602	1614	1626	1638	1649	1701	1713	1725	1737	1749	1801	1813	1825	1838	1850	1902	1915	1928	1938	1952	2003
桃山南口	1604	1615	1627	1639	1651	1703	1715	1727	1739	1751	1803	1815	1827	1840	1852	1903	1916	1929	1940	1954	2004
観月橋	1606	1618	1630	1642	1654	1706	1718	1730	1742	1754	1806	1818	1830	1843	1855	1906	1919	1932	1943	1957	2007
中書島	1609	1621	1633	1645	1656	1708	1720	1732	1744	1756	1808	1820	1832	1845	1857	1909	1922	1935	1945	1959	2010

京阪宇治線 〔上り〕 土曜・休日

																			12時～19時(1～2分ほどズレあり)			
宇治	806	818	827	835	846	858	914	930	946	959	1016	1029	1045	1059	1115	1129	1145	1158	11	27	41	57
三室戸	807	819	829	837	848	859	916	931	947	1000	1017	1030	1047	1100	1117	1130	1147	1200	12	28	42	58
黄檗	809	821	831	839	850	901	918	933	949	1003	1019	1032	1049	1103	1119	1132	1149	1202	15	31	45	01
木幡	812	824	834	842	853	904	921	936	952	1006	1022	1035	1052	1105	1122	1135	1152	1205	17	33	47	03
六地蔵	814	826	835	843	854	906	922	938	954	1007	1024	1037	1053	1107	1123	1137	1153	1206	19	35	49	05
桃山南口	815	827	837	845	856	907	924	939	955	1009	1025	1038	1055	1109	1125	1138	1155	1208	21	37	51	07
観月橋	818	830	840	848	859	910	927	942	958	1012	1028	1041	1058	1111	1128	1141	1158	1211	23	39	53	09
中書島	821	833	842	850	901	912	929	945	1001	1014	1031	1044	1100	1114	1131	1144	1200	1213	26	42	56	12

地下鉄烏丸線

京都市左京区の国際会館駅～伏見区の竹田駅間、13.7kmを走行。15駅（竹田駅のみ地上）。近鉄線内（竹田～近鉄奈良）へ直通運転するものもある。

〔上り〕の国際会館駅方面行の**京都駅**（地図P15）**のダイヤ**は、10時台は10本、11時台～14時台は7本（土休日も7本）、15時台は10本（土休日8本）、16時台～17時台は12本（土休日9本）、8時台は15本（土休日10本）、9時台は12本（土休日9本）。平均待ち時分は、2分から4分強である。

〔下り〕の京都駅・竹田駅方面行の**国際会館駅**（地図P99）**のダイヤ**は、10時台は11本（土休日8本）、11時台～15時台は8本（土休日7本）、8時台は14本（土休日10本）、9時台は13本（土休日10本）。平均待ち時分は、2分強から4分弱である。

近鉄奈良駅の直通急行は、四条駅で例にとると、平日8時台から14時台に各1本、計8本（土休日は7時台～9時台に各1本、11時台から17時台に各1本、計10本）なので、近鉄電車・市交通局HPで確かめて乗車するのがよい。

地下鉄東西線

京都府宇治市の六地蔵駅から京都市右京区の太秦天神川駅間、17.5km。17駅。
御陵駅～太秦天神川駅は、京阪京津線からの乗入車両も運行しており、京阪山科駅・京阪びわ湖浜大津駅に向かう。醍醐・六地蔵方面には行かないので注意したい。

〔上り〕の醍醐駅・六地蔵駅方面行の**二条城前駅**（地図P45）**のダイヤ**は、10時台～15時台は7～9本（土休日7～8本）、8時台は12本（土休日7本）、9時台は8本（土休日9本）。平均待ち時分は、2分半から4分強である。

〔下り〕の烏丸御池駅・二条城前駅方面行の**蹴上駅**（南禅寺最寄駅・地図P61）**のダイヤ**は、10時台～15時台は11本（土休日11本）、16時台～18時台は12本（土休日10本～12本）。平均待ち時分は、2分半から3分である。

阪急京都線

四条河原町の京都河原町駅から大阪の十三（じゅうそう）駅間の京都本線。45.3 km。27駅。一般的に、案内上「京都線」の名称は、大阪梅田駅から京都河原町駅を結ぶ運転系統の呼称として使われている。

嵐山線に接続する桂駅方面行の、**烏丸駅**（地図P30）**のダイヤ**は、8時台15本、9時台11本、10時台～15時台12本、16時台～17時台13本と頻発。京都河原町駅（地図P27）とともに、普通・準急・急行・准特急・通勤特急・特急・快速特急の全ての電車が桂駅に停車する。嵐山へは大変早く便利である。

阪急嵐山線

ダイヤはP131に掲載。

＊市営地下鉄及び阪急京都線の京都での移動は、いずれも電車は頻発しているので、特に予め乗る電車を決めておくことは不要と思われます。P105の簡易鉄道路線図を参照ください。

阪急電車嵐山線 〔上り〕〈桂→嵐山〉 平日

種別…全て普通

桂	500	519	539	559	618	629	640	653	700	714	722	735	743	757	805	818	826	839	846	901
上桂	502	522	541	601	621	633	643	656	703	717	724	737	745	800	808	821	829	842	849	904
松尾大社	505	524	544	604	623	635	645	658	706	719	727	740	748	803	811	824	831	844	852	906
嵐山	507	527	546	606	626	637	648	700	708	722	729	742	750	805	813	826	834	847	854	909

					桂駅発10時～16時共通（1分ほどずれあり）											
桂	912	925	934	946	00	12	30	42	1709	1722	1730	1745	1753	1806	1813	1827
上桂	915	928	936	949	02	15	32	44	1712	1725	1733	1747	1755	1809	1816	1829
松尾大社	917	930	939	951	05	17	35	47	1715	1727	1735	1750	1758	1811	1819	1832
嵐山	920	933	941	954	07	20	37	49	1717	1730	1738	1752	1800	1813	1821	1834

阪急電車嵐山線 〔上り〕〈桂→嵐山〉 土曜・休日

桂	500	519	539	558	618	633	646	701	711	729	743	800	815	829	845	859	914	930	942
上桂	502	522	541	601	621	636	649	703	714	732	745	802	818	831	847	902	917	932	944
松尾大社	505	524	544	603	623	638	651	706	716	734	748	805	820	834	850	904	919	935	947
嵐山	507	527	546	606	626	640	654	708	719	737	750	807	823	836	852	907	922	937	949

	桂駅発10時～17時共通（1分ほどずれあり）						
桂	00	12	30	42	1800	1812	1830
上桂	02	15	32	44	1802	1814	1832
松尾大社	05	17	35	47	1805	1817	1835
嵐山	07	20	37	49	1807	1819	1837

阪急電車嵐山線 〔下り〕〈嵐山→桂〉 平日

嵐山	509	529	548	608	628	643	650	703	711	724	732	745	755	808	815	828	836	849	858	915
松尾大社	512	531	551	611	630	645	653	706	714	727	734	748	757	810	818	831	838	852	901	917
上桂	514	534	553	613	633	648	655	709	716	730	737	751	800	813	821	834	841	855	904	920
桂	517	537	556	616	636	651	658	711	719	732	740	753	803	816	824	837	844	857	907	923

					嵐山駅発10時～16時共通（1分ほどずれあり）											
嵐山	923	936	944	957	15	27	44	57	1712	1720	1733	1742	1755	1803	1816	1824
松尾大社	925	939	946	959	17	29	47	59	1714	1722	1735	1745	1758	1806	1818	1826
上桂	928	941	949	1002	20	32	49	02	1717	1725	1738	1747	1800	1808	1821	1829
桂	931	944	952	1005	23	35	52	05	1720	1728	1741	1750	1803	1811	1824	1832

阪急電車嵐山線 〔下り〕〈嵐山→桂〉 土曜・休日

嵐山	509	529	548	608	630	644	658	714	727	740	757	813	831	842	857	911	927	944	957
松尾大社	512	531	551	610	633	646	700	716	729	743	759	815	834	844	859	914	929	947	959
上桂	514	534	553	613	635	649	703	719	732	745	802	818	836	847	902	917	932	949	1002
桂	517	537	556	616	638	652	706	722	735	748	805	821	839	850	905	919	935	952	1005

	嵐山駅発10時～18時共通（1分ほどずれあり）			
嵐山	14	27	44	57
松尾大社	17	29	47	59
上桂	19	32	49	02
桂	22	35	52	05

嵐電北野線 〈北野白梅町→帷子ノ辻〉

平日

								9時～17時共通					
北野白梅町	802	810	818	826	834	842	850	03	13	23	33	43	53
等持院・立命館大学衣笠キャンパス前	804	812	820	828	836	844	852	04	14	24	34	44	54
龍安寺	805	813	821	829	837	845	853	05	15	25	35	45	55
妙心寺	806	814	822	830	838	846	854	06	16	26	36	46	56
御室仁和寺	808	816	824	832	840	848	855	08	18	28	38	48	58
宇多野	809	817	825	833	841	849	857	09	19	29	39	49	59
鳴滝	811	819	827	835	843	851	858	10	20	30	40	50	00
常盤	812	820	828	836	844	852	859	11	21	31	41	51	01
撮影所前	814	822	830	838	846	854	901	13	23	33	43	53	03
帷子ノ辻	815	823	831	839	847	855	902	14	24	34	44	54	04

土曜・休日

	8時～17時共通					
北野白梅町	03	13	23	33	43	53
等持院・立命館大学衣笠キャンパス前	04	14	24	34	44	54
龍安寺	05	15	25	35	45	55
妙心寺	06	16	26	36	46	56
御室仁和寺	08	18	28	38	48	58
宇多野	09	19	29	39	49	59
鳴滝	10	20	30	40	50	00
常盤	11	21	31	41	51	01
撮影所前	13	23	33	43	53	03
帷子ノ辻	14	24	34	44	54	04

嵐電北野線 〈帷子ノ辻→北野白梅町〉

平日

								9時～17時共通					
帷子ノ辻	802	810	818	826	834	842	856	06	16	26	36	46	56
撮影所前	803	811	819	827	835	843	857	07	17	27	37	47	57
常盤	804	812	820	828	836	844	859	09	19	29	39	49	59
鳴滝	806	814	822	830	838	846	900	10	20	30	40	50	00
宇多野	807	815	823	831	839	847	902	12	22	32	42	52	02
御室仁和寺	808	816	824	832	840	848	903	13	23	33	43	53	03
妙心寺	810	818	826	834	842	850	904	14	24	34	44	54	04
龍安寺	811	819	827	835	843	851	905	15	25	35	45	55	05
等持院・立命館大学衣笠キャンパス前	812	820	828	836	844	852	906	16	26	36	46	56	06
北野白梅町	813	821	829	837	845	853	908	18	28	38	48	58	08

土曜・休日

	8時～17時共通					
帷子ノ辻	06	16	26	36	46	56
撮影所前	07	17	27	37	47	57
常盤	09	19	29	39	49	59
鳴滝	10	20	30	40	50	00
宇多野	12	22	32	42	52	02
御室仁和寺	13	23	33	43	53	03
妙心寺	14	24	34	44	54	04
龍安寺	15	25	35	45	55	05
等持院・立命館大学衣笠キャンパス前	16	26	36	46	56	06
北野白梅町	18	28	38	48	58	08

嵐電　嵐山本線　〈四条大宮→嵐山〉　平日

四条大宮	804	813	823	833	843	853	902	912	922	932	942	952	1003	1013	1023	1033	1043	1053	1103	1113	1123	1133	1143	1153	1203	1213	1223	1233	1243
西院	807	816	826	836	846	856	906	916	926	936	946	956	1006	1016	1026	1036	1046	1056	1106	1116	1126	1136	1146	1156	1206	1216	1226	1236	1246
西大路三条	809	818	828	838	848	858	908	918	928	938	948	958	1008	1018	1028	1038	1048	1058	1108	1118	1128	1138	1148	1158	1208	1218	1228	1238	1248
山ノ内	811	820	830	840	850	900	910	920	930	940	950	1000	1010	1020	1030	1040	1050	1100	1110	1120	1130	1140	1150	1200	1210	1220	1230	1240	1250
嵐電天神川	814	823	833	843	853	903	913	923	933	943	953	1003	1013	1023	1033	1043	1053	1103	1113	1123	1133	1143	1153	1203	1213	1223	1233	1243	1253
蚕ノ社	815	824	834	844	854	904	914	924	934	944	954	1004	1014	1024	1034	1044	1054	1104	1114	1124	1134	1144	1154	1204	1214	1224	1234	1244	1254
太秦広隆寺	817	826	836	846	856	906	916	926	936	946	956	1006	1016	1026	1036	1046	1056	1106	1116	1126	1136	1146	1156	1206	1216	1226	1236	1246	1256
帷子ノ辻	820	829	839	849	859	909	919	929	939	949	959	1009	1019	1029	1039	1049	1059	1109	1119	1129	1139	1149	1159	1209	1219	1229	1239	1249	1259
有栖川	822	831	841	851	901	911	921	931	941	951	1001	1011	1021	1031	1041	1051	1101	1111	1121	1131	1141	1151	1201	1211	1221	1231	1241	1251	1301
車折神社	824	833	843	853	903	913	923	933	943	953	1003	1013	1023	1033	1043	1053	1103	1113	1123	1133	1143	1153	1203	1213	1223	1233	1243	1253	1303
鹿王院	825	834	844	854	904	914	924	934	944	954	1004	1014	1024	1034	1044	1054	1104	1114	1124	1134	1144	1154	1204	1214	1224	1234	1244	1254	1304
嵐電嵯峨	826	835	845	855	905	915	925	935	945	955	1005	1015	1025	1035	1045	1055	1105	1115	1125	1135	1145	1155	1205	1215	1225	1235	1245	1255	1305
嵐山	828	837	847	857	907	917	927	937	947	957	1007	1017	1027	1037	1047	1057	1107	1117	1127	1137	1147	1157	1207	1217	1227	1237	1247	1257	1307

四条大宮	1253	1303	1313	1323	1333	1343	1353	1403	1413	1423	1433	1443	1453	1503	1513	1523	1533	1543	1553	1603	1613	1623	1633	1643	1653	1703	1713	1723
西院	1256	1306	1316	1326	1336	1346	1356	1406	1416	1426	1436	1446	1456	1506	1516	1526	1536	1546	1556	1606	1616	1626	1636	1646	1656	1706	1716	1726
西大路三条	1258	1308	1318	1328	1338	1348	1358	1408	1418	1428	1438	1448	1458	1508	1518	1528	1538	1548	1558	1608	1618	1628	1638	1648	1658	1708	1718	1728
山ノ内	1300	1310	1320	1330	1340	1350	1400	1410	1420	1430	1440	1450	1500	1510	1520	1530	1540	1550	1600	1610	1620	1630	1640	1650	1700	1710	1720	1730
嵐電天神川	1303	1313	1323	1333	1343	1353	1403	1413	1423	1433	1443	1453	1503	1513	1523	1533	1543	1553	1603	1613	1623	1633	1643	1653	1703	1713	1723	1733
蚕ノ社	1304	1314	1324	1334	1344	1354	1404	1414	1424	1434	1444	1454	1504	1514	1524	1534	1544	1554	1604	1614	1624	1634	1644	1654	1704	1714	1724	1734
太秦広隆寺	1306	1316	1326	1336	1346	1356	1406	1416	1426	1436	1446	1456	1506	1516	1526	1536	1546	1556	1606	1616	1626	1636	1646	1656	1706	1716	1726	1736
帷子ノ辻	1309	1319	1329	1339	1349	1359	1409	1419	1429	1439	1449	1459	1509	1519	1529	1539	1549	1559	1609	1619	1629	1639	1649	1659	1709	1719	1729	1739
有栖川	1311	1321	1331	1341	1351	1401	1411	1421	1431	1441	1451	1501	1511	1521	1531	1541	1551	1601	1611	1621	1631	1641	1651	1701	1711	1721	1731	1741
車折神社	1313	1323	1333	1343	1353	1403	1413	1423	1433	1443	1453	1503	1513	1523	1533	1543	1553	1603	1613	1623	1633	1643	1653	1703	1713	1723	1733	1743
鹿王院	1314	1324	1334	1344	1354	1404	1414	1424	1434	1444	1454	1504	1514	1524	1534	1544	1554	1604	1614	1624	1634	1644	1654	1704	1714	1724	1734	1744
嵐電嵯峨	1315	1325	1335	1345	1355	1405	1415	1425	1435	1445	1455	1505	1515	1525	1535	1545	1555	1605	1615	1625	1635	1645	1655	1705	1715	1725	1735	1745
嵐山	1317	1327	1337	1347	1357	1407	1417	1427	1437	1447	1457	1507	1517	1527	1537	1547	1557	1607	1617	1627	1637	1647	1657	1707	1717	1727	1737	1747

嵐電　嵐山本線　〈嵐山→四条大宮〉　平日

嵐山	805	813	821	829	837	845	853	903	913	923	933	943	953	1003	1013	1023	1033	1043	1053	1103	1113	1123	1133	1143	1153	1203	1213	1223	1233	1243	1253
嵐電嵯峨	806	814	822	830	838	846	854	904	914	924	934	944	954	1004	1014	1024	1034	1044	1054	1104	1114	1124	1134	1144	1154	1204	1214	1224	1234	1244	1254
鹿王院	807	815	823	831	839	847	855	905	915	925	935	945	955	1005	1015	1025	1035	1045	1055	1105	1115	1125	1135	1145	1155	1205	1215	1225	1235	1245	1255
車折神社	809	817	825	833	841	849	857	907	917	927	937	947	957	1007	1017	1027	1037	1047	1057	1107	1117	1127	1137	1147	1157	1207	1217	1227	1237	1247	1257
有栖川	810	818	826	834	842	850	858	908	918	928	938	948	958	1008	1018	1028	1038	1048	1058	1108	1118	1128	1138	1148	1158	1208	1218	1228	1238	1248	1258
帷子ノ辻	813	821	829	837	845	853	901	911	921	931	941	951	1001	1011	1021	1031	1041	1051	1101	1111	1121	1131	1141	1151	1201	1211	1221	1231	1241	1251	1301
太秦広隆寺	815	823	831	839	847	855	903	913	923	933	943	953	1003	1013	1023	1033	1043	1053	1103	1113	1123	1133	1143	1153	1203	1213	1223	1233	1243	1253	1303
蚕ノ社	817	825	833	841	849	857	905	915	925	935	945	955	1005	1015	1025	1035	1045	1055	1105	1115	1125	1135	1145	1155	1205	1215	1225	1235	1245	1255	1305
嵐電天神川	818	826	834	842	850	858	906	916	926	936	946	956	1006	1016	1026	1036	1046	1056	1106	1116	1126	1136	1146	1156	1206	1216	1226	1236	1246	1256	1306
山ノ内	821	829	837	845	853	901	909	919	929	939	949	959	1009	1019	1029	1039	1049	1059	1109	1119	1129	1139	1149	1159	1209	1219	1229	1239	1249	1259	1309
西大路三条	823	831	839	847	855	903	911	921	931	941	951	1001	1011	1021	1031	1041	1051	1101	1111	1121	1131	1141	1151	1201	1211	1221	1231	1241	1251	1301	1311
西院	826	834	842	850	858	906	914	924	934	944	954	1004	1014	1024	1034	1044	1054	1104	1114	1124	1134	1144	1154	1204	1214	1224	1234	1244	1254	1304	1314
四条大宮	829	837	845	853	901	909	917	927	937	947	957	1007	1017	1027	1037	1047	1057	1107	1117	1127	1137	1147	1157	1207	1217	1227	1237	1247	1257	1307	1317

嵐山	1303	1313	1323	1333	1343	1353	1403	1413	1423	1433	1443	1453	1503	1513	1523	1533	1543	1553	1603	1613	1623	1633	1643	1653	1703	1713	1723	1733	1743	1753
嵐電嵯峨	1304	1314	1324	1334	1344	1354	1404	1414	1424	1434	1444	1454	1504	1514	1524	1534	1544	1554	1604	1614	1624	1634	1644	1654	1704	1714	1724	1734	1744	1754
鹿王院	1305	1315	1325	1335	1345	1355	1405	1415	1425	1435	1445	1455	1505	1515	1525	1535	1545	1555	1605	1615	1625	1635	1645	1655	1705	1715	1725	1735	1745	1755
車折神社	1307	1317	1327	1337	1347	1357	1407	1417	1427	1437	1447	1457	1507	1517	1527	1537	1547	1557	1607	1617	1627	1637	1647	1657	1707	1717	1727	1737	1747	1757
有栖川	1308	1318	1328	1338	1348	1358	1408	1418	1428	1438	1448	1458	1508	1518	1528	1538	1548	1558	1608	1618	1628	1638	1648	1658	1708	1718	1728	1738	1748	1758
帷子ノ辻	1311	1321	1331	1341	1351	1401	1411	1421	1431	1441	1451	1501	1511	1521	1531	1541	1551	1601	1611	1621	1631	1641	1651	1701	1711	1721	1731	1741	1751	1801
太秦広隆寺	1313	1323	1333	1343	1353	1403	1413	1423	1433	1443	1453	1503	1513	1523	1533	1543	1553	1603	1613	1623	1633	1643	1653	1703	1713	1723	1733	1743	1753	1803
蚕ノ社	1315	1325	1335	1345	1355	1405	1415	1425	1435	1445	1455	1505	1515	1525	1535	1545	1555	1605	1615	1625	1635	1645	1655	1705	1715	1725	1735	1745	1755	1805
嵐電天神川	1316	1326	1336	1346	1356	1406	1416	1426	1436	1446	1456	1506	1516	1526	1536	1546	1556	1606	1616	1626	1636	1646	1656	1706	1716	1726	1736	1746	1756	1806
山ノ内	1319	1329	1339	1349	1359	1409	1419	1429	1439	1449	1459	1509	1519	1529	1539	1549	1559	1609	1619	1629	1639	1649	1659	1709	1719	1729	1739	1749	1759	1809
西大路三条	1321	1331	1341	1351	1401	1411	1421	1431	1441	1451	1501	1511	1521	1531	1541	1551	1601	1611	1621	1631	1641	1651	1701	1711	1721	1731	1741	1751	1801	1811
西院	1324	1334	1344	1354	1404	1414	1424	1434	1444	1454	1504	1514	1524	1534	1544	1554	1604	1614	1624	1634	1644	1654	1704	1714	1724	1734	1744	1754	1804	1814
四条大宮	1327	1337	1347	1357	1407	1417	1427	1437	1447	1457	1507	1517	1527	1537	1547	1557	1607	1617	1627	1637	1647	1657	1707	1717	1727	1737	1747	1757	1807	1817

嵐電　嵐山本線　〈四条大宮→嵐山〉　土曜・休日

	8時～17時共通					
四条大宮	03	13	23	33	43	53
西院	06	16	26	36	46	56
西大路三条	08	18	28	38	48	58
山ノ内	10	20	30	40	50	00
嵐電天神川	13	23	33	43	53	03
蚕ノ社	14	24	34	44	54	04
太秦広隆寺	16	26	36	46	56	06
帷子ノ辻	19	29	39	49	59	09
有栖川	21	31	41	51	01	11
車折神社	23	33	43	53	03	13
鹿王院	24	34	44	54	04	14
嵐電嵯峨	25	35	45	55	05	15
嵐山	27	37	47	57	07	17

嵐電　嵐山本線　〈嵐山→四条大宮〉　土曜・休日

	8時～17時共通					
嵐山	03	13	23	33	43	53
嵐電嵯峨	04	14	24	34	44	54
鹿王院	05	15	25	35	45	55
車折神社	07	17	27	37	47	57
有栖川	08	18	28	38	48	58
帷子ノ辻	11	21	31	41	51	01
太秦広隆寺	13	23	33	43	53	03
蚕ノ社	15	25	35	45	55	05
嵐電天神川	16	26	36	46	56	06
山ノ内	19	29	39	49	59	00
西大路三条	21	31	41	51	01	11
西院	24	34	44	54	04	14
四条大宮	27	37	47	57	07	17

近鉄電車京都線　〔下り〕〈京都→近鉄奈良方面〉平日

行先欄…橿神前＝橿原神宮前、西大寺＝大和西大寺
※‖印は地下鉄烏丸線乗入れ

種別	普通	普通	急行	普通	特急	急行	急行	普通	急行	普通	特急	急行	普通	急行	普通	特急	普通	急行	普通	急行	普通	特急	普通	特急	急行	普通	急行	普通
京都発	‖	751	803	805	810	812	‖	814	824	828	835	837	841	847	‖	855	856	901	‖	‖	905	910	918	922	925	‖	934	936
東寺発	‖	753	805	807	↓	814	‖	816	826	830	↓	839	843	849	‖	↓	858	903	‖	‖	907	↓	920	↓	927	‖	936	938
十条発	‖	754	↓	809	↓	↓	‖	817	↓	831	↓	↓	845	↓	‖	↓	900	↓	‖	‖	909	↓	921	↓	↓	‖	↓	940
上鳥羽発	‖	758	↓	813	↓	↓	‖	819	↓	833	↓	↓	847	↓	‖	↓	902	↓	‖	‖	913	↓	925	↓	↓	‖	↓	943
竹田発	753	800	809	815	↓	818	823	824	830	836	↓	842	849	852	853	↓	904	907	909	916	918	↓	927	↓	930	936	940	946
伏見発	755	802	↓	817	↓	↓	↓	826	↓	838	↓	↓	851	↓	855	↓	906	↓	911	↓	920	↓	929	↓	↓	938	↓	947
丹波橋発	757	804	812	819	816	821	826	828	833	840	842	846	853	856	858	901	908	910	913	919	922	916	931	928	934	940	943	950
桃山発	758	806	814	821	↓	823	828	830	834	841	↓	847	855	857	859	↓	910	912	914	921	923	↓	933	↓	935	942	945	951
行先	新田辺	新田辺	橿神前	新田辺	鳥羽	宮津	奈良	新田辺	天理	新田辺	橿神前	橿神前	新田辺	奈良	新田辺	奈良	新田辺	橿神前	新田辺	奈良	橿神前	賢島	新田辺	奈良	奈良	新田辺	橿神前	新田辺
奈良着	…	…	…	…	…	…	902	…	…	…	…	…	…	933	…	930	…	…	…	957	…	…	…	959	1011	…	…	…

10時52分～14時30分共通（奈良着及び行先に多少のずれあり）

種別	特急	急行	普通	普通	急行	普通	特急	急行	普通	特急	普通	急行	普通	特急	急行	普通	特急	普通	急行	普通	特急	普通	急行	普通	特急	急行	普通	急行
京都発	940	944	‖	950	1001	1006	1010	1013	‖	1020	1023	1030	‖	1035	1040	1042	1050	52	01	‖	10	11	20	22	30	31	‖	40
東寺発	↓	946	‖	952	1003	1008	↓	1015	‖	↓	1025	1032	‖	↓	1042	1044	↓	54	03	‖	↓	13	22	24	↓	33	‖	42
十条発	↓	↓	‖	953	↓	1009	↓	↓	‖	↓	1027	↓	‖	↓	↓	1045	↓	55	↓	‖	↓	15	↓	25	↓	↓	‖	↓
上鳥羽発	↓	↓	‖	955	↓	1013	↓	↓	‖	↓	1030	↓	‖	↓	↓	1047	↓	57	↓	‖	↓	17	↓	27	↓	↓	‖	↓
竹田発	↓	950	955	959	1007	1015	↓	1019	1025	↓	1032	1035	1040	↓	1046	1050	↓	00	07	10	↓	19	25	30	↓	37	42	46
伏見発	↓	↓	957	1001	↓	1017	↓	↓	1027	↓	1034	↓	1042	↓	↓	1051	↓	01	↓	12	↓	21	↓	31	↓	↓	44	↓
丹波橋発	946	953	959	1003	1010	1019	1016	1022	1029	1026	1036	1039	1044	1041	1049	1054	1056	04	10	14	16	23	29	34	36	40	46	49
桃山発	↓	954	1001	1005	1012	1021	↓	1023	1030	↓	1038	1040	1046	↓	1051	1055	↓	05	12	15	↓	25	30	35	↓	42	47	50
行先	橿神前	宮津	新田辺	新田辺	奈良	橿神前	橿神前	橿神前	新田辺	奈良	橿神前	奈良	新田辺	橿神前	橿神前	新田辺	奈良	新田辺	奈良	新田辺	橿神前	橿神前	橿神前	橿神前	奈良	奈良	新田辺	橿神前
奈良着	…	…	…	…	1048	…	…	…	…	1057	…	1117	…	…	…	…	1124	…	1149	…	…	…	…	…	1204	1217	…	…

種別	普通	特急	普通	急行	普通	普通	特急	急行	普通	急行	特急	普通	急行	普通	普通	急行	特急	普通	普通	特急	急行	普通	急行	普通	急行	普通	特急	急行
京都発	42	50	1431	1441	‖	1446	1450	1456	1458	1505	1510	1511	1520	‖	1525	1536	1535	‖	1541	1550	1551	1553	1601	1606	‖	‖	1610	1621
東寺発	44	↓	1433	1443	‖	1448	↓	1458	1500	1507	↓	1513	1522	‖	1527	1538	↓	‖	1543	↓	1553	1555	1603	1608	‖	‖	↓	1623
十条発	45	↓	1435	↓	‖	1449	↓	↓	1501	↓	↓	1515	↓	‖	1529	↓	↓	‖	1545	↓	↓	1557	↓	1609	‖	‖	↓	↓
上鳥羽発	47	↓	1437	↓	‖	1453	↓	↓	1503	↓	↓	1517	↓	‖	1531	↓	↓	‖	1547	↓	↓	1559	↓	1613	‖	‖	↓	↓
竹田発	50	↓	1439	1447	1450	1455	↓	1502	1506	1510	↓	1519	1525	1527	1534	1542	↓	1543	1550	↓	1557	1601	1607	1615	1618	1624	↓	1627
伏見発	51	↓	1441	↓	1452	1457	↓	↓	1507	↓	↓	1521	↓	1529	1536	↓	↓	1545	1551	↓	↓	1603	↓	1617	↓	1626	↓	↓
丹波橋発	54	56	1443	1450	1454	1459	1456	1505	1510	1514	1516	1523	1529	1531	1538	1545	1541	1547	1554	1556	1600	1605	1610	1619	1621	1629	1616	1631
桃山発	55	↓	1445	1452	1455	1501	↓	1506	1511	1515	↓	1525	1530	1532	1540	1547	↓	1549	1555	↓	1602	1607	1612	1621	1623	1630	↓	1632
行先	新田辺	橿神前	橿神前	橿神前	新田辺	西大寺	橿神前	奈良	西大寺	橿神前	橿神前	橿神前	奈良	新田辺	橿神前	橿神前	橿神前	新田辺	天理	奈良	奈良	橿神前	橿神前	新田辺	奈良	新田辺	橿神前	天理
奈良着	…	…	…	…	…	…	…	1543	…	…	…	…	1607	…	…	…	…	…	…	1627	1636	…	…	…	1703	…	…	…

種別	普通	急行	特急	普通	普通	急行	特急	普通	急行	普通	特急	急行	普通	急行	普通	特急	急行	普通	急行	特急	普通	普通	急行	普通	特急	急行	普通	特急
京都発	1623	1637	1635	‖	1641	1651	1650	1656	‖	1706	1710	1712	1721	1727	‖	1725	‖	1736	1746	1740	‖	1751	1757	‖	1755	‖	1806	1810
東寺発	1626	1639	↓	‖	1643	1653	↓	1658	‖	1708	↓	1714	1723	1729	‖	↓	‖	1738	1748	↓	‖	1753	1759	‖	↓	‖	1808	↓
十条発	1627	↓	↓	‖	1645	↓	↓	1659	‖	1709	↓	↓	1724	↓	‖	↓	‖	1739	↓	↓	‖	1754	↓	‖	↓	‖	1809	↓
上鳥羽発	1629	↓	↓	‖	1647	↓	↓	1701	‖	1713	↓	↓	1728	↓	‖	↓	‖	1745	↓	↓	‖	1758	↓	‖	↓	‖	1813	↓
竹田発	1631	1642	↓	1644	1649	1657	↓	1704	1707	1715	↓	1718	1730	1733	1737	↓	1747	1749	1752	↓	1754	1800	1803	1808	↓	1817	1819	↓
伏見発	1633	↓	↓	1646	1651	↓	↓	1705	↓	1717	↓	↓	1732	↓	1739	↓	↓	1750	↓	↓	1756	1802	↓	1810	↓	↓	1820	↓
丹波橋発	1635	1646	1641	1648	1653	1700	1656	1708	1710	1719	1716	1721	1734	1736	1741	1731	1750	1753	1755	1746	1758	1804	1806	1812	1801	1820	1823	1816
桃山発	1637	1647	↓	1649	1655	1702	↓	1709	1712	1721	↓	1723	1736	1738	1743	↓	1752	1754	1757	↓	1759	1806	1808	1813	↓	1822	1824	↓
行先	西大寺	橿神前	橿神前	新田辺	橿神前	西大寺	奈良	天理	奈良	西大寺	鳥羽	橿神前	新田辺	橿神前	新田辺	奈良	奈良	西大寺	橿神前	橿神前	新田辺	橿神前	奈良	新田辺	奈良	奈良	西大寺	橿神前
奈良着	…	…	…	…	…	…	1727	…	1752	…	…	…	…	…	…	1801	1826	…	…	…	…	…	1842	…	1831	1855	…	…

近鉄電車京都線　〔下り〕〈京都→近鉄奈良方面〉土曜・休日

行先欄…橿原＝橿原神宮前、西大寺＝大和西大寺
※‖印は地下鉄烏丸線乗入れ

種別	普通	急行	普通	普通	急行	急行	特急	普通	特急	普通	急行	普通	急行	特急	普通	急行	特急	急行	普通	急行	普通	特急	急行	普通	普通	特急	急行	急行	普通
京都	‖	756	759	811	‖	823	830	826	840	836	842	‖	850	855	852	902	910	‖	906	920	922	930	931	‖	937	945	946	‖	948
東寺	‖	758	801	813	‖	825	↓	828	↓	838	844	‖	852	↓	854	904	↓	‖	908	922	924	↓	933	‖	939	↓	948	‖	951
十条	‖	↓	802	815	‖	↓	↓	829	↓	839	↓	‖	↓	↓	855	↓	↓	‖	909	↓	925	↓	↓	‖	940	↓	↓	‖	952
上鳥羽口	‖	↓	804	817	‖	↓	↓	833	↓	843	↓	‖	↓	↓	859	↓	↓	‖	913	↓	927	↓	↓	‖	942	↓	↓	‖	954
竹田	759	802	807	819	822	828	↓	835	↓	845	848	853	856	↓	901	907	↓	917	918	925	930	↓	937	941	945	↓	952	957	1000
伏見	801	↓	809	821	↓	↓	↓	837	↓	847	↓	855	↓	↓	903	↓	↓	↓	920	↓	931	↓	↓	943	946	↓	↓	↓	1001
近鉄丹波橋	803	805	811	823	825	832	836	839	846	849	851	857	859	902	905	911	916	920	922	929	934	936	940	945	949	951	955	1000	1004
桃山御陵	805	807	812	825	827	833	↓	841	↓	851	853	858	900	↓	907	912	↓	922	924	930	935	↓	942	946	950	↓	957	1002	1005
行先	新田辺	宮津	新田辺	新田辺		天理		新田辺	橿神前	新田辺	橿神前	新田辺	天理		西大寺	橿神前	賢島		新田辺		橿神前	橿神前	天理	新田辺	新田辺		橿神前		新田辺
奈良	…	…	…	…	902	…	904	…	…	…	…	…	…	932	…	…	…	956	…	1007	…	…	…	…	…	1020	…	1038	…

種別	急行	普通	特急	普通	急行	特急	普通	急行	特急	普通	急行	普通	特急	普通	急行	特急	普通	普通	急行	普通	準急	特急	急行	普通	急行	普通	特急	普通	特急
京都	1002	‖	1010	1006	1014	1020	1021	1029	1036	1033	1040	‖	1050	1052	1101	1110	‖	1111	1120	‖	1124	1130	‖	1126	1140	1142	1150	1152	1200
東寺	1004	‖	↓	1008	1016	↓	1023	1031	↓	1035	1042	‖	↓	1054	1103	↓	‖	1113	1122	‖	1126	↓	‖	1128	1142	1144	↓	1154	↓
十条	↓	‖	↓	1009	↓	↓	1024	↓	↓	1036	↓	‖	↓	1055	↓	↓	‖	1115	↓	‖	↓	↓	‖	1129	↓	1145	↓	1155	↓
上鳥羽口	↓	‖	↓	1013	↓	↓	1026	↓	↓	1040	↓	‖	↓	1057	↓	↓	‖	1117	↓	‖	↓	↓	‖	1133	↓	1147	↓	1157	↓
竹田	1008	1009	↓	1015	1020	↓	1029	1034	↓	1042	1045	1049	↓	1100	1107	↓	1115	1119	1125	1127	1130	↓	1136	1139	1145	1150	↓	1200	↓
伏見	↓	1011	↓	1017	↓	↓	1031	↓	↓	1044	↓	1051	↓	1101	↓	↓	1117	1121	↓	1129	↓	↓	↓	1140	↓	1151	↓	1201	↓
近鉄丹波橋	1011	1013	1016	1019	1023	1026	1033	1038	1043	1046	1049	1053	1056	1104	1110	1116	1119	1123	1129	1131	1133	1136	1139	1143	1149	1154	1156	1204	1206
桃山御陵	1013	1015	↓	1021	1024	↓	1034	1039	↓	1048	1050	1055	↓	1105	1112	↓	1120	1125	1130	1132	1135	↓	1141	1144	1150	1155	↓	1205	↓
行先	天理	新田辺	橿神前	新田辺	橿神前		新田辺			新田辺	橿神前	新田辺	橿神前	新田辺		橿神前	新田辺	橿神前	橿神前	新田辺	新田辺			橿神前	橿神前	新田辺	橿神前	新田辺	
奈良	…	…	…	…	…	1054	…	1118	1112	…	…	…	…	…	1148	…	…	…	…	…	…	1204	1217	…	…	…	…	…	1234

13時01分～16時共通（奈良着及び終着に多少ズレあり）

種別	急行	普通	特急	普通	急行	普通	特急	急行	普通	急行	普通	特急	普通	急行	普通	特急	普通	急行	普通	特急	急行	普通	急行	普通	特急	普通	特急	急行	特急
京都	1201	‖	1210	1211	1220	‖	1230	‖	1226	1240	1242	1250	1252	01	‖	10	11	20	‖	30	‖	26	40	42	50	52	00	1601	1610
東寺	1203	‖	↓	1213	1222	‖	↓	‖	1228	1242	1244	↓	1254	03	‖	↓	13	22	‖	↓	‖	28	42	44	↓	54	↓	1603	↓
十条	↓	‖	↓	1215	↓	‖	↓	‖	1229	↓	1245	↓	1255	↓	‖	↓	15	↓	‖	↓	‖	29	↓	45	↓	55	↓	↓	↓
上鳥羽口	↓	‖	↓	1217	↓	‖	↓	‖	1233	↓	1247	↓	1257	↓	‖	↓	17	↓	‖	↓	‖	33	↓	47	↓	57	↓	↓	↓
竹田	1207	1209	↓	1219	1225	1229	↓	1236	1239	1245	1250	↓	1300	07	09	↓	19	25	29	↓	36	39	45	50	↓	00	↓	1607	↓
伏見	↓	1211	↓	1221	↓	1231	↓	↓	1240	↓	1251	↓	1301	↓	11	↓	21	↓	31	↓	↓	40	↓	51	↓	01	↓	↓	↓
近鉄丹波橋	1210	1213	1216	1223	1229	1233	1236	1239	1243	1249	1254	1256	1304	10	13	16	23	29	33	36	39	43	49	54	56	04	06	1610	1616
桃山御陵	1212	1215	↓	1225	1230	1234	↓	1241	1244	1250	1255	↓	1305	12	15	↓	25	30	34	↓	41	44	50	55	↓	05	↓	1612	↓
行先		新田辺	橿神前	橿神前	橿神前	新田辺			橿神前	橿神前	新田辺	橿神前	新田辺	橿神前	新田辺	橿神前	橿神前		新田辺			橿神前	橿神前	新田辺	橿神前	西大寺		天理	橿神前
奈良	1248	…	…	…	…	…	1304	1317	…	…	…	…	…	…	…	…	…	08	…	04	17	…	…	…	…	…	34	…	…

種別	普通	急行	普通	普通	特急	急行	普通	急行	普通	特急	急行	普通	急行	特急	普通	急行	普通	普通	特急	急行	普通	普通	急行	特急	急行	普通	特急	急行	特急
京都	1606	1616	‖	1621	1630	1631	1633	1642	‖	1650	‖	1651	1701	1710	1706	1716	‖	1722	1730	1732	‖	1736	1744	1750	‖	1746	1800	1804	1810
東寺	1608	1618	‖	1623	↓	1633	1635	1644	‖	↓	‖	1653	1703	↓	1708	1718	‖	1724	↓	1734	‖	1738	1746	↓	‖	1748	↓	1806	↓
十条	1609	↓	‖	1625	↓	↓	1637	↓	‖	↓	‖	1655	↓	↓	1710	↓	‖	1725	↓	↓	‖	1740	↓	↓	‖	1749	↓	↓	↓
上鳥羽口	1613	↓	‖	1627	↓	↓	1639	↓	‖	↓	‖	1657	↓	↓	1713	↓	‖	1727	↓	↓	‖	1744	↓	↓	‖	1753	↓	↓	↓
竹田	1615	1622	1624	1629	↓	1637	1641	1647	1650	↓	1659	1701	1707	↓	1715	1722	1724	1730	↓	1738	1740	1746	1750	↓	1758	1759	↓	1810	↓
伏見	1617	↓	1626	1631	↓	↓	1643	↓	1652	↓	↓	1702	↓	↓	1717	↓	1726	1731	↓	↓	1742	1748	↓	↓	↓	1801	↓	↓	↓
近鉄丹波橋	1619	1625	1628	1633	1636	1640	1645	1651	1654	1657	1702	1705	1710	1716	1719	1725	1728	1734	1736	1741	1744	1750	1753	1756	1801	1803	1806	1813	1816
桃山御陵	1621	1627	1629	1635	↓	1642	1647	1652	1656	↓	1704	1706	1711	↓	1721	1727	1729	1735	↓	1743	1746	1752	1754	↓	1803	1805	↓	1814	↓
行先	西大寺	橿神前	新田辺	橿神前		西大寺	橿神前	橿神前	新田辺	橿神前		新田辺	天理	鳥羽	西大寺	橿神前	新田辺	橿神前		天理	新田辺	西大寺	橿神前	橿神前		橿神前		西大寺	橿神前
奈良	…	…	…	…	1705	…	…	…	…	…	1737	…	…	…	…	…	…	…	1805	…	…	…	…	…	1842	…	1836	…	…

近鉄電車京都線 〔上り〕〈桃山御陵→京都方面〉 平日

※‖印は地下鉄烏丸線乗入れ

種別	急行	特急	急行	普通	急行	普通	急行	特急	普通	準急	急行	特急	普通	普通	急行	特急	準急	普通	普通	急行	特急	普通	急行	特急	普通	急行	準急	特急	普通	急行	普通	特急	普通	急行	普通
近鉄奈良		741			745											833				842	852					912		925							
桃山御陵前	803	↓	815	818	822	828	830	↓	837	843	846	↓	853	856	859	↓	905	909	914	917	↓	927	936	↓	943	949	953	↓	959	1003	1005	↓	1013	1021	1026
近鉄丹波橋	805	815	817	820	824	830	832	836	839	845	848	852	854	858	901	905	907	910	916	919	923	928	938	942	945	951	955	959	1001	1005	1007	1013	1015	1023	1028
伏見	↓	↓	↓	822	↓	832	↓	↓	841	↓	↓	↓	856	900	↓	↓	↓	912	918	↓	↓	930	↓	↓	947	↓	↓	↓	1003	↓	1009	↓	1017	↓	1030
竹田	809	↓	821	828	827	834	836	↓	843	849	851	↓	900	902	905	↓	911	915	920	922	↓	933	941	↓	951	954	958	↓	1005	1009	1012	↓	1020	1027	1032
上鳥羽	↓	↓	↓	830	‖	‖	↓	↓	845	↓	↓	↓	902	‖	↓	↓	↓	917	‖	↓	↓	935	↓	↓	953	‖	↓	↓	‖	↓	1014	↓	1023	↓	1036
十条	↓	↓	↓	832	‖	‖	↓	↓	847	↓	↓	↓	904	‖	↓	↓	↓	919	‖	↓	↓	937	↓	↓	955	‖	↓	↓	‖	↓	1015	↓	1025	↓	1038
東寺	812	↓	824	834	‖	‖	840	↓	849	852	855	↓	906	‖	909	↓	914	921	‖	926	↓	938	945	↓	957	‖	1002	↓	‖	1012	1017	↓	1027	1030	1040
京都	815	822	827	836	‖	‖	842	844	851	855	857	859	908	‖	911	912	917	923	‖	928	930	940	947	949	959	‖	1004	1006	‖	1015	1019	1022	1029	1032	1042

種別	特急	普通	急行	普通	急行	特急	準急	普通	急行	特急	普通	普通	急行	特急	普通	急行	普通	特急	急行	普通	急行	普通	特急	普通	急行	普通	特急	普通	急行	普通	特急	急行	普通	急行	普通
近鉄奈良					1013	1020							1044					1120							1141						1220	1211			
桃山御陵前	↓	1035	1038	1042	1048	↓	1053	1057	1102	↓	1112	1117	1119	↓	1128	1137	1142	↓	1150	1152	1157	1202	↓	1209	1218	1221	↓	1232	1237	1242	↓	1250	1252	1300	1302
近鉄丹波橋	1032	1037	1040	1044	1050	1053	1055	1059	1104	1108	1114	1119	1121	1128	1130	1138	1144	1149	1151	1153	1159	1203	1208	1211	1220	1222	1228	1233	1238	1244	1249	1251	1253	1301	1303
伏見	↓	1039	↓	1046	↓	↓	↓	1101	↓	↓	1116	1121	↓	↓	1132	↓	1146	↓	↓	1155	↓	1205	↓	1213	↓	1224	↓	1235	↓	1246	↓	↓	1255	↓	1305
竹田	↓	1041	1043	1049	1053	↓	1059	1103	1108	↓	1118	1123	1125	↓	1134	1142	1148	↓	1155	1158	1202	1208	↓	1215	1224	1227	↓	1238	1242	1248	↓	1255	1258	1305	1308
上鳥羽	↓	‖	↓	1051	‖	↓	↓	1105	↓	↓	1120	‖	↓	↓	1136	↓	‖	↓	↓	1200	↓	1212	↓	‖	↓	1229	↓	1240	↓	‖	↓	↓	1300	↓	1313
十条	↓	‖	↓	1052	‖	↓	↓	1107	↓	↓	1122	‖	↓	↓	1138	↓	‖	↓	↓	1201	↓	1214	↓	‖	↓	1230	↓	1241	↓	‖	↓	↓	1301	↓	1314
東寺	↓	‖	1047	1054	‖	↓	1102	1109	1111	↓	1124	‖	1128	↓	1140	1146	‖	↓	1158	1203	1206	1216	↓	‖	1227	1232	↓	1243	1246	‖	↓	1258	1303	1308	1316
京都	1039	‖	1049	1056	‖	1100	1104	1111	1114	1116	1126	‖	1131	1134	1142	1148	‖	1156	1200	1205	1208	1218	1215	‖	1229	1234	1236	1245	1248	‖	1256	1300	1305	1311	1318

種別	特急	普通	急行	普通	特急	普通	急行	普通	特急	急行	普通	急行	普通	特急	普通	急行	普通	特急	普通	急行	普通	特急	急行	普通	急行	普通	特急	普通	急行	普通	特急	急行	普通	急行	普通
近鉄奈良					1300					1311													1411		1423						1500				
桃山御陵前	↓	1309	1317	1319	↓	1332	1337	1342	↓	1349	1351	1400	1402	↓	1409	1418	1421	↓	1432	1437	1442	↓	1449	1451	1459	1504	↓	1510	1517	1519	↓	1529	1531	1535	1540
近鉄丹波橋	1309	1311	1318	1320	1328	1333	1338	1344	1349	1351	1353	1401	1403	1409	1411	1420	1422	1428	1433	1438	1444	1449	1451	1453	1501	1505	1509	1511	1518	1521	1528	1530	1532	1537	1542
伏見	↓	1313	↓	1322	↓	1335	↓	1346	↓	↓	1355	↓	1405	↓	1413	↓	1424	↓	1435	↓	1446	↓	↓	1455	↓	1507	↓	1513	↓	1523	↓	↓	1534	↓	1543
竹田	↓	1315	1322	1325	↓	1338	1342	1348	↓	1354	1357	1405	1408	↓	1415	1424	1427	↓	1438	1442	1448	↓	1454	1457	1504	1510	↓	1515	1522	1525	↓	1534	1537	1541	1548
上鳥羽	↓	‖	↓	1327	↓	1340	↓	‖	↓	↓	1359	↓	1413	↓	‖	↓	1429	↓	1440	↓	‖	↓	↓	1459	↓	1513	↓	‖	↓	1527	↓	↓	1539	↓	1550
十条	↓	‖	↓	1328	↓	1341	↓	‖	↓	↓	1401	↓	1414	↓	‖	↓	1430	↓	1441	↓	‖	↓	↓	1501	↓	1515	↓	‖	↓	1529	↓	↓	1540	↓	1551
東寺	↓	‖	1325	1330	↓	1343	1346	‖	↓	1358	1403	1408	1416	↓	‖	1427	1432	↓	1443	1446	‖	↓	1458	1503	1508	1517	↓	‖	1526	1531	↓	1537	1542	1544	1553
京都	1315	‖	1327	1332	1335	1345	1348	‖	1355	1400	1405	1411	1418	1415	‖	1430	1434	1436	1445	1448	‖	1455	1500	1505	1510	1519	1516	‖	1528	1533	1535	1539	1544	1547	1556

種別	急行	特急	普通	急行	普通	特急	普通	急行	普通	急行	特急	普通	急行	普通	特急	普通	急行	普通	急行	特急	普通	特急	急行	普通	準急	特急	急行	普通	普通	急行	特急	急行	普通	特急	普通
近鉄奈良	1511			1523						1548	1600						1613					1650	1641							1710	1725	1716			
桃山御陵前	1549	↓	1553	1604	1606	↓	1613	1617	1621	1624	↓	1629	1635	1638	↓	1649	1652	1655	1700	↓	1710	↓	1720	1722	1729	↓	1735	1739	1743	1745	↓	1754	1757	↓	1804
近鉄丹波橋	1550	1553	1555	1606	1608	1611	1614	1619	1623	1625	1629	1631	1637	1639	1648	1650	1654	1656	1701	1707	1711	1719	1721	1724	1731	1735	1737	1741	1745	1747	1753	1756	1758	1804	1806
伏見	↓	↓	1557	↓	1610	↓	1616	↓	1625	↓	↓	1633	↓	1641	↓	1652	↓	1658	↓	↓	1713	↓	↓	1726	↓	↓	↓	1743	1747	↓	↓	↓	1800	↓	1808
竹田	1554	↓	1559	1610	1612	↓	1618	1622	1630	1628	↓	1635	1641	1644	↓	1654	1657	1701	1705	↓	1716	↓	1725	1728	1734	↓	1740	1745	1749	1751	↓	1759	1803	↓	1810
上鳥羽	‖	↓	1603	↓	1618	↓	‖	↓	1634	‖	↓	‖	↓	1646	↓	‖	↓	1703	↓	↓	1718	↓	‖	1732	↓	↓	↓	1747	‖	↓	↓	‖	1805	↓	‖
十条	‖	↓	1605	↓	1619	↓	‖	↓	1636	‖	↓	‖	↓	1647	↓	‖	↓	1704	↓	↓	1719	↓	‖	1734	↓	↓	↓	1749	‖	↓	↓	‖	1806	↓	‖
東寺	‖	↓	1607	1613	1621	↓	‖	1626	1637	‖	↓	‖	1644	1649	↓	‖	1701	1706	1708	↓	1721	↓	‖	1736	1738	↓	1744	1751	‖	1754	↓	‖	1808	↓	‖
京都	‖	1559	1609	1615	1623	1618	‖	1628	1640	‖	1637	‖	1646	1651	1655	‖	1703	1708	1711	1714	1723	1725	‖	1738	1740	1742	1746	1753	‖	1757	1800	‖	1810	1812	‖

近鉄電車京都線 〔上り〕〈桃山御陵→京都方面〉 土曜・休日

※‖印は地下鉄烏丸線乗入れ

種別	特急	急行			急行	特急		準急	特急	急行		急行	特急		特急		急行		急行	特急			急行	特急			急行	特急		急行	急行		特急		急行	特急
近鉄奈良	720								752						820									900						908	920		930			
桃山御陵前	↓	753	756	802	806	←	813	816	↓	824	826	834	↓	840	↓	851	853	858	904	↓	911	919	921	↓	930	934	936	↓	943	945	954	956	↓	1003	1008	↓
近鉄丹波橋	752	755	757	804	807	812	814	818	823	826	828	835	840	842	851	853	855	900	906	910	913	921	923	929	931	936	938	943	945	947	955	958	1002	1005	1010	1014
伏見	↓	↓	759	806	↓	↓	816	↓	↓	↓	830	↓	↓	844	↓	855	↓	901	↓	↓	915	923	↓	↓	933	938	↓	↓	947	↓	↓	1000	↓	1007	↓	↓
竹田	↓	758	802	808	811	↓	819	823	↓	829	833	839	↓	847	↓	857	859	904	910	↓	918	925	927	↓	936	940	943	↓	951	950	959	1002	↓	1009	1013	↓
上鳥羽口	↓	↓	804	‖	↓	↓	821	↓	↓	↓	835	↓	↓	849	↓	‖	↓	908	↓	↓	920	‖	↓	↓	938	‖	↓	↓	953	‖	↓	1006	↓	‖	↓	↓
十条	↓	↓	806	‖	↓	↓	823	↓	↓	↓	836	↓	↓	851	↓	‖	↓	909	↓	↓	921	‖	↓	↓	939	‖	↓	↓	955	‖	↓	1008	↓	‖	↓	↓
東寺	↓	802	808	‖	814	↓	825	827	↓	833	838	842	↓	853	↓	‖	902	911	913	↓	923	‖	930	↓	941	‖	946	↓	957	‖	1002	1010	↓	‖	1017	↓
京都	758	804	810	‖	817	819	827	829	832	835	840	845	846	855	858	‖	905	913	915	918	925	‖	932	936	943	‖	948	951	959	‖	1005	1012	1009	‖	1019	1021

種別		急行	特急		急行		特急	急行	準急		特急	急行			特急	急行	急行		急行	特急		特急		急行		急行	特急			急行		特急		急行		特急
近鉄奈良			1000					1010			1033						1051		1101	1110						1123						1200				
桃山御陵前	1014	1021	↓	1029	1035	1042	↓	1053	1055	1057	↓	1106	1109	1113	↓	1119	1128	1130	1136	↓	1143	↓	1150	1153	1158	1201	↓	1209	1214	1219	1226	↓	1235	1237	1244	↓
近鉄丹波橋	1016	1023	1029	1031	1037	1043	1051	1055	1057	1059	1106	1108	1110	1115	1119	1121	1130	1132	1137	1140	1145	1150	1152	1154	1159	1202	1209	1211	1216	1221	1228	1231	1236	1239	1246	1251
伏見	1018	↓	↓	1033	↓	1045	↓	↓	↓	1101	↓	↓	1112	1117	↓	↓	↓	1134	↓	↓	1147	↓	1154	↓	1201	↓	↓	1213	1218	↓	1230	↓	1238	↓	1248	↓
竹田	1020	1027	↓	1036	1041	1048	↓	1058	1100	1103	↓	1112	1114	1119	↓	1126	1133	1137	1141	↓	1150	↓	1156	1158	1206	1205	↓	1215	1220	1224	1233	↓	1240	1242	1250	↓
上鳥羽口	1022	↓	↓	1038	↓	1050	↓	‖	↓	1106	↓	↓	‖	1123	↓	↓	‖	1139	↓	↓	1154	↓	‖	↓	1208	‖	↓	1217	‖	↓	1238	↓	‖	↓	1255	↓
十条	1024	↓	↓	1039	↓	1051	↓	‖	↓	1107	↓	↓	‖	1125	↓	↓	‖	1140	↓	↓	1156	↓	‖	↓	1210	‖	↓	1219	‖	↓	1240	↓	‖	↓	1257	↓
東寺	1026	1030	↓	1041	1044	1053	↓	‖	1104	1109	↓	1115	‖	1127	↓	1129	‖	1142	1144	↓	1158	↓	‖	1201	1212	‖	↓	1221	‖	1228	1242	↓	‖	1246	1259	↓
京都	1028	1032	1036	1043	1046	1055	1058	‖	1106	1111	1114	1117	‖	1129	1126	1132	‖	1144	1146	1148	1200	1157	‖	1204	1214	‖	1216	1223	‖	1230	1244	1238	‖	1248	1301	1258

種別	急行		急行	特急			特急	急行		特急		急行		特急	急行		急行	特急			急行		特急		急行		特急	急行		急行	特急			特急	急行	
近鉄奈良	1213		1223				1250			1305					1313		1323											1415		1423				1450		
桃山御陵前	1253	1258	1301	↓	1309	1314	↓	1319	1326	↓	1334	1337	1345	↓	1352	1357	1401	↓	1409	1414	1419	1426	↓	1434	1437	1445	↓	1452	1457	1500	↓	1510	1513	↓	1519	1527
近鉄丹波橋	1255	1259	1303	1309	1311	1316	1318	1321	1328	1333	1336	1338	1346	1349	1354	1359	1402	1409	1411	1416	1421	1428	1433	1436	1438	1446	1449	1454	1459	1502	1509	1511	1515	1518	1521	1528
伏見	↓	1301	↓	↓	1313	1318	↓	↓	1330	↓	1338	↓	1348	↓	↓	1401	↓	↓	1413	1418	↓	1430	↓	1438	↓	1448	↓	↓	1501	↓	↓	1513	1517	↓	↓	1530
竹田	1258	1307	1306	↓	1316	1320	↓	1324	1333	↓	1340	1342	1350	↓	1358	1406	1405	↓	1415	1420	1424	1433	↓	1440	1442	1450	↓	1458	1506	1505	↓	1516	1519	↓	1524	1533
上鳥羽口	↓	1309	‖	↓	1318	‖	↓	↓	1338	↓	‖	↓	1354	↓	↓	1408	‖	↓	1417	‖	↓	1438	↓	‖	↓	1454	↓	↓	1508	‖	↓	1518	‖	↓	↓	1538
十条	↓	1311	‖	↓	1319	‖	↓	↓	1340	↓	‖	↓	1356	↓	↓	1410	‖	↓	1419	‖	↓	1440	↓	‖	↓	1456	↓	↓	1510	‖	↓	1519	‖	↓	↓	1540
東寺	1302	1312	‖	↓	1321	‖	↓	1328	1342	↓	‖	1345	1358	↓	1401	1412	‖	↓	1421	‖	1428	1442	↓	‖	1445	1458	↓	1501	1512	‖	↓	1521	‖	↓	1528	1542
京都	1304	1314	‖	1318	1323	‖	1325	1330	1344	1339	‖	1348	1400	1356	1404	1414	‖	1417	1423	‖	1430	1444	1439	‖	1448	1500	1456	1504	1514	‖	1517	1523	‖	1525	1530	1544

種別	特急		急行		特急	急行		急行	特急	準急			急行		特急	急行			特急	急行		急行	特急	急行		特急		急行		特急	急行		特急		急行	
近鉄奈良	1505					1513		1526							1605					1615		1623				1650							1725			
桃山御陵前	↓	1534	1537	1545	↓	1551	1556	1603	↓	1609	1612	1622	1624	1629	↓	1636	1640	1646	↓	1652	1657	1700	↓	1709	1711	↓	1720	1724	1726	↓	1739	1742	↓	1754	1758	1800
近鉄丹波橋	1533	1536	1538	1546	1549	1553	1558	1604	1609	1611	1614	1624	1626	1630	1634	1637	1642	1648	1650	1654	1659	1701	1708	1710	1713	1719	1721	1726	1728	1734	1741	1744	1753	1755	1800	1802
伏見	↓	1538	↓	1548	↓	↓	1600	↓	↓	↓	1616	1626	↓	1632	↓	↓	1644	1650	↓	↓	1701	↓	↓	↓	1715	↓	1723	↓	1730	↓	↓	1746	↓	1757	↓	1804
竹田	↓	1540	1542	1550	↓	1558	1602	1608	↓	1614	1618	1628	1630	1635	↓	1641	1647	1652	↓	1658	1706	1705	↓	1714	1717	↓	1725	1729	1732	↓	1744	1748	↓	1759	1803	1806
上鳥羽口	↓	‖	↓	1554	↓	↓	1604	‖	↓	↓	1622	‖	↓	1639	↓	↓	1649	‖	↓	↓	1708	‖	↓	↓	1719	↓	‖	↓	1734	↓	↓	1750	↓	‖	↓	1808
十条	↓	‖	↓	1556	↓	↓	1606	‖	↓	↓	1624	‖	↓	1640	↓	↓	1650	‖	↓	↓	1709	‖	↓	↓	1721	↓	‖	↓	1736	↓	↓	1752	↓	‖	↓	1810
東寺	↓	‖	1545	1558	↓	1601	1608	‖	↓	1618	1626	‖	1633	1642	↓	1644	1652	‖	↓	1701	1711	‖	↓	1717	1723	↓	‖	1733	1738	↓	1748	1754	↓	‖	1807	1812
京都	1539	‖	1548	1600	1556	1604	1610	‖	1616	1620	1628	‖	1636	1644	1640	1646	1654	‖	1658	1704	1713	‖	1715	1720	1725	1726	‖	1735	1740	1741	1750	1756	1800	‖	1809	1814

叡山電鉄叡山本線・鞍馬線〔下り〕〈出町柳→八瀬・鞍馬方面〉【平日】【土曜・休日】

叡山電鉄叡山本線・鞍馬線 〔下り〕〈出町柳・修学院→八瀬・鞍馬方面〉 平日

出町柳	603	614	622	629	…	639	648	651	700	703	…	712	718	724	730	736	740	748	753	802	806	812	818	822	830	836	840	848	854
元田中	605	616	624	631	…	641	650	653	702	705	…	714	720	726	732	738	742	750	755	804	808	814	820	824	832	838	842	850	856
茶山・京都芸術大学	606	617	625	632	…	642	651	654	703	706	…	715	721	727	733	739	743	751	756	805	809	815	821	825	833	839	843	851	857
一乗寺	608	619	627	634	…	644	653	656	705	708	…	717	723	729	735	741	745	753	758	807	811	817	823	827	835	841	845	853	859
修学院	610	621	629	636	642	646	655	658	707	710	715	719	725	731	737	743	747	755	800	809	814	819	825	829	837	843	847	855	901
宝ケ池	612	623	631	638	644	648	657	700	709	712	717	721	727	733	739	745	749	757	802	811	816	821	827	831	839	845	849	857	903
三宅八幡	614	‖	633	‖	646	‖	659	‖	‖	714	719	‖	729	‖	741	‖	751	‖	804	‖	818	‖	829	‖	841	‖	851	‖	905
八瀬比叡山口	617	‖	636	‖	649	‖	702	‖	‖	717	722	‖	732	‖	744	‖	754	‖	807	‖	821	‖	832	‖	844	‖	854	‖	908
八幡前	…	625	…	640	…	650	…	702	711	…	…	723	…	735	…	747	…	759	…	813	…	823	…	833	…	847	…	859	…
岩倉	…	627	…	642	…	652	…	704	713	…	…	725	…	737	…	749	…	801	…	815	…	825	…	835	…	849	…	901	…
木野	…	629	…	644	…	654	…	706	715	…	…	727	…	739	…	751	…	803	…	817	…	827	…	837	…	851	…	903	…
京都精華大前	…	631	…	646	…	656	…	708	717	…	…	729	…	741	…	753	…	805	…	819	…	829	…	839	…	853	…	905	…
二軒茶屋	…	633	…	648	…	658	…	710	719	…	…	731	…	743	…	755	…	807	…	821	…	831	…	843	…	855	…	907	…
市原	…	636	…	651	…	701	…	713	722	…	…	734	…	746	…	758	…	810	…	824	…	834	…	846	…	858	…	910	…
二ノ瀬	…	639	…	…	…	704	…	…	725	…	…	…	…	749	…	…	…	813	…	…	…	837	…	…	…	901	…	…	…
貴船口	…	642	…	…	…	707	…	…	728	…	…	…	…	752	…	…	…	816	…	…	…	840	…	…	…	904	…	…	…
鞍馬	…	625	…	…	…	710	…	…	731	…	…	…	…	755	…	…	…	819	…	…	…	843	…	…	…	907	…	…	…

										10時～16時共通																	
出町柳	900	904	910	915	922	930	937	945	952	00	07	15	22	30	37	45	52	1700	1706	1712	1718	1724	1730	1736	1742	1748	1754
元田中	902	906	912	917	924	932	939	947	954	02	09	17	24	32	39	47	54	1702	1708	1714	1720	1726	1732	1738	1744	1750	1756
茶山・京都芸術大学	903	907	913	918	925	933	940	948	955	03	10	18	25	33	40	48	55	1703	1709	1715	1721	1727	1733	1739	1745	1751	1757
一乗寺	905	909	915	920	927	935	942	950	957	05	12	20	27	35	42	50	57	1705	1711	1717	1723	1729	1735	1741	1747	1753	1759
修学院	907	911	917	922	929	937	944	952	959	07	14	22	29	37	44	52	59	1707	1713	1719	1725	1731	1737	1743	1749	1755	1801
宝ケ池	909	…	919	924	931	939	946	954	1001	09	16	24	31	39	46	54	01	1709	1715	1721	1727	1733	1739	1745	1751	1757	1803
三宅八幡	‖	‖	921	‖	933	‖	948	‖	1003	‖	18	‖	33	‖	48	‖	03	‖	1717	‖	1729	‖	1741	‖	1753	‖	1805
八瀬比叡山口	‖	‖	924	‖	936	‖	951	‖	1006	‖	21	‖	36	‖	51	‖	06	‖	1720	‖	1732	‖	1744	‖	1756	‖	1808
八幡前	911	…	…	926	…	941	…	956	…	11	…	26	…	41	…	56	…	1711	…	1723	…	1735	…	1747	…	1759	…
岩倉	913	…	…	928	…	943	…	958	…	13	…	28	…	43	…	58	…	1713	…	1725	…	1737	…	1749	…	1801	…
木野	915	…	…	930	…	945	…	1000	…	15	…	30	…	45	…	00	…	1715	…	1727	…	1739	…	1751	…	1803	…
京都精華大前	917	…	…	932	…	947	…	1002	…	17	…	32	…	47	…	02	…	1717	…	1729	…	1741	…	1753	…	1805	…
二軒茶屋	919	…	…	934	…	949	…	1004	…	19	…	34	…	49	…	04	…	1719	…	1731	…	1743	…	1755	…	1807	…
市原	922	…	…	937	…	952	…	1007	…	22	…	37	…	52	…	07	…	1722	…	1734	…	1746	…	1758	…	1810	…
二ノ瀬	925	…	…	940	…	955	…	1010	…	25	…	40	…	55	…	10	…	1725	…	…	…	1749	…	…	…	1813	…
貴船口	928	…	…	943	…	958	…	1013	…	28	…	43	…	58	…	13	…	1728	…	…	…	1752	…	…	…	1816	…
鞍馬	931	…	…	946	…	1001	…	1016	…	31	…	46	…	01	…	16	…	1731	…	…	…	1755	…	…	…	1819	…

始発を含む5時台まで及び18時台以降発車は割愛

叡山電鉄叡山本線・鞍馬線 〔下り〕〈出町柳→八瀬・鞍馬方面〉 土曜・休日

																8時～17時共通							
出町柳	603	611	620	632	638	648	658	702	712	717	725	730	737	745	752	00	07	15	22	30	37	45	52
元田中	605	613	622	634	640	650	700	704	714	719	727	732	739	747	754	02	09	17	24	32	39	47	54
茶山・京都芸術大学	606	614	623	635	641	651	701	705	715	720	728	733	740	748	755	03	10	18	25	33	40	48	55
一乗寺	608	616	625	637	643	653	703	707	717	722	730	735	742	750	757	05	12	20	27	35	42	50	57
修学院	610	618	627	639	645	655	705	709	719	724	732	737	744	752	759	07	14	22	29	37	44	52	59
宝ケ池	612	620	629	641	647	657	707	711	721	726	734	739	746	754	801	09	16	24	31	39	46	54	01
三宅八幡	614	‖	631	‖	649	‖	709	‖	723	‖	736	‖	748	‖	803	‖	18	‖	33	‖	48	‖	03
八瀬比叡山口	617	‖	634	‖	652	‖	712	‖	726	‖	739	‖	751	‖	806	‖	21	‖	36	‖	51	‖	06
八幡前	…	622	…	643	…	659	…	713	…	728	…	741	…	756	…	11	…	26	…	41	…	56	…
岩倉	…	624	…	645	…	701	…	715	…	730	…	743	…	758	…	13	…	28	…	43	…	58	…
木野	…	626	…	647	…	703	…	717	…	732	…	745	…	800	…	15	…	30	…	45	…	00	…
京都精華大前	…	628	…	649	…	705	…	719	…	734	…	747	…	802	…	17	…	32	…	47	…	02	…
二軒茶屋	…	630	…	651	…	707	…	721	…	736	…	749	…	804	…	19	…	34	…	49	…	04	…
市原	…	633	…	654	…	710	…	724	…	739	…	752	…	807	…	22	…	37	…	52	…	07	…
二ノ瀬	…	636	…	657	…	…	…	727	…	…	…	755	…	810	…	25	…	40	…	55	…	10	…
貴船口	…	639	…	700	…	…	…	730	…	…	…	758	…	813	…	28	…	43	…	58	…	13	…
鞍馬	…	642	…	703	…	…	…	733	…	…	…	801	…	816	…	31	…	46	…	01	…	16	…

始発を含む5時台まで及び18時台以降は割愛

叡山電鉄叡山本線・鞍馬線　〔上り〕〈八瀬・鞍馬→出町柳方面〉 平日

駅																										
鞍馬	···	658	···	···	···	719	···	···	···	743	···	···	···	807	···	···	···	831	···	···	···	855	···	···	···	919
貴船口	···	700	···	···	···	721	···	···	···	745	···	···	···	809	···	···	···	833	···	···	···	857	···	···	···	921
二ノ瀬	···	704	···	···	···	725	···	···	···	749	···	···	···	813	···	···	···	837	···	···	···	901	···	···	···	925
市原	···	707	···	716	···	728	···	738	···	752	···	802	···	816	···	828	···	840	···	850	···	904	···	916	···	928
二軒茶屋	···	710	···	719	···	731	···	741	···	755	···	805	···	819	···	831	···	843	···	853	···	907	···	919	···	931
京都精華大前	···	712	···	721	···	733	···	743	···	757	···	807	···	821	···	833	···	845	···	856	···	909	···	921	···	933
木野	···	714	···	723	···	735	···	745	···	759	···	809	···	823	···	835	···	847	···	857	···	911	···	923	···	935
岩倉	···	716	···	725	···	737	···	747	···	801	···	811	···	825	···	837	···	849	···	859	···	913	···	925	···	937
八幡前	···	717	···	726	···	738	···	748	···	802	···	812	···	826	···	838	···	850	···	900	···	914	···	926	···	938
八瀬比叡山口	709	‖	721	‖	729	‖	742	‖	754	‖	806	‖	818	‖	830	‖	842	‖	853	‖	905	‖	919	‖	930	‖
三宅八幡	711	‖	723	‖	731	‖	744	‖	756	‖	808	‖	820	‖	832	‖	844	‖	855	‖	907	‖	921	‖	932	‖
宝ケ池	713	720	725	729	733	741	746	751	758	805	810	815	822	829	834	841	846	853	857	904	909	917	923	929	934	941
修学院	715	722	727	731	735	743	748	753	800	807	812	817	824	831	836	843	848	855	859	906	911	919	925	931	936	943
一乗寺	716	723	728	732	736	744	749	754	802	808	814	818	826	832	837	844	849	856	900	907	912	920	926	932	937	944
茶山・京都芸術大学	718	725	730	734	738	746	751	756	804	810	816	820	828	834	839	846	851	858	902	909	914	922	928	934	939	946
元田中	719	726	731	735	739	747	752	757	805	811	817	821	829	835	840	847	852	859	903	910	915	923	929	935	940	947
出町柳	722	729	734	738	742	750	755	800	808	814	820	824	832	838	843	850	855	902	906	913	918	926	932	938	943	950

駅					10時～16時34分共通																			
鞍馬	···	934	···	949	···	04	···	19	···	34	···	49	···	1649	···	···	1704	···	···	1719	···	···	···	1743
貴船口	···	936	···	951	···	06	···	21	···	36	···	51	···	1651	···	···	1706	···	···	1721	···	···	···	1745
二ノ瀬	···	940	···	955	···	10	···	25	···	40	···	55	···	1655	···	···	1710	···	···	1725	···	···	···	1749
市原	···	943	···	958	···	13	···	28	···	43	···	58	···	1658	···	···	1713	···	···	1728	···	1740	···	1752
二軒茶屋	···	946	···	1001	···	16	···	31	···	46	···	01	···	1701	···	···	1716	···	···	1731	···	1743	···	1755
京都精華大前	···	948	···	1003	···	18	···	33	···	48	···	03	···	1703	···	···	1718	···	···	1733	···	1745	···	1757
木野	···	950	···	1005	···	20	···	35	···	50	···	05	···	1705	···	···	1720	···	···	1735	···	1747	···	1759
岩倉	···	952	···	1007	···	22	···	37	···	52	···	07	···	1707	···	···	1722	···	···	1737	···	1749	···	1801
八幡前	···	953	···	1008	···	23	···	38	···	53	···	08	···	1708	···	···	1723	···	···	1738	···	1750	···	1802
八瀬比叡山口	945	‖	1000	‖	15	‖	30	‖	45	‖	00	‖	1701	‖	1713	‖	‖	1725	‖	‖	1742	‖	1754	‖
三宅八幡	947	‖	1002	‖	17	‖	32	‖	47	‖	02	‖	1703	‖	1715	‖	‖	1727	‖	‖	1744	‖	1756	‖
宝ケ池	949	956	1004	1011	19	26	34	41	49	56	04	11	1705	1711	1717	···	1726	1729	···	1741	1747	1753	1759	1805
修学院	951	958	1006	1013	21	28	36	43	51	58	06	13	1707	1713	1719	1724	1728	1731	1737	1743	1749	1755	1801	1807
一乗寺	952	959	1007	1014	22	29	37	44	52	59	07	14	1708	1714	1720	1725	1729	1732	1738	1744	1750	1756	1802	1808
茶山・京都芸術大学	954	1001	1009	1016	24	31	39	46	54	01	09	16	1710	1716	1722	1727	1731	1734	1740	1746	1752	1758	1804	1810
元田中	955	1002	1010	1017	25	32	40	47	55	02	10	17	1711	1717	1723	1728	1732	1735	1741	1747	1753	1759	1805	1811
出町柳	958	1005	1013	1020	28	35	43	50	58	05	13	20	1714	1720	1726	1731	1735	1738	1744	1750	1756	1802	1808	1814

始発を含む6時台まで
及び18時台以降発車は割愛

叡山電鉄叡山本線・鞍馬線　〔上り〕〈八瀬・鞍馬・修学院→出町柳方面〉 土曜・休日

駅																						
鞍馬	···	553	···	613	···	630	···	···	651	···	···	···	721	···	···	···	749	···	···	804	···	819
貴船口	···	555	···	615	···	632	···	···	653	···	···	···	723	···	···	···	751	···	···	806	···	821
二ノ瀬	···	559	···	619	···	636	···	···	657	···	···	···	727	···	···	···	755	···	···	810	···	825
市原	···	602	···	622	···	639	···	···	700	···	715	···	730	···	743	···	758	···	···	813	···	828
二軒茶屋	···	605	···	625	···	642	···	···	703	···	718	···	733	···	746	···	801	···	···	816	···	831
京都精華大前	···	607	···	627	···	644	···	···	705	···	720	···	735	···	748	···	803	···	···	818	···	833
木野	···	609	···	629	···	646	···	···	707	···	722	···	737	···	750	···	805	···	···	820	···	835
岩倉	···	611	···	631	···	648	···	···	709	···	724	···	739	···	752	···	807	···	···	822	···	837
八幡前	···	612	···	632	···	649	···	···	710	···	725	···	740	···	753	···	808	···	···	823	···	838
八瀬比叡山口	600	‖	621	‖	637	‖	655	···	‖	715	‖	730	‖	745	‖	800	‖	···	815	‖	830	‖
三宅八幡	602	‖	623	‖	639	‖	657	···	‖	717	‖	732	‖	747	‖	802	‖	···	817	‖	832	‖
宝ケ池	604	615	625	635	641	652	659	···	713	719	728	734	743	749	756	804	811	···	819	826	834	841
修学院	606	617	627	637	643	654	701	708	715	721	730	736	745	751	758	806	813	817	821	828	836	843
一乗寺	607	618	628	638	644	655	702	709	716	722	731	737	746	752	759	807	814	818	822	829	837	844
茶山・京都芸術大学	609	620	630	640	646	657	704	711	718	724	733	739	748	754	801	809	816	820	824	831	839	846
元田中	610	621	631	641	647	658	705	712	719	725	734	740	749	755	802	810	817	821	825	832	840	847
出町柳	613	624	634	644	650	701	708	715	722	728	737	743	752	758	805	813	820	824	828	835	843	850

駅													10時～17時共通							
鞍馬	···	834	···	849	···	904	···	919	···	934	···	949	···	04	···	19	···	34	···	49
貴船口	···	836	···	851	···	906	···	921	···	936	···	951	···	06	···	21	···	36	···	51
二ノ瀬	···	840	···	855	···	910	···	925	···	940	···	955	···	10	···	25	···	40	···	55
市原	···	843	···	858	···	913	···	928	···	943	···	958	···	13	···	28	···	43	···	58
二軒茶屋	···	846	···	901	···	916	···	931	···	946	···	1001	···	16	···	31	···	46	···	01
京都精華大前	···	848	···	903	···	918	···	933	···	948	···	1003	···	18	···	33	···	48	···	03
木野	···	850	···	905	···	920	···	935	···	950	···	1005	···	20	···	35	···	50	···	05
岩倉	···	852	···	907	···	922	···	937	···	952	···	1007	···	22	···	37	···	52	···	07
八幡前	···	853	···	908	···	923	···	938	···	953	···	1008	···	23	···	38	···	53	···	08
八瀬比叡山口	845	‖	900	‖	915	‖	930	‖	945	‖	1000	‖	15	‖	30	‖	45	‖	00	‖
三宅八幡	847	‖	902	‖	917	‖	932	‖	947	‖	1002	‖	17	‖	32	‖	47	‖	02	‖
宝ケ池	849	856	904	911	919	926	934	941	949	956	1004	1011	19	26	34	41	49	56	04	11
修学院	851	858	906	913	921	928	936	943	951	958	1006	1013	21	28	36	43	51	58	06	13
一乗寺	852	859	907	914	922	929	937	944	952	959	1007	1014	22	29	37	44	52	59	07	14
茶山・京都芸術大学	854	901	909	916	924	931	939	946	954	1001	1009	1016	24	31	39	46	54	01	09	16
元田中	855	902	910	917	925	932	940	947	955	1002	1010	1017	25	32	40	47	55	02	10	17
出町柳	858	905	913	920	928	935	943	950	958	1005	1013	1020	28	35	43	50	58	05	13	20

始発を含む5時台まで及び18時台以降は割愛

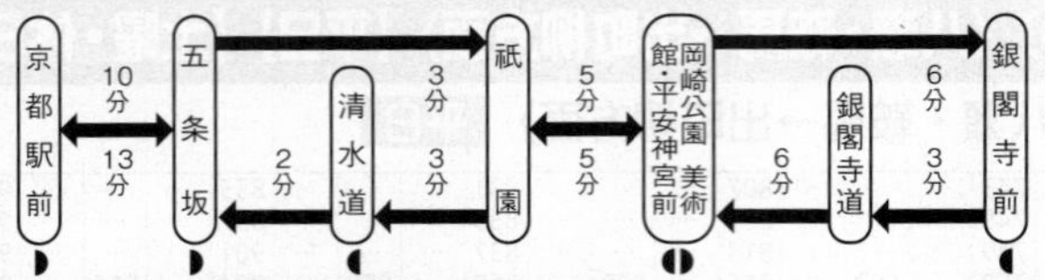

←系統番号検索へのQRコー
100番台系統はこちらから検
してください

市バス EX100【観光特急】

→京都駅前D1乗場 P33

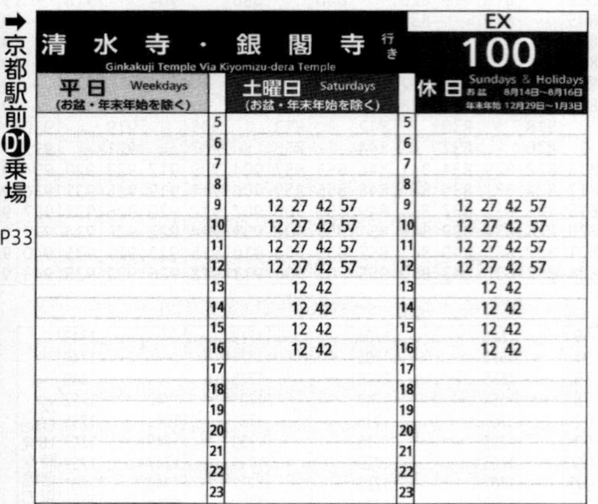

清水寺・銀閣寺 行き（Ginkakuji Temple Via Kiyomizu-dera Temple）EX 100

時	平日 Weekdays（お盆・年末年始を除く）	土曜日 Saturdays（お盆・年末年始を除く）	休日 Sundays & Holidays お盆 8月14日〜8月16日 年末年始 12月29日〜1月3日
5			
6			
7			
8			
9		12 27 42 57	12 27 42 57
10		12 27 42 57	12 27 42 57
11		12 27 42 57	12 27 42 57
12		12 27 42 57	12 27 42 57
13		12 42	12 42
14		12 42	12 42
15		12 42	12 42
16		12 42	12 42
17			
18			
19			
20			
21			
22			
23			

→五条坂（清水寺）7乗場 P52

平安神宮・銀閣寺 行き（Ginkakuji Temple Via Heian-jingu Shrine）EX 100

時	平日 Weekdays（お盆・年末年始を除く）	土曜日 Saturdays（お盆・年末年始を除く）	休日 Sundays & Holidays お盆 8月14日〜8月16日 年末年始 12月29日〜1月3日
5			
6			
7			
8			
9		22 37 52	22 37 52
10		7 22 37 52	7 22 37 52
11		7 22 37 52	7 22 37 52
12		7 22 37 52	7 22 37 52
13		7 22 52	7 22 52
14		22 52	22 52
15		22 52	22 52
16		22 52	22 52
17			
18			
19			
20			
21			
22			
23			

→岡崎公園 美術館・平安神宮前2乗場 P59

銀閣寺 行き（Ginkakuji Temple）EX 100

時	平日 Weekdays（お盆・年末年始を除く）	土曜日 Saturdays（お盆・年末年始を除く）	休日 Sundays & Holidays お盆 8月14日〜8月16日 年末年始 12月29日〜1月3日
5			
6			
7			
8			
9		30 45	30 45
10		0 15 30 45	0 15 30 45
11		0 15 30 45	0 15 30 45
12		0 15 30 45	0 15 30 45
13		0 15 30	0 15 30
14		0 30	0 30
15		0 30	0 30
16		0 30	0 30
17		0	0
18			
19			
20			
21			
22			
23			

←銀閣寺前1乗場 P63

清水寺・京都駅 行き（Kyoto Sta. Via Kiyomizu-dera Temple）EX 100

時	平日 Weekdays（お盆・年末年始を除く）	土曜日 Saturdays（お盆・年末年始を除く）	休日 Sundays & Holid… お盆 8月14日〜8月1… 年末年始 12月29日〜1月…
5			
6			
7			
8			
9		36 51	36 51
10		6 21 36 51	6 21 36 51
11		6 21 36 51	6 21 36 51
12		6 21 36 51	6 21 36 51
13		6 21 36	6 21 36
14		6 36	6 36
15		6 36	6 36
16		6 36	6 36
17		6	6
18			
19			
20			
21			
22			
23			

←岡崎公園 美術館・平安神宮前1乗場 P59

清水寺・京都駅 行き（Kyoto Sta. Via Kiyomizu-dera Temple）EX 100

時	平日 Weekdays（お盆・年末年始を除く）	土曜日 Saturdays（お盆・年末年始を除く）	休日 Sundays & Holidays お盆 8月14日〜8月16日 年末年始 12月29日〜1月3日
5			
6			
7			
8			
9		45	45
10		0 15 30 45	0 15 30 45
11		0 15 30 45	0 15 30 45
12		0 15 30 45	0 15 30 45
13		0 15 30 45	0 15 30 45
14		15 45	15 45
15		15 45	15 45
16		15 45	15 45
17		15	15
18			
19			
20			
21			
22			
23			

←清水道9乗場 P52

京都駅 行き（Kyoto Sta.）EX 100

時	平日 Weekdays（お盆・年末年始を除く）	土曜日 Saturdays（お盆・年末年始を除く）	休日 Sundays & Holida… お盆 8月14日〜8月16… 年末年始 12月29日〜1月3…
5			
6			
7			
8			
9		53	53
10		8 23 38 53	8 23 38 53
11		8 23 38 53	8 23 38 53
12		8 23 38 53	8 23 38 53
13		8 23 38 53	8 23 38 53
14		8 23 38 53	8 23 38 53
15		8 23 38 53	8 23 38 53
16		8 23 38 53	8 23 38 53
17		8 23 38	8 23 38
18			
19			
20			
21			
22			
23			

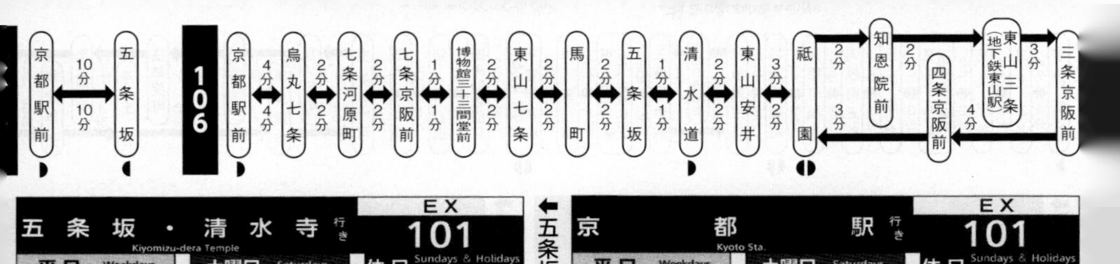

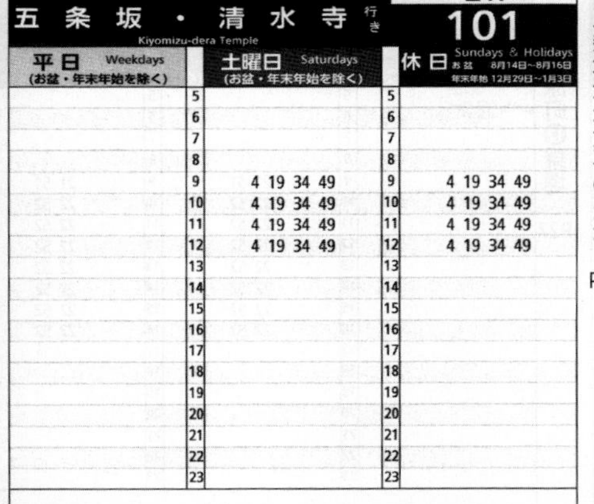

五条坂・清水寺 行き　EX 101
Kiyomizu-dera Temple

時	平日 Weekdays（お盆・年末年始を除く）	土曜日 Saturdays（お盆・年末年始を除く）	休日 Sundays & Holidays お盆 8月14日~8月16日 年末年始 12月29日~1月3日
5			
6			
7			
8			
9		4 19 34 49	4 19 34 49
10		4 19 34 49	4 19 34 49
11		4 19 34 49	4 19 34 49
12		4 19 34 49	4 19 34 49
13			
14			
15			
16			
17			
18			
19			
20			
21			
22			
23			

← 五条坂（清水寺）❻乗場

P52

京都駅 行き　EX 101
Kyoto Sta.

時	平日 Weekdays（お盆・年末年始を除く）	土曜日 Saturdays（お盆・年末年始を除く）	休日 Sundays & Holidays お盆 8月14日~8月16日 年末年始 12月29日~1月3日
5			
6			
7			
8			
9			
10		5 20 35 50	5 20 35 50
11		5 20 35 50	5 20 35 50
12		5 20 35 50	5 20 35 50
13			
14			
15			
16			
17			
18			
19			
20			
21			
22			
23			

清水寺・祇園・三条京阪 行き　106
Gion Via Kiyomizu-dera Temple

時	平日 Weekdays（お盆・年末年始を除く）	土曜日 Saturdays（お盆・年末年始を除く）	休日 Sundays & Holidays お盆 8月14日~8月16日 年末年始 12月29日~1月3日
5			
6			
7	45		
8		26	26
9			
10			
11			
12			
13			
14			
15	42	42	42
16			
17			
18			
19			
20			
21			
22			
23			

→ 清水道❽乗場

P52

清水寺・祇園・三条京阪 行き　106
Gion Via Kiyomizu-dera Temple

時	平日 Weekdays（お盆・年末年始を除く）	土曜日 Saturdays（お盆・年末年始を除く）	休日 Sundays & Holidays お盆 8月14日~8月16日 年末年始 12月29日~1月3日
5			
6			
7			
8	1	42	42
9			
10			
11			
12			
13			
14			
15	58	58	58
16			
17			
18			
19			
20			
21			
22			
23			

清水寺・祇園・三条京阪 行き　106
Gion Via Kiyomizu-dera Temple

時	平日 Weekdays（お盆・年末年始を除く）	土曜日 Saturdays（お盆・年末年始を除く）	休日 Sundays & Holidays お盆 8月14日~8月16日 年末年始 12月29日~1月3日
5			
6			
7			
8	5	47	47
9			
10			
11			
12			
13			
14			
15			
16	3	3	3
17			
18			
19			
20			
21			
22			
23			

← 祇園❶乗場

P55

清水寺・京都駅 行き　106
Kyoto Sta. Via Kiyomizu-dera Temple

時	平日 Weekdays（お盆・年末年始を除く）	土曜日 Saturdays（お盆・年末年始を除く）	休日 Sundays & Holidays お盆 8月14日~8月16日 年末年始 12月29日~1月3日
5			
6			
7			
8	18		
9		0	0
10			
11			
12			
13			
14			
15			
16	17	17	17
17			
18			
19			
20			
21			
22			
23			

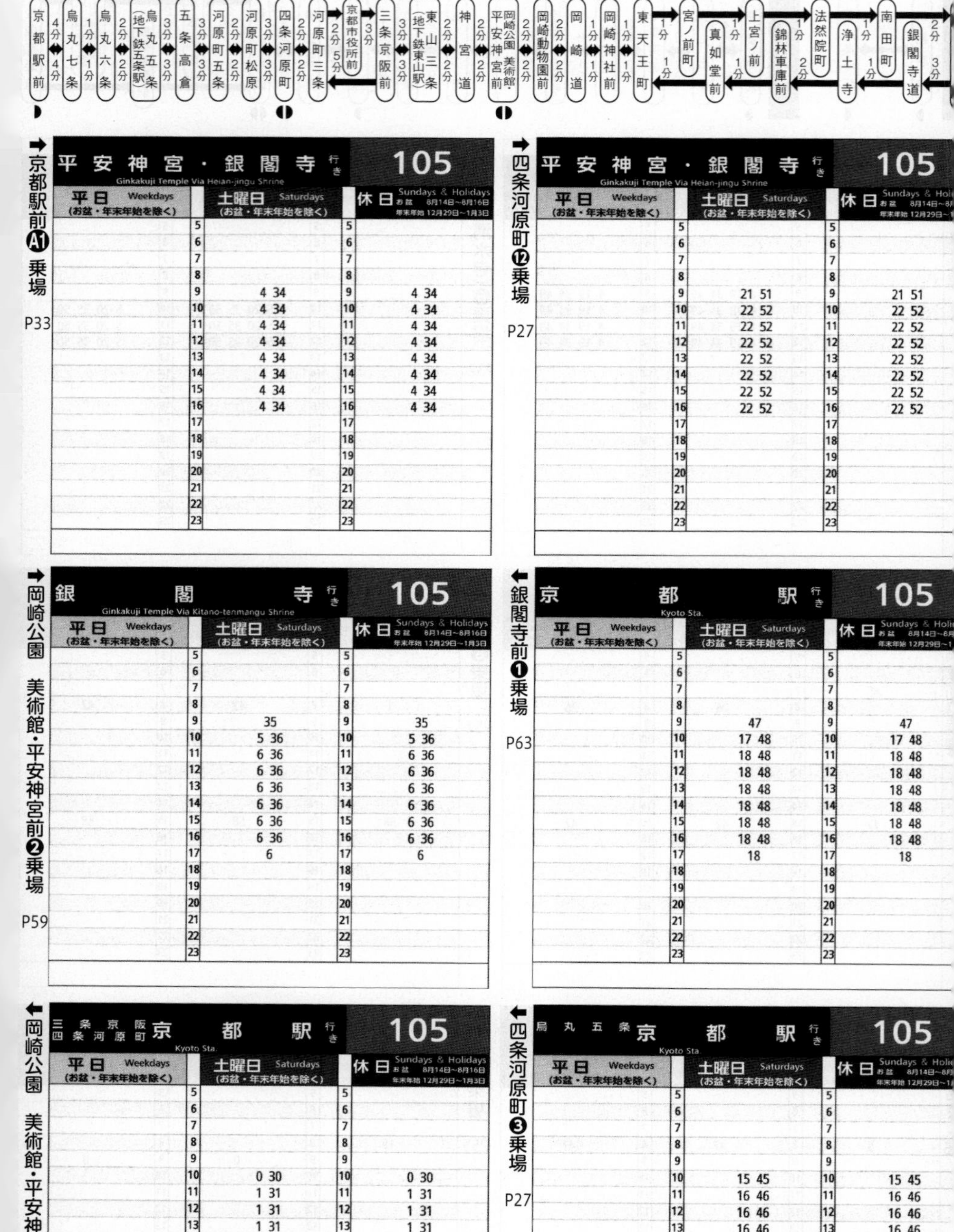

➡京都駅前A1乗場 P33

平安神宮・銀閣寺行き Ginkakuji Temple Via Heian-jingu Shrine **105**

時	平日 Weekdays（お盆・年末年始を除く）	土曜日 Saturdays（お盆・年末年始を除く）	休日 Sundays & Holidays お盆 8月14日～8月16日 年末年始 12月29日～1月3日
5			
6			
7			
8			
9		4 34	4 34
10		4 34	4 34
11		4 34	4 34
12		4 34	4 34
13		4 34	4 34
14		4 34	4 34
15		4 34	4 34
16		4 34	4 34
17			
18			
19			
20			
21			
22			
23			

➡四条河原町⑫乗場 P27

平安神宮・銀閣寺行き Ginkakuji Temple Via Heian-jingu Shrine **105**

時	平日 Weekdays（お盆・年末年始を除く）	土曜日 Saturdays（お盆・年末年始を除く）	休日 Sundays & Holidays お盆 8月14日～8月16日 年末年始 12月29日～1月3日
5			
6			
7			
8			
9		21 51	21 51
10		22 52	22 52
11		22 52	22 52
12		22 52	22 52
13		22 52	22 52
14		22 52	22 52
15		22 52	22 52
16		22 52	22 52
17			
18			
19			
20			
21			
22			
23			

➡岡崎公園 美術館・平安神宮前❷乗場 P59

銀閣寺行き Ginkakuji Temple Via Kitano-tenmangu Shrine **105**

時	平日 Weekdays（お盆・年末年始を除く）	土曜日 Saturdays（お盆・年末年始を除く）	休日 Sundays & Holidays お盆 8月14日～8月16日 年末年始 12月29日～1月3日
5			
6			
7			
8			
9		35	35
10		5 36	5 36
11		6 36	6 36
12		6 36	6 36
13		6 36	6 36
14		6 36	6 36
15		6 36	6 36
16		6 36	6 36
17		6	6
18			
19			
20			
21			
22			
23			

⬅銀閣寺前❶乗場 P63

京都駅行き Kyoto Sta. **105**

時	平日 Weekdays（お盆・年末年始を除く）	土曜日 Saturdays（お盆・年末年始を除く）	休日 Sundays & Holidays お盆 8月14日～8月16日 年末年始 12月29日～1月3日
5			
6			
7			
8			
9		47	47
10		17 48	17 48
11		18 48	18 48
12		18 48	18 48
13		18 48	18 48
14		18 48	18 48
15		18 48	18 48
16		18 48	18 48
17		18	18
18			
19			
20			
21			
22			
23			

⬅岡崎公園 美術館・平安神宮前❶乗場 P59

三条京阪 四条河原町 京都駅行き Kyoto Sta. **105**

時	平日 Weekdays（お盆・年末年始を除く）	土曜日 Saturdays（お盆・年末年始を除く）	休日 Sundays & Holidays お盆 8月14日～8月16日 年末年始 12月29日～1月3日
5			
6			
7			
8			
9			
10		0 30	0 30
11		1 31	1 31
12		1 31	1 31
13		1 31	1 31
14		1 31	1 31
15		1 31	1 31
16		1 31	1 31
17		1 31	1 31
18			
19			
20			
21			
22			
23			

⬅四条河原町❸乗場 P27

烏丸五条 京都駅行き Kyoto Sta. **105**

時	平日 Weekdays（お盆・年末年始を除く）	土曜日 Saturdays（お盆・年末年始を除く）	休日 Sundays & Holidays お盆 8月14日～8月16日 年末年始 12月29日～1月3日
5			
6			
7			
8			
9			
10		15 45	15 45
11		16 46	16 46
12		16 46	16 46
13		16 46	16 46
14		16 46	16 46
15		16 46	16 46
16		16 46	16 46
17		16 46	16 46
18			
19			
20			
21			
22			
23			

北野天満宮・金閣寺 行き 102

Kinkakuji Temple Via Kitano-tenmangu Shrine

時	平日 Weekdays（お盆・年末年始を除く）	土曜日 Saturdays（お盆・年末年始を除く）	休日 Sundays & Holidays お盆 8月14日～8月16日 年末年始 12月29日～1月3日
5			
6			
7			
8			
9		50	50
10		20 50	20 50
11		20 50	20 50
12		20 50	20 50
13		20 50	20 50
14		20 50	20 50
15		20 50	20 50
16			
17			
18			
19			
20			
21			
22			
23			

途中の停車停留所／等持院東町までの各停留所、わら天神前、金閣寺道、大徳寺前

→烏丸今出川（地下鉄今出川駅）❸乗場

P38

北野天満宮・金閣寺 行き 102

Kinkakuji Temple Via Kitano-tenmangu Shrine

時	平日 Weekdays（お盆・年末年始を除く）	土曜日 Saturdays（お盆・年末年始を除く）	休日 Sundays & Holidays お盆 8月14日～8月16日 年末年始 12月29日～1月3日
5			
6			
7			
8			
9			
10		4 34	4 34
11		4 34	4 34
12		4 34	4 34
13		4 34	4 34
14		4 34	4 34
15		4 34	4 34
16		4	4
17			
18			
19			
20			
21			
22			
23			

途中の停車停留所／等持院東町までの各停留所、わら天神前、金閣寺道、大徳寺前

金閣寺・北大路バスターミナル 行き 102

Kitaoji Bus Terminal Via Kinkakuji Temple

時	平日 Weekdays（お盆・年末年始を除く）	土曜日 Saturdays（お盆・年末年始を除く）	休日 Sundays & Holidays お盆 8月14日～8月16日 年末年始 12月29日～1月3日
5			
6			
7			
8			
9			
10		15 45	15 45
11		15 45	15 45
12		15 45	15 45
13		15 45	15 45
14		15 45	15 45
15		15 45	15 45
16		15	15
17			
18			
19			
20			
21			
22			
23			

途中の停車停留所／等持院東町までの各停留所、わら天神前、金閣寺道、大徳寺前

←北大路BT（地下鉄北大路駅）Ⓔ乗場

P69

金閣寺・北野天満宮 行き 102

Kitano-tenmangu Shrine Via Kinkakuji Temple

時	平日 Weekdays（お盆・年末年始を除く）	土曜日 Saturdays（お盆・年末年始を除く）	休日 Sundays & Holidays お盆 8月14日～8月16日 年末年始 12月29日～1月3日
5			
6			
7			
8			
9		0 30	0 30
10		0 30	0 30
11		0 30	0 30
12		0 30	0 30
13		0 30	0 30
14		0 30	0 30
15		0 *30	0 *30
16		*0 *30	*0 *30
17			
18			
19			
20			
21			
22			
23			

途中の停車停留所／大徳寺前、金閣寺道からの各停留所
*印は銀閣寺道までです。

出町柳駅・銀閣寺 行き 102

Ginkakuji Temple Via Demachiyanagi Sta.

時	平日 Weekdays（お盆・年末年始を除く）	土曜日 Saturdays（お盆・年末年始を除く）	休日 Sundays & Holidays お盆 8月14日～8月16日 年末年始 12月29日～1月3日
5			
6			
7			
8			
9		8 38	8 38
10		8 38	8 38
11		8 38	8 38
12		8 38	8 38
13		8 38	8 38
14		8 38	8 38
15		8 *38	8 *38
16		*8 *38	*8 *38
17			
18			
19			
20			
21			
22			
23			

*印は銀閣寺道までです。

←北野天満宮前❶乗場

P77

出町柳駅・銀閣寺 行き 102

Ginkakuji Temple Via Demachiyanagi Sta.

時	平日 Weekdays（お盆・年末年始を除く）	土曜日 Saturdays（お盆・年末年始を除く）	休日 Sundays & Holidays お盆 8月14日～8月16日 年末年始 12月29日～1月3日
5			
6			
7			
8			
9		14 44	14 44
10		14 44	14 44
11		14 44	14 44
12		14 44	14 44
13		14 44	14 44
14		14 44	14 44
15		14 *44	14 *44
16		*14 *44	*14 *44
17			
18			
19			
20			
21			
22			
23			

*印は銀閣寺道までです。

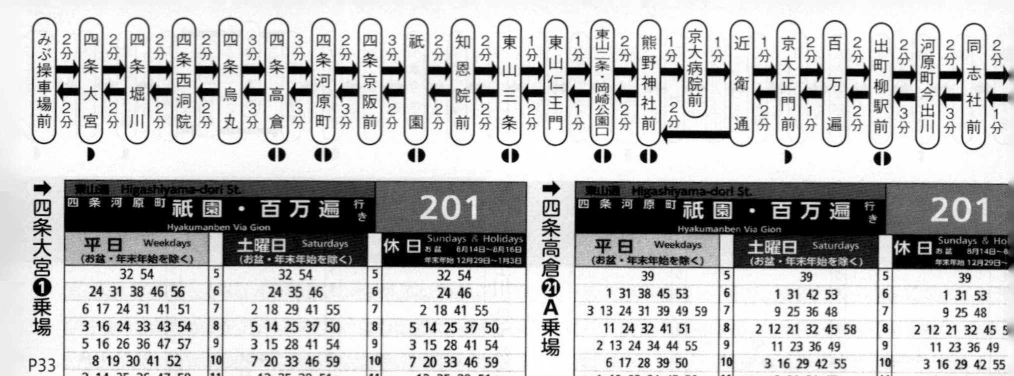

➡四条大宮❶乗場

P33

東山通 Higashiyama-dori St.

四条河原町 祇園・百万遍 行き　201

Hyakumanben Via Gion

時	平日 Weekdays（お盆・年末年始を除く）	土曜日 Saturdays（お盆・年末年始を除く）	休日 Sundays & Holidays お盆 8月14日～8月16日 年末年始 12月29日～1月3日
5	32 54	32 54	32 54
6	24 31 38 46 56	24 35 46	24 46
7	6 17 24 31 41 51	2 18 29 41 55	2 18 41 55
8	3 16 24 33 43 54	5 14 25 37 50	5 14 25 37 50
9	5 16 26 36 47 57	3 15 28 41 54	3 15 28 41 54
10	8 19 30 41 52	7 20 33 46 59	7 20 33 46 59
11	3 14 25 36 47 58	12 25 38 51	12 25 38 51
12	9 20 31 42 53	4 17 30 43 56	4 17 30 43 56
13	4 15 26 37 48 59	9 22 35 48	9 22 35 48
14	10 21 32 43 54	1 14 27 40 53	1 14 27 40 53
15	5 16 27 38 49	6 19 32 45 58	6 19 32 45 58
16	0 11 22 33 44 55	11 24 37 50	11 24 37 50
17	6 17 28 39 50	3 16 29 42 54	3 16 29 42 54
18	1 12 21 33 44 55	6 19 32 45 57	6 19 32 45 57
19	7 22 34 45 56	9 22 34 45 57	9 32 45 56
20	6 20 32 43	7 22 33 43 55	7 30 43
21	5 18 30 40	5 23 40	5 40
22	0 34 54	0 34 54	0 34 54
23			

➡四条高倉㉑A乗場

P30

東山通 Higashiyama-dori St.

四条河原町 祇園・百万遍 行き　201

Hyakumanben Via Gion

時	平日 Weekdays（お盆・年末年始を除く）	土曜日 Saturdays（お盆・年末年始を除く）	休日 Sundays & Hol… お盆 8月14日～8… 年末年始 12月29日～…
5	39	39	39
6	1 31 38 45 53	1 31 42 53	1 31 53
7	3 13 24 31 39 49 59	9 25 36 48	9 25 48
8	11 24 32 41 51	2 12 21 32 45 58	2 12 21 32 45 5
9	2 13 24 34 44 55	11 23 36 49	11 23 36 49
10	6 17 28 39 50	3 16 29 42 55	3 16 29 42 55
11	1 12 23 34 45 56	8 21 34 47	8 21 34 47
12	7 18 29 40 51	0 13 26 39 52	0 13 26 39 52
13	2 13 24 35 46 57	5 18 31 44 57	5 18 31 44 57
14	8 19 30 41 52	10 23 36 49	10 23 36 49
15	3 14 25 36 47 58	2 15 28 41 54	2 15 28 41 54
16	9 20 31 42 53	7 20 33 46 59	7 20 33 46 59
17	4 15 26 37 48 59	12 25 38 51	12 25 38 51
18	10 21 30 42 53	3 15 28 41 54	3 15 28 41 54
19	3 14 29 41 52	5 16 29 41 52	5 16 39 52
20	3 13 27 39 50	4 14 29 40 50	3 14 37 50
21	12 25 37 47	2 12 30 47	12 47
22	7 41	7 41	7 41
23	1	1	1

➡四条河原町❾E乗場

P27

東山通 Higashiyama-dori St.

祇園・百万遍 行き　201

Hyakumanben Via Gion

時	平日 Weekdays（お盆・年末年始を除く）	土曜日 Saturdays（お盆・年末年始を除く）	休日 Sundays & Holidays お盆 8月14日～8月16日 年末年始 12月29日～1月3日
5	41	41	41
6	3 33 40 47 55	3 33 44 55	3 33 55
7	5 15 26 33 41 51	11 27 38 50	11 27 50
8	1 13 26 35 44 54	4 14 23 35 48	4 14 23 35 48
9	5 16 27 37 47 58	1 14 26 39 52	1 14 26 39 52
10	9 20 31 42 53	6 19 32 45 58	6 19 32 45 58
11	4 15 26 37 48 59	11 24 37 50	11 24 37 50
12	10 21 32 43 54	3 16 29 42 55	3 16 29 42 55
13	5 16 27 38 49	8 21 34 47	8 21 34 47
14	0 11 22 33 44 55	0 13 26 39 52	0 13 26 39 52
15	6 17 28 39 50	5 18 31 44 57	5 18 31 44 57
16	1 12 23 34 45 56	10 23 36 49	10 23 36 49
17	7 18 29 40 51	2 15 28 41 54	2 15 28 41 54
18	2 13 24 33 45 56	6 18 31 44 57	6 18 31 44 57
19	6 17 32 44 55	8 19 32 44 55	8 19 42 55
20	6 16 30 42 53	7 17 32 43 53	6 17 40 53
21	15 28 40 50	5 15 33 50	15 50
22	10 44	10 44	10 44
23	4	4	4

➡祇園❺乗場

P55

東山通 Higashiyama-dori St.

百万遍・千本今出川 行き　201

Senbon Imadegawa Via Hyakumanben

時	平日 Weekdays（お盆・年末年始を除く）	土曜日 Saturdays（お盆・年末年始を除く）	休日 Sundays & Hol… お盆 8月14日～8… 年末年始 12月29日～…
5	45	45	45
6	7 37 44 51 59	7 37 48 59	7 37 59
7	9 19 30 37 45 55	15 31 42 54	15 31 54
8	5 17 30 39 48 58	8 18 27 39 52	8 18 27 39 52
9	10 21 32 42 52	6 19 31 44 57	6 19 31 44 57
10	3 14 25 36 47 58	11 24 37 50	11 24 37 50
11	9 20 31 42 53	3 16 29 42 55	3 16 29 42 55
12	4 15 26 37 48 59	8 21 34 47	8 21 34 47
13	10 21 32 43 54	0 13 26 39 52	0 13 26 39 52
14	5 16 27 38 49	5 18 31 44 57	5 18 31 44 57
15	0 11 22 33 44 55	10 23 36 49	10 23 36 49
16	6 17 28 39 50	2 15 28 41 54	2 15 28 41 54
17	1 12 23 34 45 56	7 20 33 46 59	7 20 33 46 59
18	7 18 29 38 50	11 23 36 49	11 23 36 49
19	1 11 22 37 49	2 13 24 37 49	2 13 24 47
20	0 11 21 35 47 58	0 12 22 37 48 58	0 11 22 45 58
21	19 32 44 54	9 19 37 54	19 54
22	14 48	14 48	14 48
23	8	8	8

➡東山三条（地下鉄東山駅）❹乗場

P57

東山通 Higashiyama-dori St.

百万遍・千本今出川 行き　201

Senbon Imadegawa Via Hyakumanben

時	平日 Weekdays（お盆・年末年始を除く）	土曜日 Saturdays（お盆・年末年始を除く）	休日 Sundays & Holidays お盆 8月14日～8月16日 年末年始 12月29日～1月3日
5	48	48	48
6	10 40 47 54	10 40 51	10 40
7	2 12 22 34 41 49 59	2 18 34 45 57	2 18 34 57
8	9 21 34 43 52	11 21 30 43 56	11 21 30 43 56
9	2 14 25 36 46 56	10 23 35 48	10 23 35 48
10	7 18 29 40 51	1 15 28 41 54	1 15 28 41 54
11	2 13 24 35 46 57	7 20 33 46 59	7 20 33 46 59
12	8 19 30 41 52	12 25 38 51	12 25 38 51
13	3 14 25 36 47 58	4 17 30 43 56	4 17 30 43 56
14	9 20 31 42 53	9 22 35 48	9 22 35 48
15	4 15 26 37 48 59	1 14 27 40 53	1 14 27 40 53
16	10 21 32 43 54	6 19 32 45 58	6 19 32 45 58
17	5 16 27 38 49	11 24 37 50	11 24 37 50
18	0 11 22 33 42 54	3 15 27 40 53	3 15 27 40 53
19	5 15 26 41 53	6 17 28 41 53	6 17 28 51
20	4 15 25 39 51	4 16 26 41 52	4 15 26 49
21	2 22 35 47 57	2 12 22 40 57	2 22 57
22	17 51	17 51	17 51
23	11	11	11

➡東山二条・岡崎公園口⓮乗場

P59

東山通 Higashiyama-dori St.

百万遍・千本今出川 行き　201

Senbon Imadegawa Via Hyakumanben

時	平日 Weekdays（お盆・年末年始を除く）	土曜日 Saturdays（お盆・年末年始を除く）	休日 Sundays & Holi… お盆 8月14日～8月… 年末年始 12月29日～1…
5	50	50	50
6	12 42 49 56	12 42 53	12 42
7	4 14 24 36 43 51	4 20 36 47 59	4 20 36 59
8	1 11 23 36 45 54	13 23 32 45 58	13 23 32 45 58
9	4 16 27 38 48 58	12 25 37 50	12 25 37 50
10	9 20 31 42 53	3 17 30 43 56	3 17 30 43 56
11	4 15 26 37 48 59	9 22 35 48	9 22 35 48
12	10 21 32 43 54	1 14 27 40 53	1 14 27 40 53
13	5 16 27 38 49	6 19 32 45 58	6 19 32 45 58
14	0 11 22 33 44 55	11 24 37 50	11 24 37 50
15	6 17 28 39 50	3 16 29 42 55	3 16 29 42 55
16	1 12 23 34 45 56	8 21 34 47	8 21 34 47
17	7 18 29 40 51	0 13 26 39 52	0 13 26 39 52
18	2 13 24 35 44 56	5 17 29 42 55	5 17 29 42 55
19	7 17 28 43 55	8 19 30 43 55	8 19 30 53
20	6 17 27 41 53	6 18 28 43 54	6 17 28 51
21	4 24 37 49 59	4 14 24 42 59	4 24 59
22	19 53	19 53	19 53
23	13	13	13

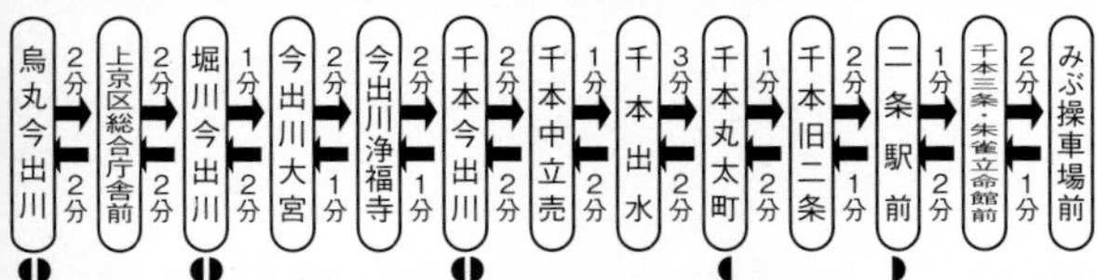

➡烏丸今出川(地下鉄今出川駅)❸乗場

P38

201 千本今出川・四条大宮 行き
Shijo Omiya Via Senbon Imadegawa

時	平日 Weekdays (お盆・年末年始を除く)	土曜日 Saturdays (お盆・年末年始を除く)	休日 Sundays & Holidays お盆 8月14日~8月16日 年末年始 12月29日~1月3日
5	58	58	58
6	20 50 57	20 50	20 50
7	4 12 22 32 45 52	1 12 28 44 55	12 28 44
8	0 10 20 32 45 54	7 21 31 41 54	7 21 31 41 54
9	3 13 25 36 47 57	7 21 34 46 59	7 21 34 46 59
10	7 18 29 40 51	12 26 39 52	12 26 39 52
11	2 13 24 35 46 57	5 18 31 44 57	5 18 31 44 57
12	8 19 30 41 52	10 23 36 49	10 23 36 49
13	3 14 25 36 47 58	2 15 28 41 54	2 15 28 41 54
14	9 20 31 42 53	7 20 33 46 59	7 20 33 46 59
15	4 15 26 37 48 59	12 25 38 51	12 25 38 51
16	10 21 32 43 54	4 17 30 43 56	4 17 30 43 56
17	5 16 27 38 49	9 22 35 48	9 22 35 48
18	0 11 22 33 *44 53	1 14 26 38 51	1 14 26 38 *51
19	5 16 26 37 52	4 17 28 39 52	4 17 28 39
20	4 15 *26 36 50	4 15 27 37 52	2 15 *26 37
21	2 12 32 *45 *57	*3 12 *22 32 *50	*0 12 32
22	7 27	7 27	7 27
23	*1 *21	*1 *21	*1 *21

( )印はみぶ操車場前までです。For Mibu Soshajo-mae
*印は四条大宮までです。For Shijo Omiya

201 千本今出川・四条大宮 行き
Shijo Omiya Via Senbon Imadegawa

時	平日 Weekdays (お盆・年末年始を除く)	土曜日 Saturdays (お盆・年末年始を除く)	休日 Sundays & Holidays お盆 8月14日~8月16日 年末年始 12月29日~1月3日
5			
6	3 25 55	3 25 55	3 25 55
7	2 9 17 27 38 51 58	6 17 33 49	17 33 49
8	6 16 26 38 51	0 12 26 37 47	12 26 37 47
9	0 9 19 31 42 53	0 13 27 40 52	0 13 27 40 52
10	3 13 24 35 46 57	5 18 32 45 58	5 18 32 45 58
11	8 19 30 41 52	11 24 37 50	11 24 37 50
12	3 14 25 36 47 58	3 16 29 42 55	3 16 29 42 55
13	9 20 31 42 53	8 21 34 47	8 21 34 47
14	4 15 26 37 48 59	0 13 26 39 52	0 13 26 39 52
15	10 21 32 43 54	5 18 31 44 57	5 18 31 44 57
16	5 16 27 38 49	10 23 36 49	10 23 36 49
17	0 11 22 33 44 55	2 15 28 41 54	2 15 28 41 54
18	6 17 28 39 *50 59	7 20 32 44 57	7 20 32 44 *57
19	10 21 31 42 57	9 22 33 44 57	9 22 33 44
20	9 20 *31 41 55	9 20 32 42 57	7 20 *31 42
21	7 17 37 *50	*8 17 *27 37 *55	*5 17 37
22	*2 12 32	12 32	12 32
23	*6 *26	*6 *26	*6 *26

( )印はみぶ操車場前までです。For Mibu Soshajo-mae
*印は四条大宮までです。For Shijo Omiya

⬅千本今出川❶乗場

P77・P114

201 四条大宮 四条河原町・祇園 行き
Gion Via Shijo Omiya

時	平日 Weekdays (お盆・年末年始を除く)	土曜日 Saturdays (お盆・年末年始を除く)	休日 Sundays & Holidays お盆 8月14日~8月16日 年末年始 12月29日~1月3日
5			
6	18 40	18 40	18 40
7	10 17 24 32 44 56	10 21 32 48	10 32 48
8	9 16 24 34 44 56	4 15 27 42 55	4 27 42 55
9	9 18 27 37 49	5 18 31 45 58	5 18 31 45 58
10	0 11 21 32 42 53	10 23 36 50	10 23 36 50
11	4 15 26 37 48 59	3 16 29 42 55	3 16 29 42 55
12	10 21 32 43 54	8 21 34 47	8 21 34 47
13	5 16 27 38 49	0 13 26 39 52	0 13 26 39 52
14	0 11 22 33 44 55	5 18 31 44 57	5 18 31 44 57
15	6 17 28 39 50	10 23 36 49	10 23 36 49
16	1 12 23 34 45 56	2 15 28 41 54	2 15 28 41 54
17	7 18 29 40 51	7 20 33 46 59	7 20 33 46 59
18	2 13 24 35 46 57	12 25 38 50	12 25 38 50
19	*8 15 26 37 47 58	2 13 25 38 49	2 *13 25 38 49
20	13 25 36 *47 57	0 13 25 36 48 58	0 23 36 *47 58
21	11 22 32 52	13 *23 32 *42 52	*20 32 52
22	*5 *17 27 47	*10 27 47	27 47
23	*21 *41	*21 *41	*21 *41

( )印はみぶ操車場前までです。For Mibu Soshajo-mae
*印は四条大宮までです。For Shijo Omiya

201 東山通 Higashiyama-dori St. 出町柳駅 百万遍・祇園 行き
Gion Via Hyakumanben

時	平日 Weekdays (お盆・年末年始を除く)	土曜日 Saturdays (お盆・年末年始を除く)	休日 Sundays & Holidays お盆 8月14日~8月16日 年末年始 12月29日~1月3日
5	50	50	50
6	20 41 51 59	20 41	41
7	7 14 24 34 44 54	2 12 23 33 42 54	8 20 33 49
8	3 12 23 34 44 55	4 15 25 34 47	1 13 25 45 57
9	6 16 27 37 48 59	0 13 25 37 49	11 25 37 49
10	10 21 32 43 54	2 15 28 40 52	2 15 28 40 52
11	5 16 27 38 49	5 18 31 44 57	5 18 31 44 57
12	0 11 22 33 44 55	10 23 36 49	10 23 36 49
13	6 17 28 39 50	2 15 28 41 54	2 15 28 41 54
14	1 12 23 34 45 56	7 20 33 46 59	7 20 33 46 59
15	7 18 29 40 51	12 25 38 50	12 25 38 50
16	2 13 24 35 46 57	2 15 28 41 53	2 15 28 41 53
17	8 19 30 40 51	5 18 31 44 56	5 18 31 44 56
18	2 13 25 34 43 55	9 21 34 47 59	9 21 34 47 59
19	8 19 29 43 55	12 23 36 47 56	12 23 36 47 56
20	8 18 29 42 53	9 20 36 53	9 20 36 53
21	5 15 27 39 50	5 16 33 50	16 50
22	10 43	10 43	10 43
23	3	3	3

⬅烏丸今出川(地下鉄今出川駅)❷乗場

P38

201 東山通 Higashiyama-dori St. 出町柳駅 百万遍・祇園 行き
Gion Via Hyakumanben

時	平日 Weekdays (お盆・年末年始を除く)	土曜日 Saturdays (お盆・年末年始を除く)	休日 Sundays & Holidays お盆 8月14日~8月16日 年末年始 12月29日~1月3日
5	53	53	53
6	23 44 54	23 44	44
7	2 10 17 27 38 48 58	5 15 26 36 45 57	11 23 36 52
8	7 16 27 38 48 59	7 18 28 38 51	4 16 28 49
9	10 20 31 41 52	4 17 29 41 53	1 15 29 41 53
10	3 14 25 36 47 58	6 19 32 44 56	6 19 32 44 56
11	9 20 31 42 53	9 22 35 48	9 22 35 48
12	4 15 26 37 48 59	1 14 27 40 53	1 14 27 40 53
13	10 21 32 43 54	6 19 32 45 58	6 19 32 45 58
14	5 16 27 38 49	11 24 37 50	11 24 37 50
15	0 11 22 33 44 55	3 16 29 42 54	3 16 29 42 54
16	6 17 28 39 50	6 19 32 45 57	6 19 32 45 57
17	1 12 23 34 44 55	9 22 35 48	9 22 35 48
18	6 17 29 38 47 59	0 13 25 38 51	0 13 25 38 51
19	11 22 32 46 58	2 15 26 39 50 59	2 15 26 39 50 59
20	11 21 32 45 56	12 23 39 56	12 23 39 56
21	8 18 30 42 53	8 19 36 53	19 53
22	13 46	13 46	13 46
23	6	6	6

201 東山通 Higashiyama-dori St. 出町柳駅 百万遍・祇園 行き
Gion Via Hyakumanben

時	平日 Weekdays (お盆・年末年始を除く)	土曜日 Saturdays (お盆・年末年始を除く)	休日 Sundays & Holidays お盆 8月14日~8月16日 年末年始 12月29日~1月3日
5	56	56	56
6	26 47 57	26 47	47
7	5 13 20 30 42 52	8 18 29 39 48	14 26 39 55
8	2 11 20 31 42 52	0 10 21 31 42 55	7 19 31 53
9	3 14 24 35 45 56	8 21 33 45 57	5 19 33 45 57
10	7 18 29 40 51	10 23 36 48	10 23 36 48
11	2 13 24 35 46 57	0 13 26 39 52	0 13 26 39 52
12	8 19 30 41 52	5 18 31 44 57	5 18 31 44 57
13	3 14 25 36 47 58	10 23 36 49	10 23 36 49
14	9 20 31 42 53	2 15 28 41 54	2 15 28 41 54
15	4 15 26 37 48 59	7 20 33 46 58	7 20 33 46 58
16	10 21 32 43 54	10 23 36 49	10 23 36 49
17	5 16 27 38 48 59	1 13 26 39 52	1 13 26 39 52
18	10 21 33 42 51	4 17 29 42 55	4 17 29 42 55
19	3 15 26 36 50	6 19 30 43 54	6 19 30 43 54
20	2 15 25 36 49	3 16 27 43	3 16 27 43
21	0 11 21 33 45 56	0 11 22 39 56	0 22 56
22	16 49	16 49	16 49
23	9	9	9

系統図は前ページ

←出町柳駅前❹乗場 P41・P115

東山通 Higashiyama-dori St.

百万遍・祇園 行き Gion Via Hyakumanben 201

時	平日 Weekdays (お盆・年末年始を除く)	土曜日 Saturdays (お盆・年末年始を除く)	休日 Sundays & Holidays お盆 8月14日~8月16日 年末年始 12月29日~1月3日
5			
6	1 31 52	1 31 52	1 52
7	2 10 18 25 36 48 58	13 23 34 44 53	19 31 44
8	8 17 26 37 48 58	5 15 26 37 48	0 12 24 37 59
9	10 21 31 42 52	1 15 28 40 52	12 26 40 52
10	3 14 25 36 47 58	4 17 30 43 55	4 17 30 43 55
11	9 20 31 42 53	7 20 33 46 59	7 20 33 46 59
12	4 15 26 37 48 59	12 25 38 51	12 25 38 51
13	10 21 32 43 54	4 17 30 43 56	4 17 30 43 56
14	5 16 27 38 49	9 22 35 48	9 22 35 48
15	0 11 22 33 44 55	1 14 27 40 53	1 14 27 40 53
16	6 17 28 39 50	5 17 30 43 56	5 17 30 43 56
17	1 12 23 34 45 55	8 20 33 46 59	8 20 33 46 59
18	6 17 28 40 49 58	11 24 36 49	11 24 36 49
19	8 20 31 41 55	2 11 24 35 48 59	2 11 24 35 48 59
20	7 20 30 41 54	8 21 32 48	8 21 32 48
21	5 16 26 38 50	5 16 27 44	5 27
22	1 21 54	1 21 54	1 21 54
23	14	14	14

←東山二条・岡崎公園口⓭乗場 P59

東山通 Higashiyama-dori St.

祇園 四条河原町・四条大宮 行き Shijo Omiya Via Gion 201

時	平日 Weekdays (お盆・年末年始を除く)	土曜日 Saturdays (お盆・年末年始を除く)	休日 Sundays & Holidays お盆 8月14日~8月16日 年末年始 12月29日~1月3日
5			
6	9 39	9 39	9
7	0 10 18 26 33 45 57	0 21 31 42 52	0 27 39 52
8	7 17 26 35 46 57	1 13 23 34 46 57	8 20 32 46
9	7 19 30 40 51	10 24 37 49	8 21 35 49
10	1 12 23 34 45 56	1 13 26 39 52	1 13 26 39 52
11	7 18 29 40 51	4 16 29 42 55	4 16 29 42 55
12	2 13 24 35 46 57	8 21 34 47	8 21 34 47
13	8 19 30 41 52	0 13 26 39 52	0 13 26 39 52
14	3 14 25 36 47 58	5 18 31 44 57	5 18 31 44 57
15	9 20 31 42 53	10 23 36 49	10 23 36 49
16	4 15 26 37 48 59	2 14 26 39 52	2 14 26 39 52
17	10 21 32 43 54	5 17 29 42 55	5 17 29 42 55
18	4 15 26 37 49 (58)	8 20 33 45 58	8 20 33 45 58
19	6 16 28 39 49	10 19 32 43 56	10 19 32 43 56
20	3 15 28 38 49	(7) 16 29 40 56	(7) 16 (29) 40 [illegible]
21	2 13 (24) 34 (46) (58)	13 (24) 35 (52)	13 35
22	9 29	9 29	9 29
23	*2 *22	*2 *22	*2 *22

*印は二条駅前までです。For Nijo Sta.
( )印はみぶ操車場前までです。For Mibu Soshajo-mae

←東山三条(地下鉄東山駅)❷乗場 P57

東山通 Higashiyama-dori St.

祇園 四条河原町・四条大宮 行き Shijo Omiya Via Gion 201

時	平日 Weekdays (お盆・年末年始を除く)	土曜日 Saturdays (お盆・年末年始を除く)	休日 Sundays & Holidays お盆 8月14日~8月16日 年末年始 12月29日~1月3日
5			
6	11 41	11 41	11
7	2 12 20 28 35 47 59	2 23 33 44 54	2 29 41 54
8	9 19 28 37 48 59	3 15 25 36 48 59	10 22 34 48
9	9 21 32 42 53	12 26 39 51	10 23 37 51
10	3 14 25 36 47 58	3 15 28 41 54	3 15 28 41 54
11	9 20 31 42 53	6 18 31 44 57	6 18 31 44 57
12	4 15 26 37 48 59	10 23 36 49	10 23 36 49
13	10 21 32 43 54	2 15 28 41 54	2 15 28 41 54
14	5 16 27 38 49	7 20 33 46 59	7 20 33 46 59
15	0 11 22 33 44 55	12 25 38 51	12 25 38 51
16	6 17 28 39 50	4 16 28 41 54	4 16 28 41 54
17	1 12 23 34 45 56	7 19 31 44 57	7 19 31 44 57
18	6 17 28 39 51	10 22 35 47	10 22 35 47
19	(0) 8 18 30 41 51	0 12 21 34 45 58	0 12 21 34 45 58
20	5 17 30 40 51	(9) 18 31 42 58	(9) 18 (31) 42 (58)
21	4 15 (26) 36 (48)	15 (26) 37 (54)	15 37
22	(0) 11 31	11 31	11 31
23	*4 *24	*4 *24	*4 *24

*印は二条駅前までです。For Nijo Sta.
( )印はみぶ操車場前までです。For Mibu Soshajo-mae

←祇園❷乗場 P55

四条大宮・千本今出川 行き Senbon Imadegawa Via Shijo Omiya 201

時	平日 Weekdays (お盆・年末年始を除く)	土曜日 Saturdays (お盆・年末年始を除く)	休日 Sundays & Holidays お盆 8月14日~8月16日 年末年始 12月29日~1月3日
5			
6	14 44	14 44	14
7	5 15 23 31 39 51	5 26 36 47 57	5 32 44 57
8	3 13 23 32 41 52	6 18 28 40 52	13 25 38 52
9	3 13 25 36 46 57	3 16 30 43 55	14 27 41 55
10	7 18 29 40 51	7 19 32 45 58	7 19 32 45 58
11	2 13 24 35 46 57	10 22 35 48	10 22 35 48
12	8 19 30 41 52	1 14 27 40 53	1 14 27 40 53
13	3 14 25 36 47 58	6 19 32 45 58	6 19 32 45 58
14	9 20 31 42 53	11 24 37 50	11 24 37 50
15	4 15 26 37 48 59	3 16 29 42 55	3 16 29 42 55
16	10 21 32 43 54	8 20 32 45 58	8 20 32 45 58
17	5 16 27 38 49	11 23 35 48	11 23 35 48
18	0 10 21 32 43 55	1 14 26 39 51	1 14 26 39 51
19	(4) 12 22 34 45 55	4 16 25 38 49	4 16 25 38 49
20	9 21 34 44 55	2 (13) 22 35 46	2 (13) 22 (35) [illegible]
21	7 18 (29) 39 (51)	2 18 (29) 40 (57)	(2) 18 40
22	(3) 14 34	14 34	14 34
23	*7 *27	*7 *27	*7 *27

*印は二条駅前までです。For Nijo Sta.
( )印はみぶ操車場前までです。For Mibu Soshajo-mae

←四条河原町❻D乗場 P27

四条大宮・千本今出川 行き Senbon Imadegawa Via Shijo Omiya 201

時	平日 Weekdays (お盆・年末年始を除く)	土曜日 Saturdays (お盆・年末年始を除く)	休日 Sundays & Holidays お盆 8月14日~8月16日 年末年始 12月29日~1月3日
5			
6	18 48	18 48	18
7	9 19 27 36 44 56	9 30 40 51	9 36 48
8	8 18 28 37 46 57	1 10 22 33 45 57	1 17 29 43 57
9	8 18 30 41 51	8 21 35 48	19 32 46
10	2 12 23 34 45 56	0 12 24 37 50	0 12 24 37 50
11	7 18 29 40 51	3 15 27 40 53	3 15 27 40 53
12	2 13 24 35 46 57	6 19 32 45 58	6 19 32 45 58
13	8 19 30 41 52	11 24 37 50	11 24 37 50
14	3 14 25 36 47 58	3 16 29 42 55	3 16 29 42 55
15	9 20 31 42 53	8 21 34 47	8 21 34 47
16	4 15 26 37 48 59	0 13 25 37 50	0 13 25 37 50
17	10 21 32 43 54	3 16 28 40 53	3 16 28 40 53
18	5 15 26 37 48	6 19 31 44 56	6 19 31 44 56
19	0 (9) 17 27 39 50	9 21 30 43 54	9 21 30 43 54
20	0 14 26 39 49	7 (18) 27 40 51	7 (18) 27 (40) 51
21	0 12 23 (34) 44 (56)	7 23 (34) 45	(7) 23 45
22	(8) 19 39	(2) 19 39	19 39
23	*12 *32	*12 *32	*12 *32

*印は二条駅前までです。For Nijo Sta.
( )印はみぶ操車場前までです。For Mibu Soshajo-mae

←四条高倉㉒B乗場 P30

四条大宮・千本今出川 行き Senbon Imadegawa Via Shijo Omiya 201

時	平日 Weekdays (お盆・年末年始を除く)	土曜日 Saturdays (お盆・年末年始を除く)	休日 Sundays & Holidays お盆 8月14日~8月16日 年末年始 12月29日~1月3日
5			
6	20 50	20 50	20
7	11 21 29 38 46 58	11 32 42 53	11 38 50
8	10 20 30 39 48 59	3 12 24 35 47 59	3 19 31 45 59
9	10 20 32 43 53	10 23 37 50	21 34 48
10	5 15 26 37 48 59	3 15 27 40 53	3 15 27 40 53
11	10 21 32 43 54	6 18 30 43 56	6 18 30 43 56
12	5 16 27 38 49	9 22 35 48	9 22 35 48
13	0 11 22 33 44 55	1 14 27 40 53	1 14 27 40 53
14	6 17 28 39 50	6 19 32 45 58	6 19 32 45 58
15	1 12 23 34 45 56	11 24 37 50	11 24 37 50
16	7 18 29 40 51	3 16 28 40 53	3 16 28 40 53
17	2 13 24 35 46 57	6 19 31 43 56	6 19 31 43 56
18	8 18 29 40 51	9 22 34 47 59	9 22 34 47 59
19	2 (11) 19 29 41 52	11 23 32 45 56	11 23 32 45 56
20	2 16 28 41 51	9 (20) 29 42 53	9 (20) 29 (42) [illegible]
21	2 14 25 (36) 46 (58)	9 25 (36) 47	(9) 25 47
22	(10) 21 41	(4) 21 41	21 41
23	*14 *34	*14 *34	*14 *34

*印は二条駅前までです。For Nijo Sta.
( )印はみぶ操車場前までです。For Mibu Soshajo-mae

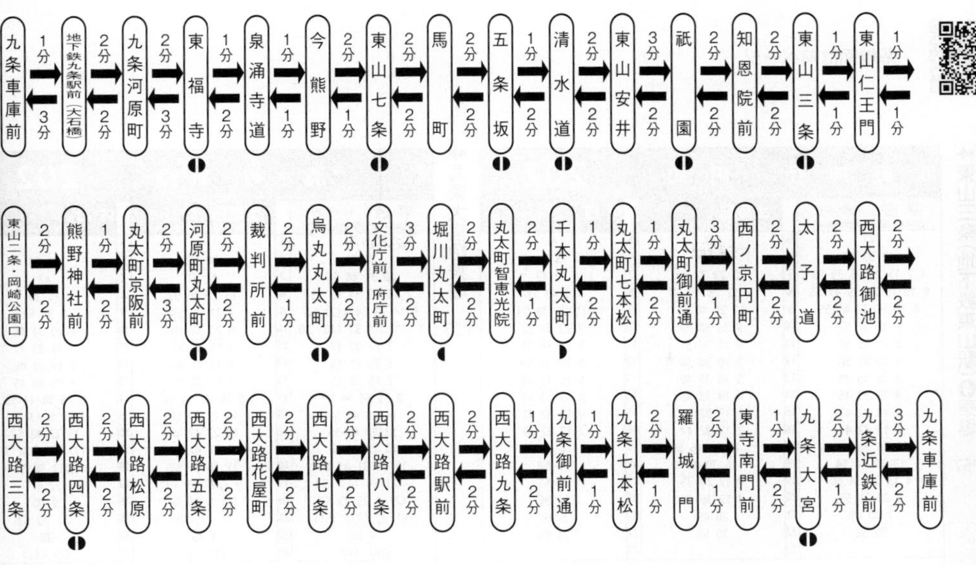

東山通 Higashiyama-dori St.

祇園・熊野神社・円町 行き — Kumano-jinja Shrine Via Gion — **202**

平日 Weekdays (お盆・年末年始を除く)		土曜日 Saturdays (お盆・年末年始を除く)		休日 Sundays & Holidays お盆 8月14日～8月16日 年末年始 12月29日～1月3日
34 59	5	34	5	34
24 41 48 54	6	2 43 57	6	2 44
2 7 15 24 32 42 52	7	10 23 34 46 56	7	9 33 57
1 10 20 28 36 49 57	8	10 25 39 52	8	22 38 52
7 18 26 36 48	9	7 21 36 50	9	6 20 34 48
3 18 33 47	10	5 19 33 47	10	4 19 33 47
2 17 32 47	11	2 17 32 47	11	3 17 32 47
1 16 31 46	12	1 16 31 46	12	1 16 31 46
1 16 30 45	13	1 16 30 45	13	1 16 30 45
0 14 29 44 59	14	0 14 29 44 59	14	0 14 29 44 59
13 28 41 58	15	13 28 43 58	15	13 28 43 58
13 28 42 57	16	13 28 42 57	16	13 28 42 57
7 17 27 39 54	17	12 27 39 57	17	12 39
10 25 35 45 56	18	11 26 41 54	18	11 39
4 18 34 48	19	4 23 47	19	4 35 58
4 20 37 52	20	3 20 42	20	20 54
5 34	21	5 34	21	34
16 44	22	16 44	22	4 44
	23		23	

→東山七条❺乗場

P49

東山通 Higashiyama-dori St.

祇園・熊野神社・円町 行き — Kumano-jinja Shrine Via Gion — **202**

平日 Weekdays (お盆・年末年始を除く)		土曜日 Saturdays (お盆・年末年始を除く)		休日 Sundays & Holidays お盆 8月14日～8月16日 年末年始 12月29日～1月3日
38	5	38	5	38
3 28 45 52 58	6	6 47	6	6 48
6 11 19 28 37 47 57	7	1 14 27 38 50	7	13 37
6 15 25 33 41 54	8	0 14 29 44 57	8	1 26 43 57
2 12 23 31 41 53	9	12 26 41 55	9	11 25 39 53
8 23 38 52	10	10 24 38 52	10	9 24 38 52
7 22 37 52	11	7 22 37 52	11	8 22 37 52
6 21 36 51	12	6 21 36 51	12	6 21 36 51
6 21 35 50	13	6 21 35 50	13	6 21 35 50
5 19 34 49	14	5 19 34 49	14	5 19 34 49
4 18 33 46	15	4 18 33 48	15	4 18 33 48
3 18 33 47	16	3 18 33 47	16	3 18 33 47
2 12 22 32 44 59	17	2 17 32 44	17	2 17 44
15 30 40 50	18	2 16 31 46 59	18	16 44
1 8 22 38 52	19	8 27 51	19	8 39
8 24 41 56	20	7 24 46	20	2 24 58
9 38	21	9 38	21	38
20 48	22	20 48	22	8 48
	23		23	

東山通 Higashiyama-dori St.

祇園・熊野神社・円町 行き — Kumano-jinja Shrine Via Gion — **202**

平日 Weekdays (お盆・年末年始を除く)		土曜日 Saturdays (お盆・年末年始を除く)		休日 Sundays & Holidays お盆 8月14日～8月16日 年末年始 12月29日～1月3日
41	5	41	5	41
6 31 48 55	6	9 50	6	9 51
1 9 14 22 31 42 52	7	4 17 30 43 55	7	16 42
2 11 20 30 38 46 59	8	5 19 34 49	8	6 31 48
7 17 28 36 46 58	9	2 17 31 46	9	2 16 30 44 58
13 28 43 57	10	0 15 29 43 57	10	14 29 43 57
12 27 42 57	11	12 27 42 57	11	13 27 42 57
11 26 41 56	12	11 26 41 56	12	11 26 41 56
11 26 40 55	13	11 26 40 55	13	11 26 40 55
10 24 39 54	14	10 24 39 54	14	10 24 39 54
9 23 38 51	15	9 23 38 53	15	9 23 38 53
8 23 38 52	16	8 23 38 52	16	8 23 38 52
7 17 27 37 49	17	7 22 37 49	17	7 22 49
4 20 35 45 55	18	7 21 36 51	18	21 49
5 12 26 42 56	19	4 12 31 55	19	12 43
12 28 45	20	11 28 50	20	6 28
0 13 42	21	13 42	21	2 42
23 51	22	23 51	22	11 51
	23		23	

→祇園❺乗場

P55

東山通 Higashiyama-dori St.

熊野神社・円町 行き — Enmati Via Kumano-jinja Shrine — **202**

平日 Weekdays (お盆・年末年始を除く)		土曜日 Saturdays (お盆・年末年始を除く)		休日 Sundays & Holidays お盆 8月14日～8月16日 年末年始 12月29日～1月3日
44	5	44	5	44
9 34 51 58	6	12 53	6	12 54
4 12 17 25 35 46 56	7	7 20 34 47 59	7	19 46
6 15 24 35 43 51	8	9 23 39 54	8	10 36 53
4 12 22 33 41 51	9	7 22 36 51	9	7 21 35 49
3 18 33 48	10	5 20 34 48	10	3 19 34 48
2 17 32 47	11	2 17 32 47	11	2 18 32 47
2 16 31 46	12	2 16 31 46	12	2 16 31 46
1 16 31 45	13	1 16 31 45	13	1 16 31 45
0 15 29 44 59	14	0 15 29 44 59	14	0 15 29 44 59
14 28 43 56	15	14 28 43 58	15	14 28 43 58
13 28 43 57	16	13 28 43 57	16	13 28 43 57
12 22 32 42 54	17	12 27 42 54	17	12 27 54
9 25 40 50	18	12 26 41 56	18	26 54
0 9 16 30 46	19	8 16 35 59	19	16 47
0 16 32 49	20	15 32 54	20	10 32
4 17 46	21	17 46	21	6 46
27 55	22	27 55	22	15 55
	23		23	

系統図は前ページ

➡ 東山三条（地下鉄東山駅）❹乗場

P57

東山通 Higashiyama-dori St.

熊野神社・円町 行き 202

Enmati Via Kumano-jinja Shrine

時	平日 Weekdays（お盆・年末年始を除く）	土曜日 Saturdays（お盆・年末年始を除く）	休日 Sundays & Holidays お盆 8月14日～8月16日 年末年始 12月29日～1月3日
5	47	47	47
6	12 37 54	15 56	15 57
7	1 7 15 20 28 39 50	10 23 37 50	22 49
8	0 10 19 28 39 47 55	2 12 26 43 58	13 40 57
9	8 16 26 37 45 55	11 26 40 55	11 25 39 53
10	7 22 37 52	9 24 38 52	7 23 38 52
11	6 21 36 51	6 21 36 51	6 22 36 51
12	6 20 35 50	6 20 35 50	6 20 35 50
13	5 20 35 49	5 20 35 49	5 20 35 49
14	4 19 33 48	4 19 33 48	4 19 33 48
15	3 18 32 47	3 18 32 47	3 18 32 47
16	0 17 32 47	2 17 32 47	2 17 32 47
17	1 16 26 36 46 58	1 16 31 46 58	1 16 31 58
18	13 29 44 54	16 30 45	30 58
19	4 13 20 34 50	0 12 20 39	20 51
20	4 20 36 53	3 19 36 58	14 36
21	7 20 49	20 49	9 49
22	30 58	30 58	18 58
23			

➡ 九条大宮❻乗場

P25

東山通 Higashiyama-dori St.

東福寺 清水寺・祇園 行き 202

Gion Via Kiyomizu-dera Temple

時	平日 Weekdays（お盆・年末年始を除く）	土曜日 Saturdays（お盆・年末年始を除く）	休日 Sundays & Holidays お盆 8月14日～8月16日 年末年始 12月29日～1月3日
5			
6	30 55	30 58	30 58
7	20 39 48 56	42 57	43
8	7 14 23 34 45 55	13 27 40 53	11 39
9	5 14 23 34 (42) 50	7 21 38 53	8 35 52
10	3 (11) 21 32 (40) 50	6 21 35 50	6 20 34 48
11	2 17 32 47	4 19 33 47	2 18 33 47
12	1 16 31 46	1 16 31 46	1 17 31 46
13	1 15 30 45	1 15 30 45	1 15 30 45
14	0 15 30 44 59	0 15 30 44 59	0 15 30 44 59
15	14 28 43 58	14 28 43 58	14 28 43 58
16	13 27 42 55	13 27 42 57	13 27 42 57
17	12 27 42 56	12 27 42 56	(12) 27 (42) 56
18	11 21 31 41 53	11 26 41 53	(11) 26 53
19	7 21 34 (43) 53	9 (22) 35 49	22 47
20	(2) 9 23 39 53	(1) 9 28 52	9 40
21	(8) 23 (37) (51)	(7) 23 (42)	(2) 23 53
22	4 33	4 33	33
23	(14) (42)	(14) (42)	(2) (42)

( )印は九条車庫前までです。For Kujo Shako-mae

⬅ 九条大宮❺乗場

P25

西大路通 Nishioji-dori St.

西大路駅・円町 行き 202

Enmachi Via Nishioji Sta.

時	平日 Weekdays（お盆・年末年始を除く）	土曜日 Saturdays（お盆・年末年始を除く）	休日 Sundays & Holidays お盆 8月14日～8月16日 年末年始 12月29日～1月3日
5	32 56	32	32
6	17 34 40 47 54	0 41 55	0 41
7	2 11 18 26 38 47 55	6 18 30 42 55	6 30 55
8	5 15 25 36 47 54	10 24 37 52	22 37 52
9	7 17 24 37 51	7 20 35 50	7 20 35 50
10	5 20 35 50	5 20 35 49	5 20 35 49
11	5 19 34 49	4 19 34 49	4 19 34 49
12	3 17 32 47	3 17 32 47	3 17 32 47
13	2 17 32 46	2 17 32 46	2 17 32 46
14	1 16 31 46	1 16 31 46	1 16 31 46
15	1 15 30 45	1 15 30 45	1 15 30 45
16	0 15 30 44 59	0 15 30 44 59	0 15 30 44 59
17	13 28 36 44 59	14 29 44 59	14 44
18	13 26 40 54	13 28 41 58	13 41
19	2 12 26 47	12 26 49	12 37
20	1 19 31 44	1 17 31 44	1 31
21	3 15 42	15 42	15 42
22	22	22	22
23			

⬅ 西大路四条（阪急・嵐電西院駅）❹乗場

P75

西大路通 Nishioji-dori St.

円町・熊野神社 行き 202

Kumano-jinja Shrine Via Enmachi

時	平日 Weekdays（お盆・年末年始を除く）	土曜日 Saturdays（お盆・年末年始を除く）	休日 Sundays & Holidays お盆 8月14日～8月16日 年末年始 12月29日～1月3日
5	48	48	48
6	12 33 50 56	16 57	16 57
7	5 12 23 32 41 50	11 22 35 50	22 50
8	2 11 19 29 37 46 57	2 15 30 45 58	15 43 58
9	8 15 28 38 45 58	13 28 41 56	13 28 41 56
10	12 26 41 56	11 26 41 56	11 26 41 56
11	11 26 40 55	10 25 40 55	10 25 40 55
12	10 24 38 53	10 24 38 53	10 24 38 53
13	8 23 38 53	8 23 38 53	8 23 38 53
14	7 22 37 52	7 22 37 52	7 22 37 52
15	7 22 36 51	7 22 36 51	7 22 36 51
16	6 21 36 51	6 21 36 51	6 21 36 51
17	5 20 34 49 57	5 20 35 50	5 20 35
18	5 20 34 47	5 20 34 49	5 34
19	1 13 20 30 44	2 16 30 44	2 30 55
20	5 19 37 49	7 19 35 49	19 49
21	2 19 31 58	2 31 58	31 58
22	38	38	38
23			

⬅ 堀川丸太町❸乗場

P45

東山通 Higashiyama-dori St.

祇園 清水寺・東福寺 行き 202

Tofukuji Temple Via Kiyomizu-dera Temple

時	平日 Weekdays（お盆・年末年始を除く）	土曜日 Saturdays（お盆・年末年始を除く）	休日 Sundays & Holidays お盆 8月14日～8月16日 年末年始 12月29日～1月3日
5			
6	2 26 47	2 30	2 30
7	4 10 19 26 38 49 58	11 25 36 49	11 36
8	7 19 28 36 46 (54)	4 16 29 47	4 29
9	3 14 (25) 32 45 (55)	2 15 30 45 58	0 15 30 45 58
10	2 15 29 43 58	13 28 43 58	13 28 43 58
11	13 28 43 57	13 27 42 57	13 27 42 57
12	12 27 41 55	12 27 41 55	12 27 41 55
13	10 25 40 55	10 25 40 55	10 25 40 55
14	10 24 39 54	10 24 39 54	10 24 39 54
15	9 24 39 53	9 24 39 53	9 24 39 53
16	8 23 38 53	8 23 38 53	8 23 (38) 53
17	8 22 37 51	8 22 37 52	(8) 22 (37) 52
18	6 14 22 37 (51)	7 22 37 (51)	22 51
19	4 17 (29) 36 46	6 18 32 46	18 46
20	0 21 35 (53)	0 (23) 35 (51)	(11) 35
21	5 (16) (33) 45	5 (16) 45	5 45
22	(12) (52)	(12) (52)	(12) (52)
23			

( )印は、京都駅八条口アバンティ前経由九条車庫前までです。For Kujo Shako-mae

⬅ 烏丸丸太町（地下鉄丸太町駅）❼乗場

P38

東山通 Higashiyama-dori St.

祇園 清水寺・東福寺 行き 202

Tofukuji Temple Via Kiyomizu-dera Temple

時	平日 Weekdays（お盆・年末年始を除く）	土曜日 Saturdays（お盆・年末年始を除く）	休日 Sundays & Holidays お盆 8月14日～8月16日 年末年始 12月29日～1月3日
5			
6	5 29 50	5 33	5 33
7	8 14 23 30 42 53	14 28 40 53	14 40
8	2 11 23 32 40 50 (58)	8 20 33 51	8 33
9	7 18 (29) 36 49 (59)	6 19 34 49	4 19 34 49
10	6 19 33 47	2 17 32 47	2 17 32 47
11	2 17 32 47	2 17 31 46	2 17 31 46
12	1 16 31 45 59	1 16 31 45 59	1 16 31 45 59
13	14 29 44 59	14 29 44 59	14 29 44 59
14	14 28 43 58	14 28 43 58	14 28 43 58
15	13 28 43 57	13 28 43 57	13 28 43 57
16	12 27 42 57	12 27 42 57	12 27 (42) 57
17	12 26 41 55	12 26 41 56	(12) 26 (41) 56
18	10 18 26 41 (55)	11 26 41 (55)	26 55
19	8 21 (33) 40 50	10 22 36 50	22 50
20	4 25 39 (57)	4 (27) 39 (55)	(15) 39
21	8 (19) (36) 48	8 (19) 48	8 48
22	(15) (55)	(15) (55)	(15) (55)
23			

( )印は、京都駅八条口アバンティ前経由九条車庫前までです。For Kujo Shako-mae

東山通 Higashiyama-dori St.
祇園

清水寺・東福寺 行き 202

Tofukuji Temple Via Kiyomizu-dera Temple

時	平日 Weekdays (お盆・年末年始を除く)	土曜日 Saturdays (お盆・年末年始を除く)	休日 Sundays & Holidays お盆 8月14日~8月16日 年末年始 12月29日~1月3日
5			
6	8 32 53	8 36	8 36
7	11 17 26 45 56	17 31 43 56	17 43
8	14 26 43 53	11 23 36 54	11 36
9	(1) 10 21 (32) 39 52	9 22 37 52	7 22 37 52
10	(2) 9 22 36 50	5 20 35 50	5 20 35 50
11	5 20 35 50	5 20 34 49	5 20 34 49
12	4 19 34 48	4 19 34 48	4 19 34 48
13	2 17 32 47	2 17 32 47	2 17 32 47
14	2 17 31 46	2 17 31 46	2 17 31 46
15	1 16 31 46	1 16 31 46	1 31
16	0 15 30 45	0 15 30 45	0 30 (45)
17	0 15 44 58	0 15 44 59	0 (15) 29 (44) 59
18	21 29 44 (58)	14 29 44 (58)	29
19	11 24 (36) 53	25 53	25 53
20	42	(30) 42 (58)	(18) 42
21	(0) (22) (39)	(22)	
22	(18) (58)	(18) (58)	(18) (58)
23			

( )印は、京都駅八条口アバンティ前経由九条車庫前までです。For Kujo Shako-mae

←東山三条《地下鉄東山駅》❷乗場 P57

東山通 Higashiyama-dori St.
祇園

清水寺・東福寺 行き 202

Tofukuji Temple Via Kiyomizu-dera Temple

時	平日 Weekdays (お盆・年末年始を除く)	土曜日 Saturdays (お盆・年末年始を除く)	休日 Sundays & Holidays お盆 8月14日~8月16日 年末年始 12月29日~1月3日
5			
6	15 39	15 43	15 43
7	0 18 24 33 42 54	24 40 52	24 52
8	5 14 23 35 44 52	5 20 32 45	20 45
9	2 (10) 19 30 (41) 48	3 18 31 46	16 31 46
10	1 (11) 18 31 45 59	1 14 29 44 59	1 14 29 44 59
11	14 29 44 59	14 29 43 58	14 29 43 58
12	13 28 43 57	13 28 43 57	13 28 43 57
13	11 26 41 56	11 26 41 56	11 26 41 56
14	11 26 40 55	11 26 40 55	11 26 40 55
15	10 25 40 55	10 25 40 55	10 25 40 55
16	9 24 39 54	9 24 39 54	9 24 39 (54)
17	9 24 38 53	9 24 38 53	9 (24) 38 (53)
18	7 22 30 38 53	8 23 38 53	8 38
19	(6) 18 31 (43) 50	(6) 20 32 46	6 32
20	0 14 35 49	0 14 (37) 49	0 (25) 49
21	(7) 18 (29) (46) 58	(5) 18 (29) 58	18 58
22	(25)	(25)	(25)
23	(5)	(5)	(5)

( )印は、京都駅八条口アバンティ前経由九条車庫前までです。For Kujo Shako-mae

東山通 Higashiyama-dori St.

清水寺・東福寺 行き 202

Tofukuji Temple Via Kiyomizu-dera Temple

時	平日 Weekdays (お盆・年末年始を除く)	土曜日 Saturdays (お盆・年末年始を除く)	休日 Sundays & Holidays お盆 8月14日~8月16日 年末年始 12月29日~1月3日
5			
6	18 42	18 46	18 46
7	3 21 27 37 46 58	27 43 55	27 55
8	9 18 27 39 48 56	8 23 36 49	23 49
9	6 (14) 23 34 (45) 52	7 22 35 50	20 35 50
10	5 (15) 22 35 49	5 18 33 48	5 18 33 48
11	3 18 33 48	3 18 33 47	3 18 33 47
12	3 17 32 47	2 17 32 47	2 17 32 47
13	1 15 30 45	1 15 30 45	1 15 30 45
14	0 15 30 44 59	0 15 30 44 59	0 15 30 44 59
15	14 29 44 59	14 29 44 59	14 29 44 59
16	13 28 43 58	13 28 43 58	13 28 43 (58)
17	13 28 42 57	13 28 42 57	13 (28) 42 (57)
18	11 26 34 42 57	12 27 42 57	12 42
19	(10) 22 35 (47) 54	(10) 24 36 50	10 36
20	4 18 39 53	4 18 (41) 53	4 (29) 53
21	(10) 21 (32) (49)	(8) 21 (32)	21
22	1 (28)	1 (28)	1 (28)
23	(8)	(8)	(8)

( )印は、京都駅八条口アバンティ前経由九条車庫前までです。For Kujo Shako-mae

←清水道❶乗場 P53

東山通 Higashiyama-dori St.

清水寺・東福寺 行き 202

Tofukuji Temple Via Kiyomizu-dera Temple

時	平日 Weekdays (お盆・年末年始を除く)	土曜日 Saturdays (お盆・年末年始を除く)	休日 Sundays & Holidays お盆 8月14日~8月16日 年末年始 12月29日~1月3日
5			
6	20 44	20 48	20 48
7	5 23 29 40 49	29 46 58	29 58
8	1 12 21 30 43 52	11 26 40 53	26 53
9	0 10 (18) 27 38 (49) 56	11 26 39 54	24 39 54
10	9 (19) 26 39 53	9 22 37 52	9 22 37 52
11	7 22 37 52	7 22 37 51	7 22 37 51
12	7 21 36 51	6 21 36 51	6 21 36 51
13	5 19 34 49	5 19 34 49	5 19 34 49
14	4 19 34 48	4 19 34 48	4 19 34 48
15	3 18 33 48	3 18 33 48	3 18 33 48
16	3 17 32 47	3 17 32 47	3 17 32 47
17	2 17 32 46	2 17 32 46	(2) 17 (32) 46
18	1 15 30 38 46	1 16 31 46	(1) 16 46
19	1 (13) 25 38 (50) 57	1 (13) 27 39 53	13 39
20	6 20 41 55	6 20 (43) 55	6 (31) 55
21	(12) 23 (34) (51)	(10) 23 (34)	23
22	3 (30)	3 (30)	3 (30)
23	(10)	(10)	(10)

( )印は、京都駅八条口アバンティ前経由九条車庫前までです。For Kujo Shako-mae

←東山七条❸乗場 49

東山通 Higashiyama-dori St.
東福寺

東寺・西大路駅 行き 202

Nishioji Sta. Via Toji Temple

時	平日 Weekdays (お盆・年末年始を除く)	土曜日 Saturdays (お盆・年末年始を除く)	休日 Sundays & Holidays お盆 8月14日~8月16日 年末年始 12月29日~1月3日
5			
6	25 49	25 53	25 53
7	10 28 35 46 55	35 52	35
8	7 18 27 36 49 58	4 17 32 46 59	4 32 59
9	6 16 (24) 33 44 (55)	17 32 45	30 45
10	2 15 (25) 32 45 59	0 15 28 43 58	0 15 28 43 58
11	13 28 43 58	13 28 43 57	13 28 43 57
12	13 27 42 57	12 27 42 57	12 27 42 57
13	11 25 40 55	11 25 40 55	11 25 40 55
14	10 25 40 54	10 25 40 54	10 25 40 54
15	9 24 39 54	9 24 39 54	9 24 39 54
16	9 23 38 53	9 23 38 53	9 23 38 53
17	8 23 38 52	8 23 38 52	(8) 23 (38) 52
18	7 21 36 44 52	7 22 37 52	(7) 22 52
19	7 (19) 31 44 (56)	7 (19) 33 45 59	19 45
20	3 12 26 47	12 26 (49)	12 (37)
21	1 (17) 28 (39) (56)	1 (15) 28 (39)	1 28
22	8 (35)	8 (35)	8 (35)
23	(15)	(15)	(15)

( )印は、京都駅八条口アバンティ前経由九条車庫前までです。For Kujo Shako-mae

←東福寺❹乗場 P47

西大路通 Nishioji-dori St.

西大路駅・円町 行き 202

Enmachi Via Nishioji Sta.

時	平日 Weekdays (お盆・年末年始を除く)	土曜日 Saturdays (お盆・年末年始を除く)	休日 Sundays & Holidays お盆 8月14日~8月16日 年末年始 12月29日~1月3日
5			
6	28 52	28 56	28 56
7	13 32 40 51	39 56	39
8	0 12 23 32 41 54	8 21 37 51	8 37
9	3 11 21 (29) 38 49	4 22 37 50	4 35 50
10	(0) 7 20 (30) 37 50	5 20 33 48	5 20 33 48
11	4 18 33 48	3 18 33 48	3 18 33 48
12	3 18 32 47	2 17 32 47	2 17 32 47
13	2 16 30 45	2 16 30 45	2 16 30 45
14	0 15 30 45 59	0 15 30 45 59	0 15 30 45 59
15	14 29 44 59	14 29 44 59	14 29 44 59
16	14 28 43 58	14 28 43 58	14 28 43 58
17	13 28 43 57	13 28 43 57	(13) 28 (43) 57
18	12 26 41 49 57	12 27 42 57	(12) 27 57
19	11 (23) 35 48	11 (23) 37 49	23 49
20	(0) 7 16 30 51	3 16 30 (53)	16 (41)
21	5 (21) 32 (43)	5 (19) 32 (43)	5 32
22	(0) 11 (38)	11 (38)	11 (38)
23	(18)	(18)	(18)

( )印は、京都駅八条口アバンティ前経由九条車庫前までです。For Kujo Shako-mae

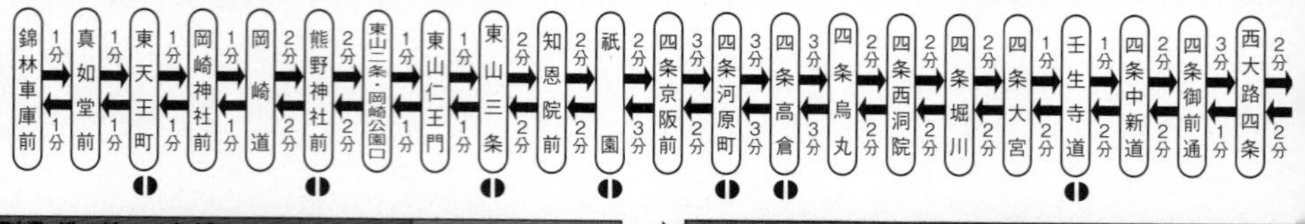

➡東天王町❺乗場

P61

東山通 Higashiyama-dori St.

祇園・四条河原町 行き　Shijo Kawaramachi Via Gion　203

平日 Weekdays（お盆・年末年始を除く）	時	土曜日 Saturdays（お盆・年末年始を除く）	時	休日 Sundays & Holidays お盆 8月14日~8月16日 年末年始 12月29日~1月3日
41	5	41	5	41
11 26 37 50 55	6	11 30 50 59	6	11 50
1 8 15 21 29 36 43 50 58	7	9 20 30 40 50	7	20 39 50
6 12 20 28 35 42 51	8	1 10 20 31 42 54	8	1 17 31 42 54
1 13 23 34 44 54	9	6 19 30 42 54	9	6 19 30 42 54
5 15 25 36 46 57	10	6 18 30 42 54	10	6 18 30 42 54
8 18 29 39 49	11	6 18 30 42 54	11	6 18 30 42 54
0 10 21 32 42 53	12	6 18 30 42 54	12	6 18 30 42 54
3 13 24 34 45 56	13	6 18 30 42 54	13	6 18 30 42 54
6 17 27 37 48 58	14	6 18 30 42 54	14	6 18 30 42 54
9 20 30 41 51	15	6 18 30 42 54	15	6 18 30 42 54
1 12 22 33 44 54	16	6 18 30 42 54	16	6 18 30 42 54
5 15 25 36 47 58	17	7 20 32 44 57	17	7 20 32 44 57
9 20 31 41 51	18	9 21 33 44 56	18	9 21 34 56
1 11 21 31 41 51	19	10 20 31 51	19	10 31 51
8 18 28 46	20	11 28 46	20	11 28 46
6 25 40 58	21	6 25 40 58	21	6 25 40 58
17 38	22	17 38	22	17 38
	23		23	

➡熊野神社前❾乗場

P59

東山通 Higashiyama-dori St.

祇園・四条河原町 行き　Shijo Kawaramachi Via Gion　203

平日 Weekdays（お盆・年末年始を除く）	時	土曜日 Saturdays（お盆・年末年始を除く）	時	休日 Sundays & Holid… お盆 8月14日~8月… 年末年始 12月29日~1…
45	5	45	5	45
15 30 41 54 59	6	15 34 54	6	15 54
5 12 19 25 33 40 47 54	7	3 13 24 34 44 54	7	24 43 54
2 10 16 24 32 39 46 55	8	5 14 24 35 46 58	8	5 21 35 46 58
5 17 27 38 48 58	9	10 23 34 46 58	9	10 23 34 46 58
9 19 29 40 50	10	10 22 34 46 58	10	10 22 34 46 58
1 12 22 33 43 53	11	10 22 34 46 58	11	10 22 34 46 58
4 14 25 36 46 57	12	10 22 34 46 58	12	10 22 34 46 58
7 17 28 38 49	13	10 22 34 46 58	13	10 22 34 46 58
0 10 21 31 41 52	14	10 22 34 46 58	14	10 22 34 46 58
2 13 24 34 45 55	15	10 22 34 46 58	15	10 22 34 46 58
5 16 26 37 48 58	16	10 22 34 46 58	16	10 22 34 46 58
9 19 29 40 51	17	11 24 36 48	17	11 24 36 48
2 13 24 35 45 55	18	1 13 25 37 48	18	1 13 25 38
5 15 25 35 45 55	19	0 14 24 35 55	19	0 14 35 55
12 22 32 50	20	15 32 50	20	15 32 50
10 29 44	21	10 29 44	21	10 29 44
2 21 42	22	2 21 42	22	2 21 42
	23		23	

➡東山三条《地下鉄東山駅》❷乗場

P57

東山通 Higashiyama-dori St.

祇園・四条河原町 行き　Shijo Kawaramachi Via Gion　203

平日 Weekdays（お盆・年末年始を除く）	時	土曜日 Saturdays（お盆・年末年始を除く）	時	休日 Sundays & Holidays お盆 8月14日~8月16日 年末年始 12月29日~1月3日
49	5	49	5	49
19 34 45 58	6	19 38 58	6	19 58
3 9 16 23 29 37 44 51 58	7	7 17 28 38 48 58	7	28 47 58
6 14 20 28 36 43 50 59	8	9 18 28 39 50	8	9 25 39 50
9 21 31 42 52	9	2 14 27 38 50	9	2 14 27 38 50
2 13 23 33 44 54	10	2 14 26 38 50	10	2 14 26 38 50
5 16 26 37 47 57	11	2 14 26 38 50	11	2 14 26 38 50
8 18 29 40 50	12	2 14 26 38 50	12	2 14 26 38 50
1 11 21 32 42 53	13	2 14 26 38 50	13	2 14 26 38 50
4 14 25 35 45 56	14	2 14 26 38 50	14	2 14 26 38 50
6 17 28 38 49 59	15	2 14 26 38 50	15	2 14 26 38 50
9 20 30 41 52	16	2 14 26 38 50	16	2 14 26 38 50
2 13 23 33 44 55	17	2 15 28 40 52	17	2 15 28 40 52
6 17 28 39 49 59	18	5 17 29 41 52	18	5 17 29 42
9 19 29 39 49 59	19	4 18 28 39 59	19	4 18 39 59
16 26 36 54	20	19 36 54	20	19 36 54
14 33 48	21	14 33 48	21	14 33 48
6 25 46	22	6 25 46	22	6 25 46
	23		23	

➡祇園❷乗場

P55

西大路通 Nishioji-dori St.

西大路四条 北野白梅町 北野天満宮 行き　Kitano-tenmangu Shrine Via Nishioji Shijo　203

平日 Weekdays（お盆・年末年始を除く）	時	土曜日 Saturdays（お盆・年末年始を除く）	時	休日 Sundays & Holid… お盆 8月14日~8月… 年末年始 12月29日~1…
52	5	52	5	52
22 37 48	6	22 41	6	22
1 6 12 19 26 32 41 48 55	7	1 10 20 31 41 51	7	1 31 50
2 10 18 24 32 40 47 54	8	1 12 21 31 43 54	8	1 12 28 43 54
3 13 25 35 46 56	9	6 18 31 42 54	9	6 18 31 42 54
6 17 27 37 48 58	10	6 18 30 42 54	10	6 18 30 42 54
9 20 30 41 51	11	6 18 30 42 54	11	6 18 30 42 54
1 12 22 33 44 54	12	6 18 30 42 54	12	6 18 30 42 54
5 15 25 36 46 57	13	6 18 30 42 54	13	6 18 30 42 54
8 18 29 39 49	14	6 18 30 42 54	14	6 18 30 42 54
0 10 21 32 42 53	15	6 18 30 42 54	15	6 18 30 42 54
3 13 24 34 45 56	16	6 18 30 42 54	16	6 18 30 42 54
6 17 27 37 48 59	17	6 19 32 44 56	17	6 19 32 44 56
10 21 32 43 53	18	9 21 33 45 56	18	9 21 33 46
3 13 23 33 43 53	19	8 22 32 43	19	8 22 43
3 20 30 40 58	20	3 23 40 58	20	3 23 40 58
17 36 51	21	17 36 51	21	17 36 51
9 28 49	22	9 28 49	22	9 28 49
	23		23	

➡四条河原町❻D乗場

P27

西大路通 Nishioji-dori St.

西大路四条 北野白梅町 北野天満宮 行き　Kitano-tenmangu Shrine Via Nishioji Shijo　203

平日 Weekdays（お盆・年末年始を除く）	時	土曜日 Saturdays（お盆・年末年始を除く）	時	休日 Sundays & Holidays お盆 8月14日~8月16日 年末年始 12月29日~1月3日
56	5	56	5	56
26 41 52	6	26 45	6	26
5 10 16 23 30 37 46 53	7	5 14 24 35 45 55	7	5 35 54
0 7 15 23 29 37 45 52 59	8	5 16 25 36 48 59	8	5 16 33 48 59
8 18 30 40 51	9	11 23 36 47 59	9	11 23 36 47 59
1 11 22 32 42 53	10	11 23 35 47 59	10	11 23 35 47 59
3 14 25 35 46 56	11	11 23 35 47 59	11	11 23 35 47 59
6 17 27 38 49 59	12	11 23 35 47 59	12	11 23 35 47 59
10 20 30 41 51	13	11 23 35 47 59	13	11 23 35 47 59
2 13 23 34 44 54	14	11 23 35 47 59	14	11 23 35 47 59
5 15 26 37 47 58	15	11 23 35 47 59	15	11 23 35 47 59
8 18 29 39 50	16	11 23 35 47 59	16	11 23 35 47 59
1 11 22 32 42 53	17	11 24 37 49	17	11 24 37 49
4 15 26 37 48 58	18	1 14 26 38 50	18	1 14 26 38 51
8 18 28 38 48 58	19	1 13 27 37 48	19	13 27 48
8 25 35 45	20	8 28 45	20	8 28 45
3 22 41 56	21	3 22 41 56	21	3 22 41 56
14 33 54	22	14 33 54	22	14 33 54
	23		23	

➡四条高倉㉒B乗場

P30

西大路通 Nishioji-dori St.

西大路四条 北野白梅町 北野天満宮 行き　Kitano-tenmangu Shrine Via Nishioji Shijo　203

平日 Weekdays（お盆・年末年始を除く）	時	土曜日 Saturdays（お盆・年末年始を除く）	時	休日 Sundays & Holida… お盆 8月14日~8月1… 年末年始 12月29日~1月…
58	5	58	5	58
28 43 54	6	28 47	6	28
7 12 18 25 32 39 48 55	7	7 16 26 37 47 57	7	7 37 56
2 9 17 25 31 39 47 54	8	7 18 27 38 50	8	7 18 35 50
1 10 20 32 42 53	9	1 13 25 38 49	9	1 13 25 38 49
4 14 25 35 45 56	10	1 14 26 38 50	10	1 14 26 38 50
6 17 28 38 49 59	11	2 14 26 38 50	11	2 14 26 38 50
9 20 30 41 52	12	2 14 26 38 50	12	2 14 26 38 50
2 13 23 33 44 54	13	2 14 26 38 50	13	2 14 26 38 50
5 16 26 37 47 57	14	2 14 26 38 50	14	2 14 26 38 50
8 18 29 40 50	15	2 14 26 38 50	15	2 14 26 38 50
1 11 21 32 42 53	16	2 14 26 38 50	16	2 14 26 38 50
4 14 25 35 45 56	17	2 14 27 40 52	17	2 14 27 40 52
7 18 29 40 51	18	4 17 29 41 53	18	4 17 29 41 54
1 10 20 30 40 50	19	3 15 29 39 50	19	15 29 50
0 10 27 37 47	20	10 30 47	20	10 30 47
5 24 43 58	21	5 24 43 58	21	5 24 43 58
16 35 56	22	16 35 56	22	16 35 56
	23		23	

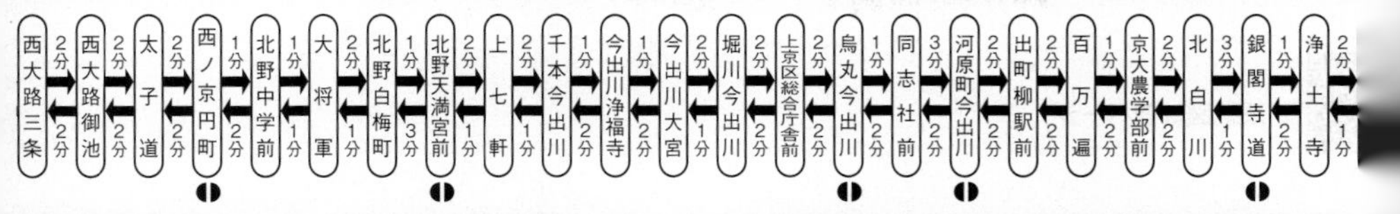

→西ノ京円町（JR円町駅）❻乗場

P75

203 西大路通 Nishioji-dori St.
西大路四条・北野白梅町 北野天満宮 行き
Kitano-tenmangu Shrine Via Nishioji Shijo

時	平日 Weekdays（お盆・年末年始を除く）	土曜日 Saturdays（お盆・年末年始を除く）	休日 Sundays & Holidays お盆 8月14日～8月16日 年末年始 12月29日～1月3日
5			
6	6 36 51	6 36 55	6 36
7	2 15 20 26 33 41 48 57	15 24 34 45 55	15 45
8	4 11 18 26 34 40 49 57	5 15 26 35 48	4 15 26 45
9	4 11 20 30 42 52	0 11 23 35 48 59	0 11 23 35 48 59
10	3 14 24 35 45 55	11 24 36 48	11 24 36 48
11	6 16 27 38 48 59	0 12 24 36 48	0 12 24 36 48
12	9 19 30 40 51	0 12 24 36 48	0 12 24 36 48
13	2 12 23 33 43 54	0 12 24 36 48	0 12 24 36 48
14	4 15 26 36 47 57	0 12 24 36 48	0 12 24 36 48
15	7 18 28 39 50	0 12 24 36 48	0 12 24 36 48
16	0 11 21 31 42 52	0 12 24 36 48	0 12 24 36 48
17	3 14 24 35 45 55	0 12 24 37 50	0 12 24 37 50
18	6 17 28 39 50	2 14 27 39 51	2 14 27 39 51
19	1 10 19 29 39 49 59	3 12 24 38 48 59	4 24 38 59
20	9 19 36 46 56	19 39 56	19 39 56
21	14 33 52	14 33 52	14 33 52
22	7 25 44	7 25 44	7 25 44
23	5	5	5

203 西大路通 Nishioji-dori St.
北野天満宮・出町柳駅 銀閣寺 行き
Ginkakuji Temple Via Kitano-tenmangu Shrine

時	平日 Weekdays（お盆・年末年始を除く）	土曜日 Saturdays（お盆・年末年始を除く）	休日 Sundays & Holidays お盆 8月14日～8月16日 年末年始 12月29日～1月3日
5	(42)	(42)	(42)
6	18 (33) 48	18 48	18 48
7	3 14 27 33 40 48 56	7 (16) 27 36 46 57	(6) 27 57
8	3 12 19 (26) 33 41 (49) 55	7 17 27 40 50	(6) 16 27 40
9	4 12 (19) 26 35 45 57	3 15 26 38 50	0 15 26 38 50
10	7 18 29 39 50	3 14 26 39 51	3 14 26 39 51
11	0 10 21 31 42 53	3 15 27 39 51	3 15 27 39 51
12	3 14 24 34 45 55	3 15 27 39 51	3 15 27 39 51
13	6 17 27 38 48 58	3 15 27 39 51	3 15 27 39 51
14	9 19 30 41 51	3 15 27 39 51	3 15 27 39 51
15	2 12 22 33 43 54	3 15 27 39 51	3 15 27 39 51
16	5 15 26 36 46 57	3 15 27 39 51	3 15 27 39 51
17	7 18 29 39 50	3 15 27 39 52	3 15 27 39 52
18	0 10 21 32 43 54	5 17 29 42 54	(5) 17 29 (42) 54
19	4 14 (23) 32 42 52	(5) 16 (25) 37 51	(5) 17 37 51
20	(2) 12 (22) 32 49 (59)	(1) 12 32 52	12 32 52
21	8 26 45	8 26 45	8 26 45
22	4 (19) (37) (56)	4 (19) (37) (56)	4 (19) (37) (56)
23	(17)	(17)	(17)

( )印は錦林車庫前までです。For Kinrin Shako-mae

→烏丸今出川（地下鉄今出川駅）❷乗場

P38

203 白川通 Shirakawa-dori St.
出町柳駅 銀閣寺・錦林車庫 行き
Ginkakuji Temple

時	平日 Weekdays（お盆・年末年始を除く）	土曜日 Saturdays（お盆・年末年始を除く）	休日 Sundays & Holidays お盆 8月14日～8月16日 年末年始 12月29日～1月3日
5	(47)	(47)	(47)
6	23 (38) 53	23 53	23 53
7	8 19 32 38 45 53	12 (21) 32 41 51	(11) 32
8	1 8 17 24 (31) 38 46 (54)	2 12 22 32 45 55	2 (11) 21 32 45
9	0 9 17 (24) 31 40 50	8 20 31 43 55	5 20 31 43 55
10	2 12 23 34 44 55	8 19 31 44 56	8 19 31 44 56
11	5 15 26 36 47 58	8 20 32 44 56	8 20 32 44 56
12	8 19 29 39 50	8 20 32 44 56	8 20 32 44 56
13	0 11 22 32 43 53	8 20 32 44 56	8 20 32 44 56
14	3 14 24 35 46 56	8 20 32 44 56	8 20 32 44 56
15	7 17 27 38 48 59	8 20 32 44 56	8 20 32 44 56
16	10 20 31 41 51	8 20 32 44 56	8 20 32 44 56
17	2 12 23 34 44 55	8 20 32 44 57	8 20 32 44 57
18	5 15 26 37 48 59	10 22 34 47 59	(10) 22 34 (47) 59
19	9 19 (28) 37 47 57	(10) 21 (30) 42 56	(10) 22 42 56
20	(7) 17 (27) 37 54	(6) 17 37 57	17 37 57
21	(4) 13 31 50	13 31 50	13 31 50
22	9 (24) (42)	9 (24) (42)	9 (24) (42)
23	(1) (22)	(1) (22)	(1) (22)

( )印は錦林車庫前までです。For Kinrin Shako-mae

203 白川通 Shirakawa-dori St.
出町柳駅 銀閣寺・錦林車庫 行き
Ginkakuji Temple

時	平日 Weekdays（お盆・年末年始を除く）	土曜日 Saturdays（お盆・年末年始を除く）	休日 Sundays & Holidays お盆 8月14日～8月16日 年末年始 12月29日～1月3日
5	(56)	(56)	(56)
6	32 (47)	32	32
7	2 17 28 44 50 57	2 21 (30) 41 50	2 (20) 41
8	5 13 20 29 36 (43) 50 58	0 11 21 31 44 57	11 (20) 30 44 57
9	(6) 12 21 29 (36) 43 52	7 20 32 43 55	17 32 43 55
10	2 14 24 35 46 56	7 20 31 43 56	7 20 31 43 56
11	7 17 27 38 48 59	8 20 32 44 56	8 20 32 44 56
12	10 20 31 41 51	8 20 32 44 56	8 20 32 44 56
13	2 12 23 34 44 55	8 20 32 44 56	8 20 32 44 56
14	5 15 26 36 47 58	8 20 32 44 56	8 20 32 44 56
15	8 19 29 39 50	8 20 32 44 56	8 20 32 44 56
16	0 11 22 32 43 53	8 20 32 44 56	8 20 32 44 56
17	3 14 24 35 46 56	8 20 32 44 56	8 20 32 44 56
18	7 17 27 38 49	9 22 34 46 59	9 (22) 34 46 (59)
19	0 10 20 30 (39) 48 58	10 (21) 32 (41) 53	10 (21) 33 53
20	8 (18) 28 (38) 48	7 (17) 28 48	7 28 48
21	4 (13) 22 40 59	7 22 40 59	7 22 40 59
22	18 (33) (51)	18 (33) (51)	18 (33) (51)
23	(10) (31)	(10) (31)	(10) (31)

( )印は錦林車庫前までです。For Kinrin Shako-mae

→銀閣寺道❷乗場

P63

203 白川通 Shirakawa-dori St.
出町柳駅 銀閣寺・錦林車庫 行き
Ginkakuji Temple

時	平日 Weekdays（お盆・年末年始を除く）	土曜日 Saturdays（お盆・年末年始を除く）	休日 Sundays & Holidays お盆 8月14日～8月16日 年末年始 12月29日～1月3日
5	(59)	(59)	(59)
6	35 (50)	35	35
7	5 20 31 48 54	5 24 (33) 44 53	5 (23) 44
8	1 9 17 24 33 40 (47) 54	3 14 24 35 48	14 (23) 34 48
9	2 (10) 16 25 33 (40) 47 56	1 11 24 36 47 59	1 21 36 47 59
10	6 18 28 39 50	11 24 35 47	11 24 35 47
11	0 11 21 31 42 52	0 12 24 36 48	0 12 24 36 48
12	3 14 24 35 45 55	0 12 24 36 48	0 12 24 36 48
13	6 16 27 38 48 59	0 12 24 36 48	0 12 24 36 48
14	9 19 30 40 51	0 12 24 36 48	0 12 24 36 48
15	2 12 23 33 43 54	0 12 24 36 48	0 12 24 36 48
16	4 15 26 36 47 57	0 12 24 36 48	0 12 24 36 48
17	7 18 28 39 50	0 12 24 36 48	0 12 24 36 48
18	0 11 21 31 42 53	0 13 26 38 50	0 13 (26) 38 50
19	3 13 23 33 (42) 51	2 13 (24) 35 (44) 56	(2) 13 (24) 36 56
20	1 11 (21) 31 (41) 51	10 (20) 31 51	10 31 51
21	7 (16) 25 43	10 25 43	10 25 43
22	2 21 (36) (54)	2 21 (36) (54)	2 21 (36) (54)
23	(13) (34)	(13) (34)	(13) (34)

( )印は錦林車庫前までです。For Kinrin Shako-mae

203 東山通 Higashiyama-dori St.
祇園・四条河原町 行き
Shijo Kawaramachi Via Gion

時	平日 Weekdays（お盆・年末年始を除く）	土曜日 Saturdays（お盆・年末年始を除く）	休日 Sundays & Holidays お盆 8月14日～8月16日 年末年始 12月29日～1月3日
5			
6	(7) 43 (58)	(7) 43	(7) 43
7	13 28 42 59	13 33 (43) 54	13 (31) 54
8	5 12 20 28 35 44 51 (58)	3 13 24 34 46 59	24 (33) 45 59
9	5 13 (21) 27 36 44 (51) 58	12 22 35 47 58	12 32 47 58
10	7 17 29 39 50	10 22 35 46 58	10 22 35 46 58
11	1 11 22 32 42 53	11 23 35 47 59	11 23 35 47 59
12	3 14 25 35 46 56	11 23 35 47 59	11 23 35 47 59
13	6 17 27 38 49 59	11 23 35 47 59	11 23 35 47 59
14	10 20 30 41 51	11 23 35 47 59	11 23 35 47 59
15	2 13 23 34 44 54	11 23 35 47 59	11 23 35 47 59
16	5 15 26 37 47 58	11 23 35 47 59	11 23 35 47 59
17	8 18 29 39 50	11 23 35 47 59	11 23 35 47 59
18	1 11 22 32 42 53	11 24 37 49	11 24 (37) 49
19	3 11 21 31 41 (50) 59	1 10 21 (32) 43 (52)	1 (10) 21 (32) 44
20	9 19 (29) 39 (49) 59	4 18 (28) 39 59	4 18 39 59
21	15 (24) 33 51	18 33 51	18 33 51
22	10 29 (44)	10 29 (44)	10 29 (44)
23	(2) (21) (42)	(2) (21) (42)	(2) (21) (42)

( )印は錦林車庫前までです。For Kinrin Shako-mae

系統図は前ページ

← 銀閣寺道❹乗場 P63

西大路通 Nishioji-dori St.
北野天満宮 西大路四条 行き　203
Nishioji Shijo Via Kitano-tenmangu Shrine

時	平日 Weekdays（お盆・年末年始を除く）	土曜日 Saturdays（お盆・年末年始を除く）	休日 Sundays & Holidays お盆 8月14日～8月16日 年末年始 12月29日～1月3日
5	42	42	42
6	12 27 38 50 57	12 32 50	12 50
7	3 10 16 22 28 35 42 49 56	0 10 20 30 40 50	20 40
8	3 11 19 26 33 41 48 56	0 10 20 31 42 54	0 20 30 42 53
9	5 14 26 35 45 56	6 18 30 42 54	5 17 30 42 54
10	7 19 29 39 50	6 18 30 42 54	6 18 30 42 54
11	0 10 21 32 43 53	6 18 30 42 54	6 18 30 42 54
12	3 14 24 34 45 56	6 18 30 42 54	6 18 30 42 54
13	7 17 27 38 48 58	6 18 30 42 54	6 18 30 42 54
14	9 20 31 41 52	6 18 30 42 54	6 18 30 42 54
15	2 12 22 33 44 55	6 18 30 42 54	6 18 30 42 54
16	5 16 26 36 46 57	6 18 30 42 54	6 18 30 42 54
17	8 19 29 40 51	6 18 30 42 54	6 18 30 42 54
18	2 12 22 32 44 55	6 18 30 42 54	6 18 30 54
19	6 17 28 42 51	7 19 31 51	9 31 51
20	11 22 33 45	11 24 45	11 24 45
21	5 23 36 56	5 23 36 56	5 23 36 56
22	33	33	33
23			

← 河原町今出川❻乗場 P41

西大路通 Nishioji-dori St.
北野天満宮 西大路四条 行き　203
Nishioji Shijo Via Kitano-tenmangu Shrine

時	平日 Weekdays（お盆・年末年始を除く）	土曜日 Saturdays（お盆・年末年始を除く）	休日 Sundays & Holi… お盆 8月14日～8月… 年末年始 12月29日～1…
5	50	50	50
6	20 35 46 58	20 40 58	20 58
7	5 11 18 24 30 36 45 52 59	8 18 28 39 49 59	28 49
8	6 13 21 29 36 43 51 58	9 19 29 41 52	9 29 40 52
9	6 15 24 36 45 55	4 16 28 40 52	3 15 27 40 52
10	6 17 29 39 49	4 16 28 40 52	4 16 28 40 52
11	0 10 20 31 42 53	4 16 28 40 52	4 16 28 40 52
12	3 13 24 34 44 55	4 16 28 40 52	4 16 28 40 52
13	6 17 27 37 48 58	4 16 28 40 52	4 16 28 40 52
14	8 19 30 41 51	4 16 28 40 52	4 16 28 40 52
15	2 12 22 32 43 54	4 16 28 40 52	4 16 28 40 52
16	5 15 26 36 46 56	4 16 28 40 52	4 16 28 40 52
17	7 18 29 39 50	4 16 28 40 52	4 16 28 40 52
18	1 12 22 32 42 54	4 16 28 40 52	4 16 28 40
19	5 14 25 36 50 59	4 15 27 39 59	4 17 39 59
20	19 30 41 53	19 32 53	19 32 53
21	13 31 44	13 31 44	13 31 44
22	4 41	4 41	4 41
23			

← 烏丸今出川（地下鉄今出川駅）❸乗場 P38

西大路通 Nishioji-dori St.
北野天満宮 西大路四条 行き　203
Nishioji Shijo Via Kitano-tenmangu Shrine

時	平日 Weekdays（お盆・年末年始を除く）	土曜日 Saturdays（お盆・年末年始を除く）	休日 Sundays & Holidays お盆 8月14日～8月16日 年末年始 12月29日～1月3日
5	53	53	53
6	23 38 49	23 43	23
7	1 8 14 21 27 34 40 49 56	1 11 21 31 42 52	1 31 52
8	3 10 17 25 33 40 47 55	2 12 22 32 45 56	12 32 44 56
9	2 10 19 28 40 49 59	8 20 32 44 56	7 19 31 44 56
10	10 21 33 43 53	8 20 32 44 56	8 20 32 44 56
11	4 14 24 35 46 57	8 20 32 44 56	8 20 32 44 56
12	7 17 28 38 48 59	8 20 32 44 56	8 20 32 44 56
13	10 21 31 41 52	8 20 32 44 56	8 20 32 44 56
14	2 12 23 34 45 55	8 20 32 44 56	8 20 32 44 56
15	6 16 26 36 47 58	8 20 32 44 56	8 20 32 44 56
16	9 19 30 40 50	8 20 32 44 56	8 20 32 44 56
17	0 11 22 33 43 54	8 20 32 44 56	8 20 32 44 56
18	5 16 26 36 46 58	8 20 32 44 56	8 20 32 44
19	8 17 28 39 53	7 18 30 42	7 20 42
20	2 22 33 44 56	2 22 35 56	2 22 35 56
21	16 34 47	16 34 47	16 34 47
22	7 44	7 44	7 44
23			

← 北野天満宮前❷乗場 P77

西大路通 Nishioji-dori St.
西大路四条 四条河原町・祇園 行き　203
Gion Via Nishioji Shijo

時	平日 Weekdays（お盆・年末年始を除く）	土曜日 Saturdays（お盆・年末年始を除く）	休日 Sundays & Holi… お盆 8月14日～8月… 年末年始 12月29日～1…
5			
6	2 32 47 58	2 32 52	2 32
7	10 17 23 30 37 45 51	10 20 30 40 51	10 40
8	0 7 14 21 28 36 44 51 58	1 11 21 31 43 56	1 21 43 55
9	6 13 21 30 39 51	7 19 31 43 55	7 18 30 42 55
10	0 10 21 32 44 54	7 19 31 43 55	7 19 31 43 55
11	4 15 25 35 46 57	7 19 31 43 55	7 19 31 43 55
12	8 18 28 39 49 59	7 19 31 43 55	7 19 31 43 55
13	10 21 32 42 52	7 19 31 43 55	7 19 31 43 55
14	3 13 23 34 45 56	7 19 31 43 55	7 19 31 43 55
15	6 17 27 37 47 58	7 19 31 43 55	7 19 31 43 55
16	9 20 30 41 51	7 19 31 43 55	7 19 31 43 55
17	1 11 22 33 44 54	7 19 31 43 55	7 19 31 43 55
18	5 16 27 37 47 57	7 19 31 43 55	7 19 31 43 55
19	8 18 27 38 49	6 17 28 40 52	17 30 52
20	3 12 32 43 54	12 32 45	12 32 45
21	6 25 43 56	6 25 43 56	6 25 43 56
22	16 53	16 53	16 53
23			

← 西ノ京円町《JR円町駅》❶乗場 P75

西大路通 Nishioji-dori St.
西大路四条 四条河原町・祇園 行き　203
Gion Via Nishioji Shijo

時	平日 Weekdays（お盆・年末年始を除く）	土曜日 Saturdays（お盆・年末年始を除く）	休日 Sundays & Holidays お盆 8月14日～8月16日 年末年始 12月29日～1月3日
5			
6	7 37 52	7 37 57	7 37
7	4 16 23 29 37 44 52 58	16 26 36 46 57	16 46
8	7 14 21 28 35 43 51 58	7 17 27 38 50	7 27 50
9	5 13 20 28 37 46 58	3 14 26 38 50	2 14 25 37 49
10	7 17 28 39 51	2 14 26 38 50	2 14 26 38 50
11	1 11 22 32 42 53	2 14 26 38 50	2 14 26 38 50
12	4 15 25 35 46 56	2 14 26 38 50	2 14 26 38 50
13	6 17 28 39 49 59	2 14 26 38 50	2 14 26 38 50
14	10 20 30 41 52	2 14 26 38 50	2 14 26 38 50
15	3 13 24 34 44 54	2 14 26 38 50	2 14 26 38 50
16	5 16 27 37 48 58	2 14 26 38 50	2 14 26 38 50
17	8 18 29 40 51	2 14 26 38 50	2 14 26 38 50
18	1 12 23 34 44 54	2 14 26 38 50	2 14 26 38 50
19	4 14 24 33 44 55	2 12 23 34 46 58	2 23 36 58
20	9 18 38 49	18 38 51	18 38 51
21	0 11 30 48	11 30 48	11 30 48
22	1 21 58	1 21 58	1 21 58
23			

← 壬生寺道⑰乗場 P33

東山通 Higashiyama-dori St.
四条河原町 祇園 熊野・銀閣寺 行き　203
Ginkakuji Temple Via Gion

時	平日 Weekdays（お盆・年末年始を除く）	土曜日 Saturdays（お盆・年末年始を除く）	休日 Sundays & Holida… お盆 8月14日～8月1… 年末年始 12月29日～1月…
5			
6	17 47	17 47	17 47
7	2 14 26 34 41 50 57	7 26 36 46 56	26 56
8	5 11 20 27 34 (41) 48 56	7 17 27 39 51	17 39
9	4 (11) 18 26 (33) 41 50 59	3 16 27 39 51	3 15 27 38 50
10	11 20 30 41 52	3 15 27 39 51	2 15 27 39 51
11	4 14 24 35 45 55	3 15 27 39 51	3 15 27 39 51
12	6 17 28 38 48 59	3 15 27 39 51	3 15 27 39 51
13	9 19 30 41 52	3 15 27 39 51	3 15 27 39 51
14	2 12 23 33 43 54	3 15 27 39 51	3 15 27 39 51
15	5 16 26 37 47 57	3 15 27 39 51	3 15 27 39 51
16	7 18 29 40 50	3 15 27 39 51	3 15 27 39 51
17	1 11 21 31 42 53	3 15 27 39 51	3 15 27 39 51
18	4 14 25 36 47 (57)	3 15 27 39 51	(3) 15 27 (39) 51
19	6 15 (25) 35 44 55	(3) 13 (23) 34 45 (57)	(3) 13 34 47
20	6 (20) 29 49	9 29 49	9 29 49
21	0 (11) 22 (41) 59	2 22 (41) 59	2 22 (41) 59
22	(12) (32)	(12) (32)	(12) (32)
23	(9)	(9)	(9)

( )印は錦林車庫前までです。For Kinrin Shako-mae

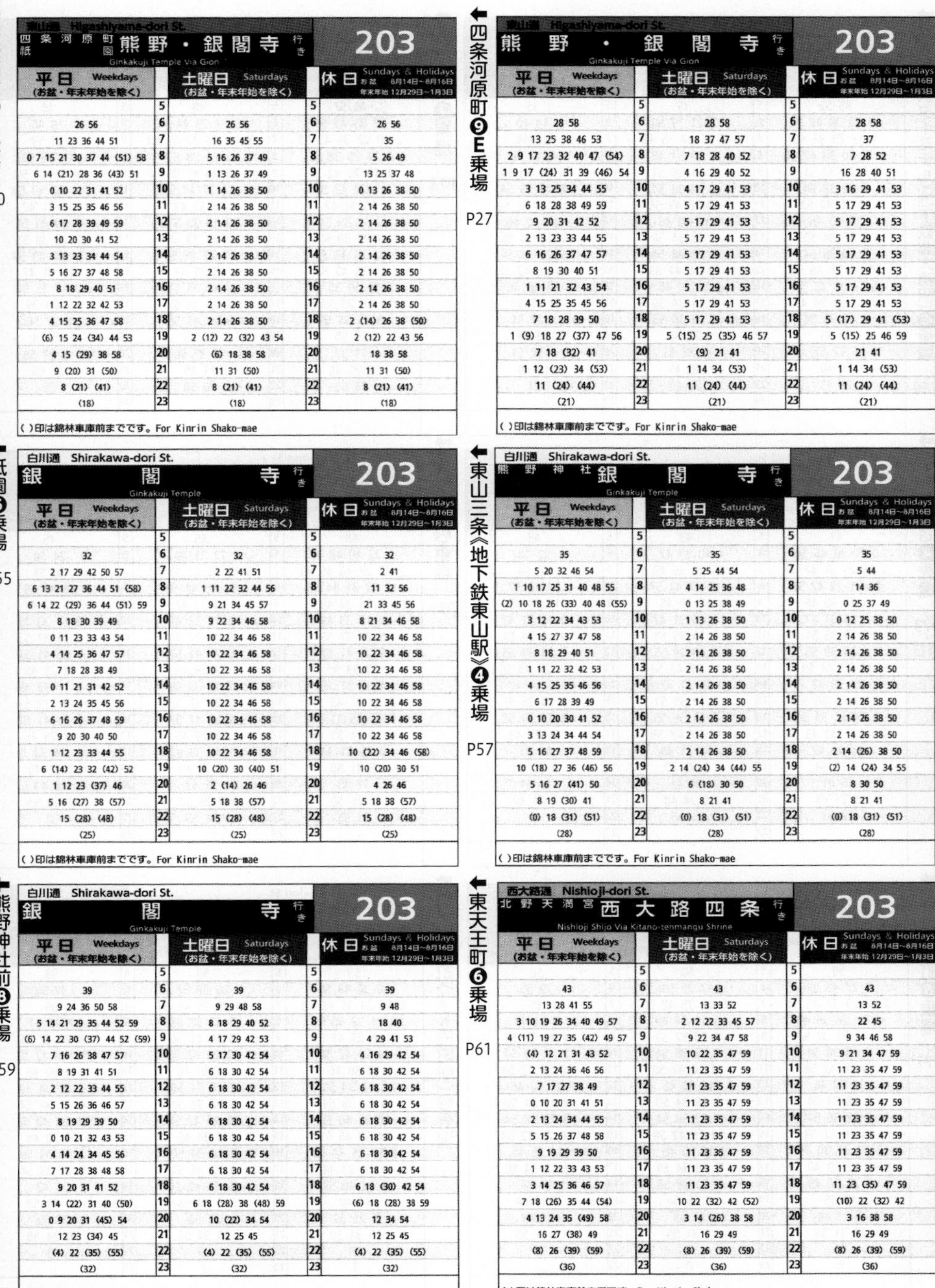

東山通 Higashiyama-dori St.

四条河原町 祇園 熊野・銀閣寺 行き　Ginkakuji Temple Via Gion　**203**

時	平日 Weekdays (お盆・年末年始を除く)	土曜日 Saturdays (お盆・年末年始を除く)	休日 Sundays & Holidays お盆 8月14日～8月16日 年末年始 12月29日～1月3日
5			
6	26 56	26 56	26 56
7	11 23 36 44 51	16 35 45 55	35
8	0 7 15 21 30 37 44 (51) 58	5 16 26 37 49	5 26 49
9	6 14 (21) 28 36 (43) 51	1 13 26 37 49	13 25 37 48
10	0 10 22 31 41 52	1 14 26 38 50	0 13 26 38 50
11	3 15 25 35 46 56	2 14 26 38 50	2 14 26 38 50
12	6 17 28 39 49 59	2 14 26 38 50	2 14 26 38 50
13	10 20 30 41 52	2 14 26 38 50	2 14 26 38 50
14	3 13 23 34 44 54	2 14 26 38 50	2 14 26 38 50
15	5 16 27 37 48 58	2 14 26 38 50	2 14 26 38 50
16	8 18 29 40 51	2 14 26 38 50	2 14 26 38 50
17	1 12 22 32 42 53	2 14 26 38 50	2 14 26 38 50
18	4 15 25 36 47 58	2 14 26 38 50	2 (14) 26 38 (50)
19	(6) 15 24 (34) 44 53	2 (12) 22 (32) 43 54	2 (12) 22 43 56
20	4 15 (29) 38 58	(6) 18 38 58	18 38 58
21	9 (20) 31 (50)	11 31 (50)	11 31 (50)
22	8 (21) (41)	8 (21) (41)	8 (21) (41)
23	(18)	(18)	(18)

( )印は錦林車庫前までです。For Kinrin Shako-mae

←四条河原町❾E乗場

P27

東山通 Higashiyama-dori St.

熊野・銀閣寺 行き　Ginkakuji Temple Via Gion　**203**

時	平日 Weekdays (お盆・年末年始を除く)	土曜日 Saturdays (お盆・年末年始を除く)	休日 Sundays & Holidays お盆 8月14日～8月16日 年末年始 12月29日～1月3日
5			
6	28 58	28 58	28 58
7	13 25 38 46 53	18 37 47 57	37
8	2 9 17 23 32 40 47 (54)	7 18 28 40 52	7 28 52
9	1 9 17 (24) 31 39 (46) 54	4 16 29 40 52	16 28 40 51
10	3 13 25 34 44 55	4 17 29 41 53	3 16 29 41 53
11	6 18 28 38 49 59	5 17 29 41 53	5 17 29 41 53
12	9 20 31 42 52	5 17 29 41 53	5 17 29 41 53
13	2 13 23 33 44 55	5 17 29 41 53	5 17 29 41 53
14	6 16 26 37 47 57	5 17 29 41 53	5 17 29 41 53
15	8 19 30 40 51	5 17 29 41 53	5 17 29 41 53
16	1 11 21 32 43 54	5 17 29 41 53	5 17 29 41 53
17	4 15 25 35 45 56	5 17 29 41 53	5 17 29 41 53
18	7 18 28 39 50	5 17 29 41 53	5 (17) 29 41 (53)
19	1 (9) 18 27 (37) 47 56	5 (15) 25 (35) 46 57	5 (15) 25 46 59
20	7 18 (32) 41	(9) 21 41	21 41
21	1 12 (23) 34 (53)	1 14 34 (53)	1 14 34 (53)
22	11 (24) (44)	11 (24) (44)	11 (24) (44)
23	(21)	(21)	(21)

( )印は錦林車庫前までです。For Kinrin Shako-mae

白川通 Shirakawa-dori St.

銀閣寺 行き　Ginkakuji Temple　**203**

時	平日 Weekdays (お盆・年末年始を除く)	土曜日 Saturdays (お盆・年末年始を除く)	休日 Sundays & Holidays お盆 8月14日～8月16日 年末年始 12月29日～1月3日
5			
6	32	32	32
7	2 17 29 42 50 57	2 22 41 51	2 41
8	6 13 21 27 36 44 51 (58)	1 11 22 32 44 56	11 32 56
9	6 14 22 (29) 36 44 (51) 59	9 21 34 45 57	21 33 45 56
10	8 18 30 39 49	9 22 34 46 58	8 21 34 46 58
11	0 11 23 33 43 54	10 22 34 46 58	10 22 34 46 58
12	4 14 25 36 47 57	10 22 34 46 58	10 22 34 46 58
13	7 18 28 38 49	10 22 34 46 58	10 22 34 46 58
14	0 11 21 31 42 52	10 22 34 46 58	10 22 34 46 58
15	2 13 24 35 45 56	10 22 34 46 58	10 22 34 46 58
16	6 16 26 37 48 59	10 22 34 46 58	10 22 34 46 58
17	9 20 30 40 50	10 22 34 46 58	10 22 34 46 58
18	1 12 23 33 44 55	10 22 34 46 58	10 (22) 34 46 (58)
19	6 (14) 23 32 (42) 52	10 (20) 30 (40) 51	10 (20) 30 51
20	1 12 23 (37) 46	2 (14) 26 46	4 26 46
21	5 16 (27) 38 (57)	5 18 38 (57)	5 18 38 (57)
22	15 (28) (48)	15 (28) (48)	15 (28) (48)
23	(25)	(25)	(25)

( )印は錦林車庫前までです。For Kinrin Shako-mae

←東山三条《地下鉄東山駅》❹乗場

P57

白川通 Shirakawa-dori St.

熊野神社 銀閣寺 行き　Ginkakuji Temple　**203**

時	平日 Weekdays (お盆・年末年始を除く)	土曜日 Saturdays (お盆・年末年始を除く)	休日 Sundays & Holidays お盆 8月14日～8月16日 年末年始 12月29日～1月3日
5			
6	35	35	35
7	5 20 32 46 54	5 25 44 54	5 44
8	1 10 17 25 31 40 48 55	4 14 25 36 48	14 36
9	(2) 10 18 26 (33) 40 48 (55)	0 13 25 38 49	0 25 37 49
10	3 12 22 34 43 53	1 13 26 38 50	0 12 25 38 50
11	4 15 27 37 47 58	2 14 26 38 50	2 14 26 38 50
12	8 18 29 40 51	2 14 26 38 50	2 14 26 38 50
13	1 11 22 32 42 53	2 14 26 38 50	2 14 26 38 50
14	4 15 25 35 46 56	2 14 26 38 50	2 14 26 38 50
15	6 17 28 39 49	2 14 26 38 50	2 14 26 38 50
16	0 10 20 30 41 52	2 14 26 38 50	2 14 26 38 50
17	3 13 24 34 44 54	2 14 26 38 50	2 14 26 38 50
18	5 16 27 37 48 59	2 14 26 38 50	2 14 (26) 38 50
19	10 (18) 27 36 (46) 56	2 14 (24) 34 (44) 55	(2) 14 (24) 34 55
20	5 16 27 (41) 50	6 (18) 30 50	8 30 50
21	8 19 (30) 41	8 21 41	8 21 41
22	(0) 18 (31) (51)	(0) 18 (31) (51)	(0) 18 (31) (51)
23	(28)	(28)	(28)

( )印は錦林車庫前までです。For Kinrin Shako-mae

←熊野神社前❽乗場

59

白川通 Shirakawa-dori St.

銀閣寺 行き　Ginkakuji Temple　**203**

時	平日 Weekdays (お盆・年末年始を除く)	土曜日 Saturdays (お盆・年末年始を除く)	休日 Sundays & Holidays お盆 8月14日～8月16日 年末年始 12月29日～1月3日
5			
6	39	39	39
7	9 24 36 50 58	9 29 48 58	9 48
8	5 14 21 29 35 44 52 59	8 18 29 40 52	18 40
9	(6) 14 22 30 (37) 44 52 (59)	4 17 29 42 53	4 29 41 53
10	7 16 26 38 47 57	5 17 30 42 54	4 16 29 42 54
11	8 19 31 41 51	6 18 30 42 54	6 18 30 42 54
12	2 12 22 33 44 55	6 18 30 42 54	6 18 30 42 54
13	5 15 26 36 46 57	6 18 30 42 54	6 18 30 42 54
14	8 19 29 39 50	6 18 30 42 54	6 18 30 42 54
15	0 10 21 32 43 53	6 18 30 42 54	6 18 30 42 54
16	4 14 24 34 45 56	6 18 30 42 54	6 18 30 42 54
17	7 17 28 38 48 58	6 18 30 42 54	6 18 30 42 54
18	9 20 31 41 52	6 18 30 42 54	6 18 (30) 42 54
19	3 14 (22) 31 40 (50)	6 18 (28) 38 (48) 59	(6) 18 (28) 38 59
20	0 9 20 31 (45) 54	10 (22) 34 54	12 34 54
21	12 23 (34) 45	12 25 45	12 25 45
22	(4) 22 (35) (55)	(4) 22 (35) (55)	(4) 22 (35) (55)
23	(32)	(32)	(32)

( )印は錦林車庫前までです。For Kinrin Shako-mae

←東天王町❻乗場

P61

西大路通 Nishioji-dori St.

北野天満宮 西大路四条 行き　Nishioji Shijo Via Kitano-tenmangu Shrine　**203**

時	平日 Weekdays (お盆・年末年始を除く)	土曜日 Saturdays (お盆・年末年始を除く)	休日 Sundays & Holidays お盆 8月14日～8月16日 年末年始 12月29日～1月3日
5			
6	43	43	43
7	13 28 41 55	13 33 52	13 52
8	3 10 19 26 34 40 49 57	2 12 22 33 45 57	22 45
9	4 (11) 19 27 35 (42) 49 57	9 22 34 47 58	9 34 46 58
10	(4) 12 21 31 43 52	10 22 35 47 59	9 21 34 47 59
11	2 13 24 36 46 56	11 23 35 47 59	11 23 35 47 59
12	7 17 27 38 49	11 23 35 47 59	11 23 35 47 59
13	0 10 20 31 41 51	11 23 35 47 59	11 23 35 47 59
14	2 13 24 34 44 55	11 23 35 47 59	11 23 35 47 59
15	5 15 26 37 48 58	11 23 35 47 59	11 23 35 47 59
16	9 19 29 39 50	11 23 35 47 59	11 23 35 47 59
17	1 12 22 33 43 53	11 23 35 47 59	11 23 35 47 59
18	3 14 25 36 46 57	11 23 35 47 59	11 23 (35) 47 59
19	7 18 (26) 35 44 (54)	10 22 (32) 42 (52)	(10) 22 (32) 42
20	4 13 24 35 (49) 58	3 14 (26) 38 58	3 16 38 58
21	16 27 (38) 49	16 29 49	16 29 49
22	(8) 26 (39) (59)	(8) 26 (39) (59)	(8) 26 (39) (59)
23	(36)	(36)	(36)

( )印は錦林車庫前までです。For Kinrin Shako-mae

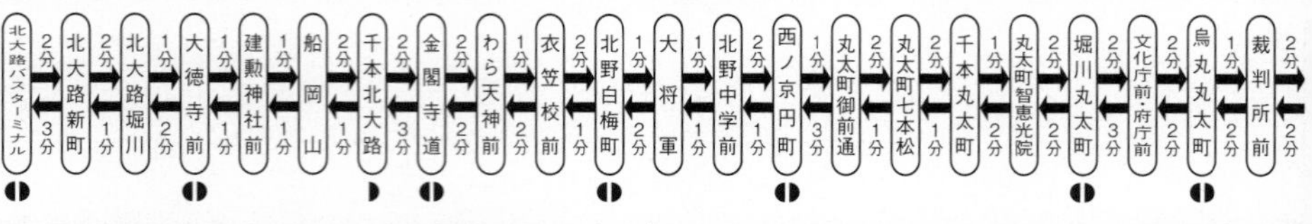

➡北大路バスターミナル（地下鉄北大路駅）Ⓖ乗場

P69

西大路通 Nishioji-dori St.

金閣寺・円町 行き Kinkakuji Temple **204**

時	平日 Weekdays（お盆・年末年始を除く）	土曜日 Saturdays（お盆・年末年始を除く）	休日 Sundays & Holidays お盆 8月14日〜8月16日 年末年始 12月29日〜1月3日
5	35 52	35	35
6	12 30 38 48 57	2 21 39 55	14 40
7	5 17 29 38 48	7 20 27 35 48	20 48
8	1 12 20 33 47 56	4 19 33 48	6 31 48
9	5 21 37 51	4 21 36 51	4 21 36 51
10	6 22 38 54	6 22 38 54	6 22 38 54
11	10 26 42 58	10 26 42 58	10 26 42 58
12	14 30 46	14 30 46	14 30 46
13	2 18 34 50	2 18 34 50	2 18 34 50
14	6 20 38 54	6 22 38 54	6 22 38 54
15	10 26 37 46 56	10 26 42 58	10 26 42 58
16	5 14 30 45 55	14 30 46	14 30 46
17	3 13 24 34 49	2 18 34 50	2 18 34
18	4 20 33 54	4 22 36 53	3 22 51
19	20 45	20 38	20 38
20	6 32 57	5 32 51	5 32 51
21	16 40	16 40	16 40
22	21 45	21 45	21
23			

➡大徳寺前❷乗場

P73

西大路通 Nishioji-dori St.

金閣寺・円町 行き Kinkakuji Temple **204**

時	平日 Weekdays（お盆・年末年始を除く）	土曜日 Saturdays（お盆・年末年始を除く）	休日 Sundays & Holid お盆 8月14日〜8月1 年末年始 12月29日〜1月
5	40 57	40	40
6	17 35 43 53	7 26 44	19 45
7	2 10 22 34 43 53	0 12 25 32 40 53	25 53
8	6 17 25 38 52	9 24 38 53	11 36 53
9	1 10 26 42 56	9 26 41 56	9 26 41 56
10	11 27 43 59	11 27 43 59	11 27 43 59
11	15 31 47	15 31 47	15 31 47
12	3 19 35 51	3 19 35 51	3 19 35 51
13	7 23 39 55	7 23 39 55	7 23 39 55
14	11 25 43 59	11 27 43 59	11 27 43 59
15	15 31 42 51	15 31 47	15 31 47
16	1 10 19 35 50	3 19 35 51	3 19 35 51
17	0 8 18 29 39 54	7 23 39 55	7 23 39
18	9 25 38 59	9 27 41 58	8 27 56
19	25 50	25 43	25 43
20	11 37	10 37 56	10 37 56
21	2 21 45	21 45	21 45
22	26 50	26 50	26
23			

➡千本北大路❹乗場

P73・P113

西大路通 Nishioji-dori St.

金閣寺・円町 行き Kinkakuji Temple **204**

時	平日 Weekdays（お盆・年末年始を除く）	土曜日 Saturdays（お盆・年末年始を除く）	休日 Sundays & Holidays お盆 8月14日〜8月16日 年末年始 12月29日〜1月3日
5	43	43	43
6	0 20 38 46 56	10 29 47	22 48
7	5 13 25 38 47 57	3 15 28 35 43 56	28 56
8	10 21 29 42 56	12 27 42 57	14 40 57
9	5 14 30 46	13 30 45	13 30 45
10	0 15 31 47	0 15 31 47	0 15 31 47
11	3 19 35 51	3 19 35 51	3 19 35 51
12	7 23 39 55	7 23 39 55	7 23 39 55
13	11 27 43 59	11 27 43 59	11 27 43 59
14	15 29 47	15 31 47	15 31 47
15	3 19 35 46 55	3 19 35 51	3 19 35 51
16	5 14 23 39 54	7 23 39 55	7 23 39 55
17	4 12 22 33 43 58	11 27 43 59	11 27 43
18	13 29 42	13 31 45	12 31
19	3 29 54	2 29 47	0 29 47
20	15 41	14 41	14 41
21	5 24 48	0 24 48	0 24 48
22	29 53	29 53	29
23			

➡金閣寺道❷乗場

P79

西大路通 Nishioji-dori St.

円町・銀閣寺 行き Ginkakuji Temple **204**

時	平日 Weekdays（お盆・年末年始を除く）	土曜日 Saturdays（お盆・年末年始を除く）	休日 Sundays & Holida お盆 8月14日〜8月16 年末年始 12月29日〜1月3
5	45	45	45
6	2 22 40 48 58	12 31 49	24 50
7	7 15 27 40 49 59	5 17 30 37 45 58	30 58
8	12 23 31 44 58	14 29 44 59	16 42 59
9	7 16 32 48	15 32 47	15 32 47
10	2 17 33 49	2 17 33 49	2 17 33 49
11	5 21 37 53	5 21 37 53	5 21 37 53
12	9 25 41 57	9 25 41 57	9 25 41 57
13	13 29 45	13 29 45	13 29 45
14	1 17 31 49	1 17 33 49	1 17 33 49
15	5 21 37 48 57	5 21 37 53	5 21 37 53
16	7 16 25 41 56	9 25 41 57	9 25 41 57
17	6 14 24 35 45	13 29 45	13 29 45
18	0 15 31 44	1 15 33 47	14 33
19	5 31 56	4 31 49	2 31 49
20	17 43	16 43	16 43
21	7 26 50	2 26 50	2 26 50
22	31 55	31 55	31
23			

➡北野白梅町❻乗場

P77

西大路通 Nishioji-dori St.

円町・銀閣寺 行き Ginkakuji Temple **204**

時	平日 Weekdays（お盆・年末年始を除く）	土曜日 Saturdays（お盆・年末年始を除く）	休日 Sundays & Holidays お盆 8月14日〜8月16日 年末年始 12月29日〜1月3日
5	50	50	50
6	7 27 45 53	17 36 54	29 55
7	3 12 20 32 45 54	10 22 35 42 50	35
8	4 17 28 36 49	3 19 34 49	3 21 47
9	3 12 21 37 53	4 20 37 52	4 20 37 52
10	7 22 38 54	7 22 38 54	7 22 38 54
11	10 26 42 58	10 26 42 58	10 26 42 58
12	14 30 46	14 30 46	14 30 46
13	2 18 34 50	2 18 34 50	2 18 34 50
14	6 22 36 54	6 22 38 54	6 22 38 54
15	10 26 42 53	10 26 42 58	10 26 42 58
16	2 12 21 30 46	14 30 46	14 30 46
17	1 11 19 29 40 50	2 18 34 50	2 18 34 50
18	5 20 36 49	6 20 38 52	19 38
19	10 36	9 36 54	7 36 54
20	1 22 48	21 48	21 48
21	12 31 55	7 31 55	7 31 55
22	36	36	36
23	0	0	

➡西ノ京円町（JR円町駅）❷乗場

P75

白川通 Shirakawa-dori St.

銀閣寺・高野 行き Ginkakuji Temple **204**

時	平日 Weekdays（お盆・年末年始を除く）	土曜日 Saturdays（お盆・年末年始を除く）	休日 Sundays & Holida お盆 8月14日〜8月16 年末年始 12月29日〜1月3
5	53	53	53
6	10 30 48 56	20 39 57	32 58
7	7 16 24 36 49 58	14 26 39 46 54	39
8	8 21 32 40 53	7 23 38 53	7 25 51
9	7 16 25 41 57	8 24 41 56	8 24 41 56
10	11 26 42 58	11 26 42 58	11 26 42 58
11	14 30 46	14 30 46	14 30 46
12	2 18 34 50	2 18 34 50	2 18 34 50
13	6 22 38 54	6 22 38 54	6 22 38 54
14	10 26 40 58	10 26 42 58	10 26 42 58
15	14 30 46 57	14 30 46	14 30 46
16	6 16 25 34 50	2 18 34 50	2 18 34 50
17	5 15 23 33 44 54	6 22 38 54	6 22 38 54
18	9 24 40 53	10 24 42 56	23 42
19	14 40	13 40 58	11 40 58
20	5 26 52	25 52	25 52
21	15 34 58	10 34 58	10 34 58
22	39	39	39
23	3	3	

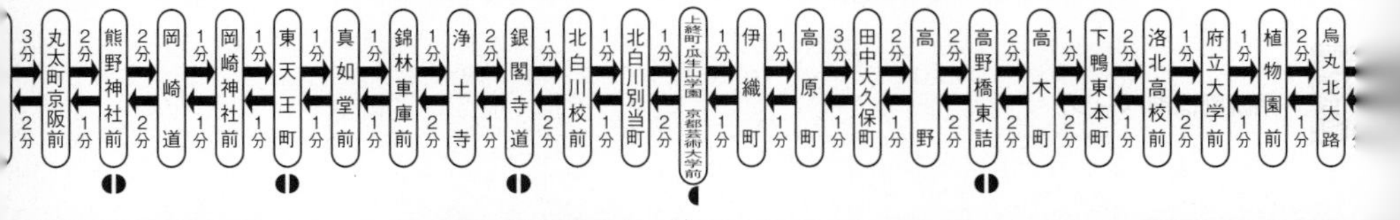

白川通 Shirakawa-dori St.

銀閣寺・高野 行き Ginkakuji Temple **204**

時	平日 Weekdays（お盆・年末年始を除く）	土曜日 Saturdays（お盆・年末年始を除く）	休日 Sundays & Holidays お盆 8月14日～8月16日 年末年始 12月29日～1月3日
5			
6	0 17 37 55	0 27 46	0 39
7	3 14 23 31 44 57	4 21 33 46 53	5 46
8	6 16 29 40 48	1 14 30 46	14 32 59
9	1 15 24 33 49	1 16 32 49	16 32 49
10	5 19 34 50	4 19 34 50	4 19 34 50
11	6 22 38 54	6 22 38 54	6 22 38 54
12	10 26 42 58	10 26 42 58	10 26 42 58
13	14 30 46	14 30 46	14 30 46
14	2 18 34 48	2 18 34 50	2 18 34 50
15	6 22 38 54	6 22 38 54	6 22 38 54
16	5 14 24 33 42 58	10 26 42 58	10 26 42 58
17	13 23 31 41 52	14 30 46	14 30 46
18	2 17 32 48	2 18 32 50	2 31 50
19	1 22 48	4 21 48	19 48
20	13 34	6 33	6 33
21	0 22 41	0 17 41	0 17 41
22	5 46	5 46	5 46
23	10	10	

➡烏丸丸太町（地下鉄丸太町駅）❼乗場 P38

白川通 Shirakawa-dori St.

銀閣寺・高野 行き Ginkakuji Temple **204**

時	平日 Weekdays（お盆・年末年始を除く）	土曜日 Saturdays（お盆・年末年始を除く）	休日 Sundays & Holidays お盆 8月14日～8月16日 年末年始 12月29日～1月3日
5			
6	3 20 40 58	3 30 49	3 42
7	7 18 27 35 48	7 24 37 50 (57)	8 50
8	1 10 20 33 (44) 52	5 18 34 50	18 36
9	5 19 (28) 37 53	5 20 36 53	3 20 36 53
10	9 23 38 54	8 23 38 54	8 23 38 54
11	10 26 42 58	10 26 42 58	10 26 42 58
12	14 30 46	14 30 46	14 30 46
13	2 18 34 50	2 18 34 50	2 18 34 50
14	6 22 38 52	6 22 38 54	6 22 38 54
15	10 26 42 58	10 26 42 58	10 26 42 58
16	9 18 28 37 46	14 30 46	14 30 46
17	2 17 (27) 35 45 (56)	2 18 34 50	(2) 18 34 (50)
18	6 (21) 36 (52)	6 (22) 36 54	6 35 54
19	5 26 52	(8) 25 52	23 52
20	17 38	10 37	10 37
21	3 (25) 44	3 (20) 44	3 (20) 44
22	8 (49)	8 (49)	(8) (49)
23	(13)	(13)	

( )印は北大路バスターミナルまでです。
For Kitaoji Bus Terminal

白川通 Shirakawa-dori St.

銀閣寺・高野 行き Ginkakuji Temple **204**

時	平日 Weekdays（お盆・年末年始を除く）	土曜日 Saturdays（お盆・年末年始を除く）	休日 Sundays & Holidays お盆 8月14日～8月16日 年末年始 12月29日～1月3日
5			
6	9 26 46	9 36 55	9 48
7	4 13 24 35 43 56	13 30 45 58	14 58
8	9 18 28 41 (52)	(5) 13 26 42 58	26 44
9	0 13 27 (36) 45	13 28 44	11 28 44
10	1 17 31 46	1 16 31 46	1 16 31 46
11	2 18 34 50	2 18 34 50	2 18 34 50
12	6 22 38 54	6 22 38 54	6 22 38 54
13	10 26 42 58	10 26 42 58	10 26 42 58
14	14 30 46	14 30 46	14 30 46
15	0 18 34 50	2 18 34 50	2 18 34 50
16	6 17 26 36 45 54	6 22 38 54	6 22 38 54
17	10 25 (35) 43 53	10 26 42 58	(10) 26 42 (58)
18	(4) 14 (29) 44	14 (30) 44	14 43
19	(0) 11 32 58	1 (14) 31 58	1 29 58
20	23 44	16 43	16 43
21	9 (31) 50	9 (26) 50	9 (26) 50
22	14 (55)	14 (55)	(14) (55)
23	(19)	(19)	

( )印は北大路バスターミナルまでです。
For Kitaoji Bus Terminal

➡東天王町❻乗場 P61

白川通 Shirakawa-dori St.

北大路バスターミナル・金閣寺 行き Kinkakuji Temple Via Kitaoji Bus Terminal **204**

時	平日 Weekdays（お盆・年末年始を除く）	土曜日 Saturdays（お盆・年末年始を除く）	休日 Sundays & Holidays お盆 8月14日～8月16日 年末年始 12月29日～1月3日
5			
6	13 30 50	13 40 59	13 52
7	8 17 28 40 48	17 34 49	18
8	1 14 23 33 46 (57)	2 (9) 17 30 47	2 30 49
9	5 18 32 (41) 50	3 18 33 49	16 33 49
10	6 22 36 51	6 21 36 51	6 21 36 51
11	7 23 39 55	7 23 39 55	7 23 39 55
12	11 27 43 59	11 27 43 59	11 27 43 59
13	15 31 47	15 31 47	15 31 47
14	3 19 35 51	3 19 35 51	3 19 35 51
15	5 23 39 55	7 23 39 55	7 23 39 55
16	11 22 31 41 50 59	11 27 43 59	11 27 43 59
17	15 30 (40) 48 58	15 31 47	(15) 31 47
18	(9) 19 (34) 49	3 19 (35) 49	(3) 19 48
19	(4) 15 36	5 (18) 35	5 33
20	2 27 48	2 20 47	2 20 47
21	13 (35) 54	13 (30) 54	13 (30) 54
22	18 (59)	18 (59)	(18) (59)
23	(23)	(23)	

( )印は北大路バスターミナルまでです。
For Kitaoji Bus Terminal

白川通 Shirakawa-dori St.

北大路バスターミナル・金閣寺 行き Kinkakuji Temple Via Kitaoji Bus Terminal **204**

時	平日 Weekdays（お盆・年末年始を除く）	土曜日 Saturdays（お盆・年末年始を除く）	休日 Sundays & Holidays お盆 8月14日～8月16日 年末年始 12月29日～1月3日
5			
6	18 35 55	18 45	18 57
7	13 22 33 45 53	4 22 39 54	23
8	6 19 28 38 51	7 (14) 22 35 52	7 35 54
9	(2) 10 23 37 (46) 55	8 23 38 54	21 38 54
10	11 27 41 56	11 26 41 56	11 26 41 56
11	12 28 44	12 28 44	12 28 44
12	0 16 32 48	0 16 32 48	0 16 32 48
13	4 20 36 52	4 20 36 52	4 20 36 52
14	8 24 40 56	8 24 40 56	8 24 40 56
15	10 28 44	12 28 44	12 28 44
16	0 16 27 36 46 55	0 16 32 48	0 16 32 48
17	4 20 35 (45) 53	4 20 36 52	4 (20) 36 52
18	3 (14) 24 (39) 54	8 24 (40) 54	(8) 24 53
19	(9) 20 41	10 (23) 40	10 38
20	7 32 53	7 25 52	7 25 52
21	18 (40) 59	18 (35) 59	18 (35) 59
22	23	23	(23)
23	(4) (28)	(4) (28)	(4)

( )印は北大路バスターミナルまでです。
For Kitaoji Bus Terminal

➡高野橋東詰❷乗場 P14・P113

西大路通 Nishioji-dori St.

金閣寺・円町 行き Kinkakuji Temple **204**

時	平日 Weekdays（お盆・年末年始を除く）	土曜日 Saturdays（お盆・年末年始を除く）	休日 Sundays & Holidays お盆 8月14日～8月16日 年末年始 12月29日～1月3日
5			
6	28 46	28 56	28
7	6 24 34 46 58	15 34 51	8 35
8	6 19 32 41 51	6 19 (26) 34 48	19 48
9	4 (15) 23 36 50 (59)	5 21 36 51	7 34 51
10	8 24 40 54	7 24 39 54	7 24 39 54
11	9 25 41 57	9 25 41 57	9 25 41 57
12	13 29 45	13 29 45	13 29 45
13	1 17 33 49	1 17 33 49	1 17 33 49
14	5 21 37 53	5 21 37 53	5 21 37 53
15	9 23 41 57	9 25 41 57	9 25 41 57
16	13 29 40 49 59	13 29 45	13 29 45
17	8 17 33 48 (58)	1 17 33 49	1 17 (33) 49
18	6 16 (27) 37 (52)	5 21 37 (53)	5 (21) 37
19	6 (20) 31 52	6 21 (34) 51	5 21 49
20	18 43	18 36	18 36
21	4 29 (51)	3 29 (46)	3 29 (46)
22	10 34	10 34	10 (34)
23	(15) (39)	(15) (39)	(15)

( )印は北大路バスターミナルまでです。
For Kitaoji Bus Terminal

系統図は前ページ

← 高野橋東詰❶乗場

P14・P113

白川通 Shirakawa-dori St.

高野・銀閣寺 行き Ginkakuji Temple 204

時	平日 Weekdays（お盆・年末年始を除く）	土曜日 Saturdays（お盆・年末年始を除く）	休日 Sundays & Holidays お盆 8月14日～8月16日 年末年始 12月29日～1月3日
5	41	41	41
6	1 19 36 45 55	6 31 46 59	19 48
7	7 16 25 36 46 55	14 28 41 53	25 41 55
8	9 23 32 41 55	1 9 24 40 55	11 39 55
9	3 12 27 42 58	11 27 42 58	11 27 42 58
10	13 29 44	13 29 44	13 29 44
11	0 16 32 48	0 16 32 48	0 16 32 48
12	4 20 36 52	4 20 36 52	4 20 36 52
13	8 24 40 56	8 24 40 56	8 24 40 56
14	12 28 44	12 28 44	12 28 44
15	0 16 31 46 55	0 16 32 48	0 16 32 48
16	4 18 33 48 58	4 20 36 52	4 20 36 52
17	6 15 24 35 50	8 24 40 56	8 24 40 56
18	5 17 32 43	12 27 44	12 28
19	5 20 31 55	0 26 43	0 26 43
20	17 42	11 39 57	11 39 57
21	6 26 48	22 48	22 48
22	30 55	30 55	30
23			

← 上終町・瓜生山学園 京都芸術大学前（南側南行）

P65

白川通 Shirakawa-dori St.

烏丸丸太町・円町 行き Enmachi 204

時	平日 Weekdays（お盆・年末年始を除く）	土曜日 Saturdays（お盆・年末年始を除く）	休日 Sundays & Holidays お盆 8月14日～8月16日 年末年始 12月29日～1月3日
5	47	47	47
6	7 25 42 51	12 37 52	25 54
7	1 13 22 31 43 53	5 20 34 47 59	31 47
8	2 16 30 39 48	7 15 30 47	1 17 46
9	2 10 19 34 49	2 18 34 49	2 18 34 49
10	5 20 36 51	5 20 36 51	5 20 36 51
11	7 23 39 55	7 23 39 55	7 23 39 55
12	11 27 43 59	11 27 43 59	11 27 43 59
13	15 31 47	15 31 47	15 31 47
14	3 19 35 51	3 19 35 51	3 19 35 51
15	7 23 38 53	7 23 39 55	7 23 39 55
16	2 11 25 40 55	11 27 43 59	11 27 43 59
17	5 13 22 31 42 57	15 31 47	15 31 47
18	12 24 39 50	3 19 34 51	3 19 35
19	11 26 37	6 32 49	6 32 49
20	1 23 48	17 45	17 45
21	12 32 54	3 28 54	3 28 54
22	36	36	36
23	1	1	

← 銀閣寺道❷乗場

P63

白川通 Shirakawa-dori St.

烏丸丸太町・円町 行き Enmachi 204

時	平日 Weekdays（お盆・年末年始を除く）	土曜日 Saturdays（お盆・年末年始を除く）	休日 Sundays & Holidays お盆 8月14日～8月16日 年末年始 12月29日～1月3日
5	51	51	51
6	11 29 46 55	16 41 56	29 58
7	6 18 27 36 48 58	9 24 39 52	36 52
8	7 21 35 44 53	4 12 20 35 52	6 22 51
9	7 15 24 39 54	7 23 39 54	7 23 39 54
10	10 25 41 56	10 25 41 56	10 25 41 56
11	12 28 44	12 28 44	12 28 44
12	0 16 32 48	0 16 32 48	0 16 32 48
13	4 20 36 52	4 20 36 52	4 20 36 52
14	8 24 40 56	8 24 40 56	8 24 40 56
15	12 28 43 58	12 28 44	12 28 44
16	7 16 30 45	0 16 32 48	0 16 32 48
17	0 10 18 27 36 47	4 20 36 52	4 20 36 52
18	2 17 29 44 55	8 24 39 56	8 24 40
19	16 31 42	11 37 54	11 37 54
20	6 28 53	22 50	22 50
21	16 36 58	7 32 58	7 32 58
22	40	40	40
23	5	5	

← 東天王町❺乗場

P61

西大路通 Nishioji-dori St.

円町・金閣寺 行き Kinkakuji Temple 204

時	平日 Weekdays（お盆・年末年始を除く）	土曜日 Saturdays（お盆・年末年始を除く）	休日 Sundays & Holidays お盆 8月14日～8月16日 年末年始 12月29日～1月3日
5	56	56	56
6	16 34 51	21 46	34
7	0 11 23 32 41 53	1 14 29 44 57	3 41 57
8	3 12 26 40 49 58	9 17 25 40 57	11 27 56
9	12 20 29 44 59	12 28 44 59	12 28 44 59
10	15 30 46	15 30 46	15 30 46
11	1 17 33 49	1 17 33 49	1 17 33 49
12	5 21 37 53	5 21 37 53	5 21 37 53
13	9 25 41 57	9 25 41 57	9 25 41 57
14	13 29 45	13 29 45	13 29 45
15	1 17 33 48	1 17 33 49	1 17 33 49
16	3 12 21 35 50	5 21 37 53	5 21 37 53
17	5 15 23 32 41 52	9 25 41 57	9 25 41 57
18	7 22 34 49	13 29 44	13 29 45
19	0 21 36 47	1 16 42 59	16 42 59
20	11 33 58	27 55	27 55
21	21 41	12 37	12 37
22	3 45	3 45	3 45
23	10	10	

← 熊野神社前❿乗場

P59

西大路通 Nishioji-dori St.

円町・金閣寺 行き Kinkakuji Temple 204

時	平日 Weekdays（お盆・年末年始を除く）	土曜日 Saturdays（お盆・年末年始を除く）	休日 Sundays & Holidays お盆 8月14日～8月16日 年末年始 12月29日～1月3日
5			
6	0 20 38 55	0 25 50	0 38
7	4 15 27 36 45 57	5 18 33 48	7 45
8	7 16 30 44 53	1 13 21 29 44	1 15 31
9	2 16 24 33 48	1 16 32 48	0 16 32 48
10	3 19 34 50	3 19 34 50	3 19 34 50
11	5 21 37 53	5 21 37 53	5 21 37 53
12	9 25 41 57	9 25 41 57	9 25 41 57
13	13 29 45	13 29 45	13 29 45
14	1 17 33 49	1 17 33 49	1 17 33 49
15	5 21 37 52	5 21 37 53	5 21 37 53
16	7 16 25 39 54	9 25 41 57	9 25 41 57
17	9 19 27 36 45 56	13 29 45	13 29 45
18	11 26 38 53	1 17 33 48	1 17 33 49
19	4 25 40 51	5 20 46	20 46
20	15 37	3 31 59	3 31 59
21	2 25 45	16 41	16 41
22	7 49	7 49	7 49
23	14	14	

← 烏丸丸太町（地下鉄丸太町駅）❽乗場

P38

西大路通 Nishioji-dori St.

円町・金閣寺 行き Kinkakuji Temple 204

時	平日 Weekdays（お盆・年末年始を除く）	土曜日 Saturdays（お盆・年末年始を除く）	休日 Sundays & Holidays お盆 8月14日～8月16日 年末年始 12月29日～1月3日
5			
6	6 26 44	6 31 56	6 44
7	1 10 21 34 43 52	11 24 40 55	13 52
8	4 14 23 37 51	8 20 (28) 36 51	8 22 38
9	(0) 9 23 (31) 40 55	8 23 39 55	7 23 39 55
10	10 26 41 57	10 26 41 57	10 26 41 57
11	12 28 44	12 28 44	12 28 44
12	0 16 32 48	0 16 32 48	0 16 32 48
13	4 20 36 52	4 20 36 52	4 20 36 52
14	8 24 40 56	8 24 40 56	8 24 40 56
15	12 28 44 59	12 28 44	12 28 44
16	14 23 32 46	0 16 32 48	0 16 32 48
17	1 16 26 (34) 43 52	4 20 36 52	4 20 36 (52)
18	(3) 18 33 45	8 (24) 40 55	8 (24) 40 56
19	(0) 10 31 (46) 57	(11) 26 52	26 52
20	21 43	9 37	9 37
21	8 (31) 51	5 (22) 47	5 (22) 47
22	13 (55)	13 (55)	(13) (55)
23	(20)	(20)	

( )印は北大路バスターミナルまでです。
For Kitaoji Bus Terminal

← 西ノ京円町（JR円町駅）❻乗場

P75

西大路通 Nishioji-dori St.

円町・金閣寺 行き　204
Kinkakuji Temple

時	平日 Weekdays（お盆・年末年始を除く）	土曜日 Saturdays（お盆・年末年始を除く）	休日 Sundays & Holidays お盆 8月14日～8月16日 年末年始 12月29日～1月3日
5			
6	10 30 48	10 35	10 48
7	5 14 25 39 48 57	0 15 28 45	17 57
8	9 19 28 42 56	0 13 25 (33) 41 56	13 27 43
9	(5) 14 28 (36) 45	13 28 44	12 28 44
10	0 15 31 46	0 15 31 46	0 15 31 46
11	2 17 33 49	2 17 33 49	2 17 33 49
12	5 21 37 53	5 21 37 53	5 21 37 53
13	9 25 41 57	9 25 41 57	9 25 41 57
14	13 29 45	13 29 45	13 29 45
15	1 17 33 49	1 17 33 49	1 17 33 49
16	4 19 28 37 51	5 21 37 53	5 21 37 53
17	6 21 31 (39) 48 57	9 25 41 57	9 25 41 (57)
18	(8) 23 38 50	13 (29) 45	13 (29) 45
19	(5) 15 36 (51)	0 (16) 31 57	1 31 57
20	2 26 48	14 42	14 42
21	12 (35) 55	9 (26) 51	9 (26) 51
22	17 (59)	17 (59)	(17) (59)
23	(24)	(24)	

（）印は北大路バスターミナルまでです。
For Kitaoji Bus Terminal

西大路通 Nishioji-dori St.

金閣寺・北大路バスターミナル 行き　204
Kitaoji Bus Terminal　Via Kinkakuji Temple

時	平日 Weekdays（お盆・年末年始を除く）	土曜日 Saturdays（お盆・年末年始を除く）	休日 Sundays & Holidays お盆 8月14日～8月16日 年末年始 12月29日～1月3日
5			
6	17 37 55	17 42	17 55
7	12 21 33 49 58	7 22 35 53	24
8	7 19 29 38 52	8 21 34 (43) 51	5 21 36 53
9	6 (15) 24 38 (46) 55	6 23 38 54	22 38 54
10	10 25 41 56	10 25 41 56	10 25 41 56
11	12 27 43 59	12 27 43 59	12 27 43 59
12	15 31 47	15 31 47	15 31 47
13	3 19 35 51	3 19 35 51	3 19 35 51
14	7 23 39 55	7 23 39 55	7 23 39 55
15	11 27 43 59	11 27 43 59	11 27 43 59
16	14 29 38 47	15 31 47	15 31 47
17	1 16 31 41 (49) 58	3 19 35 51	3 19 35 51
18	7 (18) 33 48	7 23 (39) 55	(7) 23 (39) 55
19	0 (14) 24 45	9 (25) 40	10 40
20	(0) 11 35 57	6 23 51	6 23 51
21	19 (42)	16 (33) 58	16 (33) 58
22	2 24	24	(24)
23	(6) (31)	(6) (31)	(6)

（）印は北大路バスターミナルまでです。
For Kitaoji Bus Terminal

← 金閣寺道❸乗場

P79

西大路通 Nishioji-dori St.

金閣寺・北大路バスターミナル 行き　204
Kitaoji Bus Terminal　Via Kinkakuji Temple

時	平日 Weekdays（お盆・年末年始を除く）	土曜日 Saturdays（お盆・年末年始を除く）	休日 Sundays & Holidays お盆 8月14日～8月16日 年末年始 12月29日～1月3日
5			
6	21 41 59	21 46	21 59
7	16 25 37 53	11 26 39 57	28
8	2 11 23 33 42 56	12 25 38 (47) 55	9 25 40 57
9	10 (19) 28 42 (50) 59	10 27 42 58	26 42 58
10	14 29 45	14 29 45	14 29 45
11	0 16 31 47	0 16 31 47	0 16 31 47
12	3 19 35 51	3 19 35 51	3 19 35 51
13	7 23 39 55	7 23 39 55	7 23 39 55
14	11 27 43 59	11 27 43 59	11 27 43 59
15	15 31 47	15 31 47	15 31 47
16	3 18 33 42 51	3 19 35 51	3 19 35 51
17	5 20 35 45 (53)	7 23 39 55	7 23 39 55
18	2 11 (22) 37 52	11 27 (43) 59	(11) 27 (43) 59
19	4 (18) 28 49	13 (29) 44	14 44
20	(4) 15 39	10 27 55	10 27 55
21	1 23 (46)	20 (37)	20 (37)
22	6 28	2 28	2 (28)
23	(10) (35)	(10) (35)	(10)

（）印は北大路バスターミナルまでです。
For Kitaoji Bus Terminal

西大路通 Nishioji-dori St.

北大路バスターミナル 行き　204
Kitaoji Bus Terminal

時	平日 Weekdays（お盆・年末年始を除く）	土曜日 Saturdays（お盆・年末年始を除く）	休日 Sundays & Holidays お盆 8月14日～8月16日 年末年始 12月29日～1月3日
5			
6	26 46	26 51	26
7	4 21 30 42 58	16 31 44	4 33
8	7 16 28 38 47	2 17 30 43 (52)	14 30 45
9	1 15 (24) 33 47 (55)	0 15 32 47	2 31 47
10	4 19 34 50	3 19 34 50	3 19 34 50
11	5 21 36 52	5 21 36 52	5 21 36 52
12	8 24 40 56	8 24 40 56	8 24 40 56
13	12 28 44	12 28 44	12 28 44
14	0 16 32 48	0 16 32 48	0 16 32 48
15	4 20 36 52	4 20 36 52	4 20 36 52
16	8 23 38 47 56	8 24 40 56	8 24 40 56
17	10 25 40 50 (58)	12 28 44	12 28 44
18	7 16 (27) 42 57	0 16 32 (48)	0 (16) 32 (48)
19	9 (23) 33 54	4 18 (34) 49	4 19 49
20	(9) 20 44	15 32	15 32
21	6 28 (51)	0 25 (42)	0 25 (42)
22	11 33	7 33	7 (33)
23	(15) (40)	(15) (40)	(15)

（）印は北大路バスターミナルまでです。
For Kitaoji Bus Terminal

← 北大路バスターミナル（地下鉄北大路駅）Ⓑ乗場

P69

白川通 Shirakawa-dori St.

高野・銀閣寺 行き　204
Ginkakuji Temple

時	平日 Weekdays（お盆・年末年始を除く）	土曜日 Saturdays（お盆・年末年始を除く）	休日 Sundays & Holidays お盆 8月14日～8月16日 年末年始 12月29日～1月3日
5			
6	31 51	31 56	31
7	9 26 36 48	21 36 49	9 38
8	4 13 22 34 44 53	7 22 36 49 (58)	19 36 51
9	7 21 (30) 39 53	6 21 38 53	8 37 53
10	(1) 10 25 40 56	9 25 40 56	9 25 40 56
11	11 27 42 58	11 27 42 58	11 27 42 58
12	14 30 46	14 30 46	14 30 46
13	2 18 34 50	2 18 34 50	2 18 34 50
14	6 22 38 54	6 22 38 54	6 22 38 54
15	10 26 42 58	10 26 42 58	10 26 42 58
16	14 29 44 53	14 30 46	14 30 46
17	2 16 31 46 56	2 18 34 50	2 18 34 50
18	(4) 13 22 (33) 48	6 22 38 (54)	6 (22) 38 (54)
19	3 14 (28) 38 59	9 23 (39) 54	9 24 54
20	(14) 25 49	20 37	20 37
21	11 33 (56)	5 30 (47)	5 30 (47)
22	16 38	12 38	12 (38)
23	(20) (45)	(20) (45)	(20)

（）印は北大路バスターミナルまでです。
For Kitaoji Bus Terminal

白川通 Shirakawa-dori St.

高野・銀閣寺 行き　204
Ginkakuji Temple

時	平日 Weekdays（お盆・年末年始を除く）	土曜日 Saturdays（お盆・年末年始を除く）	休日 Sundays & Holidays お盆 8月14日～8月16日 年末年始 12月29日～1月3日
5	33 53	33 58	33
6	11 28 37 47 58	23 38 51	11 40
7	7 16 25 35 44 58	6 20 31 43 51 59	17 31 45
8	12 21 30 44 52	14 29 44	1 28 44
9	1 16 31 47	0 16 31 47	0 16 31 47
10	2 18 33 49	2 18 33 49	2 18 33 49
11	5 21 37 53	5 21 37 53	5 21 37 53
12	9 25 41 57	9 25 41 57	9 25 41 57
13	13 29 45	13 29 45	13 29 45
14	1 17 33 49	1 17 33 49	1 17 33 49
15	5 20 35 44 53	5 21 37 53	5 21 37 53
16	7 22 37 47 55	9 25 41 57	9 25 41 57
17	4 13 24 39 54	13 29 45	13 29 45
18	6 21 32 56	1 16 33 49	1 17 49
19	11 22 46	17 34	17 34
20	8 33 57	2 30 48	2 30 48
21	18 40	14 40	14 40
22	22 47	22 47	22
23			

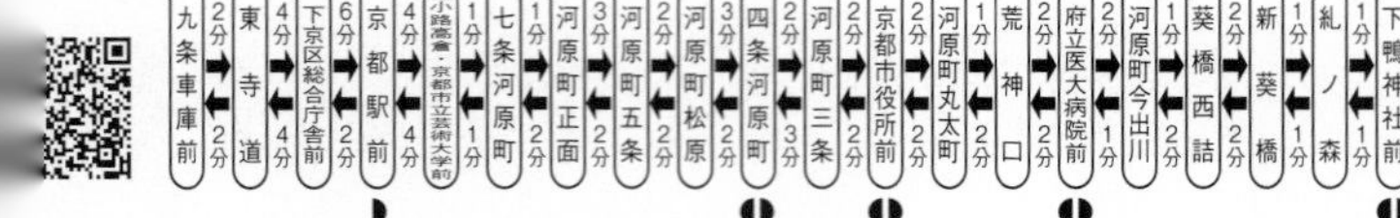

➡京都駅前Ⓐ❷乗場

P15・P17

河原町通 Kawaramachi-dori St.

四条河原町・北大路バスターミナル 行き Kitaoji Bus Terminal Via Shijo Kawaramachi — **205**

平日 Weekdays (お盆・年末年始を除く)		土曜日 Saturdays (お盆・年末年始を除く)		休日 Sundays & Holidays お盆 8月14日〜8月16日 年末年始 12月29日〜1月3日
36	5	36	5	36
0 7 13 △19 23 28 32 37 43 47 51 55	6	0 △15 20 33 43 51 59	6	0 △15 20 36 50
1 6 12 17 23 29 36 42 48 54	7	7 15 23 31 40 49 59	7	3 16 28 40 52
0 7 13 19 26 34 42 50 59	8	6 14 22 31 41 50 59	8	3 13 25 37 50
7 16 25 34 43 52	9	8 17 26 35 44 54	9	3 14 24 34 44 54
1 10 19 28 37 46 55	10	4 14 23 32 41 49 56	10	4 14 24 34 44 54
4 12 19 27 34 42 49 57	11	4 12 19 27 34 42 49 57	11	4 12 19 27 34 42 49 57
4 12 19 27 34 42 49 57	12	4 12 19 27 34 42 49 57	12	4 12 19 27 34 42 49 57
4 12 19 27 34 42 49 57	13	4 12 19 27 34 42 49 57	13	4 12 19 27 34 42 49 57
4 12 19 27 34 42 49 57	14	4 12 19 27 34 42 49 57	14	4 12 19 27 34 42 49 57
4 12 19 27 34 42 49 57	15	4 12 19 27 34 42 49 57	15	4 12 19 27 34 42 49 57
4 12 19 27 34 42 49 57	16	4 12 19 27 34 42 49 57	16	4 12 19 27 34 42 49 57
4 12 19 27 34 42 49 57	17	5 15 25 35 45 55	17	5 15 25 35 45 55
4 13 22 31 39 47 56	18	5 15 25 35 45 55	18	5 15 25 35 45 55
4 13 22 31 39 47 56	19	5 15 25 35 45 55	19	5 15 25 35 45 55
5 15 25 35 45 55	20	5 15 25 35 45 55	20	5 15 25 35 45 55
15 35 55	21	15 35 55	21	15 35 55
5 25 40 55	22	5 25 40 55	22	5 25 40 55
△10	23	△10	23	△10

△印は北大路バスターミナルまでです。For Kitaoji Bus Terminal

➡四条河原町❿F乗場

P27

河原町通 Kawaramachi-dori St.

下鴨神社 北大路バスターミナル 金閣寺 行き Kinkakuji Temple — **205**

平日 Weekdays (お盆・年末年始を除く)		土曜日 Saturdays (お盆・年末年始を除く)		休日 Sundays & Ho… お盆 8月14日〜 年末年始 12月29日〜
48	5	48	5	48
12 19 25 △31 35 40 44 49 55 59	6	12 △27 32 45 55	6	12 △27 32 48
3 7 13 18 24 29 36 42 50 56	7	3 11 19 27 35 43 52	7	2 15 28 40 52
2 8 14 21 27 33 40 48 56	8	1 11 18 26 35 45 55	8	4 15 25 38 51
4 13 21 30 39 48 57	9	4 13 22 31 40 49 58	9	4 17 28 38 48 58
6 15 24 33 42 51	10	8 18 28 37 46 55	10	8 18 28 38 48 58
0 9 18 26 33 41 48 56	11	3 10 18 26 33 41 48 56	11	8 18 26 33 41 48 56
3 11 18 26 33 41 48 56	12	3 11 18 26 33 41 48 56	12	3 11 18 26 33 41 48 5
3 11 18 26 33 41 48 56	13	3 11 18 26 33 41 48 56	13	3 11 18 26 33 41 48 5
3 11 18 26 33 41 48 56	14	3 11 18 26 33 41 48 56	14	3 11 18 26 33 41 48 5
3 11 18 26 33 41 48 56	15	3 11 18 26 33 41 48 56	15	3 11 18 26 33 41 48 5
3 11 18 26 33 41 48 56	16	3 11 18 26 33 41 48 56	16	3 11 18 26 33 41 48 5
3 11 18 26 33 41 48 56	17	3 11 19 29 39 49 59	17	3 11 19 29 39 49 59
3 11 18 27 36 45 53	18	9 19 29 39 49 59	18	9 19 29 39 49 59
1 9 16 25 34 43 51 59	19	8 17 27 37 47 57	19	8 17 27 37 47 57
8 17 27 37 47 57	20	7 17 27 37 47 57	20	7 17 27 37 47 57
7 27 47	21	7 27 47	21	7 27 47
7 17 37 (52)	22	7 17 37 (52)	22	7 17 37 (52)
(7) △22	23	(7) △22	23	(7) △22

△印は北大路バスターミナルまでです。For Kitaoji Bus Terminal
( )印は西大路四条《阪急・嵐電西院駅》までです。For Nishioji Shijo

➡京都市役所前❹乗場

P35・P115

河原町通 Kawaramachi-dori St.

下鴨神社 北大路バスターミナル 金閣寺 行き Kinkakuji Temple — **205**

平日 Weekdays (お盆・年末年始を除く)		土曜日 Saturdays (お盆・年末年始を除く)		休日 Sundays & Holidays お盆 8月14日〜8月16日 年末年始 12月29日〜1月3日
51	5	51	5	51
15 22 28 △34 38 43 47 52 58	6	15 △30 35 48 58	6	15 △30 35 51
2 7 11 17 22 28 33 40 46 54	7	6 14 22 30 38 46 55	7	5 18 31 43 55
0 6 12 18 25 31 37 44 52	8	4 14 21 29 39 49 59	8	7 18 28 42 55
0 8 17 25 34 43 52	9	8 17 26 35 44 53	9	8 21 32 42 52
1 10 19 28 37 46 55	10	2 12 22 32 41 50 59	10	2 12 22 32 42 52
4 13 22 30 37 45 52	11	7 14 22 30 37 45 52	11	2 12 22 30 37 45 52
0 7 15 22 30 37 45 52	12	0 7 15 22 30 37 45 52	12	0 7 15 22 30 37 45 52
0 7 15 22 30 37 45 52	13	0 7 15 22 30 37 45 52	13	0 7 15 22 30 37 45 52
0 7 15 22 30 37 45 52	14	0 7 15 22 30 37 45 52	14	0 7 15 22 30 37 45 52
0 7 15 22 30 37 45 52	15	0 7 15 22 30 37 45 52	15	0 7 15 22 30 37 45 52
0 7 15 22 30 37 45 52	16	0 7 15 22 30 37 45 52	16	0 7 15 22 30 37 45 52
0 7 15 22 30 37 45 52	17	0 7 15 23 33 43 53	17	0 7 15 23 33 43 53
0 7 15 22 31 40 49 57	18	3 13 23 33 43 53	18	3 13 23 33 43 53
5 13 20 29 38 47 55	19	3 12 21 31 41 51	19	3 12 21 31 41 51
3 12 21 31 41 51	20	1 11 21 31 41 51	20	1 11 21 31 41 51
1 10 30 50	21	1 10 30 50	21	1 10 30 50
10 20 40 (55)	22	10 20 40 (55)	22	10 20 40 (55)
(10) △25	23	(10) △25	23	(10) △25

△印は北大路バスターミナルまでです。For Kitaoji Bus Terminal
( )印は西大路四条《阪急・嵐電西院駅》までです。For Nishioji Shijo

➡府立医大病院前⓬乗場

P38

河原町通 Kawaramachi-dori St.

下鴨神社 北大路バスターミナル 金閣寺 行き Kinkakuji Temple — **205**

平日 Weekdays (お盆・年末年始を除く)		土曜日 Saturdays (お盆・年末年始を除く)		休日 Sundays & Hol… お盆 8月14日〜8… 年末年始 12月29日〜1…
55	5	55	5	55
19 26 32 △38 42 47 51 56	6	19 △34 39 52	6	19 △34 39 55
2 6 11 15 21 26 33 38 45 51 59	7	2 10 18 26 34 42 50 59	7	9 22 35 47 59
5 11 17 23 30 36 42 49 57	8	8 18 25 34 44 54	8	11 22 33 47
5 13 22 30 39 48 57	9	4 13 22 31 40 49 58	9	0 13 26 37 47 57
6 15 24 33 42 51	10	7 17 27 37 46 55	10	7 17 27 37 47 57
0 9 18 27 35 42 50 57	11	4 12 19 27 35 42 50 57	11	7 17 27 35 42 50 57
5 12 20 27 35 42 50 57	12	5 12 20 27 35 42 50 57	12	5 12 20 27 35 42 50 5
5 12 20 27 35 42 50 57	13	5 12 20 27 35 42 50 57	13	5 12 20 27 35 42 50 5
5 12 20 27 35 42 50 57	14	5 12 20 27 35 42 50 57	14	5 12 20 27 35 42 50 5
5 12 20 27 35 42 50 57	15	5 12 20 27 35 42 50 57	15	5 12 20 27 35 42 50 5
5 12 20 27 35 42 50 57	16	5 12 20 27 35 42 50 57	16	5 12 20 27 35 42 50 5
5 12 20 27 35 42 50 57	17	5 12 20 28 38 48 58	17	5 12 20 28 38 48 58
5 12 20 27 36 45 54	18	8 18 28 38 48 58	18	8 18 28 38 48 58
2 9 17 24 33 42 51 59	19	7 16 25 35 45 55	19	7 16 25 35 45 55
7 16 25 35 45 55	20	5 15 25 35 45 55	20	5 15 25 35 45 55
5 14 34 54	21	5 14 34 54	21	5 14 34 54
14 24 44 (59)	22	14 24 44 (59)	22	14 24 44 (59)
(14) △29	23	(14) △29	23	(14) △29

△印は北大路バスターミナルまでです。For Kitaoji Bus Terminal
( )印は西大路四条《阪急・嵐電西院駅》までです。For Nishioji Shijo

➡下鴨神社前❷乗場

P41

河原町通 Kawaramachi-dori St.

北大路バスターミナル 金閣寺 行き Kinkakuji Temple — **205**

平日 Weekdays (お盆・年末年始を除く)		土曜日 Saturdays (お盆・年末年始を除く)		休日 Sundays & Holidays お盆 8月14日〜8月16日 年末年始 12月29日〜1月3日
	5		5	
1 25 32 38 △44 48 53 57	6	1 25 △40 45 58	6	1 25 △40 45
2 8 12 17 21 27 32 40 45 52 58	7	8 16 24 32 40 48 56	7	1 15 28 41 53
6 12 18 24 30 37 43 49 56	8	5 14 24 31 41 51	8	5 17 28 40 54
4 12 20 29 37 46 55	9	1 11 20 29 38 47 56	9	7 20 33 44 54
4 13 22 31 40 49 58	10	5 14 24 34 44 53	10	4 14 24 34 44 54
7 16 25 34 42 49 57	11	2 11 19 26 34 42 49 57	11	4 14 24 34 42 49 57
4 12 19 27 34 42 49 57	12	4 12 19 27 34 42 49 57	12	4 12 19 27 34 42 49 57
4 12 19 27 34 42 49 57	13	4 12 19 27 34 42 49 57	13	4 12 19 27 34 42 49 57
4 12 19 27 34 42 49 57	14	4 12 19 27 34 42 49 57	14	4 12 19 27 34 42 49 57
4 12 19 27 34 42 49 57	15	4 12 19 27 34 42 49 57	15	4 12 19 27 34 42 49 57
4 12 19 27 34 42 49 57	16	4 12 19 27 34 42 49 57	16	4 12 19 27 34 42 49 57
4 12 19 27 34 42 49 57	17	4 12 19 27 35 45 55	17	4 12 19 27 35 45 55
4 12 19 27 34 43 52	18	5 15 25 35 45 55	18	5 15 25 35 45 55
1 9 16 24 31 40 49 58	19	5 14 23 32 42 52	19	5 14 23 32 42 52
6 14 23 32 42 52	20	2 12 22 32 42 52	20	2 12 22 32 42 52
2 12 21 41	21	2 12 21 41	21	2 12 21 41
1 21 31 51	22	1 21 31 51	22	1 21 31 51
(6) (21) △36	23	(6) (21) △36	23	(6) (21) △36

△印は北大路バスターミナルまでです。For Kitaoji Bus Terminal
( )印は西大路四条《阪急・嵐電西院駅》までです。For Nishioji Shijo

➡北大路バスターミナル(地下鉄北大路駅)Ⓔ乗場

P69

西大路通 Nishioji-dori St.

金閣寺・西大路四条 行き Nishioji Shijo Via Kinkakuji Temple — **205**

平日 Weekdays (お盆・年末年始を除く)		土曜日 Saturdays (お盆・年末年始を除く)		休日 Sundays & Hol… お盆 8月14日〜8… 年末年始 12月29日〜1…
*30 *45	5	*30 *45	5	*30 *45
8 32 39 45 50 55	6	8 32 52	6	8 32 52
0 4 9 (13) 15 19 24 28 35 42 50 55	7	5 15 23 31 39 47 55	7	8 22 35 48
2 8 16 22 28 34 40 47 (50) 53 59	8	3 12 21 31 41 51	8	0 12 24 37 50
6 14 22 30 39 47 56	9	1 11 21 30 39 48 57	9	4 17 30 43 54
5 14 23 32 (37) 41 50 59	10	6 (11) 15 24 34 44 54	10	4 (11) 14 24 34 44 54
8 17 26 35 (41) 44 52 59	11	3 12 21 29 36 (41) 44 52 59	11	4 14 24 34 (41) 44 52 5
7 14 22 29 37 (41) 44 52 59	12	7 14 22 29 37 44 52 59	12	7 14 22 29 37 44 52 5
7 14 22 29 37 (41) 44 52 59	13	7 14 22 29 37 (41) 44 52 59	13	7 14 22 29 37 (41) 44 52
7 14 22 29 37 (41) 44 52 59	14	7 14 22 29 37 (41) 44 52 59	14	7 14 22 29 37 (41) 44 52
7 14 22 29 37 (41) 44 52 59	15	7 14 22 29 37 44 52 59	15	7 14 22 29 37 44 52 5
7 (11) 14 22 29 37 (41) 44 52 59	16	7 14 22 29 37 (41) 44 52 59	16	7 14 22 29 37 (41) 44 52
7 14 22 29 37 (41) 44 52 59	17	7 14 22 29 37 45 55	17	7 14 22 29 37 45 55
7 14 22 29 37 44 53	18	5 15 25 35 45 55	18	5 15 25 35 45 55
2 10 18 25 33 40 49 58	19	5 14 23 32 41 51	19	5 14 23 32 41 51
7 15 23 32 41 51	20	1 11 21 31 41 51	20	1 11 21 31 41 51
1 9 19 28 48	21	1 9 19 28 48	21	1 9 19 28 48
*8 28 *38 58	22	*8 28 *38 58	22	*8 28 *38 58
(13) (28)	23	(13) (28)	23	(13) (28)

*印は京都駅前までです。For Kyoto Sta.
( )印は西大路四条《阪急・嵐電西院駅》までです。For Nishioji Shijo

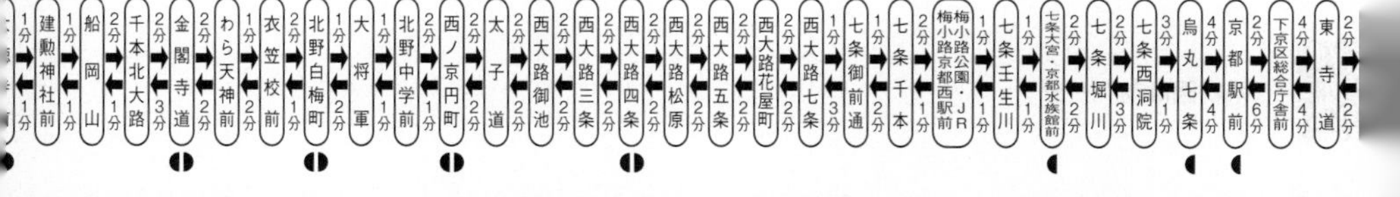

西大路通 Nishioji-dori St.

金閣寺・西大路四条 行き 205

Nishioji Shijo Via Kinkakuji Temple

平日 Weekdays（お盆・年末年始を除く）		土曜日 Saturdays（お盆・年末年始を除く）		休日 Sundays & Holidays お盆 8月14日～8月16日 年末年始 12月29日～1月3日
*35 *50	5	*35 *50	5	*35 *50
13 37 44 50 55	6	13 37 57	6	13 37 57
0 5 9 14 (18) 20 24 29 33 40 47 55	7	10 20 28 36 44 52	7	13 27 40 53
0 7 13 21 27 33 39 45 52 (55) 58	8	0 8 17 26 36 46 56	8	5 17 29 42 55
4 11 19 27 35 44 52	9	6 16 26 35 44 53	9	9 22 35 48 59
1 10 19 28 37 (42) 46 55	10	2 11 (16) 20 29 39 49 59	10	9 (16) 19 29 39 49 59
4 13 22 31 40 (46) 49 57	11	8 17 26 34 41 (46) 49 57	11	9 19 29 39 (46) 49 57
4 12 19 27 34 42 (46) 49 57	12	4 12 19 27 34 42 49 57	12	4 12 19 27 34 42 49 57
4 12 19 27 34 42 (46) 49 57	13	4 12 19 27 34 42 (46) 49 57	13	4 12 19 27 34 42 (46) 49 57
4 12 19 27 34 42 (46) 49 57	14	4 12 19 27 34 42 (46) 49 57	14	4 12 19 27 34 42 (46) 49 57
4 12 19 27 34 42 (46) 49 57	15	4 12 19 27 34 42 49 57	15	4 12 19 27 34 42 49 57
4 12 (16) 19 27 34 42 (46) 49 57	16	4 12 19 27 34 42 (46) 49 57	16	4 12 19 27 34 42 (46) 49 57
4 12 19 27 34 42 (46) 49 57	17	4 12 19 27 34 42 50	17	4 12 19 27 34 42 50
4 12 19 27 34 42 49 58	18	0 10 20 30 40 50	18	0 10 20 30 40 50
7 15 23 30 38 45 54	19	0 10 19 28 37 46 56	19	0 10 19 28 37 46 56
3 12 20 28 37 46 56	20	6 16 26 36 46 56	20	6 16 26 36 46 56
6 14 24 33 53	21	6 14 24 33 53	21	6 14 24 33 53
*13 33 *43	22	*13 33 *43	22	*13 33 *43
3 (18) (33)	23	3 (18) (33)	23	3 (18) (33)

*印は京都駅前までです。For Kyoto Sta.
( )印は西大路四条《阪急・嵐電西院駅》までです。For Nishioji Shijo

→金閣寺道❷乗場

P79

西大路通 Nishioji-dori St.

西大路四条 西大路七条 京都駅 行き 205

Kyoto Sta. Via Nishioji Shijo

平日 Weekdays（お盆・年末年始を除く）		土曜日 Saturdays（お盆・年末年始を除く）		休日 Sundays & Holidays お盆 8月14日～8月16日 年末年始 12月29日～1月3日
*40 *55	5	*40 *55	5	*40 *55
18 42 49 55	6	18 42	6	18 42
0 5 10 14 19 (23) 25 29 35 39 46 53	7	2 15 25 33 41 49 57	7	2 18 32 45 58
1 6 13 19 27 33 39 45 51 58	8	5 13 22 31 42 52	8	10 22 35 48
(1) 4 10 17 25 33 41 50 58	9	2 12 22 32 41 50 59	9	1 15 28 41 54
7 16 25 34 43 (48) 52	10	8 17 (22) 26 35 45 55	10	5 15 (22) 25 35 45 55
1 10 19 28 37 46 (52) 55	11	5 14 23 32 40 47 (52) 55	11	5 15 25 35 45 (52) 55
3 10 18 25 33 40 48 (52) 55	12	3 10 18 25 33 40 48 55	12	3 10 18 25 33 40 48 55
3 10 18 25 33 40 48 (52) 55	13	3 10 18 25 33 40 48 (52) 55	13	3 10 18 25 33 40 48 (52) 55
3 10 18 25 33 40 48 (52) 55	14	3 10 18 25 33 40 48 (52) 55	14	3 10 18 25 33 40 48 (52) 55
3 10 18 25 33 40 48 (52) 55	15	3 10 18 25 33 40 48 55	15	3 10 18 25 33 40 48 55
3 10 18 (22) 25 33 40 48 (52) 55	16	3 10 18 25 33 40 48 (52) 55	16	3 10 18 25 33 40 48 (52) 55
3 10 18 25 33 40 48 (52) 55	17	3 10 18 25 33 40 48 56	17	3 10 18 25 33 40 48 56
3 10 18 25 33 40 48 55	18	6 16 26 36 46 56	18	6 16 26 36 46 56
4 13 21 29 36 44 51	19	6 16 25 34 43 52	19	6 16 25 34 43 52
0 9 18 26 34 43 52	20	2 12 22 32 42 52	20	2 12 22 32 42 52
2 11 19 29 38 58	21	2 11 19 29 38 58	21	2 11 19 29 38 58
*18 38 *48	22	*18 38 *48	22	*18 38 *48
8 (23) (38)	23	8 (23) (38)	23	8 (23) (38)

*印は京都駅前までです。For Kyoto Sta.
( )印は西大路四条《阪急・嵐電西院駅》までです。For Nishioji Shijo

西大路通 Nishioji-dori St.

西大路四条 西大路七条 京都駅 行き 205

Kyoto Sta. Via Nishioji Shijo

平日 Weekdays（お盆・年末年始を除く）		土曜日 Saturdays（お盆・年末年始を除く）		休日 Sundays & Holidays お盆 8月14日～8月16日 年末年始 12月29日～1月3日
*45	5	*45	5	*45
*0 23 47 54	6	*0 23 47	6	*0 23 47
0 5 10 15 19 24 (28) 30 34 40 44 51 *56 58	7	7 20 30 38 46 54	7	7 23 37 50
6 11 18 24 32 38 44 50 56	8	2 10 18 27 36 47 57	8	3 15 27 40 53
*0 3 (6) 9 15 22 30 38 46 55	9	7 17 27 37 46 55	9	6 20 33 46 59
3 12 21 *28 30 39 48 (53) 57	10	4 13 22 (27) 31 40 50	10	10 20 (27) 30 40 50
6 15 24 33 42 51 (57)	11	0 10 19 28 37 45 52 (57)	11	0 10 20 30 40 50 (57)
0 8 15 23 30 38 45 53 (57)	12	0 8 15 23 30 38 45 53	12	0 8 15 23 30 38 45 53
0 8 15 23 30 38 45 53 (57)	13	0 8 15 23 30 38 45 53 (57)	13	0 8 15 23 30 38 45 53 (57)
0 8 15 23 30 38 45 53 (57)	14	0 8 15 23 30 38 45 53 (57)	14	0 8 15 23 30 38 45 53 (57)
0 8 15 23 30 38 45 53 (57)	15	0 8 15 23 30 38 45 53	15	0 8 15 23 30 38 45 53
0 8 15 23 (27) 30 38 45 53 (57)	16	0 8 15 23 30 38 45 53 (57)	16	0 8 15 23 30 38 45 53 (57)
0 8 15 23 30 38 45 53 (57)	17	0 8 15 23 30 38 45 53	17	0 8 15 23 30 38 45 53
0 8 15 23 30 38 45 53	18	1 11 21 31 41 51	18	1 11 21 31 41 51
0 9 18 26 34 41 49 56	19	1 11 21 30 39 48 57	19	1 11 21 30 39 48 57
5 14 23 31 39 48 57	20	7 17 27 37 47 57	20	7 17 27 37 47 57
7 16 24 34 43	21	7 16 24 34 43	21	7 16 24 34 43
3 *23 43 *53	22	3 *23 43 *53	22	3 *23 43 *53
13 (28) (43)	23	13 (28) (43)	23	13 (28) (43)

*印は京都駅前までです。For Kyoto Sta.
( )印は西大路四条《阪急・嵐電西院駅》までです。For Nishioji Shijo

→西ノ京円町《JR円町駅》❶乗場

P75

西大路通 Nishioji-dori St.

西大路四条 西大路七条 京都駅 行き 205

Kyoto Sta. Via Nishioji Shijo

平日 Weekdays（お盆・年末年始を除く）		土曜日 Saturdays（お盆・年末年始を除く）		休日 Sundays & Holidays お盆 8月14日～8月16日 年末年始 12月29日～1月3日
*48	5	*48	5	*48
*3 26 50 57	6	*3 26 50	6	*3 26 50
4 9 14 19 23 28 (32) 34 38 44 48 55	7	11 24 34 42 50 58	7	11 27 41 54
*0 2 10 15 22 28 36 42 48 54	8	6 14 22 31 40 51	8	7 19 31 44 57
0 *4 7 (10) 13 19 26 34 42 50 59	9	1 11 21 31 41 50 59	9	10 24 37 50
7 16 25 *32 34 43 52 (57)	10	8 17 26 (31) 35 44 54	10	3 14 24 (31) 34 44 54
1 10 19 28 37 46 55	11	4 14 23 32 41 49 56	11	4 14 24 34 44 54
(1) 4 12 19 27 34 42 49 57	12	(1) 4 12 19 27 34 42 49 57	12	(1) 4 12 19 27 34 42 49 57
(1) 4 12 19 27 34 42 49 57	13	4 12 19 27 34 42 49 57	13	4 12 19 27 34 42 49 57
(1) 4 12 19 27 34 42 49 57	14	(1) 4 12 19 27 34 42 49 57	14	(1) 4 12 19 27 34 42 49 57
(1) 4 12 19 27 34 42 49 57	15	(1) 4 12 19 27 34 42 49 57	15	(1) 4 12 19 27 34 42 49 57
(1) 4 12 19 27 (31) 34 42 49 57	16	4 12 19 27 34 42 49 57	16	4 12 19 27 34 42 49 57
(1) 4 12 19 27 34 42 49 57	17	(1) 4 12 19 27 34 42 49 57	17	(1) 4 12 19 27 34 42 49 57
(1) 4 12 19 27 34 42 49 57	18	5 15 25 35 45 55	18	5 15 25 35 45 55
4 13 22 30 38 45 53	19	5 15 25 34 43 52	19	5 15 25 34 43 52
0 9 18 27 35 43 52	20	1 11 21 31 41 51	20	1 11 21 31 41 51
1 10 19 27 37 46	21	1 10 19 27 37 46	21	1 10 19 27 37 46
6 *26 46 *56	22	6 *26 46 *56	22	6 *26 46 *56
16 (31) (46)	23	16 (31) (46)	23	16 (31) (46)

*印は京都駅前までです。For Kyoto Sta.
( )印は西大路四条《阪急・嵐電西院駅》までです。For Nishioji Shijo

西大路通 Nishioji-dori St.

西大路七条 京都駅 行き 205

Kyoto Sta.

平日 Weekdays（お盆・年末年始を除く）		土曜日 Saturdays（お盆・年末年始を除く）		休日 Sundays & Holidays お盆 8月14日～8月16日 年末年始 12月29日～1月3日
*54	5	*54	5	*54
*9 32 56	6	*9 32 56	6	*9 32 56
3 10 15 20 25 29 35 42 46 52 56	7	17 30 40 48 56	7	17 33 47
3 *8 10 18 23 30 36 44 50 56	8	4 12 20 28 39 48 59	8	0 13 25 39 52
2 8 *12 15 21 27 34 42 50 58	9	9 19 29 39 49 58	9	5 18 32 45 58
7 15 24 33 *40 42 51	10	7 16 25 34 43 52	10	11 22 32 42 52
0 9 18 27 36 45 54	11	2 12 22 31 40 49 57	11	2 12 22 32 42 52
3 12 20 27 35 42 50 57	12	4 12 20 27 35 42 50 57	12	2 12 20 27 35 42 50 57
5 12 20 27 35 42 50 57	13	5 12 20 27 35 42 50 57	13	5 12 20 27 35 42 50 57
5 12 20 27 35 42 50 57	14	5 12 20 27 35 42 50 57	14	5 12 20 27 35 42 50 57
5 12 20 27 35 42 50 57	15	5 12 20 27 35 42 50 57	15	5 12 20 27 35 42 50 57
5 12 20 27 35 42 50 57	16	5 12 20 27 35 42 50 57	16	5 12 20 27 35 42 50 57
5 12 20 27 35 42 50 57	17	5 12 20 27 35 42 50 57	17	5 12 20 27 35 42 50 57
5 12 20 27 35 42 50 57	18	5 13 23 33 43 53	18	5 13 23 33 43 53
5 11 20 29 37 45 52	19	3 12 22 32 41 50 59	19	3 12 22 32 41 50 59
0 7 16 25 34 42 50 59	20	8 18 28 38 48 58	20	8 18 28 38 48 58
8 17 26 34 44 53	21	8 17 26 34 44 53	21	8 17 26 34 44 53
13 *33 53	22	13 *33 53	22	13 *33 53
*3 23	23	*3 23	23	*3 23

*印は京都駅前までです。For Kyoto Sta.

←京都駅前B3乗場

P15・P17

西大路通 Nishioji-dori St.

金閣寺・北大路バスターミナル 行き 205

Kitaoji Bus Terminal Via Kinkakuji Temple

平日 Weekdays（お盆・年末年始を除く）		土曜日 Saturdays（お盆・年末年始を除く）		休日 Sundays & Holidays お盆 8月14日～8月16日 年末年始 12月29日～1月3日
36	5	36	5	36
6 15 23 32 40 48 55	6	6 21 36 48 59	6	6 27 47
1 7 12 16 20 24 28 32 38 43 49 55	7	10 20 29 36 △41 45 51 58	7	2 12 24 35 △40 46 53
1 7 12 19 25 31 36 41 46 51 56	8	4 9 14 20 26 33 40 45 52	8	0 6 12 19 25 32 40 49 58
3 9 17 24 32 39 47 54	9	0 9 17 24 32 39 △43 47 54	9	7 16 24 32 39 △43 47 54
2 9 17 24 32 39 47 54	10	2 9 17 24 32 39 47 54	10	2 9 17 24 32 39 47 54
2 9 17 24 32 39 47 54	11	2 9 17 24 32 39 47 54	11	2 9 17 24 32 39 47 54
2 9 17 24 32 39 47 54	12	2 9 17 24 32 39 47 54	12	2 9 17 24 32 39 47 54
2 9 17 24 32 39 47 54	13	2 9 17 24 32 39 47 54	13	2 9 17 24 32 39 47 54
2 9 17 24 32 39 47 54	14	2 9 17 24 32 39 47 54	14	2 9 17 24 32 39 47 54
2 9 17 24 32 39 47 54	15	2 9 17 24 32 41 51	15	2 9 17 24 32 41 51
2 9 17 24 32 39 47 54	16	1 11 21 31 41 51	16	1 11 21 31 41 51
2 9 17 24 32 39 47 56	17	1 11 21 31 41 52	17	1 11 21 31 41 52
4 11 20 28 36 48	18	3 13 24 35 48	18	3 13 24 35 48
1 11 21 31 41 51	19	1 11 21 31 41 51	19	1 11 21 31 41 51
2 13 24 34 45	20	2 13 24 34 45	20	2 13 24 34 45
1 21 41	21	1 21 41	21	1 21 41
1 11 21 36	22	1 11 21 36	22	1 11 21 36
△0 (20)	23	△0 (20)	23	△0 (20)

△印は北大路バスターミナルまでです。For Kitaoji Bus Terminal
( )印は烏丸北大路までです。（北大路バスターミナルには停まりません。）

系統図は前ページ

← 烏丸七条⑫乗場 P23

西大路通 Nishioji-dori St.

金閣寺・北大路バスターミナル 行き 205

Kitaoji Bus Terminal Via Kinkakuji Temple

時	平日 Weekdays (お盆・年末年始を除く)	土曜日 Saturdays (お盆・年末年始を除く)	休日 Sundays & Holidays お盆 8月14日～8月16日 年末年始 12月29日～1月3日
5	39	39	39
6	9 18 26 35 43 51 58	9 24 39 51	9 30 50
7	4 10 15 19 23 27 31 36 42 47 53 59	2 13 23 32 40 △45 49 55	5 15 27 39 △44 50 57
8	5 11 16 23 29 35 40 45 50 55	2 8 13 18 24 30 37 44 49 56	4 10 16 23 29 36 44 53
9	0 7 13 21 28 36 43 51 58	4 13 21 28 36 43 △47 51 58	2 11 20 28 36 43 △47 51 58
10	6 13 21 28 36 43 51 58	6 13 21 28 36 43 51 58	6 13 21 28 36 43 51 58
11	6 13 21 28 36 43 51 58	6 13 21 28 36 43 51 58	6 13 21 28 36 43 51 58
12	6 13 21 28 36 43 51 58	6 13 21 28 36 43 51 58	6 13 21 28 36 43 51 58
13	6 13 21 28 36 43 51 58	6 13 21 28 36 43 51 58	6 13 21 28 36 43 51 58
14	6 13 21 28 36 43 51 58	6 13 21 28 36 43 51 58	6 13 21 28 36 43 51 58
15	6 13 21 28 36 43 51 58	6 13 21 28 36 45 55	6 13 21 28 36 45 55
16	6 13 21 28 36 43 51 58	5 15 25 35 45 55	5 15 25 35 45 55
17	6 13 21 28 36 43 51	5 15 25 35 45 56	5 15 25 35 45 56
18	0 8 15 24 32 40 52	7 17 28 39 52	7 17 28 39 52
19	4 14 24 34 44 54	4 14 24 34 44 54	4 14 24 34 44 54
20	5 16 27 37 48	5 16 27 37 48	5 16 27 37 48
21	4 24 44	4 24 44	4 24 44
22	4 14 24 39	4 14 24 39	4 14 24 39
23	△3 (23)	△3 (23)	△3 (23)

△印は北大路バスターミナルまでです。For Kitaoji Bus Terminal
( )印は烏丸北大路までです。（北大路バスターミナルには停まりません。）

← 七条大宮・京都水族館前④乗場 P21

西大路通 Nishioji-dori St.

金閣寺・北大路バスターミナル 行き 205

Kitaoji Bus Terminal Via Kinkakuji Temple

時	平日 Weekdays (お盆・年末年始を除く)	土曜日 Saturdays (お盆・年末年始を除く)	休日 Sundays & Holic お盆 8月14日～8月 年末年始 12月29日～1
5	43	43	43
6	13 22 30 39 47 55	13 28 43 55	13 34 54
7	2 10 16 21 25 29 33 37 42 48 53 59	6 17 27 36 44 △49 53 59	9 19 31 43 △48 54
8	5 11 17 22 29 35 41 46 51 56	6 12 17 22 28 36 43 50 55	1 8 14 20 27 35 42 50 59
9	1 6 13 19 27 34 42 49 57	2 10 19 27 34 42 49 △53 57	8 17 26 34 42 49 △53 57
10	4 12 19 27 34 42 49 57	4 12 19 27 34 42 49 57	4 12 19 27 34 42 49 57
11	4 12 19 27 34 42 49 57	4 12 19 27 34 42 49 57	4 12 19 27 34 42 49 57
12	4 12 19 27 34 42 49 57	4 12 19 27 34 42 49 57	4 12 19 27 34 42 49 57
13	4 12 19 27 34 42 49 57	4 12 19 27 34 42 49 57	4 12 19 27 34 42 49 57
14	4 12 19 27 34 42 49 57	4 12 19 27 34 42 49 57	4 12 19 27 34 42 49 57
15	4 12 19 27 34 42 49 57	4 12 19 27 34 42 51	4 12 19 27 34 42 51
16	4 12 19 27 34 42 49 57	1 11 21 31 41 51	1 11 21 31 41 51
17	4 12 19 27 34 42 49 57	1 11 21 31 41 51	1 11 21 31 41 51
18	6 14 21 30 38 46 58	2 13 23 34 45 58	2 13 23 34 45 58
19	8 18 28 38 48 58	8 18 28 38 48 58	8 18 28 38 48 58
20	9 20 31 41 52	9 20 31 41 52	9 20 31 41 52
21	8 28 48	8 28 48	8 28 48
22	8 18 28 43	8 18 28 43	8 18 28 43
23	△7 (27)	△7 (27)	△7 (27)

△印は北大路バスターミナルまでです。For Kitaoji Bus Terminal
( )印は烏丸北大路までです。（北大路バスターミナルには停まりません。）

← 西大路四条（阪急・嵐電西院駅）④乗場 P75

西大路通 Nishioji-dori St.

金閣寺・北大路バスターミナル 行き 205

Kitaoji Bus Terminal Via Kinkakuji Temple

時	平日 Weekdays (お盆・年末年始を除く)	土曜日 Saturdays (お盆・年末年始を除く)	休日 Sundays & Holidays お盆 8月14日～8月16日 年末年始 12月29日～1月3日
5	55	55	55
6	25 34 △39 42 51 59	25 40 55	25 46
7	9 16 24 30 36 41 47 51 55	7 18 29 41 51 59	6 21 31 46 58
8	0 6 11 △16 17 23 29 33 38 45 51 57	△4 8 14 21 27 32 38 44 52 59	△3 9 16 23 29 35 43 51 58
9	2 7 12 17 22 29 35 43 50 58	6 11 18 26 △30 35 43 50 58	6 15 24 △30 33 42 50 58
10	△2 5 13 20 28 35 43 50 58	5 △9 13 20 28 35 43 50 58	5 △9 13 20 28 35 43 50 58
11	△2 5 13 20 28 35 43 50 58	△2 5 13 20 28 35 43 50 58	△2 5 13 20 28 35 43 50 58
12	△2 5 13 20 28 35 43 50 58	5 13 20 28 35 43 50 58	5 13 20 28 35 43 50 58
13	△2 5 13 20 28 35 43 50 58	△2 5 13 20 28 35 43 50 58	△2 5 13 20 28 35 43 50 58
14	△2 5 13 20 28 35 43 50 58	△2 5 13 20 28 35 43 50 58	△2 5 13 20 28 35 43 50 58
15	△2 5 13 20 28 △32 35 43 50 58	5 13 20 28 35 43 50 58	5 13 20 28 35 43 50 58
16	△2 5 13 20 28 35 43 50 58	△2 7 17 27 37 47 57	△2 7 17 27 37 47 57
17	△2 5 13 20 28 35 43 50 58	7 17 27 37 47 57	7 17 27 37 47 57
18	5 13 22 30 37 46 54	7 18 29 39 50	7 18 29 39 50
19	2 11 21 31 41 51	1 11 21 31 41 51	1 11 21 31 41 51
20	1 11 22 33 44 54	1 11 22 33 44 54	1 11 22 33 44 54
21	5 20 40	5 20 40	5 20 40
22	0 20 30 40 55	0 20 30 40 55	0 20 30 40 55
23	△19 (39)	△19 (39)	△19 (39)

△印は北大路バスターミナルまでです。For Kitaoji Bus Terminal
( )印は烏丸北大路までです。（北大路バスターミナルには停まりません。）

← 西ノ京円町《JR円町駅》⑥乗場 P75

西大路通 Nishioji-dori St.

金閣寺・北大路バスターミナル 行き 205

Kitaoji Bus Terminal Via Kinkakuji Temple

時	平日 Weekdays (お盆・年末年始を除く)	土曜日 Saturdays (お盆・年末年始を除く)	休日 Sundays & Holic お盆 8月14日～8月 年末年始 12月29日～1
5			
6	2 32 41 △46 49 58	2 32 47	2 32 53
7	6 16 23 31 39 45 50 56	2 14 25 36 48 58	13 28 38 53
8	0 4 9 15 20 △25 26 32 38 42 47 54	6 △11 15 21 28 35 41 47 53	5 △10 16 23 30 37 44 52
9	0 6 11 16 21 26 31 38 44 52 59	1 8 15 20 27 35 △39 44 52 59	0 7 15 24 33 △39 42 51 5
10	7 △11 14 22 29 37 44 52 59	7 14 △18 22 29 37 44 52 59	7 14 △18 22 29 37 44 52 5
11	7 △11 14 22 29 37 44 52 59	7 △11 14 22 29 37 44 52 59	7 △11 14 22 29 37 44 52 5
12	7 △11 14 22 29 37 44 52 59	7 14 22 29 37 44 52 59	7 14 22 29 37 44 52 59
13	7 △11 14 22 29 37 44 52 59	7 △11 14 22 29 37 44 52 59	7 △11 14 22 29 37 44 52 5
14	7 △11 14 22 29 37 44 52 59	7 △11 14 22 29 37 44 52 59	7 △11 14 22 29 37 44 52 5
15	7 △11 14 22 29 37 △41 44 52 59	7 14 22 29 37 44 52 59	7 14 22 29 37 44 52 59
16	7 △11 14 22 29 37 44 52 59	7 △11 16 26 36 46 56	7 △11 16 26 36 46 56
17	7 △11 14 22 29 37 44 52 59	6 16 26 36 46 56	6 16 26 36 46 56
18	7 14 22 31 39 46 55	6 16 27 38 48 59	6 16 27 38 48 59
19	2 10 19 29 39 49 59	9 19 29 39 49 59	9 19 29 39 49 59
20	9 19 30 41 52	9 19 30 41 52	9 19 30 41 52
21	2 12 27 47	2 12 27 47	2 12 27 47
22	7 27 37 47	7 27 37 47	7 27 37 47
23	2 △26 (46)	2 △26 (46)	2 △26 (46)

△印は北大路バスターミナルまでです。For Kitaoji Bus Terminal
( )印は烏丸北大路までです。（北大路バスターミナルには停まりません。）

← 北野白梅町⑧乗場 P77

西大路通 Nishioji-dori St.

金閣寺・北大路バスターミナル 行き 205

Kitaoji Bus Terminal Via Kinkakuji Temple

時	平日 Weekdays (お盆・年末年始を除く)	土曜日 Saturdays (お盆・年末年始を除く)	休日 Sundays & Holidays お盆 8月14日～8月16日 年末年始 12月29日～1月3日
5			
6	6 36 45 △50 53	6 36 51	6 36 57
7	2 10 20 27 35 43 49 54	6 18 29 40 52	17 32 42 57
8	0 4 8 13 19 24 △29 30 36 42 46 51 58	2 10 △15 19 25 32 39 45 51 57	9 △14 20 27 34 41 48 56
9	4 10 15 20 25 30 35 42 48 56	5 12 19 24 31 39 △43 48 56	4 11 19 28 37 △43 46 55
10	3 11 △15 18 26 33 41 48 56	3 11 18 △22 26 33 41 48 56	3 11 18 △22 26 33 41 48 56
11	3 11 △15 18 26 33 41 48 56	3 11 △15 18 26 33 41 48 56	3 11 △15 18 26 33 41 48 56
12	3 11 △15 18 26 33 41 48 56	3 11 18 26 33 41 48 56	3 11 18 26 33 41 48 56
13	3 11 △15 18 26 33 41 48 56	3 11 △15 18 26 33 41 48 56	3 11 △15 18 26 33 41 48 56
14	3 11 △15 18 26 33 41 48 56	3 11 △15 18 26 33 41 48 56	3 11 △15 18 26 33 41 48 56
15	3 11 △15 18 26 33 41 △45 48 56	3 11 18 26 33 41 48 56	3 11 18 26 33 41 48 56
16	3 11 △15 18 26 33 41 48 56	3 11 △15 20 30 40 50	3 11 △15 20 30 40 50
17	3 11 △15 18 26 33 41 48 56	0 10 20 30 40 50	0 10 20 30 40 50
18	3 11 18 26 35 43 50 59	0 10 20 31 42 52	0 10 20 31 42 52
19	6 14 23 33 43 53	3 13 23 33 43 53	3 13 23 33 43 53
20	3 13 23 34 45 56	3 13 23 34 45 56	3 13 23 34 45 56
21	6 16 31 51	6 16 31 51	6 16 31 51
22	11 31 41 51	11 31 41 51	11 31 41 51
23	6 △30 (50)	6 △30 (50)	6 △30 (50)

△印は北大路バスターミナルまでです。For Kitaoji Bus Terminal
( )印は烏丸北大路までです。（北大路バスターミナルには停まりません。）

← 金閣寺道③乗場 P79

河原町通 Kawaramachi-dori St.

北大路バスターミナル 四条河原町 行き 205

Shijo Kawaramachi

時	平日 Weekdays (お盆・年末年始を除く)	土曜日 Saturdays (お盆・年末年始を除く)	休日 Sundays & Holic お盆 8月14日～8月 年末年始 12月29日～1
5			
6	11 41 50 △55 58	11 41 56	11 41
7	7 15 25 32 40 48 54 59	11 23 34 45 57	2 22 37 47
8	5 9 13 18 24 29 △34 35 41 47 51 56	7 15 △20 24 30 37 44 50 56	2 14 △19 25 32 39 46 53
9	3 9 15 20 25 30 35 40 47 53	2 10 17 24 29 36 44 △48 53	1 9 16 24 33 42 △48 51
10	1 8 16 △20 23 31 38 46 53	1 8 16 23 △27 31 38 46 53	0 8 16 23 △27 31 38 46 5
11	1 8 16 △20 23 31 38 46 53	1 8 16 △20 23 31 38 46 53	1 8 16 △20 23 31 38 46 5
12	1 8 16 △20 23 31 38 46 53	1 8 16 23 31 38 46 53	1 8 16 23 31 38 46 53
13	1 8 16 △20 23 31 38 46 53	1 8 16 △20 23 31 38 46 53	1 8 16 △20 23 31 38 46 5
14	1 8 16 △20 23 31 38 46 53	1 8 16 △20 23 31 38 46 53	1 8 16 △20 23 31 38 46 5
15	1 8 16 △20 23 31 38 46 △50 53	1 8 16 23 31 38 46 53	1 8 16 23 31 38 46 53
16	1 8 16 △20 23 31 38 46 53	1 8 16 △20 25 35 45 55	1 8 16 △20 25 35 45 55
17	1 8 16 △20 23 31 38 46 53	5 15 25 35 45 55	5 15 25 35 45 55
18	1 8 16 23 31 40 48 55	5 15 25 36 47 57	5 15 25 36 47 57
19	4 11 19 28 38 48 58	8 18 28 38 48 58	8 18 28 38 48 58
20	8 18 28 39 50	8 18 28 39 50	8 18 28 39 50
21	1 11 21 36 56	1 11 21 36 56	1 11 21 36 56
22	16 36 46 56	16 36 46 56	16 36 46 56
23	11 △35 (55)	11 △35 (55)	11 △35 (55)

△印は北大路バスターミナルまでです。For Kitaoji Bus Terminal
( )印は烏丸北大路までです。（北大路バスターミナルには停まりません。）

河原町通 Kawaramachi-dori St.

四条河原町・京都駅 行き 205
Kyoto Sta. Via Shijo Kawaramachi

平日 Weekdays (お盆・年末年始を除く)		土曜日 Saturdays (お盆・年末年始を除く)		休日 Sundays & Holidays お盆 8月14日～8月16日 年末年始 12月29日～1月3日
16 46 55	6	16 46	6	16 46
△0 3 12 20 30 38 46 54	7	1 16 28 39 50	7	7 27 42 52
0 5 11 15 19 24 30 35 △40 41 47 53 57	8	2 12 20 △25 29 36 43 50 56	8	7 19 △24 30 38 45 52 59
2 9 15 21 26 31 36 41 46 53 59	9	2 8 16 23 30 35 42 50 △54 59	9	7 15 22 30 39 48 △54 57
7 14 22 △26 29 37 44 52 59	10	7 14 22 29 △33 37 44 52 59	10	6 14 22 29 △33 37 44 52 59
7 14 22 △26 29 37 44 52 59	11	7 14 22 △26 29 37 44 52 59	11	7 14 22 △26 29 37 44 52 59
7 14 22 △26 29 37 44 52 59	12	7 14 22 29 37 44 52 59	12	7 14 22 29 37 44 52 59
7 14 22 △26 29 37 44 52 59	13	7 14 22 △26 29 37 44 52 59	13	7 14 22 △26 29 37 44 52 59
7 14 22 △26 29 37 44 52 59	14	7 14 22 △26 29 37 44 52 59	14	7 14 22 △26 29 37 44 52 59
7 14 22 △26 29 37 44 52 △56 59	15	7 14 22 29 37 44 52 59	15	7 14 22 29 37 44 52 59
7 14 22 △26 29 37 44 52 59	16	7 14 22 △26 31 41 51	16	7 14 22 △26 31 41 51
7 14 22 △26 29 37 44 52 59	17	1 11 21 31 41 51	17	1 11 21 31 41 51
7 14 22 29 37 46 54	18	1 11 21 31 42 53	18	1 11 21 31 42 53
1 9 16 24 33 43 53	19	3 13 23 33 43 53	19	3 13 23 33 43 53
3 13 23 33 44 55	20	3 13 23 33 44 55	20	3 13 23 33 44 55
6 16 26 41	21	6 16 26 41	21	6 16 26 41
1 21 41 *51	22	1 21 41 *51	22	1 21 41 *51
1 *16 △40	23	1 *16 △40	23	1 *16 △40
(0)	24	(0)	24	(0)

△印は北大路バスターミナルまでです。For Kitaoji Bus Terminal
( )印は烏丸北大路までです。（北大路バスターミナルには停まりません。）
*印は四条河原町までです。

← 北大路バスターミナル(地下鉄北大路駅)Ⓒ乗場

P69

河原町通 Kawaramachi-dori St.

四条河原町・京都駅 行き 205
Kyoto Sta. Via Shijo Kawaramachi

平日 Weekdays (お盆・年末年始を除く)		土曜日 Saturdays (お盆・年末年始を除く)		休日 Sundays & Holidays お盆 8月14日～8月16日 年末年始 12月29日～1月3日
(40)	5	(40)	5	(40)
21 51	6	21 51	6	21 51
0 8 17 25 35 44 52	7	6 21 33 44 55	7	12 32 47 57
0 6 11 17 21 25 30 36 41 47 53 59	8	7 17 25 34 42 49 56	8	12 24 35 44 51 58
3 8 15 21 27 32 37 42 47 52 59	9	2 8 14 22 29 36 41 48 56	9	5 13 21 28 36 45 54
5 13 20 28 35 43 50 58	10	5 13 20 28 35 43 50 58	10	3 12 20 28 35 43 50 58
5 13 20 28 35 43 50 58	11	5 13 20 28 35 43 50 58	11	5 13 20 28 35 43 50 58
5 13 20 28 35 43 50 58	12	5 13 20 28 35 43 50 58	12	5 13 20 28 35 43 50 58
5 13 20 28 35 43 50 58	13	5 13 20 28 35 43 50 58	13	5 13 20 28 35 43 50 58
5 13 20 28 35 43 50 58	14	5 13 20 28 35 43 50 58	14	5 13 20 28 35 43 50 58
5 13 20 28 35 43 50 58	15	5 13 20 28 35 43 50 58	15	5 13 20 28 35 43 50 58
5 13 20 28 35 43 50 58	16	5 13 20 28 37 47 57	16	5 13 20 28 37 47 57
5 13 20 28 35 43 50 58	17	7 17 27 37 47 57	17	7 17 27 37 47 57
5 13 20 28 35 43 52	18	7 17 27 37 48 59	18	7 17 27 37 48 59
0 7 15 22 30 39 49 59	19	9 19 29 39 49 59	19	9 19 29 39 49 59
9 19 29 39 50	20	9 19 29 39 50	20	9 19 29 39 50
1 11 21 31 46	21	1 11 21 31 46	21	1 11 21 31 46
(6) 26 (46) *56	22	(6) 26 (46) *56	22	(6) 26 (46) *56
6 *21	23	6 *21	23	6 *21

( )印は京都駅前までです。For Kyoto Sta.
*印は四条河原町までです。For Shijo Kawaramachi

河原町通 Kawaramachi-dori St.

四条河原町・京都駅 行き 205
Kyoto Sta. Via Shijo Kawaramachi

平日 Weekdays (お盆・年末年始を除く)		土曜日 Saturdays (お盆・年末年始を除く)		休日 Sundays & Holidays お盆 8月14日～8月16日 年末年始 12月29日～1月3日
(47)	5	(47)	5	(47)
28 58	6	28 58	6	28 58
8 16 25 33 43 52	7	13 28 40 51	7	19 39 54
0 8 14 19 25 29 33 38 44 49 55	8	2 14 24 32 42 50 57	8	4 19 31 43 52 59
1 7 11 16 23 29 35 40 45 50 55	9	4 10 16 22 30 37 44 49 56	9	6 13 21 29 36 44 53
0 7 13 21 28 36 43 51 58	10	4 13 21 28 36 43 51 58	10	2 11 20 28 36 43 51 58
6 13 21 28 36 43 51 58	11	6 13 21 28 36 43 51 58	11	6 13 21 28 36 43 51 58
6 13 21 28 36 43 51 58	12	6 13 21 28 36 43 51 58	12	6 13 21 28 36 43 51 58
6 13 21 28 36 43 51 58	13	6 13 21 28 36 43 51 58	13	6 13 21 28 36 43 51 58
6 13 21 28 36 43 51 58	14	6 13 21 28 36 43 51 58	14	6 13 21 28 36 43 51 58
6 13 21 28 36 43 51 58	15	6 13 21 28 36 43 51 58	15	6 13 21 28 36 43 51 58
6 13 21 28 36 43 51 58	16	6 13 21 28 36 45 55	16	6 13 21 28 36 45 55
6 13 21 28 36 43 51 58	17	5 15 25 35 45 55	17	5 15 25 35 45 55
6 13 21 28 36 43 51	18	5 15 25 35 45 56	18	5 15 25 35 45 56
0 8 15 23 30 38 47 57	19	7 17 27 37 47 57	19	7 17 27 37 47 57
7 17 27 37 47 58	20	7 17 27 37 47 58	20	7 17 27 37 47 58
8 18 28 38 53	21	8 18 28 38 53	21	8 18 28 38 53
(13) 33 (53)	22	(13) 33 (53)	22	(13) 33 (53)
*3 13 *28	23	*3 13 *28	23	*3 13 *28

( )印は京都駅前までです。For Kyoto Sta.
*印は四条河原町までです。For Shijo Kawaramachi

← 府立医大病院前⑪乗場

P38

河原町通 Kawaramachi-dori St.

四条河原町・京都駅 行き 205
Kyoto Sta. Via Shijo Kawaramachi

平日 Weekdays (お盆・年末年始を除く)		土曜日 Saturdays (お盆・年末年始を除く)		休日 Sundays & Holidays お盆 8月14日～8月16日 年末年始 12月29日～1月3日
(52)	5	(52)	5	(52)
33	6	33	6	33
3 13 21 30 40 50 59	7	3 18 33 45 56	7	3 24 44 59
7 15 21 26 32 36 40 45 51 56	8	7 19 29 39 49 57	8	9 24 38 50 59
2 8 14 18 23 30 36 42 47 52 57	9	4 11 17 23 29 37 44 51 56	9	6 13 20 28 36 43 51
2 7 14 20 28 35 43 50 58	10	3 11 20 28 35 43 50 58	10	0 9 18 27 35 43 50 58
5 13 20 28 35 43 50 58	11	5 13 20 28 35 43 50 58	11	5 13 20 28 35 43 50 58
5 13 20 28 35 43 50 58	12	5 13 20 28 35 43 50 58	12	5 13 20 28 35 43 50 58
5 13 20 28 35 43 50 58	13	5 13 20 28 35 43 50 58	13	5 13 20 28 35 43 50 58
5 13 20 28 35 43 50 58	14	5 13 20 28 35 43 50 58	14	5 13 20 28 35 43 50 58
5 13 20 28 35 43 50 58	15	5 13 20 28 35 43 50 58	15	5 13 20 28 35 43 50 58
5 13 20 28 35 43 50 58	16	5 13 20 28 35 43 52	16	5 13 20 28 35 43 52
5 13 20 28 35 43 50 58	17	2 12 22 32 42 52	17	2 12 22 32 42 52
5 13 20 28 35 43 50 58	18	2 12 22 32 42 52	18	2 12 22 32 42 52
6 14 21 29 36 44 53	19	3 13 23 33 43 53	19	3 13 23 33 43 53
3 13 23 33 43 53	20	3 13 23 33 43 53	20	3 13 23 33 43 53
3 13 23 33 43 58	21	3 13 23 33 43 58	21	3 13 23 33 43 58
(18) 38 (58)	22	(18) 38 (58)	22	(18) 38 (58)
*8 18 *33	23	*8 18 *33	23	*8 18 *33

( )印は京都駅前までです。For Kyoto Sta.
*印は四条河原町までです。For Shijo Kawaramachi

河原町通 Kawaramachi-dori St.

四条河原町・京都駅 行き 205
Kyoto Sta. Via Shijo Kawaramachi

平日 Weekdays (お盆・年末年始を除く)		土曜日 Saturdays (お盆・年末年始を除く)		休日 Sundays & Holidays お盆 8月14日～8月16日 年末年始 12月29日～1月3日
(57)	5	(57)	5	(57)
38	6	38	6	38
8 18 26 35 46 56	7	8 23 38 50	7	8 29 49
5 13 21 27 32 38 42 46 51 57	8	1 12 24 34 45 55	8	4 14 29 44 56
2 8 14 20 24 29 36 42 48 53 58	9	3 10 17 23 29 35 43 50 57	9	5 12 19 26 34 42 49 57
3 8 13 20 26 34 41 49 56	10	2 9 17 26 34 41 49 56	10	6 15 24 33 41 49 56
4 11 19 26 34 41 49 56	11	4 11 19 26 34 41 49 56	11	4 11 19 26 34 41 49 56
4 11 19 26 34 41 49 56	12	4 11 19 26 34 41 49 56	12	4 11 19 26 34 41 49 56
4 11 19 26 34 41 49 56	13	4 11 19 26 34 41 49 56	13	4 11 19 26 34 41 49 56
4 11 19 26 34 41 49 56	14	4 11 19 26 34 41 49 56	14	4 11 19 26 34 41 49 56
4 11 19 26 34 41 49 56	15	4 11 19 26 34 41 49 56	15	4 11 19 26 34 41 49 56
4 11 19 26 34 41 49 56	16	4 11 19 26 34 41 49 58	16	4 11 19 26 34 41 49 58
4 11 19 26 34 41 49 56	17	8 18 28 38 48 58	17	8 18 28 38 48 58
4 11 19 26 34 41 49 56	18	8 18 28 38 48 58	18	8 18 28 38 48 58
4 11 19 26 34 41 49 58	19	8 18 28 38 48 58	19	8 18 28 38 48 58
8 18 28 38 48 58	20	8 18 28 38 48 58	20	8 18 28 38 48 58
8 18 28 38 48	21	8 18 28 38 48	21	8 18 28 38 48
3 (23) 43	22	3 (23) 43	22	3 (23) 43
(3) *13 23 *38	23	(3) *13 23 *38	23	(3) *13 23 *38

( )印は京都駅前までです。For Kyoto Sta.
*印は四条河原町までです。For Shijo Kawaramachi

← 四条河原町③B乗場

P27

河原町通 Kawaramachi-dori St.

京都駅 行き 205
Kyoto Sta.

平日 Weekdays (お盆・年末年始を除く)		土曜日 Saturdays (お盆・年末年始を除く)		休日 Sundays & Holidays お盆 8月14日～8月16日 年末年始 12月29日～1月3日
	5		5	
(1) 42	6	(1) 42	6	(1) 42
12 22 30 40 51	7	12 27 42 54	7	12 33 53
1 10 18 26 32 37 43 47 51 56	8	5 16 28 38 49 59	8	8 18 33 48
2 7 13 19 25 29 34 41 47 53 58	9	8 15 22 28 34 40 48 55	9	0 10 17 24 31 39 47 54
3 8 13 18 25 31 39 46 54	10	2 7 14 22 31 39 46 54	10	2 11 20 29 38 46 54
1 9 16 24 31 39 46 54	11	1 9 16 24 31 39 46 54	11	1 9 16 24 31 39 46 54
1 9 16 24 31 39 46 54	12	1 9 16 24 31 39 46 54	12	1 9 16 24 31 39 46 54
1 9 16 24 31 39 46 54	13	1 9 16 24 31 39 46 54	13	1 9 16 24 31 39 46 54
1 9 16 24 31 39 46 54	14	1 9 16 24 31 39 46 54	14	1 9 16 24 31 39 46 54
1 9 16 24 31 39 46 54	15	1 9 16 24 31 39 46 54	15	1 9 16 24 31 39 46 54
1 9 16 24 31 39 46 54	16	1 9 16 24 31 39 46 54	16	1 9 16 24 31 39 46 54
1 9 16 24 31 39 46 54	17	3 13 23 33 43 53	17	3 13 23 33 43 53
1 9 16 24 31 39 46 54	18	3 13 23 33 43 53	18	3 13 23 33 43 53
1 9 16 24 31 39 46 54	19	3 13 23 33 43 53	19	3 13 23 33 43 53
3 13 23 33 43 53	20	3 13 23 33 43 53	20	3 13 23 33 43 53
3 13 23 33 (38) 43 53	21	3 13 23 33 (38) 43 53	21	3 13 23 33 (38) 43 53
8 (18) (28) 48 (58)	22	8 (18) (28) 48 (58)	22	8 (18) (28) 48 (58)
(8) 28	23	(8) 28	23	(8) 28

( )印は京都駅前までです。For Kyoto Sta.

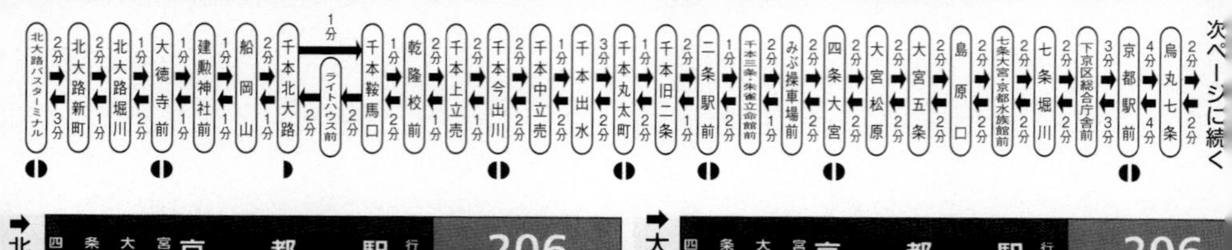

➡北大路バスターミナル（地下鉄北大路駅）Ⓖ乗場

P69

四条大宮 水族館 京都駅 行き Kyoto Sta. Via Shijo Omiya **206**

平日 Weekdays（お盆・年末年始を除く）	時	土曜日 Saturdays（お盆・年末年始を除く）	時	休日 Sundays & Holidays お盆 8月14日～8月16日 年末年始 12月29日～1月3日
30 58	5	30 58	5	30 58
11 21 32 38 44 50 56	6	9 22 38 54	6	22 43 54
3 10 17 23 29 37 44 52 58	7	6 18 26 34 49	7	6 18 26 34 49
5 13 21 29 44 58	8	0 8 17 29 37 44 *51 58	8	1 13 21 29 44 *51 58
13 28 43 58	9	14 29 43 59	9	14 29 43 57
13 28 43 58	10	13 28 43 58	10	13 28 43 58
13 28 43 58	11	13 28 43 58	11	13 28 43 58
13 28 43 58	12	13 28 43 58	12	13 28 43 58
13 28 43 58	13	13 28 43 58	13	13 28 43 58
13 28 43 58	14	13 28 43 58	14	13 28 43 58
13 28 43 58	15	13 28 43 58	15	13 28 43 58
12 27 34 44 57	16	13 28 43 58	16	13 28 43 58
4 13 29 37 45 58	17	13 29 44 59	17	13 29 44 59
11 19 28 41 48 59	18	14 28 43 59	18	13 27 43 59
16 27 39 52	19	16 29 41 53	19	16 29 43
6 20 35 55	20	6 20 35 55	20	6 20 35 55
12 25 37 *51	21	16 37 *51	21	16 37 *51
4 24 *36	22	4 24 *36	22	4 24 *36
*12	23	*12	23	*12

*印は京都駅前までです。For Kyoto Sta.

➡大徳寺前❷乗場

P73

四条大宮 水族館 京都駅 行き Kyoto Sta. Via Shijo Omiya **206**

平日 Weekdays（お盆・年末年始を除く）	時	土曜日 Saturdays（お盆・年末年始を除く）	時	休日 Sundays & Holidays お盆 8月14日～8月16日 年末年始 12月29日～1月3日
35	5	35	5	35
3 16 26 37 43 49 55	6	3 14 27 43 59	6	3 27 48 59
1 8 15 22 28 34 42 49 57	7	11 23 31 39 54	7	11 23 31 39 54
3 10 18 26 34 49	8	5 13 22 34 42 49 *56	8	6 18 26 34 49 *56
3 18 33 48	9	3 19 34 48	9	3 19 34 48
3 18 33 48	10	4 18 33 48	10	2 18 33 48
3 18 33 48	11	3 18 33 48	11	3 18 33 48
3 18 33 48	12	3 18 33 48	12	3 18 33 48
3 18 33 48	13	3 18 33 48	13	3 18 33 48
3 18 33 48	14	3 18 33 48	14	3 18 33 48
3 18 33 48	15	3 18 33 48	15	3 18 33 48
3 17 32 39 49	16	3 18 33 48	16	3 18 33 48
2 9 18 34 42 50	17	3 18 34 49	17	3 18 34 49
3 16 24 33 46 53	18	4 19 33 48	18	4 18 32 48
4 21 32 44 57	19	4 21 34 46 58	19	4 21 34 48
11 25 40	20	11 25 40	20	11 25 40
0 17 30 42 *56	21	0 21 42 *56	21	0 21 42 *56
9 29 *41	22	9 29 *41	22	9 29 *41
*17	23	*17	23	*17

*印は京都駅前までです。For Kyoto Sta.

➡千本北大路❷乗場

P73・P113

四条大宮 水族館 京都駅 行き Kyoto Sta. Via Shijo Omiya **206**

平日 Weekdays（お盆・年末年始を除く）	時	土曜日 Saturdays（お盆・年末年始を除く）	時	休日 Sundays & Holidays お盆 8月14日～8月16日 年末年始 12月29日～1月3日
38	5	38	5	38
6 19 29 40 46 52 58	6	6 17 30 46	6	6 30 51
4 11 18 25 31 38 46 53	7	2 14 26 34 42 57	7	2 14 26 34 42 57
1 7 14 22 30 38 53	8	8 16 25 38 46 53	8	9 21 29 38 53
7 22 37 52	9	*0 7 23 38 52	9	*0 7 23 38 52
7 22 37 52	10	8 22 37 52	10	6 22 37 52
7 22 37 52	11	7 22 37 52	11	7 22 37 52
7 22 37 52	12	7 22 37 52	12	7 22 37 52
7 22 37 52	13	7 22 37 52	13	7 22 37 52
7 22 37 52	14	7 22 37 52	14	7 22 37 52
7 22 37 52	15	7 22 37 52	15	7 22 37 52
7 21 36 43 53	16	7 22 37 52	16	7 22 37 52
6 13 22 38 46 54	17	7 22 38 53	17	7 22 38 53
7 20 28 37 50 57	18	8 23 37 52	18	8 22 36 52
8 25 36 48	19	8 25 38 50	19	8 25 38 52
1 15 29 44	20	2 15 29 44	20	15 29 44
3 20 33 45 *59	21	3 24 45 *59	21	3 24 45 *59
12 32 *44	22	12 32 *44	22	12 32 *44
*20	23	*20	23	*20

*印は京都駅前までです。For Kyoto Sta.

➡千本今出川❸乗場

P77・P114

四条大宮 水族館 京都駅 行き Kyoto Sta. Via Shijo Omiya **206**

平日 Weekdays（お盆・年末年始を除く）	時	土曜日 Saturdays（お盆・年末年始を除く）	時	休日 Sundays & Holidays お盆 8月14日～8月16日 年末年始 12月29日～1月3日
43	5	43	5	43
11 24 34 45 51 57	6	11 22 35 51	6	11 35 56
3 9 16 23 30 37 44 52 59	7	7 19 31 39 47	7	7 19 31 39 47
7 13 20 28 36 44 59	8	2 13 21 30 44 52 59	8	2 14 26 34 44 59
13 28 43 58	9	*6 13 29 44 58	9	*6 13 29 44 58
13 28 43 58	10	14 28 43 58	10	12 28 43 58
13 28 43 58	11	13 28 43 58	11	13 28 43 58
13 28 43 58	12	13 28 43 58	12	13 28 43 58
13 28 43 58	13	13 28 43 58	13	13 28 43 58
13 28 43 58	14	13 28 43 58	14	13 28 43 58
13 28 43 58	15	13 28 43 58	15	13 28 43 58
13 27 42 49 59	16	13 28 43 58	16	13 28 43 58
12 19 28 44 52	17	13 28 44 59	17	13 28 44 59
0 13 26 34 43 56	18	14 29 43 58	18	14 28 42 58
3 14 31 42 54	19	14 31 44 56	19	14 31 44 58
7 21 35 50	20	8 21 35 50	20	21 35 50
8 25 38 50	21	8 29 50	21	8 29 50
*4 17 37 *49	22	*4 17 37 *49	22	*4 17 37 *49
*25	23	*25	23	*25

*印は京都駅前までです。For Kyoto Sta.

➡千本丸太町❷乗場

P45・P114

四条大宮 水族館 京都駅 行き Kyoto Sta Via Shijo Omiya **206**

平日 Weekdays（お盆・年末年始を除く）	時	土曜日 Saturdays（お盆・年末年始を除く）	時	休日 Sundays & Holidays お盆 8月14日～8月16日 年末年始 12月29日～1月3日
48	5	48	5	48
16 29 39 50 56	6	16 27 40 56	6	16 40
2 8 14 21 28 36 43 50 58	7	12 24 36 44 52	7	1 12 24 36 44 52
5 13 19 26 34 42 50	8	7 18 26 36 50 58	8	7 19 31 40 50
5 19 34 49	9	5 *12 19 35 50	9	5 *12 19 35 50
4 19 34 49	10	4 20 34 49	10	4 18 34 49
4 19 34 49	11	4 19 34 49	11	4 19 34 49
4 19 34 49	12	4 19 34 49	12	4 19 34 49
4 19 34 49	13	4 19 34 49	13	4 19 34 49
4 19 34 49	14	4 19 34 49	14	4 19 34 49
4 19 34 49	15	4 19 34 49	15	4 19 34 49
4 19 33 48 55	16	4 19 34 49	16	4 19 34 49
5 18 25 34 50 58	17	4 19 34 50	17	4 19 34 50
6 19 32 40 49	18	5 20 35 49	18	5 20 34 48
2 8 19 36 47 59	19	4 19 36 49	19	4 19 36 49
12 26 40 55	20	1 13 26 40 55	20	3 26 40 55
13 30 43 55	21	13 34 55	21	13 34 55
*9 22 42 *54	22	*9 22 42 *54	22	*9 22 42 *54
*30	23	*30	23	*30

*印は京都駅前までです。For Kyoto Sta.

➡二条駅前❾乗場

P45

四条大宮 水族館 京都駅 行き Kyoto Sta. Via Shijo Omiya **206**

平日 Weekdays（お盆・年末年始を除く）	時	土曜日 Saturdays（お盆・年末年始を除く）	時	休日 Sundays & Holidays お盆 8月14日～8月16日 年末年始 12月29日～1月3日
51	5	51	5	51
19 32 42 53 59	6	19 30 43 59	6	19 43
5 11 17 24 31 39 46 53	7	15 27 39 47 55	7	4 15 27 39 47 55
1 8 16 22 29 37 45 53	8	10 21 29 39 53	8	10 22 34 43 53
8 22 37 52	9	1 8 *15 22 38 53	9	8 *15 22 38 53
7 22 37 52	10	7 23 37 52	10	7 21 37 52
7 22 37 52	11	7 22 37 52	11	7 22 37 52
7 22 37 52	12	7 22 37 52	12	7 22 37 52
7 22 37 52	13	7 22 37 52	13	7 22 37 52
7 22 37 52	14	7 22 37 52	14	7 22 37 52
7 22 37 52	15	7 22 37 52	15	7 22 37 52
7 22 36 51 58	16	7 22 37 52	16	7 22 37 52
8 21 28 37 53	17	7 22 37 53	17	7 22 37 53
1 9 22 35 43 52	18	8 23 38 52	18	8 23 37 51
5 11 22 39 50	19	7 22 39 52	19	7 22 39 52
2 15 29 43 58	20	4 16 29 43 58	20	6 29 43 58
16 33 46 58	21	16 37 58	21	16 37 58
*12 25 45 *57	22	*12 25 45 *57	22	*12 25 45 *57
*33	23	*33	23	*33

*印は京都駅前までです。For Kyoto Sta.

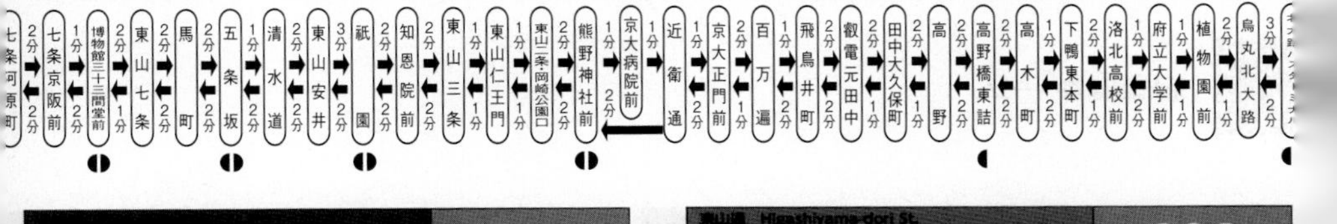

206 水族館 京都駅 行き
Kyoto Sta. Via Shijo Omiya

平日 Weekdays（お盆・年末年始を除く）	時	土曜日 Saturdays（お盆・年末年始を除く）	時	休日 Sundays & Holidays お盆 8月14日～8月16日 年末年始 12月29日～1月3日
56	5	56	5	56
24 37 47 58	6	24 35 48	6	24 48
4 10 16 22 29 36 44 51 58	7	4 20 32 44 52	7	9 20 32 44 52
6 13 21 27 34 42 50 58	8	0 15 26 34 44 58	8	0 15 27 39 48 58
13 27 42 57	9	6 13 *20 27 43 58	9	13 *20 27 43 58
12 27 42 57	10	12 28 42 57	10	12 26 42 57
12 27 42 57	11	12 27 42 57	11	12 27 42 57
12 27 42 57	12	12 27 42 57	12	12 27 42 57
12 27 42 57	13	12 27 42 57	13	12 27 42 57
12 27 42 57	14	12 27 42 57	14	12 27 42 57
12 27 42 57	15	12 27 42 57	15	12 27 42 57
12 27 41 56	16	12 27 42 57	16	12 27 42 57
3 13 26 33 42 58	17	12 27 42 58	17	12 27 42 58
6 14 27 40 48 57	18	13 28 43 57	18	13 28 42 56
10 16 27 44 55	19	12 27 44 57	19	12 27 44 57
7 20 34 48	20	9 21 34 48	20	11 34 48
3 21 38 51	21	3 21 42	21	3 21 42
3 *17 30 50	22	3 *17 30 50	22	3 *17 30 50
*2 *38	23	*2 *38	23	*2 *38

*印は京都駅前までです。For Kyoto Sta.

➡京都駅前D2乗場
P15・P17

206 東山通 Higashiyama-dori St. 三十三間堂 清水寺 祇園・北大路バスターミナル 行き
Gion Via Kiyomizu-dera Temple

平日 Weekdays（お盆・年末年始を除く）	時	土曜日 Saturdays（お盆・年末年始を除く）	時	休日 Sundays & Holidays お盆 8月14日～8月16日 年末年始 12月29日～1月3日
*31	5	*31	5	*31
11 20 32 40 53 *58	6	11 20 32 40 51	6	11 20 32 40
3 14 20 26 32 *38 46 *54	7	4 *13 20 36 49	7	4 *16 25 36 49
2 *9 *13 16 *24 31 *35 *39 45 *52	8	1 *9 17 32 *38 43 *52 *57	8	1 *9 17 32 *38 44 *51 57
0 *8 16 *23 31 *38 45 *53	9	2 *9 16 *24 31 *39 45 *53	9	*6 16 *25 31 *39 45 *53
0 *8 15 *23 30 *38 45 *53	10	1 *8 16 *23 30 *38 46 *53	10	1 *8 16 *23 30 *38 44 *53
0 *8 15 *23 30 *38 45 *53	11	0 *8 15 *23 30 *38 45 *53	11	0 *8 15 *23 30 *38 45 *53
0 *8 15 *23 30 *38 45 *53	12	0 *8 15 *23 30 *38 45 *53	12	0 *8 15 *23 30 *38 45 *53
0 *8 15 *23 30 *38 45 *53	13	0 *8 15 *23 30 *38 45 *53	13	0 *8 15 *23 30 *38 45 *53
0 *8 15 *23 30 *38 45 *53	14	0 *8 15 *23 30 *38 45 *53	14	0 *8 15 *23 30 *38 45 *53
0 *8 15 *23 30 *38 45 *53	15	0 *8 15 *23 30 *38 45 *53	15	0 *8 15 *23 30 *38 45 *53
0 *8 15 *23 30 *38 45 *53 59	16	0 *8 15 *23 30 *38 45 *53	16	0 *8 15 *23 30 *38 45 *53
*8 14 21 31 *38 44 51	17	0 *8 15 *23 30 *38 45 *53	17	0 *8 15 *23 30 *38 45 *53
0 *8 16 *24 32 45 58	18	0 *8 16 *23 31 *38 46 *52	18	0 *8 16 *23 31 *38 46 *53
*6 15 27 *33 44	19	1 *9 15 *23 29 44	19	*0 *7 14 29 44
1 *12 24 37 51	20	1 *14 26 *38 51	20	1 *14 28 51
5 19 37 *54	21	5 19 37 *58	21	5 19 37 *58
*7 *19 30 *46	22	*19 30 *46	22	*19 30 *46
*6	23	*6	23	*6

*印は北大路バスターミナルまでです。For Kitaoji Bus Terminal

◆博物館三十三間堂前●乗場
P49

206 東山通 Higashiyama-dori St. 清水寺 祇園・北大路バスターミナル 行き
Gion Via Kiyomizu-dera Temple

平日 Weekdays（お盆・年末年始を除く）	時	土曜日 Saturdays（お盆・年末年始を除く）	時	休日 Sundays & Holidays お盆 8月14日～8月16日 年末年始 12月29日～1月3日
*38	5	*38	5	*38
18 27 39 47	6	18 27 39 47 58	6	18 27 39 47
0 *5 10 21 27 33 41 *47 55	7	11 *20 27 45 58	7	11 *23 32 45 58
*3 11 *18 *22 25 *33 40 *44 *48 54	8	10 *18 26 41 *47 52	8	10 *18 26 41 *47 53
*1 9 *17 25 *32 40 *47 54	9	*1 *6 11 *18 25 *33 40 *48 54	9	*0 6 *15 25 *34 40 *48 54
*2 9 *17 24 *32 39 *47 54	10	*2 10 *17 25 *32 39 *47 55	10	*2 10 *17 25 *32 39 *47 53
*2 9 *17 24 *32 39 *47 54	11	*2 9 *17 24 *32 39 *47 54	11	*2 9 *17 24 *32 39 *47 54
*2 9 *17 24 *32 39 *47 54	12	*2 9 *17 24 *32 39 *47 54	12	*2 9 *17 24 *32 39 *47 54
*2 9 *17 24 *32 39 *47 54	13	*2 9 *17 24 *32 39 *47 54	13	*2 9 *17 24 *32 39 *47 54
*2 9 *17 24 *32 39 *47 54	14	*2 9 *17 24 *32 39 *47 54	14	*2 9 *17 24 *32 39 *47 54
*2 9 *17 24 *32 39 *47 54	15	*2 9 *17 24 *32 39 *47 54	15	*2 9 *17 24 *32 39 *47 54
*2 9 *17 24 *32 39 *47 54	16	*2 9 *17 24 *32 39 *47 54	16	*2 9 *17 24 *32 39 *47 54
*2 8 *17 23 30 40 *47 53	17	*2 9 *17 24 *32 39 *47 54	17	*2 9 *17 24 *32 39 *47 54
0 9 *17 25 *33 41 54	18	*2 9 *17 25 *32 40 *47 55	18	*2 9 *17 25 *32 40 *47 55
6 *13 22 34 *40 51	19	*1 8 *16 22 *30 36 51	19	*2 *7 *14 21 36 51
8 *19 31 44 58	20	8 *21 33 *45 58	20	8 *21 35 58
12 26 44	21	12 26 44	21	12 26 44
*1 *14 *26 37 *53	22	*5 *26 37 *53	22	*5 *26 37 *53
*13	23	*13	23	*13

*印は北大路バスターミナルまでです。For Kitaoji Bus Terminal

➡五条坂❼乗場
P52

206 東山通 Higashiyama-dori St. 祇園・北大路バスターミナル 行き
Kitaoji Bus Terminal Via Gion

平日 Weekdays（お盆・年末年始を除く）	時	土曜日 Saturdays（お盆・年末年始を除く）	時	休日 Sundays & Holidays お盆 8月14日～8月16日 年末年始 12月29日～1月3日
*42	5	*42	5	*42
22 31 43 51	6	22 31 43 51	6	22 31 43 51
4 *9 14 25 32 39 47 *53	7	2 15 *24 32 51	7	15 *27 38 51
1 *9 17 *24 *28 31 *39 46 *50 *54	8	4 16 *24 32 47 *53 58	8	4 16 *24 32 47 *53 59
0 *7 15 *23 31 *38 46 *53	9	*7 *12 17 *24 31 *39 46 *54	9	*6 12 *21 31 *40 46 *54
0 *8 15 *23 30 *38 45 *53	10	0 *8 16 *23 31 *38 45 *53	10	0 *8 16 *23 31 *38 45 *53 59
0 *8 15 *23 30 *38 45 *53	11	1 *8 15 *23 30 *38 45 *53	11	*8 15 *23 30 *38 45 *53
0 *8 15 *23 30 *38 45 *53	12	0 *8 15 *23 30 *38 45 *53	12	0 *8 15 *23 30 *38 45 *53
0 *8 15 *23 30 *38 45 *53	13	0 *8 15 *23 30 *38 45 *53	13	0 *8 15 *23 30 *38 45 *53
0 *8 15 *23 30 *38 45 *53	14	0 *8 15 *23 30 *38 45 *53	14	0 *8 15 *23 30 *38 45 *53
0 *8 15 *23 30 *38 45 *53	15	0 *8 15 *23 30 *38 45 *53	15	0 *8 15 *23 30 *38 45 *53
0 *8 15 *23 30 *38 45 *53	16	0 *8 15 *23 30 *38 45 *53	16	0 *8 15 *23 30 *38 45 *53
0 *8 14 *23 29 36 46 *53 59	17	0 *8 15 *23 30 *38 45 *53	17	0 *8 15 *23 30 *38 45 *53
6 15 *23 31 *39 47	18	0 *8 15 *23 31 *38 46 *53	18	0 *8 15 *23 31 *38 46 *53
0 11 *18 27 39 *45 56	19	1 *6 13 *21 27 *35 41 56	19	1 *7 *12 *19 26 41 56
13 *24 36 49	20	13 *26 38 *50	20	13 *26 40
3 17 31 49	21	3 17 31 49	21	3 17 31 49
*5 *18 *30 41 *57	22	*9 *30 41 *57	22	*9 *30 41 *57
*17	23	*17	23	*17

*印は北大路バスターミナルまでです。For Kitaoji Bus Terminal

◆祇園❺乗場
P55

206 東山通 Higashiyama-dori St. 高野・北大路バスターミナル 行き
Kitaoji Bus Terminal Via Takano

平日 Weekdays（お盆・年末年始を除く）	時	土曜日 Saturdays（お盆・年末年始を除く）	時	休日 Sundays & Holidays お盆 8月14日～8月16日 年末年始 12月29日～1月3日
*46	5	*46	5	*46
26 35 47 55	6	26 35 47 55	6	26 35 47 55
8 *13 18 29 37 44 52 *58	7	6 19 *28 37 56	7	19 *31 43 56
6 *14 22 *29 *33 37 *45 52 *56	8	9 21 *29 38 53 *59	8	9 21 *29 38 53 *59
*0 6 *13 21 *29 37 *44 52 *59	9	4 *13 *18 23 *30 37 *45 52	9	5 *12 18 *27 37 *46 52
6 *14 21 *29 36 *44 51 *59	10	*0 6 *14 22 *29 37 *44 51 *59	10	*0 6 *14 22 *29 37 *44 51 *59
6 *14 21 *29 36 *44 51 *59	11	7 *14 21 *29 36 *44 51 *59	11	5 *14 21 *29 36 *44 51 *59
6 *14 21 *29 36 *44 51 *59	12	6 *14 21 *29 36 *44 51 *59	12	6 *14 21 *29 36 *44 51 *59
6 *14 21 *29 36 *44 51 *59	13	6 *14 21 *29 36 *44 51 *59	13	6 *14 21 *29 36 *44 51 *59
6 *14 21 *29 36 *44 51 *59	14	6 *14 21 *29 36 *44 51 *59	14	6 *14 21 *29 36 *44 51 *59
6 *14 21 *29 36 *44 51 *59	15	6 *14 21 *29 36 *44 51 *59	15	6 *14 21 *29 36 *44 51 *59
6 *14 21 *29 36 *44 51 *59	16	6 *14 21 *29 36 *44 51 *59	16	6 *14 21 *29 36 *44 51 *59
6 *14 20 *29 35 42 52 *59	17	6 *14 21 *29 36 *44 51 *59	17	6 *14 21 *29 36 *44 51 *59
5 12 21 *29 37 *45 53	18	6 *14 21 *29 37 *44 52 *59	18	6 *14 21 *29 37 *44 52 *59
5 16 *23 32 44 *50	19	6 *11 18 *26 32 *40 46	19	6 *12 *17 *24 31 46
1 18 *29 41 54	20	1 18 *31 43 *55	20	1 18 *31 45
8 22 36 54	21	8 22 36 54	21	8 22 36 54
*10 *23 *35 46	22	*14 *35 46	22	*14 *35 46
*2 *22	23	*2 *22	23	*2 *22

*印は北大路バスターミナルまでです。For Kitaoji Bus Terminal

➡熊野神社前⓬乗場
P59

206 東山通 Higashiyama-dori St. 高野・北大路バスターミナル 行き
Kitaoji Bus Terminal Via Takano

平日 Weekdays（お盆・年末年始を除く）	時	土曜日 Saturdays（お盆・年末年始を除く）	時	休日 Sundays & Holidays お盆 8月14日～8月16日 年末年始 12月29日～1月3日
*53	5	*53	5	*53
33 42 54	6	33 42 54	6	33 42 54
2 15 *20 25 36 45 52	7	2 13 26 *35 44	7	2 26 *38 50
0 *6 14 *22 30 *37 *41 45 *53	8	3 16 28 *36 46	8	3 16 28 *36 46
0 *4 *8 14 *21 29 *37 45 *52	9	1 *7 12 *21 *26 31 *38 45 *53	9	1 *7 13 *20 26 *35 45 *54
0 *7 14 *22 29 *37 44 *52 59	10	0 *8 14 *22 30 *37 45 *52 59	10	0 *8 14 *22 30 *37 45 *52 59
*7 14 *22 29 *37 44 *52 59	11	*7 15 *22 29 *37 44 *52 59	11	*7 13 *22 29 *37 44 *52 59
*7 14 *22 29 *37 44 *52 59	12	*7 14 *22 29 *37 44 *52 59	12	*7 14 *22 29 *37 44 *52 59
*7 14 *22 29 *37 44 *52 59	13	*7 14 *22 29 *37 44 *52 59	13	*7 14 *22 29 *37 44 *52 59
*7 14 *22 29 *37 44 *52 59	14	*7 14 *22 29 *37 44 *52 59	14	*7 14 *22 29 *37 44 *52 59
*7 14 *22 29 *37 44 *52 59	15	*7 14 *22 29 *37 44 *52 59	15	*7 14 *22 29 *37 44 *52 59
*7 14 *22 29 *37 44 *52 59	16	*7 14 *22 29 *37 44 *52 59	16	*7 14 *22 29 *37 44 *52 59
*7 14 *22 28 *37 43 50	17	*7 14 *22 29 *37 44 *52 59	17	*7 14 *22 29 *37 44 *52 59
0 *7 13 20 29 *37 45 *53	18	*7 14 *22 29 *37 45 *52	18	*7 14 *22 29 *37 45 *52
1 13 24 *31 40 52 *58	19	0 *7 14 *19 26 *34 40 *48 54	19	0 *7 14 *20 *25 *32 39 54
9 26 *37 49	20	9 26 *39 51	20	9 26 *39 53
2 15 29 43	21	*3 15 29 43	21	15 29 43
1 *17 *30 *42 53	22	1 *21 *42 53	22	1 *21 *42 53
*9 *29	23	*9 *29	23	*9 *29

*印は北大路バスターミナルまでです。For Kitaoji Bus Terminal

系統図は前ページ

← 北大路バスターミナル（地下鉄北大路駅）Ⓑ乗場

P69

東山通 Higashiyama-dori St.
祇園 清水寺・京都駅 行き
Kyoto Sta. Via Kiyomizu-dera Temple
206

平日 Weekdays（お盆・年末年始を除く）		土曜日 Saturdays（お盆・年末年始を除く）		休日 Sundays & Holidays お盆 8月14日～8月16日 年末年始 12月29日～1月3日
30 *47 58	5	30 *47 58	5	30 *47 58
14 26 37 46 57	6	11 25 37 50	6	23 37 50
2 8 14 *18 21 26 34 42 49 56	7	0 14 25 38 *45 53	7	0 14 25 38 *45 53 *59
3 10 19 *25 33 *40 48 *55	8	*0 6 *13 20 33 *40 48 *55	8	6 20 *26 33 *40 48 *55
3 *10 18 *25 33 *40 48 *55	9	3 *10 18 *25 33 *40 48 *55	9	3 *10 18 *25 33 *40 48 *55
3 *10 18 *25 33 *40 48 *55	10	3 *10 18 *25 33 *40 48 *55	10	3 *10 18 *25 33 *40 48 *55
3 *10 18 *25 33 *40 48 *55	11	3 *10 18 *25 33 *40 48 *55	11	3 *10 18 *25 33 *40 48 *55
3 *10 18 *25 33 *40 48 *55	12	3 *10 18 *25 33 *40 48 *55	12	3 *10 18 *25 33 *40 48 *55
3 *10 18 *25 33 *40 48 *55	13	3 *10 18 *25 33 *40 48 *55	13	3 *10 18 *25 33 *40 48 *55
3 *10 18 *25 33 *40 48 *55	14	3 *10 18 *25 33 *40 48 *55	14	3 *10 18 *25 33 *40 48 *55
3 *10 18 *25 33 *40 48 *55	15	3 *10 18 *25 33 *40 48 *55	15	3 *10 18 *25 33 *40 48 *55
3 *10 18 25 33 *40 48 55	16	3 *10 18 *25 33 *40 48 *55	16	3 *10 18 *25 33 *40 48 *55
3 *10 18 25 33 40 49 56	17	3 *10 18 *25 33 *40 48 *55	17	3 *10 18 *25 33 *40 48 *55
4 12 20 34 42 50	18	4 *11 19 *27 35 50	18	4 *11 19 35 50
3 17 26 36 47 56	19	4 18 34 47	19	4 18 34 47
3 16 28 39 53	20	0 17 28 39 53	20	0 17 39 53
11 30 49	21	11 31 49	21	11 31 49
*7 24 *36	22	*7 24 *36	22	*7 24 *36
*7	23	*7	23	*7

*印は京都駅前までです。For Kyoto Sta.

← 高野橋東詰❶乗場

P14・P113

東山通 Higashiyama-dori St.
祇園 清水寺・京都駅 行き
Kyoto Sta. Via Kiyomizu-dera Temple
206

平日 Weekdays（お盆・年末年始を除く）		土曜日 Saturdays（お盆・年末年始を除く）		休日 Sundays & Holi お盆 8月14日～8月 年末年始 12月29日～1
38 *55	5	38 *55	5	38 *55
6 22 34 45 54	6	6 19 33 45 58	6	6 31 45 58
5 11 17 23 *27 30 37 45 53	7	8 22 35 48 *55	7	8 22 35 48 *55
0 7 14 21 30 *36 44 *51 59	8	3 *10 16 *23 30 44 *51 59	8	3 *9 16 30 *36 44 *51 5
*6 14 *21 29 *36 44 *51 59	9	*6 14 *21 29 *36 44 *51 59	9	*6 14 *21 29 *36 44 *51
*6 14 *21 29 *36 44 *51 59	10	*6 14 *21 29 *36 44 *51 59	10	*6 14 *21 29 *36 44 *51
*6 14 *21 29 *36 44 *51 59	11	*6 14 *21 29 *36 44 *51 59	11	*6 14 *21 29 *36 44 *51
*6 14 *21 29 *36 44 *51 59	12	*6 14 *21 29 *36 44 *51 59	12	*6 14 *21 29 *36 44 *51
*6 14 *21 29 *36 44 *51 59	13	*6 14 *21 29 *36 44 *51 59	13	*6 14 *21 29 *36 44 *51
*6 14 *21 29 *36 44 *51 59	14	*6 14 *21 29 *36 44 *51 59	14	*6 14 *21 29 *36 44 *51
*6 14 *21 29 *36 44 *51 59	15	*6 14 *21 29 *36 44 *51 59	15	*6 14 *21 29 *36 44 *51
*6 14 *21 29 36 44 *51 59	16	*6 14 *21 29 *36 44 *51 59	16	*6 14 *21 29 *36 44 *51
6 14 *21 29 36 44 51	17	*6 14 *21 29 *36 44 *51 59	17	*6 14 *21 29 *36 44 *51
0 7 15 23 31 45 53	18	*6 15 *22 30 *38 46	18	*6 15 *22 30 46
1 12 26 35 45 56	19	1 13 27 43 56	19	1 13 27 43 56
5 12 25 37 48	20	9 26 37 48	20	9 26 48
2 19 38 57	21	2 19 39 57	21	2 19 39 57
*15 32 *44	22	*15 32 *44	22	*15 32 *44
*15	23	*15	23	*15

*印は京都駅前までです。For Kyoto Sta.

← 熊野神社前❼乗場

P59

東山通 Higashiyama-dori St.
祇園 清水寺・京都駅 行き
Kyoto Sta. Via Kiyomizu-dera Temple
206

平日 Weekdays（お盆・年末年始を除く）		土曜日 Saturdays（お盆・年末年始を除く）		休日 Sundays & Holidays お盆 8月14日～8月16日 年末年始 12月29日～1月3日
49	5	49	5	49
*6 17 33 45 56	6	*6 17 30 44 56	6	*6 17 42 56
5 16 22 28 35 *40 43 50 58	7	9 19 33 47	7	9 19 33 47
6 13 20 27 34 43 *49 57	8	0 *7 15 *22 28 *36 43 57	8	0 *7 15 *21 28 43 *49 57
*4 12 *19 27 *34 42 *49 57	9	*4 12 *19 27 *34 42 *49 57	9	*4 12 *19 27 *34 42 *49 57
*4 12 *19 27 *34 42 *49 57	10	*4 12 *19 27 *34 42 *49 57	10	*4 12 *19 27 *34 42 *49 57
*4 12 *19 27 *34 42 *49 57	11	*4 12 *19 27 *34 42 *49 57	11	*4 12 *19 27 *34 42 *49 57
*4 12 *19 27 *34 42 *49 57	12	*4 12 *19 27 *34 42 *49 57	12	*4 12 *19 27 *34 42 *49 57
*4 12 *19 27 *34 42 *49 57	13	*4 12 *19 27 *34 42 *49 57	13	*4 12 *19 27 *34 42 *49 57
*4 12 *19 27 *34 42 *49 57	14	*4 12 *19 27 *34 42 *49 57	14	*4 12 *19 27 *34 42 *49 57
*4 12 *19 27 *34 42 *49 57	15	*4 12 *19 27 *34 42 *49 57	15	*4 12 *19 27 *34 42 *49 57
*4 12 *19 27 *34 42 49 57	16	*4 12 *19 27 *34 42 *49 57	16	*4 12 *19 27 *34 42 *49 57
*4 12 19 27 *34 42 49 57	17	*4 12 *19 27 *34 42 *49 57	17	*4 12 *19 27 *34 42 *49 57
4 13 20 28 36 44 58	18	*4 12 *19 28 *35 43 *51 59	18	*4 12 *19 28 *35 43 59
5 12 23 37 46 56	19	12 24 38 54	19	12 24 38 54
7 16 23 36 48 59	20	7 20 37 48 59	20	7 20 37 59
13 30 49	21	13 30 50	21	13 30 50
8 *26 43 *55	22	8 *26 43 *55	22	8 *26 43 *55
*26	23	*26	23	*26

*印は京都駅前までです。For Kyoto Sta.

← 祇園❶乗場

P55

東山通 Higashiyama-dori St.
博物館三十三間堂 清水寺・京都駅 行き
Kyoto Sta. Via Kiyomizu-dera Temple
206

平日 Weekdays（お盆・年末年始を除く）		土曜日 Saturdays（お盆・年末年始を除く）		休日 Sundays & Holid お盆 8月14日～8月1 年末年始 12月29日～1月
56	5	56	5	56
*13 24 40 52	6	*13 24 37 51	6	*13 24 49
3 12 23 29 36 43 *48 51 58	7	3 16 26 40 54	7	3 16 26 40 54
6 14 21 28 35 42 51 *57	8	7 *14 22 *29 36 *44 51	8	7 *14 22 *28 36 51 *57
5 *12 20 *27 35 *42 50 *57	9	5 *12 20 *27 35 *42 50 *57	9	5 *12 20 *27 35 *42 50 *5
5 *12 20 *27 35 *42 50 *57	10	5 *12 20 *27 35 *42 50 *57	10	5 *12 20 *27 35 *42 50 *5
5 *12 20 *27 35 *42 50 *57	11	5 *12 20 *27 35 *42 50 *57	11	5 *12 20 *27 35 *42 50 *5
5 *12 20 *27 35 *42 50 *57	12	5 *12 20 *27 35 *42 50 *57	12	5 *12 20 *27 35 *42 50 *5
5 *12 20 *27 35 *42 50 *57	13	5 *12 20 *27 35 *42 50 *57	13	5 *12 20 *27 35 *42 50 *5
5 *12 20 *27 35 *42 50 *57	14	5 *12 20 *27 35 *42 50 *57	14	5 *12 20 *27 35 *42 50 *5
5 *12 20 *27 35 *42 50 *57	15	5 *12 20 *27 35 *42 50 *57	15	5 *12 20 *27 35 *42 50 *5
5 *12 20 *27 35 *42 50 57	16	5 *12 20 *27 35 *42 50 *57	16	5 *12 20 *27 35 *42 50 *5
5 *12 20 27 35 *42 50 57	17	5 *12 20 *27 35 *42 50 *57	17	5 *12 20 *27 35 *42 50 *5
5 12 21 28 36 44 52	18	5 *12 20 *27 36 *43 51 *59	18	5 *12 20 *27 36 *43 51
6 13 20 31 45 54	19	7 20 32 46	19	7 20 32 46
4 15 24 31 44 56	20	2 15 28 45 56	20	2 15 28 45
6 20 37 56	21	6 20 37 57	21	6 20 37 57
15 *33 50	22	15 *33 50	22	15 *33 50
*2 *33	23	*2 *33	23	*2 *33

*印は京都駅前までです。For Kyoto Sta.

← 五条坂❹乗場

P52

東山通 Higashiyama-dori St.
博物館三十三間堂 京 都 駅 行き
Kyoto Sta
206

平日 Weekdays（お盆・年末年始を除く）		土曜日 Saturdays（お盆・年末年始を除く）		休日 Sundays & Holidays お盆 8月14日～8月16日 年末年始 12月29日～1月3日
	5		5	
0 *17 28 44 56	6	0 *17 28 41 55	6	0 *17 28 53
7 16 27 33 41 48 *53 56	7	7 20 30 45 59	7	7 20 30 45 59
3 11 19 26 33 41 48 57	8	12 *19 27 *34 42 *50 57	8	12 *19 27 *33 42 57
*3 11 *18 26 *33 41 *48 56	9	11 *18 26 *33 41 *48 56	9	*3 11 *18 26 *33 41 *48 56
*3 11 *18 26 *33 41 *48 56	10	*3 11 *18 26 *33 41 *48 56	10	*3 11 *18 26 *33 41 *48 56
*3 11 *18 26 *33 41 *48 56	11	*3 11 *18 26 *33 41 *48 56	11	*3 11 *18 26 *33 41 *48 56
*3 11 *18 26 *33 41 *48 56	12	*3 11 *18 26 *33 41 *48 56	12	*3 11 *18 26 *33 41 *48 56
*3 11 *18 26 *33 41 *48 56	13	*3 11 *18 26 *33 41 *48 56	13	*3 11 *18 26 *33 41 *48 56
*3 11 *18 26 *33 41 *48 56	14	*3 11 *18 26 *33 41 *48 56	14	*3 11 *18 26 *33 41 *48 56
*3 11 *18 26 *33 41 *48 56	15	*3 11 *18 26 *33 41 *48 56	15	*3 11 *18 26 *33 41 *48 56
*3 11 *18 26 *33 41 *48 56	16	*3 11 *18 26 *33 41 *48 56	16	*3 11 *18 26 *33 41 *48 56
3 11 *18 26 33 41 *48 56	17	*3 11 *18 26 *33 41 *48 56	17	*3 11 *18 26 *33 41 *48 56
3 11 18 27 34 42 50 58	18	*3 11 *18 26 *33 42 *49 57	18	*3 11 *18 26 *33 42 *49 57
11 18 25 36 50 59	19	*5 12 25 37 51	19	12 25 37 51
8 19 28 35 48	20	6 19 32 49	20	6 19 32 49
0 10 24 41	21	0 10 24 41	21	10 24 41
0 19 *37 54	22	1 19 *37 54	22	1 19 *37 54
*6 *37	23	*6 *37	23	*6 *37

*印は京都駅前までです。For Kyoto Sta.

← 博物館三十三間堂前❷乗場

P49

京 都 駅 ・ 四 条 大 宮 行き
Shijo Omiya Via Kyoto Sta.
206

平日 Weekdays（お盆・年末年始を除く）		土曜日 Saturdays（お盆・年末年始を除く）		休日 Sundays & Holid お盆 8月14日～8月1 年末年始 12月29日～1月
	5		5	
4 *21 32 48	6	4 *21 32 45 59	6	4 *21 32 57
0 11 20 31 38 46 53 *58	7	11 24 35 50	7	11 24 35 50
1 8 16 24 31 38 46 53	8	4 17 *24 32 *39 47 *55	8	4 17 *24 32 *38 47
2 *8 16 *23 31 *38 46 *53	9	2 16 *23 31 *38 46 *53	9	2 *8 16 *23 31 *38 46 *
1 *8 16 *23 31 *38 46 *53	10	1 *8 16 *23 31 *38 46 *53	10	1 *8 16 *23 31 *38 46 *
1 *8 16 *23 31 *38 46 *53	11	1 *8 16 *23 31 *38 46 *53	11	1 *8 16 *23 31 *38 46 *
1 *8 16 *23 31 *38 46 *53	12	1 *8 16 *23 31 *38 46 *53	12	1 *8 16 *23 31 *38 46 *
1 *8 16 *23 31 *38 46 *53	13	1 *8 16 *23 31 *38 46 *53	13	1 *8 16 *23 31 *38 46 *
1 *8 16 *23 31 *38 46 *53	14	1 *8 16 *23 31 *38 46 *53	14	1 *8 16 *23 31 *38 46 *
1 *8 16 *23 31 *38 46 *53	15	1 *8 16 *23 31 *38 46 *53	15	1 *8 16 *23 31 *38 46 *
1 *8 16 *23 31 *38 46 *53	16	1 *8 16 *23 31 *38 46 *53	16	1 *8 16 *23 31 *38 46 *
1 8 16 *23 31 38 46 *53	17	1 *8 16 *23 31 *38 46 *53	17	1 *8 16 *23 31 *38 46 *
1 8 16 23 32 39 47 55	18	1 *8 16 *23 31 *38 47 *54	18	1 *8 16 *23 31 *38 47 *
3 16 23 30 41 55	19	2 *10 17 30 42 56	19	2 17 30 42 56
4 13 24 33 40 53	20	11 24 37 54	20	11 24 37 54
4 14 28 45	21	4 14 28 45	21	14 28 45
4 23 *41 58	22	5 23 *41 58	22	5 23 *41 58
*10 *41	23	*10 *41	23	*10 *41

*印は京都駅前までです。For Kyoto Sta.

大徳寺・北大路バスターミナル 行き 206
Kitaoji Bus Terminal Via Daitokuji Temple

平日 Weekdays (お盆・年末年始を除く)	時	土曜日 Saturdays (お盆・年末年始を除く)	時	休日 Sundays & Holidays お盆 8月14日～8月16日 年末年始 12月29日～1月3日
*36	5	*36	5	*36
*0 15 31 43 59	6	*0 15 31 43 56	6	*0 15 31 43
11 22 31 44 51 59	7	10 22 35 48	7	8 22 35 48
6 14 21 29 37 44 51 59	8	3 17 30 45	8	3 17 30 45
6 15 29 44 59	9	0 15 29 44 59	9	0 15 29 44 59
14 29 44 59	10	14 29 44 59	10	14 29 44 59
14 29 44 59	11	14 29 44 59	11	14 29 44 59
14 29 44 59	12	14 29 44 59	12	14 29 44 59
14 29 44 59	13	14 29 44 59	13	14 29 44 59
14 29 44 59	14	14 29 44 59	14	14 29 44 59
14 29 44 59	15	14 29 44 59	15	14 29 44 59
14 29 44 59	16	14 29 44 59	16	14 29 44 59
14 21 29 44 51 59	17	14 29 44 59	17	14 29 44 59
14 *21 29 36 45 *52	18	14 29 44	18	14 29 44
0 7 14 27 *34 41 52	19	0 13 28 41 53	19	0 13 28 *41 53
6 *15 24 *35 44 *51	20	7 22 *35 48	20	7 22 *35 48
4 *15 25 39 *56	21	5 *15 25 39 *56	21	5 25 39 *56
*15 27 *34	22	*16 27 *34	22	*16 27 *34
*9	23	*9	23	*9

*印は北大路バスターミナルまでです。For Kitaoji Bus Terminal

← 四条大宮❽乗場 P33

大徳寺・北大路バスターミナル 行き 206
Kitaoji Bus Terminal Via Daitokuji Temple

平日 Weekdays (お盆・年末年始を除く)	時	土曜日 Saturdays (お盆・年末年始を除く)	時	休日 Sundays & Holidays お盆 8月14日～8月16日 年末年始 12月29日～1月3日
*48	5	*48	5	*48
*12 27 43 55	6	*12 27 43 55	6	*12 27 43 55
11 23 35 46 59	7	8 22 34 48	7	20 34 48
6 14 21 29 36 44 52 59	8	1 16 30 45	8	1 16 30 45
6 14 21 30 44 59	9	0 15 30 44 59	9	0 15 30 44 59
14 29 44 59	10	14 29 44 59	10	14 29 44 59
14 29 44 59	11	14 29 44 59	11	14 29 44 59
14 29 44 59	12	14 29 44 59	12	14 29 44 59
14 29 44 59	13	14 29 44 59	13	14 29 44 59
14 29 44 59	14	14 29 44 59	14	14 29 44 59
14 29 44 59	15	14 29 44 59	15	14 29 44 59
14 29 44 59	16	14 29 44 59	16	14 29 44 59
14 29 36 44 59	17	14 29 44 59	17	14 29 44 59
6 14 29 *36 44 51	18	14 29 44 59	18	14 29 44 59
0 *6 13 20 27 40 *47 54	19	13 26 41 54	19	13 26 41 *54
5 19 *28 37 *48 57	20	6 20 35 *48	20	6 20 35 *48
*4 16 *27 37 51	21	1 17 *27 37 51	21	1 17 37 51
*8 *27 39 *46	22	*8 *28 39 *46	22	*8 *28 39 *46
*21	23	*21	23	*21

*印は北大路バスターミナルまでです。For Kitaoji Bus Terminal

大徳寺・北大路バスターミナル 行き 206
Kitaoji Bus Terminal Via Daitokuji Temple

平日 Weekdays (お盆・年末年始を除く)	時	土曜日 Saturdays (お盆・年末年始を除く)	時	休日 Sundays & Holidays お盆 8月14日～8月16日 年末年始 12月29日～1月3日
*53	5	*53	5	*53
*17 32 48	6	*17 32 48	6	*17 32 48
0 16 28 40 51	7	0 13 27 39 53	7	0 25 39 53
4 11 19 26 34 41 49 57	8	6 21 35 50	8	6 21 35 50
4 11 19 26 35 49	9	5 20 35 49	9	5 20 35 49
4 19 34 49	10	4 19 34 49	10	4 19 34 49
4 19 34 49	11	4 19 34 49	11	4 19 34 49
4 19 34 49	12	4 19 34 49	12	4 19 34 49
4 19 34 49	13	4 19 34 49	13	4 19 34 49
4 19 34 49	14	4 19 34 49	14	4 19 34 49
4 19 34 49	15	4 19 34 49	15	4 19 34 49
4 19 34 49	16	4 19 34 49	16	4 19 34 49
4 19 34 41 49	17	4 19 34 49	17	4 19 34 49
4 11 19 34 *41 49 56	18	4 19 34 49	18	4 19 34 49
5 *11 18 25 32 45 *52 59	19	4 18 31 46 59	19	4 18 31 46 *59
10 24 *33 42 *53	20	11 25 40 *53	20	11 25 40 *53
2 *9 21 *32 42 56	21	6 22 *32 42 56	21	6 22 42 56
*13 *32 44 *51	22	*13 *33 44 *51	22	*13 *33 44 *51
*26	23	*26	23	*26

*印は北大路バスターミナルまでです。For Kitaoji Bus Terminal

← 千本丸太町❹乗場 P45・P114

大徳寺・北大路バスターミナル 行き 206
Kitaoji Bus Terminal Via Daitokuji Temple

平日 Weekdays (お盆・年末年始を除く)	時	土曜日 Saturdays (お盆・年末年始を除く)	時	休日 Sundays & Holidays お盆 8月14日～8月16日 年末年始 12月29日～1月3日
*56	5	*56	5	*56
*20 35 51	6	*20 35 51	6	*20 35 51
3 19 31 43 54	7	3 16 30 42 56	7	3 28 42 56
7 14 22 29 37 44 52	8	9 24 38 53	8	9 24 38 53
0 7 14 22 29 38 52	9	8 23 38 52	9	8 23 38 52
7 22 37 52	10	7 22 37 52	10	7 22 37 52
7 22 37 52	11	7 22 37 52	11	7 22 37 52
7 22 37 52	12	7 22 37 52	12	7 22 37 52
7 22 37 52	13	7 22 37 52	13	7 22 37 52
7 22 37 52	14	7 22 37 52	14	7 22 37 52
7 22 37 52	15	7 22 37 52	15	7 22 37 52
7 22 37 52	16	7 22 37 52	16	7 22 37 52
7 22 37 44 52	17	7 22 37 52	17	7 22 37 52
7 14 22 37 *44 52 59	18	7 22 37 52	18	7 22 37 52
8 *14 21 28 35 48 *55	19	7 21 34 49	19	7 21 34 49
2 13 27 *36 45 *56	20	2 14 28 43 *56	20	*2 14 28 43 *56
5 *12 24 *35 45 59	21	9 25 *35 45 59	21	9 25 45 59
*16 *35 47 *54	22	*16 *36 47 *54	22	*16 *36 47 *54
*29	23	*29	23	*29

*印は北大路バスターミナルまでです。For Kitaoji Bus Terminal

大徳寺・北大路バスターミナル 行き 206
Kitaoji Bus Terminal Via Daitokuji Temple

平日 Weekdays (お盆・年末年始を除く)	時	土曜日 Saturdays (お盆・年末年始を除く)	時	休日 Sundays & Holidays お盆 8月14日～8月16日 年末年始 12月29日～1月3日
	5		5	
*1 *25 40 56	6	*1 *25 40 56	6	*1 *25 40 56
8 24 37 49	7	8 21 35 47	7	8 33 47
0 13 20 28 35 43 50 58	8	1 14 29 44 59	8	1 14 29 44 59
6 13 20 28 35 44 58	9	14 29 44 58	9	14 29 44 58
13 28 43 58	10	13 28 43 58	10	13 28 43 58
13 28 43 58	11	13 28 43 58	11	13 28 43 58
13 28 43 58	12	13 28 43 58	12	13 28 43 58
13 28 43 58	13	13 28 43 58	13	13 28 43 58
13 28 43 58	14	13 28 43 58	14	13 28 43 58
13 28 43 58	15	13 28 43 58	15	13 28 43 58
13 28 43 58	16	13 28 43 58	16	13 28 43 58
13 28 43 50 58	17	13 28 43 58	17	13 28 43 58
13 20 28 43 *50 58	18	13 28 43 58	18	13 28 43 58
5 14 *20 27 34 41 54	19	13 27 40 55	19	13 27 40 55
*1 8 19 33 *42 51	20	8 20 34 49	20	*8 20 34 49
*2 10 *17 29 *40 50	21	*2 14 30 *40 50	21	*2 14 30 50
4 *21 *40 52 *59	22	4 *21 *41 52 *59	22	4 *21 *41 52 *59
*34	23	*34	23	*34

*印は北大路バスターミナルまでです。For Kitaoji Bus Terminal

← 大徳寺前❶乗場 P73

東山通 Higashiyama-dori St. 祇園 清水寺・京都駅 行き 206
Kyoto Sta. Via Kiyomizu-dera Temple

平日 Weekdays (お盆・年末年始を除く)	時	土曜日 Saturdays (お盆・年末年始を除く)	時	休日 Sundays & Holidays お盆 8月14日～8月16日 年末年始 12月29日～1月3日
	5		5	
*11 *35 50	6	*11 *35 50	6	*11 *35 50
6 18 34 48	7	6 18 31 45 57	7	6 18 43 57
0 11 24 31 39 46 54	8	11 24 39 55	8	11 24 39 55
1 9 17 24 31 39 46 55	9	10 25 40 55	9	10 25 40 55
9 24 39 54	10	9 24 39 54	10	9 24 39 54
9 24 39 54	11	9 24 39 54	11	9 24 39 54
9 24 39 54	12	9 24 39 54	12	9 24 39 54
9 24 39 54	13	9 24 39 54	13	9 24 39 54
9 24 39 54	14	9 24 39 54	14	9 24 39 54
9 24 39 54	15	9 24 39 54	15	9 24 39 54
9 24 39 54	16	9 24 39 54	16	9 24 39 54
9 24 39 54	17	9 24 39 54	17	9 24 39 54
1 9 24 31 39 54	18	9 24 39 54	18	9 24 39 54
*1 9 16 25 *31 38 45 52	19	9 24 38 51	19	9 24 38 51
5 *12 19 30 44 *53	20	6 19 31 45	20	6 *19 31 45
2 *12 20 *27 39 *50	21	0 *12 24 40 *50	21	0 *12 24 40
0 14 *31 *50	22	0 14 *31 *51	22	0 14 *31 *51
2 *9 *44	23	2 *9 *44	23	2 *9 *44

*印は北大路バスターミナルまでです。For Kitaoji Bus Terminal

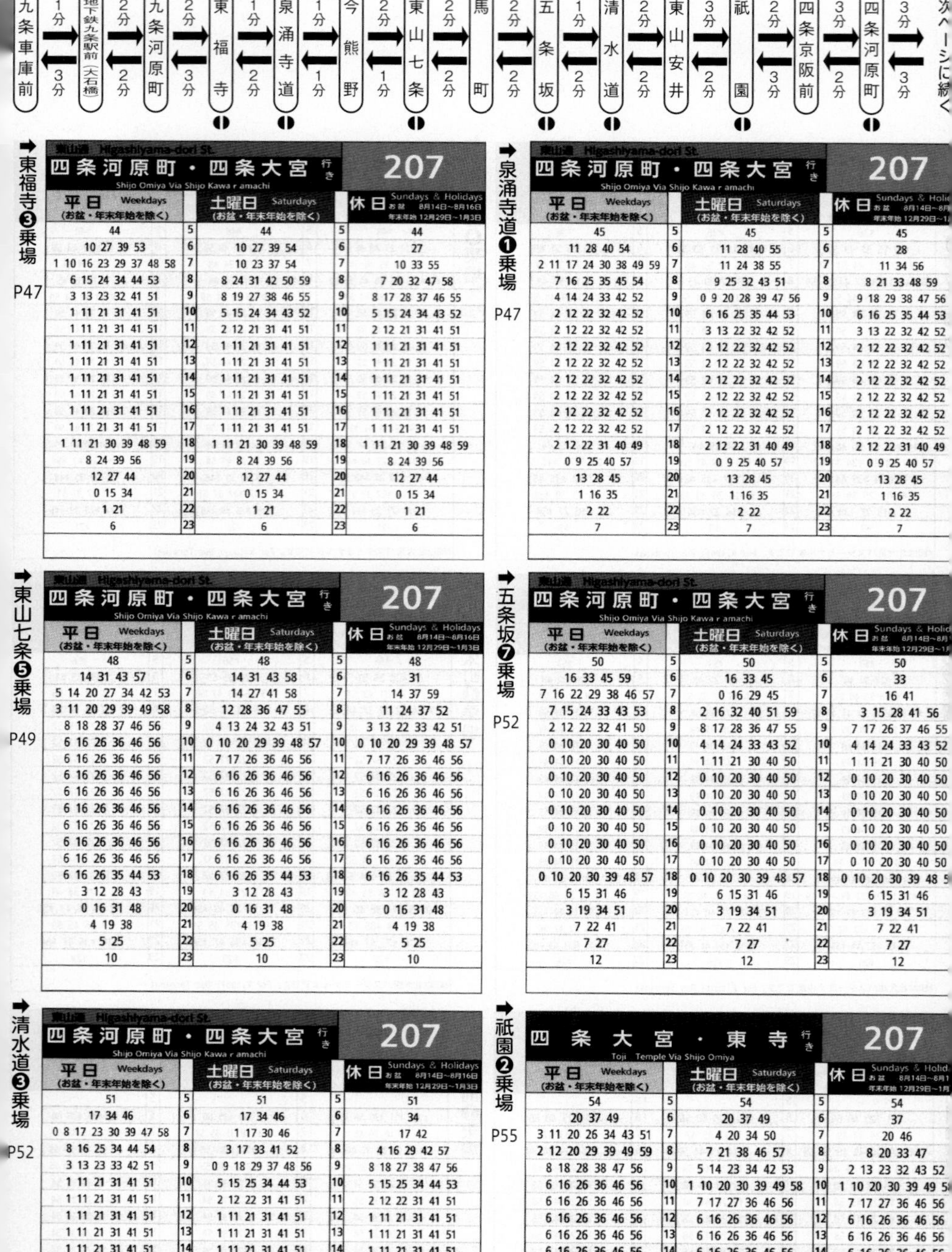

九条車庫前 ⇄（→1分／←3分）地下鉄九条駅前（大石橋）⇄（→2分／←2分）九条河原町 ⇄（→2分／←3分）東福寺 ⇄（→1分／←2分）泉涌寺道 ⇄（→1分／←1分）今熊野 ⇄（→2分／←1分）東山七条 ⇄（→2分／←2分）馬町 ⇄（→2分／←2分）五条坂 ⇄（→1分／←2分）清水道 ⇄（→2分／←2分）東山安井 ⇄（→3分／←2分）祇園 ⇄（→2分／←3分）四条京阪前 ⇄（→3分／←2分）四条河原町 ⇄（→3分／←3分）

次ページに続く

➡東福寺❸乗場

P47

東山通 Higashiyama-dori St.

四条河原町・四条大宮 行き　207

Shijo Omiya Via Shijo Kawa r amachi

平日 Weekdays (お盆・年末年始を除く)	時	土曜日 Saturdays (お盆・年末年始を除く)	時	休日 Sundays & Holidays お盆 8月14日～8月16日 年末年始 12月29日～1月3日
44	5	44	5	44
10 27 39 53	6	10 27 39 54	6	27
1 10 16 23 29 37 48 58	7	10 23 37 54	7	10 33 55
6 15 24 34 44 53	8	8 24 31 42 50 59	8	7 20 32 47 58
3 13 23 32 41 51	9	8 19 27 38 46 55	9	8 17 28 37 46 55
1 11 21 31 41 51	10	5 15 24 34 43 52	10	5 15 24 34 43 52
1 11 21 31 41 51	11	2 12 21 31 41 51	11	2 12 21 31 41 51
1 11 21 31 41 51	12	1 11 21 31 41 51	12	1 11 21 31 41 51
1 11 21 31 41 51	13	1 11 21 31 41 51	13	1 11 21 31 41 51
1 11 21 31 41 51	14	1 11 21 31 41 51	14	1 11 21 31 41 51
1 11 21 31 41 51	15	1 11 21 31 41 51	15	1 11 21 31 41 51
1 11 21 31 41 51	16	1 11 21 31 41 51	16	1 11 21 31 41 51
1 11 21 31 41 51	17	1 11 21 31 41 51	17	1 11 21 31 41 51
1 11 21 30 39 48 59	18	1 11 21 30 39 48 59	18	1 11 21 30 39 48 59
8 24 39 56	19	8 24 39 56	19	8 24 39 56
12 27 44	20	12 27 44	20	12 27 44
0 15 34	21	0 15 34	21	0 15 34
1 21	22	1 21	22	1 21
6	23	6	23	6

➡泉涌寺道❶乗場

P47

東山通 Higashiyama-dori St.

四条河原町・四条大宮 行き　207

Shijo Omiya Via Shijo Kawa r amachi

平日 Weekdays (お盆・年末年始を除く)	時	土曜日 Saturdays (お盆・年末年始を除く)	時	休日 Sundays & Holi… お盆 8月14日～8月… 年末年始 12月29日～1…
45	5	45	5	45
11 28 40 54	6	11 28 40 55	6	28
2 11 17 24 30 38 49 59	7	11 24 38 55	7	11 34 56
7 16 25 35 45 54	8	9 25 32 43 51	8	8 21 33 48 59
4 14 24 33 42 52	9	0 9 20 28 39 47 56	9	9 18 29 38 47 56
2 12 22 32 42 52	10	6 16 25 35 44 53	10	6 16 25 35 44 53
2 12 22 32 42 52	11	3 13 22 32 42 52	11	3 13 22 32 42 52
2 12 22 32 42 52	12	2 12 22 32 42 52	12	2 12 22 32 42 52
2 12 22 32 42 52	13	2 12 22 32 42 52	13	2 12 22 32 42 52
2 12 22 32 42 52	14	2 12 22 32 42 52	14	2 12 22 32 42 52
2 12 22 32 42 52	15	2 12 22 32 42 52	15	2 12 22 32 42 52
2 12 22 32 42 52	16	2 12 22 32 42 52	16	2 12 22 32 42 52
2 12 22 32 42 52	17	2 12 22 32 42 52	17	2 12 22 32 42 52
2 12 22 31 40 49	18	2 12 22 31 40 49	18	2 12 22 31 40 49
0 9 25 40 57	19	0 9 25 40 57	19	0 9 25 40 57
13 28 45	20	13 28 45	20	13 28 45
1 16 35	21	1 16 35	21	1 16 35
2 22	22	2 22	22	2 22
7	23	7	23	7

➡東山七条❺乗場

P49

東山通 Higashiyama-dori St.

四条河原町・四条大宮 行き　207

Shijo Omiya Via Shijo Kawa r amachi

平日 Weekdays (お盆・年末年始を除く)	時	土曜日 Saturdays (お盆・年末年始を除く)	時	休日 Sundays & Holidays お盆 8月14日～8月16日 年末年始 12月29日～1月3日
48	5	48	5	48
14 31 43 57	6	14 31 43 58	6	31
5 14 20 27 34 42 53	7	14 27 41 58	7	14 37 59
3 11 20 29 39 49 58	8	12 28 36 47 55	8	11 24 37 52
8 18 28 37 46 56	9	4 13 24 32 43 51	9	3 13 22 33 42 51
6 16 26 36 46 56	10	0 10 20 29 39 48 57	10	0 10 20 29 39 48 57
6 16 26 36 46 56	11	7 17 26 36 46 56	11	7 17 26 36 46 56
6 16 26 36 46 56	12	6 16 26 36 46 56	12	6 16 26 36 46 56
6 16 26 36 46 56	13	6 16 26 36 46 56	13	6 16 26 36 46 56
6 16 26 36 46 56	14	6 16 26 36 46 56	14	6 16 26 36 46 56
6 16 26 36 46 56	15	6 16 26 36 46 56	15	6 16 26 36 46 56
6 16 26 36 46 56	16	6 16 26 36 46 56	16	6 16 26 36 46 56
6 16 26 36 46 56	17	6 16 26 36 46 56	17	6 16 26 36 46 56
6 16 26 35 44 53	18	6 16 26 35 44 53	18	6 16 26 35 44 53
3 12 28 43	19	3 12 28 43	19	3 12 28 43
0 16 31 48	20	0 16 31 48	20	0 16 31 48
4 19 38	21	4 19 38	21	4 19 38
5 25	22	5 25	22	5 25
10	23	10	23	10

➡五条坂❼乗場

P52

東山通 Higashiyama-dori St.

四条河原町・四条大宮 行き　207

Shijo Omiya Via Shijo Kawa r amachi

平日 Weekdays (お盆・年末年始を除く)	時	土曜日 Saturdays (お盆・年末年始を除く)	時	休日 Sundays & Holid… お盆 8月14日～8月… 年末年始 12月29日～1…
50	5	50	5	50
16 33 45 59	6	16 33 45	6	33
7 16 22 29 38 46 57	7	0 16 29 45	7	16 41
7 15 24 33 43 53	8	2 16 32 40 51 59	8	3 15 28 41 56
2 12 22 32 41 50	9	8 17 28 36 47 55	9	7 17 26 37 46 55
0 10 20 30 40 50	10	4 14 24 33 43 52	10	4 14 24 33 43 52
0 10 20 30 40 50	11	1 11 21 30 40 50	11	1 11 21 30 40 50
0 10 20 30 40 50	12	0 10 20 30 40 50	12	0 10 20 30 40 50
0 10 20 30 40 50	13	0 10 20 30 40 50	13	0 10 20 30 40 50
0 10 20 30 40 50	14	0 10 20 30 40 50	14	0 10 20 30 40 50
0 10 20 30 40 50	15	0 10 20 30 40 50	15	0 10 20 30 40 50
0 10 20 30 40 50	16	0 10 20 30 40 50	16	0 10 20 30 40 50
0 10 20 30 40 50	17	0 10 20 30 40 50	17	0 10 20 30 40 50
0 10 20 30 39 48 57	18	0 10 20 30 39 48 57	18	0 10 20 30 39 48 5
6 15 31 46	19	6 15 31 46	19	6 15 31 46
3 19 34 51	20	3 19 34 51	20	3 19 34 51
7 22 41	21	7 22 41	21	7 22 41
7 27	22	7 27	22	7 27
12	23	12	23	12

➡清水道❸乗場

P52

東山通 Higashiyama-dori St.

四条河原町・四条大宮 行き　207

Shijo Omiya Via Shijo Kawa r amachi

平日 Weekdays (お盆・年末年始を除く)	時	土曜日 Saturdays (お盆・年末年始を除く)	時	休日 Sundays & Holidays お盆 8月14日～8月16日 年末年始 12月29日～1月3日
51	5	51	5	51
17 34 46	6	17 34 46	6	34
0 8 17 23 30 39 47 58	7	1 17 30 46	7	17 42
8 16 25 34 44 54	8	3 17 33 41 52	8	4 16 29 42 57
3 13 23 33 42 51	9	0 9 18 29 37 48 56	9	8 18 27 38 47 56
1 11 21 31 41 51	10	5 15 25 34 44 53	10	5 15 25 34 44 53
1 11 21 31 41 51	11	2 12 22 31 41 51	11	2 12 22 31 41 51
1 11 21 31 41 51	12	1 11 21 31 41 51	12	1 11 21 31 41 51
1 11 21 31 41 51	13	1 11 21 31 41 51	13	1 11 21 31 41 51
1 11 21 31 41 51	14	1 11 21 31 41 51	14	1 11 21 31 41 51
1 11 21 31 41 51	15	1 11 21 31 41 51	15	1 11 21 31 41 51
1 11 21 31 41 51	16	1 11 21 31 41 51	16	1 11 21 31 41 51
1 11 21 31 41 51	17	1 11 21 31 41 51	17	1 11 21 31 41 51
1 11 21 31 40 49 58	18	1 11 21 31 40 49 58	18	1 11 21 31 40 49 58
7 16 32 47	19	7 16 32 47	19	7 16 32 47
4 20 35 52	20	4 20 35 52	20	4 20 35 52
8 23 42	21	8 23 42	21	8 23 42
8 28	22	8 28	22	8 28
13	23	13	23	13

➡祇園❷乗場

P55

四条大宮・東寺 行き　207

Toji Temple Via Shijo Omiya

平日 Weekdays (お盆・年末年始を除く)	時	土曜日 Saturdays (お盆・年末年始を除く)	時	休日 Sundays & Holid… お盆 8月14日～8月1… 年末年始 12月29日～1月…
54	5	54	5	54
20 37 49	6	20 37 49	6	37
3 11 20 26 34 43 51	7	4 20 34 50	7	20 46
2 12 20 29 39 49 59	8	7 21 38 46 57	8	8 20 33 47
8 18 28 38 47 56	9	5 14 23 34 42 53	9	2 13 23 32 43 52
6 16 26 36 46 56	10	1 10 20 30 39 49 58	10	1 10 20 30 39 49 5
6 16 26 36 46 56	11	7 17 27 36 46 56	11	7 17 27 36 46 56
6 16 26 36 46 56	12	6 16 26 36 46 56	12	6 16 26 36 46 56
6 16 26 36 46 56	13	6 16 26 36 46 56	13	6 16 26 36 46 56
6 16 26 36 46 56	14	6 16 26 36 46 56	14	6 16 26 36 46 56
6 16 26 36 46 56	15	6 16 26 36 46 56	15	6 16 26 36 46 56
6 16 26 36 46 56	16	6 16 26 36 46 56	16	6 16 26 36 46 56
6 16 26 36 46 56	17	6 16 26 36 46 56	17	6 16 26 36 46 56
6 16 26 *36 45 *54	18	6 16 26 *36 45 *54	18	6 16 26 *36 45 *54
3 *11 20 36 51	19	3 *11 20 36 51	19	3 *11 20 36 51
8 24 39 56	20	8 24 39 56	20	8 24 39 56
*12 27 46	21	*12 27 46	21	*12 27 46
*12 32	22	*12 32	22	*12 32
*17	23	*17	23	*17

*印は九条車庫前までです。For Kujo Shako-mae

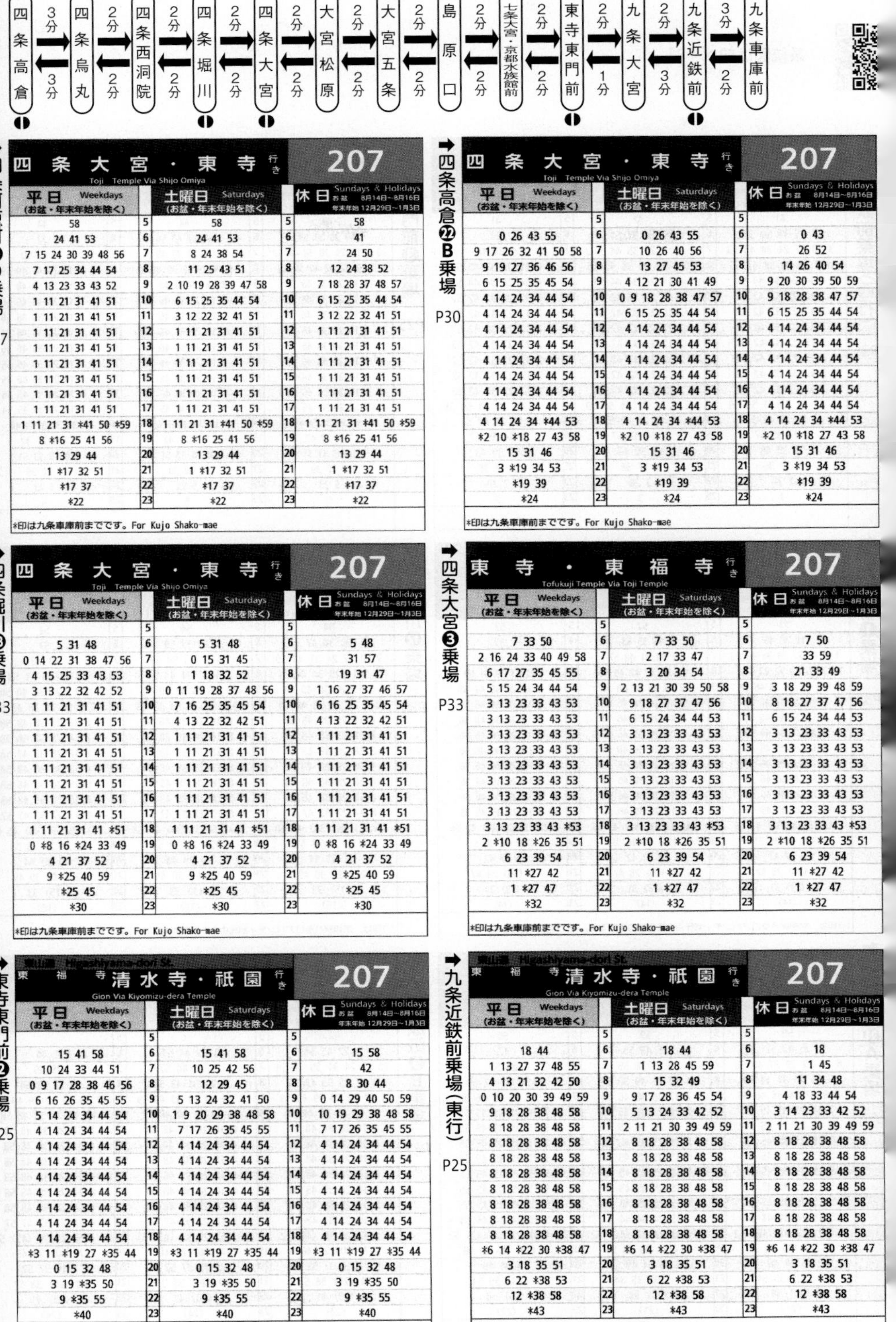

四条高倉 →3分 / ←3分 四条烏丸 →2分 / ←2分 四条西洞院 →2分 / ←2分 四条堀川 →2分 / ←2分 四条大宮 →2分 / ←2分 大宮松原 →2分 / ←2分 大宮五条 →2分 / ←2分 島原口 →2分 / ←2分 七条大宮・京都水族館前 →2分 / ←2分 東寺東門前 →2分 / ←1分 九条大宮 →2分 / ←3分 九条近鉄前 →3分 / ←2分 九条車庫前

27

四条大宮・東寺 行き Toji Temple Via Shijo Omiya 207

時	平日 Weekdays (お盆・年末年始を除く)	土曜日 Saturdays (お盆・年末年始を除く)	休日 Sundays & Holidays お盆 8月14日～8月16日 年末年始 12月29日～1月3日
5	58	58	58
6	24 41 53	24 41 53	41
7	7 15 24 30 39 48 56	8 24 38 54	24 50
8	7 17 25 34 44 54	11 25 43 51	12 24 38 52
9	4 13 23 33 43 52	2 10 19 28 39 47 58	7 18 28 37 48 57
10	1 11 21 31 41 51	6 15 25 35 44 54	6 15 25 35 44 54
11	1 11 21 31 41 51	3 12 22 32 41 51	3 12 22 32 41 51
12	1 11 21 31 41 51	1 11 21 31 41 51	1 11 21 31 41 51
13	1 11 21 31 41 51	1 11 21 31 41 51	1 11 21 31 41 51
14	1 11 21 31 41 51	1 11 21 31 41 51	1 11 21 31 41 51
15	1 11 21 31 41 51	1 11 21 31 41 51	1 11 21 31 41 51
16	1 11 21 31 41 51	1 11 21 31 41 51	1 11 21 31 41 51
17	1 11 21 31 41 51	1 11 21 31 41 51	1 11 21 31 41 51
18	1 11 21 31 *41 50 *59	1 11 21 31 *41 50 *59	1 11 21 31 *41 50 *59
19	8 *16 25 41 56	8 *16 25 41 56	8 *16 25 41 56
20	13 29 44	13 29 44	13 29 44
21	1 *17 32 51	1 *17 32 51	1 *17 32 51
22	*17 37	*17 37	*17 37
23	*22	*22	*22

*印は九条車庫前までです。For Kujo Shako-mae

→四条高倉㉒B乗場 P30

四条大宮・東寺 行き Toji Temple Via Shijo Omiya 207

時	平日 Weekdays (お盆・年末年始を除く)	土曜日 Saturdays (お盆・年末年始を除く)	休日 Sundays & Holidays お盆 8月14日～8月16日 年末年始 12月29日～1月3日
5			
6	0 26 43 55	0 26 43 55	0 43
7	9 17 26 32 41 50 58	10 26 40 56	26 52
8	9 19 27 36 46 56	13 27 45 53	14 26 40 54
9	6 15 25 35 45 54	4 12 21 30 41 49	9 20 30 39 50 59
10	4 14 24 34 44 54	0 9 18 28 38 47 57	9 18 28 38 47 57
11	4 14 24 34 44 54	6 15 25 35 44 54	6 15 25 35 44 54
12	4 14 24 34 44 54	4 14 24 34 44 54	4 14 24 34 44 54
13	4 14 24 34 44 54	4 14 24 34 44 54	4 14 24 34 44 54
14	4 14 24 34 44 54	4 14 24 34 44 54	4 14 24 34 44 54
15	4 14 24 34 44 54	4 14 24 34 44 54	4 14 24 34 44 54
16	4 14 24 34 44 54	4 14 24 34 44 54	4 14 24 34 44 54
17	4 14 24 34 44 54	4 14 24 34 44 54	4 14 24 34 44 54
18	4 14 24 34 *44 53	4 14 24 34 *44 53	4 14 24 34 *44 53
19	*2 10 *18 27 43 58	*2 10 *18 27 43 58	*2 10 *18 27 43 58
20	15 31 46	15 31 46	15 31 46
21	3 *19 34 53	3 *19 34 53	3 *19 34 53
22	*19 39	*19 39	*19 39
23	*24	*24	*24

*印は九条車庫前までです。For Kujo Shako-mae

→四条堀川❸乗場 33

四条大宮・東寺 行き Toji Temple Via Shijo Omiya 207

時	平日 Weekdays (お盆・年末年始を除く)	土曜日 Saturdays (お盆・年末年始を除く)	休日 Sundays & Holidays お盆 8月14日～8月16日 年末年始 12月29日～1月3日
5			
6	5 31 48	5 31 48	5 48
7	0 14 22 31 38 47 56	0 15 31 45	31 57
8	4 15 25 33 43 53	1 18 32 52	19 31 47
9	3 13 22 32 42 52	0 11 19 28 37 48 56	1 16 27 37 46 57
10	1 11 21 31 41 51	7 16 25 35 45 54	6 16 25 35 45 54
11	1 11 21 31 41 51	4 13 22 32 42 51	4 13 22 32 42 51
12	1 11 21 31 41 51	1 11 21 31 41 51	1 11 21 31 41 51
13	1 11 21 31 41 51	1 11 21 31 41 51	1 11 21 31 41 51
14	1 11 21 31 41 51	1 11 21 31 41 51	1 11 21 31 41 51
15	1 11 21 31 41 51	1 11 21 31 41 51	1 11 21 31 41 51
16	1 11 21 31 41 51	1 11 21 31 41 51	1 11 21 31 41 51
17	1 11 21 31 41 51	1 11 21 31 41 51	1 11 21 31 41 51
18	1 11 21 31 41 *51	1 11 21 31 41 *51	1 11 21 31 41 *51
19	0 *8 16 *24 33 49	0 *8 16 *24 33 49	0 *8 16 *24 33 49
20	4 21 37 52	4 21 37 52	4 21 37 52
21	9 *25 40 59	9 *25 40 59	9 *25 40 59
22	*25 45	*25 45	*25 45
23	*30	*30	*30

*印は九条車庫前までです。For Kujo Shako-mae

→四条大宮❸乗場 P33

東寺・東福寺 行き Tofukuji Temple Via Toji Temple 207

時	平日 Weekdays (お盆・年末年始を除く)	土曜日 Saturdays (お盆・年末年始を除く)	休日 Sundays & Holidays お盆 8月14日～8月16日 年末年始 12月29日～1月3日
5			
6	7 33 50	7 33 50	7 50
7	2 16 24 33 40 49 58	2 17 33 47	33 59
8	6 17 27 35 45 55	3 20 34 54	21 33 49
9	5 15 24 34 44 54	2 13 21 30 39 50 58	3 18 29 39 48 59
10	3 13 23 33 43 53	9 18 27 37 47 56	8 18 27 37 47 56
11	3 13 23 33 43 53	6 15 24 34 44 53	6 15 24 34 44 53
12	3 13 23 33 43 53	3 13 23 33 43 53	3 13 23 33 43 53
13	3 13 23 33 43 53	3 13 23 33 43 53	3 13 23 33 43 53
14	3 13 23 33 43 53	3 13 23 33 43 53	3 13 23 33 43 53
15	3 13 23 33 43 53	3 13 23 33 43 53	3 13 23 33 43 53
16	3 13 23 33 43 53	3 13 23 33 43 53	3 13 23 33 43 53
17	3 13 23 33 43 53	3 13 23 33 43 53	3 13 23 33 43 53
18	3 13 23 33 43 *53	3 13 23 33 43 *53	3 13 23 33 43 *53
19	2 *10 18 *26 35 51	2 *10 18 *26 35 51	2 *10 18 *26 35 51
20	6 23 39 54	6 23 39 54	6 23 39 54
21	11 *27 42	11 *27 42	11 *27 42
22	1 *27 47	1 *27 47	1 *27 47
23	*32	*32	*32

*印は九条車庫前までです。For Kujo Shako-mae

→東寺東門前❷乗場 25

東山通 Higashiyama-dori St. 東福寺 清水寺・祇園 行き Gion Via Kiyomizu-dera Temple 207

時	平日 Weekdays (お盆・年末年始を除く)	土曜日 Saturdays (お盆・年末年始を除く)	休日 Sundays & Holidays お盆 8月14日～8月16日 年末年始 12月29日～1月3日
5			
6	15 41 58	15 41 58	15 58
7	10 24 33 44 51	10 25 42 56	42
8	0 9 17 28 38 46 56	12 29 45	8 30 44
9	6 16 26 35 45 55	5 13 24 32 41 50	0 14 29 40 50 59
10	5 14 24 34 44 54	1 9 20 29 38 48 58	10 19 29 38 48 58
11	4 14 24 34 44 54	7 17 26 35 45 55	7 17 26 35 45 55
12	4 14 24 34 44 54	4 14 24 34 44 54	4 14 24 34 44 54
13	4 14 24 34 44 54	4 14 24 34 44 54	4 14 24 34 44 54
14	4 14 24 34 44 54	4 14 24 34 44 54	4 14 24 34 44 54
15	4 14 24 34 44 54	4 14 24 34 44 54	4 14 24 34 44 54
16	4 14 24 34 44 54	4 14 24 34 44 54	4 14 24 34 44 54
17	4 14 24 34 44 54	4 14 24 34 44 54	4 14 24 34 44 54
18	4 14 24 34 44 54	4 14 24 34 44 54	4 14 24 34 44 54
19	*3 11 *19 27 *35 44	*3 11 *19 27 *35 44	*3 11 *19 27 *35 44
20	0 15 32 48	0 15 32 48	0 15 32 48
21	3 19 *35 50	3 19 *35 50	3 19 *35 50
22	9 *35 55	9 *35 55	9 *35 55
23	*40	*40	*40

*印は九条車庫前までです。For Kujo Shako-mae

→九条近鉄前乗場(東行) P25

東山通 Higashiyama-dori St. 東福寺 清水寺・祇園 行き Gion Via Kiyomizu-dera Temple 207

時	平日 Weekdays (お盆・年末年始を除く)	土曜日 Saturdays (お盆・年末年始を除く)	休日 Sundays & Holidays お盆 8月14日～8月16日 年末年始 12月29日～1月3日
5			
6	18 44	18 44	18
7	1 13 27 37 48 55	1 13 28 45 59	1 45
8	4 13 21 32 42 50	15 32 49	11 34 48
9	0 10 20 30 39 49 59	9 17 28 36 45 54	4 18 33 44 54
10	9 18 28 38 48 58	5 13 24 33 42 52	3 14 23 33 42 52
11	8 18 28 38 48 58	2 11 21 30 39 49 59	2 11 21 30 39 49 59
12	8 18 28 38 48 58	8 18 28 38 48 58	8 18 28 38 48 58
13	8 18 28 38 48 58	8 18 28 38 48 58	8 18 28 38 48 58
14	8 18 28 38 48 58	8 18 28 38 48 58	8 18 28 38 48 58
15	8 18 28 38 48 58	8 18 28 38 48 58	8 18 28 38 48 58
16	8 18 28 38 48 58	8 18 28 38 48 58	8 18 28 38 48 58
17	8 18 28 38 48 58	8 18 28 38 48 58	8 18 28 38 48 58
18	8 18 28 38 48 58	8 18 28 38 48 58	8 18 28 38 48 58
19	*6 14 *22 30 *38 47	*6 14 *22 30 *38 47	*6 14 *22 30 *38 47
20	3 18 35 51	3 18 35 51	3 18 35 51
21	6 22 *38 53	6 22 *38 53	6 22 *38 53
22	12 *38 58	12 *38 58	12 *38 58
23	*43	*43	*43

*印は九条車庫前までです。For Kujo Shako-mae

系統図は前ページ

← 九条近鉄前乗場(西行)

P25

東寺・四条大宮 行き　Shijo Omiya Via Toji Temple　207

時	平日 Weekdays（お盆・年末年始を除く）	土曜日 Saturdays（お盆・年末年始を除く）	休日 Sundays & Holidays お盆 8月14日～8月16日 年末年始 12月29日～1月3日
5	41	41	41
6	7 25 34 50 57	7 24 37 51	24
7	3 10 17 24 34 44 53	8 20 35 44	8 33 46
8	1 9 18 28 38 47 55	0 9 19 28 35 45 55	0 11 25 37 45 55
9	4 14 24 34 44 53	4 14 24 34 44 53	4 14 24 34 44 53
10	2 12 22 32 42 52	2 12 22 32 42 52	2 12 22 32 42 52
11	2 12 22 32 42 52	2 12 22 32 42 52	2 12 22 32 42 52
12	2 12 22 32 42 52	2 12 22 32 42 52	2 12 22 32 42 52
13	2 12 22 32 42 52	2 12 22 32 42 52	2 12 22 32 42 52
14	2 12 22 32 42 52	2 12 22 32 42 52	2 12 22 32 42 52
15	2 12 22 32 42 52	2 12 22 32 42 52	2 12 22 32 42 52
16	2 12 22 32 42 52	2 12 22 32 42 52	2 12 22 32 42 52
17	1 11 21 31 41 50 59	1 11 21 31 41 50 59	1 11 21 31 41 50 59
18	9 19 29 42 57	9 19 29 42 57	9 19 29 42 57
19	6 24 39 57	6 24 39 57	6 24 39 57
20	15 30 48	15 30 48	15 30 48
21	5 17 36	5 17 36	5 17 36
22	2 20	2 20	2 20
23	3	3	3

← 東寺東門前❸乗場

P25

四条大宮 四条河原町・祇園 行き　Gion Via Shijo Kawaramachi　207

時	平日 Weekdays（お盆・年末年始を除く）	土曜日 Saturdays（お盆・年末年始を除く）	休日 Sundays & Holi… お盆 8月14日～8月… 年末年始 12月29日～1…
5	44	44	44
6	10 28 37 53	10 27 40 54	27
7	0 7 14 21 28 38 48 57	11 23 39 48	11 37 50
8	5 13 22 32 42 51 59	4 13 23 32 39 49 59	4 15 29 41 49 59
9	8 18 28 38 48 57	8 18 28 38 48 57	8 18 28 38 48 57
10	6 16 26 36 46 56	6 16 26 36 46 56	6 16 26 36 46 56
11	6 16 26 36 46 56	6 16 26 36 46 56	6 16 26 36 46 56
12	6 16 26 36 46 56	6 16 26 36 46 56	6 16 26 36 46 56
13	6 16 26 36 46 56	6 16 26 36 46 56	6 16 26 36 46 56
14	6 16 26 36 46 56	6 16 26 36 46 56	6 16 26 36 46 56
15	6 16 26 36 46 56	6 16 26 36 46 56	6 16 26 36 46 56
16	6 16 26 36 46 56	6 16 26 36 46 56	6 16 26 36 46 56
17	5 15 25 35 45 54	5 15 25 35 45 54	5 15 25 35 45 54
18	3 13 23 33 46	3 13 23 33 46	3 13 23 33 46
19	1 9 27 42	1 9 27 42	1 9 27 42
20	0 18 33 51	0 18 33 51	0 18 33 51
21	8 20 39	8 20 39	8 20 39
22	5 23	5 23	5 23
23	6	6	6

← 四条大宮❶乗場

P33

東山通 Higashiyama-dori St.　清水寺・東福寺 行き　Tofukuji Temple Via Kiyomizu-dera Temple　207

時	平日 Weekdays（お盆・年末年始を除く）	土曜日 Saturdays（お盆・年末年始を除く）	休日 Sundays & Holidays お盆 8月14日～8月16日 年末年始 12月29日～1月3日
5	52	52	52
6	18 36 45	18 35 48	35
7	1 8 15 22 29 38 48 58	2 19 31 48 57	19 46 59
8	7 15 23 32 42 52	13 22 32 42 49 59	13 24 39 51 59
9	1 9 18 28 38 48 58	9 18 28 38 48 58	9 18 28 38 48 58
10	7 16 26 36 46 56	7 16 26 36 46 56	7 16 26 36 46 56
11	6 16 26 36 46 56	6 16 26 36 46 56	6 16 26 36 46 56
12	6 16 26 36 46 56	6 16 26 36 46 56	6 16 26 36 46 56
13	6 16 26 36 46 56	6 16 26 36 46 56	6 16 26 36 46 56
14	6 16 26 36 46 56	6 16 26 36 46 56	6 16 26 36 46 56
15	6 16 26 36 46 56	6 16 26 36 46 56	6 16 26 36 46 56
16	6 16 26 36 46 56	6 16 26 36 46 56	6 16 26 36 46 56
17	6 15 25 35 45 55	6 15 25 35 45 55	6 15 25 35 45 55
18	(4) 13 23 (33) 43 56	(4) 13 23 (33) 43 56	(4) 13 23 (33) 43 56
19	(10) 18 36 51	(10) 18 36 51	(10) 18 36 51
20	9 27 42	9 27 42	9 27 42
21	0 (16) 28 47	0 (16) 28 47	0 (16) 28 47
22	(13) 31	(13) 31	(13) 31
23	(14)	(14)	(14)

( )印は、京都駅八条口アバンティ前経由九条車庫前までです。For Kujo Shako-mae

← 四条堀川⑫乗場

P33

東山通 Higashiyama-dori St.　清水寺・東福寺 行き　Tofukuji Temple Via Kiyomizu-dera Temple　207

時	平日 Weekdays（お盆・年末年始を除く）	土曜日 Saturdays（お盆・年末年始を除く）	休日 Sundays & Holid… お盆 8月14日～8月… 年末年始 12月29日～1…
5	54	54	54
6	20 38 47	20 37 50	37
7	3 10 17 24 31 40 50	4 21 33 50 59	21 48
8	0 9 17 25 34 44 54	15 24 34 44 51	1 15 26 41 53
9	3 11 20 30 40 50	1 11 20 30 40 50	1 11 20 30 40 50
10	0 9 18 28 38 48 58	0 9 18 28 38 48 58	0 9 18 28 38 48 58
11	8 18 28 38 48 58	8 18 28 38 48 58	8 18 28 38 48 58
12	8 18 28 38 48 58	8 18 28 38 48 58	8 18 28 38 48 58
13	8 18 28 38 48 58	8 18 28 38 48 58	8 18 28 38 48 58
14	8 18 28 38 48 58	8 18 28 38 48 58	8 18 28 38 48 58
15	8 18 28 38 48 58	8 18 28 38 48 58	8 18 28 38 48 58
16	8 18 28 38 48 58	8 18 28 38 48 58	8 18 28 38 48 58
17	8 17 27 37 47 57	8 17 27 37 47 57	8 17 27 37 47 57
18	(6) 15 25 (35) 45 58	(6) 15 25 (35) 45 58	(6) 15 25 (35) 45 5
19	(12) 20 38 53	(12) 20 38 53	(12) 20 38 53
20	11 29 44	11 29 44	11 29 44
21	2 (18) 30 49	2 (18) 30 49	2 (18) 30 49
22	(15) 33	(15) 33	(15) 33
23	(16)	(16)	(16)

( )印は、京都駅八条口アバンティ前経由九条車庫前までです。For Kujo Shako-mae

← 四条高倉㉑A乗場

P30

東山通 Higashiyama-dori St.　清水寺・東福寺 行き　Tofukuji Temple Via Kiyomizu-dera Temple　207

時	平日 Weekdays（お盆・年末年始を除く）	土曜日 Saturdays（お盆・年末年始を除く）	休日 Sundays & Holidays お盆 8月14日～8月16日 年末年始 12月29日～1月3日
5	59	59	59
6	25 43 52	25 42 55	42
7	8 15 22 29 37 46 56	9 26 38 55	26 53
8	6 15 23 31 40 50	4 20 29 40 50 57	6 20 31 47 59
9	0 9 17 26 36 46 56	7 17 26 36 46 56	7 17 26 36 46 56
10	7 16 25 35 45 55	7 16 25 35 45 55	7 16 25 35 45 55
11	5 15 25 35 45 55	5 15 25 35 45 55	5 15 25 35 45 55
12	5 15 25 35 45 55	5 15 25 35 45 55	5 15 25 35 45 55
13	5 15 25 35 45 55	5 15 25 35 45 55	5 15 25 35 45 55
14	5 15 25 35 45 55	5 15 25 35 45 55	5 15 25 35 45 55
15	5 15 25 35 45 55	5 15 25 35 45 55	5 15 25 35 45 55
16	5 15 25 35 45 55	5 15 25 35 45 55	5 15 25 35 45 55
17	5 15 24 34 44 54	5 15 24 34 44 54	5 15 24 34 44 54
18	4 (13) 22 32 (42) 52	4 (13) 22 32 (42) 52	4 (13) 22 32 (42) 52
19	4 (17) 25 43 58	4 (17) 25 43 58	4 (17) 25 43 58
20	16 34 49	16 34 49	16 34 49
21	7 (23) 35 54	7 (23) 35 54	7 (23) 35 54
22	(20) 38	(20) 38	(20) 38
23	(21)	(21)	(21)

( )印は、京都駅八条口アバンティ前経由九条車庫前までです。For Kujo Shako-mae

← 四条河原町❾E乗場

P27

東山通 Higashiyama-dori St.　清水寺・東福寺 行き　Tofukuji Temple Via Kiyomizu-dera Temple　207

時	平日 Weekdays（お盆・年末年始を除く）	土曜日 Saturdays（お盆・年末年始を除く）	休日 Sundays & Holid… お盆 8月14日～8月1… 年末年始 12月29日～1月…
5			
6	1 27 45 54	1 27 44 57	1 44
7	10 17 24 31 39 48 58	11 28 40 57	28 55
8	8 17 25 33 43 53	6 22 31 43 53	8 22 33 50
9	3 12 20 29 39 49 59	0 10 20 29 39 49 59	2 10 20 29 39 49 59
10	10 19 28 38 48 58	10 19 28 38 48 58	10 19 28 38 48 58
11	8 18 28 38 48 58	8 18 28 38 48 58	8 18 28 38 48 58
12	8 18 28 38 48 58	8 18 28 38 48 58	8 18 28 38 48 58
13	8 18 28 38 48 58	8 18 28 38 48 58	8 18 28 38 48 58
14	8 18 28 38 48 58	8 18 28 38 48 58	8 18 28 38 48 58
15	8 18 28 38 48 58	8 18 28 38 48 58	8 18 28 38 48 58
16	8 18 28 38 48 58	8 18 28 38 48 58	8 18 28 38 48 58
17	8 18 27 37 47 57	8 18 27 37 47 57	8 18 27 37 47 57
18	7 (16) 25 35 (45) 55	7 (16) 25 35 (45) 55	7 (16) 25 35 (45) 5
19	7 (20) 28 46	7 (20) 28 46	7 (20) 28 46
20	1 19 37 52	1 19 37 52	1 19 37 52
21	10 (26) 38 57	10 (26) 38 57	10 (26) 38 57
22	(23) 41	(23) 41	(23) 41
23	(24)	(24)	(24)

( )印は、京都駅八条口アバンティ前経由九条車庫前までです。For Kujo Shako-mae

東山通 Higashiyama-dori St.

清水寺・東福寺 行き 207

Tofukuji Temple Via Kiyomizu-dera Temple

平日 Weekdays (お盆・年末年始を除く)		土曜日 Saturdays (お盆・年末年始を除く)		休日 Sundays & Holidays お盆 8月14日~8月16日 年末年始 12月29日~1月3日
	5		5	
5 31 49 58	6	5 31 48	6	5 48
14 21 28 35 43 52	7	1 15 32 44	7	32 59
2 12 21 29 37 47 57	8	1 10 26 35 47 57	8	12 26 37 54
8 17 25 34 44 54	9	5 15 25 34 44 54	9	7 15 25 34 44 54
4 15 24 33 43 53	10	4 15 24 33 43 53	10	4 15 24 33 43 53
3 13 23 33 43 53	11	3 13 23 33 43 53	11	3 13 23 33 43 53
3 13 23 33 43 53	12	3 13 23 33 43 53	12	3 13 23 33 43 53
3 13 23 33 43 53	13	3 13 23 33 43 53	13	3 13 23 33 43 53
3 13 23 33 43 53	14	3 13 23 33 43 53	14	3 13 23 33 43 53
3 13 23 33 43 53	15	3 13 23 33 43 53	15	3 13 23 33 43 53
3 13 23 33 43 53	16	3 13 23 33 43 53	16	3 13 23 33 43 53
3 13 23 32 42 52	17	3 13 23 32 42 52	17	3 13 23 32 42 52
2 12 (21) 30 40 (50)	18	2 12 (21) 30 40 (50)	18	2 12 (21) 30 40 (50)
0 12 (25) 33 51	19	0 12 (25) 33 51	19	0 12 (25) 33 51
6 24 42 57	20	6 24 42 57	20	6 24 42 57
14 (30) 42	21	14 (30) 42	21	14 (30) 42
1 (27) 45	22	1 (27) 45	22	1 (27) 45
(28)	23	(28)	23	(28)

( )印は、京都駅八条口アバンティ前経由九条車庫前までです。For Kujo Shako-mae

東山通 Higashiyama-dori St.

東福寺・東寺 行き 207

Toji Temple Via Tofukuji Temple

平日 Weekdays (お盆・年末年始を除く)		土曜日 Saturdays (お盆・年末年始を除く)		休日 Sundays & Holidays お盆 8月14日~8月16日 年末年始 12月29日~1月3日
	5		5	
9 35 53	6	9 35 52	6	9 52
2 18 25 32 40 48 57	7	5 19 37 49	7	37
7 17 26 34 43 53	8	6 15 31 41 53	8	4 17 31 43
3 14 23 31 40 50	9	3 11 21 31 40 50	9	0 13 21 31 40 50
0 10 21 30 39 49 59	10	0 10 21 30 39 49 59	10	0 10 21 30 39 49 59
9 19 29 39 49 59	11	9 19 29 39 49 59	11	9 19 29 39 49 59
9 19 29 39 49 59	12	9 19 29 39 49 59	12	9 19 29 39 49 59
9 19 29 39 49 59	13	9 19 29 39 49 59	13	9 19 29 39 49 59
9 19 29 39 49 59	14	9 19 29 39 49 59	14	9 19 29 39 49 59
9 19 29 39 49 59	15	9 19 29 39 49 59	15	9 19 29 39 49 59
9 19 29 39 49 59	16	9 19 29 39 49 59	16	9 19 29 39 49 59
9 19 29 38 48 58	17	9 19 29 38 48 58	17	9 19 29 38 48 58
8 18 (27) 36 46 (56)	18	8 18 (27) 36 46 (56)	18	8 18 (27) 36 46 (56)
5 17 (30) 38 56	19	5 17 (30) 38 56	19	5 17 (30) 38 56
10 28 46	20	10 28 46	20	10 28 46
1 18 (34) 46	21	1 18 (34) 46	21	1 18 (34) 46
5 (31) 49	22	5 (31) 49	22	5 (31) 49
(32)	23	(32)	23	(32)

( )印は、京都駅八条口アバンティ前経由九条車庫前までです。For Kujo Shako-mae

東山通 Higashiyama-dori St.

東福寺・東寺 行き 207

Toji Temple Via Tofukuji Temple

平日 Weekdays (お盆・年末年始を除く)		土曜日 Saturdays (お盆・年末年始を除く)		休日 Sundays & Holidays お盆 8月14日~8月16日 年末年始 12月29日~1月3日
	5		5	
14 40 58	6	14 40 57	6	14 57
7 23 30 39 47 55	7	10 24 43 55	7	43
4 14 24 33 41 50	8	12 21 38 48	8	10 23 38 50
0 10 21 30 38 47 57	9	0 10 18 28 38 47 57	9	7 20 28 38 47 57
7 17 28 37 46 56	10	7 17 28 37 46 56	10	7 17 28 37 46 56
6 16 26 36 46 56	11	6 16 26 36 46 56	11	6 16 26 36 46 56
6 16 26 36 46 56	12	6 16 26 36 46 56	12	6 16 26 36 46 56
6 16 26 36 46 56	13	6 16 26 36 46 56	13	6 16 26 36 46 56
6 16 26 36 46 56	14	6 16 26 36 46 56	14	6 16 26 36 46 56
6 16 26 36 46 56	15	6 16 26 36 46 56	15	6 16 26 36 46 56
6 16 26 36 46 56	16	6 16 26 36 46 56	16	6 16 26 36 46 56
6 16 26 36 45 55	17	6 16 26 36 45 55	17	6 16 26 36 45 55
5 15 25 (34) 43 53	18	5 15 25 (34) 43 53	18	5 15 25 (34) 43 53
(2) 11 23 (36) 44	19	(2) 11 23 (36) 44	19	(2) 11 23 (36) 44
2 16 34 52	20	2 16 34 52	20	2 16 34 52
6 23 (39) 51	21	6 23 (39) 51	21	6 23 (39) 51
10 (36) 54	22	10 (36) 54	22	10 (36) 54
(37)	23	(37)	23	(37)

( )印は、京都駅八条口アバンティ前経由九条車庫前までです。For Kujo Shako-mae

← 清水道❶乗場 P52

東山通 Higashiyama-dori St.

清水寺・東福寺 行き 207

Tofukuji Temple Via Kiyomizu-dera Temple

平日 Weekdays (お盆・年末年始を除く)		土曜日 Saturdays (お盆・年末年始を除く)		休日 Sundays & Holidays お盆 8月14日~8月16日 年末年始 12月29日~1月3日
	5		5	
7 33 51	6	7 33 50	6	7 50
0 16 23 30 38 46 55	7	3 17 35 47	7	35
5 15 24 32 41 51	8	4 13 29 39 51	8	2 15 29 41 58
1 12 21 29 38 48 58	9	1 9 19 29 38 48 58	9	11 19 29 38 48 58
8 19 28 37 47 57	10	8 19 28 37 47 57	10	8 19 28 37 47 57
7 17 27 37 47 57	11	7 17 27 37 47 57	11	7 17 27 37 47 57
7 17 27 37 47 57	12	7 17 27 37 47 57	12	7 17 27 37 47 57
7 17 27 37 47 57	13	7 17 27 37 47 57	13	7 17 27 37 47 57
7 17 27 37 47 57	14	7 17 27 37 47 57	14	7 17 27 37 47 57
7 17 27 37 47 57	15	7 17 27 37 47 57	15	7 17 27 37 47 57
7 17 27 37 47 57	16	7 17 27 37 47 57	16	7 17 27 37 47 57
7 17 27 36 46 56	17	7 17 27 36 46 56	17	7 17 27 36 46 56
6 16 (25) 34 44 (54)	18	6 16 (25) 34 44 (54)	18	6 16 (25) 34 44 (54)
3 15 (28) 36 54	19	3 15 (28) 36 54	19	3 15 (28) 36 54
8 26 44 59	20	8 26 44 59	20	8 26 44 59
16 (32) 44	21	16 (32) 44	21	16 (32) 44
3 (29) 47	22	3 (29) 47	22	3 (29) 47
(30)	23	(30)	23	(30)

← 東山七条❸乗場 P49

東山通 Higashiyama-dori St.

東福寺・東寺 行き 207

Toji Temple Via Tofukuji Temple

平日 Weekdays (お盆・年末年始を除く)		土曜日 Saturdays (お盆・年末年始を除く)		休日 Sundays & Holidays お盆 8月14日~8月16日 年末年始 12月29日~1月3日
	5		5	
12 38 56	6	12 38 55	6	12 55
5 21 28 36 44 52	7	8 22 41 53	7	41
1 11 21 30 38 47 57	8	10 19 35 45 57	8	8 21 35 47
7 18 27 35 44 54	9	7 15 25 35 44 54	9	4 17 25 35 44 54
4 14 25 34 43 53	10	4 14 25 34 43 53	10	4 14 25 34 43 53
3 13 23 33 43 53	11	3 13 23 33 43 53	11	3 13 23 33 43 53
3 13 23 33 43 53	12	3 13 23 33 43 53	12	3 13 23 33 43 53
3 13 23 33 43 53	13	3 13 23 33 43 53	13	3 13 23 33 43 53
3 13 23 33 43 53	14	3 13 23 33 43 53	14	3 13 23 33 43 53
3 13 23 33 43 53	15	3 13 23 33 43 53	15	3 13 23 33 43 53
3 13 23 33 43 53	16	3 13 23 33 43 53	16	3 13 23 33 43 53
3 13 23 33 42 52	17	3 13 23 33 42 52	17	3 13 23 33 42 52
2 12 22 (31) 40 50	18	2 12 22 (31) 40 50	18	2 12 22 (31) 40 50
(0) 9 21 (34) 42	19	(0) 9 21 (34) 42	19	(0) 9 21 (34) 42
0 14 32 50	20	0 14 32 50	20	0 14 32 50
4 21 (37) 49	21	4 21 (37) 49	21	4 21 (37) 49
8 (34) 52	22	8 (34) 52	22	8 (34) 52
(35)	23	(35)	23	(35)

( )印は、京都駅八条口アバンティ前経由九条車庫前までです。For Kujo Shako-mae

← 東福寺❹乗場 P47

東寺・四条大宮 行き 207

Shijo Omiya Via Toji Temple

平日 Weekdays (お盆・年末年始を除く)		土曜日 Saturdays (お盆・年末年始を除く)		休日 Sundays & Holidays お盆 8月14日~8月16日 年末年始 12月29日~1月3日
	5		5	
15 41 59	6	15 41 58	6	15 58
8 24 32 41 49 57	7	11 25 45 57	7	45
6 16 26 35 43 52	8	14 23 40 50	8	12 25 40 52
2 12 23 32 40 49 59	9	2 12 20 30 40 49 59	9	9 22 30 40 49 59
9 19 30 39 48 58	10	9 19 30 39 48 58	10	9 19 30 39 48 58
8 18 28 38 48 58	11	8 18 28 38 48 58	11	8 18 28 38 48 58
8 18 28 38 48 58	12	8 18 28 38 48 58	12	8 18 28 38 48 58
8 18 28 38 48 58	13	8 18 28 38 48 58	13	8 18 28 38 48 58
8 18 28 38 48 58	14	8 18 28 38 48 58	14	8 18 28 38 48 58
8 18 28 38 48 58	15	8 18 28 38 48 58	15	8 18 28 38 48 58
8 18 28 38 48 58	16	8 18 28 38 48 58	16	8 18 28 38 48 58
8 18 28 38 47 57	17	8 18 28 38 47 57	17	8 18 28 38 47 57
7 17 27 (36) 45 55	18	7 17 27 (36) 45 55	18	7 17 27 (36) 45 55
(4) 13 25 (38) 46	19	(4) 13 25 (38) 46	19	(4) 13 25 (38) 46
4 18 36 54	20	4 18 36 54	20	4 18 36 54
8 25 (41) 53	21	8 25 (41) 53	21	8 25 (41) 53
11 (37) 55	22	11 (37) 55	22	11 (37) 55
(38)	23	(38)	23	(38)

( )印は、京都駅八条口アバンティ前経由九条車庫前までです。For Kujo Shako-mae

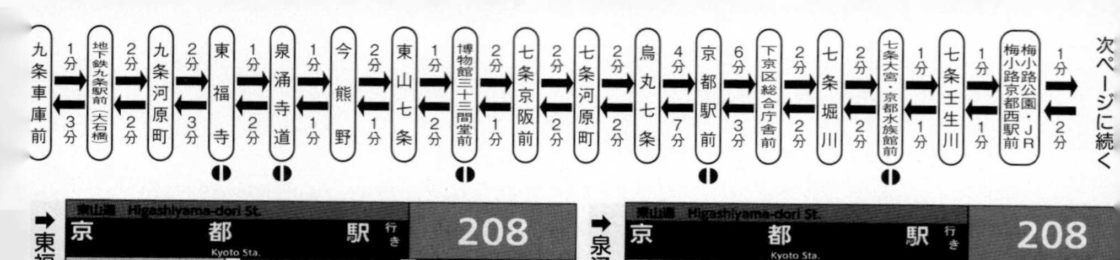

➡東福寺❸乗場

P47

東山通 Higashiyama-dori St.

京都駅 行き Kyoto Sta. 208

時	平日 Weekdays（お盆・年末年始を除く）	土曜日 Saturdays（お盆・年末年始を除く）	休日 Sundays & Holidays お盆 8月14日~8月16日 年末年始 12月29日~1月3日
5	35	35	35
6	25 46	27 56	27
7	0 14 26 39 54	19 34 50	19 48
8	10 24 40 54	16 47	16 47
9	10 23 53	17 48	17 48
10	23 53	19 50	19 50
11	22 52	21 52	21 52
12	21 51	23 53	23 53
13	20 37 53	23 53	23 53
14	19 37 55	23 53	23 53
15	18 37 57	23 53	23 53
16	17 36 56	23 53	23 53
17	16 35 55	23 53	23 53
18	16 35 54	23 53	23 53
19	17 32 46	20 45	20 45
20	10 36	10 35	10 35
21	25	25	25
22	14	14	14
23			

➡泉涌寺道❶乗場

P47

東山通 Higashiyama-dori St.

京都駅 行き Kyoto Sta. 208

時	平日 Weekdays（お盆・年末年始を除く）	土曜日 Saturdays（お盆・年末年始を除く）	休日 Sundays & Holidays お盆 8月14日~8月16日 年末年始 12月29日~1月3日
5	36	36	36
6	26 47	28 57	28
7	1 15 27 40 55	20 35 51	20 49
8	11 25 41 55	17 48	17 48
9	11 24 54	18 49	18 49
10	24 54	20 51	20 51
11	23 53	22 53	22 53
12	22 52	24 54	24 54
13	21 38 54	24 54	24 54
14	20 38 56	24 54	24 54
15	19 38 58	24 54	24 54
16	18 37 57	24 54	24 54
17	17 36 56	24 54	24 54
18	17 36 55	24 54	24 54
19	18 33 47	21 46	21 46
20	11 37	11 36	11 36
21	26	26	26
22	15	15	15
23			

➡博物館三十三間堂前❷乗場

P49

西大路通 Nishioji-dori St.

京都駅・西大路駅 行き Nishioji Sta. Via Kyoto Sta. 208

時	平日 Weekdays（お盆・年末年始を除く）	土曜日 Saturdays（お盆・年末年始を除く）	休日 Sundays & Holidays お盆 8月14日~8月16日 年末年始 12月29日~1月3日
5	40	40	40
6	30 51	32	32
7	5 19 31 45	1 24 39 55	24 53
8	0 16 30 46	21 53	21 53
9	0 16 29 59	23 54	23 54
10	29 59	25 56	25 56
11	28 58	27 58	27 58
12	27 57	29 59	29 59
13	26 43 59	29 59	29 59
14	25 43	29 59	29 59
15	1 24 43	29 59	29 59
16	3 23 42	29 59	29 59
17	2 22 41	29 59	29 59
18	1 22 41	29 59	29 59
19	0 22 37 51	25 50	25 50
20	15 41	15 40	15 40
21	30	30	30
22	19	19	19
23			

➡京都駅前B3乗場

P15・P17

西大路通 Nishioji-dori St.

西大路駅 行き Nishioji Sta. 208

時	平日 Weekdays（お盆・年末年始を除く）	土曜日 Saturdays（お盆・年末年始を除く）	休日 Sundays & Holidays お盆 8月14日~8月16日 年末年始 12月29日~1月3日
5	51	51	51
6	41	43	43
7	2 16 30 44 58	12 35 *52	35
8	13 29 43 *59	8 34	6 34
9	13 *29 42	6 36	6 36
10	12 42	7 38	7 38
11	12 41	9 40	9 40
12	11 40	11 42	11 42
13	10 39 56	12 42	12 42
14	12 38 56	12 42	12 42
15	14 37 56	12 42	12 42
16	16 36 55	12 42	12 42
17	15 35 54	12 42	12 42
18	14 35 54	12 42	12 42
19	12 33 *48	11 36	11 36
20	2 *26 52	1 *26 51	1 *26 51
21	41	41	41
22	*30	*30	*30
23			

*印は九条車庫前までです。For Kujo Shako-mae

➡七条大宮・京都水族館前❹乗場

P21

西大路通 Nishioji-dori St.

西大路駅・東寺 行き Toji Temple Via Nishioji Sta. 208

時	平日 Weekdays（お盆・年末年始を除く）	土曜日 Saturdays（お盆・年末年始を除く）	休日 Sundays & Holidays お盆 8月14日~8月16日 年末年始 12月29日~1月3日
5	57	57	57
6	47	49	49
7	8 22 37 51	18 41 *58	41
8	5 20 36 50	14 41	12 41
9	*6 20 *36 49	13 43	13 43
10	19 49	14 45	14 45
11	19 48	16 47	16 47
12	18 47	18 49	18 49
13	17 46	19 49	19 49
14	3 19 45	19 49	19 49
15	3 21 44	19 49	19 49
16	3 23 43	19 49	19 49
17	2 22 42	19 49	19 49
18	1 21 42	19 49	19 49
19	1 18 39 *54	17 42	17 42
20	8 *32 58	7 *32 57	7 *32 57
21	47	47	47
22	*36	*36	*36
23			

*印は九条車庫前までです。For Kujo Shako-mae

➡九条大宮❻乗場

P25

東山通 Higashiyama-dori St.

東福寺・東山七条 行き Tofukuji Temple 208

時	平日 Weekdays（お盆・年末年始を除く）	土曜日 Saturdays（お盆・年末年始を除く）	休日 Sundays & Holidays お盆 8月14日~8月16日 年末年始 12月29日~1月3日
5			
6	13	13	13
7	3 24 41 58	5 36	5
8	12 26 41 57	2 *19 35	2 33
9	11 *27 41 *57	2 34	2 34
10	10 40	4 35	4 35
11	10 40	6 37	6 37
12	9 39	8 39	8 39
13	8 38	10 40	10 40
14	7 24 40	10 40	10 40
15	6 24 42	10 40	10 40
16	5 24 44	10 40	10 40
17	4 23 43	10 40	10 40
18	3 22 42	10 40	10 40
19	3 18 35 56	9 34 59	9 34 59
20	*11 25 *49	24 *49	24 *49
21	14	13	13
22	3 *52	3 *52	3 *52
23			

*印は九条車庫前までです。For Kujo Shako-mae

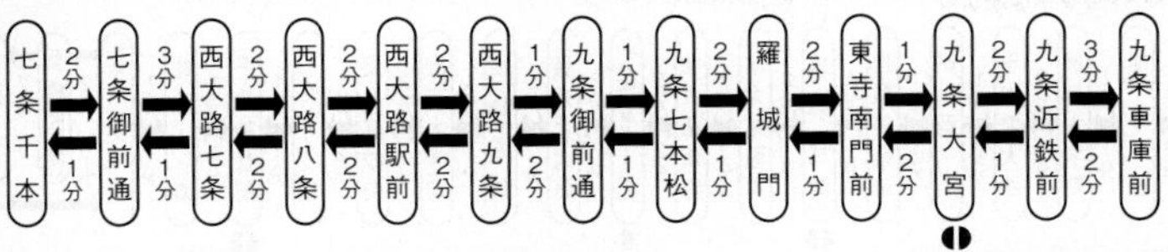

208 西大路通 Nishioji-dori St. 西大路駅・梅小路公園 行き
Kyoto Aquarium Via Nishioji Sta.

平日 Weekdays（お盆・年末年始を除く）	時	土曜日 Saturdays（お盆・年末年始を除く）	時	休日 Sundays & Holidays お盆 8月14日～8月16日 年末年始 12月29日～1月3日
33	5	33	5	33
19 40 54	6	23 50	6	23
7 19 31 46	7	14 27 43	7	14 45
5 17 31 47	8	11 43	8	11 44
4 16 45	9	12 44	9	12 44
14 43	10	13 44	10	13 44
12 42	11	14 44	11	14 44
11 40	12	14 44	12	14 44
9 38	13	14 44	13	14 44
7 23 39	14	14 44	14	14 44
5 23 40	15	14 44	15	14 44
3 22 41	16	14 44	16	14 44
1 21 41	17	13 42	17	13 42
1 19 39 59	18	11 40	18	11 40
16 34	19	8 34	19	8 34
8 26	20	0 26	20	0 26
16	21	16	21	16
5	22	5	22	5
	23		23	

← 七条大宮・京都水族館前❺乗場 P21

208 東山通 Higashiyama-dori St. 京都駅・東福寺 行き
Tofukuji Temple Via Kyoto Sta.

平日 Weekdays（お盆・年末年始を除く）	時	土曜日 Saturdays（お盆・年末年始を除く）	時	休日 Sundays & Holidays お盆 8月14日～8月16日 年末年始 12月29日～1月3日
49	5	49	5	49
35 56	6	39	6	39
10 26 38 51	7	6 30 *45	7	30
6 25 37 *50	8	2 30	8	4 30
6 *23 35	9	2 31	9	3 31
4 33	10	3 32	10	3 32
2 31	11	3 33	11	3 33
1 30 59	12	3 33	12	3 33
28 57	13	3 33	13	3 33
26 42 58	14	3 33	14	3 33
24 42 59	15	3 33	15	3 33
22 41	16	3 33	16	3 33
0 20 40	17	3 32	17	3 32
0 20 38 58	18	1 30 59	18	1 30 59
*16 33 51	19	25 51	19	25 51
*25 43	20	*17 43	20	*17 43
32	21	32	21	32
*21	22	*21	22	*21
	23		23	

*印は九条車庫前までです。For Kujo Shako-mae

208 東山通 Higashiyama-dori St. 博物館三十三間堂 泉涌寺・東福寺 行き
Tofukuji Temple

平日 Weekdays（お盆・年末年始を除く）	時	土曜日 Saturdays（お盆・年末年始を除く）	時	休日 Sundays & Holidays お盆 8月14日～8月16日 年末年始 12月29日～1月3日
58	5	58	5	58
45	6	49	6	49
6 20 36 48	7	16 40 *55	7	40
1 16 35 47	8	12 40	8	14 40
*0 16 *33 45	9	12 41	9	13 41
14 43	10	13 42	10	13 42
12 41	11	13 43	11	13 43
11 40	12	13 43	12	13 43
9 38	13	13 43	13	13 43
7 36 52	14	13 43	14	13 43
8 34 52	15	13 43	15	13 43
9 32 51	16	13 43	16	13 43
10 30 50	17	13 42	17	13 42
10 30 48	18	11 40	18	11 40
8 *26 43	19	9 35	19	9 35
1 *35 53	20	1 *27 53	20	1 *27 53
42	21	42	21	42
*31	22	*31	22	*31
	23		23	

*印は九条車庫前までです。For Kujo Shako-mae

← 博物館三十三間堂前❶乗場 P49

208 東山通 Higashiyama-dori St. 泉涌寺・東福寺 行き
Tofukuji Temple

平日 Weekdays（お盆・年末年始を除く）	時	土曜日 Saturdays（お盆・年末年始を除く）	時	休日 Sundays & Holidays お盆 8月14日～8月16日 年末年始 12月29日～1月3日
	5		5	
5 52	6	5 56	6	5 56
13 27 45 57	7	23 49	7	49
10 25 44 56	8	*4 21 49	8	23 49
*9 25 *42 54	9	21 50	9	22 50
23 52	10	22 51	10	22 51
21 50	11	22 52	11	22 52
20 49	12	22 52	12	22 52
18 47	13	22 52	13	22 52
16 45	14	22 52	14	22 52
1 17 43	15	22 52	15	22 52
1 18 41	16	22 52	16	22 52
0 19 39 59	17	22 51	17	22 51
19 39 57	18	20 49	18	20 49
15 *33 50	19	16 42	19	16 42
8 *42	20	8 *34	20	8 *34
0 49	21	0 49	21	0 49
*38	22	*38	22	*38
	23		23	

*印は九条車庫前までです。For Kujo Shako-mae

208 東山通 Higashiyama-dori St. 東寺・西大路駅 行き
Nishioji Sta. Via Toji Temple

平日 Weekdays（お盆・年末年始を除く）	時	土曜日 Saturdays（お盆・年末年始を除く）	時	休日 Sundays & Holidays お盆 8月14日～8月16日 年末年始 12月29日～1月3日
	5		5	
9 56	6	9	6	9
17 31 50	7	0 27 53	7	0 53
2 15 30 49	8	*8 25 54	8	27 54
1 *14 30 *47 59	9	26 55	9	27 55
28 57	10	27 56	10	27 56
26 55	11	27 57	11	27 57
25 54	12	27 57	12	27 57
23 52	13	27 57	13	27 57
21 50	14	27 57	14	27 57
6 22 48	15	27 57	15	27 57
6 23 46	16	27 57	16	27 57
5 24 44	17	27 56	17	27 56
4 24 44	18	25 54	18	25 54
2 19 *37 54	19	20 46	19	20 46
12 *46	20	12 *38	20	12 *38
4 53	21	4 53	21	4 53
*42	22	*42	22	*42
	23		23	

*印は九条車庫前までです。For Kujo Shako-mae

← 東福寺❹乗場 P47

208 西大路通 Nishioji-dori St. 西大路駅・梅小路公園 行き
Kyoto Aquarium Via Nishioji Sta.

平日 Weekdays（お盆・年末年始を除く）	時	土曜日 Saturdays（お盆・年末年始を除く）	時	休日 Sundays & Holidays お盆 8月14日～8月16日 年末年始 12月29日～1月3日
	5		5	
10 57	6	10	6	10
18 33 52	7	1 28 55	7	1 55
4 17 32 51	8	*10 27 56	8	29 56
3 *16 32 *49	9	28 57	9	29 57
1 30 59	10	29 58	10	29 58
28 57	11	29 59	11	29 59
27 56	12	29 59	12	29 59
25 54	13	29 59	13	29 59
23 52	14	29 59	14	29 59
8 24 50	15	29 59	15	29 59
8 25 48	16	29 59	16	29 59
7 26 46	17	29 58	17	29 58
6 26 46	18	27 56	18	27 56
4 21 *39 56	19	22 48	19	22 48
14 *48	20	14 *40	20	14 *40
6 55	21	6 55	21	6 55
*43	22	*43	22	*43
	23		23	

*印は九条車庫前までです。For Kujo Shako-mae

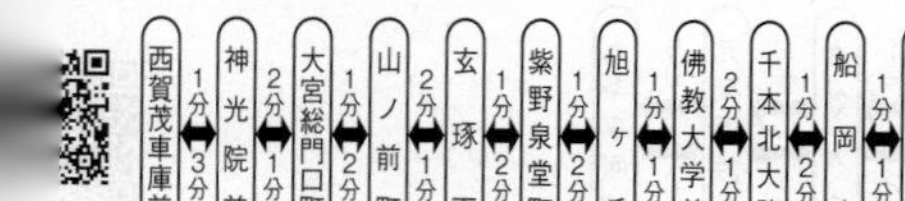

北大路堀川 → 北大路新町 → 北大路バスターミナル → 烏丸北大路 → 植物園前 → 府立大学前 → 洛北高校前 → 一本松 → 下鴨神社前 → 糺ノ森 → 新葵橋 → 葵橋西詰 → 河原町今出川

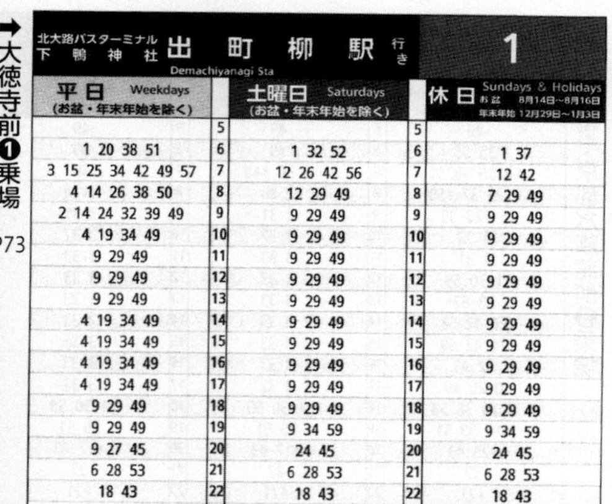

→大徳寺前❶乗場

P73

北大路バスターミナル 下鴨神社 **出町柳駅** 行き Demachiyanagi Sta **1**

時	平日 Weekdays (お盆・年末年始を除く)	土曜日 Saturdays (お盆・年末年始を除く)	休日 Sundays & Holidays お盆 8月14日～8月16日 年末年始 12月29日～1月3日
5			
6	1 20 38 51	1 32 52	1 37
7	3 15 25 34 42 49 57	12 26 42 56	12 42
8	4 14 26 38 50	12 29 49	7 29 49
9	2 14 24 32 39 49	9 29 49	9 29 49
10	4 19 34 49	9 29 49	9 29 49
11	9 29 49	9 29 49	9 29 49
12	9 29 49	9 29 49	9 29 49
13	9 29 49	9 29 49	9 29 49
14	4 19 34 49	9 29 49	9 29 49
15	4 19 34 49	9 29 49	9 29 49
16	4 19 34 49	9 29 49	9 29 49
17	4 19 34 49	9 29 49	9 29 49
18	9 29 49	9 29 49	9 29 49
19	9 29 49	9 34 59	9 34 59
20	9 27 45	24 45	24 45
21	6 28 53	6 28 53	6 28 53
22	18 43	18 43	18 43
23			

→下鴨神社前❶乗場

P41

出町柳駅 行き Demachiyanagi Sta. **1**

時	平日 Weekdays (お盆・年末年始を除く)	土曜日 Saturdays (お盆・年末年始を除く)	休日 Sundays & Holidays お盆 8月14日～8月16日 年末年始 12月29日～1月3日
5			
6	13 32 50	13 44	13 49
7	3 16 28 38 48 56	4 24 38 54	24 54
8	3 11 18 28 40 52	8 24 42	19 42
9	4 16 28 38 46 53	3 23 43	3 23 43
10	3 18 33 48	3 23 43	3 23 43
11	3 23 43	3 23 43	3 23 43
12	3 23 43	3 23 43	3 23 43
13	3 23 43	3 23 43	3 23 43
14	3 18 33 48	3 23 43	3 23 43
15	3 18 33 48	3 23 43	3 23 43
16	3 18 33 48	3 23 43	3 23 43
17	3 18 33 48	3 23 43	3 23 43
18	3 23 43	3 23 43	3 23 43
19	3 23 43	3 23 48	3 23 48
20	3 23 41 59	13 38 59	13 38 59
21	18 40	18 40	18 40
22	5 30 55	5 30 55	5 30 55
23			

←出町柳駅前❸乗場

P41・P115

佛教大学 **西賀茂車庫** 行き Nishigamo **1**

時	平日 Weekdays (お盆・年末年始を除く)	土曜日 Saturdays (お盆・年末年始を除く)	休日 Sundays & Holidays お盆 8月14日～8月16日 年末年始 12月29日～1月3日
5			
6	19 38 56	19 50	19 55
7	9 22 36 46 56	10 30 44	30
8	4 11 19 26 36 48	0 14 30 50	0 25 50
9	0 12 24 36 46 54	11 31 51	11 31 51
10	1 11 26 41 56	11 31 51	11 31 51
11	11 31 51	11 31 51	11 31 51
12	11 31 51	11 31 51	11 31 51
13	11 31 51	11 31 51	11 31 51
14	11 26 41 56	11 31 51	11 31 51
15	11 26 41 56	11 31 51	11 31 51
16	11 26 41 56	11 31 51	11 31 51
17	11 26 41 56	11 31 51	11 31 51
18	11 31 51	11 31 51	11 31 51
19	10 30 50	10 30 55	10 30 55
20	10 30 48	20 45	20 45
21	5 24 46	5 24 46	5 24 46
22	11 36	11 36	11 36
23	1	1	1

←下鴨神社前❷乗場

P41

佛教大学 **西賀茂車庫** 行き Nishigamo **1**

時	平日 Weekdays (お盆・年末年始を除く)	土曜日 Saturdays (お盆・年末年始を除く)	休日 Sundays & Holidays お盆 8月14日～8月16日 年末年始 12月29日～1月3日
5			
6	23 42	23 54	23 59
7	0 13 26 40 50	14 34 48	34
8	0 8 15 23 30 40 52	4 18 34 54	4 29 54
9	4 16 28 40 50 58	15 35 55	15 35 55
10	5 15 30 45	15 35 55	15 35 55
11	0 15 35 55	15 35 55	15 35 55
12	15 35 55	15 35 55	15 35 55
13	15 35 55	15 35 55	15 35 55
14	15 30 45	15 35 55	15 35 55
15	0 15 30 45	15 35 55	15 35 55
16	0 15 30 45	15 35 55	15 35 55
17	0 15 30 45	15 35 55	15 35 55
18	0 15 35 55	15 35 55	15 35 55
19	14 34 54	14 34 59	14 34 59
20	14 34 52	24 49	24 49
21	9 28 50	9 28 50	9 28 50
22	15 40	15 40	15 40
23	5	5	5

←北大路バスターミナル(地下鉄北大路駅)Ⓕ乗場

P69

佛教大学 **西賀茂車庫** 行き Nishigamo **1**

時	平日 Weekdays (お盆・年末年始を除く)	土曜日 Saturdays (お盆・年末年始を除く)	休日 Sundays & Holidays お盆 8月14日～8月16日 年末年始 12月29日～1月3日
5			
6	30 49	30	30
7	7 20 34 50	1 21 41 55	6 41
8	0 10 18 25 33 40 50	11 25 44	11 39
9	2 14 26 38 50	4 25 45	4 25 45
10	0 8 15 25 40 55	5 25 45	5 25 45
11	10 25 45	5 25 45	5 25 45
12	5 25 45	5 25 45	5 25 45
13	5 25 45	5 25 45	5 25 45
14	5 25 40 55	5 25 45	5 25 45
15	10 25 40 55	5 25 45	5 25 45
16	10 25 40 55	5 25 45	5 25 45
17	10 25 40 55	5 25 45	5 25 45
18	10 25 45	5 25 45	5 25 45
19	5 23 43	5 23 43	5 23 43
20	3 23 43	8 33 58	8 33 58
21	1 16 35 57	16 35 57	16 35 57
22	22 47	22 47	22 47
23	12	12	12

←大徳寺前❷乗場

P73

佛教大学 **西賀茂車庫** 行き Nishigamo **1**

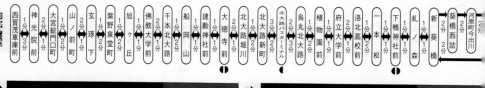

時	平日 Weekdays (お盆・年末年始を除く)	土曜日 Saturdays (お盆・年末年始を除く)	休日 Sundays & Holidays お盆 8月14日～8月16日 年末年始 12月29日～1月3日
5			
6	35 54	35	35
7	12 25 39 55	6 26 46	11 46
8	5 15 23 30 38 45 55	0 16 30 49	16 44
9	7 19 31 43 55	9 30 50	9 30 50
10	5 13 20 30 45	10 30 50	10 30 50
11	0 15 30 50	10 30 50	10 30 50
12	10 30 50	10 30 50	10 30 50
13	10 30 50	10 30 50	10 30 50
14	10 30 45	10 30 50	10 30 50
15	0 15 30 45	10 30 50	10 30 50
16	0 15 30 45	10 30 50	10 30 50
17	0 15 30 45	10 30 50	10 30 50
18	0 15 30 50	10 30 50	10 30 50
19	10 28 48	10 28 48	10 28 48
20	8 28 48	13 38	13 38
21	6 21 40	3 21 40	3 21 40
22	2 27 52	2 27 52	2 27 52
23	17	17	17

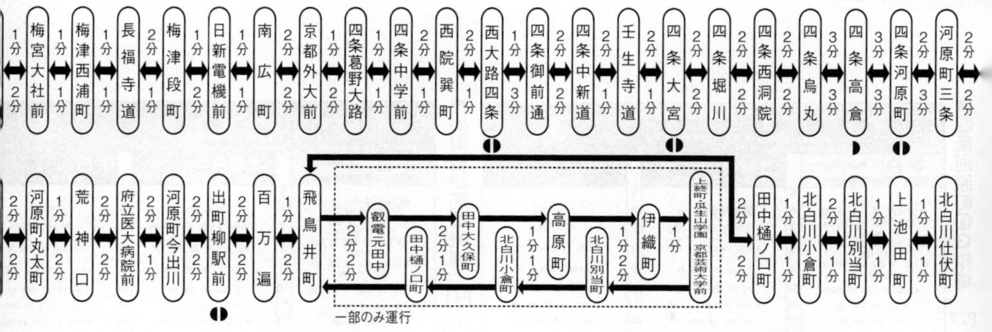

河原町通 Kawaramachi-dori St.

四条河原町・北白川仕伏町行き（上終町・瓜生山学園 京都芸術大学前） **3**

Shibusecho / Kamihatecho/Uryuyamagakuen Kyoto Geijutsudaigaku-mae

平日 Weekdays（お盆・年末年始を除く）		土曜日 Saturdays（お盆・年末年始を除く）		休日 Sundays & Holidays お盆 8月14日～8月16日 年末年始 12月29日～1月3日
	5		5	
8 19 30 43 53	6	20 38 56	6	(22) 41 57
3 12 23 (29) 35 (43) 49 (55)	7	15 34 (45) 54	7	(16) 34 51
1 (8) 14 (21) 28 (35) 41 (47) 53 (59)	8	(3) 12 (21) 30 (41) 52	8	(5) (24) (43) 53
4 (10) 17 (23) 29 (36) 43 (50)	9	(3) 14 (25) 37 (48) 59	9	(4) (25) 37 (48)
6 (20) 33 (46) 58	10	(13) 24 (34) 46 (57)	10	2 (14) 27 (37) 48 (58)
(10) 22 (34) 49 (59)	11	8 (19) 31 (43) 55	11	9 (20) 31 (44) 56
13 (26) 39 (52)	12	(7) 19 (31) 42 (54)	12	(9) 21 (33) 43 (54)
4 (16) 28 (41) (55)	13	5 (17) 28 (40) 52	13	5 (17) 28 (40) 52
7 (19) (32) 45 58	14	(4) 15 (27) 39 (51)	14	(4) 15 (27) 39 (51)
11 (23) (35) 47 (54)	15	2 (14) 26 (37) 49	15	2 (14) 26 (37) 49
2 (13) 25 (32) 39 (51) 58	16	(0) 12 (24) 36 (47) 59	16	(0) 12 (24) 36 (47) 59
(5) 12 (20) 29 (36) 43 (53)	17	(11) 22 (34) *46 56	17	(11) 22 (34) *46 56
0 (9) 19 (31) 39 (47) 57	18	(9) 21 (33) 45 (56)	18	(9) 21 (33) 45 (56)
*4 (11) *16 22 (29) 36 *44 (51) *58	19	7 *14 (23) 36 (53)	19	7 *14 (23) 36 (53)
6 *16 (26) *33 39 (51)	20	*6 18 *28 38 (50)	20	*6 18 *28 38 (50)
*2 12 *20 (28) (44) *59	21	*0 13 (29) (46)	21	*0 13 (29) (46)
*15 *27 *41	22	*7 *26 *41	22	*7 *26 *41
	23		23	

*印は京都外大前までです。For kyoto Gaidai-mae

( )印は上終町·瓜生山学園 京都芸術大学前行きです。

For Kamihatecho/Uryuyamagakuen KyotoGeijutsudaigaku-mae

➡西大路四条(阪急・嵐電西院駅)❶乗場

P75

河原町通 Kawaramachi-dori St.

四条河原町・北白川仕伏町行き（上終町・瓜生山学園 京都芸術大学前） **3**

Shibusecho / Kamihatecho/Uryuyamagakuen Kyoto Geijutsudaigaku-mae

平日 Weekdays（お盆・年末年始を除く）		土曜日 Saturdays（お盆・年末年始を除く）		休日 Sundays & Holidays お盆 8月14日～8月16日 年末年始 12月29日～1月3日
	5		5	
6 12 (18) 23 (28) 34 (40) 45 (51) 58	6	6 17 (26) 35 (44) 53	6	6 23 (37) 56
(2) 8 (13) 19 (23) 28 (34) 40 (46) 53	7	(2) 11 (20) 30 (40) 50	7	12 (31) 50
(0) 7 (13) 19 (26) 33 (40) 46 (52) 58	8	(0) 9 (18) 27 (37) 47 (58)	8	(0) 9 (20) 28 (40) 50
(4) 10 (16) 22 (28) 34 (40) 46 (53)	9	9 (20) 31 (43) 54	9	(0) 10 (21) 32 (43) 55
0 (10) 24 (37) 50	10	(6) 18 (30) 42 (53)	10	(7) 20 (32) 44 (54)
(3) 15 (27) 39 (52)	11	5 (16) 28 (39) 51	11	5 (16) 28 (39) 51
6 (18) 30 (43) 56	12	(3) 15 (26) 38 (50)	12	(3) 15 (26) 38 (50)
(9) 22 (34) 46 (58)	13	2 (13) 25 (37) 48	13	2 (13) 25 (37) 48
5 (13) 24 (36) 43 (50)	14	(0) 11 (23) 35 (47) 58	14	(0) 11 (23) 35 (47) 58
2 (9) 16 (23) 31 (40) 47 (54)	15	(10) 22 (33) 45 (57)	15	(10) 22 (33) 45 (57)
4 (11) 20 (30) 42 (50) 58	16	7 (20) 32 (44) 56	16	7 (20) 32 (44) 56
(8) 15 (24) 31 (38) 46 (54)	17	(7) 19 (29) 39 (54)	17	(7) 19 (29) 39 (54)
2 (10) 18 (27) 38 (49) 57	18	13 (27) 40 (52)	18	13 (27) 40 (52)
(4) 16 (27) 37 (45) 53	19	3 (15) 25 (38) 54	19	3 (15) 25 (38) 54
(9) 24 (41) 54	20	(11) 33 53	20	(11) 33 53
(8) 27 (44)	21	(8) 27 (44)	21	(8) 27 (44)
(1)	22	(1)	22	(1)
	23		23	

( )印は上終町・瓜生山学園 京都芸術大学前行きです。

( )For Kamihatecho/Uryuyamagakuen Kyoto Geijutsudaigaku-mae

河原町通 Kawaramachi-dori St.

四条河原町・北白川仕伏町行き（上終町・瓜生山学園 京都芸術大学前） **3**

Shibusecho / Kamihatecho/Uryuyamagakuen Kyoto Geijutsudaigaku-mae

平日 Weekdays（お盆・年末年始を除く）		土曜日 Saturdays（お盆・年末年始を除く）		休日 Sundays & Holidays お盆 8月14日～8月16日 年末年始 12月29日～1月3日
	5		5	
12 18 (24) 29 (34) 40 (46) 51 (57)	6	12 23 (32) 41 (50) 59	6	12 29 (43)
4 (8) 14 (19) 25 (29) 34 (41) 47 (53)	7	(8) 17 (26) 36 (46) 56	7	2 18 (37) 56
0 (7) 14 (20) 26 (33) 40 (47) 53 (59)	8	(6) 15 (24) 33 (44) 54	8	(6) 15 (26) 34 (47) 57
5 (11) 17 (23) 29 (35) 41 (47) 53	9	(5) 16 (27) 38 (50)	9	(7) 17 (28) 39 (50)
(0) 7 (17) 31 (44) 57	10	1 (13) 25 (37) 49	10	2 (14) 27 (39) 51
(10) 22 (34) 46 (59)	11	(0) 12 (23) 35 (46) 58	11	(1) 12 (23) 35 (46) 58
13 (25) 37 (50)	12	(10) 22 (33) 45 (57)	12	(10) 22 (33) 45 (57)
3 (16) 29 (41) 53	13	9 (20) 32 (44) 55	13	9 (20) 32 (44) 55
(5) 12 (20) 31 (43) 50 (57)	14	(7) 18 (30) 42 (54)	14	(7) 18 (30) 42 (54)
9 (16) 23 (30) 38 (47) 54	15	5 (17) 29 (40) 52	15	5 (17) 29 (40) 52
(1) 11 (18) 27 (37) 49 (57)	16	(4) 14 (27) 39 (51)	16	(4) 14 (27) 39 (51)
5 (15) 22 (31) 38 (45) 53	17	3 (14) 26 (36) 46	17	3 (14) 26 (36) 46
(1) 9 (17) 25 (34) 45 (56)	18	(1) 20 (34) 47 (59)	18	(1) 20 (34) 47 (59)
4 (10) 22 (33) 43 (51) 59	19	9 (21) 31 (44)	19	9 (21) 31 (44)
(15) 30 (47)	20	0 (17) 39 59	20	0 (17) 39 59
0 (14) 33 (50)	21	(14) 33 (50)	21	(14) 33 (50)
(7)	22	(7)	22	(7)
	23		23	

( )印は上終町・瓜生山学園 京都芸術大学前行きです。

( )For Kamihatecho/Uryuyamagakuen Kyoto Geijutsudaigaku-mae

➡四条高倉㉑A乗場

P30

河原町通 Kawaramachi-dori St.

出町柳駅・百万遍・北白川仕伏町行き（上終町・瓜生山学園 京都芸術大学前） **3**

Shibusecho / Kamihatecho/Uryuyamagakuen Kyoto Geijutsudaigaku-mae

平日 Weekdays（お盆・年末年始を除く）		土曜日 Saturdays（お盆・年末年始を除く）		休日 Sundays & Holidays お盆 8月14日～8月16日 年末年始 12月29日～1月3日
	5		5	
19 25 (31) 36 (41) 47 (53) 58	6	19 30 (39) 48 (57)	6	19 36 (50)
(4) 11 (15) 21 (26) 32 (37) 42 (49) 55	7	6 (15) 24 (33) 43 (53)	7	9 25 (44)
(1) 8 (15) 22 (28) 34 (41) 48 (55)	8	3 (13) 22 (31) 41 (52)	8	3 (13) 22 (33) 42 (55)
1 (7) 13 (19) 25 (31) 37 (43) 49 (55)	9	2 (13) 24 (35) 46 (58)	9	5 (15) 25 (36) 47 (58)
1 (9) 16 (26) 40 (53)	10	10 (22) 34 (46) 58	10	11 (23) 36 (48)
6 (19) 31 (43) 55	11	(9) 21 (32) 44 (55)	11	0 (10) 21 (32) 44 (55)
(8) 22 (34) 46 (59)	12	7 (19) 31 (42) 54	12	7 (19) 31 (42) 54
12 (25) 38 (50)	13	(6) 18 (29) 41 (53)	13	(6) 18 (29) 41 (53)
2 (14) 21 (29) 40 (52) 59	14	4 (16) 27 (39) 51	14	4 (16) 27 (39) 51
(6) 18 (25) 32 (39) 47 (56)	15	(3) 14 (26) 38 (49)	15	(3) 14 (26) 38 (49)
3 (10) 20 (27) 36 (46) 58	16	1 (13) 23 (36) 48	16	1 (13) 23 (36) 48
(6) 14 (24) 31 (40) 47 (54)	17	(0) 12 (23) 35 (45) 55	17	(0) 12 (23) 35 (45) 55
2 (10) 18 (26) 34 (43) 54	18	(10) 29 (43) 56	18	(10) 29 (43) 56
(4) 11 (17) 29 (40) 50 (58)	19	(6) 16 (28) 38 (51)	19	(6) 16 (28) 38 (51)
6 (22) 37 (54)	20	7 (24) 46	20	7 (24) 46
7 (21) 40 (57)	21	6 (21) 40 (57)	21	6 (21) 40 (57)
(14)	22	(14)	22	(14)
	23		23	

( )印は上終町・瓜生山学園 京都芸術大学前行きです。

( )For Kamihatecho/Uryuyamagakuen Kyoto Geijutsudaigaku-mae

系統図は前ページ

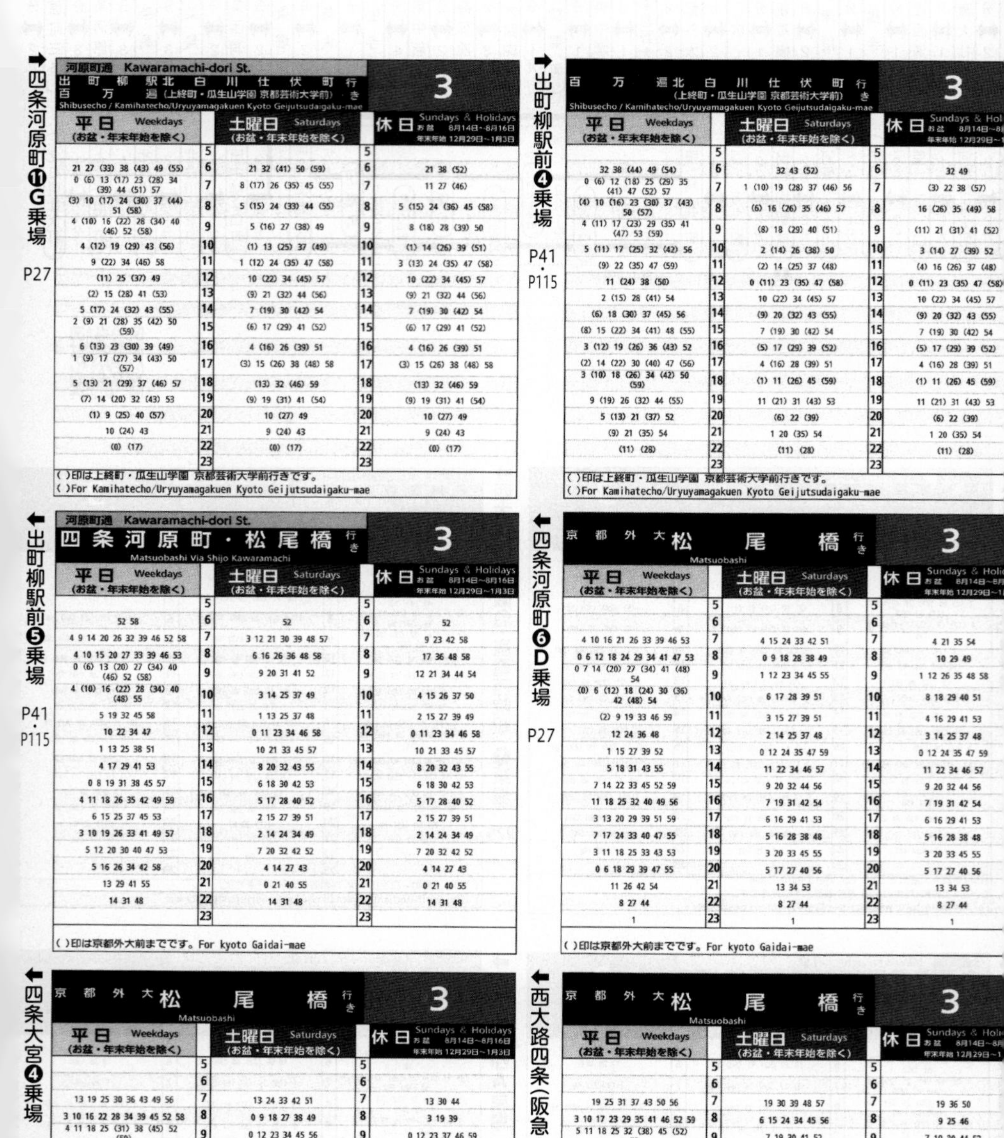

➡ 四条河原町⓫G乗場 P27

河原町通 Kawaramachi-dori St.

出町柳駅北白川仕伏町行き / 百万遍（上終町・瓜生山学園 京都芸術大学前）

Shibusecho / Kamihatecho/Uryuyamagakuen Kyoto Geijutsudaigaku-mae

3

平日 Weekdays（お盆・年末年始を除く）	時	土曜日 Saturdays（お盆・年末年始を除く）	時	休日 Sundays & Holidays お盆 8月14日~8月16日 年末年始 12月29日~1月3日
	5		5	
21 27 (33) 38 (43) 49 (55)	6	21 32 (41) 50 (59)	6	21 38 (52)
0 (6) 13 (17) 23 (28) 34 (39) 44 (51) 57	7	8 (17) 26 (35) 45 (55)	7	11 27 (46)
(3) 10 (17) 24 (30) 37 (44) 51 (58)	8	5 (15) 24 (33) 44 (55)	8	5 (15) 24 (36) 45 (58)
4 (10) 16 (22) 28 (34) 40 (46) 52 (58)	9	5 (16) 27 (38) 49	9	8 (18) 28 (39) 50
4 (12) 19 (29) 43 (56)	10	(1) 13 (25) 37 (49)	10	(1) 14 (26) 39 (51)
9 (22) 34 (46) 58	11	1 (12) 24 (35) 47 (58)	11	3 (13) 24 (35) 47 (58)
(11) 25 (37) 49	12	10 (22) 34 (45) 57	12	10 (22) 34 (45) 57
(2) 15 (28) 41 (53)	13	(9) 21 (32) 44 (56)	13	(9) 21 (32) 44 (56)
5 (17) 24 (32) 43 (55)	14	7 (19) 30 (42) 54	14	7 (19) 30 (42) 54
2 (9) 21 (28) 35 (42) 50 (59)	15	(6) 17 (29) 41 (52)	15	(6) 17 (29) 41 (52)
6 (13) 23 (30) 39 (49)	16	4 (16) 26 (39) 51	16	4 (16) 26 (39) 51
1 (9) 17 (27) 34 (43) 50 (57)	17	(3) 15 (26) 38 (48) 58	17	(3) 15 (26) 38 (48) 58
5 (13) 21 (29) 37 (46) 57	18	(13) 32 (46) 59	18	(13) 32 (46) 59
(7) 14 (20) 32 (43) 53	19	(9) 19 (31) 41 (54)	19	(9) 19 (31) 41 (54)
(1) 9 (25) 40 (57)	20	10 (27) 49	20	10 (27) 49
10 (24) 43	21	9 (24) 43	21	9 (24) 43
(0) (17)	22	(0) (17)	22	(0) (17)
	23		23	

( )印は上終町・瓜生山学園 京都芸術大学前行きです。
( )For Kamihatecho/Uryuyamagakuen Kyoto Geijutsudaigaku-mae

➡ 出町柳駅前❹乗場 P41・P115

百万遍北白川仕伏町行き（上終町・瓜生山学園 京都芸術大学前）

Shibusecho / Kamihatecho/Uryuyamagakuen Kyoto Geijutsudaigaku-mae

3

平日 Weekdays（お盆・年末年始を除く）	時	土曜日 Saturdays（お盆・年末年始を除く）	時	休日 Sundays & Hol… お盆 8月14日~8… 年末年始 12月29日~…
	5		5	
32 38 (44) 49 (54)	6	32 43 (52)	6	32 49
0 (6) 12 (18) 25 (29) 35 (41) 47 (52) 57	7	1 (10) 19 (28) 37 (46) 56	7	(3) 22 38 (57)
(4) 10 (16) 23 (30) 37 (43) 50 (57)	8	(6) 16 (26) 35 (46) 57	8	16 (26) 35 (49) 58
4 (11) 17 (23) 29 (35) 41 (47) 53 (59)	9	(8) 18 (29) 40 (51)	9	(11) 21 (31) 41 (52)
5 (11) 17 (25) 32 (42) 56	10	2 (14) 26 (38) 50	10	3 (14) 27 (39) 52
(9) 22 (35) 47 (59)	11	(2) 14 (25) 37 (48)	11	(4) 16 (26) 37 (48)
11 (24) 38 (50)	12	0 (11) 23 (35) 47 (58)	12	0 (11) 23 (35) 47 (58)
2 (15) 28 (41) 54	13	10 (22) 34 (45) 57	13	10 (22) 34 (45) 57
(6) 18 (30) 37 (45) 56	14	(9) 20 (32) 43 (55)	14	(9) 20 (32) 43 (55)
(8) 15 (22) 34 (41) 48 (55)	15	7 (19) 30 (42) 54	15	7 (19) 30 (42) 54
3 (12) 19 (26) 36 (43) 52	16	(5) 17 (29) 39 (52)	16	(5) 17 (29) 39 (52)
(2) 14 (22) 30 (40) 47 (56)	17	4 (16) 28 (39) 51	17	4 (16) 28 (39) 51
3 (10) 18 (26) 34 (42) 50 (59)	18	(1) 11 (26) 45 (59)	18	(1) 11 (26) 45 (59)
9 (19) 26 (32) 44 (55)	19	11 (21) 31 (43) 53	19	11 (21) 31 (43) 53
5 (13) 21 (37) 52	20	(6) 22 (39)	20	(6) 22 (39)
(9) 21 (35) 54	21	1 20 (35) 54	21	1 20 (35) 54
(11) (28)	22	(11) (28)	22	(11) (28)
	23		23	

( )印は上終町・瓜生山学園 京都芸術大学前行きです。
( )For Kamihatecho/Uryuyamagakuen Kyoto Geijutsudaigaku-mae

⬅ 出町柳駅前❺乗場 P41・P115

河原町通 Kawaramachi-dori St.

四条河原町・松尾橋行き

Matsuobashi Via Shijo Kawaramachi

3

平日 Weekdays（お盆・年末年始を除く）	時	土曜日 Saturdays（お盆・年末年始を除く）	時	休日 Sundays & Holidays お盆 8月14日~8月16日 年末年始 12月29日~1月3日
	5		5	
52 58	6	52	6	52
4 9 14 20 26 32 39 46 52 58	7	3 12 21 30 39 48 57	7	9 23 42 58
4 10 15 20 27 33 39 46 53	8	6 16 26 36 48 58	8	17 36 48 58
0 (6) 13 (20) 27 (34) 40 (46) 52 (58)	9	9 20 31 41 52	9	12 21 34 44 54
4 (10) 16 (22) 28 (34) 40 (48) 55	10	3 14 25 37 49	10	4 15 26 37 50
5 19 32 45 58	11	1 13 25 37 48	11	2 15 27 39 49
10 22 34 47	12	0 11 23 34 46 58	12	0 11 23 34 46 58
1 13 25 38 51	13	10 21 33 45 57	13	10 21 33 45 57
4 17 29 41 53	14	8 20 32 43 55	14	8 20 32 43 55
0 8 19 31 38 45 57	15	6 18 30 42 53	15	6 18 30 42 53
4 11 18 26 35 42 49 59	16	5 17 28 40 52	16	5 17 28 40 52
6 15 25 37 45 53	17	2 15 27 39 51	17	2 15 27 39 51
3 10 19 26 33 41 49 57	18	2 14 24 34 49	18	2 14 24 34 49
5 12 20 30 40 47 53	19	7 20 32 42 52	19	7 20 32 42 52
5 16 26 34 42 58	20	4 14 27 43	20	4 14 27 43
13 29 41 55	21	0 21 40 55	21	0 21 40 55
14 31 48	22	14 31 48	22	14 31 48
	23		23	

( )印は京都外大前までです。For kyoto Gaidai-mae

⬅ 四条河原町❻D乗場 P27

京都外大 松尾橋行き

Matsuobashi

3

平日 Weekdays（お盆・年末年始を除く）	時	土曜日 Saturdays（お盆・年末年始を除く）	時	休日 Sundays & Holi… お盆 8月14日~8月… 年末年始 12月29日~1…
	5		5	
	6		6	
4 10 16 21 26 33 39 46 53	7	4 15 24 33 42 51	7	4 21 35 54
0 6 12 18 24 29 34 41 47 53	8	0 9 18 28 38 49	8	10 29 49
0 7 14 (20) 27 (34) 41 (48) 54	9	1 12 23 34 45 55	9	1 12 26 35 48 58
(0) 6 (12) 18 (24) 30 (36) 42 (48) 54	10	6 17 28 39 51	10	8 18 29 40 51
(2) 9 19 33 46 59	11	3 15 27 39 51	11	4 16 29 41 53
12 24 36 48	12	2 14 25 37 48	12	3 14 25 37 48
1 15 27 39 52	13	0 12 24 35 47 59	13	0 12 24 35 47 59
5 18 31 43 55	14	11 22 34 46 57	14	11 22 34 46 57
7 14 22 33 45 52 59	15	9 20 32 44 56	15	9 20 32 44 56
11 18 25 32 40 49 56	16	7 19 31 42 54	16	7 19 31 42 54
3 13 20 29 39 51 59	17	6 16 29 41 53	17	6 16 29 41 53
7 17 24 33 40 47 55	18	5 16 28 38 48	18	5 16 28 38 48
3 11 18 25 33 43 53	19	3 20 33 45 55	19	3 20 33 45 55
0 6 18 29 39 47 55	20	5 17 27 40 56	20	5 17 27 40 56
11 26 42 54	21	13 34 53	21	13 34 53
8 27 44	22	8 27 44	22	8 27 44
1	23	1	23	1

( )印は京都外大前までです。For kyoto Gaidai-mae

⬅ 四条大宮❹乗場 P33

京都外大 松尾橋行き

Matsuobashi

3

平日 Weekdays（お盆・年末年始を除く）	時	土曜日 Saturdays（お盆・年末年始を除く）	時	休日 Sundays & Holidays お盆 8月14日~8月16日 年末年始 12月29日~1月3日
	5		5	
	6		6	
13 19 25 30 36 43 49 56	7	13 24 33 42 51	7	13 30 44
3 10 16 22 28 34 39 45 52 58	8	0 9 18 27 38 49	8	3 19 39
4 11 18 25 (31) 38 (45) 52 (59)	9	0 12 23 34 45 56	9	0 12 23 37 46 59
5 (12) 18 (24) 30 (36) 42 (48) 54	10	6 18 29 40 51	10	9 20 30 41 52
(0) 6 (14) 21 31 45 58	11	3 15 27 39 51	11	3 16 28 41 53
11 24 36 48	12	3 14 26 37 49	12	5 15 26 37 49
0 13 27 39 51	13	0 12 24 36 47 59	13	0 12 24 36 47 59
4 17 30 43 55	14	11 23 34 46 58	14	11 23 34 46 58
7 19 26 34 45 57	15	9 21 32 44 56	15	9 21 32 44 56
4 11 23 30 37 44 52	16	8 19 31 43 54	16	8 19 31 43 54
1 8 15 25 32 41 51	17	6 18 28 41 53	17	6 18 28 41 53
3 11 19 29 36 45 52 59	18	5 17 28 40 50	18	5 17 28 40 50
6 13 21 28 35 43 53	19	0 13 30 43 55	19	0 13 30 43 55
3 10 16 28 39 49 57	20	5 15 27 37 50	20	5 15 27 37 50
5 21 36 52	21	6 23 44	21	6 23 44
4 18 37 54	22	3 18 37 54	22	3 18 37 54
11	23	11	23	11

( )印は京都外大前までです。For kyoto Gaidai-mae

⬅ 西大路四条（阪急・嵐電西院駅）❸乗場 P75

京都外大 松尾橋行き

Matsuobashi

3

平日 Weekdays（お盆・年末年始を除く）	時	土曜日 Saturdays（お盆・年末年始を除く）	時	休日 Sundays & Holi… お盆 8月14日~8月… 年末年始 12月29日~1…
	5		5	
	6		6	
19 25 31 37 43 50 56	7	19 30 39 48 57	7	19 36 50
3 10 17 23 29 35 41 46 52 59	8	6 15 24 34 45 56	8	9 25 46
5 11 18 25 32 (38) 45 (52) 59	9	7 19 30 41 52	9	7 19 30 44 53
(6) 12 (19) 25 (31) 37 (43) 49 (55)	10	3 13 25 36 47 58	10	6 16 27 37 48 59
1 (7) 13 (21) 28 38 52	11	10 22 34 46 58	11	10 23 35 48
5 18 31 43 55	12	10 21 33 44 56	12	0 12 22 33 44 56
7 20 34 46 58	13	7 19 31 43 54	13	7 19 31 43 54
11 24 37 50	14	6 18 30 41 53	14	6 18 30 41 53
2 14 26 33 41 52	15	5 16 28 39 51	15	5 16 28 39 51
4 11 18 30 37 44 51 59	16	3 15 26 38 50	16	3 15 26 38 50
8 15 22 32 39 48 58	17	1 13 25 35 48	17	1 13 25 35 48
10 18 26 36 43 52 59	18	0 12 24 35 47 57	18	0 12 24 35 47 57
5 12 19 27 34 41 49 59	19	6 19 36 49	19	6 19 36 49
9 16 22 34 45 55	20	1 11 21 33 43 56	20	1 11 21 33 43 56
3 11 27 42 58	21	12 29 50	21	12 29 50
10 24 43	22	9 24 43	22	9 24 43
0 17	23	0 17	23	0 17

( )印は京都外大前までです。For kyoto Gaidai-mae

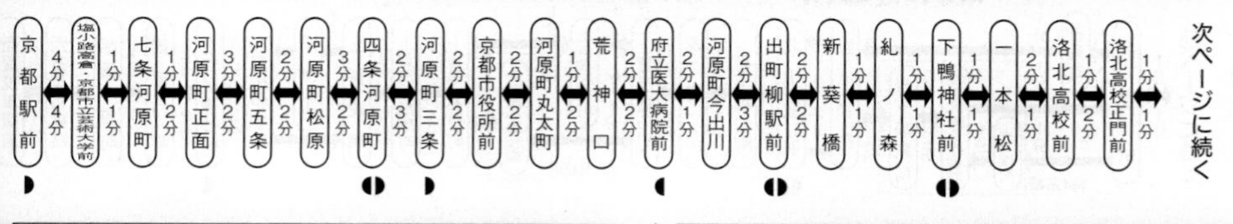

次ページに続く

四条河原町⑩F乗場

P27

河原町通 Kawaramachi-dori St.

四条河原町・上賀茂神社 行き 4

Kamigamo-jinja Shrine

時	平日 Weekdays (お盆・年末年始を除く)	土曜日 Saturdays (お盆・年末年始を除く)	休日 Sundays & Holidays お盆 8月14日～8月16日 年末年始 12月29日～1月3日
5			
6			
7	(8) (22) (35) 51	(8) 33 (58)	(8) 33 (58)
8	6 (21) 37 (53)	21 (44)	21 (44)
9	8 (23) 38 (53)	6 (28) 48	6 (28) 48
10	8 (23) 38 (53)	(8) 28 (48)	(8) 28 (48)
11	8 (23) 38 (53)	8 (23) 38 (53)	8 (23) 38 (53)
12	8 (23) 38 (53)	8 (23) 38 (53)	8 (23) 38 (53)
13	8 (23) 38 (53)	8 (23) 38 (53)	8 (23) 38 (53)
14	8 (23) 38 (53)	8 (23) 38 (53)	8 (23) 38 (53)
15	8 (23) 38 (53)	8 (23) 38 (53)	8 (23) 38 (53)
16	8 (23) 38 (53)	8 (23) 38 (53)	8 (23) 38 (53)
17	8 (23) 38 (53)	10 (30) 50	10 (30) 50
18	8 (23) 38 (53)	(10) 30 (50)	(10) 30 (50)
19	8 (23) 38 53	10 (30) 50	10 (30) 50
20	(10) 30 (50)	(10) 30 (50)	(10) 30 (50)
21	10 (30) 50	10 (30) 50	10 (30) 50
22	(10)	(10)	(10)
23			

( )印は，左京区総合庁舎・松ヶ崎駅・上賀茂小学校経由です。Via Matsugasaki Sta.

河原町通 Kawaramachi-dori St.

出町柳駅 下鴨神社 上賀茂神社・西賀茂車庫 行き 4

Kamigamo-jinja Shrine・Nishigamo

時	平日 Weekdays (お盆・年末年始を除く)	土曜日 Saturdays (お盆・年末年始を除く)	休日 Sundays & Holidays お盆 8月14日～8月16日 年末年始 12月29日～1月3日
5			
6			
7	(20) (35) (49)	(20) 45	(20) 45
8	5 20 (35) 51	(10) 33 (58)	(10) 33 (58)
9	(7) 22 (37) 52	20 (42)	20 (42)
10	(7) 22 (37) 52	2 (22) 42	2 (22) 42
11	(7) 22 (37) 52	(2) 22 (37) 52	(2) 22 (37) 52
12	(7) 22 (37) 52	(7) 22 (37) 52	(7) 22 (37) 52
13	(7) 22 (37) 52	(7) 22 (37) 52	(7) 22 (37) 52
14	(7) 22 (37) 52	(7) 22 (37) 52	(7) 22 (37) 52
15	(7) 22 (37) 52	(7) 22 (37) 52	(7) 22 (37) 52
16	(7) 22 (37) 52	(7) 22 (37) 52	(7) 22 (37) 52
17	(7) 22 (37) 52	(7) 24 (44)	(7) 24 (44)
18	(7) 22 (37) 52	4 (24) 44	4 (24) 44
19	(6) 20 (35) 50	(4) 22 (42)	(4) 22 (42)
20	5 (22) 42	2 (22) 42	2 (22) 42
21	(2) 22 (42)	(2) 22 (42)	(2) 22 (42)
22	2 (22)	2 (22)	2 (22)
23			

( )印は，左京区総合庁舎・松ヶ崎駅・上賀茂小学校経由です。Via Matsugasaki Sta.

出町柳駅前❸乗場

P41・P115

河原町通 Kawaramachi-dori St.

出町柳駅 下鴨神社 上賀茂神社・西賀茂車庫 行き 4

Kamigamo-jinja Shrine・Nishigamo

時	平日 Weekdays (お盆・年末年始を除く)	土曜日 Saturdays (お盆・年末年始を除く)	休日 Sundays & Holidays お盆 8月14日～8月16日 年末年始 12月29日～1月3日
5			
6			
7	(22) (37) (51)	(21) 46	(21) 46
8	7 22 (37) 53	(11) 35	(11) 35
9	(9) 24 (39) 54	(0) 22 (44)	(0) 22 (44)
10	(9) 24 (39) 54	4 (24) 44	4 (24) 44
11	(9) 24 (39) 54	(4) 24 (39) 54	(4) 24 (39) 54
12	(9) 24 (39) 54	(9) 24 (39) 54	(9) 24 (39) 54
13	(9) 24 (39) 54	(9) 24 (39) 54	(9) 24 (39) 54
14	(9) 24 (39) 54	(9) 24 (39) 54	(9) 24 (39) 54
15	(9) 24 (39) 54	(9) 24 (39) 54	(9) 24 (39) 54
16	(9) 24 (39) 54	(9) 24 (39) 54	(9) 24 (39) 54
17	(9) 24 (39) 54	(9) 26 (46)	(9) 26 (46)
18	(9) 24 (39) 54	6 (26) 46	6 (26) 46
19	(8) 22 (37) 52	(6) 24 (44)	(6) 24 (44)
20	7 (24) 44	4 (24) 44	4 (24) 44
21	(3) 23 (43)	(3) 23 (43)	(3) 23 (43)
22	3 (23)	3 (23)	3 (23)
23			

( )印は，左京区総合庁舎・松ヶ崎駅・上賀茂小学校経由です。Via Matsugasaki Sta.

河原町通 Kawaramachi-dori St.

下鴨神社 上賀茂神社・西賀茂車庫 行き 4

Kamigamo-jinja Shrine・Nishigamo

時	平日 Weekdays (お盆・年末年始を除く)	土曜日 Saturdays (お盆・年末年始を除く)	休日 Sundays & Holidays お盆 8月14日～8月16日 年末年始 12月29日～1月3日
5			
6			
7	(32) (48)	(31) 56	(31) 56
8	(2) 18 33 (48)	(21) 46	(21) 46
9	4 (20) 35 (50)	(11) 33 (55)	(11) 33 (55)
10	5 (20) 35 (50)	15 (35) 55	15 (35) 55
11	5 (20) 35 (50)	(15) 35 (50)	(15) 35 (50)
12	5 (20) 35 (50)	5 (20) 35 (50)	5 (20) 35 (50)
13	5 (20) 35 (50)	5 (20) 35 (50)	5 (20) 35 (50)
14	5 (20) 35 (50)	5 (20) 35 (50)	5 (20) 35 (50)
15	5 (20) 35 (50)	5 (20) 35 (50)	5 (20) 35 (50)
16	5 (20) 35 (50)	5 (20) 35 (50)	5 (20) 35 (50)
17	5 (20) 35 (50)	5 (20) 37 (57)	5 (20) 37 (57)
18	5 (20) 35 (50)	17 (37) 57	17 (37) 57
19	5 (18) 32 (47)	(16) 34 (54)	(16) 34 (54)
20	2 17 (34) 54	14 (34) 54	14 (34) 54
21	(13) 33 (53)	(13) 33 (53)	(13) 33 (53)
22	13 (33)	13 (33)	13 (33)
23			

( )印は，左京区総合庁舎・松ヶ崎駅・上賀茂小学校経由です。Via Matsugasaki Sta.

北山駅前❹乗場

P69・P113

河原町通 Kawaramachi-dori St.

上賀茂神社・西賀茂車庫 行き 4

Kamigamo-jinja Shrine・Nishigamo

時	平日 Weekdays (お盆・年末年始を除く)	土曜日 Saturdays (お盆・年末年始を除く)	休日 Sundays & Holidays お盆 8月14日～8月16日 年末年始 12月29日～1月3日
5			
6			
7	(36) (52)	(35)	(35)
8	(6) 22 37 (52)	0 (25) 50	0 (25) 50
9	8 (24) 39 (54)	(15) 37 (59)	(15) 37 (59)
10	9 (24) 39 (54)	19 (39) 59	19 (39) 59
11	9 (24) 39 (54)	(19) 39 (54)	(19) 39 (54)
12	9 (24) 39 (54)	9 (24) 39 (54)	9 (24) 39 (54)
13	9 (24) 39 (54)	9 (24) 39 (54)	9 (24) 39 (54)
14	9 (24) 39 (54)	9 (24) 39 (54)	9 (24) 39 (54)
15	9 (24) 39 (54)	9 (24) 39 (54)	9 (24) 39 (54)
16	9 (24) 39 (54)	9 (24) 39 (54)	9 (24) 39 (54)
17	9 (24) 39 (54)	9 (24) 41	9 (24) 41
18	9 (24) 39 (54)	(1) 21 (41)	(1) 21 (41)
19	9 (22) 36 (51)	1 (20) 38 (58)	1 (20) 38 (58)
20	6 21 (38) 58	18 (38) 58	18 (38) 58
21	(17) 37 (57)	(17) 37 (57)	(17) 37 (57)
22	17 (37)	17 (37)	17 (37)
23			

( )印は，左京区総合庁舎・松ヶ崎駅・上賀茂小学校経由です。Via Matsugasaki Sta.

上賀茂神社・西賀茂車庫 行き 4

Kamigamo-jinja Shrine・Nishigamo

時	平日 Weekdays (お盆・年末年始を除く)	土曜日 Saturdays (お盆・年末年始を除く)	休日 Sundays & Holidays お盆 8月14日～8月16日 年末年始 12月29日～1月3日
5			
6			
7	(48)	(46)	(46)
8	(4) (18) 30 45	7 (36) 58	7 (36) 58
9	(4) 16 (36) 47	(27) 45	(27) 45
10	(6) 17 (36) 47	(11) 27 (51)	(11) 27 (51)
11	(6) 17 (36) 47	7 (31) 47	7 (31) 47
12	(6) 17 (36) 47	(6) 17 (36) 47	(6) 17 (36) 47
13	(6) 17 (36) 47	(6) 17 (36) 47	(6) 17 (36) 47
14	(6) 17 (36) 47	(6) 17 (36) 47	(6) 17 (36) 47
15	(6) 17 (36) 47	(6) 17 (36) 47	(6) 17 (36) 47
16	(6) 17 (36) 47	(6) 17 (36) 47	(6) 17 (36) 47
17	(6) 17 (36) 47	(6) 17 (36) 49	(6) 17 (36) 49
18	(6) 17 (36) 47	(13) 29 (53)	(13) 29 (53)
19	(6) 16 (33) 43	8 (31) 45	8 (31) 45
20	(2) 13 28 (49)	(9) 25 (49)	(9) 25 (49)
21	5 (28) 44	5 (28) 44	5 (28) 44
22	(8) 24 (48)	(8) 24 (48)	(8) 24 (48)
23			

( )印は，上賀茂小学校経由です。
( )Via Kamigamo Shogakko-mae

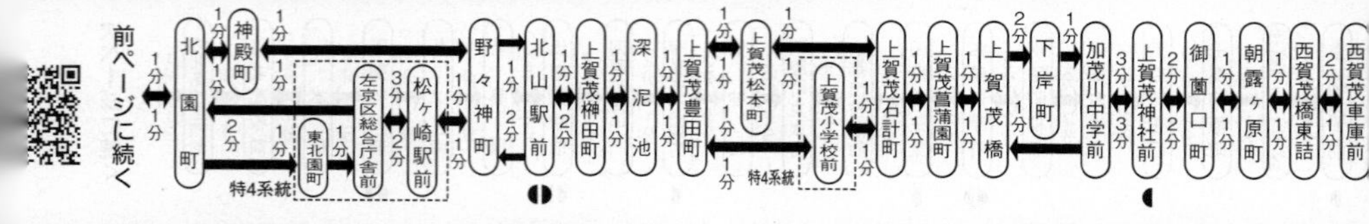

← 上賀茂神社前❶乗場 P71

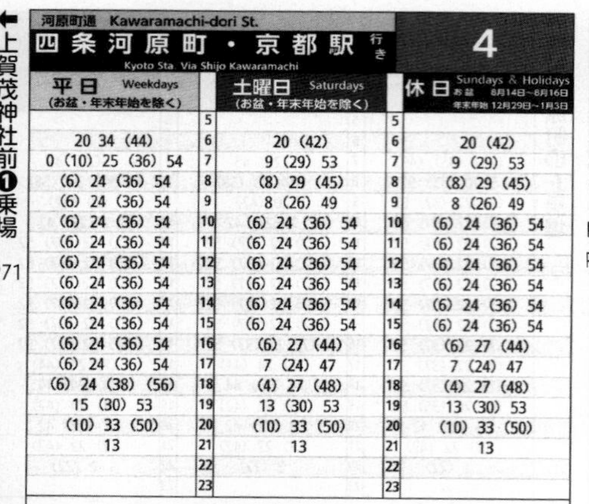

河原町通 Kawaramachi-dori St.

四条河原町・京都駅 行き Kyoto Sta. Via Shijo Kawaramachi **4**

平日 Weekdays (お盆・年末年始を除く)	時	土曜日 Saturdays (お盆・年末年始を除く)	時	休日 Sundays & Holidays お盆 8月14日～8月16日 年末年始 12月29日～1月3日
	5		5	
20 34 (44)	6	20 (42)	6	20 (42)
0 (10) 25 (36) 54	7	9 (29) 53	7	9 (29) 53
(6) 24 (36) 54	8	(8) 29 (45)	8	(8) 29 (45)
(6) 24 (36) 54	9	8 (26) 49	9	8 (26) 49
(6) 24 (36) 54	10	(6) 24 (36) 54	10	(6) 24 (36) 54
(6) 24 (36) 54	11	(6) 24 (36) 54	11	(6) 24 (36) 54
(6) 24 (36) 54	12	(6) 24 (36) 54	12	(6) 24 (36) 54
(6) 24 (36) 54	13	(6) 24 (36) 54	13	(6) 24 (36) 54
(6) 24 (36) 54	14	(6) 24 (36) 54	14	(6) 24 (36) 54
(6) 24 (36) 54	15	(6) 24 (36) 54	15	(6) 24 (36) 54
(6) 24 (36) 54	16	(6) 27 (44)	16	(6) 27 (44)
(6) 24 (36) 54	17	7 (24) 47	17	7 (24) 47
(6) 24 (38) (56)	18	(4) 27 (48)	18	(4) 27 (48)
15 (30) 53	19	13 (30) 53	19	13 (30) 53
(10) 33 (50)	20	(10) 33 (50)	20	(10) 33 (50)
13	21	13	21	13
	22		22	
	23		23	

( )印は、上賀茂小学校・松ヶ崎駅・左京区総合庁舎経由です。Via Matsugasaki Sta.

← 北山駅前❶乗場 P69・P113

河原町通 Kawaramachi-dori St.

四条河原町・京都駅 行き Kyoto Sta. Via Shijo Kawaramachi **4**

平日 Weekdays (お盆・年末年始を除く)	時	土曜日 Saturdays (お盆・年末年始を除く)	時	休日 Sundays & Holidays お盆 8月14日～8月16日 年末年始 12月29日～1月3日
	5		5	
31 45 (55)	6	31 (53)	6	31 (53)
11 (21) 37 (49)	7	20 (40)	7	20 (40)
7 (19) 37 (49)	8	4 (19) 41 (58)	8	4 (19) 41 (58)
7 (19) 37 (49)	9	21 (39)	9	21 (39)
7 (19) 37 (49)	10	2 (19) 37 (49)	10	2 (19) 37 (49)
7 (19) 37 (49)	11	7 (19) 37 (49)	11	7 (19) 37 (49)
7 (19) 37 (49)	12	7 (19) 37 (49)	12	7 (19) 37 (49)
7 (19) 37 (49)	13	7 (19) 37 (49)	13	7 (19) 37 (49)
7 (19) 37 (49)	14	7 (19) 37 (49)	14	7 (19) 37 (49)
7 (19) 37 (49)	15	7 (19) 37 (49)	15	7 (19) 37 (49)
7 (19) 37 (49)	16	7 (19) 40 (57)	16	7 (19) 40 (57)
7 (19) 37 (49)	17	20 (37)	17	20 (37)
7 (19) 37 (51)	18	0 (17) 40	18	0 (17) 40
(8) 26 (41)	19	(1) 24 (41)	19	(1) 24 (41)
4 (21) 44	20	4 (21) 44	20	4 (21) 44
(1) 24	21	(1) 24	21	(1) 24
	22		22	
	23		23	

( )印は、松ヶ崎駅・左京区総合庁舎経由です。Via Matsugasaki Sta.

← 下鴨神社前❶乗場 P41

河原町通 Kawaramachi-dori St.

四条河原町・京都駅 行き Kyoto Sta. Via Shijo Kawaramachi **4**

平日 Weekdays (お盆・年末年始を除く)	時	土曜日 Saturdays (お盆・年末年始を除く)	時	休日 Sundays & Holidays お盆 8月14日～8月16日 年末年始 12月29日～1月3日
	5		5	
38 52	6	38	6	38
5 18 31 46	7	3 27 50	7	3 27 50
1 16 31 46	8	11 29 50	8	11 29 50
1 16 31 46	9	10 30 51	9	10 30 51
1 16 31 46	10	11 31 46	10	11 31 46
1 16 31 46	11	1 16 31 46	11	1 16 31 46
1 16 31 46	12	1 16 31 46	12	1 16 31 46
1 16 31 46	13	1 16 31 46	13	1 16 31 46
1 16 31 46	14	1 16 31 46	14	1 16 31 46
1 16 31 46	15	1 16 31 46	15	1 16 31 46
1 16 31 46	16	1 16 31 49	16	1 16 31 49
1 16 31 46	17	9 29 49	17	9 29 49
1 16 31 46	18	9 29 49	18	9 29 49
3 18 33 51	19	11 31 51	19	11 31 51
11 31 51	20	11 31 51	20	11 31 51
11 31	21	11 31	21	11 31
	22		22	
	23		23	

← 出町柳駅前❷乗場 P41・P115

河原町通 Kawaramachi-dori St.

四条河原町・京都駅 行き Kyoto Sta. Via Shijo Kawaramachi **4**

平日 Weekdays (お盆・年末年始を除く)	時	土曜日 Saturdays (お盆・年末年始を除く)	時	休日 Sundays & Holidays お盆 8月14日～8月16日 年末年始 12月29日～1月3日
	5		5	
42 56	6	42	6	42
9 22 35 50	7	7 31 54	7	7 31 54
5 20 35 50	8	15 33 54	8	15 33 54
5 20 35 50	9	14 34 55	9	14 34 55
5 20 35 50	10	15 35 50	10	15 35 50
5 20 35 50	11	5 20 35 50	11	5 20 35 50
5 20 35 50	12	5 20 35 50	12	5 20 35 50
5 20 35 50	13	5 20 35 50	13	5 20 35 50
5 20 35 50	14	5 20 35 50	14	5 20 35 50
5 20 35 50	15	5 20 35 50	15	5 20 35 50
5 20 35 50	16	5 20 35 53	16	5 20 35 53
5 20 35 50	17	13 33 53	17	13 33 53
5 20 35 50	18	13 33 53	18	13 33 53
7 22 37 55	19	15 35 55	19	15 35 55
15 35 55	20	15 35 55	20	15 35 55
15 35	21	15 35	21	15 35
	22		22	
	23		23	

← 府立医大病院前⓫乗場 P38

河原町通 Kawaramachi-dori St.

四条河原町・京都駅 行き Kyoto Sta. Via Shijo Kawaramachi **4**

平日 Weekdays (お盆・年末年始を除く)	時	土曜日 Saturdays (お盆・年末年始を除く)	時	休日 Sundays & Holidays お盆 8月14日～8月16日 年末年始 12月29日～1月3日
	5		5	
45 59	6	45	6	45
12 25 39 54	7	10 34 57	7	10 34 57
9 24 39 54	8	18 37 58	8	18 37 58
9 24 39 54	9	18 38 59	9	18 38 59
9 24 39 54	10	19 39 54	10	19 39 54
9 24 39 54	11	9 24 39 54	11	9 24 39 54
9 24 39 54	12	9 24 39 54	12	9 24 39 54
9 24 39 54	13	9 24 39 54	13	9 24 39 54
9 24 39 54	14	9 24 39 54	14	9 24 39 54
9 24 39 54	15	9 24 39 54	15	9 24 39 54
9 24 39 54	16	9 24 39 57	16	9 24 39 57
9 24 39 54	17	17 37 57	17	17 37 57
9 24 39 54	18	17 37 57	18	17 37 57
10 25 40 58	19	18 38 58	19	18 38 58
18 38 58	20	18 38 58	20	18 38 58
18 38	21	18 38	21	18 38
	22		22	
	23		23	

← 四条河原町❸B乗場 P27

河原町通 Kawaramachi-dori St.

京都駅 行き Kyoto Sta. **4**

平日 Weekdays (お盆・年末年始を除く)	時	土曜日 Saturdays (お盆・年末年始を除く)	時	休日 Sundays & Holidays お盆 8月14日～8月16日 年末年始 12月29日～1月3日
	5		5	
54	6	54	6	54
8 21 35 50	7	19 43	7	19 43
5 20 35 50	8	6 27 47	8	6 27 47
5 20 35 50	9	9 29 49	9	9 29 49
5 20 35 50	10	10 30 50	10	10 30 50
5 20 35 50	11	5 20 35 50	11	5 20 35 50
5 20 35 50	12	5 20 35 50	12	5 20 35 50
5 20 35 50	13	5 20 35 50	13	5 20 35 50
5 20 35 50	14	5 20 35 50	14	5 20 35 50
5 20 35 50	15	5 20 35 50	15	5 20 35 50
5 20 35 50	16	5 20 35 50	16	5 20 35 50
5 20 35 50	17	8 28 48	17	8 28 48
5 20 35 50	18	8 28 48	18	8 28 48
5 20 35 50	19	8 28 48	19	8 28 48
8 28 48	20	8 28 48	20	8 28 48
8 28 48	21	8 28 48	21	8 28 48
	22		22	
	23		23	

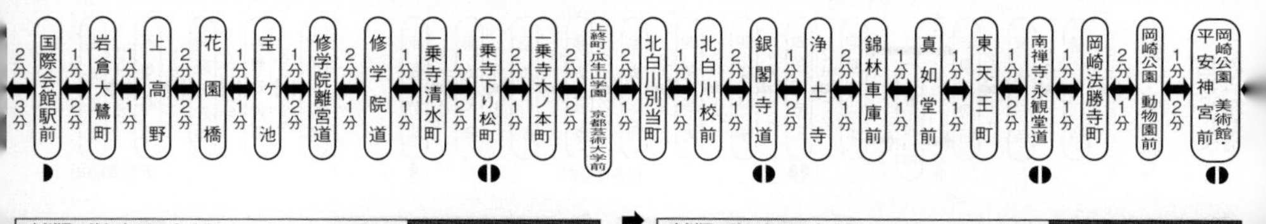

→一乗寺下り松町❸乗場

P65

白川通 Shirakawa-dori St.

三条京阪 四条河原町 京都駅行き Kyoto Sta. 5

平日 Weekdays（お盆・年末年始を除く）		土曜日 Saturdays（お盆・年末年始を除く）		休日 Sundays & Holidays お盆 8月14日～8月16日 年末年始 12月29日～1月3日
	5		5	
(14) 25 (36) 44 (53)	6	(17) 35 (52)	6	(17) 35 (52)
2 17 33 49 (57)	7	7 (19) 31 (43) 55	7	7 (19) 31 (43) 55
5 (15) 25 (35) 45 (55)	8	(7) 19 (31) 43 (55)	8	(7) 19 (31) 43 (55)
5 (15) 25 (35) 45 (55)	9	5 (15) 25 (35) 45 (55)	9	5 (15) 25 (35) 45 (55)
5 (15) 25 (35) 45 (55)	10	5 (15) 25 (35) 45 (55)	10	5 (15) 25 (35) 45 (55)
5 (15) 25 (35) 45 (55)	11	5 (15) 25 (35) 45 (55)	11	5 (15) 25 (35) 45 (55)
5 (15) 25 (35) 45 (55)	12	5 (15) 25 (35) 45 (55)	12	5 (15) 25 (35) 45 (55)
5 (15) 25 (35) 45 (55)	13	5 (15) 25 (35) 45 (55)	13	5 (15) 25 (35) 45 (55)
5 (15) 25 (35) 45 (55)	14	5 (15) 25 (35) 45 (55)	14	5 (15) 25 (35) 45 (55)
5 (14) 22 (31) 39 (48) 57	15	5 (15) 25 (35) 45 (55)	15	5 (15) 25 (35) 45 (55)
(5) 14 (22) 31 (39) 48 (57)	16	5 (15) 25 (35) 45 (55)	16	5 (15) 25 (35) 45 (55)
5 (15) 22 (31) 39 (48) 55	17	5 (15) 25 (35) 47 (59)	17	5 (15) 25 (35) 47 (59)
(5) 15 (25) 35 (47) 59	18	11 (23) 35 (47) 59	18	11 (23) 35 (47) 59
(11) 23 (35) 48	19	(11) 23 (35) 50	19	(11) 23 (35) 50
(10) 33 (55)	20	(10) 33 (56)	20	(10) 33 (55)
12 (32) 52	21	12 (32) 52	21	12 (32) 52
(12) 32	22	(12) 32	22	(12) 32
	23		23	

( )印は五条通経由です。Via Gojo-dori St.
( )五条通経由は、四条高倉・四条烏丸・烏丸松原へはまいりません。

白川通 Shirakawa-dori St.

三条京阪 四条河原町 京都駅行き Kyoto Sta. 5

平日 Weekdays（お盆・年末年始を除く）		土曜日 Saturdays（お盆・年末年始を除く）		休日 Sundays & Holidays お盆 8月14日～8月16日 年末年始 12月29日～1月3日
	5		5	
9 (23) 34 (45) 53	6	9 (26) 44	6	9 (26) 44
(2) 11 26 43 59	7	(1) 16 (28) 41 (53)	7	(1) 16 (28) 41 (53)
(7) 15 (25) 35 (45) 55	8	5 (17) 29 (41) 53	8	5 (17) 29 (41) 53
(5) 15 (25) 35 (45) 55	9	(5) 15 (25) 35 (45) 55	9	(5) 15 (25) 35 (45) 55
(5) 15 (25) 35 (45) 55	10	(5) 15 (25) 35 (45) 55	10	(5) 15 (25) 35 (45) 55
(5) 15 (25) 35 (45) 55	11	(5) 15 (25) 35 (45) 55	11	(5) 15 (25) 35 (45) 55
(5) 15 (25) 35 (45) 55	12	(5) 15 (25) 35 (45) 55	12	(5) 15 (25) 35 (45) 55
(5) 15 (25) 35 (45) 55	13	(5) 15 (25) 35 (45) 55	13	(5) 15 (25) 35 (45) 55
(5) 15 (25) 35 (45) 55	14	(5) 15 (25) 35 (45) 55	14	(5) 15 (25) 35 (45) 55
(5) 15 (24) 32 (41) 49 (58)	15	(5) 15 (25) 35 (45) 55	15	(5) 15 (25) 35 (45) 55
7 (15) 24 (32) 41 (49) 58	16	(5) 15 (25) 35 (45) 55	16	(5) 15 (25) 35 (45) 55
(7) 15 (25) 32 (41) 49 (58)	17	(5) 15 (25) 35 (45) 57	17	(5) 15 (25) 35 (45) 57
5 (15) 25 (35) 45 (57)	18	(9) 21 (33) 45 (57)	18	(9) 21 (33) 45 (57)
8 (20) 32 (44) 57	19	8 (20) 32 (44) 59	19	8 (20) 32 (44) 59
(19) 42	20	(19) 42	20	(19) 42
(4) 21 (41)	21	(5) 21 (41)	21	(4) 21 (41)
1 (21) 41	22	1 (21) 41	22	1 (21) 41
	23		23	

( )印は五条通経由です。Via Gojo-dori St.
( )五条通経由は、四条高倉・四条烏丸・烏丸松原へはまいりません。

→南禅寺・永観堂道❶乗場

P61

白川通 Shirakawa-dori St.

三条京阪 四条河原町 京都駅行き Kyoto Sta. 5

平日 Weekdays（お盆・年末年始を除く）		土曜日 Saturdays（お盆・年末年始を除く）		休日 Sundays & Holidays お盆 8月14日～8月16日 年末年始 12月29日～1月3日
	5		5	
15 (29) 40 (51) 59	6	15 (32) 50	6	15 (32) 50
(9) 18 33 52	7	(7) 22 (35) 48	7	(7) 22 (35) 48
8 (16) 24 (34) 44 (54)	8	(0) 12 (24) 37 (50)	8	(0) 12 (24) 37 (50)
4 (14) 24 (34) 44 (54)	9	2 (14) 24 (34) 44 (54)	9	2 (14) 24 (34) 44 (54)
4 (14) 24 (34) 44 (54)	10	4 (14) 24 (34) 44 (54)	10	4 (14) 24 (34) 44 (54)
4 (14) 24 (34) 44 (54)	11	4 (14) 24 (34) 44 (54)	11	4 (14) 24 (34) 44 (54)
4 (14) 24 (34) 44 (54)	12	4 (14) 24 (34) 44 (54)	12	4 (14) 24 (34) 44 (54)
4 (14) 24 (34) 44 (54)	13	4 (14) 24 (34) 44 (54)	13	4 (14) 24 (34) 44 (54)
4 (14) 24 (34) 44 (54)	14	4 (14) 24 (34) 44 (54)	14	4 (14) 24 (34) 44 (54)
4 (14) 24 (33) 41 (50) 58	15	4 (14) 24 (34) 44 (54)	15	4 (14) 24 (34) 44 (54)
(7) 16 (24) 33 (41) 50 (58)	16	4 (14) (16) 24 (34) 44 (46) (54)	16	4 (14) (16) 24 (34) 44 (46) (54)
7 (16) 24 (34) 41 (50) 58	17	4 (14) (16) 24 (34) 44 (54)	17	4 (14) (16) 24 (34) 44 (54)
(7) 14 (24) 34 (44) 54	18	6 (18) 30 (42) 54	18	6 (18) 30 (42) 54
(6) 15 (27) 39 (51)	19	(6) 15 (27) 39 (51)	19	(6) 15 (27) 39 (51)
4 (26) 49	20	6 (26) 49	20	6 (26) 49
(10) 27 (47)	21	(11) 27 (47)	21	(10) 27 (47)
7 (27) 47	22	7 (27) 47	22	7 (27) 47
	23		23	

( )印は五条通経由です。Via Gojo-dori St.
( )五条通経由は、四条高倉・四条烏丸・烏丸松原へはまいりません。

白川通 Shirakawa-dori St.

三条京阪 四条河原町 京都駅行き Kyoto Sta. 5

平日 Weekdays（お盆・年末年始を除く）		土曜日 Saturdays（お盆・年末年始を除く）		休日 Sundays & Holidays お盆 8月14日～8月16日 年末年始 12月29日～1月3日
	5		5	
21 (35) 46 (57)	6	21 (38) 56	6	21 (38) 56
5 (15) 24 39 58	7	(13) 28 (41) 54	7	(13) 28 (41) 54
14 (22) 30 (40) 50	8	(6) 18 (30) 43 (56)	8	(6) 18 (30) 43 (56)
(0) 10 (20) 30 (40) 50	9	8 (20) 30 (40) 50	9	8 (20) 30 (40) 50
(0) 10 (20) 30 (40) 50	10	(0) 10 (20) 30 (40) 50	10	(0) 10 (20) 30 (40) 50
(0) 10 (20) 30 (40) 50	11	(0) 10 (20) 30 (40) 50	11	(0) 10 (20) 30 (40) 50
(0) 10 (20) 30 (40) 50	12	(0) 10 (20) 30 (40) 50	12	(0) 10 (20) 30 (40) 50
(0) 10 (20) 30 (40) 50	13	(0) 10 (20) 30 (40) 50	13	(0) 10 (20) 30 (40) 50
(0) 10 (20) 30 (40) 50	14	(0) 10 (20) 30 (40) 50	14	(0) 10 (20) 30 (40) 50
(0) 10 (20) 30 (39) 47 (56)	15	(0) 10 (20) 30 (40) 50	15	(0) 10 (20) 30 (40) 50
4 (13) 22 (30) 39 (47) 56	16	(0) 10 (20) (22) 30 (40) 50 (52)	16	(0) 10 (20) (22) 30 (40) 50 (52)
(4) 13 (22) 30 (40) 47 (56)	17	(0) 10 (20) (22) 30 (40) 50	17	(0) 10 (20) (22) 30 (40) 50
4 (13) 20 (30) 40 (50)	18	(0) 12 (24) 36 (48)	18	(0) 12 (24) 36 (48)
0 (12) 21 (33) 45 (57)	19	0 (12) 21 (33) 45 (57)	19	0 (12) 21 (33) 45 (57)
10 (32) 55	20	12 (32) 55	20	12 (32) 55
(16) 33 (53)	21	(17) 33 (53)	21	(16) 33 (53)
13 (33) 53	22	13 (33) 53	22	13 (33) 53
	23		23	

( )印は五条通経由です。Via Gojo-dori St.
( )五条通経由は、四条高倉・四条烏丸・烏丸松原へはまいりません。

→四条河原町❶A乗場（五条通経由は❸B乗場）

P27

四条河原町 四条烏丸 京都駅行き Kyoto Sta. 5

平日 Weekdays（お盆・年末年始を除く）		土曜日 Saturdays（お盆・年末年始を除く）		休日 Sundays & Holidays お盆 8月14日～8月16日 年末年始 12月29日～1月3日
	5		5	
24 (38) 49	6	24 (41) 59	6	24 (41) 59
(0) 8 (18) 27 43	7	(16) 31 (45) 58	7	(16) 31 (45) 58
2 18 (26) 34 (44) 54	8	(10) 22 (34) 47	8	(10) 22 (34) 47
(4) 14 (24) 34 (44) 54	9	(0) 12 (24) 34 (44) 54	9	(0) 12 (24) 34 (44) 54
(4) 14 (24) 34 (44) 54	10	(4) 14 (24) 34 (44) 54	10	(4) 14 (24) 34 (44) 54
(4) 14 (24) 34 (44) 54	11	(4) 14 (24) 34 (44) 54	11	(4) 14 (24) 34 (44) 54
(4) 14 (24) 34 (44) 54	12	(4) 14 (24) 34 (44) 54	12	(4) 14 (24) 34 (44) 54
(4) 14 (24) 34 (44) 54	13	(4) 14 (24) 34 (44) 54	13	(4) 14 (24) 34 (44) 54
(4) 14 (24) 34 (44) 54	14	(4) 14 (24) 34 (44) 54	14	(4) 14 (24) 34 (44) 54
(4) 14 (24) 34 (43) 51	15	(4) 14 (24) 34 (44) 54	15	(4) 14 (24) 34 (44) 54
(0) 8 (17) 26 (34) 43 (51)	16	(4) 14 (24) (27) 34 (44) 54 (57)	16	(4) 14 (24) (27) 34 (44) 54 (57)
0 (8) 17 (26) 34 (44) 51	17	(4) 14 (24) (27) 34 (44) 54	17	(4) 14 (24) (27) 34 (44) 54
(0) 8 (17) 24 (34) 44 (54)	18	(4) 16 (28) 40 (52)	18	(4) 16 (28) 40 (52)
4 (16) 25 (37) 49	19	4 (16) 25 (37) 49	19	4 (16) 25 (37) 49
(1) 14 (36) 59	20	(1) 16 (36) 59	20	(1) 16 (36) 59
(19) 36 (56)	21	(20) 36 (56)	21	(19) 36 (56)
16 (36) 56	22	16 (36) 56	22	16 (36) 56
	23		23	

( )印は五条通経由です。Via Gojo-dori St.
( )五条通経由は、四条高倉・四条烏丸・烏丸松原へはまいりません。

四条烏丸 京都駅行き Kyoto Sta. 5

平日 Weekdays（お盆・年末年始を除く）		土曜日 Saturdays（お盆・年末年始を除く）		休日 Sundays & Holidays お盆 8月14日～8月16日 年末年始 12月29日～1月3日
	5		5	
34 59	6	34	6	34
18 40 57	7	9 42	7	9 42
16 32 48	8	9 33	8	9 33
8 28 48	9	0 26 48	9	0 26 48
8 28 48	10	8 28 48	10	8 28 48
8 28 48	11	8 28 48	11	8 28 48
8 28 48	12	8 28 48	12	8 28 48
8 28 48	13	8 28 48	13	8 28 48
8 28 48	14	8 28 48	14	8 28 48
8 28 48	15	8 28 48	15	8 28 48
5 22 40 57	16	8 28 48	16	8 28 48
14 31 48	17	8 28 48	17	8 28 48
5 22 38 58	18	8 30 54	18	8 30 54
17 38	19	17 38	19	17 38
2 27	20	2 29	20	2 29
11 48	21	11 48	21	11 48
28	22	28	22	28
8	23	8	23	8

※四条通経由のみ掲載

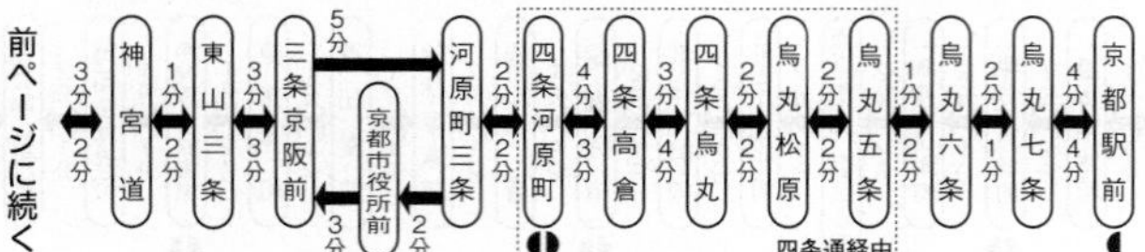

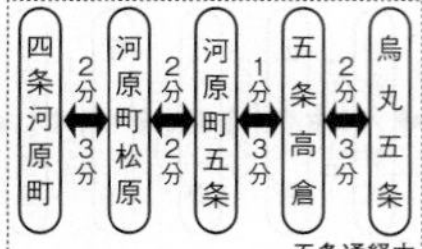

← 京都駅前A1乗場

P15・P17

白川通 Shirakawa-dori St.

岡崎公園 平安神宮 銀閣寺・岩倉行き 5

Ginkakuji Temple Via Heian-jingu Shrine

平日 Weekdays（お盆・年末年始を除く）		土曜日 Saturdays（お盆・年末年始を除く）		休日 Sundays & Holidays お盆 8月14日～8月16日 年末年始 12月29日～1月3日
	5		5	
(27) 48	6	(27) 48	6	(27) 48
(2) 13 (23) 33 (43) 53	7	(5) 23 (40) 55	7	(5) 23 (40) 55
(3) 13 (△18) (23) 33 (42) 51 (59)	8	(7) 19 (31) 42 (53)	8	(7) 19 (31) 42 (53)
9 (△14) (19) (△24) 29 (39) 49 (59)	9	4 (15) 26 (37) 48 (59)	9	4 (15) 26 (37) 48 (59)
9 (19) 29 (39) 49 (59)	10	9 (19) 29 (39) 49 (59)	10	9 (19) 29 (39) 49 (59)
9 (19) 29 (39) 49 (59)	11	9 (19) 29 (39) 49 (59)	11	9 (19) 29 (39) 49 (59)
9 (19) 29 (39) 49 (59)	12	9 (19) 29 (39) 49 (59)	12	9 (19) 29 (39) 49 (59)
9 (19) 29 (39) 49 (59)	13	9 (19) 29 (39) 49 (59)	13	9 (19) 29 (39) 49 (59)
9 (19) 29 (39) 49 (59)	14	9 (19) 29 (39) 49 (59)	14	9 (19) 29 (39) 49 (59)
9 (19) 29 (39) 49 (59)	15	9 (19) 29 (39) 49 (59)	15	9 (19) 29 (39) 49 (59)
9 (19) 29 (39) 49 (59)	16	9 (19) 29 (39) 49 (59)	16	9 (19) 29 (39) 49 (59)
9 (19) 29 (39) 49 (59)	17	11 (23) 35 (47) 59	17	11 (23) 35 (47) 59
9 (19) 29 (39) 49 (59)	18	(11) 23 (35) 47 (59)	18	(11) 23 (35) 47 (59)
11 (23) 35 (47) 59	19	11 (23) 35 (47) 59	19	11 (23) 35 (47) 59
(11) 23 (35) 47	20	(11) 23 (35) 47	20	(11) 23 (35) 47
(2) 17 (32) 47	21	(2) 17 (32) 47	21	(2) 17 (32) 47
(2) 17 (△37)	22	(2) 17 (△37)	22	(2) 17 (△37)
△0	23	△0	23	△0

( )印は五条通経由です。Via Gojo-dori St. △印は修学院道までです。For Shugakuin-michi
五条通経由は、烏丸松原・四条烏丸・四条高倉へはまいりません。

← 四条河原町⑫H乗場

P27

白川通 Shirakawa-dori St.

岡崎公園 平安神宮 銀閣寺・岩倉行き 5

Ginkakuji Temple Via Heian-jingu Shrine

平日 Weekdays（お盆・年末年始を除く）		土曜日 Saturdays（お盆・年末年始を除く）		休日 Sundays & Holi… お盆 8月14日～8… 年末年始 12月29日～1…
	5		5	
39	6	39	6	39
0 14 25 36 49 59	7	0 17 36 55	7	0 17 36 55
9 19 29 (34) 40 50 59	8	11 22 36 48 59	8	11 22 36 48 59
8 16 26 (31) 36 (41) 46 56	9	10 21 32 43 54	9	10 21 32 43 54
7 17 27 37 47 57	10	5 17 27 37 47 57	10	5 17 27 37 47 57
7 17 27 37 47 57	11	7 17 27 37 47 57	11	7 17 27 37 47 57
7 17 27 37 47 57	12	7 17 27 37 47 57	12	7 17 27 37 47 57
7 17 27 37 47 57	13	7 17 27 37 47 57	13	7 17 27 37 47 57
7 17 27 37 47 57	14	7 17 27 37 47 57	14	7 17 27 37 47 57
7 17 27 37 47 57	15	7 17 27 37 47 57	15	7 17 27 37 47 57
7 17 27 37 47 57	16	7 17 27 37 47 57	16	7 17 27 37 47 57
7 17 27 37 47 57	17	7 17 29 41 53	17	7 17 29 41 53
6 16 26 36 46 56	18	5 16 28 40 52	18	5 16 28 40 52
6 14 25 37 49	19	4 14 25 37 49	19	4 14 25 37 49
1 13 25 37 49	20	1 13 25 37 49	20	1 13 25 37 49
1 15 30 45	21	1 15 30 45	21	1 15 30 45
0 15 30 (50)	22	0 15 30 (50)	22	0 15 30 (50)
(13)	23	(13)	23	(13)

( )印は修学院道までです。For Shugakuin-michi

← 岡崎公園 美術館・平安神宮前②乗場

P59

白川通 Shirakawa-dori St.

銀閣寺・岩倉行き 5

Ginkakuji Temple

平日 Weekdays（お盆・年末年始を除く）		土曜日 Saturdays（お盆・年末年始を除く）		休日 Sundays & Holidays お盆 8月14日～8月16日 年末年始 12月29日～1月3日
	5		5	
48	6	48	6	48
10 24 38 50	7	9 26 48	7	9 26 47
3 13 23 33 43 (48) 54	8	7 23 34 50	8	6 22 34 50
4 13 22 30 40 (45) 50 (55)	9	2 13 24 35 46 57	9	2 13 24 35 46 57
0 10 21 31 41 51	10	8 19 31 41 51	10	8 19 31 41 51
1 11 21 31 41 51	11	1 11 21 31 41 51	11	1 11 21 31 41 51
1 11 21 31 41 51	12	1 11 21 31 41 51	12	1 11 21 31 41 51
1 11 21 31 41 51	13	1 11 21 31 41 51	13	1 11 21 31 41 51
1 11 21 31 41 51	14	1 11 21 31 41 51	14	1 11 21 31 41 51
1 11 21 31 41 51	15	1 11 21 31 41 51	15	1 11 21 31 41 51
1 11 21 31 41 51	16	1 11 21 31 41 51	16	1 11 21 31 41 51
1 11 21 31 41 51	17	1 11 21 31 43 55	17	1 11 21 31 43 55
1 11 20 30 40 50	18	7 19 30 42 54	18	7 19 30 42 54
0 9 19 27 38 50	19	5 17 27 38 50	19	5 17 27 38 50
2 14 26 38 50	20	2 14 26 38 50	20	2 14 26 38 50
2 13 27 42 57	21	2 13 27 42 57	21	2 13 27 42 57
12 27 42	22	12 27 42	22	12 27 42
(2) (25)	23	(2) (25)	23	(2) (25)

( )印は修学院道までです。For Shugakuin-michi

← 南禅寺・永観堂道②乗場

P61

白川通 Shirakawa-dori St.

国際会館駅・岩倉行き 5

Kokusaikaikan Sta.

平日 Weekdays（お盆・年末年始を除く）		土曜日 Saturdays（お盆・年末年始を除く）		休日 Sundays & Holi… お盆 8月14日～8… 年末年始 12月29日～1…
	5		5	
52	6	52	6	52
14 28 42 54	7	13 30 52	7	13 30 51
7 17 27 37 47 (52) 58	8	11 27 38 54	8	10 26 38 54
8 17 26 34 44 (49) 54 (59)	9	6 17 28 39 50	9	6 17 28 39 50
4 14 25 35 45 55	10	1 12 23 35 45 55	10	1 12 23 35 45 55
5 15 25 35 45 55	11	5 15 25 35 45 55	11	5 15 25 35 45 55
5 15 25 35 45 55	12	5 15 25 35 45 55	12	5 15 25 35 45 55
5 15 25 35 45 55	13	5 15 25 35 45 55	13	5 15 25 35 45 55
5 15 25 35 45 55	14	5 15 25 35 45 55	14	5 15 25 35 45 55
5 15 25 35 45 55	15	5 15 25 35 45 55	15	5 15 25 35 45 55
5 15 25 35 45 55	16	5 15 25 35 45 55	16	5 15 25 35 45 55
5 15 25 35 45 55	17	5 15 25 35 47 59	17	5 15 25 35 47 59
5 15 24 34 44 54	18	11 23 34 46 58	18	11 23 34 46 58
4 13 23 31 42 54	19	9 21 31 42 54	19	9 21 31 42 54
6 18 30 42 54	20	6 18 30 42 54	20	6 18 30 42 54
6 17 31 46	21	6 17 31 46	21	6 17 31 46
1 16 31 46	22	1 16 31 46	22	1 16 31 46
(6) (29)	23	(6) (29)	23	(6) (29)

( )印は修学院道までです。For Shugakuin-michi

← 銀閣寺道③乗場

P63

白川通 Shirakawa-dori St.

国際会館駅・岩倉行き 5

Kokusaikaikan Sta.

平日 Weekdays（お盆・年末年始を除く）		土曜日 Saturdays（お盆・年末年始を除く）		休日 Sundays & Holidays お盆 8月14日～8月16日 年末年始 12月29日～1月3日
	5		5	
1 34 58	6	21 58	6	21 58
20 34 49	7	19 36 59	7	19 36 58
1 14 24 34 44 54 (59)	8	18 34 45	8	17 33 45
5 15 24 33 41 51 (56)	9	1 13 24 35 46 57	9	1 13 24 35 46 57
1 (6) 11 21 32 42 52	10	8 19 30 42 52	10	8 19 30 42 52
2 12 22 32 42 52	11	2 12 22 32 42 52	11	2 12 22 32 42 52
2 12 22 32 42 52	12	2 12 22 32 42 52	12	2 12 22 32 42 52
2 12 22 32 42 52	13	2 12 22 32 42 52	13	2 12 22 32 42 52
2 12 22 32 42 52	14	2 12 22 32 42 52	14	2 12 22 32 42 52
2 12 22 32 42 52	15	2 12 22 32 42 52	15	2 12 22 32 42 52
2 12 22 32 42 52	16	2 12 22 32 42 52	16	2 12 22 32 42 52
2 12 22 32 42 52	17	2 12 22 32 42 54	17	2 12 22 32 42 54
2 12 22 31 41 51	18	6 18 30 41 53	18	6 18 30 41 53
1 11 20 30 38 49	19	5 16 28 38 49	19	5 16 28 38 49
1 13 25 37 49	20	1 13 25 37 49	20	1 13 25 37 49
1 13 24 38 53	21	1 13 24 38 53	21	1 13 24 38 53
8 23 38 53	22	8 23 38 53	22	8 23 38 53
(13) (36)	23	(13) (36)	23	(13) (36)

( )印は修学院道までです。For Shugakuin-michi

← 一乗寺下り松町④乗場

P65

白川通 Shirakawa-dori St.

国際会館駅・岩倉行き 5

Kokusaikaikan Sta.

平日 Weekdays（お盆・年末年始を除く）		土曜日 Saturdays（お盆・年末年始を除く）		休日 Sundays & Holi… お盆 8月14日～8… 年末年始 12月29日～1…
	5		5	
6 39	6	26	6	26
3 25 40 55	7	3 24 41	7	3 24 41
7 20 30 40 50	8	4 23 40 51	8	3 22 39 51
0 (5) 11 21 30 39 47 57	9	7 19 30 41 52	9	7 19 30 41 52
(2) 7 (12) 17 27 38 48 58	10	3 14 25 36 48 58	10	3 14 25 36 48 58
8 18 28 38 48 58	11	8 18 28 38 48 58	11	8 18 28 38 48 58
8 18 28 38 48 58	12	8 18 28 38 48 58	12	8 18 28 38 48 58
8 18 28 38 48 58	13	8 18 28 38 48 58	13	8 18 28 38 48 58
8 18 28 38 48 58	14	8 18 28 38 48 58	14	8 18 28 38 48 58
8 18 28 38 48 58	15	8 18 28 38 48 58	15	8 18 28 38 48 58
8 18 28 38 48 58	16	8 18 28 38 48 58	16	8 18 28 38 48 58
8 18 28 38 48 58	17	8 18 28 38 48	17	8 18 28 38 48
8 18 28 37 47 57	18	0 12 24 36 47 59	18	0 12 24 36 47 59
6 16 25 35 43 54	19	10 21 33 43 54	19	10 21 33 43 54
6 18 30 42 54	20	6 18 30 42 54	20	6 18 30 42 54
6 18 29 43 58	21	6 18 29 43 58	21	6 18 29 43 58
13 28 43 58	22	13 28 43 58	22	13 28 43 58
(18) (41)	23	(18) (41)	23	(18) (41)

( )印は修学院道までです。For Shugakuin-michi

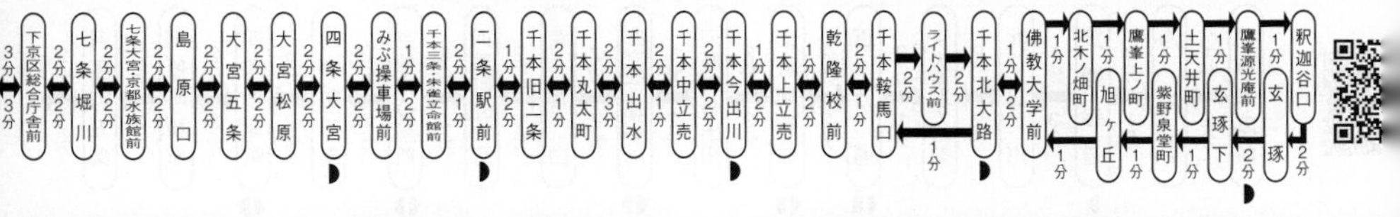

佛教大学・玄琢 行き Bukkyo Univ. 6

時	平日 Weekdays (お盆・年末年始を除く)	土曜日 Saturdays (お盆・年末年始を除く)	休日 Sundays & Holidays お盆 8月14日~8月16日 年末年始 12月29日~1月3日
5			
6	8 33 53	8 53	8 53
7	8 20 35 50	23 55	23 55
8	3 18 35 55	23 52	23 52
9	22 52	22 52	22 52
10	22 52	22 52	22 52
11	22 52	22 52	22 52
12	22 52	22 52	22 52
13	22 52	22 52	22 52
14	22 52	22 52	22 52
15	12 32 52	22 52	22 52
16	12 32 52	22 52	22 52
17	12 32 52	22 52	22 52
18	12 32 52	28	28
19	23 58	8 48	8 48
20	28 *58	28 *58	28 *58
21	*34	*34	*34
22			
23			

*印は玄琢下までです。For Gentaku-shita

➡四条大宮❽乗場

P33

佛教大学・玄琢 行き Bukkyo Univ. 6

時	平日 Weekdays (お盆・年末年始を除く)	土曜日 Saturdays (お盆・年末年始を除く)	休日 Sundays & Holidays お盆 8月14日~8月16日 年末年始 12月29日~1月3日
5			
6	20 45	20	20
7	5 20 32 50	5 35	5 35
8	5 18 33 50	8 37	8 37
9	10 37	7 37	7 37
10	7 37	7 37	7 37
11	7 37	7 37	7 37
12	7 37	7 37	7 37
13	7 37	7 37	7 37
14	7 37	7 37	7 37
15	7 27 47	7 37	7 37
16	7 27 47	7 37	7 37
17	7 27 47	7 37	7 37
18	7 27 47	7 43	7 43
19	6 36	21	21
20	11 41	1 41	1 41
21	*10 *46	*10 *46	*10 *46
22			
23			

*印は玄琢下までです。For Gentaku-shita

佛教大学・玄琢 行き Bukkyo Univ. 6

時	平日 Weekdays (お盆・年末年始を除く)	土曜日 Saturdays (お盆・年末年始を除く)	休日 Sundays & Holidays お盆 8月14日~8月16日 年末年始 12月29日~1月3日
5			
6	25 50	25	25
7	10 25 37 55	10 40	10 40
8	10 23 38 55	13 42	13 42
9	15 42	12 42	12 42
10	12 42	12 42	12 42
11	12 42	12 42	12 42
12	12 42	12 42	12 42
13	12 42	12 42	12 42
14	12 42	12 42	12 42
15	12 32 52	12 42	12 42
16	12 32 52	12 42	12 42
17	12 32 52	12 42	12 42
18	12 32 52	12 48	12 48
19	11 41	26	26
20	16 46	6 46	6 46
21	*15 *51	*15 *51	*15 *51
22			
23			

*印は玄琢下まで。For Gentaku-shita

➡千本今出川❺乗場

P77・P114

佛教大学・玄琢 行き Bukkyo Univ. 6

時	平日 Weekdays (お盆・年末年始を除く)	土曜日 Saturdays (お盆・年末年始を除く)	休日 Sundays & Holidays お盆 8月14日~8月16日 年末年始 12月29日~1月3日
5			
6	33 58	33	33
7	18 33 46	18 48	18 48
8	4 19 32 47	21 51	21 51
9	4 24 51	21 51	21 51
10	21 51	21 51	21 51
11	21 51	21 51	21 51
12	21 51	21 51	21 51
13	21 51	21 51	21 51
14	21 51	21 51	21 51
15	21 41	21 51	21 51
16	1 21 41	21 51	21 51
17	1 21 41	21 51	21 51
18	1 21 41	21 57	21 57
19	1 20 50	35	35
20	25 55	15 55	15 55
21	*23 *59	*23 *59	*23 *59
22			
23			

*印は玄琢下までです。For Gentaku-shita

佛教大学・玄琢 行き Bukkyo Univ. 6

時	平日 Weekdays (お盆・年末年始を除く)	土曜日 Saturdays (お盆・年末年始を除く)	休日 Sundays & Holidays お盆 8月14日~8月16日 年末年始 12月29日~1月3日
5			
6	40	40	40
7	5 25 41 54	25 55	25 55
8	12 27 40 55	28 59	28 59
9	12 32 59	29 59	29 59
10	29 59	29 59	29 59
11	29 59	29 59	29 59
12	29 59	29 59	29 59
13	29 59	29 59	29 59
14	29 59	29 59	29 59
15	29 49	29 59	29 59
16	9 29 49	29 59	29 59
17	9 29 49	29 59	29 59
18	9 29 49	29	29
19	9 28 58	5 43	5 43
20	33	23	23
21	3 *30	3 *30	3 *30
22	*6	*6	*6
23			

*印は玄琢下までです。For Gentaku-shita

↩鷹峯源光庵前❶乗場

P100

四条大宮・京都駅 行き Kyoto Sta. Via Shijo Omiya 6

時	平日 Weekdays (お盆・年末年始を除く)	土曜日 Saturdays (お盆・年末年始を除く)	休日 Sundays & Holidays お盆 8月14日~8月16日 年末年始 12月29日~1月3日
5			
6	9 30 45	15 45	15 45
7	10 30 46 59	30	30
8	17 32 45	0 33	0 33
9	0 17 37	4 34	4 34
10	4 34	4 34	4 34
11	4 34	4 34	4 34
12	4 34	4 34	4 34
13	4 34	4 34	4 34
14	4 34	4 34	4 34
15	4 34 54	4 34	4 34
16	14 34 54	4 34	4 34
17	14 34 54	4 34	4 34
18	14 34 54	4 34	4 34
19	14 33	10 48	10 48
20	3 38	28	28
21	8 *35	8 *35	8 *35
22	*11	*11	*11
23			

*印は玄琢下までです。For Gentaku-shita

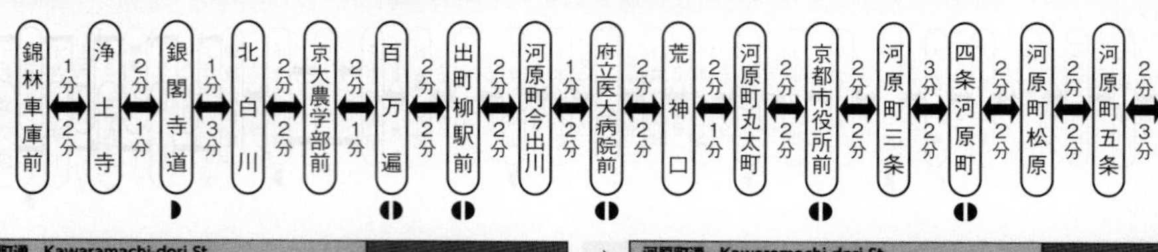

➡銀閣寺道❹乗場 P63

河原町通 Kawaramachi-dori St.

四条河原町・京都駅 行き 7

Kyoto Sta. Via Shijo Kawaramachi

時	平日 Weekdays (お盆・年末年始を除く)	土曜日 Saturdays (お盆・年末年始を除く)	休日 Sundays & Holidays お盆 8月14日～8月16日 年末年始 12月29日～1月3日
5	33	33	33
6	3 23 33 48	3 23 33 51	3 23 33
7	2 15 27 38 50	7 22 36 51	1 21 41
8	6 20 35 50	6 21 35 50	1 21 40
9	5 20 35 50	5 20 35 50	0 20 35 50
10	5 20 35 50	5 20 35 50	5 20 35 50
11	5 20 35 50	5 20 35 50	5 20 35 50
12	5 20 35 50	5 20 35 50	5 20 35 50
13	5 20 35 50	5 20 35 50	5 20 35 50
14	5 20 35 50	5 20 35 50	5 20 35 50
15	5 20 35 50	5 20 35 50	5 20 35 50
16	5 20 35 50	5 20 36 56	5 20 36 56
17	5 20 35 50	16 36 56	16 36 56
18	5 20 35 51	16 36 58	16 36 58
19	8 23 39 59	19 39 59	19 39 59
20	19 39 59	19 39 59	19 39 59
21	39	39	39
22	19 59	19 59	19 59
23			

➡百万遍❹乗場 P14・P114

河原町通 Kawaramachi-dori St.

四条河原町・京都駅 行き 7

Kyoto Sta. Via Shijo Kawaramachi

時	平日 Weekdays (お盆・年末年始を除く)	土曜日 Saturdays (お盆・年末年始を除く)	休日 Sundays & Holidays お盆 8月14日～8月16日 年末年始 12月29日～1月3日
5	37	37	37
6	7 27 37 52	7 27 37 55	7 27 37
7	6 19 31 44 56	11 26 41 56	5 25 46
8	12 26 41 56	11 26 41 56	6 26 46
9	11 26 41 56	11 26 41 56	6 26 41 56
10	11 26 41 56	11 26 41 56	11 26 41 56
11	11 26 41 56	11 26 41 56	11 26 41 56
12	11 26 41 56	11 26 41 56	11 26 41 56
13	11 26 41 56	11 26 41 56	11 26 41 56
14	11 26 41 56	11 26 41 56	11 26 41 56
15	11 26 41 56	11 26 41 56	11 26 41 56
16	11 26 41 56	11 26 42	11 26 42
17	11 26 41 56	2 22 42	2 22 42
18	11 26 41 57	2 22 42	2 22 42
19	12 27 43	3 23 43	3 23 43
20	3 23 43	3 23 43	3 23 43
21	3 43	3 43	3 43
22	23	23	23
23	3	3	3

➡出町柳駅前❺乗場 P41・P115

河原町通 Kawaramachi-dori St.

四条河原町・京都駅 行き 7

Kyoto Sta. Via Shijo Kawaramachi

時	平日 Weekdays (お盆・年末年始を除く)	土曜日 Saturdays (お盆・年末年始を除く)	休日 Sundays & Holidays お盆 8月14日～8月16日 年末年始 12月29日～1月3日
5	39	39	39
6	9 29 39 54	9 29 39 57	9 29 39
7	8 21 33 46 58	13 28 43 58	7 27 48
8	14 28 43 58	13 28 43 58	8 28 48
9	13 28 43 58	13 28 43 58	8 28 43 58
10	13 28 43 58	13 28 43 58	13 28 43 58
11	13 28 43 58	13 28 43 58	13 28 43 58
12	13 28 43 58	13 28 43 58	13 28 43 58
13	13 28 43 58	13 28 43 58	13 28 43 58
14	13 28 43 58	13 28 43 58	13 28 43 58
15	13 28 43 58	13 28 43 58	13 28 43 58
16	13 28 43 58	13 28 44	13 28 44
17	13 28 43 58	4 24 44	4 24 44
18	13 28 43 59	4 24 44	4 24 44
19	14 29 45	5 25 45	5 25 45
20	5 25 45	5 25 45	5 25 45
21	5 45	5 45	5 45
22	25	25	25
23	5	5	5

➡府立医大病院前⓫乗場 P38

河原町通 Kawaramachi-dori St.

四条河原町・京都駅 行き 7

Kyoto Sta. Via Shijo Kawaramachi

時	平日 Weekdays (お盆・年末年始を除く)	土曜日 Saturdays (お盆・年末年始を除く)	休日 Sundays & Holidays お盆 8月14日～8月16日 年末年始 12月29日～1月3日
5	42	42	42
6	12 32 42 57	12 32 42	12 32 42
7	11 24 36 49	0 16 31 46	10 30 51
8	1 17 31 46	1 16 31 46	11 31 51
9	1 16 31 46	1 16 31 46	11 31 46
10	1 16 31 46	1 16 31 46	1 16 31 46
11	1 16 31 46	1 16 31 46	1 16 31 46
12	1 16 31 46	1 16 31 46	1 16 31 46
13	1 16 31 46	1 16 31 46	1 16 31 46
14	1 16 31 46	1 16 31 46	1 16 31 46
15	1 16 31 46	1 16 31 46	1 16 31 46
16	1 16 31 46	1 16 31 47	1 16 31 47
17	1 16 31 46	7 27 47	7 27 47
18	1 16 31 46	7 27 47	7 27 47
19	2 17 32 48	8 28 48	8 28 48
20	8 28 48	8 28 48	8 28 48
21	8 48	8 48	8 48
22	28	28	28
23	8	8	8

➡京都市役所前❶乗場 P35・P115

河原町通 Kawaramachi-dori St.

四条河原町・京都駅 行き 7

Kyoto Sta. Via Shijo Kawaramachi

時	平日 Weekdays (お盆・年末年始を除く)	土曜日 Saturdays (お盆・年末年始を除く)	休日 Sundays & Holidays お盆 8月14日～8月16日 年末年始 12月29日～1月3日
5	47	47	47
6	17 37 47	17 37 47	17 37 47
7	2 16 29 42 55	5 21 36 51	15 35 56
8	7 23 37 52	6 21 37 52	16 37 57
9	7 22 37 52	7 22 37 52	17 37 52
10	7 22 37 52	7 22 37 52	7 22 37 52
11	7 22 37 52	7 22 37 52	7 22 37 52
12	7 22 37 52	7 22 37 52	7 22 37 52
13	7 22 37 52	7 22 37 52	7 22 37 52
14	7 22 37 52	7 22 37 52	7 22 37 52
15	7 22 37 52	7 22 37 52	7 22 37 52
16	7 22 37 52	7 22 37 53	7 22 37 53
17	7 22 37 52	13 33 53	13 33 53
18	7 22 37 52	13 33 53	13 33 53
19	7 22 37 53	13 33 53	13 33 53
20	13 33 53	13 33 53	13 33 53
21	13 53	13 53	13 53
22	33	33	33
23	13	13	13

➡四条河原町❸B乗場 P27

河原町通 Kawaramachi-dori St.

京都駅 行き 7

Kyoto Sta.

時	平日 Weekdays (お盆・年末年始を除く)	土曜日 Saturdays (お盆・年末年始を除く)	休日 Sundays & Holidays お盆 8月14日～8月16日 年末年始 12月29日～1月3日
5	51	51	51
6	21 41 51	21 41 51	21 41 51
7	6 20 34 47	9 25 40 55	19 39
8	0 12 28 42 57	10 25 41 56	0 20 41
9	12 27 42 57	12 27 42 57	1 22 42 57
10	12 27 42 57	12 27 42 57	12 27 42 57
11	12 27 42 57	12 27 42 57	12 27 42 57
12	12 27 42 57	12 27 42 57	12 27 42 57
13	12 27 42 57	12 27 42 57	12 27 42 57
14	12 27 42 57	12 27 42 57	12 27 42 57
15	12 27 42 57	12 27 42 57	12 27 42 57
16	12 27 42 57	12 27 42 58	12 27 42 58
17	12 27 42 57	18 38 58	18 38 58
18	12 27 42 57	18 38 58	18 38 58
19	12 27 42 58	18 38 58	18 38 58
20	18 38 58	18 38 58	18 38 58
21	18 58	18 58	18 58
22	38	38	38
23	18	18	18

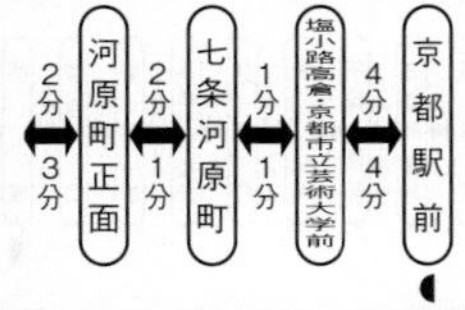

河原町通 Kawaramachi-dori St.
四条河原町・銀閣寺 行き Ginkakuji Temple　7

時	平日 Weekdays（お盆・年末年始を除く）	土曜日 Saturdays（お盆・年末年始を除く）	休日 Sundays & Holidays お盆 8月14日〜8月16日 年末年始 12月29日〜1月3日
5	46	46	46
6	5 35	5 35	5 35
7	5 20 34 50	5 23 39 54	5 34 54
8	3 16 30 45	9 24 39 (57)	14 34 (57)
9	(0) (15) (30) (45)	(14) (30) (45)	(19) (40)
10	(0) (15) (30) (45)	(0) (15) (30) (45)	(0) (15) (30) (45)
11	(0) (15) (30) (45)	(0) (15) (30) (45)	(0) (15) (30) (45)
12	(0) (15) (30) (45)	(0) (15) (30) (45)	(0) (15) (30) (45)
13	(0) (15) (30) (45)	(0) (15) (30) (45)	(0) (15) (30) (45)
14	(0) (15) (30) (45)	(0) (15) (30) (45)	(0) (15) (30) (45)
15	(0) (15) (30) (45)	(0) (15) (30) (45)	(0) (15) (30) (45)
16	(0) (15) (30) (45)	(0) (15) (30) (45)	(0) (15) (30) (45)
17	(0) (15) (30) (45)	(0) (20) (40)	(0) (20) (40)
18	(0) (15) 30 45	(0) 20 40	(0) 20 40
19	0 15 30 45	0 20 40	0 20 40
20	0 20 40	0 20 40	0 20 40
21	0 20 40	0 20 40	0 20 40
22	20	20	20
23	0	0	0

( )印はバスの駅「四条河原町北行南詰」にも停車いたします。

←四条河原町⑪G乗場

P27

河原町通 Kawaramachi-dori St.
出町柳駅 百万遍 銀閣寺 行き Ginkakuji Temple　7

時	平日 Weekdays（お盆・年末年始を除く）	土曜日 Saturdays（お盆・年末年始を除く）	休日 Sundays & Holidays お盆 8月14日〜8月16日 年末年始 12月29日〜1月3日
5			
6			
7			
8			
9	13 28 43 58	10 27 43 58	10 32 53
10	13 28 43 58	13 28 43 58	13 28 43 58
11	13 28 43 58	13 28 43 58	13 28 43 58
12	13 28 43 58	13 28 43 58	13 28 43 58
13	13 28 43 58	13 28 43 58	13 28 43 58
14	13 28 43 58	13 28 43 58	13 28 43 58
15	13 28 43 58	13 28 43 58	13 28 43 58
16	13 28 43 58	13 28 43 58	13 28 43 58
17	13 28 43 58	13 33 53	13 33 53
18	13 28	13	13
19			
20			
21			
22			
23			

河原町通 Kawaramachi-dori St.
出町柳駅 百万遍 銀閣寺 行き Ginkakuji Temple　7

時	平日 Weekdays（お盆・年末年始を除く）	土曜日 Saturdays（お盆・年末年始を除く）	休日 Sundays & Holidays お盆 8月14日〜8月16日 年末年始 12月29日〜1月3日
5			
6	1 20 50	1 20 50	1 20 50
7	21 36 52	20 38 54	20 49
8	8 21 34 48	9 24 41 57	9 29 52
9	3 19 34 49	16 33 49	16 38 59
10	4 19 34 49	4 19 34 49	19 34 49
11	4 19 34 49	4 19 34 49	4 19 34 49
12	4 19 34 49	4 19 34 49	4 19 34 49
13	4 19 34 49	4 19 34 49	4 19 34 49
14	4 19 34 49	4 19 34 49	4 19 34 49
15	4 19 34 49	4 19 34 49	4 19 34 49
16	4 19 34 49	4 19 34 49	4 19 34 49
17	4 19 34 49	4 19 39 59	4 19 39 59
18	4 19 34 48	19 38 58	19 38 58
19	3 16 31 46	16 36 56	16 36 56
20	1 16 36 56	16 36 56	16 36 56
21	15 35 55	15 35 55	15 35 55
22	35	35	35
23	15	15	15

←府立医大病院前⑫乗場

P38

河原町通 Kawaramachi-dori St.
出町柳駅 百万遍 銀閣寺 行き Ginkakuji Temple　7

時	平日 Weekdays（お盆・年末年始を除く）	土曜日 Saturdays（お盆・年末年始を除く）	休日 Sundays & Holidays お盆 8月14日〜8月16日 年末年始 12月29日〜1月3日
5			
6	5 24 54	5 24 54	5 24 54
7	25 41 57	24 42 58	24 53
8	13 26 39 53	13 28 46	13 34 57
9	8 24 39 54	2 21 38 54	21 43
10	9 24 39 54	9 24 39 54	4 24 39 54
11	9 24 39 54	9 24 39 54	9 24 39 54
12	9 24 39 54	9 24 39 54	9 24 39 54
13	9 24 39 54	9 24 39 54	9 24 39 54
14	9 24 39 54	9 24 39 54	9 24 39 54
15	9 24 39 54	9 24 39 54	9 24 39 54
16	9 24 39 54	9 24 39 54	9 24 39 54
17	9 24 39 54	9 24 44	9 24 44
18	9 24 39 53	4 24 43	4 24 43
19	7 20 35 50	2 20 40	2 20 40
20	5 20 40	0 20 40	0 20 40
21	0 19 39 59	0 19 39 59	0 19 39 59
22	39	39	39
23	19	19	19

白川通 Shirakawa-dori St.
銀閣寺・錦林車庫 行き Ginkakuji Temple　7

時	平日 Weekdays（お盆・年末年始を除く）	土曜日 Saturdays（お盆・年末年始を除く）	休日 Sundays & Holidays お盆 8月14日〜8月16日 年末年始 12月29日〜1月3日
5			
6	9 28 58	9 28 58	9 28 58
7	29 45	28 46	28 57
8	1 17 30 43 57	2 17 32 50	17 38
9	12 28 43 58	6 25 42 58	1 25 47
10	13 28 43 58	13 28 43 58	8 28 43 58
11	13 28 43 58	13 28 43 58	13 28 43 58
12	13 28 43 58	13 28 43 58	13 28 43 58
13	13 28 43 58	13 28 43 58	13 28 43 58
14	13 28 43 58	13 28 43 58	13 28 43 58
15	13 28 43 58	13 28 43 58	13 28 43 58
16	13 28 43 58	13 28 43 58	13 28 43 58
17	13 28 43 58	13 28 48	13 28 48
18	13 28 43 57	8 28 47	8 28 47
19	11 24 39 54	6 24 44	6 24 44
20	9 24 44	4 24 44	4 24 44
21	4 23 43	4 23 43	4 23 43
22	3 43	3 43	3 43
23	23	23	23

←百万遍⑤乗場

P14・P114

白川通 Shirakawa-dori St.
銀閣寺・錦林車庫 行き Ginkakuji Temple　7

時	平日 Weekdays（お盆・年末年始を除く）	土曜日 Saturdays（お盆・年末年始を除く）	休日 Sundays & Holidays お盆 8月14日〜8月16日 年末年始 12月29日〜1月3日
5			
6	11 30	11 30	11 30
7	0 31 47	0 30 48	0 30 59
8	3 19 32 45 59	4 19 34 52	19 40
9	14 30 45	8 27 44	3 27 49
10	0 15 30 45	0 15 30 45	10 30 45
11	0 15 30 45	0 15 30 45	0 15 30 45
12	0 15 30 45	0 15 30 45	0 15 30 45
13	0 15 30 45	0 15 30 45	0 15 30 45
14	0 15 30 45	0 15 30 45	0 15 30 45
15	0 15 30 45	0 15 30 45	0 15 30 45
16	0 15 30 45	0 15 30 45	0 15 30 45
17	0 15 30 45	0 15 30 50	0 15 30 50
18	0 15 30 45 59	10 30 49	10 30 49
19	13 26 41 56	8 26 46	8 26 46
20	11 26 46	6 26 46	6 26 46
21	6 25 45	6 25 45	6 25 45
22	5 45	5 45	5 45
23	25	25	25

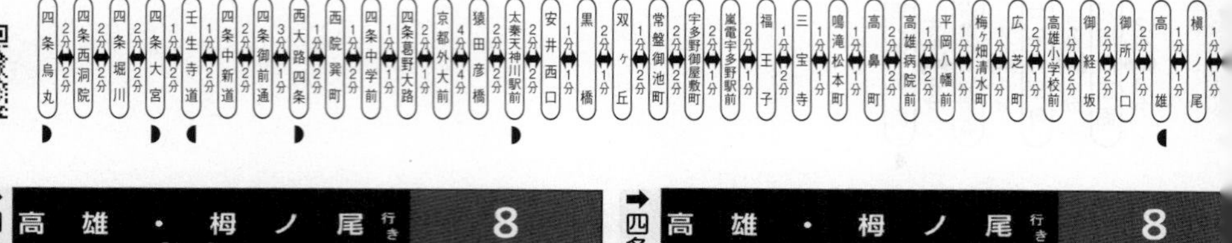

→ 四条烏丸(地下鉄四条駅)⑦E乗場

P30

高雄・栂ノ尾 行き Takao・Toganoo 8

時	平日 Weekdays (お盆・年末年始を除く)	土曜日 Saturdays (お盆・年末年始を除く)	休日 Sundays & Holidays お盆 8月14日~8月16日 年末年始 12月29日~1月3日
5			
6	1 45	1 45	1 45
7	20 53	25 55	25 55
8	27 54	25 49	25 49
9	52	52	52
10	52	52	52
11	52	52	52
12	52	52	52
13	52	52	52
14	52	52	52
15	52	52	52
16	34	34	34
17	14 54	14 54	14 54
18	32	32	32
19	16 59	16 59	16 59
20			
21	12	12	12
22			
23			

→ 四条大宮❹乗場

P33

高雄・栂ノ尾 行き Takao・Toganoo 8

時	平日 Weekdays (お盆・年末年始を除く)	土曜日 Saturdays (お盆・年末年始を除く)	休日 Sundays & Holidays お盆 8月14日~8月16日 年末年始 12月29日~1月3日
5			
6	6 50	6 50	6 50
7	25 59	30	30
8	33	0 30 55	0 30 55
9	0 58	58	58
10	58	58	58
11	58	58	58
12	58	58	58
13	58	58	58
14	58	58	58
15	58	58	58
16	40	40	40
17	20	20	20
18	0 38	0 38	0 38
19	21	21	21
20	4	4	4
21	17	17	17
22			
23			

→ 西大路四条(阪急・嵐電西院駅)❸乗場

P75

高雄・栂ノ尾 行き Takao・Toganoo 8

時	平日 Weekdays (お盆・年末年始を除く)	土曜日 Saturdays (お盆・年末年始を除く)	休日 Sundays & Holidays お盆 8月14日~8月16日 年末年始 12月29日~1月3日
5			
6	12 56	12 56	12 56
7	31	36	36
8	6 40	6 37	6 37
9	7	2	2
10	5	5	5
11	5	5	5
12	5	5	5
13	5	5	5
14	5	5	5
15	5	5	5
16	5 47	5 47	5 47
17	27	27	27
18	7 45	7 45	7 45
19	27	27	27
20	10	10	10
21	23	23	23
22			
23			

→ 太秦天神川駅前❶乗場

P75

高雄・栂ノ尾 行き Takao・Toganoo 8

時	平日 Weekdays (お盆・年末年始を除く)	土曜日 Saturdays (お盆・年末年始を除く)	休日 Sundays & Holidays お盆 8月14日~8月16日 年末年始 12月29日~1月3日
5			
6	22	22	22
7	6 42	6 46	6 46
8	17 51	16 48	16 48
9	18	13	13
10	16	16	16
11	16	16	16
12	16	16	16
13	16	16	16
14	16	16	16
15	16	16	16
16	16 58	16 58	16 58
17	38	38	38
18	18 56	18 56	18 56
19	37	37	37
20	20	20	20
21	33	33	33
22			
23			

← 高雄❷乗場

P90

西大路四条 四条烏丸 行き Shijo Karasuma 8

時	平日 Weekdays (お盆・年末年始を除く)	土曜日 Saturdays (お盆・年末年始を除く)	休日 Sundays & Holidays お盆 8月14日~8月16日 年末年始 12月29日~1月3日
5			
6	52	52	52
7	36	36	36
8	16 56	16 56	16 56
9	26 56	26 56	26 56
10	56	56	56
11	56	56	56
12	56	56	56
13	56	56	56
14	56	56	56
15	56	56	56
16	56	56	56
17	36	36	36
18	16 56	16 56	16 56
19	36	36	36
20	16 (56)	16 (56)	16 (56)
21			
22	(2)	(2)	(2)
23			

( )印は京都外大前までです。( )For kyoto Gaidai-mae

← 壬生寺道⓱乗場

P33

四条烏丸 行き Shijo Karasuma 8

時	平日 Weekdays (お盆・年末年始を除く)	土曜日 Saturdays (お盆・年末年始を除く)	休日 Sundays & Holidays お盆 8月14日~8月16日 年末年始 12月29日~1月3日
5			
6		34	34
7	7 28	13 28	13 28
8	17 57	12 56	12 56
9	37	37	37
10	7 37	7 37	7 37
11	37	37	37
12	37	37	37
13	37	37	37
14	37	37	37
15	37	37	37
16	37	37	37
17	37	37	37
18	17 57	17 57	17 57
19	32	32	32
20	12 52	12 52	12 52
21			
22			
23			

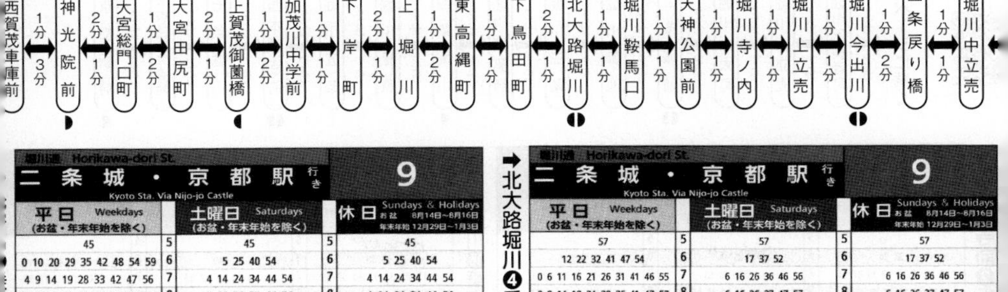

堀川通 Horikawa-dori St. 二条城・京都駅 行き 9
Kyoto Sta. Via Nijo-jo Castle

平日 Weekdays (お盆・年末年始を除く)	時	土曜日 Saturdays (お盆・年末年始を除く)	時	休日 Sundays & Holidays お盆 8月14日~8月16日 年末年始 12月29日~1月3日
45	5	45	5	45
0 10 20 29 35 42 48 54 59	6	5 25 40 54	6	5 25 40 54
4 9 14 19 28 33 42 47 56	7	4 14 24 34 44 54	7	4 14 24 34 44 54
1 6 11 16 22 28 34 44 54	8	4 14 24 34 44 54	8	4 14 24 34 44 54
4 14 24 34 44 54	9	4 14 24 34 44 54	9	4 14 24 34 44 54
4 14 24 34 44 54	10	4 14 24 34 44 54	10	4 14 24 34 44 54
4 14 24 34 44 54	11	4 14 24 34 44 54	11	4 14 24 34 44 54
4 14 24 34 44 54	12	4 14 24 34 44 54	12	4 14 24 34 44 54
4 14 24 34 44 54	13	4 14 24 34 44 54	13	4 14 24 34 44 54
4 14 24 34 44 54	14	4 14 24 34 44 54	14	4 14 24 34 44 54
4 14 24 34 44 54	15	4 16 28 40 52	15	4 16 28 40 52
4 14 24 34 44 52 59	16	4 16 28 40 52	16	4 16 28 40 52
7 14 22 29 37 44 52 59	17	4 16 28 40 52	17	4 16 28 40 52
7 14 22 29 37 44 52 59	18	4 16 28 40 52	18	4 16 28 40 52
7 14 24 34 44 54	19	4 19 34 49	19	4 19 34 49
5 21 37 53	20	5 21 37 53	20	5 21 37 53
11 31 51	21	11 31 51	21	11 31 51
16	22	16	22	16
	23		23	

➡北大路堀川❹乗場 P73

堀川通 Horikawa-dori St. 二条城・京都駅 行き 9
Kyoto Sta. Via Nijo-jo Castle

平日 Weekdays (お盆・年末年始を除く)	時	土曜日 Saturdays (お盆・年末年始を除く)	時	休日 Sundays & Holidays お盆 8月14日~8月16日 年末年始 12月29日~1月3日
57	5	57	5	57
12 22 32 41 47 54	6	17 37 52	6	17 37 52
0 6 11 16 21 26 31 41 46 55	7	6 16 26 36 46 56	7	6 16 26 36 46 56
0 9 14 19 24 29 35 41 47 57	8	6 16 26 37 47 57	8	6 16 26 37 47 57
7 17 27 37 47 57	9	7 17 27 37 47 57	9	7 17 27 37 47 57
7 17 27 37 47 57	10	7 17 27 37 47 57	10	7 17 27 37 47 57
7 17 27 37 47 57	11	7 17 27 37 47 57	11	7 17 27 37 47 57
7 17 27 37 47 57	12	7 17 27 37 47 57	12	7 17 27 37 47 57
7 17 27 37 47 57	13	7 17 27 37 47 57	13	7 17 27 37 47 57
7 17 27 37 47 57	14	7 17 27 37 47 57	14	7 17 27 37 47 57
7 17 27 37 47 57	15	7 17 29 41 53	15	7 17 29 41 53
7 17 27 37 47 57	16	5 17 29 41 53	16	5 17 29 41 53
5 12 20 27 35 42 50 57	17	5 17 29 41 53	17	5 17 29 41 53
5 12 20 27 35 42 50 57	18	5 17 29 41 53	18	5 17 29 41 53
4 11 19 26 36 46 56	19	4 16 31 46	19	4 16 31 46
6 17 33 49	20	1 17 33 49	20	1 17 33 49
5 23 43	21	5 23 43	21	5 23 43
3 28	22	3 28	22	3 28
	23		23	

堀川通 Horikawa-dori St. 二条城・京都駅 行き 9
Kyoto Sta. Via Nijo-jo Castle

平日 Weekdays (お盆・年末年始を除く)	時	土曜日 Saturdays (お盆・年末年始を除く)	時	休日 Sundays & Holidays お盆 8月14日~8月16日 年末年始 12月29日~1月3日
	5		5	
2 17 27 37 46 52 59	6	2 22 42 57	6	2 22 42 57
5 11 16 21 26 31 36 46 51	7	11 21 31 41 51	7	11 21 31 41 51
0 5 14 19 24 29 34 40 46 52	8	1 11 21 31 42 52	8	1 11 21 31 42 52
2 12 22 32 42 52	9	2 12 22 32 42 52	9	2 12 22 32 42 52
2 12 22 32 42 52	10	2 12 22 32 42 52	10	2 12 22 32 42 52
2 12 22 32 42 52	11	2 12 22 32 42 52	11	2 12 22 32 42 52
2 12 22 32 42 52	12	2 12 22 32 42 52	12	2 12 22 32 42 52
2 12 22 32 42 52	13	2 12 22 32 42 52	13	2 12 22 32 42 52
2 12 22 32 42 52	14	2 12 22 32 42 52	14	2 12 22 32 42 52
2 12 22 32 42 52	15	2 12 22 34 46 58	15	2 12 22 34 46 58
2 12 22 32 42 52	16	10 22 34 46 58	16	10 22 34 46 58
2 10 17 25 32 40 47 55	17	10 22 34 46 58	17	10 22 34 46 58
2 10 17 25 32 40 47 55	18	10 22 34 46 58	18	10 22 34 46 58
2 9 16 24 31 41 51	19	9 21 36 51	19	9 21 36 51
1 11 22 38 54	20	6 22 38 54	20	6 22 38 54
10 28 48	21	10 28 48	21	10 28 48
8 33	22	8 33	22	8 33
	23		23	

➡二条城前❺乗場 P45

堀川通 Horikawa-dori St. 京都駅 行き 9
Kyoto Sta.

平日 Weekdays (お盆・年末年始を除く)	時	土曜日 Saturdays (お盆・年末年始を除く)	時	休日 Sundays & Holidays お盆 8月14日~8月16日 年末年始 12月29日~1月3日
	5		5	
8 23 33 43 52 58	6	8 28 48	6	8 28 48
5 11 17 22 27 33 39 44 54 59	7	3 17 27 37 47 57	7	3 17 27 37 47 57
8 13 22 27 32 37 42 48 54	8	7 17 27 39 50	8	7 17 27 39 50
0 10 20 30 40 50	9	0 10 20 30 40 50	9	0 10 20 30 40 50
0 10 20 30 40 50	10	0 10 20 30 40 50	10	0 10 20 30 40 50
0 10 20 30 40 50	11	0 10 20 30 40 50	11	0 10 20 30 40 50
0 10 20 30 40 50	12	0 10 20 30 40 50	12	0 10 20 30 40 50
0 10 20 30 40 50	13	0 10 20 30 40 50	13	0 10 20 30 40 50
0 10 20 30 40 50	14	0 10 20 30 40 50	14	0 10 20 30 40 50
0 10 20 30 40 50	15	0 10 20 30 42 54	15	0 10 20 30 42 54
0 10 20 30 40 50	16	6 18 30 42 54	16	6 18 30 42 54
0 10 18 25 33 40 48 55	17	6 18 30 42 54	17	6 18 30 42 54
3 10 18 25 33 40 48 55	18	6 18 30 42 54	18	6 18 30 42 54
3 9 16 23 31 38 48 58	19	5 16 28 43 58	19	5 16 28 43 58
8 18 29 45	20	13 29 45	20	13 29 45
1 16 34 54	21	1 16 34 54	21	1 16 34 54
14 39	22	14 39	22	14 39
	23		23	

堀川通 Horikawa-dori St. 京都駅 行き 9
Kyoto Sta.

平日 Weekdays (お盆・年末年始を除く)	時	土曜日 Saturdays (お盆・年末年始を除く)	時	休日 Sundays & Holidays お盆 8月14日~8月16日 年末年始 12月29日~1月3日
	5		5	
18 33 43 53	6	18 38 58	6	18 38 58
2 8 15 21 27 32 37 44 50 55	7	13 27 37 47 57	7	13 27 37 47 57
5 10 19 24 33 38 43 48 53 59	8	7 17 27 37 50	8	7 17 27 37 50
5 11 21 31 41 51	9	1 11 21 31 41 51	9	1 11 21 31 41 51
1 11 21 31 41 51	10	1 11 21 31 41 51	10	1 11 21 31 41 51
1 11 21 31 41 51	11	1 11 21 31 41 51	11	1 11 21 31 41 51
1 11 21 31 41 51	12	1 11 21 31 41 51	12	1 11 21 31 41 51
1 11 21 31 41 51	13	1 11 21 31 41 51	13	1 11 21 31 41 51
1 11 21 31 41 51	14	1 11 21 31 41 51	14	1 11 21 31 41 51
1 11 21 31 41 51	15	1 11 21 31 41 53	15	1 11 21 31 41 53
1 11 21 31 41 51	16	5 17 29 41 53	16	5 17 29 41 53
1 11 21 29 36 44 51 59	17	5 17 29 41 53	17	5 17 29 41 53
6 14 21 29 36 44 51 59	18	5 17 29 41 53	18	5 17 29 41 53
6 13 19 26 33 41 48 58	19	5 15 26 38 53	19	5 15 26 38 53
8 18 28 39 55	20	8 23 39 55	20	8 23 39 55
11 26 44	21	11 26 44	21	11 26 44
4 24 49	22	4 24 49	22	4 24 49
	23		23	

⬅京都駅前B1乗場 P15・P17

堀川通 Horikawa-dori St. 二条城・西賀茂車庫 行き 9
Nishigamo Via Nijo-jo Castle

平日 Weekdays (お盆・年末年始を除く)	時	土曜日 Saturdays (お盆・年末年始を除く)	時	休日 Sundays & Holidays お盆 8月14日~8月16日 年末年始 12月29日~1月3日
	5		5	
30 45 55	6	30 50	6	30 50
5 13 20 27 34 41 48 55	7	10 25 37 48 59	7	10 25 37 48 59
2 9 15 21 27 33 39 45 51 57	8	10 21 32 43 53	8	10 21 32 43 53
3 13 23 33 43 53	9	3 13 23 33 43 53	9	3 13 23 33 43 53
3 13 23 33 43 53	10	3 13 23 33 43 53	10	3 13 23 33 43 53
3 13 23 33 43 53	11	3 13 23 33 43 53	11	3 13 23 33 43 53
3 13 23 33 43 53	12	3 13 23 33 43 53	12	3 13 23 33 43 53
3 13 23 33 43 53	13	3 13 23 33 43 53	13	3 13 23 33 43 53
3 13 23 33 43 53	14	3 13 23 33 43 53	14	3 13 23 33 43 53
3 13 23 33 43 53	15	3 13 23 33 43 53	15	3 13 23 33 43 53
3 13 23 33 43 53	16	5 17 29 41 53	16	5 17 29 41 53
3 13 23 33 41 48 56	17	5 17 29 41 53	17	5 17 29 41 53
3 11 18 26 33 41 48 56	18	5 17 29 41 53	18	5 17 29 41 53
3 11 18 26 33 41 48 56	19	5 17 29 41 55	19	5 17 29 41 55
3 10 20 30 40 55	20	10 25 40 55	20	10 25 40 55
10 25 40 55	21	10 25 40	21	10 25 40
10 25 40	22	0 20 40	22	0 20 40
0	23	0	23	0

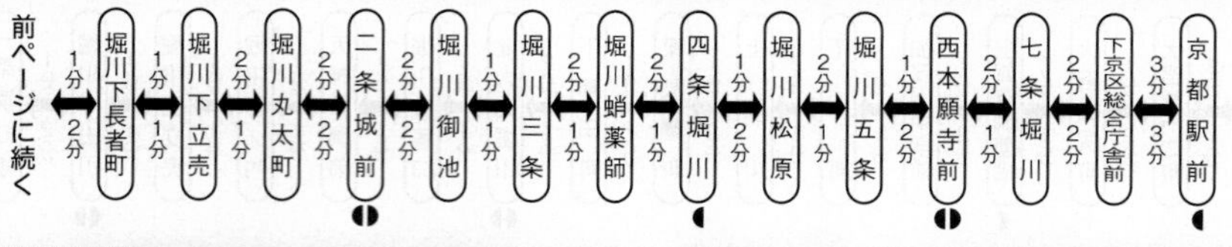

← 西本願寺前❷乗場

P23

堀川通 Horikawa-dori St.

二条城・西賀茂車庫 行き 9

Nishigamo Via Nijo-jo Castle

平日 Weekdays (お盆・年末年始を除く)		土曜日 Saturdays (お盆・年末年始を除く)		休日 Sundays & Holidays お盆 8月14日～8月16日 年末年始 12月29日～1月3日
	5		5	
35 50	6	35 55	6	35 55
0 10 18 25 32 40 47 54	7	15 30 42 53	7	15 30 42 53
1 8 15 21 27 33 39 45 51 57	8	4 15 26 38 49 59	8	4 15 26 38 49 59
3 9 19 29 39 49 59	9	9 19 29 39 49 59	9	9 19 29 39 49 59
9 19 29 39 49 59	10	9 19 29 39 49 59	10	9 19 29 39 49 59
9 19 29 39 49 59	11	9 19 29 39 49 59	11	9 19 29 39 49 59
9 19 29 39 49 59	12	9 19 29 39 49 59	12	9 19 29 39 49 59
9 19 29 39 49 59	13	9 19 29 39 49 59	13	9 19 29 39 49 59
9 19 29 39 49 59	14	9 19 29 39 49 59	14	9 19 29 39 49 59
9 19 29 39 49 59	15	9 19 29 39 49 59	15	9 19 29 39 49 59
9 19 29 39 49 59	16	11 23 35 47 59	16	11 23 35 47 59
9 19 29 39 47 54	17	11 23 35 47 59	17	11 23 35 47 59
2 9 17 24 32 39 47 54	18	11 23 35 47 59	18	11 23 35 47 59
2 8 16 23 31 38 46 53	19	10 22 34 46	19	10 22 34 46
1 8 15 25 35 45	20	0 15 30 45	20	0 15 30 45
0 15 30 45	21	0 15 30 45	21	0 15 30 45
0 15 30 45	22	5 25 45	22	5 25 45
5	23	5	23	5

← 四条堀川⓰乗場

P33

堀川通 Horikawa-dori St.

二条城・西賀茂車庫 行き 9

Nishigamo Via Nijo-jo Castle

平日 Weekdays (お盆・年末年始を除く)		土曜日 Saturdays (お盆・年末年始を除く)		休日 Sundays & Holid お盆 8月14日～8月1 年末年始 12月29日～1月
	5		5	
40 55	6	40	6	40
5 15 23 30 37 45 52 59	7	0 20 35 47 58	7	0 20 35 47 58
6 13 20 26 32 38 44 50 56	8	9 20 31 43 54	8	9 20 31 43 54
2 8 14 24 34 44 54	9	4 14 24 34 44 54	9	4 14 24 34 44 54
4 14 24 34 44 54	10	4 14 24 34 44 54	10	4 14 24 34 44 54
4 14 24 34 44 54	11	4 14 24 34 44 54	11	4 14 24 34 44 54
4 14 24 34 44 54	12	4 14 24 34 44 54	12	4 14 24 34 44 54
4 14 24 34 44 54	13	4 14 24 34 44 54	13	4 14 24 34 44 54
4 14 24 34 44 54	14	4 14 24 34 44 54	14	4 14 24 34 44 54
4 14 24 34 44 54	15	4 14 24 34 44 54	15	4 14 24 34 44 54
4 14 24 34 44 54	16	4 16 28 40 52	16	4 16 28 40 52
4 14 24 34 44 52 59	17	4 16 28 40 52	17	4 16 28 40 52
7 14 22 29 37 44 52 59	18	4 16 28 40 52	18	4 16 28 40 52
7 13 21 28 36 43 51 58	19	4 15 27 39 51	19	4 15 27 39 51
6 13 20 30 40 50	20	5 20 35 50	20	5 20 35 50
5 20 35 50	21	5 20 35 50	21	5 20 35 50
5 20 35 50	22	10 30 50	22	10 30 50
10	23	10	23	10

← 二条城前❻乗場

P45

堀川通 Horikawa-dori St.

上賀茂御薗橋 西賀茂車庫 行き 9

Nishigamo

平日 Weekdays (お盆・年末年始を除く)		土曜日 Saturdays (お盆・年末年始を除く)		休日 Sundays & Holidays お盆 8月14日～8月16日 年末年始 12月29日～1月3日
	5		5	
44 59	6	44	6	44
9 19 27 35 42 50 57	7	4 24 39 51	7	4 24 39 51
4 11 18 25 31 37 43 49 55	8	2 13 24 36 48 59	8	2 13 24 36 48 59
1 7 13 19 29 39 49 59	9	9 19 29 39 49 59	9	9 19 29 39 49 59
9 19 29 39 49 59	10	9 19 29 39 49 59	10	9 19 29 39 49 59
9 19 29 39 49 59	11	9 19 29 39 49 59	11	9 19 29 39 49 59
9 19 29 39 49 59	12	9 19 29 39 49 59	12	9 19 29 39 49 59
9 19 29 39 49 59	13	9 19 29 39 49 59	13	9 19 29 39 49 59
9 19 29 39 49 59	14	9 19 29 39 49 59	14	9 19 29 39 49 59
9 19 29 39 49 59	15	9 19 29 39 49 59	15	9 19 29 39 49 59
9 19 29 39 49 59	16	9 21 33 45 57	16	9 21 33 45 57
9 19 29 39 49 57	17	9 21 33 45 57	17	9 21 33 45 57
4 12 19 27 34 42 49 57	18	9 21 33 45 57	18	9 21 33 45 57
4 12 18 26 33 41 48 56	19	9 20 32 44 56	19	9 20 32 44 56
3 11 18 25 35 45 55	20	10 25 40 55	20	10 25 40 55
9 24 39 54	21	9 24 39 54	21	9 24 39 54
9 24 39 54	22	14 34 54	22	14 34 54
14	23	14	23	14

← 堀川今出川❼乗場

P43

堀川通 Horikawa-dori St.

上賀茂御薗橋 西賀茂車庫 行き 9

Nishigamo

平日 Weekdays (お盆・年末年始を除く)		土曜日 Saturdays (お盆・年末年始を除く)		休日 Sundays & Holida お盆 8月14日～8月1 年末年始 12月29日～1月
	5		5	
52	6	52	6	52
7 17 27 36 44 51 59	7	12 32 47 59	7	12 32 47 59
6 13 20 27 34 40 46 52 58	8	10 21 32 45 57	8	10 21 32 45 57
4 10 16 22 28 38 48 58	9	8 18 28 38 48 58	9	8 18 28 38 48 58
8 18 28 38 48 58	10	8 18 28 38 48 58	10	8 18 28 38 48 58
8 18 28 38 48 58	11	8 18 28 38 48 58	11	8 18 28 38 48 58
8 18 28 38 48 58	12	8 18 28 38 48 58	12	8 18 28 38 48 58
8 18 28 38 48 58	13	8 18 28 38 48 58	13	8 18 28 38 48 58
8 18 28 38 48 58	14	8 18 28 38 48 58	14	8 18 28 38 48 58
8 18 28 38 48 58	15	8 18 28 38 48 58	15	8 18 28 38 48 58
8 18 28 38 48 58	16	8 18 30 42 54	16	8 18 30 42 54
8 18 28 38 48 58	17	6 18 30 42 54	17	6 18 30 42 54
6 13 21 28 36 43 51 58	18	6 18 30 42 54	18	6 18 30 42 54
5 12 20 26 34 41 49 56	19	5 17 28 40 52	19	5 17 28 40 52
4 11 19 26 33 43 53	20	4 18 33 48	20	4 18 33 48
3 17 32 47	21	3 17 32 47	21	3 17 32 47
2 17 32 47	22	2 22 42	22	2 22 42
2 22	23	2 22	23	2 22

← 北大路堀川❼乗場

P73

堀川通 Horikawa-dori St.

上賀茂御薗橋 西賀茂車庫 行き 9

Nishigamo

平日 Weekdays (お盆・年末年始を除く)		土曜日 Saturdays (お盆・年末年始を除く)		休日 Sundays & Holidays お盆 8月14日～8月16日 年末年始 12月29日～1月3日
	5		5	
57	6	57	6	57
12 22 32 41 49 56	7	17 37 52	7	17 37 52
4 11 18 25 32 39 45 51 57	8	4 15 26 37 50	8	4 15 26 37 50
3 9 15 21 27 33 43 53	9	2 13 23 33 43 53	9	2 13 23 33 43 53
3 13 23 33 43 53	10	3 13 23 33 43 53	10	3 13 23 33 43 53
3 13 23 33 43 53	11	3 13 23 33 43 53	11	3 13 23 33 43 53
3 13 23 33 43 53	12	3 13 23 33 43 53	12	3 13 23 33 43 53
3 13 23 33 43 53	13	3 13 23 33 43 53	13	3 13 23 33 43 53
3 13 23 33 43 53	14	3 13 23 33 43 53	14	3 13 23 33 43 53
3 13 23 33 43 53	15	3 13 23 33 43 53	15	3 13 23 33 43 53
3 13 23 33 43 53	16	3 13 23 35 47 59	16	3 13 23 35 47 59
3 13 23 33 43 53	17	11 23 35 47 59	17	11 23 35 47 59
3 11 18 26 33 41 48 56	18	11 23 35 47 59	18	11 23 35 47 59
3 10 17 25 31 39 46 54	19	10 22 33 45 57	19	10 22 33 45 57
1 9 16 24 31 38 48 58	20	9 23 38 53	20	9 23 38 53
8 22 37 52	21	8 22 37 52	21	8 22 37 52
7 22 37 52	22	7 27 47	22	7 27 47
7 27	23	7 27	23	7 27

← 上賀茂御薗橋❺乗場

P71

西賀茂車庫 行き 9

Nishigamo

平日 Weekdays (お盆・年末年始を除く)		土曜日 Saturdays (お盆・年末年始を除く)		休日 Sundays & Holida お盆 8月14日～8月16 年末年始 12月29日～1月3
	5		5	
	6		6	
3 18 28 40 49 57	7	3 23 43 58	7	3 23 43 58
4 12 19 26 33 40 47 53 59	8	10 21 33 45 58	8	10 21 33 45 58
5 11 17 23 29 35 41 51	9	10 21 31 41 51	9	10 21 31 41 51
1 11 21 31 41 51	10	1 11 21 31 41 51	10	1 11 21 31 41 51
1 11 21 31 41 51	11	1 11 21 31 41 51	11	1 11 21 31 41 51
1 11 21 31 41 51	12	1 11 21 31 41 51	12	1 11 21 31 41 51
1 11 21 31 41 51	13	1 11 21 31 41 51	13	1 11 21 31 41 51
1 11 21 31 41 51	14	1 11 21 31 41 51	14	1 11 21 31 41 51
1 11 21 31 41 51	15	1 11 21 31 41 51	15	1 11 21 31 41 51
1 11 21 31 41 51	16	1 11 21 31 43 55	16	1 11 21 31 43 55
1 11 21 31 41 51	17	7 19 31 43 55	17	7 19 31 43 55
1 11 19 26 34 41 49 56	18	7 19 31 43 55	18	7 19 31 43 55
3 9 16 23 31 37 45 52	19	5 16 28 39 51	19	5 16 28 39 51
0 7 15 22 30 37 44 54	20	3 15 29 44 59	20	3 15 29 44 59
4 14 28 43 58	21	14 28 43 58	21	14 28 43 58
13 28 43 58	22	13 33 53	22	13 33 53
13 33	23	13 33	23	13 33

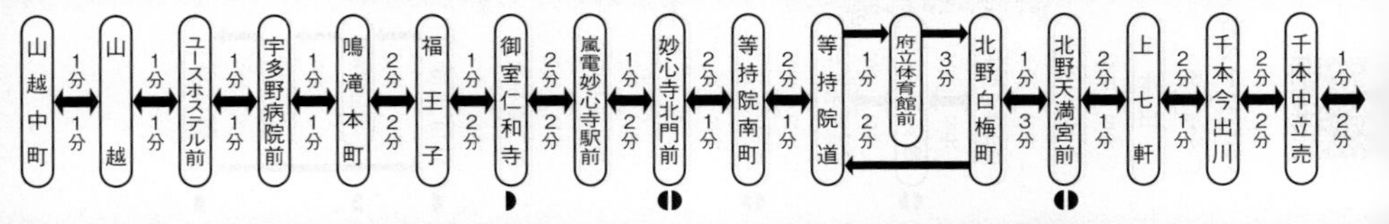

四条河原町・三条京阪 行き 10

Shijo Kawaramachi

時	平日 Weekdays (お盆・年末年始を除く)	土曜日 Saturdays (お盆・年末年始を除く)	休日 Sundays & Holidays お盆 8月14日~8月16日 年末年始 12月29日~1月3日
5			
6	37 50	37 57	37 57
7	4 18 32 44 57	17 37 57	17 37 57
8	17 37 57	17 37 57	17 37 57
9	17 37 57	17 37 57	17 37 57
10	17 37 57	17 37 57	17 37 57
11	17 37 57	17 37 57	17 37 57
12	17 37 57	17 37 57	17 37 57
13	17 37 57	17 37 57	17 37 57
14	17 37 57	17 37 57	17 37 57
15	17 37 57	17 37 57	17 37 57
16	17 37 57	17 37 57	17 37 57
17	17 37 57	17 37	17 37
18	17 37 57	2 32	2 32
19	22 47	2 32	2 32
20	12 42	2 42	2 42
21	22 (47)	22 (47)	22 (47)
22			
23			

( )印は四条京阪前までです。For Shijo Keihan-mae

→妙心寺北門前❻乗場 P82

四条河原町・三条京阪 行き 10

Shijo Kawaramachi

時	平日 Weekdays (お盆・年末年始を除く)	土曜日 Saturdays (お盆・年末年始を除く)	休日 Sundays & Holidays お盆 8月14日~8月16日 年末年始 12月29日~1月3日
5			
6	39 52	39 59	39 59
7	6 20 35 47	19 39 59	19 39 59
8	0 20 40	19 40	19 40
9	0 20 40	0 20 40	0 20 40
10	0 20 40	0 20 40	0 20 40
11	0 20 40	0 20 40	0 20 40
12	0 20 40	0 20 40	0 20 40
13	0 20 40	0 20 40	0 20 40
14	0 20 40	0 20 40	0 20 40
15	0 20 40	0 20 40	0 20 40
16	0 20 40	0 20 40	0 20 40
17	0 20 40	0 20 40	0 20 40
18	0 20 40	5 35	5 35
19	0 24 49	4 34	4 34
20	14 44	4 44	4 44
21	24 (49)	24 (49)	24 (49)
22			
23			

( )印は四条京阪前までです。For Shijo Keihan-mae

四条河原町・三条京阪 行き 10

Shijo Kawaramachi

時	平日 Weekdays (お盆・年末年始を除く)	土曜日 Saturdays (お盆・年末年始を除く)	休日 Sundays & Holidays お盆 8月14日~8月16日 年末年始 12月29日~1月3日
5			
6	47	47	47
7	0 14 28 44 56	7 27 47	7 27 47
8	9 29 49	7 27 49	7 27 49
9	9 29 49	9 29 49	9 29 49
10	9 29 49	9 29 49	9 29 49
11	9 29 49	9 29 49	9 29 49
12	9 29 49	9 29 49	9 29 49
13	9 29 49	9 29 49	9 29 49
14	9 29 49	9 29 49	9 29 49
15	9 29 49	9 29 49	9 29 49
16	9 29 49	9 29 49	9 29 49
17	9 29 49	9 29 49	9 29 49
18	9 29 49	14 44	14 44
19	8 32 57	12 42	12 42
20	22 52	12 52	12 52
21	32 (57)	32 (57)	32 (57)
22			
23			

( )印は四条京阪前までです。For Shijo Keihan-mae

→堀川丸太町❸乗場 P45

四条河原町・三条京阪 行き 10

Shijo Kawaramachi

時	平日 Weekdays (お盆・年末年始を除く)	土曜日 Saturdays (お盆・年末年始を除く)	休日 Sundays & Holidays お盆 8月14日~8月16日 年末年始 12月29日~1月3日
5			
6	58	58	58
7	11 25 40 57	18 38 58	18 38 58
8	9 22 42	18 39	18 39
9	2 22 42	2 22 42	2 22 42
10	2 22 42	2 22 42	2 22 42
11	2 22 42	2 22 42	2 22 42
12	2 22 42	2 22 42	2 22 42
13	2 22 42	2 22 42	2 22 42
14	2 22 42	2 22 42	2 22 42
15	2 22 42	2 22 42	2 22 42
16	2 22 42	2 22 42	2 22 42
17	2 22 42	2 22 42	2 22 42
18	2 22 42	2 27 57	2 27 57
19	2 20 44	24 54	24 54
20	9 34	24	24
21	4 43	4 43	4 43
22	(8)	(8)	(8)
23			

( )印は四条京阪前までです。For Shijo Keihan-mae

四条河原町・三条京阪 行き 10

Shijo Kawaramachi

時	平日 Weekdays (お盆・年末年始を除く)	土曜日 Saturdays (お盆・年末年始を除く)	休日 Sundays & Holidays お盆 8月14日~8月16日 年末年始 12月29日~1月3日
5			
6			
7	1 15 29 44	1 21 42	1 21 42
8	1 13 26 46	2 22 43	2 22 43
9	6 26 46	6 26 46	6 26 46
10	6 26 46	6 26 46	6 26 46
11	6 26 46	6 26 46	6 26 46
12	6 26 46	6 26 46	6 26 46
13	6 26 46	6 26 46	6 26 46
14	6 26 46	6 26 46	6 26 46
15	6 26 46	6 26 46	6 26 46
16	6 26 46	6 26 46	6 26 46
17	6 26 46	6 26 46	6 26 46
18	6 26 46	6 31	6 31
19	6 24 48	1 28 58	1 28 58
20	13 38	28	28
21	7 46	7 46	7 46
22	(11)	(11)	(11)
23			

( )印は四条京阪前までです。For Shijo Keihan-mae

↩四条河原町❶A乗場 P27

北野天満宮 御室仁和寺・山越 行き 10

Kitano-tenmangu Shrine

時	平日 Weekdays (お盆・年末年始を除く)	土曜日 Saturdays (お盆・年末年始を除く)	休日 Sundays & Holidays お盆 8月14日~8月16日 年末年始 12月29日~1月3日
5			
6	34 52	34	34
7	10 24 39 54	10 30 51	10 30 51
8	11 23 36 56	11 31 52	11 31 52
9	16 36 56	16 36 56	16 36 56
10	16 36 56	16 36 56	16 36 56
11	16 36 56	16 36 56	16 36 56
12	16 36 56	16 36 56	16 36 56
13	16 36 56	16 36 56	16 36 56
14	16 36 56	16 36 56	16 36 56
15	16 36 56	16 36 56	16 36 56
16	16 36 56	16 36 56	16 36 56
17	16 36 56	16 36 56	16 36 56
18	16 36 56	16 41	16 41
19	16 34 58	11 38	11 38
20	23 48	8 38	8 38
21	17 56	17 56	17 56
22	(21)	(21)	(21)
23			

( )印は四条京阪前までです。For Shijo Keihan-mae

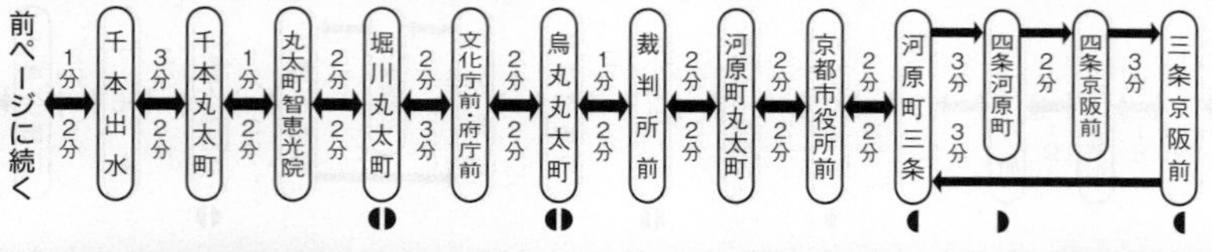

←三条京阪前Ⓐ1乗場 P37

北野天満宮 御室仁和寺・山越 行き Kitano-tenmangu Shrine　10

時	平日 Weekdays（お盆・年末年始を除く）	土曜日 Saturdays（お盆・年末年始を除く）	休日 Sundays & Holidays お盆 8月14日～8月16日 年末年始 12月29日～1月3日
5			
6	41 59	41	41
7	17 31 47	17 37 58	17 37 58
8	2 19 31 44	18 39	18 39
9	4 24 44	0 24 44	0 24 44
10	4 24 44	4 24 44	4 24 44
11	4 24 44	4 24 44	4 24 44
12	4 24 44	4 24 44	4 24 44
13	4 24 44	4 24 44	4 24 44
14	4 24 44	4 24 44	4 24 44
15	4 24 44	4 24 44	4 24 44
16	4 24 44	4 24 44	4 24 44
17	4 24 44	4 24 44	4 24 44
18	4 24 44	4 24 49	4 24 49
19	4 23 41	18 45	18 45
20	5 30 55	15 45	15 45
21	24	24	24
22	3	3	3
23			

←河原町三条❾乗場 P35

北野天満宮 御室仁和寺・山越 行き Kitano-tenmangu Shrine　10

時	平日 Weekdays（お盆・年末年始を除く）	土曜日 Saturdays（お盆・年末年始を除く）	休日 Sundays & Holidays お盆 8月14日～8月16日 年末年始 12月29日～1月3日
5			
6	45	45	45
7	3 21 36 52	21 41	21 41
8	7 24 36 49	2 22 44	2 22 44
9	9 29 49	5 29 49	5 29 49
10	9 29 49	9 29 49	9 29 49
11	9 29 49	9 29 49	9 29 49
12	9 29 49	9 29 49	9 29 49
13	9 29 49	9 29 49	9 29 49
14	9 29 49	9 29 49	9 29 49
15	9 29 49	9 29 49	9 29 49
16	9 29 49	9 29 49	9 29 49
17	9 29 49	9 29 49	9 29 49
18	9 29 49	9 29 54	9 29 54
19	9 28 46	23 50	23 50
20	10 35	20 50	20 50
21	0 28	28	28
22	7	7	7
23			

←烏丸丸太町（地下鉄丸太町駅）❽乗場 P38

北野天満宮 御室仁和寺・山越 行き Kitano-tenmangu Shrine　10

時	平日 Weekdays（お盆・年末年始を除く）	土曜日 Saturdays（お盆・年末年始を除く）	休日 Sundays & Holidays お盆 8月14日～8月16日 年末年始 12月29日～1月3日
5			
6	52	52	52
7	10 28 44	28 49	28 49
8	0 15 32 44 57	10 30 52	10 30 52
9	17 37 57	13 37 57	13 37 57
10	17 37 57	17 37 57	17 37 57
11	17 37 57	17 37 57	17 37 57
12	17 37 57	17 37 57	17 37 57
13	17 37 57	17 37 57	17 37 57
14	17 37 57	17 37 57	17 37 57
15	17 37 57	17 37 57	17 37 57
16	17 37 57	17 37 57	17 37 57
17	17 37 57	17 37 57	17 37 57
18	17 37 57	17 37	17 37
19	16 35 53	2 30 57	2 30 57
20	17 42	27 57	27 57
21	7 35	35	35
22	14	14	14
23			

←堀川丸太町❷乗場 P45

北野天満宮 御室仁和寺・山越 行き Kitano-tenmangu Shrine　10

時	平日 Weekdays（お盆・年末年始を除く）	土曜日 Saturdays（お盆・年末年始を除く）	休日 Sundays & Holidays お盆 8月14日～8月16日 年末年始 12月29日～1月3日
5			
6	56	56	56
7	14 32 49	32 54	32 54
8	5 20 37 49	15 35 57	15 35 57
9	2 22 42	18 42	18 42
10	2 22 42	2 22 42	2 22 42
11	2 22 42	2 22 42	2 22 42
12	2 22 42	2 22 42	2 22 42
13	2 22 42	2 22 42	2 22 42
14	2 22 42	2 22 42	2 22 42
15	2 22 42	2 22 42	2 22 42
16	2 22 42	2 22 42	2 22 42
17	2 22 42	2 22 42	2 22 42
18	2 22 42	2 22 42	2 22 42
19	2 21 40 58	7 35	7 35
20	22 47	2 32	2 32
21	11 39	2 39	2 39
22	18	18	18
23			

←北野天満宮前❷乗場 P77

御室仁和寺・山越 行き Omuro　10

時	平日 Weekdays（お盆・年末年始を除く）	土曜日 Saturdays（お盆・年末年始を除く）	休日 Sundays & Holidays お盆 8月14日～8月16日 年末年始 12月29日～1月3日
5			
6			
7	6 24 45	6 43	6 43
8	2 18 33 50	5 26 48	5 26 48
9	2 15 35 55	10 31 55	10 31 55
10	15 35 55	15 35 55	15 35 55
11	15 35 55	15 35 55	15 35 55
12	15 35 55	15 35 55	15 35 55
13	15 35 55	15 35 55	15 35 55
14	15 35 55	15 35 55	15 35 55
15	15 35 55	15 35 55	15 35 55
16	15 35 55	15 35 55	15 35 55
17	15 35 55	15 35 55	15 35 55
18	15 35 55	15 35 55	15 35 55
19	14 33 52	19 47	19 47
20	10 34 59	14 44	14 44
21	21 49	12 49	12 49
22	28	28	28
23			

←妙心寺北門前❼乗場 P82

宇多野・山越 行き Utano　10

時	平日 Weekdays（お盆・年末年始を除く）	土曜日 Saturdays（お盆・年末年始を除く）	休日 Sundays & Holidays お盆 8月14日～8月16日 年末年始 12月29日～1月3日
5			
6			
7	12 30 52	12 49	12 49
8	9 25 40 57	11 32 55	11 32 55
9	9 22 42	17 38	17 38
10	2 22 42	2 22 42	2 22 42
11	2 22 42	2 22 42	2 22 42
12	2 22 42	2 22 42	2 22 42
13	2 22 42	2 22 42	2 22 42
14	2 22 42	2 22 42	2 22 42
15	2 22 42	2 22 42	2 22 42
16	2 22 42	2 22 42	2 22 42
17	2 22 42	2 22 42	2 22 42
18	2 22 42	2 22 42	2 22 42
19	2 20 39 58	2 25 53	2 25 53
20	16 40	20 50	20 50
21	5 27 55	18 55	18 55
22	34	34	34
23			

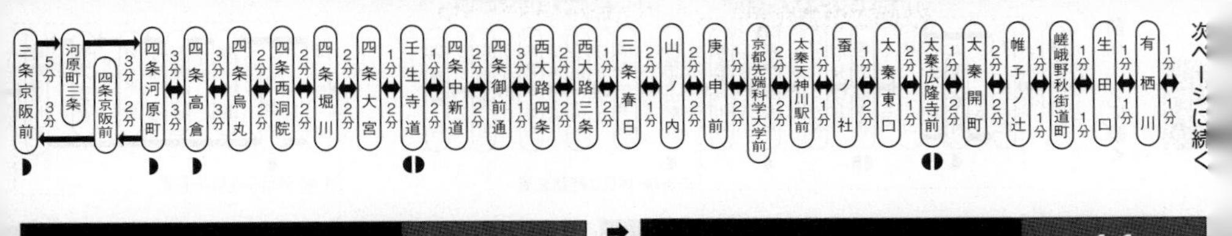

次ページに続く

嵐山・嵯峨・山越 行き 11
Saga Arashiyama

時	平日 Weekdays（お盆・年末年始を除く）	土曜日 Saturdays（お盆・年末年始を除く）	休日 Sundays & Holidays お盆 8月14日~8月16日 年末年始 12月29日~1月3日
5			
6	51	51	51
7	16 39 56	36	36
8	15 34 51	6 39	6 39
9	6 21 41	14 51	14 51
10	1 22 42	22 52	22 52
11	2 22 42	22 52	22 52
12	2 22 42	22 52	22 52
13	2 22 42	22 52	22 52
14	2 22 42	22 52	22 52
15	2 22 42	22 52	22 52
16	2 22 42	22 52	22 52
17	2 22 42	22 52	22 52
18	2 22 42	22 52	22 52
19	2 22 42	22 52	22 52
20	2 32	27	27
21	3 46	3 46	3 46
22	*26	*26	*26
23			

*印は太秦開日町までです。

➡四条河原町❻D乗場

P27

嵐山・嵯峨・山越 行き 11
Saga Arashiyama

時	平日 Weekdays（お盆・年末年始を除く）	土曜日 Saturdays（お盆・年末年始を除く）	休日 Sundays & Holidays お盆 8月14日~8月16日 年末年始 12月29日~1月3日
5			
6	57	57	57
7	22 47	42	42
8	4 23 42 59	12 46	12 46
9	14 29 49	22 59	22 59
10	9 30 50	30	30
11	10 30 50	0 30	0 30
12	10 30 50	0 30	0 30
13	10 30 50	0 30	0 30
14	10 30 50	0 30	0 30
15	10 30 50	0 30	0 30
16	10 30 50	0 30	0 30
17	10 30 50	0 30	0 30
18	10 30 50	0 30	0 30
19	10 30 50	0 30	0 30
20	10 40	0 35	0 35
21	10 53	10 53	10 53
22	*33	*33	*33
23			

*印は太秦開日町までです。

嵐山・嵯峨・山越 行き 11
Saga Arashiyama

時	平日 Weekdays（お盆・年末年始を除く）	土曜日 Saturdays（お盆・年末年始を除く）	休日 Sundays & Holidays お盆 8月14日~8月16日 年末年始 12月29日~1月3日
5			
6	59	59	59
7	24 49	44	44
8	6 25 44	14 48	14 48
9	1 16 31 51	24	24
10	12 33 53	1 33	1 33
11	13 33 53	3 33	3 33
12	13 33 53	3 33	3 33
13	13 33 53	3 33	3 33
14	13 33 53	3 33	3 33
15	13 33 53	3 33	3 33
16	13 33 53	3 33	3 33
17	13 33 53	3 33	3 33
18	13 33 53	3 33	3 33
19	12 32 52	2 32	2 32
20	12 42	2 37	2 37
21	12 55	12 55	12 55
22	*35	*35	*35
23			

*印は太秦開日町までです。

➡壬生寺道⓲乗場

P33

嵐山・嵯峨・山越 行き 11
Saga Arashiyama

時	平日 Weekdays（お盆・年末年始を除く）	土曜日 Saturdays（お盆・年末年始を除く）	休日 Sundays & Holidays お盆 8月14日~8月16日 年末年始 12月29日~1月3日
5			
6			
7	7 32 58	7 52	7 52
8	15 34 54	22 58	22 58
9	11 26 41	34	34
10	1 22 43	11 43	11 43
11	3 23 43	13 43	13 43
12	3 23 43	13 43	13 43
13	3 23 43	13 43	13 43
14	3 23 43	13 43	13 43
15	3 23 43	13 43	13 43
16	3 23 43	13 43	13 43
17	3 23 43	13 43	13 43
18	3 23 43	13 43	13 43
19	3 21 41	11 41	11 41
20	1 21 51	11 46	11 46
21	21	21	21
22	4 *44	4 *44	4 *44
23			

*印は太秦開日町までです。

嵐山・嵯峨・山越 行き 11
Saga Arashiyama

時	平日 Weekdays（お盆・年末年始を除く）	土曜日 Saturdays（お盆・年末年始を除く）	休日 Sundays & Holidays お盆 8月14日~8月16日 年末年始 12月29日~1月3日
5			
6			
7	24 53	24	24
8	19 36 55	9 40	9 40
9	15 32 47	19 55	19 55
10	2 22 43	32	32
11	4 24 44	4 34	4 34
12	4 24 44	4 34	4 34
13	4 24 44	4 34	4 34
14	4 24 44	4 34	4 34
15	4 24 44	4 34	4 34
16	4 24 44	4 34	4 34
17	4 24 44	4 34	4 34
18	4 24 44	4 34	4 34
19	3 22 40	3 30	3 30
20	0 20 40	0 30	0 30
21	10 39	5 39	5 39
22	22	22	22
23	*2	*2	*2

*印は太秦開日町までです。

➡嵐山天龍寺前（嵐電嵐山駅）❷乗場

P87

山越中町 行き 11
Yamagoe Nakacho

時	平日 Weekdays（お盆・年末年始を除く）	土曜日 Saturdays（お盆・年末年始を除く）	休日 Sundays & Holidays お盆 8月14日~8月16日 年末年始 12月29日~1月3日
5			
6			
7	35	35	35
8	4 30 47	20 51	20 51
9	6 26 43 58	30	30
10	13 33 54	6 43	6 43
11	15 35 55	15 45	15 45
12	15 35 55	15 45	15 45
13	15 35 55	15 45	15 45
14	15 35 55	15 45	15 45
15	15 35 55	15 45	15 45
16	15 35 55	15 45	15 45
17	15 35 55	15 45	15 45
18	15 35 55	15 45	15 45
19	14 33 51	14 41	14 41
20	11 31 51	11 41	11 41
21	21 50	16 50	16 50
22	33	33	33
23	*13	*13	*13

*印は太秦開日町までです。

前ページに続く

車折神社前 ⇔(1分) 下嵯峨 →(2分) 嵐山 →(2分) 角倉町 →(1分) 下嵯峨 ／ 嵐山 ⇔(1分/2分) 嵐山天龍寺前 ⇔(1分/2分) 野々宮 ⇔(2分/1分) 嵯峨小学校前 ⇔(1分) 嵯峨瀬戸川町 ⇔(1分) 嵯峨嵐山駅前 ⇔(1分/2分) 嵯峨中学前 ⇔(2分/1分) 広沢御所ノ内町 ⇔(1分) 太秦開日町 ⇔(1分/2分) 山越東町 ⇔(1分) 山越中町

※土曜・休日は経路変更

下嵯峨 →(2分) 嵐山 →(1分) 嵐山天龍寺前 →(1分) 野々宮 →(2分) 嵯峨小学校前 →(1分) 嵯峨瀬戸川町 →(3分) 角倉町 →(1分) 下嵯峨

土曜・休日のみ経路変更

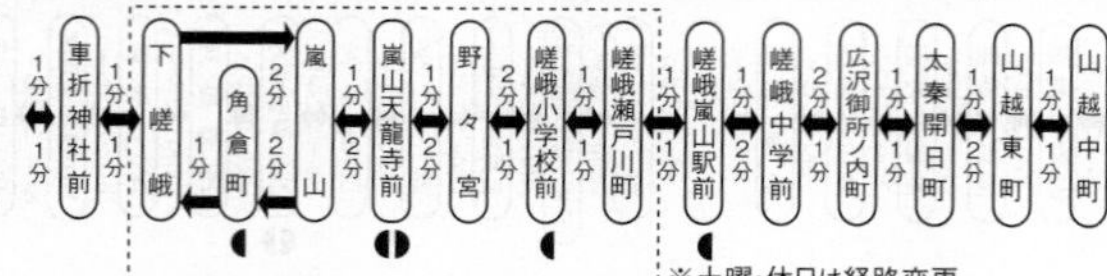

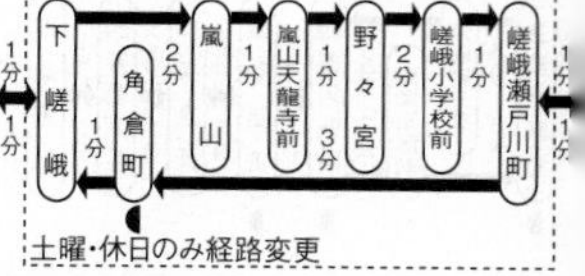

←嵯峨嵐山駅前乗場(西行)

P87・P91

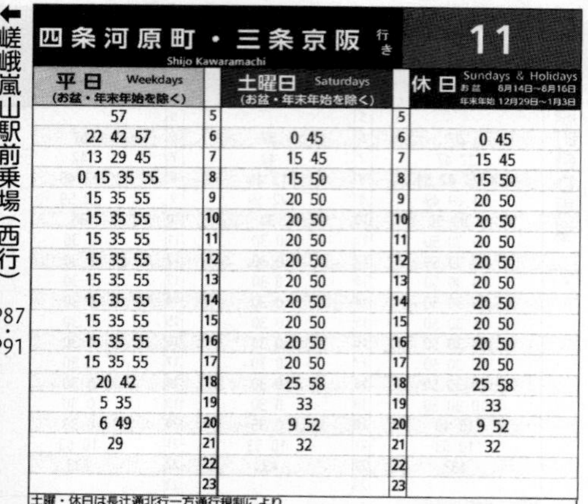

四条河原町・三条京阪 行き 11 Shijo Kawaramachi

平日 Weekdays (お盆・年末年始を除く)	時	土曜日 Saturdays (お盆・年末年始を除く)	時	休日 Sundays & Holidays お盆 8月14日～8月16日 年末年始 12月29日～1月3日
57	5		5	
22 42 57	6	0 45	6	0 45
13 29 45	7	15 45	7	15 45
0 15 35 55	8	15 50	8	15 50
15 35 55	9	20 50	9	20 50
15 35 55	10	20 50	10	20 50
15 35 55	11	20 50	11	20 50
15 35 55	12	20 50	12	20 50
15 35 55	13	20 50	13	20 50
15 35 55	14	20 50	14	20 50
15 35 55	15	20 50	15	20 50
15 35 55	16	20 50	16	20 50
15 35 55	17	20 50	17	20 50
20 42	18	25 58	18	25 58
5 35	19	33	19	33
6 49	20	9 52	20	9 52
29	21	32	21	32
	22		22	
	23		23	

土曜・休日は長辻通北行一方通行規制により
嵯峨小学校前・野々宮・嵐山天龍寺前・嵐山へはまいりません。

←嵯峨小学校前❽乗場

P87・P91

四条河原町・三条京阪 行き 11 Shijo Kawaramachi

平日 Weekdays (お盆・年末年始を除く)	時	土曜日 Saturdays (お盆・年末年始を除く) / 休日 Sundays & Holidays お盆 8月14日～8月16日 年末年始 12月29日～1月3日
59	5	
24 44 59	6	
15 31 47	7	
2 17 37 57	8	
17 37 57	9	土曜・休日は長辻通北行一方通行規制により、
17 37 57	10	嵯峨小学校前・野々宮・嵐山天龍寺前(嵐電嵐山駅)・
17 37 57	11	嵐山へはまいりません。嵯峨瀬戸川町バス停
17 37 57	12	より嵐山高架橋を通り、角倉町バス停より
17 37 57	13	四条河原町・三条京阪方面にまいります。
17 37 57	14	※なお、8月14日～16日と12月29日～1月3日についても、同様とします。
17 37 57	15	
17 37 57	16	
17 37 57	17	
22 44	18	
7 37	19	
8 51	20	
31	21	
	22	
	23	

土曜・休日は長辻通北行一方通行規制により
当バス停は休止します。嵯峨瀬戸川町西行バス停をご利用下さい。

←嵐山天龍寺前(嵐電嵐山駅)❶乗場

P87

四条河原町・三条京阪 行き 11 Shijo Kawaramachi

平日 Weekdays (お盆・年末年始を除く)	時	土曜日 Saturdays (お盆・年末年始を除く) / 休日 Sundays & Holidays お盆 8月14日～8月16日 年末年始 12月29日～1月3日
	5	
1 26 46	6	
1 17 34 50	7	
5 20 40	8	
0 20 40	9	
0 20 40	10	
0 20 40	11	
0 20 40	12	土曜・休日は長辻通北行一方通行規制により、
0 20 40	13	嵯峨小学校前・野々宮・嵐山天龍寺前(嵐電嵐山駅)・嵐山へはまいりません。嵯峨瀬戸川町バス停
0 20 40	14	より嵐山高架橋を通り、角倉町バス停より
0 20 40	15	四条河原町・三条京阪方面にまいります。
0 20 40	16	※なお、8月14日～16日と12月29日～1月3日についても、同様とします。
0 20 40	17	
0 25 47	18	
9 39	19	
10 53	20	
33	21	
	22	
	23	

土曜・休日は長辻通北行一方通行規制により
当バス停は休止します。角倉町東行バス停をご利用下さい。

←角倉町乗場(東行)

P87

四条河原町・三条京阪 行き 11 Shijo Kawaramachi

平日 Weekdays (お盆・年末年始を除く)	時	土曜日 Saturdays (お盆・年末年始を除く)	時	休日 Sundays & Holidays お盆 8月14日～8月16日 年末年始 12月29日～1月3日
	5		5	
4 29 49	6	4 49	6	4 49
4 20 38 54	7	19 49	7	19 49
9 24 44	8	19 54	8	19 54
4 24 44	9	24 54	9	24 54
4 24 44	10	24 54	10	24 54
4 24 44	11	24 54	11	24 54
4 24 44	12	24 54	12	24 54
4 24 44	13	24 54	13	24 54
4 24 44	14	24 54	14	24 54
4 24 44	15	24 54	15	24 54
4 24 44	16	24 54	16	24 54
4 24 44	17	24 54	17	24 54
4 29 51	18	29	18	29
12 42	19	2 37	19	2 37
13 56	20	13 56	20	13 56
36	21	36	21	36
	22		22	
	23		23	

←太秦広隆寺前❺乗場

P85

四条河原町・三条京阪 行き 11 Shijo Kawaramachi

平日 Weekdays (お盆・年末年始を除く)	時	土曜日 Saturdays (お盆・年末年始を除く)	時	休日 Sundays & Holidays お盆 8月14日～8月16日 年末年始 12月29日～1月3日
	5		5	
14 39 59	6	14 59	6	14 59
14 30 49	7	29 59	7	29 59
5 20 35 55	8	29	8	29
15 35 55	9	5 35	9	5 35
15 35 55	10	5 35	10	5 35
15 35 55	11	5 35	11	5 35
15 35 55	12	5 35	12	5 35
15 35 55	13	5 35	13	5 35
15 35 55	14	5 35	14	5 35
15 35 55	15	5 35	15	5 35
15 35 55	16	5 35	16	5 35
15 35 55	17	5 35	17	5 35
15 40	18	5 40	18	5 40
2 22 52	19	12 47	19	12 47
23	20	23	20	23
6 46	21	6 46	21	6 46
	22		22	
	23		23	

←壬生寺道⓱乗場

P33

四条河原町・三条京阪 行き 11 Shijo Kawaramachi

平日 Weekdays (お盆・年末年始を除く)	時	土曜日 Saturdays (お盆・年末年始を除く)	時	休日 Sundays & Holidays お盆 8月14日～8月16日 年末年始 12月29日～1月3日
	5		5	
33 58	6	33	6	33
18 34 53	7	18 48	7	18 48
12 28 43 58	8	18 51	8	18 51
18 38 58	9	28 58	9	28 58
18 38 58	10	28 58	10	28 58
18 38 58	11	28 58	11	28 58
18 38 58	12	28 58	12	28 58
18 38 58	13	28 58	13	28 58
18 38 58	14	28 58	14	28 58
18 38 58	15	28 58	15	28 58
18 38 58	16	28 58	16	28 58
18 38 58	17	28 58	17	28 58
18 38	18	28	18	28
3 23 43	19	3 33	19	3 33
13 44	20	8 44	20	8 44
27	21	27	21	27
7	22	7	22	7
	23		23	

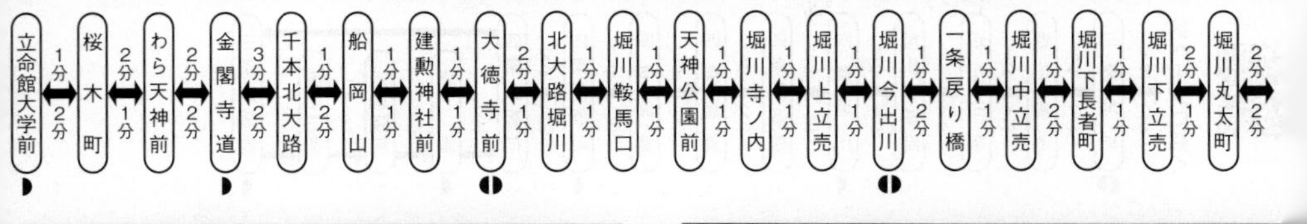

9

堀川通 Horikawa-dori St.

四条河原町・三条京阪 行き 12

Shijo Kawaramachi

時	平日 Weekdays (お盆・年末年始を除く)	土曜日 Saturdays (お盆・年末年始を除く)	休日 Sundays & Holidays お盆 8月14日～8月16日 年末年始 12月29日～1月3日
5			
6	19 35 46 54	19 35 51	19 35 51
7	3 14 25 37 49	6 21 36 51	6 21 36 51
8	1 13 25 37 51	6 21 36 51	6 21 36 51
9	6 21 36 51	6 21 36 51	6 21 36 51
10	6 21 36 51	6 21 36 51	6 21 36 51
11	6 21 36 51	6 21 36 51	6 21 36 51
12	6 21 36 51	6 21 36 51	6 21 36 51
13	6 21 36 51	6 21 36 51	6 21 36 51
14	3 15 27 39 51	6 21 36 51	6 21 36 51
15	3 15 27 39 51	6 21 36 51	6 21 36 51
16	3 15 27 39 51	6 21 36 51	6 21 36 51
17	3 15 27 39 51	6 21 36 51	6 21 36 51
18	6 21 36 51	8 28 48	8 28 48
19	8 23 38 53	8 28 48	8 28 48
20	8 28 48	8 28 48	8 28 48
21	9 29	9 29	9 29
22			
23			

→金閣寺道❸乗場 P79

堀川通 Horikawa-dori St.

四条河原町・三条京阪 行き 12

Shijo Kawaramachi

時	平日 Weekdays (お盆・年末年始を除く)	土曜日 Saturdays (お盆・年末年始を除く)	休日 Sundays & Holidays お盆 8月14日～8月16日 年末年始 12月29日～1月3日
5			
6	23 39 50 58	23 39 55	23 39 55
7	7 18 29 42 54	10 25 40 55	10 25 40 55
8	6 18 30 42 56	10 25 41 56	10 25 41 56
9	11 26 41 56	11 26 41 56	11 26 41 56
10	11 26 41 56	11 26 41 56	11 26 41 56
11	11 26 41 56	11 26 41 56	11 26 41 56
12	11 26 41 56	11 26 41 56	11 26 41 56
13	11 26 41 56	11 26 41 56	11 26 41 56
14	8 20 32 44 56	11 26 41 56	11 26 41 56
15	8 20 32 44 56	11 26 41 56	11 26 41 56
16	8 20 32 44 56	11 26 41 56	11 26 41 56
17	8 20 32 44 56	11 26 41 56	11 26 41 56
18	11 26 41 56	13 33 53	13 33 53
19	12 27 42 57	12 32 52	12 32 52
20	12 32 52	12 32 52	12 32 52
21	13 33	13 33	13 33
22			
23			

3

堀川通 Horikawa-dori St.

四条河原町・三条京阪 行き 12

Shijo Kawaramachi

時	平日 Weekdays (お盆・年末年始を除く)	土曜日 Saturdays (お盆・年末年始を除く)	休日 Sundays & Holidays お盆 8月14日～8月16日 年末年始 12月29日～1月3日
5			
6	28 44 55	28 44	28 44
7	3 12 23 34 48	0 15 30 45	0 15 30 45
8	0 12 24 36 48	0 15 30 47	0 15 30 47
9	2 17 32 47	2 17 32 47	2 17 32 47
10	2 17 32 47	2 17 32 47	2 17 32 47
11	2 17 32 47	2 17 32 47	2 17 32 47
12	2 17 32 47	2 17 32 47	2 17 32 47
13	2 17 32 47	2 17 32 47	2 17 32 47
14	2 14 26 38 50	2 17 32 47	2 17 32 47
15	2 14 26 38 50	2 17 32 47	2 17 32 47
16	2 14 26 38 50	2 17 32 47	2 17 32 47
17	2 14 26 38 50	2 17 32 47	2 17 32 47
18	2 17 32 47	2 19 39 59	2 19 39 59
19	2 17 32 47	17 37 57	17 37 57
20	2 17 37 57	17 37 57	17 37 57
21	18 38	18 38	18 38
22			
23			

→堀川今出川❺乗場 P43

堀川通 Horikawa-dori St.

四条河原町・三条京阪 行き 12

Shijo Kawaramachi

時	平日 Weekdays (お盆・年末年始を除く)	土曜日 Saturdays (お盆・年末年始を除く)	休日 Sundays & Holidays お盆 8月14日～8月16日 年末年始 12月29日～1月3日
5			
6	34 50	34 50	34 50
7	1 9 18 29 41 55	6 21 36 51	6 21 36 51
8	7 19 31 43 55	6 21 36 54	6 21 36 54
9	9 24 39 54	9 24 39 54	9 24 39 54
10	9 24 39 54	9 24 39 54	9 24 39 54
11	9 24 39 54	9 24 39 54	9 24 39 54
12	9 24 39 54	9 24 39 54	9 24 39 54
13	9 24 39 54	9 24 39 54	9 24 39 54
14	9 21 33 45 57	9 24 39 54	9 24 39 54
15	9 21 33 45 57	9 24 39 54	9 24 39 54
16	9 21 33 45 57	9 24 39 54	9 24 39 54
17	9 21 33 45 57	9 24 39 54	9 24 39 54
18	9 24 39 54	9 26 46	9 26 46
19	9 24 39 54	6 24 44	6 24 44
20	9 24 44	4 24 44	4 24 44
21	4 24 44	4 24 44	4 24 44
22			
23			

45

堀川通 Horikawa-dori St.

四条河原町・三条京阪 行き 12

Shijo Kawaramachi

時	平日 Weekdays (お盆・年末年始を除く)	土曜日 Saturdays (お盆・年末年始を除く)	休日 Sundays & Holidays お盆 8月14日～8月16日 年末年始 12月29日～1月3日
5			
6	40 56	40 56	40 56
7	7 15 24 37 49	12 27 42 57	12 27 42 57
8	3 15 27 39 51	12 27 44	12 27 44
9	3 17 32 47	2 17 32 47	2 17 32 47
10	2 17 32 47	2 17 32 47	2 17 32 47
11	2 17 32 47	2 17 32 47	2 17 32 47
12	2 17 32 47	2 17 32 47	2 17 32 47
13	2 17 32 47	2 17 32 47	2 17 32 47
14	2 17 29 41 53	2 17 32 47	2 17 32 47
15	5 17 29 41 53	2 17 32 47	2 17 32 47
16	5 17 29 41 53	2 17 32 47	2 17 32 47
17	5 17 29 41 53	2 17 32 47	2 17 32 47
18	5 17 32 47	2 17 34 54	2 17 34 54
19	2 16 31 46	13 31 51	13 31 51
20	1 16 31 51	11 31 51	11 31 51
21	10 30 50	10 30 50	10 30 50
22			
23			

←三条京阪前Ⓓ乗場 P37

堀川通 Horikawa-dori St.

二条城 金閣寺・立命館大学 行き 12

Kinkakuji Temple

時	平日 Weekdays (お盆・年末年始を除く)	土曜日 Saturdays (お盆・年末年始を除く)	休日 Sundays & Holidays お盆 8月14日～8月16日 年末年始 12月29日～1月3日
5			
6	57	57	57
7	13 24 33 43 57	13 29 44 59	13 29 44 59
8	9 23 35 48	14 29 47	14 29 47
9	0 12 24 38 53	5 23 38 53	5 23 38 53
10	8 24 39 54	8 24 39 54	8 24 39 54
11	9 24 39 54	9 24 39 54	9 24 39 54
12	9 24 39 54	9 24 39 54	9 24 39 54
13	9 24 39 54	9 24 39 54	9 24 39 54
14	9 24 39 51	9 24 39 54	9 24 39 54
15	3 15 27 39 51	9 24 39 54	9 24 39 54
16	3 15 27 39 51	9 24 39 54	9 24 39 54
17	3 15 27 39 51	9 24 39 54	9 24 39 54
18	3 15 27 39 54	9 24 39 56	9 24 39 56
19	9 21 35 50	14 32 50	14 32 50
20	5 20 35 50	10 30 50	10 30 50
21	9 28 48	9 28 48	9 28 48
22	8	8	8
23			

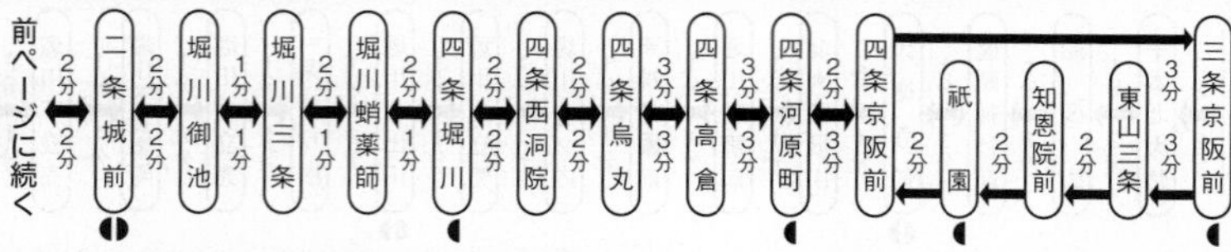

←祇園❷乗場

P55

堀川通 Horikawa-dori St.　二条城　金閣寺・立命館大学 行き　Kinkakuji Temple　**12**

時	平日 Weekdays（お盆・年末年始を除く）	土曜日 Saturdays（お盆・年末年始を除く）	休日 Sundays & Holidays お盆 8月14日~8月16日 年末年始 12月29日~1月3日
5			
6			
7	2 18 29 40 50	2 18 34 49	2 18 34 49
8	4 16 30 42 55	4 19 35 54	4 19 35 54
9	7 19 31 45	12 30 45	12 30 45
10	0 15 31 46	0 15 31 46	0 15 31 46
11	1 16 31 46	1 16 31 46	1 16 31 46
12	1 16 31 46	1 16 31 46	1 16 31 46
13	1 16 31 46	1 16 31 46	1 16 31 46
14	1 16 31 46 58	1 16 31 46	1 16 31 46
15	10 22 34 46 58	1 16 31 46	1 16 31 46
16	10 22 34 46 58	1 16 31 46	1 16 31 46
17	10 22 34 46 58	1 16 31 46	1 16 31 46
18	10 22 34 46	1 16 31 46	1 16 31 46
19	1 16 28 42 57	3 21 39 57	3 21 39 57
20	12 27 42 57	17 37 57	17 37 57
21	15 34 54	15 34 54	15 34 54
22	14	14	14
23			

←四条河原町❻D乗場

P27

堀川通 Horikawa-dori St.　二条城　金閣寺・立命館大学 行き　Kinkakuji Temple　**12**

時	平日 Weekdays（お盆・年末年始を除く）	土曜日 Saturdays（お盆・年末年始を除く）	休日 Sundays & Holidays お盆 8月14日~8月16日 年末年始 12月29日~1月3日
5			
6			
7	6 22 34 45 55	6 22 38 53	6 22 38 53
8	9 21 35 47	8 23 40 59	8 23 40 59
9	0 12 24 36 50	17 35 50	17 35 50
10	5 20 36 51	5 20 36 51	5 20 36 51
11	6 21 36 51	6 21 36 51	6 21 36 51
12	6 21 36 51	6 21 36 51	6 21 36 51
13	6 21 36 51	6 21 36 51	6 21 36 51
14	6 21 36 51	6 21 36 51	6 21 36 51
15	3 15 27 39 51	6 21 36 51	6 21 36 51
16	3 15 27 39 51	6 21 36 51	6 21 36 51
17	3 15 27 39 51	6 21 36 51	6 21 36 51
18	3 15 27 39 51	6 21 36 51	6 21 36 51
19	6 21 33 47	8 26 44	8 26 44
20	2 17 32 47	2 22 42	2 22 42
21	2 20 39 59	2 20 39 59	2 20 39 59
22	19	19	19
23			

←四条堀川⓰乗場

P33

堀川通 Horikawa-dori St.　二条城　金閣寺・立命館大学 行き　Kinkakuji Temple　**12**

時	平日 Weekdays（お盆・年末年始を除く）	土曜日 Saturdays（お盆・年末年始を除く）	休日 Sundays & Holidays お盆 8月14日~8月16日 年末年始 12月29日~1月3日
5			
6			
7	13 29 42 53	13 29 45	13 29 45
8	3 17 29 44 56	0 15 30 49	0 15 30 49
9	9 21 33 45 59	8 26 44 59	8 26 44 59
10	15 30 46	15 30 46	15 30 46
11	1 16 31 46	1 16 31 46	1 16 31 46
12	1 16 31 46	1 16 31 46	1 16 31 46
13	1 16 31 46	1 16 31 46	1 16 31 46
14	1 16 31 46	1 16 31 46	1 16 31 46
15	1 13 25 37 49	1 16 31 46	1 16 31 46
16	1 13 25 37 49	1 16 31 46	1 16 31 46
17	1 13 25 37 49	1 16 31 46	1 16 31 46
18	1 13 25 37 49	1 16 31 46	1 16 31 46
19	1 14 29 41 55	1 16 34 52	1 16 34 52
20	10 25 40 55	10 30 50	10 30 50
21	10 28 47	10 28 47	10 28 47
22	7 27	7 27	7 27
23			

←二条城前❻乗場

P45

堀川通 Horikawa-dori St.　金閣寺・立命館大学 行き　Kinkakuji Temple　**12**

時	平日 Weekdays（お盆・年末年始を除く）	土曜日 Saturdays（お盆・年末年始を除く）	休日 Sundays & Holidays お盆 8月14日~8月16日 年末年始 12月29日~1月3日
5			
6			
7	17 34 47 58	17 33 49	17 33 49
8	8 22 34 49	4 19 35 54	4 19 35 54
9	1 14 26 38 50	13 31 49	13 31 49
10	4 20 35 51	4 20 35 51	4 20 35 51
11	6 21 36 51	6 21 36 51	6 21 36 51
12	6 21 36 51	6 21 36 51	6 21 36 51
13	6 21 36 51	6 21 36 51	6 21 36 51
14	6 21 36 51	6 21 36 51	6 21 36 51
15	6 18 30 42 54	6 21 36 51	6 21 36 51
16	6 18 30 42 54	6 21 36 51	6 21 36 51
17	6 18 30 42 54	6 21 36 51	6 21 36 51
18	6 18 30 42 54	6 21 36 51	6 21 36 51
19	6 19 34 46	6 21 39 57	6 21 39 57
20	0 15 30 45	15 35 55	15 35 55
21	0 14 32 51	14 32 51	14 32 51
22	11 31	11 31	11 31
23			

←堀川今出川❼乗場

P43

堀川通 Horikawa-dori St.　金閣寺・立命館大学 行き　Kinkakuji Temple　**12**

時	平日 Weekdays（お盆・年末年始を除く）	土曜日 Saturdays（お盆・年末年始を除く）	休日 Sundays & Holidays お盆 8月14日~8月16日 年末年始 12月29日~1月3日
5			
6			
7	25 43 56	25 41 57	25 41 57
8	7 17 31 43 58	12 27 44	12 27 44
9	10 23 35 47 59	3 22 40 58	3 22 40 58
10	13 29 44	13 29 44	13 29 44
11	0 15 30 45	0 15 30 45	0 15 30 45
12	0 15 30 45	0 15 30 45	0 15 30 45
13	0 15 30 45	0 15 30 45	0 15 30 45
14	0 15 30 45	0 15 30 45	0 15 30 45
15	0 15 27 39 51	0 15 30 45	0 15 30 45
16	3 15 27 39 51	0 15 30 45	0 15 30 45
17	3 15 27 39 51	0 15 30 45	0 15 30 45
18	3 15 27 39 51	0 15 30 45	0 15 30 45
19	3 14 27 42 54	0 14 29 47	0 14 29 47
20	8 23 38 53	5 23 43	5 23 43
21	8 22 40 59	3 22 40 59	3 22 40 59
22	19 39	19 39	19 39
23			

←大徳寺前❷乗場

P73

金閣寺・立命館大学 行き　Kinkakuji Temple　**12**

時	平日 Weekdays（お盆・年末年始を除く）	土曜日 Saturdays（お盆・年末年始を除く）	休日 Sundays & Holidays お盆 8月14日~8月16日 年末年始 12月29日~1月3日
5			
6			
7	31 49	31 47	31 47
8	2 13 23 37 49	3 18 33 50	3 18 33 50
9	4 16 29 41 53	9 28 46	9 28 46
10	5 19 35 50	4 19 35 50	4 19 35 50
11	6 21 36 51	6 21 36 51	6 21 36 51
12	6 21 36 51	6 21 36 51	6 21 36 51
13	6 21 36 51	6 21 36 51	6 21 36 51
14	6 21 36 51	6 21 36 51	6 21 36 51
15	6 21 33 45 57	6 21 36 51	6 21 36 51
16	9 21 33 45 57	6 21 36 51	6 21 36 51
17	9 21 33 45 57	6 21 36 51	6 21 36 51
18	9 21 33 45 57	6 21 36 51	6 21 36 51
19	9 20 33 48	6 20 35 53	6 20 35 53
20	0 14 29 44 59	11 29 49	11 29 49
21	14 28 46	9 28 46	9 28 46
22	5 25 45	5 25 45	5 25 45
23			

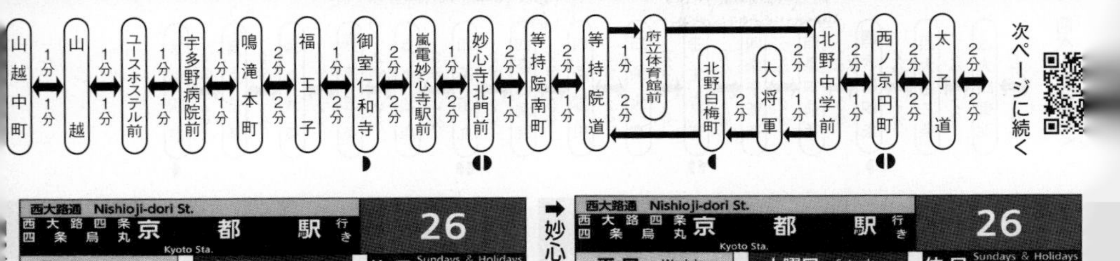

西大路通 Nishioji-dori St.

西大路四条 四条烏丸 京都駅行き Kyoto Sta. **26**

平日 Weekdays (お盆・年末年始を除く)	時	土曜日 Saturdays (お盆・年末年始を除く)	時	休日 Sundays & Holidays お盆 8月14日~8月16日 年末年始 12月29日~1月3日
	5		5	
7 32 47	6	7 32	6	7 32
2 13 23 33 43 53	7	7 27 47	7	7 27 47
5 19 33 47	8	7 27 47	8	7 27 47
7 27 47	9	7 27 47	9	7 27 47
7 27 47	10	7 27 47	10	7 27 47
7 27 47	11	7 27 47	11	7 27 47
7 27 47	12	7 27 47	12	7 27 47
7 27 47	13	7 27 47	13	7 27 47
7 27 47	14	7 27 47	14	7 27 47
7 27 42 56	15	7 27 47	15	7 27 47
10 23 36 49	16	7 27 47	16	7 27 47
4 19 34 49	17	7 27 47	17	7 27 47
4 19 34 49	18	7 27 57	18	7 27 57
4 17 37 57	19	27 57	19	27 57
27 57	20	27 57	20	27 57
27	21	27	21	27
	22		22	
	23		23	

→妙心寺北門前❻乗場

P82

西大路通 Nishioji-dori St.

西大路四条 四条烏丸 京都駅行き Kyoto Sta. **26**

平日 Weekdays (お盆・年末年始を除く)	時	土曜日 Saturdays (お盆・年末年始を除く)	時	休日 Sundays & Holidays お盆 8月14日~8月16日 年末年始 12月29日~1月3日
	5		5	
9 34 49	6	9 34	6	9 34
4 15 25 36 46 56	7	9 29 49	7	9 29 49
8 22 36 50	8	9 29 50	8	9 29 50
10 30 50	9	10 30 50	9	10 30 50
10 30 50	10	10 30 50	10	10 30 50
10 30 50	11	10 30 50	11	10 30 50
10 30 50	12	10 30 50	12	10 30 50
10 30 50	13	10 30 50	13	10 30 50
10 30 50	14	10 30 50	14	10 30 50
10 30 45 59	15	10 30 50	15	10 30 50
13 26 39 52	16	10 30 50	16	10 30 50
7 22 37 52	17	10 30 50	17	10 30 50
7 22 37 52	18	10 30	18	10 30
6 19 39 59	19	0 29 59	19	0 29 59
29 59	20	29 59	20	29 59
29	21	29	21	29
	22		22	
	23		23	

西大路通 Nishioji-dori St.

西大路四条 四条烏丸 京都駅行き Kyoto Sta. **26**

平日 Weekdays (お盆・年末年始を除く)	時	土曜日 Saturdays (お盆・年末年始を除く)	時	休日 Sundays & Holidays お盆 8月14日~8月16日 年末年始 12月29日~1月3日
	5		5	
16 41 56	6	16 41	6	16 41
12 23 33 45 55	7	17 37 57	7	17 37 57
5 17 31 45 59	8	17 37 59	8	17 37 59
19 39 59	9	19 39 59	9	19 39 59
19 39 59	10	19 39 59	10	19 39 59
19 39 59	11	19 39 59	11	19 39 59
19 39 59	12	19 39 59	12	19 39 59
19 39 59	13	19 39 59	13	19 39 59
19 39 59	14	19 39 59	14	19 39 59
19 39 54	15	19 39 59	15	19 39 59
8 22 35 48	16	19 39 59	16	19 39 59
1 16 31 46	17	19 39 59	17	19 39 59
1 16 31 46	18	19 39	18	19 39
1 14 27 47	19	8 37	19	8 37
7 37	20	7 37	20	7 37
6 36	21	6 36	21	6 36
	22		22	
	23		23	

→西大路四条(阪急・嵐電西院駅)❶乗場

P75

四条烏丸 京都駅行き Kyoto Sta. **26**

平日 Weekdays (お盆・年末年始を除く)	時	土曜日 Saturdays (お盆・年末年始を除く)	時	休日 Sundays & Holidays お盆 8月14日~8月16日 年末年始 12月29日~1月3日
	5		5	
22 47	6	22 47	6	22 47
2 18 29 41 53	7	23 43	7	23 43
3 13 25 39 53	8	3 23 45	8	3 23 45
7 27 47	9	7 27 47	9	7 27 47
7 27 47	10	7 27 47	10	7 27 47
7 27 47	11	7 27 47	11	7 27 47
7 27 47	12	7 27 47	12	7 27 47
7 27 47	13	7 27 47	13	7 27 47
7 27 47	14	7 27 47	14	7 27 47
7 27 47	15	7 27 47	15	7 27 47
2 16 30 43 56	16	7 27 47	16	7 27 47
9 24 39 54	17	7 27 47	17	7 27 47
9 24 39 54	18	7 27 47	18	7 27 47
8 21 34 54	19	15 44	19	15 44
14 44	20	14 44	20	14 44
13 43	21	13 43	21	13 43
	22		22	
	23		23	

四条烏丸 京都駅行き Kyoto Sta. **26**

平日 Weekdays (お盆・年末年始を除く)	時	土曜日 Saturdays (お盆・年末年始を除く)	時	休日 Sundays & Holidays お盆 8月14日~8月16日 年末年始 12月29日~1月3日
	5		5	
26 51	6	26 51	6	26 51
6 22 34 46 58	7	27 47	7	27 47
8 18 30 44 58	8	7 27 50	8	7 27 50
12 32 52	9	12 32 52	9	12 32 52
12 32 52	10	12 32 52	10	12 32 52
12 32 52	11	12 32 52	11	12 32 52
12 32 52	12	12 32 52	12	12 32 52
12 32 52	13	12 32 52	13	12 32 52
12 32 52	14	12 32 52	14	12 32 52
12 32 52	15	12 32 52	15	12 32 52
7 21 35 48	16	12 32 52	16	12 32 52
1 14 29 44 59	17	12 32 52	17	12 32 52
14 29 44 59	18	12 32 52	18	12 32 52
12 25 38 58	19	19 48	19	19 48
18 48	20	18 48	20	18 48
17 47	21	17 47	21	17 47
	22		22	
	23		23	

→四条烏丸(地下鉄四条駅)❹B乗場

P30

京都駅行き Kyoto Sta. **26**

平日 Weekdays (お盆・年末年始を除く)	時	土曜日 Saturdays (お盆・年末年始を除く)	時	休日 Sundays & Holidays お盆 8月14日~8月16日 年末年始 12月29日~1月3日
	5		5	
33 58	6	33 58	6	33 58
13 29 42 54	7	34 54	7	34 54
6 16 26 38 52	8	14 35 58	8	14 35 58
6 20 40	9	20 40	9	20 40
0 20 40	10	0 20 40	10	0 20 40
0 20 40	11	0 20 40	11	0 20 40
0 20 40	12	0 20 40	12	0 20 40
0 20 40	13	0 20 40	13	0 20 40
0 20 40	14	0 20 40	14	0 20 40
0 20 40	15	0 20 40	15	0 20 40
0 15 29 43 56	16	0 20 40	16	0 20 40
9 22 37 52	17	0 20 40	17	0 20 40
7 22 37 52	18	0 20 40	18	0 20 40
6 19 32 45	19	0 26 55	19	0 26 55
5 25 55	20	25 55	20	25 55
24 54	21	24 54	21	24 54
	22		22	
	23		23	

前ページに続く ←2分/2分→ 西大路御池 ←2分/2分→ 西大路三条 ←2分/2分→ 西大路四条 ←1分/3分→ 四条御前通 ←2分/2分→ 四条中新道 ←2分/1分→ 壬生寺道 ←2分/1分→ 四条大宮 ←2分/2分→ 四条堀川 ←2分/2分→ 四条西洞院 ←2分/2分→ 四条烏丸 ←2分/4分→ 烏丸松原 ←2分/2分→ 烏丸五条 ←1分/2分→ 烏丸六条 ←2分/1分→ 烏丸七条 ←4分/4分→ 京都駅前

← 京都駅前 D3 乗場

P15・P17

西大路通 Nishioji-dori St.
北野白梅町 御室仁和寺・山越 行き Omuro Ninnaji Temple **26**

時	平日 Weekdays（お盆・年末年始を除く）	土曜日 Saturdays（お盆・年末年始を除く）	休日 Sundays & Holidays お盆 8月14日～8月16日 年末年始 12月29日～1月3日
5			
6	30 40 50	30 58	30 58
7	0 10 18 25 34 45 54	18 38 58	18 38 58
8	5 18 38 58	18 38 58	18 38 58
9	18 38 58	18 38 58	18 38 58
10	18 38 58	18 38 58	18 38 58
11	18 38 58	18 38 58	18 38 58
12	18 38 58	18 38 58	18 38 58
13	18 38 58	18 38 58	18 38 58
14	18 38 58	18 38 58	18 38 58
15	18 38 58	18 38 58	18 38 58
16	18 38 58	18 38 58	18 38 58
17	13 28 43 58	18 38 58	18 38 58
18	13 28 43 58	18 38 58	18 38 58
19	18 38 58	18 38	18 38
20	18 38 58	8 38	8 38
21	18 38	8 38	8 38
22	8 38	8 38	8 38
23			

← 四条烏丸（地下鉄四条駅）7E 乗場

P30

西大路通 Nishioji-dori St.
北野白梅町 御室仁和寺・山越 行き Omuro Ninnaji Temple **26**

時	平日 Weekdays（お盆・年末年始を除く）	土曜日 Saturdays（お盆・年末年始を除く）	休日 Sundays & Holidays お盆 8月14日～8月16日 年末年始 12月29日～1月3日
5			
6	38 48 58	38	38
7	8 18 26 35 46 57	6 26 50	6 26 50
8	7 18 31 51	11 31 51	11 31 51
9	11 31 51	11 31 51	11 31 51
10	11 31 51	11 31 51	11 31 51
11	11 31 51	11 31 51	11 31 51
12	11 31 51	11 31 51	11 31 51
13	11 31 51	11 31 51	11 31 51
14	11 31 51	11 31 51	11 31 51
15	11 31 51	11 31 51	11 31 51
16	11 31 51	11 31 51	11 31 51
17	11 26 41 56	11 31 51	11 31 51
18	10 25 40 55	10 30 50	10 30 50
19	8 27 47	8 27 47	8 27 47
20	7 27 47	17 47	17 47
21	6 26 46	16 46	16 46
22	16 46	16 46	16 46
23			

← 壬生寺道 18 乗場

P33

西大路通 Nishioji-dori St.
北野白梅町 御室仁和寺・山越 行き Omuro Ninnaji Temple **26**

時	平日 Weekdays（お盆・年末年始を除く）	土曜日 Saturdays（お盆・年末年始を除く）	休日 Sundays & Holidays お盆 8月14日～8月16日 年末年始 12月29日～1月3日
5			
6	44 54	44	44
7	4 14 24 32 42 53	12 32 56	12 32 56
8	4 14 25 38 58	17 38 58	17 38 58
9	18 38 58	18 38 58	18 38 58
10	18 38 58	18 38 58	18 38 58
11	18 38 58	18 38 58	18 38 58
12	18 38 58	18 38 58	18 38 58
13	18 38 58	18 38 58	18 38 58
14	18 38 58	18 38 58	18 38 58
15	18 38 58	18 38 58	18 38 58
16	18 38 58	18 38 58	18 38 58
17	18 33 48	18 38 58	18 38 58
18	3 17 32 47	17 37 57	17 37 57
19	2 14 33 53	14 33 53	14 33 53
20	13 33 53	23 53	23 53
21	12 32 52	22 52	22 52
22	22 52	22 52	22 52
23			

← 西ノ京円町（JR円町駅）6 乗場

P75

西大路通 Nishioji-dori St.
北野白梅町 御室仁和寺・山越 行き Omuro Ninnaji Temple **26**

時	平日 Weekdays（お盆・年末年始を除く）	土曜日 Saturdays（お盆・年末年始を除く）	休日 Sundays & Holidays お盆 8月14日～8月16日 年末年始 12月29日～1月3日
5			
6	56	56	56
7	6 16 26 37 47 57	24 44	24 44
8	8 19 29 40 53	8 29 53	8 29 53
9	13 33 53	13 33 53	13 33 53
10	13 33 53	13 33 53	13 33 53
11	13 33 53	13 33 53	13 33 53
12	13 33 53	13 33 53	13 33 53
13	13 33 53	13 33 53	13 33 53
14	13 33 53	13 33 53	13 33 53
15	13 33 53	13 33 53	13 33 53
16	13 33 53	13 33 53	13 33 53
17	13 33 48	13 33 53	13 33 53
18	3 18 32 47	13 32 52	13 32 52
19	2 15 27 46	10 27 46	10 27 46
20	6 26 46	6 36	6 36
21	6 24 44	6 34	6 34
22	4 34	4 34	4 34
23	4	4	4

← 北野白梅町 7 乗場

P77

宇多野・山越 行き Utano **26**

時	平日 Weekdays（お盆・年末年始を除く）	土曜日 Saturdays（お盆・年末年始を除く）	休日 Sundays & Holidays お盆 8月14日～8月16日 年末年始 12月29日～1月3日
5			
6			
7	0 10 20 30 41 51	0 28 48	0 28 48
8	1 12 23 33 44 57	12 33 57	12 33 57
9	17 37 57	17 37 57	17 37 57
10	17 37 57	17 37 57	17 37 57
11	17 37 57	17 37 57	17 37 57
12	17 37 57	17 37 57	17 37 57
13	17 37 57	17 37 57	17 37 57
14	17 37 57	17 37 57	17 37 57
15	17 37 57	17 37 57	17 37 57
16	17 37 57	17 37 57	17 37 57
17	17 37 52	17 37 57	17 37 57
18	7 22 36 51	17 36 56	17 36 56
19	6 19 31 50	14 31 50	14 31 50
20	10 30 50	10 40	10 40
21	10 28 48	10 38	10 38
22	8 38	8 38	8 38
23	8	8	8

← 妙心寺北門前 7 乗場

P82

宇多野・山越 行き Utano **26**

時	平日 Weekdays（お盆・年末年始を除く）	土曜日 Saturdays（お盆・年末年始を除く）	休日 Sundays & Holidays お盆 8月14日～8月16日 年末年始 12月29日～1月3日
5			
6			
7	4 14 24 34 45 55	4 32 52	4 32 52
8	5 16 27 37 48	16 37	16 37
9	1 21 41	1 21 41	1 21 41
10	1 21 41	1 21 41	1 21 41
11	1 21 41	1 21 41	1 21 41
12	1 21 41	1 21 41	1 21 41
13	1 21 41	1 21 41	1 21 41
14	1 21 41	1 21 41	1 21 41
15	1 21 41	1 21 41	1 21 41
16	1 21 41	1 21 41	1 21 41
17	1 21 41 56	1 21 41	1 21 41
18	11 26 40 55	1 21 40	1 21 40
19	10 23 35 54	0 18 35 54	0 18 35 54
20	14 34 54	14 44	14 44
21	14 32 52	14 42	14 42
22	12 42	12 42	12 42
23	12	12	12

京都駅前 ⇔(3分/3分) 下京区総合庁舎前 ⇔(2分/2分) 七条堀川 ⇔(1分/2分) 西本願寺前 ⇔(2分/1分) 堀川五条 ⇔(1分/2分) 堀川松原 ⇔(2分/1分) 四条堀川 ⇔(2分/2分) 四条大宮 ⇔(1分/2分) 壬生寺道 ⇔(1分/2分) 四条中新道 ⇔(2分/2分) 四条御前通 ⇔(3分/1分) 西大路四条 ⇔(1分/2分) 西院巽町 ⇔(1分/2分) 四条中学前 ⇔(1分/1分) 四条葛野大路 ⇔(2分/1分) 京都外大前 ⇔(2分/2分) 南広町 ⇔(1分/1分) 日新電機前 ⇔(2分/1分) 梅津段町 ⇔(1分/2分) 長福寺道 ⇔(1分/1分) 梅津西浦町

堀川通 Horikawa-dori St.

嵐山・大覚寺 行き Daikakuji Temple Via Arashiyama 28

時	平日 Weekdays (お盆・年末年始を除く)	土曜日 Saturdays (お盆・年末年始を除く)	休日 Sundays & Holidays お盆 8月14日~8月16日 年末年始 12月29日~1月3日
5			
6	31 44 57	31 58	31 58
7	10 22 35 47	24 50	24 50
8	0 13 26 40	15 40	15 40
9	0 20 40	0 20 40	0 20 40
10	0 20 40	0 20 40	0 20 40
11	0 20 40	0 20 40	0 20 40
12	0 20 40	0 20 40	0 20 40
13	0 20 40	0 20 40	0 20 40
14	0 20 40	0 20 40	0 20 40
15	0 20 40	0 20 40	0 20 40
16	0 20 40	0 20 40	0 20 40
17	0 20 40	0 20 40	0 20 40
18	0 20 40	0 30	0 30
19	0 20 40	0 30	0 30
20	0 20 40	0 30	0 30
21	0 30	0 30	0 30
22	(0)	(0)	(0)
23			

( )印は松尾橋までです。For Matsuobashi

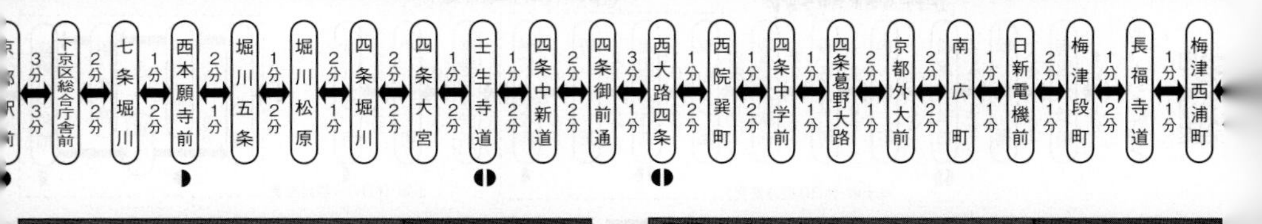

➡西本願寺前❷乗場 P23

堀川通 Horikawa-dori St.

嵐山・大覚寺 行き Daikakuji Temple Via Arashiyama 28

時	平日 Weekdays (お盆・年末年始を除く)	土曜日 Saturdays (お盆・年末年始を除く)	休日 Sundays & Holidays お盆 8月14日~8月16日 年末年始 12月29日~1月3日
5			
6	36 49	36	36
7	2 15 27 41 53	3 29 55	3 29 55
8	6 19 32 46	20 46	20 46
9	6 26 46	6 26 46	6 26 46
10	6 26 46	6 26 46	6 26 46
11	6 26 46	6 26 46	6 26 46
12	6 26 46	6 26 46	6 26 46
13	6 26 46	6 26 46	6 26 46
14	6 26 46	6 26 46	6 26 46
15	6 26 46	6 26 46	6 26 46
16	6 26 46	6 26 46	6 26 46
17	6 26 46	6 26 46	6 26 46
18	6 26 46	6 36	6 36
19	5 25 45	5 35	5 35
20	5 25 45	5 35	5 35
21	5 35	5 35	5 35
22	(5)	(5)	(5)
23			

( )印は松尾橋までです。For Matsuobashi

嵐山・大覚寺 行き Daikakuji Temple Via Arashiyama 28

時	平日 Weekdays (お盆・年末年始を除く)	土曜日 Saturdays (お盆・年末年始を除く)	休日 Sundays & Holidays お盆 8月14日~8月16日 年末年始 12月29日~1月3日
5			
6	44 57	44	44
7	10 23 35 49	11 37	11 37
8	1 14 27 40 54	3 28 54	3 28 54
9	14 34 54	14 34 54	14 34 54
10	14 34 54	14 34 54	14 34 54
11	14 34 54	14 34 54	14 34 54
12	14 34 54	14 34 54	14 34 54
13	14 34 54	14 34 54	14 34 54
14	14 34 54	14 34 54	14 34 54
15	14 34 54	14 34 54	14 34 54
16	14 34 54	14 34 54	14 34 54
17	14 34 54	14 34 54	14 34 54
18	14 34 54	14 44	14 44
19	13 33 53	13 43	13 43
20	13 33 53	13 43	13 43
21	13 43	13 43	13 43
22	(13)	(13)	(13)
23			

( )印は松尾橋までです。For Matsuobashi

➡西大路四条(阪急・嵐電西院駅)❸乗場 P75

嵐山・大覚寺 行き Daikakuji Temple Via Arashiyama 28

時	平日 Weekdays (お盆・年末年始を除く)	土曜日 Saturdays (お盆・年末年始を除く)	休日 Sundays & Holidays お盆 8月14日~8月16日 年末年始 12月29日~1月3日
5			
6	49	49	49
7	2 15 28 41 55	16 42	16 42
8	7 20 33 46	8 34	8 34
9	0 20 40	0 20 40	0 20 40
10	0 20 40	0 20 40	0 20 40
11	0 20 40	0 20 40	0 20 40
12	0 20 40	0 20 40	0 20 40
13	0 20 40	0 20 40	0 20 40
14	0 20 40	0 20 40	0 20 40
15	0 20 40	0 20 40	0 20 40
16	0 20 40	0 20 40	0 20 40
17	0 20 40	0 20 40	0 20 40
18	0 20 40	0 20 50	0 20 50
19	0 18 38 58	18 48	18 48
20	18 38 58	18 48	18 48
21	18 48	18 48	18 48
22	(18)	(18)	(18)
23			

( )印は松尾橋までです。For Matsuobashi

嵐山・大覚寺 行き Daikakuji Temple Via Arashiyama 28

時	平日 Weekdays (お盆・年末年始を除く)	土曜日 Saturdays (お盆・年末年始を除く)	休日 Sundays & Holidays お盆 8月14日~8月16日 年末年始 12月29日~1月3日
5			
6			
7	3 17 30 46 59	3 30 56	3 30 56
8	13 25 38 51	22 52	22 52
9	4 18 38 58	18 38 58	18 38 58
10	18 38 58	18 38 58	18 38 58
11	18 38 58	18 38 58	18 38 58
12	18 38 58	18 38 58	18 38 58
13	18 38 58	18 38 58	18 38 58
14	18 38 58	18 38 58	18 38 58
15	18 38 58	18 38 58	18 38 58
16	18 38 58	18 38 58	18 38 58
17	18 38 58	18 38 58	18 38 58
18	18 38 58	18 38	18 38
19	14 32 52	6 32	6 32
20	12 32 52	2 32	2 32
21	12 32	2 32	2 32
22	2	2	2
23			

➡嵐山天龍寺前(嵐電嵐山駅)❷乗場 P87

大覚寺 行き Daikakuji Temple 28

時	平日 Weekdays (お盆・年末年始を除く)	土曜日 Saturdays (お盆・年末年始を除く)	休日 Sundays & Holidays お盆 8月14日~8月16日 年末年始 12月29日~1月3日
5			
6			
7	9 23 37 53	9 36	9 36
8	6 20 32 45 58	2 28 59	2 28 59
9	11 25 45	25 45	25 45
10	5 25 45	5 25 45	5 25 45
11	5 25 45	5 25 45	5 25 45
12	5 25 45	5 25 45	5 25 45
13	5 25 45	5 25 45	5 25 45
14	5 25 45	5 25 45	5 25 45
15	5 25 45	5 25 45	5 25 45
16	5 25 45	5 25 45	5 25 45
17	5 25 45	5 25 45	5 25 45
18	5 25 45	5 25 45	5 25 45
19	5 20 38 58	12 38	12 38
20	18 38 58	8 38	8 38
21	18 38	8 38	8 38
22	8	8	8
23			

前ページに続く ⇔（1分／1分） 梅宮大社前 ⇔（2分／1分） 松尾橋 ⇔（2分／3分） 松尾大社前 ◐ ⇔（1分／2分） 内田町 ⇔（1分／2分） 谷ヶ辻町 ⇔（2分／1分） 阪急嵐山駅前 ⇔（2分／1分） 嵐山公園 ⇔（1分／2分） 嵐山天龍寺前 ◐ ⇔（2分／2分） 野々宮 ⇔（2分／1分） 嵯峨小学校前 ◖ ⇔（2分／2分） 嵯峨釈迦堂前 ⇔（1分／1分） 小渕町 ⇔（2分／2分） 大覚寺 ◖

※土曜・休日は経路変更

⇔（2分／1分） 嵐山公園 →（1分） 嵐山天龍寺前 →（2分） 野々宮 →（2分） 嵯峨小学校前 ◖ →（3分） 嵐山 ◗ →（2分） 嵐山公園

土曜・休日のみ経路変更

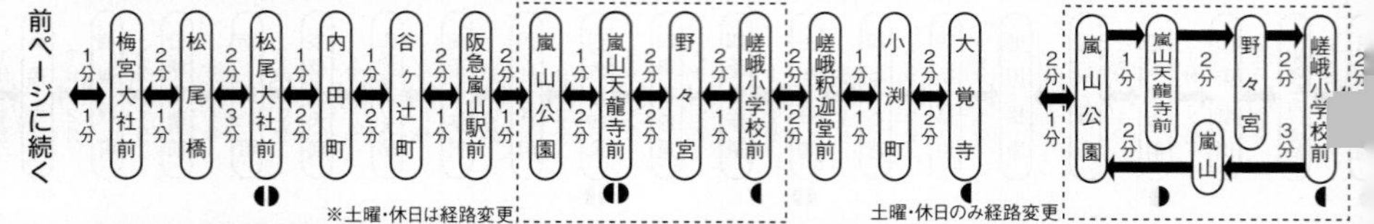

← 大覚寺❶乗場

P91

堀川通 Horikawa-dori St. 四条西本願寺 四条大宮 京都駅行き Kyoto Sta. 28

時	平日 Weekdays（お盆・年末年始を除く）	土曜日 Saturdays（お盆・年末年始を除く）	休日 Sundays & Holidays お盆 8月14日～8月16日 年末年始 12月29日～1月3日
5			
6	30 48	30	30
7	5 20 35 50	0 24 48	0 24 48
8	5 18 33 48	13 43	13 43
9	3 23 43	3 23 43	3 23 43
10	3 23 43	3 23 43	3 23 43
11	3 23 43	3 23 43	3 23 43
12	3 23 43	3 23 43	3 23 43
13	3 23 43	3 23 43	3 23 43
14	3 23 43	3 23 43	3 23 43
15	3 23 43	3 23 43	3 23 43
16	3 23 43	3 23 43	3 23 43
17	3 23 43	3 33	3 33
18	3 23 43	3 33	3 33
19	3 23 43	3 33	3 33
20	3 33	3 50	3 50
21	10 50	50	50
22			
23			

土曜・休日は長辻通北行一方通行規制により
野々宮・嵐山天龍寺前にはまいりません。

← 嵯峨小学校前❽乗場（土休日は⓫乗場）

P87・P91

堀川通 Horikawa-dori St. 四条西本願寺 四条大宮 京都駅行き Kyoto Sta. 28

時	平日 Weekdays（お盆・年末年始を除く）	土曜日 Saturdays（お盆・年末年始を除く）	休日 Sundays & Holidays お盆 8月14日～8月16日 年末年始 12月29日～1月3日
5			
6	35 53	35	35
7	10 25 40 55	5 29 53	5 29 53
8	10 23 38 53	18 48	18 48
9	8 28 48	8 28 48	8 28 48
10	8 28 48	8 28 48	8 28 48
11	8 28 48	8 28 48	8 28 48
12	8 28 48	8 28 48	8 28 48
13	8 28 48	8 28 48	8 28 48
14	8 28 48	8 28 48	8 28 48
15	8 28 48	8 28 48	8 28 48
16	8 28 48	8 28 48	8 28 48
17	8 28 48	8 38	8 38
18	8 28 48	8 38	8 38
19	8 28 48	8 38	8 38
20	8 38	8 55	8 55
21	15 55	55	55
22			
23			

土曜日・休日は長辻通北行一方通行規制により
当バス停は休止します。嵯峨小学校前南行バス停をご利用下さい。

← 嵐山天龍寺前（嵐電嵐山駅）❶乗場

P87

堀川通 Horikawa-dori St. 四条西本願寺 四条大宮 京都駅行き Kyoto Sta. 28

時	平日 Weekdays（お盆・年末年始を除く）	土曜日 Saturdays（お盆・年末年始を除く） ／ 休日 Sundays & Holidays お盆 8月14日～8月16日 年末年始 12月29日～1月3日
5		
6	37 55	
7	12 27 43 58	
8	13 26 41 56	
9	11 31 51	
10	11 31 51	
11	11 31 51	
12	11 31 51	土曜・休日は長辻通北行一方通行規制により、野々宮・嵐山天龍寺前（嵐電嵐山駅）にはまいりません。嵯峨小学校前南行（土曜・休日のみ停車）バス停から嵐山高架橋を通り、嵐山西行のバス停を経由して、渡月橋から四条大宮・京都駅方面にまいります。※なお、8月14日～16日と12月29日～1月3日についても、同様とします。
13	11 31 51	
14	11 31 51	
15	11 31 51	
16	11 31 51	
17	11 31 51	
18	11 31 51	
19	10 30 50	
20	10 40	
21	17 57	
22		
23		

土曜・休日は長辻通北行一方通行規制により
当バス停は休止します。嵐山西行バス停をご利用下さい。

← 松尾大社前❶乗場

P101

堀川通 Horikawa-dori St. 四条西本願寺 四条大宮 京都駅行き Kyoto Sta. 28

時	平日 Weekdays（お盆・年末年始を除く）	土曜日 Saturdays（お盆・年末年始を除く）	休日 Sundays & Holidays お盆 8月14日～8月16日 年末年始 12月29日～1月3日
5			
6	44	44	44
7	2 19 34 51	14 39	14 39
8	6 21 34 49	3 28 59	3 28 59
9	4 19 39 59	19 39 59	19 39 59
10	19 39 59	19 39 59	19 39 59
11	19 39 59	19 39 59	19 39 59
12	19 39 59	19 39 59	19 39 59
13	19 39 59	19 39 59	19 39 59
14	19 39 59	19 39 59	19 39 59
15	19 39 59	19 39 59	19 39 59
16	19 39 59	19 39 59	19 39 59
17	19 39 59	19 49	19 49
18	19 39 59	19 49	19 49
19	17 37 57	17 47	17 47
20	17 47	17	17
21	24	4	4
22	4	4	4
23			

← 西大路四条（阪急・嵐電西院駅）❶乗場

P75

堀川通 Horikawa-dori St. 四条西本願寺 四条大宮 京都駅行き Kyoto Sta. 28

時	平日 Weekdays（お盆・年末年始を除く）	土曜日 Saturdays（お盆・年末年始を除く）	休日 Sundays & Holidays お盆 8月14日～8月16日 年末年始 12月29日～1月3日
5			
6	59	59	59
7	18 36 52	29 54	29 54
8	9 24 39 52	18 45	18 45
9	7 22 37 57	17 37 57	17 37 57
10	17 37 57	17 37 57	17 37 57
11	17 37 57	17 37 57	17 37 57
12	17 37 57	17 37 57	17 37 57
13	17 37 57	17 37 57	17 37 57
14	17 37 57	17 37 57	17 37 57
15	17 37 57	17 37 57	17 37 57
16	17 37 57	17 37 57	17 37 57
17	17 37 57	17 37	17 37
18	17 37 57	7 37	7 37
19	15 32 52	6 32	6 32
20	12 32	2 32	2 32
21	2 39	19	19
22	19	19	19
23			

← 壬生寺道⓱乗場

P33

堀川通 Horikawa-dori St. 四条西本願寺 四条大宮 京都駅行き Kyoto Sta. 28

時	平日 Weekdays（お盆・年末年始を除く）	土曜日 Saturdays（お盆・年末年始を除く）	休日 Sundays & Holidays お盆 8月14日～8月16日 年末年始 12月29日～1月3日
5			
6			
7	3 22 41 57	3 33 58	3 33 58
8	14 29 44 57	22 50	22 50
9	12 27 42	22 42	22 42
10	2 22 42	2 22 42	2 22 42
11	2 22 42	2 22 42	2 22 42
12	2 22 42	2 22 42	2 22 42
13	2 22 42	2 22 42	2 22 42
14	2 22 42	2 22 42	2 22 42
15	2 22 42	2 22 42	2 22 42
16	2 22 42	2 22 42	2 22 42
17	2 22 42	2 22 42	2 22 42
18	2 22 42	12 42	12 42
19	2 19 36 56	10 36	10 36
20	16 36	6 36	6 36
21	6 43	23	23
22	23	23	23
23			

四条烏丸行き Shijo Karasuma 29

時	平日 Weekdays (お盆・年末年始を除く)	土曜日 Saturdays (お盆・年末年始を除く)	休日 Sundays & Holidays お盆 8月14日～8月16日 年末年始 12月29日～1月3日
5			
6	22 31 41 57	22	22
7	13 28 44	2 37	22
8	4 29 59	5 31 59	7 49
9	29 59	29 59	29
10	39	29 59	9 49
11	19 59	29 59	29
12	39	29 59	9 49
13	19 59	29 59	29
14	39	29 59	9 49
15	19 59	29	29
16	29 59	9 49	9 49
17	29 59	29	29
18	29 59	9 54	9 54
19	27 57	37	37
20	29	19	19
21	9	9	9
22			
23			

➡松尾大社前❸乗場 P101

四条烏丸行き Shijo Karasuma 29

時	平日 Weekdays (お盆・年末年始を除く)	土曜日 Saturdays (お盆・年末年始を除く)	休日 Sundays & Holidays お盆 8月14日～8月16日 年末年始 12月29日～1月3日
5			
6	24 33 43 59	24	24
7	15 30 47	4 39	24
8	7 32	7 34	9 52
9	2 32	2 32	32
10	2 42	2 32	12 52
11	22	2 32	32
12	2 42	2 32	12 52
13	22	2 32	32
14	2 42	2 32	12 52
15	22	2 32	32
16	2 32	12 52	12 52
17	2 32	32	32
18	2 32	12 57	12 57
19	2 29 59	39	39
20	31	21	21
21	11	11	11
22			
23			

四条烏丸行き Shijo Karasuma 27 91 29

時	平日 Weekdays (お盆・年末年始を除く)	土曜日 Saturdays (お盆・年末年始を除く)	休日 Sundays & Holidays お盆 8月14日～8月16日 年末年始 12月29日～1月3日
5	*47	*47	*47
6	37 39 48 57 58	37 39 57	37 39 57
7	5 12 15 22 24 31 32 44 45 48 58	*15 19 22 24 47 54	24 37 39
8	5 9 14 20 25 32 38 46 50	9 12 22 39 52 56	9 10 24 39 56
9	6 6 20 26 36 46 50	12 20 36 42 50	10 12 36 42 50
10	6 16 20 26 46 56	12 16 20 42 50 56	12 16 30 42 56
11	0 6 26 36 40 46	6 20 26 36 46 50	6 10 26 36 46 50
12	6 16 20 26 46 56	6 16 20 26 46 50 56	6 16 26 30 46 56
13	0 6 26 36 40 46	6 20 26 36 46 50	6 10 26 36 46 50
14	6 16 20 26 46 56	6 16 20 26 46 50 56	6 16 26 30 46 56
15	0 6 26 36 40 46	6 20 26 36 46 50	6 10 26 36 46 50
16	6 6 20 26 36 46 50	6 16 26 30 46 56	6 16 26 30 46 56
17	6 6 20 26 36 46 50	6 10 26 36 46 50	6 10 26 36 46 50
18	6 6 20 26 36 46 50	6 16 26 30 46	6 16 26 30 46
19	6 8 17 22 42 42 44	2 13 14 42 42 54	2 13 14 42 42 54
20	2 14 22 22 46 53	22 22 36	22 22 36
21	5 23 26 53	2 5 26 38	2 5 26 38
22	5 19	5 19	5 19
23			

*印は、行先表示「四条烏丸」で運行します。

⬅四条烏丸(地下鉄四条駅)❼E乗場 P30

松尾大社・千代原口 洛西バスターミナル行き Rakusai Bus Terminal 29

時	平日 Weekdays (お盆・年末年始を除く)	土曜日 Saturdays (お盆・年末年始を除く)	休日 Sundays & Holidays お盆 8月14日～8月16日 年末年始 12月29日～1月3日
5			
6	55	55	55
7	13 30 48	35	55
8	6 24 44	9 39	45
9	9 39	9 39	29
10	9 39	9 39	9 49
11	19 59	9 39	29
12	39	9 39	9 49
13	19 59	9 39	29
14	39	9 39	9 49
15	19 59	9 39	29
16	39	9 49	9 49
17	9 39	29	29
18	9 39	9 49	9 49
19	9 34 59	29	29
20	29	9 51	9 51
21	1 41	41	41
22			
23			

松尾大社・千代原口 洛西バスターミナル行き Rakusai Bus Terminal 29

時	平日 Weekdays (お盆・年末年始を除く)	土曜日 Saturdays (お盆・年末年始を除く)	休日 Sundays & Holidays お盆 8月14日～8月16日 年末年始 12月29日～1月3日
5			
6			
7	1 19 37 55	1 41	1
8	13 31 51	15 46	1 52
9	16 46	16 46	36
10	16 46	16 46	16 56
11	26	16 46	36
12	6 46	16 46	16 56
13	26	16 46	36
14	6 46	16 46	16 56
15	26	16 46	36
16	6 46	16 56	16 56
17	16 46	36	36
18	16 46	16 56	16 56
19	15 40	35	35
20	5 35	15 57	15 57
21	7 47	47	47
22			
23			

⬅西大路四条(阪急・嵐電西院駅)❸乗場 P75

松尾大社・千代原口 洛西バスターミナル行き Rakusai Bus Terminal 29

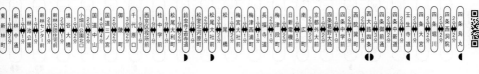

時	平日 Weekdays (お盆・年末年始を除く)	土曜日 Saturdays (お盆・年末年始を除く)	休日 Sundays & Holidays お盆 8月14日～8月16日 年末年始 12月29日～1月3日
5			
6			
7	6 24 43	6 46	6
8	1 19 37 57	20 52	6 58
9	22 52	22 52	42
10	22 52	22 52	22
11	32	22 52	2 42
12	12 52	22 52	22
13	32	22 52	2 42
14	12 52	22 52	22
15	32	22 52	2 42
16	12 52	22	22
17	22 52	2 42	2 42
18	22 52	22	22
19	20 45	2 40	2 40
20	10 40	20	20
21	12 52	2 52	2 52
22			
23			

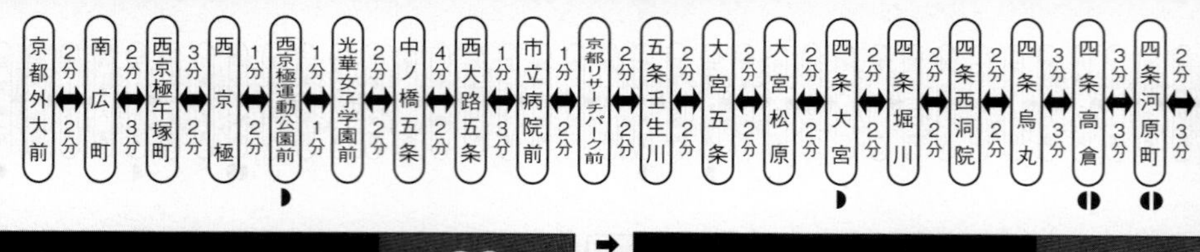

➡西京極運動公園前乗場

P14

四条河原町・銀閣寺 行き 32
Ginkakuji Temple Via Heian-jingu Shrine

時	平日 Weekdays（お盆・年末年始を除く）	土曜日 Saturdays（お盆・年末年始を除く）	休日 Sundays & Holidays お盆 8月14日～8月16日 年末年始 12月29日～1月3日
5			
6	6 26 41 56	6 41	6
7	12 27 43 58	6 26 51	1 46
8	13 28 48	16 48	16 48
9	8 28 48	18 48	18 48
10	8 28 48	18 48	18 48
11	8 28 48	18 48	18 48
12	8 28 48	18 48	18 48
13	8 28 48	18 48	18 48
14	8 28 48	18 48	18 48
15	8 28 48	18 48	18 48
16	8 28 48	18 48	18 48
17	8 28 48	18 48	18 48
18	8 28 58	28	28
19	26 56	6 46	6 46
20	26	26	26
21	6	6	6
22			
23			

➡四条大宮❶乗場

P33

四条河原町・銀閣寺 行き 32
Ginkakuji Temple Via Heian-jingu Shrine

時	平日 Weekdays（お盆・年末年始を除く）	土曜日 Saturdays（お盆・年末年始を除く）	休日 Sundays & Holidays お盆 8月14日～8月16日 年末年始 12月29日～1月3日
5			
6	21 41 56	21 56	21
7	11 27 45	21 41	16
8	1 16 31 46	6 31	1 31
9	6 26 46	6 36	6 36
10	6 26 46	6 36	6 36
11	6 26 46	6 36	6 36
12	6 26 46	6 36	6 36
13	6 26 46	6 36	6 36
14	6 26 46	6 36	6 36
15	6 26 46	6 36	6 36
16	6 26 46	6 36	6 36
17	6 26 46	6 36	6 36
18	6 26 46	6 46	6 46
19	13 41	21	21
20	11 41	1 41	1 41
21	21	21	21
22			
23			

➡四条高倉㉑A乗場

P30

平安神宮・銀閣寺 行き 32
Ginkakuji Temple Via Heian-jingu Shrine

時	平日 Weekdays（お盆・年末年始を除く）	土曜日 Saturdays（お盆・年末年始を除く）	休日 Sundays & Holidays お盆 8月14日～8月16日 年末年始 12月29日～1月3日
5			
6	28 48	28	28
7	3 18 34 53	3 28 48	23
8	9 24 39 54	13 39	8 39
9	14 34 54	14 44	14 44
10	15 35 55	15 45	15 45
11	15 35 55	15 45	15 45
12	15 35 55	15 45	15 45
13	15 35 55	15 45	15 45
14	15 35 55	15 45	15 45
15	15 35 55	15 45	15 45
16	15 35 55	15 45	15 45
17	15 35 55	15 45	15 45
18	15 35 55	15 55	15 55
19	20 48	28	28
20	18 48	8 48	8 48
21	28	28	28
22			
23			

➡四条河原町⑫H乗場

P27

平安神宮・銀閣寺 行き 32
Ginkakuji Temple Via Heian-jingu Shrine

時	平日 Weekdays（お盆・年末年始を除く）	土曜日 Saturdays（お盆・年末年始を除く）	休日 Sundays & Holidays お盆 8月14日～8月16日 年末年始 12月29日～1月3日
5			
6	30 50	30	30
7	5 20 36 55	5 30 50	25
8	11 26 42 57	15 42	10 42
9	17 37 57	17 47	17 47
10	18 38 58	18 48	18 48
11	18 38 58	18 48	18 48
12	18 38 58	18 48	18 48
13	18 38 58	18 48	18 48
14	18 38 58	18 48	18 48
15	18 38 58	18 48	18 48
16	18 38 58	18 48	18 48
17	18 38 58	18 48	18 48
18	18 38 58	18 58	18 58
19	23 51	31	31
20	21 51	11 51	11 51
21	31	31	31
22			
23			

➡岡崎公園 ロームシアター京都・みやこめっせ前❹乗場

P59

銀閣寺 行き 32
Ginkakuji Temple

時	平日 Weekdays（お盆・年末年始を除く）	土曜日 Saturdays（お盆・年末年始を除く）	休日 Sundays & Holidays お盆 8月14日～8月16日 年末年始 12月29日～1月3日
5			
6	39 59	39	39
7	15 30 46	14 39 59	34
8	5 21 36 52	24 52	19 52
9	7 27 47	27 57	27 57
10	7 28 48	28 58	28 58
11	8 28 48	28 58	28 58
12	8 28 48	28 58	28 58
13	8 28 48	28 58	28 58
14	8 28 48	28 58	28 58
15	8 28 48	28 58	28 58
16	8 28 48	28 58	28 58
17	8 28 48	28 58	28 58
18	8 28 48	28	28
19	8 33	8 41	8 41
20	1 31	21	21
21	1 40	1 40	1 40
22			
23			

➡東天王町❹乗場

P61

銀閣寺 行き 32
Ginkakuji Temple

時	平日 Weekdays（お盆・年末年始を除く）	土曜日 Saturdays（お盆・年末年始を除く）	休日 Sundays & Holidays お盆 8月14日～8月16日 年末年始 12月29日～1月3日
5			
6	44	44	44
7	4 20 35 52	19 44	39
8	11 27 42 58	4 29 58	24 58
9	13 33 53	33	33
10	13 34 54	3 34	3 34
11	14 34 54	4 34	4 34
12	14 34 54	4 34	4 34
13	14 34 54	4 34	4 34
14	14 34 54	4 34	4 34
15	14 34 54	4 34	4 34
16	14 34 54	4 34	4 34
17	14 34 54	4 34	4 34
18	14 34 54	4 34	4 34
19	13 38	13 46	13 46
20	6 36	26	26
21	6 45	6 45	6 45
22			
23			

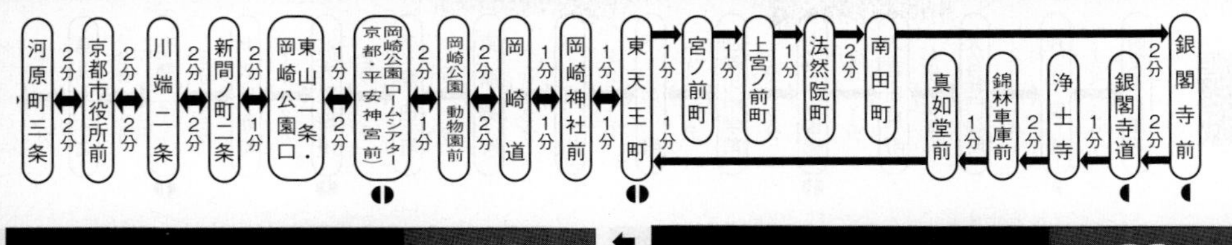

←銀閣寺道❷乗場

P63

四条河原町・西京極 行き 32
Nishikyogoku Via Shijo Kawaramachi

時	平日 Weekdays（お盆・年末年始を除く）	土曜日 Saturdays（お盆・年末年始を除く）	休日 Sundays & Holidays お盆 8月14日~8月16日 年末年始 12月29日~1月3日
5			
6	50	50	50
7	10 26 41 58	25 50	45
8	17 33 48	10 35	30
9	4 19 39 59	4 39	4 39
10	19 40	9 40	9 40
11	0 20 40	10 40	10 40
12	0 20 40	10 40	10 40
13	0 20 40	10 40	10 40
14	0 20 40	10 40	10 40
15	0 20 40	10 40	10 40
16	0 20 40	10 40	10 40
17	0 20 40	10 40	10 40
18	0 20 40	10 40	10 40
19	0 19 44	19 52	19 52
20	12 42	32	32
21	12 51	12 51	12 51
22			
23			

四条河原町・西京極 行き 32
Nishikyogoku Via Shijo Kawaramachi

時	平日 Weekdays（お盆・年末年始を除く）	土曜日 Saturdays（お盆・年末年始を除く）	休日 Sundays & Holidays お盆 8月14日~8月16日 年末年始 12月29日~1月3日
5			
6	52	52	52
7	12 28 44	27 52	47
8	1 20 36 51	12 38	33
9	7 22 42	7 42	7 42
10	2 22 43	12 43	12 43
11	3 23 43	13 43	13 43
12	3 23 43	13 43	13 43
13	3 23 43	13 43	13 43
14	3 23 43	13 43	13 43
15	3 23 43	13 43	13 43
16	3 23 43	13 43	13 43
17	3 23 43	13 43	13 43
18	3 23 43	13 43	13 43
19	3 22 47	22 55	22 55
20	15 45	35	35
21	14 53	14 53	14 53
22			
23			

←岡崎公園 ロームシアター京都・みやこめっせ前❸乗場

P59

四条河原町・西京極 行き 32
Nishikyogoku Via Shijo Kawaramachi

時	平日 Weekdays（お盆・年末年始を除く）	土曜日 Saturdays（お盆・年末年始を除く）	休日 Sundays & Holidays お盆 8月14日~8月16日 年末年始 12月29日~1月3日
5			
6	57	57	57
7	17 33 49	32 57	52
8	6 25 41 56	17 43	38
9	12 27 47	12 47	12 47
10	7 27 48	17 48	17 48
11	8 28 48	18 48	18 48
12	8 28 48	18 48	18 48
13	8 28 48	18 48	18 48
14	8 28 48	18 48	18 48
15	8 28 48	18 48	18 48
16	8 28 48	18 48	18 48
17	8 28 48	18 48	18 48
18	8 28 48	18 48	18 48
19	8 27 52	27	27
20	20 50	0 40	0 40
21	19 58	19 58	19 58
22			
23			

四条河原町・西京極 行き 32
Nishikyogoku Via Shijo Kawaramachi

時	平日 Weekdays（お盆・年末年始を除く）	土曜日 Saturdays（お盆・年末年始を除く）	休日 Sundays & Holidays お盆 8月14日~8月16日 年末年始 12月29日~1月3日
5			
6			
7	2 22 38 54	2 37	2 57
8	11 30 46	2 22 48	43
9	1 17 32 52	17 52	17 52
10	12 32 53	22 53	22 53
11	13 33 53	23 53	23 53
12	13 33 53	23 53	23 53
13	13 33 53	23 53	23 53
14	13 33 53	23 53	23 53
15	13 33 53	23 53	23 53
16	13 33 53	23 53	23 53
17	13 33 53	23 53	23 53
18	13 33 53	23 53	23 53
19	13 32 57	32	32
20	25 55	5 45	5 45
21	24	24	24
22	3	3	3
23			

←四条高倉㉒B乗場

P30

西京極・京都外大 行き 32
Nishikyogoku

時	平日 Weekdays（お盆・年末年始を除く）	土曜日 Saturdays（お盆・年末年始を除く）	休日 Sundays & Holidays お盆 8月14日~8月16日 年末年始 12月29日~1月3日
5			
6			
7	11 31 50	11 46	11
8	6 23 42 58	11 31 59	6 54
9	13 29 44	29	29
10	4 24 44	4 34	4 34
11	5 25 45	5 35	5 35
12	5 25 45	5 35	5 35
13	5 25 45	5 35	5 35
14	5 25 45	5 35	5 35
15	5 25 45	5 35	5 35
16	5 25 45	5 35	5 35
17	5 25 45	5 35	5 35
18	5 25 45	5 35	5 35
19	5 23 42	5 42	5 42
20	7 35	15 55	15 55
21	5 34	34	34
22	13	13	13
23			

西京極・京都外大 行き 32
Nishikyogoku

時	平日 Weekdays（お盆・年末年始を除く）	土曜日 Saturdays（お盆・年末年始を除く）	休日 Sundays & Holidays お盆 8月14日~8月16日 年末年始 12月29日~1月3日
5			
6			
7	13 33 52	13 48	13
8	8 25 44	13 33	8 56
9	0 15 31 46	1 31	31
10	7 27 47	7 37	7 37
11	8 28 48	8 38	8 38
12	8 28 48	8 38	8 38
13	8 28 48	8 38	8 38
14	8 28 48	8 38	8 38
15	8 28 48	8 38	8 38
16	8 28 48	8 38	8 38
17	8 28 48	8 38	8 38
18	8 28 48	8 38	8 38
19	7 25 44	7 44	7 44
20	9 37	17 57	17 57
21	7 36	36	36
22	15	15	15
23			

西賀茂車庫前 ⇄(1分/3分) 神光院前 ⇄(2分/1分) 大宮総門口町 ⇄(1分/2分) 大宮田尻町 ⇄(2分/1分) 上賀茂御薗橋 ⇄(1分/2分) 加茂川中学前 ⇄(1分/1分) 下岸町 ⇄(2分/1分) 上堀川 ⇄(1分/2分) 東高縄町 ⇄(1分/1分) 下鳥田町 ⇄(2分/1分) 北大路堀川 ⇄(1分/2分) 北大路新町 ⇄(3分/2分) 北大路バスターミナル ⇄(2分/4分) 烏丸北大路 ⇄(1分/1分)

→神光院前❷乗場

P100

37 北大路バスターミナル・四条河原町 行き Shijo Kawaramachi

平日 Weekdays (お盆・年末年始を除く)	時	土曜日 Saturdays (お盆・年末年始を除く)	時	休日 Sundays & Holidays お盆 8月14日～8月16日 年末年始 12月29日～1月3日
54	5	54	5	54
14 30 46 (53)	6	28 48	6	28 48
0 11 22 34 46 56	7	8 28 48	7	8 28 48
8 23 38 53	8	8 28 48	8	8 28 48
8 23 38 53	9	8 23 38 53	9	8 23 38 53
8 23 38 53	10	8 23 38 53	10	8 23 38 53
8 23 38 53	11	8 23 38 53	11	8 23 38 53
8 28 48	12	8 23 38 53	12	8 23 38 53
8 28 48	13	8 23 38 53	13	8 23 38 53
8 23 38 53	14	8 23 38 53	14	8 23 38 53
8 23 38 53	15	8 23 38 59	15	8 23 38 59
8 23 38 53	16	19 39 59	16	19 39 59
8 23 38 53	17	19 39 59	17	19 39 59
8 23 38 53	18	19 39 59	18	19 39 59
8 23 39 57	19	19 39 57	19	19 39 57
17 38	20	17 38	20	17 38
3 28 52	21	3 28 52	21	3 28 52
20	22	20	22	20
	23		23	

( )印は三条京阪前までです。For Sanjo Keihan-mae

→上賀茂御薗橋❹乗場

P71

37 北大路バスターミナル・四条河原町 行き Shijo Kawaramachi

平日 Weekdays (お盆・年末年始を除く)	時	土曜日 Saturdays (お盆・年末年始を除く)	時	休日 Sundays & Holidays お盆 8月14日～8月16日 年末年始 12月29日～1月3日
59	5	59	5	59
19 35 51 (58)	6	33 53	6	33 53
5 16 27 39 51	7	13 33 53	7	13 33 53
1 13 28 43 58	8	13 33 53	8	13 33 53
13 28 43 58	9	13 28 43 58	9	13 28 43 58
13 28 43 58	10	13 28 43 58	10	13 28 43 58
13 28 43 58	11	13 28 43 58	11	13 28 43 58
13 33 53	12	13 28 43 58	12	13 28 43 58
13 33 53	13	13 28 43 58	13	13 28 43 58
13 28 43 58	14	13 28 43 58	14	13 28 43 58
13 28 43 58	15	13 28 43	15	13 28 43
13 28 43 58	16	4 24 44	16	4 24 44
13 28 43 58	17	4 24 44	17	4 24 44
13 28 43 58	18	4 24 44	18	4 24 44
13 28 44	19	4 24 44	19	4 24 44
2 22 43	20	2 22 43	20	2 22 43
8 33 57	21	8 33 57	21	8 33 57
25	22	25	22	25
	23		23	

( )印は三条京阪前までです。For Sanjo Keihan-mae

→北大路堀川❸乗場

P73

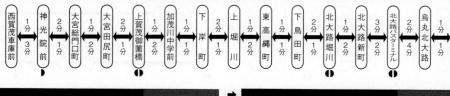

37 北大路バスターミナル・四条河原町 行き Shijo Kawaramachi

平日 Weekdays (お盆・年末年始を除く)	時	土曜日 Saturdays (お盆・年末年始を除く)	時	休日 Sundays & Holidays お盆 8月14日～8月16日 年末年始 12月29日～1月3日
	5		5	
6 26 42 58	6	6 40	6	6 40
(5) 12 23 35 47 59	7	0 20 40	7	0 20 40
9 21 36 51	8	0 20 41	8	0 20 41
6 21 36 51	9	1 21 36 51	9	1 21 36 51
6 21 36 51	10	6 21 36 51	10	6 21 36 51
6 21 36 51	11	6 21 36 51	11	6 21 36 51
6 21 41	12	6 21 36 51	12	6 21 36 51
1 21 41	13	6 21 36 51	13	6 21 36 51
1 21 36 51	14	6 21 36 51	14	6 21 36 51
6 21 36 51	15	6 21 36 51	15	6 21 36 51
6 21 36 51	16	12 32 52	16	12 32 52
6 21 36 51	17	12 32 52	17	12 32 52
6 21 36 51	18	12 32 52	18	12 32 52
5 20 35 51	19	11 31 51	19	11 31 51
9 29 50	20	9 29 50	20	9 29 50
15 40	21	15 40	21	15 40
4 32	22	4 32	22	4 32
	23		23	

( )印は三条京阪前までです。For Sanjo Keihan-mae

→北大路バスターミナル（地下鉄北大路駅）Ⓒ乗場

P69

河原町通 Kawaramachi-dori St.

37 四条河原町・三条京阪 行き Shijo Kawaramachi

平日 Weekdays (お盆・年末年始を除く)	時	土曜日 Saturdays (お盆・年末年始を除く)	時	休日 Sundays & Holidays お盆 8月14日～8月16日 年末年始 12月29日～1月3日
	5		5	
10 30 46	6	10 44	6	10 44
2 (9) 16 27 39 51	7	4 24 44	7	4 24 44
3 13 25 40 55	8	4 24 45	8	4 24 45
10 25 40 55	9	5 25 40 55	9	5 25 40 55
10 25 40 55	10	10 25 40 55	10	10 25 40 55
10 25 40 55	11	10 25 40 55	11	10 25 40 55
10 25 45	12	10 25 40 55	12	10 25 40 55
5 25 45	13	10 25 40 55	13	10 25 40 55
5 25 40 55	14	10 25 40 55	14	10 25 40 55
10 25 40 55	15	10 25 40 55	15	10 25 40 55
10 25 40 55	16	16 36 56	16	16 36 56
10 25 40 55	17	16 36 56	17	16 36 56
10 25 40 55	18	16 36 56	18	16 36 56
9 24 39 55	19	15 35 55	19	15 35 55
13 33 54	20	13 33 54	20	13 33 54
19 44	21	19 44	21	19 44
8 36	22	8 36	22	8 36
	23		23	

( )印は三条京阪前までです。For Sanjo Keihan-mae

→府立医大病院前⓫乗場

P38

河原町通 Kawaramachi-dori St.

37 四条河原町・三条京阪 行き Shijo Kawaramachi

平日 Weekdays (お盆・年末年始を除く)	時	土曜日 Saturdays (お盆・年末年始を除く)	時	休日 Sundays & Holidays お盆 8月14日～8月16日 年末年始 12月29日～1月3日
	5		5	
21 41 57	6	21 55	6	21 55
13 (20) 27 39 51	7	15 35 55	7	15 35 55
3 15 25 37 52	8	15 36 57	8	15 36 57
7 22 37 52	9	17 37 52	9	17 37 52
7 22 37 52	10	7 22 37 52	10	7 22 37 52
7 22 37 52	11	7 22 37 52	11	7 22 37 52
7 22 37 57	12	7 22 37 52	12	7 22 37 52
17 37 57	13	7 22 37 52	13	7 22 37 52
17 37 52	14	7 22 37 52	14	7 22 37 52
7 22 37 52	15	7 22 37 52	15	7 22 37 52
7 22 37 52	16	7 28 48	16	7 28 48
7 22 37 52	17	8 28 48	17	8 28 48
7 22 37 52	18	8 28 48	18	8 28 48
7 21 36 51	19	8 27 47	19	8 27 47
7 25 45	20	7 25 45	20	7 25 45
5 30 55	21	5 30 55	21	5 30 55
19 47	22	19 47	22	19 47
	23		23	

( )印は三条京阪前までです。For Sanjo Keihan-mae

↩四条河原町❶A乗場

P27

河原町通 Kawaramachi-dori St.

37 北大路バスターミナル・西賀茂車庫 行き Nishigamo Via Kitaoji Bus Terminal

平日 Weekdays (お盆・年末年始を除く)	時	土曜日 Saturdays (お盆・年末年始を除く)	時	休日 Sundays & Holidays お盆 8月14日～8月16日 年末年始 12月29日～1月3日
	5		5	
30 50	6	30	6	30
6 22 (29) 37 50	7	4 24 44	7	4 24 44
2 14 26 36 48	8	4 24 46	8	4 24 46
3 18 33 48	9	8 28 48	9	8 28 48
3 18 33 48	10	3 18 33 48	10	3 18 33 48
3 18 33 48	11	3 18 33 48	11	3 18 33 48
3 18 33 48	12	3 18 33 48	12	3 18 33 48
8 28 48	13	3 18 33 48	13	3 18 33 48
8 28 48	14	3 18 33 48	14	3 18 33 48
3 18 33 48	15	3 18 33 48	15	3 18 33 48
3 18 33 48	16	3 18 39 59	16	3 18 39 59
3 18 33 48	17	19 39 59	17	19 39 59
3 18 33 48	18	19 39 59	18	19 39 59
3 17 31 46	19	18 37 57	19	18 37 57
1 17 35 55	20	17 35 55	20	17 35 55
15 40	21	15 40	21	15 40
5 29 45 57	22	5 29 45 57	22	5 29 45 57
	23		23	

( )印は三条京阪前までです。For Sanjo Keihan-mae

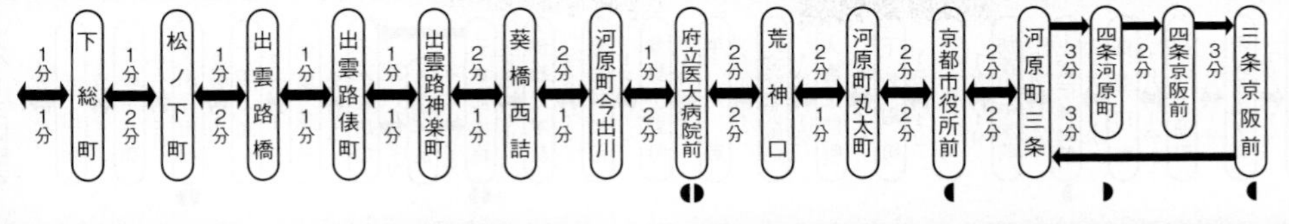

河原町通 Kawaramachi-dori St.

北大路バスターミナル・西賀茂車庫 行き 37

Nishigamo Via Kitaoji Bus Terminal

時	平日 Weekdays (お盆・年末年始を除く)	土曜日 Saturdays (お盆・年末年始を除く)	休日 Sundays & Holidays お盆 8月14日～8月16日 年末年始 12月29日～1月3日
5			
6	37 57	37	37
7	13 29 45 58	11 31 51	11 31 51
8	10 22 34 44 56	11 31 54	11 31 54
9	11 26 41 56	16 36 56	16 36 56
10	11 26 41 56	11 26 41 56	11 26 41 56
11	11 26 41 56	11 26 41 56	11 26 41 56
12	11 26 41 56	11 26 41 56	11 26 41 56
13	16 36 56	11 26 41 56	11 26 41 56
14	16 36 56	11 26 41 56	11 26 41 56
15	11 26 41 56	11 26 41 56	11 26 41 56
16	11 26 41 56	11 26 47	11 26 47
17	11 26 41 56	7 27 47	7 27 47
18	11 26 41 56	7 27 47	7 27 47
19	10 24 38 53	6 25 44	6 25 44
20	8 24 42	4 24 42	4 24 42
21	2 22 47	2 22 47	2 22 47
22	12 36 52	12 36 52	12 36 52
23	4	4	4

←京都市役所前❹乗場

P35・P115

河原町通 Kawaramachi-dori St.

北大路バスターミナル・西賀茂車庫 行き 37

Nishigamo Via Kitaoji Bus Terminal

時	平日 Weekdays (お盆・年末年始を除く)	土曜日 Saturdays (お盆・年末年始を除く)	休日 Sundays & Holidays お盆 8月14日～8月16日 年末年始 12月29日～1月3日
5			
6	43	43	43
7	3 19 35 52	17 37 57	17 37 57
8	5 17 29 41 51	17 38	17 38
9	3 18 33 48	1 23 43	1 23 43
10	3 18 33 48	3 18 33 48	3 18 33 48
11	3 18 33 48	3 18 33 48	3 18 33 48
12	3 18 33 48	3 18 33 48	3 18 33 48
13	3 23 43	3 18 33 48	3 18 33 48
14	3 23 43	3 18 33 48	3 18 33 48
15	3 18 33 48	3 18 33 48	3 18 33 48
16	3 18 33 48	3 18 33 54	3 18 33 54
17	3 18 33 48	14 34 54	14 34 54
18	3 18 33 48	14 34 54	14 34 54
19	3 17 31 45	13 32 51	13 32 51
20	0 15 31 49	11 31 49	11 31 49
21	8 28 53	8 28 53	8 28 53
22	18 42 58	18 42 58	18 42 58
23	10	10	10

河原町通 Kawaramachi-dori St.

北大路バスターミナル・西賀茂車庫 行き 37

Nishigamo Via Kitaoji Bus Terminal

時	平日 Weekdays (お盆・年末年始を除く)	土曜日 Saturdays (お盆・年末年始を除く)	休日 Sundays & Holidays お盆 8月14日～8月16日 年末年始 12月29日～1月3日
5			
6	47	47	47
7	7 23 40 57	21 41	21 41
8	10 22 34 46 56	1 21 43	1 21 43
9	8 23 38 53	6 28 48	6 28 48
10	8 23 38 53	8 23 38 53	8 23 38 53
11	8 23 38 53	8 23 38 53	8 23 38 53
12	8 23 38 53	8 23 38 53	8 23 38 53
13	8 28 48	8 23 38 53	8 23 38 53
14	8 28 48	8 23 38 53	8 23 38 53
15	8 23 38 53	8 23 38 53	8 23 38 53
16	8 23 38 53	8 23 38 59	8 23 38 59
17	8 23 38 53	19 39 59	19 39 59
18	8 23 38 53	19 39 59	19 39 59
19	7 21 35 49	17 36 55	17 36 55
20	4 19 35 53	15 35 53	15 35 53
21	12 32 57	12 32 57	12 32 57
22	22 46	22 46	22 46
23	2 14	2 14	2 14

←北大路バスターミナル(地下鉄北大路駅)Ⓕ乗場

P69

上賀茂御薗橋

西賀茂車庫 行き 37

Nishigamo

時	平日 Weekdays (お盆・年末年始を除く)	土曜日 Saturdays (お盆・年末年始を除く)	休日 Sundays & Holidays お盆 8月14日～8月16日 年末年始 12月29日～1月3日
5			
6			
7	0 20 37 55	0 34 54	0 34 54
8	12 25 37 49	14 35 58	14 35 58
9	1 11 23 38 53	21 43	21 43
10	8 23 38 53	3 23 38 53	3 23 38 53
11	8 23 38 53	8 23 38 53	8 23 38 53
12	8 23 38 53	8 23 38 53	8 23 38 53
13	8 23 43	8 23 38 53	8 23 38 53
14	3 23 43	8 23 38 53	8 23 38 53
15	3 23 38 53	8 23 38 53	8 23 38 53
16	8 23 38 53	8 23 38 53	8 23 38 53
17	8 23 38 53	14 34 54	14 34 54
18	8 23 38 53	14 34 54	14 34 54
19	8 21 35 49	13 31 50	13 31 50
20	3 18 33 49	9 29 49	9 29 49
21	6 25 45	6 25 45	6 25 45
22	10 35 59	10 35 59	10 35 59
23	15 27	15 27	15 27

上賀茂御薗橋

西賀茂車庫 行き 37

Nishigamo

時	平日 Weekdays (お盆・年末年始を除く)	土曜日 Saturdays (お盆・年末年始を除く)	休日 Sundays & Holidays お盆 8月14日～8月16日 年末年始 12月29日～1月3日
5			
6			
7	4 24 41 59	4 38 58	4 38 58
8	16 29 41 53	18 39	18 39
9	5 15 27 42 57	2 25 47	2 25 47
10	12 27 42 57	7 27 42 57	7 27 42 57
11	12 27 42 57	12 27 42 57	12 27 42 57
12	12 27 42 57	12 27 42 57	12 27 42 57
13	12 27 47	12 27 42 57	12 27 42 57
14	7 27 47	12 27 42 57	12 27 42 57
15	7 27 42 57	12 27 42 57	12 27 42 57
16	12 27 42 57	12 27 42 57	12 27 42 57
17	12 27 42 57	18 38 58	18 38 58
18	12 27 42 57	18 38 58	18 38 58
19	12 25 39 53	17 35 54	17 35 54
20	7 22 37 53	13 33 53	13 33 53
21	10 29 49	10 29 49	10 29 49
22	14 39	14 39	14 39
23	3 19 31	3 19 31	3 19 31

←上賀茂御薗橋❺乗場

P71

西賀茂車庫 行き 37

Nishigamo

時	平日 Weekdays (お盆・年末年始を除く)	土曜日 Saturdays (お盆・年末年始を除く)	休日 Sundays & Holidays お盆 8月14日～8月16日 年末年始 12月29日～1月3日
5			
6			
7	10 30 49	10 44	10 44
8	7 24 37 49	4 24 47	4 24 47
9	1 13 23 35 50	10 33 55	10 33 55
10	5 20 35 50	15 35 50	15 35 50
11	5 20 35 50	5 20 35 50	5 20 35 50
12	5 20 35 50	5 20 35 50	5 20 35 50
13	5 20 35 55	5 20 35 50	5 20 35 50
14	15 35 55	5 20 35 50	5 20 35 50
15	15 35 50	5 20 35 50	5 20 35 50
16	5 20 35 50	5 20 35 50	5 20 35 50
17	5 20 35 50	5 26 46	5 26 46
18	5 20 35 50	6 26 46	6 26 46
19	4 18 31 45 59	4 23 41	4 23 41
20	13 28 43 59	0 19 39 59	0 19 39 59
21	16 35 55	16 35 55	16 35 55
22	20 45	20 45	20 45
23	9 25 37	9 25 37	9 25 37

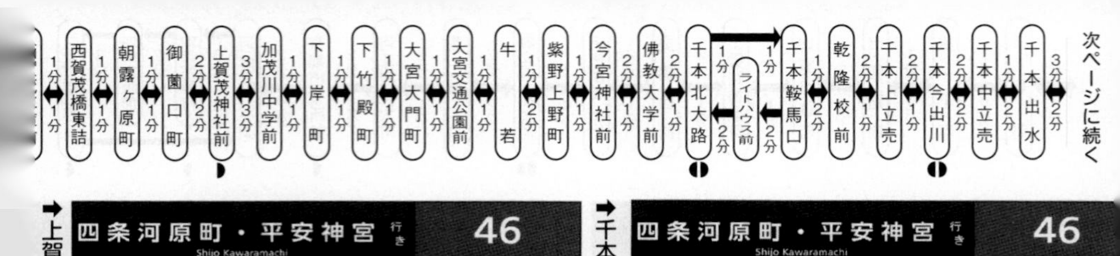

➡上賀茂神社前❶乗場 P71

四条河原町・平安神宮 行き Shijo Kawaramachi 46

時	平日 Weekdays（お盆・年末年始を除く）	土曜日 Saturdays（お盆・年末年始を除く）	休日 Sundays & Holidays お盆 8月14日～8月16日 年末年始 12月29日～1月3日
5			
6	0 11 22 31 40 49 57	0 22 34 46 58	0 30 50
7	6 14 20 28 35 43 51	10 22 34 46 58	10 30 50
8	1 11 22 33 45 57	10 22 33 45 57	10 25 39 54
9	9 21 33 45 57	9 21 33 45 57	9 21 33 45 57
10	9 21 33 45 57	9 21 33 45 57	9 21 33 45 57
11	9 21 33 45 57	9 21 33 45 57	9 21 33 45 57
12	9 21 33 45 57	9 21 33 45 57	9 21 33 45 57
13	9 21 33 45 57	9 21 33 45 57	9 21 33 45 57
14	9 21 33 45 57	9 21 33 45 57	9 21 33 45 57
15	9 21 33 45 57	9 21 33 45 57	9 21 33 45 57
16	9 21 33 45 57	9 21 33 45 55	11 26 41 56
17	9 21 33 45 57	11 26 41 56	11 26 41 56
18	9 21 33 45 57	11 26 41 56	11 27 45
19	10 22 34 46 58	11 27 45	5 25 45
20	11 25 37 51	5 25 45	5 25 45
21	*26	*26	*26
22	*3	*3	*3
23			

*印は川端通経由、三条京阪前から東山三条・祇園へまいります。
東山仁王門から岡崎方面・神宮道にはまいりません。

➡千本北大路❷乗場 P73・P113

四条河原町・平安神宮 行き Shijo Kawaramachi 46

時	平日 Weekdays（お盆・年末年始を除く）	土曜日 Saturdays（お盆・年末年始を除く）	休日 Sundays & Holidays お盆 8月14日～8月16日 年末年始 12月29日～1月3日
5			
6	13 24 35 44 53	13 35 47 59	13 43
7	2 10 19 27 33 41 49 57	11 23 35 47 59	3 23 43
8	5 15 25 36 47 59	11 23 35 47 59	3 23 38 53
9	11 23 35 47 59	11 23 35 47 59	8 23 35 47 59
10	11 23 35 47 59	11 23 35 47 59	11 23 35 47 59
11	11 23 35 47 59	11 23 35 47 59	11 23 35 47 59
12	11 23 35 47 59	11 23 35 47 59	11 23 35 47 59
13	11 23 35 47 59	11 23 35 47 59	11 23 35 47 59
14	11 23 35 47 59	11 23 35 47 59	11 23 35 47 59
15	11 23 35 47 59	11 23 35 47 59	11 23 35 47 59
16	11 23 35 47 59	11 23 35 47 59	11 25 40 55
17	11 23 35 47 59	9 25 40 55	10 25 40 55
18	11 23 35 47 59	10 25 40 55	10 25 41 59
19	11 23 35 47 59	10 24 40 58	18 38 58
20	11 24 38 50	18 38 58	18 38 58
21	4 *39	*39	*39
22	*16	*16	*16
23			

*印は川端通経由、三条京阪前から東山三条・祇園へまいります。
東山仁王門から岡崎方面・神宮道にはまいりません。

➡千本今出川❷乗場 P77・P114

四条河原町・平安神宮 行き Shijo Kawaramachi 46

時	平日 Weekdays（お盆・年末年始を除く）	土曜日 Saturdays（お盆・年末年始を除く）	休日 Sundays & Holidays お盆 8月14日～8月16日 年末年始 12月29日～1月3日
5			
6	18 29 40 49 58	18 40 52	18 48
7	7 15 24 32 39 47 55	4 16 28 40 52	8 28 48
8	3 11 21 31 42 53	4 16 28 41 53	8 28 44 59
9	5 17 29 41 53	5 17 29 41 53	14 29 41 53
10	5 17 29 41 53	5 17 29 41 53	5 17 29 41 53
11	5 17 29 41 53	5 17 29 41 53	5 17 29 41 53
12	5 17 29 41 53	5 17 29 41 53	5 17 29 41 53
13	5 17 29 41 53	5 17 29 41 53	5 17 29 41 53
14	5 17 29 41 53	5 17 29 41 53	5 17 29 41 53
15	5 17 29 41 53	5 17 29 41 53	5 17 29 41 53
16	5 17 29 41 53	5 17 29 41 53	5 17 31 46
17	5 17 29 41 53	5 15 31 46	1 16 31 46
18	5 17 29 41 53	1 16 31 46	1 16 31 47
19	5 17 29 41 53	1 16 30 46	5 24 44
20	5 17 30 44 56	4 24 44	4 24 44
21	9 *44	4 *44	4 *44
22	*21	*21	*21
23			

*印は川端通経由、三条京阪前から東山三条・祇園へまいります。
東山仁王門から岡崎方面・神宮道にはまいりません。

➡四条大宮❾乗場 P33

祇園・平安神宮 行き Heian-jingu Shrine Via Gion 46

時	平日 Weekdays（お盆・年末年始を除く）	土曜日 Saturdays（お盆・年末年始を除く）	休日 Sundays & Holidays お盆 8月14日～8月16日 年末年始 12月29日～1月3日
5			
6	32 43 54	32 54	32
7	3 12 21 29 38 47 54	6 18 30 42 54	2 22 42
8	2 10 18 26 36 46 57	6 18 30 42 56	2 22 42 59
9	8 20 32 44 56	8 20 32 44 56	14 29 44 56
10	8 20 32 44 56	8 20 32 44 56	8 20 32 44 56
11	8 20 32 44 56	8 20 32 44 56	8 20 32 44 56
12	8 20 32 44 56	8 20 32 44 56	8 20 32 44 56
13	8 20 32 44 56	8 20 32 44 56	8 20 32 44 56
14	8 20 32 44 56	8 20 32 44 56	8 20 32 44 56
15	8 20 32 44 56	8 20 32 44 56	8 20 32 44 56
16	8 20 32 44 56	8 20 32 44 56	8 20 32 46
17	8 20 32 44 56	8 20 30 46	1 16 31 46
18	8 20 32 44 56	1 16 31 46	1 16 31 46
19	8 19 31 43 55	1 15 30 44	2 19 38 58
20	7 19 31 44 58	0 18 38 58	18 38 58
21	10 23 *58	18 *58	18 *58
22	*35	*35	*35
23			

*印は川端通経由、三条京阪前から東山三条・祇園へまいります。
東山仁王門から岡崎方面・神宮道にはまいりません。

➡四条河原町❾E乗場 P27

祇園・平安神宮 行き Heian-jingu Shrine Via Gion 46

時	平日 Weekdays（お盆・年末年始を除く）	土曜日 Saturdays（お盆・年末年始を除く）	休日 Sundays & Holidays お盆 8月14日～8月16日 年末年始 12月29日～1月3日
5			
6	41 52	41	41
7	3 12 21 30 39 48 57	3 15 27 39 51	11 31 51
8	4 12 20 28 37 47 57	3 15 27 41 53	11 31 53
9	8 19 31 43 55	7 19 31 43 55	10 25 40 55
10	8 20 32 44 56	8 20 32 44 56	8 20 32 44 56
11	8 20 32 44 56	8 20 32 44 56	8 20 32 44 56
12	8 20 32 44 56	8 20 32 44 56	8 20 32 44 56
13	8 20 32 44 56	8 20 32 44 56	8 20 32 44 56
14	8 20 32 44 56	8 20 32 44 56	8 20 32 44 56
15	8 20 32 44 56	8 20 32 44 56	8 20 32 44 56
16	8 20 32 44 56	8 20 32 44 56	8 20 32 44 58
17	8 20 32 44 56	8 20 32 42 58	13 28 43 58
18	8 20 32 44 56	13 28 43 58	13 28 43 58
19	7 18 29 41 53	11 25 40 54	12 29 48
20	5 17 29 41 54	10 28 48	8 28 48
21	8 20 33	8 28	8 28
22	*8 *45	*8 *45	*8 *45
23			

*印は川端通経由、三条京阪前から東山三条・祇園へまいります。
東山仁王門から岡崎方面・神宮道にはまいりません。

➡祇園❺乗場 P55

平安神宮 行き Heian-jingu Shrine 46

時	平日 Weekdays（お盆・年末年始を除く）	土曜日 Saturdays（お盆・年末年始を除く）	休日 Sundays & Holidays お盆 8月14日～8月16日 年末年始 12月29日～1月3日
5			
6	45 56	45	45
7	7 16 25 34 43 52	7 19 31 43 55	15 35 55
8	1 8 16 24 32 41 51	7 19 31 45 57	15 35 57
9	1 13 24 36 48	12 24 36 48	15 30 45
10	0 13 25 37 49	0 13 25 37 49	0 13 25 37 49
11	1 13 25 37 49	1 13 25 37 49	1 13 25 37 49
12	1 13 25 37 49	1 13 25 37 49	1 13 25 37 49
13	1 13 25 37 49	1 13 25 37 49	1 13 25 37 49
14	1 13 25 37 49	1 13 25 37 49	1 13 25 37 49
15	1 13 25 37 49	1 13 25 37 49	1 13 25 37 49
16	1 13 25 37 49	1 13 25 37 49	1 13 25 37 49
17	1 13 25 37 49	1 13 25 37 47	3 18 33 48
18	1 13 25 37 49	3 18 33 48	3 18 33 48
19	1 12 23 34 46 58	3 16 30 45 59	3 17 34 53
20	10 22 34 46 59	15 33 53	13 33 53
21	12 24 37	12 32	12 32
22			
23			

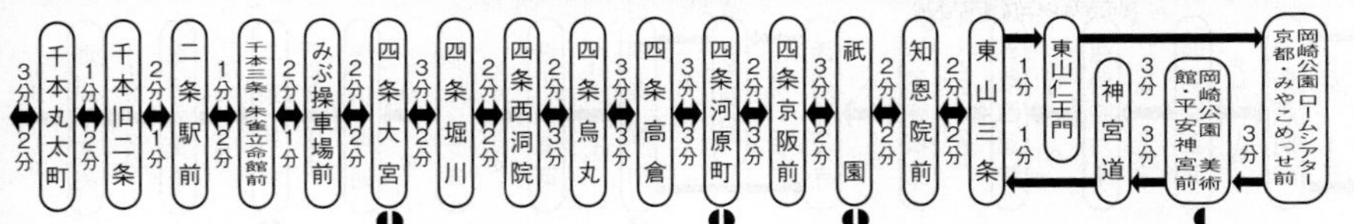

四条河原町・上賀茂神社 行き　46
Kamigamo-jinja Shrine

時	平日 Weekdays (お盆・年末年始を除く)	土曜日 Saturdays (お盆・年末年始を除く)	休日 Sundays & Holidays お盆 8月14日～8月16日 年末年始 12月29日～1月3日
5			
6	53	53	53
7	4 15 24 33 44 53	15 27 39 51	23 43
8	2 11 18 26 34 42 51	3 15 27 41 55	3 23 45
9	1 11 23 34 46 58	7 22 34 46 58	7 25 40 55
10	11 24 36 48	11 24 36 48	11 24 36 48
11	0 12 24 36 48	0 12 24 36 48	0 12 24 36 48
12	0 12 24 36 48	0 12 24 36 48	0 12 24 36 48
13	0 12 24 36 48	0 12 24 36 48	0 12 24 36 48
14	0 12 24 36 48	0 12 24 36 48	0 12 24 36 48
15	0 12 24 36 48	0 12 24 36 48	0 12 24 36 48
16	0 12 24 36 48	0 12 24 36 48	0 12 24 36 48
17	0 12 24 36 48	0 12 24 36 48 58	0 14 29 44 59
18	0 12 24 36 48	14 29 44 59	14 29 44 59
19	0 11 22 33 44 56	13 26 40 55	13 27 44
20	8 20 32 44 56	9 25 43	3 23 43
21	9 21 33 46	3 21 41	3 21 41
22			
23			

←祇園❷乗場

P55

四条河原町・上賀茂神社 行き　46
Kamigamo-jinja Shrine

時	平日 Weekdays (お盆・年末年始を除く)	土曜日 Saturdays (お盆・年末年始を除く)	休日 Sundays & Holidays お盆 8月14日～8月16日 年末年始 12月29日～1月3日
5			
6	59	59	59
7	10 21 30 41 52	21 33 45 57	29 49
8	1 10 19 26 34 42 50 59	9 21 34 49	9 29 53
9	9 19 31 42 54	3 15 30 42 54	15 33 48
10	6 19 32 44 56	6 19 32 44 56	3 19 32 44 56
11	8 20 32 44 56	8 20 32 44 56	8 20 32 44 56
12	8 20 32 44 56	8 20 32 44 56	8 20 32 44 56
13	8 20 32 44 56	8 20 32 44 56	8 20 32 44 56
14	8 20 32 44 56	8 20 32 44 56	8 20 32 44 56
15	8 20 32 44 56	8 20 32 44 56	8 20 32 44 56
16	8 20 32 44 56	8 20 32 44 56	8 20 32 44 56
17	8 20 32 44 56	8 20 32 44 56	8 22 37 52
18	8 20 32 44 56	6 22 37 52	7 22 37 52
19	7 18 29 40 51	7 20 33 47	7 20 34 51
20	3 15 27 39 51	2 16 32 50	10 30 50
21	3 15 27 39 52	9 27 47	9 27 47
22	18 55	18 55	18 55
23			

佛教大学 今宮神社 上賀茂神社・西賀茂車庫 行き　46
Kamigamo-jinja Shrine・Nishigamo

時	平日 Weekdays (お盆・年末年始を除く)	土曜日 Saturdays (お盆・年末年始を除く)	休日 Sundays & Holidays お盆 8月14日～8月16日 年末年始 12月29日～1月3日
5			
6			
7	3 14 25 35 46 57	3 25 37 49	3 33 53
8	6 15 24 31 39 47 55	1 13 25 39 54	13 34 58
9	4 14 24 36 47 59	8 20 35 47 59	20 38 53
10	11 24 37 49	11 24 37 49	8 24 37 49
11	1 13 25 37 49	1 13 25 37 49	1 13 25 37 49
12	1 13 25 37 49	1 13 25 37 49	1 13 25 37 49
13	1 13 25 37 49	1 13 25 37 49	1 13 25 37 49
14	1 13 25 37 49	1 13 25 37 49	1 13 25 37 49
15	1 13 25 37 49	1 13 25 37 49	1 13 25 37 49
16	1 13 25 37 49	1 13 25 37 49	1 13 25 37 49
17	1 13 25 37 49	1 13 25 37 49	1 13 27 42 57
18	1 13 25 37 49	1 11 27 42 57	12 27 42 57
19	1 12 23 34 45 56	12 25 38 52	12 25 39 56
20	8 20 32 44 56	7 21 37 55	15 35 55
21	8 20 32 44 57	14 32 52	14 32 52
22	8 23 38 50	8 23 38 50	8 23 38 50
23	0	0	0

←四条大宮❸乗場

P33

佛教大学 今宮神社 上賀茂神社・西賀茂車庫 行き　46
Kamigamo-jinja Shrine・Nishigamo

時	平日 Weekdays (お盆・年末年始を除く)	土曜日 Saturdays (お盆・年末年始を除く)	休日 Sundays & Holidays お盆 8月14日～8月16日 年末年始 12月29日～1月3日
5			
6			
7	12 23 34 45 56	12 34 46 58	12 42
8	7 16 25 34 42 50 58	10 22 34 50	2 22 45
9	6 15 25 35 47 58	5 19 31 46 58	9 31 49
10	10 23 36 49	10 23 36 49	4 20 36 49
11	1 13 25 37 49	1 13 25 37 49	1 13 25 37 49
12	1 13 25 37 49	1 13 25 37 49	1 13 25 37 49
13	1 13 25 37 49	1 13 25 37 49	1 13 25 37 49
14	1 13 25 37 49	1 13 25 37 49	1 13 25 37 49
15	1 13 25 37 49	1 13 25 37 49	1 13 25 37 49
16	1 13 25 37 49	1 13 25 37 49	1 13 25 37 49
17	1 13 25 37 49	1 13 25 37 49	1 13 25 39 54
18	1 13 25 37 49	1 13 23 39 54	9 24 39 54
19	1 11 22 33 44 55	8 22 35 48	8 22 35 49
20	6 18 30 42 54	2 17 31 47	6 25 45
21	6 18 30 42 54	5 24 42	5 24 42
22	7 18 33 48	2 18 33 48	2 18 33 48
23	0 10	0 10	0 10

佛教大学 今宮神社 上賀茂神社・西賀茂車庫 行き　46
Kamigamo-jinja Shrine・Nishigamo

時	平日 Weekdays (お盆・年末年始を除く)	土曜日 Saturdays (お盆・年末年始を除く)	休日 Sundays & Holidays お盆 8月14日～8月16日 年末年始 12月29日～1月3日
5			
6			
7	25 37 48 59	25 47 59	25 55
8	10 21 30 39 48 56	11 23 36 48	15 36 59
9	4 12 20 29 39 49	4 19 33 45	23 45
10	1 12 24 37 50	0 12 24 37 50	3 18 34 50
11	3 15 27 39 51	3 15 27 39 51	3 15 27 39 51
12	3 15 27 39 51	3 15 27 39 51	3 15 27 39 51
13	3 15 27 39 51	3 15 27 39 51	3 15 27 39 51
14	3 15 27 39 51	3 15 27 39 51	3 15 27 39 51
15	3 15 27 39 51	3 15 27 39 51	3 15 27 39 51
16	3 15 27 39 51	3 15 27 39 51	3 15 27 39 51
17	3 15 27 39 51	3 15 27 39 51	3 15 27 39 53
18	3 15 27 39 51	3 15 27 37 53	8 23 38 53
19	3 15 25 36 47 58	8 22 36 49	8 22 36 49
20	9 20 32 44 56	2 16 31 45	3 20 39 59
21	7 19 31 43 55	1 18 37 55	18 37 55
22	7 20 31 46	15 31 46	15 31 46
23	1 13 23	1 13 23	1 13 23

←千本北大路❺乗場

P73・P113

佛教大学 今宮神社 上賀茂神社・西賀茂車庫 行き　46
Kamigamo-jinja Shrine・Nishigamo

時	平日 Weekdays (お盆・年末年始を除く)	土曜日 Saturdays (お盆・年末年始を除く)	休日 Sundays & Holidays お盆 8月14日～8月16日 年末年始 12月29日～1月3日
5			
6			
7	32 45 56	32 54	32
8	7 18 29 38 47 56	6 18 30 44 56	2 22 44
9	4 12 20 28 37 47 57	12 27 41 53	7 31 53
10	9 20 32 45 58	8 20 32 45 58	11 26 42 58
11	11 23 35 47 59	11 23 35 47 59	11 23 35 47 59
12	11 23 35 47 59	11 23 35 47 59	11 23 35 47 59
13	11 23 35 47 59	11 23 35 47 59	11 23 35 47 59
14	11 23 35 47 59	11 23 35 47 59	11 23 35 47 59
15	11 23 35 47 59	11 23 35 47 59	11 23 35 47 59
16	11 23 35 47 59	11 23 35 47 59	11 23 35 47 59
17	11 23 35 47 59	11 23 35 47 59	11 23 35 47
18	11 23 35 47 59	11 23 35 45	1 16 31 46
19	11 23 33 44 55	1 16 30 44 57	1 16 30 44 57
20	6 17 28 40 52	10 24 39 53	11 28 47
21	4 14 26 38 50	8 25 44	7 25 44
22	2 14 27 38 53	2 22 38 53	2 22 38 53
23	8 20 30	8 20 30	8 20 30

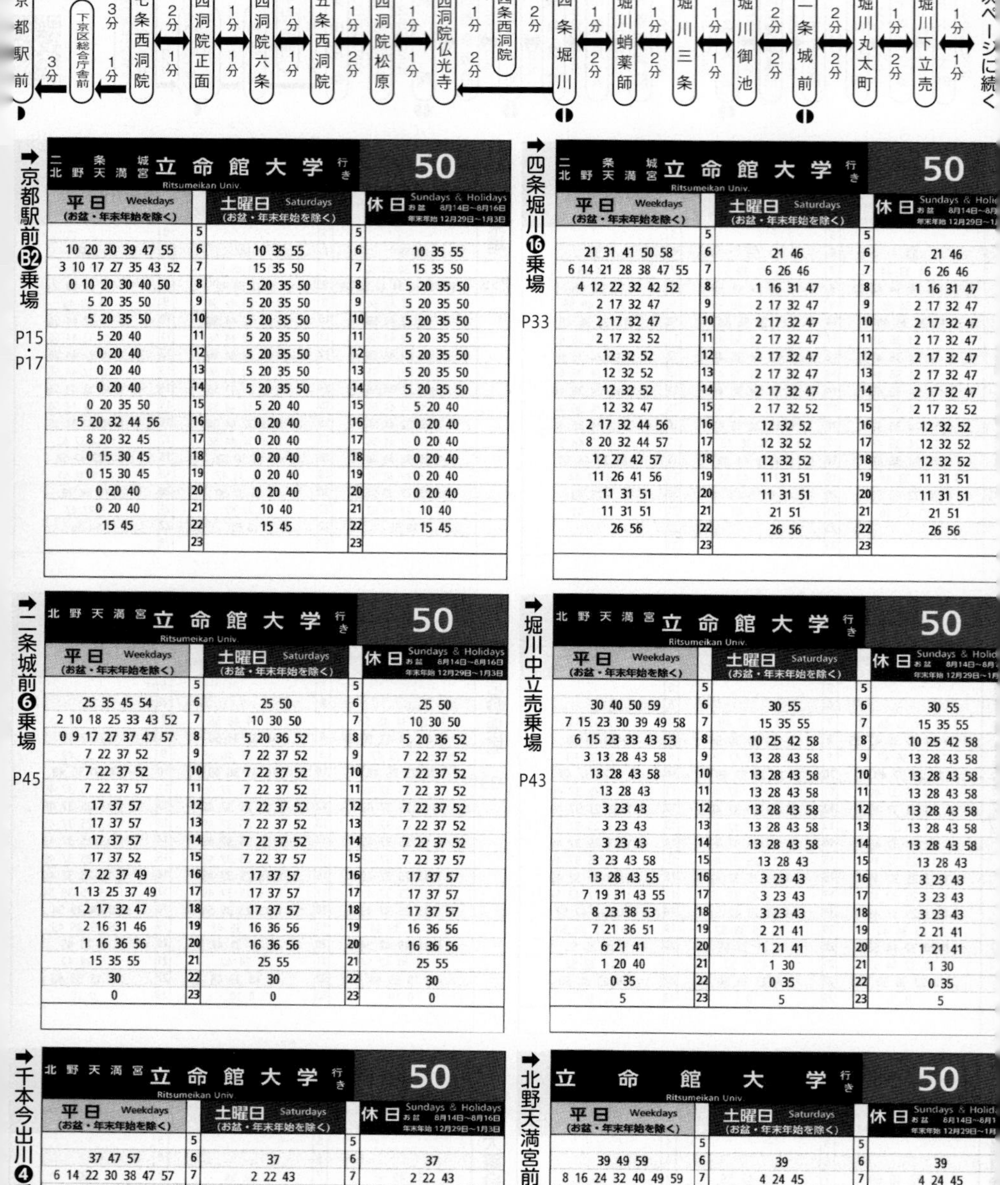

→京都駅前B2乗場

P15・P17

二条城 北野天満宮 立命館大学 Ritsumeikan Univ. 行き 50

時	平日 Weekdays (お盆・年末年始を除く)	土曜日 Saturdays (お盆・年末年始を除く)	休日 Sundays & Holidays お盆 8月14日～8月16日 年末年始 12月29日～1月3日
5			
6	10 20 30 39 47 55	10 35 55	10 35 55
7	3 10 17 27 35 43 52	15 35 50	15 35 50
8	0 10 20 30 40 50	5 20 35 50	5 20 35 50
9	5 20 35 50	5 20 35 50	5 20 35 50
10	5 20 35 50	5 20 35 50	5 20 35 50
11	5 20 40	5 20 35 50	5 20 35 50
12	0 20 40	5 20 35 50	5 20 35 50
13	0 20 40	5 20 35 50	5 20 35 50
14	0 20 40	5 20 35 50	5 20 35 50
15	0 20 35 50	5 20 40	5 20 40
16	5 20 32 44 56	0 20 40	0 20 40
17	8 20 32 45	0 20 40	0 20 40
18	0 15 30 45	0 20 40	0 20 40
19	0 15 30 45	0 20 40	0 20 40
20	0 20 40	0 20 40	0 20 40
21	0 20 40	10 40	10 40
22	15 45	15 45	15 45
23			

→四条堀川⑯乗場

P33

二条城 北野天満宮 立命館大学 Ritsumeikan Univ. 行き 50

時	平日 Weekdays (お盆・年末年始を除く)	土曜日 Saturdays (お盆・年末年始を除く)	休日 Sundays & Holidays お盆 8月14日～8月16日 年末年始 12月29日～1月3日
5			
6	21 31 41 50 58	21 46	21 46
7	6 14 21 28 38 47 55	6 26 46	6 26 46
8	4 12 22 32 42 52	1 16 31 47	1 16 31 47
9	2 17 32 47	2 17 32 47	2 17 32 47
10	2 17 32 47	2 17 32 47	2 17 32 47
11	2 17 32 52	2 17 32 47	2 17 32 47
12	12 32 52	2 17 32 47	2 17 32 47
13	12 32 52	2 17 32 47	2 17 32 47
14	12 32 52	2 17 32 47	2 17 32 47
15	12 32 47	2 17 32 52	2 17 32 52
16	2 17 32 44 56	12 32 52	12 32 52
17	8 20 32 44 57	12 32 52	12 32 52
18	12 27 42 57	12 32 52	12 32 52
19	11 26 41 56	11 31 51	11 31 51
20	11 31 51	11 31 51	11 31 51
21	11 31 51	21 51	21 51
22	26 56	26 56	26 56
23			

→二条城前❻乗場

P45

北野天満宮 立命館大学 Ritsumeikan Univ. 行き 50

時	平日 Weekdays (お盆・年末年始を除く)	土曜日 Saturdays (お盆・年末年始を除く)	休日 Sundays & Holidays お盆 8月14日～8月16日 年末年始 12月29日～1月3日
5			
6	25 35 45 54	25 50	25 50
7	2 10 18 25 33 43 52	10 30 50	10 30 50
8	0 9 17 27 37 47 57	5 20 36 52	5 20 36 52
9	7 22 37 52	7 22 37 52	7 22 37 52
10	7 22 37 52	7 22 37 52	7 22 37 52
11	7 22 37 57	7 22 37 52	7 22 37 52
12	17 37 57	7 22 37 52	7 22 37 52
13	17 37 57	7 22 37 52	7 22 37 52
14	17 37 57	7 22 37 52	7 22 37 52
15	17 37 52	7 22 37 57	7 22 37 57
16	7 22 37 49	17 37 57	17 37 57
17	1 13 25 37 49	17 37 57	17 37 57
18	2 17 32 47	17 37 57	17 37 57
19	2 16 31 46	16 36 56	16 36 56
20	1 16 36 56	16 36 56	16 36 56
21	15 35 55	25 55	25 55
22	30	30	30
23	0	0	0

→堀川中立売乗場

P43

北野天満宮 立命館大学 Ritsumeikan Univ. 行き 50

時	平日 Weekdays (お盆・年末年始を除く)	土曜日 Saturdays (お盆・年末年始を除く)	休日 Sundays & Holidays お盆 8月14日～8月16日 年末年始 12月29日～1月3日
5			
6	30 40 50 59	30 55	30 55
7	7 15 23 30 39 49 58	15 35 55	15 35 55
8	6 15 23 33 43 53	10 25 42 58	10 25 42 58
9	3 13 28 43 58	13 28 43 58	13 28 43 58
10	13 28 43 58	13 28 43 58	13 28 43 58
11	13 28 43	13 28 43 58	13 28 43 58
12	3 23 43	13 28 43 58	13 28 43 58
13	3 23 43	13 28 43 58	13 28 43 58
14	3 23 43	13 28 43 58	13 28 43 58
15	3 23 43 58	13 28 43	13 28 43
16	13 28 43 55	3 23 43	3 23 43
17	7 19 31 43 55	3 23 43	3 23 43
18	8 23 38 53	3 23 43	3 23 43
19	7 21 36 51	2 21 41	2 21 41
20	6 21 41	1 21 41	1 21 41
21	1 20 40	1 30	1 30
22	0 35	0 35	0 35
23	5	5	5

→千本今出川❹乗場

P77・P114

北野天満宮 立命館大学 Ritsumeikan Univ. 行き 50

時	平日 Weekdays (お盆・年末年始を除く)	土曜日 Saturdays (お盆・年末年始を除く)	休日 Sundays & Holidays お盆 8月14日～8月16日 年末年始 12月29日～1月3日
5			
6	37 47 57	37	37
7	6 14 22 30 38 47 57	2 22 43	2 22 43
8	6 14 23 31 41 51	3 18 33 50	3 18 33 50
9	1 11 21 36 51	6 21 36 51	6 21 36 51
10	6 21 36 51	6 21 36 51	6 21 36 51
11	6 21 36 51	6 21 36 51	6 21 36 51
12	11 31 51	6 21 36 51	6 21 36 51
13	11 31 51	6 21 36 51	6 21 36 51
14	11 31 51	6 21 36 51	6 21 36 51
15	11 31 51	6 21 36 51	6 21 36 51
16	6 21 36 51	11 31 51	11 31 51
17	3 15 27 39 51	11 31 51	11 31 51
18	3 16 31 46	11 31 51	11 31 51
19	1 14 28 43 58	9 28 48	9 28 48
20	13 28 48	8 28 48	8 28 48
21	8 27 47	8 37	8 37
22	7 42	7 42	7 42
23	12	12	12

→北野天満宮前❷乗場

P77

立命館大学 Ritsumeikan Univ. 行き 50

時	平日 Weekdays (お盆・年末年始を除く)	土曜日 Saturdays (お盆・年末年始を除く)	休日 Sundays & Holidays お盆 8月14日～8月16日 年末年始 12月29日～1月3日
5			
6	39 49 59	39	39
7	8 16 24 32 40 49 59	4 24 45	4 24 45
8	8 16 25 33 43 53	5 20 35 52	5 20 35 52
9	3 13 23 38 53	8 23 38 53	8 23 38 53
10	8 23 38 53	8 23 38 53	8 23 38 53
11	8 23 38 53	8 23 38 53	8 23 38 53
12	13 33 53	8 23 38 53	8 23 38 53
13	13 33 53	8 23 38 53	8 23 38 53
14	13 33 53	8 23 38 53	8 23 38 53
15	13 33 53	8 23 38 53	8 23 38 53
16	8 23 38 53	13 33 53	13 33 53
17	5 17 29 41 53	13 33 53	13 33 53
18	5 18 33 48	13 33 53	13 33 53
19	3 16 30 45	11 30 50	11 30 50
20	0 15 30 50	10 30 50	10 30 50
21	10 29 49	10 39	10 39
22	9 44	9 44	9 44
23	14	14	14

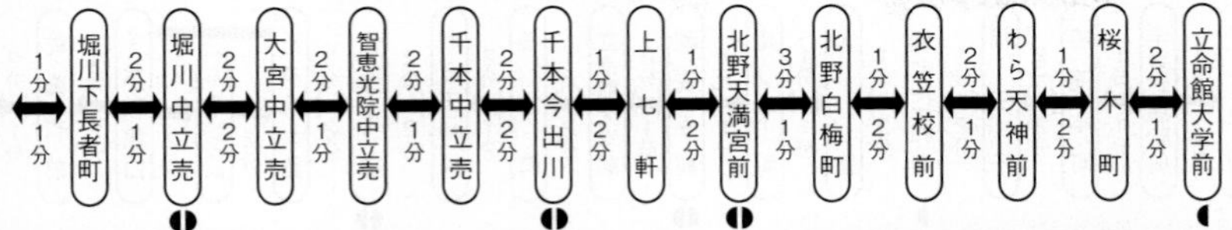

←北野天満宮前❶乗場

P77

50 二条城 西洞院通 京都駅 Kyoto Sta. 行き

時	平日 Weekdays（お盆・年末年始を除く）	土曜日 Saturdays（お盆・年末年始を除く）	休日 Sundays & Holidays お盆 8月14日~8月16日 年末年始 12月29日~1月3日
5			
6	16 32 49 59	16 49	16 49
7	9 18 26 36 46 54	14 34 55	14 34 55
8	3 13 22 32 42 52	15 30 49	15 30 49
9	2 12 22 32 42 52	6 22 37 52	6 22 37 52
10	7 22 37 52	7 22 37 52	7 22 37 52
11	7 22 37 52	7 22 37 52	7 22 37 52
12	7 27 47	7 22 37 52	7 22 37 52
13	7 27 47	7 22 37 52	7 22 37 52
14	7 27 47	7 22 37 52	7 22 37 52
15	7 27 47	7 22 37 52	7 22 37 52
16	7 22 37 52	7 27 47	7 27 47
17	7 19 31 43 55	7 27 47	7 27 47
18	7 19 32 47	7 27 47	7 27 47
19	2 15 28 42 57	7 23 42	7 23 42
20	12 27 42	2 22 42	2 22 42
21	2 22 41	2 22 51	2 22 51
22	1 21	21	21
23			

50 二条城 西洞院通 京都駅 Kyoto Sta. 行き

時	平日 Weekdays（お盆・年末年始を除く）	土曜日 Saturdays（お盆・年末年始を除く）	休日 Sundays & Holidays お盆 8月14日~8月16日 年末年始 12月29日~1月3日
5			
6	22 38 55	22 55	22 55
7	5 15 24 32 43 53	20 40	20 40
8	1 10 20 29 39 49 59	1 21 37 56	1 21 37 56
9	9 19 29 39 49 59	13 29 44 59	13 29 44 59
10	14 29 44 59	14 29 44 59	14 29 44 59
11	14 29 44 59	14 29 44 59	14 29 44 59
12	14 34 54	14 29 44 59	14 29 44 59
13	14 34 54	14 29 44 59	14 29 44 59
14	14 34 54	14 29 44 59	14 29 44 59
15	14 34 54	14 29 44 59	14 29 44 59
16	14 29 44 59	14 34 54	14 34 54
17	14 26 38 50	14 34 54	14 34 54
18	2 14 26 39 54	14 34 54	14 34 54
19	8 21 34 48	13 29 48	13 29 48
20	3 18 33 48	8 28 48	8 28 48
21	8 28 47	8 28 57	8 28 57
22	7 27	27	27
23			

←堀川中立売乗場（南行）

P43

50 二条城 西洞院通 京都駅 Kyoto Sta. 行き

時	平日 Weekdays（お盆・年末年始を除く）	土曜日 Saturdays（お盆・年末年始を除く）	休日 Sundays & Holidays お盆 8月14日~8月16日 年末年始 12月29日~1月3日
5			
6	25 41 58	25 58	25 58
7	8 18 27 36 47 57	23 43	23 43
8	5 14 24 33 43 53	4 24 41	4 24 41
9	3 13 23 33 43 53	0 17 33 48	0 17 33 48
10	3 18 33 48	3 18 33 48	3 18 33 48
11	3 18 33 48	3 18 33 48	3 18 33 48
12	3 18 38 58	3 18 33 48	3 18 33 48
13	18 38 58	3 18 33 48	3 18 33 48
14	18 38 58	3 18 33 48	3 18 33 48
15	18 38 58	3 18 33 48	3 18 33 48
16	18 33 48	3 18 38 58	3 18 38 58
17	3 18 30 42 54	18 38 58	18 38 58
18	6 18 30 43 58	18 38 58	18 38 58
19	12 25 38 52	17 33 52	17 33 52
20	7 22 37 52	12 32 52	12 32 52
21	11 31 50	11 31	11 31
22	10 30	0 30	0 30
23			

50 二条城 西洞院通 京都駅 Kyoto Sta. 行き

時	平日 Weekdays（お盆・年末年始を除く）	土曜日 Saturdays（お盆・年末年始を除く）	休日 Sundays & Holidays お盆 8月14日~8月16日 年末年始 12月29日~1月3日
5			
6	30 46	30	30
7	3 13 23 32 42 53	3 28 48	3 28 48
8	3 11 20 30 39 49 59	9 29 47	9 29 47
9	9 19 29 39 49 59	6 23 39 54	6 23 39 54
10	9 24 39 54	9 24 39 54	9 24 39 54
11	9 24 39 54	9 24 39 54	9 24 39 54
12	9 24 44	9 24 39 54	9 24 39 54
13	4 24 44	9 24 39 54	9 24 39 54
14	4 24 44	9 24 39 54	9 24 39 54
15	4 24 44	9 24 39 54	9 24 39 54
16	4 24 39 54	9 24 44	9 24 44
17	9 24 36 48	4 24 44	4 24 44
18	0 12 24 36 49	4 24 44	4 24 44
19	4 17 30 43 57	4 22 38 57	4 22 38 57
20	12 27 42 57	17 37 57	17 37 57
21	16 36 55	16 36	16 36
22	15 35	5 35	5 35
23			

←四条堀川⑫乗場

P33

50 西洞院通 京都駅 Kyoto Sta. 行き

時	平日 Weekdays（お盆・年末年始を除く）	土曜日 Saturdays（お盆・年末年始を除く）	休日 Sundays & Holidays お盆 8月14日~8月16日 年末年始 12月29日~1月3日
5			
6	34 50	34	34
7	7 17 27 38 48 59	7 32 52	7 32 52
8	9 17 26 36 45 55	13 35 53	13 35 53
9	5 15 25 35 45 55	12 29 45	12 29 45
10	5 15 30 45	0 15 30 45	0 15 30 45
11	0 15 30 45	0 15 30 45	0 15 30 45
12	0 15 30 50	0 15 30 45	0 15 30 45
13	10 30 50	0 15 30 45	0 15 30 45
14	10 30 50	0 15 30 45	0 15 30 45
15	10 30 50	0 15 30 45	0 15 30 45
16	10 30 45	0 15 30 50	0 15 30 50
17	0 15 30 42 54	10 30 50	10 30 50
18	6 18 30 42 55	10 30 50	10 30 50
19	9 22 35 48	9 27 43	9 27 43
20	2 17 32 47	2 22 42	2 22 42
21	1 20 40 59	1 20 40	1 20 40
22	19 39	9 39	9 39
23			

50 西洞院通 京都駅 Kyoto Sta. 行き

時	平日 Weekdays（お盆・年末年始を除く）	土曜日 Saturdays（お盆・年末年始を除く）	休日 Sundays & Holidays お盆 8月14日~8月16日 年末年始 12月29日~1月3日
5			
6	40 56	40	40
7	13 23 33 45 55	13 38 58	13 38 58
8	6 16 24 33 43 52	19 42	19 42
9	2 12 22 32 42 52	0 19 36 52	0 19 36 52
10	2 12 22 37 52	7 22 37 52	7 22 37 52
11	7 22 37 52	7 22 37 52	7 22 37 52
12	7 22 37 57	7 22 37 52	7 22 37 52
13	17 37 57	7 22 37 52	7 22 37 52
14	17 37 57	7 22 37 52	7 22 37 52
15	17 37 57	7 22 37 52	7 22 37 52
16	17 37 52	7 22 37 57	7 22 37 57
17	7 22 37 49	17 37 57	17 37 57
18	1 13 25 37 49	17 37 57	17 37 57
19	2 15 28 41 54	15 33 49	15 33 49
20	8 23 38 53	8 28 48	8 28 48
21	7 26 46	7 26 46	7 26 46
22	5 25 45	15 45	15 45
23			

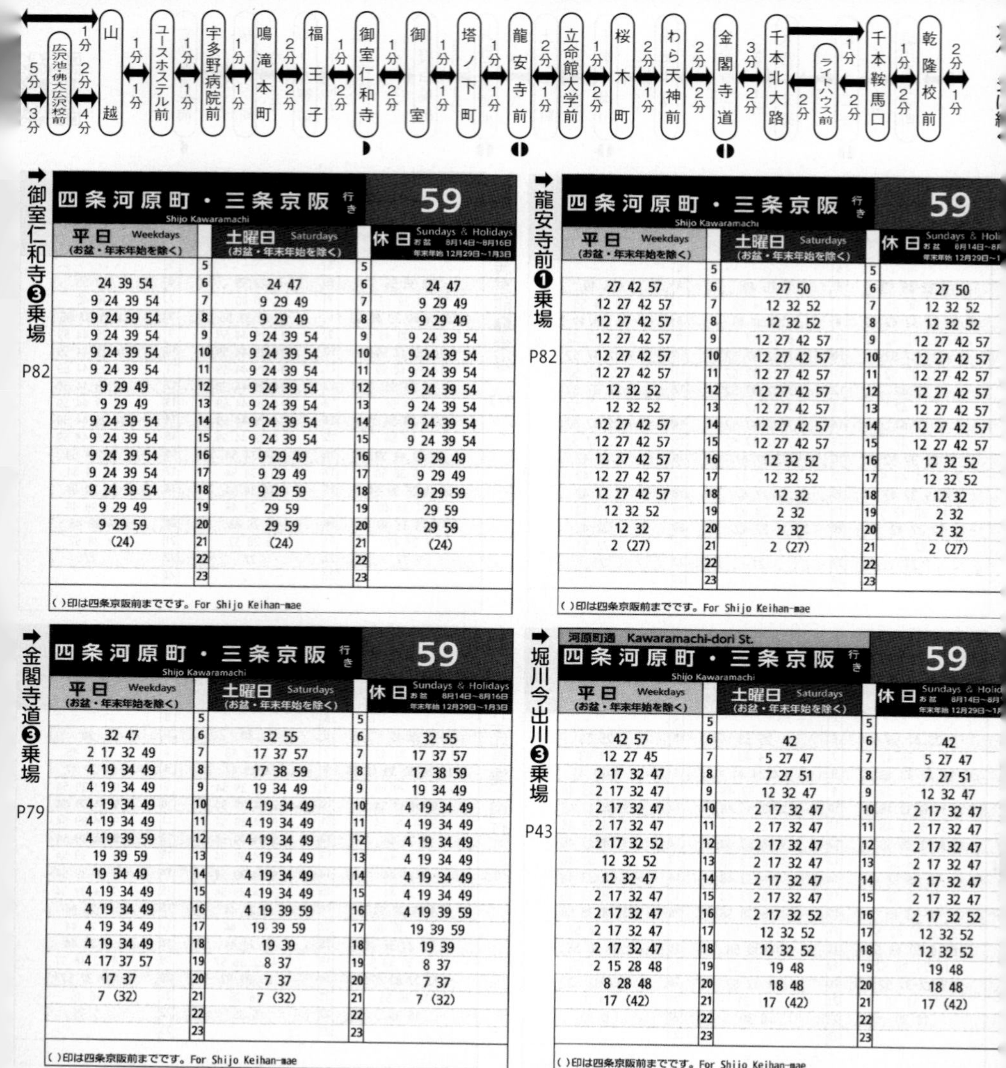

→御室仁和寺❸乗場 P82

四条河原町・三条京阪 行き 59 Shijo Kawaramachi

平日 Weekdays (お盆・年末年始を除く)		土曜日 Saturdays (お盆・年末年始を除く)		休日 Sundays & Holidays お盆 8月14日~8月16日 年末年始 12月29日~1月3日
	5		5	
24 39 54	6	24 47	6	24 47
9 24 39 54	7	9 29 49	7	9 29 49
9 24 39 54	8	9 29 49	8	9 29 49
9 24 39 54	9	9 24 39 54	9	9 24 39 54
9 24 39 54	10	9 24 39 54	10	9 24 39 54
9 24 39 54	11	9 24 39 54	11	9 24 39 54
9 29 49	12	9 24 39 54	12	9 24 39 54
9 29 49	13	9 24 39 54	13	9 24 39 54
9 24 39 54	14	9 24 39 54	14	9 24 39 54
9 24 39 54	15	9 24 39 54	15	9 24 39 54
9 24 39 54	16	9 29 49	16	9 29 49
9 24 39 54	17	9 29 49	17	9 29 49
9 24 39 54	18	9 29 59	18	9 29 59
9 29 49	19	29 59	19	29 59
9 29 59	20	29 59	20	29 59
(24)	21	(24)	21	(24)
	22		22	
	23		23	

( )印は四条京阪前までです。For Shijo Keihan-mae

→龍安寺前❶乗場 P82

四条河原町・三条京阪 行き 59 Shijo Kawaramachi

平日 Weekdays (お盆・年末年始を除く)		土曜日 Saturdays (お盆・年末年始を除く)		休日 Sundays & Holi お盆 8月14日~8月 年末年始 12月29日~1
	5		5	
27 42 57	6	27 50	6	27 50
12 27 42 57	7	12 32 52	7	12 32 52
12 27 42 57	8	12 32 52	8	12 32 52
12 27 42 57	9	12 27 42 57	9	12 27 42 57
12 27 42 57	10	12 27 42 57	10	12 27 42 57
12 27 42 57	11	12 27 42 57	11	12 27 42 57
12 32 52	12	12 27 42 57	12	12 27 42 57
12 32 52	13	12 27 42 57	13	12 27 42 57
12 27 42 57	14	12 27 42 57	14	12 27 42 57
12 27 42 57	15	12 27 42 57	15	12 27 42 57
12 27 42 57	16	12 32 52	16	12 32 52
12 27 42 57	17	12 32 52	17	12 32 52
12 27 42 57	18	12 32	18	12 32
12 32 52	19	2 32	19	2 32
12 32	20	2 32	20	2 32
2 (27)	21	2 (27)	21	2 (27)
	22		22	
	23		23	

( )印は四条京阪前までです。For Shijo Keihan-mae

→金閣寺道❸乗場 P79

四条河原町・三条京阪 行き 59 Shijo Kawaramachi

平日 Weekdays (お盆・年末年始を除く)		土曜日 Saturdays (お盆・年末年始を除く)		休日 Sundays & Holidays お盆 8月14日~8月16日 年末年始 12月29日~1月3日
	5		5	
32 47	6	32 55	6	32 55
2 17 32 49	7	17 37 57	7	17 37 57
4 19 34 49	8	17 38 59	8	17 38 59
4 19 34 49	9	19 34 49	9	19 34 49
4 19 34 49	10	4 19 34 49	10	4 19 34 49
4 19 34 49	11	4 19 34 49	11	4 19 34 49
4 19 39 59	12	4 19 34 49	12	4 19 34 49
19 39 59	13	4 19 34 49	13	4 19 34 49
19 34 49	14	4 19 34 49	14	4 19 34 49
4 19 34 49	15	4 19 34 49	15	4 19 34 49
4 19 34 49	16	4 19 39 59	16	4 19 39 59
4 19 34 49	17	19 39 59	17	19 39 59
4 19 34 49	18	19 39	18	19 39
4 17 37 57	19	8 37	19	8 37
17 37	20	7 37	20	7 37
7 (32)	21	7 (32)	21	7 (32)
	22		22	
	23		23	

( )印は四条京阪前までです。For Shijo Keihan-mae

→堀川今出川❸乗場 P43

河原町通 Kawaramachi-dori St.

四条河原町・三条京阪 行き 59 Shijo Kawaramachi

平日 Weekdays (お盆・年末年始を除く)		土曜日 Saturdays (お盆・年末年始を除く)		休日 Sundays & Holid お盆 8月14日~8月 年末年始 12月29日~1
	5		5	
42 57	6	42	6	42
12 27 45	7	5 27 47	7	5 27 47
2 17 32 47	8	7 27 51	8	7 27 51
2 17 32 47	9	12 32 47	9	12 32 47
2 17 32 47	10	2 17 32 47	10	2 17 32 47
2 17 32 47	11	2 17 32 47	11	2 17 32 47
2 17 32 52	12	2 17 32 47	12	2 17 32 47
12 32 52	13	2 17 32 47	13	2 17 32 47
12 32 47	14	2 17 32 47	14	2 17 32 47
2 17 32 47	15	2 17 32 47	15	2 17 32 47
2 17 32 47	16	2 17 32 52	16	2 17 32 52
2 17 32 47	17	12 32 52	17	12 32 52
2 17 32 47	18	12 32 52	18	12 32 52
2 15 28 48	19	19 48	19	19 48
8 28 48	20	18 48	20	18 48
17 (42)	21	17 (42)	21	17 (42)
	22		22	
	23		23	

( )印は四条京阪前までです。For Shijo Keihan-mae

→烏丸今出川(地下鉄今出川駅)❷乗場 P38

河原町通 Kawaramachi-dori St.

四条河原町・三条京阪 行き 59 Shijo Kawaramachi

平日 Weekdays (お盆・年末年始を除く)		土曜日 Saturdays (お盆・年末年始を除く)		休日 Sundays & Holidays お盆 8月14日~8月16日 年末年始 12月29日~1月3日
	5		5	
45	6	45	6	45
0 15 30 49	7	8 30 50	7	8 30 50
6 21 36 51	8	10 30 55	8	10 30 55
6 21 36 51	9	16 36 51	9	16 36 51
6 21 36 51	10	6 21 36 51	10	6 21 36 51
6 21 36 51	11	6 21 36 51	11	6 21 36 51
6 21 36 56	12	6 21 36 51	12	6 21 36 51
16 36 56	13	6 21 36 51	13	6 21 36 51
16 36 51	14	6 21 36 51	14	6 21 36 51
6 21 36 51	15	6 21 36 51	15	6 21 36 51
6 21 36 51	16	6 21 36 56	16	6 21 36 56
6 21 36 51	17	16 36 56	17	16 36 56
6 21 36 51	18	16 36 56	18	16 36 56
6 19 32 52	19	23 52	19	23 52
12 32 52	20	22 52	20	22 52
20 (45)	21	20 (45)	21	20 (45)
	22		22	
	23		23	

( )印は四条京阪前までです。For Shijo Keihan-mae

↩四条河原町❶A乗場 P27

河原町通 Kawaramachi-dori St.

金閣寺・竜安寺・山越 行き 59 Ryoanji Temple Via Kinkakuji Temple

平日 Weekdays (お盆・年末年始を除く)		土曜日 Saturdays (お盆・年末年始を除く)		休日 Sundays & Holid お盆 8月14日~8月 年末年始 12月29日~1月
	5		5	
37 58	6	37 58	6	37 58
13 28 46	7	21 43	7	21 43
(5) 22 37 52	8	(3) 23 45	8	(3) 23 45
(7) 22 37 52	9	(11) 32 52	9	(11) 32 52
(7) 22 37 52	10	(7) 22 37 52	10	(7) 22 37 52
(7) 22 37 52	11	(7) 22 37 52	11	(7) 22 37 52
(7) 22 37 52	12	(7) 22 37 52	12	(7) 22 37 52
(12) 32 52	13	(7) 22 37 52	13	(7) 22 37 52
(12) 32 52	14	(7) 22 37 52	14	(7) 22 37 52
(7) 22 37 52	15	(7) 22 37 52	15	(7) 22 37 52
7 22 37 52	16	7 22 37 52	16	7 22 37 52
7 22 37 52	17	12 32 52	17	12 32 52
7 22 37 52	18	12 32 52	18	12 32 52
7 20 33 46	19	11 37	19	11 37
6 26 46	20	6 36	20	6 36
6 34 (59)	21	6 34 (59)	21	6 34 (59)
	22		22	
	23		23	

*印は四条京阪前までです。For Shijo Keihan-mae
( )印は広沢池・佛大広沢校前経由山越中町行きです。

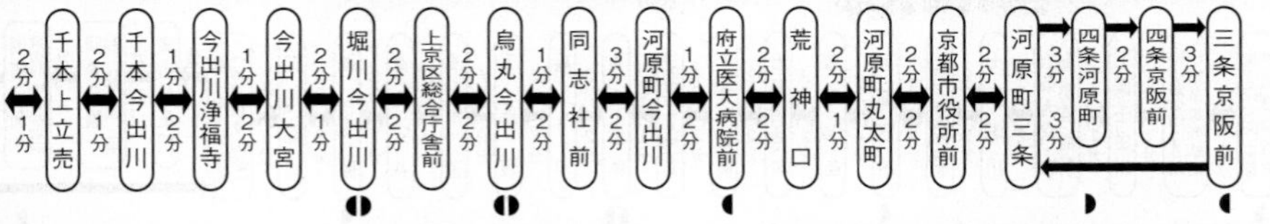

←府立医大病院前⑫乗場

P38

河原町通 Kawaramachi-dori St.

金閣寺・竜安寺・山越 行き 59

Ryoanji Temple Via Kinkakuji Temple

時	平日 Weekdays（お盆・年末年始を除く）	土曜日 Saturdays（お盆・年末年始を除く）	休日 Sundays & Holidays お盆 8月14日～8月16日 年末年始 12月29日～1月3日
5			
6	44	44	44
7	5 20 36 54	5 28 50	5 28 50
8	(13) 30 45	(10) 30 53	(10) 30 53
9	0 (15) 30 45	(19) 40	(19) 40
10	0 (15) 30 45	0 (15) 30 45	0 (15) 30 45
11	0 (15) 30 45	0 (15) 30 45	0 (15) 30 45
12	0 (15) 30 45	0 (15) 30 45	0 (15) 30 45
13	0 (20) 40	0 (15) 30 45	0 (15) 30 45
14	0 (20) 40	0 (15) 30 45	0 (15) 30 45
15	0 (15) 30 45	0 (15) 30 45	0 (15) 30 45
16	0 15 30 45	0 15 30 45	0 15 30 45
17	0 15 30 45	0 20 40	0 20 40
18	0 15 30 45	0 20 40	0 20 40
19	0 14 27 40 53	0 18 44	0 18 44
20	13 33 53	13 43	13 43
21	13 41	13 41	13 41
22			
23			

( )印は広沢池・佛大広沢校前経由山越中町行きです。

河原町通 Kawaramachi-dori St.

金閣寺・竜安寺・山越 行き 59

Ryoanji Temple Via Kinkakuji Temple

時	平日 Weekdays（お盆・年末年始を除く）	土曜日 Saturdays（お盆・年末年始を除く）	休日 Sundays & Holidays お盆 8月14日～8月16日 年末年始 12月29日～1月3日
5			
6	54	54	54
7	15 30 48	15 38	15 38
8	6 (25) 42 57	0 (20) 42	0 (20) 42
9	12 (27) 42 57	5 (31) 52	5 (31) 52
10	12 (27) 42 57	12 (27) 42 57	12 (27) 42 57
11	12 (27) 42 57	12 (27) 42 57	12 (27) 42 57
12	12 (27) 42 57	12 (27) 42 57	12 (27) 42 57
13	12 (32) 52	12 (27) 42 57	12 (27) 42 57
14	12 (32) 52	12 (27) 42 57	12 (27) 42 57
15	12 (27) 42 57	12 (27) 42 57	12 (27) 42 57
16	12 27 42 57	12 27 42 57	12 27 42 57
17	12 27 42 57	12 32 52	12 32 52
18	12 27 42 57	12 32 52	12 32 52
19	11 25 38 51	11 29 55	11 29 55
20	4 24 44	24 54	24 54
21	4 23 51	23 51	23 51
22			
23			

( )印は広沢池・佛大広沢校前経由山越中町行きです。

←堀川今出川❹乗場

P43

金閣寺・竜安寺・山越 行き 59

Ryoanji Temple Via Kinkakuji Temple

時	平日 Weekdays（お盆・年末年始を除く）	土曜日 Saturdays（お盆・年末年始を除く）	休日 Sundays & Holidays お盆 8月14日～8月16日 年末年始 12月29日～1月3日
5			
6	59	59	59
7	20 36 54	20 43	20 43
8	12 (31) 48	5 (25) 48	5 (25) 48
9	3 18 (33) 48	11 (37) 58	11 (37) 58
10	3 18 (33) 48	18 (33) 48	18 (33) 48
11	3 18 (33) 48	3 18 (33) 48	3 18 (33) 48
12	3 18 (33) 48	3 18 (33) 48	3 18 (33) 48
13	3 18 (38) 58	3 18 (33) 48	3 18 (33) 48
14	18 (38) 58	3 18 (33) 48	3 18 (33) 48
15	18 (33) 48	3 18 (33) 48	3 18 (33) 48
16	3 18 33 48	3 18 33 48	3 18 33 48
17	3 18 33 48	3 18 38 58	3 18 38 58
18	3 18 33 48	18 38 58	18 38 58
19	3 16 30 43 56	16 34	16 34
20	9 29 49	0 29 59	0 29 59
21	9 28 56	28 56	28 56
22			
23			

( )印は広沢池・佛大広沢校前経由山越中町行きです。

金閣寺・竜安寺・山越 行き 59

Ryoanji Temple Via Kinkakuji Temple

時	平日 Weekdays（お盆・年末年始を除く）	土曜日 Saturdays（お盆・年末年始を除く）	休日 Sundays & Holidays お盆 8月14日～8月16日 年末年始 12月29日～1月3日
5			
6			
7	2 23 40 58	2 23 46	2 23 46
8	16 (35) 52	8 (28) 52	8 (28) 52
9	7 22 (37) 52	15 (41)	15 (41)
10	7 22 (37) 52	2 22 (37) 52	2 22 (37) 52
11	7 22 (37) 52	7 22 (37) 52	7 22 (37) 52
12	7 22 (37) 52	7 22 (37) 52	7 22 (37) 52
13	7 22 (42)	7 22 (37) 52	7 22 (37) 52
14	2 22 (42)	7 22 (37) 52	7 22 (37) 52
15	2 22 (37) 52	7 22 (37) 52	7 22 (37) 52
16	7 22 37 52	7 22 37 52	7 22 37 52
17	7 22 37 52	7 22 42	7 22 42
18	7 22 37 52	2 22 42	2 22 42
19	7 20 34 47	2 20 38	2 20 38
20	0 13 33 53	4 33	4 33
21	12 31 59	3 31 59	3 31 59
22			
23			

( )印は広沢池・佛大広沢校前経由山越中町行きです。

←龍安寺前❷乗場

P82

竜安寺・山越 行き 59

Ryoanji Temple

時	平日 Weekdays（お盆・年末年始を除く）	土曜日 Saturdays（お盆・年末年始を除く）	休日 Sundays & Holidays お盆 8月14日～8月16日 年末年始 12月29日～1月3日
5			
6			
7	15 36 55	15 36 59	15 36 59
8	13 31 (50)	21 (42)	21 (42)
9	7 22 37 (52)	7 30 (56)	7 30 (56)
10	7 22 37 (52)	17 37 (52)	17 37 (52)
11	7 22 37 (52)	7 22 37 (52)	7 22 37 (52)
12	7 22 37 (52)	7 22 37 (52)	7 22 37 (52)
13	7 22 37 (57)	7 22 37 (52)	7 22 37 (52)
14	17 37 (57)	7 22 37 (52)	7 22 37 (52)
15	17 37 (52)	7 22 37 (52)	7 22 37 (52)
16	7 22 37 52	7 22 37 52	7 22 37 52
17	7 22 37 52	7 22 37 57	7 22 37 57
18	7 22 37 52	17 37 57	17 37 57
19	7 21 34 48	16 34 52	16 34 52
20	1 14 27 47	18 47	18 47
21	7 25 44	16 44	16 44
22	12	12	12
23			

( )印は広沢池・佛大広沢校前経由山越中町行きです。

宇多野・山越 行き 59

Utano

時	平日 Weekdays（お盆・年末年始を除く）	土曜日 Saturdays（お盆・年末年始を除く）	休日 Sundays & Holidays お盆 8月14日～8月16日 年末年始 12月29日～1月3日
5			
6			
7	20 42	20 41	20 41
8	1 19 37 (56)	4 26 (48)	4 26 (48)
9	13 28 43 (58)	13 36	13 36
10	13 28 43 (58)	(2) 23 43 (58)	(2) 23 43 (58)
11	13 28 43 (58)	13 28 43 (58)	13 28 43 (58)
12	13 28 43 (58)	13 28 43 (58)	13 28 43 (58)
13	13 28 43	13 28 43 (58)	13 28 43 (58)
14	(3) 23 43	13 28 43 (58)	13 28 43 (58)
15	(3) 23 43 (58)	13 28 43 (58)	13 28 43 (58)
16	13 28 43 58	13 28 43 58	13 28 43 58
17	13 28 43 58	13 28 43	13 28 43
18	13 28 43 58	3 23 43	3 23 43
19	12 26 39 53	3 21 39 57	3 21 39 57
20	6 19 32 52	23 52	23 52
21	12 30 49	21 49	21 49
22	17	17	17
23			

( )印は広沢池・佛大広沢校前経由山越中町行きです。

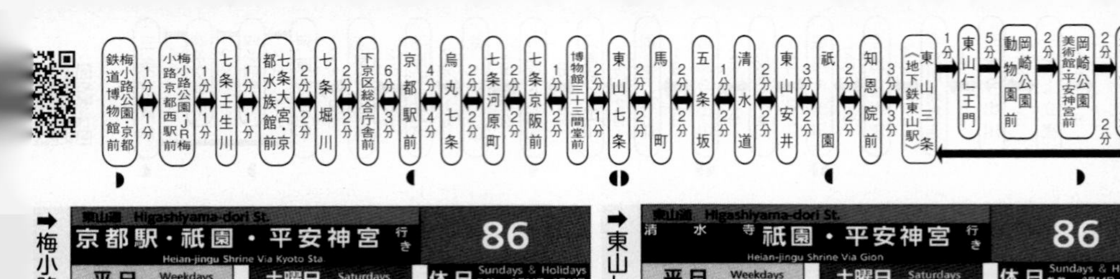

➡梅小路公園・京都鉄道博物館前⑨乗場 P21

京都駅・祇園・平安神宮 行き 86
Heian-jingu Shrine Via Kyoto Sta.

時	平日 Weekdays (お盆・年末年始を除く)	土曜日 Saturdays (お盆・年末年始を除く)	休日 Sundays & Holidays お盆 8月14日～8月16日 年末年始 12月29日～1月3日
5			
6			
7			
8			
9			
10		6	6
11		6	6
12	6	6	6
13		6	6
14	6	6	6
15		6	6
16	6	6	6
17		6	6
18			
19			
20			
21			
22			
23			

➡東山七条⑤乗場 P49

東山通 Higashiyama-dori St.

清水寺 祇園・平安神宮 行き 86
Heian-jingu Shrine Via Gion

時	平日 Weekdays (お盆・年末年始を除く)	土曜日 Saturdays (お盆・年末年始を除く)	休日 Sundays & Holidays お盆 8月14日～8月16日 年末年始 12月29日～1月3日
5			
6			
7			
8	30	30	30
9	*30	*0 30	*0 30
10	30	*0 30	*0 30
11	*30	*0 30	*0 30
12	30	*0 30	*0 30
13	*30	*0 30	*0 30
14	30	*0 30	*0 30
15	*30	*0 30	*0 30
16	30	*0 30	*0 30
17	*30	*0 30	*0 30
18		*0	*0
19	(52)	(52)	(52)
20	(2) (12) (22) (32) (42) (52)	(2) (12) (22) (32) (42) (52)	(2) (12) (22) (32) (42)
21	(2) (12) (22)	(2) (12) (22)	(2) (12) (22)
22			
23			

*印は京都バスが運行します。(市バスと乗車券制度が一部異なりますのでご注意ください)
( )印は祇園から、ぎおん・よるバスに変わります。祇園から四条烏丸を経由して京都駅へまいります

➡岡崎公園 美術館・平安神宮前①乗場 P59

清水寺・京都駅・鉄道博物館 行き 86
Kyoto Sta. Via Kiyomizu-dera Temple

時	平日 Weekdays (お盆・年末年始を除く)	土曜日 Saturdays (お盆・年末年始を除く)	休日 Sundays & Holidays お盆 8月14日～8月16日 年末年始 12月29日～1月3日
5			
6			
7			
8	51	51	51
9	(*51)	(*21) 51	(*21) 51
10	51	(*21) 51	(*21) 51
11	(*51)	(*21) 51	(*21) 51
12	51	(*21) 51	(*21) 51
13	(*51)	(*21) 51	(*21) 51
14	(51)	(*21) 51	(*21) 51
15	(*51)	(*21) 51	(*21) 51
16	(51)	(*21) (51)	(*21) (51)
17	(*51)	(*21) (51)	(*21) (51)
18		(*21)	(*21)
19			
20			
21			
22			
23			

( )印は京都駅前までです。For Kyoto Sta.
*印は京都バスが運行します。(市バスと乗車券制度が一部異なりますのでご注意ください)

⬅祇園①乗場 P55

東山通 Higashiyama-dori St.

清水寺・京都駅・鉄道博物館 行き 86
Kyoto Sta. Via Kiyomizu-dera Temple

時	平日 Weekdays (お盆・年末年始を除く)	土曜日 Saturdays (お盆・年末年始を除く)	休日 Sundays & Holidays お盆 8月14日～8月16日 年末年始 12月29日～1月3日
5			
6			
7			
8	59	59	59
9	(*59)	(*29) 59	(*29) 59
10	59	(*29) 59	(*29) 59
11	(*59)	(*29) 59	(*29) 59
12	59	(*29) 59	(*29) 59
13	(*59)	(*29) 59	(*29) 59
14	(59)	(*29) 59	(*29) 59
15	(*59)	(*29) 59	(*29) 59
16	(59)	(*29) (59)	(*29) (59)
17	(*59)	(*29) (59)	(*29) (59)
18		(*29)	(*29)
19			
20			
21			
22			
23			

*印は京都バスが運行します。(市バスと乗車券制度が一部異なりますのでご注意ください)
( )印は京都駅前までです。For Kyoto Sta.

⬅東山七条④乗場 P49

京都駅・水族館・鉄道博物館 行き 86
Aquarium / Railway Museum Via Kyoto Sta.

時	平日 Weekdays (お盆・年末年始を除く)	土曜日 Saturdays (お盆・年末年始を除く)	休日 Sundays & Holidays お盆 8月14日～8月16日 年末年始 12月29日～1月3日
5			
6			
7			
8			
9	9	9 (*39)	9 (*39)
10	(*9)	9 (*39)	9 (*39)
11	9	9 (*39)	9 (*39)
12	(*9)	9 (*39)	9 (*39)
13	9	9 (*39)	9 (*39)
14	(*9)	9 (*39)	9 (*39)
15	(9)	9 (*39)	9 (*39)
16	(*9)	9 (*39)	9 (*39)
17	(9)	(9) (*39)	(9) (*39)
18	(*9)	(9) (*39)	(9) (*39)
19			
20			
21			
22			
23			

*印は京都バスが運行します。(市バスと乗車券制度が一部異なりますのでご注意ください)
( )印は京都駅前までです。For Kyoto Sta.

⬅京都駅前B3乗場 P15・P17

水族館・鉄道博物館 行き 58 86
Aquarium / Railway Museum

時	平日 Weekdays (お盆・年末年始を除く)	土曜日 Saturdays (お盆・年末年始を除く)	休日 Sundays & Holidays お盆 8月14日～8月16日 年末年始 12月29日～1月3日
5			
6			
7			
8			
9	23	23	23
10		23	23
11	23	3 23 33	3 23 33
12		3 23 33	3 23 33
13	23	3 23 33	3 23 33
14		3 23 33	3 23 33
15		3 23 33	3 23 33
16		3 23 33	3 23 33
17			
18			
19			
20			
21			
22			
23			

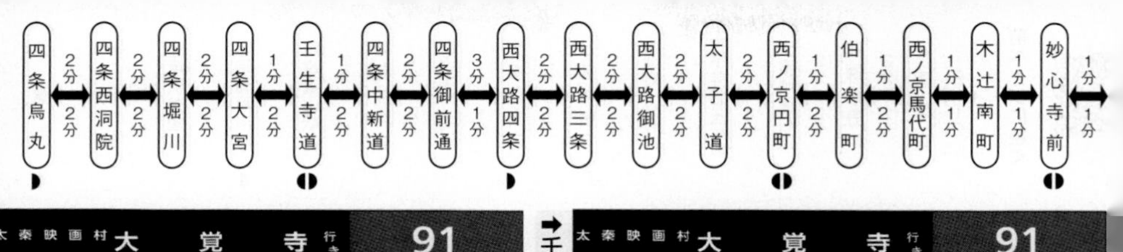

太秦映画村 大覚寺 行き Daikakuji Temple 91

時	平日 Weekdays (お盆・年末年始を除く)	土曜日 Saturdays (お盆・年末年始を除く)	休日 Sundays & Holidays お盆 8月14日～8月16日 年末年始 12月29日～1月3日
5			
6	20 44	20	20
7	6 24 36 48	0 40	0 40
8	0 14 30 48	10 40	10 40
9	8 28 48	10 40	10 40
10	8 28 48	8 28 48	8 28 48
11	8 28 48	8 28 48	8 28 48
12	8 28 48	8 28 48	8 28 48
13	8 28 48	8 28 48	8 28 48
14	8 28 48	8 28 48	8 28 48
15	8 28 48	8 28 48	8 28 48
16	8 28 48	8 28 48	8 28 48
17	8 28 48	10 40	10 40
18	8 28 48	20	20
19	10 30 50	0 40	0 40
20	10 30	20	20
21	5 40	0 40	0 40
22			
23			

→壬生寺道⑱乗場 P33

太秦映画村 大覚寺 行き Daikakuji Temple 91

時	平日 Weekdays (お盆・年末年始を除く)	土曜日 Saturdays (お盆・年末年始を除く)	休日 Sundays & Holidays お盆 8月14日～8月16日 年末年始 12月29日～1月3日
5			
6	26 50	26	26
7	12 30 43 55	6 46	6 46
8	7 21 37 55	16 47	16 47
9	15 35 55	17 47	17 47
10	15 35 55	15 35 55	15 35 55
11	15 35 55	15 35 55	15 35 55
12	15 35 55	15 35 55	15 35 55
13	15 35 55	15 35 55	15 35 55
14	15 35 55	15 35 55	15 35 55
15	15 35 55	15 35 55	15 35 55
16	15 35 55	15 35 55	15 35 55
17	15 35 55	17 47	17 47
18	15 35 55	27	27
19	16 36 56	6 46	6 46
20	16 36	26	26
21	11 46	6 46	6 46
22			
23			

太秦映画村 大覚寺 行き Daikakuji Temple 91

時	平日 Weekdays (お盆・年末年始を除く)	土曜日 Saturdays (お盆・年末年始を除く)	休日 Sundays & Holidays お盆 8月14日～8月16日 年末年始 12月29日～1月3日
5			
6	31 55	31	31
7	17 36 49	11 51	11 51
8	1 13 27 43	21 53	21 53
9	1 21 41	23 53	23 53
10	1 21 41	21 41	21 41
11	1 21 41	1 21 41	1 21 41
12	1 21 41	1 21 41	1 21 41
13	1 21 41	1 21 41	1 21 41
14	1 21 41	1 21 41	1 21 41
15	1 21 41	1 21 41	1 21 41
16	1 21 41	1 21 41	1 21 41
17	1 21 41	1 23 53	1 23 53
18	1 21 41	33	33
19	1 21 41	11 51	11 51
20	1 21 41	31	31
21	16 51	11 51	11 51
22			
23			

→西ノ京円町(JR円町駅)❹乗場 P75

太秦映画村 大覚寺 行き Daikakuji Temple 91

時	平日 Weekdays (お盆・年末年始を除く)	土曜日 Saturdays (お盆・年末年始を除く)	休日 Sundays & Holidays お盆 8月14日～8月16日 年末年始 12月29日～1月3日
5			
6	38	38	38
7	2 24 45 58	18 58	18 58
8	10 22 36 52	28	28
9	10 30 50	2 32	2 32
10	10 30 50	2 30 50	2 30 50
11	10 30 50	10 30 50	10 30 50
12	10 30 50	10 30 50	10 30 50
13	10 30 50	10 30 50	10 30 50
14	10 30 50	10 30 50	10 30 50
15	10 30 50	10 30 50	10 30 50
16	10 30 50	10 30 50	10 30 50
17	10 30 50	10 32	10 32
18	10 30 50	2 42	2 42
19	9 29 49	19 59	19 59
20	9 29 49	39	39
21	23 58	18 58	18 58
22			
23			

太秦映画村 大覚寺 行き Daikakuji Temple 91

時	平日 Weekdays (お盆・年末年始を除く)	土曜日 Saturdays (お盆・年末年始を除く)	休日 Sundays & Holidays お盆 8月14日～8月16日 年末年始 12月29日～1月3日
5			
6	42	42	42
7	6 28 49	22	22
8	2 14 26 40 56	2 32	2 32
9	14 34 54	6 36	6 36
10	14 34 54	6 34 54	6 34 54
11	14 34 54	14 34 54	14 34 54
12	14 34 54	14 34 54	14 34 54
13	14 34 54	14 34 54	14 34 54
14	14 34 54	14 34 54	14 34 54
15	14 34 54	14 34 54	14 34 54
16	14 34 54	14 34 54	14 34 54
17	14 34 54	14 36	14 36
18	14 34 54	6 46	6 46
19	13 33 53	23	23
20	13 33 53	3 43	3 43
21	27	22	22
22	2	2	2
23			

→太秦映画村道❷乗場 P85

大覚寺 行き Daikakuji Temple 91

時	平日 Weekdays (お盆・年末年始を除く)	土曜日 Saturdays (お盆・年末年始を除く)	休日 Sundays & Holidays お盆 8月14日～8月16日 年末年始 12月29日～1月3日
5			
6	45	45	45
7	9 32 54	25	25
8	7 19 31 45	5 36	5 36
9	1 19 39 59	11 41	11 41
10	19 39 59	11 39 59	11 39 59
11	19 39 59	19 39 59	19 39 59
12	19 39 59	19 39 59	19 39 59
13	19 39 59	19 39 59	19 39 59
14	19 39 59	19 39 59	19 39 59
15	19 39 59	19 39 59	19 39 59
16	19 39 59	19 39 59	19 39 59
17	19 39 59	19 41	19 41
18	19 39 59	11 51	11 51
19	16 36 56	26	26
20	16 36 56	6 46	6 46
21	30	25	25
22	5	5	5
23			

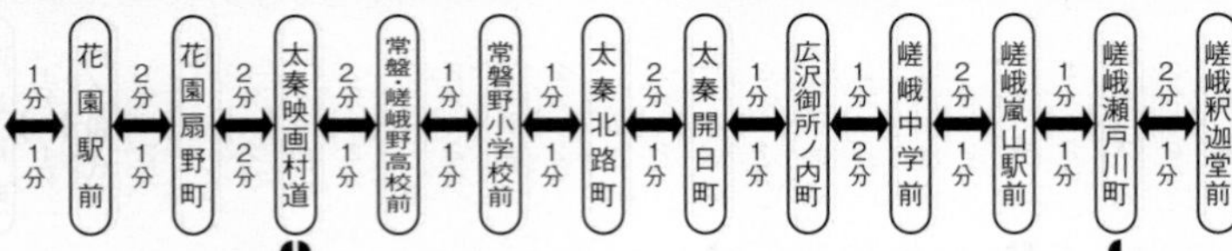

←大覚寺❶乗場

P91

西大路四条 **四条烏丸** 行き Shijo Karasuma **91**

時	平日 Weekdays (お盆・年末年始を除く)	土曜日 Saturdays (お盆・年末年始を除く)	休日 Sundays & Holidays お盆 8月14日~8月16日 年末年始 12月29日~1月3日
5			
6	30 45 55	30 55	30
7	5 15 26 37 48	20 45	10 43
8	0 14 34 54	10 40	10 40
9	14 34 54	10 40	10 40
10	14 34 54	10 34 54	10 34 54
11	14 34 54	14 34 54	14 34 54
12	14 34 54	14 34 54	14 34 54
13	14 34 54	14 34 54	14 34 54
14	14 34 54	14 34 54	14 34 54
15	14 34 54	14 34 54	14 34 54
16	14 34 54	14 34 54	14 34 54
17	14 34 54	14 34 54	14 34 54
18	14 34 54	14 44	14 44
19	14 34 54	14 54	14 54
20	25 55	34	34
21	25 51	10 51	10 51
22			
23			

←嵯峨瀬戸川町❾乗場

P91

西大路四条 **四条烏丸** 行き Shijo Karasuma **91**

時	平日 Weekdays (お盆・年末年始を除く)	土曜日 Saturdays (お盆・年末年始を除く)	休日 Sundays & Holi… お盆 8月14日~8… 年末年始 12月29日~1…
5			
6	35 50	35	35
7	0 10 20 31 42 53	0 25 50	15 48
8	5 19 39 59	15 45	15 45
9	19 39 59	15 45	15 45
10	19 39 59	15 39 59	15 39 59
11	19 39 59	19 39 59	19 39 59
12	19 39 59	19 39 59	19 39 59
13	19 39 59	19 39 59	19 39 59
14	19 39 59	19 39 59	19 39 59
15	19 39 59	19 39 59	19 39 59
16	19 39 59	19 39 59	19 39 59
17	19 39 59	19 39 59	19 39 59
18	19 39 59	19 49	19 49
19	19 39 59	19 59	19 59
20	30	39	39
21	0 30 56	15 56	15 56
22			
23			

←太秦映画村道❶乗場

P85

西大路四条 **四条烏丸** 行き Shijo Karasuma **91**

時	平日 Weekdays (お盆・年末年始を除く)	土曜日 Saturdays (お盆・年末年始を除く)	休日 Sundays & Holidays お盆 8月14日~8月16日 年末年始 12月29日~1月3日
5			
6	43 58	43	43
7	8 18 28 40 51	8 33 58	23 56
8	2 14 28 48	23 54	23 54
9	8 28 48	24 54	24 54
10	8 28 48	24 48	24 48
11	8 28 48	8 28 48	8 28 48
12	8 28 48	8 28 48	8 28 48
13	8 28 48	8 28 48	8 28 48
14	8 28 48	8 28 48	8 28 48
15	8 28 48	8 28 48	8 28 48
16	8 28 48	8 28 48	8 28 48
17	8 28 48	8 28 48	8 28 48
18	8 28 48	8 28 58	8 28 58
19	7 27 47	27	27
20	7 38	7 47	7 47
21	8 38	23	23
22	4	4	4
23			

←妙心寺前❽乗場

P82

西大路四条 **四条烏丸** 行き Shijo Karasuma **91**

時	平日 Weekdays (お盆・年末年始を除く)	土曜日 Saturdays (お盆・年末年始を除く)	休日 Sundays & Holi… お盆 8月14日~8… 年末年始 12月29日~1…
5			
6	46	46	46
7	1 11 21 31 44 55	11 36	26 59
8	6 18 32 52	1 26 58	26 58
9	12 32 52	28 58	28 58
10	12 32 52	28 52	28 52
11	12 32 52	12 32 52	12 32 52
12	12 32 52	12 32 52	12 32 52
13	12 32 52	12 32 52	12 32 52
14	12 32 52	12 32 52	12 32 52
15	12 32 52	12 32 52	12 32 52
16	12 32 52	12 32 52	12 32 52
17	12 32 52	12 32 52	12 32 52
18	12 32 52	12 32	12 32
19	10 30 50	2 30	2 30
20	10 41	10 50	10 50
21	11 41	26	26
22	7	7	7
23			

←西ノ京円町(JR円町駅)❸乗場

P75

西大路四条 **四条烏丸** 行き Shijo Karasuma **91**

時	平日 Weekdays (お盆・年末年始を除く)	土曜日 Saturdays (お盆・年末年始を除く)	休日 Sundays & Holidays お盆 8月14日~8月16日 年末年始 12月29日~1月3日
5			
6	51	51	51
7	6 16 26 36 50	16 41	31
8	1 12 24 38 58	6 31	4 31
9	18 38 58	4 34	4 34
10	18 38 58	4 34 58	4 34 58
11	18 38 58	18 38 58	18 38 58
12	18 38 58	18 38 58	18 38 58
13	18 38 58	18 38 58	18 38 58
14	18 38 58	18 38 58	18 38 58
15	18 38 58	18 38 58	18 38 58
16	18 38 58	18 38 58	18 38 58
17	18 38 58	18 38 58	18 38 58
18	18 38 58	18 38	18 38
19	15 35 55	7 35	7 35
20	15 46	15 55	15 55
21	16 46	31	31
22	12	12	12
23			

←壬生寺道⑰乗場

P33

四条烏丸 行き Shijo Karasuma **27** **91** **29**

時	平日 Weekdays (お盆・年末年始を除く)	土曜日 Saturdays (お盆・年末年始を除く)	休日 Sundays & Holi… お盆 8月14日~8… 年末年始 12月29日~1…
5	*51	*51	*51
6	41 43 52	41 43	41 43
7	1 2 9 16 19 26 28 36 37 49 50 53	1 *19 23 26 28 51 58	1 28 41 43
8	3 10 14 19 25 30 37 43 51 55	13 16 26 44 57	13 14 28 44
9	11 11 25 31 41 51 55	1 17 25 41 47 55	1 15 17 41 47 55
10	11 21 25 31 51	17 21 25 47 55	17 21 35 47
11	1 5 11 31 41 45 51	1 11 25 31 41 51 55	1 11 15 31 41 51 55
12	11 21 25 31 51	11 21 25 31 51 55	11 21 31 35 51
13	1 5 11 31 41 45 51	1 11 25 31 41 51 55	1 11 15 31 41 51 55
14	11 21 25 31 51	11 21 25 31 51 55	11 21 31 35 51
15	1 5 11 31 41 45 51	1 11 25 31 41 51 55	1 11 15 31 41 51 55
16	11 11 25 31 41 51 55	11 21 31 35 51	11 21 31 35 51
17	11 11 25 31 41 51 55	1 11 15 31 41 51 55	1 11 15 31 41 51 55
18	11 11 25 31 41 51 55	11 21 31 35 51	11 21 31 35 51
19	10 12 21 26 46 46 48	6 17 18 46 46 58	6 17 18 46 46 58
20	6 18 26 26 50 57	26 26 40	26 26 40
21	9 27 30 57	6 9 30 42	6 9 30 42
22	9 23	9 23	9 23
23			

*印は、行先表示「四条烏丸」で運行します。

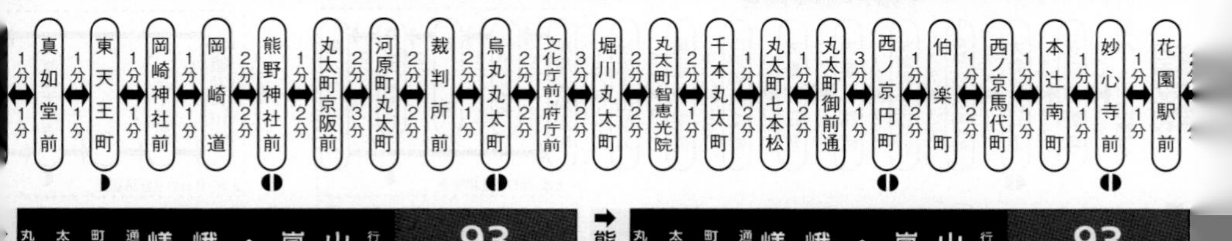

丸太町通 嵯峨・嵐山 行き Saga Arashiyama 93

時	平日 Weekdays（お盆・年末年始を除く）	土曜日 Saturdays（お盆・年末年始を除く）	休日 Sundays & Holidays お盆 8月14日~8月16日 年末年始 12月29日~1月3日
5			
6	12 22 32 47 57	12 37	12 37
7	8 21 37 54	4 28 54	4 28 54
8	4 14 24 34 44 54	24 54	24 54
9	14 34 54	14 34 54	14 34 54
10	14 34 54	14 34 54	14 34 54
11	14 34 54	14 34 54	14 34 54
12	14 34 54	14 34 54	14 34 54
13	14 34 54	14 34 54	14 34 54
14	14 34 54	14 34 54	14 34 54
15	14 34 54	14 34 54	14 34 54
16	14 34 54	14 34 54	14 34 54
17	14 34 54	14 34 54	14 34 54
18	14 35 55	14 35 55	14 35 55
19	15 35 55	15 55	15 55
20	15 35	35	35
21	17 55	17 55	17 55
22	42	42	42
23			

土曜・休日は嵐山長辻通の交通規制により
嵯峨瀬戸川町以降，平日のルートと逆回りで嵐山，嵯峨小学校へまいります。

➡熊野神社前⑩乗場

P59

丸太町通 嵯峨・嵐山 行き Saga Arashiyama 93

時	平日 Weekdays（お盆・年末年始を除く）	土曜日 Saturdays（お盆・年末年始を除く）	休日 Sundays & Holidays お盆 8月14日~8月16日 年末年始 12月29日~1月3日
5			
6	16 26 36 51	16 41	16 41
7	1 12 25 41 58	8 32 58	8 32 58
8	8 18 28 38 48 58	28 58	28 58
9	18 38 58	18 38 58	18 38 58
10	18 38 58	18 38 58	18 38 58
11	18 38 58	18 38 58	18 38 58
12	18 38 58	18 38 58	18 38 58
13	18 38 58	18 38 58	18 38 58
14	18 38 58	18 38 58	18 38 58
15	18 38 58	18 38 58	18 38 58
16	18 38 58	18 38 58	18 38 58
17	18 38 58	18 38 58	18 38 58
18	18 39 59	18 39 59	18 39 59
19	19 39 59	19 59	19 59
20	19 39	39	39
21	21 59	21 59	21 59
22	46	46	46
23			

土曜・休日は嵐山長辻通の交通規制により
嵯峨瀬戸川町以降，平日のルートと逆回りで嵐山，嵯峨小学校へまいります。

丸太町通 嵯峨・嵐山 行き Saga Arashiyama 93

時	平日 Weekdays（お盆・年末年始を除く）	土曜日 Saturdays（お盆・年末年始を除く）	休日 Sundays & Holidays お盆 8月14日~8月16日 年末年始 12月29日~1月3日
5			
6	22 32 42 57	22 47	22 47
7	7 18 31 48	14 39	14 39
8	5 15 25 35 45 55	5 35	5 35
9	5 25 45	5 25 45	5 25 45
10	5 25 45	5 25 45	5 25 45
11	5 25 45	5 25 45	5 25 45
12	5 25 45	5 25 45	5 25 45
13	5 25 45	5 25 45	5 25 45
14	5 25 45	5 25 45	5 25 45
15	5 25 45	5 25 45	5 25 45
16	5 25 45	5 25 45	5 25 45
17	5 25 45	5 25 45	5 25 45
18	5 25 46	5 25 46	5 25 46
19	5 25 45	5 25	5 25
20	5 25 45	5 45	5 45
21	27	27	27
22	5 52	5 52	5 52
23			

土曜・休日は嵐山長辻通の交通規制により
嵯峨瀬戸川町以降，平日のルートと逆回りで嵐山，嵯峨小学校へまいります。

➡西ノ京円町（JR円町駅）❹乗場

P75

丸太町通 嵯峨・嵐山 行き Saga Arashiyama 93

時	平日 Weekdays（お盆・年末年始を除く）	土曜日 Saturdays（お盆・年末年始を除く）	休日 Sundays & Holidays お盆 8月14日~8月16日 年末年始 12月29日~1月3日
5			
6	33 43 53	33 58	33 58
7	8 18 29 46	25 52	25 52
8	3 20 30 40 50	18 50	18 50
9	0 10 20 40	20 40	20 40
10	0 20 40	0 20 40	0 20 40
11	0 20 40	0 20 40	0 20 40
12	0 20 40	0 20 40	0 20 40
13	0 20 40	0 20 40	0 20 40
14	0 20 40	0 20 40	0 20 40
15	0 20 40	0 20 40	0 20 40
16	0 20 40	0 20 40	0 20 40
17	0 20 40	0 20 40	0 20 40
18	0 20 40	0 20 40	0 20 40
19	1 19 39 59	1 19 39	1 19 39
20	19 39 59	19 59	19 59
21	38	38	38
22	16	16	16
23	3	3	3

土曜・休日は嵐山長辻通の交通規制により
嵯峨瀬戸川町以降，平日のルートと逆回りで嵐山，嵯峨小学校へまいります。

丸太町通 嵯峨・嵐山 行き Saga Arashiyama 93

時	平日 Weekdays（お盆・年末年始を除く）	土曜日 Saturdays（お盆・年末年始を除く）	休日 Sundays & Holidays お盆 8月14日~8月16日 年末年始 12月29日~1月3日
5			
6	37 47 57	37	37
7	12 22 33 50	2 29 56	2 29 56
8	7 24 34 44 54	22 54	22 54
9	4 14 24 44	24 44	24 44
10	4 24 44	4 24 44	4 24 44
11	4 24 44	4 24 44	4 24 44
12	4 24 44	4 24 44	4 24 44
13	4 24 44	4 24 44	4 24 44
14	4 24 44	4 24 44	4 24 44
15	4 24 44	4 24 44	4 24 44
16	4 24 44	4 24 44	4 24 44
17	4 24 44	4 24 44	4 24 44
18	4 24 44	4 24 44	4 24 44
19	5 23 43	5 23 43	5 23 43
20	3 23 43	23	23
21	3 42	3 42	3 42
22	20	20	20
23	7	7	7

土曜・休日は嵐山長辻通の交通規制により
嵯峨瀬戸川町以降，平日のルートと逆回りで嵐山，嵯峨小学校へまいります。

➡太秦映画村道❷乗場

P85

嵯峨・嵐山 行き Saga Arashiyama 93

時	平日 Weekdays（お盆・年末年始を除く）	土曜日 Saturdays（お盆・年末年始を除く）	休日 Sundays & Holidays お盆 8月14日~8月16日 年末年始 12月29日~1月3日
5			
6	40 50	40	40
7	0 15 25 37 55	5 32 59	5 32 59
8	12 29 39 49 59	25 59	25 59
9	9 19 29 49	29 49	29 49
10	9 29 49	9 29 49	9 29 49
11	9 29 49	9 29 49	9 29 49
12	9 29 49	9 29 49	9 29 49
13	9 29 49	9 29 49	9 29 49
14	9 29 49	9 29 49	9 29 49
15	9 29 49	9 29 49	9 29 49
16	9 29 49	9 29 49	9 29 49
17	9 29 49	9 29 49	9 29 49
18	9 29 49	9 29 49	9 29 49
19	8 26 46	8 26 46	8 26 46
20	6 26 46	26	26
21	6 45	6 45	6 45
22	23	23	23
23	10	10	10

土曜・休日は嵐山長辻通の交通規制により
嵯峨瀬戸川町以降，平日のルートと逆回りで嵐山，嵯峨小学校へまいります。

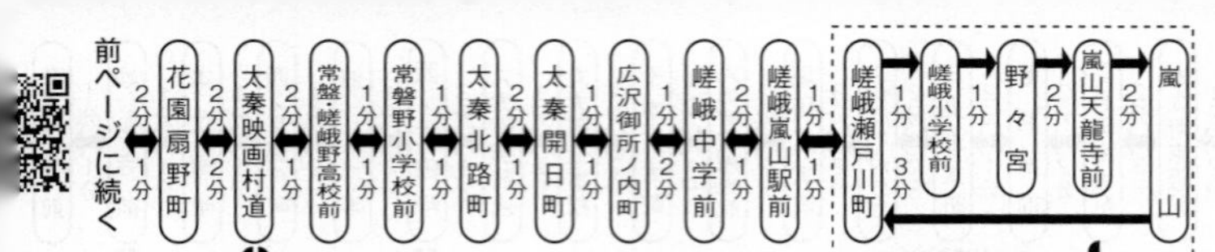

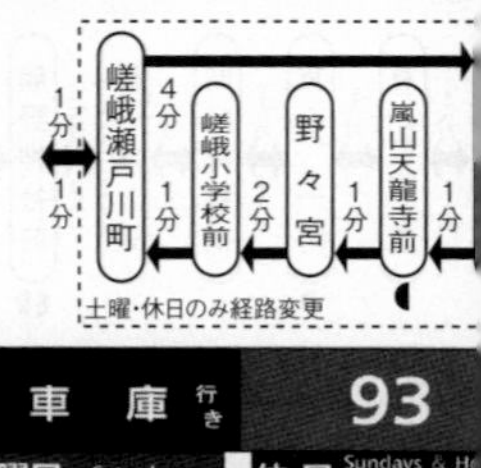

嵐山天龍寺前(嵐電嵐山駅前)❶乗場(土休日は❷乗場)

P87

丸太町通 錦林車庫行き Kinrin Shako 93

平日 Weekdays (お盆・年末年始を除く)	時	土曜日 Saturdays (お盆・年末年始を除く)	時	休日 Sundays & Holidays お盆 8月14日～8月16日 年末年始 12月29日～1月3日
52	5	54	5	54
52	6	54	6	54
2 7 12 17 27 39 52	7	19 46	7	19 46
10 27 44 *54	8	13 40	8	13 40
4 *14 24 *34 44	9	15 45	9	15 45
4 24 44	10	5 25 45	10	5 25 45
4 24 44	11	5 25 45	11	5 25 45
4 24 44	12	5 25 45	12	5 25 45
4 24 44	13	5 25 45	13	5 25 45
4 24 44	14	5 25 45	14	5 25 45
4 24 44	15	5 25 45	15	5 25 45
4 24 44	16	5 25 45	16	5 25 45
*4 4 24 44	17	5 25 45	17	5 25 45
4 24 44	18	5 25 45	18	5 25 45
3 20 38 58	19	*5 22 *40	19	*5 22 *40
*18 38 *58	20	0 40	20	0 40
18 57	21	20 59	21	20 59
*35	22	*37	22	*37
*22	23	*24	23	*24

*印は嵐山までです。For Arashiyama. 土曜・休日は長辻通北行一方通行規制により丸太町通方面ご利用のお客様は、嵐山天龍寺前北行バス停をご利用下さい。

土休日の＊印は嵯峨小学校前までです

太秦映画村道❶乗場

P85

丸太町通 錦林車庫行き Kinrin Shako 93

平日 Weekdays (お盆・年末年始を除く)	時	土曜日 Saturdays (お盆・年末年始を除く)	時	休日 Sundays & Ho… お盆 8月14日～ 年末年始 12月29日～
	5		5	
5	6	5	6	5
5 15 20 25 30 41 53	7	5 30 57	7	5 30 57
6 24 41 58	8	24 53	8	24 53
18 38 58	9	28 58	9	28 58
18 38 58	10	18 38 58	10	18 38 58
18 38 58	11	18 38 58	11	18 38 58
18 38 58	12	18 38 58	12	18 38 58
18 38 58	13	18 38 58	13	18 38 58
18 38 58	14	18 38 58	14	18 38 58
18 38 58	15	18 38 58	15	18 38 58
18 38 58	16	18 38 58	16	18 38 58
18 38 58	17	18 38 58	17	18 38 58
18 38 58	18	18 38 58	18	18 38 58
16 33 51	19	33	19	33
11 51	20	11 51	20	11 51
31	21	31	21	31
10	22	10	22	10
	23		23	

妙心寺前❽乗場

P82

丸太町通 錦林車庫行き Kinrin Shako 93

平日 Weekdays (お盆・年末年始を除く)	時	土曜日 Saturdays (お盆・年末年始を除く)	時	休日 Sundays & Holidays お盆 8月14日～8月16日 年末年始 12月29日～1月3日
	5		5	
8	6	8	6	8
8 18 23 28 33 45 57	7	8 33	7	8 33
10 28 45	8	0 27 57	8	0 27 57
2 22 42	9	32	9	32
2 22 42	10	2 22 42	10	2 22 42
2 22 42	11	2 22 42	11	2 22 42
2 22 42	12	2 22 42	12	2 22 42
2 22 42	13	2 22 42	13	2 22 42
2 22 42	14	2 22 42	14	2 22 42
2 22 42	15	2 22 42	15	2 22 42
2 22 42	16	2 22 42	16	2 22 42
2 22 42	17	2 22 42	17	2 22 42
2 22 42	18	2 22 42	18	2 22 42
2 19 36 54	19	2 36	19	2 36
14 54	20	14 54	20	14 54
34	21	34	21	34
13	22	13	22	13
	23		23	

西ノ京円町(JR円町駅)❷乗場

P75

丸太町通 錦林車庫行き Kinrin Shako 93

平日 Weekdays (お盆・年末年始を除く)	時	土曜日 Saturdays (お盆・年末年始を除く)	時	休日 Sundays & Ho… お盆 8月14日～ 年末年始 12月29日～
	5		5	
13	6	13	6	13
13 23 28 33 39 51	7	13 38	7	13 38
3 16 34 51	8	5 32	8	5 32
8 28 48	9	3 38	9	3 38
8 28 48	10	8 28 48	10	8 28 48
8 28 48	11	8 28 48	11	8 28 48
8 28 48	12	8 28 48	12	8 28 48
8 28 48	13	8 28 48	13	8 28 48
8 28 48	14	8 28 48	14	8 28 48
8 28 48	15	8 28 48	15	8 28 48
8 28 48	16	8 28 48	16	8 28 48
8 28 48	17	8 28 48	17	8 28 48
8 28 48	18	8 28 48	18	8 28 48
7 24 41 59	19	7 41	19	7 41
19 59	20	19 59	20	19 59
39	21	39	21	39
18	22	18	22	18
	23		23	

烏丸丸太町(地下鉄丸太町駅)❼乗場

P38

丸太町通 錦林車庫行き Kinrin Shako 93

平日 Weekdays (お盆・年末年始を除く)	時	土曜日 Saturdays (お盆・年末年始を除く)	時	休日 Sundays & Holidays お盆 8月14日～8月16日 年末年始 12月29日～1月3日
	5		5	
23	6	23	6	23
24 34 39 45 51	7	23 49	7	23 49
3 15 28 46	8	16 44	8	16 44
3 20 40	9	15 50	9	15 50
0 20 40	10	20 40	10	20 40
0 20 40	11	0 20 40	11	0 20 40
0 20 40	12	0 20 40	12	0 20 40
0 20 40	13	0 20 40	13	0 20 40
0 20 40	14	0 20 40	14	0 20 40
0 20 40	15	0 20 40	15	0 20 40
0 20 40	16	0 20 40	16	0 20 40
0 20 40	17	0 20 40	17	0 20 40
0 20 40	18	0 20 40	18	0 20 40
0 19 36 53	19	0 19 53	19	0 19 53
11 31	20	31	20	31
10 49	21	10 49	21	10 49
28	22	28	22	28
	23		23	

熊野神社前❽乗場

P59

丸太町通 錦林車庫行き Kinrin Shako 93

平日 Weekdays (お盆・年末年始を除く)	時	土曜日 Saturdays (お盆・年末年始を除く)	時	休日 Sundays & Ho… お盆 8月14日～ 年末年始 12月29日～
	5		5	
29	6	29	6	29
30 42 47 53 59	7	29 57	7	29 57
11 23 36 54	8	24 52	8	24 52
11 28 48	9	23 58	9	23 58
8 28 48	10	28 48	10	28 48
8 28 48	11	8 28 48	11	8 28 48
8 28 48	12	8 28 48	12	8 28 48
8 28 48	13	8 28 48	13	8 28 48
8 28 48	14	8 28 48	14	8 28 48
8 28 48	15	8 28 48	15	8 28 48
8 28 48	16	8 28 48	16	8 28 48
8 28 48	17	8 28 48	17	8 28 48
8 28 48	18	8 28 48	18	8 28 48
6 25 42 59	19	6 25 59	19	6 25 59
17 37	20	37	20	37
16 55	21	16 55	21	16 55
34	22	34	22	34
	23		23	

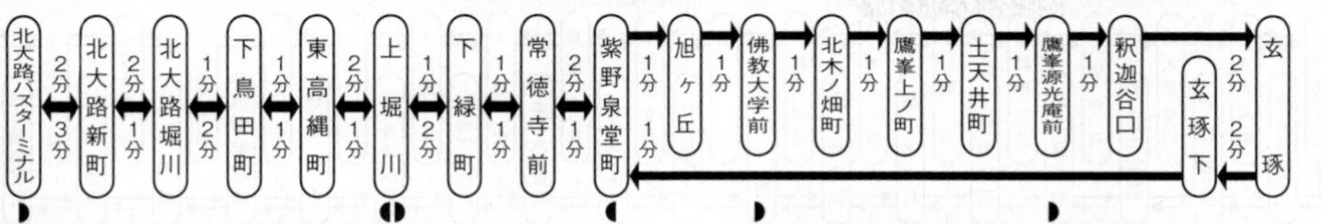

佛教大学・玄琢 行き Bukkyo Univ　North 1 北1

時	平日 Weekdays（お盆・年末年始を除く）	土曜日 Saturdays（お盆・年末年始を除く）	休日 Sundays & Holidays お盆 8月14日～8月16日 年末年始 12月29日～1月3日
5			
6	10 35 52	10 50	10 50
7	4 17 29 42 55	15 35 55	35
8	9 22 35 55	15 35 55	15 35 55
9	15 35 55	15 35 55	15 35 55
10	15 35 55	15 35 55	15 35 55
11	15 35 55	15 35 55	15 35 55
12	15 35 55	15 35 55	15 35 55
13	15 35 55	15 35 55	15 35 55
14	15 35 55	15 35 55	15 35 55
15	15 35 55	15 35 55	15 35 55
16	15 35 55	15 35 55	15 35 55
17	15 35 55	15 35 55	15 45
18	15 35 55	15 45	15 45
19	15 45	15 45	15 45
20	15 45	25	25
21	15 45	5 45	5 45
22	22 59	22 59	22 59
23	20	20	20

➡上堀川❹乗場

P69・P73・P114

佛教大学・玄琢 行き Bukkyo Univ.　North 1 北1

時	平日 Weekdays（お盆・年末年始を除く）	土曜日 Saturdays（お盆・年末年始を除く）	休日 Sundays & Holidays お盆 8月14日～8月16日 年末年始 12月29日～1月3日
5			
6	17 42 59	17 57	17 57
7	11 24 37 50	22 42	42
8	3 17 30 43	2 22 43	22 43
9	3 23 43	3 23 43	3 23 43
10	3 23 43	3 23 43	3 23 43
11	3 23 43	3 23 43	3 23 43
12	3 23 43	3 23 43	3 23 43
13	3 23 43	3 23 43	3 23 43
14	3 23 43	3 23 43	3 23 43
15	3 23 43	3 23 43	3 23 43
16	3 23 43	3 23 43	3 23 43
17	3 23 43	3 23 43	3 23 53
18	3 23 43	3 23 53	23 53
19	2 22 52	22 52	22 52
20	22 52	32	32
21	22 52	12 52	12 52
22	29	29	29
23	6 27	6 27	6 27

玄琢 行き Gentaku　North 1 北1

時	平日 Weekdays（お盆・年末年始を除く）	土曜日 Saturdays（お盆・年末年始を除く）	休日 Sundays & Holidays お盆 8月14日～8月16日 年末年始 12月29日～1月3日
5			
6	22 47	22	22
7	4 16 29 43 56	2 27 47	2 47
8	9 23 36 49	7 27 49	27 49
9	9 29 49	9 29 49	9 29 49
10	9 29 49	9 29 49	9 29 49
11	9 29 49	9 29 49	9 29 49
12	9 29 49	9 29 49	9 29 49
13	9 29 49	9 29 49	9 29 49
14	9 29 49	9 29 49	9 29 49
15	9 29 49	9 29 49	9 29 49
16	9 29 49	9 29 49	9 29 49
17	9 29 49	9 29 49	9 29 59
18	9 29 49	9 29 59	29 59
19	8 28 58	28 58	28 58
20	28 58	38	38
21	27 57	17 57	17 57
22	34	34	34
23	11 32	11 32	11 32

↩鷹峯源光庵前❶乗場

P100

北大路バスターミナル 行き Kitaoji Bus Terminal　North 1 北1

時	平日 Weekdays（お盆・年末年始を除く）	土曜日 Saturdays（お盆・年末年始を除く）	休日 Sundays & Holidays お盆 8月14日～8月16日 年末年始 12月29日～1月3日
5			
6	26 51	26	26
7	8 20 33 47	6 31 51	6 51
8	0 13 27 40 53	11 31 53	31 53
9	13 33 53	13 33 53	13 33 53
10	13 33 53	13 33 53	13 33 53
11	13 33 53	13 33 53	13 33 53
12	13 33 53	13 33 53	13 33 53
13	13 33 53	13 33 53	13 33 53
14	13 33 53	13 33 53	13 33 53
15	13 33 53	13 33 53	13 33 53
16	13 33 53	13 33 53	13 33 53
17	13 33 53	13 33 53	13 33
18	13 33 53	13 33	3 33
19	12 32	3 32	3 32
20	2 32	2 42	2 42
21	2 31	21	21
22	1 38	1 38	1 38
23	15 *36	15 *36	15 *36

*印は玄琢下までです。For Gentaku-shita

北大路バスターミナル 行き Kitaoji Bus Terminal　North 1 北1

時	平日 Weekdays（お盆・年末年始を除く）	土曜日 Saturdays（お盆・年末年始を除く）	休日 Sundays & Holidays お盆 8月14日～8月16日 年末年始 12月29日～1月3日
5			
6	31 56	31	31
7	13 25 39 53	11 36 56	11 56
8	6 19 33 46 59	16 36 59	36 59
9	19 39 59	19 39 59	19 39 59
10	19 39 59	19 39 59	19 39 59
11	19 39 59	19 39 59	19 39 59
12	19 39 59	19 39 59	19 39 59
13	19 39 59	19 39 59	19 39 59
14	19 39 59	19 39 59	19 39 59
15	19 39 59	19 39 59	19 39 59
16	19 39 59	19 39 59	19 39 59
17	19 39 59	19 39 59	19 39
18	19 39 59	19 39	9 39
19	17 37	8 37	8 37
20	7 37	7 47	7 47
21	7 36	26	26
22	6 43	6 43	6 43
23	20	20	20

⬅上堀川❸乗場

P69・P73・P114

北大路バスターミナル 行き Kitaoji Bus Terminal　North 1 北1

時	平日 Weekdays（お盆・年末年始を除く）	土曜日 Saturdays（お盆・年末年始を除く）	休日 Sundays & Holidays お盆 8月14日～8月16日 年末年始 12月29日～1月3日
5			
6	35	35	35
7	0 17 29 43 57	15 40	15
8	10 23 37 50	0 20 40	0 40
9	3 23 43	3 23 43	3 23 43
10	3 23 43	3 23 43	3 23 43
11	3 23 43	3 23 43	3 23 43
12	3 23 43	3 23 43	3 23 43
13	3 23 43	3 23 43	3 23 43
14	3 23 43	3 23 43	3 23 43
15	3 23 43	3 23 43	3 23 43
16	3 23 43	3 23 43	3 23 43
17	3 23 43	3 23 43	3 23 43
18	3 23 43	3 23 43	13 43
19	3 21 41	12 41	12 41
20	11 41	11 51	11 51
21	11 40	30	30
22	10 47	10 47	10 47
23	24	24	24

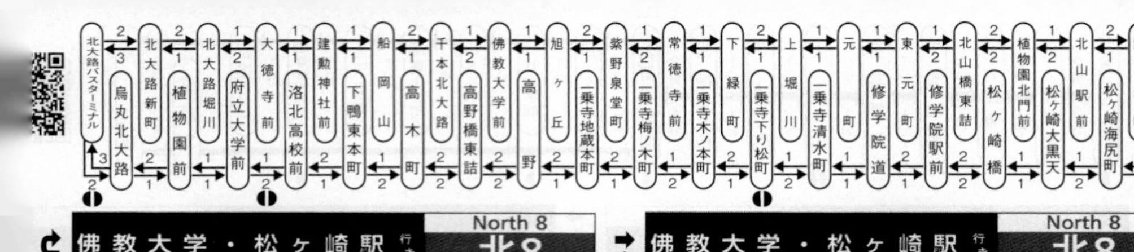

北大路バスターミナル(地下鉄北大路駅)F乗場

P69

佛教大学・松ヶ崎駅 行き　Matsugasaki Sta. Via Bukkyo Univ　North 8 北8

時	平日 Weekdays (お盆・年末年始を除く)	土曜日 Saturdays (お盆・年末年始を除く)	休日 Sundays & Holidays お盆 8月14日～8月16日 年末年始 12月29日～1月3日
5			
6	20 51	20	20
7	9 23 43	9	9
8	3 23 43	16	16
9	3 33	14	14
10	3 33	3 33	3 33
11	3 43	3 33	3 33
12	23	3 33	3 33
13	3 33	3 33	3 33
14	3 33	3 33	3 33
15	3 33	3 33	3 33
16	3 33	3 33	3 33
17	3 33	3 33	3 33
18	3 33	3 43	3 43
19	3 33	39	39
20	10 50	50	50
21	40	40	40
22			
23			

大徳寺前❷乗場

P73

佛教大学・松ヶ崎駅 行き　Matsugasaki Sta. Via Bukkyo Univ　North 8 北8

時	平日 Weekdays (お盆・年末年始を除く)	土曜日 Saturdays (お盆・年末年始を除く)	休日 Sundays & Holidays お盆 8月14日～8月16日 年末年始 12月29日～1月3日
5			
6	25 56	25	25
7	14 28 48	14	14
8	8 28 48	21	21
9	8 38	19	19
10	8 38	8 38	8 38
11	8 48	8 38	8 38
12	28	8 38	8 38
13	8 38	8 38	8 38
14	8 38	8 38	8 38
15	8 38	8 38	8 38
16	8 38	8 38	8 38
17	8 38	8 38	8 38
18	8 38	8 48	8 48
19	8 38	44	44
20	15 55	55	55
21	45	45	45
22			
23			

一乗寺下り松町❸乗場

P65

高野・北大路バスターミナル 行き　Kitaoji Bus Terminal Via Takano　North 8 北8

時	平日 Weekdays (お盆・年末年始を除く)	土曜日 Saturdays (お盆・年末年始を除く)	休日 Sundays & Holidays お盆 8月14日～8月16日 年末年始 12月29日～1月3日
5			
6	51	51	51
7	22 (40) 57	(40)	(40)
8	(18) 38 (58)	49	49
9	(18) (38)	(49)	(49)
10	8 (38)	38	38
11	(8) (38)	(8) (38)	(8) (38)
12	(18) (58)	(8) (38)	(8) (38)
13	(38)	8 38	8 38
14	8 (38)	(8) (38)	(8) (38)
15	(8) (38)	(8) (38)	(8) (38)
16	8 38	(8) (38)	(8) (38)
17	(8) (38)	8 38	8 38
18	8 38	(8) (38)	(8) (38)
19	(8) (35)	(16)	(16)
20	(5) (42)	(11)	(11)
21	22	22	22
22	(11)	(11)	(11)
23			

( )北大路バスターミナルまでです。For Kitaoji Bus Terminal

北大路バスターミナル(地下鉄北大路駅)B乗場

P69

高野 修学院道・松ヶ崎駅 行き　Matsugasaki Sta. Via Shugakuin　North 8 北8

時	平日 Weekdays (お盆・年末年始を除く)	土曜日 Saturdays (お盆・年末年始を除く)	休日 Sundays & Holidays お盆 8月14日～8月16日 年末年始 12月29日～1月3日
5			
6	35	35	35
7	5 25 40	25	25
8	0 21 40	31	31
9	1 21 51	31	31
10	21 51	21 51	21 51
11	21	21 51	21 51
12	1 41	21 51	21 51
13	21 51	21 51	21 51
14	21 51	21 51	21 51
15	21 51	21 51	21 51
16	21 51	21 51	21 51
17	21 51	21 51	21 51
18	21 51	21	21
19	21 51	2 54	2 54
20	30		
21	7 57	7 57	7 57
22			
23			

一乗寺下り松町❹乗場

P65

修学院道・松ヶ崎駅 行き　Matsugasaki Sta. Via Shugakuin　North 8 北8

時	平日 Weekdays (お盆・年末年始を除く)	土曜日 Saturdays (お盆・年末年始を除く)	休日 Sundays & Holidays お盆 8月14日～8月16日 年末年始 12月29日～1月3日
5			
6	49	49	49
7	20 43 58	41	41
8	18 39 58	49	49
9	19 39	49	49
10	9 39	39	39
11	9 39	9 39	9 39
12	19 59	9 39	9 39
13	39	9 39	9 39
14	9 39	9 39	9 39
15	9 39	9 39	9 39
16	9 39	9 39	9 39
17	9 39	9 39	9 39
18	9 39	9 39	9 39
19	7 36	17	17
20	6 45	9	9
21	21	21	21
22	11	11	11
23			

大徳寺前❶乗場

P73

北大路バスターミナル 高野 修学院道・松ヶ崎駅 行き　Matsugasaki Sta. Via Shugakuin　North 8 北8

時	平日 Weekdays (お盆・年末年始を除く)	土曜日 Saturdays (お盆・年末年始を除く)	休日 Sundays & Holidays お盆 8月14日～8月16日 年末年始 12月29日～1月3日
5			
6			
7	16 51	16	16
8	(15) 30 (50)	(8)	(8)
9	11 (30) (51)	21	21
10	(11) (41)	(21)	(21)
11	(11) (41)	11 41	11 41
12	(11) (51)	(11) (41)	(11) (41)
13	(31)	11 (41)	11 (41)
14	(11) 41	(11) 41	(11) 41
15	11 (41)	(11) (41)	(11) (41)
16	(11) 41	11 (41)	11 (41)
17	(11) (41)	(11) 41	(11) 41
18	11 41	11 (41)	11 (41)
19	(11) (35)	(11) 45	(11) 45
20	(4) (34)	(37)	(37)
21	(12) 48	48	48
22	(38)	(38)	(38)
23			

( )北大路バスターミナルまでです。For Kitaoji Bus Terminal

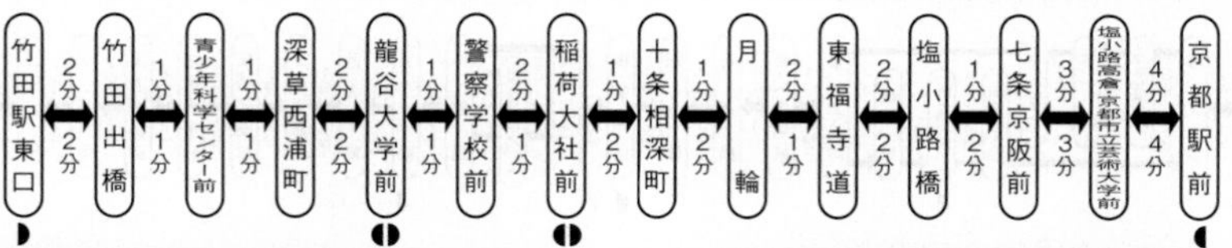

→龍谷大学前乗場(北行) P93

師団街道 稲荷大社 京都駅 行き (Kyoto Sta.) South 5 南5

時	平日 Weekdays (お盆・年末年始を除く)	土曜日 Saturdays (お盆・年末年始を除く)	休日 Sundays & Holidays お盆 8月14日~8月16日 年末年始 12月29日~1月3日
5			
6	15	15	15
7	5 35	5	5
8	5 35	5	5
9	5	5 35	5 35
10	5 35	5 35	5 35
11	5 35	5 35	5 35
12	5 35	5 35	5 35
13	5 35	5 35	5 35
14	5 35	5 35	5 35
15	5 35	5 35	5 35
16	5 35	5 35	5 35
17	5 35	5	5
18	5 35	5	5
19	5 35	5	5
20	5 55	5 55	5 55
21	45	45	45
22			
23			

師団街道 稲荷大社 京都駅 行き (Kyoto Sta.) South 5 南5

時	平日 Weekdays (お盆・年末年始を除く)	土曜日 Saturdays (お盆・年末年始を除く)	休日 Sundays & Holidays お盆 8月14日~8月16日 年末年始 12月29日~1月3日
5			
6	21	21	21
7	11 41	11	11
8	11 41	11	11
9	11	11 41	11 41
10	11 41	11 41	11 41
11	11 41	11 41	11 41
12	11 41	11 41	11 41
13	11 41	11 41	11 41
14	11 41	11 41	11 41
15	11 41	11 41	11 41
16	11 41	11 41	11 41
17	11 41	11	11
18	11 41	11	11
19	11 41	11	11
20	11	11	11
21	1 51	1 51	1 51
22			
23			

←京都駅前C4乗場 P15・P17

師団街道 京都駅 行き (Kyoto Sta.) South 5 南5

時	平日 Weekdays (お盆・年末年始を除く)	土曜日 Saturdays (お盆・年末年始を除く)	休日 Sundays & Holidays お盆 8月14日~8月16日 年末年始 12月29日~1月3日
5			
6	23	23	23
7	13 44	13	13
8	14 44	13	13
9	14	14 44	14 44
10	14 44	14 44	14 44
11	14 44	14 44	14 44
12	14 44	14 44	14 44
13	14 44	14 44	14 44
14	14 44	14 44	14 44
15	14 44	14 44	14 44
16	14 44	14 44	14 44
17	14 44	14	14
18	14 44	14	14
19	13 43	13	13
20	13	13	13
21	3 53	3 53	3 53
22			
23			

稲荷大社・竹田駅東口 行き (Takeda Sta. Via Inari-taisha Shrine) South 5 南5

時	平日 Weekdays (お盆・年末年始を除く)	土曜日 Saturdays (お盆・年末年始を除く)	休日 Sundays & Holidays お盆 8月14日~8月16日 年末年始 12月29日~1月3日
5			
6	40	40	40
7	10 35	35	35
8	5 35	35	35
9	5 (35)	5 (35)	5 (35)
10	(5) 35	(5) 35	(5) 35
11	5 35	5 35	5 35
12	5 (35)	5 (35)	5 (35)
13	(5) 35	(5) 35	(5) 35
14	5 35	5 35	5 35
15	(5) 35	(5) 35	(5) 35
16	5 35	5 35	5 35
17	(5) 35	(5) (35)	(5) (35)
18	5 (35)	35	35
19	5 30	30	30
20	0 30	30	30
21	20	20	20
22			
23			

( )印は竹田駅東口経由・中書島・横大路車庫ゆきです。

←龍谷大学前乗場(南行) P93

竹田駅東口 行き (Takeda Sta.) South 5 南5

時	平日 Weekdays (お盆・年末年始を除く)	土曜日 Saturdays (お盆・年末年始を除く)	休日 Sundays & Holidays お盆 8月14日~8月16日 年末年始 12月29日~1月3日
5			
6	54	54	54
7	24 51	49	49
8	21 51	51	51
9	21 (51)	21 (51)	21 (51)
10	(21) 51	(21) 51	(21) 51
11	21 51	21 51	21 51
12	21 (51)	21 (51)	21 (51)
13	(21) 51	(21) 51	(21) 51
14	21 51	21 51	21 51
15	(21) 51	(21) 51	(21) 51
16	21 51	21 51	21 51
17	(21) 51	(21) (51)	(21) (51)
18	21 (51)	51	51
19	19 44	44	44
20	14 44	44	44
21	34	34	34
22			
23			

( )印は竹田駅東口経由・中書島・横大路車庫ゆきです。

竹田駅東口 行き (Takeda Sta.) South 5 南5

時	平日 Weekdays (お盆・年末年始を除く)	土曜日 Saturdays (お盆・年末年始を除く)	休日 Sundays & Holidays お盆 8月14日~8月16日 年末年始 12月29日~1月3日
5			
6	56	56	56
7	26 53	51	51
8	23 53	53	53
9	23 (53)	23 (53)	23 (53)
10	(23) 53	(23) 53	(23) 53
11	23 53	23 53	23 53
12	23 (53)	23 (53)	23 (53)
13	(23) 53	(23) 53	(23) 53
14	23 53	23 53	23 53
15	(23) 53	(23) 53	(23) 53
16	23 53	23 53	23 53
17	(23) 53	(23) (53)	(23) (53)
18	23 (53)	53	53
19	21 46	46	46
20	16 46	46	46
21	36	36	36
22			
23			

( )印は竹田駅東口経由・中書島・横大路車庫ゆきです。

市バス 南8 【多区間】

→ 竹田駅東口乗場

P103

御香宮・桃陵団地 中書島・横大路車庫 行き Chushojima — South 8 南8

時	平日 Weekdays（お盆・年末年始を除く）	土曜日 Saturdays（お盆・年末年始を除く）	休日 Sundays & Holidays お盆 8月14日～8月16日 年末年始 12月29日～1月3日
5			
6			
7	0 45	10	10
8	25	10	10
9	10 50	0 50	0 50
10	50	50	50
11	50	50	50
12	50	50	50
13	50	50	50
14	50	50	50
15	50	50	50
16	50	50	50
17	42	42	42
18	22	22	22
19	5 55	5 55	5 55
20	45	45	45
21	30	30	30
22			
23			

← 京橋❹乗場

P94

中書島・藤森神社 竹田駅東口 行き Takeda Sta. — South 8 南8

時	平日 Weekdays（お盆・年末年始を除く）	土曜日 Saturdays（お盆・年末年始を除く）	休日 Sundays & Holidays お盆 8月14日～8月16日 年末年始 12月29日～1月3日
5			
6	38 *58	38	38
7	18 *35 51	*8 38	*8 38
8	*14 37 *56	*3 28 *52	*3 28 *52
9	15 *40	15 *40	15 *40
10	15 *40	15 *40	15 *40
11	15 *40	15 *40	15 *40
12	15 *40	15 *40	15 *40
13	15 *40	15 *40	15 *40
14	15 *40	15 *40	15 *40
15	15 *40	15 *40	15 *40
16	15 *40	15 *40	15 *40
17	8 *28 48	8 48	8 48
18	*8 28 *48	28	28
19	18 *38	18	18
20	8 *28 58	8 58	8 58
21	*20		
22			
23			

*印は京阪中書島・伏見港公園までです。

← 藤森神社前乗場（北行）

P93

藤森神社 竹田駅東口 行き Takeda Sta. — South 8 南8

時	平日 Weekdays（お盆・年末年始を除く）	土曜日 Saturdays（お盆・年末年始を除く）	休日 Sundays & Holidays お盆 8月14日～8月16日 年末年始 12月29日～1月3日
5			
6	50	50	50
7	30	50	50
8	8 54	43	43
9	32	32	32
10	32	32	32
11	32	32	32
12	32	32	32
13	32	32	32
14	32	32	32
15	32	32	32
16	32	32	32
17	25	25	25
18	5 45	5 45	5 45
19	30	30	30
20	20	20	20
21	10	10	10
22			
23			

→ 青少年科学センター前乗場（東行）

P93

御香宮・桃陵団地 中書島・横大路車庫 行き Chushojima — South 8 南8

時	平日 Weekdays（お盆・年末年始を除く）	土曜日 Saturdays（お盆・年末年始を除く）	休日 Sundays & Holidays お盆 8月14日～8月16日 年末年始 12月29日～1月3日
5			
6			
7	3 48	13	13
8	28	13	13
9	13 53	3 53	3 53
10	53	53	53
11	53	53	53
12	53	53	53
13	53	53	53
14	53	53	53
15	53	53	53
16	53	53	53
17	45	45	45
18	25	25	25
19	8 58	8 58	8 58
20	48	48	48
21	33	33	33
22			
23			

← 御香宮前乗場（南行）

P94

藤森神社 竹田駅東口 行き Takeda Sta. — South 8 南8

時	平日 Weekdays（お盆・年末年始を除く）	土曜日 Saturdays（お盆・年末年始を除く）	休日 Sundays & Holidays お盆 8月14日～8月16日 年末年始 12月29日～1月3日
5			
6	44	44	44
7	24 59	44	44
8	45	34	34
9	23	23	23
10	23	23	23
11	23	23	23
12	23	23	23
13	23	23	23
14	23	23	23
15	23	23	23
16	23	23	23
17	16 56	16 56	16 56
18	36	36	36
19	24	24	24
20	14	14	14
21	4	4	4
22			
23			

← 青少年科学センター前乗場（西行）

P93

藤森神社 竹田駅東口 行き Takeda Sta. — South 8 南8

時	平日 Weekdays（お盆・年末年始を除く）	土曜日 Saturdays（お盆・年末年始を除く）	休日 Sundays & Holidays お盆 8月14日～8月16日 年末年始 12月29日～1月3日
5			
6	54	54	54
7	35	54	54
8	13 59	48	48
9	37	37	37
10	37	37	37
11	37	37	37
12	37	37	37
13	37	37	37
14	37	37	37
15	37	37	37
16	37	37	37
17	30	30	30
18	10 50	10 50	10 50
19	34	34	34
20	24	24	24
21	14	14	14
22			
23			

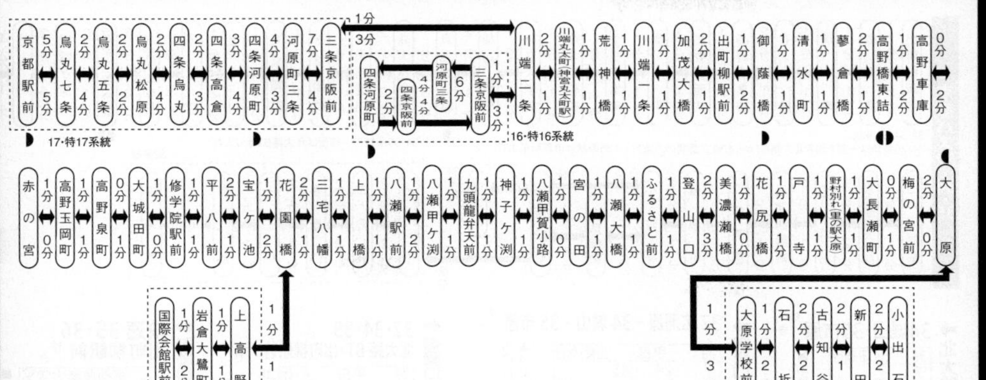

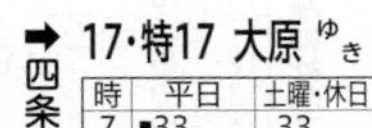

➡ 17・特17 大原ゆき

京都駅前Ⓒ3乗場 P15・P17

時	平日		土曜・休日	
7	■20	50	20	50
8	■22	53	20	50
9	■23	54	20	54
10	■24	54	24	54
11	■24	54	24	54
12	■24	54	24	54
13	■24	54	24	54
14	■24	54	24	54
15	■24	54	24	54
16	■24	54	24	54
17	■26	56	26	■56
18	■26	56	■26	■56

■印は特17国際会館経由大原まで

➡ 17・特17 大原ゆき

四条河原町⑩F乗場 P27

時	平日		土曜・休日	
7	■33		33	
8	3	■35	3	33
9	6	■36	3	33
10	9	■39	9	39
11	9	■39	9	39
12	9	■39	9	39
13	9	■39	9	39
14	9	■39	9	39
15	9	■39	9	39
16	9	■39	9	39
17	9	■41	9	41
18	11	■41	■11	■41

➡ 特16・17・特17大原ゆき

出町柳駅❸乗場 P115

時	平日		土曜・休日	
7	■33		33	
8	3	■35	3	33
9	6	■36	3	33
10	9	■39	9	39
11	9	■39	9	39
12	9	■39	9	39
13	9	■39	9	39
14	9	■39	9	39
15	9	■39	9	39
16	9	■39	9	39
17	9	■41	9	41
18	11	■41	■11	■41

■印は特16・特17国際会館経由

➡ 16・17・特16・特17大原ゆき

高野橋東詰❹乗場 P12・P113

時	平日		土曜・休日	
7	■6	■55	■6	55
8	25	■57	25	55
9	28	■58	25	55
10	33		33	
11	■3	33	3	33
12	■3	33	3	33
13	■3	33	3	33
14	■3	33	3	33
15	■3	34	3	34
16	■4	34	4	34
17	■4	34	4	34
18	■6	36	6	■36

■は特16・特17国際会館経由

⬅ 特16四条河原町　17・特17京都駅　19国際会館駅ゆき

大原❶乗場 P68

時	平日			時	土曜・休日			
7	▲12	27	■52	7	■20	▲47		
8	▲12	32	■52	8	2	▲17	32	▲47
9	▲12	32	■53	9	2	▲17	32	▲47
10	▲13	33	■53	10	3	▲18	33	▲48
11	▲13	33	■53	11	3	▲18	33	▲48
12	▲13	33	■53	12	3	▲18	33	▲48
13	▲13	33	■53	13	3	▲18	33	▲48
14	▲13	33	■53	14	3	▲18	33	▲48
15	▲13	33	■53	15	3	▲18	33	▲48
16	▲13	33	■53	16	3	▲18	33	▲53
17	▲13	33		17	3	▲23	33	▲53
18	3	▲13	★42	18	3	★40		

■は特17国際会館経由京都駅まで、▲は19国際会館まで、★は特16国際会館経由四条河原町まで

⬅ 17・特17 京都駅ゆき

高野橋東詰❸乗場 P12・P113

時	平日	土曜・休日
7	8 31 57	8 34 59
8	31	32
9	2 31	2 32
10	2 32	2 32
11	2 32	2 32
12	2 32	2 32
13	2 32	2 32
14	2 32	2 32
15	2 32	2 32
16	2 32	2 32
17	2 32	2 32
18	2 32	2 32

➡ 19 大原ゆき

国際会館駅前❻乗場 P99・P113

時	平日		土曜・休日	
7	20	44	20	48
8	10	※39	16	※46
9	12	43	16	49
10	13	46	17	47
11	18	※50	17	※50
12	18	50	17	50
13	18	50	17	50
14	18	小50	17	小50
15	18	50	15	53
16	20	50	15	49
17	20	小50	22	小53
18	22	50	19	51

小印は大原経由小出石ゆき、※印は大原経由大原学校前ゆき

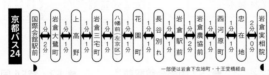

京都バス24

国際会館駅前 ⇔（1分/2分）岩倉大鷺町 ⇔（1分/1分）上高野 ⇔（1分/1分）岩倉三宅町 ⇔（1分/1分）八幡前（左京区） ⇔（1分/1分）花園町 ⇔（1分/1分）長谷別れ ⇔（1分/1分）岩倉駅前 ⇔（1分/2分）岩倉農協前 ⇔（1分/1分）西河原町 ⇔（1分/1分）忠在地 ⇔（2分/0分）岩倉実相院

一部便は岩倉下在地町・十王堂橋経由

➡ 24 岩倉実相院ゆき

国際会館駅前❸乗場 P99・P113

時	平日	土曜・休日
7	12 26 42	(6)《7》《25》(34)《49》
8	0 14 28 45	(2) 20 44
9	1 22 37 57	8 34 54
10	29 55	24 57
11	24 58	24 57
12	24 58	24 57
13	24 58	24 57
14	24 58	24 57
15	24 55	23 45
16	8 29 49	14 35
17	9 29 59	4 28 52
18	29 59	19 47

《　》は土曜のみ運行、(　)は休日のみ運行

⬅ 24 国際会館駅前ゆき

岩倉実相院 P99

時	平日	土曜・休日
7	6 18 36 50	《1》(20)《27》 48
8	2 22 38 54	18 42
9	14 31 59	7 34 55
10	29 55	25 55
11	27 53	27 53
12	27 53	27 53
13	27 53	27 53
14	27 53	27 53
15	24 53	17 45
16	15 35 55	8 34
17	15 35 55	0 26 48
18	25 57	18 41

《　》は土曜のみ運行、(　)は休日のみ運行

京都バス32・34・35

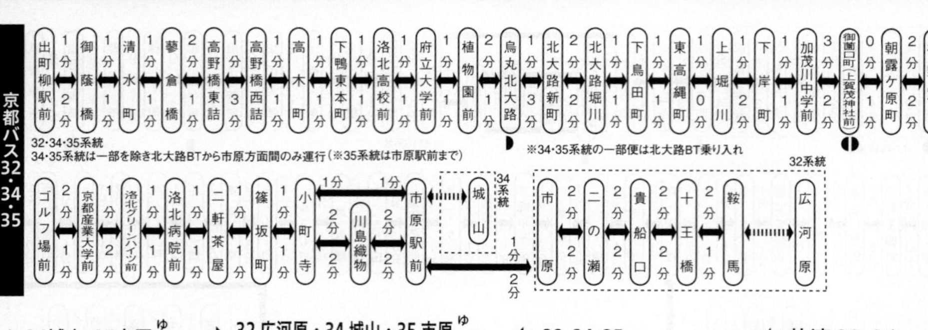

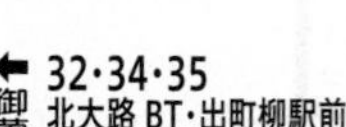

➡ 34城山・35市原ゆき

北大路バスターミナルⒶ乗場 P69

時	平日のみ運行
7	
8	
9	■35
10	45
11	■35
12	45
13	45
14	45
15	45
16	45
17	
18	0

■印は35市原ゆき

➡ 32広河原・34城山・35市原ゆき

御薗口町(上賀茂神社前)❸乗場 P71

時	平日	土曜・休日
7	24 △45	
8	川4	△15
9	20 ▲46	
10	56	
11	▲46	
12	56	
13	56	
14	56	
15	56 △35	△35
16	56	
17		
18	11	

川印は川島織物セルコン経由、▲は35市原ゆき、△は32広河原ゆき

⬅ 32・34・35 北大路BT・出町柳駅前ゆき

御薗口町(上賀茂神社前)❷乗場 P71

時	平日	土・休
7	出3	
8	出18	
9	8	
10	18	
11	出10 18	
12	30	出14
13	20	
14	30	
15	20 55	
16		
17	40	
18	40	

出印は32・34出町柳駅前ゆき

⬅ 快速35・36 出町柳駅前ゆき

御薗口町(上賀茂神社前)❷乗場 P71

時	京都産業大学平日開校日
7	
8	
9	■19
10	■50
11	29
12	24
13	4 ■35
14	4 59
15	9
16	4 42 ■55
17	34
18	24 34

■は快速35北大路BT経由

京都バス33

京都バス52・54

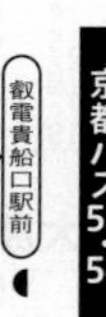

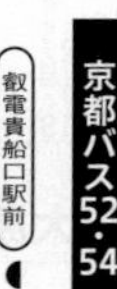
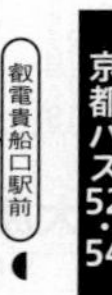
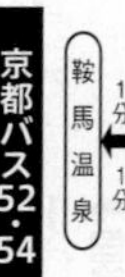
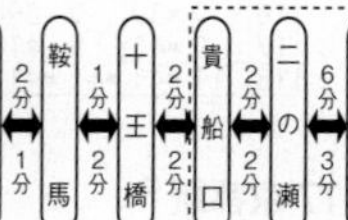
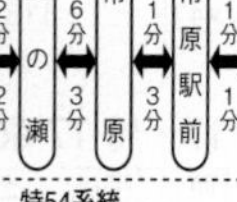
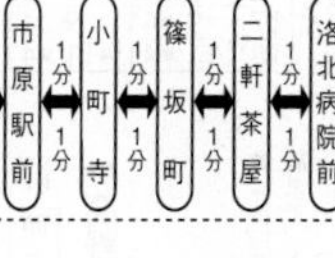
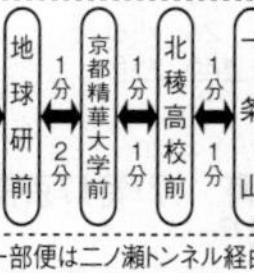
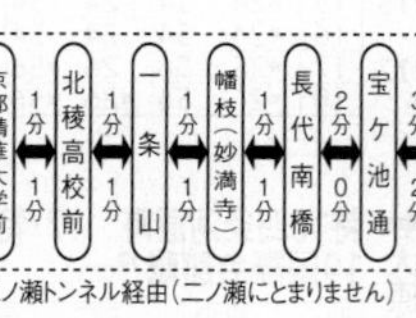

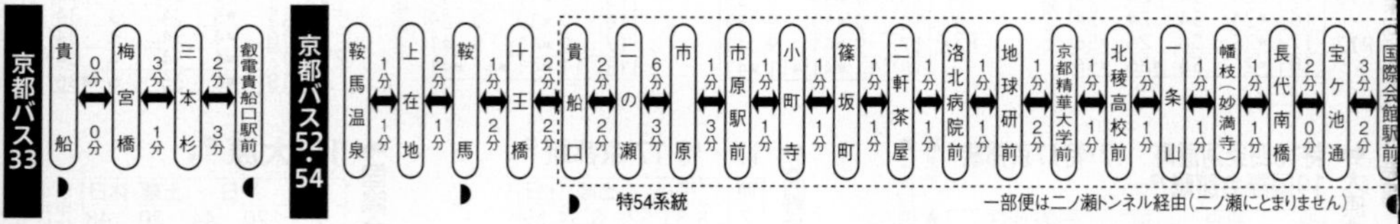

⬅ 33 貴船ゆき

叡電貴船口駅前❷乗場 P67

時	平日	土曜・休日
7		
8	58	55
9	9 21 33 46	6 18 33 46 56
10	1 16 24 33 40 48	1 16 24 31 36 46 57
11	3 10 16 24 34 46	2 9 16 23 31 39 46 53
12	3 16 34 46	1 9 16 23 31 39 46 53
13	4 16 34 46	1 9 16 23 31 39 47 53
14	1 10 18 33 40 48 55	1 9 16 23 31 39 47 53
15	3 10 18 33 40 48	1 9 16 23 31 39 47 53
16	3 10 18 33 40 48	1 9 16 24 36 48
17	1 16 31 49	0 12 24 36 48
18	0 20	1 20

➡ 33 叡電貴船口駅前ゆき

貴船❶乗場 P67

時	平日	土曜・休日
7		
8		
9	3 14 26 38 51	0 11 23 38 51
10	6 21 29 38 45 55	1 6 21 29 36 41 51
11	8 15 22 29 39 54	2 7 14 21 28 36 44 51 58
12	8 24 39 54	6 14 21 28 36 44 51 58
13	9 24 39 54	6 14 21 28 36 44 52 58
14	6 15 25 38 45 53	6 14 21 28 36 44 52 58
15	0 8 15 25 38 45 53	6 14 21 28 36 44 52 58
16	8 15 25 38 45 53	6 14 21 29 41 53
17	6 21 36 54	5 17 29 41 53
18	7 25	6 25

⬅ 52鞍馬温泉・特54貴船口ゆき

国際会館駅前❺乗場 P99・P113

時	平日	土曜・休日
7		
8	9 ■30	■33 ※57
9	2 24 48	15 35 ※55
10	■13 41	16 39
11	■3 32 58	※1 32 58
12	24 ■42	32 ※58
13	8 ■33 58	32 58
14	24 49	■32 49
15	15 43	※11 31
16	3 33	■0 30 ■50
17		※10
18		

■はニノ瀬トンネル経由貴船口まで、
※は特54貴船口経由城山ゆき

➡ 52 国際会館駅前ゆき

鞍馬❹乗場 P67

時	平日	土曜・休日
7		
8	53	
9	43	
10	9 59	10 32 59
11	24	29
12	14 39	29 59
13	29 50	29
14	40	19 42
15	10 30	32
16	0 30	22
17	0 30	12
18		

➡ 52・特54 国際会館前ゆき

貴船口❸乗場 P67

時	平日	土曜・休日
7		
8	56	
9	■25 46	■13 ■55
10	12 ■41	13 35 ■55
11	2 27 ■56	2 32
12	17 42	■5 32
13	■11 32 53	2 32
14	■22 43	■5 22 45
15	13 33	■5 35
16	3 33	■5 25 ■45
17	3 33	15 ■35
18		■5

■印はニノ瀬トンネル経由

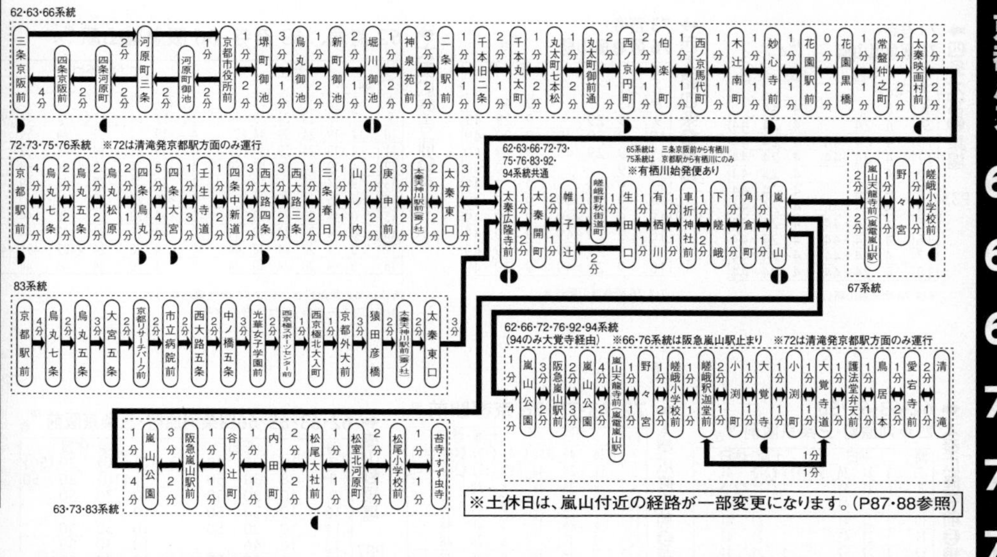

※土休日は、嵐山付近の経路が一部変更になります。(P87・88参照)

➡ 62 清滝、63 苔寺・66 阪急嵐山駅 ゆき

四条河原町❶A乗場 27

時	平日	土曜・休日
7	清8 40 ※58	25 (※48)《※58》
8	※13 ※28 43 ※58	18《※38》(※48)《※58》
9	18 ※38 58	18 ※38 58
10	※18 38 58	※18 38 ※58
11	※18 38 ※58	18 ※38 58
12	※18 38	※18 38 ※58
13	4 34 ※58	18 ※38 58
14	18 38 ※58	18 ※38 58
15	18 38 ※58	18 ※38 58
16	18 38 ※58	※18 38 58
17	18 38 58	18 38 ※58
18	18 ※38	18 38

清印は 62 清滝行き、※は 66 阪急嵐山駅行き
《》は土曜のみ運行、()は休日のみ運行

➡ 62 清滝、63 苔寺・66 阪急嵐山駅 ゆき

三条京阪前❻乗場 P37

時	平日	土曜・休日
7	清15 45	29 (※53)
8	※5 ※20 ※35 50	《※3》 23《※43》(※53)
9	※5 25 ※45	《※5》 25 ※45
10	5 ※25 45	5 ※25 45
11	5 ※25 45	※5 25 ※45
12	※5 ※25 45	5 ※25 45
13	11 41	※5 25 ※45
14	※6 26 46	6 26 ※46
15	※6 26 46	6 26 ※46
16	※6 26 46	6 ※26 46
17	※6 26 46	《6》 (※6) 26 46
18	6 26 ※46	※6 26 46

清印は 62 清滝行き、※は 66 阪急嵐山駅行き
《》は土曜のみ運行、()は休日のみ運行

➡ 62 清滝、63 苔寺・66 阪急嵐山駅 ゆき

堀川御池❽乗場 P45

時	平日	土曜・休日
7	清25 55	39
8	※15 ※30 ※45	(※3)《※13》 33《※53》
9	0 ※16 36 ※56	(※3)《※16》 36 ※56
10	16 ※36 56	16 ※36 56
11	16 ※36 56	※16 36 ※56
12	※16 ※36 56	16 ※36 56
13	22 52	※16 36 ※56
14	※17 37 57	17 37 ※57
15	※17 37 57	17 37 ※57
16	※17 37 57	17 ※37 57
17	※17 37 57	《17》 ※17 37 57
18	17 37 ※57	※17 37 57

清印は 62 清滝行き、※は 66 阪急嵐山駅行き
《》は土曜のみ運行、()は休日のみ運行

⬅ 62・63・66 四条河原町・三条京阪前 ゆき

堀川御池❼乗場 P45

時	平日	土曜・休日
7	26 44 59	11 (34)《44》
8	14 29 44	4《24》(34)
9	4 24 44	4 24 44
10	4 24 44	4 24 44
11	4 24 44	4 24 44
12	4 24 50	4 24 44
13	20 44	4 24 44
14	4 24 44	4 24 44
15	4 24 44	4 24 44
16	4 24 44	4 24 44
17	4 24 44	4 24 44
18	4 24 46	4 24 46

《》は土曜のみ運行、()は休日のみ運行

➡ 62 清滝、63 苔寺・66 阪急嵐山駅 ゆき

西ノ京円町❹乗場 P75

時	平日	土曜・休日
7	清36	50
8	6 ※26 ※41 ※56	(※14)《※24》 44
9	12 ※28 48	《※4》(※15)《※28》 48
10	※8 28 ※48	※8 28 ※48
11	8 28 ※48	8 ※28 48
12	8 ※28 ※48	※8 28 ※48
13	8 34	8 ※28 48
14	4 ※29 49	※8 29 49
15	9 ※29 49	※9 29 49
16	9 ※29 49	※9 29 ※49
17	9 ※29 49	9《29》(※29) 49
18	9 29 49	9 ※29 49

清印は 62 清滝行き、※は 66 阪急嵐山駅行き
《》は土曜のみ運行、()は休日のみ運行

➡ 62 清滝、63 苔寺・66 阪急嵐山駅 ゆき

妙心寺前❾乗場 P82

時	平日	土曜・休日
7	清40	54
8	10 ※30 ※45	(※18)《※28》 48
9	※0 16 ※32 52	《※8》(※19)《※32》 52
10	※12 32 ※52	※12 32 ※52
11	12 32 ※52	12 ※32 52
12	12 ※32 ※52	※12 32 ※52
13	12 38	12 ※32 52
14	8 ※33 53	※12 33 53
15	13 ※33 53	※13 33 53
16	13 ※33 53	※13 33 ※53
17	13 ※33 53	13《33》(※33) 53
18	13 33 53	13 ※33 53

清印は 62 清滝行き、※は 66 阪急嵐山駅行き
《》は土曜のみ運行、()は休日のみ運行

⬅ 62・63・66 三条京阪前 ゆき

太秦映画村前❹乗場 P85

時	平日	土曜・休日
7	4 22 37 52	(12)《22》 42
8	7 22 42	《2》(12)《22》 42
9	2 22 42	2 22 42
10	2 22 42	2 22 42
11	2 22 42	2 22 42
12	2 28 58	2 22 42
13	22 42	2 22 42
14	2 22 42	2 22 42
15	2 22 42	2 22 42
16	2 22 42	2 22 42
17	2 22 42	2 22 42
18	2 24 56	2 24 56

《》は土曜のみ運行、()は休日のみ運行

➡ 73・83 苔寺・阪急嵐山駅 ゆき

京都駅前C6乗場 P15・P18

時	平日	土曜・休日
7	32	
8	■2 ■20 34 50	0 30 50
9	10 ■30 50	10 30 50
10	10 30 50	10 30 50
11	10 30 50	10 30 50
12	■10 50	10 30 50
13	※30 50	10 30 50
14	10 ※30 50	10 ※30 50
15	10 ※30 50	10 ※30 50
16	10 ※30 50	10 30 ※50
17	10 ※30 50	10 ※30 ※50
18	10 ※30	10 ※30

※は 76 阪急嵐山駅行き、
■印は 83 五条通経由

➡ 73 苔寺・76 阪急嵐山駅 ゆき

四条烏丸❼乗場 P30

時	平日	土曜・休日
7	41	
8	43 59	9 39 59
9	19 59	19 39 59
10	19 39 59	19 39 59
11	19 39 59	19 39 59
12	59	19 39 59
13	※39 59	19 39 59
14	19 ※39 59	19 ※39 59
15	19 ※39 59	19 ※39 59
16	19 ※39 59	19 39 ※59
17	19 ※39 59	19 ※39 ※59
18	19 ※39	19 ※39

※は 76 阪急嵐山駅行き

➡ 四条大宮❷乗場 73 苔寺・76 阪急嵐山駅ゆき

P33

時	平日	土曜・休日
7	46	
8	48	14 44
9	4 24	4 24 44
10	4 24 44	4 24 44
11	4 24 44	4 24 44
12	4	4 24 44
13	4 ※44	4 24 44
14	4 24 ※44	4 24 ※44
15	4 24 ※44	4 24 ※44
16	4 24 ※44	4 24 44
17	4 24 ※44	※4 24 ※44
18	4 24 ※44	※4 24 ※44

※は 76 阪急嵐山駅行き

➡ 西大路四条❹乗場 73 苔寺・76 阪急嵐山駅ゆき

P75

時	平日	土曜・休日
7	51	
8	53	19 49
9	9 29	9 29 49
10	9 29 49	9 29 49
11	9 29 49	9 29 49
12	9	9 29 49
13	9 ※49	9 29 49
14	9 29 ※49	9 29 ※49
15	9 29 ※49	9 29 ※49
16	9 29 ※49	9 29 49
17	9 29 ※49	※9 29 ※49
18	9 29 ※49	※9 29 ※49

※は 76 阪急嵐山駅行き

➡ 太秦広隆寺前❻乗場 62 清滝、63 苔寺・66 阪急嵐山駅ゆき

P85

時	平日	土曜・休日
7	清47	
8	5 17 ※37 38 ※52 56	1 (※25) 33《※35》 55
9	7 ※7 23 24 ※39 44 59	3《※15》 24 (※26)《※39》 44 59
10	7 ※19 24 39 44 ※59	4 ※19 24 39 44 ※59
11	4 19 24 39 44 ※59	4 19 24 ※39 44 59
12	4 19 24 ※39 47 ※59	4 ※19 24 39 44 ※59
13	19 24 45	4 19 24 ※39 44 59
14	※4 15 24 ※40 44	4 ※19 24 40 44
15	0 ※4 20 24 ※40 44	0 ※4 ※20 24 40 44
16	0 ※4 20 24 ※40 44	0 ※4 ※20 24 40 44
17	0 ※4 20 24 ※40 44	※0 4 20 ※24《40》(※40) 44
18	0 ※4 20 24 40 44	0 ※4 20 ※24 ※40 44

清印は 62 清滝行き、※は 66 阪急嵐山駅行き
《》は土曜のみ運行、()は休日のみ運行

⬅ 太秦広隆寺前❺乗場 62・63・65・66 四条河原町・三条京阪前ゆき

P85

時	平日	土曜・休日
7	3 21 36 51	(11)《21》 41
8	6 21 41	1 (11)《21》 41
9	1 21 41	1 21 41
10	1 21 41	1 21 41
11	1 21 41	1 21 41
12	1 27 57	1 21 41
13	21 41	1 21 41
14	1 21 41	1 21 41
15	1 21 41	1 21 41
16	1 21 41	1 21 41
17	1 21 41	1 21 41
18	1 23 55	1 23 55

《》は土曜のみ運行、()は休日のみ運行

⬅ 太秦広隆寺前❺乗場 72・73・75・76 京都駅前ゆき

P85

時	平日	土曜・休日
7	快26 41 快56	《14》(19)《46》(49)
8	11 28 48	《8》(19)《28》 48
9	8 28 48	8 28 48
10	8 28 48	8 28 48
11	8 28 48	8 28 48
12	9 39	8 28 48
13	3 28 48	8 28 48
14	8 28 48	8 28 48
15	8 28 48	8 28 48
16	8 28 48	8 28 48
17	8 28 48	8 28 51
18	31	31

快印は快速系統
《》は土曜のみ運行、()は休日のみ運行

⬅ 嵐山❸乗場 62・63・65・66 四条河原町・三条京阪前ゆき

P87

時	平日	土曜・休日
7	10 25 40 53	(0)《10》 30《50》
8	8 30 50	(0)《10》 30 50
9	10 30 50	10 30 50
10	10 30 50	10 30 50
11	10 30 50	10 30 50
12	16 46	10 30 50
13	10 30 50	10 30 50
14	10 30 50	10 30 50
15	10 30 50	10 30 50
16	10 30 50	10 30 50
17	10 30 50	10 30 50
18	12 44	12 44

《》は土曜のみ運行、()は休日のみ運行

⬅ 嵐山❸乗場 72・73・75・76 京都駅前ゆき

P87

時	平日	土曜・休日
7	快15 30 快45	《3》(8)《35》(38)《57》
8	0 17 37 57	(8)《17》 37 57
9	17 37 57	17 37 57
10	17 37 57	17 37 57
11	17 37 58	17 37 57
12	28 52	17 37 57
13	17 37 57	17 37 57
14	17 37 57	17 37 57
15	17 37 57	17 37 57
16	17 37 57	17 37 57
17	17 37	17 40
18	20	20

快印は快速系統
《》は土曜のみ運行、()は休日のみ運行

➡ 嵐山❹乗場 62 清滝、63・73 苔寺、66・76・92・94 阪急嵐山駅ゆき

P87

時	平日	土曜・休日
7	清12 38 清57	《7》 清12 (32)《42》(※47)
8	2 15 27 ※47 48	11 (※35) 43 ※45《※45》
9	※3 7 19 ※19 35 36 ※51 56	6 15《27》 36 (※38) ※45《※51》 56
10	11 19 ※31 36 51 56	11 16 ※31 36 ※44 51 56
11	※11 16 31 36 51 56	※11 16 31 36 ※44 ※51 56
12	※11 16 31 36 ※51 59	11 16 ※31 36 ※44 51 56
13	※11 31 36 57	※11 16 31 36 ※44 ※51 56
14	※16 27 36 ※52 56	11 16 ※31 36 ※44 52 56
15	12 ※16 32 36 ※52 56	12 ※16 ※32 36 ※44 52 56
16	12 ※16 32 36 ※52 56	12 ※16 ※32 36 ※44 52 56
17	12 ※16 32 36 ※52 56	※12 16 32 ※36 ※40《52》(※52) 56
18	12 ※16 32 36 52 56	12 ※16 32 ※36 ※45 ※52 56

清印は 62 清滝行き、※は 66・76・92・94 阪急嵐山駅行き
《》は土曜のみ運行、()は休日のみ運行

⬅ 松尾大社前❸乗場 63 四条河原町・三条京阪前ゆき、73 京都駅前ゆき

P101

時	平日	土曜・休日
7	1 16 31 京快36 44 59	《1》《京26》(京29)《41》(51)
8	21 京48	《1》(21) 京28 京48
9	1 21 京48	1 21 京28 41
10	1 京8 21 41 京48	1《京8》 京28 41
11	1 21 京28 京49	1 京8 21 京28 京48
12	7 京19 京43	1 京8 京28 41 京48
13	1 京8 京28 京48	京8 21 京28 京48
14	1 京8 京28 京48	1 京8 京28 41 京48
15	1 京8 京28 京48	京8 21 京28 京48
16	1 京8 京28 京48	京8 21 京28 京48
17	1 京8 京28	京8 21 41
18	3 35	京11 35

京印は 73 京都駅前行き
快印は快速系統
《》は土曜のみ運行、()は休日のみ運行

⬅ 大覚寺❷乗場 94 阪急嵐山駅ゆき

P91

時	平日・土曜・休日
10	38
11	38
12	38
13	38
14	38
15	38
16	38

※土休日は野々宮・嵐山天龍寺前の経由なし

⬅ 嵯峨小学校前❽乗場 62 三条京阪前・72 京都駅前ゆき

P87・P91

時	平日	土曜・休日
7	京快2 京47	三17《京44》(44)
8	三37	42
9	42	42
10	41	41
11	41	41
12	41	41
13	41	41
14	41	41
15	41	41
16	41	41
17	37	37
18	42	42

三印は 62 三条京阪前ゆき、京印は 72 京都駅前ゆき、無印は 92・94 阪急嵐山駅前ゆき、快印は快速系統
() は土曜のみ運行、《》は休日のみ運行
土曜・休日は掲載系統は嵯峨小学校前❽には停車しません。嵯峨小学校前⓫をご利用下さい(P90・P93 参照)

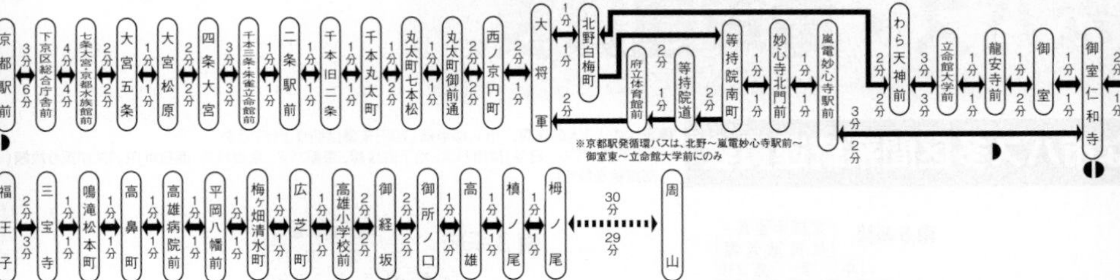

→ 高雄・周山 ゆき

JRバス 京都駅前 JR3 乗場

時	平日・休日
5	
6	リ45
7	ト20 ト40
8	リ00 ■ト15 リ30
9	ト00 ■ト15 リ30
10	ト00 ト30
11	リ00 ■ト15 ト30
12	ト00 リ30
13	ト00 ト30
14	リ00 ■ト15 ト30
15	ト00 リ30
16	ト00 リ30
17	ト00 リ30
18	ミ00 フ40
19	20
20	00
21	20

P15・P17

無印は一条経由周山行き、ト印は立命館大学前経由栂ノ尾行き（立命館大学行快速は非掲載）、リ印は立命館大学前経由周山行き、ミは一条経由栂ノ尾行き、フ印は烏丸（府庁前）経由周山行き、■印は土休日運転

→ 高雄・周山 ゆき

JRバス 竜安寺前❷乗場

時	平日・休日
5	
6	
7	リ16 ト56
8	ト16 リ36 ■リ51
9	リ06 ト36 ■ト51
10	リ06 ト36
11	ト06 リ36 ■ト51
12	ト06 ト36
13	リ06 ト36
14	ト06 リ36 ■ト51
15	ト06 ト16
16	リ06 ト36
17	リ06 ト36
18	リ06
19	
20	
21	

P82

記号は同左記参照

→ 高雄・周山 ゆき

JRバス 御室仁和寺❹乗場

時	平日・休日
5	
6	
7	リ18 ト58
8	ト18 リ38 ■ト53
9	リ08 ト38 ■ト53
10	リ08 ト38
11	ト08 リ38 ■ト53
12	ト08 ト38
13	リ08 ト38
14	ト08 リ38 ■ト53
15	ト08 ト38
16	リ08 ト38
17	リ08 ト38
18	リ08 ミ37
19	フ11 52
20	30
21	50

P82

記号は同左記参照

← 京都駅前 ゆき

JRバス 栂ノ尾❺乗場

時	平日・休日
6	フ39
7	▲ミ09 リ29 ▲ミ35 リ54
8	リ34 49
9	09 ■リ29 39
10	リ14 リ34 ■リ59
11	リ14 リ34
12	リ14 リ34 ■リ59
13	リ14 リ34
14	リ14 リ34
15	リ14 リ34 ■リ59
16	リ14 リ34
17	リ09 リ39 リ59
18	リ39
19	リ09 リ29 リ59
20	

P90

記号は同右記参照

← 京都駅前 ゆき

JRバス 高雄❶乗場

時	平日・休日
6	フ41
7	▲ミ11 リ31 ▲ミ37 リ56
8	リ36 51
9	11 ■リ31 41
10	リ16 リ36
11	■リ01 リ16 リ36
12	リ16 リ36
13	■リ01 リ16 リ36
14	リ16 リ36
15	リ16 リ36
16	■リ01 リ16 リ36
17	リ11 リ41
18	リ01 リ41
19	リ11 リ31
20	リ01

P90

無印は一条経由京都駅前行き、（立命館大学から京都駅前行快速は非掲載）、リ印は立命館大学前経由京都駅前行き、ミは一条経由京都駅前行き、フ印は烏丸（府庁前）経由京都駅前行き、■印は土休日運転、▲印は土休日運転休止

← 京都駅前 ゆき

JRバス 御室仁和寺❸乗場

時	平日・休日
6	フ57
7	▲ミ27 リ47 ▲ミ53
8	リ12 リ52
9	07 27 ■リ47 57
10	リ32 リ52
11	■リ17 リ32 リ52
12	リ32 リ52
13	■リ17 リ32 リ52
14	リ32 リ52
15	リ32 リ52
16	■リ17 リ32 リ52
17	リ27 リ57
18	リ17 リ57
19	リ27 リ47
20	リ17

P82

記号は同左記参照

比叡山ドライブバス

京都駅方面から比叡山 ゆき

バス停＼運行会社	掲載頁	乗場	京阪バス	京阪バス	京都バス	京阪バス	京都バス
京都駅（京都駅前）	17	C6	0830	0925	0930	1030	1230
三条京阪（三条京阪前）	37	B3	0851	0946	-	1051	-
京阪出町柳（出町柳駅前）	115	4B	0859	0954	0951	1059	1251
延暦寺バスセンター	104		0945	1040	1035	1145	1335
			土休日	平日	土休日	土休日	平日・土休日

比叡山ドライブバス

比叡山から京都駅方面 ゆき

バス停＼運行会社	掲載頁	乗場	京都バス	京阪バス	京都バス	京阪バス	京阪バス
延暦寺バスセンター	104		1106	1411	1511	1611	1711
京阪出町柳（出町柳駅前）	115		1148	1451	1553	1651	1751
三条京阪（三条京阪前）	37	B3		1500		1700	1800
		B5	1156		1601		
京都駅（京都駅前）	17		1216	1520	1621	1720	1820
			土休日	土休日	平日・土休日	平日・土休日	土休日

京都バスは51系統、京阪バスは57系統
京都バスは毎年春分の日から12月第一日曜、京阪バスは2024年3/20～12/8運行

嵯峨野トロッコ列車　トロッコ嵯峨駅

駅名＼列車名	嵯峨野1号	嵯峨野3号	嵯峨野5号	嵯峨野7号	嵯峨野9号	嵯峨野11号	嵯峨野13号	嵯峨野15号
トロッコ嵯峨発	902	1002	1102	1202	1302	1402	1502	1602
トロッコ嵐山〃	905	1005	1105	1205	1305	1405	1505	1605
トロッコ保津峡〃	913	1013	1113	1213	1313	1413	1513	1613
トロッコ亀岡着	925	1025	1125	1225	1325	1425	1525	1625

駅名＼列車名	嵯峨野2号	嵯峨野4号	嵯峨野6号	嵯峨野8号	嵯峨野10号	嵯峨野12号	嵯峨野14号	嵯峨野16号
トロッコ亀岡発	930	1030	1130	1230	1330	1430	1530	1630
トロッコ保津峡〃	942	1042	1142	1242	1342	1442	1542	1644
トロッコ嵐山〃	953	1053	1153	1253	1353	1453	1553	1701
トロッコ嵯峨着	956	1056	1156	1256	1356	1456	1556	1704

全列車座席指定（問合せ：嵯峨野観光鉄道／075-871-3997、075-861-7444（テレホンサービス））
運転日：3月1日～12月29日
※季節により臨時運行（及び減便）あり。
運休日：水曜（観光シーズンは運行日あり）

P87

叡山ケーブル・ロープウェイ

	叡山ケーブル時刻表						叡山ロープウェイ時刻表							
区間	ケーブル八瀬駅～ケーブル比叡駅（八瀬駅発・比叡駅発時刻表）						ロープウェイ比叡駅～比叡山頂駅（比叡駅発・比叡山頂駅発時刻表）							
所要	9分〈1.3km〉						3分〈0.5km〉							
料金	片道 550円						片道 350円							
	平日		土日祝				平日				土日祝			
9	00	30	00	15	30	45	15	30	45		15	30	45	
10	00	30	00	15	30	45	00	15	30	45	00	15	30	45
11	00	30	00	15	30	45	00	15	30	45	00	15	30	45
12	00	30	00	15	30	45	00	15	30	45	00	15	30	45
13	00	30	00	15	30	45	00	15	30	45	00	15	30	45
14	00	30	00	15	30	45	00	15	30	45	00	15	30	45
15	00	30	00	15	30	45	00	15	30	45	00	15	30	45
16	00	30	00	15	30	45	00	15	30	45	00	15	30	45
17	00	30	00	15	30	45	00	15	30	45	00	15	30	45
18	00	15	00	15			00				00			
19														
20														
21														

※状況により増発する場合があります。
※冬季期間は運転を休止する。

P13・P104

比叡山坂本ケーブル

比叡山坂本ケーブル			
区間	ケーブル坂本～ケーブル延暦寺		
所要	11分〈2.0km〉		
料金	片道　870円　往復　1660円		
期　間	初発	この間	終発
3月～11月	8:00	毎時、00分、30分発	17:30
12月～2月	8:30	毎時、00分、30分発	17:00

P104

保津川下り

保津川下り	
区間	亀岡～嵐山
料金	大人　4500円 修学旅行生特別団体割引　3690円 （35名以上は3500円）
定期出船時刻	
3/10～12月中旬	
9:00, 10:00, 11:00, 12:00, 13:00, 14:00, 15:00, （土曜・休日は随時運行）	
12/上旬～3/9	
10:00, 11:30, 13:00, 14:30, （12/29～1/4は運休）	

主なバス・電車運賃表

主な市バス多区間系統運賃表

●表は大人1人の運賃、小人は半額（10円未満は切り上げ）です
「地下鉄・バス一日券」は市バス、地下鉄全線、京都バス、京阪バス、西日本JRバスが乗り放題（一部路線を除く）。

南8系統

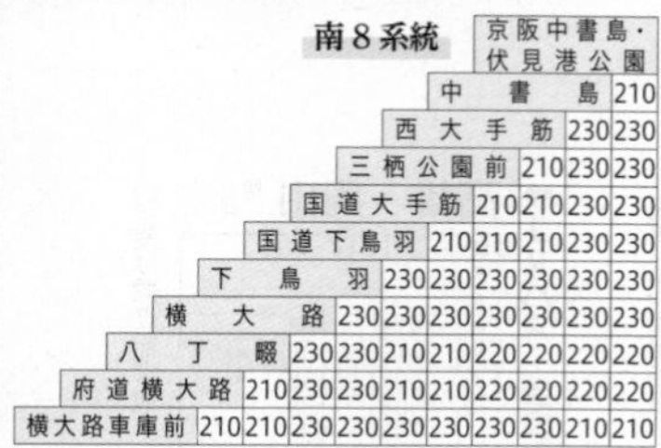

京阪中書島・伏見港公園										
中書島										210
西大手筋									230	230
三栖公園前								210	230	230
国道大手筋							210	210	230	230
国道下鳥羽						210	210	210	230	230
下鳥羽					230	230	230	230	230	230
横大路				230	230	230	230	230	230	230
八丁畷			230	230	210	210	220	220	220	220
府道横大路		210	230	230	210	210	220	220	220	220
横大路車庫前	210	210	230	230	230	230	230	230	210	210

南3系統

横大路車庫前						
中書島						210
西大手筋					230	230
伏見警察署前（国道下鳥羽）				210	230	230
パルスプラザ前			210	220	230	230
城南宮東口		210	210	220	230	230
竹田駅西口	230	230	230	230	230	230

19系統

京都駅前					
城南宮					230
国道下鳥羽				210	230
西大手筋			210	220	230
中書島		230	230	230	230
横大路車庫前	210	230	230	230	230

29系統

四条烏丸											
四条大宮											230
西院巽町										230	230
京都外大前									230	230	230
松尾橋								230	230	230	230
松尾大社前							230	230	230	230	230
松室北河原町						230	230	230	230	230	230
鈴虫寺・苔寺道					230	230	230	230	230	230	230
千代原口				200	230	230	230	230	230	270	280
国道三ノ宮			190	230	230	230	230	270	270	300	310
国道中山		190	190	230	230	230	270	270	290	330	330
洛西BT	190	210	210	270	270	270	330	330	330	330	330

その他のバス・鉄道運賃表

●表は大人１人の運賃、小人は半額（10円未満は切り上げ）です

京都バス **52・特54**

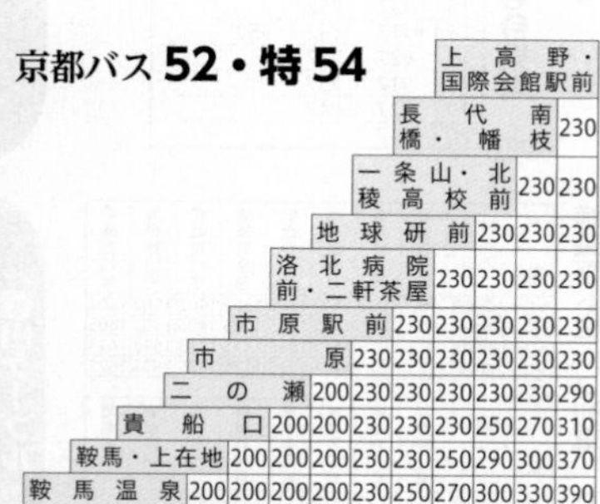

上高野・国際会館駅前										
長代南橋・幡枝										230
一条山・北稜高校前									230	230
地球研前								230	230	230
洛北病院前・二軒茶屋							230	230	230	230
市原駅前						230	230	230	230	230
市原					230	230	230	230	230	230
二の瀬				200	230	230	230	230	230	290
貴船口			200	200	230	230	230	250	270	310
鞍馬・上在地		200	200	200	230	230	250	290	300	370
鞍馬温泉	200	200	200	200	230	250	270	300	330	390

京都バス **10・特16・17・特17・19**

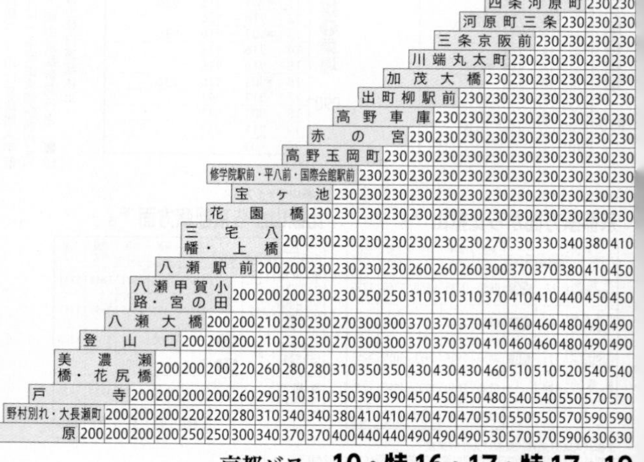

京都駅前																						
四条烏丸																						230
四条河原町																					230	230
河原町三条																				230	230	230
三条京阪前																			230	230	230	230
川端丸太町																		230	230	230	230	230
加茂大橋																	230	230	230	230	230	230
出町柳駅前																230	230	230	230	230	230	230
高野車庫															230	230	230	230	230	230	230	230
赤の宮														230	230	230	230	230	230	230	230	230
高野玉岡町													230	230	230	230	230	230	230	230	230	230
修学院駅前・平八前・国際会館駅前												230	230	230	230	230	230	230	230	230	230	230
宝ヶ池											230	230	230	230	230	230	230	230	230	230	230	230
花園橋										230	230	230	230	230	230	230	230	230	230	230	230	230
三宅八幡・上橋									200	230	230	230	230	230	230	230	270	330	330	340	380	410
八瀬駅前								200	200	230	230	230	230	260	260	260	300	370	370	380	410	450
八瀬甲賀小路・宮の田							200	200	200	230	230	250	250	310	310	310	370	410	410	440	450	450
八瀬大橋						200	200	210	230	230	270	300	300	370	370	370	410	460	460	480	490	490
登山口					200	200	200	210	230	230	270	300	300	370	370	370	410	460	460	480	490	490
美濃瀬橋・花尻橋				200	200	200	220	260	280	280	310	350	350	430	430	430	460	510	510	520	540	540
戸寺			200	200	200	200	260	290	310	310	350	390	390	450	450	450	480	540	540	550	570	570
野村別れ・大長瀬町		200	200	200	220	220	280	310	340	340	380	410	410	470	470	470	510	550	550	570	590	590
大原	200	200	200	200	250	250	300	340	370	370	400	440	440	490	490	490	530	570	570	590	630	630

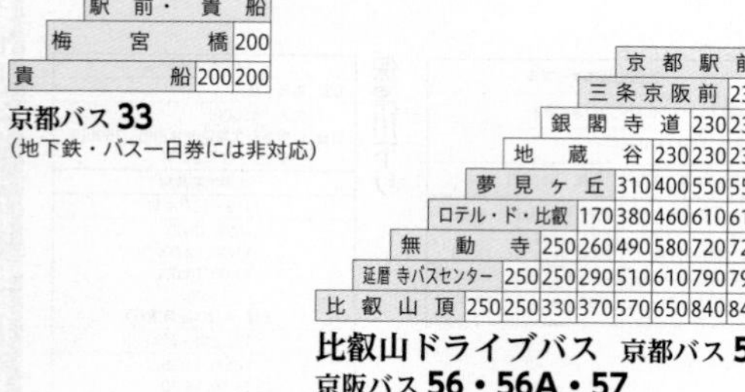

叡電貴船口駅前・貴船		
梅宮橋		200
貴船	200	200

京都バス **33**
（地下鉄・バス一日券には非対応）

京都駅前								
三条京阪前								230
銀閣寺道							230	230
地蔵谷						230	230	230
夢見ヶ丘					310	400	550	550
ロテル・ド・比叡				170	380	460	610	610
無動寺			250	260	490	580	720	720
延暦寺バスセンター		250	250	290	510	610	790	790
比叡山頂	250	250	330	370	570	650	840	840

比叡山ドライブバス 京都バス **51**、
京阪バス **56・56A・57**
（地下鉄・バス一日券には非対応）

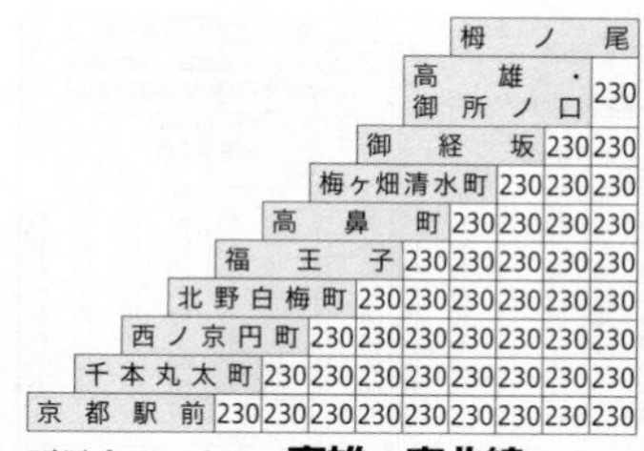

栂ノ尾									
高雄・御所ノ口									230
御経坂								230	230
梅ヶ畑清水町							230	230	230
高鼻町						230	230	230	230
福王子					230	230	230	230	230
北野白梅町				230	230	230	230	230	230
西ノ京円町			230	230	230	230	230	230	230
千本丸太町		230	230	230	230	230	230	230	230
京都駅前	230	230	230	230	230	230	230	230	230

西日本JRバス **高雄・京北線**

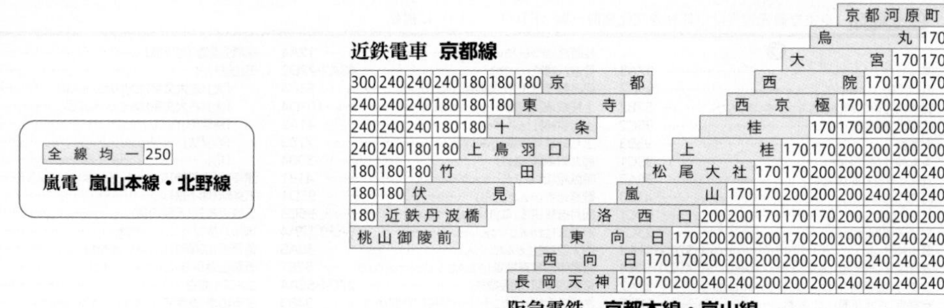

近鉄電車　京都線

駅	桃山御陵前	近鉄丹波橋	伏見	竹田	上鳥羽口	十条	東寺
京都	300	240	240	240	180	180	180
東寺	240	240	240	180	180	180	
十条	240	240	240	180	180		
上鳥羽口	240	240	180	180			
竹田	180	180	180				
伏見	180	180					
近鉄丹波橋	180						
桃山御陵前							

阪急電鉄　京都本線・嵐山線

駅	西向日	東向日	洛西口	嵐山	松尾大社	上桂	桂	西京極	西院	大宮	烏丸	京都河原町
京都河原町												
烏丸												170
大宮											170	170
西院										170	170	170
西京極									170	170	200	200
桂								170	170	200	200	200
上桂							170	170	200	200	200	200
松尾大社						170	170	200	200	200	240	240
嵐山					170	170	200	200	200	240	240	240
洛西口				200	200	170	170	170	200	200	200	200
東向日			170	200	200	200	170	200	200	200	240	240
西向日		170	170	200	200	200	200	200	200	240	240	240
長岡天神	170	170	200	240	240	200	200	200	240	240	240	240

嵐電　嵐山本線・北野線

全線均一	250

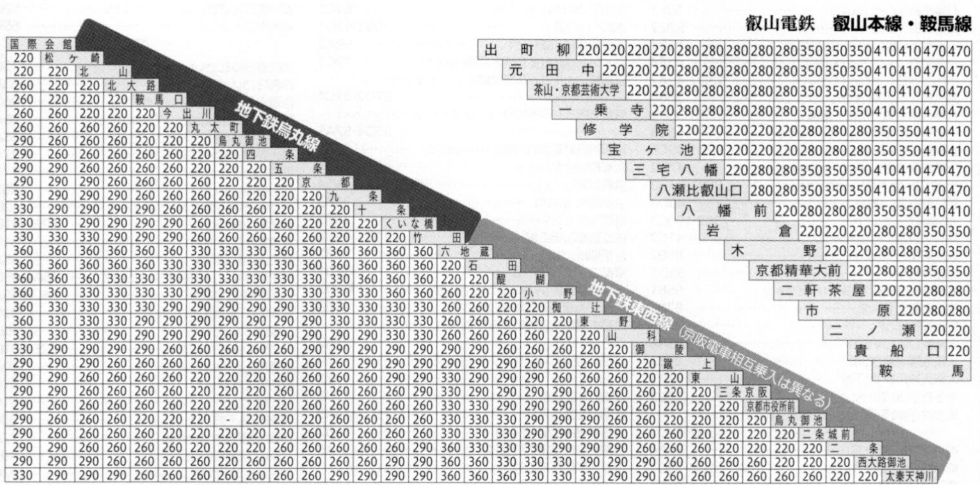

叡山電鉄　叡山本線・鞍馬線

駅	元田中	茶山・京都芸術大学	一乗寺	修学院	宝ケ池	三宅八幡	八瀬比叡山口	八幡前	岩倉	木野	京都精華大前	二軒茶屋	市原	二ノ瀬	貴船口	鞍馬
出町柳	220	220	220	220	280	280	280	280	280	350	350	350	410	410	470	470
元田中		220	220	220	280	280	280	280	280	350	350	350	410	410	470	470
茶山・京都芸術大学			220	220	280	280	280	280	280	350	350	350	410	410	470	470
一乗寺				220	280	280	280	280	280	350	350	350	410	410	470	470
修学院					220	220	220	220	220	280	280	280	350	350	410	410
宝ケ池						220	220	220	220	280	280	280	350	350	410	410
三宅八幡							220	280	280	350	350	350	410	410	470	470
八瀬比叡山口								280	280	350	350	350	410	410	470	470
八幡前									220	280	280	280	350	350	410	410
岩倉										220	220	220	280	280	350	350
木野											220	220	280	280	350	350
京都精華大前												220	280	280	350	350
二軒茶屋													220	220	280	280
市原														220	280	280
二ノ瀬															220	220
貴船口																220
鞍馬																

市営地下鉄　烏丸線・東西線

駅	国際会館	松ヶ崎	北山	北大路	鞍馬口	今出川	丸太町	烏丸御池	四条	五条	京都	九条	十条	くいな橋	竹田	六地蔵	石田	醍醐	小野	椥辻	東野	山科	御陵	蹴上	東山	三条京阪	京都市役所前	烏丸御池	二条城前	二条	西大路御池
松ヶ崎	220																														
北山	220	220																													
北大路	260	220	220																												
鞍馬口	260	220	220	220																											
今出川	260	260	220	220	220																										
丸太町	260	260	260	260	220	220																									
烏丸御池	290	260	260	260	220	220	220																								
四条	290	260	260	260	260	260	220	220																							
五条	290	290	260	260	260	260	220	220	220																						
京都	290	290	290	260	260	260	260	220	220	220																					
九条	330	290	290	290	260	260	260	260	220	220	220																				
十条	330	290	290	290	290	260	260	260	260	220	220	220																			
くいな橋	330	330	290	290	290	290	260	260	260	260	220	220	220																		
竹田	330	330	330	290	290	290	260	260	260	260	260	220	220	220																	
六地蔵	360	360	360	360	360	360	330	330	330	360	360	360	360	360	360																
石田	360	360	360	360	360	330	330	330	330	330	360	360	360	360	360	220															
醍醐	360	360	360	330	330	330	330	330	330	330	330	330	360	360	360	220	220														
小野	360	360	330	330	330	330	290	290	290	330	330	330	330	360	360	260	220	220													
椥辻	360	330	330	330	330	290	290	290	290	290	330	330	330	330	330	260	260	220	220												
東野	360	330	330	330	290	290	290	290	290	290	290	330	330	330	330	260	260	260	220	220											
山科	330	330	330	290	290	290	290	260	290	290	290	290	290	330	330	260	260	260	260	220	220										
御陵	330	290	290	290	290	260	260	260	260	260	290	290	290	290	290	290	290	260	260	260	220	220									
蹴上	290	290	290	260	260	260	260	220	260	260	260	260	290	290	290	290	290	290	260	260	260	260	220								
東山	290	290	260	260	260	260	220	220	220	260	260	260	260	290	290	330	290	290	290	260	260	260	220	220							
三条京阪	290	290	260	260	260	260	220	220	220	260	260	260	260	260	290	330	290	290	290	290	260	260	260	220	220						
京都市役所前	290	260	260	260	260	260	220	220	220	220	260	260	260	260	260	330	330	290	290	290	260	260	260	220	220	220					
烏丸御池	290	260	260	260	220	220	220	-	220	220	220	260	260	260	260	330	330	330	290	290	290	260	260	220	220	220	220				
二条城前	290	260	260	260	260	220	220	220	220	220	260	260	260	260	260	330	330	330	290	290	290	290	260	260	220	220	220	220			
二条	290	290	260	260	260	260	220	220	220	260	260	260	260	260	290	360	330	330	330	290	290	290	260	260	260	220	220	220	220		
西大路御池	290	290	290	260	260	260	260	220	260	260	260	260	260	290	290	360	360	330	330	330	290	290	290	260	260	260	260	220	220	220	
太秦天神川	330	290	290	290	260	260	260	260	260	260	260	290	290	290	290	360	360	360	330	330	330	290	290	260	260	260	260	260	260	220	220

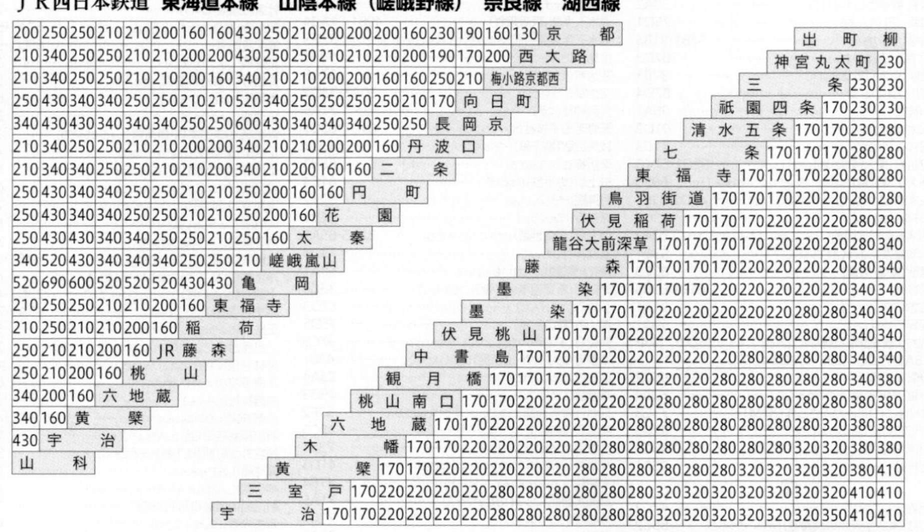

ＪＲ西日本鉄道　東海道本線　山陰本線（嵯峨野線）　奈良線　湖西線

駅	山科	宇治	黄檗	六地蔵	桃山	JR藤森	稲荷	東福寺	亀岡	嵯峨嵐山	太秦	花園	円町	二条	丹波口	長岡京	向日町	梅小路京都西	西大路
京都	200	250	250	210	210	200	160	160	430	250	210	200	200	200	160	230	190	160	130
西大路	210	340	250	250	210	210	200	200	430	250	250	210	210	210	200	190	170	200	
梅小路京都西	210	340	250	250	210	210	200	160	340	210	210	200	200	160	160	250	210		
向日町	250	430	340	340	250	250	210	210	520	340	250	250	250	250	210	170			
長岡京	340	430	430	340	340	340	250	250	600	430	340	340	340	250	250				
丹波口	210	340	250	250	210	210	200	200	340	210	210	200	200	160					
二条	210	340	340	250	250	210	210	200	340	210	200	160	160						
円町	250	430	340	340	250	250	210	210	250	200	160	160							
花園	250	430	340	340	250	250	210	210	250	200	160								
太秦	250	430	430	340	340	250	250	210	250	160									
嵯峨嵐山	340	520	430	340	340	340	250	250	210										
亀岡	520	690	600	520	520	520	430	430											
東福寺	210	250	250	210	210	200	160												
稲荷	210	250	210	210	200	160													
JR藤森	250	210	210	200	160														
桃山	250	210	200	160															
六地蔵	340	200	160																
黄檗	340	160																	
宇治	430																		
山科																			

京阪電鉄　本線・鴨東線・宇治線

駅	三室戸	黄檗	木幡	六地蔵	桃山南口	観月橋	中書島	伏見桃山	墨染	墨染	藤森	龍谷大前深草	伏見稲荷	鳥羽街道	東福寺	七条	清水五条	祇園四条	三条	神宮丸太町	出町柳
出町柳																					
神宮丸太町																					230
三条																				230	230
祇園四条																			170	230	230
清水五条																		170	170	230	280
七条																	170	170	170	280	280
東福寺																170	170	170	220	280	280
鳥羽街道															170	170	170	220	220	280	280
伏見稲荷														170	170	170	220	220	220	280	280
龍谷大前深草													170	170	170	170	220	220	220	280	340
藤森												170	170	170	170	220	220	220	220	280	340
墨染											170	170	170	170	220	220	220	220	220	340	340
墨染										170	170	170	220	220	220	220	220	280	280	340	340
伏見桃山									170	170	170	220	220	220	220	220	280	280	280	340	340
中書島								170	170	170	220	220	220	220	220	280	280	280	280	340	340
観月橋							170	170	170	220	220	220	220	220	280	280	280	280	280	340	380
桃山南口						170	170	220	220	220	220	220	280	280	280	280	280	280	280	380	380
六地蔵					170	170	220	220	220	220	220	280	280	280	280	280	280	280	320	380	380
木幡				170	170	220	220	220	220	220	280	280	280	280	280	280	280	320	320	380	380
黄檗			170	170	220	220	220	220	220	280	280	280	280	280	280	320	320	320	320	380	410
三室戸		170	220	220	220	220	280	280	280	280	280	280	320	320	320	320	320	320	320	410	410
宇治	170	170	220	220	220	220	280	280	280	280	280	280	320	320	320	320	320	320	350	410	410

地図総索引 ※主な観光物件は京都社寺文化施設一覧（P109 ～ 114）に掲載

あ

県神社〔あがた〕……97A3
赤間薬師〔あかまやくし〕……95D2
明智光秀首塚碑〔あけちみつひでくびづかひ〕……57B2
明智光秀胴塚……95C2
明智藪……95B3
東丸神社〔あずままろ〕……93C1
安達くみひも館〔あだち〕……38A3
阿弥陀寺〔あみだ〕……41B3
アミタ本店……59C1
文子天満宮〔あやこ〕……23C3
粟田神社〔あわた〕……57D2•61A4
安祥院(日限地蔵)〔あんしょういん・ひぎり〕……49D1•52E4
安養寺(倒蓮華寺)〔あんようじ・さかれんげじ〕……27A2
安養寺(吉水草庵)〔よしみず〕……57D5
安楽寺〔あんらくじ〕……63C4
井伊美術館(戦陣武具)……51D2
池田屋騒動之跡碑……35B3
石塀小路〔いしべこうじ〕……52F2
維新の道〔いしん〕……52G2
一乗寺下り松〔いちじょうじさがりまつ〕……65B4
一条戻橋〔いちじょうもどりばし〕……43B4
市比売神社〔いちひめじんじゃ〕……23D2•49A2
厳島神社(池の弁天さん)〔いつくしま〕……38B4
井筒八橋本舗　京極一番街……27A3•30D4
一燈寺(葉山観音)〔いっとうじ・はやま〕……65C3
新熊野神社〔いまくまの〕……47B1•49C5
今熊野観音寺〔いまくまのかんのんじ〕……47D2
今出川駅(地下鉄)〔いまでがわ〕……38B1•43D3
新日吉神宮〔いまひえ〕……49D4
今宮神社〔いまみや〕……73B2•100C3
井村美術館〔いむらびじゅつかん〕……41C2
岩倉駅(叡山電鉄)……99B2
岩屋神社〔いわや〕……95D1
岩屋寺(大石寺岩屋禅寺)〔いわやでら〕……95B1
宇治市観光センター……97B3
宇治神社〔うじ〕……97C5
太秦駅(JR)〔うずまさ〕……85A4
太秦広隆寺駅(嵐電)……85B3
太秦天神川駅(地下鉄)……75A3
宇多野駅(嵐電)〔うたの〕……82B3
雨宝院(西陣聖天)〔うほういん・にしじんしょうてん〕……43A2•77D2
梅小路京都西駅(JR)……85A4
梅小路公園〔うめこうじ〕……15A1•21D3•25C1
裏千家「今日庵」〔うらせんけ・こんにちあん〕……43C1
永福寺(蛸薬師堂)〔えいふくじ・たこやくしどう〕……27A2
恵心院〔えしん〕……97C5
NHK 京都放送局……30B2
ゑびす神社……51C2
衣紋道 雅ゆき〔えもんどう〕……30A2
円町駅(JR)〔えんまち〕……75D1
厭離庵〔えんりあん〕……87B1•91B3
老松 嵐山店〔おいまつ〕……87D3
黄檗駅(京阪・JR)〔おうばく〕……97B1
大堰川〔おおいがわ〕……87D4
大石神社……95A1
大沢池〔おおさわのいけ〕……91D2
大田神社〔おおた〕……71C3
大谷祖廟(東大谷)〔おおたにそびょう〕……52G1•57C5
大谷大学博物館〔おおたにだいがくはくぶつかん〕……69B3
大谷本廟(西大谷)〔おおたにほんびょう〕……49D2•52E5
大豊神社〔おおとよ〕……63C5
大西清右衛門美術館〔おおにしせいえもんびじゅつかん〕30A2
大橋家庭園〔おおはしけていえん〕……93C1
大宮駅(嵐電・阪急)……33C3
岡崎神社……61B1•63B5
愛宕念仏寺〔おたぎ〕……91A1
御辰稲荷神社〔おたつ〕……59D1
史跡お土居(遺構・石碑など)〔おどい〕……38D2•71A4•73A2•75D3•77B1•100B2•100B3
小野駅(地下鉄)……95C2
小野篁・紫式部墓〔おののたかむら〕……73D4
おはりばこ(つまみかんざし作り体験)……73C3
御室仁和寺駅(嵐電)〔おむろ〕……82C3
表千家「不審菴」〔おもてせんけ・ふしんあん〕……43C1
折上神社……95B1

か

戒光寺〔かいこうじ〕……47C2
蚕の社(木島坐天照御魂神社)〔かいこのやしろ〕……85C2
帷子ノ辻駅(嵐電)〔かたびらのつじ〕……85A4
桂離宮〔かつらりきゅう〕……12A4
首途八幡宮〔かどで〕……43A2•77D2
何必館・京都現代美術館〔かひつかん〕……55C4
上桂駅(阪急電鉄)〔かみかつら〕……101D4
上御霊神社〔かみごりょう〕……41A2
上七軒歌舞練場〔かみしちけん〕……77B3
烏丸駅(阪急電鉄)……30B4
閑臥庵(鎮宅さん)〔かんがあん・ちんたく〕……41B1
歓喜光寺〔かんきこうじ〕……95D1
観月橋駅(京阪電鉄)〔かんげつきょう〕……96C3
冠者殿社〔かんじゃでんしゃ〕……27A4
管大臣神社〔かんだいじん〕……30A5
祇園甲部歌舞練場〔ぎおんこうぶかぶれんじょう〕……52E1
祇園四条駅(京阪電鉄)……27D4•55A4
キザクラカッパカントリー・黄桜記念館〔きざくら〕……94B3
北座ぎをん思いで博物館……27D3•55A4
北白川天神宮〔きたしらかわ〕……63C2
北村美術館〔きたむらびじゅつかん〕……38D1•41C4
北山駅(地下鉄)〔きたやま〕……69C1
きぬかけの道……79B3•82D1
木野駅(叡山電鉄)〔きの〕……99A2
ギャラリー雅堂(多色摺木版画)〔がどう〕……79C2
京都嵐山オルゴール博物館〔きょうとあらしやま〕……87D2•91C4
京都祇園らんぷ美術館〔きょうとぎおんらんぷびじゅつかん〕……55D4•57A5
京都河原町駅(阪急電鉄)〔かわらまちあ〕……27B4
京都観世会館〔かんぜ〕……59D4
京都御苑〔ぎょえん〕……38C2•41B4•43D4
京都御苑 蛤御門……38B3
京都芸術センター……30B3
国立京都国際会館……11D1•99B2
京都御所〔ごしょ〕……38B2
京都コンサートホール……69D1
京都市勧業館(みやこめっせ)〔かんぎょうかん〕……59D3
京都市国際交流会館(KOKOKA)……61B3
京都市嵯峨鳥居本町並み保存館〔きょうとしさがとりいもと〕……91A2
京都市青少年科学センター〔きょうとしせいしょうねんかがくせんたー〕……93B3
京都絞り工芸館……45D3
京都市立芸術大学……15D1•49A5
京都市役所前駅(地下鉄)……35B2
京都総合観光案内所(京なび)……15C2•16
京都大学総合博物館〔きょうとだいがくそうごうはくぶつかん〕……12D2
京都陶磁器会館……52E4
京都府庁……38A4•45D1
京都府立府民ホール・アルティ……38B2
京都万華鏡ミュージアム〔きょうとまんげきょう〕……30C2
京都リサーチパーク……21B1
清水五条駅(京阪電鉄)……49B1•51AB4
清水三年坂美術館〔きよみずさんねんざかびじゅつかん〕52G3
金札宮〔きんさつぐう〕……96B1
空也寺〔くうやじ〕……27A5
空也堂〔くうやどう〕……30A3•33D2
久我神社〔くが〕……71A5
熊野若王子神社〔にゃくおうじ〕……61D1•63C5
鞍馬口駅(地下鉄)〔くらまぐち〕……43D1
車折神社〔くるまざき〕……88H3
蹴上駅(地下鉄)〔けあげ〕……61C4
月真院〔げっしんいん〕……52F2
源空寺〔げんくうじ〕……96B2
源光寺(常盤地蔵)〔げんこうじ・ときわ〕……82A5•85A1
玄武神社〔げんぶ〕……73D4
建礼門院陵〔けんれいもんいん〕……68A1
光縁寺(新選組隊士の墓)〔こうえんじ〕……33C3
弘源寺〔こうげんじ〕……87D3
高山寺(賽の河原)〔さい〕……75D5
興聖寺(宇治市)〔こうしょうじ〕……97C5
興聖寺(おりべ寺・上京区)〔こうしょうじ〕……43B1
興正寺〔こうしょうじ〕……23A4
香雪院〔こうせついん〕……49D3
高台寺掌美術館〔こうだいじしょうびじゅつかん〕……52F2
革堂(行願寺)〔こうどう〕……38C5
光念寺〔こうねんじ〕……73B1
光福寺(干菜寺)〔こうふくじ・ほしなでら〕……41D3
光明院〔こうみょういん〕……47B4
高麗美術館〔こうらいびじゅつかん〕……71A5
興臨院〔こうりんいん〕……73C3
護王神社〔ごおう〕……38A3
国際会館駅(地下鉄)……99B2
五山送り火……
「大」(左大文字)〔ひだりだいもんじ〕……100A3
「大」(右大文字)〔みぎだいもんじ〕……11D3
「鳥居形」〔とりいがた〕……91B2
「妙」「法」……99A3•B3
「舟」……11B2
護浄院(清荒神)〔ごじょういん・きよしこうじん〕……38D3
五条駅(地下鉄)……23C2
五條天神社(天使の宮)……23B1
御所八幡宮社〔ごしょはちまん〕……30C2
悟真寺(応挙寺)〔ごしんじ・おうきょでら〕……85B2
五智山蓮華寺〔ごちさんれんげじ〕……82C2
コトブキ陶春……102A4
子安の塔(泰産寺)〔こやすのとう・たいさんじ〕……52H5
金剛能楽堂〔こんごう〕……38B2
金剛王院(一言寺)〔こんごうおういん・いちごんじ〕……95D3
金剛寺(八坂庚申堂)〔こんごうじ・やさかこうしんどう〕52F3
近藤悠三記念館〔こんどうゆうぞうきねんかん〕……52G5
金福寺〔こんぷくじ〕……65C4

さ

西院春日神社〔さいいんかすが〕……75C5
西雲院〔さいうんいん〕……63B4
西運寺(狸寺)〔さいうんじ・たぬきでら〕……96C3
西岸寺(油懸地蔵)〔さいがんじ・あぶらかけ〕……96A2
西光寺(右京区)〔さいこうじ〕……85A3
西光寺(寅薬師・中京区)〔とらやくし〕……27A2
幸神社〔さいのかみのやしろ〕……41C4
西明寺〔さいみょうじ〕……90B2
西林寺(木槿地蔵)〔さいりんじ・もくげ〕……43D1
嵯峨嵐山駅(JR)……87E2•91D4
鷺森神社〔さぎのもり〕……65C2
撮影所前駅(嵐電)……85A2
猿田彦神社(山ノ内庚申)〔さるたひこ〕……75A4•85D4
三条駅(京阪電鉄)……35C3•55A1
産寧坂(三年坂)〔さんねいざか〕……52C3
三宝院〔さんぽういん〕……95D3
ジオラマ・京都・JAPAN……87E2•91D4
紫織庵〔しおりあん〕……30A3
直指庵〔じきしあん〕……91C1
慈氏院〔じしいん〕……61C2
四条駅(地下鉄)……30B4
地蔵院(椿寺)〔つばきでら〕……77A4
七条駅(京阪電鉄)〔しちじょう〕……49B3
四宮駅(京阪電鉄)〔しのみや〕……102C2
島原大門……21C2
下御霊神社〔しもごりょう〕……38C4
積善院準提堂(聖護院の五大力さん)〔しゃくぜんいんじゅんていどう〕……59D1
石像寺(釘抜地蔵)〔しゃくぞうじ・くぎぬき〕……77C2
社家の家並〔しゃけ〕……71B4
寂光寺(囲碁本因坊の寺)〔じゃっこうじ〕……57A1•59C4
修学院離宮……65D1•99C3
拾翠亭〔しゅうすいてい〕……38B4
寿延寺(十禅寺の森跡)〔じゅえんじ〕……51C3
寿寧院〔じゅねいいん〕……87C3
正運寺〔しょううんじ〕……33C2
香老舗 松栄堂本店・薫習館〔しょうえいどう〕……38B5
正覚庵(筆の寺)〔しょうかくあん〕……47B4
正行院 輪形地蔵(猿寺)〔しょうぎょういん　わがた〕15D1
常光院(やつはし寺)〔じょうこういん〕……63A5
浄光寺(大雅寺)〔じょうこうじ・たいがでら〕……77C1
成就院〔じょうじゅいん〕……52H4
清浄華院〔しょうじょうけいん〕……38C2
上善寺(地蔵堂)〔じょうぜんじ〕……41B1•69C4
浄土院(大文字寺)〔じょうどいん・だいもんじでら〕……63C3
上徳寺(世継地蔵)〔じょうとくじ・よつぎ〕……23D2•49A2
称念寺(猫寺)〔しょうねんじ〕……43A1•77D1
正法寺〔しょうほうじ〕……52H3
上品蓮台寺〔じょうぼんれんだいじ〕……73A4
常林寺(萩の寺)〔じょうりんじ〕……41D4
浄蓮華院〔じょうれんげいん〕……68D2
白雲神社〔しらくも〕……38B3
白峯神宮〔しらみねじんぐう〕……43C3
新京極商店街(通)〔しんきょうごく〕……27A1
神宮丸太町駅(地下鉄)〔まるたまち〕……38D4
真珠庵〔しんじゅあん〕……73C2
神泉苑〔しんせんえん〕……45C3
新選組屯所跡(旧前川家邸)……33B3
新善光寺〔しんぜんこうじ〕……47C2
新徳寺(屋根葺地蔵)〔しんとくじ・やねふき〕……33B3

真如院(しんにょいん) …… 23A2
水火天満宮(すいか) …… 43B1
瑞泉寺(ずいせんじ) …… 35C4
須賀神社・交通神社(すが) …… 59D1
菅原院天満宮(すがわらいん) …… 38B4
鈴木松風堂 …… 30D3
墨染駅(京阪電鉄)(すみぞめ) …… 93B4
誓願寺(せいがんじ) …… 27A1・35A4
誠心院(和泉式部寺)(せいしんいん・いずみしきぶでら) 27A1
青龍寺(伽羅観さん)(きゃらかん) …… 52F3
清和院(せいわいん) …… 77C3
赤山禅院(せきざんぜんいん) …… 65D1・99C3
石峰寺(せきほうじ) …… 93C1
善願寺(腹帯地蔵)(ぜんがんじ) …… 95C3
禅居庵(摩利支天堂)(ぜんきょあん・まりしてんどう) … 51C2
善長寺(くさがみさん)(ぜんちょうじ) …… 27A2
仙洞御所(せんとう) …… 38C3
善徳寺(赤寺さん)(ぜんとくじ) …… 33B5
総見院(そうけんいん) …… 73B2
宗徳寺(粟嶋堂)(そうとくじ・あわしまどう) …… 15A1
雙林寺(そうりんじ) …… 52G1・57C5
即成院(そくじょういん) …… 47C2
染殿院(染殿地蔵)(そめどのいん) …… 27A3・30D4

た

大雲院(だいうんいん) …… 52F1・57B5
退耕庵(たいこうあん) …… 47A2
大黒寺(薩摩寺)(だいこくじ・さつまでら) …… 96B1
大極殿遺址碑(だいごくでん) …… 45B2
大将軍八神社方徳殿(だいしょうぐんはちじんじゃ) … 77A4
大心院(だいしんいん) …… 82D4
大善寺(六地蔵)(だいぜんじ・ろくじぞう) …… 95A4
大通寺(遍照心院) …… 25C3
大福寺(菩提薬師)(ほていやくし) …… 38C5
大蓮寺(蓮の寺)(だいれんじ) …… 59B4
高松神明神社(しんめい) …… 30A2・45D4
宝ケ池(たからがいけ) …… 12D1・99B2
宝ケ池駅(叡山電鉄) …… 99C3
瀧尾神社(たきお) …… 47A1
竹田駅(地下鉄) …… 103C1
武信稲荷神社(龍馬・お龍縁の榎)(たけのぶ) …… 33B1
辰巳大明神(たつみだいみょうじん) …… 55B3
狸谷山不動院(たぬきだにさんふどういん) …… 65D4
壇王法林寺(だんのうほうりんじ) …… 35D3
丹波口駅(JR)(たんばぐち) …… 21C1
丹波橋駅(京阪電鉄)(たんばばし) …… 96B1
檀林寺(だんりんじ) …… 91B3
竹影堂(かざりや 鐐)(彫金体験) …… 30D1
竹林寺(赤門の竹林寺)(ちくりんじ) …… 75D1
茶山・京都芸術大学駅(叡山電鉄) …… 65A5
仲源寺(目疾地蔵)(ちゅうげんじ・めやみ) …… 51D1・55A4
中書島駅(京阪電鉄)(ちゅうしょじま) …… 96B4
中信美術館(ちゅうしん) …… 45D1
長圓寺(長円寺)(ちょうえんじ) …… 33B5
長建寺(ちょうけんじ) …… 96B3
長講堂(ちょうこうどう) …… 23D2
聴松院(ちょうしょういん) …… 61C2
京都市楽只コミュニティセンター資料展示施設(ツラッティ千本)(らくし) …… 73A4
剣神社(つるぎ) …… 47C1
哲学の道(てつがく) …… 61D1・63B3/C4
鉄眼一切経版木収蔵庫(てつげんいっさいきょう) … 97B1
出町柳駅(叡山電鉄)(でまちやなぎ) …… 41D4
天道神社(てんどう) …… 33C4
天得院(てんとくいん) …… 47A3
天寧寺(額縁門)(てんねいじ) …… 41B1
転法輪寺(てんぽうりんじ) …… 82C2
道祖神社(どうそ) …… 15B1・23B4
道入寺(どうにゅうじ) …… 65C2
東北院(とうほくいん) …… 63A4
東林院(とうりんいん) …… 82D4
常盤駅(嵐電)(ときわ) …… 82A5・85A1
渡月橋(とげつきょう) …… 87D4
土佐稲荷・岬神社(とさいなり・みさき) …… 27C2
鳥羽街道駅(京阪電鉄)(とば) …… 47A4
鳥羽離宮跡公園 …… 103A2
トロッコ嵐山駅(あらしやま) …… 87B3
曇華院(どんげいん) …… 88F3

な

長尾天満宮 …… 95D3
中嶋象嵌 …… 87D2・91D4
中村刺繍(ふくさ刺繍) …… 43C2
半木神社(なからぎ) …… 69C1
梛神社・隼神社(なぎ・はやぶさ) …… 33A3
七條甘春堂(ななじょうかんしゅんどう) …… 49B3
並河靖之七宝記念館(なみかわやすゆき) … 57C1・59D5
双ケ丘(ならびがおか) …… 82B4・85C1
鳴滝駅(嵐電)(なるたき) …… 82A4
新島旧邸(にいじまきゅうてい) …… 38C4
西大路三条駅(嵐電)(にしおおじ) …… 75D4
西大路御池駅(地下鉄)(にしおおじおいけ) …… 75D3
錦市場(にしきいちば) …… 27A3・30D3
錦天満宮 …… 27A2
西陣織あさぎ美術館 …… 30B5
二条駅(JR・地下鉄)(にじょう) …… 45B3
日體寺(日体寺)(にったいじ) …… 52E3
二年坂(にねんざか) …… 52G3
若一神社(にゃくいち) …… 21A3
猫猫寺 …… 13D1
ニンテンドーミュージアム …… 13C5
ぬりこべ地蔵 …… 93C1
ねねの道 …… 52F2
乃木神社(のぎ) …… 96D2
野宮神社(ののみやじんじゃ) …… 87C3
野仏庵(のぼとけあん) …… 65C4

は

白山神社(はくさん) …… 30D1
博物館さがの人形の家(はくぶつかん) …… 91B3
橋寺(放生院)(はしでら・ほうじょういん) …… 97C4
橋姫神社(はしひめ) …… 97A2
八神社(はち) …… 63C3
八大神社(はちだい) …… 65C4
八幡前駅(叡山電鉄)(はちまんまえ) …… 99C2
花園駅(JR)(はなぞの) …… 82C5
花見小路通 …… 52D1・55C4
原谷苑(はらだにえん) …… 12A1
繁昌神社(班女ノ社)(はんじょう・はんじょのやしろ) …… 23C1・30B5
東山駅(地下鉄)(ひがしやま) …… 57B1・59C5
悲田院(ひでんいん) …… 47C2
日野誕生院(ひのたんじょういん) …… 95C4
平等寺(因幡薬師)(いなばやくし) …… 23C1・30C5
日吉神社(ひよし) …… 63B4
平岡八幡宮(ひらおかはちまんぐう) …… 11A2
平野神社(ひらのじんじゃ) …… 77A2・79D4
広沢池(ひろさわのいけ) …… 11A2
琵琶湖疏水 …… 59C4・61B2
琵琶湖疏水 インクライン跡 …… 61B3
福王子神社(ふくおうじ) …… 82B2
福勝寺(瓢箪寺)(ふくしょうじ・ひょうたん) …… 45A1
藤井斉成会有鄰館(さいせいかいゆうりんかん) …… 59D4
不思議不動院(かぼちゃ大師供養) …… 79B1
藤森駅(京阪電鉄) …… 93C3
藤森神社(ふじのもりじんじゃ) …… 93C4
伏見桃山駅(京阪電鉄)(ふしみももやま) …… 96B2
佛光寺(ぶっこうじ) …… 23C1・30C5
船岡山公園(ふなおかやま) …… 73B4
法雲寺(菊野大明神)(ほううんじ) …… 35B1
法音院 …… 47C2
報恩寺(鳴虎)(ほうおんじ・なきとら) …… 43C2
法界寺(日野薬師)(ほうかいじ) …… 95C4
宝厳院(ほうごんいん) …… 87C4
法住寺(ほうじゅうじ) …… 49C4
宝樹寺(鳩寺)(ほうじゅじ) …… 77C3
芳春院(ほうしゅんいん) …… 73C2
宝蔵院(ほうぞういん) …… 97B1
法蔵寺(ほうぞうじ) …… 82A1
法然寺 …… 87C2
宝福寺(ほうふくじ) …… 96A2
法輪寺(だるま寺)(ほうりんじ) …… 75D1
法輪寺(虚空蔵)(ほうりんじ・こくぞう) …… 87D5
墨染寺(ぼくせんじ) …… 93B4
法性寺(ほっしょうじ) …… 47A3
本教寺(ほんきょうじ) …… 96B2
本光寺(ほんこうじ) …… 15B1・23B4
先斗町歌舞練場(ぽんとちょう) …… 35C4
本能寺跡碑(旧本能寺跡) …… 33D2
本法寺(ほんぽうじ) …… 43C1
本満寺(ほんまんじ) …… 41C3
本妙寺(赤穂義士の寺)(ほんみょうじ) …… 59C4

ま

益富地学会館(ますとみ) …… 38A3
松ケ崎駅(地下鉄)(まつがさき) …… 99A3
松ケ崎大黒天(妙円寺) …… 65A1・99B3
丸福樓(任天堂旧社屋) …… 23D3・49A2・3
円山公園(まるやま) …… 52G1・57C5
満願寺(岡崎の妙見さん)(まんがんじ) …… 59E2・61B2
万松寺(歯形地蔵)(まんしょうじ) …… 77B4
満足稲荷神社(まんぞく) …… 57A1・59C4
御金神社(みかね) …… 30A1・45D3
御髪神社(みかみ) …… 87A2
三梧閣門資料館(みすこうもん) …… 96A4
水薬師寺(清盛ゆかりの弁才天)(みずやくしじ) …… 21A3
深泥池(みどろがいけ) …… 71D4・99A3
南遣迎院(みなみけんごういん) …… 47A4
南座(みなみざ) …… 27D4・51C1・55A4
耳塚(みみづか) …… 49B3
宮川町歌舞練場(みやがわちょう) …… 51C2
宮道神社(みやじ) …… 95C2
明王院不動堂(みょうおういんふどうどう) … 15B1・23B4
妙音弁財天(妙音堂)(みょうおんべんざいてん) 38D1・41C4
妙覚寺(みょうかくじ) …… 43C1
妙顕寺(みょうけんじ) …… 43C1
命婦稲荷社(鉄輪の井戸)(みょうぶ) …… 23D1
妙法院(みょうほういん) …… 49D3
妙満寺(みょうまんじ) …… 99A2
武者小路千家「官休庵」(むしゃのこうじせんけ・かんきゅうあん) …… 38A1・43C3
宗像神社(むなかた) …… 38B4
宗忠神社(むねただ) …… 63A4
桃山駅(JR)(ももやま) …… 96C2

や

医徳山薬師院(来ぬか薬師)(いとくさん・やくしいん) …… 30A1・38A5・45D2
薬師寺 …… 91C3
安井金比羅宮(やすいこんぴらぐう) …… 52E2
ケーブル八瀬駅(叡山ケーブル)(やせ) …… 11D2
矢田寺(矢田地蔵尊)(やたでら) …… 35A3
矢取地蔵(やとり) …… 25A3
柳原銀行記念資料館 …… 49A5
藪内家「燕庵」(やぶのうちけ・えんなん) …… 23B3
山科駅(地下鉄・JR・京阪)(やましな) …… 11D3・102C2
山ノ内念仏寺(水子供養寺)(みずこ) …… 75B4
涌泉寺(ゆうせんじ) …… 65A1
浄土院(湯沢山茶くれん寺)(ゆたくさん) …… 77C3
擁翠園(ようすいえん) …… 43D1
永明院(ようめいいん) …… 87C3
陽明文庫(ようめいぶんこ) …… 82B2
吉田神社 …… 63A3
よしもと祇園花月 …… 55D3・57A4

ら

来迎院(東山区)(らいごういん) …… 47D3
来迎院(左京区)(らいごういん) …… 68D2
頼山陽山紫水明處(らいさんようさんしすいめいしょ) 38D4
洛東遺芳館(らくとういほうかん) …… 49B2・51A5
羅城門跡碑(らじょうもん) …… 25A3
嵐電嵯峨駅(嵐電)(らんでんさが) …… 88F5
笠原寺(りゅうげんじ) …… 95D1
龍谷大前深草駅(京阪電鉄)(ふかくさ) …… 93C2
立本寺(北野の鬼子母神さま)(りゅうほんじ) 45A1・77B4
龍吟庵(りょうぎんあん) …… 47B3
両足院(りょうそくいん) …… 51D2
了徳寺(りょうとくじ) …… 82A2
隣華院(りんかいん) …… 82D3
麟祥院(りんしょういん) …… 82D4
霊鑑寺(れいかんじ) …… 63C4
霊光殿天満宮社(れいこうでん) …… 43C3
冷泉邸(れいぜいてい) …… 38B1
霊明神社(れいめい) …… 52H3
ロームシアター京都 …… 59D3
鹿王院(ろくおういん) …… 88F3
六孫王神社(ろくそんのう) …… 21D3・25B1

わ

若宮八幡宮(下京区)(わかみやはちまんぐう) …… 23B3
若宮八幡宮社(東山区) …… 49C1・52D4
輪違屋 …… 21C2
わら天神宮(敷地神社)(しきち) …… 77A1・79D2

◆京都の旅・問い合わせ先

特記以外の局番は全て< 075 >

◇京都市交通局
地下鉄忘れ物預り所（烏丸御池駅案内所）
………………………………………… 213-1650
市バス忘れ物預り所（北大路案内所）…… 493-0410
◇ JR　JR 西日本お客様センター　…… 0570-00-2486
06-4960-8686
◇嵯峨野観光鉄道 ……………………… 861-7444
◇京福電車（嵐電、叡山ケーブル・ロープウェイ）
鉄道部運輸課（運行と時刻）………… 801-2511
叡山ケーブル・ロープウェイ
………………………………………… 781-4338
◇叡山電鉄　忘れ物（出町柳駅）………… 781-3305
時刻等（鉄道部運輸課）……… 781-5121
◇阪急電鉄　交通ご案内センター … 0570-089-500
◇京阪電鉄　お客さまセンター ……… 06-6945-4560
お忘れ物センター……… 06-6353-2431

◇近畿日本鉄道
テレフォンセンター ………………… 050-3536-3957
◇京都バス　本社………………………… 871-7521
嵐山営業所…………………… 861-2105
◇京阪バス　山科営業所 ……………… 581-7189
◇西日本ジェイアールバス ……………… 0570-00-2424
◇京阪京都交通（西京営業所）………… 382-4888
◇阪急バス　向日出張所 ……………… 921-0160
◇京都京阪バス　八幡営業所 ………… 972-0501
◇バスチケットセンター・バス総合案内所（京都駅前）
市バス地下鉄総合案内所 ……………… 371-4474
◇京都市総合観光案内所「京なび」（京都駅ビル内）
…………………………………………… 343-0548
◇宇治市観光協会 ………………………0774-23-3334
◇宿泊施設固定電話

●取材協力〈交通機関〉（敬称略／順不同）
京都市交通局／京阪電気鉄道（株）／近畿日本鉄道（株）／阪急電鉄（株）／京福電気鉄道（株）／叡山電鉄（株）／
西日本旅客鉄道（株）／嵯峨野観光鉄道（株）／比叡山鉄道（株）／京都バス（株）／京阪バス（株）／京阪京都交通（株）／
西日本ジェイアールバス（株）／阪急バス（株）／京都京阪バス（株）／保津川遊船企業組合

2023 ～ 2024 年度の交通改正情報

本書は 2024 年 4 月 30 日現在判明分の交通情報に基づき編集した最新版です。その後の判明及び改正についてはご容赦下さい。なお、各データは以後、予告なく各交通機関の事情により変更されることがあります。主な改正内容は次のとおりです。※季節などの臨時ダイヤ・変更には対応しておりません

交通改正情報

●京都市交通局：2024 年 6 月 1 日、市バス系統の大幅な路線・ダイヤ改編
市バス土休日運行は、12 月 29 日から 1 月 3 日、8 月 14 から 16 日も含まれます
●京都バス：2024 年 3 月 20 日 ダイヤ改正および新設路線情報等
2024 年 6 月乗車料金変更
●西日本ジェイアールバス高雄・京北線：
2023 年 4 月 1 日ダイヤ改正、継続中
●京阪バス：2024 年 4 月 1 日系統改正
● JR 西日本：2024 年 3 月 16 日 ダイヤ改正等
●近鉄電車：2024 年 3 月 16 日 ダイヤ改正等
●阪急電車：2022 年 12 月 17 日 ダイヤ改正、継続中
（本誌収録は嵐山線）
●叡山電車：2021 年 9 月 18 日 ダイヤ改正等、継続中
2023 年 4 月 1 日乗車料金変更
●京阪電車：2021 年 9 月 25 日 ダイヤ改正 、継続中
2023 年 4 月 1 日乗車料金変更
●京福電車（嵐電）：2023 年 8 月 26 日ダイヤ改正等、継続中
●嵯峨野トロッコ列車：2023 年 3 月 18 日ダイヤ改正、継続中

すべて 2024 年 4 月 30 日現在の情報であり、今後の動向は公式 HP でご確認ください。弊社 HP でもお知らせすべき情報があれば、確認次第ご案内致します。

本書掲載の QR コードのリンク先については、リンク先の都合により変更・廃止される場合があります。あしからず、ご了承下さいませ。
本書の記事、データー等の無断転載・複製をお断りします。©ユニプラン 2024
尚、本書ご利用の際は、データ更新の最新版をご利用いただきますようお願いいたします。

乗る＆歩く 京都編　2024 ～ 2025　定価 1,100 円（本体 1,000 円＋税 10%）

第 1 版第 1 刷
発行日　2024 年 6 月 1 日
編集スタッフ　橋本豪
ユニプラン編集部
デザイン　岩崎宏
マンガ　創栄図書印刷（株）開発室
発行人　橋本良郎

発行所／株式会社ユニプラン
〒 601 - 8213
京都市南区久世中久世町 1 丁目 76
TEL.075-934-0003
FAX.075-934-9990
印刷所／株式会社谷印刷所

ISBN978-4-89704-603-7　C2026